Sociedades de Capital

ACCESO GRATIS a la Lectura en la Nube + Actualizaciones

Para visualizar el libro electrónico en la nube de lectura envíe junto a su nombre y apellidos una fotografía del código de barras situado en la contraportada del libro y otra del ticket de compra a la dirección:

ebooktirant@tirant.com

En un máximo de 72 horas laborables le enviaremos el código de acceso con sus instrucciones.

Sociedades de Capital

- Sociedades de Responsabilidad Limitada
- Sociedades Anónimas
- Sociedades Comanditarias por acciones
- Sociedad Anónima Europea
- Sociedades Anónimas Cotizadas
- Sociedades Profesionales
- Sociedades Laborales y participadas
- Sociedades Emergentes (startup)

11ª edición
Cerrado a 19 de enero de 2026

Edición preparada por:
JESÚS OLAVARRÍA IGLESIA
Prof. Titular del Departamento de Derecho Mercantil
«Manuel Broseta Pont»
Universitat de València

tirant lo blanch
Valencia, 2026

©   Jesús Olavarría Iglesia

©   TIRANT LO BLANCH
EDITA: TIRANT LO BLANCH
C/ Artes Gráficas, 14 - 46010 - Valencia
TELFS.: 96/361 00 48 - 50
FAX: 96/369 41 51
Email: tlb@tirant.com
www.tirant.com
Librería virtual: www.tirant.es
DEPÓSITO LEGAL: V-279-2026
ISBN: 979-13-7040-258-7

Sumario

Abreviaturas y siglas

Cc	Código Civil
Ccom	Código de Comercio
CE	Constitución Española 1978
c.e.	Corrección de errores
CNAE	Clasificación Nacional de Actividades Económicas
LAC	Ley 22/2015, de 20 de julio, de Auditoría de cuentas
LCCH	Ley 19/1985, de 16 de julio, Cambiaria y del Cheque
LEC	Ley 1/2000, de 7 de enero, de Enjuiciamiento civil
LM	Ley 17/2001, de 7 de diciembre, de Marcas
LMVySI	Ley 6/2023, de 17 de marzo, de los Mercados de Valores y de los Servicios de Inversión
LMV	Ley 24/1988, de 28 de julio, del Mercado de Valores
LSRL 1995	Ley 2/1995, de 23 de marzo, de Sociedades de Responsabilidad Limitada
RRM	Real Decreto 1784/1996, de 19 de julio, por el que se aprueba el Reglamento del Registro Mercantil
TRLC	Real Decreto Legislativo 1/2020, de 5 de mayo, por el que se aprueba el texto refundido de la Ley Concursal
TRLMV	Real Decreto Legislativo 4/2015, de 23 de octubre, por el que se aprueba el texto refundido de la Ley del Mercado de Valores
TRLSA	Texto Refundido de la Ley de Sociedades Anónimas, aprobado por Real Decreto Legislativo 1564/1989, de 22 de diciembre
TRLSC	Real Decreto Legislativo 1/2010, de 2 de julio, por el que se aprueba el Texto Refundido de la Ley de Sociedades de Capital

Índice

§1. REAL DECRETO LEGISLATIVO 1/2010, DE 2 DE JULIO, POR EL QUE SE APRUEBA EL TEXTO REFUNDIDO DE LA LEY DE SOCIEDADES DE CAPITAL

(BOE núm. 161, de 3 de julio; c.e. BOE núm. 210, de 30 de agosto)

La habilitación al Gobierno para dictar la presente «Ley de sociedades de capital» se contiene en la Disp. Final 7.ª de la Ley 3/2009, de 3 de abril, sobre modificaciones estructurales de sociedades Mercantiles (§4).

En cuanto a las referencias al RRM que se realizan en notas a lo largo del presente texto, téngase especialmente en cuenta que el RRM, salvo los arts. 94 bis, 308 bis a 308 septies, 326.2, Disp. Ad. 1.ª y Disp. Final 7.ª, no ha sido objeto de modificación con posterioridad a la entrada en vigor de la hoy derogada Ley 3/2009, de 3 de abril, sobre modificaciones estructurales de las sociedades mercantiles, del Texto Refundido de la Ley de Sociedades de Capital, y de sus posteriores modificaciones, y sus normas deben considerarse derogadas en tanto se opongan a las disposiciones de las citadas leyes.

De acuerdo con la Disp. Adicional 1.ª de la Ley Orgánica 7/2015, de 21 de julio, por la que se modifica la Ley Orgánica 6/1985, de 1 de julio, del Poder Judicial (BOE núm. 174, de 22 de julio), se han sustituido las referencias a los Secretarios judiciales por la de Letrados de la Administración de Justicia.

EXPOSICIÓN DE MOTIVOS

I. El presente real decreto legislativo cumple con la previsión recogida en la disposición final séptima de la Ley 3/2009, de 3 de abril, sobre modificaciones estructurales de las sociedades mercantiles, que habilita al Gobierno para que, en el plazo de doce meses, proceda a refundir en un único texto, bajo el título de «Ley de Sociedades de Capital», las normas legales que esa disposición enumera. De este modo se supera la tradicional regulación separada de las formas o tipos sociales designadas con esa genérica expresión, que ahora, al ascender a título de la ley, alcanza rango definidor.

La división en dos leyes especiales del régimen jurídico de las sociedades anónimas y de las sociedades de responsabilidad limitada no fue consecuencia tanto del proceso de descodificación cuanto del hecho de que la extensión de la normativa no permitía la inclusión de esos regímenes jurídicos dentro del Código de Comercio de 1885, que dedicaba pocos artículos a las sociedades anónimas y que, por razón del momento en que se elaboró, desconocía a las sociedades de responsabilidad limitada. Se promulgaron así las leyes de 1951 y de 1953 —la primera de ellas de notable perfección técnica para la época en que fue promulgada— como textos legales independientes, característica que se ha mantenido desde entonces como rasgo de la legislación societaria española. En lugar de la regulación en una única ley, el legislador ha afrontado en momentos sucesivos y de forma separada la articulación de la disciplina de las sociedades de capital.

Esta dualidad o incluso pluralidad de «continentes» —cuando la Ley 19/1989, de 25 de julio, decide que la nueva regulación de las sociedades comanditarias por acciones se incluya en el Código, y cuando la Ley 26/2003, de 17 de julio, introduce un título nuevo, el título X, en la Ley del Mercado de Valores, dedicado a las sociedad anónimas cotizadas— no habría suscitado especiales problemas si el «contenido» estuviera suficientemente coordinado. Aunque el legislador ha tratado de conseguir esa coordinación, bien a través de la técnica de la repetición de normas —que, sin embargo, no siempre es absoluta—, bien con el recurso al instrumento de las remisiones, el resultado no ha sido plenamente satisfactorio. Además, tras las grandes reformas realizadas a finales del pasado siglo —la ya citada Ley 19/1989, de 25 de julio y la Ley 2/1995, de 23 de marzo—, existen descoordinaciones, imperfecciones y lagunas respecto de las cuales doctrina y jurisprudencia han ofrecido soluciones legales divergentes sin que exista razón suficiente.

De ahí que las Cortes Generales hayan considerado necesario encomendar al Gobierno la elaboración de un texto refundido de las normas legales sobre sociedades de capital, reuniendo en un texto único el contenido de esas dos leyes especiales, con la importante adición de aquella parte de la Ley del Mercado de Valores que regula los aspectos más puramente societarios de las sociedades anónimas con valores admitidos a negociación en un mercado secundario oficial y con la adición de los artículos que el Código mercantil dedica a la comanditaria por acciones, forma social derivada, de muy escasa utilización en la práctica. Un único cuerpo legal debe contener la totalidad de la regulación legal general de las sociedades de capital, sin más excepción que la derivada de la propia Ley de modificaciones estructurales —en la que se contiene la habilitación—, cuyo contenido, por estar referido a toda clase de sociedades mercantiles, incluidas las «sociedades de personas», no podía incluirse, sin alguna incoherencia, en esa refundición. Se trata de una tarea de extraordinaria importancia por cuanto que la gran mayoría de las sociedades constituidas y operantes en nuestro país o son limitadas o son anónimas; pero se trata también de una tarea que entraña no pocas dificultades.

II. Las Cortes Generales han establecido el método y, al mismo tiempo, los límites del encargo al poder ejecutivo: ese único texto legal debe ser el resultado de la regularización, la aclaración y la armonización de los plurales textos legales antes señalados. La refundición no puede limitarse, pues, a una mera yuxtaposición de artículos, sino que exige desarrollar una compleja actuación en pos de ese triple objetivo, en el que, por razón del interés general, descansa la decisión legal. Al redactar el texto refundido, el Gobierno no se ha limitado a reproducir las normas legales objeto de la refundición, sino que ha debido incidir en esa normativa en una delicada labor para cumplir fielmente la encomienda recibida.

Regularizar significa ajustar, reglar o poner en orden. Al servicio de esa regularización se ha modificado, en ocasiones, la sistemática, a la vez que se han intentado reducir las imperfecciones de las proposiciones normativas. Naturalmente, el texto refundido contiene la integridad de lo que refunde. Ni se han suprimido aquellas partes que la experiencia ha podido evidenciar obsoletas; ni se han modificado las soluciones arbitradas por la ley aunque la práctica haya puesto en duda la eficiencia y destacado el coste de aplicación; ni se han incorporado reglas que todavía no han alcanzado reconocimiento legislativo anticipando la previsible solución. Pero un texto refundido que saliera a la luz sin esa imperativa regularización traicionaría los términos de la habilitación conferida.

Junto a la regularización, la habilitación exige aclarar, es decir, eliminar, en la medida de lo posible, las dudas de interpretación que suscitan los textos legales, determinando el exacto alcance de las normas. En ocasiones —las menos—, la propia sistemática permite conseguir ese resultado; las más de las veces se necesita precisar lo que la norma dice con eliminación de aquello que dificulta la comprensión, la modificación de fórmulas poco logradas o la incorporación de los elementos indispensables para facilitar la inteligencia. De este modo, en lugar de proceder a reformar los textos legales, se concreta el sentido de las normas, perfeccionando el conjunto sin necesidad de sustituciones.

En fin, el mandato de armonización impone la supresión de divergencias de expresión legal, unificando y actualizando la terminología, e impone sobre todo superar las discordancias derivadas del anterior proceso legislativo. En este sentido, el texto refundido ha procedido a una muy importante generalización o extensión normativa de soluciones originariamente establecidas para una sola de las sociedades de capital, evitando no sólo remisiones, sino también tener que acudir a razonamientos en búsqueda de identidad de razón. Esta armonización era particularmente necesaria en lo referente a la determinación de la competencia de la junta general y, sobre todo, en lo relativo a la disolución y liquidación de las sociedades de capital, pues contrastaba el muy envejecido capítulo IX de la Ley de sociedades anónimas con el mucho más moderno capítulo X de la Ley de sociedades de responsabilidad limitada, que se ha tomado como base para la refundición.

III. Ese triple criterio puede conducir a resultados positivos en un sistema legislativo como el español en el que las sociedades de responsabilidad limitada —con mucho, las que concitan la preferencia de los operadores económicos— se han configurado tradicionalmente más como unas anónimas simplificadas y flexibles que como sociedades personalistas en las que los socios gocen del beneficio de responsabilidad por las deudas contraídas en nombre de la sociedad. En España las limitadas no son una anónima «por fuera» y una colectiva «por dentro». A pesar del sincretismo del régimen jurídico de las sociedades de responsabilidad limitada, en el que se combinan elementos procedentes de muy distintos modelos legislativos, prevalece en ese régimen la adscripción a la matriz común de las sociedades de capital, con estructura corporativa relativamente rígida. El éxito en la práctica española de esa tradicional opción de política legislativa pone de manifiesto el acierto de los legisladores de 1953 y de 1995, siendo pocos los casos en los que, dentro del límite infranqueable representado por las normas imperativas y por los principios configuradores, la autonomía privada ha decidido añadir algún tinte personalista.

Esta unidad sustancial entre las distintas formas de las sociedades de capital se aprecia con mayor claridad, si cabe, por la sistemática del texto refundido, que ha renunciado a una posible división entre «partes generales» y «partes especiales», articulando los textos por razón de materias, con las oportunas generalizaciones, sin perjuicio de consignar, dentro de cada capítulo o sección, o incluso dentro de cada artículo, las especialidades de cada forma social cuando real y efectivamente existieran. Con todo, el intérprete podrá apreciar que la imposibilidad de franquear los límites de la habilitación deja abiertos interrogantes acerca del sentido de algunas soluciones diferentes por razón de la forma social elegida.

IV. En el plano teórico la distinción entre las sociedades anónimas y las sociedades de responsabilidad limitada descansa en una doble característica: mientras que las primeras son sociedades naturalmente abiertas, las sociedades de responsabilidad limitada son sociedades esencialmente cerradas; mientras que las primeras son sociedades con un rígido sistema de defensa del capital social, cifra de retención y, por ende, de garantía para los acreedores sociales, las segundas, en ocasiones, sustituyen esos mecanismos de defensa —a veces más formales que efectivos— por regímenes de responsabilidad, con la consiguiente mayor flexibilidad de la normativa. No procede ahora hacer pronósticos sobre el futuro del capital como técnica de tutela de los terceros —tema que sólo será posible afrontar adecuadamente en el marco supranacional de la Unión Europea—, pero sí interesa señalar que esa contraposición tipológica entre sociedades abiertas y sociedades cerradas no es absoluta, por cuanto que, como la realidad enseña, la gran mayoría de las sociedades anónimas españolas —salvo, obviamente, las cotizadas— son sociedades cuyos estatutos contienen cláusulas limitativas de la libre transmisibilidad de las acciones. El modelo legal subyacente no se corresponde con el modelo real, y esta circunstancia ha sido tenida en cuenta por el legislador español y ha debido ser tomada en consideración a la hora de elaborar el texto refundido. Se produce así, en ese plano de la realidad, una superposición de formas sociales, en el sentido de que para unas mismas necesidades —las que son específicas de las sociedades cerradas— se ofrece a la elección de los particulares dos formas sociales diferentes, concebidas con distinto grado de imperatividad, sin que el sentido de esa dualidad pueda apreciarse siempre con claridad. De este modo queda sin respuesta la pregunta de cuál debe ser en el futuro la relación entre las dos formas principales de las sociedades de capital y la de si el tránsito de una a otra debe respetar los requisitos establecidos para la transformación o si se debe facilitar a través de técnicas más ágiles y sencillas. Más que una rígida contraposición por razón de la forma social elegida, la distinción esencial radicaría en tener o no la condición de sociedad cotizada. El importante papel de las sociedades cotizadas en los mercados de capitales hace necesaria una intervención pública en la actividad económica orientada por una parte a la protección al inversor y por otra a la estabilidad, eficiencia y buen funcionamiento de los mercados financieros.

En este sentido, hay que tener en cuenta que la regulación de las sociedades cotizadas quedará sistematizada, por una parte, en este texto refundido, para recoger los aspectos económicos eminentemente societarios y, por otra, en la Ley 24/1988, de 28 de julio, del Mercado de Valores, donde aparece la regulación de la vertiente financiera de este tipo de sociedades, presidida fundamentalmente por el principio de transparencia para asegurar el buen funcionamiento de los mercados y la protección al inversor.

V. El texto refundido nace —y es importante destacarlo— con decidida voluntad de provisionalidad; nace con el deseo de ser superado pronto, convirtiéndose así en un peldaño más de la escala hacia el progreso del Derecho. De un lado, porque no es aventurado afirmar que, en el inmediato futuro, el legislador debe afrontar importantes reformas de la materia, con la revisión de algunas de soluciones legales tradicionales, con la ampliación de la dinámica de los deberes fiduciarios de los administradores, con la más detallada regulación de las sociedades cotizadas y con la creación de un Derecho sustantivo de los grupos de sociedades, confinados hasta ahora en el régimen de las cuentas consolidadas y en esas normas episódicas dispersas por el articulado. De otro lado, porque es aspiración general que la totalidad del Derecho general de las sociedades mercantiles, incluido el aplicable a las sociedades personalistas, se contenga en un cuerpo legal unitario, con superación de la persistente pluralidad legislativa, que el presente texto refundido reduce pero no elimina. En este sentido los trabajos de la Comisión General de Codificación para la elaboración de un Código de las Sociedades Mercantiles o incluso de un nuevo Código Mercantil al servicio de las exigencias de la imprescindible unidad de mercado, habrán de ser valorados por el Gobierno a fin de decidir el tiempo y el modo de tan ambiciosa reforma.

En su virtud, a propuesta del Ministro de Justicia y de la Ministra de Economía y Hacienda, de acuerdo con el Consejo de Estado y previa deliberación del Consejo de Ministros en su reunión del día 2 de julio de 2010, DISPONGO:

Art. único. *Aprobación del texto refundido de la Ley de Sociedades de Capital.-* Se aprueba el texto refundido de la Ley de Sociedades de Capital, al que se incorpora el contenido de la sección 4.ª del título I del libro II del Código de Comercio de 1885, relativa a las sociedades comanditarias por acciones; el Real Decreto Legislativo 1564/1989, de 22 de diciembre, por el que se aprueba el texto refundido de la Ley de Sociedades Anónimas; la Ley 2/1995, de 23 de marzo, de Sociedades de Responsabilidad Limitada; y el contenido del título X de la Ley 24/1988, de 28 de julio, del Mercado de Valores, relativo a las sociedades anónimas cotizadas.

Disposición derogatoria única. *Derogación de normas.-* Se derogan las siguientes disposiciones:

1.º La sección 4.ª del título I del libro II (artículos 151 a 157) del Código de Comercio de 1885, relativa a la sociedad en comandita por acciones.

2.º El Real Decreto Legislativo 1564/1989, de 22 de diciembre, por el que se aprueba el texto refundido de la Ley de Sociedades Anónimas.

3.º La Ley 2/1995, de 23 de marzo, de Sociedades de Responsabilidad Limitada.

4.º El título X (artículos 111 a 117) de la Ley 24/1988, de 28 de julio, del Mercado de Valores, relativo a las sociedades cotizadas, con excepción de los apartados 2 y 3 del artículo 114 y los artículos 116 y 116 bis.

Disposición final primera. *Título competencial.-* El texto refundido de la Ley de Sociedades de Capital se dicta en uso de la competencia exclusiva del Estado en materia de legislación mercantil, de conformidad con lo establecido en el artículo 149.1.6.ª de la Constitución Española.

Disposición final segunda. *Autorización al Ministro de Justicia.-* Se autoriza al Ministro de Justicia para la modificación de las referencias a la numeración contenida en el Reglamento del Registro Mercantil, aprobado por Real Decreto 1784/1996, de 19 de julio, de los artículos de los textos de las disposiciones que se derogan por la que corresponde a los contenidos en el texto refundido de la Ley de sociedades de capital.

Disposición final tercera. *Entrada en vigor.-* El presente real decreto legislativo y el texto refundido que aprueba entrarán en vigor el 1 de septiembre de 2010, excepto el artículo 515 que no será de aplicación hasta el 1 de julio de 2011.

TEXTO REFUNDIDO DE LA LEY DE SOCIEDADES DE CAPITAL

TÍTULO I. Disposiciones generales

CAPÍTULO I. Las sociedades de capital

Artículo 1. *Sociedades de capital.-* 1. Son sociedades de capital la sociedad de responsabilidad limitada, la sociedad anónima y la sociedad comanditaria por acciones.

2. En la sociedad de responsabilidad limitada, el capital, que estará dividido en participaciones sociales, se integrará por las aportaciones de todos los socios, quienes no responderán personalmente de las deudas sociales.

3. En la sociedad anónima el capital, que estará dividido en acciones, se integrará por las aportaciones de todos los socios, quienes no responderán personalmente de las deudas sociales.

4. En la sociedad comanditaria por acciones, el capital, que estará dividido en acciones, se integrará por las aportaciones de todos los socios, uno de los cuales, al menos, responderá personalmente de las deudas sociales como socio colectivo.

Véanse arts. 114, 121, 132 a 135, 175, 183, 189, 190 y 213 RRM (§12).

La Disp. adicional 10.ª de la Ley 18/2022, de 28 de septiembre, de creación y crecimiento de empresa (BOE núm. 234, de 29 septiembre) (entrada en vigor el 19 de octubre de 2022), establece:

«*Disposición adicional décima. Reconocimiento de las Sociedades de Beneficio e Interés Común.* Se reconoce la figura de las Sociedades de Beneficio e Interés Común, como aquellas sociedades de capital que, voluntariamente, decidan recoger en sus estatutos:

– Su compromiso con la generación explícita de impacto positivo a nivel social y medioambiental a través de su actividad.

– Su sometimiento a mayores niveles de transparencia y rendición de cuentas en el desempeño de los mencionados objetivos sociales y medioambientales, y la toma en consideración de los grupos de interés relevantes en sus decisiones.

– Mediante desarrollo reglamentario se contemplarán los criterios y la metodología de validación de esta nueva figura empresarial, que incluirá una verificación del desempeño de la sociedad, quedando sujetos tanto los criterios como la metodología a estándares de máxima exigencia».

Art. 2. *Carácter mercantil.-* Las sociedades de capital, cualquiera que sea su objeto, tendrán carácter mercantil.

Véanse arts. 116 Ccom y 1.670 Cc.

Art. 3. *Régimen legal.-* 1. Las sociedades de capital, en cuanto no se rijan por disposición legal que les sea específicamente aplicable, quedarán sometidas a los preceptos de esta ley.

2. Las sociedades comanditarias por acciones se regirán por las normas específicamente aplicables a este tipo social y, en lo que no esté en ellas previsto, por lo establecido en esta ley para las sociedades anónimas.

> Téngase en cuenta las «Medidas extraordinarias aplicables a las personas jurídicas de Derecho privado» durante el ejercicio 2021 establecidas en el art. 3 del Real Decreto-ley 34/2020, de 17 de noviembre, de medidas urgentes de apoyo a la solvencia empresarial y al sector energético, y en materia tributaria (BOE núm. 303, de 18 de noviembre) y en la Disp, final cuarta. 3 de la Ley 2/2021, de 29 de marzo.

Art. 4. *Capital social mínimo.*– 1. El capital de la sociedad de responsabilidad limitada no podrá ser inferior a un euro y se expresará precisamente en esa moneda.

Mientras el capital de las sociedades de responsabilidad limitada no alcance la cifra de tres mil euros, se aplicarán las siguientes reglas:

Deberá destinarse a la reserva legal una cifra al menos igual al 20 por ciento del beneficio hasta que dicha reserva junto con el capital social alcance el importe de tres mil euros.

En caso de liquidación, voluntaria o forzosa, si el patrimonio de la sociedad fuera insuficiente para atender el pago de las obligaciones sociales, los socios responderán solidariamente de la diferencia entre el importe de tres mil euros y la cifra del capital suscrito.

2. El capital social de la sociedad anónima no podrá ser inferior a sesenta mil euros y se expresará precisamente en esa moneda.

> Art. modificado por el art. 2, uno, de la Ley 18/2022, de 28 de septiembre, de creación y crecimiento de empresas (BOE núm. 234, de 29 septiembre) (entrada en vigor el 19 de octubre de 2022).

Art. 4 bis. *Sociedades en régimen de formación sucesiva.*– [SUPRIMIDO]

> Artículo que había sido añadido por el art. 12.2 de la Ley 14/2013, de 27 de septiembre, suprimido por el art. 2, dos, de la Ley 18/2022, de 28 de septiembre, de creación y crecimiento de empresas (BOE núm. 234, de 29 septiembre) (entrada en vigor el 19 de octubre de 2022).
>
> La Disp. Transitoria 2.ª de la citada Ley 18/2022, de 28 de septiembre, establece:
> «*Disposición transitoria segunda. Sociedades en régimen de formación sucesiva.* 1. Las sociedades de responsabilidad limitada que con anterioridad a la fecha de entrada en vigor de esta Ley hubieran estado sujetas a lo dispuesto en el artículo 4 bis del texto refundido de la Ley de Sociedades de Capital aprobado por el Real Decreto Legislativo 1/2010, de 2 de julio, podrán optar por modificar sus estatutos para dejar de estar sometidas al régimen de formación sucesiva y regirse, mientras su capital social no alcance la cifra de tres mil euros, por las reglas establecidas en el apartado 3 del artículo 4 del texto refundido de la Ley de Sociedades de Capital.
> 2. Mientras no modifiquen sus estatutos y no alcancen la cifra de capital social de tres mil euros, las sociedades seguirán sujetas a las siguientes reglas:

a) Deberá destinarse a la reserva legal una cifra al menos igual al 20 por ciento del beneficio del ejercicio sin límite de cuantía.

b) Una vez cubiertas las atenciones legales o estatutarias, solo podrán repartirse dividendos a los socios si el valor del patrimonio neto no es o, a consecuencia del reparto, no resultare inferior a mil ochocientos euros.

c) La suma anual de las retribuciones satisfechas a los socios y administradores por el desempeño de tales cargos durante esos ejercicios no podrá exceder del 20 por ciento del patrimonio neto del correspondiente ejercicio, sin perjuicio de la retribución que les pueda corresponder como trabajador por cuenta ajena de la sociedad o a través de la prestación de servicios profesionales que la propia sociedad concierte con dichos socios y administradores.

d) En caso de liquidación, voluntaria o forzosa, si el patrimonio de la sociedad fuera insuficiente para atender al pago de sus obligaciones, los socios y los administradores de la sociedad responderán solidariamente del desembolso de la cifra de capital más la diferencia entre ésta y la cifra de tres mil euros».

Véase arts. 4.1, 5 y 23.d) del presente TRLSC.

Art. 5. *Prohibición de capital inferior al mínimo legal.*– No se autorizarán escrituras de constitución de sociedad de capital que tengan una cifra de capital social inferior al legalmente establecido, ni escrituras de modificación del capital social que lo dejen reducido por debajo de dicha cifra, salvo que sea consecuencia del cumplimiento de una Ley.

Art. modificado de acuerdo con el art. 2, tres, de la Ley 18/2022, de 28 de septiembre, de creación y crecimiento de empresas (BOE núm. 234, de 29 septiembre) (entrada en vigor el 19 de octubre de 2022).

Véanse arts. 4.1, 5 y 23 d) del presente TRLSC.

CAPÍTULO II. Denominación, nacionalidad y domicilio

Sección 1.ª Denominación

Véase Disp. Final 1.ª del presente TRLC.

Téngase en cuenta arts. 87 a 91 LM sobre nombres comerciales, así como sus Disp. Ads.14ª, 17ª y 18ª, y los arts. 18 y ss. (sobre Obligaciones relativas al número de identificación fiscal) del Reglamento General de las actuaciones y los procedimientos de gestión e inspección tributaria (...), aprobado por Real Decreto 1065/2007, de 27 de julio.

Art. 6. *Indicación del tipo social.*– 1. En la denominación de la sociedad de responsabilidad limitada deberá figurar necesariamente la indicación «Sociedad de Responsabilidad Limitada», «Sociedad Limitada» o sus abreviaturas «S.R.L». o «S.L.».

2. En la denominación de la sociedad anónima deberá figurar necesariamente la indicación «Sociedad Anónima» o su abreviatura «S.A.».

3. La sociedad comanditaria por acciones podrá utilizar una razón social, con el nombre de todos los socios colectivos, de alguno de ellos o de uno solo, o bien una

denominación objetiva, con la necesaria indicación de «Sociedad comanditaria por acciones» o su abreviatura «S. Com. por A.».

Véanse arts. 38, 116, 163, 177, 213 y 398 a 419 del RRM (§5).

Art. 7. *Prohibición de identidad*.- 1. Las sociedades de capital no podrán adoptar una denominación idéntica a la de cualquier otra sociedad preexistente.

2. Reglamentariamente podrán establecerse ulteriores requisitos para la composición de la denominación social.

Véanse arts. 38, 116, 163, 177, 213 y 398 a 419 del RRM (§5).

Sección 2.ª Nacionalidad

Art. 8. *Nacionalidad*.- Serán españolas y se regirán por la presente ley todas las sociedades de capital que tengan su domicilio en territorio español, cualquiera que sea el lugar en que se hubieran constituido.

Véanse arts. 28 y 41 Cc., 15 Ccom y 38, 120, 160,163 y 182 RRM (§5).

Sección 3.ª Domicilio

Art. 9. *Domicilio*.- 1. Las sociedades de capital fijarán su domicilio dentro del territorio español en el lugar en que se halle el centro de su efectiva administración y dirección, o en el que radique su principal establecimiento o explotación.

2. Las sociedades de capital cuyo principal establecimiento o explotación radique dentro del territorio español deberán tener su domicilio en España.

Véanse arts. 17 a 20, 38, 120, 160, 161,163 y 182 RRM (§5), 41 Cc y 51 y 52 de la LEC. Y téngase en cuenta art. 48 de la Ley 58/2003, de 17 de diciembre, General Tributaria, respecto al domicilio fiscal de las sociedades.

Art. 10. *Discordancia entre domicilio registral y domicilio real*.- En caso de discordancia entre el domicilio registral y el que correspondería según el artículo anterior, los terceros podrán considerar como domicilio cualquiera de ellos.

Art. 11. *Sucursales*.- 1. Las sociedades de capital podrán abrir sucursales en cualquier lugar del territorio nacional o del extranjero.

2. Salvo disposición contraria de los estatutos, el órgano de administración será competente para acordar la creación, la supresión o el traslado de las sucursales.

Véase art. 81.1.j), 94.1.6º, 120.2, 182.2 y 295 y ss. del RRM (§5).

Sección 4.ª Página web

Sección introducida por el apartado Uno del art. 1 de la Ley 1/2012, de 22 de junio, de simplificación de las obligaciones de información y documentación de fusiones y escisiones de sociedades de capital (BOE núm. 150, de 23 de junio), procedente del Real Decreto-ley 9/2012, de 16 de marzo (BOE núm. 66, de 17 de marzo).

Art. 11 bis. *Página web de la sociedad.*– 1. Las sociedades de capital podrán tener una página web corporativa. Esta página será obligatoria para las sociedades cotizadas.

2. La creación de una página web corporativa deberá acordarse por la junta general de la sociedad. En la convocatoria de la junta, la creación de la página web deberá figurar expresamente en el orden del día de la reunión. Salvo disposición estatutaria en contrario, la modificación, el traslado o la supresión de la página web de la sociedad será competencia del órgano de administración.

3. El acuerdo de creación de la página web se hará constar en la hoja abierta a la sociedad en el Registro Mercantil competente y será publicado en el «Boletín Oficial del Registro Mercantil».

El acuerdo de modificación, de traslado o de supresión de la página web se hará constar en la hoja abierta a la sociedad en el Registro Mercantil competente y será publicado en el «Boletín Oficial del Registro Mercantil», así como en la propia página web que se ha acordado modificar, trasladar o suprimir durante los treinta días siguientes a contar desde la inserción del acuerdo.

La publicación de la página web de la sociedad en el «Boletín Oficial del Registro Mercantil» será gratuita.

Hasta que la publicación de la página web en el «Boletín Oficial del Registro Mercantil» tenga lugar, las inserciones que realice la sociedad en la página web no tendrán efectos jurídicos.

Los estatutos sociales podrán exigir que, antes de que se hagan constar en la hoja abierta a la sociedad en el Registro Mercantil, estos acuerdos se notifiquen individualmente a cada uno de los socios.

> Art. introducido por el artículo 1º, Uno, de la Ley 25/2011, de 1 de agosto, de reforma parcial de la Ley de Sociedades de Capital y de incorporación de la Directiva 2007/36/CE, del Parlamento Europeo y del Consejo, de 11 de julio, sobre el ejercicio de determinados derechos de los accionistas de sociedades cotizadas (BOE núm. 184 de 2 de agosto), y posteriormente modificado por el apartado Uno del art. 1 de la Ley 1/2012, de 22 de junio, de simplificación de las obligaciones de información y documentación de fusiones y escisiones de sociedades de capital (BOE núm. 150, de 23 de junio), procedente del Real Decreto-ley 9/2012, de 16 de marzo (BOE núm. 66, de 17 de marzo).
>
> Téngase en cuenta que la Disposición transitoria de la citada Ley 1/2012, de 22 de junio, establece que.
>
> > «La publicidad efectuada en las páginas web de las sociedades cotizadas ya existentes a la entrada en vigor de esta Ley surtirá en todo caso efectos jurídicos, sin perjuicio de su adaptación a lo dispuesto en el artículo 11 bis del Texto Refundido de la Ley de Sociedades de Capital, aprobado por el Real Decreto Legislativo 1/2010, de 2 de julio, en la primera junta general que celebren tras la

entrada en vigor de esta Ley. La existencia de las páginas web de las sociedades cotizadas podrá hacerse constar en el Registro Mercantil mediante certificación expedida por el Secretario del Consejo de la sociedad».

En relación con las sociedades anónimas cotizadas, véanse apartados 2 y 3 del art. 539 del presente TRLSC, así como el art. 13 de la Orden ECC/461/2013, de 20 de marzo, en el que se determinada el contenido mínimo de la página web de las sociedades anónimas cotizadas.

Art. 11 ter. *Publicaciones en la página web.*– 1. La sociedad garantizará la seguridad de la página web, la autenticidad de los documentos publicados en esa página, así como el acceso gratuito a la misma con posibilidad de descarga e impresión de lo insertado en ella.

2. La carga de la prueba del hecho de la inserción de documentos en la página web y de la fecha en que esa inserción haya tenido lugar corresponderá a la sociedad.

3. Los administradores tienen el deber de mantener lo insertado en la página web durante el término exigido por la ley, y responderán solidariamente entre sí y con la sociedad frente a los socios, acreedores, trabajadores y terceros de los perjuicios causados por la interrupción temporal de acceso a esa página, salvo que la interrupción se deba a caso fortuito o de fuerza mayor. Para acreditar el mantenimiento de lo insertado durante el término exigido por la ley será suficiente la declaración de los administradores, que podrá ser desvirtuada por cualquier interesado mediante cualquier prueba admisible en Derecho.

4. Si la interrupción de acceso a la página web fuera superior a dos días consecutivos o cuatro alternos, no podrá celebrarse la junta general que hubiera sido convocada para acordar sobre el asunto a que se refiera el documento inserto en esa página, salvo que el total de días de publicación efectiva fuera igual o superior al término exigido por la ley. En los casos en los que la ley exija el mantenimiento de la inserción después de celebrada la junta general, si se produjera interrupción, deberá prolongarse la inserción por un número de días igual al que el acceso hubiera estado interrumpido.

Art. introducido por el apartado Uno del art. 1 de la Ley 1/2012, de 22 de junio, de simplificación de las obligaciones de información y documentación de fusiones y escisiones de sociedades de capital (BOE núm. 150, de 23 de junio), procedente del Real Decreto-ley 9/2012, de 16 de marzo (BOE núm. 66, de 17 de marzo).

Véase arts. 173 del presente TRLSC.

Art. 11 quáter. *Comunicaciones por medios electrónicos.*– Las comunicaciones entre la sociedad y los socios, incluida la remisión de documentos, solicitudes e información, podrán realizarse por medios electrónicos siempre que dichas comunicaciones hubieran sido aceptadas por el socio. La sociedad habilitará, a través de la propia web corporativa, el correspondiente dispositivo de contacto con la sociedad que permita acreditar la fecha indubitada de la recepción así como el contenido de los mensajes electrónicos intercambiados entre socios y sociedad.

> Art. introducido por el apartado Uno del art. 1 de la Ley 1/2012, de 22 de junio, de simplificación de las obligaciones de información y documentación de fusiones y escisiones de sociedades de capital (BOE núm. 150, de 23 de junio), procedente del Real Decreto-ley 9/2012, de 16 de marzo (BOE núm. 66, de 17 de marzo). Téngase en cuenta que la redacción del presente art. en dicho RD-Ley fue modificada por la citada Ley 1/2012, de 22 de junio.

CAPÍTULO III. La sociedad unipersonal

Véase arts. 174 y 203 del RRM (§5).

Sección 1.ª La sociedad unipersonal

Véanse arts. 38, 120, 160, 163 y 182 RRM (§5).

Art. 12. *Clases de sociedades de capital unipersonales*.– Se entiende por sociedad unipersonal de responsabilidad limitada o anónima:

a) La constituida por un único socio, sea persona natural o jurídica.

b) La constituida por dos o más socios cuando todas las participaciones o las acciones hayan pasado a ser propiedad de un único socio. Se consideran propiedad del único socio las participaciones sociales o las acciones que pertenezcan a la sociedad unipersonal.

Art. 13. *Publicidad de la unipersonalidad*.– 1. La constitución de una sociedad unipersonal, la declaración de tal situación como consecuencia de haber pasado un único socio a ser propietario de todas las participaciones sociales o de todas las acciones, la pérdida de tal situación o el cambio del socio único como consecuencia de haberse transmitido alguna o todas las participaciones o todas las acciones, se harán constar en escritura pública que se inscribirá en el Registro Mercantil. En la inscripción se expresará necesariamente la identidad del socio único.

2. En tanto subsista la situación de unipersonalidad, la sociedad hará constar expresamente su condición de unipersonal en toda su documentación, correspondencia, notas de pedido y facturas, así como en todos los anuncios que haya de publicar por disposición legal o estatutaria.

> En relación con el apartado 2, véase art. 17 del presente TRLSC.
> Véase arts. 174 y 203 del RRM (§5).

Art. 14. *Efectos de la unipersonalidad sobrevenida*.– 1. Transcurridos seis meses desde la adquisición por la sociedad del carácter unipersonal sin que esta circunstancia se hubiere inscrito en el Registro Mercantil, el socio único responderá personal, ilimitada y solidariamente de las deudas sociales contraídas durante el período de uniper-sonalidad.

2. Inscrita la unipersonalidad, el socio único no responderá de las deudas contraí-das con posterioridad.

Véase art. 17 del presente TRLSC.

Sección 2.ª Régimen jurídico de la sociedad unipersonal

Art. 15. *Decisiones del socio único*.– 1. En la sociedad unipersonal el socio único ejercerá las competencias de la junta general.

2. Las decisiones del socio único se consignarán en acta, bajo su firma o la de su representante, pudiendo ser ejecutadas y formalizadas por el propio socio o por los administradores de la sociedad.

Véase art. 97.2 del RRM (§5).

Art. 16. *Contratación del socio único con la sociedad unipersonal*.– 1. Los con-tratos celebrados entre el socio único y la sociedad deberán constar por escrito o en la forma documental que exija la ley de acuerdo con su naturaleza, y se transcribirán a un libro-registro de la sociedad que habrá de ser legalizado conforme a lo dispuesto para los libros de actas de las sociedades. En la memoria anual se hará referencia expresa e individualizada a estos contratos, con indicación de su naturaleza y condiciones.

2. En caso de concurso del socio único o de la sociedad, no serán oponibles a la masa aquellos contratos comprendidos en el apartado anterior que no hayan sido trans-critos al libro-registro y no se hallen referenciados en la memoria anual o lo hayan sido en memoria no depositada con arreglo a la ley.

3. Durante el plazo de dos años a contar desde la fecha de celebración de los con-tratos a que se refiere el apartado primero, el socio único responderá frente a la sociedad de las ventajas que directa o indirectamente haya obtenido en perjuicio de ésta como consecuencia de dichos contratos.

En relación con los apartados 2 y 3, véase art. 17 del presente TRLSC.
Sobre la legación del libro-registro de la sociedad a que se refiere el apartado 1, véase art. 18 de la Ley 14/2013, de 27 de septiembre, de apoyo a los emprendedores y su internacionalización (§2), y la Instrucción de 12 de febrero de 2015, de la Dirección General de los Registros y del Notariado, sobre legalización de libros de los empre-sarios en aplicación del artículo 18 de la Ley 14/2013, de 27 de septiembre (BOE de 16 de febrero).

Art. 17. *Especialidades de las sociedades unipersonales públicas*.– A las socie-dades de responsabilidad limitada o anónimas unipersonales cuyo capital sea propiedad del Estado, Comunidades Autónomas o Corporaciones locales, o de organismos o entidades de ellos dependientes, no serán de aplicación lo establecido en el apartado segundo del artículo 13, el artículo 14 y los apartados 2 y 3 del artículo 16.

CAPÍTULO IV. Los grupos de sociedades

Art. 18. *Grupos de sociedades*.– A los efectos de esta ley, se considerará que existe grupo de sociedades cuando concurra alguno de los casos establecidos en el artículo 42 del Código de Comercio, y será sociedad dominante la que ostente o pueda ostentar, directa o indirectamente, el control de otra u otras.

Véase art. 4 de la LMVySI (§3)

El art. 42 del Código de Comercio establece:

«*Art. 42. 1.* (...).

Existe un grupo cuando una sociedad ostente o pueda ostentar, directa o indirectamente, el control de otra u otras. En particular, se presumirá que existe control cuando una sociedad, que se calificará como dominante, se encuentre en relación con otra sociedad, que se calificará como dependiente, en alguna de las siguientes situaciones:

a) Posea la mayoría de los derechos de voto.

b) Tenga la facultad de nombrar o destituir a la mayoría de los miembros del órgano de administración.

c) Pueda disponer, en virtud de acuerdos celebrados con terceros, de la mayoría de los derechos de voto.

d) Haya designado con sus votos a la mayoría de los miembros del órgano de administración, que desempeñen su cargo en el momento en que deban formularse las cuentas consolidadas y durante los dos ejercicios inmediatamente anteriores. En particular, se presumirá esta circunstancia cuando la mayoría de los miembros del órgano de administración de la sociedad dominada sean miembros del órgano de administración o altos directivos de la sociedad dominante o de otra dominada por ésta. Este supuesto no dará lugar a la consolidación si la sociedad cuyos administradores han sido nombrados, está vinculada a otra en alguno de los casos previstos en las dos primeras letras de este apartado.

A los efectos de este apartado, a los derechos de voto de la entidad dominante se añadirán los que posea a través de otras sociedades dependientes o a través de personas que actúen en su propio nombre pero por cuenta de la entidad dominante o de otras dependientes o aquellos de los que disponga concertadamente con cualquier otra persona.

(...)».

TÍTULO II. La constitución de las sociedades de capital

* Los arts. 3 y 4 de la Ley 18/2022, de 28 de septiembre, de creación y crecimiento de empresas (BOE núm. 234, de 29 septiembre) (entrada en vigor el 19 de octubre de 2022), establecen:

«*Art. 3. Obligaciones de información por parte de quienes intervengan en la constitución de sociedades de responsabilidad limitada.* 1. Los notarios y los intermediarios que participen en la creación de las sociedades de responsabilidad limitada deberán informar a los fundadores de las ventajas de emplear los

Puntos de Atención al Emprendedor (PAE) y el Centro de Información y Red de Creación de Empresas (CIRCE), para su constitución y la realización de otros trámites ligados al inicio de su actividad.

En particular, deberán informar como mínimo de las siguientes ventajas:

a) Coste y plazos de constitución.

b) Prestación de servicios de información y asesoramiento (incluidas las medidas de apoyo financiero estatales, autonómicas y locales).

c) Cumplimentación automática de las obligaciones en materia tributaria y de Seguridad Social asociadas inicio de la actividad.

d) Posibilidad de realizar trámites asociados al inicio de la actividad ante autoridades estatales, autonómicas y locales asociadas, mediante la presentación de comunicaciones y declaraciones responsables.

e) Seguimiento del estado de la tramitación ante los organismos competentes.

2. Estas obligaciones de información se completarán mediante desarrollo reglamentario».

«*Art. 4. Agenda Electrónica Notarial.* 1. Todos los notarios deben estar disponibles en la Agenda Electrónica Notarial y en disposición de llevar a cabo la constitución de sociedades a través de CIRCE.

2. El notario no podrá rechazar ningún trámite de constitución iniciado a través del sistema CIRCE y el Documento Único Electrónico. En el caso de que hubiese una causa justificada para el rechazo deberá comunicárselo a CIRCE y al Consejo General del Notariado a través del propio sistema CIRCE, de forma que resulte probada la notificación

3. Lo dispuesto en este artículo debe entenderse sin perjuicio de la posibilidad de constituir sociedades mediante documento público extranjero extrajudicial, de conformidad con la legislación de cooperación jurídica internacional. Tales documentos podrán ser inscritos en los registros públicos españoles si cumplen los requisitos establecidos en la legislación hipotecaria y en la legislación de cooperación jurídica internacional».

* En relación con la constitución en línea, electrónica o telemática de sociedades de responsabilidad limitada mediante escritura pública y con o sin estatutos tipo, véanse arts. 20 bis, 22 bis, Cap. III bis(arts. 40 bis a 40 quinquies) del presente TRLSC, 15 y 16 de la Ley 14/2013, de 27 de septiembre, de apoyo a los emprendedores y su internacionalización (BOE núm. 233 de 28 de septiembre) (§2), el Real Decreto 421/2015, de 29 de mayo, por el que se regulan los modelos de estatutos-tipo y de escritura pública estandarizados de las sociedades de responsabilidad limitada, se aprueba modelo de estatutos-tipo, se regula la agenda electrónica notarial y la bolsa de denominaciones sociales con reserva (§11), la Orden JUS/1840/2015, de 9 de septiembre, por la que se aprueba el modelo de escritura pública en formato estandarizado y campos codificados de las sociedades de responsabilidad limitada, así como la relación de actividades que pueden formar parte del objeto social (§12) así como la Disp. Adicional 3.ª del presente TRLSC, y el Real Decreto 682/2003, de 7 de junio, por el que se regula el sistema de tramitación telemática a que se refiere el artículo 134 y la disposición adicional octava de la Ley 2/1995, de 23 de marzo, de Sociedades de Responsabilidad Limitada, el Real Decreto 1332/2006, de 21 de noviembre, por el que se regulan las especificaciones y condiciones para el empleo del Documento Único Electrónico para la constitución y puesta en marcha de sociedades de responsabilidad limitada mediante el sistema de tramitación telemática, y el Real Decreto 44/2015, de 2 de febrero, por el que se regulan las especificaciones y condiciones para el empleo del Documento Único Electrónico (DUE) para la puesta en marcha de sociedades cooperativas, sociedades civiles, comunidades de bienes, sociedades limitadas laborales y emprendedores de responsabilidad limitada mediante el sistema de tramitación telemática.

Véase también sobre el plazo para la inscripción de empresas emergentes y de todos sus actos societarios el art. 11 de la Ley 28/2022, de 21 de diciembre, de fomento del ecosistema de las empresas emergentes (§9) (BOE núm. 306, de 22 de diciembre), con entrada en vigor el 23 de diciembre de 2022. Véase igualmente la Disp. Final 12ª de esta última Ley sobre la aprobación de estatutos tipo adaptados a las necesidades de las empresas emergentes.

* La Disp. Ad. 5.ª de la Ley 18/2022, de 28 de septiembre, de creación y crecimiento de empresas (BOE núm. 234, de 29 septiembre) (entrada en vigor el 19 de octubre de 2022), establece que «el Ministerio de Justicia regulará mediante orden ministerial la escritura de constitución de las sociedades de responsabilidad limitada con un formato estandarizado y con campos codificados para las sociedades de responsabilidad limitada que se constituyan mediante el Documento Único Electrónico (DUE) y que adopten la fórmula de consejo de administración como sistema de administración».

Por su parte, la Disp. Adicional 6.ª de la citada Ley 18/2022, de 28 de septiembre, de creación y crecimiento de empresas, establece:

«1. A partir de la entrada en vigor de la norma de transposición de la Directiva (UE) 2019/1151 del Parlamento Europeo y del Consejo, de 20 de junio de 2019, por la que se modifica la Directiva (UE) 2017/1132 en lo que respecta a la utilización de herramientas y procesos digitales en el ámbito del derecho de sociedades, el procedimiento notarial para la constitución de sociedades de responsabilidad limitada de forma íntegra por medios telemáticos quedará incorporado al procedimiento de constitución a través del Centro de Información y Red de Creación de Empresas (CIRCE), y sujeto a los plazos, aranceles y demás requisitos previstos en la regulación de CIRCE.

2. Los desarrollos reglamentarios pertinentes para la incorporación de dicho procedimiento a CIRCE relativos al Documento Único Electrónico, los estatutos tipo y la escritura pública estandarizada se realizarán por Real Decreto».

CAPÍTULO I. Disposiciones generales

Art. 19. *La constitución de las sociedades.*– 1. Las sociedades de capital se constituyen por contrato entre dos o más personas o, en caso de sociedades unipersonales, por acto unilateral.

2. Las sociedades anónimas podrán constituirse también en forma sucesiva por suscripción pública de acciones.

Véanse arts. 20 y 33 del presente TRLSC.

Art. 20. *Escritura pública e inscripción registral.*– La constitución de las sociedades de capital exigirá escritura pública, que deberá inscribirse en el Registro Mercantil.

Véase arts. 19 y 33 del presente TRLSC.

Art. 20 bis. *Definiciones.*- A las normas contenidas en este título se aplicarán las definiciones que se enuncian seguidamente:

1) «Medio de identificación electrónica»: un medio de identificación electrónica tal como se define en el artículo 3, punto 2, del Reglamento (UE) n.º 910/2014 del Parlamento Europeo y del Consejo y la Ley 6/2020, de 11 de noviembre, reguladora de determinados aspectos de los servicios electrónicos de confianza.

2) «Sistema de identificación electrónica»: un sistema de identificación electrónica tal como se define en el artículo 3, punto 4, del Reglamento (UE) n.º 910/2014 y la Ley 6/2020, de 11 de noviembre, reguladora de determinados aspectos de los servicios electrónicos de confianza.

3) «Medios electrónicos»: los equipos electrónicos utilizados para el tratamiento, incluida la compresión digital, y el almacenamiento de datos, a través de los cuales la información se envía desde la fuente y se recibe en su destino, siendo esa información enteramente transmitida, canalizada y recibida del modo establecido por la legislación española.

4) «Constitución»: todo el proceso de la fundación de una sociedad con arreglo a la presente ley, incluidos el otorgamiento de la escritura de constitución, así como todas las fases necesarias para la inscripción de la sociedad en el registro.

5) «Registro de una sucursal»; el proceso que conduce a la publicidad de documentos e información relativos a una sucursal de nueva apertura en un Estado miembro.

6) «Modelo»; modelo electrónico de constitución de una sociedad elaborado por los Estados miembros de conformidad con su Derecho nacional y que se utiliza para la constitución en línea de sociedades con arreglo al artículo 26 bis.

Art. introducido por el art. 39, Uno, de la Ley 11/2023, de 8 de mayo, de trasposición de Directivas de la Unión Europea en materia de accesibilidad de determinados productos y servicios, migración de personas altamente cualificadas, tributaria y digitalización de actuaciones notariales y registrales; y por la que se modifica la Ley 12/2011, de 27 de mayo, sobre responsabilidad civil por daños nucleares o producidos por materiales radiactivos (BOE núm. 110, de 9 de mayo).

CAPÍTULO II. Constitución de sociedades

Rúbrica modificada por el art. 39, Dos, de la Ley 11/2023, de 8 de mayo, de trasposición de Directivas de la Unión Europea en materia de (...) digitalización de actuaciones notariales y registrales (...) (BOE núm. 110, de 9 de mayo)
Véase Disp. Final 1ª del presente TRLSC, así como la nota inicial al presente Título II.
Véase art. 413 del RRM (§5).

Art. 21. *Otorgamiento de la escritura de constitución*.- La escritura de constitución de las sociedades de capital deberá ser otorgada por todos los socios fundadores, sean personas físicas o jurídicas, por sí o por medio de representante, quienes habrán de asumir la totalidad de las participaciones sociales o suscribir la totalidad de las acciones.

Art. 22. *Contenido de la escritura de constitución*.– 1. En la escritura de constitución de cualquier sociedad de capital se incluirán, al menos, las siguientes menciones:

a) La identidad del socio o socios.

b) La voluntad de constituir una sociedad de capital, con elección de un tipo social determinado.

c) Las aportaciones que cada socio realice o, en el caso de las anónimas, se haya obligado a realizar, y la numeración de las participaciones o de las acciones atribuidas a cambio.

d) Los estatutos de la sociedad.

e) La identidad de la persona o personas que se encarguen inicialmente de la administración y de la representación de la sociedad.

2. Si la sociedad fuera de responsabilidad limitada, la escritura de constitución determinará el modo concreto en que inicialmente se organice la administración, si los estatutos prevén diferentes alternativas.

3. Si la sociedad fuera anónima, la escritura de constitución expresará, además, la cuantía total, al menos aproximada, de los gastos de constitución, tanto de los ya satisfechos como de los meramente previstos hasta la inscripción.

> Véanse arts. 114, 115, 175 y 176 del RRM (§5).
> Véase Disp. Final 1.ª del presente TRLSC y Disp. Final 10.ª de Ley 14/2013, de 27 de septiembre, de apoyo a los emprendedores y su internacionalización (BOE núm. 233, de 28 de septiembre) (§2), así como la nota inicial al presente Título II.
> Véanse las Disposiciones adicionales 5.ª y 6.ª de la Ley 18/2022, de 28 de septiembre, de creación y crecimiento de empresa (BOE núm. 234, de 29 septiembre) (entrada en vigor el 19 de octubre de 2022) reproducidas en la nota inicial al Título II del presente TRLSC.
> Téngase en cuenta el art. 20 de la Ley 14/2013, de 27 de septiembre, de apoyo a los emprendedores y su internacionalización (BOE núm. 233 de 28 de septiembre) (§2) que exige que en los documentos inscribibles y en la primera inscripción de constitución de las correspondientes entidades en los registros públicos competentes, se exprese los códigos (de la CNAE) correspondientes a las actividades que corresponden al respectivo objeto social de cada entidad inscribible.

Art. 22 bis. *Constitución de sociedades en línea*.– Las sociedades de responsabilidad limitada podrán ser constituidas mediante el procedimiento íntegramente en línea sin perjuicio de la posibilidad de utilizar cualquier otro tipo de procedimiento legalmente establecido. También podrán realizarse en línea las demás operaciones inscribibles y las dirigidas al cumplimiento de obligaciones legales de la vida de dichas sociedades.

En el procedimiento íntegramente en línea para la constitución de una sociedad de responsabilidad limitada, los otorgantes podrán utilizar en la escritura pública notarial el modelo de constitución con estatutos tipo, cuyo contenido se determinará reglamentariamente.

No podrá utilizarse el procedimiento íntegramente en línea cuando la aportación de los socios al capital social se realice mediante aportaciones que no sean dinerarias.

Tanto la constitución de la sociedad como las operaciones en línea se regirán por lo dispuesto en el presente título y en la normativa sectorial que le sea de aplicación.

> Art. introducido por el art. 39, Tres, de la Ley 11/2023, de 8 de mayo, de trasposición de Directivas de la Unión Europea en materia de (...) digitalización de actuaciones notariales y registrales (...) (BOE núm. 110, de 9 de mayo).
> Véase art. 20 bis, Cáp. III Bis (arts. 40 bis a 40 quinquies) y nota inicial al Título II del presente TRLSC.

Art. 23. *Estatutos sociales*.– En los estatutos, que han de regir el funcionamiento de las sociedades de capital, se hará constar:

a) La denominación de la sociedad.

b) El objeto social, determinando las actividades que lo integran.

c) El domicilio social.

d) El capital social, las participaciones o las acciones en que se divida, su valor nominal y su numeración correlativa. En el caso de las sociedades de responsabilidad limitada en régimen de formación sucesiva, en tanto la cifra de capital sea inferior al mínimo fijado en el artículo 4, los estatutos contendrán una expresa declaración de sujeción de la sociedad a dicho régimen. Los Registradores Mercantiles harán constar, de oficio, esta circunstancia en las notas de despacho de cualquier documento inscribible relativo a la sociedad, así como en las certificaciones que expidan.

Si la sociedad fuera de responsabilidad limitada expresará el número de participaciones en que se divida el capital social, el valor nominal de las mismas, su numeración correlativa y, si fueran desiguales, los derechos que cada una atribuya a los socios y la cuantía o la extensión de estos.

Si la sociedad fuera anónima expresará las clases de acciones y las series, en caso de que existieran; la parte del valor nominal pendiente de desembolso, así como la forma y el plazo máximo en que satisfacerlo; y si las acciones están representadas por medio de títulos, o por medio de anotaciones en cuenta o mediante sistemas basados en tecnología de registros distribuidos. En caso de que se representen por medio de títulos, deberá indicarse si son las acciones nominativas o al portador y si se prevé la emisión de títulos múltiples.

e) El modo o modos de organizar la administración de la sociedad, el número de administradores o, al menos, el número máximo y el mínimo, así como el plazo de duración del cargo y el sistema de retribución, si la tuvieren.

En las sociedades comanditarias por acciones se expresará, además, la identidad de los socios colectivos.

f) El modo de deliberar y adoptar sus acuerdos los órganos colegiados de la sociedad.

> Letra d) redactada de acuerdo con la Disp. Final. 6.ª, Uno, de la LMV y SI. Letra e) redactada de acuerdo con el art. 1.º, Dos, de la Ley 25/2011, de 1 de agosto, de reforma parcial de la Ley de Sociedades de Capital (…) (Entrada en vigor 2 de octubre 2011). En relación con la letra d), véanse arts. 4 y 5 del presente TRLSC y arts. 2, 5 y 6 de la LMVySI (3).
>
> Véanse apartados 2 y 3 de la Disp Final 1ª del presente TRLSC, los arts. 115 a 128 y 176 a 188 del RRM (§5), y el Real Decreto 421/2015, de 29 de mayo, por el que se regulan los modelos de estatutos-tipo y de escritura pública estandarizados de las sociedades de responsabilidad limitada, se aprueba modelo de estatutos-tipo, se regula la agenda electrónica notarial y la bolsa de denominaciones sociales con reserva (§11).
>
> Sobre la introducción en los Estatutos de una cláusula de sumisión a arbitraje, véanse arts. 11 bis y 11 ter de la Ley 60/2003, de 23 de diciembre, de Arbitraje, reproducidos como nota introductoria a los arts. 204 a 208 del presente TRLSC.

Art. 24. *Comienzo de las operaciones*.– 1. Salvo disposición contraria de los estatutos, las operaciones sociales darán comienzo en la fecha de otorgamiento de la escritura de constitución.

2. Los estatutos no podrán fijar una fecha anterior a la del otorgamiento de la escritura, excepto en el supuesto de transformación.

> Véanse art. 119 y 180 del RRM (§5).

Art. 25. *Duración de la sociedad*.– Salvo disposición contraria de los estatutos, la sociedad tendrá duración indefinida.

> Véanse art. 118 y 179 del RRM (§5).

Art. 26. *Ejercicio social*.– A falta de disposición estatutaria se entenderá que el ejercicio social termina el treinta y uno de diciembre de cada año.

> Véanse art. 125 y 181 del RRM (§5).

Art. 27. *Ventajas de los fundadores de las sociedades anónimas*.– 1. En los estatutos de las sociedades anónimas los fundadores y los promotores de la sociedad podrán reservarse derechos especiales de contenido económico, cuyo valor en conjunto, cualquiera que sea su naturaleza, no podrá exceder del diez por ciento de los beneficios netos obtenidos según balance, una vez deducida la cuota destinada a la reserva legal y por un período máximo de diez años. Los estatutos habrán de prever un sistema de liquidación para los supuestos de extinción anticipada de estos derechos especiales.

2. Estos derechos podrán incorporarse a títulos nominativos distintos de las acciones, cuya transmisibilidad podrá restringirse en los estatutos sociales.

> Véase art. 128 del RRM (§5).

Art. 28. *Autonomía de la voluntad.*- En la escritura y en los estatutos se podrán incluir, además, todos los pactos y condiciones que los socios fundadores juzguen conveniente establecer, siempre que no se opongan a las leyes ni contradigan los principios configuradores del tipo social elegido.

Véanse art. 114.2 y 175.2 del RRM (§5).

El apartado 3 de la Disp. Final 2.ª de la Ley 7/2003, de 1 de abril, de la sociedad limitada Nueva Empresa (...), dispuso que «reglamentariamente se establecerán las condiciones, forma y requisitos para la publicidad de los protocolos familiares, así como, en su caso, el acceso al Registro Mercantil de las escrituras públicas que contengan cláusulas susceptibles de inscripción». A esta norma se ha dado cumplimiento mediante la Real Decreto 171/2007, de 9 de febrero, por el que se regula la publicidad de los protocolos familiares (§14).

Véase también el art. 11.2 de la Ley 28/2022, de 21 de diciembre, de fomento del ecosistema de las empresas emergentes (BOE núm. 306, de 22 de diciembre), con entrada en vigor el 23 de diciembre de 2022 (§9), que establece: «2. Los pactos de socios en las empresas emergentes en forma de sociedad limitada serán inscribibles y gozarán de publicidad registral si no contienen cláusulas contrarias a la ley. Igualmente, serán inscribibles las cláusulas estatutarias que incluyan una prestación accesoria de suscribir las disposiciones de los pactos de socios en las empresas emergentes, siempre que el contenido del pacto esté identificado de forma que lo puedan conocer no solo los socios que lo hayan suscrito sino también los futuros socios.»

Art. 29. *Pactos reservados.*- Los pactos que se mantengan reservados entre los socios no serán oponibles a la sociedad.

Art. 30. *Responsabilidad de los fundadores.*- 1. Los fundadores responderán solidariamente frente a la sociedad, los socios y los terceros de la constancia en la escritura de constitución de las menciones exigidas por la ley, de la exactitud de cuantas declaraciones hagan en aquella y de la adecuada inversión de los fondos destinados al pago de los gastos de constitución.

2. La responsabilidad de los fundadores alcanzará a las personas por cuya cuenta hayan obrado estos.

CAPÍTULO III. La inscripción registral

Sección 1.ª La inscripción

En relación con la constitución en línea, electrónica o telemática de sociedades de responsabilidad limitada mediante escritura pública y con o sin estatutos tipo, véase nota inicial al presente Titulo II.

Véase Disp. Final 1ª del presente TRLSC, art. 15 de la Ley 14/2013, de 27 de septiembre, de apoyo a los emprendedores y su internacionalización (§2) art. 11 de la Ley 27/2022, de 21 de diciembre, de fomento del ecosistema de empresas emergentes (§9). Téngase en cuenta el art. 20 de la Ley 14/2013, de 27 de septiembre, de apoyo a los emprendedores y su internacionalización (BOE núm. 233 de 28 de septiembre)

(§2) que exige que en los documentos inscribibles y en la primera inscripción de constitución de las correspondientes entidades en los registros públicos competentes, se exprese los códigos (de la CNAE) relativos a las actividades que corresponden al respectivo objeto social de cada entidad inscribible.

Art. 31. *Legitimación para la solicitud de inscripción*.– Los socios fundadores y los administradores de la sociedad tendrán las facultades necesarias para la presentación de la escritura de constitución en el Registro Mercantil y, en su caso, en los de la Propiedad y de Bienes Muebles, así como para solicitar o practicar la liquidación y hacer el pago de los impuestos y gastos correspondientes.

Art. 32. *Deber legal de presentación a inscripción*.– 1. Los socios fundadores y los administradores deberán presentar a inscripción en el Registro Mercantil la escritura de constitución en el plazo de dos meses desde la fecha del otorgamiento y responderán solidariamente de los daños y perjuicios que causaren por el incumplimiento de esta obligación.

2. La inscripción de la escritura de constitución y de todos los demás actos relativos a la sociedad podrán practicarse previa justificación de que ha sido solicitada o realizada la liquidación de los impuestos correspondientes al acto inscribible.

Art. 33. *Efectos de la inscripción*.– Con la inscripción la sociedad adquirirá la personalidad jurídica que corresponda al tipo social elegido.

Véanse arts. 19 y 20 del presente TRLSC.

Art. 34. *Intransmisibilidad de participaciones y acciones antes de la inscripción*.– Hasta la inscripción de la sociedad o, en su caso, del acuerdo de aumento de capital social en el Registro Mercantil, no podrán transmitirse las participaciones sociales, ni entregarse o transmitirse las acciones.

Véase para las sociedades anónimas cotizadas el art. 508.2 del presente TRLSC.

Art. 35. *Publicación*.– Una vez inscrita la sociedad en el Registro Mercantil, el registrador mercantil remitirá para su publicación, de forma telemática y sin coste adicional alguno, al Boletín Oficial del Registro Mercantil, los datos relativos a la escritura de constitución que reglamentariamente se determinen.

Artículo redactado de acuerdo con el art. 6, Uno, del Real Decreto-ley 13/2010, de 3 de diciembre, de actuaciones en el ámbito fiscal, laboral y liberalizadoras para fomentar la inversión y la creación de empleo [BOE núm. 293, de 3 de diciembre (extraordinario)].

Sección 2.ª Sociedad en formación

Art. 36. *Responsabilidad de quienes hubiesen actuado*.– Por los actos y contratos celebrados en nombre de la sociedad antes de su inscripción en el Registro Mercantil, responderán solidariamente quienes los hubiesen celebrado, a no ser que su eficacia hubiese quedado condicionada a la inscripción y, en su caso, posterior asunción de los mismos por parte de la sociedad.

Art. 37. *Responsabilidad de la sociedad en formación*.– 1. Por los actos y contratos indispensables para la inscripción de la sociedad, por los realizados por los administradores dentro de las facultades que les confiere la escritura para la fase anterior a la inscripción y por los estipulados en virtud de mandato específico por las personas a tal fin designadas por todos los socios, responderá la sociedad en formación con el patrimonio que tuviere.

2. Los socios responderán personalmente hasta el límite de lo que se hubieran obligado a aportar.

3. Salvo que la escritura o los estatutos sociales dispongan otra cosa, si la fecha de comienzo de las operaciones coincide con el otorgamiento de la escritura fundacional, se entenderá que los administradores están facultados para el pleno desarrollo del objeto social y para realizar toda clase de actos y contratos.

Art. 38. *Responsabilidad de la sociedad inscrita*.– 1. Una vez inscrita, la sociedad quedará obligada por aquellos actos y contratos a que se refiere el artículo anterior así como por los que acepte dentro del plazo de tres meses desde su inscripción.

2. En ambos supuestos cesará la responsabilidad solidaria de socios, administradores y representantes a que se refieren los dos artículos anteriores.

3. En el caso de que el valor del patrimonio social, sumado al importe de los gastos indispensables para la inscripción de la sociedad, fuese inferior a la cifra del capital, los socios estarán obligados a cubrir la diferencia.

Sección 3.ª Sociedad devenida irregular

Art. 39. *Sociedad devenida irregular*.– 1. Una vez verificada la voluntad de no inscribir la sociedad y, en cualquier caso, transcurrido un año desde el otorgamiento de la escritura sin que se haya solicitado su inscripción, se aplicarán las normas de la sociedad colectiva o, en su caso, las de la sociedad civil si la sociedad en formación hubiera iniciado o continuado sus operaciones.

2. En caso de posterior inscripción de la sociedad no será de aplicación lo establecido en el apartado segundo del artículo anterior.

Art. 40. *Derecho del socio a instar la disolución*.– En caso de sociedad devenida irregular, cualquier socio podrá instar la disolución de la sociedad ante el juez de lo mercantil del lugar del domicilio social y exigir, previa liquidación del patrimonio social, la cuota correspondiente, que se satisfará, siempre que sea posible, con la restitución de sus aportaciones.

CAPÍTULO III BIS. La constitución electrónica de la sociedad de responsabilidad limitada (constitución en línea)

Capítulo, integrado por los arts. 40 bis a 40 quinquies, introducido por el art. 39, Cuatro, de la Ley 11/2023, de 8 de mayo, de trasposición de Directivas de la Unión Europea en materia de (…) digitalización de actuaciones notariales y registrales (…) (BOE núm. 110, de 9 de mayo).

Véase art. 20 bis, 22 bis y nota inicial al Título II del presente TRLSC.

Art. 40 bis. *Modelos electrónicos para la constitución electrónica*.– El Ministerio de Industria, Comercio y Turismo conjuntamente con el Ministerio de Justicia, procederán a introducir las modificaciones necesarias en el Documento Único Electrónico, estatutos tipo y escritura pública estandarizada e incluirlos en su respectiva sede electrónica. Estos documentos habrán de ser accesibles, también, a través de la pasarela digital única europea. Se preverá además un nudo de comunicación con la plataforma notarial.

Tales documentos modelos deberán de estar redactados en español, en las lenguas cooficiales y en inglés. El otorgamiento de la escritura pública y su inscripción, se realizará conforme a la normativa notarial y registral, respectivamente.

Art. introducido por el art. 39, Cuatro, de la Ley 11/2023, de 8 de mayo, de trasposición de Directivas de la Unión Europea en materia de (…) digitalización de actuaciones notariales y registrales (…) (BOE núm. 110, de 9 de mayo).

Art. 40 ter. *Aportaciones*.– 1. Las aportaciones dinerarias serán efectuadas mediante un instrumento de pago electrónico de amplia disposición en la Unión Europea. El instrumento ha de permitir la identificación de la persona que realizó el pago y debe ser proporcionado por un prestador de servicios de pago electrónico o entidad financiera establecida en un Estado miembro.

2. La documentación, valoración y transmisión de las aportaciones dinerarias serán instrumentadas electrónicamente. El notario, sin perjuicio de la calificación registral, conforme a las reglas generales, comprobará, asimismo, cuando sea necesario, que se ha acreditado la realidad y, en su caso, la valoración de las aportaciones efectuadas al capital social de la sociedad.

3. No obstante, de acuerdo con lo establecido en el apartado 2 del artículo 62 no será necesario acreditar la realidad de las aportaciones dinerarias en la constitución de sociedades de responsabilidad limitada si los fundadores manifiestan en la escritura que responderán solidariamente frente a la sociedad y frente a los acreedores sociales de la realidad de las mismas.

Art. introducido por el art. 39, Cuatro, de la Ley 11/2023, de 8 de mayo, de trasposición de Directivas de la Unión Europea en materia de (…) digitalización de actuaciones notariales y registrales (…) (BOE núm. 110, de 9 de mayo).

Art. 40 quater. *Registro mercantil e inscripción.*- El Registro Mercantil competente para recibir la escritura pública de constitución y sus anexos documentales electrónicos será el del domicilio social de la sociedad que se constituya.

El procedimiento de constitución en línea, cuando se utilicen escrituras en formato estandarizado con campos codificados y estatutos tipo, se llevará a cabo en el plazo de las seis horas hábiles contadas desde el día siguiente al de la fecha del asiento de presentación o, en su caso, al de la fecha de devolución del documento retirado; a estos efectos se consideran horas hábiles las que queden comprendidas dentro del horario de apertura fijado para los registros. En los demás casos, la calificación e inscripción se llevará a cabo en un plazo máximo de cinco días laborables contados desde el siguiente al de la fecha del asiento de presentación o, en su caso, al de la fecha de devolución del documento retirado. Si la inscripción definitiva se practica vigente el asiento de presentación los efectos se retrotraerán a esta fecha.

En caso de existencia de causa justificada por razones técnicas o por especial complejidad del asunto que impida el cumplimento de dicho plazo, el Registrador mercantil deberá notificar esta circunstancia al interesado.

Art. introducido por el art. 39, Cuatro, de la Ley 11/2023, de 8 de mayo, de trasposición de Directivas de la Unión Europea en materia de (…) digitalización de actuaciones notariales y registrales (…) (BOE núm. 110, de 9 de mayo).

Art. 40 quinquies. *Excepciones.*- 1. La constitución electrónica de la sociedad, en la observancia de los requisitos establecidos por los artículos precedentes, se llevará a cabo íntegramente en línea y sin necesidad de que los fundadores comparezcan presencialmente ante el notario. No obstante:

(i) por razones de interés público y en orden a evitar cualquier falsificación de identidad, el notario podrá, a los efectos de comprobar la identidad exacta del fundador, requerir la comparecencia física del interesado por una sola vez.

(ii) del mismo modo dicha comparecencia física podrá ser exigida por el notario en orden a la completa comprobación de la capacidad del otorgante y, en su caso, sus efectivos poderes de representación.

En estos supuestos, el notario deberá anexar a la escritura los motivos por los que se ha exigido la presencia de los comparecientes.

2. Esta presencia física no impedirá que las restantes etapas y elementos del procedimiento electrónico de constitución de la sociedad puedan ser completadas electrónicamente.

Art. introducido por el art. 39, Cuatro, de la Ley 11/2023, de 8 de mayo, de trasposición de Directivas de la Unión Europea en materia de (…) digitalización de actuaciones notariales y registrales (…) (BOE núm. 110, de 9 de mayo).

CAPÍTULO IV. La constitución sucesiva de la sociedad anónima

Véanse arts. 129 a 131 del RRM (§5).

Art. 41. *Ámbito de aplicación*.– Siempre que con anterioridad al otorgamiento de la escritura de constitución de la sociedad anónima se haga una promoción pública de la suscripción de las acciones por cualquier medio de publicidad o por la actuación de intermediarios financieros, se aplicarán las normas previstas en este título.

Art. 42. *Programa de fundación*.– 1. En la fundación por suscripción pública, los promotores comunicarán a la Comisión Nacional del Mercado de Valores el proyecto de emisión y redactarán el programa de fundación, con las indicaciones que juzguen oportunas y necesariamente con las siguientes:

a) El nombre, apellidos, nacionalidad y domicilio de todos los promotores.

b) El texto literal de los estatutos que, en su caso, deban regir la sociedad.

c) El plazo y condiciones para la suscripción de las acciones y, en su caso, la entidad o entidades de crédito donde los suscriptores deberán desembolsar la suma de dinero que estén obligados a entregar para suscribirlas. Deberá mencionarse expresamente si los promotores están o no facultados para, en caso de ser necesario, ampliar el plazo de suscripción.

d) En el caso de que se proyecten aportaciones no dinerarias, en una o en varias veces, el programa hará mención suficiente de su naturaleza y valor, del momento o momentos en que deban efectuarse y, por último, del nombre o denominación social de los aportantes. En todo caso, se mencionará expresamente el lugar en que estarán a disposición de los suscriptores la memoria explicativa y el informe técnico sobre la valoración de las aportaciones no dinerarias previsto en esta ley.

e) El Registro Mercantil en el que se efectúe el depósito del programa de fundación y del folleto informativo de la emisión de acciones.

f) El criterio para reducir las suscripciones de acciones en proporción a las efectuadas, cuando el total de aquellas rebase el valor o cuantía del capital, o la posibilidad de constituir la sociedad por el total valor suscrito, sea este superior o inferior al anunciado en el programa de fundación.

2. El programa de fundación terminará con un extracto en el que se resumirá su contenido.

Véase arts. 129 del RRM (§5).

Art. 43. *Depósito del programa*.– 1. Los promotores, antes de realizar cualquier publicidad de la sociedad proyectada, deberán aportar a la Comisión Nacional del Mercado de Valores una copia completa del programa de fundación a la que acompañarán un informe técnico sobre la viabilidad de la sociedad proyectada y los documentos que recojan las características de las acciones a emitir y los derechos que se reconocen a sus suscriptores. Asimismo aportarán un folleto informativo, cuyo contenido se ajustará a lo previsto por la normativa reguladora del mercado de valores.

El programa deberá ser suscrito por todos los promotores, cuyas firmas habrán de legitimarse notarialmente. El folleto habrá de ser suscrito, además, por los intermediarios financieros que, en su caso, se encarguen de la colocación y aseguramiento de la emisión.

2. Los promotores deberán asimismo depositar en el Registro Mercantil un ejemplar impreso del programa de fundación y del folleto informativo. A tales documentos acompañarán el certificado de su depósito previo ante la Comisión Nacional del Mercado de Valores.

Por medio del Boletín Oficial del Registro Mercantil se hará público tanto el hecho del depósito de los indicados documentos como la posibilidad de su consulta en la Comisión Nacional del Mercado de Valores o en el propio Registro Mercantil y un extracto de su contenido.

3. En toda publicidad de la sociedad proyectada se mencionarán las oficinas de la Comisión del Mercado de Valores y del Registro Mercantil en que se ha efectuado el depósito del programa de fundación y del folleto informativo, así como las entidades de crédito mencionadas en la letra c) del apartado primero del artículo anterior en las que se hallarán a disposición del público que desee suscribir acciones ejemplares impresos del folleto informativo.

Véanse arts. 35 a 39 de la LMVySI (§3) y art. 129 del RRM (§5).

Art. 44. *Suscripción y desembolso de acciones*.– 1. La suscripción de acciones, que no podrá modificar las condiciones del programa de fundación y del folleto informativo, deberá realizarse dentro del plazo fijado en el mismo, o del de su prórroga, si la hubiere, previo desembolso de un veinticinco por ciento, al menos, del importe nominal de cada una de ellas, que deberá depositarse a nombre de la sociedad en la entidad o entidades de crédito que al efecto se designen. Las aportaciones no dinerarias, en caso de haberlas, se efectuarán en la forma prevista en el programa de fundación.

2. Los promotores, en el plazo de un mes contado desde el día en que finalizó el de suscripción, formalizarán ante notario la lista definitiva de suscriptores, mencionando expresamente el número de acciones que a cada uno corresponda, su clase y serie, de existir varias, y su valor nominal, así como la entidad o entidades de crédito donde figuren depositados a nombre de la sociedad el total de los desembolsos recibidos de los suscriptores. A tal efecto, entregarán al fedatario autorizante los justificantes de dichos extremos.

Art. 45. *Indisponibilidad de las aportaciones*.- Las aportaciones serán indisponibles hasta que la sociedad quede inscrita en el Registro Mercantil, salvo para los gastos de notaría, de registro y fiscales que sean imprescindibles para la inscripción.

Art. 46. *Boletín de suscripción*.- 1. La suscripción de acciones se hará constar en un documento que, mencionando la expresión «boletín de suscripción», se extenderá por duplicado y contendrá, al menos, las siguientes indicaciones:

a) La denominación de la futura sociedad y la referencia a la Comisión Nacional del Mercado de Valores y al Registro Mercantil donde se hayan depositado el programa de fundación y el folleto informativo, así como la indicación del Boletín Oficial del Registro Mercantil en el que se haya publicado su extracto.

b) El nombre y apellidos o la razón o denominación social, la nacionalidad y el domicilio del suscriptor.

c) El número de acciones que suscribe, el valor nominal de cada una de ellas y su clase y serie, si existiesen varias.

d) El importe del valor nominal desembolsado.

e) La expresa aceptación por parte del suscriptor del contenido del programa de fundación.

f) La identificación de la entidad de crédito en la que, en su caso, se verifiquen las suscripciones y se desembolsen los importes mencionados en el boletín de suscripción.

g) La fecha y firma del suscriptor.

2. Un ejemplar del boletín de suscripción quedará en poder de los promotores, entregándose un duplicado al suscriptor con la firma de uno de los promotores, al menos, o la de la entidad de crédito autorizada por éstos para admitir las suscripciones.

Art. 47. *Convocatoria de la junta constituyente*.- 1. En el plazo máximo de seis meses contados a partir del depósito del programa de fundación y del folleto informativo en el Registro Mercantil, los promotores convocarán mediante carta certificada y con quince días de antelación, como mínimo, a cada uno de los suscriptores de las acciones para que concurran a la junta constituyente, que deliberará en especial sobre los siguientes extremos:

a) Aprobación de las gestiones realizadas hasta entonces por los promotores.

b) Aprobación de los estatutos sociales.

c) Aprobación del valor que se haya dado a las aportaciones no dinerarias, si las hubiere.

d) Aprobación de los beneficios particulares reservados a los promotores, si los hubiere.

e) Nombramiento de las personas encargadas de la administración de la sociedad.

f) Designación de la persona o personas que deberán otorgar la escritura fundacional de la sociedad.

2. En el orden del día de la convocatoria se habrán de transcribir, como mínimo, todos los asuntos anteriormente expuestos. La convocatoria habrá de publicarse, además, en el Boletín Oficial del Registro Mercantil.

Art. 48. *Junta constituyente*.– 1. La junta estará presidida por el promotor que aparezca como primer firmante del programa de fundación y, en su ausencia, por el que elijan los restantes promotores. Actuará de secretario el suscriptor que elijan los asistentes.

2. Para que la junta pueda constituirse válidamente, deberá concurrir a ella, en nombre propio o ajeno, un número de suscriptores que represente, al menos, la mitad del capital suscrito. La representación para asistir y votar se regirá por lo establecido en esta ley.

3. Antes de entrar en el orden del día se confeccionará la lista de suscriptores presentes en la forma prevista en esta ley.

Art. 49. *Adopción de acuerdos*.– 1. Cada suscriptor tendrá derecho a los votos que le correspondan con arreglo a su aportación.

2. Los acuerdos se tomarán por una mayoría integrada, al menos, por la cuarta parte de los suscriptores concurrentes a la junta, que representen, como mínimo, la cuarta parte del capital suscrito.

En el caso de que pretendan reservarse derechos especiales para los promotores o de que existan aportaciones no dinerarias, los interesados no podrán votar en los acuerdos que deban aprobarlas. En estos dos supuestos bastará la mayoría de los votos restantes para la adopción de acuerdos.

3. Para modificar el contenido del programa de fundación será necesario el voto unánime de todos los suscriptores concurrentes.

Art. 50. *Acta de la junta constituyente*.– Las condiciones de constitución de la junta, los acuerdos adoptados por esta y las protestas formuladas en ella se harán constar en un acta firmada por el suscriptor que ejerza las funciones de secretario, con el visto bueno del presidente.

Art. 51. *Escritura e inscripción en el Registro Mercantil*.– 1. En el mes siguiente a la celebración de la junta, las personas que hayan sido designadas al efecto otorgarán escritura pública de constitución de la sociedad, con sujeción a los acuerdos adoptados por la junta y a los demás documentos justificativos.

2. Los otorgantes tendrán las facultades necesarias para hacer la presentación de la escritura, tanto en el Registro Mercantil como en el de la Propiedad y en el de Bienes

Muebles, y para solicitar o practicar la liquidación y hacer el pago de los impuestos y gastos respectivos.

3. La escritura será, en todo caso, presentada para su inscripción en el Registro Mercantil del domicilio de la sociedad dentro de los dos meses siguientes a su otorgamiento.

Véase arts. 130 del RRM (§5).

Art. 52. *Responsabilidad de los otorgantes*.– Si hubiese retraso en el otorgamiento de la escritura de constitución o en su presentación a inscripción en el Registro Mercantil, las personas a que se refiere el artículo anterior responderán solidariamente de los daños y perjuicios causados.

Art. 53. *Obligaciones anteriores a la inscripción*.– 1. Los promotores responderán solidariamente de las obligaciones asumidas frente a terceros con la finalidad de constituir la sociedad.

2. Una vez inscrita, la sociedad asumirá las obligaciones contraídas legítimamente por los promotores y les reembolsará de los gastos realizados, siempre que su gestión haya sido aprobada por la junta constituyente o que los gastos hayan sido necesarios.

3. Los promotores no podrán exigir estas responsabilidades de los simples suscriptores, a menos que estos hayan incurrido en dolo o culpa.

Art. 54. *Responsabilidad de los promotores*.– Los promotores responderán solidariamente frente a la sociedad y frente a terceros de la realidad y exactitud de las listas de suscripción que han de presentar a la junta constituyente; de los desembolsos iniciales exigidos en el programa de fundación y de su adecuada inversión; de la veracidad de las declaraciones contenidas en dicho programa y en el folleto informativo, y de la realidad y la efectiva entrega a la sociedad de las aportaciones no dinerarias.

Art. 55. *Consecuencias de la no inscripción*.– En todo caso, transcurrido un año desde el depósito del programa de fundación y del folleto informativo en el Registro Mercantil sin haberse procedido a inscribir la escritura de constitución, los suscriptores podrán exigir la restitución de las aportaciones realizadas con los frutos que hubieran producido.

Véase arts. 131 del RRM (§5).

CAPÍTULO V. La nulidad de la sociedad

Art. 56. *Causas de nulidad*.– 1. Una vez inscrita la sociedad, la acción de nulidad sólo podrá ejercitarse por las siguientes causas:

a) Por no haber concurrido en el acto constitutivo la voluntad efectiva de, al menos, dos socios fundadores, en el caso de pluralidad de éstos o del socio fundador cuando se trate de sociedad unipersonal.

b) Por la incapacidad de todos los socios fundadores.

c) Por no expresarse en la escritura de constitución las aportaciones de los socios.

d) Por no expresarse en los estatutos la denominación de la sociedad.

e) Por no expresarse en los estatutos el objeto social o ser éste ilícito o contrario al orden público.

f) Por no expresarse en los estatutos la cifra del capital social.

g) Por no haberse desembolsado íntegramente el capital social, en las sociedades de responsabilidad limitada; y por no haberse realizado el desembolso mínimo exigido por la ley, en las sociedades anónimas.

2. Fuera de los casos enunciados en el apartado anterior no podrá declararse la inexistencia ni la nulidad de la sociedad ni tampoco declararse su anulación.

> Letra f) redactada de acuerdo con el art. 1º, Tres, de la Ley 25/2011, de 1 de agosto, de reforma parcial de la Ley de Sociedades de Capital (...) (Entrada en vigor 2 de octubre 2011).

Art. 57. *Efectos de la declaración de nulidad*.- 1. La sentencia que declare la nulidad de la sociedad abre su liquidación, que se seguirá por el procedimiento previsto en la presente ley para los casos de disolución.

2. La nulidad no afectará a la validez de las obligaciones o de los créditos de la sociedad frente a terceros, ni a la de los contraídos por éstos frente a la sociedad, sometiéndose unas y otros al régimen propio de la liquidación.

3. En las sociedades de responsabilidad limitada, cuando la sociedad sea declarada nula por no haberse desembolsado íntegramente el capital social, los socios estarán obligados a desembolsar la parte que hubiera quedado pendiente. En las sociedades anónimas, cuando el pago a terceros de las obligaciones contraídas por la sociedad declarada nula así lo exija, los socios estarán obligados a desembolsar la parte que hubiera quedado pendiente.

TÍTULO III. Las aportaciones sociales

CAPÍTULO I. Las aportaciones sociales

Sección 1.ª Disposiciones generales

Art. 58. *Objeto de la aportación*.- 1. En las sociedades de capital sólo podrán ser objeto de aportación los bienes o derechos patrimoniales susceptibles de valoración económica.

2. En ningún caso podrán ser objeto de aportación el trabajo o los servicios.

Art. 59. *Efectividad de la aportación*.- 1. Será nula la creación de participaciones sociales y la emisión de acciones que no respondan a una efectiva aportación patrimonial a la sociedad.

2. No podrán crearse participaciones o emitirse acciones por una cifra inferior a la de su valor nominal.

Art. 60. *Título de la aportación*.- Toda aportación se entiende realizada a título de propiedad, salvo que expresamente se estipule de otro modo.

Sección 2.ª Aportaciones dinerarias y aportaciones no dinerarias

Subsección 1.ª Aportaciones dinerarias

Art. 61. *Aportaciones dinerarias*.- 1. Las aportaciones dinerarias deberán establecerse en euros.

2. Si la aportación fuese en otra moneda, se determinará su equivalencia en euros con arreglo a la ley.

Art. 62. *Acreditación de la realidad de las aportaciones*.- 1. Ante el notario autorizante de la escritura de constitución o de ejecución de aumento del capital social o, en el caso de las sociedades anónimas, de aquellas escrituras en las que consten los sucesivos desembolsos, deberá acreditarse la realidad de las aportaciones dinerarias mediante certificación del depósito de las correspondientes cantidades a nombre de la sociedad en entidad de crédito, que el notario incorporará a la escritura, o mediante su entrega para que aquél lo constituya a nombre de ella.

2. No obstante lo anterior, no será necesario acreditar la realidad de las aportaciones dinerarias en la constitución de sociedades de responsabilidad limitada si los fundadores manifiestan en la escritura que responderán solidariamente frente a la sociedad y frente a los acreedores sociales de la realidad de las mismas.

3. La vigencia de la certificación será de dos meses a contar de su fecha.

4. En tanto no transcurra el periodo de vigencia de la certificación, la cancelación del depósito por quien lo hubiera constituido exigirá la previa devolución de la certificación a la entidad de crédito emisora.

Artículo redactado de acuerdo con el apartado Uno del art. 2.º de la Ley 11/2018, de 28 de diciembre, por la que se modifica el Código de Comercio, el texto refundido de la Ley de Sociedades de Capital aprobado por el Real Decreto Legislativo 1/2010, de 2 de julio, y la Ley 22/2015, de 20 de julio, de Auditoría de Cuentas, en materia de información no financiera y diversidad (BOE núm. 314, de 29 de diciembre). De acuerdo con el apartado 1 de la Disp. transitoria de la citada Ley, la modificación es «de aplicación para los ejercicios económicos que se inicien a partir del 1 de enero de 2018».

Véanse arts. 132 y 189 del RRM (§5).

En relación a la constitución de sociedades de responsabilidad limitada mediante escritura pública con formato estandarizado y con y sin estatutos tipo, véase, respectivamente, arts. 15.4.a) y 16.2 de la Ley 14/2013, de 27 de septiembre, de apoyo a los emprendedores y su internacionalización (BOE núm. 233 de 28 de septiembre) (§2).

Subsección 2.ª Aportaciones no dinerarias

Art. 63. *Aportaciones no dinerarias*.– En la escritura de constitución o en la de ejecución del aumento del capital social deberán describirse las aportaciones no dinerarias con sus datos registrales si existieran, la valoración en euros que se les atribuya, así como la numeración de las acciones o participaciones atribuidas.

Véanse art. 133 y 190 del RRM (§5).

Art. 64. *Aportación de bienes muebles o inmuebles*.– Si la aportación consistiese en bienes muebles o inmuebles o derechos asimilados a ellos, el aportante estará obligado a la entrega y saneamiento de la cosa objeto de la aportación en los términos establecidos por el Código Civil para el contrato de compraventa, y se aplicarán las reglas del Código de Comercio sobre el mismo contrato en materia de transmisión de riesgos.

Art. 65. *Aportación de derecho de crédito*.– Si la aportación consistiere en un derecho de crédito, el aportante responderá de la legitimidad de éste y de la solvencia del deudor.

Art. 66. *Aportación de empresa*.– 1. Si se aportase una empresa o establecimiento, el aportante quedará obligado al saneamiento de su conjunto, si el vicio o la evicción afectasen a la totalidad o a alguno de los elementos esenciales para su normal explotación.

2. También procederá el saneamiento individualizado de aquellos elementos de la empresa aportada que sean de importancia por su valor patrimonial.

Véanse art. 133 y 190 del RRM (§5).

CAPÍTULO II. La valoración de las aportaciones no dinerarias en la sociedad anónima

Art. 67. *Informe del experto*.– 1. En la constitución o en los aumentos de capital de las sociedades anónimas, las aportaciones no dinerarias, cualquiera que sea su naturaleza, habrán de ser objeto de un informe elaborado por uno o varios expertos independientes con competencia profesional, designados por el registrador mercantil del domicilio social conforme al procedimiento que reglamentariamente se determine.

2. El informe contendrá la descripción de la aportación, con sus datos registrales, si existieran, y la valoración de la aportación, expresando los criterios utilizados y si se corresponde con el valor nominal y, en su caso, con la prima de emisión de las acciones que se emitan como contrapartida.

3. El valor que se dé a la aportación en la escritura social no podrá ser superior a la valoración realizada por los expertos.

Véase art. 133.2 del RRM (§5).

Art. 68. *Responsabilidad del experto*.– 1. El experto responderá frente a la sociedad, frente a los accionistas y frente a los acreedores de los daños causados por la valoración, y quedará exonerado si acredita que ha aplicado la diligencia y los estándares propios de la actuación que le haya sido encomendada.

2. La acción para exigir esta responsabilidad prescribirá a los cuatro años de la fecha del informe.

Art. 69. *Excepciones a la exigencia del informe*.– El informe del experto no será necesario en los siguientes casos:

a) Cuando la aportación no dineraria consista en valores mobiliarios que coticen en un mercado secundario oficial o en otro mercado regulado o en instrumentos del mercado monetario. Estos bienes se valorarán al precio medio ponderado al que hubieran sido negociados en uno o varios mercados regulados en el último trimestre anterior a la fecha de la realización efectiva de la aportación, de acuerdo con la certificación emitida por la sociedad rectora del mercado secundario oficial o del mercado regulado de que se trate.

Si ese precio se hubiera visto afectado por circunstancias excepcionales que hubieran podido modificar significativamente el valor de los bienes en la fecha efectiva de la aportación, los administradores de la sociedad deberán solicitar el nombramiento de experto independiente para que emita informe.

b) Cuando la aportación consista en bienes distintos de los señalados en la letra anterior cuyo valor razonable se hubiera determinado, dentro de los seis meses anteriores a la fecha de la realización efectiva de la aportación, por experto independiente con competencia profesional no designado por las partes, de conformidad con los principios y las normas de valoración generalmente reconocidos para esos bienes.

Si concurrieran nuevas circunstancias que pudieran modificar significativamente el valor razonable de los bienes a la fecha de la aportación, los administradores de la sociedad deberán solicitar el nombramiento de experto independiente para que emita informe.

En este caso, si los administradores no hubieran solicitado el nombramiento de experto debiendo hacerlo, el accionista o los accionistas que representen, al menos, el cinco por ciento del capital social, el día en que se adopte el acuerdo de aumento del capital, podrán solicitar del registrador mercantil del domicilio social que, con cargo a la sociedad, nombre un experto para que se efectúe la valoración de los activos. La solicitud podrán hacerla hasta el día de la realización efectiva de la aportación, siempre que en el momento de presentarla continúen representando al menos el cinco por ciento del capital social.

c) Cuando en la constitución de una nueva sociedad por fusión o escisión se haya elaborado un informe por experto independiente sobre el proyecto de fusión o escisión.

d) Cuando el aumento del capital social se realice con la finalidad de entregar las nuevas acciones o participaciones sociales a los socios de la sociedad absorbida o escindida y se hubiera elaborado un informe de experto independiente sobre el proyecto de fusión o escisión.

e) Cuando el aumento del capital social se realice con la finalidad de entregar las nuevas acciones a los accionistas de la sociedad que sea objeto de una oferta pública de adquisición de acciones.

> Letras c), d) y e) añadidas por el apartado Dos del art. 1 de la Ley 1/2012, de 22 de junio, de simplificación de las obligaciones de información y documentación de fusiones y escisiones de sociedades de capital (BOE núm. 150, de 23 de junio), procedente del Real Decreto-ley 9/2012, de 16 de marzo (BOE núm. 66, de 17 de marzo). En relación con el último párrafo de la letra b), véase para las sociedades anónimas cotizadas el art. 495.2 a) del presente TRLSC.

Art. 70. *Informe sustitutivo de los administradores.*- Cuando las aportaciones no dinerarias se efectuaran sin informe de expertos independientes designados por el Registro Mercantil, los administradores elaborarán un informe que contendrá:

a) La descripción de la aportación.

b) El valor de la aportación, el origen de esa valoración y, cuando proceda, el método seguido para determinarla.

Si la aportación hubiera consistido en valores mobiliarios cotizados en mercado secundario oficial o del mercado regulado del que se trate o en instrumentos del mercado monetario, se unirá al informe la certificación emitida por su sociedad rectora.

c) Una declaración en la que se precise si el valor obtenido corresponde, como mínimo, al número y al valor nominal y, en su caso, a la prima de emisión de las acciones emitidas como contrapartida.

d) Una declaración en la que se indique que no han aparecido circunstancias nuevas que puedan afectar a la valoración inicial.

Art. 71. *Publicidad de los informes.*- 1. Una copia autenticada del informe del experto o, en su caso, del informe de los administradores deberá depositarse en el Registro Mercantil en el plazo máximo de un mes a partir de la fecha efectiva de la aportación.

2. El informe del experto o, en su caso, el informe de los administradores, se incorporará como anexo a la escritura de constitución de la sociedad o a la de ejecución del aumento del capital social.

Art. 72. *Adquisiciones onerosas*.– 1. Las adquisiciones de bienes a título oneroso realizadas por una sociedad anónima desde el otorgamiento de la escritura de constitución o de transformación en este tipo social y hasta dos años de su inscripción en el Registro Mercantil habrán de ser aprobadas por la junta general de accionistas si el importe de aquéllas fuese, al menos, de la décima parte del capital social.

2. Con la convocatoria de la junta deberá ponerse a disposición de los accionistas un informe elaborado por los administradores que justifique la adquisición, así como el exigido en este capítulo para la valoración de las aportaciones no dinerarias. Será de aplicación lo previsto en el artículo anterior.

3. No será de aplicación lo dispuesto en los apartados anteriores a las adquisiciones comprendidas en las operaciones ordinarias de la sociedad ni a las que se verifiquen en mercado secundario oficial o en subasta pública.

> Apartado 1 redactado de acuerdo con el art. 1°, Cuatro, de la Ley 25/2011, de 1 de agosto, de reforma parcial de la Ley de Sociedades de Capital (...) (Entrada en vigor 2 de octubre 2011).

CAPÍTULO III. La responsabilidad por las aportaciones no dinerarias

Sección 1.ª Régimen de responsabilidad en las sociedades de responsabilidad limitada

Art. 73. *Responsabilidad solidaria*.– 1. Los fundadores, las personas que ostentaran la condición de socio en el momento de acordarse el aumento de capital y quienes adquieran alguna participación desembolsada mediante aportaciones no dinerarias, responderán solidariamente frente a la sociedad y frente a los acreedores sociales de la realidad de dichas aportaciones y del valor que se les haya atribuido en la escritura.

La responsabilidad de los fundadores alcanzará a las personas por cuya cuenta hayan obrado éstos.

2. Si la aportación se hubiera efectuado como contravalor de un aumento del capital social, quedarán exentos de esta responsabilidad los socios que hubiesen constar en acta su oposición al acuerdo o a la valoración atribuida a la aportación.

3. En caso de aumento del capital social con cargo a aportaciones no dinerarias, además de las personas a que se refiere el apartado primero, también responderán solidariamente los administradores por la diferencia entre la valoración que hubiesen realizado y el valor real de las aportaciones.

Art. 74. *Legitimación para el ejercicio de la acción de responsabilidad.*– 1. La acción de responsabilidad deberá ser ejercitada por los administradores o por los liquidadores de la sociedad. Para el ejercicio de la acción no será preciso el previo acuerdo de la sociedad.

2. La acción de responsabilidad podrá ser ejercitada, además, por cualquier socio que hubiera votado en contra del acuerdo siempre que represente, al menos, el cinco por ciento de la cifra del capital social y por cualquier acreedor en caso de insolvencia de la sociedad.

Art. 75. *Prescripción de la acción.*– La responsabilidad frente a la sociedad y frente a los acreedores sociales a que se refiere esta sección prescribirá a los cinco años a contar del momento en que se hubiera realizado la aportación.

Art. 76. *Exclusión del régimen legal de responsabilidad.*– Los socios cuyas aportaciones no dinerarias sean sometidas a valoración pericial conforme a lo previsto para las sociedades anónimas quedan excluidos de la responsabilidad solidaria a que se refieren los artículos anteriores.

Véase arts. 67 y ss. del presente TRLSC.

Sección 2.ª Régimen de responsabilidad en las sociedades anónimas

Art. 77. *Responsabilidad solidaria.*– Los fundadores responderán solidariamente frente a la sociedad, los accionistas y los terceros de la realidad de las aportaciones sociales y de la valoración de las no dinerarias.

La responsabilidad de los fundadores alcanzará a las personas por cuya cuenta hayan obrado éstos.

CAPÍTULO IV. El desembolso

Sección 1.ª Reglas generales

Art. 78. *El desembolso del valor nominal de las participaciones sociales.*– Las participaciones sociales en que se divida el capital de la sociedad de responsabilidad limitada deberán estar íntegramente asumidas por los socios, e íntegramente desembolsado el valor nominal de cada una de ellas en el momento de otorgar la escritura de constitución de la sociedad o de ejecución del aumento del capital social.

Art. 79. *El desembolso mínimo del valor nominal de las acciones.*– Las acciones en que se divida el capital de la sociedad anónima deberán estar íntegramente suscritas por los socios, y desembolsado, al menos, en una cuarta parte el valor nominal de cada una de ellas en el momento de otorgar la escritura de constitución de la sociedad o de ejecución del aumento del capital social.

Art. 80. *Aportaciones no dinerarias aplazadas.*– 1. En las sociedades anónimas, en caso de desembolso parcial de las acciones suscritas, la escritura deberá expresar si los futuros desembolsos se efectuarán en metálico o en nuevas aportaciones no dinerarias. En este último caso, se determinará en la escritura su naturaleza, valor y contenido, la forma y el procedimiento de efectuarlas, con mención expresa del plazo de su desembolso.

2. El plazo de desembolso con cargo a aportaciones no dinerarias no podrá exceder de cinco años desde la constitución de la sociedad o del acuerdo de aumento del capital social.

3. El informe del experto o, en su caso, el informe de los administradores se incorporará como anejo a la escritura en la que conste la realización de los desembolsos aplazados.

Véanse art. 134 y 135 del RRM (§5).

Sección 2.ª Los desembolsos pendientes

Art. 81. *Los desembolsos pendientes.*– 1. En las sociedades anónimas, el accionista deberá aportar a la sociedad la porción de capital que hubiera quedado pendiente de desembolso en la forma y dentro del plazo previsto por los estatutos sociales.

2. La exigencia del pago de los desembolsos pendientes se notificará a los afectados o se anunciará en el Boletín Oficial del Registro Mercantil. Entre la fecha del envío de la comunicación o la del anuncio y la fecha del pago deberá mediar, al menos, el plazo de un mes.

Véanse arts. 134 y 135 del RRM (§5).

Art. 82. *Mora del accionista.*– Se encuentra en mora el accionista una vez vencido el plazo fijado por los estatutos sociales para el pago de la porción de capital no desembolsada o el acordado o decidido por los administradores de la sociedad, conforme a lo establecido en el artículo anterior.

Art. 83. *Efectos de la mora.*– 1. El accionista que se hallare en mora en el pago de los desembolsos pendientes no podrá ejercitar el derecho de voto. El importe de sus acciones será deducido del capital social para el cómputo del quórum.

2. Tampoco tendrá derecho el socio moroso a percibir dividendos ni a la suscripción preferente de nuevas acciones ni de obligaciones convertibles.

Una vez abonado el importe de los desembolsos pendientes junto con los intereses adeudados podrá el accionista reclamar el pago de los dividendos no prescritos, pero no podrá reclamar la suscripción preferente, si el plazo para su ejercicio ya hubiere transcurrido.

Art. 84. *Reintegración de la sociedad.*– 1. Cuando el accionista se halle en mora, la sociedad podrá, según los casos y atendida la naturaleza de la aportación no efectuada, reclamar el cumplimiento de la obligación de desembolso, con abono del interés legal y de los daños y perjuicios causados por la morosidad o enajenar las acciones por cuenta y riesgo del socio moroso.

2. Cuando haya de procederse a la venta de las acciones, la enajenación se verificará por medio de un miembro del mercado secundario oficial en el que estuvieran admitidas a negociación, o por medio de fedatario público en otro caso, y llevará consigo, si procede, la sustitución del título originario por un duplicado.

Si la venta no pudiese efectuarse, la acción será amortizada, con la consiguiente reducción del capital, quedando en beneficio de la sociedad las cantidades ya desembolsadas.

Art. 85. *Responsabilidad en la transmisión de acciones no liberadas.*– 1. El adquirente de acción no liberada responde solidariamente con todos los transmitentes que le precedan, y a elección de los administradores de la sociedad, del pago de la parte no desembolsada.

2. La responsabilidad de los transmitentes durará tres años, contados desde la fecha de la respectiva transmisión. Cualquier pacto contrario a la responsabilidad solidaria así determinada será nulo.

3. El adquirente que pague podrá reclamar la totalidad de lo pagado de los adquirentes posteriores.

CAPÍTULO V. Las prestaciones accesorias

Art. 86. *Carácter estatutario.*– 1. En los estatutos de las sociedades de capital podrán establecerse prestaciones accesorias distintas de las aportaciones, expresando su contenido concreto y determinado y si se han de realizar gratuitamente o mediante retribución, así como las eventuales cláusulas penales inherentes a su incumplimiento.

2. En ningún caso las prestaciones accesorias podrán integrar el capital social.

3. Los estatutos podrán establecerlas con carácter obligatorio para todos o algunos de los socios o vincular la obligación de realizar las prestaciones accesorias a la titularidad de una o varias participaciones sociales o acciones concretamente determinadas.

Véanse art. 127 y 187 del RRM (§5), así como art. 11.2 de la Ley 28/2022, de 21 de diciembre, de fomento del ecosistema de las empresas emergentes (BOE núm. 306, de 22 de diciembre) (§9), con entrada en vigor el 23 de diciembre de 2022 que establece: «2. Los pactos de socios en las empresas emergentes en forma de sociedad limitada serán inscribibles y gozarán de publicidad registral si no contienen cláusulas contrarias a la ley. Igualmente, serán inscribibles las cláusulas estatutarias que incluyan una prestación accesoria de suscribir las disposiciones de los pactos de socios en las empresas emergentes, siempre que el contenido del pacto esté identificado de forma que lo puedan conocer no solo los socios que lo hayan suscrito sino también los futuros socios».

Art. 87. *Prestaciones accesorias retribuidas.*– 1. En el caso de que las prestaciones accesorias sean retribuidas los estatutos determinarán la compensación que hayan de recibir los socios que las realicen.

2. La cuantía de la retribución no podrá exceder en ningún caso del valor que corresponda a la prestación.

Véanse art. 127 y 187 del RRM (§5).

Art. 88. *Transmisión de participaciones o de acciones con prestación accesoria.*– 1. Será necesaria la autorización de la sociedad para la transmisión voluntaria por actos inter vivos de cualquier participación o acción perteneciente a un socio personalmente obligado a realizar prestaciones accesorias y para la transmisión de aquellas concretas participaciones sociales o acciones que lleven vinculada la referida obligación.

2. Salvo disposición contraria de los estatutos, en las sociedades de responsabilidad limitada la autorización será competencia de la junta general; y, en las sociedades anónimas, de los administradores.

En cualquier caso, transcurrido el plazo de dos meses desde que se hubiera presentado la solicitud de autorización sin que la sociedad haya contestado a la misma, se considerará que la autorización ha sido concedida.

Art. 89. *Modificación de la obligación de realizar prestaciones accesorias.*– 1. La creación, la modificación y la extinción anticipada de la obligación de realizar prestaciones accesorias deberá acordarse con los requisitos previstos para la modificación de los estatutos y requerirá, además, el consentimiento individual de los obligados.

2. Salvo disposición contraria de los estatutos, la condición de socio no se perderá por la falta de realización de las prestaciones accesorias por causas involuntarias.

Véase art. 346.1d) y arts. 285 y ss. del presente TRLSC.

TÍTULO IV. Participaciones sociales y acciones

CAPÍTULO I. Disposiciones generales

Art. 90. *Participaciones sociales y acciones.*– Las participaciones sociales en la sociedad de responsabilidad limitada y las acciones en la sociedad anónima son partes alícuotas, indivisibles y acumulables del capital social.

Art. 91. *Atribución de la condición de socio.*– Cada participación social y cada acción confieren a su titular legítimo la condición de socio y le atribuyen los derechos reconocidos en esta ley y en los estatutos.

Art. 92. *La acción como valor mobiliario.*– 1. Las acciones podrán estar representadas por medio de títulos o por medio de anotaciones en cuenta. En uno y otro caso tendrán la consideración de valores mobiliarios.

2. Las participaciones sociales no podrán estar representadas por medio de títulos o de anotaciones en cuenta, ni denominarse acciones, y en ningún caso tendrán el carácter de valores.

> Véase art. 122 del RRM (§5) y art. 2 de la LMVySI (§3). Sobre la representación de acciones mediante títulos, véase arts. 23.d), 113 a 117 del presente TRLSC. Sobre la representación de acciones mediante anotaciones en cuenta, véanse arts. 23.d), 118, 119 y 496 del presente TRLSC, así como arts. 6 al 15 de la LMVySI (§3).

CAPÍTULO II. Los derechos del socio

Sección 1.ª Los derechos del socio

Art. 93. *Derechos del socio.*– En los términos establecidos en esta ley, y salvo los casos en ella previstos, el socio tendrá, como mínimo, los siguientes derechos:

a) El de participar en el reparto de las ganancias sociales y en el patrimonio resultante de la liquidación.

b) El de asunción preferente en la creación de nuevas participaciones o el de suscripción preferente en la emisión de nuevas acciones o de obligaciones convertibles en acciones.

c) El de asistir y votar en las juntas generales y el de impugnar los acuerdos sociales.

d) El de información.

Art. 94. *Diversidad de derechos.*– 1. Las participaciones sociales y las acciones atribuyen a los socios los mismos derechos, con las excepciones establecidas al amparo de la ley.

Las participaciones sociales y las acciones pueden otorgar derechos diferentes. Las acciones que tengan el mismo contenido de derechos constituyen una misma clase. Cuando dentro de una clase se constituyan varias series, todas las que integren una serie deberán tener igual valor nominal.

2. Para la creación de participaciones sociales y la emisión de acciones que confieran algún privilegio frente a las ordinarias, habrán de observarse las formalidades prescritas para la modificación de estatutos.

Art. 95. *Privilegio en el reparto de las ganancias sociales.*– 1. Cuando el privilegio consista en el derecho a obtener un dividendo preferente, las demás participaciones sociales o acciones no podrán recibir dividendos con cargo a los beneficios mientras no haya sido satisfecho el dividendo privilegiado correspondiente al ejercicio.

2. La sociedad, salvo que sus estatutos dispongan otra cosa, estará obligada a acordar el reparto de ese dividendo si existieran beneficios distribuibles.

3. Los estatutos habrán de establecer las consecuencias de la falta de pago total o parcial del dividendo preferente, si este tiene o no carácter acumulativo en relación a los dividendos no satisfechos, así como los eventuales derechos de los titulares de estas participaciones o acciones privilegiadas en relación a los dividendos que puedan corresponder a las demás.

> Para las sociedades anónimas cotizadas, véase arts. 498 y 499 del presente TRLSC.

Art. 96. *Prohibiciones en materia de privilegio.*– 1. No es válida la creación de participaciones sociales ni la emisión de acciones con derecho a percibir un interés, cualquiera que sea la forma de su determinación.

2. No podrán emitirse acciones que de forma directa o indirecta alteren la proporcionalidad entre el valor nominal y el derecho de voto o el derecho de preferencia.

3. No podrán crearse participaciones sociales que de forma directa o indirecta alteren la proporcionalidad entre el valor nominal y el derecho de preferencia.

> Con relación al apartado 2 téngase en cuenta art. 188.2 y 3 del presente TRLSC y para las sociedades anónimas cotizadas véase arts. 527 y 527 ter y ss.

Art. 97. *Igualdad de trato.*– La sociedad deberá dar un trato igual a los socios que se encuentren en condiciones idénticas.

Sección 2.ª Participaciones sociales y acciones sin voto

Art. 98. *Creación o emisión.*– Las sociedades de responsabilidad limitada podrán crear participaciones sociales sin derecho de voto por un importe nominal no superior a la mitad del capital y las sociedades anónimas podrán emitir acciones sin derecho de voto por un importe nominal no superior a la mitad del capital social desembolsado.

Art. 99. *Dividendo preferente.*– 1. Los titulares de participaciones sociales y las acciones sin voto tendrán derecho a percibir el dividendo anual mínimo, fijo o variable, que establezcan los estatutos sociales. Una vez acordado el dividendo mínimo, sus titulares tendrán derecho al mismo dividendo que corresponda a las participaciones sociales o a las acciones ordinarias.

2. Existiendo beneficios distribuibles, la sociedad está obligada a acordar el reparto del dividendo mínimo a que se refiere el párrafo anterior.

3. De no existir beneficios distribuibles o de no haberlos en cantidad suficiente, la parte de dividendo mínimo no pagada deberá ser satisfecha dentro de los cinco ejercicios siguientes. Mientras no se satisfaga el dividendo mínimo, las participaciones y acciones sin voto tendrán este derecho en igualdad de condiciones que las ordinarias y conservando, en todo caso, sus ventajas económicas.

Véase art. 499 del presente TRLSC.

Art. 100. *Privilegio en caso de reducción de capital por pérdidas*.– 1. Las participaciones sociales y las acciones sin voto no quedarán afectadas por la reducción del capital social por pérdidas, cualquiera que sea la forma en que se realice, sino cuando la reducción supere el valor nominal de las restantes. Si, como consecuencia de la reducción, el valor nominal de las participaciones sociales o de las acciones sin voto excediera de la mitad del capital social de la sociedad de responsabilidad limitada o del desembolsado en la anónima, deberá restablecerse esa proporción en el plazo máximo de dos años. En caso contrario, procederá la disolución de la sociedad.

2. Cuando en virtud de la reducción del capital se amorticen todas las participaciones sociales o todas las acciones ordinarias, las sin voto tendrán este derecho hasta que se restablezca la proporción prevista legalmente con las ordinarias.

Art. 101. *Privilegio en la cuota de liquidación*.– En el caso de liquidación de la sociedad, las participaciones sociales sin voto conferirán a su titular el derecho a obtener el reembolso de su valor antes de que se distribuya cantidad alguna a las restantes. En las sociedades anónimas el privilegio alcanzará al reembolso del valor desembolsado de las acciones sin voto.

Art. 102. *Otros derechos*.– 1. Las participaciones sociales y las acciones sin voto atribuirán a sus titulares los demás derechos de las ordinarias, salvo lo dispuesto en los artículos anteriores.

2. Las acciones sin voto no podrán agruparse a los efectos de la designación de vocales del Consejo de administración por el sistema de representación proporcional. El valor nominal de estas acciones no se tendrá en cuenta a efectos del ejercicio de ese derecho por los restantes accionistas.

3. Las participaciones sociales sin voto estarán sometidas a las normas estatutarias y supletorias legales sobre transmisión y derecho de asunción preferente.

Art. 103. *Modificaciones estatutarias lesivas*.– Toda modificación estatutaria que lesione directa o indirectamente los derechos de las participaciones sociales o de acciones sin voto exigirá el acuerdo de la mayoría de las participaciones sociales o de las acciones sin voto afectadas.

CAPÍTULO III. El libro registro de socios y el régimen de transmisión de las participaciones en las sociedades de responsabilidad limitada

Sección 1.ª El libro registro de socios

Sobre la legación del libro registro de socios, véase art. 18 de la Ley 14/2013, de 27 de septiembre, de apoyo a los emprendedores y su internacionalización (§2), y la Instrucción de 12 de febrero de 2015, de la Dirección General de los Registros y del Notariado, sobre legalización de libros de los empresarios en aplicación del artículo 18 de la Ley 14/2013, de 27 de septiembre (BOE de 16 de febrero).

Art. 104. *Libro registro de socios*.– 1. La sociedad limitada llevará un Libro registro de socios, en el que se harán constar la titularidad originaria y las sucesivas transmisiones, voluntarias o forzosas, de las participaciones sociales, así como la constitución de derechos reales y otros gravámenes sobre las mismas.

2. La sociedad sólo reputará socio a quien se halle inscrito en dicho libro.

3. En cada anotación se indicará la identidad y domicilio del titular de la participación o del derecho o gravamen constituido sobre aquélla.

4. La sociedad sólo podrá rectificar el contenido del Libro registro si los interesados no se hubieran opuesto a la rectificación en el plazo de un mes desde la notificación fehaciente del propósito de proceder a la misma.

Los datos personales de los socios podrán modificarse a su instancia, no surtiendo entre tanto efectos frente a la sociedad.

Art. 105. *Examen y certificación*.– 1. Cualquier socio podrá examinar el Libro registro de socios, cuya llevanza y custodia corresponde al órgano de administración.

2. El socio y los titulares de derechos reales o de gravámenes sobre las participaciones sociales, tienen derecho a obtener certificación de las participaciones, derechos o gravámenes registrados a su nombre.

Sección 2.ª La transmisión de las participaciones

Art. 106. *Documentación de las transmisiones*.– 1. La transmisión de las participaciones sociales, así como la constitución del derecho real de prenda sobre las mismas, deberán constar en documento público.

La constitución de derechos reales diferentes del referido en el párrafo anterior sobre las participaciones sociales deberá constar en escritura pública.

2. El adquirente de las participaciones sociales podrá ejercer los derechos de socio frente a la sociedad desde que ésta tenga conocimiento de la transmisión o constitución del gravamen.

Art. 107. *Régimen de la transmisión voluntaria por actos inter vivos.*– 1. Salvo disposición contraria de los estatutos, será libre la transmisión voluntaria de participaciones por actos inter vivos entre socios, así como la realizada en favor del cónyuge, ascendiente o descendiente del socio o en favor de sociedades pertenecientes al mismo grupo que la transmitente. En los demás casos, la transmisión está sometida a las reglas y limitaciones que establezcan los estatutos y, en su defecto, las establecidas en esta ley.

2. A falta de regulación estatutaria, la transmisión voluntaria de participaciones sociales por actos inter vivos se regirá por las siguientes reglas:

a) El socio que se proponga transmitir su participación o participaciones deberá comunicarlo por escrito a los administradores, haciendo constar el número y características de las participaciones que pretende transmitir, la identidad del adquirente y el precio y demás condiciones de la transmisión.

b) La transmisión quedará sometida al consentimiento de la sociedad, que se expresará mediante acuerdo de la Junta General, previa inclusión del asunto en el orden del día, adoptado por la mayoría ordinaria establecida por la ley.

c) La sociedad sólo podrá denegar el consentimiento si comunica al transmitente, por conducto notarial, la identidad de uno o varios socios o terceros que adquieran la totalidad de las participaciones. No será necesaria ninguna comunicación al transmitente si concurrió a la junta general donde se adoptaron dichos acuerdos. Los socios concurrentes a la junta general tendrán preferencia para la adquisición. Si son varios los socios concurrentes interesados en adquirir, se distribuirán las participaciones entre todos ellos a prorrata de su participación en el capital social.

Cuando no sea posible comunicar la identidad de uno o varios socios o terceros adquirentes de la totalidad de las participaciones, la junta general podrá acordar que sea la propia sociedad la que adquiera las participaciones que ningún socio o tercero aceptado por la Junta quiera adquirir, conforme a lo establecido en el artículo 140.

d) El precio de las participaciones, la forma de pago y las demás condiciones de la operación, serán las convenidas y comunicadas a la sociedad por el socio transmitente. Si el pago de la totalidad o de parte del precio estuviera aplazado en el proyecto de transmisión, para la adquisición de las participaciones será requisito previo que una entidad de crédito garantice el pago del precio aplazado.

En los casos en que la transmisión proyectada fuera a título oneroso distinto de la compraventa o a título gratuito, el precio de adquisición será el fijado de común acuerdo por las partes y, en su defecto, el valor razonable de las participaciones el día en que se hubiera comunicado a la sociedad el propósito de transmitir. Se entenderá por valor razonable el que determine un *experto independiente*, distinto al auditor de la sociedad, designado a tal efecto por los administradores de ésta.

En los casos de aportación a sociedad anónima o comanditaria por acciones, se entenderá por valor real de las participaciones el que resulte del informe elaborado por el experto independiente nombrado por el registrador mercantil.

e) El documento público de transmisión deberá otorgarse en el plazo de un mes a contar desde la comunicación por la sociedad de la identidad del adquirente o adquirentes.

f) El socio podrá transmitir las participaciones en las condiciones comunicadas a la sociedad, cuando hayan transcurrido tres meses desde que hubiera puesto en conocimiento de ésta su propósito de transmitir sin que la sociedad le hubiera comunicado la identidad del adquirente o adquirentes.

3. En los estatutos no podrá atribuirse al auditor de cuentas de la sociedad la fijación del valor que tuviera que determinarse a los efectos de su transmisión.

> Apartado 2.d) redactado de acuerdo con la Disp. Final 4.ª, Uno, de la Ley 22/2015, de 20 de julio, de Auditoría de Cuentas (entrada en vigor el 1 de enero de 2016 de acuerdo con el apartado 3.d) de la Dis. Final 14ª de la citada Ley).
>
> La modificación consistió en la sustitución de la anterior expresión «auditor de cuentas» por «experto independiente» (en cursiva en el texto).
>
> Véase art. 188 del RRM (§5).

Art. 108. *Cláusulas estatutarias prohibidas.*– 1. Serán nulas las cláusulas estatutarias que hagan prácticamente libre la transmisión voluntaria de las participaciones sociales por actos inter vivos.

2. Serán nulas las cláusulas estatutarias por las que el socio que ofrezca la totalidad o parte de sus participaciones quede obligado a transmitir un número diferente al de las ofrecidas.

3. Sólo serán válidas las cláusulas que prohíban la transmisión voluntaria de las participaciones sociales por actos inter vivos, si los estatutos reconocen al socio el derecho a separarse de la sociedad en cualquier momento. La incorporación de estas cláusulas a los estatutos sociales exigirá el consentimiento de todos los socios.

4. No obstante lo establecido en el apartado anterior, los estatutos podrán impedir la transmisión voluntaria de las participaciones por actos inter vivos, o el ejercicio del derecho de separación, durante un período de tiempo no superior a cinco años a contar desde la constitución de la sociedad, o para las participaciones procedentes de una ampliación de capital, desde el otorgamiento de la escritura pública de su ejecución.

> Véase art. 188 del RRM (§5).

Art. 109. *Régimen de la transmisión forzosa.*– 1. El embargo de participaciones sociales, en cualquier procedimiento de apremio, deberá ser notificado inmediatamente a la sociedad por el juez o autoridad administrativa que lo haya decretado, haciendo constar la identidad del embargante así como las participaciones embargadas. La sociedad procederá a la anotación del embargo en el Libro registro de socios, remitiendo de inmediato a todos los socios copia de la notificación recibida.

2. Celebrada la subasta o, tratándose de cualquier otra forma de enajenación forzosa legalmente prevista, en el momento anterior a la adjudicación, quedará en suspenso la aprobación del remate y la adjudicación de las participaciones sociales embargadas. El juez o la autoridad administrativa remitirán a la sociedad testimonio literal del acta de subasta o del acuerdo de adjudicación y, en su caso, de la adjudicación solicitada por el acreedor. La sociedad trasladará copia de dicho testimonio a todos los socios en el plazo máximo de cinco días a contar de la recepción del mismo.

3. El remate o la adjudicación al acreedor serán firmes transcurrido un mes a contar de la recepción por la sociedad del testimonio a que se refiere el apartado anterior. En tanto no adquieran firmeza, los socios y, en su defecto, y sólo para el caso de que los estatutos establezcan en su favor el derecho de adquisición preferente, la sociedad, podrán subrogarse en lugar del rematante o, en su caso, del acreedor, mediante la aceptación expresa de todas las condiciones de la subasta y la consignación íntegra del importe del remate o, en su caso, de la adjudicación al acreedor y de todos los gastos causados. Si la subrogación fuera ejercitada por varios socios, las participaciones se distribuirán entre todos a prorrata de sus respectivas partes sociales.

Véanse art. 188 del RRM (§5).

Art. 110. *Régimen de la transmisión mortis causa*.- 1. La adquisición de alguna participación social por sucesión hereditaria confiere al heredero o legatario la condición de socio.

2. No obstante lo dispuesto en el apartado anterior, los estatutos podrán establecer a favor de los socios sobrevivientes, y, en su defecto, a favor de la sociedad, un derecho de adquisición de las participaciones del socio fallecido, apreciadas en el valor razonable que tuvieren el día del fallecimiento del socio, cuyo precio se pagará al contado. La valoración se regirá por lo dispuesto en esta ley para los casos de separación de socios y el derecho de adquisición habrá de ejercitarse en el plazo máximo de tres meses a contar desde la comunicación a la sociedad de la adquisición hereditaria.

Véanse art. 188 del RRM (§5).

Art. 111. *Régimen general de las transmisiones*.- El régimen de la transmisión de las participaciones sociales será el vigente en la fecha en que el socio hubiera comunicado a la sociedad el propósito de transmitir o, en su caso, en la fecha de fallecimiento del socio o en la de la adjudicación judicial o administrativa.

Véanse art. 188 del RRM (§5).

Art. 112. *Ineficacia de las transmisiones con infracción de ley o de los estatutos.*– Las transmisiones de participaciones sociales que no se ajusten a lo previsto en la ley o, en su caso, a lo establecido en los estatutos no producirán efecto alguno frente a la sociedad.

Véanse art. 188 del RRM (§5).

CAPÍTULO IV. La representación y la transmisión de las acciones

Sección 1.ª Representación de las acciones

Subsección 1.ª Representación mediante títulos

Véanse arts. 23.d) y 92 del presente TRLSC, art. 6 de la LMVySI (§3) y 122 RRM (§5).

Art. 113. *Representación mediante títulos.*– 1. Las acciones representadas por medio de títulos podrán ser nominativas o al portador, pero revestirán necesariamente la forma nominativa mientras no haya sido enteramente desembolsado su importe, cuando su transmisibilidad esté sujeta a restricciones, cuando lleven aparejadas prestaciones accesorias o cuando así lo exijan disposiciones especiales.

2. Cuando las acciones deban representarse por medio de títulos, el accionista tendrá derecho a recibir los que le correspondan, libres de gastos.

Véanse art. 122 del RRM (§5).

Art. 114. *Título de la acción.*– 1. Los títulos, cualquiera que sea su clase, estarán numerados correlativamente, se extenderán en libros talonarios, podrán incorporar una o más acciones de la misma serie y contendrán, como mínimo, las siguientes menciones:

a) La denominación y domicilio de la sociedad, los datos identificadores de su inscripción en el Registro Mercantil y el número de identificación fiscal.

b) El valor nominal de la acción, su número, la serie a que pertenece y, en el caso de que sea privilegiada, los derechos especiales que otorgue.

c) Su condición de nominativa o al portador.

d) Las restricciones a su libre transmisibilidad, cuando se hayan establecido.

e) La suma desembolsada o la indicación de estar la acción completamente liberada.

f) Las prestaciones accesorias, en el caso de que las lleven aparejadas.

g) La suscripción de uno o varios administradores, que podrá hacerse mediante reproducción mecánica de la firma. En este caso se extenderá acta notarial por la que se acredite la identidad de las firmas reproducidas mecánicamente con las que se estampen en presencia del notario autorizante. El acta deberá ser inscrita en el Registro Mercantil antes de poner en circulación los títulos.

2. En el supuesto de acciones sin voto, esta circunstancia se hará constar de forma destacada en el título.

Véanse arts. 122, 136 y 137 del RRM (§5).

Art. 115. *Resguardos provisionales*.– 1. Los resguardos provisionales de las acciones revestirán necesariamente forma nominativa.

2. Las disposiciones de los artículos 114, 116 y 122 habrán de ser observadas, en cuanto resulten aplicables, para los resguardos provisionales.

Véanse arts. 122, 136 y 137 del RRM (§5).

Art. 116. *Libro-registro de acciones nominativas*.– 1. Las acciones nominativas figurarán en un libro-registro que llevará la sociedad, en el que se inscribirán las sucesivas transferencias de las acciones, con expresión del nombre, apellidos, razón o denominación social, en su caso, nacionalidad y domicilio de los sucesivos titulares, así como la constitución de derechos reales y otros gravámenes sobre aquellas.

2. La sociedad solo reputará accionista a quien se halle inscrito en dicho libro.

3. Cualquier accionista que lo solicite podrá examinar el libro registro de acciones nominativas.

4. La sociedad solo podrá rectificar las inscripciones que repute falsas o inexactas cuando haya notificado a los interesados su intención de proceder en tal sentido y estos no hayan manifestado su oposición durante los treinta días siguientes a la notificación.

5. Mientras que no se hayan impreso y entregado los títulos de las acciones nominativas, el accionista tiene derecho a obtener certificación de las inscritas a su nombre.

Sobre la legación del libro registro de acciones nominativas, véase art. 18 de la Ley 14/2013, de 27 de septiembre, de apoyo a los emprendedores y su internacionalización (§2), y la Instrucción de 12 de febrero de 2015, de la Dirección General de los Registros y del Notariado, sobre legalización de libros de los empresarios en aplicación del artículo 18 de la Ley 14/2013, de 27 de septiembre (BOE de 16 de febrero).

Art. 117. *Sustitución de títulos*.– 1. Siempre que sea procedente la sustitución de los títulos de las acciones o de otros títulos emitidos por la sociedad, ésta podrá anularlos cuando no hayan sido presentados para su canje dentro del plazo publicado al efecto en el Boletín Oficial del Registro Mercantil y en uno de los diarios de mayor circulación en la provincia donde la sociedad tenga su domicilio. Ese plazo no podrá ser inferior a un mes.

2. Los títulos anulados serán sustituidos por otros cuya emisión se anunciará igualmente en el Boletín Oficial del Registro Mercantil y en el diario en el que se hubiera publicado el anuncio del canje.

Si los títulos fueran nominativos, se entregarán o remitirán a la persona a cuyo nombre figuren o a sus herederos, previa justificación de su derecho.

Si aquella no pudiera ser hallada o si los títulos fuesen al portador, quedarán depositados por cuenta de quien justifique su titularidad.

3. Transcurridos tres años desde el día de la constitución del depósito, los títulos emitidos en lugar de los anulados podrán ser vendidos por la sociedad por cuenta y riesgo de los interesados y a través de un miembro de la bolsa, si estuviesen admitidos a negociación en el mercado bursátil, o con la intervención de notario si no lo estuviesen.

El importe líquido de la venta de los títulos será depositado a disposición de los interesados en el Banco de España o en la Caja General de Depósitos.

Subsección 2.ª Representación mediante anotaciones en cuenta

Véanse arts. 23.d), 92 del presente TRLSC, arts. 6 a 15 del LMVySI (§3) y su desarrollo por el Real Decreto 814/2023, de 8 de noviembre, sobre instrumentos financieros, admisión a negociación, registro de valores negociables e infraestructuras de mercado, y art. 122 del RRM (§5).

Véase para las sociedades anónimas cotizadas arts. 496 y 497 del presente TRLSC.

Art. 118. *Representación mediante anotaciones en cuenta*.– 1. Las acciones representadas por medio de anotaciones en cuenta se regirán por lo dispuesto en la normativa reguladora del mercado de valores.

2. Esta modalidad de representación de las acciones también podrá adoptarse en los supuestos de nominatividad obligatoria previstos por el artículo 113.

En ese caso, cuando las acciones no hayan sido enteramente desembolsadas, o cuando lleven aparejadas prestaciones accesorias, tales circunstancias deberán consignarse en la anotación en cuenta.

3. Las entidades que de acuerdo con la normativa reguladora del mercado de valores hayan de llevar los registros de los valores representados por medio de anotaciones en cuenta están obligadas a comunicar a la sociedad emisora los datos necesarios para la identificación de sus accionistas.

Véase nota inicial a esta subsección.

Art. 119. *Modificación de las anotaciones en cuenta*.– La modificación de las características de las acciones representadas por medio de anotaciones en cuenta se hará pública, una vez que haya sido formalizada de acuerdo con lo previsto en la presente ley y en la normativa reguladora del mercado de valores, en el Boletín Oficial del Registro Mercantil y en uno de los diarios de mayor circulación en la provincia donde la sociedad tenga su domicilio.

Véase nota inicial a esta subsección.

Sección 2.ª Transmisión de las acciones

Véanse arts.. 11, 13 y 14 de la LMVySI (§3).

Art. 120. *Transmisión de acciones*.– 1. Mientras no se hayan impreso y entregado los títulos, la transmisión de acciones procederá de acuerdo con las normas sobre la cesión de créditos y demás derechos incorporales.

Tratándose de acciones nominativas, los administradores, una vez que resulte acreditada la transmisión, la inscribirán de inmediato en el libro-registro de acciones nominativas.

2. Una vez impresos y entregados los títulos, la transmisión de las acciones al portador se sujetará a lo dispuesto en el artículo 545 del Código de Comercio.

Las acciones nominativas también podrán transmitirse mediante endoso, en cuyo caso serán de aplicación, en la medida en que sean compatibles con la naturaleza del título, los artículos 15, 16, 19 y 20 de la Ley Cambiaria y del Cheque. La transmisión habrá de acreditarse frente a la sociedad mediante la exhibición del título. Los administradores, una vez comprobada la regularidad de la cadena de endosos, inscribirán la transmisión en el libro-registro de acciones nominativas.

Véanse art. 122 del RRM (§5).

Art. 121. *Constitución de derechos reales limitados sobre las acciones*.– 1. La constitución de derechos reales limitados sobre las acciones procederá de acuerdo con lo dispuesto por el Derecho común.

2. Tratándose de acciones nominativas, la constitución de derechos reales podrá efectuarse por medio de endoso acompañado, según los casos, de la cláusula valor en garantía o valor en usufructo o de cualquier otra equivalente.

La inscripción en el libro-registro de acciones nominativas tendrá lugar de conformidad con lo establecido para la transmisión en el artículo anterior.

En el caso de que los títulos sobre los que recae su derecho no hayan sido impresos y entregados, el acreedor pignoraticio y el usufructuario tendrán derecho a obtener de la sociedad una certificación de la inscripción de su derecho en el libro-registro de acciones nominativas.

Véase art. 12 de la LMVySI (§3).

Art. 122. *Legitimación del accionista*.– Una vez impresos y entregados los títulos, la exhibición de los mismos o, en su caso, del certificado acreditativo de su depósito en una entidad autorizada será precisa para el ejercicio de los derechos del accionista. Tratándose de acciones nominativas, la exhibición solo será precisa para obtener la correspondiente inscripción en el libro-registro de acciones nominativas.

Véanse arts. 13 y 14 de la LMVySI (§3).

Art. 123. *Restricciones a la libre transmisibilidad.*– 1. Solo serán válidas frente a la sociedad las restricciones o condicionamientos a la libre transmisibilidad de las acciones cuando recaigan sobre acciones nominativas y estén expresamente impuestas por los estatutos.

Cuando las limitaciones se establezcan a través de modificación estatutaria, los accionistas afectados que no hayan votado a favor de tal acuerdo, no quedarán sometidos a él durante un plazo de tres meses a contar desde la publicación del acuerdo en el Boletín Oficial del Registro Mercantil.

2. Serán nulas las cláusulas estatutarias que hagan prácticamente intransmisible la acción.

3. La transmisibilidad de las acciones solo podrá condicionarse a la previa autorización de la sociedad cuando los estatutos mencionen las causas que permitan denegarla.

Salvo prescripción contraria de los estatutos, la autorización será concedida o denegada por los administradores de la sociedad.

En cualquier caso, transcurrido el plazo de dos meses desde que se presentó la solicitud de autorización sin que la sociedad haya contestado a la misma, se considerará que la autorización ha sido concedida.

> Véanse art. 123 del RRM (§5).

Art. 124. *Transmisiones mortis causa.*– 1. Las restricciones estatutarias a la transmisibilidad de las acciones sólo serán aplicables a las adquisiciones por causa de muerte cuando así lo establezcan expresamente los propios estatutos.

2. En este supuesto, para rechazar la inscripción de la transmisión en el libro registro de acciones nominativas, la sociedad deberá presentar al heredero un adquirente de las acciones u ofrecerse a adquirirlas ella misma por su valor razonable en el momento en que se solicitó la inscripción, de acuerdo con lo previsto para la adquisición derivativa de acciones propias en el artículo 146.

Se entenderá como valor razonable el que determine un *experto independiente*, distinto al auditor de la sociedad, que, a solicitud de cualquier interesado, nombren a tal efecto los administradores de la sociedad.

> Apartado 2 redactado de acuerdo con la Disp. Final 4.ª, Dos, de la Ley 22/2015, de 20 de julio, de Auditoría de Cuentas (entrada en vigor el 1 de enero de 2016 de acuerdo con el apartado 3.d) de la Disp. Final 14ª de la citada Ley).
> La modificación consiste en la sustitución de la anterior expresión «auditor de cuentas» por «experto independiente» (en cursiva en el texto).
> Véanse art. 123 del RRM (§5).

Art. 125. *Transmisiones forzosas.*– Lo establecida en el artículo anterior se aplicará cuando la adquisición de las acciones se haya producido como consecuencia de un procedimiento judicial o administrativo de ejecución.

Véanse art. 123 del RRM (§5).

CAPÍTULO V. Copropiedad y derechos reales sobre participaciones sociales o acciones

Art. 126. *Copropiedad de participaciones sociales o de acciones*.– En caso de copropiedad sobre una o varias participaciones o acciones, los copropietarios habrán de designar una sola persona para el ejercicio de los derechos de socio, y responderán solidariamente frente a la sociedad de cuantas obligaciones se deriven de esta condición. La misma regla se aplicará a los demás supuestos de cotitularidad de derechos sobre participaciones o acciones.

Art. 127. *Usufructo de participaciones sociales o de acciones*.– 1. En caso de usufructo de participaciones o de acciones la cualidad de socio reside en el nudo propietario, pero el usufructuario tendrá derecho en todo caso a los dividendos acordados por la sociedad durante el usufructo. Salvo disposición contraria de los estatutos, el ejercicio de los demás derechos del socio corresponde al nudo propietario.

El usufructuario queda obligado a facilitar al nudo propietario el ejercicio de estos derechos.

2. En las relaciones entre el usufructuario y el nudo propietario regirá lo que determine el título constitutivo del usufructo y, en su defecto, lo previsto en esta ley y, supletoriamente, lo dispuesto en el Código Civil.

Art. 128. *Reglas de liquidación del usufructo*.– 1. Finalizado el usufructo, el usufructuario podrá exigir del nudo propietario el incremento de valor experimentado por las participaciones o acciones usufructuadas que corresponda a los beneficios propios de la explotación de la sociedad integrados durante el usufructo en las reservas expresas que figuren en el balance de la sociedad, cualquiera que se la naturaleza o denominación de las mismas.

2. Disuelta la sociedad durante el usufructo, el usufructuario podrá exigir del nudo propietario una parte de la cuota de liquidación equivalente al incremento de valor de las participaciones o acciones usufructuadas previsto en el apartado anterior. El usufructo se extenderá al resto de la cuota de liquidación.

3. Si las partes no llegaran a un acuerdo sobre el importe a abonar en los supuestos previstos en los dos apartados anteriores, éste será fijado, a petición de cualquiera de ellas y a costa de ambas, por un *expero independiente*, distinto al auditor de la sociedad, que designe a tal efecto el Registro Mercantil.

4. El título constitutivo del usufructo de participaciones podrá disponer reglas de liquidación distintas a las previstas en este artículo.

Apartado 3 redactado de acuerdo con la Disp. Final.4.ª, Tres, de la Ley 22/2015, de 20 de julio, de Auditoría de Cuentas (entrada en vigor el 1 de enero de 2016 de acuerdo con el apartado 3.d) de la Disp. Final 14ª de la citada Ley).

La modificación consiste en la sustitución de la anterior expresión «auditor de cuentas» por «experto independiente» (en cursiva en el texto).

Art. 129. *Usufructo y derechos de preferencia.*– 1. En los casos de aumento del capital de la sociedad, si el nudo propietario no hubiere ejercitado o enajenado el derecho de asunción o de suscripción preferente diez días antes de la extinción del plazo fijado para su ejercicio, estará legitimado el usufructuario para proceder a la venta de los derechos o a la asunción o suscripción de las participaciones o acciones.

2. Cuando se enajenen los derechos de asunción o de suscripción, bien por el nudo propietario, bien por el usufructuario, el usufructo se extenderá al importe obtenido por la enajenación.

3. Cuando se asuman nuevas participaciones o se suscriban nuevas acciones, bien por el nudo propietario, bien por el usufructuario, el usufructo se extenderá a las participaciones o acciones cuyo desembolso hubiera podido realizarse con el valor total de los derechos utilizados en la asunción o suscripción, calculado por su valor teórico. El resto de las participaciones asumidas o de las acciones suscritas pertenecerá en plena propiedad a aquel que hubiera desembolsado su importe.

4. Si durante el usufructo se aumentase el capital con cargo a los beneficios o reservas constituidas durante el mismo, las nuevas participaciones o acciones corresponderán al nudo propietario, pero se extenderá a ellas el usufructo.

5. El título constitutivo del usufructo de participaciones podrá establecer reglas distintas a las previstas en los apartados anteriores.

6. En la sociedad anónima, el usufructuario tendrá los mismos derechos en los casos de emisión de obligaciones convertibles en acciones de la sociedad.

Para las sociedades anónimas cotizadas, véase arts. 502 del presente TRLSC.

Art. 130. *Usufructo de acciones no liberadas.*– 1. Cuando el usufructo recayere sobre acciones no liberadas totalmente, el nudo propietario será el obligado frente a la sociedad a efectuar el pago de la parte no desembolsada. Efectuado el pago, tendrá derecho a exigir del usufructuario, hasta el importe de los frutos, el interés legal de la cantidad invertida.

2. Si no hubiere cumplido esa obligación cinco días antes del vencimiento del plazo fijado para realizar el pago, podrá hacerlo el usufructuario, sin perjuicio de repetir contra el nudo propietario al terminar el usufructo.

Art. 131. *Pago de compensaciones.*– 1. Las cantidades que hayan de pagarse en virtud de lo dispuesto en el artículo 128 podrán abonarse bien en metálico, bien en participaciones o acciones de la misma clase que las que hubieran estado sujetas a usufructo, calculando su valor en virtud del que les corresponda conforme al último balance de la sociedad que hubiere sido aprobado.

2. La misma regla se aplicará respecto de las cantidades que hayan de abonarse en virtud del artículo 129, cuando el usufructo sea de acciones, y del artículo 130. Cuando el usufructo recaiga sobre participaciones, las cantidades que hayan de pagarse por el nudo propietario al usufructuario en virtud del artículo 129, se abonarán en dinero.

Art. 132. *Prenda de participaciones o de acciones*.– 1. Salvo disposición contraria de los estatutos, en caso de prenda de participaciones o acciones corresponderá al propietario el ejercicio de los derechos de socio.

El acreedor pignoraticio queda obligado a facilitar el ejercicio de estos derechos.

2. En caso de ejecución de la prenda de participaciones se aplicarán las reglas previstas para el caso de transmisión forzosa por el artículo 109.

3. En la sociedad anónima, si el propietario incumpliese la obligación de desembolso pendiente, el acreedor pignoraticio podrá cumplir por sí esta obligación o proceder a la realización de la prenda.

Art. 133. *Embargo de participaciones o de acciones*.– En caso de embargo de participaciones o de acciones, se observarán las disposiciones contenidas en el artículo anterior siempre que sean compatibles con el régimen específico del embargo.

CAPÍTULO VI. Los negocios sobre las propias participaciones y acciones

Sección 1.ª Adquisición originaria

Art. 134. *Prohibición*.– En ningún caso las sociedades de capital podrán asumir o suscribir sus propias participaciones o acciones ni las creadas o emitidas por su sociedad dominante.

Art. 135. *Adquisición originaria por la sociedad de responsabilidad limitada*.– La adquisición originaria por la sociedad de responsabilidad limitada de participaciones propias o de participaciones o acciones de la sociedad dominante será nula de pleno derecho.

Art. 136. *Adquisición originaria por la sociedad anónima*.– 1. Las acciones suscritas infringiendo la prohibición del artículo 134 serán propiedad de la sociedad anónima suscriptora.

2. Cuando se trate de suscripción de acciones propias la obligación de desembolsar recaerá solidariamente sobre los socios fundadores o los promotores y, en caso de aumento de capital social, sobre los administradores.

3. Cuando se trate de asunción de participaciones sociales o de suscripción de acciones de la sociedad dominante, la obligación de desembolsar recaerá solidariamente sobre los administradores de la sociedad adquirente y los de la sociedad dominante.

Art. 137. *Adquisición realizada por persona interpuesta.–* 1. En el caso de que la asunción o la suscripción haya sido realizada por persona interpuesta, los fundadores y, en su caso, los administradores responderán solidariamente del desembolso de las participaciones asumidas o de las acciones suscritas.

2. La misma responsabilidad alcanzará a los promotores de la sociedad anónima.

Art. 138. *Exención de responsabilidad.–* Quedarán exentos de la responsabilidad prevista en los dos artículos anteriores quienes demuestren no haber incurrido en culpa.

Art. 139. *Consecuencias de la infracción.–* 1. Las participaciones sociales y las acciones adquiridas por sociedad anónima en contravención de lo dispuesto en el artículo 134 deberán ser enajenadas en el plazo máximo de un año a contar desde la fecha de la primera adquisición.

2. Transcurrido este plazo sin que hubiera tenido lugar la enajenación, los administradores procederán de inmediato a convocar junta general para que acuerde la amortización de las acciones propias con la consiguiente reducción del capital social.

3. En el caso de que la sociedad no hubiera reducido el capital social dentro de los dos meses siguientes a la fecha de finalización del plazo para la enajenación, cualquier interesado podrá solicitar la reducción del capital al Letrado de la Administración de Justicia o Registrador mercantil del lugar del domicilio social. Los administradores están obligados a solicitar la reducción judicial o registral del capital social cuando el acuerdo de la junta hubiera sido contrario a esa reducción o no pudiera ser logrado.

El expediente ante el Letrado de la Administración de Justicia se tramitará conforme a lo establecido en la Ley de Jurisdicción Voluntaria. La solicitud dirigida al Registrador mercantil se tramitará de acuerdo a lo previsto en el Reglamento del Registro Mercantil.

La decisión favorable o desfavorable será recurrible ante el Juez de lo Mercantil.

4. Las participaciones sociales o acciones de la sociedad dominante serán enajenadas a instancia de parte interesada por el Letrado de la Administración de Justicia o Registrador mercantil de conformidad con el procedimiento previsto para aquéllos en la Ley de Jurisdicción Voluntaria y en el Reglamento del Registro Mercantil para éstos.

Apartados 3 y 4 redactados de acuerdo con la Disp. Final 14ª, Uno, de la Ley 15/2015, de 2 de julio, de la Jurisdicción Voluntaria (BOE núm. 158, de 3 de julio). Véase art. 10 de la Ley 28/2022, de 21 de diciembre, de fomento del ecosistema de las empresas emergentes (BOE núm. 306, de 22 de diciembre) (§9), con entrada en vigor el 23 de diciembre de 2022 y reproducido en nota al siguiente artículo 140.

Sección 2.ª Adquisición derivativa

Subsección 1.ª Adquisición derivativa realizada por
sociedad de responsabilidad limitada

Art. 140. *Adquisiciones derivativas permitidas*.– 1. La sociedad de responsabilidad limitada sólo podrá adquirir sus propias participaciones, o participaciones o acciones de su sociedad dominante, en los siguientes casos:

a) Cuando formen parte de un patrimonio adquirido a título universal, o sean adquiridas a título gratuito, o como consecuencia de una adjudicación judicial para satisfacer un crédito de la sociedad contra el titular de las mismas.

b) Cuando las participaciones propias se adquieran en ejecución de un acuerdo de reducción del capital adoptado por la junta general.

c) Cuando las participaciones propias se adquieran en el caso previsto en el artículo 109.3.

d) Cuando la adquisición haya sido autorizada por la junta general, se efectúe con cargo a beneficios o reservas de libre disposición y tenga por objeto participaciones de un socio separado o excluido de la sociedad, participaciones que se adquieran como consecuencia de la aplicación de una cláusula restrictiva de la transmisión de las mismas, o participaciones transmitidas mortis causa.

2. Las adquisiciones realizadas fuera de estos casos serán nulas de pleno derecho.

Véase art. 10 de la Ley 28/2022, de 21 de diciembre, de fomento del ecosistema de las empresas emergentes (BOE núm. 306, de 22 de diciembre), con entrada en vigor el 23 de diciembre de 2022 (§9), que establece:

«1. Sin perjuicio de lo dispuesto en el artículo 140 del texto refundido de la Ley de Sociedades de Capital, aprobado por el Real Decreto Legislativo 1/2010, de 2 de julio, y en el artículo 12 de la Ley 44/2015, de 14 de octubre, de Sociedades Laborales y Participadas, la junta general de la sociedad podrá autorizar la adquisición de participaciones propias, hasta el 20 % del capital como máximo, para su entrega a los administradores, empleados u otros colaboradores de la empresa, con la exclusiva finalidad de ejecutar un plan de retribución.

2. El sistema de retribución mediante la entrega de participaciones deberá estar previsto en los estatutos y aprobado por la junta general, mediante acuerdo que incluirá el número máximo de participaciones que se podrán asignar en cada ejercicio a este sistema de remuneración, el valor de las participaciones que se tome como referencia y el plazo de duración del plan.

3. La adquisición por la sociedad de participaciones propias en ejercicio de la autorización a la que se refiere el apartado 1 solo podrá producirse con las siguientes condiciones:

a) Que las participaciones a adquirir estén íntegramente desembolsadas.

b) Que el patrimonio neto, una vez realizada la adquisición, no resulte inferior al importe del capital social más las reservas indisponibles, legales o estatutarias. A estos efectos, en las sociedades laborales no se tendrá en cuenta la reserva especial regulada en el artículo 14 de la Ley 44/2015, de 14 de octubre, de Sociedades Laborales y Participadas.

c) Que la adquisición se produzca dentro de los cinco años siguientes al acuerdo de autorización.

4. En caso de contravención a lo dispuesto en el apartado anterior resultará de aplicación lo dispuesto en el artículo 139 del texto refundido de la Ley de Sociedades de Capital, aprobado por el Real Decreto Legislativo 1/2010, de 2 de julio, y en el artículo 14 de la Ley 44/2015, de 14 de octubre, de Sociedades Laborales y Participadas».

Art. 141. *Amortización o enajenación.*– 1. Las participaciones propias adquiridas por la sociedad de responsabilidad limitada deberán ser amortizadas o enajenadas, respetando en este caso el régimen legal y estatutario de transmisión, en el plazo de tres años. La enajenación no podrá efectuarse a un precio inferior al valor razonable de las participaciones, fijado conforme a lo previsto en esta ley para los casos de separación de socios. Cuando la adquisición no comporte devolución de aportaciones a los socios, la sociedad deberá dotar una reserva por el importe del valor nominal de las participaciones amortizadas, la cual será indisponible hasta que transcurran cinco años a contar desde la publicación de la reducción en el Boletín Oficial del Registro Mercantil, salvo que antes del vencimiento de dicho plazo hubieran sido satisfechas todas las deudas sociales contraídas con anterioridad a la fecha en que la reducción fuera oponible a terceros.

2. Si las participaciones no fueran enajenadas en el plazo señalado, la sociedad deberá acordar inmediatamente su amortización y la reducción del capital. Si la sociedad omite estas medidas, cualquier interesado podrá solicitar su adopción por el Letrado de la Administración de Justicia o por el Registrador mercantil del domicilio social. Los administradores de la sociedad adquirente están obligados a solicitar la adopción de estas medidas, cuando, por las circunstancias que fueran, no pueda lograrse el correspondiente acuerdo de amortización y de reducción del capital.

El expediente ante el Letrado de la Administración de Justicia se acomodará a los trámites de jurisdicción voluntaria. La solicitud dirigida al Registrador mercantil se tramitará de acuerdo a lo previsto en el Reglamento del Registro Mercantil.

La decisión favorable o desfavorable podrá recurrirse ante el Juez de lo Mercantil.

3. Las participaciones o acciones de la sociedad dominante deberán ser enajenadas en el plazo máximo de un año a contar desde su adquisición. En tanto no sean enajenadas, será de aplicación lo dispuesto en el artículo 148.

> Apartado 2 redactado de acuerdo con la Disp. Final 14ª, Uno, de la Ley 15/2015, de 2 de julio, de la Jurisdicción Voluntaria. (BOE núm. 158, de 3 de julio).

Art. 142. *Régimen de las participaciones propias y de las participaciones o acciones de la sociedad dominante.*– 1. Mientras permanezcan en poder de la sociedad adquirente, quedarán en suspenso todos los derechos correspondientes a las participaciones propias y a las participaciones o acciones de la sociedad dominante.

2. En el patrimonio neto del balance se establecerá una reserva equivalente al importe de las participaciones o acciones adquiridas, computado en el activo, que deberá mantenerse en tanto no sean enajenadas.

Art. 143. *Negocios prohibidos a la sociedad de responsabilidad limitada*.– 1. La sociedad de responsabilidad limitada no podrá aceptar en prenda o en otra forma de garantía sus propias participaciones ni las participaciones creadas ni las acciones emitidas por sociedad del grupo a que pertenezca.

2. La sociedad de responsabilidad limitada no podrá anticipar fondos, conceder créditos o préstamos, prestar garantía, ni facilitar asistencia financiera para la adquisición de sus propias participaciones o de las participaciones creadas o las acciones emitidas por sociedad del grupo a que la sociedad pertenezca.

Subsección 2.ª Adquisición derivativa realizada por sociedad anónima

Para las sociedades anónimas cotizadas, véase arts. 509 del presente TRLSC.

Art. 144. *Supuestos de libre adquisición*.– La sociedad anónima podrá adquirir sus propias acciones, o las participaciones o acciones de su sociedad dominante, en los siguientes casos:

a) Cuando las acciones propias se adquieran en ejecución de un acuerdo de reducción del capital adoptado por la junta general de la sociedad.

b) Cuando las participaciones o acciones formen parte de un patrimonio adquirido a título universal.

c) Cuando las participaciones o las acciones que estén íntegramente liberadas sean adquiridas a título gratuito.

d) Cuando las participaciones o las acciones íntegramente liberadas se adquieran como consecuencia de una adjudicación judicial para satisfacer un crédito de la sociedad frente a su titular.

Art. 145. *Obligación de enajenar*.– 1. Las participaciones o acciones adquiridas conforme a lo dispuesto en las letras b) y c) del artículo anterior deberán ser enajenadas en un plazo máximo de tres años a contar desde la fecha de adquisición, salvo que previamente hubieran sido amortizadas mediante reducción del capital social o que, sumadas a las que ya posean la sociedad adquirente y sus filiales y, en su caso, la sociedad dominante y sus filiales, no excedan del veinte por ciento del capital social.

2. Transcurrido el plazo a que se refiere el apartado anterior sin que hubiera tenido lugar la enajenación, será de aplicación lo previsto en los apartados 2 y 3 del artículo 139.

Para las sociedades anónimas cotizadas, véase arts. 509 del presente TRLSC.

Art. 146. *Adquisiciones derivativas condicionadas.*- 1. La sociedad anónima también podrá adquirir sus propias acciones y las participaciones creadas o las acciones emitidas por su sociedad dominante, cuando concurran las siguientes condiciones:

a) Que la adquisición haya sido autorizada mediante acuerdo de la junta general, que deberá establecer las modalidades de la adquisición, el número máximo de participaciones o de acciones a adquirir, el contravalor mínimo y máximo cuando la adquisición sea onerosa, y la duración de la autorización, que no podrá exceder de cinco años.

Cuando la adquisición tenga por objeto participaciones o acciones de la sociedad dominante, la autorización deberá proceder también de la junta general de esta sociedad.

Cuando la adquisición tenga por objeto acciones que hayan de ser entregadas directamente a los trabajadores o administradores de la sociedad, o como consecuencia del ejercicio de derechos de opción de que aquéllos sean titulares, el acuerdo de la junta deberá expresar que la autorización se concede con esta finalidad.

b) Que la adquisición, comprendidas las acciones que la sociedad o persona que actuase en nombre propio pero por cuenta de aquélla hubiese adquirido con anterioridad y tuviese en cartera, no produzca el efecto de que el patrimonio neto resulte inferior al importe del capital social más las reservas legal o estatutariamente indisponibles.

A estos efectos, se considerará patrimonio neto el importe que se califique como tal conforme a los criterios para confeccionar las cuentas anuales, minorado en el importe de los beneficios imputados directamente al mismo, e incrementado en el importe del capital social suscrito no exigido, así como en el importe del nominal y de las primas de emisión del capital social suscrito que esté registrado contablemente como pasivo.

2. El valor nominal de las acciones adquiridas directa o indirectamente, sumándose al de las que ya posean la sociedad adquirente y sus filiales, y, en su caso, la sociedad dominante y sus filiales, no podrá ser superior al veinte por ciento.

3. Los administradores deberán controlar especialmente que, en el momento de cualquier adquisición autorizada, se respeten las condiciones establecidas en este artículo.

4. Será nula la adquisición por la sociedad de acciones propias parcialmente desembolsadas, salvo que la adquisición sea a título gratuito, y de las que lleven aparejada la obligación de realizar prestaciones accesorias.

Para las sociedades anónimas cotizadas, véase arts. 509 del presente TRLSC.

Art. 147. *Consecuencias de la infracción.*- Será de aplicación lo establecido en el artículo 139 a las adquisiciones derivativas realizadas por la sociedad anónima en contravención a lo dispuesto en el artículo anterior.

Art. 148. *Régimen de las acciones propias y de las participaciones o acciones de la sociedad dominante.*– Cuando una sociedad hubiere adquirido acciones propias o participaciones o acciones de su sociedad dominante se aplicarán las siguientes normas:

a) Quedará en suspenso el ejercicio del derecho de voto y de los demás derechos políticos incorporados a las acciones propias y a las participaciones o acciones de la sociedad dominante.

Los derechos económicos inherentes a las acciones propias, excepción hecha del derecho a la asignación gratuita de nuevas acciones, serán atribuidos proporcionalmente al resto de las acciones.

b) Las acciones propias se computarán en el capital a efectos de calcular las cuotas necesarias para la constitución y adopción de acuerdos en la junta.

c) Se establecerá en el patrimonio neto una reserva indisponible equivalente al importe de las participaciones o acciones de la sociedad dominante computado en el activo. Esta reserva deberá mantenerse en tanto las participaciones o acciones no sean enajenadas.

d) El informe de gestión de la sociedad adquirente y, en su caso, el de la sociedad dominante, deberán mencionar como mínimo:

1.º Los motivos de las adquisiciones y enajenaciones realizadas durante el ejercicio.

2.º El número y valor nominal de las participaciones o acciones adquiridas y enajenadas durante el ejercicio y la fracción del capital social que representan.

3.º En caso de adquisición o enajenación a título oneroso, la contraprestación por las participaciones o acciones.

4.º El número y valor nominal del total de las participaciones o acciones adquiridas y conservadas en cartera por la propia sociedad o por persona interpuesta y la fracción del capital social que representan.

Sección 3.ª Aceptación en garantía y asistencia financiera en la sociedad anónima

Art. 149. *Aceptación en garantía de acciones propias y de participaciones o acciones de la sociedad dominante.*– 1. La sociedad anónima sólo podrá aceptar en prenda o en otra forma de garantía sus propias acciones, o las participaciones creadas o las acciones emitidas por la sociedad dominante, dentro de los límites y con los mismos requisitos aplicables a la adquisición de las mismas.

2. Lo dispuesto en el apartado anterior no se aplicará a las operaciones hechas en el ámbito de las actividades ordinarias de los bancos y demás entidades de crédito. Estas operaciones, sin embargo, deberán cumplir el requisito a que se refiere la letra c) del artículo anterior.

3. Lo establecido en el artículo anterior será de aplicación, en cuanto resulte compatible, a las participaciones o acciones poseídas en concepto de prenda o de otra forma de garantía.

> Apartado 2 redactado de acuerdo con el art. 1º, Cinco, de la Ley 25/2011, de 1 de agosto, de reforma parcial de la Ley de Sociedades de Capital (...) (Entrada en vigor 2 de octubre 2011).

Art. 150. *Asistencia financiera para la adquisición de acciones propias y de participaciones o acciones de la sociedad dominante.*– 1. La sociedad anónima no podrá anticipar fondos, conceder préstamos, prestar garantías ni facilitar ningún tipo de asistencia financiera para la adquisición de sus acciones o de participaciones o acciones de su sociedad dominante por un tercero.

2. La prohibición establecida en el apartado anterior no se aplicará a los negocios dirigidos a facilitar al personal de la empresa la adquisición de las acciones de la propia sociedad o de participaciones o acciones de cualquier otra sociedad perteneciente al mismo grupo.

3. La prohibición establecida en el apartado primero no se aplicará a las operaciones efectuadas por bancos y demás entidades de crédito en el ámbito de las operaciones ordinarias propias de su objeto social que se sufraguen con cargo a bienes libres de la sociedad.

En el patrimonio neto del balance, la sociedad deberá establecer una reserva equivalente al importe de los créditos anotados en el activo.

Sección 4.ª Las participaciones recíprocas

Art. 151. *Participaciones recíprocas.*– No podrán establecerse participaciones recíprocas que excedan del diez por ciento de la cifra de capital de las sociedades participadas. La prohibición afectará también a las participaciones circulares constituidas por medio de sociedades filiales.

Art. 152. *Consecuencias de la infracción.*– 1. La violación de lo dispuesto en el artículo anterior determinará la obligación a cargo de la sociedad que reciba antes la notificación a que se refiere el artículo 155 de reducir al diez por ciento su participación en el capital de la otra sociedad.

Si ambas sociedades recibieran simultáneamente dicha notificación, la obligación de reducir correrá a cargo de las dos, a no ser que lleguen a un acuerdo para que la reducción sea efectuada solamente por una de ellas.

2. La reducción a que se refiere el apartado anterior deberá llevarse a cabo en el plazo máximo de un año a contar desde la fecha de la notificación, quedando mientras tanto en suspenso el derecho de voto correspondiente a las participaciones excedentes.

El plazo para la reducción será de tres años para las participaciones adquiridas en cualquiera de las circunstancias previstas por el artículo 144.

3. El incumplimiento de la obligación de reducción establecida en los apartados anteriores determinará la venta judicial de las participaciones excedentes a instancia de parte interesada y la suspensión de los derechos correspondientes a todas las participaciones que la sociedad incumplidora detente en la otra sociedad.

Art. 153. *Reserva de participaciones recíprocas*.- En el patrimonio neto de la sociedad obligada a la reducción se establecerá una reserva equivalente al importe de las participaciones recíprocas que excedan del diez por ciento del capital computadas en el activo.

Art. 154. *Exclusión del régimen de participaciones recíprocas*.- La disciplina contenida en los tres artículos anteriores no será de aplicación a las participaciones recíprocas establecidas entre una sociedad filial y su sociedad dominante.

Art. 155. *Notificación*.- 1. La sociedad que, por sí misma o por medio de una sociedad filial, llegue a poseer más del diez por ciento del capital de otra sociedad deberá notificárselo de inmediato, quedando mientras tanto suspendidos los derechos correspondientes a sus participaciones.

Dicha notificación habrá de repetirse para cada una de las sucesivas adquisiciones que superen el 5 por ciento del capital.

2. Las notificaciones previstas en el apartado anterior se recogerán en las memorias explicativas de ambas sociedades.

Sección 5.ª Disposiciones comunes

Art. 156. *Persona interpuesta*.- 1. Se reputará nulo cualquier acuerdo entre la sociedad y otra persona en virtud del cual ésta se obligue o se legitime para celebrar en nombre propio pero por cuenta de aquella alguna de las operaciones que en este capítulo se prohíbe realizar a la sociedad.

Los negocios celebrados por la persona interpuesta con terceros se entenderán efectuados por cuenta propia y no producirán efecto alguno sobre la sociedad.

2. Los negocios celebrados por persona interpuesta, cuando su realización no estuviera prohibida a la sociedad, así como las participaciones o acciones propias, o de la sociedad dominante, sobre las que recaigan tales negocios, quedan sometidos a las disposiciones de este capítulo.

Art. 157. *Régimen sancionador*.- 1. Se reputará infracción el incumplimiento de las obligaciones o la vulneración de las prohibiciones establecidas en el presente capítulo.

2. Las infracciones anteriores se sancionarán con multa por importe de hasta el valor nominal de las participaciones asumidas o acciones suscritas, adquiridas o aceptadas en garantía por la sociedad o adquiridas por un tercero con asistencia financiera o, en su caso, las no enajenadas o amortizadas. El incumplimiento del deber de enajenar o amortizar será considerado como infracción independiente.

Para la graduación de la multa se atenderá a la entidad de la infracción, así como a los perjuicios ocasionados a la sociedad, a los socios de la misma, y a terceros.

3. Se reputarán como responsables de la infracción a los administradores de la sociedad infractora y, en su caso, a los de la sociedad dominante que hayan inducido a cometer la infracción. Se considerarán como administradores no sólo a los miembros del consejo de administración, sino también a los directivos o personas con poder de representación de la sociedad infractora. La responsabilidad se exigirá conforme a los criterios previstos en los artículos 225, 226, 236 y 237.

4. Las infracciones y las sanciones contenidas en el presente artículo prescribirán a los tres años, computándose de acuerdo con lo dispuesto en el artículo 132 de la Ley 30/1992, de 26 de noviembre, de Régimen Jurídico de las Administraciones Públicas y del Procedimiento Administrativo Común.

5. En la sociedad de responsabilidad limitada, las infracciones se sancionarán previa instrucción del procedimiento por el Ministerio de Economía y Hacienda, con audiencia de los interesados y conforme al Reglamento del procedimiento para el ejercicio de la potestad sancionadora.

6. En la sociedad anónima, la competencia para la iniciación, instrucción y resolución de los expedientes sancionadores resultantes de lo dispuesto en este capítulo se atribuye a la Comisión Nacional del Mercado de Valores. En el caso de que el expediente sancionador recayera sobre los administradores de una entidad de crédito o de una entidad aseguradora, o sobre los administradores de una entidad integrada en un grupo consolidable de entidades financieras sujeto a la supervisión del Banco de España o de la Dirección General de Seguros, la Comisión Nacional del Mercado de Valores comunicará a las mencionadas entidades supervisoras la apertura del expediente, las cuales deberán también informar con carácter previo a la resolución.

<small>Apartado 1 redactado de acuerdo con el art. 1º, Seis, de la Ley 25/2011, de 1 de agosto, de reforma parcial de la Ley de Sociedades de Capital (...) (Entrada en vigor 2 de octubre 2011).</small>

Art. 158. *Aplicación a sociedades extranjeras*.- Las disposiciones de este capítulo referidas a operaciones que tienen por objeto participaciones o acciones de la sociedad

dominante serán de aplicación aun cuando la sociedad que las realice no sea de nacionalidad española.

TÍTULO V. La junta general

Véanse especialidades para las sociedades anónimas cotizadas en arts. 511 bis a 527 undecies del presente TRLSC.

Véanse arts. 126 y 127 del TRLC.

Téngase en cuenta las «Medidas extraordinarias aplicables a las personas jurídicas de Derecho privado» durante el ejercicio 2021 establecidas en el art. 3 del Real Decreto-ley 34/2020, de 17 de noviembre, de medidas urgentes de apoyo a la solvencia empresarial y al sector energético, y en materia tributaria (BOE núm. 303, de 18 de noviembre).

CAPÍTULO I. La junta general

Art. 159. *Junta general.*– 1. Los socios, reunidos en junta general, decidirán por la mayoría legal o estatutariamente establecida, en los asuntos propios de la competencia de la junta.

2. Todos los socios, incluso los disidentes y los que no hayan participado en la reunión, quedan sometidos a los acuerdos de la junta general.

CAPÍTULO II. Competencia de la junta

Art. 160. *Competencia de la junta.*– Es competencia de la junta general deliberar y acordar sobre los siguientes asuntos:

a) La aprobación de las cuentas anuales, la aplicación del resultado y la aprobación de la gestión social.

b) El nombramiento y separación de los administradores, de los liquidadores y, en su caso, de los auditores de cuentas, así como el ejercicio de la acción social de responsabilidad contra cualquiera de ellos.

c) La modificación de los estatutos sociales.

d) El aumento y la reducción del capital social.

e) La supresión o limitación del derecho de suscripción preferente y de asunción preferente.

f) La adquisición, la enajenación o la aportación a otra sociedad de activos esenciales. Se presume el carácter esencial del activo cuando el importe de la operación supere el veinticinco por ciento del valor de los activos que figuren en el último balance aprobado.

g) La transformación, la fusión, la escisión o la cesión global de activo y pasivo.

h) La disolución de la sociedad.

i) La aprobación del balance final de liquidación.

j) Cualesquiera otros asuntos que determinen la ley o los estatutos.

Artículo redactado de acuerdo con el art. Único, Uno, de la Ley 31/2014, de 3 de diciembre, por la que se modifica la Ley de Sociedades de Capital para la mejora del gobierno corporativo (BOE núm. 293, de 4 de diciembre). En concreto se introduce una nueva letra f) y se renumeran las siguientes. Letra g) modificada por la Disp. Final 3.ª, Uno, del RD-L 5/2023, de 28 de junio, (…); de transposición de Directivas de la Unión Europea en materia de modificaciones estructurales de sociedades mercantiles (…) y de ejecución y cumplimiento del Derecho de la Unión Europea (BOE núm. 154, de 29 de junio).

Art. 161. *Intervención de la junta general en asuntos de gestión*.– Salvo disposición contraria de los estatutos, la junta general de las sociedades de capital podrá impartir instrucciones al órgano de administración o someter a autorización la adopción por dicho órgano de decisiones o acuerdos sobre determinados asuntos de gestión, sin perjuicio de lo establecido en el artículo 234.

Artículo redactado de acuerdo con el art. Único, Dos, de la Ley 31/2014, de 3 de diciembre, por la que se modifica la Ley de Sociedades de Capital para la mejora del gobierno corporativo (BOE núm. 293, de 4 de diciembre). Antes de la nueva redacción, el presente artículo se refería exclusivamente a las sociedades de responsabilidad limitada.

Art. 162. *Concesión de créditos y garantías a socios y administradores*.– 1. En la sociedad de responsabilidad limitada la junta general, mediante acuerdo concreto para cada caso, podrá anticipar fondos, conceder créditos o préstamos, prestar garantías y facilitar asistencia financiera a sus socios y administradores.

2. No será necesario el acuerdo de la junta general para realizar los actos anteriores en favor de otra sociedad perteneciente al mismo grupo.

CAPÍTULO III. Clases de juntas

Art. 163. *Clases de juntas*.– Las juntas generales de las sociedades de capital podrán ser ordinarias o extraordinarias.

Art. 164. *Junta ordinaria*.– 1. La junta general ordinaria, previamente convocada al efecto, se reunirá necesariamente dentro de los seis primeros meses de cada ejercicio, para, en su caso, aprobar la gestión social, las cuentas del ejercicio anterior y resolver sobre la aplicación del resultado.

2. La junta general ordinaria será válida aunque haya sido convocada o se celebre fuera de plazo.

Art. 165. *Junta extraordinaria*.– Toda junta que no sea la prevista en el artículo anterior tendrá la consideración de junta general extraordinaria.

Véanse art. 126 del RRM (§5).

CAPÍTULO IV. Convocatoria

Art. 166. *Competencia para convocar*.– La junta general será convocada por los administradores y, en su caso, por los liquidadores de la sociedad.

Art. 167. *Deber de convocar*.– Los administradores convocarán la junta general siempre que lo consideren necesario o conveniente para los intereses sociales, y en todo caso, en las fechas o periodos que determinen la ley y los estatutos.

Art. 168. *Solicitud de convocatoria por la minoría*.– Los administradores deberán convocar la junta general cuando lo soliciten uno o varios socios que representen, al menos, el cinco por ciento del capital social, expresando en la solicitud los asuntos a tratar.

En este caso, la junta general deberá ser convocada para su celebración dentro de los dos meses siguientes a la fecha en que se hubiere requerido notarialmente a los administradores para convocarla, debiendo incluirse necesariamente en el orden del día los asuntos que hubiesen sido objeto de solicitud.

> Párrafo 2° redactado de acuerdo con el art. 1°, Siete, de la Ley 25/2011, de 1 de agosto, de reforma parcial de la Ley de Sociedades de Capital (...) (Entrada en vigor 2 de octubre 2011).
> Téngase en cuenta para las sociedades anónimas cotizadas, el art. 495.2 a) del presente TRLSC.

Artículo 169. *Competencia para la convocatoria*.– 1. Si la junta general ordinaria o las juntas generales previstas en los estatutos, no fueran convocadas dentro del correspondiente plazo legal o estatutariamente establecido, podrá serlo, a solicitud de cualquier socio, previa audiencia de los administradores, por el Letrado de la Administración de Justicia o Registrador mercantil del domicilio social.

2. Si los administradores no atienden oportunamente la solicitud de convocatoria de la junta general efectuada por la minoría, podrá realizarse la convocatoria, previa audiencia de los administradores, por el Letrado de la Administración de Justicia o por el Registrador mercantil del domicilio social.

> Artículo redactado de acuerdo con la Disp. Final 14ª, Dos, de la Ley 15/2015, de 2 de julio, de la Jurisdicción Voluntaria (BOE núm. 158, de 3 de julio).

Artículo 170. *Régimen de la convocatoria*.– 1. El Letrado de la Administración de Justicia procederá a convocar a la junta general de conformidad con lo establecido en la legislación de jurisdicción voluntaria.

2. El Registrador mercantil procederá a convocar la junta general en el plazo de un mes desde que hubiera sido formulada la solicitud, indicará el lugar, día y hora para la celebración así como el orden del día y designará al presidente y secretario de la junta.

3. Contra la resolución por la que se acuerde la convocatoria de la junta general no cabrá recurso alguno.

4. Los gastos de la convocatoria registral serán de cuenta de la sociedad.

Artículo redactado de acuerdo con la Disp. Final 14ª, Dos, de la Ley 15/2015, de 2 de julio, de la Jurisdicción Voluntaria (BOE núm. 158, de 3 de julio).

Artículo 171. *Convocatoria en casos especiales*.– En caso de muerte o de cese del administrador único, de todos los administradores solidarios, de alguno de los administradores mancomunados, o de la mayoría de los miembros del consejo de administración, sin que existan suplentes, cualquier socio podrá solicitar del Letrado de la Administración de Justicia y del Registrador mercantil del domicilio social la convocatoria de junta general para el nombramiento de los administradores.

Además, cualquiera de los administradores que permanezcan en el ejercicio del cargo podrá convocar la junta general con ese único objeto

Artículo redactado de acuerdo con la Disp. Final 14ª, Dos, de la Ley 15/2015, de 2 de julio, de la Jurisdicción Voluntaria (BOE núm. 158, de 3 de julio).

Art. 172. *Complemento de convocatoria*.– 1. En la sociedad anónima, los accionistas que representen, al menos, el cinco por ciento del capital social, podrán solicitar que se publique un complemento a la convocatoria de una junta general de accionistas incluyendo uno o más puntos en el orden del día. El ejercicio de este derecho deberá hacerse mediante notificación fehaciente que habrá de recibirse en el domicilio social dentro de los cinco días siguientes a la publicación de la convocatoria.

2. El complemento de la convocatoria deberá publicarse con quince días de antelación como mínimo a la fecha establecida para la reunión de la junta.

La falta de publicación del complemento de la convocatoria en el plazo legalmente fijado será causa de nulidad de la junta.

Véase arts. 176.1 del presente TRLSC.

En relación con las sociedades anónimas cotizadas, véase art. 519 del presente TRLSC.

Art. 173. *Forma de la convocatoria*.– 1. La junta general será convocada mediante anuncio publicado en la página web de la sociedad si ésta hubiera sido creada, inscrita y publicada en los términos previstos en el artículo 11 bis. Cuando la sociedad no hubiere acordado la creación de su página web o todavía no estuviera ésta debidamente inscrita y publicada, la convocatoria se publicará en el «Boletín Oficial del Registro Mercantil» y en uno de los diarios de mayor circulación en la provincia en que esté situado el domicilio social.

2. En sustitución de la forma de convocatoria prevista en el párrafo anterior, los estatutos podrán establecer que la convocatoria se realice por cualquier procedimiento de comunicación individual y escrita, que asegure la recepción del anuncio por todos

los socios en el domicilio designado al efecto o en el que conste en la documentación de la sociedad. En el caso de socios que residan en el extranjero, los estatutos podrán prever que sólo serán individualmente convocados si hubieran designado un lugar del territorio nacional para notificaciones.

3. Los estatutos podrán establecer mecanismos adicionales de publicidad a los previstos en la ley e imponer a la sociedad la gestión telemática de un sistema de alerta a los socios de los anuncios de convocatoria insertados en la web de la sociedad.

> Art. redactado de acuerdo con el apartado Tres del art. 1 de la Ley 1/2012, de 22 de junio, de simplificación de las obligaciones de información y documentación de fusiones y escisiones de sociedades de capital (BOE núm. 150, de 23 de junio). Véanse arts. 11 *bis* a 11 *quáter* del presente TRLSC y téngase en cuenta el apartado Noveno de la Instrucción de 18 de mayo de 2011, de la Dirección General de los Registros y del Notariado, sobre constitución de sociedades mercantiles y convocatoria de Junta General, en aplicación del Real Decreto-ley 13/2010, de 3 diciembre.

Art. 174. *Contenido de la convocatoria*.– En todo caso, la convocatoria expresará el nombre de la sociedad, la fecha y hora de la reunión, el orden del día, en el que figurarán los asuntos a tratar, y el cargo de la persona o personas que realicen la convocatoria.

> Artículo redactado de acuerdo con el art. 1º, Nueve, de la Ley 25/2011, de 1 de agosto, de reforma parcial de la Ley de Sociedades de Capital (...) (Entrada en vigor 2 de octubre 2011).

Art. 175. *Lugar de celebración*.– Salvo disposición contraria de los estatutos, la junta general se celebrará en el término municipal donde la sociedad tenga su domicilio. Si en la convocatoria no figurase el lugar de celebración, se entenderá que la junta ha sido convocada para su celebración en el domicilio social.

Art. 176. *Plazo previo de la convocatoria*.– 1. Entre la convocatoria y la fecha prevista para la celebración de la reunión deberá existir un plazo de, al menos, un mes en las sociedades anónimas y quince días en las sociedades de responsabilidad limitada. Queda a salvo lo establecido para el complemento de convocatoria.

2. En los casos de convocatoria individual a cada socio, el plazo se computará a partir de la fecha en que hubiere sido remitido el anuncio al último de ellos.

> Véase art. 172 sobre complemento de convocatoria y téngase en cuenta apartados 3 y 4 del art. 11 ter del presente TRLSC.

Art. 177. *Segunda convocatoria*.– 1. En el anuncio de la convocatoria de las sociedades anónimas, podrá hacerse constar, asimismo, la fecha en la que, si procediera, se reunirá la junta en segunda convocatoria.

2. Entre la primera y la segunda reunión deberá mediar, por lo menos, un plazo de veinticuatro horas.

3. Si la junta general debidamente convocada, cualquiera que sea su clase, no pudiera celebrarse en primera convocatoria ni se hubiere previsto en el anuncio la fecha de la segunda, la celebración de ésta deberá ser anunciada, con el mismo orden del día y los mismos requisitos de publicidad que la primera, dentro de los quince días siguientes a la fecha de la junta no celebrada y con al menos diez días de antelación a la fecha fijada para la reunión.

Apartado 3 redactado de acuerdo con el art. 1º, Diez, de la Ley 25/2011, de 1 de agosto, de reforma parcial de la Ley de Sociedades de Capital (...) (Entrada en vigor 2 de octubre 2011).

CAPÍTULO V. Junta universal

Véase art. 127.2 del TRLC.

Art. 178. *Junta universal*.- 1. La junta general quedará válidamente constituida para tratar cualquier asunto, sin necesidad de previa convocatoria, siempre que esté presente o representada la totalidad del capital social y los concurrentes acepten por unanimidad la celebración de la reunión.

2. La junta universal podrá reunirse en cualquier lugar del territorio nacional o del extranjero.

CAPÍTULO VI. Asistencia, representación y voto

Véase art. 127 del TRLC.

Art. 179. *Derecho de asistencia*.- 1. En la sociedad de responsabilidad limitada todos los socios tienen derecho a asistir a la junta general. Los estatutos no podrán exigir para la asistencia a la junta general la titularidad de un número mínimo de participaciones.

2. En las sociedades anónimas los estatutos podrán exigir, respecto de todas las acciones, cualquiera que sea su clase o serie, la posesión de un número mínimo para asistir a la junta general sin que, en ningún caso, el número exigido pueda ser superior al uno por mil del capital social.

3. En la sociedad anónima los estatutos podrán condicionar el derecho de asistencia a la junta general a la legitimación anticipada del accionista, pero en ningún caso podrán impedir el ejercicio de tal derecho a los titulares de acciones nominativas y de acciones representadas por medio de anotaciones en cuenta que las tengan inscritas en sus respectivos registros con cinco días de antelación a aquel en que haya de celebrarse la junta, ni a los tenedores de acciones al portador que con la misma antelación hayan efectuado el depósito de sus acciones o, en su caso, del certificado acreditativo de

su depósito en una entidad autorizada, en la forma prevista por los estatutos. Si los estatutos no contienen una previsión a este último respecto, el depósito podrá hacerse en el domicilio social.

El documento que acredite el cumplimiento de estos requisitos será nominativo y surtirá eficacia legitimadora frente a la sociedad.

Véanse art. 126 y 186 del RRM (§5).

Art. 180. *Deber de asistencia de los administradores*.– Los administradores deberán asistir a las juntas generales.

Art. 181. *Autorización para asistir*.– 1. Los estatutos podrán autorizar u ordenar la asistencia de directores, gerentes, técnicos y demás personas que tengan interés en la buena marcha de los asuntos sociales.

2. El presidente de la junta general podrá autorizar la asistencia de cualquier otra persona que juzgue conveniente. La junta, no obstante, podrá revocar dicha autorización.

3. Lo dispuesto en el apartado anterior será de aplicación a la sociedad de responsabilidad limitada, salvo que los estatutos dispusieran otra cosa.

Art. 182. *Asistencia telemática*.– Si los estatutos prevén la posibilidad de asistencia a la junta por medios telemáticos, que garanticen debidamente la identidad del sujeto, en la convocatoria se describirán los plazos, formas y modos de ejercicio de los derechos de los socios previstos por los administradores para permitir el adecuado desarrollo de la junta. En particular, los administradores podrán determinar que las intervenciones y propuestas de acuerdos que, conforme a esta Ley, tengan intención de formular quienes vayan a asistir por medios telemáticos, se remitan a la sociedad con anterioridad al momento de la constitución de la junta. Las respuestas a los socios o sus representantes que, asistiendo telemáticamente, ejerciten su derecho de información durante la junta se producirán durante la propia reunión o por escrito durante los siete días siguientes a la finalización de la junta.

Art. redactado de acuerdo con el art. 3. Uno, de la Ley 5/2021, de 12 de abril, por la que se modifica el texto refundido de la Ley de Sociedades de Capital (…), y otras normas financieras, en lo que respecta al fomento de la implicación a largo plazo de los accionistas en las sociedades cotizadas (BOE núm. 88, de 13 de abril).

Artículo 182 bis. *Junta exclusivamente telemática*.– 1. Adicionalmente a lo previsto en el artículo anterior, los estatutos podrán autorizar la convocatoria por parte de los administradores de juntas para ser celebradas sin asistencia física de los socios o sus representantes. En lo no previsto en este precepto, las juntas exclusivamente telemáticas se someterán a las reglas generales aplicables a las juntas presenciales, adaptadas en su caso a las especialidades que derivan de su naturaleza.

2. La modificación estatutaria mediante la cual se autorice la convocatoria de juntas exclusivamente telemáticas deberá ser aprobada por socios que representen al menos dos tercios del capital presente o representado en la reunión.

3. La celebración de la junta exclusivamente telemática estará supeditada en todo caso a que la identidad y legitimación de los socios y de sus representantes se halle debidamente garantizada y a que todos los asistentes puedan participar efectivamente en la reunión mediante medios de comunicación a distancia apropiados, como audio o video, complementados con la posibilidad de mensajes escritos durante el transcurso de la junta, tanto para ejercitar en tiempo real los derechos de palabra, información, propuesta y voto que les correspondan, como para seguir las intervenciones de los demás asistentes por los medios indicados. A tal fin, los administradores deberán implementar las medidas necesarias con arreglo al estado de la técnica y a las circunstancias de la sociedad, especialmente el número de sus socios.

4. El anuncio de convocatoria informará de los trámites y procedimientos que habrán de seguirse para el registro y formación de la lista de asistentes, para el ejercicio por estos de sus derechos y para el adecuado reflejo en el acta del desarrollo de la junta. La asistencia no podrá supeditarse en ningún caso a la realización del registro con una antelación superior a una hora antes del comienzo previsto de la reunión.

5. Las respuestas a los socios o sus representantes que ejerciten su derecho de información durante la junta se regirán por lo previsto en el artículo 182.

6. La junta exclusivamente telemática se considerará celebrada en el domicilio social con independencia de dónde se halle el presidente de la junta.

7. Las previsiones contenidas en este artículo serán igualmente aplicables a la sociedad de responsabilidad limitada.

> Art. redactado de acuerdo con el art. 3. Dos, de la Ley 5/2021, de 12 de abril, por la que se modifica el texto refundido de la Ley de Sociedades de Capital (...), y otras normas financieras, en lo que respecta al fomento de la implicación a largo plazo de los accionistas en las sociedades cotizadas (BOE núm. 88, de 13 de abril).
>
> Téngase en cuenta las medidas extraordinarias para el año 2021 que el Real Decreto-ley 34/2020, de 17 de noviembre (BOE núm. 303, de 18 de noviembre) establece en su art. 3.
>
> Véase para las sociedades cotizadas art. 521.3 del presente TRLSC.

Art. 183. *Representación voluntaria en la junta general de la sociedad de responsabilidad limitada.*– 1. El socio sólo podrá hacerse representar en la junta general por su cónyuge, ascendiente o descendiente, por otro socio o por persona que ostente poder general conferido en documento público con facultades para administrar todo el patrimonio que el representado tuviere en territorio nacional.

Los estatutos podrán autorizar la representación por medio de otras personas.

2. La representación deberá conferirse por escrito. Si no constare en documento público, deberá ser especial para cada junta.

3. La representación comprenderá la totalidad de las participaciones de que sea titular el socio representado.

Véase art. 186 del RRM (§5).

Art. 184. *Representación voluntaria en la junta general de la sociedad anónima.*- 1. Todo accionista que tenga derecho de asistencia podrá hacerse representar en la junta general por medio de otra persona, aunque ésta no sea accionista. Los estatutos podrán limitar esta facultad.

2. La representación deberá conferirse por escrito o por medios de comunicación a distancia que cumplan con los requisitos establecidos en esta ley para el ejercicio del derecho de voto a distancia y con carácter especial para cada junta.

Véase art. 126 del RRM (§5).

Art. 185. *Revocación de la representación.*- La representación es siempre revocable. La asistencia personal a la junta del representado tendrá valor de revocación.

Véase art. 186 del RRM (§5).

Art. 186. *Solicitud pública de representación en las sociedades anónimas.*- 1. En las sociedades anónimas en el caso de que los propios administradores, las entidades depositarias de los títulos o las encargadas del registro de anotaciones en cuenta soliciten la representación para sí o para otro y, en general, siempre que la solicitud se formule de forma pública, el documento en que conste el poder deberá contener o llevar anejo el orden del día, así como la solicitud de instrucciones para el ejercicio del derecho de voto y la indicación del sentido en que votará el representante en caso que no se impartan instrucciones precisas.

2. Por excepción, el representante podrá votar en sentido distinto cuando se presenten circunstancias ignoradas en el momento del envío de las instrucciones y se corra el riesgo de perjudicar los intereses del representado. En caso de voto emitido en sentido distinto a las instrucciones, el representante deberá informar inmediatamente al representado, por medio de escrito en que explique las razones del voto.

3. Se entenderá que ha habido solicitud pública cuando una misma persona ostente la representación de más de tres accionistas.

4. Lo dispuesto en este artículo será de aplicación a los miembros del consejo de control de una sociedad anónima europea domiciliada en España que haya optado por el sistema dual.

Véase para sociedades anónimas cotizadas el art. 526 del presente TRLSC.

Art. 187. *Inaplicabilidad de las restricciones.*– Las restricciones legales contempladas en los artículos 184 y 186 no serán de aplicación cuando el representante sea el cónyuge o un ascendiente o descendiente del representado ni tampoco cuando aquél ostente poder general conferido en documento público con facultades para administrar todo el patrimonio que el representado tuviere en territorio nacional.

Art. 188. *Derecho de voto.*– 1. En la sociedad de responsabilidad limitada, salvo disposición contraria de los estatutos sociales, cada participación social concede a su titular el derecho a emitir un voto.

2. En la sociedad anónima no será valida la creación de acciones que de forma directa o indirecta alteren la proporcionalidad entre el valor nominal de la acción y el derecho de voto.

3. En la sociedad anónima, los estatutos podrán fijar con carácter general el número máximo de votos que pueden emitir un mismo accionista, las sociedades pertenecientes a un mismo grupo o quienes actúen de forma concertada con los anteriores, sin perjuicio de la aplicación a las sociedades cotizadas de lo establecido en el artículo 527.

> Apartado 3 redactado de acuerdo con el apartado Uno de la Disp. Adicional 1ª de la Ley 1/2012, de 22 de junio, de simplificación de las obligaciones de información y documentación de fusiones y escisiones de sociedades de capital (BOE núm. 150, de 23 de junio), procedente del Real Decreto-ley 9/2012, de 16 de marzo (BOE núm. 66, de 17 de marzo), si bien el citado RD-Ley no modificaba el presente artículo.
> Con relación al apartado 2 y 3, véase art. 96.2 del presente TRLSC. Y para las sociedades anónimas cotizadas véanse arts. 527 y 527 ter y ss.

Art. 189. *Especialidades en el ejercicio de los derechos de asistencia y voto en las sociedades anónimas.*– 1. Para el ejercicio del derecho de asistencia a las juntas y el de voto será lícita la agrupación de acciones.

2. De conformidad con lo que se disponga en los estatutos, el voto de las propuestas sobre puntos comprendidos en el orden del día de cualquier clase de junta general podrá delegarse o ejercitarse por el accionista mediante correspondencia postal, electrónica o cualquier otro medio de comunicación a distancia, siempre que se garantice debidamente la identidad del sujeto que ejerce su derecho de voto.

3. Los accionistas que emitan sus votos a distancia deberán ser tenidos en cuenta a efectos de constitución de la junta como presentes.

Art. 190. *Conflicto de intereses.*– 1. El socio no podrá ejercitar el derecho de voto correspondiente a sus acciones o participaciones cuando se trate de adoptar un acuerdo que tenga por objeto:

a) autorizarle a transmitir acciones o participaciones sujetas a una restricción legal o estatutaria,

b) excluirle de la sociedad,

c) liberarle de una obligación o concederle un derecho,

d) facilitarle cualquier tipo de asistencia financiera, incluida la prestación de garantías a su favor o

e) dispensarle de las obligaciones derivadas del deber de lealtad conforme a lo previsto en el artículo 230.

En las sociedades anónimas, la prohibición de ejercitar el derecho de voto en los supuestos contemplados en las letras a) y b) anteriores solo será de aplicación cuando dicha prohibición esté expresamente prevista en las correspondientes cláusulas estatutarias reguladoras de la restricción a la libre transmisión o la exclusión.

2. Las acciones o participaciones del socio que se encuentre en algunas de las situaciones de conflicto de interés contempladas en el apartado anterior se deducirán del capital social para el cómputo de la mayoría de los votos que en cada caso sea necesaria.

3. En los casos de conflicto de interés distintos de los previstos en el apartado 1, los socios no estarán privados de su derecho de voto. No obstante, cuando el voto del socio o socios incursos en conflicto haya sido decisivo para la adopción del acuerdo, corresponderá, en caso de impugnación, a la sociedad y, en su caso, al socio o socios afectados por el conflicto, la carga de la prueba de la conformidad del acuerdo al interés social. Al socio o socios que impugnen les corresponderá la acreditación del conflicto de interés. De esta regla se exceptúan los acuerdos relativos al nombramiento, el cese, la revocación y la exigencia de responsabilidad de los administradores y cualesquiera otros de análogo significado en los que el conflicto de interés se refiera exclusivamente a la posición que ostenta el socio en la sociedad. En estos casos, corresponderá a los que impugnen la acreditación del perjuicio al interés social.

> Artículo redactado de acuerdo con el art. Único, Tres, de la Ley 31/2014, de 3 de diciembre, por la que se modifica la Ley de Sociedades de Capital para la mejora del gobierno corporativo (BOE núm. 293, de 4 de diciembre).

CAPÍTULO VII. Constitución de la junta y adopción de acuerdos

Véanse art. 126 y 186 del RRM (§5).

Sección 1.ª Constitución de la junta

Art. 191. *Mesa de la junta*.– Salvo disposición contraria de los estatutos, el presidente y el secretario de la junta general serán los del consejo de administración y, en su defecto, los designados por los socios concurrentes al comienzo de la reunión.

Art. 192. *Lista de asistentes*.– 1. Antes de entrar en el orden del día se formará la lista de los asistentes, expresando el carácter o representación de cada uno y el número de participaciones o de acciones propias o ajenas con que concurran.

2. Al final de la lista se determinará el número de socios presentes o representados, así como el importe del capital del que sean titulares, especificando el que corresponde a los socios con derecho de voto.

3. En las sociedades de responsabilidad limitada la lista de asistentes se incluirá necesariamente en el acta.

Véase art. 98 del RRM (§5).

Art. 193. *Constitución de la junta de la sociedad anónima.*- 1. En las sociedades anónimas la junta general de accionistas quedará validamente constituida en primera convocatoria cuando los accionistas presentes o representados posean, al menos, el veinticinco por ciento del capital suscrito con derecho de voto. Los estatutos podrán fijar un quórum superior.

2. En segunda convocatoria, será válida la constitución de la junta cualquiera que sea el capital concurrente a la misma, salvo que los estatutos fijen un quórum determinado, el cual, necesariamente, habrá de ser inferior al que aquellos hayan establecido o exija la ley para la primera convocatoria.

Art. 194. *Quórum de constitución reforzado en casos especiales.*- 1. En las sociedades anónimas, para que la junta general ordinaria o extraordinaria pueda acordar validamente el aumento o la reducción del capital y cualquier otra modificación de los estatutos sociales, la emisión de obligaciones, la supresión o la limitación del derecho de adquisición preferente de nuevas acciones, así como la transformación, la fusión, la escisión o la cesión global de activo y pasivo, será necesaria, en primera convocatoria, la concurrencia de accionistas presentes o representados que posean, al menos, el cincuenta por ciento del capital suscrito con derecho de voto.

2. En segunda convocatoria será suficiente la concurrencia del veinticinco por ciento de dicho capital.

3. Los estatutos sociales podrán elevar los quórum previstos en los apartados anteriores.

Apartado 1 modificado por la Disp. Final 3.ª, Dos, del RD-L 5/2023, de 28 de junio, (...), de transposición de Directivas de la Unión Europea en materia de modificaciones estructurales de sociedades mercantiles (...) y de ejecución y cumplimiento del Derecho de la Unión Europea (BOE núm. 154, de 29 de junio).

Art. 195. *Prórroga de las sesiones.*- 1 Las juntas generales se celebrarán el día señalado en la convocatoria, pero podrán ser prorrogadas sus sesiones durante uno o más días consecutivos.

2. La prórroga podrá acordarse a propuesta de los administradores o a petición de un número de socios que represente la cuarta parte del capital presente en la junta.

3. Cualquiera que sea el número de las sesiones en que se celebre la junta, se considerará única, levantándose una sola acta para todas las sesiones.

Sección 2.ª Derecho de información

Art. 196. *Derecho de información en la sociedad de responsabilidad limitada.-* 1. Los socios de la sociedad de responsabilidad limitada podrán solicitar por escrito, con anterioridad a la reunión de la junta general o verbalmente durante la misma, los informes o aclaraciones que estimen precisos acerca de los asuntos comprendidos en el orden del día.

2. El órgano de administración estará obligado a proporcionárselos, en forma oral o escrita de acuerdo con el momento y la naturaleza de la información solicitada, salvo en los casos en que, a juicio del propio órgano, la publicidad de ésta perjudique el interés social.

3. No procederá la denegación de la información cuando la solicitud esté apoyada por socios que representen, al menos, el veinticinco por ciento del capital social.

Véase arts. 272 y 287 del presente TRLSC.

Art. 197. *Derecho de información en la sociedad anónima.-* 1. Hasta el séptimo día anterior al previsto para la celebración de la junta, los accionistas podrán solicitar de los administradores las informaciones o aclaraciones que estimen precisas acerca de los asuntos comprendidos en el orden del día, o formular por escrito las preguntas que consideren pertinentes.

Los administradores estarán obligados a facilitar la información por escrito hasta el día de la celebración de la junta general.

2. Durante la celebración de la junta general, los accionistas de la sociedad podrán solicitar verbalmente las informaciones o aclaraciones que consideren convenientes acerca de los asuntos comprendidos en el orden del día. Si el derecho del accionista no se pudiera satisfacer en ese momento, los administradores estarán obligados a facilitar la información solicitada por escrito, dentro de los siete días siguientes al de la terminación de la junta.

3. Los administradores estarán obligados a proporcionar la información solicitada al amparo de los dos apartados anteriores, salvo que esa información sea innecesaria para la tutela de los derechos del socio, o existan razones objetivas para considerar que podría utilizarse con fines extrasociales o su publicidad perjudique a la sociedad o a las sociedades vinculadas.

4. La información solicitada no podrá denegarse cuando la solicitud esté apoyada por accionistas que representen, al menos, el veinticinco por ciento del capital social.

Los estatutos podrán fijar un porcentaje menor, siempre que sea superior al cinco por ciento del capital social.

5. La vulneración del derecho de información previsto en el apartado 2 solo facultará al accionista para exigir el cumplimiento de la obligación de información y los daños y perjuicios que se le hayan podido causar, pero no será causa de impugnación de la junta general.

6. En el supuesto de utilización abusiva o perjudicial de la información solicitada, el socio será responsable de los daños y perjuicios causados.

> Artículo redactado de acuerdo con el art. Único, Cuatro, de la Ley 31/2014, de 3 de diciembre, por la que se modifica la Ley de Sociedades de Capital para la mejora del gobierno corporativo (BOE núm. 293, de 4 de diciembre).
>
> Véase arts. 272, 287 y, para las sociedades anónimas cotizadas, arts. 518, 520 y 539 del presente TRLSC y art. 103 de la LMVySI (§3).

Sección 3.ª Adopción de acuerdos

> De acuerdo con el art. Único, Cinco, de la Ley 31/2014, de 3 de diciembre, por la que se modifica la Ley de Sociedades de Capital para la mejora del gobierno corporativo (BOE núm. 293, de 4 de diciembre), se incorpora una nueva Subsección 1.ª en la Sección 3.ª del Capítulo VII del Título V en la que se integra un nuevo artículo 197 bis, pasando las anteriores Subsecciones 1.ª y 2.ª a ser 2.ª y 3.ª, respectivamente.

Subsección 1.ª Votación de acuerdos

> Subsección introducida por el art. Único, Cinco, de la Ley 31/2014, de 3 de diciembre, por la que se modifica la Ley de Sociedades de Capital para la mejora del gobierno corporativo (BOE núm. 293, de 4 de diciembre).

Art. 197 bis. *Votación separada por asuntos.*- 1. En la junta general, deberán votarse separadamente aquellos asuntos que sean sustancialmente independientes.

2. En todo caso, aunque figuren en el mismo punto del orden del día, deberán votarse de forma separada:

a) el nombramiento, la ratificación, la reelección o la separación de cada administrador.

b) en la modificación de estatutos sociales, la de cada artículo o grupo de artículos que tengan autonomía propia.

c) aquellos asuntos en los que así se disponga en los estatutos de la sociedad.

> Subsección y artículo introducido por el art. Único, Cinco, de la Ley 31/2014, de 3 de diciembre, por la que se modifica la Ley de Sociedades de Capital para la mejora del gobierno corporativo (BOE núm. 293, de 4 de diciembre).

Subsección 2.ª Mayorías en la sociedad de responsabilidad limitada

Anterior Subsección 1.ª renumerada como 2.ª por el art. Único, Cinco, de la Ley 31/2014, de 3 de diciembre, por la que se modifica la Ley de Sociedades de Capital para la mejora del gobierno corporativo (BOE núm. 293, de 4 de diciembre).

Art. 198. *Mayoría ordinaria.*- En la sociedad de responsabilidad limitada los acuerdos sociales se adoptarán por mayoría de los votos válidamente emitidos, siempre que representen al menos un tercio de los votos correspondientes a las participaciones sociales en que se divida el capital social. No se computarán los votos en blanco.

Art. 199. *Mayoría legal reforzada.*- Por excepción a lo dispuesto en artículo anterior:

a) El aumento o la reducción del capital y cualquier otra modificación de los estatutos sociales requerirán el voto favorable de más de la mitad de los votos correspondientes a las participaciones en que se divida el capital social.

b) La autorización a los administradores para que se dediquen, por cuenta propia o ajena, al mismo, análogo o complementario género de actividad que constituya el objeto social; la supresión o la limitación del derecho de preferencia en los aumentos del capital; la transformación, la fusión, la escisión, la cesión global de activo y pasivo, y la exclusión de socios requerirán el voto favorable de, al menos, dos tercios de los votos correspondientes a las participaciones en que se divida el capital social.

Letra b) modificada por la Disp. Final 3.ª, Tres, del RD-L 5/2023, de 28 de junio, (…), de transposición de Directivas de la Unión Europea en materia de modificaciones estructurales de sociedades mercantiles (…) y de ejecución y cumplimiento del Derecho de la Unión Europea (BOE núm. 154, de 29 de junio).

Art. 200. *Mayoría estatutaria reforzada.*- 1. Para todos o algunos asuntos determinados, los estatutos podrán exigir un porcentaje de votos favorables superior al establecido por la ley, sin llegar a la unanimidad.

2. Los estatutos podrán exigir, además de la proporción de votos legal o estatutariamente establecida, el voto favorable de un determinado número de socios.

Subsección 3.ª Mayorías en la sociedad anónima

Anterior Subsección 2.ª renumerada como 3.ª por el art. Único, Cinco, de la Ley 31/2014, de 3 de diciembre, por la que se modifica la Ley de Sociedades de Capital para la mejora del gobierno corporativo (BOE núm. 293, de 4 de diciembre).

Art. 201. *Mayorías.*- 1. En las sociedades anónimas, los acuerdos sociales se adoptarán por mayoría simple de los votos de los accionistas presentes o representados en la junta, entendiéndose adoptado un acuerdo cuando obtenga más votos a favor que en contra del capital presente o representado.

2. Para la adopción de los acuerdos a que se refiere el artículo 194, si el capital presente o representado supera el cincuenta por ciento bastará con que el acuerdo se adopte por mayoría absoluta. Sin embargo, se requerirá el voto favorable de los dos tercios del capital presente o representado en la junta cuando en segunda convocatoria concurran accionistas que representen el veinticinco por ciento o más del capital suscrito con derecho de voto sin alcanzar el cincuenta por ciento.

3. Los estatutos sociales podrán elevar las mayorías previstas en los apartados anteriores.

> Artículo redactado de acuerdo con el art. Único, Seis, de la Ley 31/2014, de 3 de diciembre, por la que se modifica la Ley de Sociedades de Capital para la mejora del gobierno corporativo (BOE núm. 293, de 4 de diciembre).

CAPÍTULO VIII. El acta de la junta

> Sobre la legación de los libros de actas, véase art. 18 de la Ley 14/2013, de 27 de septiembre, de apoyo a los emprendedores y su internacionalización (§2), la Instrucción de 12 de febrero de 2015, de la Dirección General de los Registros y del Notariado, sobre legalización de libros de los empresarios en aplicación del artículo 18 de la Ley 14/2013, de 27 de septiembre (BOE de 16 de febrero) y la Instrucción de 1 de julio de 2015, de la Dirección General de los Registros y del Notariado, sobre mecanismos de seguridad de los ficheros electrónicos que contengan libros de los empresarios presentados a legalización en los registros mercantiles y otras cuestiones relacionadas (BOE núm. 162, de 8 de julio).
>
> Véase, sobre documentación de los acuerdos sociales, los arts. 97 a 107 RRM, y, sobre la elevación a instrumento público y el modo de acreditar los acuerdos sociales, los arts. 107 a 112 RRM (§5).

Art. 202. *Acta de la junta*.– 1. Todos los acuerdos sociales deberán constar en acta.

2. El acta deberá ser aprobada por la propia junta al final de la reunión o, en su defecto, y dentro del plazo de quince días, por el presidente de la junta general y dos socios interventores, uno en representación de la mayoría y otro por la minoría.

3. Los acuerdos sociales podrán ejecutarse a partir de la fecha de la aprobación del acta en la que consten.

> Véase arts. 97 a 99 del RRM (§5).

Art. 203. *Acta notarial*.– 1. Los administradores podrán requerir la presencia de notario para que levante acta de la junta general y estarán obligados a hacerlo siempre que, con cinco días de antelación al previsto para la celebración de la junta, lo soliciten socios que representen, al menos, el uno por ciento del capital social en la sociedad anónima o el cinco por ciento en la sociedad de responsabilidad limitada. En este caso, los acuerdos sólo serán eficaces si constan en acta notarial.

2. El acta notarial no se someterá a trámite de aprobación, tendrá la consideración de acta de la junta y los acuerdos que consten en ella podrán ejecutarse a partir de la fecha de su cierre.

3. Los honorarios notariales serán de cargo de la sociedad.

Véanse arts. 101 a 105 y 194 del RRM (§5).

CAPÍTULO IX. La impugnación de acuerdos

Téngase en cuenta que el art. Único, apartado Tres, de la Ley 11/2011, de 20 de mayo, de reforma de la Ley 60/2003, de 23 de diciembre, de Arbitraje y de regulación del arbitraje institucional en la Administración General del Estado [BOE n° 121, de 21 de mayo de 2011], introduce dos nuevos artículos 11 bis y 11 ter en la Ley 60/2003, de 23 de diciembre, de Arbitraje, con la siguiente redacción:

«**Art. 11 bis.** *Arbitraje estatutario.*– 1. Las sociedades de capital podrán someter a arbitraje los conflictos que en ellas se planteen.

2. La introducción en los estatutos sociales de una cláusula de sumisión a arbitraje requerirá el voto favorable de, al menos, dos tercios de los votos correspondientes a las acciones o a las participaciones en que se divida el capital social.

3. Los estatutos sociales podrán establecer que la impugnación de los acuerdos sociales por los socios o administradores quede sometida a la decisión de uno o varios árbitros, encomendándose la administración del arbitraje y la designación de los árbitros a una institución arbitral».

«**Art. 11 ter.** *Anulación por laudo de acuerdos societarios inscribibles.*- 1. El laudo que declare la nulidad de un acuerdo inscribible habrá de inscribirse en el Registro Mercantil. El «Boletín Oficial del Registro Mercantil» publicará un extracto.

2. En el caso de que el acuerdo impugnado estuviese inscrito en el Registro Mercantil, el laudo determinará, además, la cancelación de su inscripción, así como la de los asientos posteriores que resulten contradictorios con ella».

Véase también art. 18 de la Ley 2/2007, de 15 de marzo, de sociedades profesionales (§7).

Sobre el requisito de procedibilidad en la jurisdicción civil de acudir previamente a algún medio adecuado de solución de controversias, véase art. 2 y ss. de la Ley Orgánica 1/2025, de 2 de enero, de medidas en materia de eficiencia del Servicio Público de Justicia (BOE núm., de 3 de enero) (entrada en vigor 3 de abril de 2025)

Art. 204. *Acuerdos impugnables.*– 1. Son impugnables los acuerdos sociales que sean contrarios a la Ley, se opongan a los estatutos o al reglamento de la junta de la sociedad o lesionen el interés social en beneficio de uno o varios socios o de terceros.

La lesión del interés social se produce también cuando el acuerdo, aun no causando daño al patrimonio social, se impone de manera abusiva por la mayoría. Se entiende que el acuerdo se impone de forma abusiva cuando, sin responder a una necesidad razonable de la sociedad, se adopta por la mayoría en interés propio y en detrimento injustificado de los demás socios.

2. No será procedente la impugnación de un acuerdo social cuando haya sido dejado sin efecto o sustituido válidamente por otro adoptado antes de que se hubiera interpuesto la demanda de impugnación. Si la revocación o sustitución hubiera tenido lugar después de la interposición, el juez dictará auto de terminación del procedimiento por desaparición sobrevenida del objeto.

Lo dispuesto en este apartado se entiende sin perjuicio del derecho del que impugne a instar la eliminación de los efectos o la reparación de los daños que el acuerdo le hubiera ocasionado mientras estuvo en vigor.

3. Tampoco procederá la impugnación de acuerdos basada en los siguientes motivos:

a) La infracción de requisitos meramente procedimentales establecidos por la Ley, los estatutos o los reglamentos de la junta y del consejo, para la convocatoria o la constitución del órgano o para la adopción del acuerdo, salvo que se trate de una infracción relativa a la forma y plazo previo de la convocatoria, a las reglas esenciales de constitución del órgano o a las mayorías necesarias para la adopción de los acuerdos, así como cualquier otra que tenga carácter relevante.

b) La incorrección o insuficiencia de la información facilitada por la sociedad en respuesta al ejercicio del derecho de información con anterioridad a la junta, salvo que la información incorrecta o no facilitada hubiera sido esencial para el ejercicio razonable por parte del accionista o socio medio, del derecho de voto o de cualquiera de los demás derechos de participación.

c) La participación en la reunión de personas no legitimadas, salvo que esa participación hubiera sido determinante para la constitución del órgano.

d) La invalidez de uno o varios votos o el cómputo erróneo de los emitidos, salvo que el voto inválido o el error de cómputo hubieran sido determinantes para la consecución de la mayoría exigible.

Presentada la demanda, la cuestión sobre el carácter esencial o determinante de los motivos de impugnación previstos en este apartado se planteará como cuestión incidental de previo pronunciamiento.

> Artículo redactado de acuerdo con el art. Único, Siete, de la Ley 31/2014, de 3 de diciembre, por la que se modifica la Ley de Sociedades de Capital para la mejora del gobierno corporativo (BOE núm. 293, de 4 de diciembre).
> En relación con el último párrafo del apartado 3, véanse arts. 387 y ss. LEC.
> En relación con la impugnación de los acuerdos de modificación estructural, véase art. 11 del RD-L 5/2023, de 28 de junio, (…); de transposición de Directivas de la Unión Europea en materia de modificaciones estructurales de sociedades mercantiles (…) y de ejecución y cumplimiento del Derecho de la Unión Europea (BOE núm. 154, de 29 de junio) (§4).

Art. 205. *Caducidad de la acción de impugnación*.– 1. La acción de impugnación de los acuerdos sociales caducará en el plazo de un año, salvo que tenga por objeto acuerdos que por sus circunstancias, causa o contenido resultaren contrarios al orden público, en cuyo caso la acción no caducará ni prescribirá.

2. El plazo de caducidad se computará desde la fecha de adopción del acuerdo si hubiera sido adoptado en junta de socios o en reunión del consejo de administración, y desde la fecha de recepción de la copia del acta si el acuerdo hubiera sido adoptado por escrito. Si el acuerdo se hubiera inscrito, el plazo de caducidad se computará desde la fecha de oponibilidad de la inscripción.

> Artículo redactado de acuerdo con el art. Único, Ocho, de la Ley 31/2014, de 3 de diciembre, por la que se modifica la Ley de Sociedades de Capital para la mejora del gobierno corporativo (BOE núm. 293, de 4 de diciembre).
> En relación con el apartado 1, véase para las sociedades anónimas cotizadas el art. 495.2 c) del presente TRLSC.

Art. 206. *Legitimación para impugnar.*– 1. Para la impugnación de los acuerdos sociales están legitimados cualquiera de los administradores, los terceros que acrediten un interés legítimo y los socios que hubieran adquirido tal condición antes de la adopción del acuerdo, siempre que representen, individual o conjuntamente, al menos el uno por ciento del capital.

Los estatutos podrán reducir los porcentajes de capital indicados y, en todo caso, los socios que no los alcancen tendrán derecho al resarcimiento del daño que les haya ocasionado el acuerdo impugnable.

2. Para la impugnación de los acuerdos que sean contrarios al orden público estará legitimado cualquier socio, aunque hubieran adquirido esa condición después del acuerdo, administrador o tercero.

3. Las acciones de impugnación deberán dirigirse contra la sociedad. Cuando el actor tuviese la representación exclusiva de la sociedad y la junta no tuviese designado a nadie a tal efecto, el juez que conozca de la impugnación nombrará la persona que ha de representarla en el proceso, entre los socios que hubieren votado a favor del acuerdo impugnado.

4. Los socios que hubieren votado a favor del acuerdo impugnado podrán intervenir a su costa en el proceso para mantener su validez.

5. No podrá alegar defectos de forma en el proceso de adopción del acuerdo quien habiendo tenido ocasión de denunciarlos en el momento oportuno, no lo hubiera hecho.

> Artículo redactado de acuerdo con el art. Único, Nueve, de la Ley 31/2014, de 3 de diciembre, por la que se modifica la Ley de Sociedades de Capital para la mejora del gobierno corporativo (BOE núm. 293, de 4 de diciembre).
> En relación con el apartado 1, véase para las sociedades anónimas cotizadas el art. 495.2 b) del presente TRLSC.

Art. 207. *Procedimiento de impugnación.*– 1. Para la impugnación de los acuerdos sociales, se seguirán los trámites del juicio ordinario y las disposiciones contenidas en la Ley de Enjuiciamiento Civil.

2 En el caso de que fuera posible eliminar la causa de impugnación, el juez, a solicitud de la sociedad demandada, otorgará un plazo razonable para que aquella pueda ser subsanada.

Véanse arts. 155 a 157 del RRM (§5).

Art. 208. *Sentencia estimatoria de la impugnación*.– 1. La sentencia firme que declare la nulidad de un acuerdo inscribible habrá de inscribirse en el Registro Mercantil. El «Boletín Oficial del Registro Mercantil» publicará un extracto.

2. En el caso de que el acuerdo impugnado estuviese inscrito en el Registro Mercantil, la sentencia determinará además la cancelación de su inscripción, así como la de los asientos posteriores que resulten contradictorios con ella.

TÍTULO VI. La administración de la sociedad

Téngase en cuenta las medidas extraordinarias para el año 2021 que el Real Decreto-ley 34/2020, de 17 de noviembre (BOE núm. 303, de 18 de noviembre) establece en su art. 3.
Véanse arts. 126, 128 y 129 del TRLC.

CAPÍTULO I. Disposiciones generales

Art. 209. *Competencia del órgano de administración*.– Es competencia de los administradores la gestión y la representación de la sociedad en los términos establecidos en esta ley.

Véanse arts. 233 y 234 del presente TRLSC y arts. 124 y 185 del RRM (§5).

Art. 210. *Modos de organizar la administración*.– 1. La administración de la sociedad se podrá confiar a un administrador único, a varios administradores que actúen de forma solidaria o de forma conjunta o a un consejo de administración.

2. En la sociedad anónima, cuando la administración conjunta se confíe a dos administradores, éstos actuarán de forma mancomunada y, cuando se confíe a más de dos administradores, constituirán consejo de administración.

3. En la sociedad de responsabilidad limitada los estatutos sociales podrán establecer distintos modos de organizar la administración atribuyendo a la junta de socios la facultad de optar alternativamente por cualquiera de ellos sin necesidad de modificación estatutaria.

4. Todo acuerdo que altere el modo de organizar la administración de la sociedad, constituya o no modificación de los estatutos sociales, se consignará en escritura pública y se inscribirá en el Registro Mercantil.

Véanse art. 233 del presente TRLSC y arts. 124, 185 y 193 del RRM (§5).

Art. 211. *Determinación del número de administradores*.– Cuando los estatutos establezcan solamente el mínimo y el máximo, corresponde a la junta general la determinación del número de administradores, sin más límites que los establecidos por la ley.

Véanse arts. 124.3 y 185.4 del RRM (§5).

CAPÍTULO II. Los administradores

Art. 212. *Requisitos subjetivos*.– 1. Los administradores de la sociedad de capital podrán ser personas físicas o jurídicas.

2. Salvo disposición contraria de los estatutos, para ser nombrado administrador no se requerirá la condición de socio.

Véase art. 143 y 192 del RRM (§5).

Art. 212 bis. *Administrador persona jurídica*.– 1. En caso de ser nombrado administrador una persona jurídica, será necesario que ésta designe a una sola persona natural para el ejercicio permanente de las funciones propias del cargo.

2. La revocación de su representante por la persona jurídica administradora no producirá efecto en tanto no designe a la persona que le sustituya. Esta designación se inscribirá en el Registro Mercantil en los términos previstos en el artículo 215.

Artículo introducido por el art. 1º, Doce, de la Ley 25/2011, de 1 de agosto, de reforma parcial de la Ley de Sociedades de Capital (...) (Entrada en vigor 2 de octubre 2011).

Véase para las sociedades anónimas cotizadas el art. 529 bis del presente TRLSC.

Art. 213. *Prohibiciones*.– 1. No pueden ser administradores los menores de edad no emancipados, los judicialmente incapacitados, las personas inhabilitadas conforme a la Ley Concursal mientras no haya concluido el período de inhabilitación fijado en la sentencia de calificación del concurso y los condenados por delitos contra la libertad, contra el patrimonio o contra el orden socioeconómico, contra la seguridad colectiva, contra la Administración de Justicia o por cualquier clase de falsedad, así como aquéllos que por razón de su cargo no puedan ejercer el comercio.

2. Tampoco podrán ser administradores los funcionarios al servicio de la Administración pública con funciones a su cargo que se relacionen con las actividades propias de las sociedades de que se trate, los jueces o magistrados y las demás personas afectadas por una incompatibilidad legal.

3. A los efectos de lo dispuesto en este artículo, podrá tomarse en consideración cualquier inhabilitación o información pertinente a efectos de inhabilitación vigente en otro Estado miembro de la Unión Europea.

Apartado 3 introducido por el art. 39, Cinco, de la Ley 11/2023, de 8 de mayo, de trasposición de Directivas de la Unión Europea en materia de (…) digitalización de actuaciones notariales y registrales (…) (BOE núm. 110, de 9 de mayo).
Véanse arts. 455 y 458 del TRLC.

Art. 214. *Nombramiento y aceptación.*– 1. La competencia para el nombramiento de los administradores corresponde a la junta de socios sin más excepciones que las establecidas en la ley.

2. En defecto de disposición estatutaria, la junta general podrá fijar las garantías que los administradores deberán prestar o relevarlos de esta prestación.

3. El nombramiento de los administradores surtirá efecto desde el momento de su aceptación.

Véanse arts. 141, 142 y 192 del RRM (§5).

Art. 215. *Inscripción del nombramiento.*– 1. El nombramiento de los administradores, una vez aceptado, deberá ser presentado a inscripción en el Registro Mercantil haciendo constar la identidad de los nombrados y, en relación a los administradores que tengan atribuida la representación de la sociedad, si pueden actuar por sí solos o necesitan hacerlo conjuntamente.

2. La presentación a la inscripción deberá realizarse dentro de los diez días siguientes a la fecha de la aceptación.

Véanse arts. 138, 141, 142, 191 y 192 del RRM (§5).

Art. 216. *Administradores suplentes.*– 1. Salvo disposición contraria de los estatutos sociales, podrán ser nombrados suplentes de los administradores para el caso de que cesen por cualquier causa uno o varios de ellos. El nombramiento y aceptación de los suplentes como administradores se inscribirán en el Registro Mercantil una vez producido el cese del anterior titular.

2. Si los estatutos sociales establecieran un plazo determinado de duración del cargo de administrador, el nombramiento del suplente se entenderá efectuado por el período pendiente de cumplir por la persona cuya vacante se cubra.

Véase art. 244 del presente TRLSC y arts. 147 y 192 del RRM (§5).

Art. 217. *Remuneración de los administradores.*– 1. El cargo de administrador es gratuito, a menos que los estatutos sociales establezcan lo contrario determinando el sistema de remuneración.

2. El sistema de remuneración establecido determinará el concepto o conceptos retributivos a percibir por los administradores en su condición de tales y que podrán consistir, entre otros, en uno o varios de los siguientes:

a) una asignación fija,

b) dietas de asistencia,

c) participación en beneficios,

d) retribución variable con indicadores o parámetros generales de referencia,

e) remuneración en acciones o vinculada a su evolución,

f) indemnizaciones por cese, siempre y cuando el cese no estuviese motivado por el incumplimiento de las funciones de administrador y

g) los sistemas de ahorro o previsión que se consideren oportunos.

3. El importe máximo de la remuneración anual del conjunto de los administradores en su condición de tales deberá ser aprobado por la junta general y permanecerá vigente en tanto no se apruebe su modificación. Salvo que la junta general determine otra cosa, la distribución de la retribución entre los distintos administradores se establecerá por acuerdo de éstos y, en el caso del consejo de administración, por decisión del mismo, que deberá tomar en consideración las funciones y responsabilidades atribuidas a cada consejero.

4. La remuneración de los administradores deberá en todo caso guardar una proporción razonable con la importancia de la sociedad, la situación económica que tuviera en cada momento y los estándares de mercado de empresas comparables. El sistema de remuneración establecido deberá estar orientado a promover la rentabilidad y sostenibilidad a largo plazo de la sociedad e incorporar las cautelas necesarias para evitar la asunción excesiva de riesgos y la recompensa de resultados desfavorables.

> Artículo redactado de acuerdo con el art. Único, Diez, de la Ley 31/2014, de 3 de diciembre, por la que se modifica la Ley de Sociedades de Capital para la mejora del gobierno corporativo (BOE núm. 293, de 4 de diciembre).
> El apartado 1 de la Disp. Trans. de la citada Ley 31/2014, de 3 de diciembre, establece la entrada en vigor de esta modificación el 1 de enero de 2015 y que «deberá[n] acordarse [dicha modificación] en la primera junta general que se celebre con posterioridad a esta fecha».
> Ténganse en cuenta art. 249 y 249 bis i) del presente TRLSC.
> Véanse arts. 124.3 y 185.4 del RRM (§5), arts. 260, Undécima, y 261 del presente TRLSC y art. 130 del TRLC. Véase Disp. Transitoria 2ª, 2, c) de la Ley 18/2022, de 28 de septiembre, de creación y crecimiento de empresas, reproducida en nota al art. 4 bis del presente TRLSC.
> Para las sociedades cotizadas, véanse arts. 529 terdecies, quindecies y sexdecies a novodecies del presente TRLSC, así como la Orden ECC/461/2013, de 20 de marzo, por la que se determinan el contenido y la estructura del informe anual de gobierno corporativo, del informe anual sobre remuneraciones y de otros instrumentos de información de las sociedades anónimas cotizadas, de las cajas de ahorros y de otras entidades que emitan valores admitidos a negociación en mercados oficiales de valores (BOE núm. 71, de 23 de marzo) (§10).

Art. 218. *Remuneración mediante participación en beneficios.*- 1. Cuando el sistema de retribución incluya una participación en los beneficios, los estatutos sociales determinarán concretamente la participación o el porcentaje máximo de la misma. En este último caso, la junta general determinará el porcentaje aplicable dentro del máximo establecido en los estatutos sociales.

2. En la sociedad de responsabilidad limitada, el porcentaje máximo de participación en ningún caso podrá ser superior al diez por ciento de los beneficios repartibles entre los socios.

3. En la sociedad anónima, la participación solo podrá ser detraída de los beneficios líquidos y después de estar cubiertas las atenciones de la reserva legal y de la estatutaria y de haberse reconocido a los accionistas un dividendo del cuatro por ciento del valor nominal de las acciones o el tipo más alto que los estatutos hayan establecido.

> Artículo redactado de acuerdo con el art. Único, Once, de la Ley 31/2014, de 3 de diciembre, por la que se modifica la Ley de Sociedades de Capital para la mejora del gobierno corporativo (BOE núm. 293, de 4 de diciembre).
> El apartado 1 de la Disp. Trans. de la citada Ley 31/2014, de 3 de diciembre, establece la entrada en vigor de esta modificación el 1 de enero de 2015 y que «deberá[n] acordarse [dicha modificación] en la primera junta general que se celebre con posterioridad a esta fecha».
> Véase arts. 260, Undécima, y 261 del presente TRLSC.
> Para la sociedades anónimas cotizadas, téngase en cuenta, véanse arts. 529 sexdecies a novodecies del presente TRLSC.

Art. 219. *Remuneración vinculada a las acciones de la sociedad.*- 1. En la sociedad anónima, cuando el sistema de remuneración de los administradores incluya la entrega de acciones o de opciones sobre acciones, o retribuciones referenciadas al valor de las acciones deberá preverse expresamente en los estatutos sociales y su aplicación requerirá un acuerdo de la junta general de accionistas.

2. El acuerdo de la junta general de accionistas deberá incluir el número máximo de acciones que se podrán asignar en cada ejercicio a este sistema de remuneración, el precio de ejercicio o el sistema de cálculo del precio de ejercicio de las opciones sobre acciones, el valor de las acciones que, en su caso, se tome como referencia y el plazo de duración del plan.

> Artículo redactado de acuerdo con el art. Único, Doce, de la Ley 31/2014, de 3 de diciembre, por la que se modifica la Ley de Sociedades de Capital para la mejora del gobierno corporativo (BOE núm. 293, de 4 de diciembre).
> El apartado 1 de la Disp. Trans. de la citada Ley 31/2014, de 3 de diciembre, establece la entrada en vigor de esta modificación el 1 de enero de 2015 y que «deberá[n] acordarse [dicha modificación] en la primera junta general que se celebre con posterioridad a esta fecha».
> Véase arts. 260, Undécima, y 261 del presente TRLSC.
> Para las sociedades anónimas cotizadas, véanse arts. 529 sexdecies a novodecies 541 del presente TRLSC.

Art. 220. *Prestación de servicios de los administradores.*- En la sociedad de responsabilidad limitada el establecimiento o la modificación de cualquier clase de relaciones de prestación de servicios o de obra entre la sociedad y uno o varios de sus administradores requerirán acuerdo de la junta general.

Art. 221. *Duración del cargo.*- 1. Los administradores de la sociedad de responsabilidad limitada ejercerán su cargo por tiempo indefinido, salvo que los estatutos establezcan un plazo determinado, en cuyo caso podrán ser reelegidos una o más veces por períodos de igual duración.

2. Los administradores de la sociedad anónima ejercerán el cargo durante el plazo que señalen los estatutos sociales, que no podrá exceder de seis años y deberá ser igual para todos ellos.

Los administradores podrán ser reelegidos para el cargo, una o varias veces, por períodos de igual duración máxima.

Véanse art. 144 y 192 del RRM (§5).

Art. 222. *Caducidad.*- El nombramiento de los administradores caducará cuando, vencido el plazo, se haya celebrado junta general o haya transcurrido el plazo para la celebración de la junta que ha de resolver sobre la aprobación de las cuentas del ejercicio anterior.

Véanse art. 145 y 192 del RRM (§5).

Art. 223. *Cese de los administradores.*- 1. Los administradores podrán ser separados de su cargo en cualquier momento por la junta general aun cuando la separación no conste en el orden del día.

2. En la sociedad limitada los estatutos podrán exigir para el acuerdo de separación una mayoría reforzada que no podrá ser superior a los dos tercios de los votos correspondientes a las participaciones en que se divida el capital social.

Véanse arts. 129 y 459 del TRLC.
Véanse art. 147, 148 y 192 del RRM (§5).

Art. 224. *Supuestos especiales de cese de administradores de la sociedad anónima.*- 1. Los administradores que estuviesen incursos en cualquiera de las prohibiciones legales deberán ser inmediatamente destituidos, a solicitud de cualquier accionista, sin perjuicio de la responsabilidad en que puedan incurrir por su conducta desleal.

2. Los administradores y las personas que bajo cualquier forma tengan intereses opuestos a los de la sociedad cesarán en su cargo a solicitud de cualquier socio por acuerdo de la junta general.

Véanse arts. 213 y 230 del presente TRLSC y arts. 147, 148 y 192 del RRM (§5).

CAPÍTULO III. Los deberes de los administradores

Art. 225. *Deber general de diligencia*.– 1. Los administradores deberán desempeñar el cargo y cumplir los deberes impuestos por las leyes y los estatutos con la diligencia de un ordenado empresario, teniendo en cuenta la naturaleza del cargo y las funciones atribuidas a cada uno de ellos; y subordinar, en todo caso, su interés particular al interés de la empresa.

2. Los administradores deberán tener la dedicación adecuada y adoptarán las medidas precisas para la buena dirección y el control de la sociedad.

3. En el desempeño de sus funciones, el administrador tiene el deber de exigir y el derecho de recabar de la sociedad la información adecuada y necesaria que le sirva para el cumplimiento de sus obligaciones.

> Artículo redactado de acuerdo con el art. Único, Trece, de la Ley 31/2014, de 3 de diciembre, por la que se modifica la Ley de Sociedades de Capital para la mejora del gobierno corporativo (BOE núm. 293, de 4 de diciembre). Apartado 1 redactado de nuevo de acuerdo con el art. 3. Tres, de la Ley 5/2021, de 12 de abril, por la que se modifica el texto refundido de la Ley de Sociedades de Capital (...), y otras normas financieras, en lo que respecta al fomento de la implicación a largo plazo de los accionistas en las sociedades cotizadas (BOE núm. 88, de 13 de abril).

Art. 226. *Protección de la discrecionalidad empresarial*.– 1. En el ámbito de las decisiones estratégicas y de negocio, sujetas a la discrecionalidad empresarial, el estándar de diligencia de un ordenado empresario se entenderá cumplido cuando el administrador haya actuado de buena fe, sin interés personal en el asunto objeto de decisión, con información suficiente y con arreglo a un procedimiento de decisión adecuado.

2. No se entenderán incluidas dentro del ámbito de discrecionalidad empresarial aquellas decisiones que afecten personalmente a otros administradores y personas vinculadas y, en particular, aquellas que tengan por objeto autorizar las operaciones previstas en el artículo 230.

> Artículo redactado de acuerdo con el art. Único, Catorce, de la Ley 31/2014, de 3 de diciembre, por la que se modifica la Ley de Sociedades de Capital para la mejora del gobierno corporativo (BOE núm. 293, de 4 de diciembre).

Art. 227. *Deber de lealtad*.– 1. Los administradores deberán desempeñar el cargo con la lealtad de un fiel representante, obrando de buena fe y en el mejor interés de la sociedad.

2. La infracción del deber de lealtad determinará no solo la obligación de indemnizar el daño causado al patrimonio social, sino también la de devolver a la sociedad el enriquecimiento injusto obtenido por el administrador.

Artículo redactado de acuerdo con el art. Único, Quince, de la Ley 31/2014, de 3 de diciembre, por la que se modifica la Ley de Sociedades de Capital para la mejora del gobierno corporativo (BOE núm. 293, de 4 de diciembre).

Art. 228. *Obligaciones básicas derivadas del deber de lealtad*.- En particular, el deber de lealtad obliga al administrador a:

a) No ejercitar sus facultades con fines distintos de aquéllos para los que le han sido concedidas.

b) Guardar secreto sobre las informaciones, datos, informes o antecedentes a los que haya tenido acceso en el desempeño de su cargo, incluso cuando haya cesado en él, salvo en los casos en que la ley lo permita o requiera.

c) Abstenerse de participar en la deliberación y votación de acuerdos o decisiones en las que él o una persona vinculada tenga un conflicto de intereses, directo o indirecto. Se excluirán de la anterior obligación de abstención los acuerdos o decisiones que le afecten en su condición de administrador, tales como su designación o revocación para cargos en el órgano de administración u otros de análogo significado.

d) Desempeñar sus funciones bajo el principio de responsabilidad personal con libertad de criterio o juicio e independencia respecto de instrucciones y vinculaciones de terceros.

e) Adoptar las medidas necesarias para evitar incurrir en situaciones en las que sus intereses, sean por cuenta propia o ajena, puedan entrar en conflicto con el interés social y con sus deberes para con la sociedad.

Artículo redactado de acuerdo con el art. Único, Dieciséis, de la Ley 31/2014, de 3 de diciembre, por la que se modifica la Ley de Sociedades de Capital para la mejora del gobierno corporativo (BOE núm. 293, de 4 de diciembre).

Art. 229. *Deber de evitar situaciones de conflicto de interés*.- 1. En particular, el deber de evitar situaciones de conflicto de interés a que se refiere la letra e) del artículo 228 anterior obliga al administrador a abstenerse de:

a) Realizar transacciones con la sociedad, excepto que se trate de operaciones ordinarias, hechas en condiciones estándar para los clientes y de escasa relevancia, entendiendo por tales aquéllas cuya información no sea necesaria para expresar la imagen fiel del patrimonio, de la situación financiera y de los resultados de la entidad.

b) Utilizar el nombre de la sociedad o invocar su condición de administrador para influir indebidamente en la realización de operaciones privadas.

c) Hacer uso de los activos sociales, incluida la información confidencial de la compañía, con fines privados.

d) Aprovecharse de las oportunidades de negocio de la sociedad.

e) Obtener ventajas o remuneraciones de terceros distintos de la sociedad y su grupo asociadas al desempeño de su cargo, salvo que se trate de atenciones de mera cortesía.

f) Desarrollar actividades por cuenta propia o cuenta ajena que entrañen una competencia efectiva, sea actual o potencial, con la sociedad o que, de cualquier otro modo, le sitúen en un conflicto permanente con los intereses de la sociedad.

2. Las previsiones anteriores serán de aplicación también en el caso de que el beneficiario de los actos o de las actividades prohibidas sea una persona vinculada al administrador.

3. En todo caso, los administradores deberán comunicar a los demás administradores y, en su caso, al consejo de administración, o, tratándose de un administrador único, a la junta general cualquier situación de conflicto, directo o indirecto, que ellos o personas vinculadas a ellos pudieran tener con el interés de la sociedad.

Las situaciones de conflicto de interés en que incurran los administradores serán objeto de información en la memoria a que se refiere el artículo 259.

> Artículo redactado de acuerdo con el art. Único, Diecisiete, de la Ley 31/2014, de 3 de diciembre, por la que se modifica la Ley de Sociedades de Capital para la mejora del gobierno corporativo (BOE núm. 293, de 4 de diciembre).

Art. 230. *Régimen de imperatividad y dispensa.*– 1. El régimen relativo al deber de lealtad y a la responsabilidad por su infracción es imperativo. No serán válidas las disposiciones estatutarias que lo limiten o sean contrarias al mismo.

2. No obstante lo dispuesto en el apartado precedente, la sociedad podrá dispensar las prohibiciones contenidas en el artículo anterior en casos singulares autorizando la realización por parte de un administrador o una persona vinculada de una determinada transacción con la sociedad, el uso de ciertos activos sociales, el aprovechamiento de una concreta oportunidad de negocio, la obtención de una ventaja o remuneración de un tercero.

La autorización deberá ser necesariamente acordada por la junta general cuando tenga por objeto la dispensa de la prohibición de obtener una ventaja o remuneración de terceros, o afecte a una transacción cuyo valor sea superior al diez por ciento de los activos sociales. En las sociedades de responsabilidad limitada, también deberá otorgarse por la junta general la autorización cuando se refiera a la prestación de cualquier clase de asistencia financiera, incluidas garantías de la sociedad a favor del administrador o cuando se dirija al establecimiento con la sociedad de una relación de servicios u obra.

En los demás casos, la autorización también podrá ser otorgada por el órgano de administración siempre que quede garantizada la independencia de los miembros que la conceden respecto del administrador dispensado. Además, será preciso asegurar la inocuidad de la operación autorizada para el patrimonio social o, en su caso, su realización en condiciones de mercado y la transparencia del proceso.

3. La obligación de no competir con la sociedad solo podrá ser objeto de dispensa en el supuesto de que no quepa esperar daño para la sociedad o el que quepa esperar se vea compensado por los beneficios que prevén obtenerse de la dispensa. La dispensa se concederá mediante acuerdo expreso y separado de la junta general.

En todo caso, a instancia de cualquier socio, la junta general resolverá sobre el cese del administrador que desarrolle actividades competitivas cuando el riesgo de perjuicio para la sociedad haya devenido relevante.

> Artículo redactado de acuerdo con el art. Único, Dieciocho, de la Ley 31/2014, de 3 de diciembre, por la que se modifica la Ley de Sociedades de Capital para la mejora del gobierno corporativo (BOE núm. 293, de 4 de diciembre).

Art. 231. *Personas vinculadas a los administradores*.– 1. A efectos de los artículos anteriores, tendrán la consideración de personas vinculadas a los administradores:

a) El cónyuge del administrador o las personas con análoga relación de afectividad.

b) Los ascendientes, descendientes y hermanos del administrador o del cónyuge del administrador.

c) Los cónyuges de los ascendientes, de los descendientes y de los hermanos del administrador.

d) Las sociedades o entidades en las cuales el administrador posee directa o indirectamente, incluso por persona interpuesta, una participación que le otorgue una influencia significativa o desempeña en ellas o en su sociedad dominante un puesto en el órgano de administración o en la alta dirección. A estos efectos, se presume que otorga influencia significativa cualquier participación igual o superior al 10% del capital social o de los derechos de voto o en atención a la cual se ha podido obtener, de hecho o de derecho, una representación en el órgano de administración de la sociedad.

e) Los socios representados por el administrador en el órgano de administración.

2. Respecto del administrador persona jurídica, se entenderán que son personas vinculadas las siguientes:

a) Los socios que se encuentren, respecto del administrador persona jurídica, en alguna de las situaciones contempladas en el apartado primero del artículo 42 del Código de Comercio.

b) Los administradores de derecho o de hecho, los liquidadores y los apoderados con poderes generales del administrador persona jurídica.

c) Las sociedades que formen parte del mismo grupo y sus socios.

d) Las personas que respecto del representante del administrador persona jurídica tengan la consideración de personas vinculadas a los administradores de conformidad con lo que se establece en el apartado anterior.

Art. redactado de acuerdo con el art. 3. Cuatro, de la Ley 5/2021, de 12 de abril, por la que se modifica el texto refundido de la Ley de Sociedades de Capital (…), y otras normas financieras, en lo que respecta al fomento de la implicación a largo plazo de los accionistas en las sociedades cotizadas (BOE núm. 88, de 13 de abril).

Art. 231 bis. *Operaciones intragrupo.*– 1. La aprobación de las operaciones que celebre la sociedad con su sociedad dominante u otras sociedades del grupo sujetas a conflicto de interés corresponderá a la junta general cuando el negocio o transacción en que consista, por su propia naturaleza, esté legalmente reservada a la competencia de este órgano y, en todo caso, cuando el importe o valor de la operación o el importe total del conjunto de operaciones previstas en un acuerdo o contrato marco sea superior al 10 % del activo total de la sociedad.

2. La aprobación del resto de las operaciones que celebre la sociedad con su sociedad dominante u otras sociedades del grupo sujetas a conflicto de interés, corresponderá al órgano de administración. No obstante lo previsto en los artículos 228.c) y 230, la aprobación podrá hacerse con la participación de los administradores que estén vinculados y representen a la sociedad dominante, en cuyo caso, si la decisión o voto de tales administradores resultara decisivo para la aprobación, corresponderá a la sociedad y, en su caso, a los administradores afectados por el conflicto de interés, probar que el acuerdo es conforme con el interés social en caso de que sea impugnado y que emplearon la diligencia y lealtad debidas en caso de que se exija su responsabilidad.

3. La aprobación de operaciones que celebre la sociedad con su sociedad dominante u otras sociedades del grupo sujetas a conflicto de interés podrá ser delegada por el órgano de administración en órganos delegados o en miembros de la alta dirección siempre y cuando se trate de operaciones celebradas en el curso ordinario de la actividad empresarial, entre las que se incluirán las que resultan de la ejecución de un acuerdo o contrato marco, y concluidas en condiciones de mercado. El órgano de administración deberá implantar un procedimiento interno para la evaluación periódica del cumplimiento de los mencionados requisitos.

4. A los efectos de los apartados anteriores, no se considerarán operaciones realizadas con una sociedad del grupo sujeta a conflicto de interés aquellas realizadas con sus sociedades dependientes, salvo cuando en la sociedad dependiente fuese accionista significativa una persona con la que la sociedad no podría realizar la operación directamente sin aplicar el régimen de operaciones con partes vinculadas. No obstante, para la sociedad dependiente que esté sujeta a esta Ley, por tratarse de operaciones celebradas con la sociedad dominante, será de aplicación lo previsto en los apartados anteriores.

Art. introducido de acuerdo con el art. 3. Cinco, de la Ley 5/2021, de 12 de abril, por la que se modifica el texto refundido de la Ley de Sociedades de Capital (…), y otras normas financieras, en lo que respecta al fomento de la implicación a largo plazo de los accionistas en las sociedades cotizadas (BOE núm. 88, de 13 de abril).

Art. 232. *Acciones derivadas de la infracción del deber de lealtad.-* El ejercicio de la acción de responsabilidad prevista en los artículos 236 y siguientes no obsta al ejercicio de las acciones de impugnación, cesación, remoción de efectos y, en su caso, anulación de los actos y contratos celebrados por los administradores con violación de su deber de lealtad.

> Artículo redactado de acuerdo con el art. Único, Diecinueve, de la Ley 31/2014, de 3 de diciembre, por la que se modifica la Ley de Sociedades de Capital para la mejora del gobierno corporativo (BOE núm. 293, de 4 de diciembre).

CAPÍTULO IV. La representación de la sociedad

Véanse arts. 128, 129 y 459 del TRLC.

Art. 233. *Atribución del poder de representación.-* 1. En la sociedad de capital la representación de la sociedad, en juicio o fuera de él, corresponde a los administradores en la forma determinada por los estatutos, sin perjuicio de lo dispuesto en el apartado siguiente.

2. La atribución del poder de representación se regirá por las siguientes reglas:

a) En el caso de administrador único, el poder de representación corresponderá necesariamente a éste.

b) En caso de varios administradores solidarios, el poder de representación corresponde a cada administrador, sin perjuicio de las disposiciones estatutarias o de los acuerdos de la junta sobre distribución de facultades, que tendrán un alcance meramente interno.

c) En la sociedad de responsabilidad limitada, si hubiera más de dos administradores conjuntos, el poder de representación se ejercerá mancomunadamente al menos por dos de ellos en la forma determinada en los estatutos.Si la sociedad fuera anónima, el poder de representación se ejercerá mancomunadamente.

d) En el caso de consejo de administración, el poder de representación corresponde al propio consejo, que actuará colegiadamente. No obstante, los estatutos podrán atribuir el poder de representación a uno o varios miembros del consejo a título individual o conjunto.

Cuando el consejo, mediante el acuerdo de delegación, nombre una comisión ejecutiva o uno o varios consejeros delegados, se indicará el régimen de su actuación.

> Véase arts. 209 y 210 del presente TRLSC y arts. 124.2 y 185.3 del RRM (§5).

Art. 234. *Ámbito del poder de representación.-* 1. La representación se extenderá a todos los actos comprendidos en el objeto social delimitado en los estatutos.

Cualquier limitación de las facultades representativas de los administradores, aunque se halle inscrita en el Registro Mercantil, será ineficaz frente a terceros.

2. La sociedad quedará obligada frente a terceros que hayan obrado de buena fe y sin culpa grave, aún cuando se desprenda de los estatutos inscritos en el Registro Mercantil que el acto no está comprendido en el objeto social.

Art. 235. *Notificaciones a la sociedad*.– Cuando la administración no se hubiera organizado en forma colegiada, las comunicaciones o notificaciones a la sociedad podrán dirigirse a cualquiera de los administradores. En caso de consejo de administración, se dirigirán a su Presidente.

CAPÍTULO V. LA RESPONSABILIDAD DE LOS ADMINISTRADORES

Véanse arts. 11 ter 3), 37.1, 38.2, 157, 224, 367, 490 y 526 del presente TRLSC y arts. 52.3.2.ª, 132, 138.1, 455 y 456 del TRLC.

Sobre el requisito de procedibilidad en la jurisdicción civil de acudir previamente a algún medio adecuado de solución de controversias, véase art. 2 y ss. de la Ley Orgánica 1/2025, de 2 de enero, de medidas en materia de eficiencia del Servicio Público de Justicia (BOE núm., de 3 de enero) (entrada en vigor 3 de abril de 2025)

Véase también art. 18 de la Ley 2/2007, de 15 de marzo, de sociedades profesionales (§8). Y art. 11 bis y 11 ter de la Ley de arbitraje (reproducidos en nota previa al art. 184 del presente TRLSC.

Art. 236. *Presupuestos y extensión subjetiva de la responsabilidad*.– 1. Los administradores responderán frente a la sociedad, frente a los socios y frente a los acreedores sociales, del daño que causen por actos u omisiones contrarios a la ley o a los estatutos o por los realizados incumpliendo los deberes inherentes al desempeño del cargo, siempre y cuando haya intervenido dolo o culpa.

La culpabilidad se presumirá, salvo prueba en contrario, cuando el acto sea contrario a la ley o a los estatutos sociales.

2. En ningún caso exonerará de responsabilidad la circunstancia de que el acto o acuerdo lesivo haya sido adoptado, autorizado o ratificado por la junta general.

3. La responsabilidad de los administradores se extiende igualmente a los administradores de hecho. A tal fin, tendrá la consideración de administrador de hecho tanto la persona que en la realidad del tráfico desempeñe sin título, con un título nulo o extinguido, o con otro título, las funciones propias de administrador, como, en su caso, aquella bajo cuyas instrucciones actúen los administradores de la sociedad.

4. Cuando no exista delegación permanente de facultades del consejo en uno o varios consejeros delegados, todas las disposiciones sobre deberes y responsabilidad de los administradores serán aplicables a la persona, cualquiera que sea su denominación, que tenga atribuidas facultades de más alta dirección de la sociedad, sin perjuicio de las acciones de la sociedad basadas en su relación jurídica con ella.

5. La persona física designada para el ejercicio permanente de las funciones propias del cargo de administrador persona jurídica deberá reunir los requisitos legales esta-

blecidos para los administradores, estará sometida a los mismos deberes y responderá solidariamente con la persona jurídica administrador.

> Artículo redactado de acuerdo con el art. Único, Veinte, de la Ley 31/2014, de 3 de diciembre, por la que se modifica la Ley de Sociedades de Capital para la mejora del gobierno corporativo (BOE núm. 293, de 4 de diciembre).
> Véanse arts. 225 a 232 del presente TRLSC.

Art. 237. *Carácter solidario de la responsabilidad*.– Todos los miembros del órgano de administración que hubiera adoptado el acuerdo o realizado el acto lesivo responderán solidariamente, salvo los que prueben que, no habiendo intervenido en su adopción y ejecución, desconocían su existencia o, conociéndola, hicieron todo lo conveniente para evitar el daño o, al menos, se opusieron expresamente a aquél.

Art. 238. *Acción social de responsabilidad*.– 1. La acción de responsabilidad contra los administradores se entablará por la sociedad, previo acuerdo de la junta general, que puede ser adoptado a solicitud de cualquier socio aunque no conste en el orden del día. Los estatutos no podrán establecer una mayoría distinta a la ordinaria para la adopción de este acuerdo.

2. En cualquier momento la junta general podrá transigir o renunciar al ejercicio de la acción, siempre que no se opusieren a ello socios que representen el cinco por ciento del capital social.

3. El acuerdo de promover la acción o de transigir determinará la destitución de los administradores afectados.

4. La aprobación de las cuentas anuales no impedirá el ejercicio de la acción de responsabilidad ni supondrá la renuncia a la acción acordada o ejercitada.

> En relación con el apartado 2, véase para las sociedades anónimas cotizadas el art. 495.2 a) del presente TRLSC.
> Véanse arts. 160 b), 198 y 201 del presente TRLSC, arts. 52.3.2.ª, 132, 138.1, 455 y 456 del TRLC y 148 b) del RRM (§5).

Art. 239. *Legitimación de la minoría*.– 1. El socio o socios que posean individual o conjuntamente una participación que les permita solicitar la convocatoria de la junta general, podrán entablar la acción de responsabilidad en defensa del interés social cuando los administradores no convocasen la junta general solicitada a tal fin, cuando la sociedad no la entablare dentro del plazo de un mes, contado desde la fecha de adopción del correspondiente acuerdo, o bien cuando este hubiere sido contrario a la exigencia de responsabilidad.

El socio o los socios a los que se refiere el párrafo anterior, podrán ejercitar directamente la acción social de responsabilidad cuando se fundamente en la infracción del deber de lealtad sin necesidad de someter la decisión a la junta general.

2. En caso de estimación total o parcial de la demanda, la sociedad estará obligada a reembolsar a la parte actora los gastos necesarios en que hubiera incurrido con los límites previstos en el artículo 394 de la Ley 1/2000, de 7 de enero, de Enjuiciamiento Civil, salvo que ésta haya obtenido el reembolso de estos gastos o el ofrecimiento de reembolso de los gastos haya sido incondicional.

> Artículo redactado de acuerdo con el art. Único, Veintiuno, de la Ley 31/2014, de 3 de diciembre, por la que se modifica la Ley de Sociedades de Capital para la mejora del gobierno corporativo (BOE núm. 293, de 4 de diciembre).
> Véase art. 168 y, en relación a las sociedades anónimas cotizadas, además el art. 495.2 a) del presente TRLSC.

Art. 240. *Legitimación subsidiaria de los acreedores para el ejercicio de la acción social.*- Los acreedores de la sociedad podrán ejercitar la acción social de responsabilidad contra los administradores cuando no haya sido ejercitada por la sociedad o sus socios, siempre que el patrimonio social resulte insuficiente para la satisfacción de sus créditos.

Art. 241. *Acción individual de responsabilidad.*- Quedan a salvo las acciones de indemnización que puedan corresponder a los socios y a los terceros por actos de administradores que lesionen directamente los intereses de aquellos.

Art. 241 bis. *Prescripción de las acciones de responsabilidad.*- La acción de responsabilidad contra los administradores, sea social o individual, prescribirá a los cuatro años a contar desde el día en que hubiera podido ejercitarse.

> Artículo introducido por el art. Único, Veintidós, de la Ley 31/2014, de 3 de diciembre, por la que se modifica la Ley de Sociedades de Capital para la mejora del gobierno corporativo (BOE núm. 293, de 4 de diciembre).
> Cfr., con art. 949 del C.com.

CAPÍTULO VI. El consejo de administración

> Téngase en cuenta las medidas extraordinarias para el año 2021 que el Real Decreto-ley 34/2020, de 17 de noviembre (BOE núm. 303, de 18 de noviembre) establece en su art. 3.
> Véanse arts. 126, 127.1, 128 y 129 del TRLC.
> Véase para las sociedades anónimas cotizadas arts. 528 a 529 novodecies del presente TRLSC.

Art. 242. *Composición.*- 1. El consejo de administración estará formado por un mínimo de tres miembros. Los estatutos fijarán el número de miembros del consejo de administración o bien el máximo y el mínimo, correspondiendo en este caso a la junta de socios la determinación del número concreto de sus componentes.

2. En la sociedad de responsabilidad limitada, en caso de consejo de administración, el número máximo de los componentes del consejo no podrá ser superior a doce.

Véase art. 124.3 y 185.4 del RRM (§5).

Art. 243. *Sistema de representación proporcional*.– 1. En la sociedad anónima las acciones que voluntariamente se agrupen, hasta constituir una cifra del capital social igual o superior a la que resulte de dividir este último por el número de componentes del consejo, tendrán derecho a designar los que, superando fracciones enteras, se deduzcan de la correspondiente proporción.

2. En el caso de que se haga uso de esta facultad, las acciones así agrupadas no intervendrán en la votación de los restantes componentes del consejo.

Véanse arts. 138 y 140 del RRM (§5).
Véase RD 821/1991, de 17 de mayo, por el que se desarrolla el art. 137 del Texto Refundido de la Ley de Sociedades Anónimas [art. 243 TRLSC], en materia de nombramiento de miembros del Consejo de Administración por el sistema proporcional (§13).

Art. 244. *Cooptación*.– En la sociedad anónima si durante el plazo para el que fueron nombrados los administradores se produjesen vacantes sin que existieran suplentes, el consejo podrá designar entre los accionistas las personas que hayan de ocuparlas hasta que se reúna la primera junta general.

Véanse art. 216 del presente TRLSC y art. 139 RRM (§5).

Art. 245. *Organización y funcionamiento del consejo de administración*.– 1. En la sociedad de responsabilidad limitada los estatutos establecerán el régimen de organización y funcionamiento del consejo de administración, que deberá comprender, en todo caso, las reglas de convocatoria y constitución del órgano, así como el modo de deliberar y adoptar acuerdos por mayoría.

2. En la sociedad anónima cuando los estatutos no dispusieran otra cosa, el consejo de administración podrá designar a su presidente, regular su propio funcionamiento y aceptar la dimisión de los consejeros.

3. El consejo de administración deberá reunirse, al menos, una vez al trimestre.

Apartado 3 añadido por el art. Único, Veintitrés, de la Ley 31/2014, de 3 de diciembre, por la que se modifica la Ley de Sociedades de Capital para la mejora del gobierno corporativo (BOE núm. 293, de 4 de diciembre).
Véase para las sociedades anónimas cotizadas los arts. 528 y 529 sexies del presente TRLSC.
Véanse arts. 146 y 185.5 del RRM (§5).

Art. 246. *Convocatoria del consejo de administración*.– 1. El consejo de administración será convocado por su presidente o el que haga sus veces.

2. Los administradores que constituyan al menos un tercio de los miembros del consejo podrán convocarlo, indicando el orden del día, para su celebración en la localidad donde radique el domicilio social, si, previa petición al presidente, éste sin causa justificada no hubiera hecho la convocatoria en el plazo de un mes.

> Artículo redactado de acuerdo con el art. 1º, Trece, de la Ley 25/2011, de 1 de agosto, de reforma parcial de la Ley de Sociedades de Capital (...) (Entrada en vigor 2 de octubre 2011).

Art. 247. *Constitución del consejo de administración.*– 1. En la sociedad de responsabilidad limitada el consejo de administración quedará válidamente constituido cuando concurran, presentes o representados, el número de consejeros previsto en los estatutos, siempre que alcancen, como mínimo, la mayoría de los vocales.

2. En la sociedad anónima, el consejo de administración quedará válidamente constituido cuando concurran a la reunión, presentes o representados, la mayoría de los vocales.

Art. 248. *Adopción de acuerdos por el consejo de administración en la sociedad anónima.*– 1. En la sociedad anónima los acuerdos del consejo de administración se adoptarán por mayoría absoluta de los consejeros concurrentes a la sesión.

2. En la sociedad anónima la votación por escrito y sin sesión sólo será admitida cuando ningún consejero se oponga a este procedimiento.

Art. 249. *Delegación de facultades del consejo de administración.*– 1. Cuando los estatutos de la sociedad no dispusieran lo contrario y sin perjuicio de los apoderamientos que pueda conferir a cualquier persona, el consejo de administración podrá designar de entre sus miembros a uno o varios consejeros delegados o comisiones ejecutivas, estableciendo el contenido, los límites y las modalidades de delegación.

2. La delegación permanente de alguna facultad del consejo de administración en la comisión ejecutiva o en el consejero delegado y la designación de los administradores que hayan de ocupar tales cargos requerirán para su validez el voto favorable de las dos terceras partes de los componentes del consejo y no producirán efecto alguno hasta su inscripción en el Registro Mercantil.

3. Cuando un miembro del consejo de administración sea nombrado consejero delegado o se le atribuyan funciones ejecutivas en virtud de otro título, será necesario que se celebre un contrato entre este y la sociedad que deberá ser aprobado previamente por el consejo de administración con el voto favorable de las dos terceras partes de sus miembros. El consejero afectado deberá abstenerse de asistir a la deliberación y de participar en la votación. El contrato aprobado deberá incorporarse como anejo al acta de la sesión.

4. En el contrato se detallarán todos los conceptos por los que pueda obtener una retribución por el desempeño de funciones ejecutivas, incluyendo, en su caso, la eventual indemnización por cese anticipado en dichas funciones y las cantidades a abonar por la sociedad en concepto de primas de seguro o de contribución a sistemas de ahorro. El consejero no podrá percibir retribución alguna por el desempeño de funciones ejecutivas cuyas cantidades o conceptos no estén previstos en ese contrato.

El contrato deberá ser conforme con la política de retribuciones aprobada, en su caso, por la junta general.

> Artículo redactado de acuerdo con el art. Único, Veinticuatro, de la Ley 31/2014, de 3 de diciembre, por la que se modifica la Ley de Sociedades de Capital para la mejora del gobierno corporativo (BOE núm. 293, de 4 de diciembre).
> Téngase en cuenta los arts. 217 a 219, 249 bis g), h) e i), y 260. Undécima, del presente TRLSC. Véase arts. 149 a 152 y 192 del RRM (§5).
> Véase para las sociedades cotizadas, art. 529 octodecies del presente TRLSC.

Art. 249 bis. *Facultades indelegables*.– El consejo de administración no podrá delegar en ningún caso las siguientes facultades:

a) La supervisión del efectivo funcionamiento de las comisiones que hubiera constituido y de la actuación de los órganos delegados y de los directivos que hubiera designado.

b) La determinación de las políticas y estrategias generales de la sociedad.

c) La autorización o dispensa de las obligaciones derivadas del deber de lealtad conforme a lo dispuesto en el artículo 230.

d) Su propia organización y funcionamiento.

e) La formulación de las cuentas anuales y su presentación a la junta general.

f) La formulación de cualquier clase de informe exigido por la ley al órgano de administración siempre y cuando la operación a que se refiere el informe no pueda ser delegada.

g) El nombramiento y destitución de los consejeros delegados de la sociedad, así como el establecimiento de las condiciones de su contrato.

h) El nombramiento y destitución de los directivos que tuvieran dependencia directa del consejo o de alguno de sus miembros, así como el establecimiento de las condiciones básicas de sus contratos, incluyendo su retribución.

i) Las decisiones relativas a la remuneración de los consejeros, dentro del marco estatutario y, en su caso, de la política de remuneraciones aprobada por la junta general.

j) La convocatoria de la junta general de accionistas y la elaboración del orden del día y la propuesta de acuerdos.

k) La política relativa a las acciones o participaciones propias.

l) Las facultades que la junta general hubiera delegado en el consejo de administración, salvo que hubiera sido expresamente autorizado por ella para subdelegarlas.

Artículo incorporado por el art. Único, Veinticinco, de la Ley 31/2014, de 3 de diciembre, por la que se modifica la Ley de Sociedades de Capital para la mejora del gobierno corporativo (BOE núm. 293, de 4 de diciembre).

Véase para las sociedades anónimas cotizadas art. 259 ter del presente TRLSC.

Art. 250. *Acta del consejo de administración*.– Las discusiones y acuerdos del consejo de administración se llevarán a un libro de actas, que serán firmadas por el presidente y el secretario.

Sobre la legación de los libros de actas, véase art. 18 de la Ley 14/2013, de 27 de septiembre, de apoyo a los emprendedores y su internacionalización (§2), y la Instrucción de 12 de febrero de 2015, de la Dirección General de los Registros y del Notariado, sobre legalización de libros de los empresarios en aplicación del artículo 18 de la Ley 14/2013, de 27 de septiembre (BOE de 16 de febrero) y la Instrucción de 1 de julio de 2015, de la Dirección General de los Registros y del Notariado, sobre mecanismos de seguridad de los ficheros electrónicos que contengan libros de los empresarios presentados a legalización en los registros mercantiles y otras cuestiones relacionadas (BOE núm. 162, de 8 de julio).

Art. 251. *Impugnación de acuerdos del consejo de administración*.– 1. Los administradores podrán impugnar los acuerdos del consejo de administración o de cualquier otro órgano colegiado de administración, en el plazo de treinta días desde su adopción. Igualmente podrán impugnar tales acuerdos los socios que representen un uno por ciento del capital social, en el plazo de treinta días desde que tuvieren conocimiento de los mismos y siempre que no hubiere transcurrido un año desde su adopción.

2. Las causas de impugnación, su tramitación y efectos se regirán conforme a lo establecido para la impugnación de los acuerdos de la junta general, con la particularidad de que, en este caso, también procederá por infracción del reglamento del consejo de administración.

Artículo redactado de acuerdo con el art. Único, Veintiséis, de la Ley 31/2014, de 3 de diciembre, por la que se modifica la Ley de Sociedades de Capital para la mejora del gobierno corporativo (BOE núm. 293, de 4 de diciembre).

Véanse arts. 204, 207 y 208 del presente TRLSC.

En relación con el apartado 1, véase para las sociedades anónimas cotizadas el art. 495.2 b) del presente TRLSC.

Sobre el requisito de procedibilidad en la jurisdicción civil de acudir previamente a algún medio adecuado de solución de controversias, véase art. 2 y ss. de la Ley Orgánica 1/2025, de 2 de enero, de medidas en materia de eficiencia del Servicio Público de Justicia (BOE núm., de 3 de enero) (entrada en vigor 3 de abril de 2025)

Véase también art. 18 de la Ley 2/2007, de 15 de marzo, de sociedades profesionales (§8). Y art. 11 bis y 11 ter de la Ley de arbitraje (reproducidos en nota previa al art. 184 del presente TRLSC.

CAPÍTULO VII. Administración de la sociedad comanditaria por acciones

Art. 252. *Administración de la sociedad comanditaria por acciones*.- 1. La administración de la sociedad ha de estar necesariamente a cargo de los socios colectivos, quienes tendrán las facultades, los derechos y deberes de los administradores en la sociedad anónima. El nuevo administrador asumirá la condición de socio colectivo desde el momento en que acepte el nombramiento.

2. La separación del cargo de administrador requerirá la modificación de los estatutos sociales. Si la separación tiene lugar sin justa causa el socio tendrá derecho a la indemnización de daños y perjuicios.

3. El cese del socio colectivo como administrador pone fin a su responsabilidad ilimitada con relación a las deudas sociales que se contraigan con posterioridad a la publicación de su inscripción en el Registro Mercantil.

4. En los acuerdos que tengan por objeto la separación de un administrador el socio afectado deberá abstenerse de participar en la votación.

* Ccom: arts. 155 y 156.3.

TÍTULO VII. Las cuentas anuales

Véanse arts. 25 y ss. y 34 y ss. del C.Com.

Véase especialidades para las sociedades anónimas cotizadas en arts. 536 a 538 del presente TRLSC.

Véase la Resolución de 5 de marzo de 2019, del Instituto de Contabilidad y Auditoría de Cuentas, por la que se desarrollan los criterios de presentación de los instrumentos financieros y otros aspectos contables relacionados con la regulación mercantil de las sociedades de capital. Dicha Resolución es de aplicación a las cuentas anuales de los ejercicios iniciados a partir del 1 de enero de 2020 y tiene por objeto, de acuerdo con su art. 1, «desarrollar los criterios de presentación de los instrumentos financieros en las cuentas anuales de las sociedades de capital, y aclarar las implicaciones contables derivadas de la regulación contenida en el texto refundido de la Ley de Sociedades de Capital, aprobado por el Real Decreto Legislativo 1/2010, de 2 de julio, (...) y en la Ley 3/2009, de 3 de abril, sobre modificaciones estructurales de las sociedades mercantiles».

CAPÍTULO I. Disposiciones generales

Art. 253. *Formulación*.- 1. Los administradores de la sociedad están obligados a formular, en el plazo máximo de tres meses contados a partir del cierre del ejercicio social, las cuentas anuales, el informe de gestión, que incluirá, cuando proceda, el estado de información no financiera, y la propuesta de aplicación del resultado, así como, en su caso, las cuentas y el informe de gestión consolidados.

2. Las cuentas anuales y el informe de gestión, incluido cuando proceda, el estado de información no financiera, deberán ser firmados por todos los administradores. Si

faltare la firma de alguno de ellos se señalará en cada uno de los documentos en que falte, con expresa indicación de la causa.

> Artículo redactado de acuerdo con el apartado Dos del art. 2.º de la Ley 11/2018, de 28 de diciembre, por la que se modifica el Código de Comercio, el texto refundido de la Ley de Sociedades de Capital (…), y la Ley 22/2015, de 20 de julio, de Auditoría de Cuentas, en materia de información no financiera y diversidad (BOE núm. 314, de 29 de diciembre). De acuerdo con el apartado 1 de la Disp. Transitoria de la citada Ley, la modificación es «de aplicación para los ejercicios económicos que se inicien a partir del 1 de enero de 2018».
>
> Téngase en cuenta la Disp.Ad. 1.ª del Real Decreto-ley 4/2025, de 8 de abril, de medidas urgentes de respuesta a la amenaza arancelaria y de relanzamiento comercial, sobre el plazo extraordinario para la formulación de cuentas anuales, incluidas las consolidadas, correspondientes al ejercicio 2024, tomando en consideración lo establecido en el artículo 6 de dicho real decreto-ley relativo a la suspensión de la causa de disolución por pérdidas provocada por diversos acontecimientos naturales (art. 6 reproducido en nota al art. 363 de presente TRLSC).

Art. 254. *Contenido de las cuentas anuales*.– 1. Las cuentas anuales comprenderán el balance, la cuenta de pérdidas y ganancias, un estado que refleje los cambios en el patrimonio neto del ejercicio, un estado de flujos de efectivo y la memoria.

2. Estos documentos, que forman una unidad, deberán ser redactados con claridad y mostrar la imagen fiel del patrimonio, de la situación financiera y de los resultados de la sociedad, de conformidad con esta ley y con lo previsto en el Código de Comercio.

3. La estructura y contenido de los documentos que integran las cuentas anuales se ajustará a los modelos aprobados reglamentariamente.

> Véase Resolución de 26 de mayo de 2025, de la Dirección General de Seguridad Jurídica y Fe Pública, referida a los modelos para la presentación en el Registro Mercantil de las cuentas anuales de los sujetos obligados a su publicación, y la Resolución de 26 de mayo de 2025, de la Dirección General de Seguridad Jurídica y Fe Pública, referida a los modelos para la presentación en el Registro Mercantil de las cuentas anuales consolidadas de los sujetos obligados a su publicación (ambas en el BOE núm. 133 de 3 de junio de 2025). La utilización de los modelos aprobados en duchas resoluciones serán obligatoria para las cuentas anuales formuladas y aprobadas por los sujetos obligados, que sean presentadas en el Registro Mercantil para su depósito con posterioridad a la publicación de dichas resoluciones en el BOE.
>
> El art. 20 de la Ley 14/2013, de 27 de septiembre, de apoyo a los emprendedores y su internacionalización (§2) exige que en las cuentas anuales que hayan de depositarse se identifique cuál es la única actividad principal desarrollada durante el ejercicio por referencia al correspondiente código (de la CNAE).

Art. 255. *Separación de partidas*.– 1. En los documentos que integran las cuentas anuales las partidas previstas en los modelos aprobados reglamentariamente deberán aparecer por separado, en el orden en ellos indicado.

2. Se podrá hacer una subdivisión más detallada de estas partidas, siempre que se respete la estructura de los esquemas establecidos.

Igualmente podrán añadirse nuevas partidas en la medida en que su contenido no esté comprendido en ninguna de las ya previstas en estos esquemas.

Art. 256. *Agrupación de partidas.*- Se podrán agrupar determinadas partidas de los documentos que integran las cuentas anuales, cuando sólo representen un importe irrelevante para mostrar la imagen fiel del patrimonio, de la situación financiera, así como de los resultados de la sociedad o cuando se favorezca la claridad, siempre que las partidas agrupadas se presenten de forma diferenciada en la memoria.

Art. 257. *Balance y estado de cambios en el patrimonio neto abreviados.*- 1. Podrán formular balance y estado de cambios en el patrimonio neto abreviados las sociedades que durante dos ejercicios consecutivos reúnan, a la fecha de cierre de cada uno de ellos, al menos dos de las circunstancias siguientes:

a) Que el total de las partidas del activo no supere los cuatro millones de euros.

b) Que el importe neto de su cifra anual de negocios no supere los ocho millones de euros.

c) Que el número medio de trabajadores empleados durante el ejercicio no sea superior a cincuenta.

Las sociedades perderán esta facultad si dejan de reunir, durante dos ejercicios consecutivos, dos de las circunstancias a que se refiere el párrafo anterior.

2. En el primer ejercicio social desde su constitución, transformación o fusión, las sociedades podrán formular balance y estado de cambios en el patrimonio neto abreviados si reúnen, al cierre de dicho ejercicio, al menos dos de las tres circunstancias expresadas en el apartado anterior.

3. Cuando pueda formularse balance en modelo abreviado, el estado de cambios en el patrimonio neto y el estado de flujos de efectivo no serán obligatorios.

> Apartado 1 redactado de acuerdo con el art. 49, Uno, de la Ley 14/2013, de 27 de septiembre, de apoyo a los emprendedores y su internacionalización (BOE núm. 233, de 28 de septiembre). Apartado 3 redactado de acuerdo con la Disp. Final 4.ª, Cuatro, de la Ley 22/2015, de 20 de julio, de Auditoría de Cuentas, cuya Disp. Final 14ª, apartado 4, establece que dicha modificación «será de aplicación a los estados financieros que se correspondan con los ejercicios que comiencen a partir de 1 de enero de 2016».
>
> Véase prohibición para las sociedades anónimas cotizadas en el art. 536 del presente TRLSC.

Art. 258. *Cuenta de pérdidas y ganancias abreviada.*- 1. Podrán formular cuenta de pérdidas y ganancias abreviada las sociedades que durante dos ejercicios consecutivos reúnan, a la fecha de cierre de cada uno de ellos, al menos dos de las circunstancias siguientes:

a) Que el total de las partidas de activo no supere los once millones cuatrocientos mil euros.

b) Que el importe neto de su cifra anual de negocios no supere los veintidós millones ochocientos mil euros.

c) Que el número medio de trabajadores empleados durante el ejercicio no sea superior a doscientos cincuenta.

Las sociedades perderán la facultad de formular cuenta de pérdidas y ganancias abreviada si dejan de reunir, durante dos ejercicios consecutivos, dos de las circunstancias a que se refiere el párrafo anterior.

2. En el primer ejercicio social desde su constitución, transformación o fusión, las sociedades podrán formular cuenta de pérdidas y ganancias abreviada si reúnen, al cierre de dicho ejercicio, al menos dos de las tres circunstancias expresadas en el apartado anterior.

> Véase prohibición para las sociedades anónimas cotizadas en el art. 536 del presente TRLSC.

CAPÍTULO II. La memoria

Art. 259. *Objeto de la memoria*.- La memoria completará, ampliará y comentará el contenido de los otros documentos que integran las cuentas anuales.

Art. 260. *Contenido de la Memoria*.- La Memoria deberá contener, además de las indicaciones específicamente previstas por el Código de Comercio, por esta Ley, y por los correspondientes desarrollos reglamentarios, al menos, las siguientes menciones:

Primera. Los criterios de valoración aplicados a las diversas partidas de las cuentas anuales y los métodos de cálculo de las correcciones de valor.

Para los elementos contenidos en las cuentas anuales que en la actualidad o en su origen hubieran sido expresados en moneda distinta del euro, se indicará el procedimiento empleado para calcular el tipo de cambio a euros.

Segunda. La denominación, domicilio y forma jurídica de las sociedades en las que la sociedad sea socio colectivo o en las que posea, directa o indirectamente, un porcentaje no inferior al veinte por ciento de su capital, o en las que sin llegar a dicho porcentaje ejerza una influencia significativa.

Se indicará la participación en el capital y el porcentaje de derechos de voto, así como el importe del patrimonio neto del último ejercicio social de aquéllas.

Tercera. Cuando existan cuotas o participaciones sociales desiguales, el contenido de cada una de ellas, y cuando existan varias clases de acciones, el número y el valor nominal de las pertenecientes a cada una de ellas y el contenido de los derechos pertenecientes a cada clase.

Cuarta. La existencia de bonos de disfrute, de bonos de fundador, de obligaciones convertibles y de valores o derechos similares, con indicación de su número y de la extensión de los derechos que confieren.

Quinta. El número y el valor nominal de las acciones suscritas durante el ejercicio dentro de los límites de un capital autorizado, así como el importe de las adquisiciones y enajenaciones de acciones o participaciones propias, y de las acciones o participaciones de la sociedad dominante.

Sexta. El importe de las deudas de la sociedad cuya duración residual sea superior a cinco años, así como el de todas las deudas que tengan garantía real, con indicación de su forma y naturaleza.

Estas indicaciones figurarán separadamente para cada una de las partidas relativas a deudas.

Séptima.-

a) El importe global de las garantías comprometidas con terceros, sin perjuicio de su reconocimiento dentro del pasivo del balance cuando sea probable que de las mismas se derive el cumplimiento efectivo de una obligación.

Los compromisos existentes en materia de pensiones y los referentes a sociedades del grupo deberán mencionarse con la debida claridad y separación.

b) La naturaleza y el propósito de negocio de los acuerdos de la sociedad que no figuren en el balance así como su impacto financiero, siempre que esta información sea significativa y necesaria para la determinación de la situación financiera de la sociedad.

c) Transacciones significativas entre la sociedad y terceros vinculados con ella, indicando la naturaleza de la vinculación, el importe y cualquier otra información acerca de las transacciones, que sea necesaria para la determinación de la situación financiera de la sociedad.

Octava.-

a) La diferencia que se pudiera producir entre el cálculo del resultado contable del ejercicio y el que resultaría de haber efectuado una valoración de las partidas con criterios fiscales, por no coincidir estos con los principios contables de aplicación obligatoria. Cuando tal valoración influya de forma sustancial sobre la carga fiscal futura deberán darse indicaciones al respecto.

b) La diferencia entre la carga fiscal imputada al ejercicio y a los ejercicios anteriores, y la carga fiscal ya pagada o que deberá pagarse por esos ejercicios, en la medida en que esta diferencia tenga un interés cierto con respecto a la carga fiscal futura.

Novena. La distribución del importe neto de la cifra de negocios correspondiente a las actividades ordinarias de la sociedad, por categorías de actividades así como por mercados geográficos, en la medida en que, desde el punto de vista de la organización de la venta de productos y de la prestación de servicios u otros ingresos correspondientes a las actividades ordinarias de la sociedad, esas categorías y mercados difieran entre sí de una forma considerable. Podrán omitir tales menciones las sociedades que pueden formular cuenta de pérdidas y ganancias abreviada.

Décima. El número medio de personas empleadas en el curso del ejercicio, expresado por categorías, así como los gastos de personal que se refieran al ejercicio, desglosando los importes relativos a sueldos y salarios y los referidos a cargas sociales, con mención separada de los que cubren las pensiones, cuando no estén así consignadas en la cuenta de pérdidas y ganancias.

La distribución por sexos al término del ejercicio del personal de la sociedad, desglosado en un número suficiente de categorías y niveles, entre los que figurarán el de altos directivos y el de consejeros.

El número medio de personas empleadas en el curso del ejercicio con discapacidad mayor o igual al treinta y tres por ciento, indicando las categorías a que pertenecen.

Undécima. El importe de los sueldos, dietas y remuneraciones de cualquier clase devengados en el curso del ejercicio por el personal de alta dirección y los miembros del órgano de administración, cualquiera que sea su causa, así como de las obligaciones contraídas en materia de pensiones o de pago de primas de seguros de vida o de responsabilidad civil respecto de los miembros antiguos y actuales del órgano de administración y personal de alta dirección. Cuando los miembros del órgano de administración sean personas jurídicas, los requerimientos anteriores se referirán a las personas físicas que los representan.

Estas informaciones se podrán dar de forma global por concepto retributivo.

En el caso de que la sociedad hubiera satisfecho, total o parcialmente, la prima del seguro de responsabilidad civil de todos los administradores o de alguno de ellos por daños ocasionados por actos u omisiones en el ejercicio del cargo, se indicará expresamente en la Memoria, con indicación de la cuantía de la prima.

Duodécima. El importe de los anticipos y créditos concedidos a cada uno de los miembros de los órganos de administración y del personal de alta dirección, con indicación del tipo de interés, sus características esenciales y los importes eventualmente devueltos, así como las obligaciones asumidas por cuenta de ellos a título de garantía. Cuando los miembros del órgano de administración sean personas jurídicas, los requerimientos anteriores se referirán a las personas físicas que los representan.

Estas informaciones se podrán dar de forma global por cada categoría.

Decimotercera. El importe desglosado por conceptos de los honorarios por auditoría de cuentas y otros servicios prestados por el auditor de cuentas, así como los correspondientes a las personas o entidades vinculadas al auditor de cuentas.

Decimocuarta. Los movimientos de las diversas partidas del activo no corriente.

Decimoquinta.

a) Cuando los instrumentos financieros se hayan valorado por el valor razonable se indicarán: los principales supuestos en que se basan los modelos y técnicas de valoración; las variaciones en el valor registradas en la cuenta de pérdidas y ganancias por cada categoría de instrumentos financieros y, si se trata de instrumentos financieros derivados, su naturaleza y condiciones principales de importe y calendario y los movimientos de la reserva por valor razonable durante el ejercicio.

b) Cuando los instrumentos financieros no se hayan valorado por el valor razonable se indicará el valor razonable para cada clase en los términos y con las condiciones previstas en el Plan General de Contabilidad.

Decimosexta. La conclusión, la modificación o la extinción anticipada de cualquier contrato entre una sociedad mercantil y cualquiera de sus socios o administradores o persona que actúe por cuenta de ellos, cuando se trate de una operación ajena al tráfico ordinario de la sociedad o que no se realice en condiciones normales.

Decimoséptima. Nombre y domicilio social de la sociedad que elabore los estados financieros consolidados del grupo al que pertenezca la sociedad y el Registro Mercantil donde estén depositadas las cuentas anuales consolidadas o, si procediera, las circunstancias que eximan de la obligación de consolidar.

Decimoctava. Cuando la sociedad sea la de mayor activo del conjunto de sociedades domiciliadas en España, sometidas a una misma unidad de decisión, porque estén controladas por cualquier medio por una o varias personas físicas o jurídicas no obligadas a consolidar, que actúen conjuntamente, o porque se hallen bajo dirección única por acuerdos o cláusulas estatutarias, deberá incluir una descripción de las citadas sociedades, señalando el motivo por el que se encuentran bajo una misma unidad de decisión, e informará sobre el importe agregado de los activos, pasivos, patrimonio neto, cifra de negocios y resultado del conjunto de las citadas sociedades.

Se entiende por sociedad de mayor activo aquella que en el momento de su incorporación a la unidad de decisión, presente una cifra mayor en el total activo del modelo de balance.

Las restantes sociedades sometidas a una unidad de decisión indicarán en la Memoria de sus cuentas anuales la unidad de decisión a la que pertenecen y el Registro Mercantil donde estén depositadas las cuentas anuales de la sociedad que contiene la información exigida en el párrafo primero de esta indicación.

Decimonovena. El importe y la naturaleza de las partidas de ingresos o de gastos cuya cuantía o incidencia sean excepcionales.

Vigésima. La propuesta de aplicación del resultado.

Vigesimoprimera. La naturaleza y consecuencias financieras de las circunstancias de importancia relativa significativa que se produzcan tras la fecha de cierre de balance y que no se reflejen en la cuenta de pérdidas y ganancias o en el balance, y el efecto financiero de tales circunstancias.

Artículo redactado de acuerdo con la Disp. Final 4.ª, Cinco, de la Ley 22/2015, de 20 de julio, de Auditoría de Cuentas, cuya Disp. Final 14ª, apartado 4, establece que dicha modificación «será de aplicación a los estados financieros que se correspondan con los ejercicios que comiencen a partir de 1 de enero».

Véase para las sociedades anónimas cotizadas el art. 537 del presente TRLSC.

Téngase en cuenta que la Disp. Adicional Tercera de la Ley 15/2010, de 5 de julio, de modificación de la Ley 3/2004, de 29 de diciembre, por la que se establecen medidas de lucha contra la morosidad en las operaciones comerciales, redactada de acuerdo con Disp. final 2.ª de la Ley 31/2014, de 3 de diciembre, por la que se modifica la Ley de Sociedades de Capital para la mejora del gobierno corporativo (BOE núm. 293, de 4 de diciembre), establece:

«*Disposición adicional tercera. Deber de información.-* 1. Todas las sociedades mercantiles incluirán de forma expresa en la memoria de sus cuentas anuales su período medio de pago a proveedores.

2. Las sociedades mercantiles cotizadas publicarán en su página web su periodo medio de pago a proveedores.

3. Las sociedades mercantiles que no sean cotizadas y no presenten cuentas anuales abreviadas publicarán su periodo medio de pago a proveedores en su página web, si la tienen.

4. El Instituto de Contabilidad y Auditoría de Cuentas, mediante resolución, indicará las adaptaciones que resulten necesarias, de acuerdo con lo previsto en esta ley, para que las sociedades mercantiles no encuadradas en el artículo 2.1 de la Ley Orgánica 2/2012, de 27 de abril, de Estabilidad Presupuestaria y Sostenibilidad Financiera apliquen adecuadamente la metodología de cálculo del periodo medio de pago a proveedores determinada por el Ministerio de Hacienda y Administraciones Públicas. Dicha resolución requerirá informe previo a su aprobación por parte del Ministerio de Hacienda y Administraciones Públicas».

Sobre el periodo medio de pago a proveedores véase art. 262.1 y Disp. Adicional. 8ª del presente TRLSC.

Art. 261. *Memoria abreviada.-* Las sociedades que pueden formular balance abreviado podrán omitir en la Memoria las indicaciones que reglamentariamente se determinen.

En cualquier caso deberá suministrarse la información requerida en la indicación primera, quinta, sexta, décima en lo referente al número medio de personas empleadas en el curso del ejercicio, y, decimocuarta, decimoquinta, decimonovena y vigesimoprimera.

Adicionalmente, la Memoria deberá expresar de forma global los datos a que se refiere la indicación séptima, y duodécima de dicho artículo, así como el nombre y domicilio social de la sociedad que establezca los estados financieros consolidados del grupo menor de empresas incluidas en el grupo al que pertenece la empresa

Artículo redactado de acuerdo con la Disp. Final 4.ª, Seis, de la Ley 22/2015, de 20 de julio, de Auditoría de Cuentas, cuya Disp. Final 14ª, apartado 4, establece que dicha modificación «será de aplicación a los estados financieros que se correspondan con los ejercicios que comiencen a partir de 1 de enero de 2016».

Véase para las sociedades anónimas cotizadas el art. 536 del presente TRLSC.

CAPÍTULO III. El informe de gestión

Téngase en cuanta para las sociedades anónimas cotizadas el art. 538, 540 y 541 del presente TRLSC.

Art. 262. *Contenido del informe de gestión.*– 1. El informe de gestión habrá de contener una exposición fiel sobre la evolución de los negocios y la situación de la sociedad, junto con una descripción de los principales riesgos e incertidumbres a los que se enfrenta.

La exposición consistirá en un análisis equilibrado y exhaustivo de la evolución y los resultados de los negocios y la situación de la sociedad, teniendo en cuenta la magnitud y la complejidad de la misma.

En la medida necesaria para la comprensión de la evolución, los resultados o la situación de la sociedad, este análisis incluirá tanto indicadores clave financieros como, cuando proceda, de carácter no financiero, que sean pertinentes respecto de la actividad empresarial concreta, incluida información sobre cuestiones relativas al medio ambiente, al personal y al cumplimiento de reglas en materia de igualdad y no discriminación y discapacidad. Se exceptúa de la obligación de incluir información de carácter no financiero, a las sociedades que tienen la calificación de empresas pequeñas y medianas de acuerdo con la Directiva 34/2013.

Al proporcionar este análisis, el informe de gestión incluirá, si procede, referencias y explicaciones complementarias sobre los importes detallados en las cuentas anuales.

Las sociedades que no puedan presentar cuenta de pérdidas y ganancias abreviada deberán indicar en el informe de gestión el periodo medio de pago a sus proveedores; en caso de que dicho periodo medio sea superior al máximo establecido en la normativa de morosidad, habrán de indicarse asimismo las medidas a aplicar en el siguiente ejercicio para su reducción hasta alcanzar dicho máximo.

2. Informará igualmente sobre los acontecimientos importantes para la sociedad ocurridos después del cierre del ejercicio, la evolución previsible de aquélla, las actividades en materia de investigación y desarrollo y, en los términos establecidos en esta ley, las adquisiciones de acciones propias.

3. Las sociedades que formulen balance y estado de cambios en el patrimonio neto abreviados no estarán obligadas a elaborar el informe de gestión. En ese caso, si la sociedad hubiera adquirido acciones propias o de su sociedad dominante, deberá incluir en la memoria, como mínimo, las menciones exigidas por la letra d) del artículo 148.

4. Con respecto al uso de instrumentos financieros por la sociedad, y cuando resulte relevante para la valoración de sus activos, pasivos, situación financiera y resultados, el informe de gestión incluirá lo siguiente:

a) Objetivos y políticas de gestión del riesgo financiero de la sociedad, incluida la política aplicada para cubrir cada tipo significativo de transacción prevista para la que se utilice la contabilidad de cobertura.

b) La exposición de la sociedad al riesgo de precio, riesgo de crédito, riesgo de liquidez y riesgo de flujo de efectivo.

5. Las sociedades de capital deberán incluir en el informe de gestión un estado de información no financiera o elaborar un informe separado con el mismo contenido que el previsto para las cuentas consolidadas por el artículo 49, apartados 5, 6 y 7 del Código de Comercio, aunque referido exclusivamente a la sociedad en cuestión siempre que concurran en ella los siguientes requisitos:

a) Que el número medio de trabajadores empleados durante el ejercicio sea superior a 500.

b) Que, o bien tengan la consideración de entidades de interés público de conformidad con la legislación de auditoría de cuentas, o bien, durante dos ejercicios consecutivos reúnan, a la fecha de cierre de cada uno de ellos, al menos dos de las circunstancias siguientes:

1.º Que el total de las partidas del activo sea superior a 20.000.000 de euros.

2.º Que el importe neto de la cifra anual de negocios supere los 40.000.000 de euros.

3.º Que el número medio de trabajadores empleados durante el ejercicio sea superior a doscientos cincuenta.

Las sociedades cesarán en la obligación de elaborar el estado de información no financiera si dejan de reunir, durante dos ejercicios consecutivos cualquiera de los requisitos anteriormente establecidos.

En los dos primeros ejercicios sociales desde su constitución, la sociedad estará obligada a elaborar el estado de información no financiera cuando al cierre del primer ejercicio se cumplan, al menos, dos de las tres circunstancias mencionadas en la letra b), siempre que al cierre del ejercicio se cumpla además el requisito previsto en la letra a).

Una sociedad dependiente de un grupo estará dispensada de la obligación establecida en este apartado si dicha empresa y sus dependientes, si las tuviera, están incluidas a su vez en el informe de gestión consolidado de otra empresa, elaborado conforme al contenido establecido en este artículo. Si una sociedad se acoge a esta opción, deberá incluir en el informe de gestión una referencia a la identidad de la sociedad dominante y al Registro Mercantil u otra oficina pública donde deben quedar depositadas sus cuentas junto con el informe de gestión consolidado o, en los supuestos de no quedar obligada a depositar sus cuentas en ninguna oficina pública, o de haber optado por la elaboración del informe separado, sobre dónde se encuentra disponible o se puede acceder a la información consolidada de la sociedad dominante.

6. La información contenida en el informe de gestión en ningún caso justificará su ausencia en las cuentas anuales cuando esta información deba incluirse en éstas de conformidad con lo previsto en este Título y las disposiciones que lo desarrollan.

Apartado 1 redactado de acuerdo con el art. Único, Veintisiete, de la Ley 31/2014, de 3 de diciembre, por la que se modifica la Ley de Sociedades de Capital para la mejora del gobierno corporativo (BOE núm. 293, de 4 de diciembre). En concreto, se añade el último párrafo al citado apartado. El párrafo tercero de dicho apartado 1 de nuevo redactado por el apartado Tres del art. 2.º de la Ley 11/2018, de 28 de diciembre, por la que se modifica el Código de Comercio, el texto refundido de la Ley de Sociedades de Capital (...), y la Ley 22/2015, de 20 de julio, de Auditoría de Cuentas, en materia de información no financiera y diversidad (BOE núm. 314, de 29 de diciembre). Apartado 5 redactado y apartado 6 añadido de acuerdo con el apartado Tres del art. 2.º de la citada Ley 11/2018, de 28 de diciembre, procedente del Real Decreto-ley 18/2017, de 24 de noviembre. De acuerdo con el apartado 1 de la Disp. Transitoria de la citada Ley, estas modificaciones «serán de aplicación para los ejercicios económicos que se inicien a partir del 1 de enero de 2018».

En relación con el último párrafo del apartado 1, véase nota al art. 260 y Disp. Adicional Octava del presente TRLSC.

En relación con el apartado 5, téngase en cuenta que los apartados 2 y 3 de la Dis. transitoria de la citada Ley 11/2018, de 28 de diciembre, establecen:

«2. Los dos ejercicios consecutivos computables, a efectos de lo dispuesto en los artículos 49.5 b) del Código de Comercio y 262.5.b) del Texto Refundido de la Ley de Sociedades de Capital aprobado por el Real Decreto Legislativo 1/2010, de 2 de julio, serán el que se inicie a partir del 1 de enero de 2018 y el inmediato anterior.

3. Transcurridos tres años de la entrada en vigor de esta Ley, la obligación de presentar el estado de información no financiera consolidado previsto en los apartados 49.5 b) del Código de Comercio y 262.5.b) del Texto Refundido de la Ley de Sociedades de Capital, será de aplicación a todas aquellas sociedades con más de 250 trabajadores que o bien tengan la consideración de entidades de interés público de conformidad con la legislación de auditoría de cuentas, exceptuando a las entidades que tienen la calificación de empresas pequeñas y medianas de acuerdo con la Directiva 34/2013, o bien, durante dos ejercicios consecutivos reúnan, a la fecha de cierre de cada uno de ellos, al menos una de las circunstancias siguientes:

1.º Que el total de las partidas del activo sea superior a 20.000.000 de euros.

2.º Que el importe neto de la cifra anual de negocios supere los 40.000.000 de euros».

Y téngase también en cuenta que Disp. Final 4ª del citado Real Decreto-ley 18/2017, de 24 de noviembre, establece que «las modificaciones introducidas por este real decreto-ley serán de aplicación para los ejercicios económicos que se inicien a partir del 1 de enero de 2017. Los dos ejercicios computables, a efectos de lo dispuesto en los artículos 49.5.b) del Código de Comercio y 262.5.b) del texto refundido de la Ley de Sociedades de Capital serán el citado ejercicio 2017 y el inmediato anterior».

Los apartados 6 y 7 del art. 49 del Código de Comercio establecen:

«6. El estado de información no financiera consolidado incluirá la información necesaria para comprender la evolución, los resultados y la situación del grupo, y el impacto de su actividad respecto, al menos, a cuestiones medioambientales y sociales, al respeto de los derechos humanos y a la lucha contra la corrupción y el soborno, así como relativas al personal, incluidas las medidas que, en su caso, se hayan adoptado para favorecer el principio de igualdad de trato y de oportunidades entre mujeres y hombres, la no discriminación e inclusión de las personas con discapacidad y la accesibilidad universal.

Este estado de información no financiera incluirá:

a) Una breve descripción del modelo de negocio del grupo, que incluirá su entorno empresarial, su organización y estructura, los mercados en los que opera, sus objetivos y estrategias, y los principales factores y tendencias que pueden afectar a su futura evolución.

b) Una descripción de las políticas que aplica el grupo respecto a dichas cuestiones, que incluirá los procedimientos de diligencia debida aplicados para la identificación, evaluación, prevención y atenuación de riesgos e impactos significativos y de verificación y control, incluyendo qué medidas se han adoptado.

c) Los resultados de esas políticas, debiendo incluir indicadores clave de resultados no financieros pertinentes que permitan el seguimiento y evaluación de los progresos y que favorezcan la comparabilidad entre sociedades y sectores, de acuerdo con los marcos nacionales, europeos o internacionales de referencia utilizados para cada materia.

d) Los principales riesgos relacionados con esas cuestiones vinculados a las actividades del grupo, entre ellas, cuando sea pertinente y proporcionado, sus relaciones comerciales, productos o servicios que puedan tener efectos negativos en esos ámbitos, y cómo el grupo gestiona dichos riesgos, explicando los procedimientos utilizados para detectarlos y evaluarlos de acuerdo con los marcos nacionales, europeos o internacionales de referencia para cada materia. Debe incluirse información sobre los impactos que se hayan detectado, ofreciendo un desglose de los mismos, en particular sobre los principales riesgos a corto, medio y largo plazo.

e) Indicadores clave de resultados no financieros que sean pertinentes respecto a la actividad empresarial concreta, y que cumplan con los criterios de comparabilidad, materialidad, relevancia y fiabilidad. Con el objetivo de facilitar la comparación de la información, tanto en el tiempo como entre entidades, se utilizarán especialmente estándares de indicadores clave no financieros que puedan ser generalmente aplicados y que cumplan con las directrices de la Comisión Europea en esta materia y los estándares de Global Reporting Initiative, debiendo mencionar en el informe el marco nacional, europeo o internacional utilizado para cada materia. Los indicadores clave de resultados no financieros deben aplicarse a cada uno de los apartados del estado de información no financiera. Estos indicadores deben ser útiles, teniendo en cuenta las circunstancias específicas y coherentes con los parámetros utilizados en sus procedimientos internos de gestión y evaluación de riesgos. En cualquier caso, la información presentada debe ser precisa, comparable y verificable.

El estado de información no financiera consolidado incluirá información significativa sobre las siguientes cuestiones:

I. Información sobre cuestiones medioambientales:

Información detallada sobre los efectos actuales y previsibles de las actividades de la empresa en el medio ambiente y en su caso, la salud y la seguridad, los procedimientos de evaluación o certificación ambiental; los recursos dedicados a la prevención de riesgos ambientales; la aplicación del principio de precaución, la cantidad de provisiones y garantías para riesgos ambientales.

– Contaminación: medidas para prevenir, reducir o reparar las emisiones de carbono que afectan gravemente el medio ambiente; teniendo en cuenta cualquier forma de contaminación atmosférica específica de una actividad, incluido el ruido y la contaminación lumínica.

– Economía circular y prevención y gestión de residuos: medidas de prevención, reciclaje, reutilización, otras formas de recuperación y eliminación de desechos; acciones para combatir el desperdicio de alimentos.

– Uso sostenible de los recursos: el consumo de agua y el suministro de agua de acuerdo con las limitaciones locales; consumo de materias primas y las medidas adoptadas para mejorar la eficiencia de su uso; consumo, directo e indirecto, de energía, medidas tomadas para mejorar la eficiencia energética y el uso de energías renovables.

– Cambio climático: los elementos importantes de las emisiones de gases de efecto invernadero generados como resultado de las actividades de la empresa, incluido el uso de los bienes y servicios que produce; las medidas adoptadas para adaptarse a las consecuencias del cambio climático; las metas de reducción establecidas voluntariamente a medio y largo plazo para reducir las emisiones de gases de efecto invernadero y los medios implementados para tal fin.

– Protección de la biodiversidad: medidas tomadas para preservar o restaurar la biodiversidad; impactos causados por las actividades u operaciones en áreas protegidas.

II. Información sobre cuestiones sociales y relativas al personal:

– Empleo: número total y distribución de empleados por sexo, edad, país y clasificación profesional; número total y distribución de modalidades de contrato de trabajo, promedio anual de contratos indefinidos, de contratos temporales y de contratos a tiempo parcial por sexo, edad y clasificación profesional, número de despidos por sexo, edad y clasificación profesional; las remuneraciones medias y su evolución desagregados por sexo, edad y clasificación profesional o igual valor; brecha salarial, la remuneración de puestos de trabajo iguales o de media de la sociedad, la remuneración media de los consejeros y directivos, incluyendo la retribución variable, dietas, indemnizaciones, el pago a los sistemas de previsión de ahorro a largo plazo y cualquier otra percepción desagregada por sexo, implantación de políticas de desconexión laboral, empleados con discapacidad.

– Organización del trabajo: organización del tiempo de trabajo; número de horas de absentismo; medidas destinadas a facilitar el disfrute de la conciliación y fomentar el ejercicio corresponsable de estos por parte de ambos progenitores.

– Salud y seguridad: condiciones de salud y seguridad en el trabajo; accidentes de trabajo, en particular su frecuencia y gravedad, así como las enfermedades profesionales; desagregado por sexo.

– Relaciones sociales: organización del diálogo social, incluidos procedimientos para informar y consultar al personal y negociar con ellos; porcentaje de empleados cubiertos por convenio colectivo por país; el balance de los convenios colectivos, particularmente en el campo de la salud y la seguridad en el trabajo.

– Formación: las políticas implementadas en el campo de la formación; la cantidad total de horas de formación por categorías profesionales.

– Accesibilidad universal de las personas con discapacidad.

– Igualdad: medidas adoptadas para promover la igualdad de trato y de oportunidades entre mujeres y hombres; planes de igualdad (Capítulo III de la Ley Orgánica 3/2007, de 22 de marzo, para la igualdad efectiva de mujeres y hombres), medidas adoptadas para promover el empleo, protocolos contra el acoso sexual y por razón de sexo, la integración y la accesibilidad universal de las personas con discapacidad; la política contra todo tipo de discriminación y, en su caso, de gestión de la diversidad.

III. Información sobre el respeto de los derechos humanos: Aplicación de procedimientos de diligencia debida en materia de derechos humanos; prevención de los riesgos de vulneración de derechos humanos y, en su caso, medidas para mitigar, gestionar y reparar posibles abusos cometidos; denuncias por casos de vulneración de derechos humanos; promoción y cumplimiento de las disposiciones de los convenios fundamentales de la Organización Internacional del Trabajo relacionadas con el respeto por la libertad de asociación y el derecho a la negociación colectiva; la eliminación de la discriminación en el empleo y la ocupación; la eliminación del trabajo forzoso u obligatorio; la abolición efectiva del trabajo infantil.

IV. Información relativa a la lucha contra la corrupción y el soborno: medidas adoptadas para prevenir la corrupción y el soborno; medidas para luchar contra el blanqueo de capitales, aportaciones a fundaciones y entidades sin ánimo de lucro.

V. Información sobre la sociedad:

– Compromisos de la empresa con el desarrollo sostenible: el impacto de la actividad de la sociedad en el empleo y el desarrollo local; el impacto de la actividad de la sociedad en las poblaciones locales y en el territorio; las relaciones mantenidas con los actores de las comunidades locales y las modalidades del diálogo con estos; las acciones de asociación o patrocinio.

– Subcontratación y proveedores: la inclusión en la política de compras de cuestiones sociales, de igualdad de género y ambientales; consideración en las relaciones con proveedores y subcontratistas de su responsabilidad social y ambiental; sistemas de supervisión y auditorías y resultados de las mismas.

– Consumidores: medidas para la salud y la seguridad de los consumidores; sistemas de reclamación, quejas recibidas y resolución de las mismas.

– Información fiscal: los beneficios obtenidos país por país; los impuestos sobre beneficios pagados y las subvenciones públicas recibidas.

Cualquier otra información que sea significativa.

En el caso de que el grupo de sociedades no aplique ninguna política en alguna de las cuestiones previstas en este apartado 6, el estado de información no financiera consolidado ofrecerá una explicación clara y motivada al respecto.

El estado de información no financiera consolidado incluirá también, en su caso, referencias y explicaciones complementarias sobre los importes detallados en las cuentas anuales consolidadas.

Para la divulgación de la información no financiera referida en este apartado, la sociedad obligada a formular cuentas consolidadas deberá basarse en marcos normativos nacionales, de la Unión Europea o internacionales, debiendo especificar en qué marcos se ha basado.

La obligación de incluir información no financiera prevista en el apartado 1 de este artículo se considerará cumplida si la sociedad incorpora al informe de gestión la información descrita en este apartado.

Cuando una sociedad dependiente de un grupo sea, a su vez, dominante de un subgrupo, estará exenta de la obligación establecida en este apartado si dicha sociedad y sus dependientes están incluidas en el informe de gestión consolidado de otra sociedad en el que se cumple con dicha obligación. Si una entidad se acoge a esta opción, deberá incluir en el informe de gestión una referencia a la identidad de la sociedad dominante y al Registro Mercantil u otra oficina pública donde deben quedar depositadas sus cuentas junto con el informe de gestión consolidado o, en los supuestos de no quedar obligada a depositar sus cuentas en ninguna oficina pública, o de haber optado por la elaboración de un informe separado de acuerdo con el apartado siguiente, sobre dónde se encuentra disponible o se puede acceder a la información consolidada de la sociedad dominante. Será de obligado cumplimiento que el informe sobre la información no financiera deba ser presentado como punto separado del orden del día para su aprobación en la junta general de accionistas de las sociedades.

El Gobierno podrá establecer por vía reglamentaria, respetando los principios recogidos en esta Ley, indicadores clave para cada materia del estado de información no financiera.

La información incluida en el estado de información no financiera será verificada por un prestador independiente de servicios de verificación.

7. Se entenderá que una sociedad cumple con la obligación de elaborar el estado de información no financiera consolidado regulado en el apartado anterior si emite un informe separado, correspondiente al mismo ejercicio, en el que se indique de manera expresa que dicha información forma parte del informe de gestión, se incluya la información que se exige para dicho estado y se someta a los mismos criterios de aprobación, depósito y publicación que el informe de gestión. Las sociedades podrán publicar en el Portal de la Responsabilidad Social del Ministerio de Trabajo, Migraciones y Seguridad Social la información no financiera contenida en el informe de gestión».

La Disp. adicional 1.ª (*Informe del Consejo Estatal de Responsabilidad Social de las Empresas*) de la citada Ley 11/2018, de 28 de diciembre, establece que «Anualmente, el Consejo Estatal de Responsabilidad Social de las Empresas establecerá un informe sobre la calidad de la relevancia, neutralidad, materialidad, integridad, contexto de sostenibilidad, precisión, claridad, comparabilidad, fiabilidad de la información emitida en los estados de información no financiera. Dicho informe será presentado con carácter anual en el Senado».

CAPÍTULO IV. La verificación de las cuentas anuales

Téngase en cuenta la Ley 22/2015, de 20 de julio, de Auditoría de Cuentas (§6), cuya Disp. Final 14ª dispone su entrada en vigor el día 17 de junio de 2016, salvo las excepciones que establece dicha Disposición.

Véanse arts. 153, 154, 192 y 350 a 364 del RRM (§5).

Téngase en cuenta que para las sociedades cotizadas el art. 529 terdecies 2 del presente TRLSC exige constituir una Comisión de Auditoría cuya regulación se encuentra en el art. 529 quaterdecies.

Art. 263. *Auditor de cuentas*.- 1. Las cuentas anuales y, en su caso, el informe de gestión deberán ser revisados por auditor de cuentas.

2. Se exceptúa de esta obligación a las sociedades que durante dos ejercicios consecutivos reúnan, a la fecha de cierre de cada uno de ellos, al menos dos de las circunstancias siguientes:

a) Que el total de las partidas del activo no supere los dos millones ochocientos cincuenta mil euros.

b) Que el importe neto de su cifra anual de negocios no supere los cinco millones setecientos mil euros.

c) Que el número medio de trabajadores empleados durante el ejercicio no sea superior a cincuenta.

Las sociedades perderán esta facultad si dejan de reunir, durante dos ejercicios consecutivos, dos de las circunstancias a que se refiere el párrafo anterior.

3. En el primer ejercicio social desde su constitución, transformación o fusión, las sociedades quedan exceptuadas de la obligación de auditarse si reúnen, al cierre de dicho ejercicio, al menos dos de las tres circunstancias expresadas en el apartado anterior.

> Artículo redactado de acuerdo con el art. 49, Dos, de la Ley 14/2013, de 27 de septiembre, de apoyo a los emprendedores y su internacionalización (BOE núm. 233 de 28 de septiembre) (§2).

Art. 264. *Nombramiento por la junta general*.- 1. La persona que deba ejercer la auditoría de cuentas será nombrada por la junta general antes de que finalice el ejercicio a auditar, por un período de tiempo inicial, que no podrá ser inferior a tres años ni superior a nueve, a contar desde la fecha en que se inicie el primer ejercicio a auditar, sin perjuicio de lo dispuesto en la normativa reguladora de la actividad de auditoría de cuentas respecto a la posibilidad de prórroga y a la duración de los contratos en relación con sociedades calificadas como entidades de interés público.

2. La junta podrá designar a una o varias personas físicas o jurídicas que actuarán conjuntamente. Cuando los designados sean personas físicas, la junta deberá nombrar tantos suplentes como auditores titulares.

3. La junta general no podrá revocar al auditor antes de que finalice el periodo inicial para el que fue nombrado, o antes de que finalice cada uno de los trabajos para los que fue contratado una vez finalizado el periodo inicial, a no ser que medie justa causa.

4. Cualquier cláusula contractual que limite el nombramiento de determinadas categorías o listas de auditores legales o sociedades de auditoría, será nula de pleno derecho.

> Artículo redactado de acuerdo con la Disp. Final 4.ª, Siete, de la Ley 22/2015, de 20 de julio, de Auditoría de Cuentas (Entrada en vigor el 1 de enero de 2016 de acuerdo con el apartado 3.d) de la Disp. Final 14ª de la citada Ley).

Art. 265. *Competencia para el nombramiento de auditor*.– 1. Cuando la junta general no hubiera nombrado al auditor antes de que finalice el ejercicio a auditar, debiendo hacerlo, o la persona nombrada no acepte el cargo o no pueda cumplir sus funciones, los administradores y cualquier socio podrán solicitar del registrador mercantil del domicilio social la designación de la persona o personas que deban realizar la auditoría.

En las sociedades anónimas, la solicitud podrá ser realizada también por el comisario del sindicato de obligacionistas.

2. En las sociedades que no estén obligadas a someter las cuentas anuales a verificación por un auditor, los socios que representen, al menos, el cinco por ciento del capital social podrán solicitar del registrador mercantil del domicilio social que, con cargo a la sociedad, nombre un auditor de cuentas para que efectúe la revisión de las cuentas anuales de un determinado ejercicio siempre que no hubieran transcurrido tres meses a contar desde la fecha de cierre de dicho ejercicio.

3. La solicitud de nombramiento de auditor y su designación se realizarán de acuerdo con lo dispuesto en el Reglamento del Registro Mercantil. Antes de aceptar el nombramiento el auditor de cuentas deberá evaluar el efectivo cumplimiento del encargo de acuerdo con lo dispuesto en la normativa reguladora de la actividad de auditoría de cuentas.

> Artículo redactado de acuerdo con la Disp. Final 4.ª, Ocho, de la Ley 22/2015 (§6), de 20 de julio, de Auditoría de Cuentas (Entrada en vigor el 1 de enero de 2016 de acuerdo con el apartado 3.d) de la Disp. Final 14ª de la citada Ley).
> Véanse arts. 350 a 362 y 364 del RRM (§5).
> En relación con el apartado 2, véase para las sociedades anónimas cotizadas el art. 495.2.a) del presente TRLSC.

Art. 266. *Revocación del auditor*.– 1. Cuando concurra justa causa, los administradores de la sociedad y las personas legitimadas para solicitar el nombramiento de auditor podrán pedir al Letrado de la Administración de Justicia o Registrador mercantil la revocación del que hubieran nombrado ellos o el designado por la junta general y el nombramiento de otro.

2. La solicitud dirigida al Registrador mercantil se tramitará de acuerdo a lo dispuesto en el Reglamento del Registro Mercantil.

Si la revocación se instará ante el Letrado de la Administración de Justicia, se seguirán los trámites establecidos en la legislación de jurisdicción voluntaria.

3. La resolución que se dicte sobre la revocación del auditor será recurrible ante el Juez de lo Mercantil.

Adicionalmente, tratándose de sociedades de interés público, los accionistas que representen el 5 por ciento o más de los derechos de voto o del capital, la Comisión de Auditoría o el Instituto de Contabilidad y Auditoría de Cuentas podrán solicitar al juez la revocación del auditor o auditores o la sociedad o sociedades de auditoría designados por la Junta General o por el Registro Mercantil y el nombramiento de otro u otros, cuando concurra justa causa.

> Artículo redactado de acuerdo con la Dis. Final 14ª, Tres, de la Ley 15/2015, de 2 de julio, de la Jurisdicción Voluntaria. (BOE núm. 158, de 3 de julio), fijándose la entrada en vigor a los 20 días de la publicación de dicha Ley en el BOE. Posteriormente, la Disp. Final 4.ª, Nueve, de la Ley 22/2015, de 20 de julio, de Auditoría de Cuentas (§6) añade el párrafo final (Entrada en vigor el 1 de enero de 2016 de acuerdo con el apartado 3.d) de la Dis. Final 14ª de la citada Ley).
> En relación con el último párrafo, véase para las sociedades anónimas cotizadas el art. 495.2.a) del presente TRLSC.

Art. 267. *Remuneración del auditor*.- 1. La remuneración de los auditores de cuentas se fijará de acuerdo con lo establecido en la Ley de Auditoría de Cuentas.

2. Por el ejercicio de dicha función no podrá percibir ninguna otra remuneración o ventaja de la sociedad auditada.

3. En los supuestos de nombramiento de auditor por el registrador mercantil, al efectuar el nombramiento, éste fijará la retribución a percibir por el auditor para todo el período que deba desempeñar el cargo o, al menos, los criterios para su cálculo. Antes de aceptar el encargo y para su inscripción en el Registro Mercantil, se deberán acordar los honorarios correspondientes. Los auditores podrán solicitar caución adecuada o provisión de fondos a cuenta de sus honorarios antes de iniciar el ejercicio de sus funciones.

> Apartado 3 añadido de acuerdo con la Disp. Final 4.ª, Diez, de la Ley 22/2015, de 20 de julio, de Auditoría de Cuentas (Entrada en vigor el 1 de enero de 2016 de acuerdo con el apartado 3.d) de la Dis. Final 14ª de la cita Ley).
> Véanse arts. 24 y 41 de la Ley 22/2015, de 20 de julio, de Auditoría de Cuentas (§6), art. 362 RRM (§5), así como la Instrucción segunda de la Instrucción de 9 de febrero de 2016, de la Dirección General de los Registros y del Notariado, sobre cuestiones vinculadas con el nombramiento de auditores, su inscripción en el Registro Mercantil y otras materias relacionadas (BOE núm. 39, de 15 de febrero).

Art. 268. *Objeto de la auditoria*.- El auditor de cuentas comprobará si las cuentas anuales ofrecen la imagen fiel del patrimonio, de la situación financiera y de los resultados de la sociedad, así como, en su caso, la concordancia del informe de gestión con las cuentas anuales del ejercicio.

Art. 269. *Informe del auditor*.- Los auditores de cuentas emitirán un informe detallado sobre el resultado de su actuación de conformidad con la normativa reguladora de la actividad de auditoría de cuentas.

> Véase art. 5 de la Ley 22/2015, de 20 de julio, de Auditoría de Cuentas (§6).

Art. 270. *Plazo para la emisión del informe.-* 1. El auditor de cuentas dispondrá como mínimo de un plazo de un mes, a partir del momento en que le fueren entregadas las cuentas firmadas por los administradores, para presentar su informe.

2. Si, una vez firmado y entregado el informe de auditoría sobre las cuentas iniciales, los administradores se vieran obligados a reformular las cuentas anuales, el auditor habrá de emitir un nuevo informe sobre las cuentas anuales reformuladas.

Apartado 2 redactado de acuerdo con la Disp. Final 4.ª, Once, de la Ley 22/2015, de 20 de julio, de Auditoría de Cuentas (§6) (Entrada en vigor el 1 de enero de 2016 de acuerdo con el apartado 3.d) de la Dis. Final 14ª de la citada Ley).

Art. 271. *Acción social de responsabilidad. Legitimación.-* La legitimación para exigir responsabilidades frente a la sociedad al auditor de cuentas se regirá por lo dispuesto para los administradores de la sociedad.

Véanse arts. 238 a 240 del presente TRLSC y arts. 26 y 27 de la Ley 22/2015, de 20 de julio, de Auditoría de Cuentas (§6).

CAPÍTULO V. La aprobación de las cuentas

Art. 272. *Aprobación de las cuentas.-* 1. Las cuentas anuales se aprobarán por la junta general.

2. A partir de la convocatoria de la junta general, cualquier socio podrá obtener de la sociedad, de forma inmediata y gratuita, los documentos que han de ser sometidos a la aprobación de la misma, así como en su caso, el informe de gestión y el informe del auditor de cuentas.

En la convocatoria se hará mención de este derecho.

3. Salvo disposición contraria de los estatutos, durante ese mismo plazo, el socio o socios de la sociedad de responsabilidad limitada que representen al menos el cinco por ciento del capital podrán examinar en el domicilio social, por sí o en unión de experto contable, los documentos que sirvan de soporte y de antecedente de las cuentas anuales.

Lo dispuesto en el párrafo anterior no impide ni limita el derecho de la minoría a que se nombre un auditor de cuentas con cargo a la sociedad.

Véase 265.2 del presente TRLSC.
En relación con el apartado 3, véase para las sociedades anónimas cotizadas el art. 495.2.a) del presente TRLSC.

Art. 273. *Aplicación del resultado.-* 1. La junta general resolverá sobre la aplicación del resultado del ejercicio de acuerdo con el balance aprobado.

2. Una vez cubiertas las atenciones previstas por la ley o los estatutos, sólo podrán repartirse dividendos con cargo al beneficio del ejercicio, o a reservas de libre disposición, si el valor del patrimonio neto no es o, a consecuencia del reparto, no resulta

ser inferior al capital social. A estos efectos, los beneficios imputados directamente al patrimonio neto no podrán ser objeto de distribución, directa ni indirecta.

Si existieran pérdidas de ejercicios anteriores que hicieran que ese valor del patrimonio neto de la sociedad fuera inferior a la cifra del capital social, el beneficio se destinará a la compensación de estas pérdidas.

3. Se prohíbe igualmente toda distribución de beneficios a menos que el importe de las reservas disponibles sea, como mínimo, igual al importe de los gastos de investigación y desarrollo que figuren en el activo del balance.

4. En cualquier caso, deberá dotarse una reserva indisponible equivalente al fondo de comercio que aparezca en el activo del balance, destinándose a tal efecto una cifra del beneficio que represente, al menos, un cinco por ciento del importe del citado fondo de comercio. Si no existiera beneficio, o éste fuera insuficiente, se emplearán reservas de libre disposición.

> Apartado 4 derogado de acuerdo con la Disp. Final 4.ª, Doce, de la Ley 22/2015, de 20 de julio, de Auditoría de Cuentas (§6), cuya Disp. Final 14ª, apartado 4, establece que dicha modificación «será de aplicación a los estados financieros que se correspondan con los ejercicios que comiencen a partir de 1 de enero de 2016».
> En relación a los dividendos, además de los arts. 273 a 278 del presente TRLSCA, véanse de este mismo texto los arts. 326, 348 bis, 498, 499 y Disp. Derogatoria.
> Y en relación con el derogado apartado 4, véase art. 39.4 del C.com. y Disp. Final 13º de la Ley 22/2015, de 20 de julio, de Auditoría de Cuentas (§6).

Art. 274. *Reserva legal.-* 1. En todo caso, una cifra igual al diez por ciento del beneficio del ejercicio se destinará a la reserva legal hasta que esta alcance, al menos, el veinte por ciento del capital social.

2. La reserva legal, mientras no supere el límite indicado, solo podrá destinarse a la compensación de pérdidas en el caso de que no existan otras reservas disponibles suficientes para este fin.

> Véase Disp. Transitoria 2.ª de la Ley 18/2022, de 28 de septiembre, de creación y crecimiento de empresas,reproducida como nota al derogado art. 4 bis.1.a) del presente TRLSC.

Art. 275. *Distribución de dividendos.-* 1. En la sociedad de responsabilidad limitada, salvo disposición contraria de los estatutos, la distribución de dividendos a los socios se realizará en proporción a su participación en el capital social.

2. En la sociedad anónima la distribución de dividendos a las acciones ordinarias se realizará en proporción al capital que hubieran desembolsado.

Art. 276. *Momento y forma del pago del dividendo.-* 1. En el acuerdo de distribución de dividendos determinará la junta general el momento y la forma del pago.

2. A falta de determinación sobre esos particulares, el dividendo será pagadero en el domicilio social a partir del día siguiente al del acuerdo.

3. El plazo máximo para el abono completo de los dividendos será de doce meses a partir de la fecha del acuerdo de la junta general para su distribución.

> Artículo redactado de acuerdo con el apartado Cuatro del art. 2.º de la Ley 11/2018, de 28 de diciembre, por la que se modifica el Código de Comercio, el texto refundido de la Ley de Sociedades de Capital (…), y la Ley 22/2015, de 20 de julio, de Auditoría de Cuentas, en materia de información no financiera y diversidad (BOE núm. 314, de 29 de diciembre). De acuerdo con el apartado 1 de la Disp. Transitoria de la citada Ley, la modificación será «de aplicación para los ejercicios económicos que se inicien a partir del 1 de enero de 2018».

Art. 277. *Cantidades a cuenta de dividendos*.– La distribución entre los socios de cantidades a cuenta de dividendos sólo podrá acordarse por la junta general o por los administradores bajo las siguientes condiciones:

a) Los administradores formularán un estado contable en el que se ponga de manifiesto que existe liquidez suficiente para la distribución. Dicho estado se incluirá posteriormente en la memoria.

b) La cantidad a distribuir no podrá exceder de la cuantía de los resultados obtenidos desde el fin del último ejercicio, deducidas las pérdidas procedentes de ejercicios anteriores y las cantidades con las que deban dotarse las reservas obligatorias por ley o por disposición estatutaria, así como la estimación del impuesto a pagar sobre dichos resultados.

Art. 278. *Restitución de dividendos*.– Cualquier distribución de dividendos o de cantidades a cuenta de dividendos que contravenga lo establecido en esta ley deberá ser restituida por los socios que los hubieren percibido, con el interés legal correspondiente, cuando la sociedad pruebe que los perceptores conocían la irregularidad de la distribución o que, habida cuenta de las circunstancias, no podían ignorarla.

CAPÍTULO VI. Depósito y publicidad de las cuentas anuales

> Véanse arts. 365 a 378 del RRM (§5).
> Véase Resolución de 26 de mayo de 2025, de la Dirección General de Seguridad Jurídica y Fe Pública, referida a los modelos para la presentación en el Registro Mercantil de las cuentas anuales de los sujetos obligados a su publicación, y la Resolución de 26 de mayo de 2025, de la Dirección General de Seguridad Jurídica y Fe Pública, referida a los modelos para la presentación en el Registro Mercantil de las cuentas anuales consolidadas de los sujetos obligados a su publicación (ambas en el BOE núm. 133 de 3 de junio de 2025). La utilización de los modelos aprobados en duchas resoluciones serán obligatoria para las cuentas anuales formuladas y aprobadas por los sujetos obligados, que sean presentadas en el Registro Mercantil para su depósito con posterioridad a la publicación de dichas resoluciones en el BOE.

Art. 279. *Depósito de las cuentas*.– 1. Dentro del mes siguiente a la aprobación de las cuentas anuales, los administradores de la sociedad presentarán, para su depósito en el Registro Mercantil del domicilio social, certificación de los acuerdos de la junta de socios de aprobación de dichas cuentas, debidamente firmadas, y de aplicación del resultado, así como, en su caso, de las cuentas consolidadas, a la que se adjuntará un ejemplar de cada una de ellas. Los administradores presentarán también el informe de gestión, que incluirá, cuando proceda, el estado de información no financiera, y el informe del auditor, cuando la sociedad esté obligada a auditoría por una disposición legal o esta se hubiera acordado a petición de la minoría o de forma voluntaria y se hubiese inscrito el nombramiento de auditor en el Registro Mercantil.

2. Si alguno o varios de los documentos que integran las cuentas anuales se hubieran formulado en forma abreviada, se hará constar así en la certificación, con expresión de la causa.

> Artículo redactado de acuerdo con el art. 1º, Quince, de la Ley 25/2011, de 1 de agosto, de reforma parcial de la Ley de Sociedades de Capital (...) (Entrada en vigor 2 de octubre 2011). Su apartado 1 posteriormente redactado de acuerdo con la Disp. Final 4.ª, Trece, de la Ley 22/2015, de 20 de julio, de Auditoría de Cuentas (§6), cuya Disp. Final 14ª, apartado 4, establece que dicha modificación «será de aplicación a los estados financieros que se correspondan con los ejercicios que comiencen a partir de 1 de enero de 2016». El apartado 1 nuevamente redactado de acuerdo con el apartado Cinco del art. 2.º de la Ley 11/2018, de 28 de diciembre, por la que se modifica el Código de Comercio, el texto refundido de la Ley de Sociedades de Capital (...), y la Ley 22/2015, de 20 de julio, de Auditoría de Cuentas, en materia de información no financiera y diversidad (BOE núm. 314, de 29 de diciembre). De acuerdo con el apartado 1 de la Disp. Trans. de la citada Ley 11/2018, la modificación será «de aplicación para los ejercicios económicos que se inicien a partir del 1 de enero de 2018». De acuerdo con el apartado Segundo de la Resolución de 26 de mayo de 2025, de la Dirección General de Seguridad Jurídica y Fe Pública, referida a los modelos para la presentación en el Registro Mercantil de las cuentas anuales de los sujetos obligados a su publicación y de la Resolución de 26 de mayo de 2025, de la Dirección General de Seguridad Jurídica y Fe Pública, referida a los modelos para la presentación en el Registro Mercantil de las cuentas anuales consolidadas de los sujetos obligados a su publicación (ambas en el BOE núm. 133 de 3 de junio de 2025), «los administradores de la Sociedad harán constar en la Certificación de aprobación de las cuentas anuales que junto con las mismas están obligados a depositar en el Registro Mercantil, conforme al artículo 279.1 de la Ley de Sociedades de Capital, el uso de la previsión de reformulación de cuentas anuales contenida en la disposición adicional primera del Real Decreto-ley 4/2025, de 8 de abril, de medidas urgentes de respuesta a la amenaza arancelaria y de relanzamiento comercial».
> Véanse arts. 365 a 367 y 372 a 374 del RRM (§5).

Art. 280. *Calificación registral*.- 1. Dentro de los quince días siguientes al de la fecha del asiento de presentación, el Registrador calificará bajo su responsabilidad si los documentos presentados son los exigidos por la ley, si están debidamente aprobados por la junta general y si constan las preceptivas firmas. Si no apreciare defectos, tendrá por efectuado el depósito, practicando el correspondiente asiento en el libro de depósito de cuentas y en la hoja correspondiente a la sociedad depositante. En caso contrario, procederá conforme a lo establecido respecto de los títulos defectuosos.

2. El Registro Mercantil deberá conservar los documentos depositados durante el plazo de seis años.

Véanse arts. 368 del RRM (§5).

Art. 281. *Publicidad del depósito*.– Cualquier persona podrá obtener información del Registro Mercantil de todos los documentos depositados.

Artículo redactado de acuerdo con el art. 1°, Dieciséis, de la Ley 25/2011, de 1 de agosto, de reforma parcial de la Ley de Sociedades de Capital (...) (Entrada en vigor 2 de octubre 2011).
Véanse arts. 369 y 370 del RRM (§5).

Art. 282. *Cierre registral*.– 1. El incumplimiento por el órgano de administración de la obligación de depositar, dentro del plazo establecido, los documentos a que se refiere este capítulo dará lugar a que no se inscriba en el Registro Mercantil documento alguno referido a la sociedad mientras el incumplimiento persista.

2. Se exceptúan los títulos relativos al cese o dimisión de administradores, gerentes, directores generales o liquidadores, y a la revocación o renuncia de poderes, así como a la disolución de la sociedad y nombramiento de liquidadores y a los asientos ordenados por la autoridad judicial o administrativa.

Véanse arts. 378 RRM (§5).

Art. 283. *Régimen sancionador*.– 1. El incumplimiento por el órgano de administración de la obligación de depositar, dentro del plazo establecido, los documentos a que se refiere este capítulo, también dará lugar a la imposición a la sociedad de una multa por importe de 1.200 a 60.000 euros por el Instituto de Contabilidad y Auditoría de Cuentas, previa instrucción de expediente conforme al procedimiento establecido reglamentariamente, de acuerdo con lo dispuesto en la Ley de Régimen Jurídico de las Administraciones Públicas y del Procedimiento Administrativo Común.

Cuando la sociedad o, en su caso, el grupo de sociedades tenga un volumen de facturación anual superior a 6.000.000 euros el límite de la multa para cada año de retraso se elevará a 300.000 euros.

2. La sanción a imponer se determinará atendiendo a la dimensión de la sociedad, en función del importe total de las partidas del activo y de su cifra de ventas, referidos ambos datos al último ejercicio declarado a la Administración tributaria. Estos datos deberán ser facilitados al instructor por la sociedad; su incumplimiento se considerará a los efectos de la determinación de la sanción. En el supuesto de no disponer de dichos datos, la cuantía de la sanción se fijará de acuerdo con su cifra de capital social, que a tal efecto se solicitará del Registro Mercantil correspondiente.

3. En el supuesto de que los documentos a que se refiere este capítulo hubiesen sido depositados con anterioridad a la iniciación del procedimiento sancionador, la sanción se impondrá en su grado mínimo y reducida en un cincuenta por ciento.

4. Las infracciones a que se refiere este artículo prescribirán a los tres años.

En relación con el apartado 1, véase Instrucción de la DGRN de 9 de febrero de 2016, sobre cuestiones vinculadas con el nombramiento de auditores, su inscripción en el Registro Mercantil y otras materias relacionadas (Instrucción 6.ª).

Art. 284. *Publicación.*- En el caso de publicación de los documentos depositados en el Registro Mercantil, deberá indicarse si es íntegra o abreviada. En el primer supuesto deberá reproducirse fielmente el texto de los depositados en el Registro Mercantil, incluyendo siempre íntegramente el informe de los auditores. En el segundo caso, se hará referencia a la oficina del Registro Mercantil en que hubieren sido depositados los documentos. El informe de auditoría podrá ser omitido en esta publicación, pero se indicará si ha sido emitido con reservas o no.

TÍTULO VIII. La modificación de los estatutos sociales

Además de los artículos contenidos en este Título, véanse entre otros, los siguientes artículos del presente TRLSC:
– Para las modificaciones que creen, modifiquen o extingan anticipadamente la obligación de realizar prestaciones accesorias; arts. 89 y 346.1 d).
– Para las modificaciones consistentes en crear participaciones y emitir acciones con algún privilegio, art. 94.
– Para las modificaciones que lesionen, directa o indirectamente, los derechos de las participaciones sociales o de acciones sin voto, art. 103.
– Para las modificaciones de estatutos que establezcan limitaciones a la libre transmisión de acciones, art. 123.
– Para las modificaciones consistente en la sustitución o modificación sustancial del objeto social, art. 346.1.a).
– Para la modificación relativa la prórroga de la sociedad, art. 346.1 b).
– Para las modificaciones del régimen de transmisión de las participaciones sociales, art. 346.2 y 108.2.
– Para las modificaciones que incorporen, modifiquen o supriman causas de separación de socios, art. 347.2.
– Para las modificaciones que incorporen, modifiquen o supriman causas determinadas de exclusión de socios, art. 351.
– Para la inclusión y eliminación en las sociedades anónimas cotizadas de la previsión estatutaria de voto doble por lealtad, véase arts. 527, ter, quater y sexies.
Respecto de los aumentos de capital en ejecución de convenios concursales, véase art. 399 bis del TRLC.

CAPÍTULO I. La modificación de los estatutos sociales

Sección 1.ª Disposiciones generales

Art. 285. *Competencia orgánica.*- 1. Cualquier modificación de los estatutos será competencia de la junta general.

2. Por excepción a lo establecido en el apartado anterior el órgano de administración será competente para cambiar el domicilio social dentro del territorio nacional, salvo disposición contraria de los estatutos. Se considerará que hay disposición contraria de los estatutos solo cuando los mismos establezcan expresamente que el órgano de administración no ostenta esta competencia.

> Apartado 2 redactado de acuerdo con el art. Único del Real Decreto-ley 15/2017, de 6 de octubre, de medidas urgentes en materia de movilidad de operadores económicos dentro del territorio nacional [entrada en vigor 7 de octubre de 2017] (BOE núm. 242, de 7 octubre).
>
> La Disp. Transitoria del citado Real Decreto-ley establece que «a los efectos previstos en el artículo 285.2 del texto refundido de la Ley de Sociedades de Capital, en la redacción dada por este real decreto-ley, se entenderá que hay disposición contraria de los estatutos solo cuando con posterioridad a la entrada en vigor de este real decreto-ley se hubiera aprobado una modificación estatutaria que expresamente declare que el órgano de administración no ostenta la competencia para cambiar el domicilio social dentro del territorio nacional».
>
> Véase arts. 160 c) y d) y 297.1 b) del presente TRLSC.

Art. 286. *Propuesta de modificación*.– Los administradores o en su caso, los socios autores de la propuesta deberán redactar el texto íntegro de la modificación que proponen y, en las sociedades anónimas, deberán redactar igualmente un informe escrito con justificación de la misma.

> Véanse art. 158 y 195 del RRM (§5).

Art. 287. *Convocatoria de la junta general*.– En el anuncio de convocatoria de la junta general, deberán expresarse con la debida claridad los extremos que hayan de modificarse y hacer constar el derecho que corresponde a todos los socios de examinar en el domicilio social el texto íntegro de la modificación propuesta y, en el caso de sociedades anónimas, del informe sobre la misma, así como pedir la entrega o el envío gratuito de dichos documentos.

Art. 288. *Acuerdo de modificación*.– 1. En las sociedades de responsabilidad limitada el acuerdo de modificación de los estatutos sociales se adoptará conforme a lo dispuesto en el artículo 199 sobre mayoría legal reforzada.

2. En las sociedades anónimas y comanditarias por acciones el acuerdo de modificación de los estatutos sociales se adoptará conforme a lo dispuesto en los artículos 194 y 201.

> Véanse art. 158 y 195 del RRM (§5).

Art. 289. *Publicidad de determinados acuerdos de modificación*.– DEROGADO.

> Art. derogado por la Disp. Derogatoria Única de la Ley 25/2011, de 1 de agosto, de reforma parcial de la Ley de Sociedades de Capital (…) (Entrada en vigor 2 de octubre 2011).
>
> Véase art. 163 RRM (§5).

Art. 290. *Escritura e inscripción registral de la modificación.*– 1. En todo caso, el acuerdo de modificación de estatutos se hará constar en escritura pública que se inscribirá en el Registro Mercantil. El registrador mercantil remitirá de oficio, de forma telemática y sin coste adicional alguno, el acuerdo inscrito para su publicación en el Boletín Oficial del Registro Mercantil.

2. Una vez inscrito el cambio de denominación social en el Registro Mercantil, se hará constar en los demás Registros por medio de notas marginales.

> Apartado 1 redactado de acuerdo con el art. 6, Cuatro, del Real Decreto-ley 13/2010, de 3 de diciembre, de actuaciones en el ámbito fiscal, laboral y liberalizadoras para fomentar la inversión y la creación de empleo [BOE núm. 293, de 3 de diciembre (extraordinario)].
>
> Véase art. 158, 163, 164 y 195 del RRM (§5).

Sección 2.ª Reglas especiales de tutela de los socios

Art. 291. *Nuevas obligaciones de los socios.*– Cuando la modificación de los estatutos implique nuevas obligaciones para los socios deberá adoptarse con el consentimiento de los afectados.

> Véase art. 158 y 195 del RRM (§5).

Art. 292. *La tutela individual de los derechos del socio en la sociedad de responsabilidad limitada.*– Cuando la modificación afecte a los derechos individuales de cualquier socio de una sociedad de responsabilidad limitada deberá adoptarse con el consentimiento de los afectados.

> Véase art. 158 y 195 del RRM (§5).

Art. 293. *La tutela colectiva de los derechos de los titulares de clases de acciones en la sociedad anónima.*– 1. Para que sea válida una modificación estatutaria que afecte directa o indirectamente a los derechos de una clase de acciones, será preciso que haya sido acordada por la junta general, con los requisitos establecidos en esta ley, y también por la mayoría de las acciones pertenecientes a la clase afectada. Cuando sean varias las clases afectadas, será necesario el acuerdo separado de cada una de ellas.

2. Cuando la modificación solo afecte a una parte de las acciones pertenecientes a la misma y, en su caso, única clase y suponga un trato discriminatorio entre ellas, se considerará a efectos de lo dispuesto en este artículo que constituyen clases independientes las acciones afectadas y las no afectadas por la modificación; siendo preciso, por tanto, el acuerdo separado de cada una de ellas. Se reputará que entraña trato discriminatorio cualquier modificación que, en el plano sustancial, tenga un impacto, económico o político, claramente asimétrico en unas y otras acciones o en sus titulares.

3. El acuerdo de los accionistas afectados habrá de adoptarse con los mismos requisitos previstos en esta ley para la modificación de los estatutos sociales, bien en junta especial o a través de votación separada en la junta general en cuya convocatoria se hará constar expresamente.

4. A las juntas especiales será de aplicación lo dispuesto en esta ley para la junta general.

Apartado 2 redactado de acuerdo con el art. Único, Veintiocho, de la Ley 31/2014, de 3 de diciembre, por la que se modifica la Ley de Sociedades de Capital para la mejora del gobierno corporativo (BOE núm. 293, de 4 de diciembre).
Véase art. 159 del RRM (§5).

Art. 294. *La tutela individual de los socios colectivos en la sociedad comanditaria por acciones*.– Cuando la modificación de los estatutos de la sociedad comanditaria por acciones tenga por objeto el nombramiento de administradores, la modificación del régimen de administración, el cambio de objeto social o la continuación de la sociedad más allá del término previsto en los estatutos el acuerdo será preciso que haya sido acordada por la junta general, con los requisitos establecidos en esta ley, y también con el consentimiento de todos los socios colectivos.

CAPÍTULO II. El aumento del capital social

Véanse arts. 165 a 169 y 198 a 200 del RRM (§5).

Sección 1.ª Modalidades del aumento

Art. 295. *Modalidades del aumento*.– 1. El aumento del capital social podrá realizarse por creación de nuevas participaciones o emisión de nuevas acciones o por elevación del valor nominal de las ya existentes.

2. En ambos casos el aumento del capital podrá realizarse con cargo a nuevas aportaciones dinerarias o no dinerarias al patrimonio social, incluida la aportación de créditos contra la sociedad, o con cargo a beneficios o reservas que ya figurasen en el último balance aprobado.

Sección 2.ª El acuerdo de aumento

Art. 296. *El acuerdo de aumento*.– 1. El aumento del capital social habrá de acordarse por la junta general con los requisitos establecidos para la modificación de los estatutos sociales.

2. Cuando el aumento haya de realizarse elevando el valor nominal de las participaciones o de las acciones será preciso el consentimiento de todos los socios, salvo en el caso de que se haga íntegramente con cargo a beneficios o reservas que ya figurasen en el último balance aprobado.

3. En las sociedades anónimas, el valor de cada una de las acciones de la sociedad, una vez aumentado el capital, habrá de estar desembolsado en una cuarta parte como mínimo.

Véanse arts. 166, 169, 198 y 200 RRM (§5).

Art. 297. *Delegación en los administradores*.– 1. En las sociedades anónimas, la junta general, con los requisitos establecidos para la modificación de los estatutos sociales, podrá delegar en los administradores:

a) La facultad de señalar la fecha en que el acuerdo ya adoptado de aumentar el capital social deba llevarse a efecto en la cifra acordada y de fijar las condiciones del mismo en todo lo no previsto en el acuerdo de la junta. El plazo para el ejercicio de esta facultad delegada no podrá exceder de un año, excepto en el caso de conversión de obligaciones en acciones.

b) La facultad de acordar en una o varias veces el aumento del capital social hasta una cifra determinada en la oportunidad y en la cuantía que ellos decidan, sin previa consulta a la junta general. Estos aumentos no podrán ser superiores en ningún caso a la mitad del capital de la sociedad en el momento de la autorización y deberán realizarse mediante aportaciones dinerarias dentro del plazo máximo de cinco años a contar del acuerdo de la junta.

2. Por el hecho de la delegación los administradores quedan facultados para dar nueva redacción al artículo de los estatutos sociales relativo al capital social, una vez acordado y ejecutado el aumento.

Véase art. 167 RRM (§5).
Para las sociedades anónimas cotizadas, véase art. 506 del presente TRLSC.

Art. 298. *Aumento con prima*.– 1. En los aumentos del capital social será lícita la creación de participaciones sociales y la emisión de acciones con prima.

2. La prima deberá satisfacerse íntegramente en el momento de la asunción de las nuevas participaciones sociales o de la suscripción de las nuevas acciones.

Véase art. 166 RRM (§5).

Art. 299. *Aumento con cargo a aportaciones dinerarias*.– 1. En las sociedades anónimas, para todo aumento del capital cuyo contravalor consista en nuevas aportaciones dinerarias al patrimonio social, será requisito previo, salvo para las entidades aseguradoras, el total desembolso de las acciones anteriormente emitidas.

2. No obstante lo establecido en el apartado anterior, podrá realizarse el aumento si existe una cantidad pendiente de desembolso que no exceda del tres por ciento del capital social.

Véase art. 168.1 RRM (§5).

Art. 300. *Aumento con cargo a aportaciones no dinerarias.*– 1. Cuando para el contravalor del aumento consista en aportaciones no dinerarias, será preciso que al tiempo de la convocatoria de la junta se ponga a disposición de los socios un informe de los administradores en el que se describirán con detalle las aportaciones proyectadas, su valoración, las personas que hayan de efectuarlas, el número y valor nominal de las participaciones sociales o de las acciones que hayan de crearse o emitirse, la cuantía del aumento del capital social y las garantías adoptadas para la efectividad del aumento según la naturaleza de los bienes en que la aportación consista.

2. En el anuncio de convocatoria de la junta general se hará constar el derecho que corresponde a todos los socios de examinar el informe en el domicilio social, así como pedir la entrega o el envío gratuito del documento.

Véase arts. 168.2 y 199 1RRM (§5).

Art. 301. *Aumento por compensación de créditos.*– 1. Cuando el aumento del capital de la sociedad de responsabilidad limitada se realice por compensación de créditos, éstos habrán de ser totalmente líquidos y exigibles. Cuando el aumento del capital de la anónima se realice por compensación de créditos, al menos, un veinticinco por ciento de los créditos a compensar deberán ser líquidos, estar vencidos y ser exigibles, y el vencimiento de los restantes no podrá ser superior a cinco años.

2. Al tiempo de la convocatoria de la junta general se pondrá a disposición de los socios en el domicilio social un informe del órgano de administración sobre la naturaleza y características de los créditos a compensar, la identidad de los aportantes, el número de participaciones sociales o de acciones que hayan de crearse o emitirse y la cuantía del aumento, en el que expresamente se hará constar la concordancia de los datos relativos a los créditos con la contabilidad social.

3. En la sociedad anónima, al tiempo de la convocatoria de la junta general se pondrá también a disposición de los accionistas en el domicilio social una certificación del auditor de cuentas de la sociedad que, acredite que, una vez verificada la contabilidad social, resultan exactos los datos ofrecidos por los administradores sobre los créditos a compensar. Si la sociedad no tuviere auditor de cuentas, la certificación deberá ser expedida por un auditor nombrado por el Registro Mercantil a solicitud de los administradores.

4. En el anuncio de convocatoria de la junta general, deberá hacerse constar el derecho que corresponde a todos los socios de examinar en el domicilio social el informe de los administradores y, en el caso de sociedades anónimas, la certificación del auditor de cuentas, así como pedir la entrega o el envío gratuito de dichos documentos.

5. El informe de los administradores y, en el caso de las sociedades anónimas, la certificación del auditor se incorporará a la escritura pública que documentó la ejecución del aumento.

Véanse arts. 168.3 y 199 RRM (§5) y 327 y 328 del presente TRLC.

Art. 302. *Aumento por conversión de obligaciones.*– Cuando se aumente el capital por conversión de obligaciones en acciones, se aplicará lo establecido en el acuerdo de emisión de las obligaciones.

Véanse arts. 414 a 418 del presente TRLSC.

Art. 303. *Aumento con cargo a reservas.*– 1. Cuando el aumento del capital se haga con cargo a reservas, podrán utilizarse para tal fin las reservas disponibles, las reservas por prima de asunción de participaciones sociales o de emisión de acciones y la reserva legal en su totalidad, si la sociedad fuera de responsabilidad limitada, o en la parte que exceda del diez por ciento del capital ya aumentado, si la sociedad fuera anónima.

2. A la operación deberá servir de base un balance aprobado por la junta general referido a una fecha comprendida dentro de los seis meses inmediatamente anteriores al acuerdo de aumento del capital, verificado por el auditor de cuentas de la sociedad, o por un auditor nombrado por el Registro Mercantil a solicitud de los administradores, si la sociedad no estuviera obligada a verificación contable.

Véase art. 168.4 y 199 RRM (§5).

Sección 3.ª La ejecución del acuerdo de aumento

Véanse especialidades para las sociedades anónimas cotizadas en arts. 503 a 508 del presente TRLSC.
Véase art. 166, 169, 198 y 200 RRM (§5).

Art. 304. *Derecho de preferencia.*– 1. En los aumentos de capital social con emisión de nuevas participaciones sociales o de nuevas acciones, ordinarias o privilegiadas, con cargo a aportaciones dinerarias, cada socio tendrá derecho a asumir un número de participaciones sociales o de suscribir un número de acciones proporcional al valor nominal de las que posea.

2. No habrá lugar al derecho de preferencia cuando el aumento del capital se deba a la absorción de otra sociedad o de todo o parte del patrimonio escindido de otra sociedad o a la conversión de obligaciones en acciones.

De acuerdo con el art. 113.1 de la LMVySI (§3) tampoco existirá derecho de suscripción preferente para los antiguos accionistas y titulares de obligaciones convertibles cuando una sociedad obligada a formular una oferta pública de adquisición de acciones ofrezca como contraprestación valores a emitir por dicha sociedad.

Art. 305. *Plazo para el ejercicio del derecho de preferencia.*– 1. En las sociedades de responsabilidad limitada, el derecho de preferencia se ejercitará en el plazo que se hubiera fijado al adoptar el acuerdo de aumento. En las sociedades anónimas, el derecho de preferencia se ejercitará en el plazo que determinan los administradores.

2. El plazo para el ejercicio del derecho no podrá ser inferior a un mes desde la publicación del anuncio de la oferta de asunción de las nuevas participaciones o de suscripción de nuevas acciones en el Boletín Oficial del Registro Mercantil.

3. En las sociedades de responsabilidad limitada y en las sociedades anónimas cuando todas las acciones sean nominativas, el órgano de administración podrá sustituir la publicación del anuncio por una comunicación escrita a cada uno de los socios y, en su caso, a los usufructuarios inscritos en el Libro registro de socios o en Libro de acciones nominativas, computándose el plazo de asunción de las nuevas participaciones o de las nuevas acciones desde el envío de la comunicación.

Véase para las sociedades anónimas cotizadas art. 503 del presente TRLSC.

Art. 306. *Transmisión del derecho de preferencia*.– 1. En todo caso, en las sociedades de responsabilidad limitada, la transmisión voluntaria por actos «inter vivos» del derecho de asunción preferente de las nuevas participaciones sociales podrá efectuarse a favor de las personas que, conforme a esta ley o a los estatutos de la sociedad puedan adquirir libremente las participaciones sociales. Los estatutos podrán reconocer, además, la posibilidad de la transmisión de este derecho a otras personas, sometiéndola al mismo sistema y condiciones previstos para la transmisión «inter vivos» de las participaciones sociales, con modificación, en su caso, de los plazos establecidos en dicho sistema.

2. En las sociedades anónimas los derechos de suscripción preferente serán transmisibles en las mismas condiciones que las acciones de las que deriven.

En caso de aumento con cargo a reservas, la misma regla será de aplicación a los derechos de asignación gratuita de las nuevas acciones.

Art. 307. *Derecho de preferencia de segundo grado*.– 1. En las sociedades de responsabilidad limitada, salvo que los estatutos dispongan otra cosa, las participaciones no asumidas en el ejercicio del derecho de preferencia serán ofrecidas por el órgano de administración a los socios que lo hubieren ejercitado, para su asunción y desembolso durante un plazo no superior a quince días desde la conclusión del establecido para la asunción preferente. Si existieren varios socios interesados en asumir las participaciones ofrecidas, éstas se adjudicarán en proporción a las que cada uno de ellos ya tuviere en la sociedad.

2. Durante los quince días siguientes a la finalización del plazo anterior, el órgano de administración podrá adjudicar las participaciones no asumidas a personas extrañas a la sociedad.

Art. 308. *Exclusión del derecho de preferencia.–* 1. En los casos en que el interés de la sociedad así lo exija, la junta general, al decidir el aumento del capital, podrá acordar la supresión total o parcial del derecho de suscripción preferente.

2. Para que sea válido el acuerdo de exclusión del derecho de preferencia será necesario:

a) Que los administradores elaboren un informe en el que especifiquen el valor de las participaciones o de las acciones de la sociedad y se justifiquen detalladamente la propuesta y la contraprestación a satisfacer por las nuevas participaciones o por las nuevas acciones, con la indicación de las personas a las que hayan de atribuirse, y, en las sociedades anónimas, que un *experto independiente*, distinto del auditor de las cuentas de la sociedad, nombrado a estos efectos por el Registro Mercantil, elabore otro informe, bajo su responsabilidad, sobre el valor razonable de las acciones de la sociedad, sobre el valor teórico del derecho de preferencia cuyo ejercicio se propone suprimir o limitar y sobre la razonabilidad de los datos contenidos en el informe de los administradores.

b) Que en la convocatoria de la junta se hayan hecho constar la propuesta de supresión del derecho de preferencia, el tipo de creación de las nuevas participaciones sociales o de emisión de las nuevas acciones y el derecho de los socios a examinar en el domicilio social el informe o los informes a que se refiere el número anterior así como pedir la entrega o el envío gratuito de estos documentos.

c) Que el valor nominal de las nuevas participaciones o de las nuevas acciones, más, en su caso, el importe de la prima, se corresponda con el valor real atribuido a las participaciones en el informe de los administradores en el caso de las sociedades de responsabilidad limitada o con el valor que resulte del informe del *experto independiente* en el caso de las sociedades anónimas.

> Letra a) y letra c) del apartado 2 redactadas de acuerdo con Disp. Final 4.ª, Catorce, de la Ley 22/2015, de 20 de julio, de Auditoría de Cuentas (Entrada en vigor el 1 de enero de 2016 de acuerdo con el apartado 3.d) de la Dis. Final 14ª de la citada Ley). Las modificaciones consisten en la sustitución de la anterior expresión «auditor de cuentas» por «experto independiente» (en cursiva en el texto).
> Véase art. 417 del presente TRLSC.
> Véanse para las sociedades anónimas cotizadas arts. 504 a 506 del presente TRLSC.

Art. 309. *Boletín de suscripción de acciones.–* 1. En la sociedad anónima, cuando se ofrezcan públicamente acciones para su suscripción, la oferta quedará sujeta a los requisitos establecidos por las normas reguladoras del mercado de valores y la suscripción se hará constar en un documento que, bajo el título «boletín de suscripción», se extenderá por duplicado y contendrá, al menos, las siguientes indicaciones:

a) La denominación y domicilio de la sociedad, así como los datos identificadores de su inscripción en el Registro Mercantil.

b) El nombre y apellidos o la denominación o razón social, la nacionalidad y el domicilio del suscriptor.

c) El número de acciones que suscribe, el valor nominal de cada una de ellas y su serie, si existiesen varias, así como su tipo de emisión.

d) El importe que abona el suscriptor con expresión, en su caso, de la parte que corresponda al valor nominal desembolsado y la que corresponda a la prima de emisión.

e) La identificación de la entidad de crédito en la que se verifique la suscripción y se desembolsen los importes mencionados en el boletín.

f) La fecha a partir de la cual el suscriptor podrá exigir la restitución del desembolso realizado en caso de no haber sido debidamente inscrita en el Registro Mercantil la ejecución del acuerdo de aumento del capital.

g) La fecha y la firma del suscriptor o de su representante, así como de la persona que recibe las cantidades desembolsadas.

2. Todo suscriptor tendrá derecho a obtener copia firmada del boletín de suscripción.

> Véase, respecto de la letra f) del apartado 1, para las sociedades cotizadas el art. 508 del presente TRLSC.

Art. 310. *Aumento incompleto en las sociedades de responsabilidad limitada.-* 1. En las sociedades de responsabilidad limitada, cuando el aumento del capital social no se haya desembolsado íntegramente dentro del plazo fijado al efecto, el capital quedará aumentado en la cuantía desembolsada, salvo que en el acuerdo se hubiera previsto que el aumento quedaría sin efecto en caso de desembolso incompleto.

2. En el caso de que el aumento del capital quede sin efecto, el órgano de administración, dentro del mes siguiente al vencimiento del plazo fijado para el desembolso, deberá restituir las aportaciones realizadas. Si las aportaciones fueran dinerarias, la restitución podrá hacerse mediante consignación del importe a nombre de los respectivos aportantes en una entidad de crédito del domicilio social, comunicando a éstos por escrito la fecha de la consignación y la entidad depositaria.

Art. 311. *Aumento incompleto en las sociedades anónimas.-* 1. En las sociedades anónimas, cuando el aumento del capital no se haya suscrito íntegramente dentro del plazo fijado para la suscripción, el capital sólo se aumentará en la cuantía de las suscripciones efectuadas si las condiciones de la emisión hubieran previsto expresamente esta posibilidad.

2. En el caso de que el aumento del capital quede sin efecto, el órgano de administración lo publicará en el Boletín Oficial del Registro mercantil y, dentro del mes siguiente al vencimiento del plazo de suscripción, deberá restituir las aportaciones realizadas. Si las aportaciones fueran dinerarias, la restitución deberá hacerse directamente a los

respectivos aportantes o mediante consignación del importe a nombre de éstos en el Banco de España o en la Caja General de Depósitos.

Véase para las sociedades anónimas cotizadas art. 507 del presente TRLSC.

Art. 312. *El desembolso en los aumentos del capital social.*– Quienes hayan asumido las nuevas participaciones o suscrito las nuevas acciones quedan obligados a hacer su aportación desde el momento mismo de la suscripción.

Sección 4.ª La inscripción de la operación de aumento

Véase arts. 166, 169, 198 a 200 RRM (§5).

Art. 313. *Facultades de los administradores.*– Una vez ejecutado el acuerdo de aumento del capital social, los administradores deberán dar nueva redacción a los estatutos sociales a fin de recoger en los mismos la nueva cifra de capital social, a cuyo efecto se entenderán facultados por el acuerdo de aumento.

Art. 314. *La escritura de ejecución del aumento.*– La escritura que documenta la ejecución deberá expresar los bienes o derechos aportados y, en el caso de las sociedades de responsabilidad limitada o de las anónimas no cotizadas, si el aumento se hubiera realizado por creación de nuevas participaciones sociales o por emisión de nuevas acciones, la identidad de las personas a quienes se hayan adjudicado, la numeración de las participaciones o de las acciones atribuidas, así como la declaración del órgano de administración de que la titularidad de las participaciones se ha hecho constar en el Libro-registro de socios o de que la titularidad de las acciones nominativa se ha hecho constar en el Libro-registro de acciones nominativas.

Véase para las sociedades anónimas cotizadas el art. 508.2 del presente TRLSC.

Art. 315. *Inscripción de la operación de aumento.*– El acuerdo de aumento del capital social y la ejecución del mismo deberán inscribirse simultáneamente en el Registro Mercantil.

Art. redactado de acuerdo con el art. 3. Seis, de la Ley 5/2021, de 12 de abril, por la que se modifica el texto refundido de la Ley de Sociedades de Capital (…), y otras normas financieras, en lo que respecta al fomento de la implicación a largo plazo de los accionistas en las sociedades cotizadas (BOE núm. 88, de 13 de abril).

Véase para las sociedades anónimas cotizadas el art. 508.1 del presente TRLSC.

Art. 316. *Derecho a la restitución de aportaciones.*– 1. Cuando hubieran transcurrido seis meses desde la apertura del plazo para el ejercicio de derecho de preferencia sin que se hubieran presentado para su inscripción en el Registro los documentos acreditativos de la ejecución del aumento del capital, quienes hubieran asumido las nuevas participaciones sociales o los suscriptores de las nuevas acciones podrán pedir la resolución de la obligación de aportar y exigir la restitución de las aportaciones realizadas.

2. Si la falta de presentación de los documentos a inscripción fuere imputable a la sociedad, podrán exigir también el interés legal.

Véase para las sociedades anónimas cotizadas art. 508 del presente TRLSC.

CAPÍTULO III. La reducción del capital social

Véanse arts. 165, 170 a 173, 200 a 202 del RRM (§5).

Sección 1.ª Modalidades de la reducción

Art. 317. Modalidades de la reducción.– 1. La reducción del capital puede tener por finalidad el restablecimiento del equilibrio entre el capital y el patrimonio neto de la sociedad disminuido por consecuencia de pérdidas, la constitución o el incremento de la reserva legal o de las reservas voluntarias o la devolución del valor de las aportaciones. En las sociedades anónimas, la reducción del capital puede tener también por finalidad la condonación de la obligación de realizar las aportaciones pendientes.

2. La reducción podrá realizarse mediante la disminución del valor nominal de las participaciones sociales o de las acciones, su amortización o su agrupación.

Art. 318. El acuerdo de reducción del capital social.– 1. La reducción del capital social habrá de acordarse por la junta general con los requisitos de la modificación de estatutos.

2. El acuerdo de la junta expresará, como mínimo, la cifra de reducción del capital, la finalidad de la reducción, el procedimiento mediante el cual la sociedad ha de llevarlo a cabo, el plazo de ejecución y la suma que haya de abonarse, en su caso, a los socios.

Art. 319. Publicación del acuerdo de reducción.– El acuerdo de reducción del capital de las sociedades anónimas deberá ser publicado en el Boletín Oficial del Registro Mercantil y en la página web de la sociedad o, en el caso de que no exista, en un periódico de gran circulación en la provincia en que la sociedad tenga su domicilio.

Artículo redactado de acuerdo con el art. 6, Cinco, del Real Decreto-ley 13/2010, de 3 de diciembre, de actuaciones en el ámbito fiscal, laboral y liberalizadoras para fomentar la inversión y la creación de empleo [BOE núm. 293, de 3 de diciembre (extraordinario)].

Sección 2.ª La reducción por pérdidas

Art. 320. Principio de paridad de trato.– Cuando la reducción tenga por finalidad el restablecimiento del equilibrio entre el capital y el patrimonio neto de la sociedad disminuido por consecuencia de pérdidas, deberá afectar por igual a todas las participaciones sociales o a todas las acciones en proporción a su valor nominal, pero respetando los privilegios que a estos efectos hubieran podido otorgarse en la ley o en los estatutos para determinadas participaciones sociales o para determinadas clases de acciones.

Art. 321. *Prohibiciones*.– La reducción del capital por pérdidas en ningún caso podrá dar lugar a reembolsos a los socios o, en las sociedades anónimas, a la condonación de la obligación de realizar las aportaciones pendientes.

Art. 322. *Presupuesto de la reducción del capital social*.– 1. En las sociedades de responsabilidad limitada no se podrá reducir el capital por pérdidas en tanto la sociedad cuente con cualquier clase de reservas.

2. En las sociedades anónimas no se podrá reducir el capital por pérdidas en tanto la sociedad cuente con cualquier clase de reservas voluntarias o cuando la reserva legal, una vez efectuada la reducción, exceda del diez por ciento del capital.

Art. 323. *El balance*.– 1. El balance que sirva de base a la operación de reducción del capital por pérdidas deberá referirse a una fecha comprendida dentro de los seis meses inmediatamente anteriores al acuerdo, previa verificación por el auditor de cuentas de la sociedad y estar aprobado por la junta general. Cuando la sociedad no estuviera obligada a someter a auditoría las cuentas anuales, el auditor será nombrado por los administradores de la sociedad.

2. El balance y el informe de auditoría se incorporarán a la escritura pública de reducción.

Art. 324. *Publicidad del acuerdo de reducción*.– En el acuerdo de la junta de reducción del capital por pérdidas y en el anuncio público del mismo deberá hacerse constar expresamente la finalidad de la reducción.

Art. 325. *Destino del excedente*.– En las sociedades anónimas, el excedente del activo sobre el pasivo que deba resultar de la reducción del capital por pérdidas deberá atribuirse a la reserva legal sin que ésta pueda llegar a superar a tales efectos la décima parte de la nueva cifra de capital.

Art. 326. *Condición para el reparto de dividendos*.– Para que la sociedad pueda repartir dividendos una vez reducido el capital será preciso que la reserva legal alcance el diez por ciento del nuevo capital.

Art. 327. *Carácter obligatorio de la reducción*.– En la sociedad anónima, la reducción del capital tendrá carácter obligatorio cuando las pérdidas hayan disminuido su patrimonio neto por debajo de las dos terceras partes de la cifra del capital y hubiere transcurrido un ejercicio social sin haberse recuperado el patrimonio neto.

Sección 3.ª Reducción para dotar la reserva legal

Art. 328. *Reducción para dotar la reserva legal*.– A la reducción del capital para la constitución o el incremento de la reserva legal será de aplicación lo establecido en los artículos 322 a 326.

Sección 4.ª Reducción para la devolución del valor de las aportaciones

Art. 329. *Requisitos del acuerdo de reducción*.– Cuando el acuerdo de reducción con devolución del valor de las aportaciones no afecte por igual a todas las participaciones o a todas las acciones de la sociedad, será preciso, en las sociedades de responsabilidad limitada, el consentimiento individual de los titulares de esas participaciones y, en las sociedades anónimas, el acuerdo separado de la mayoría de los accionistas interesados, adoptado en la forma prevista en el artículo 293.

Art. 330. *Regla de la prorrata*.– La devolución del valor de las aportaciones a los socios habrá de hacerse a prorrata del valor desembolsado de las respectivas participaciones sociales o acciones, salvo que, por unanimidad, se acuerde otro sistema.

Sección 5.ª La tutela de los acreedores

Subsección 1.ª La tutela de los acreedores de sociedades de responsabilidad limitada

Art. 331. *La responsabilidad solidaria de los socios de sociedades de responsabilidad limitada*.– 1. Los socios a quienes se hubiera restituido la totalidad o parte del valor de sus aportaciones responderán solidariamente entre sí y con la sociedad del pago de las deudas sociales contraídas con anterioridad a la fecha en que la reducción fuera oponible a terceros.

2. La responsabilidad de cada socio tendrá como límite el importe de lo percibido en concepto de restitución de la aportación social.

3. La responsabilidad de los socios prescribirá a los cinco años a contar desde la fecha en que la reducción fuese oponible a terceros.

4. En la inscripción en el Registro Mercantil de la ejecución del acuerdo de reducción, deberá expresarse la identidad de las personas a quienes se hubiera restituido la totalidad o parte de las aportaciones sociales o, en su caso, la declaración del órgano de administración de que ha sido constituida la reserva a que se refiere el artículo siguiente.

Art. 332. *Exclusión de la responsabilidad solidaria*.- 1. Cuando, al acordarse la reducción mediante la restitución de la totalidad o parte del valor de las aportaciones sociales, se dotase una reserva con cargo a beneficios o reservas libres por un importe igual al percibido por los socios en concepto de restitución de la aportación social, no habrá lugar a la responsabilidad solidaria de los socios.

2. La reserva será indisponible hasta que transcurran cinco años a contar desde la publicación de la reducción en el Boletín Oficial del Registro Mercantil, salvo que antes del vencimiento de dicho plazo hubieren sido satisfechas todas las deudas sociales contraídas con anterioridad a la fecha en que la reducción fuera oponible a terceros.

Art. 333. *Derecho estatutario de oposición*.- 1. En las sociedades de responsabilidad limitada, los estatutos podrán establecer que ningún acuerdo de reducción del capital que implique restitución de sus aportaciones a los socios pueda llevarse a efecto sin que transcurra un plazo de tres meses a contar desde la fecha en que se haya notificado a los acreedores.

2. Esta notificación se hará personalmente, y si ello no fuera posible, por desconocerse el domicilio de los acreedores, por medio de anuncios que habrán de publicarse en el Boletín Oficial del Registro Mercantil, y en la página web de la sociedad o, en el caso de que no exista en un diario de los de mayor circulación en la localidad en que radique el domicilio de la sociedad.

3. Durante dicho plazo, los acreedores ordinarios podrán oponerse a la ejecución del acuerdo de reducción, si sus créditos no son satisfechos o la sociedad no presta garantía.

4. Será nula toda restitución que se realice antes de transcurrir el plazo de tres meses o a pesar de la oposición entablada, en tiempo y forma, por cualquier acreedor.

5. La devolución de capital habrá de hacerse a prorrata de las respectivas participaciones sociales, salvo que, por unanimidad, se acuerde otro sistema.

> Apartado 2 redactado de acuerdo con el art. 6, Seis, del Real Decreto-ley 13/2010, de 3 de diciembre, de actuaciones en el ámbito fiscal, laboral y liberalizadoras para fomentar la inversión y la creación de empleo [BOE núm. 293, de 3 de diciembre (extraordinario)].

Subsección 2.ª La tutela de los acreedores de sociedades anónimas

Art. 334. *Derecho de oposición de los acreedores de sociedades anónimas*.- 1. Los acreedores de la sociedad anónima cuyos créditos hayan nacido antes de la fecha del último anuncio del acuerdo de reducción del capital, no hayan vencido en ese momento y hasta que se les garanticen tales créditos tendrán el derecho de oponerse a la reducción.

2. Los acreedores cuyos créditos se encuentren ya suficientemente garantizados no gozarán de este derecho.

Art. 335. *Exclusión del derecho de oposición*.– Los acreedores no podrán oponerse a la reducción en los casos siguientes:

a) Cuando la reducción del capital tenga por única finalidad restablecer el equilibrio entre el capital y el patrimonio neto de la sociedad disminuido por consecuencia de pérdidas.

b) Cuando la reducción tenga por finalidad la constitución o el incremento de la reserva legal.

c) Cuando la reducción se realice con cargo a beneficios o a reservas libres o por vía de amortización de acciones adquiridas por la sociedad a título gratuito. En este caso, el importe del valor nominal de las acciones amortizadas o de la disminución del valor nominal de las mismas deberá destinarse a una reserva de la que solo será posible disponer con los mismos requisitos exigidos para la reducción del capital social.

Art. 336. *Ejercicio del derecho de oposición*.– El derecho de oposición habrá de ejercitarse en el plazo de un mes a contar desde la fecha del último anuncio del acuerdo.

Art. 337. *Efectos de la oposición*.– En caso de ejercicio del derecho de oposición, la reducción del capital social no podrá llevarse a efecto hasta que la sociedad preste garantía a satisfacción del acreedor o, en otro caso, hasta que notifique a dicho acreedor la prestación de fianza solidaria en favor de la sociedad por una entidad de crédito debidamente habilitada para prestarla por la cuantía del crédito de que fuera titular el acreedor y hasta tanto no prescriba la acción para exigir su cumplimiento.

*Sección 6.ª Reducción mediante adquisición de participaciones
o acciones propias para su amortización*

Art. 338. *Requisitos de la reducción*.– 1. Cuando la reducción del capital hubiere de realizarse mediante la adquisición de participaciones o de acciones de la sociedad para su posterior amortización, deberá ofrecerse la adquisición a todos los socios.

2. Si el acuerdo de reducción hubiera de afectar solamente a una clase de acciones, deberá adoptarse con el acuerdo separado de la mayoría de las acciones pertenecientes a la clase afectada, adoptado en la forma prevista en el artículo 293.

Art. 339. *La oferta de adquisición*.– 1. En las sociedades de responsabilidad limitada, la oferta se remitirá a cada uno de los socios por correo certificado con acuse de recibo.

2. En las sociedad anónimas, la propuesta de adquisición deberá ser publicada en el Boletín Oficial del Registro Mercantil y en un periódico de gran circulación en la provincia en que la sociedad tenga su domicilio, habrá de mantenerse, al menos, durante un mes, incluirá todas las menciones que sean razonablemente necesarias para la información de los accionistas que deseen enajenar y, en su caso, expresará las consecuencias que se deriven de no alcanzar las acciones ofrecidas el número fijado en el acuerdo.

Cuando todas las acciones sean nominativas, los estatutos podrán permitir que se sustituya la publicación de la oferta por el envío de la misma a cada uno de los accionistas por correo certificado con acuse de recibo.

Art. 340. *La aceptación*.– 1. El plazo de aceptación de la oferta se computará desde el envío de la comunicación.

2. Si las aceptaciones excedieran del número de participaciones o de acciones previamente fijado por la sociedad, se reducirán las ofrecidas por cada socio en proporción al número cuya titularidad ostente cada uno de ellos.

3. A no ser que en el acuerdo de la junta o en la propuesta de adquisición se hubiera establecido otra cosa, cuando las aceptaciones no alcancen el número de participaciones o de acciones previamente fijado, se entenderá que el capital queda reducido en la cantidad correspondiente a las aceptaciones recibidas.

Art. 341. *Bonos de disfrute*.– 1. En la reducción del capital con amortización de acciones podrán atribuirse bonos de disfrute a los titulares de las acciones amortizadas, especificando en el acuerdo de reducción el contenido de los derechos atribuidos a estos bonos.

2. Los bonos de disfrute no podrán atribuir el derecho de voto.

Véase art. 260 Cuarta del presente TRLSC.

Art. 342. *La obligación de amortizar*.– Las participaciones sociales adquiridas por la sociedad deberán ser amortizadas en el plazo de tres años a contar de la fecha del ofrecimiento de la adquisición. Las acciones adquiridas por la sociedad deberán ser amortizadas dentro del mes siguiente a la terminación del plazo de la oferta de adquisición.

CAPÍTULO IV. Reducción y aumento del capital simultáneos

Art. 343. *Reducción y aumento del capital simultáneos*.– 1. El acuerdo de reducción del capital social a cero o por debajo de la cifra mínima legal solo podrá adoptarse cuando simultáneamente se acuerde la transformación de la sociedad o el aumento de su capital hasta una cantidad igual o superior a la mencionada cifra mínima.

2. En todo caso habrá de respetarse el derecho de asunción o de suscripción preferente de los socios.

Art. 344. *Eficacia condicionada del acuerdo de reducción*.– En caso de acuerdo de reducción y de aumento del capital simultáneos, la eficacia del acuerdo de reducción quedará condicionada, en su caso, a la ejecución del acuerdo de aumento del capital.

Art. 345. *La inscripción simultánea*.– La inscripción del acuerdo de reducción en el Registro Mercantil no podrá practicarse a no ser que simultáneamente se presente a inscripción el acuerdo de transformación o de aumento de capital, así como, en este último caso, su ejecución.

TÍTULO IX. Separación y exclusión de socios

CAPÍTULO I. La separación de socios

Art. 346. *Causas legales de separación*.– 1. Los socios que no hubieran votado a favor del correspondiente acuerdo, incluidos los socios sin voto, tendrán derecho a separarse de la sociedad de capital en los casos siguientes:

a) Sustitución o modificación sustancial del objeto social.

b) Prórroga de la sociedad.

c) Reactivación de la sociedad.

d) Creación, modificación o extinción anticipada de la obligación de realizar prestaciones accesorias, salvo disposición contraria de los estatutos.

2. En las sociedades de responsabilidad limitada tendrán, además, derecho a separarse de la sociedad los socios que no hubieran votado a favor del acuerdo de modificación del régimen de transmisión de las participaciones sociales.

3. En los casos de modificación estructural los socios tendrán el derecho de enajenación o separación en los términos establecidos en el libro primero del Real Decreto-ley 5/2023, de 28 de junio, por el que se adoptan y prorrogan determinadas medidas de respuesta a las consecuencias económicas y sociales de la Guerra de Ucrania, de apoyo a la reconstrucción de la isla de La Palma y a otras situaciones de vulnerabilidad; de transposición de Directivas de la Unión Europea en materia de modificaciones estructurales de sociedades mercantiles y conciliación de la vida familiar y la vida profesional de los progenitores y los cuidadores; y de ejecución y cumplimiento del Derecho de la Unión Europea.

> Letra a) del apartado 1 redactada de acuerdo con el art. 1º, Diecisiete, de la Ley 25/2011, de 1 de agosto, de reforma parcial de la Ley de Sociedades de Capital (…) (Entrada en vigor 2 de octubre 2011).
>
> Apartado 3 modificado por la Disp. final 3, Cuarto, del RD-L 5/2023, de 28 de junio, (…), de transposición de Directivas de la Unión Europea en materia de modificaciones estructurales de sociedades mercantiles (…) y de ejecución y cumplimiento del Derecho de la Unión Europea (BOE núm. 154, de 29 de junio) (§4).

En relación con el apartado 3, véanse los arts. 12, 24, 49, 86, 194, 109, y 117 del Libro Primero ("Transposición de directiva de la Unión Europea en materia de modificaciones estructurales de sociedades mercantiles) del citado Real Decreto-ley 5/2023 (§4)

Art. 347. *Causas estatutarias de separación*.– 1. Los estatutos podrán establecer otras causas de separación distintas a las previstas en presente ley. En este caso determinarán el modo en que deberá acreditarse la existencia de la causa, la forma de ejercitar el derecho de separación y el plazo de su ejercicio.

2. Para la incorporación a los estatutos, la modificación o la supresión de estas causas de separación será necesario el consentimiento de todos los socios.

Art. 348. *Ejercicio del derecho de separación*.– 1. Los acuerdos que den lugar al derecho de separación se publicarán en el Boletín Oficial del Registro Mercantil. En las sociedades de responsabilidad limitada y en las anónimas cuando todas las acciones sean nominativas, los administradores podrán sustituir la publicación por una comunicación escrita a cada uno de los socios que no hayan votado a favor del acuerdo.

2. El derecho de separación habrá de ejercitarse por escrito en el plazo de un mes a contar desde la publicación del acuerdo o desde la recepción de la comunicación.

Art. 348 bis. *Derecho de separación en caso de falta de distribución de dividendos*.– 1. Sin perjuicio de lo dispuesto en la disposición adicional undécima, salvo disposición contraria de los estatutos, transcurrido el quinto ejercicio contado desde la inscripción en el Registro Mercantil de la sociedad, el socio o socia que hubiera hecho constar en el acta su protesta por la insuficiencia de los dividendos reconocidos tendrá derecho de separación en el caso de que la junta general no acordara la distribución como dividendo de, al menos, el veinticinco por ciento de los beneficios obtenidos durante el ejercicio anterior que sean legalmente distribuibles siempre que se hayan obtenido beneficios durante los tres ejercicios anteriores. Sin embargo, aun cuando se produzca la anterior circunstancia, el derecho de separación no surgirá si el total de los dividendos distribuidos durante los últimos cinco años equivale, por lo menos, al veinticinco por ciento de los beneficios legalmente distribuibles registrados en dicho periodo.

Lo dispuesto en el párrafo anterior se entenderá sin perjuicio del ejercicio de las acciones de impugnación de acuerdos sociales y de responsabilidad que pudieran corresponder.

2. Para la supresión o modificación de la causa de separación a que se refiere el apartado anterior, será necesario el consentimiento de todos los socios, salvo que se reconozca el derecho a separarse de la sociedad al socio que no hubiera votado a favor de tal acuerdo.

3. El plazo para el ejercicio del derecho de separación será de un mes a contar desde la fecha en que se hubiera celebrado la junta general ordinaria de socios.

4. Cuando la sociedad estuviere obligada a formular cuentas consolidadas, deberá reconocerse, salvo disposición contraria en los estatutos, el mismo derecho de separación al socio o socia de la dominante, aunque no se diere el requisito establecido en el apartado primero, si la junta general de la citada sociedad no acordara la distribución como dividendo de al menos el veinticinco por ciento de los resultados positivos consolidados atribuidos a la sociedad dominante del ejercicio anterior, siempre que sean legalmente distribuibles y, además, se hubieran obtenido resultados positivos consolidados atribuidos a la sociedad dominante durante los tres ejercicios anteriores.

5. Lo dispuesto en este artículo no será de aplicación en los siguientes supuestos:

a) Cuando se trate de sociedades cotizadas o sociedades cuyas acciones estén admitidas a negociación en un sistema multilateral de negociación.

b) Cuando la sociedad se encuentre en concurso.

c) Cuando, al amparo de la legislación concursal, la sociedad haya puesto en conocimiento del juzgado competente para la declaración de su concurso la iniciación de negociaciones para alcanzar un acuerdo de refinanciación o para obtener adhesiones a una propuesta anticipada de convenio, o cuando se haya comunicado a dicho juzgado la apertura de negociaciones para alcanzar un acuerdo extrajudicial de pagos.

d) Cuando la sociedad haya alcanzado un acuerdo de refinanciación que satisfaga las condiciones de irrescindibilidad fijadas en la legislación concursal.

e) Cuando se trate de Sociedades Anónimas Deportivas.

> Artículo modificado de acuerdo con el apartado Seis del art. 2.º de la Ley 11/2018, de 28 de diciembre, por la que se modifica el Código de Comercio, el texto refundido de la Ley de Sociedades de Capital (…), y la Ley 22/2015, de 20 de julio, de Auditoría de Cuentas, en materia de información no financiera y diversidad (BOE núm. 314, de 29 de diciembre). De acuerdo con el párrafo segundo del apartado 1 de la Disp. Transitoria de la citada Ley 11/2018, de 2018 de diciembre, las modificaciones introducidas por esta Ley en el art. 348 bis «serán de aplicación a las juntas generales que se celebren a partir del mismo día de su entrada en vigor». Posteriormente los apartados 1 y 4 modificados por el art. 5.Uno, del Real Decreto-ley 7/2021, de 27 de abril, de transposición de directivas de la Unión Europea en las materias de competencia (…) (BOE núm. 101, de 28 de abril).
> Véase Disp. adicional 11.ª del presente TRLSC.
> El presente artículo había sido añadido por el art. 1º, Dieciocho, de la Ley 25/2011, de 1 de agosto, de reforma parcial de la Ley de Sociedades de Capital (…) (Entrada en vigor 2 de octubre 2011) y suspendida su vigencia sucesivamente hasta el 31 de diciembre de 2016.

Art. 349. *Inscripción del acuerdo*.– Para la inscripción en el Registro Mercantil de la escritura que documente el acuerdo que origina el derecho de separación, será necesario que la propia escritura u otra posterior contenga la declaración de los administradores de que ningún socio ha ejercitado el derecho de separación dentro del plazo establecido o de que la sociedad, previa autorización de la junta general, ha adquirido las participaciones sociales o acciones de los socios separados, o la reducción del capital.

Véanse arts. 160, 161, 162 y 204 a 206 RRM (§5).

CAPÍTULO II. La exclusión de socios

Véanse arts. 207 y 208 RRM (§5).

Art. 350. *Causas legales de exclusión de los socios.*– La sociedad de responsabilidad limitada podrá excluir al socio que incumpla voluntariamente la obligación de realizar prestaciones accesorias, así como al socio administrador que infrinja la prohibición de competencia o hubiera sido condenado por sentencia firme a indemnizar a la sociedad los daños y perjuicios causados por actos contrarios a esta ley o a los estatutos o realizados sin la debida diligencia.

Art. 351. *Causas estatutarias de exclusión de socios.*– En las sociedades de capital, con el consentimiento de todos los socios, podrán incorporarse a los estatutos causas determinadas de exclusión o modificarse o suprimirse las que figurasen en ellos con anterioridad.

Artículo redactado de acuerdo con el art. 1°, Diecinueve, de la Ley 25/2011, de 1 de agosto, de reforma parcial de la Ley de Sociedades de Capital (...) (Entrada en vigor 2 de octubre 2011).

Art. 352. *Procedimiento de exclusión.*– 1. La exclusión requerirá acuerdo de la junta general. En el acta de la reunión o en anejo se hará constar la identidad de los socios que hayan votado a favor del acuerdo.

2. Salvo en el caso de condena del socio administrador a indemnizar a la sociedad, la exclusión de un socio con participación igual o superior al veinticinco por ciento en el capital social requerirá, además del acuerdo de la junta general, resolución judicial firme, siempre que el socio no se conforme con la exclusión acordada.

3. Cualquier socio que hubiera votado a favor del acuerdo estará legitimado para ejercitar la acción de exclusión en nombre de la sociedad cuando ésta no lo hubiera hecho en el plazo de un mes a contar desde la fecha de adopción del acuerdo de exclusión.

CAPÍTULO III. Normas comunes a la separación y la exclusión de socios

Art. 353. *Valoración de las participaciones o de las acciones del socio.*– 1. A falta de acuerdo entre la sociedad y el socio sobre el valor razonable de las participaciones sociales o de las acciones, o sobre la persona o personas que hayan de valorarlas y el procedimiento a seguir para su valoración, serán valoradas por un *experto independiente*, designado por el registrador mercantil del domicilio social a solicitud de la sociedad o de cualquiera de los socios titulares de las participaciones o de las acciones objeto de valoración.

2. Si las acciones cotizasen en un mercado secundario oficial, el valor de reembolso será el del precio medio de cotización del último trimestre.

> Apartado 1 redactado de acuerdo con Disp. Final 4.ª, Quince, de la Ley 22/2015, de 20 de julio, de Auditoría de Cuentas (Entrada en vigor el 1 de enero de 2016 de acuerdo con el apartado 3.d) de la Dis. Final 14ª de la citada Ley). La modificación consiste en la sustitución de la anterior expresión «auditor de cuentas distinto al de la sociedad» por «experto independiente» (en cursiva en el texto).

Art. 354. *Informe del experto independiente.*- 1. Para el ejercicio de su función, el *experto* podrá obtener de la sociedad todas las informaciones y documentos que considere útiles y proceder a todas las verificaciones que estime necesarias.

2. En el plazo máximo de dos meses a contar desde su nombramiento, el *experto* emitirá su informe, que notificará inmediatamente por conducto notarial a la sociedad y a los socios afectados, acompañando copia, y depositará otra en el Registro Mercantil.

> Artículo redactado de acuerdo con Disp. Final 4.ª, Dieciséis, de la Ley 22/2015, de 20 de julio, de Auditoría de Cuentas (Entrada en vigor el 1 de enero de 2016 de acuerdo con el apartado 3.d) de la Dis. Final 14ª de la citada Ley). La modificación consiste en la sustitución de la rúbrica del artículo (antes «Informe de auditor») y de la anterior expresión «auditor» por la de «experto» (en cursiva en el texto).

Art. 355. *Retribución del experto independiente.*- 1.La retribución del *experto* correrá a cargo de la sociedad.

2. No obstante, en los casos de exclusión, la sociedad podrá deducir de la cantidad a reembolsar al socio excluido lo que resulte de aplicar a los honorarios satisfechos el porcentaje que dicho socio tuviere en el capital social.

> Artículo redactado de acuerdo con Disp. Final 4.ª, Diecisiete, de la Ley 22/2015, de 20 de julio, de Auditoría de Cuentas (Entrada en vigor el 1 de enero de 2016 de acuerdo con el apartado 3.d) de la Dis. Final 14ª de la citada Ley). La modificación consiste en la sustitución de la rúbrica del artículo (antes «Retribución del auditor») y de la anterior expresión «auditor» por la de «experto» en el apartado 1 (en cursiva en el texto).

Art. 356. *Reembolso.*- 1. Dentro de los dos meses siguientes a la recepción del informe de valoración, los socios afectados tendrán derecho a obtener en el domicilio social el valor razonable de sus participaciones sociales o acciones en concepto de precio de las que la sociedad adquiere o de reembolso de las que se amortizan.

2. Transcurrido dicho plazo, los administradores consignarán en entidad de crédito del término municipal en que radique el domicilio social, a nombre de los interesados, la cantidad correspondiente al referido valor.

3. Por excepción a lo establecido en los apartados anteriores, en todos aquellos casos en los que los acreedores de la sociedad de capital tuvieran derecho de oposición, el reembolso a los socios sólo podrá producirse transcurrido el plazo de tres meses contados desde la fecha de notificación personal a los acreedores o la publicación en el Boletín Oficial del Registro Mercantil y en uno de los diarios de mayor circulación en la localidad en que radique el domicilio social, y siempre que los acreedores ordinarios no hubiesen ejercido el derecho de oposición. Si los acreedores hubieran ejercitado ese derecho se estará a lo establecido en la sección 5.ª del capítulo III del título VIII.

Véanse arts. 333 a 337 del presente TRLSC.

Art. 357. *Protección de los acreedores de las sociedades de responsabilidad limitada.*- Los socios de las sociedades de responsabilidad limitada a quienes se hubiere reembolsado el valor de las participaciones amortizadas estarán sujetos al régimen de responsabilidad por las deudas sociales establecido para el caso de reducción de capital por restitución de aportaciones.

Véanse arts. 331 y 332 del presente TRLSC.

Art. 358. *Escritura pública de reducción del capital social.*- 1. Salvo que la junta general que haya adoptado los acuerdos correspondientes autorice la adquisición por la sociedad de las participaciones o de las acciones de los socios afectados, efectuado el reembolso o consignado el importe de las mismas, los administradores, sin necesidad de acuerdo específico de la junta general, otorgarán inmediatamente escritura pública de reducción del capital social expresando en ella las participaciones o acciones amortizadas, la identidad del socio o socios afectados, la causa de la amortización, la fecha de reembolso o de la consignación y la cifra a la que hubiera quedado reducido el capital social.

2. En el caso de que, como consecuencia de la reducción, el capital social descendiera por debajo del mínimo legal, se estará lo dispuesto en esta ley en materia de disolución.

Véase art. 360.1.b) del presente TRLSC.

Art. 359. *Escritura pública de adquisición.*- En el caso de adquisición por la sociedad de las participaciones o acciones de los socios afectados, efectuado el pago del precio o consignado su importe, los administradores, sin necesidad de acuerdo específico de la junta general, otorgarán escritura pública de adquisición de participaciones sociales o de acciones, sin que sea preceptivo el concurso de los socios excluidos o separados, expresando en ella las participaciones o acciones adquiridas, la identidad del socio o socios afectados, la causa de la separación o de la exclusión y la fecha de pago o consignación.

TÍTULO X. Disolución y liquidación

CAPÍTULO I. La disolución

Véanse arts. 238 a 242 RRM (§5).

Sección 1.ª Disolución de pleno derecho

Art. 360. *Disolución de pleno derecho.*- 1. Las sociedades de capital se disolverán de pleno derecho en los siguientes casos:

a) Por el transcurso del término de duración fijado en los estatutos, a no ser que con anterioridad hubiera sido expresamente prorrogada e inscrita la prórroga en el Registro Mercantil.

b) Por el transcurso de un año desde la adopción del acuerdo de reducción del capital social por debajo del mínimo legal como consecuencia del cumplimiento de una ley, si no se hubiere inscrito en el Registro Mercantil la transformación o la disolución de la sociedad, o el aumento del capital social hasta una cantidad igual o superior al mínimo legal.

Transcurrido un año sin que se hubiere inscrito la transformación o la disolución de la sociedad o el aumento de su capital, los administradores responderán personal y solidariamente entre sí y con la sociedad de las deudas sociales.

2. El registrador, de oficio o a instancia de cualquier interesado, hará constar la disolución de pleno derecho en la hoja abierta a la sociedad.

Art. 361. *Disolución y concurso.*- 1. La declaración de concurso de la sociedad de capital no constituirá, por sí sola, causa de disolución.

2. La apertura de la fase de liquidación en el concurso de acreedores producirá la disolución de pleno derecho de la sociedad.

En tal caso, el juez del concurso hará constar la disolución en la resolución de apertura de la fase de liquidación del concurso.

Véase art. 372 del presente TRLSC y 413.2 y 485 del TRLC.

Sección 2.ª Disolución por constatación de la existencia de causa legal o estatutaria

Art. 362. *Disolución por constatación de la existencia de causa legal o estatutaria.*- Las sociedades de capital se disolverán por la existencia de causa legal o estatutaria debidamente constatada por la junta general o por resolución judicial.

Art. 363. *Causas de disolución.*- 1. La sociedad de capital deberá disolverse:

a) Por el cese en el ejercicio de la actividad o actividades que constituyan el objeto social. En particular, se entenderá que se ha producido el cese tras un período de inactividad superior a un año.

b) Por la conclusión de la empresa que constituya su objeto.

c) Por la imposibilidad manifiesta de conseguir el fin social.

d) Por la paralización de los órganos sociales de modo que resulte imposible su funcionamiento.

e) Por pérdidas que dejen reducido el patrimonio neto a una cantidad inferior a la mitad del capital social, a no ser que éste se aumente o se reduzca en la medida suficiente, y siempre que no sea procedente solicitar la declaración de concurso.

f) Por reducción del capital social por debajo del mínimo legal, que no sea consecuencia del cumplimiento de una ley.

g) Porque el valor nominal de las participaciones sociales sin voto o de las acciones sin voto excediera de la mitad del capital social desembolsado y no se restableciera la proporción en el plazo de dos años.

h) Por cualquier otra causa establecida en los estatutos.

2. La sociedad comanditaria por acciones deberá disolverse también por fallecimiento, cese, incapacidad o apertura de la fase de liquidación en el concurso de acreedores de todos los socios colectivos, salvo que en el plazo de seis meses y mediante modificación de los estatutos se incorpore algún socio colectivo o se acuerde la transformación de la sociedad en otro tipo social.

Apartado 1 redactado, anterior apartado 2 suprimido y actual apartado 2, anterior apartado 3, renumerado de acuerdo con el art. 1º, Veinte, de la Ley 25/2011, de 1 de agosto, de reforma parcial de la Ley de Sociedades de Capital (...) (Entrada en vigor 2 de octubre 2011).

En relación con la letra e) del apartado 1, téngase en cuenta que el art. 13 de la Ley 3/2020, de 18 de septiembre, de medidas procesales y organizativas para hacer frente al COVID-19 en el ámbito de la Administración de Justicia, modificado en su apartado 1 primero por el art. 3.2 del Real Decreto-ley 27/2021, de 23 de noviembre, por el que se prorrogan determinadas medidas económicas para apoyar la recuperación, y después por el art. 65 del Real Decreto-ley 20/2022, de 27 de diciembre, de medidas de respuesta a las consecuencias económicas y sociales de la Guerra de Ucrania y de apoyo a la reconstrucción de la isla de La Palma y a otras situaciones de vulnerabilidad, estableció:

«Art. 13. Suspensión de la causa de disolución por pérdidas.- 1. A los solos efectos de determinar la concurrencia de la causa de disolución prevista en el artículo 363.1.e) del texto refundido de la Ley de Sociedades de Capital, aprobado por el Real Decreto Legislativo 1/2010, de 2 de julio, no se tomarán en consideración las pérdidas de los ejercicios 2020 y 2021 hasta el cierre del ejercicio que se inicie en el año 2024.

Si, excluidas las pérdidas de los años 2020 y 2021 en los términos señalados en el apartado anterior, en el resultado del ejercicio 2022, 2023 o 2024 se apreciaran pérdidas que dejen reducido el patrimonio neto a una cantidad inferior a la mitad del capital social, deberá convocarse por los administradores o podrá solicitarse por cualquier socio en el plazo de dos meses a contar desde el cierre del ejercicio conforme al artículo 365 de la citada Ley, la celebración de Junta para proceder a la disolución de la sociedad, a no ser que se aumente o reduzca el capital en la medida suficiente.

2. Lo dispuesto en el apartado anterior se entiende sin perjuicio del deber de solicitar la declaración de concurso de acuerdo con lo establecido en la presente Ley».

El art. 6 del RD-ley 4/2025, de 8 de abril, de medidas urgentes de respuesta a la amenaza arancelaria y de relanzamiento comercial, modificó implícitamente el apartado 1 del citado art. 13 de la Ley 3/2020, de 18 de septiembre, ampliando la citada suspensión de la causa de disolución por pérdidas provocada por diversos acontecimientos naturales «hasta el cierre del ejercicio que se inicie en el año 2025». Y posteriormente la Disp. Ad. 4.ª del Real Decreto-ley 16/2025, de 23 de diciembre, por el que se prorrogan determinadas medidas para hacer frente a situaciones de vulnerabilidad social (...)(BOE n. 309 de 24 de diciembre) volvió a ampliar la citada suspensión de la causa de disolución por pérdidas provocada por diversos acontecimientos naturales «hasta el cierre del ejercicio que se inicie en el año 2026», estableciendo:

«Disposición adicional cuarta. Suspensión de la causa de disolución por pérdidas. A los solos efectos de determinar la concurrencia de la causa de disolución prevista en el artículo 363.1.e) del texto refundido de la Ley de Sociedades de Capital, aprobado por el Real Decreto Legislativo 1/2010, de 2 de julio, no se tomarán en consideración las pérdidas de los ejercicios 2020 y 2021 hasta el cierre del ejercicio que se inicie en el año 2026.

Si, excluidas las pérdidas de los años 2020 y 2021 en los términos señalados en el apartado anterior, en el resultado del ejercicio 2022, 2023, 2024, 2025 o 2026 se apreciaran pérdidas que dejen reducido el patrimonio neto a una cantidad inferior a la mitad del capital social, deberá convocarse por los administradores o podrá solicitarse por cualquier socio en el plazo de dos meses a contar desde el cierre del ejercicio conforme al artículo 365 de la citada Ley, la celebración de Junta para proceder a la disolución de la sociedad, a no ser que se aumente o reduzca el capital en la medida suficiente.»

También en relación a la letra e) del apartado 1, téngase en cuenta que el art. 2 del RD-ley 1/2025, de 28 de enero, por el que se aprueban medidas urgentes en materia económica, de transporte, de Seguridad Social, y para hacer frente a situaciones de vulnerabilidad, establece:

«Art. 2. Suspensión de la causa de disolución por pérdidas provocada por diversos acontecimientos naturales. Aquellas sociedades mercantiles que se hayan visto afectadas por pérdidas derivadas de los efectos causados por la DANA a la que se refiere el Acuerdo del Consejo de Ministros de 5 de noviembre de 2024, por el que se declara «Zona afectada gravemente por una emergencia de protección civil» el territorio damnificado como consecuencia de la Depresión Aislada en Niveles Altos (DANA) que ha afectado a amplias zonas de la Península y Baleares entre el 28 de octubre y el 4 de noviembre de 2024, no incluirán el importe de las mismas a efectos del cálculo de la causa de disolución por pérdidas prevista en el artículo 363.1.e) del texto refundido de la Ley de Sociedades de Capital, aprobado por el Real Decreto Legislativo 1/2010, de 2 de julio, hasta el cierre del ejercicio que se inicie en el año 2026. En la memoria que acompañe a las cuentas anuales correspondientes a los ejercicios 2024 y sucesivos se incorporará la información precisa para la correcta identificación de las pérdidas excluidas de su cómputo a efectos de la causa de disolución.

Si, excluidas las pérdidas de los años 2024 y 2025 en los términos señalados en el apartado anterior, en el resultado del ejercicio 2024, 2025 y 2026 se apreciaran otras pérdidas que dejen reducido el patrimonio neto a una cantidad inferior a la mitad del capital social, deberá convocarse por los administradores o podrá solicitarse por cualquier socio en el plazo de dos meses a contar desde el cierre del ejercicio conforme al artículo 365 de la citada Ley, la celebración de Junta para proceder a la disolución de la sociedad, a no ser que se aumente o reduzca el capital en la medida suficiente».

Téngase también en cuenta que el art. 13 de la Ley 28/2022, de 21 de diciembre, de fomento del ecosistema de las empresas emergentes (BOE núm. 306, de 22 de diciembre de 2022) (§9), con entrada en vigor el 23 de diciembre de 2022, establece:

«*Artículo 13. Pérdidas que reduzcan el patrimonio neto*. Las empresas emergentes no incurrirán en causa de disolución por pérdidas que dejen reducido el patrimonio neto a una cantidad inferior a la mitad del capital social, siempre que no sea procedente solicitar la declaración de concurso, hasta que no hayan transcurrido tres años desde su constitución».

Art. 364. *Acuerdo de disolución*.– En los casos previstos en el artículo anterior, la disolución de la sociedad requerirá acuerdo de la junta general adoptado con la mayoría ordinaria establecida para las sociedades de responsabilidad limitada en el artículo 198, y con el quórum de constitución y las mayorías establecidas para las sociedades anónimas en los artículos 193 y 201.

Art. 365. *Deber de convocatoria*.– 1. Cuando concurra causa legal o estatutaria, los administradores deberán convocar la junta general en el plazo de dos meses para que adopte el acuerdo de disolución. Cualquier socio podrá solicitar de los administradores la convocatoria si, a su juicio, concurriera causa de disolución.

2. La junta general podrá adoptar el acuerdo de disolución o, si constare en el orden del día, aquél o aquéllos que sean necesarios para la remoción de la causa.

3. Los administradores no estarán obligados a convocar junta general para que adopte el acuerdo de disolución cuando hubieran solicitado en debida forma la declaración de concurso de la sociedad o comunicado al juzgado competente la existencia de negociaciones con los acreedores para alcanzar un plan de reestructuración del activo, del pasivo o de ambos. La convocatoria de la junta deberá realizarse en el plazo de dos meses desde que dejen de estar vigentes los efectos de esa comunicación.

Apartado 1 modificado y apartado 3 añadido por la Disp. Final 7.ª, Uno, de la Ley 16/2022, de 5 de septiembre, de reforma del texto refundido de la Ley Concursal (…) (BOE núm. 214, de 6 de septiembre).

El inciso final del apartado 3 de nuevo modificado por la Disp. Ad. 17.ª de la Ley Orgánica 1/2025, de 2 de enero, de medidas en materia de eficiencia del Servicio Público de Justicia (BOE núm., de 3 de enero) (entrada en vigor 3 de abril de 2025).

La modificación sustituye «procederá de inmediato en tanto» por «deberá realizarse en el plazo de dos meses desde que».

Art. 366. *Disolución judicial*.- 1. Si la junta no fuera convocada, no se celebrara, o no adoptara alguno de los acuerdos previstos en el artículo anterior, cualquier interesado podrá instar la disolución de la sociedad ante el juez de lo mercantil del domicilio social. La solicitud de disolución judicial deberá dirigirse contra la sociedad.

2. Los administradores están obligados a solicitar la disolución judicial de la sociedad cuando el acuerdo social fuese contrario a la disolución o no pudiera ser logrado.

La solicitud habrá de formularse en el plazo de dos meses a contar desde la fecha prevista para la celebración de la junta, cuando ésta no se haya constituido, o desde el día de la junta, cuando el acuerdo hubiera sido contrario a la disolución o no se hubiera adoptado.

Art. 367. *Responsabilidad solidaria de los administradores*.- 1. Los administradores que incumplan la obligación de convocar la junta general en el plazo de dos meses a contar desde el acaecimiento de una causa legal o estatutaria de disolución o, en caso de nombramiento posterior, a contar desde la fecha de la aceptación del cargo, para que adopte, en su caso, el acuerdo de disolución o aquel o aquellos que sean necesarios para la remoción de la causa, así como los que no soliciten la disolución judicial en el plazo de dos meses a contar desde la fecha prevista para la celebración de la junta, cuando esta no se haya constituido, o desde el día de la junta, cuando el acuerdo hubiera sido contrario a la disolución, responderán solidariamente de las obligaciones sociales posteriores al acaecimiento de la causa de disolución o, en caso de nombramiento en esa junta o después de ella, de las obligaciones sociales posteriores a la aceptación del nombramiento.

2. Salvo prueba en contrario, las obligaciones sociales cuyo cumplimiento sea reclamado judicialmente por acreedores legítimos se presumirán de fecha posterior al acaecimiento de la causa de disolución o a la aceptación del nombramiento por el administrador.

3. No obstante el previo acaecimiento de causa legal o estatutaria de disolución, los administradores de la sociedad no serán responsables de las deudas posteriores al acaecimiento de la causa de disolución o, en caso de nombramiento en esa junta o después de ella, de las obligaciones sociales posteriores a la aceptación del nombramiento, si en el plazo de dos meses a contar desde el acaecimiento de la causa de disolución o de la aceptación el nombramiento, hubieran comunicado al juzgado la existencia de negociaciones con los acreedores para alcanzar un plan de reestructuración o hubieran solicitado la declaración de concurso de la sociedad. Si el plan de reestructuración no se

alcanzase, el plazo de los dos meses se reanudará desde que la comunicación del inicio de negociaciones deje de producir efectos.

> Art. redactado de acuerdo con la Disp. Final 7.ª, Dos, de la Ley 16/2022, de 5 de septiembre, de reforma del texto refundido de la Ley Concursal (...) (BOE núm. 214, de 6 de septiembre).

Sección 3.ª Disolución por mero acuerdo de la junta general

Art. 368. *Disolución por mero acuerdo de la junta general*.- La sociedad de capital podrá disolverse por mero acuerdo de la junta general adoptado con los requisitos establecidos para la modificación de los estatutos.

> Véanse arts. 288 a 290 del reciente TRLSC, especialmente art. 288.

Sección 4.ª Disposiciones comunes

Art. 369. *Publicidad de la disolución*.- La disolución de la sociedad se inscribirá en el Registro Mercantil. El registrador mercantil remitirá de oficio, de forma telemática y sin coste adicional alguno, la inscripción de la disolución al «Boletín Oficial del Registro Mercantil» para su publicación.

> El presente artículo fue modificado por el art. 6, Siete, del Real Decreto-ley 13/2010, de 3 de diciembre, de actuaciones en el ámbito fiscal, laboral y liberalizadoras para fomentar la inversión y la creación de empleo [BOE núm. 293, de 3 de diciembre (extraordinario)]. Y nuevamente modificado por el art. 1º, Veintiuno, de la Ley 25/2011, de 1 de agosto, de reforma parcial de la Ley de Sociedades de Capital (...) (Entrada en vigor 2 de octubre 2011).
> Véase art. 22.1.a) de la Ley 14/2013, de 27 de septiembre, de apoyo a los emprendedores y su internacionalización (BOE núm. 233 de 28 de septiembre) (§2).

Art. 370. *Reactivación de la sociedad disuelta*.- 1. La junta general podrá acordar el retorno de la sociedad disuelta a la vida activa siempre que haya desaparecido la causa de disolución, el patrimonio contable no sea inferior al capital social y no haya comenzado el pago de la cuota de liquidación a los socios. No podrá acordarse la reactivación en los casos de disolución de pleno derecho.

2. El acuerdo de reactivación se adoptará con los requisitos establecidos para la modificación de los estatutos.

3. El socio que no vote a favor de la reactivación tiene derecho a separarse de la sociedad.

4. Los acreedores sociales podrán oponerse al acuerdo de reactivación, en las mismas condiciones y con los mismos efectos previstos en la ley para el caso de reducción del capital.

Véanse arts. 285 a 290, 333 a 337 y 346 y ss. del presente TRLSC, así como art. 242 del RRM (§5).

CAPÍTULO II. La liquidación

Véanse arts. 243 a 245, 247 y 248 RRM (§5).

Sección 1.ª Disposiciones generales

Art. 371. *Sociedad en liquidación*.- 1. La disolución de la sociedad abre el período de liquidación.

2. La sociedad disuelta conservará su personalidad jurídica mientras la liquidación se realiza. Durante ese tiempo deberá añadir a su denominación la expresión «en liquidación».

3. Durante el período de liquidación se observarán las disposiciones de los estatutos en cuanto a la convocatoria y reunión de las juntas generales de socios, a las que darán cuenta los liquidadores de la marcha de la liquidación para que acuerden lo que convenga al interés común, y continuarán aplicándose a la sociedad las demás normas previstas en esta ley que no sean incompatibles con las establecidas en este capítulo.

Art. 372. *Especialidad de la liquidación concursal*.- En caso de apertura de la fase de liquidación en el concurso de acreedores de la sociedad, la liquidación se realizará conforme a lo establecido en el capítulo II del título V de la Ley Concursal.

La remisión a la Ley Concursal habrá que entenderla realizada al Título VIII del Libro primero del TRLC.
Véase art. 361 del presente TRLSC y arts. 406 y ss. del TRLC.

Art. 373. *Intervención del Gobierno en las sociedades anónimas*.- 1. Cuando el Gobierno, a instancia de accionistas que representen, al menos, la quinta parte del capital social, o del personal de la empresa, juzgase conveniente para la economía nacional o para el interés social la continuación de la sociedad anónima, podrá acordarlo así por real decreto, en que se concretará la forma en que ésta habrá de subsistir y las compensaciones que, al ser expropiados de su derecho, han de recibir los accionistas.

2. En todo caso, el real decreto reservará a los accionistas, reunidos en junta general, el derecho a prorrogar la vida de la sociedad y a continuar la explotación de la empresa, siempre que el acuerdo se adopte dentro del plazo de tres meses, a contar de la publicación del real decreto.

Sección 2.ª Los liquidadores

Art. 374. *Cese de los administradores*.- 1. Con la apertura del período de liquidación cesarán en su cargo los administradores, extinguiéndose el poder de representación.

2. Los antiguos administradores, si fuesen requeridos, deberán prestar su colaboración para la práctica de las operaciones de liquidación.

Art. 375. *Los liquidadores*.– 1. Con la apertura del período de liquidación los liquidadores asumirán las funciones establecidas en esta ley, debiendo velar por la integridad del patrimonio social en tanto no sea liquidado y repartido entre los socios.

2. Serán de aplicación a los liquidadores las normas establecidas para los administradores que no se opongan a lo dispuesto en este capítulo.

Art. 376. *Nombramiento de liquidadores*.– 1. Salvo disposición contraria de los estatutos o, en su defecto, en caso de nombramiento de los liquidadores por la junta general de socios que acuerde la disolución de la sociedad, quienes fueren administradores al tiempo de la disolución de la sociedad quedarán convertidos en liquidadores.

2. En los casos en los que la disolución hubiera sido consecuencia de la apertura de la fase de liquidación de la sociedad en concurso de acreedores, no procederá el nombramiento de los liquidadores.

> Artículo redactado de acuerdo con el art. 1º, Veintidós, de la Ley 25/2011, de 1 de agosto, de reforma parcial de la Ley de Sociedades de Capital (...) (Entrada en vigor 2 de octubre 2011).
> Véanse arts. 243 y 245 RRM (§5).

Art. 377. *Cobertura de vacantes*.– 1. En caso de fallecimiento o de cese del liquidador único, de todos los liquidadores solidarios, de alguno de los liquidadores que actúen conjuntamente, o de la mayoría de los liquidadores que actúen colegiadamente, sin que existan suplentes, cualquier socio o persona con interés legítimo podrá solicitar del Letrado de la Administración de Justicia o Registrador mercantil del domicilio social la convocatoria de junta general para el nombramiento de los liquidadores. Además, cualquiera de los liquidadores que permanezcan en el ejercicio del cargo podrá convocar la junta general con ese único objeto.

2. Cuando la junta convocada de acuerdo con el apartado anterior no proceda al nombramiento de liquidadores, cualquier interesado podrá solicitar su designación al Letrado de la Administración de Justicia o Registrador mercantil del domicilio social.

3. La solicitud dirigida al Registrador mercantil se tramitará de acuerdo a lo dispuesto en el Reglamento del Registro Mercantil. La instada ante el Letrado de la Administración de Justicia seguirá los trámites establecidos en la legislación de jurisdicción voluntaria.

4. La resolución por la que se acuerde o rechace el nombramiento, será recurrible ante el Juez de lo Mercantil

> Artículo redactado de acuerdo con la Dis. Final 14ª, Cuatro, de la Ley 15/2015, de 2 de julio, de la Jurisdicción Voluntaria (BOE núm. 158, de 3 de julio).

Art. 378. *Duración del cargo.*- Salvo disposición contraria de los estatutos, los liquidadores ejercerán su cargo por tiempo indefinido.

Art. 379. *Poder de representación.*- 1. Salvo disposición contraria de los estatutos, el poder de representación corresponderá a cada liquidador individualmente.

2. La representación de los liquidadores se extiende a todas aquellas operaciones que sean necesarias para la liquidación de la sociedad.

3. Los liquidadores podrán comparecer en juicio en representación de la sociedad y concertar transacciones y arbitrajes cuando así convenga al interés social.

Art. 380. *Separación de los liquidadores.*- 1. La separación de los liquidadores designados por la junta general, podrá ser acordada por la misma aun cuando no conste en el orden del día. Si los liquidadores hubieran sido designados en los estatutos sociales, el acuerdo deberá ser adoptado con los requisitos de mayoría y, en el caso de sociedades anónimas, de quórum, establecidos para la modificación de los estatutos.

Los liquidadores de la sociedad anónima podrán también ser separados por decisión del Letrado de la Administración de Justicia o Registrador mercantil del domicilio social, mediante justa causa, a petición de accionistas que representen la vigésima parte del capital social.

2. La separación de los liquidadores nombrados por el Letrado de la Administración de Justicia o por Registrador mercantil sólo podrá ser decidida por aquél que los hubiera nombrado, a solicitud fundada de quien acredite interés legítimo.

3. La resolución que se dicte sobre la separación de los liquidadores será recurrible ante el Juez de lo Mercantil

> Artículo redactado de acuerdo con la Dis. Final 14ª, Cuatro, de la Ley 15/2015, de 2 de julio, de la Jurisdicción Voluntaria. (BOE núm. 158, de 3 de julio).

Art. 381. *Interventores.*- 1. En caso de liquidación de sociedades anónimas, los accionistas que representen la vigésima parte del capital social podrán solicitar del Letrado de la Administración de Justicia o del Registrador mercantil del domicilio social la designación de un interventor que fiscalice las operaciones de liquidación.

Si la sociedad hubiera emitido y tuviera en circulación obligaciones, también podrá nombrar un interventor el sindicato de obligacionistas.

2. La solicitud dirigida al Registrador mercantil se tramitará de acuerdo a lo dispuesto en el Reglamento del Registro Mercantil. La instada ante el Letrado de la Administración de Justicia seguirá los trámites establecidos en la legislación de jurisdicción voluntaria.

3. La resolución por la que se acuerde o rechace el nombramiento, será recurrible ante el Juez de lo Mercantil.

Artículo redactado de acuerdo con la Dis. Final 14ª, Cinco, de la Ley 15/2015, de 2 de julio, de la Jurisdicción Voluntaria (BOE núm. 158, de 3 de julio). Véanse arts. 244 y 245 RRM (§5).

Art. 382. *Intervención pública en la liquidación de la sociedad anónima*.– En las sociedades anónimas, cuando el patrimonio que haya de ser objeto de liquidación y división sea cuantioso, estén repartidas entre gran número de tenedores las acciones o las obligaciones, o la importancia de la liquidación por cualquier otra causa lo justifique, podrá el Gobierno designar persona que se encargue de intervenir y presidir la liquidación de la sociedad y de velar por el cumplimiento de las leyes y del estatuto social.

Sección 3.ª Las operaciones de liquidación

Art. 383. *Deber inicial de los liquidadores*.– En el plazo de tres meses a contar desde la apertura de la liquidación, los liquidadores formularán un inventario y un balance de la sociedad con referencia al día en que se hubiera disuelto.

Art. 384. *Operaciones sociales*.– A los liquidadores corresponde concluir las operaciones pendientes y realizar las nuevas que sean necesarias para la liquidación de la sociedad.

Art. 385. *Cobro de los créditos y pago de las deudas sociales*.– 1. A los liquidadores corresponde percibir los créditos sociales y pagar las deudas sociales.

2. En las sociedades anónimas y comanditarias por acciones, los liquidadores deberán percibir los desembolsos pendientes que estuviesen acordados al tiempo de iniciarse la liquidación. También podrán exigir otros desembolsos pendientes hasta completar el importe nominal de las acciones en la cuantía necesaria para satisfacer a los acreedores.

Art. 386. *Deberes de llevanza de la contabilidad y de conservación*.– Los liquidadores deberán llevar la contabilidad de la sociedad, así como llevar y custodiar los libros, la documentación y correspondencia de ésta.

Art. 387. *Deber de enajenación de bienes sociales*.– Los liquidadores deberán enajenar los bienes sociales.

El art. 1º, Veintitrés, de la Ley 25/2011, de 1 de agosto, de reforma parcial de la Ley de Sociedades de Capital (...) (Entrada en vigor 2 de octubre 2011) suprime el apartado 2 que tenía este artículo, quedando el apartado primero como único párrafo del artículo.

Art. 388. *Deber de información a los socios*.– 1. Los liquidadores harán llegar periódicamente a conocimiento de los socios y de los acreedores el estado de la liquidación por los medios que en cada caso se reputen más eficaces.

2. Si la liquidación se prolongase por un plazo superior al previsto para la aprobación de las cuentas anuales, los liquidadores presentarán a la junta general, dentro de los seis primeros meses de cada ejercicio, las cuentas anuales de la sociedad y un informe pormenorizado que permitan apreciar con exactitud el estado de la liquidación.

> Apartado 2 redactado de acuerdo con el art. 1º, Veinticuatro, de la Ley 25/2011, de 1 de agosto, de reforma parcial de la Ley de Sociedades de Capital (...) (Entrada en vigor 2 de octubre 2011).
> Véase art. 383 del presente TRLSC.

Art. 389. *Sustitución de los liquidadores por duración excesiva de la liquidación.*– 1. Transcurridos tres años desde la apertura de la liquidación sin que se haya sometido a la aprobación de la junta general el balance final de liquidación, cualquier socio o persona con interés legítimo podrá solicitar del Letrado de la Administración de Justicia o Registrador mercantil del domicilio social la separación de los liquidadores.

2. El Letrado de la Administración de Justicia o Registrador mercantil, previa audiencia de los liquidadores, acordará la separación si no existiere causa que justifique la dilación y nombrará liquidadores a la persona o personas que tenga por conveniente, fijando su régimen de actuación.

3. La resolución que se dicte sobre la revocación del auditor será recurrible ante el Juez de lo Mercantil.

> Artículo redactado de acuerdo con la Dis. Final 14ª, Cinco, de la Ley 15/2015, de 2 de julio, de la Jurisdicción Voluntaria (BOE núm. 158, de 3 de julio).

Art. 390. *Balance final de liquidación.*– 1. Concluidas las operaciones de liquidación, los liquidadores someterán a la aprobación de la junta general un balance final, un informe completo sobre dichas operaciones y un proyecto de división entre los socios del activo resultante.

2. El acuerdo aprobatorio podrá ser impugnado por los socios que no hubieran votado a favor del mismo, en el plazo de dos meses a contar desde la fecha de su adopción. Al admitir la demanda de impugnación, el juez acordará de oficio la anotación preventiva de la misma en el Registro Mercantil.

Sección 4.ª La división del patrimonio social

Art. 391. *División del patrimonio social.*– 1. La división del patrimonio resultante de la liquidación se practicará con arreglo a las normas que se hubiesen establecido en los estatutos o, en su defecto, a las fijadas por la junta general.

2. Los liquidadores no podrán satisfacer la cuota de liquidación a los socios sin la previa satisfacción a los acreedores del importe de sus créditos o sin consignarlo en una entidad de crédito del término municipal en que radique el domicilio social.

Art. 392. *El derecho a la cuota de liquidación*.- 1. Salvo disposición contraria de los estatutos sociales, la cuota de liquidación correspondiente a cada socio será proporcional a su participación en el capital social.

2. En las sociedades anónimas y comanditarias por acciones, si todas las acciones no se hubiesen liberado en la misma proporción, se restituirá en primer término a los accionistas que hubiesen desembolsado mayores cantidades el exceso sobre la aportación del que hubiese desembolsado menos y el resto se distribuirá entre los accionistas en proporción al importe nominal de sus acciones.

Art. 393. *Contenido del derecho a la cuota de liquidación*.- 1. Salvo acuerdo unánime de los socios, éstos tendrán derecho a percibir en dinero la cuota resultante de la liquidación.

2. Los estatutos podrán establecer en favor de alguno o varios socios el derecho a que la cuota resultante de la liquidación les sea satisfecha mediante la restitución de las aportaciones no dinerarias realizadas o mediante la entrega de otros bienes sociales, si subsistieren en el patrimonio social, que serán apreciadas en su valor real al tiempo de aprobarse el proyecto de división entre los socios del activo resultante.

En este caso, los liquidadores deberán enajenar primero los demás bienes sociales y si, una vez satisfechos los acreedores, el activo resultante fuere insuficiente para satisfacer a todos los socios su cuota de liquidación, los socios con derecho a percibirla en especie deberán pagar previamente en dinero a los demás socios la diferencia que corresponda.

Art. 394. *El pago de la cuota de liquidación*.- 1. Transcurrido el término para impugnar el balance final de liquidación sin que contra él se hayan formulado reclamaciones o firme la sentencia que las hubiese resuelto, se procederá al pago de la cuota de liquidación a los socios. Cuando existan créditos no vencidos se asegurará previamente el pago.

2. Las cuotas de liquidación no reclamadas en el término de los noventa días siguientes al acuerdo de pago se consignarán en la caja General de Depósitos, a disposición de sus legítimos dueños.

Sección 5.ª La extinción de la sociedad

Véase arts. 247 RRM (§5) y 485 del presente TRLC.

Art. 395. *Escritura pública de extinción de la sociedad*.- 1. Los liquidadores otorgarán escritura pública de extinción de la sociedad que contendrá las siguientes manifestaciones:

a) Que ha transcurrido el plazo para la impugnación del acuerdo de aprobación del balance final sin que se hayan formulado impugnaciones o que ha alcanzado firmeza la sentencia que las hubiera resuelto.

b) Que se ha procedido al pago de los acreedores o a la consignación de sus créditos.

c) Que se ha satisfecho a los socios la cuota de liquidación o consignado su importe.

2. A la escritura pública se incorporarán el balance final de liquidación y la relación de los socios, en la que conste su identidad y el valor de la cuota de liquidación que les hubiere correspondido a cada uno.

Art. 396. *Cancelación de los asientos registrales.*- 1. La escritura pública de extinción se inscribirá en el Registro Mercantil.

2. En la inscripción se transcribirá el balance final de liquidación y se hará constar la identidad de los socios y el valor de la cuota de liquidación que hubiere correspondido a cada uno de ellos, y se expresará que quedan cancelados todos los asientos relativos a la sociedad.

3. Los liquidadores depositarán en el Registro Mercantil los libros y documentos de la sociedad extinguida.

> Véanse arts. 247 RRM (§5) y 22.1.a) de la Ley 14/2013, de 27 de septiembre, de apoyo a los emprendedores y su internacionalización (BOE núm. 233 de 28 de septiembre) (§2).

Art. 397. *Exigencia de responsabilidad a los liquidadores tras la cancelación de la sociedad.*- Los liquidadores serán responsables ante los socios y los acreedores de cualquier perjuicio que les hubiesen causado con dolo o culpa en el desempeño de su cargo.

> Artículo redactado de acuerdo con el art. 1°, Veinticinco, de la Ley 25/2011, de 1 de agosto, de reforma parcial de la Ley de Sociedades de Capital (...) (Entrada en vigor 2 de octubre 2011).

Sección 6.ª Activo y pasivo sobrevenidos

Véase arts. 248 RRM (§5).

Art. 398. *Activo sobrevenido.*- 1. Cancelados los asientos relativos a la sociedad, si aparecieran bienes sociales los liquidadores deberán adjudicar a los antiguos socios la cuota adicional que les corresponda, previa conversión de los bienes en dinero cuando fuere necesario.

2. Transcurridos seis meses desde que los liquidadores fueren requeridos para dar cumplimiento a lo establecido en el apartado anterior, sin que hubieren adjudicado a

los antiguos socios la cuota adicional, o en caso de defecto de liquidadores, cualquier interesado podrá solicitar del juez del último domicilio social el nombramiento de persona que los sustituya en el cumplimiento de sus funciones.

Art. 399. *Pasivo sobrevenido*.- 1. Los antiguos socios responderán solidariamente de las deudas sociales no satisfechas hasta el límite de lo que hubieran recibido como cuota de liquidación.

2. La responsabilidad de los socios se entiende sin perjuicio de la responsabilidad de los liquidadores.

Art. 400. *Formalización de actos jurídicos tras la cancelación de la sociedad*.- 1. Para el cumplimiento de requisitos de forma relativos a actos jurídicos anteriores a la cancelación de los asientos de la sociedad, o cuando fuere necesario, los antiguos liquidadores podrán formalizar actos jurídicos en nombre de la sociedad extinguida con posterioridad a la cancelación registral de ésta.

2. En defecto de liquidadores, cualquier interesado podrá solicitar la formalización por el juez del domicilio que hubiere tenido la sociedad.

TÍTULO XI. Las obligaciones

Véanse arts. 310 a 319 RRM (§5) y Cap. II del Título III de la LMVySI (§3).
Véase Disp. Adicional 5.ª de la Ley 5/2015, de 27 de abril, de Fomento a la financiación empresaria y las notas que le acompañan, en relación con el régimen aplicable a las emisiones de obligaciones realizadas por sociedades distintas de las sociedades de capital, asociaciones u otras personas jurídicas.

CAPÍTULO I. La emisión de las obligaciones

Art. 401. *Sociedad emisora*.- 1. Las sociedades de capital podrán emitir y garantizar series numeradas de obligaciones u otros valores que reconozcan o creen una deuda.

2. El importe total de las emisiones de la sociedad limitada no podrá ser superior al doble de sus recursos propios, salvo que la emisión esté garantizada con hipoteca, con prenda de valores, con garantía pública o con un aval solidario de entidad de crédito.

En el caso de que la emisión esté garantizada con aval solidario de sociedad de garantía recíproca, el límite y demás condiciones del aval quedarán determinados por la capacidad de garantía de la sociedad en el momento de prestarlo, de acuerdo con su normativa específica.

Las obligaciones previstas en los artículos 67 a 72 resultarán de aplicación a los aumentos de capital mediante aportaciones no dinerarias que se realicen por sociedades limitadas que tengan obligaciones u otros valores que reconozcan o creen deuda en circulación.

La sociedad de responsabilidad limitada no podrá en ningún caso emitir ni garantizar obligaciones convertibles en participaciones sociales.

3. Salvo lo establecido en leyes especiales, los valores que reconozcan o creen una deuda emitidos por sociedad anónima y sociedad de responsabilidad limitada quedarán sometidos al régimen establecido para las obligaciones en el presente título.

> Artículo redactado de acuerdo con el art. 45, Uno, de la Ley 5/2015, de 27 de abril, de fomento de la financiación empresarial (BOE núm. 101, de 28 de abril).
> Véase art. 510 del presente TRLSC.

Art. 402. *Prohibición legal*.- [DEROGADO]

> Artículo derogado por la letra g) de la Disp. Derogatoria de la Ley 5/2015, de 27 de abril, de fomento de la financiación empresarial (BOE núm. 101, de 28 de abril).

Art. 403. *Condiciones de la emisión*.- En los supuestos que prevea la legislación especial aplicable a las emisiones de obligaciones u otros valores que reconozcan o creen deuda, será necesaria la constitución de una asociación de defensa o sindicato de obligacionistas y la designación, por la sociedad, de una persona que, con el nombre de comisario, concurra al otorgamiento del contrato de emisión en nombre de los futuros obligacionistas, de acuerdo con lo establecido en los artículos 419 a 429.

> Artículo redactado de acuerdo con el art. 45, Dos, de la Ley 5/2015, de 27 de abril, de fomento de la financiación empresarial (BOE núm. 101, de 28 de abril).

Art. 404. *Garantías de la emisión*.- 1. La total emisión podrá garantizarse a favor de los titulares presentes y futuros de los valores, especialmente:

a) Con hipoteca mobiliaria o inmobiliaria.

b) Con prenda de valores, que deberán ser depositados en entidad de crédito.

c) Con prenda sin desplazamiento.

d) Con garantía del Estado, de comunidad autónoma, provincia o municipio.

e) Con aval solidario de entidad de crédito.

f) Con el aval solidario de una sociedad de garantía recíproca inscrita en el registro especial del Ministerio de Economía y Hacienda.

2. Además de las garantías mencionadas, los obligacionistas podrán hacer efectivos los créditos sobre los demás bienes, derechos y acciones de la entidad deudora.

Art. 405. *De la emisión de obligaciones en el extranjero por sociedad española*.- 1. Las sociedades españolas podrán emitir en el extranjero obligaciones u otros títulos de deuda.

2. La ley española determinará la capacidad, el órgano competente y las condiciones de adopción del acuerdo de emisión.

3. La ley a la cual se haya sometido la emisión regirá los derechos de los obligacionistas frente al emisor, sus formas de organización colectiva y el régimen del reembolso y amortización de las obligaciones.

4. En el caso de obligaciones convertibles, el contenido del derecho de conversión se regirá por la ley extranjera que rija la emisión, pero siempre dentro de los límites establecidos por la sociedad española como ley rectora de la sociedad.

La ley española determinará el valor al que se pueden emitir obligaciones, los límites a la conversión y el régimen de exclusión del derecho de suscripción preferente.

> Artículo redactado de acuerdo con el art. 45, Tres, de la Ley 5/2015, de 27 de abril, de fomento de la financiación empresarial (BOE núm. 101, de 28 de abril).

Art. 406. *Competencia del órgano de administración*.- 1. Salvo disposición contraria de los Estatutos y sin perjuicio de lo previsto en el apartado siguiente, el órgano de administración será competente para acordar la emisión y la admisión a negociación de obligaciones, así como para acordar el otorgamiento de garantías de la emisión de obligaciones.

2. La junta general de accionistas será competente para acordar la emisión de obligaciones convertibles en acciones o de obligaciones que atribuyan a los obligacionistas una participación en las ganancias sociales.

> Artículo redactado de acuerdo con el art. 45, Cuatro, de la Ley 5/2015, de 27 de abril, de fomento de la financiación empresarial (BOE núm. 101, de 28 de abril).

Art. 407. *Escritura pública*.- 1. La emisión de obligaciones se hará constar en escritura pública que será otorgada por representante de la sociedad y por una persona que, con el nombre decomisario, represente a los futuros obligacionistas.

2. La escritura pública de emisión deberá contener las siguientes menciones:

a) La identidad, el objeto social y el capital de la sociedad emisora, con expresión de si está íntegramente desembolsado. Si tuviera obligaciones en circulación, se harán constar aquellas emisiones de obligaciones que estén total o parcialmente pendientes de amortización, de conversión o de canje, con expresión del importe.

b) La expresión del órgano que hubiera acordado la emisión y la fecha en que se hubiera adoptado el acuerdo.

c) El importe total de la emisión y el número de obligaciones que la integran, con expresión de si se representan por medio de títulos, por medio de anotaciones en cuenta o mediante sistemas basados en tecnología de registros distribuidos.

d) El valor nominal de las obligaciones que se emiten, así como los intereses que devenguen o la fórmula para determinar el tipo, las primas, los lotes y demás ventajas si los tuviere.

e) El reglamento de organización y funcionamiento del sindicato de obligacionistas y de sus relaciones con la sociedad emisora.

f) El régimen de amortización de las obligaciones, con expresión de las condiciones y de los plazos en que tenga lugar.

3. Si se emitieran obligaciones especialmente garantizadas, la escritura expresará, además, las garantías de la emisión. Si las garantías fueran reales, se identificará el bien sobre el que se hubiera constituido la garantía con expresión del Registro público en el que se hubiera inscrito la garantía y la fecha de inscripción o la entidad depositaria de los bienes o derechos pignorados y la fecha de la pignoración. Si las garantías fueran personales, el garante deberá concurrir al otorgamiento de la escritura de emisión.

> Art. redactado de acuerdo con la disposición final 6.ª, Dos, de la LMVySI (§3).
> Véanse arts. 310 y 311 del RRM ((§5).

Art. 408. *Anuncio de la emisión*.- [DEROGADO]

> Artículo derogado por la letra g) de la Disp. Derogatoria de la Ley 5/2015, de 27 de abril, de fomento de la financiación empresarial (BOE núm. 101, de 28 de abril).

Art. 409. *Suscripción*.- La suscripción de las obligaciones implica para cada obligacionista la ratificación plena del contrato de emisión y, en su caso, su adhesión al sindicato.

> Artículo redactado de acuerdo con el art. 45, Seis, de la Ley 5/2015, de 27 de abril, de fomento de la financiación empresarial (BOE núm. 101, de 28 de abril).

Art. 410. Régimen de prelación.- [DEROGADO]

> Artículo derogado por la letra g) de la Disp. Derogatoria de la Ley 5/2015, de 27 de abril, de fomento de la financiación empresarial (BOE núm. 101, de 28 de abril).

Art. 411. *Reducción del capital y reservas*.- 1. Salvo que la emisión estuviera garantizada con hipoteca, con prenda de valores, con garantía pública o con aval solidario de entidad de crédito, se precisará el consentimiento del sindicato de obligacionistas para reducir la cifra del capital social o el importe de las reservas, de modo que se disminuya la proporción inicial entre la suma de éstos y la cuantía de las obligaciones pendientes de amortizar.

2. El consentimiento del sindicato de obligacionistas no será necesario cuando simultáneamente se aumente el capital de la sociedad con cargo a las cuentas de regularización y actualización de balances o a las reservas.

CAPÍTULO II. Representación de las obligaciones

Art. 412. *Representación de las obligaciones*.- 1. Las obligaciones podrán representarse por medio de títulos o por medio de anotaciones en cuenta.

2. Las obligaciones representadas por medio de títulos podrán ser nominativas o al portador, tendrán fuerza ejecutiva y serán transferibles con sujeción a las disposiciones del Código de Comercio y a las leyes aplicables.

3. Las obligaciones representadas por medio de anotaciones en cuenta se regirán por la normativa reguladora del mercado de valores.

> Sobre la representación por medio de anotaciones en cuenta, véanse arts. 6 a 15 de la LMVySI (§3).

Art. 413. *Título de la obligación*.– Los títulos de una emisión deberán ser iguales y contener:

a) Su designación específica.

b) Las características de la sociedad emisora y, en especial, el lugar en que ésta ha de pagar.

c) La fecha de la escritura de emisión y la designación del notario y protocolo respectivo.

d) El importe de la emisión, en euros.

e) El número, valor nominal, intereses, vencimientos, primas y lotes del título, si los tuviere.

f) Las garantías de la emisión.

g) La firma por lo menos, de un administrador.

CAPÍTULO III. Obligaciones convertibles

Art. 414. *Requisitos de la emisión*.– 1. La sociedad podrá emitir obligaciones convertibles en acciones, siempre que la junta general determine las bases y las modalidades de la conversión y acuerde aumentar el capital en la cuantía necesaria.

2. Los administradores deberán redactar con anterioridad a la convocatoria de la junta un informe que explique las bases y modalidades de la conversión, que deberá ser acompañado por otro de un auditor de cuentas, distinto al auditor de la sociedad, designado a tal efecto por el Registro Mercantil.

> Véase para las sociedades anónimas cotizadas art. 510 del presente TRLSC.

Art. 415. *Prohibiciones legales*.– 1. Las obligaciones convertibles no pueden emitirse por una cifra inferior a su valor nominal.

2. Las obligaciones convertibles no pueden ser convertidas en acciones cuando el valor nominal de aquéllas sea inferior al de éstas.

Art. 416. *Derecho de suscripción preferente*.– 1. Los accionistas de la sociedad tendrán derecho de suscripción preferente de las obligaciones convertibles.

2. El derecho de suscripción preferente de las obligaciones convertibles en acciones se regirá por lo dispuesto en los artículos 304 a 306.

Art. 417. *Supresión del derecho de suscripción preferente*.- 1. Con los requisitos establecidos para la modificación de los estatutos sociales, la junta general, al decidir la emisión de obligaciones convertibles, podrá acordar la supresión total o parcial del derecho de preferencia de los socios en los casos en que el interés de la sociedad así lo exija.

2. Para que sea válido el acuerdo de exclusión del derecho de preferencia será necesario:

a) Que en el informe de los administradores se justifique detalladamente la propuesta.

b) Que en el informe del *experto independiente* se contenga un juicio técnico sobre la razonabilidad de los datos contenidos en el informe de los administradores y sobre la idoneidad de la relación de conversión, y, en su caso, de sus fórmulas de ajuste, para compensar una eventual dilución de la participación económica de los accionistas.

c) Que en la convocatoria de la junta se hayan hecho constar la propuesta de supresión del derecho de preferencia.

> Apartado 2 b) redactado de acuerdo con Disp. Final 4.ª, Dieciocho, de la Ley 22/2015, de 20 de julio, de Auditoría de Cuentas, con entrada en vigor el 1 de enero de 2016 de acuerdo con el apartado 3.d) de la Disp. Final 14ª de la citada Ley. La modificación consiste en la sustitución de la anterior expresión «auditor de cuentas» por la de «experto independiente» (en cursiva en el texto).
> Véanse arts. 285 y ss. y cfr. con art. 308 del presente TRLSC.
> Para las sociedades anónimas cotizadas véase arts. 510 y 511 del presente TRLSC.

Art. 418. *Conversión*.- 1. Salvo que la junta general hubiere establecido otro procedimiento al acordar la emisión, los obligacionistas podrán solicitar en cualquier momento la conversión. En este caso, dentro del primer mes de cada semestre los administradores emitirán las acciones que correspondan a los obligacionistas que hayan solicitado la conversión durante el semestre anterior e inscribirán durante el siguiente mes en el Registro Mercantil el aumento de capital correspondiente a las acciones emitidas.

2. En cualquier caso, la junta general deberá señalar el plazo máximo para que pueda llevarse a efecto la conversión.

En tanto ésta sea posible, si se produce un aumento de capital con cargo a reservas o se reduce el capital por pérdidas, deberá modificarse la relación de cambio de las obligaciones por acciones, en proporción a la cuantía del aumento o de la reducción de forma que afecte de igual manera a los accionistas y a los obligacionistas.

3. La junta general no podrá acordar la reducción de capital mediante restitución de sus aportaciones a los accionistas o condonación de los dividendos pasivos, en tanto existan obligaciones convertibles, a no ser que, con carácter previo y suficientes garantías, se ofrezca a los obligacionistas la posibilidad de realizar la conversión.

CAPÍTULO IV. El sindicato de obligacionistas

Véase art. 42 de la LMVySI (§3).

Art. 419. *Constitución del sindicato*.– El sindicato de obligacionistas quedará constituido, una vez que se inscriba la escritura de emisión, entre los adquirentes de las obligaciones a medida que vayan recibiendo los títulos o practicándose las anotaciones.

Art. 420. *Gastos del sindicato*.– Los gastos normales que ocasione el sostenimiento del sindicato correrán a cargo de la sociedad emisora, sin que en ningún caso puedan exceder del dos por ciento de los intereses anuales devengados por las obligaciones emitidas.

Art. 421. *Comisario*.– 1. Acordada la emisión de las obligaciones, la sociedad emisora procederá al nombramiento de comisario, que deberá ser persona física o jurídica con reconocida experiencia en materias jurídicas o económicas. La sociedad emisora fijará la retribución del comisario.

2. El comisario tutelará los intereses comunes de los obligacionistas y, además de las facultades que le hayan sido conferidas en la escritura de emisión, tendrá las que le atribuya la asamblea general de obligacionistas.

3. El comisario establecerá el reglamento interno del sindicato, ajustándose en lo previsto al régimen establecido en la escritura de emisión.

4. El comisario será el representante legal del sindicato de obligacionistas, así como el órgano de relación entre la sociedad y los obligacionistas. Como tal, podrá asistir, con voz y sin voto, a las deliberaciones de la junta general de la sociedad emisora, informar a ésta de los acuerdos del sindicato y requerir de la misma los informes que, a su juicio, o al de la asamblea de obligacionistas, interesen a éstos.

5. El comisario presenciará los sorteos que hubieren de celebrarse, tanto para la adjudicación como para la amortización de las obligaciones, y vigilará el reembolso del nominal y el pago de los intereses.

6. El comisario podrá ejercitar en nombre del sindicato las acciones que correspondan contra la sociedad emisora, contra los administradores o liquidadores y contra quienes hubieran garantizado la emisión.

7. El comisario responderá frente a los obligacionistas y, en su caso, frente a la sociedad de los daños que cause por los actos realizados en el desempeño de su cargo sin la diligencia profesional con que debe ejercerlo.

Artículo redactado de acuerdo con el art. 45, Siete, de la Ley 5/2015, de 27 de abril, de fomento de la financiación empresarial (BOE núm. 101, de 28 de abril).

Art. 422. *Facultad y obligación de convocar la asamblea*.- 1. La asamblea general de obligacionistas podrá ser convocada por los administradores de la sociedad o por el comisario. Éste, además, deberá convocarla siempre que lo soliciten obligacionistas que representen, por los menos, la vigésima parte de las obligaciones emitidas y no amortizadas.

2. El comisario podrá requerir la asistencia de los administradores de la sociedad y éstos asistir aunque no hubieren sido convocados.

3. Si el comisario no atiende oportunamente la solicitud de convocatoria de la asamblea efectuada por los obligacionistas a que se refiere el apartado 1, podrá realizarse la convocatoria, previa audiencia del comisario, por el Letrado de la Administración de Justicia o por el Registrador mercantil del domicilio social.

El Letrado de la Administración de Justicia procederá a convocar la asamblea general de obligacionistas de conformidad con lo establecido en la legislación de jurisdicción voluntaria.

El Registrador mercantil procederá a convocar la asamblea general en la forma contemplada en el Reglamento del Registro Mercantil.

Contra el decreto o resolución por la que se acuerde la convocatoria de la asamblea general de obligacionistas no cabrá recurso alguno.

Artículo redactado de acuerdo con la Dis. Final 14ª, Seis, de la Ley 15/2015, de 2 de julio, de la Jurisdicción Voluntaria (BOE núm. 158, de 3 de julio).

Art. 423. *Forma de convocatoria*.- La convocatoria de la asamblea general de obligacionistas se hará en la forma prevista en el reglamento del sindicato, que debe asegurar su conocimiento por los obligacionistas.

Artículo redactado de acuerdo con el art. 45, Ocho, de la Ley 5/2015, de 27 de abril, de fomento de la financiación empresarial (BOE núm. 101, de 28 de abril).

Art. 424. *Competencia de la asamblea*.- La asamblea de obligacionistas, debidamente convocada, se presume facultada para acordar lo necesario a la mejor defensa de los legítimos intereses de los obligacionistas frente a la sociedad emisora, modificar, de acuerdo con la misma, las garantías establecidas, destituir o nombrar al comisario, ejercer, cuando proceda, las acciones judiciales correspondientes y aprobar los gastos ocasionados por la defensa de los intereses comunes.

Art. 424 bis. *Asistencia.-* 1. Los obligacionistas podrán asistir personalmente o hacerse representar por medio de otro obligacionista. En ningún caso podrán hacerse representar por los administradores de la sociedad, aunque sean obligacionistas.

2. El comisario deberá asistir a la asamblea general de obligacionistas, aunque no la hubiera convocado.

> Artículo redactado de acuerdo con el art. 45, Nueve, de la Ley 5/2015, de 27 de abril, de fomento de la financiación empresarial (BOE núm. 101, de 28 de abril).

Art. 424 ter. *Derecho de voto.-* Cada obligación conferirá al obligacionista un derecho de voto proporcional al valor nominal no amortizado de las obligaciones de que sea titular.

> Artículo redactado de acuerdo con el art. 45, Diez, de la Ley 5/2015, de 27 de abril, de fomento de la financiación empresarial (BOE núm. 101, de 28 de abril).

Art. 425. *Adopción de acuerdos.-* 1. Los acuerdos se adoptarán por mayoría absoluta de los votos emitidos. Por excepción, las modificaciones del plazo o de las condiciones del reembolso del valor nominal, de la conversión o del canje requerirán el voto favorable de las dos terceras partes de las obligaciones en circulación.

2. Los acuerdos adoptados por la asamblea general de obligacionistas vincularán a todos los obligacionistas, incluso a los no asistentes y a los disidentes.

> Artículo redactado de acuerdo con el art. 45, Once, de la Ley 5/2015, de 27 de abril, de fomento de la financiación empresarial (BOE núm. 101, de 28 de abril).

Art. 426. *Acciones individuales.-* Las acciones judiciales o extrajudiciales que correspondan a los obligacionistas podrán ser ejercitadas individual o separadamente cuando no contradigan los acuerdos del sindicato, dentro de su competencia y sean compatibles con las facultades que al mismo se hubiesen conferido.

Art. 427. *Impugnación de los acuerdos de la asamblea general de obligacionistas.-* Los acuerdos de la asamblea general de obligacionistas podrán ser impugnados por los obligacionistas conforme a lo dispuesto en esta Ley, para la impugnación de los acuerdos sociales.

> Artículo redactado de acuerdo con el art. 45, Doce, de la Ley 5/2015, de 27 de abril, de fomento de la financiación empresarial (BOE núm. 101, de 28 de abril).
> Véanse arts. 204 a 208 del presente TRLSC.

Art. 428. *Intervención.-* Cuando la sociedad haya retrasado en más de seis meses el pago de los intereses vencidos o la amortización del principal, el comisario podrá proponer al consejo la suspensión de cualquiera de los administradores y convocar la junta general de accionistas, si aquéllos no lo hicieren cuando estimen que deben ser sustituidos.

Artículo redactado de acuerdo con el art. 45, Trece, de la Ley 5/2015, de 27 de abril, de fomento de la financiación empresarial (BOE núm. 101, de 28 de abril).

Art. 429. *Ejecución de garantías*.- Si la emisión se hubiera garantizado con hipoteca o con prenda y la sociedad hubiera demorado el pago de intereses por más de seis meses, el comisario, previo acuerdo de la asamblea general de obligacionistas, podrá ejecutar los bienes que constituyan la garantía para hacer pago del principal con los intereses vencidos.

CAPÍTULO V. Reembolso y rescate de las obligaciones

Art. 430. *Rescate*.- La sociedad podrá rescatar las obligaciones emitidas:

a) Por amortización o por pago anticipado, de acuerdo con las condiciones de la escritura de emisión.

b) Como consecuencia de los convenios celebrados entre la sociedad y el sindicato de obligacionistas.

c) Por adquisición en bolsa, al efecto de amortizarlas.

d) Por conversión en acciones, de acuerdo con los titulares.

Art. 431. *Repetición de intereses*.- Los intereses de las obligaciones amortizadas que el obligacionista cobre de buena fe no podrán ser objeto de repetición por la sociedad emisora.

Art. 432. *Reembolso*.- 1. La sociedad deberá satisfacer el importe de las obligaciones en el plazo convenido, con las primas, lotes y ventajas que en la escritura de emisión se hubiesen fijado.

2. Igualmente estará obligada a celebrar los sorteos periódicos en los términos y forma previstos por el cuadro de amortización, con intervención del comisario y siempre en presencia de notario, que levantará el acta correspondiente.

La falta de cumplimiento de esta obligación autorizará a los acreedores para reclamar el reembolso anticipado de las obligaciones.

Art. 433. *Cancelación de garantías*.- 1. Para cancelar total o parcialmente las garantías de la emisión, si las obligaciones se hallan representadas por medio de títulos, será necesario presentar y estampillar aquellos o inutilizarlos, sustituyéndolos por otros, de acuerdo con lo establecido para la sustitución de los títulos en el artículo 117, cuando subsista el crédito sin la garantía.

Si se hallan representadas por medio de anotaciones en cuenta será preciso devolver los certificados expedidos por las entidades encargadas de los registros contables de anotaciones en cuenta y practicar el consiguiente asiento de modificación en el correspondiente registro.

2. Exceptúase el caso de que el rescate hubiera sido realizado como consecuencia de los convenios celebrados entre la sociedad y el sindicato de obligacionistas, si el acuerdo de cancelación hubiera sido válidamente adoptado por mayoría y el sindicato no pudiera presentar todos los títulos.

Véase art. 14 LMVySI (§3).

TÍTULO XII. Sociedad nueva empresa [DEROGADO]

Título XII (arts. 434 a 454) derogados de acuerdo con el art. 2, seis, de la Ley 18/2022, de 28 de septiembre, de creación y crecimiento de empresas (BOE núm. 234, de 29 septiembre) (entrada en vigor el 19 de octubre de 2022).

La Disp. Transitoria 3.ª de esta Ley 18/2022, de 28 de septiembre, establece que «las sociedades nueva empresa existentes a la entrada en vigor de esta Ley se regirán por las disposiciones reguladoras de las sociedades de responsabilidad limitada y utilizarán la denominación SRL».

Arts. 434 a 454. [DEROGADOS]

TÍTULO XIII. Sociedad anónima europea

CAPÍTULO I. DISPOSICIONES GENERALES

Art. 455. *Régimen de la sociedad anónima europea*.– La sociedad anónima europea (SE) que tenga su domicilio en España se regirá por lo establecido en el Reglamento (CE) núm. 2157/2001 del Consejo, de 8 de octubre de 2001, por las disposiciones de este título y por la ley que regula la implicación de los trabajadores en las sociedades anónimas europeas.

La ley a que hace referencia este artículo es la Ley 31/2006, de 18 de octubre, sobre implicación de los trabajadores en las sociedades anónimas y cooperativas europeas.

Art. 456. *Prohibición de identidad de denominaciones*.– No se podrá inscribir en el Registro Mercantil una sociedad anónima europea que vaya a tener su domicilio en España cuya denominación sea idéntica a la de otra sociedad española preexistente.

Art. 457. *Inscripción y publicación de los actos relativos a la sociedad anónima europea*.– 1. En el Registro Mercantil se depositará el proyecto de constitución de una sociedad anónima europea que vaya a tener su domicilio en España.

2. La constitución y demás actos inscribibles de una sociedad anónima europea que tenga su domicilio en España se inscribirán en el Registro Mercantil conforme a lo dispuesto para las sociedades anónimas.

3. Los actos y datos de una sociedad anónima europea con domicilio en España deberán hacerse públicos en los casos y forma previstos en las disposiciones generales aplicables a las sociedades anónimas.

Véanse arts. 131 bis, 224 bis y 226 bis RRM (§5).

CAPÍTULO II. Domicilio social y su traslado a otro Estado miembro

Art. 458. *Domicilio social*.– La sociedad anónima europea deberá fijar su domicilio en España cuando su administración central se halle dentro del territorio español.

Art. 459. *Discordancia entre domicilio registral y domicilio real*.– Cuando una sociedad anónima europea domiciliada en España deje de tener su administración central en España debe regularizar su situación en el plazo de un año, bien volviendo a implantar su administración central en España, bien trasladando su domicilio social al Estado miembro en el que tenga su administración central.

Art. 460. *Procedimiento de la regularización*.– Las sociedades anónimas europeas que se encuentren en el supuesto descrito en el artículo anterior que no regularicen la situación en el plazo de un año, se deberán disolver conforme al régimen general previsto en esta ley, pudiendo el Gobierno designar a la persona que se encargue de intervenir y presidir la liquidación y de velar por el cumplimiento de la leyes y del estatuto social.

Art. 461. *Protección de los socios*.– En el caso de que una sociedad anónima europea con domicilio en España acuerde su traslado a otro Estado miembro de la Unión Europea, los accionistas que voten en contra del acuerdo de cambio de domicilio podrán ejercer el derecho de enajenación de sus acciones conforme a lo dispuesto en el libro primero del Real Decreto-ley 5/2023, de 28 de junio, por el que se adoptan y prorrogan determinadas medidas de respuesta a las consecuencias económicas y sociales de la Guerra de Ucrania, de apoyo a la reconstrucción de la isla de La Palma y a otras situaciones de vulnerabilidad; de transposición de Directivas de la Unión Europea en materia de modificaciones estructurales de sociedades mercantiles y conciliación de la vida familiar y la vida profesional de los progenitores y los cuidadores; y de ejecución y cumplimiento del Derecho de la Unión Europea, cuando los socios vayan a quedar sometidos a una ley extranjera.

Art. modificado por la Disp. final 3.ª, Cinco, del RD-L 5/2023, de 28 de junio, (…), de transposición de Directivas de la Unión Europea en materia de modificaciones estructurales de sociedades mercantiles (…) y de ejecución y cumplimiento del Derecho de la Unión Europea (BOE núm. 154, de 29 de junio).

Art. 462. *Protección de los acreedores*.– En los supuestos de modificaciones estructurales intraeuropeas, los acreedores cuyo crédito haya nacido antes de la fecha de publicación del proyecto de traslado del domicilio social a otro Estado miembro tendrán los derechos previstos en libro primero del Real Decreto-ley 5/2023, de 28 de junio, por el que se adoptan y prorrogan determinadas medidas de respuesta a las consecuencias económicas y sociales de la Guerra de Ucrania, de apoyo a la reconstrucción de la isla de La Palma y a otras situaciones de vulnerabilidad; de transposición de Directivas de la Unión Europea en materia de modificaciones estructurales de sociedades mercantiles y conciliación de la vida familiar y la vida profesional de los progenitores y los cuidadores; y de ejecución y cumplimiento del Derecho de la Unión Europea.

Art. modificado por la Disp. final 3.ª, Seis, del RD-L 5/2023, de 28 de junio, (…), de transposición de Directivas de la Unión Europea en materia de modificaciones estructurales de sociedades mercantiles (…) y de ejecución y cumplimiento del Derecho de la Unión Europea (BOE núm. 154, de 29 de junio).

Art. 463. *Certificación previa al traslado.*– El registrador mercantil del domicilio social, a la vista de los datos obrantes en el Registro y en la escritura pública de traslado presentada, certificará el cumplimiento de los actos y trámites que han de realizarse por la sociedad antes del traslado.

Art. 464. *Oposición al traslado del domicilio a otro Estado miembro.*– 1. El traslado de domicilio de una sociedad anónima europea registrada en territorio español que suponga un cambio de la legislación aplicable no surtirá efecto si el Gobierno, a propuesta del Ministro de Justicia o de la Comunidad Autónoma donde la sociedad anónima tenga su domicilio social, se opone por razones de interés público.

Cuando la sociedad anónima europea esté sometida a la supervisión de una autoridad de vigilancia, la oposición podrá formularse también por dicha autoridad.

2. Una vez que tenga por efectuado el depósito, el registrador mercantil, en el plazo de cinco días, comunicará al Ministerio de Justicia, a la Comunidad Autónoma donde la sociedad anónima tenga su domicilio social y, en su caso, a la autoridad de vigilancia correspondiente la presentación de un proyecto de traslado de domicilio de una sociedad anónima europea.

3. El acuerdo de oposición al traslado de domicilio habrá de formularse dentro del plazo de los dos meses siguientes a la publicación del proyecto de traslado de domicilio. El acuerdo podrá recurrirse ante la autoridad judicial competente.

CAPÍTULO III. Constitución

Véanse arts. 131 bis, 224 y 226 bis RRM (§5).

Sección 1.ª Disposiciones Generales

Art. 465. *Participación de otras sociedades en la constitución de una sociedad anónima europea.*– En la constitución de una sociedad anónima europea que se haya de domiciliar en España, además de las sociedades indicadas en el Reglamento (CE) n° 2157/2001, podrán participar las sociedades que, aun cuando no tengan su administración central en la Unión Europea, estén constituidas con arreglo al ordenamiento jurídico de un Estado miembro, tengan en él su domicilio y una vinculación efectiva y continua con la economía de un Estado miembro.

Se presume que existe vinculación efectiva cuando la sociedad tenga un establecimiento en dicho Estado miembro desde el que dirija y realice sus operaciones.

Art. 466. *Oposición a la participación de una sociedad española en la constitución de una sociedad anónima europea mediante fusión*.– 1. El Gobierno, a propuesta del Ministro de Justicia o de la Comunidad Autónoma donde la sociedad anónima tenga su domicilio social, podrá oponerse por razones de interés público a que una sociedad española participe en la constitución mediante fusión de una sociedad anónima europea en otro Estado miembro.

Cuando la sociedad española que participe en la constitución de una sociedad anónima europea mediante fusión esté sometida a la supervisión de una autoridad de vigilancia, la oposición a su participación podrá formularse también por dicha autoridad.

2. Una vez que tenga por efectuado el depósito del proyecto de fusión, el registrador mercantil, en el plazo de cinco días, comunicará al Ministerio de Justicia, a la Comunidad Autónoma donde la sociedad anónima tenga su domicilio social y, en su caso, a la autoridad de vigilancia correspondiente, dicho depósito, para que éstos puedan formular su oposición a la fusión.

3. La oposición habrá de formularse antes de la expedición del certificado a que se refiere el artículo 469. El acuerdo de oposición podrá recurrirse ante la autoridad judicial competente.

Sección 2.ª Constitución por fusión

Véanse art. 226 bis RRM (§5).

Art. 467. *Nombramiento de experto o expertos que han de informar sobre el proyecto de fusión*.– En el supuesto de que una o más sociedades españolas participen en la fusión o cuando la sociedad anónima europea vaya a fijar su domicilio en España, el registrador mercantil será la autoridad competente para, previa petición conjunta de las sociedades que se fusionan, designar uno o varios expertos independientes que elaboren el informe único previsto en el artículo 22 del Reglamento (CE) n° 2157/2001.

Art. 468. *Derecho de separación de los accionistas*.– Los accionistas de las sociedades españolas que voten en contra del acuerdo de una fusión que implique la constitución de una sociedad anónima europea domiciliada en otro Estado miembro podrán separarse de la sociedad conforme a lo dispuesto en esta ley para los casos de separación de socios. Igual derecho tendrán los accionistas de una sociedad española que sea absorbida por una sociedad anónima europea domiciliada en otro Estado miembro.

Véanse arts. 346 y ss. del presente TRLSC.

Art. 469. *Certificación relativa a la sociedad que se fusiona.*– El registrador mercantil del domicilio social, a la vista de los datos obrantes en el Registro y en la escritura pública de fusión presentada, certificará el cumplimiento por parte de la sociedad anónima española que se fusiona de todos los actos y trámites previos a la fusión.

Art. 470. *Inscripción de la sociedad resultante de la fusión.*– En el caso de que la sociedad anónima europea resultante de la fusión fije su domicilio en España, el registrador mercantil del domicilio social controlará la existencia de los certificados de las autoridades competentes de los países en los que tenían su domicilio las sociedades extranjeras participantes en la fusión y la legalidad del procedimiento en cuanto a la realización de la fusión y la constitución de la sociedad anónima europea.

Sección 3.ª Constitución por holding

Véanse art. 131 bis RRM (§5).

Art. 471. *Publicidad del proyecto de constitución.*– 1. Los administradores de la sociedad o sociedades españolas que participen en la constitución de una sociedad anónima europea holding deberán depositar en el Registro Mercantil correspondiente el proyecto de constitución de esta sociedad. Una vez que tenga por efectuado el depósito, el registrador comunicará el hecho del depósito y la fecha en que hubiera tenido lugar al registrador mercantil central, para su inmediata publicación en el Boletín Oficial del Registro Mercantil.

2. La junta general que deba pronunciarse sobre la operación no podrá reunirse antes de que haya transcurrido, al menos, el plazo de un mes desde la fecha de la publicación a que se refiere el apartado anterior.

Véase art. 131 bis del RRM (§5).

Art. 472. *Nombramiento de experto o expertos que han de informar sobre el proyecto de constitución.*– 1. La autoridad competente para el nombramiento de experto o expertos independientes previstos en el apartado 4 del artículo 32 del Reglamento (CE) n° 2157/2001 será el registrador mercantil del domicilio de cada sociedad española que promueva la constitución de una sociedad anónima europea holding o del domicilio de la futura sociedad anónima europea.

2. La solicitud de nombramiento de experto o expertos independientes se efectuará conforme a lo dispuesto en el Reglamento del Registro Mercantil.

Véase art. 131 bis del RRM (§5).

Art. 473. *Protección de los socios de las sociedades participantes en la constitución.*- Los socios de las sociedades promotoras de la constitución de una sociedad anónima europea holding que hubieran votado en contra del acuerdo de su constitución podrán separarse de la sociedad de la que formen parte conforme a lo previsto en esta ley para los casos de separación de socios.

Véanse arts. 346 y ss. del presente TRLSC y art. 131 bis del RRM (§5).

Sección 4.ª Constitución por transformación

Véanse art. 224 bis RRM (§5).

Art. 474. *Transformación de una sociedad anónima existente en sociedad anónima europea.*- En el caso de constitución de una sociedad anónima europea mediante la transformación de una sociedad anónima española, sus administradores redactarán un proyecto de transformación de acuerdo con lo previsto en el Reglamento (CE) n° 2157/2001 y un informe en el que se explicarán y justificarán los aspectos jurídicos y económicos de la transformación y se indicarán las consecuencias que supondrá para los accionistas y para los trabajadores la adopción de la forma de sociedad anónima europea. El proyecto de transformación será depositado en el Registro Mercantil y se publicará conforme a lo establecido en el artículo 471.

Art. 475. *Certificación de los expertos.*- Uno o más expertos independientes, designados por el registrador mercantil del domicilio de la sociedad que se transforma, certificarán, antes de que se convoque la junta general que ha de aprobar el proyecto de transformación y los estatutos de la sociedad anónima europea, que esa sociedad dispone de activos netos suficientes, al menos, para la cobertura del capital y de las reservas de la sociedad anónima europea.

CAPÍTULO IV. Órganos sociales

Sección 1.ª Sistemas de administración

Art. 476. *Opción estatutaria.*- La sociedad anónima europea que se domicilie en España podrá optar por un sistema de administración monista o dual, y lo hará constar en sus estatutos.

Art. 477. *Sistema monista.*- En caso de que se opte por un sistema de administración monista, será de aplicación a su órgano de administración lo establecido en la presente ley para los administradores de las sociedades anónimas, en cuanto no contradiga lo dispuesto en el Reglamento CE 2157/2001, y en la ley que regula la implicación de los trabajadores en las sociedades anónimas europeas.

Véanse arts. 209 y ss. del presente TRLSC. La ley a que hace referencia este artículo es la Ley 31/2006, de 18 de octubre, sobre implicación de los trabajadores en las sociedades anónimas y cooperativas europeas.

Sección 2.ª Sistema dual

Art. 478. *Órganos del sistema dual*.- En el caso de que se opte por un sistema de administración dual, existirá una dirección y un Consejo de control.

Art. 479. *Facultades de la dirección*.- 1. La gestión y la representación de la sociedad corresponden a la dirección.

2. Cualquier limitación a las facultades de los directores de las sociedades anónimas europeas, aunque se halle inscrita en el Registro Mercantil, será ineficaz frente a terceros.

3. La titularidad y el ámbito del poder de representación de los directores se regirán conforme a lo dispuesto para los administradores en esta ley.

Art. 480. *Modos de organizar la dirección*.- 1. La gestión podrá confiarse, conforme dispongan los estatutos, a un solo director, a varios directores que actúen solidaria o conjuntamente o a un consejo de dirección.

2. Cuando la gestión se confíe conjuntamente a más de dos personas, éstas constituirán el consejo de dirección.

Art. 481. *Composición del consejo de dirección*.- El consejo de dirección estará formado por un mínimo de tres miembros y un máximo de siete.

Art. 482. *Determinación del número de los miembros de la dirección*.- Los estatutos de la sociedad, cuando no determinen el número concreto, establecerán el número máximo y el mínimo, y las reglas para su determinación.

Art. 483. *Organización, funcionamiento y régimen de adopción de acuerdos del consejo de dirección*.- Salvo lo dispuesto en el Reglamento (CE) n° 2157/2001, la organización, funcionamiento y régimen de adopción de acuerdos del consejo de dirección se regirá por lo establecido en los estatutos sociales y, en su defecto, por lo previsto en esta ley para el consejo de administración de las sociedades anónimas.

Véanse arts. 242 a 251 del presente TRLSC.

Art. 484. *Límite a la cobertura de vacante en la dirección por un miembro del consejo de control*.- La duración del nombramiento de un miembro del Consejo de control para cubrir una vacante de la dirección conforme al artículo 39.3 del Reglamento (CE) n° 2157/2001 no será superior al año.

Art. 485. *Funcionamiento del consejo de control.-* Será de aplicación al consejo de control lo previsto en esta ley para el funcionamiento del consejo de administración de las sociedades anónimas en cuanto no contradiga lo dispuesto en el Reglamento (CE) n° 2157/2001.

Véanse arts. 242 a 251 del presente TRLSC.

Art. 486. *Nombramiento y revocación de los miembros del consejo de control.-* Los miembros del consejo de control serán nombrados y revocados por la junta general, sin perjuicio de lo dispuesto en el Reglamento (CE) n° 2157/2001, en la ley que regula la implicación de los trabajadores en las sociedades anónimas europeas y de lo establecido en el artículo 243.

Art. 487. *Representación frente a los miembros del consejo de la dirección.-* La representación de la sociedad frente a los miembros de la dirección corresponde al consejo de control.

Art. 488. *Asistencia de la dirección a las reuniones del consejo de control.-* El consejo de control, cuando lo estime conveniente, podrá convocar a los miembros de la dirección para que asistan a sus reuniones con voz pero sin voto.

Art. 489. *Operaciones sometidas a autorización previa del consejo de control.-* El consejo de control podrá acordar que determinadas operaciones de la dirección se sometan a su autorización previa. La falta de autorización previa será inoponible a los terceros, salvo que la sociedad pruebe que el tercero hubiera actuado en fraude o con mala fe en perjuicio de la sociedad.

Art. 490. *Responsabilidad de los miembros de los órganos de administración.-* Las disposiciones sobre responsabilidad previstas para los administradores de sociedades de capital se aplicarán a los miembros de los órganos de administración, de dirección y del consejo de control en el ámbito de sus respectivas funciones.

Véanse arts. 236 a 241 del presente TRLSC.

Art. 491. *Impugnación de acuerdos de los órganos de administración.-* Los miembros de cada órgano colegiado podrán impugnar los acuerdos nulos o anulables del consejo o comisión a que pertenezcan en el plazo de un mes desde su adopción. Igualmente podrán impugnar tales acuerdos los accionistas que representen al menos el cinco por ciento del capital social en el plazo de un mes desde que tuvieren conocimiento de ellos, siempre que no hubiera transcurrido un año desde su adopción.

Véase art. 251 del presente TRLSC.

Sección 3.ª Junta general

Art. 492. *Convocatoria de la junta general en el sistema dual*.– 1. En el sistema dual de administración, la competencia para la convocatoria de la junta general corresponde a la dirección. La dirección deberá convocar la junta general cuando lo soliciten accionistas que sean titulares de, al menos, el cinco por ciento del capital social.

2. Si las juntas no fueran convocadas dentro de los plazos establecidos por el Reglamento (CE) nº 2157/2001 o los estatutos, podrán serlo por el consejo de control o, a petición de cualquier socio, por *Registrador mercantil* del domicilio social conforme a lo previsto para las juntas generales en esta ley.

3. El Consejo de control podrá convocar la junta general de accionistas cuando lo estime conveniente para el interés social.

> Artículo redactado de acuerdo con la Dis. Final 14ª, Siete, de la Ley 15/2015, de 2 de julio, de la Jurisdicción Voluntaria (BOE núm. 158, de 3 de julio) (se limita a cambiar «Juez de lo mercantil» por «Registrador mercantil» (en cursiva en el texto).
> Véanse arts. 169 a 171 del presente TRLSC.

Art. 493. *Plazo de convocatoria de la junta general*.– La junta general de la sociedad anónima europea deberá ser convocada por lo menos un mes antes de la fecha fijada para su celebración.

Art. 494. *Inclusión de nuevos asuntos en el orden del día*.– Los accionistas minoritarios que sean titulares de, al menos, el cinco por ciento del capital social podrán solicitar la inclusión de asuntos en el orden del día de la junta general ya convocada, así como solicitar la convocatoria de la junta general extraordinaria, conforme a lo establecido en esta ley. El complemento de la convocatoria deberá publicarse con quince días de antelación como mínimo a la fecha establecida para la reunión de la junta.

> Véase art. 172 del presente TRLSC.

TÍTULO XIV. Sociedades anónimas cotizadas

CAPÍTULO I. Disposiciones generales

Art. 495. *Concepto de sociedad cotizada y ámbito de aplicación de este Título*.– 1. Son sociedades cotizadas las sociedades anónimas cuyas acciones estén admitidas a negociación en un mercado regulado español.

2. En lo no previsto en este Título, las sociedades cotizadas se regirán por las disposiciones generales aplicables a las sociedades anónimas, con las siguientes particularidades que se indican a continuación:

a) El porcentaje mínimo del cinco por ciento que determinadas disposiciones aplicables a las sociedades anónimas exigen para el ejercicio de ciertos derechos de los accionistas reconocidos en esta Ley será del tres por ciento en las sociedades cotizadas.

b) La fracción del capital social necesaria para poder impugnar acuerdos sociales, conforme a los artículos 206.1 y 251, será del uno por mil del capital social.

c) Sin perjuicio de lo dispuesto en el artículo 205.1 para los acuerdos que resultaren contrarios al orden público, la acción de impugnación de los acuerdos sociales caducará en el plazo de tres meses.

3. A las sociedades anónimas cuyas acciones estén admitidas a negociación en un mercado regulado de otro Estado miembro del Espacio Económico Europeo o en un mercado equiparable de un tercer Estado y no lo estén en un mercado español, les serán de aplicación las disposiciones contenidas en el presente Título con las especialidades siguientes:

a) Se entenderán cumplidas por equivalencia dichas disposiciones cuando la sociedad cumpla normas o requisitos funcionalmente análogos exigidos a las sociedades cotizadas por la ley del mercado extranjero e inaplicables las que resulten incompatibles con los requisitos establecidos en la ley del mercado extranjero para la admisión a negociación y el mantenimiento de esta.

b) Las formas de comunicación y publicidad se ajustarán a lo previsto en la ley del mercado extranjero. La información sobre el grado de seguimiento de las recomendaciones de gobierno corporativo se formulará por referencia a los códigos o estándares aplicables en el mercado extranjero.

c) La representación y documentación de las acciones podrá ajustarse a los requerimientos de la ley del mercado extranjero. En su caso, la llevanza del libro registro contable de las acciones podrá ser encomendada a una entidad autorizada en dicho mercado.

d) Las referencias a la Comisión Nacional del Mercado de Valores contenidas en el presente Título se entenderán hechas a la autoridad prevista por la ley del mercado extranjero.

Art. redactado de acuerdo con el art. 3. Siete, de la Ley 5/2021, de 12 de abril, por la que se modifica el texto refundido de la Ley de Sociedades de Capital (...) y otras normas financieras, en lo que respecta al fomento de la implicación a largo plazo de los accionistas en las sociedades cotizadas (BOE núm. 88, de 13 de abril).

En relación a la letra a) del apartado 2, véanse arts. 69 b), 168, ¿238.2?, 239, 265, 266, 272 del presente TRLSC.

CAPÍTULO II. Especialidades en materia de acciones

La Disp. Adicional decimotercera del presente TRLSC establece que «serán de aplicación a las sociedades anónimas con acciones admitidas a negociación en Sistemas Multilaterales de Negociación las normas contenidas en los Capítulos II, III, IV y V del Título XIV de la presente Ley».

Sección 1.ª Representación de las acciones

Art. 496. *Representación de las acciones de sociedades cotizadas*.– 1. Las acciones y las obligaciones que pretendan acceder o permanecer admitidas a cotización en un mercado regulado que esté domiciliado o que opere en España habrán de representarse necesariamente por medio de anotaciones en cuenta.

2. Tan pronto como los valores se representen por anotaciones en cuenta, los títulos en que anteriormente se reflejaban quedarán amortizados de pleno derecho, debiendo darse publicidad a su anulación mediante anuncios en el Boletín Oficial del Registro Mercantil, en los correspondientes a las Bolsas de Valores y en tres diarios de máxima difusión en el territorio nacional.

3. El Gobierno, previo informe de la Comisión Nacional del Mercado de Valores, fijará los plazos y el procedimiento para la representación por medio de anotaciones en cuenta de las acciones cotizadas.

> Apartado 1 redactado de acuerdo con el art. 3. Ocho, de la Ley 5/2021, de 12 de abril, por la que se modifica el texto refundido de la Ley de Sociedades de Capital (…), y otras normas financieras, en lo que respecta al fomento de la implicación a largo plazo de los accionistas en las sociedades cotizadas (BOE núm. 88, de 13 de abril). Véanse arts. 92, 118 y 119 del presente TRLSC, arts. 6 a 15 de la LMVySI (§3) y su desarrollo Real Decreto 814/2023, de 8 de noviembre, sobre instrumentos financieros, admisión a negociación, registro de valores negociables e infraestructuras de mercado, y art. 122 del RRM (§5).

Art. 497. *Derecho a conocer la identidad de los accionistas*.– 1. La sociedad o un tercero nombrado por la sociedad tendrán derecho a obtener en cualquier momento del depositario central de valores la información que permita determinar la identidad de sus accionistas, con el fin de comunicarse directamente con ellos con vistas a facilitar el ejercicio de sus derechos y su implicación en la sociedad. Esta información incluirá, como mínimo:

a) su nombre y datos de contacto; incluidos la dirección completa y, si se dispone de él, el correo electrónico del accionista y, cuando se trate de una persona jurídica, su identificador único, como el código de identificación como entidad jurídica (LEI) o, en caso de que no se disponga de estos, su número de registro o número de identificación fiscal,

b) el número de acciones de las que es titular; y

c) si la sociedad lo solicita, uno o más de los siguientes datos: las clases de dichas acciones y, cuando este dato esté disponible, la fecha a partir de la cual es su titular.

Los demás datos personales que deban facilitarse lo serán siempre y cuando sean necesarios para permitir a la sociedad cumplir con la finalidad de identificar a sus accionistas y comunicarse con ellos.

2. El mismo derecho tendrán las asociaciones de accionistas que se hubieran constituido en la sociedad emisora y que representen al menos el uno por ciento del capital social, así como los accionistas que tengan individual o conjuntamente una participación de, al menos, el tres por ciento del capital social, exclusivamente a efectos de facilitar su comunicación con los accionistas para el ejercicio de sus derechos y la mejor defensa de sus intereses comunes.

En la solicitud deberá hacerse constar la finalidad de la consulta y la información no podrá utilizarse para otros fines distintos de los que figuran en la solicitud.

En el supuesto de utilización abusiva o perjudicial de la información solicitada, la asociación de accionistas o socios serán responsables de los daños y perjuicios causados. Esta responsabilidad, de carácter civil, será independiente de la responsabilidad administrativa en que puedan incurrir por infracción de la normativa de protección de datos personales.

3. Los datos personales de los accionistas se tratarán de conformidad con este artículo para que la sociedad pueda identificarlos, con el fin de comunicarse directamente con ellos con vistas a facilitar el ejercicio de sus derechos y su implicación en la sociedad y su tratamiento se ajustará plenamente a lo establecido por el Reglamento (UE) n.º 2016/679 del Parlamento Europeo y del Consejo, de 27 de abril de 2016, relativo a la protección de las personas físicas en lo que respecta al tratamiento de datos personales y a la libre circulación de estos datos y por el que se deroga la Directiva 95/46/CE; así como, en general, a la normativa de protección de datos de carácter personal. El Reglamento (UE) n.º 2016/679 y, en general, la normativa de protección de datos de carácter personal, se aplicarán a los accionistas y asociaciones de accionistas que soliciten los datos a efectos de facilitar su comunicación con los demás accionistas para el ejercicio de sus derechos y la mejor defensa de sus intereses comunes. Toda transmisión de datos personales a intermediarios de terceros países deberá cumplir asimismo los requisitos establecidos en el Reglamento (UE) n.º 2016/679 y dichos intermediarios de terceros países, aunque radiquen fuera de la UE, deberán comprometerse al cumplimiento de la normativa de protección de datos contemplada por dicho Reglamento UE.

Salvo que un acto legislativo sectorial de la Unión Europea o su normativa de transposición establezca un periodo más largo, las sociedades y los intermediarios o prestadores de servicios, aunque radiquen fuera de la UE, no conservarán los datos personales obtenidos del accionista durante un periodo superior a doce meses desde que tengan conocimiento de que este ha dejado de ser accionista. Las sociedades y los intermediarios articularán procedimientos que garanticen que los datos personales de los accionistas están actualizados. El plazo de conservación de los datos personales por los accionistas y asociaciones de accionistas que los hayan obtenido de conformidad con el apartado 2 no será superior al tiempo necesario para la realización de los fines del tratamiento de los datos personales, esto es, el ejercicio de sus derechos y la mejor defensa de sus intereses comunes.

Los accionistas que sean personas jurídicas podrán ejercer el derecho de rectificación de la información incompleta o inexacta sobre su identidad como accionistas.

4. Las solicitudes y respuestas formuladas de conformidad con lo dispuesto en los apartados anteriores se rigen por lo dispuesto en el Reglamento de Ejecución (UE) 2018/1212 de la Comisión de 3 de septiembre de 2018 por el que se establecen requisitos mínimos de ejecución de las disposiciones de la Directiva 2007/36/CE del Parlamento Europeo y del Consejo, en lo relativo a la identificación de los accionistas, la transmisión de información y la facilitación del ejercicio de los derechos de los accionistas.

> Art. redactado de acuerdo con el art. 3. Nueve, de la Ley 5/2021, de 12 de abril, por la que se modifica el texto refundido de la Ley de Sociedades de Capital (…), y otras normas financieras, en lo que respecta al fomento de la implicación a largo plazo de los accionistas en las sociedades cotizadas (BOE núm. 88, de 13 de abril).
> Téngase en cuenta la Disp. Adicional 7.ª del presente TRLSC.
> La Disp. Adicional 1ª de la citada Ley 5/2021, de 12 de abril, establece que «La Comisión Nacional del Mercado de Valores informará a la Comisión Europea de dificultades prácticas considerables en la aplicación de los artículos 497, 497 bis, 520 bis, 520 ter, 522 bis, 524, 524 bis y 527 bis del Texto Refundido de la Ley de Sociedades de Capital y del incumplimiento de estos artículos por parte de las entidades intermediarias de la Unión Europea o de terceros países».

Art. 497 bis. *Derecho a identificar a los beneficiarios últimos*.– 1. En el supuesto de que la entidad o persona legitimada como accionista en virtud del registro contable de las acciones sea una entidad intermediaria que custodia dichas acciones por cuenta de beneficiarios últimos o de otra entidad intermediaria, el derecho a conocer la identidad de los accionistas regulado en el artículo anterior comprenderá también el derecho a conocer la identidad de dichos beneficiarios últimos.

A estos efectos, la sociedad cotizada, o un tercero designado por la sociedad, podrá solicitar la identificación de los beneficiarios últimos directamente a la entidad intermediaria o solicitárselo indirectamente por medio del depositario central de valores. Las asociaciones de accionistas que representen al menos el uno por ciento del capital social o los accionistas que sean titulares individual o conjuntamente de una participación de, al menos, el tres por ciento del capital social, solicitarán la identificación de los beneficiarios últimos a la entidad intermediaria necesariamente por medio del depositario central de valores. En ambos supuestos, la entidad intermediaria comunicará directamente al solicitante la identidad de los beneficiarios últimos.

2. A los efectos establecidos en esta Ley, se considera beneficiario último a la persona por cuenta de quien actúe la entidad intermediaria legitimada como accionista en virtud del registro contable, directamente o a través de una cadena de intermediarios.

3. Cuando existan varias entidades intermediarias en cadena custodiando las acciones de un mismo beneficiario último, estas se transmitirán entre sí sin demora la solicitud de la sociedad en cuestión, de forma que cualquier entidad intermediaria de la cadena que posea la información solicitada sobre el beneficiario último la transmitirá directamente y sin demora al solicitante de la información.

4. El conocimiento por parte de la sociedad cotizada o de los demás solicitantes autorizados del beneficiario último de sus acciones, no afectará en modo alguno a la titularidad ni al ejercicio de los derechos económicos y políticos que le correspondan a la entidad intermediaria o persona legitimada como accionista en virtud de la normativa reguladora del registro contable de las acciones.

5. La sociedad es ajena a las relaciones entre el beneficiario último y la entidad o entidades intermediarias y a las relaciones entre las entidades que formen parte de la cadena de entidades intermediarias. Las obligaciones establecidas respecto del beneficiario último incumben únicamente a la entidad o entidades intermediarias, que habrán de cumplirlas bajo su responsabilidad. La sociedad no queda obligada frente a los beneficiarios últimos.

6. Será de aplicación a las solicitudes y respuestas formuladas de conformidad con lo dispuesto en los apartados anteriores el Reglamento de Ejecución (UE) 2018/1212 de la Comisión de 3 de septiembre de 2018 por el que se establecen requisitos mínimos de ejecución de las disposiciones de la Directiva 2007/36/CE del Parlamento Europeo y del Consejo, en lo relativo a la identificación de los accionistas, la transmisión de información y la facilitación del ejercicio de los derechos de los accionistas.

7. El Reglamento (UE) n.º 2016/679 y, en general, la normativa de protección de datos de carácter personal se aplicarán a los tratamientos de datos personales de los beneficiarios últimos descritos en este artículo, en los términos y condiciones que se establecen en el artículo 497.3.

8. Mediante Orden de la persona titular del Ministerio de Asuntos Económicos y Transformación Digital se podrán concretar otros aspectos técnicos y formales necesarios en relación con la identificación de los accionistas y de los beneficiarios últimos.

Art. redactado de acuerdo con el art. 3. Diez, de la Ley 5/2021, de 12 de abril, por la que se modifica el texto refundido de la Ley de Sociedades de Capital (…), y otras normas financieras, en lo que respecta al fomento de la implicación a largo plazo de los accionistas en las sociedades cotizadas (BOE núm. 88, de 13 de abril).
Téngase en cuenta la Disp. Adicional 7.ª del presente TRLSC.
La Disp. Adicional 1ª de la citada Ley 5/2021, de 12 de abril, establece que «La Comisión Nacional del Mercado de Valores informará a la Comisión Europea de dificultades prácticas considerables en la aplicación de los artículos 497, 497 bis, 520 bis, 520 ter, 522 bis, 524, 524 bis y 527 bis del Texto Refundido de la Ley de Sociedades de Capital y del incumplimiento de estos artículos por parte de las entidades intermediarias de la Unión Europea o de terceros países».

Sección 2.ª Acciones con derecho a un dividendo preferente

Téngase en cuenta art. 95 del presente TRLSC.

Art. 498. *Obligación de acordar el reparto del dividendo preferente*.– Cuando el privilegio conferido por acciones emitidas por sociedades cotizadas consista en el derecho a obtener un dividendo preferente la sociedad estará obligada a acordar el reparto del dividendo si existieran beneficios distribuibles, sin que los estatutos puedan disponer otra cosa.

Art. 499. *Régimen legal del dividendo preferente*.– 1. El régimen legal del dividendo preferente de las acciones privilegiadas emitidas por sociedades cotizadas será el establecido para las acciones sin voto en la sección 2.ª del capítulo II del título IV.

2. En caso de acciones sin voto, se estará a lo que dispongan los estatutos sociales respecto del derecho de suscripción preferente de los titulares de estas acciones, así como respecto de la recuperación del derecho de voto en el caso de no satisfacción del dividendo mínimo y respecto del carácter no acumulativo del mismo.

Véase art. 99 del presente TRLSC.

Sección 3.ª Acciones rescatables

Art. 500. *Emisión de acciones rescatables*.– 1. Las sociedades anónimas cotizadas podrán emitir acciones que sean rescatables a solicitud de la sociedad emisora, de los titulares de estas acciones o de ambos, por un importe nominal no superior a la cuarta parte del capital social. En el acuerdo de emisión se fijarán las condiciones para el ejercicio del derecho de rescate.

2. Las acciones rescatables deberán ser íntegramente desembolsadas en el momento de la suscripción.

3. Si el derecho de rescate se atribuye exclusivamente a la sociedad, no podrá ejercitarse antes de que transcurran tres años a contar desde la emisión.

Art. 501. *Amortización de acciones rescatables*.– 1. La amortización de las acciones rescatables deberá realizarse con cargo a beneficios o a reservas libres o con el producto de una nueva emisión de acciones acordada por la junta general con la finalidad de financiar la operación de amortización.

2. Si se amortizarán estas acciones con cargo a beneficios o a reservas libres, la sociedad deberá constituir una reserva por el importe del valor nominal de las acciones amortizadas.

3. En el caso de que no existiesen beneficios o reservas libres en cantidad suficiente ni se emitan nuevas acciones para financiar la operación, la amortización sólo podrá lle-

varse a cabo con los requisitos establecidos para la reducción de capital social mediante devolución de aportaciones.

Sección 4.ª Acciones sometidas a usufructo

Art. 502. *Cálculo del valor de nuevas acciones sometidas a usufructo*.– 1. Cuando se suscriban nuevas acciones, bien por el nudo propietario o el usufructuario, el usufructo se extenderá a las acciones cuyo desembolso hubiera podido calcularse conforme al precio medio de cotización durante el periodo de suscripción.

2. Las cantidades que hayan de pagarse en caso de extinción del usufructo o por no haber ejercitado el nuevo propietario del derecho de suscripción preferente en caso de aumento de capital, se calcularán de acuerdo con el valor de cotización media del trimestre anterior a la producción de los hechos anteriormente mencionados.

Téngase en cuenta arts. 127 a 131, especialmente arts. 129 y 131, del presente TRLSC.

CAPÍTULO III. Especialidades en materia de suscripción de acciones

La Disp. Adicional decimotercera del presente TRLSC establece que «serán de aplicación a las sociedades anónimas con acciones admitidas a negociación en Sistemas Multilaterales de Negociación las normas contenidas en los Capítulos II, III, IV y V del Título XIV de la presente Ley». Téngase también en cuenta la Disposición adicional decimocuarta del presente TRLSC.
Véanse arts. 304 y ss. del presente TRLSC.

Art. 503. *Plazo mínimo para el ejercicio del derecho de suscripción y anuncio de la oferta*.– En las sociedades cotizadas el ejercicio del derecho de suscripción preferente se realizará dentro del plazo concedido por los administradores de la sociedad, que no podrá ser inferior a catorce días desde la publicación del anuncio de la oferta de suscripción de la nueva emisión en el «Boletín Oficial del Registro Mercantil».

Art. redactado de acuerdo con el art. 3. Once, de la Ley 5/2021, de 12 de abril, por la que se modifica el texto refundido de la Ley de Sociedades de Capital (...), y otras normas financieras, en lo que respecta al fomento de la implicación a largo plazo de los accionistas en las sociedades cotizadas (BOE núm. 88, de 13 de abril).
Véase art. 305 del presente TRLSC.

Art. 504. *Régimen de exclusión del derecho de suscripción preferente*.– 1. La exclusión del derecho de suscripción preferente en sociedades cotizadas requerirá, con carácter general, del informe de experto independiente previsto en el artículo 308, siempre que el consejo de administración eleve una propuesta para emitir acciones o valores convertibles con exclusión del derecho de suscripción preferente, por un importe superior al 20 % del capital. En los casos en los que el importe de la emisión sea inferior al 20 % del capital, la sociedad cotizada podrá, no obstante, obtener voluntariamente dicho informe.

2. En los supuestos no contemplados en el apartado 1 de este artículo, el valor nominal de las acciones a emitir, más en su caso el importe de la prima de emisión, deberá corresponder al valor razonable que resulte del informe de los administradores.

3. Salvo que los administradores justifiquen otra cosa, para lo cual será preciso aportar el oportuno informe de experto independiente, y, en cualquier caso para operaciones que no superen el 20 % del capital, se presumirá que el valor razonable es el valor de mercado, establecido por referencia a la cotización bursátil, siempre que no sea inferior en más de un diez por ciento al precio de dicha cotización.

4. Las acciones podrán ser emitidas a un precio inferior al valor razonable. En ese caso, el informe de los administradores deberá justificar que el interés social no solo exige la exclusión del derecho de suscripción preferente, sino también el tipo de emisión propuesto. Adicionalmente será precisa la elaboración del informe de experto independiente, el cual se pronunciará específicamente sobre el importe de la dilución económica esperada y la razonabilidad de los datos y consideraciones recogidos en el informe de los administradores para justificarla.

> Art. redactado de acuerdo con el art. 3. Once, de la Ley 5/2021, de 12 de abril, por la que se modifica el texto refundido de la Ley de Sociedades de Capital (...), y otras normas financieras, en lo que respecta al fomento de la implicación a largo plazo de los accionistas en las sociedades cotizadas (BOE núm. 88, de 13 de abril).
> Véase art. 308 del presente TRLSC.

Art. 505. *Determinación del precio y demás condiciones de emisión en aumentos de capital con exclusión del derecho de suscripción preferente.*– El acuerdo de aumento de capital con exclusión del derecho de suscripción adoptado por la junta general podrá fijar la fecha, precio y demás condiciones de la emisión o delegar su fijación en el consejo de administración. Este, por su parte, podrá determinar directamente el precio de emisión o establecer el procedimiento para su determinación que considere razonable, siempre y cuando sea adecuado, de acuerdo con las prácticas aceptadas del mercado, para asegurar que el precio de emisión resultante se corresponde con el valor razonable.

> Art. redactado de acuerdo con el art. 3. Once, de la Ley 5/2021, de 12 de abril, por la que se modifica el texto refundido de la Ley de Sociedades de Capital (...), y otras normas financieras, en lo que respecta al fomento de la implicación a largo plazo de los accionistas en las sociedades cotizadas (BOE núm. 88, de 13 de abril).

Art. 506. *Delegación de la facultad de excluir el derecho de suscripción preferente en caso de emisión de nuevas acciones.*– 1. Cuando la junta general delegue en los administradores la facultad de aumentar el capital social podrá atribuirles también la facultad de excluir el derecho de suscripción preferente en relación con las emisiones de acciones que sean objeto de delegación si el interés de la sociedad así lo exigiera. La delegación para aumentar el capital con exclusión del derecho de suscripción preferente no podrá referirse a más del veinte por ciento del capital de la sociedad en el momento de la autorización.

2. El anuncio de convocatoria de la junta general en el que figure la propuesta de delegar en los administradores la facultad de aumentar el capital social deberá, en su caso, contener expresamente la autorización a los mismos para excluir el derecho de suscripción preferente. Desde la convocatoria de la junta general se pondrá a disposición de los accionistas un informe de los administradores en el que se justifique la propuesta de delegación de esa facultad.

3. El acuerdo de ampliación adoptado con base en la delegación de la junta deberá acompañarse del correspondiente informe justificativo de los administradores. Asimismo, la sociedad podrá obtener voluntariamente el informe de experto independiente previsto en el artículo 308.

4. El valor nominal de las acciones a emitir, más, en su caso, el importe de la prima de emisión deberá corresponder al valor razonable en los términos previstos en el apartado 3 del artículo 504. El informe de los administradores será puesto a disposición de los accionistas y comunicado a la primera junta general que se celebre tras el acuerdo de ampliación.

> Art. redactado de acuerdo con el art. 3. Once, de la Ley 5/2021, de 12 de abril, por la que se modifica el texto refundido de la Ley de Sociedades de Capital (…), y otras normas financieras, en lo que respecta al fomento de la implicación a largo plazo de los accionistas en las sociedades cotizadas (BOE núm. 88, de 13 de abril).
> Véanse arts. 297.1.b) y 308 del presente TRLSC.

Art. 507. *Suscripción incompleta.*– Salvo que el acuerdo prevea lo contrario, el aumento de capital será eficaz aunque la suscripción no haya sido completa.

> Art. redactado de acuerdo con el art. 3. Once, de la Ley 5/2021, de 12 de abril, por la que se modifica el texto refundido de la Ley de Sociedades de Capital (…), y otras normas financieras, en lo que respecta al fomento de la implicación a largo plazo de los accionistas en las sociedades cotizadas (BOE núm. 88, de 13 de abril).
> Véase art. 311 del presente TRLSC.

Art. 508. *Entrega de las acciones en los aumentos de capital.*– 1. En las sociedades cotizadas, el acuerdo de aumento de capital podrá inscribirse en el Registro Mercantil antes de su ejecución, salvo que se hubiera excluido la posibilidad de suscripción incompleta.

2. Sin perjuicio de lo previsto en el artículo 34 para la constitución de la sociedad, en el supuesto de aumento de capital, una vez inscrito el acuerdo de aumento de capital de conformidad con el apartado anterior y otorgada la escritura de ejecución del aumento de capital, las acciones podrán ser entregadas y transmitidas.

La escritura de ejecución fijará el importe final del aumento de capital sin necesidad de detallar la identidad de los suscriptores y se presentará a inscripción dentro de los cinco días siguientes a la fecha de su otorgamiento.

En el supuesto de que se entreguen las acciones no serán aplicables el artículo 316 ni el artículo 309.1.f).

> Art. redactado de acuerdo con el art. 3. Once, de la Ley 5/2021, de 12 de abril, por la que se modifica el texto refundido de la Ley de Sociedades de Capital (…), y otras normas financieras, en lo que respecta al fomento de la implicación a largo plazo de los accionistas en las sociedades cotizadas (BOE núm. 88, de 13 de abril).
> Véase art. 314 y 315 del presente TRLSC.

CAPÍTULO IV. Límite máximo de la autocartera

> La Disp. Adicional decimotercera de la presente Ley establece que «serán de aplicación a las sociedades anónimas con acciones admitidas a negociación en Sistemas Multilaterales de Negociación las normas contenidas en los Capítulos II, III, IV y V del Título XIV de la presente Ley».

Art. 509. *Límite máximo de la autocartera*.– Salvo en los supuestos de libre adquisición de las propias acciones, en las sociedades cotizadas el valor nominal de las acciones propias adquiridas directa o indirectamente por la sociedad, sumándose al de las que ya posean la sociedad adquirente y sus filiales y, en su caso, la sociedad dominante y sus filiales, no podrá ser superior al diez por ciento del capital suscrito.

> Téngase en cuenta arts. 144 y ss., especialmente arts. 145 y 146.2, del presente TRLSC. Véase art. 106 de la LMVySI (§3).

CAPÍTULO V. Obligaciones

> La Disp. Adicional decimotercera del presente TRLSC establece que «serán de aplicación a las sociedades anónimas con acciones admitidas a negociación en Sistemas Multilaterales de Negociación las normas contenidas en los Capítulos II, III, IV y V del Título XIV de la presente Ley».

Art. 510. *Emisión de obligaciones convertibles*.– En las sociedades cotizadas, la emisión de obligaciones convertibles en acciones no exigirá los informes de experto independiente contemplados en el apartado 2 del artículo 414 y en la letra b) del apartado 2 del artículo 417 cuando esta no alcance el veinte por ciento del capital. La sociedad cotizada podrá, no obstante, obtener voluntariamente dichos informes. El informe de los administradores deberá justificar la razonabilidad de las condiciones financieras de la emisión y la idoneidad de la relación de conversión y sus fórmulas de ajuste para evitar la dilución de la participación económica de los accionistas.

> Art. redactado de acuerdo con el art. 3. Doce, de la Ley 5/2021, de 12 de abril, por la que se modifica el texto refundido de la Ley de Sociedades de Capital (...), y otras normas financieras, en lo que respecta al fomento de la implicación a largo plazo de los accionistas en las sociedades cotizadas (BOE núm. 88, de 13 de abril).

Art. 511. *Delegación de la facultad de excluir el derecho de suscripción preferente en caso de emisión de obligaciones convertibles.*– 1. En el caso de sociedades cotizadas, cuando la junta general delegue en los administradores la facultad de emitir obligaciones convertibles, podrá atribuirles también la facultad de excluir el derecho de suscripción preferente en relación a las emisiones de obligaciones convertibles que sean objeto de delegación si el interés de la sociedad así lo exigiera. En tal caso, el número máximo de acciones en que puedan convertirse las obligaciones atendiendo a su relación de conversión inicial, de ser fija, o a su relación de conversión mínima, de ser variable, sumado al de las acciones emitidas por los administradores al amparo de la delegación prevista en el artículo 506, no podrá exceder del veinte por ciento del número de acciones integrantes del capital social en el momento de la autorización.

2. En el anuncio de convocatoria de la junta general en el que figure la propuesta de delegar en los administradores la facultad de emitir obligaciones convertibles también deberá constar expresamente la propuesta de exclusión del derecho de suscripción preferente. Desde la convocatoria de junta general se pondrá a disposición de los accionistas un informe de los administradores en el que se justifique la propuesta de exclusión.

3. El acuerdo de emisión de obligaciones convertibles adoptado con base en la delegación de la junta deberá acompañarse del correspondiente informe justificativo de los administradores. Este informe y, en su caso, el informe del experto independiente serán puestos a disposición de los accionistas y comunicado a la primera junta general que se celebre tras la adopción del acuerdo de emisión.

> Art. redactado de acuerdo con el art. 3. Doce, de la Ley 5/2021, de 12 de abril, por la que se modifica el texto refundido de la Ley de Sociedades de Capital (...), y otras normas financieras, en lo que respecta al fomento de la implicación a largo plazo de los accionistas en las sociedades cotizadas (BOE núm. 88, de 13 de abril).
>
> En relación con el límite del veinticinco por ciento del número de acciones integrantes del capital social en el momento de la autorización previsto en este artículo, téngase en cuenta la Disp. adicional Decimoquinta del presente TRLSC.
>
> Véase art. 417 del presente TRLSC.

CAPÍTULO VI. Especialidades de la junta general de accionistas

Véanse arts. 159 a 208 del presente TRLSC.
Véase art. 337 de la LMVySI (§3).

Sección 1.ª Competencias de la Junta General

Sección y artículo 511 bis incorporada por el art. Único, Treinta y uno, de la Ley 31/2014, de 3 de diciembre, por la que se modifica la Ley de Sociedades de Capital para la mejora del gobierno corporativo (BOE núm. 293, de 4 de diciembre).

Art. 511 bis. *Competencias adicionales.*- 1. En las sociedades cotizadas constituyen materias reservadas a la competencia de la junta general, además de las reconocidas en el artículo 160, las siguientes:

a) La transferencia a entidades dependientes de actividades esenciales desarrolladas hasta ese momento por la propia sociedad, aunque esta mantenga el pleno dominio de aquellas.

b) Las operaciones cuyo efecto sea equivalente al de la liquidación de la sociedad.

c) La política de remuneraciones de los consejeros en los términos establecidos en esta ley.

2. Se presumirá el carácter esencial de las actividades y de los activos operativos cuando el volumen de la operación supere el veinticinco por ciento del total de activos del balance.

Artículo incorporado por el art. Único, Treinta y uno, de la Ley 31/2014, de 3 de diciembre, por la que se modifica la Ley de Sociedades de Capital para la mejora del gobierno corporativo (BOE núm. 293, de 4 de diciembre).

Sección 2.ª El reglamento de la junta general

Sección y rúbrica, integrada por los arts. 512 y 513, añadida por el art. 2, Uno, de la Ley 25/2011, de 1 de agosto, de reforma parcial de la Ley de Sociedades de Capital (...) (Entrada en vigor 2 de octubre 2011). La sección renumerada como 2.ª por el art. Único, Treinta y dos, de la Ley 31/2014, de 3 de diciembre, por la que se modifica la Ley de Sociedades de Capital para la mejora del gobierno corporativo (BOE núm. 293, de 4 de diciembre).

Art. 512. *Carácter obligatorio del reglamento de la junta general.*- La junta general de accionistas de la sociedad anónima cotizada, constituida con el quórum del artículo 193 o con el superior previsto a este propósito en los estatutos, aprobará un reglamento específico para la junta general. En este reglamento podrán contemplarse todas aquellas materias que atañen a la junta general, respetando lo establecido en la ley y los estatutos.

Art. redactado de acuerdo con el art. 3. Doce, de la Ley 5/2021, de 12 de abril, por la que se modifica el texto refundido de la Ley de Sociedades de Capital (...), y otras normas financieras, en lo que respecta al fomento de la implicación a largo plazo de los accionistas en las sociedades cotizadas (BOE núm. 88, de 13 de abril).
Véase Disp. Adicional 7ª del presente TRLSC.

Art. 513. *Publicidad del reglamento.*– 1. El reglamento de la junta general de accionistas de sociedad cotizada será objeto de comunicación a la Comisión Nacional del Mercado de Valores, acompañando copia del documento en que conste.

2. Efectuada esta comunicación se inscribirá en el Registro Mercantil con arreglo a las normas generales y, una vez inscrito, se publicará por la Comisión Nacional del Mercado de Valores.

Véase Disp. Adicional 7ª del presente TRLSC.

Sección 3.ª Funcionamiento de la junta general

Sección añadida por el art. 2, Tres, de la Ley 25/2011, de 1 de agosto, de reforma parcial de la Ley de Sociedades de Capital (...) (Entrada en vigor 2 de octubre 2011), y renumerada como 3.ª por el artículo Único, Treinta y dos, de la Ley 31/2014, de 3 de diciembre, por la que se modifica la Ley de Sociedades de Capital para la mejora del gobierno corporativo (BOE núm. 293, de 4 de diciembre).

Subsección 1.ª Disposiciones generales

Subsección y arts. 514 a 521 añadidos por el art. 2, Tres, de la Ley 25/2011, de 1 de agosto, de reforma parcial de la Ley de Sociedades de Capital (...) (Entrada en vigor 2 de octubre 2011).

Art. 514. *Igualdad de trato.*– Las sociedades anónimas cotizadas garantizarán, en todo momento, la igualdad de trato de todos los accionistas que se hallen en la misma posición, en lo que se refiere a la información, la participación y el ejercicio del derecho de voto en la junta general.

En particular, deberán dar cobertura a los requisitos de accesibilidad de las personas con discapacidad y personas mayores que garanticen su derecho a disponer de información previa y los apoyos necesarios para ejercer su voto.

Art. añadido por el art. 2, Tres, de la Ley 25/2011, de 1 de agosto, de reforma parcial de la Ley de Sociedades de Capital (...) (Entrada en vigor 2 de octubre 2011).
El párrafo segundo añadido por apartado Siete del art. 2.º de la Ley 11/2018, de 28 de diciembre, por la que se modifica el Código de Comercio, el texto refundido de la Ley de Sociedades de Capital (...), y la Ley 22/2015, de 20 de julio, de Auditoría de Cuentas, en materia de información no financiera y diversidad (BOE núm. 314, de 29 de diciembre). De acuerdo con el apartado 1 de la Disp. transitoria de la citada Ley, la modificación es «de aplicación para los ejercicios económicos que se inicien a partir del 1 de enero de 2018».
Véase Disp. Adicional 7.ª del presente TRLSC.

Art. 515. *Plazo de convocatoria de las juntas generales extraordinarias.*– 1. Cuando la sociedad ofrezca a los accionistas la posibilidad efectiva de votar por medios electrónicos accesibles a todos ellos, las juntas generales extraordinarias podrán ser convocadas con una antelación mínima de quince días.

2. La reducción del plazo de convocatoria requerirá un acuerdo expreso adoptado en junta general ordinaria por, al menos, dos tercios del capital suscrito con derecho a voto, y cuya vigencia no podrá superar la fecha de celebración de la siguiente.

> Art. añadido por el art. 2, Tres, de la Ley 25/2011, de 1 de agosto, de reforma parcial de la Ley de Sociedades de Capital (...) (Entrada en vigor 2 de octubre 2011).
> Véase Disp. Adicional 7.ª del presente TRLSC.

Art. 516. *Publicidad de la convocatoria*.– 1. La sociedad anónima cotizada está obligada a anunciar la convocatoria de su junta general, ordinaria o extraordinaria, de modo que se garantice un acceso a la información rápido y no discriminatorio entre todos los accionistas. A tal fin, se garantizarán medios de comunicación que aseguren la difusión pública y efectiva de la convocatoria, así como el acceso gratuito a la misma por parte de los accionistas en toda la Unión Europea.

2. La difusión del anuncio de convocatoria se hará utilizando, al menos, los siguientes medios:

a) El «Boletín Oficial del Registro Mercantil» o uno de los diarios de mayor circulación en España.

b) La página web de la Comisión Nacional del Mercado de Valores.

c) La página web de la sociedad convocante.

> Art. añadido por el art. 2, Tres, de la Ley 25/2011, de 1 de agosto, de reforma parcial de la Ley de Sociedades de Capital (...) (Entrada en vigor 2 de octubre 2011).
> Véase Disp. Adicional 7.ª del presente TRLSC y art. 292 de la LMVySI.

Art. 517. *Contenido del anuncio de convocatoria*.– 1. El anuncio de la convocatoria de junta general de sociedad cotizada, además de las menciones legalmente exigibles con carácter general, expresará la fecha en la que el accionista deberá tener registradas a su nombre las acciones para poder participar y votar en la junta general, el lugar y la forma en que puede obtenerse el texto completo de los documentos y propuestas de acuerdo, y la dirección de la página web de la sociedad en que estará disponible la información.

2. Además, el anuncio deberá contener una información clara y exacta de los trámites que los accionistas deberán seguir para participar y emitir su voto en la junta general, incluyendo, en particular, los siguientes extremos:

a) El derecho a solicitar información, a incluir puntos en el orden del día y a presentar propuestas de acuerdo, así como el plazo de ejercicio. Cuando se haga constar que en la página web de la sociedad se puede obtener información más detallada sobre tales derechos, el anuncio podrá limitarse a indicar el plazo de ejercicio.

b) El sistema para la emisión de voto por representación, con especial indicación de los formularios que deban utilizarse para la delegación de voto y de los medios que deban emplearse para que la sociedad pueda aceptar una notificación por vía electrónica de las representaciones conferidas.

c) Los procedimientos establecidos para la emisión del voto a distancia, sea por correo o por medios electrónicos.

Art. añadido por el art. 2, Tres, de la Ley 25/2011, de 1 de agosto, de reforma parcial de la Ley de Sociedades de Capital (...) (Entrada en vigor 2 de octubre 2011). Véase Disp. Adicional 7.ª del presente TRLSC.

Art. 518. *Información general previa a la junta.–* Desde la publicación del anuncio de convocatoria y hasta la celebración de la junta general, la sociedad deberá publicar ininterrumpidamente en su página web, al menos, la siguiente información:

a) El anuncio de la convocatoria.

b) El número total de acciones y derechos de voto en la fecha de la convocatoria, desglosados por clases de acciones, si existieran. En caso de que los estatutos contemplen la atribución de voto doble por lealtad y se haya creado el registro especial a que se refiere el artículo 527 septies, la información relativa al número de derechos de voto deberá actualizarse inmediatamente tras la finalización del plazo de legitimación anticipada previo a la reunión de la junta general.

c) Los documentos que deban ser objeto de presentación a la junta general y, en particular, los informes de administradores, auditores de cuentas y expertos independientes.

d) Los textos completos de las propuestas de acuerdo sobre todos y cada uno de los puntos del orden del día o, en relación con aquellos puntos de carácter meramente informativo, un informe de los órganos competentes comentando cada uno de dichos puntos. A medida que se reciban, se incluirán también las propuestas de acuerdo presentadas por los accionistas.

e) En el caso de nombramiento, ratificación o reelección de miembros del consejo de administración, la identidad, el currículo y la categoría a la que pertenezca cada uno de ellos, así como la propuesta e informes a que se refiere el artículo 529 decies.

f) Los formularios que deberán utilizarse para el voto por representación y a distancia, salvo cuando sean enviados directamente por la sociedad a cada accionista. En el caso de que no puedan publicarse en la página web por causas técnicas, la sociedad deberá indicar en ésta cómo obtener los formularios en papel, que deberá enviar a todo accionista que lo solicite.

Art. añadido por el art. 2, Tres, de la Ley 25/2011, de 1 de agosto, de reforma parcial de la Ley de Sociedades de Capital (...) (Entrada en vigor 2 de octubre 2011) y nuevamente redactado por el artículo Único, Treinta y tres, de la Ley 31/2014, de 3 de diciembre, por la que se modifica la Ley de Sociedades de Capital para la mejora del gobierno corporativo (BOE núm. 293, de 4 de diciembre). Letra b) modificada y ultimo inciso de la letra e) eliminado (en cursiva en el texto) de acuerdo con el art. 3. Trece, de la Ley 5/2021, de 12 de abril, por la que se modifica el texto refundido de la Ley de Sociedades de Capital (...), y otras normas financieras, en lo que respecta al fomento de la implicación a largo plazo de los accionistas en las sociedades cotizadas (BOE núm. 88, de 13 de abril).

Art. 519. *Derecho a completar el orden del día y a presentar nuevas propuestas de acuerdo.*- 1. Los accionistas que representen al menos el tres por ciento del capital social podrán solicitar que se publique un complemento a la convocatoria de la junta general ordinaria, incluyendo uno o más puntos en el orden del día, siempre que los nuevos puntos vayan acompañados de una justificación o, en su caso, de una propuesta de acuerdo justificada. En ningún caso podrá ejercitarse dicho derecho respecto a la convocatoria de juntas generales extraordinarias.

2. El ejercicio de este derecho deberá efectuarse mediante notificación fehaciente, que habrá de recibirse en el domicilio social dentro de los cinco días siguientes a la publicación de la convocatoria. El complemento deberá publicarse con quince días de antelación como mínimo a la fecha establecida para la reunión de la junta. La falta de publicación en plazo del complemento será causa de nulidad de la junta.

3. Los accionistas que representen al menos el tres por ciento del capital social podrán, en el mismo plazo señalado en el apartado anterior, presentar propuestas fundamentadas de acuerdo sobre asuntos ya incluidos o que deban incluirse en el orden del día de la junta convocada. La sociedad asegurará la difusión de estas propuestas de acuerdo y de la documentación que en su caso se adjunte, entre el resto de los accionistas, de conformidad con lo dispuesto en la letra d) del artículo anterior.

> Art. añadido por el art. 2, Tres, de la Ley 25/2011, de 1 de agosto, de reforma parcial de la Ley de Sociedades de Capital (...) (Entrada en vigor 2 de octubre 2011) y nuevamente redactado por el artículo Único, Treinta y cuatro, de la Ley 31/2014, de 3 de diciembre, por la que se modifica la Ley de Sociedades de Capital para la mejora del gobierno corporativo (BOE núm. 293, de 4 de diciembre).

Art. 520. *Ejercicio del derecho de información del accionista.*- 1. El ejercicio del derecho de información de los accionistas se rige por lo previsto en el artículo 197, si bien las solicitudes de informaciones o aclaraciones o la formulación por escrito de preguntas se podrán realizar hasta el quinto día anterior al previsto para la celebración de la junta. Además, los accionistas podrán solicitar a los administradores, por escrito y dentro del mismo plazo o verbalmente durante la celebración de la junta, las aclaraciones que estimen precisas acerca de la información accesible al público que la sociedad hubiera facilitado a la Comisión Nacional del Mercado de Valores desde la celebración de la última junta general y acerca del informe del auditor.

2. Las solicitudes válidas de informaciones, aclaraciones o preguntas realizadas por escrito y las contestaciones facilitadas por escrito por los administradores se incluirán en la página web de la sociedad.

3. Cuando, con anterioridad a la formulación de una pregunta concreta, la información solicitada esté disponible de manera clara, expresa y directa para todos los accionistas en la página web de la sociedad bajo el formato pregunta-respuesta, los administradores podrán limitar su contestación a remitirse a la información facilitada en dicho formato.

> Art. añadido por el art. 2, Tres, de la Ley 25/2011, de 1 de agosto, de reforma parcial de la Ley de Sociedades de Capital (...) (Entrada en vigor 2 de octubre 2011), y nuevamente redactado por el artículo Único, Treinta y cinco, de la Ley 31/2014, de 3 de diciembre, por la que se modifica la Ley de Sociedades de Capital para la mejora del gobierno corporativo (BOE núm. 293, de 4 de diciembre).
> Véase, además del art. 197, el art. 539 del presente TRLSC y art. 103 de la LMVySI (§3).
> El apartado 1, con alguna modificación, era, antes de la reforma por la Ley 25/2011, el art. 527 que dicha Ley deroga.

Art. 520 bis. *Transmisión de información de la sociedad a los accionistas y beneficiarios últimos.*– 1. Las sociedades deberán entregar la siguiente información a sus accionistas o al tercero que nombre cada accionista:

a) la información que debe facilitarles para permitirles ejercer los derechos derivados de sus acciones y que vaya dirigida a todos los accionistas titulares de acciones de esa clase, o

b) cuando la información contemplada en la letra a) esté a disposición de los accionistas en el sitio web de la sociedad, un aviso que indique dónde pueden encontrar esa información.

La información debe estar redactada en un lenguaje y estilo que faciliten su comprensión, concretamente en un lenguaje claro, conciso y comprensible y accesible.

2. A los efectos previstos en el apartado anterior, las sociedades podrán remitir esa información:

a) directamente a todos sus accionistas, o

b) indirectamente, y de manera normalizada y en tiempo oportuno; a través de los terceros nombrados por ellos, el depositario central de valores o la entidad intermediaria, en cuyo caso estos estarán obligados a remitirla sin demora a los accionistas de la sociedad.

3. En el supuesto de que la entidad legitimada como accionista en virtud del registro contable de las acciones sea una entidad intermediaria que custodia dichas acciones por cuenta de un beneficiario último, aquella trasmitirá sin demora a este último la información mencionada en el apartado 1.

> Art. introducido de acuerdo con el art. 3. Catorce, de la Ley 5/2021, de 12 de abril, por la que se modifica el texto refundido de la Ley de Sociedades de Capital (...), y otras normas financieras, en lo que respecta al fomento de la implicación a largo plazo de los accionistas en las sociedades cotizadas (BOE núm. 88, de 13 de abril).

Véase Disp. Adicional 7.ª del presente TRLSC.

La Disp. Adicional 1ª de la citada Ley 5/2021, de 12 de abril, establece que «La Comisión Nacional del Mercado de Valores informará a la Comisión Europea de dificultades prácticas considerables en la aplicación de los artículos 497, 497 bis, 520 bis, 520 ter, 522 bis, 524, 524 bis y 527 bis del Texto Refundido de la Ley de Sociedades de Capital y del incumplimiento de estos artículos por parte de las entidades intermediarias de la Unión Europea o de terceros países».

Art. 520 ter. *Transmisión de información de los beneficiarios últimos a la sociedad*.– Las entidades intermediarias legitimadas como accionistas en virtud del registro contable de las acciones, transmitirán sin dilación a la sociedad o al tercero designado por ella la información relacionada con el ejercicio de los derechos que hayan recibido directamente de los beneficiarios últimos o de otras entidades intermediarias.

Art. introducido de acuerdo con el art. 3. Catorce, de la Ley 5/2021, de 12 de abril, por la que se modifica el texto refundido de la Ley de Sociedades de Capital (...), y otras normas financieras, en lo que respecta al fomento de la implicación a largo plazo de los accionistas en las sociedades cotizadas (BOE núm. 88, de 13 de abril).

Véase Disp. Adicional 7.ª del presente TRLSC.

La Disp. Adicional 1ª de la citada Ley 5/2021, de 12 de abril, establece que «La Comisión Nacional del Mercado de Valores informará a la Comisión Europea de dificultades prácticas considerables en la aplicación de los artículos 497, 497 bis, 520 bis, 520 ter, 522 bis, 524, 524 bis y 527 bis del Texto Refundido de la Ley de Sociedades de Capital y del incumplimiento de estos artículos por parte de las entidades intermediarias de la Unión Europea.

Art. 521. *Participación a distancia*.– 1. La participación en la junta general y el voto de las propuestas sobre puntos comprendidos en el orden del día de cualquier clase de junta general podrán delegarse o ejercitarse directamente por el accionista mediante correspondencia postal, electrónica o cualquier otro medio de comunicación a distancia, en los términos que establezcan los estatutos de la sociedad, siempre que se garantice debidamente la identidad del sujeto que participa o vota y la seguridad de las comunicaciones electrónicas.

2. De conformidad con lo que se disponga en los estatutos, el reglamento de la junta general podrá regular el ejercicio a distancia de tales derechos incluyendo, en especial, alguna o todas las formas siguientes:

a) La transmisión en tiempo real de la junta general.

b) La comunicación bidireccional en tiempo real para que los accionistas puedan dirigirse a la junta general desde un lugar distinto al de su celebración.

c) Un mecanismo para ejercer el voto antes o durante la junta general sin necesidad de nombrar a un representante que esté físicamente presente en la junta.

3. En el caso de que la junta general de la sociedad cotizada se celebre de manera exclusivamente telemática conforme a las previsiones del artículo 182 bis, será preciso además:

a) que los accionistas también puedan delegar o ejercitar anticipadamente el voto de las propuestas sobre puntos comprendidos en el orden del día mediante cualquiera de los medios previstos en el apartado 1 anterior, y

b) que el acta de la reunión sea levantada por notario.

> Art. añadido por el art. 2, Tres, de la Ley 25/2011, de 1 de agosto, de reforma parcial de la Ley de Sociedades de Capital (…) (Entrada en vigor 2 de octubre 2011). Apartado 3 se adiciona de acuerdo con el art. 3. Quince, de la Ley 5/2021, de 12 de abril, por la que se modifica el texto refundido de la Ley de Sociedades de Capital (…), y otras normas financieras, en lo que respecta al fomento de la implicación a largo plazo de los accionistas en las sociedades cotizadas (BOE núm. 88, de 13 de abril).

Art. 521 bis. *Derecho de asistencia*.- En las sociedades anónimas cotizadas, los estatutos no podrán exigir para asistir a la junta general la posesión de más de mil acciones.

> Artículo añadido por el artículo Único, Treinta y seis, de la Ley 31/2014, de 3 de diciembre, por la que se modifica la Ley de Sociedades de Capital para la mejora del gobierno corporativo (BOE núm. 293, de 4 de diciembre).

Subsección 2.ª Participación en la junta por medio de representante

> Subsección y arts. 522 a 524 añadidos por el art. 2, Tres, de la Ley 25/2011, de 1 de agosto, de reforma parcial de la Ley de Sociedades de Capital (…) (Entrada en vigor 2 de octubre 2011).

Art. 522. *La representación del accionista en la junta general*.- 1. Las cláusulas estatutarias que limiten el derecho del accionista a hacerse representar por cualquier persona en las juntas generales serán nulas. No obstante, los estatutos podrán prohibir la sustitución del representante por un tercero, sin perjuicio de la designación de una persona física cuando el representante sea una persona jurídica.

2. En caso de que se hayan emitido instrucciones por parte del accionista representado, el representante emitirá el voto con arreglo a las mismas y tendrá la obligación de conservar dichas instrucciones durante un año desde la celebración de la junta correspondiente.

3. El nombramiento del representante por el accionista y la notificación del nombramiento a la sociedad podrán realizarse por escrito o por medios electrónicos. La sociedad establecerá el sistema para la notificación electrónica del nombramiento, con los requisitos formales, necesarios y proporcionados para garantizar la identificación del accionista y del representante o representantes que designe. Lo dispuesto en este apartado será de aplicación a la revocación del nombramiento del representante.

4. El representante podrá tener la representación de más de un accionista sin limitación en cuanto al número de accionistas representados. Cuando un representante tenga representaciones de varios accionistas, podrá emitir votos de signo distinto en función de las instrucciones dadas por cada accionista.

5. En todo caso, el número de acciones representadas se computará para la válida constitución de la junta.

> Art. añadido por el art. 2, Tres, de la Ley 25/2011, de 1 de agosto, de reforma parcial de la Ley de Sociedades de Capital (...) (Entrada en vigor 2 de octubre 2011).

Art. 522 bis. *Facilitación por las entidades intermediarias del ejercicio de los derechos de los beneficiarios últimos.*– 1. Las entidades intermediarias legitimadas como accionistas en virtud del registro contable de las acciones, así como, en el supuesto previsto en el artículo 497 bis.2, las restantes entidades intermediarias, facilitarán el ejercicio por los beneficiarios últimos de los derechos inherentes a las acciones custodiadas por ellas, incluido el derecho a participar y a votar en las juntas generales, y ejercerán los derechos derivados de las acciones según la autorización y las instrucciones del beneficiario último y en su interés.

2. Las entidades intermediarias facilitarán el ejercicio de los derechos inherentes a las acciones de los beneficiarios últimos de conformidad con el Reglamento de Ejecución (UE) 2018/1212 de la Comisión de 3 de septiembre de 2018.

> Art. introducido de acuerdo con el art. 3. Dieciséis, de la Ley 5/2021, de 12 de abril, por la que se modifica el texto refundido de la Ley de Sociedades de Capital (...), y otras normas financieras, en lo que respecta al fomento de la implicación a largo plazo de los accionistas en las sociedades cotizadas (BOE núm. 88, de 13 de abril).
> Véase Disp. Adicional 7.ª del presente TRLSC.
> La Disp. Adicional 1ª de la citada Ley 5/2021, de 12 de abril, establece que «La Comisión Nacional del Mercado de Valores informará a la Comisión Europea de dificultades prácticas considerables en la aplicación de los artículos 497, 497 bis, 520 bis, 520 ter, 522 bis, 524, 524 bis y 527 bis del Texto Refundido de la Ley de Sociedades de Capital y del incumplimiento de estos artículos por parte de las entidades intermediarias de la Unión Europea o de terceros países.

Art. 523. *Conflicto de intereses del representante.*– 1. Antes de su nombramiento, el representante deberá informar con detalle al accionista de si existe situación de conflicto de intereses. Si el conflicto fuera posterior al nombramiento y no se hubiese advertido al accionista representado de su posible existencia, deberá informarle de ello inmediatamente. En ambos casos, de no haber recibido nuevas instrucciones de voto precisas para cada uno de los asuntos sobre los que el representante tenga que votar en nombre del accionista, deberá abstenerse de emitir el voto.

2. Puede existir un conflicto de intereses a los efectos del presente artículo, en particular, cuando el representante se encuentre en alguna de estas situaciones:

a) Que sea un accionista de control de la sociedad o una entidad controlada por él.

b) Que sea un miembro del órgano de administración, de gestión o de supervisión de la sociedad o del accionista de control o de una entidad controlada por éste. En el caso de que se trate de un administrador, se aplicará lo dispuesto en el artículo 526.

c) Que sea un empleado o un auditor de la sociedad, del accionista de control o de una entidad controlada por éste.

d) Que sea una persona física vinculada con las anteriores. Se considerarán personas físicas vinculadas: el cónyuge o quien lo hubiera sido dentro de los dos años anteriores, o las personas que convivan con análoga relación de afectividad o hubieran convivido habitualmente dentro de los dos años anteriores, así como los ascendientes, descendientes y hermanos y sus cónyuges respectivos.

> Art. añadido por el art. 2, Tres, de la Ley 25/2011, de 1 de agosto, de reforma parcial de la Ley de Sociedades de Capital (...) (Entrada en vigor 2 de octubre 2011).

Art. 524. *Delegación de la representación y ejercicio del voto por parte de entidades intermediarias.*- 1. Las entidades intermediarias que aparezcan legitimadas como accionistas en virtud del registro contable de las acciones pero que actúen por cuenta de diversos beneficiarios últimos, podrán en todo caso fraccionar el voto y ejercitarlo en sentido divergente en cumplimiento de instrucciones de voto diferentes, si así las hubieran recibido.

2. Las entidades intermediarias podrán delegar el voto a cada uno de los beneficiarios últimos o a terceros designados por estos, sin que pueda limitarse el número de delegaciones otorgadas.

> Art. redactado de acuerdo con el art. 3. Diecisiete, de la Ley 5/2021, de 12 de abril, por la que se modifica el texto refundido de la Ley de Sociedades de Capital (...), y otras normas financieras, en lo que respecta al fomento de la implicación a largo plazo de los accionistas en las sociedades cotizadas (BOE núm. 88, de 13 de abril).
>
> El presente artículo había sido añadido por el art. 2, Tres, de la Ley 25/2011, de 1 de agosto, de reforma parcial de la Ley de Sociedades de Capital (...) y nuevamente redactado por el artículo Único, Treinta y siete, de la Ley 31/2014, de 3 de diciembre, por la que se modifica la Ley de Sociedades de Capital para la mejora del gobierno corporativo (BOE núm. 293, de 4 de diciembre.
>
> La Disp. Adicional 1ª de la citada Ley 5/2021, de 12 de abril, establece que «La Comisión Nacional del Mercado de Valores informará a la Comisión Europea de dificultades prácticas considerables en la aplicación de los artículos 497, 497 bis, 520 bis, 520 ter, 522 bis, 524, 524 bis y 527 bis del Texto Refundido de la Ley de Sociedades de Capital y del incumplimiento de estos artículos por parte de las entidades intermediarias de la Unión Europea o de terceros países».

Art. 524 bis. *Disposiciones comunes a la transmisión de información y el ejercicio del voto.*- 1. Cuando existan varias entidades intermediarias custodiando las acciones de un mismo beneficiario último, estas se trasmitirán entre sí sin demora la

información o confirmación mencionadas en los artículos 520 bis, 520 ter, 522 bis, 524 y 527 bis hasta llegar a dicho beneficiario último o a la sociedad, salvo que la información o confirmación pueda ser transmitida directamente por una de las entidades intermediarias a estos.

2. Será de aplicación a la información transmitida con arreglo a los artículos 520 bis y 520 ter el Reglamento de Ejecución (UE) 2018/1212 de la Comisión de 3 de septiembre de 2018.

3. Reglamentariamente se podrán concretar otros aspectos técnicos y formales necesarios para garantizar la aplicabilidad de lo dispuesto en los artículos 520 bis, 520 ter, 522 bis, 524 y 527 bis.

Art. introducido de acuerdo con el art. 3. Dieciocho, de la Ley 5/2021, de 12 de abril, por la que se modifica el texto refundido de la Ley de Sociedades de Capital (...), y otras normas financieras, en lo que respecta al fomento de la implicación a largo plazo de los accionistas en las sociedades cotizadas (BOE núm. 88, de 13 de abril). Véase Disp. Adicional 7.ª del presente TRLSC.
La Disp. Adicional 1ª de la citada Ley 5/2021, de 12 de abril, establece que «La Comisión Nacional del Mercado de Valores informará a la Comisión Europea de dificultades prácticas considerables en la aplicación de los artículos 497, 497 bis, 520 bis, 520 ter, 522 bis, 524, 524 bis y 527 bis del Texto Refundido de la Ley de Sociedades de Capital y del incumplimiento de estos artículos por parte de las entidades intermediarias de la Unión Europea o de terceros países».

Art. 524 ter. *No discriminación, proporcionalidad y transparencia de los costes.*– 1. Las entidades intermediarias deberán publicar en sus páginas web todas las tarifas aplicables por los servicios prestados en virtud de los artículos 497, 497 bis, 520 bis, 520 ter, 522 bis, 524, 524 bis y 527 bis de forma individualizada para cada tipo de servicios.

2. Las tarifas que cobre un intermediario a los accionistas, las sociedades, beneficiarios últimos y otras entidades intermediarias no podrán ser discriminatorias y deberán ser proporcionadas en relación con los costes reales en que hayan incurrido para la prestación de dicho servicio.

3. Las diferencias en las tarifas cobradas por la prestación de un mismo servicio en función del Estado de origen del cliente o su representante por el ejercicio de los derechos reconocidos en los artículos 497, 497 bis, 520 bis, 520 ter, 522 bis, 524, 524 bis y 527 bis serán válidas únicamente si están debidamente justificadas y reflejan la variación de los costes reales en que se haya incurrido para la prestación de los servicios en cuestión.

Art. introducido de acuerdo con el art. 3. Dieciocho, de la Ley 5/2021, de 12 de abril, por la que se modifica el texto refundido de la Ley de Sociedades de Capital (...), y otras normas financieras, en lo que respecta al fomento de la implicación a largo plazo de los accionistas en las sociedades cotizadas (BOE núm. 88, de 13 de abril).

Véase Disp. Adicional 7.ª del presente TRLSC.

Subsección 3.ª Votación de acuerdos

Subsección y art. 525 añadido por el art. 2, Tres, de la Ley 25/2011, de 1 de agosto, de reforma parcial de la Ley de Sociedades de Capital (...) (Entrada en vigor 2 de octubre 2011).

Sobre los asesores de voto que presten sus servicios en relación con sociedades cotizadas, véanse arts. 118 a 121 de la LMVySI (§3).

Art. 525. *Resultado de las votaciones*.- 1. Para cada acuerdo sometido a votación de la junta general deberá determinarse, como mínimo, el número de acciones respecto de las que se hayan emitido votos válidos, la proporción de capital social representado por dichos votos, el número total de votos válidos, el número de votos a favor y en contra de cada acuerdo y, en su caso, el número de abstenciones.

2. Los acuerdos aprobados y el resultado de las votaciones se publicarán íntegros en la página web de la sociedad dentro de los cinco días siguientes a la finalización de la junta general».

Art. añadido por el art. 2, Tres, de la Ley 25/2011, de 1 de agosto, de reforma parcial de la Ley de Sociedades de Capital (...) (Entrada en vigor 2 de octubre 2011).

En relación al apartado 2, véase Disp. Adicional 7ª del presente TRLSC.

Art. 526. *Ejercicio del derecho de voto por administrador en caso de solicitud pública de representación*.- 1. Además de cumplir los deberes previstos en el apartado 1 del artículo 523, en el caso de que los administradores de una sociedad anónima cotizada, u otra persona por cuenta o en interés de cualquiera de ellos, hubieran formulado solicitud pública de representación, el administrador que la obtenga no podrá ejercitar el derecho de voto correspondiente a las acciones representadas en aquellos puntos del orden del día en los que se encuentre en conflicto de intereses, salvo que hubiese recibido del representado instrucciones de voto precisas para cada uno de dichos puntos conforme al artículo 522. En todo caso, se entenderá que el administrador se encuentra en conflicto de intereses respecto de las siguientes decisiones:

a) Su nombramiento, reelección o ratificación como administrador.

b) Su destitución, separación o cese como administrador.

c) El ejercicio contra él de la acción social de responsabilidad.

d) La aprobación o ratificación, cuando proceda, de operaciones de la sociedad con el administrador de que se trate, sociedades controladas por él o a las que represente o personas que actúen por su cuenta.

2. La delegación podrá también incluir aquellos puntos que, aun no previstos en el orden del día de la convocatoria, sean tratados, por así permitirlo la ley, en la junta, aplicándose también en estos casos lo previsto en el apartado anterior.

3. Lo establecido en este artículo será de aplicación a los miembros del consejo de control de una sociedad anónima europea domiciliada en España que haya optado por el sistema dual.

> De acuerdo con el art. 2, Dos, de la Ley 25/2011, de 1 de agosto, de reforma parcial de la Ley de Sociedades de Capital (...) (Entrada en vigor 2 de octubre 2011), el anterior art. 514 pasa a ser el actual 526, dándole nueva redacción el art. 2.4 de la citada Ley.
>
> Véase art. 186 y Disp. Adicional 7ª del presente TRLSC.

Art. 527. *Cláusulas limitativas del derecho de voto*.- En las sociedades anónimas cotizadas las cláusulas estatutarias que, directa o indirectamente, fijen con carácter general el número máximo de votos que pueden emitir un mismo accionista, las sociedades pertenecientes a un mismo grupo o quienes actúen de forma concertada con los anteriores, quedarán sin efecto cuando tras una oferta pública de adquisición, el oferente haya alcanzado un porcentaje igual o superior al 70 por ciento del capital que confiera derechos de voto, salvo que dicho oferente no estuviera sujeto a medidas de neutralización equivalentes o no las hubiera adoptado.

> Art. redactado de acuerdo con el apartado Dos de la Disp. Adicional 1ª de la Ley 1/2012, de 22 de junio, de simplificación de las obligaciones de información y documentación de fusiones y escisiones de sociedades de capital (BOE núm. 150, de 23 de junio), procedente del Real Decreto-ley 9/2012, de 16 de marzo (BOE núm. 66, de 17 de marzo de 2012), si bien el citado RD-Ley no modificaba el presente artículo.
>
> Véase art. art. 115 de la LMVySI (§3) y arts. 188.3 y 527 quinquies del presente TRLSC.

Art. 527 bis. *Confirmación de votos*.- 1. Cuando el voto se haya ejercido por medios electrónicos, la sociedad estará obligada a enviar al accionista que emite el voto una confirmación electrónica de la recepción de su voto.

2. Una vez celebrada la junta general y en el plazo de un mes desde su celebración, el accionista o su representante y el beneficiario último podrán solicitar una confirmación de que los votos correspondientes a sus acciones han sido registrados y contabilizados correctamente por la sociedad, salvo que ya dispongan de esta información. La sociedad deberá remitir esta confirmación al accionista o su representante o al beneficiario último en el plazo máximo establecido en el Reglamento de Ejecución (UE) 2018/1212 de la Comisión de 3 de septiembre de 2018.

> Art. introducido de acuerdo con el art. 3. Diecinueve, de la Ley 5/2021, de 12 de abril, por la que se modifica el texto refundido de la Ley de Sociedades de Capital (...), y

otras normas financieras, en lo que respecta al fomento de la implicación a largo plazo de los accionistas en las sociedades cotizadas (BOE núm. 88, de 13 de abril). Respecto del apartado 2, véase Disp. Adicional 7.ª del presente TRLSC.

La Disp. Adicional 1ª de la citada Ley 5/2021, de 12 de abril, establece que «La Comisión Nacional del Mercado de Valores informará a la Comisión Europea de dificultades prácticas considerables en la aplicación de los artículos 497, 497 bis, 520 bis, 520 ter, 522 bis, 524, 524 bis y 527 bis del Texto Refundido de la Ley de Sociedades de Capital y del incumplimiento de estos artículos por parte de las entidades intermediarias de la Unión Europea o de terceros países».

Subsección 4.ª Acciones con voto por lealtad

Subsección y arts. 527 ter a 527 undecies añadidos de acuerdo con el art. 3. Veinte, de la Ley 5/2021, de 12 de abril, por la que se modifica el texto refundido de la Ley de Sociedades de Capital (...), y otras normas financieras, en lo que respecta al fomento de la implicación a largo plazo de los accionistas en las sociedades cotizadas (BOE núm. 88, de 13 de abril).

Art. 527 ter. *Previsión estatutaria de acciones con voto adicional doble por lealtad*.– 1. Como excepción a lo previsto en los artículos 96.2 y 188.2, los estatutos de la sociedad anónima cotizada podrán modificar la proporción entre el valor nominal de la acción y el derecho de voto para conferir un voto doble a cada acción de la que haya sido titular un mismo accionista durante dos años consecutivos ininterrumpidos desde la fecha de inscripción en el libro registro especial contemplado en el artículo 527 septies.

A estos efectos, por voto doble se entiende el doble de los votos que correspondan a cada una de las acciones en función de su valor nominal.

2. Los estatutos podrán ampliar pero no disminuir el periodo mínimo de titularidad ininterrumpida previsto en el apartado anterior para obtener el voto doble.

3. A efectos del cómputo del periodo de titularidad a que se refiere este artículo, se considerará que las acciones asignadas gratuitamente con ocasión de ampliaciones de capital tendrán la misma antigüedad que las que han dado derecho a dicha asignación.

4. Las acciones con voto doble por lealtad no constituirán una clase separada de acciones en el sentido del artículo 94.

Art. añadido de acuerdo con el art. 3. Veinte, de la Ley 5/2021, de 12 de abril, por la que se modifica el texto refundido de la Ley de Sociedades de Capital (...), y otras normas financieras, en lo que respecta al fomento de la implicación a largo plazo de los accionistas en las sociedades cotizadas (BOE núm. 88, de 13 de abril).

Art. 527 quater. *Mayorías necesarias para su aprobación*.– 1. Para que la junta general pueda acordar válidamente la inclusión de la previsión estatutaria de voto doble por lealtad será necesario el voto favorable de, al menos, el sesenta por ciento del capital presente o representado en la junta si asisten accionistas que representen el cincuenta por ciento o más del capital total suscrito con derecho a voto y el voto favorable del setenta y cinco por ciento del capital presente o representado si concurren accionistas que representen el veinticinco por ciento o más del capital, lo que será en todo caso necesario, sin alcanzar el cincuenta por ciento.

2. Los estatutos sociales podrán elevar las mayorías y quorums previstos en el apartado anterior.

Art. añadido de acuerdo con el art. 3. Veinte, de la Ley 5/2021, de 12 de abril, por la que se modifica el texto refundido de la Ley de Sociedades de Capital (…), y otras normas financieras, en lo que respecta al fomento de la implicación a largo plazo de los accionistas en las sociedades cotizadas (BOE núm. 88, de 13 de abril).

Véase art. 527 sexies del presente TRLSC.

Art. 527 quinquies. *Cómputo del voto por lealtad*.– 1. Salvo disposición estatutaria en contrario, los votos dobles por lealtad se tendrán en cuenta a efectos de determinar el quórum de las juntas de accionistas y del cómputo de las mayorías de voto necesarias para la adopción de acuerdos.

A estos efectos, en las sociedades cotizadas cuyos estatutos contemplen la atribución de voto doble por lealtad, el quórum de constitución de la junta general previsto en los artículos 193 y 194 se calculará sobre el número total de votos correspondientes al capital suscrito con derecho a voto, incluyendo los votos dobles.

En la lista de asistentes se hará constar, junto al carácter o representación de cada asistente, el número de acciones con que concurran y el número de votos que corresponden a dichas acciones.

Cuando los estatutos fijen con carácter general el número máximo de votos que puede emitir un mismo accionista conforme a lo establecido en el artículo 527, dicha limitación será aplicable a los accionistas titulares de acciones con voto doble por lealtad.

2. En todo caso, los votos por lealtad se tendrán en cuenta a efectos de la obligación de comunicación de participaciones significativas y de la normativa sobre ofertas públicas de adquisición de valores así como a efectos de lo establecido en el Capítulo III del Título I de la Ley 10/2014, de 26 de junio, de ordenación, supervisión y solvencia de entidades de crédito.

Art. añadido de acuerdo con el art. 3. Veinte, de la Ley 5/2021, de 12 de abril, por la que se modifica el texto refundido de la Ley de Sociedades de Capital (…), y otras normas financieras, en lo que respecta al fomento de la implicación a largo plazo de los accionistas en las sociedades cotizadas (BOE núm. 88, de 13 de abril).

Art. 527 sexies. *Cláusula de extinción y eliminación de la previsión estatutaria de voto por lealtad*.– La previsión estatutaria de voto doble por lealtad deberá ser renovada en las condiciones contenidas en el artículo 527 quater transcurridos cinco años desde la fecha de aprobación estatutaria por la junta general de accionistas.

La eliminación de la previsión estatutaria de voto doble por lealtad podrá acordarse en cualquier momento por la junta general con los quorums y mayorías previstos en el artículo 201.2. En el caso de que hubieran transcurrido más de diez años desde la fecha de aprobación de la previsión estatutaria por la junta general de las acciones con voto doble por lealtad, para su eliminación no se tendrán en cuenta en el cómputo de quórums y mayorías necesarios los derechos de voto dobles.

> Art. añadido de acuerdo con el art. 3. Veinte, de la Ley 5/2021, de 12 de abril, por la que se modifica el texto refundido de la Ley de Sociedades de Capital (...), y otras normas financieras, en lo que respecta al fomento de la implicación a largo plazo de los accionistas en las sociedades cotizadas (BOE núm. 88, de 13 de abril).

Art. 527 septies. *Libro registro especial de acciones con voto doble*.- 1. La sociedad emisora creará un libro registro especial de acciones con voto doble por lealtad que contendrá los datos previstos en el artículo 497.1. La inscripción en este libro registro en ningún caso afectará a la titularidad y legitimación para el ejercicio de los derechos de socio que se deriven de los asientos en los registros contables según lo previsto en la normativa del mercado de valores.

2. Para obtener la atribución del derecho de voto doble, el accionista deberá solicitar su inscripción en el libro registro especial, indicando el número de acciones respecto de las que pretende el reconocimiento del derecho de voto doble, y mantener la titularidad de ese número de acciones ininterrumpidamente durante un período mínimo de dos años desde la fecha de inscripción.

3. El accionista privilegiado deberá comunicar y justificar ante la sociedad, para su debida constancia en el libro registro al que se refiere el apartado anterior, cualquier transmisión de acciones que minore el número de votos por lealtad inscritos a su nombre, tanto si da lugar a su extinción como si no la determina conforme al artículo 527 decies.

4. La sociedad deberá facilitar sin demora la información que conste en este libro registro a cualquier accionista que lo solicite.

5. El accionista inscrito en el libro registro especial podrá comunicar a la sociedad en cualquier momento su renuncia total o parcial al voto doble que pueda corresponderle. En tal caso, la sociedad procederá a la modificación o cancelación de la inscripción correspondiente con efectos desde la misma fecha en que se comunique la renuncia.

6. El Reglamento (UE) n.º 2016/679 y en general la normativa de protección de datos de carácter personal se aplicará a los tratamientos de datos personales de los accionistas privilegiados descritos en este artículo, en los términos y condiciones que se establecen en el artículo 497.3

7. Los estatutos podrán desarrollar el modo en que deba acreditarse ante la sociedad la titularidad ininterrumpida del número de acciones, así como el modo en que deban realizarse las comunicaciones de minoración de votos por lealtad y de renuncia previstas en este artículo.

8. Mediante Orden de la persona titular del Ministerio de Asuntos Económicos y Transformación Digital o, con su habilitación expresa, mediante Circular de la Comisión Nacional del Mercado de Valores, se podrán concretar otros aspectos técnicos y formales relativos al libro registro complementario a que hace referencia este artículo.

> Art. añadido de acuerdo con el art. 3. Veinte, de la Ley 5/2021, de 12 de abril, por la que se modifica el texto refundido de la Ley de Sociedades de Capital (...), y otras normas financieras, en lo que respecta al fomento de la implicación a largo plazo de los accionistas en las sociedades cotizadas (BOE núm. 88, de 13 de abril).
> Véase Disp. Adicional 7.ª del presente TRLSC.

Art. 527 octies. *Voto doble por lealtad en sociedades que soliciten la admisión a negociación en un mercado regulado.*- 1. Las sociedades que soliciten la admisión a negociación de sus acciones en un mercado regulado podrán incluir en sus estatutos sociales, con efectos desde la fecha de admisión a cotización de sus acciones, la atribución de voto doble por lealtad mediante acuerdo adoptado con las mayorías de constitución y votación previstas en el artículo 527 quater, creando asimismo el libro registro especial de acciones con voto doble.

2. Los accionistas que acrediten la titularidad ininterrumpida de acciones durante el periodo mínimo de dos años, podrán inscribirse en el referido libro registro especial con anterioridad a la fecha de admisión a cotización. En tal caso, los accionistas que aparezcan inscritos en el libro registro especial tendrán atribuido el doble voto respecto de las acciones a que se refiera la inscripción y desde la fecha misma de admisión a negociación de las acciones.

3. Para la atribución de voto doble por lealtad a cualesquiera otras acciones distintas de aquellas a las que se haya atribuido el voto doble conforme a lo previsto en los dos apartados anteriores, será necesaria la previa inscripción en el libro registro especial y el transcurso del periodo mínimo de titularidad de dos años computado desde la fecha de dicha inscripción en los términos previstos en el apartado 2 del artículo 527 septies.

> Art. añadido de acuerdo con el art. 3. Veinte, de la Ley 5/2021, de 12 de abril, por la que se modifica el texto refundido de la Ley de Sociedades de Capital (...), y otras normas financieras, en lo que respecta al fomento de la implicación a largo plazo de los accionistas en las sociedades cotizadas (BOE núm. 88, de 13 de abril).

Art. 527 nonies. *Cómputo y acreditación del período de lealtad.*- 1. La solicitud de inscripción en el libro registro especial deberá ir acompañada de un certificado que acredite la titularidad de las acciones expedido por la entidad encargada del registro de anotaciones en cuenta.

2. Con anterioridad a la finalización del plazo de legitimación anticipada previo a una reunión de la junta general, el accionista inscrito en el registro especial de acciones con voto doble deberá acreditar la titularidad del número de las acciones con doble voto durante un período mínimo ininterrumpido de dos años computados desde la fecha de su inscripción. La acreditación de este extremo se llevará a cabo mediante la aportación de un certificado expedido a tal efecto por la entidad encargada del libro registro de anotaciones en cuenta.

3. Las sociedades cotizadas cuyos estatutos contemplen la atribución de voto doble deberán incorporar a su página web información permanentemente actualizada sobre el número de acciones con voto doble existentes en cada momento y aquellas acciones inscritas pendientes de que se cumpla el periodo de lealtad fijado estatutariamente.

4. Las sociedades cotizadas cuyos estatutos contemplen la atribución de voto doble deberán notificar a la Comisión Nacional del Mercado de Valores el número de acciones con voto doble existentes en cada momento y aquellas acciones inscritas pendientes de que se cumpla el periodo de lealtad fijado estatutariamente. La persona titular del Ministerio de Asuntos Económicos y Transformación Digital y, con su habilitación, la CNMV, podrá fijar las condiciones en las que se remitirá esta información.

> Art. añadido de acuerdo con el art. 3. Veinte, de la Ley 5/2021, de 12 de abril, por la que se modifica el texto refundido de la Ley de Sociedades de Capital (…), y otras normas financieras, en lo que respecta al fomento de la implicación a largo plazo de los accionistas en las sociedades cotizadas (BOE núm. 88, de 13 de abril).

Art. 527 decies. *Transmisiones de las acciones por el accionista con voto doble.*-
1. El voto doble por lealtad se extinguirá como consecuencia de la cesión o transmisión, directa e indirecta, por el accionista del número de acciones, o parte de ellas, al que está asociado el voto doble, incluso a título gratuito, y desde la fecha de la cesión o transmisión.

2. No obstante y salvo disposición estatutaria en contrario, el voto doble por lealtad beneficiará también al adquirente del número de acciones al que esté asociado el voto doble si la transmisión de las acciones se produce por cualquiera de las siguientes causas, siempre y cuando ello se acredite ante la sociedad:

a) Sucesión mortis causa, atribución de acciones al cónyuge en caso de disolución y liquidación de la sociedad de gananciales, disolución de comunidad de bienes u otras formas de comunidad conyugal, como la donación entre cónyuges, personas ligadas por análoga relación de afectividad o entre ascendientes y descendientes, excepto cuando se trate de accionistas de control, en cuyo caso se someterá a votación la condición de accionista con voto doble en los términos que se determinen estatutariamente.

b) Cualquier modificación estructural de las previstas en la Ley 3/2009, de 3 de abril, sobre modificaciones estructurales de las sociedades mercantiles, ya se refiera a la sociedad accionista titular de acciones con voto doble, ya se refiera a la sociedad emisora de las acciones de lealtad siempre que, en este último caso, la sociedad resultante de la modificación estructural contemple en sus estatutos las acciones con voto doble.

c) Transmisión entre sociedades del mismo grupo.

3. El voto adicional por lealtad beneficiará automáticamente a las acciones asignadas gratuitamente con ocasión de ampliaciones de capital en relación con acciones con voto de lealtad que ya se posean.

> Art. añadido de acuerdo con el art. 3. Veinte, de la Ley 5/2021, de 12 de abril, por la que se modifica el texto refundido de la Ley de Sociedades de Capital (…), y otras normas financieras, en lo que respecta al fomento de la implicación a largo plazo de los accionistas en las sociedades cotizadas (BOE núm. 88, de 13 de abril).
>
> Téngase en cuenta que la Ley 3/2009 citada por el apartado 2.b) ha sido derogada por la Disp. Der. del RD-L 5/2023, de 28 de junio, (…); de transposición de Directivas de la Unión Europea en materia de modificaciones estructurales de sociedades mercantiles (…) y de ejecución y cumplimiento del Derecho de la Unión Europea (BOE núm. 154, de 29 de junio) (§4), por lo que la referencia a la Ley 3/2009 hay que entenderla hecha al Libro Primero del citado RD-L 5/2023, de 28 de junio.

Art. 527 undecies. *Beneficiario último de las acciones distinto del accionista.*– 1. En caso de existir un beneficiario último de las acciones conforme a lo previsto en el artículo 497 bis, únicamente será necesario acreditar la titularidad ininterrumpida por el periodo al que se refiere el artículo 527 ter con respecto al beneficiario último.

2. El voto doble por lealtad se extinguirá como consecuencia de cualquier cambio de beneficiario último de las acciones, salvo en los supuestos del artículo 527 decies.

> Art. añadido de acuerdo con el art. 3. Veinte, de la Ley 5/2021, de 12 de abril, por la que se modifica el texto refundido de la Ley de Sociedades de Capital (…), y otras normas financieras, en lo que respecta al fomento de la implicación a largo plazo de los accionistas en las sociedades cotizadas (BOE núm. 88, de 13 de abril).

CAPÍTULO VII. Especialidades de la administración

Véase art. 245 del presente TRLSC.

Los actuales arts. 528 a 535, salvo los arts. 529 bis a 529 novodecies, son los anteriores arts. 515 a 523, al ser renumerados por el art. 2, Dos, de la Ley 25/2011, de 1 de agosto, de reforma parcial de la LSC (…) (entrada en vigor 2 de octubre 2011).

Sección 1.ª Reglamento del Consejo de Administración

Nueva Sección 1.ª, en la que se integran los artículos 528 y 529, añadida por el artículo Único, Treinta y ocho, de la Ley 31/2014, de 3 de diciembre, por la que se modifica la Ley de Sociedades de Capital para la mejora del gobierno corporativo (BOE núm. 293, de 4 de diciembre).

Art. 528. *Carácter obligatorio del reglamento del consejo de administración*.- En las sociedades anónimas cotizadas el consejo de administración, con informe a la junta general, aprobará un reglamento de normas de régimen interno y funcionamiento del propio consejo, de acuerdo con la ley y los estatutos, que contendrá las medidas concretas tendentes a garantizar la mejor administración de la sociedad.

Anterior art. 516 que pasa a ser el actual art. 528 de acuerdo con el art. 2, Dos de la Ley 25/2011, de 1 de agosto, de reforma parcial de la Ley de Sociedades de Capital (…) (Entrada en vigor 2 de octubre 2011).
Véase Disp. Adicional 7ª del presente TRLSC.

Art. 529. *Publicidad del reglamento*.- 1. El reglamento será objeto de comunicación a la Comisión Nacional del Mercado de Valores, acompañando copia del documento en que conste.

2. Efectuada esta comunicación se inscribirá en el Registro Mercantil con arreglo a las normas generales y, una vez inscrito, se publicará por la Comisión Nacional del Mercado de Valores.

Anterior art. 517 que pasa a ser el actual art. 529 de acuerdo con el art. 2, Dos de la Ley 25/2011, de 1 de agosto, de reforma parcial de la Ley de Sociedades de Capital (…) (Entrada en vigor 2 de octubre 2011).
Véase Disp. Adicional 7ª del presente TRLSC.

Sección 2.ª Especialidades del Consejo de Administración

Nueva Sección 2.ª incorporada por el artículo Único, Treinta y nueve, de la Ley 31/2014, de 3 de diciembre, por la que se modifica la Ley de Sociedades de Capital para la mejora del gobierno corporativo (BOE núm. 293, de 4 de diciembre).

Art. 529 bis. *Carácter necesario del consejo de administración*.- 1. Sin perjuicio de lo previsto en la disposición adicional duodécima, las sociedades cotizadas deberán ser administradas por un consejo de administración que estará compuesto, exclusivamente, por personas físicas.

2. El Consejo de administración deberá velar porque los procedimientos de selección de sus miembros favorezcan la igualdad entre mujeres y hombres, así como la diversidad respecto a cuestiones como la edad, la discapacidad o la formación y experiencia profesionales y no adolezcan de sesgos implícitos que puedan implicar discriminación

alguna y, en particular, que faciliten la selección de consejeras en un número que permita alcanzar una presencia equilibrada de mujeres y hombres.

3. Las sociedades cotizadas deberán asegurar que el consejo de administración tenga una composición que asegure la presencia, como mínimo, de un cuarenta por ciento de personas del sexo menos representado. El número total de consejeros que se considerará mínimo necesario para alcanzar tal objetivo deberá ser el porcentaje más cercano al cuarenta por ciento, sin que pueda superar en ningún caso el porcentaje del cuarenta y nueve por ciento de miembros del consejo de administración.

En aquellos casos en que se produzca un incumplimiento de dicho porcentaje a raíz del fallecimiento u otras circunstancias sobrevenidas, como la pérdida de su capacidad de obrar o inhabilitadas legalmente, o a consecuencia de la renuncia voluntaria de uno de los miembros del consejo de administración, produciéndose una vacante anticipada, la sociedad cotizada deberá alcanzar de nuevo dicho porcentaje al nombrar al nuevo consejero o consejera por cooptación, de acuerdo con lo dispuesto en el apartado 2 del artículo 529 decies. Dicho porcentaje deberá recuperarse de forma definitiva en la primera junta general de accionista que tenga lugar después de la vacancia producida.

4. Únicamente en el caso de que una sociedad cotizada no alcance los objetivos establecidos en el apartado anterior, deberá ajustar los procesos de selección de las personas candidatas a miembros del consejo de administración, para garantizar la consecución de los mismos.

Se deberá establecer un procedimiento que permita la apreciación comparativa de las competencias y capacidades de cada persona candidata. Dicho sistema deberá diseñarse con base en unos criterios claros, neutrales en su formulación y no ambiguos, asegurando un proceso no discriminatorio a lo largo de todas las fases de selección, incluyendo las fases de preparación de los anuncios de vacantes, de preselección, de preparación de la lista restringida y la creación de grupos de selección de personas candidatas.

Los criterios que deben regir la selección se establecerán con anterioridad al inicio del proceso de selección.

En caso de que varias personas candidatas estén igualmente capacitadas desde un punto de vista de competencia, prestaciones profesionales y aptitud, las sociedades cotizadas deberán dar preferencia a la persona candidata del sexo menos representado. Únicamente se podrá incumplir dicha obligación en supuestos excepcionales, cuando existan motivos de mayor alcance jurídico, como que se persigan otras políticas de diversidad, que se aduzcan tras una evaluación individualizada y una apreciación objetiva por parte de la sociedad cotizada, y siempre sobre la base de criterios no discriminatorios.

5. Conforme con lo establecido en la legislación de protección de datos personales, las sociedades cotizadas estarán obligadas a informar a toda persona candidata que así lo solicite, y siempre que su candidatura se haya examinado en el proceso de selección a miembros del consejo de administración previsto en el apartado anterior, de lo siguiente:

a) Los criterios de capacitación en que se basó la elección.

b) La apreciación comparativa de las personas candidatas que se ha realizado, con arreglo a los criterios anteriores.

c) En su caso, los motivos que llevaron a elegir a una persona candidata que no fuese del sexo menos representado.

6. En todo caso, las sociedades cotizadas deberán facilitar a la junta general de accionistas información relativa a las medidas exigidas en materia de equilibrio entre mujeres y hombres en el consejo de administración, así como sobre las posibles sanciones derivadas del incumplimiento de las mismas, y que pudieran afectar a la sociedad.

7. En aquellos procesos judiciales iniciados por la persona candidata no seleccionada en que, de las alegaciones de la parte actora se deduzca la existencia por parte de esta de una capacitación igual a la de la persona candidata a miembro del consejo de administración seleccionada por la sociedad cotizada, siendo la parte actora del sexo menos representado en dicho consejo de administración, corresponderá a la sociedad cotizada la aportación de una justificación objetiva y razonable, suficientemente probada, de la selección realizada y del cumplimiento de los requisitos establecidos en el párrafo cuarto del apartado 4 del presente artículo.

8. Del mismo modo, las sociedades cotizadas deberán velar por que la alta dirección tenga una composición que asegure la presencia, como mínimo, de un cuarenta por ciento de personas del sexo menos representado. En la memoria prevista en el capítulo II del título VII de la presente ley, se detallará el cumplimiento de este principio. Si el porcentaje de miembros del sexo menos representado no alcanza el cuarenta por ciento se proporcionará una explicación de los motivos y de las medidas adoptadas para alcanzar ese porcentaje mínimo en el ejercicio económico inmediatamente posterior y sucesivos.

9. El consejo de administración de las sociedades anónimas cotizadas deberá elaborar y publicar, integrado en el informe de sostenibilidad, anualmente y en su página web información sobre la representación del sexo menos representado en el consejo de administración de la sociedad, que deberá ser fácilmente accesible.

Dicha información deberá ser remitida, a su vez, a la Comisión Nacional del Mercado de Valores, conforme a lo dispuesto en el artículo 99 de la Ley 6/2023, de 17 de marzo, de los Mercados de Valores y de los Servicios de Inversión. Aquella publicará, con periodicidad anual, un listado actualizado de las sociedades cotizadas que manifiesten en su informe de sostenibilidad haber alcanzado los objetivos establecidos en el artículo 529 bis, apartado 3.

10. Dicha información, incluida en el informe de sostenibilidad, debe distinguir entre miembros del consejo de administración ejecutivos y no ejecutivos, y recopilar las medidas que se hubiesen adoptado para alcanzar los objetivos del artículo 529 bis, apartado 3. Igualmente, en caso de que no se hubiesen alcanzado dichos objetivos por parte de la sociedad en materia de igualdad de género, se incluirán también los motivos a los que responde dicho incumplimiento, y una descripción exhaustiva de las posibles medidas que se hayan adoptado o se tenga previsto adoptar para cumplir con los mismos.

11. Esta información sobre la representación del sexo menos representado en el consejo de administración prevista en el apartado 9 se difundirá como otra información relevante por la sociedad de forma simultánea al informe anual de gobierno corporativo y al informe anual sobre remuneraciones de los consejeros y consejeras, y se mantendrá accesible en la página web de la sociedad y de la Comisión Nacional del Mercado de Valores de forma gratuita durante un periodo mínimo de diez años.

12. Esta información sobre igualdad de género en el consejo de administración no incluirá, por lo que respecta a cada administrador, categorías especiales de datos personales en el sentido del artículo 9.1 del Reglamento (UE) n.º 2016/679, ni datos personales relativos a su situación familiar.

Artículo añadido por el artículo Único, Cuarenta, de la Ley 31/2014, de 3 de diciembre, por la que se modifica la Ley de Sociedades de Capital para la mejora del gobierno corporativo (BOE núm. 293, de 4 de diciembre).

Apartado 1 redactado de acuerdo con el art. 3. Veintiuno, de la Ley 5/2021, de 12 de abril, por la que se modifica el texto refundido de la Ley de Sociedades de Capital (...), y otras normas financieras, en lo que respecta al fomento de la implicación a largo plazo de los accionistas en las sociedades cotizadas (BOE núm. 88, de 13 de abril). El apartado 4 de la Disp. Transitoria 1.ª de la citada Ley 5/2021 establece que «la exigencia de que los consejeros de sociedades cotizadas sean personas físicas (...) sólo será aplicable a los nombramientos, incluidas renovaciones, que se produzcan a partir del mes siguiente a la publicación» en el BOE de la citada Ley. Y que «mientras subsistan consejeros personas jurídicas será de aplicación a las personas físicas que los representen lo dispuesto en el artículo 529 decies, apartado 7, suprimido en virtud del apartado veintitrés del artículo tercero de esta Ley», que establecía que lo dispuesto en el art. 529 decies «será igualmente aplicable a las personas físicas que sean designadas representantes de un consejero persona jurídica. La propuesta de representante persona física deberá someterse al informe de la comisión de nombramientos y retribuciones».

Apartado 2 modificado por el apartado Ocho del art. 2.º de la Ley 11/2018, de 2018 de diciembre, por la que se modifica el Código de Comercio, el texto refundido de la Ley de Sociedades de Capital (...), y la Ley 22/2015, de 20 de julio, de Auditoría de Cuentas, en materia de información no financiera y diversidad (BOE núm. 314, de 29 de diciembre). De acuerdo con el apartado 1 de la Disp. transitoria de la citada Ley, la modificación será «de aplicación para los ejercicios económicos que se inicien a partir del 1 de enero de 2018».

Dicho apartado 2 de nuevo modificado por el apartado Uno del art. 9 de la Ley Orgánica 2/2024, de 1 de agosto, de representación paritaria y presencia equilibrada de mujeres y hombres (BOE núm. 186, de 2 de agosto). La modificación sustituye «la diversidad respecto a cuestiones, como la edad, el género» por «la igualdad entre mujeres y hombres, así como la diversidad respecto a cuestiones como la edad,».

Los apartados 3 a 12 del presente art. 529 bis (en cursiva en el texto), han sido añadidos por el apartado Uno del art. 9 de la Ley Orgánica 2/2024, de 1 de agosto, de representación paritaria y presencia equilibrada de mujeres y hombres (BOE núm. 186, de 2 de agosto). La citada Ley Orgánica 2/2024 entró en vigor a los veinte días de su publicación en el BOE. Sin embargo, los citados apartados 3 a 12, de acuerdo con el apartado 4 de la Disp. Trans 1.ª de la citada Ley 2/2024, «será[n] de aplicación a partir del 30 de junio de 2026 para las 35 sociedades con mayor valor de capitalización bursátil, determinada utilizando la cotización de cierre en el día en que la presente ley orgánica entre en vigor» y «para el resto de sociedades cotizadas, lo dispuesto en dicho artículo será de aplicación a partir del 30 de junio de 2027».

Véase Disp. Ad. 16.ª del presente TRLSC respecto de la representación equilibrada de mujeres y hombres en los consejos de administración de las entidades de interés público.

La Disp. Adicional 1ª de la citada Ley 2/2024 («Concepto de representación paritaria y presencia equilibrada entre mujeres y hombres.») establece que «a los efectos de esta ley se entiende por representación paritaria y presencia equilibrada entre mujeres y hombres aquella situación en la que las personas de cada sexo no superen el sesenta por ciento ni sean menos del cuarenta por ciento en un ámbito determinado» y que «podrá no aplicarse el criterio de representación paritaria y presencia equilibrada entre mujeres y hombres, en consonancia con el principio de acción positiva, cuando exista una representación de mujeres superior al sesenta por ciento que, en todo caso, deberá justificarse.».

Véase la Disposición adicional 4.ª de la Ley Orgánica 2/2024, de 1 de agosto, de representación paritaria y presencia equilibrada de mujeres y hombres (BOE núm. 186, de 2 de agosto), relativa a los organismos responsables de la promoción, análisis, el seguimiento y el apoyo del equilibrio de genero en los consejos de administración. Así como la Disp. Adicional 16ª del presente TRLSC.

Con relación la selección de consejeros a que se refiere el apartado 2, véase Principio 11 y Recomendación 15 del Código de Buen Gobierno de Sociedades Cotizadas aprobado por Acuerdo del Consejo de la Comisión Nacional del Mercado de Valores de 18 de febrero de 2015, revisado en junio de 2020.

Art. 529 ter. *Facultades indelegables.*– 1. El consejo de administración de las sociedades cotizadas no podrá delegar las facultades de decisión a que se refiere el artículo 249 bis ni específicamente las siguientes:

a) La aprobación del plan estratégico o de negocio, los objetivos de gestión y presupuesto anuales, la política de inversiones y de financiación, la política de responsabilidad social corporativa y la política de dividendos.

b) La determinación de la política de control y gestión de riesgos, incluidos los fiscales, y la supervisión de los sistemas internos de información y control.

c) La determinación de la política de gobierno corporativo de la sociedad y del grupo del que sea entidad dominante; su organización y funcionamiento y, en particular, la aprobación y modificación de su propio reglamento.

d) La aprobación de la información financiera que, por su condición de cotizada, deba hacer pública la sociedad periódicamente.

e) La definición de la estructura del grupo de sociedades del que la sociedad sea entidad dominante.

f) La aprobación de las inversiones u operaciones de todo tipo que por su elevada cuantía o especiales características, tengan carácter estratégico o especial riesgo fiscal, salvo que su aprobación corresponda a la junta general.

g) La aprobación de la creación o adquisición de participaciones en entidades de propósito especial o domiciliadas en países o territorios que tengan la consideración de paraísos fiscales, así como cualesquiera otras transacciones u operaciones de naturaleza análoga que, por su complejidad, pudieran menoscabar la transparencia de la sociedad y su grupo.

h) La aprobación de las operaciones vinculadas, en los supuestos y términos previstos en el Capítulo VII bis del Título XIV.

i) La determinación de la estrategia fiscal de la sociedad.

j) La supervisión del proceso de elaboración y presentación de la información financiera y del informe de gestión, que incluirá, cuando proceda, la información no financiera preceptiva, y presentar recomendaciones o propuestas al órgano de administración, dirigidas a salvaguardar su integridad.

2. Cuando concurran circunstancias de urgencia, debidamente justificadas, se podrán adoptar las decisiones correspondientes a los asuntos anteriores por los órganos o personas delegadas, que deberán ser ratificadas en el primer Consejo de Administración que se celebre tras la adopción de la decisión.

> Artículo añadido por el artículo Único, Cuarenta y uno, de la Ley 31/2014, de 3 de diciembre, por la que se modifica la Ley de Sociedades de Capital para la mejora del gobierno corporativo (BOE núm. 293, de 4 de diciembre).
>
> Véase apartado 1 de la Disp. Transitoria de la citada Ley 31/2014, de 3 de diciembre.
>
> Letra h) del apartado 1 redactada de acuerdo con el art. 3. Veintidós, de la Ley 5/2021, de 12 de abril, por la que se modifica el texto refundido de la Ley de Sociedades de Capital (...), y otras normas financieras, en lo que respecta al fomento de la implicación a largo plazo de los accionistas en las sociedades cotizadas (BOE núm. 88, de 13 de abril).
>
> Letra j) del apartado 1 añadida por el apartado Nueve del art. 2.º de la Ley 11/2018, de 28 de diciembre, por la que se modifica el Código de Comercio, el texto refundido de la Ley de Sociedades de Capital (...), y la Ley 22/2015, de 20 de julio, de Auditoría de Cuentas, en materia de información no financiera y diversidad (BOE núm. 314, de 29 de diciembre). De acuerdo con el apartado 1 de la Disp. transitoria de la citada Ley, esta modificación es «de aplicación para los ejercicios económicos que se inicien a partir del 1 de enero de 2018».

Art. 529 quáter. *Asistencia a las reuniones*.– 1. Los consejeros deben asistir personalmente a las sesiones que se celebren.

2. No obstante lo anterior, los consejeros podrán delegar su representación en otro consejero. Los consejeros no ejecutivos solo podrán hacerlo en otro no ejecutivo.

Artículo añadido por el artículo Único, Cuarenta y dos, de la Ley 31/2014, de 3 de diciembre, por la que se modifica la Ley de Sociedades de Capital para la mejora del gobierno corporativo (BOE núm. 293, de 4 de diciembre).

Art. 529 quinquies. *Información*.- 1. Salvo que el consejo de administración se hubiera constituido o hubiera sido excepcionalmente convocado por razones de urgencia, los consejeros deberán contar previamente y con suficiente antelación con la información necesaria para la deliberación y la adopción de acuerdos sobre los asuntos a tratar.

2. El presidente del consejo de administración, con la colaboración del secretario, deberá velar por el cumplimiento de esta disposición.

Artículo añadido por el artículo Único, Cuarenta y tres, de la Ley 31/2014, de 3 de diciembre, por la que se modifica la Ley de Sociedades de Capital para la mejora del gobierno corporativo (BOE núm. 293, de 4 de diciembre).

Art. 529 sexies. *Presidente del consejo de administración*.- 1. El consejo de administración, previo informe de la comisión de nombramientos y retribuciones, designará de entre sus miembros a un presidente y, en su caso, a uno o a varios vicepresidentes.

2. El presidente es el máximo responsable del eficaz funcionamiento del consejo de administración. Además de las facultades otorgadas por la ley y los estatutos sociales o el reglamento del consejo de administración, tendrá las siguientes:

a) Convocar y presidir las reuniones del consejo de administración, fijando el orden del día de las reuniones y dirigiendo las discusiones y deliberaciones.

b) Salvo disposición estatutaria en contra, presidir la junta general de accionistas.

c) Velar por que los consejeros reciban con carácter previo la información suficiente para deliberar sobre los puntos del orden de día.

d) Estimular el debate y la participación activa de los consejeros durante las sesiones, salvaguardando su libre toma de posición.

Artículo añadido por el artículo Único, Cuarenta y cuatro, de la Ley 31/2014, de 3 de diciembre, por la que se modifica la Ley de Sociedades de Capital para la mejora del gobierno corporativo (BOE núm. 293, de 4 de diciembre).

Art. 529 septies. *Separación de cargos*.- 1. Salvo disposición estatutaria en contrario, el cargo de presidente del consejo de administración podrá recaer en un consejero ejecutivo. En este caso, la designación del presidente requerirá el voto favorable de los dos tercios de los miembros del consejo de administración.

2. En caso de que el presidente tenga la condición de consejero ejecutivo, el consejo de administración, con la abstención de los consejeros ejecutivos, deberá nombrar necesariamente a un consejero coordinador entre los consejeros independientes, que estará especialmente facultado para solicitar la convocatoria del consejo de administración o la inclusión de nuevos puntos en el orden del día de un consejo ya convocado, coordinar y reunir a los consejeros no ejecutivos y dirigir, en su caso, la evaluación periódica del presidente del consejo de administración.

> Artículo añadido por el artículo Único, Cuarenta y cinco, de la Ley 31/2014, de 3 de diciembre, por la que se modifica la Ley de Sociedades de Capital para la mejora del gobierno corporativo (BOE núm. 293, de 4 de diciembre).

Art. 529 octies. *Secretario del consejo de administración.*– 1. El consejo de administración, previo informe de la comisión de nombramientos y retribuciones, designará a un secretario y, en su caso, a uno o a varios vicesecretarios. El mismo procedimiento se seguirá para acordar la separación del secretario y, en su caso, de cada vicesecretario. El secretario y los vicesecretarios podrán o no ser consejeros.

2. El secretario, además de las funciones asignadas por la ley y los estatutos sociales o el reglamento del consejo de administración, debe desempeñar las siguientes:

a) Conservar la documentación del consejo de administración, dejar constancia en los libros de actas del desarrollo de las sesiones y dar fe de su contenido y de las resoluciones adoptadas.

b) Velar por que las actuaciones del consejo de administración se ajusten a la normativa aplicable y sean conformes con los estatutos sociales y demás normativa interna.

c) Asistir al presidente para que los consejeros reciban la información relevante para el ejercicio de su función con la antelación suficiente y en el formato adecuado.

> Artículo añadido por el artículo Único, Cuarenta y seis, de la Ley 31/2014, de 3 de diciembre, por la que se modifica la Ley de Sociedades de Capital para la mejora del gobierno corporativo (BOE núm. 293, de 4 de diciembre).

Art. 529 nonies. *Evaluación del desempeño.*– 1. El consejo de administración deberá realizar una evaluación anual de su funcionamiento y el de sus comisiones y proponer, sobre la base de su resultado, un plan de acción que corrija las deficiencias detectadas.

2. El resultado de la evaluación se consignará en el acta de la sesión o se incorporará a ésta como anejo.

> Artículo añadido por el artículo Único, Cuarenta y siete, de la Ley 31/2014, de 3 de diciembre, por la que se modifica la Ley de Sociedades de Capital para la mejora del gobierno corporativo (BOE núm. 293, de 4 de diciembre).

Véase apartado 1 de la Disp. Transitoria de la presente Ley 31/2014, de 3 de diciembre.

Art. 529 decies. *Nombramiento y reelección de consejeros*.- 1. Los miembros del consejo de administración de una sociedad cotizada serán nombrados por la junta general de accionistas o, en caso de vacante anticipada, por el propio consejo por cooptación.

2. La cooptación en las sociedades cotizadas se regirá por lo establecido en esta Ley, con las siguientes excepciones:

a) El administrador designado por el consejo no tendrá que ser, necesariamente, accionista de la sociedad.

b) De producirse la vacante una vez convocada la junta general y antes de su celebración, el consejo de administración podrá designar un consejero hasta la celebración de la siguiente junta general.

3. En las sociedades anónimas cotizadas no procederá la designación de suplentes.

4. La propuesta de nombramiento o reelección de los miembros del consejo de administración corresponde a la comisión de nombramientos y retribuciones, si se trata de consejeros independientes, y al propio consejo, en los demás casos.

5. La propuesta deberá ir acompañada en todo caso de un informe justificativo del consejo en el que se valore la competencia, experiencia y méritos del candidato propuesto, que se unirá al acta de la junta general o del propio consejo.

6. La propuesta de nombramiento o reelección de cualquier consejero no independiente deberá ir precedida, además, de informe de la comisión de nombramientos y retribuciones.

7. Lo dispuesto en este artículo será igualmente aplicable a las personas físicas que sean designadas representantes de un consejero persona jurídica. La propuesta de representante persona física deberá someterse al informe de la comisión de nombramientos y retribuciones.

> Artículo añadido por el artículo Único, Cuarenta y ocho, de la Ley 31/2014, de 3 de diciembre, por la que se modifica la Ley de Sociedades de Capital para la mejora del gobierno corporativo (BOE núm. 293, de 4 de diciembre). Apartado 7 (en cursiva en el texto) suprimido de acuerdo con el art. 3. Veintitrés, de la Ley 5/2021, de 12 de abril, por la que se modifica el texto refundido de la Ley de Sociedades de Capital (...), y otras normas financieras, en lo que respecta al fomento de la implicación a largo plazo de los accionistas en las sociedades cotizadas (BOE núm. 88, de 13 de abril).
>
> En relación con el suprimido apartado 7, véase el art. 529 bis.1. del presente TRLSC.

Art. 529 undecies. *Duración del cargo*.- 1. La duración del mandato de los consejeros de una sociedad cotizada será la que determinen los estatutos sociales, sin que en ningún caso exceda de cuatro años.

2. Los consejeros podrán ser reelegidos para el cargo, una o varias veces, por periodos de igual duración máxima.

> Artículo añadido por el artículo Único, Cuarenta y nueve, de la Ley 31/2014, de 3 de diciembre, por la que se modifica la Ley de Sociedades de Capital para la mejora del gobierno corporativo (BOE núm. 293, de 4 de diciembre).
> Véase apartado 3 de la Disp. Transitoria de la citada Ley 31/2014, de 3 de diciembre.

Art. 529 duodecies. *Categorías de consejeros.*– 1. Son consejeros ejecutivos aquellos que desempeñen funciones de dirección en la sociedad o su grupo, cualquiera que sea el vínculo jurídico que mantengan con ella. No obstante, los consejeros que sean altos directivos o consejeros de sociedades pertenecientes al grupo de la entidad dominante de la sociedad tendrán en esta la consideración de dominicales.

Cuando un consejero desempeñe funciones de dirección y, al mismo tiempo, sea o represente a un accionista significativo o que esté representado en el consejo de administración, se considerará como ejecutivo.

2. Son consejeros no ejecutivos todos los restantes consejeros de la sociedad, pudiendo ser dominicales, independientes u otros externos.

3. Se considerarán consejeros dominicales aquellos que posean una participación accionarial igual o superior a la que se considere legalmente como significativa o que hubieran sido designados por su condición de accionistas, aunque su participación accionarial no alcance dicha cuantía, así como quienes representen a accionistas de los anteriormente señalados.

4. Se considerarán consejeros independientes aquellos que, designados en atención a sus condiciones personales y profesionales, puedan desempeñar sus funciones sin verse condicionados por relaciones con la sociedad o su grupo, sus accionistas significativos o sus directivos.

No podrán ser considerados en ningún caso como consejeros independientes quienes se encuentren en cualquiera de las siguientes situaciones:

a) Quienes hayan sido empleados o consejeros ejecutivos de sociedades del grupo, salvo que hubieran transcurrido 3 ó 5 años, respectivamente, desde el cese en esa relación.

b) Quienes perciban de la sociedad, o de su mismo grupo, cualquier cantidad o beneficio por un concepto distinto de la remuneración de consejero, salvo que no sea significativa para el consejero.

A efectos de lo dispuesto en esta letra no se tendrán en cuenta los dividendos ni los complementos de pensiones que reciba el consejero en razón de su anterior relación profesional o laboral, siempre que tales complementos tengan carácter incondicional y, en consecuencia, la sociedad que los satisfaga no pueda de forma discrecional suspender, modificar o revocar su devengo sin que medie incumplimiento de sus obligaciones.

c) Quienes sean o hayan sido durante los últimos 3 años socios del auditor externo o responsable del informe de auditoría, ya se trate de la auditoría durante dicho período de la sociedad cotizada o de cualquier otra sociedad de su grupo.

d) Quienes sean consejeros ejecutivos o altos directivos de otra sociedad distinta en la que algún consejero ejecutivo o alto directivo de la sociedad sea consejero externo.

e) Quienes mantengan, o hayan mantenido durante el último año, una relación de negocios significativa con la sociedad o con cualquier sociedad de su grupo, ya sea en nombre propio o como accionista significativo, consejero o alto directivo de una entidad que mantenga o hubiera mantenido dicha relación.

Se considerarán relaciones de negocios la de proveedor de bienes o servicios, incluidos los financieros, y la de asesor o consultor.

f) Quienes sean accionistas significativos, consejeros ejecutivos o altos directivos de una entidad que reciba, o haya recibido durante los últimos 3 años, donaciones de la sociedad o de su grupo.

No se considerarán incluidos en esta letra quienes sean meros patronos de una fundación que reciba donaciones.

g) Quienes sean cónyuges, personas ligadas por análoga relación de afectividad o parientes hasta de segundo grado de un consejero ejecutivo o alto directivo de la sociedad.

h) Quienes no hayan sido propuestos, ya sea para su nombramiento o renovación por la comisión de nombramientos.

i) Quienes hayan sido consejeros durante un período continuado superior a 12 años.

j) Quienes se encuentren respecto de algún accionista significativo o representado en el consejo en alguno de los supuestos señalados en las letras a), e), f) o g) anteriores. En el caso de la relación de parentesco señalada en la letra g), la limitación se aplicará no solo respecto al accionista, sino también respecto a sus consejeros dominicales en la sociedad participada.

Los consejeros dominicales que pierdan tal condición como consecuencia de la venta de su participación por el accionista al que representaban solo podrán ser reelegidos como consejeros independientes cuando el accionista al que representaran hasta ese momento hubiera vendido la totalidad de sus acciones en la sociedad.

Un consejero que posea una participación accionarial en la sociedad podrá tener la condición de independiente, siempre que satisfaga todas las condiciones establecidas en este artículo y, además, su participación no sea significativa.

5. Los estatutos sociales y el reglamento del consejo de administración podrán prever, a estos efectos, otras situaciones de incompatibilidad distintas de las previstas

en el apartado anterior o someter la consideración como independiente de un consejero a condiciones más estrictas que las establecidas en este artículo.

6. A efectos de su inscripción en el Registro Mercantil, el acuerdo de la junta general o del consejo deberá contener la categoría del consejero, siendo dicha mención suficiente para su inscripción y sin que el registrador mercantil pueda entrar a valorar el cumplimiento de los requisitos para la adscripción a la referida categoría. En todo caso, una asignación incorrecta de la categoría de consejero no afectará a la validez de los acuerdos adoptados por el consejo de administración.

> Artículo añadido por el artículo Único, Cincuenta, de la Ley 31/2014, de 3 de diciembre, por la que se modifica la Ley de Sociedades de Capital para la mejora del gobierno corporativo (BOE núm. 293, de 4 de diciembre).

Art. 529 terdecies. *Comisiones del consejo de administración*.– 1. El consejo de administración podrá constituir en su seno comisiones especializadas, determinando su composición, designando a sus miembros y estableciendo las funciones que asume cada una de ellas.

2. No obstante lo anterior, el consejo de administración deberá constituir, al menos, una comisión de auditoría y una comisión, o dos comisiones separadas, de nombramientos y retribuciones, con la composición y las funciones mínimas que se indican en esta Ley.

3. Las actas de las comisiones deberán estar a disposición de todos los miembros del consejo de administración.

> Artículo añadido por el artículo Único, Cincuenta y uno, de la Ley 31/2014, de 3 de diciembre, por la que se modifica la Ley de Sociedades de Capital para la mejora del gobierno corporativo (BOE núm. 293, de 4 de diciembre).
> Véase Disp. Adicional 9.ª del presente TRLSC y apartado 1 de la Disp. Transitoria de la citada Ley 31/2014, de 3 de diciembre.

Art. 529 quaterdecies. *Comisión de auditoría*.– 1. La comisión de auditoría estará compuesta exclusivamente por consejeros no ejecutivos nombrados por el consejo de administración, la mayoría de los cuales, al menos, deberán ser consejeros independientes y uno de ellos será designado teniendo en cuenta sus conocimientos y experiencia en materia de contabilidad, auditoría o en ambas.

En su conjunto, los miembros de la comisión tendrán los conocimientos técnicos pertinentes en relación con el sector de actividad al que pertenezca la entidad auditada.

2. El presidente de la comisión de auditoría será designado de entre los consejeros independientes que formen parte de ella y deberá ser sustituido cada cuatro años, pudiendo ser reelegido una vez transcurrido un plazo de un año desde su cese.

3. Los Estatutos de la sociedad o el Reglamento del consejo de administración, de conformidad con lo que en aquellos se disponga, establecerán el número de miembros

y regularán el funcionamiento de la comisión, debiendo favorecer la independencia en el ejercicio de sus funciones.

4. Sin perjuicio de las demás funciones que le atribuyan los Estatutos sociales o de conformidad con ellos, el Reglamento del consejo de administración, la comisión de auditoría tendrá, como mínimo, las siguientes:

a) Informar a la junta general de accionistas sobre las cuestiones que se planteen en relación con aquellas materias que sean competencia de la comisión y, en particular, sobre el resultado de la auditoría explicando cómo esta ha contribuido a la integridad de la información financiera y la función que la comisión ha desempeñado en ese proceso.

b) Supervisar la eficacia del control interno de la sociedad, la auditoría interna y los sistemas de gestión de riesgos, así como discutir con el auditor de cuentas las debilidades significativas del sistema de control interno detectadas en el desarrollo de la auditoría, todo ello sin quebrantar su independencia. A tales efectos, y en su caso, podrán presentar recomendaciones o propuestas al órgano de administración y el correspondiente plazo para su seguimiento.

c) Supervisar el proceso de elaboración y presentación de la información financiera preceptiva y presentar recomendaciones o propuestas al órgano de administración, dirigidas a salvaguardar su integridad.

d) Elevar al consejo de administración las propuestas de selección, nombramiento, reelección y sustitución del auditor de cuentas, responsabilizándose del proceso de selección, de conformidad con lo previsto en los artículos 16, apartados 2, 3 y 5, y 17.5 del Reglamento (UE) n.º 537/2014, de 16 de abril (LCEur 2014, 937), así como las condiciones de su contratación y recabar regularmente de él información sobre el plan de auditoría y su ejecución, además de preservar su independencia en el ejercicio de sus funciones.

e) Establecer las oportunas relaciones con el auditor externo para recibir información sobre aquellas cuestiones que puedan suponer amenaza para su independencia, para su examen por la comisión, y cualesquiera otras relacionadas con el proceso de desarrollo de la auditoría de cuentas, y, cuando proceda, la autorización de los servicios distintos de los prohibidos, en los términos contemplados en los artículos 5, apartado 4, y 6.2.b) del Reglamento (UE) n.º 537/2014, de 16 de abril, y en lo previsto en la sección 3.ª del capítulo IV del título I de la Ley 22/2015, de 20 de julio, de Auditoría de Cuentas, sobre el régimen de independencia, así como aquellas otras comunicaciones previstas en la legislación de auditoría de cuentas y en las normas de auditoría. En todo caso, deberán recibir anualmente de los auditores externos la declaración de su independencia en relación con la entidad o entidades vinculadas a esta directa o indirectamente, así como la información detallada e individualizada de los servicios adicionales de cualquier clase prestados y los correspondientes honorarios percibidos de estas entidades por el auditor externo o por las personas o entidades vinculados a este de acuerdo con lo dispuesto en la normativa reguladora de la actividad de auditoría de cuentas.

f) Emitir anualmente, con carácter previo a la emisión del informe de auditoría de cuentas, un informe en el que se expresará una opinión sobre si la independencia de los auditores de cuentas o sociedades de auditoría resulta comprometida. Este informe deberá contener, en todo caso, la valoración motivada de la prestación de todos y cada uno de los servicios adicionales a que hace referencia la letra anterior, individualmente considerados y en su conjunto, distintos de la auditoría legal y en relación con el régimen de independencia o con la normativa reguladora de la actividad de auditoría de cuentas.

g) Informar sobre las operaciones vinculadas que deba aprobar la junta general o el consejo de administración y supervisar el procedimiento interno que tenga establecido la compañía para aquellas cuya aprobación haya sido delegada.

h) Informar, con carácter previo, al consejo de administración sobre todas las materias previstas en la ley, los estatutos sociales y en el reglamento del consejo y en particular, sobre:

1.º La información financiera y el informe de gestión, que incluirá, cuando proceda, la información no financiera preceptiva que la sociedad deba hacer pública periódicamente; y

2.º la creación o adquisición de participaciones en entidades de propósito especial o domiciliadas en países o territorios que tengan la consideración de paraísos fiscales.

La comisión de auditoría no ejercerá las funciones previstas en esta letra h) o en la anterior cuando estén atribuidas estatutariamente a otra comisión y esta satisfaga los requisitos de composición previstos en el apartado 1 del presente artículo.

5. Lo establecido en las letras d), e) y f) del apartado anterior se entenderá sin perjuicio de la normativa reguladora de la auditoría de cuentas.

> Artículo añadido por el artículo Único, Cincuenta y dos, de la Ley 31/2014, de 3 de diciembre, por la que se modifica la Ley de Sociedades de Capital para la mejora del gobierno corporativo (BOE núm. 293, de 4 de diciembre). Y nuevamente redactado de acuerdo con la Disp. Adicional 4ª, veinte, de Ley 22/2015, de 20 de julio, de Auditoría de Cuentas (entrada en vigor 17 de junio de 2016). Letra g) y letra h) del apartado 4 redactada y añadida, respectivamente, de acuerdo con el art. 3. Veinticuatro, de la Ley 5/2021, de 12 de abril, por la que se modifica el texto refundido de la Ley de Sociedades de Capital (…), y otras normas financieras, en lo que respecta al fomento de la implicación a largo plazo de los accionistas en las sociedades cotizadas (BOE núm. 88, de 13 de abril).
> Véase Disp. Adicional 7.ª y 9.ª del presente TRLSC y apartado 1 de la Disp. Transitoria de la citada Ley 31/2014, de 3 de diciembre.

Art. 529 quindecies. *Comisión de nombramientos y retribuciones.*– 1. La comisión de nombramientos y retribuciones estará compuesta exclusivamente por consejeros no ejecutivos nombrados por el consejo de administración, dos de los cuales, al menos, deberán ser consejeros independientes. El presidente de la comisión será designado de entre los consejeros independientes que formen parte de ella.

2. Los estatutos de la sociedad o el reglamento del consejo de administración, de conformidad con lo que en aquellos se disponga, establecerán el número de miembros y regularán el funcionamiento de la comisión, debiendo favorecer la independencia en el ejercicio de sus funciones.

3. Sin perjuicio de las demás funciones que le atribuya la ley, los estatutos sociales o, de conformidad con ellos, el reglamento del consejo de administración, la comisión de nombramientos y retribuciones tendrá, como mínimo, las siguientes:

a) Evaluar las competencias, conocimientos y experiencia necesarios en el consejo de administración. A estos efectos, definirá las funciones y aptitudes necesarias en los candidatos que deban cubrir cada vacante y evaluará el tiempo y dedicación precisos para que puedan desempeñar eficazmente su cometido.

b) Establecer un objetivo de representación para el sexo menos representado en el consejo de administración y elaborar orientaciones sobre cómo alcanzar dicho objetivo.

c) Elevar al consejo de administración las propuestas de nombramiento de consejeros independientes para su designación por cooptación o para su sometimiento a la decisión de la junta general de accionistas, así como las propuestas para la reelección o separación de dichos consejeros por la junta general de accionistas.

d) Informar las propuestas de nombramiento de los restantes consejeros para su designación por cooptación o para su sometimiento a la decisión de la junta general de accionistas, así como las propuestas para su reelección o separación por la junta general de accionistas.

e) Informar las propuestas de nombramiento y separación de altos directivos y las condiciones básicas de sus contratos.

f) Examinar y organizar la sucesión del presidente del consejo de administración y del primer ejecutivo de la sociedad y, en su caso, formular propuestas al consejo de administración para que dicha sucesión se produzca de forma ordenada y planificada.

g) Proponer al consejo de administración la política de retribuciones de los consejeros y de los directores generales o de quienes desarrollen sus funciones de alta dirección bajo la dependencia directa del consejo, de comisiones ejecutivas o de consejeros delegados, así como la retribución individual y las demás condiciones contractuales de los consejeros ejecutivos, velando por su observancia.

4. Lo dispuesto en este artículo se aplicará en lo que proceda en el caso de que los estatutos o el reglamento del consejo de administración opten por establecer separadamente una comisión de nombramientos y otra de retribuciones.

Artículo añadido por el artículo Único, Cincuenta y tres, de la Ley 31/2014, de 3 de diciembre, por la que se modifica la Ley de Sociedades de Capital para la mejora del gobierno corporativo (BOE núm. 293, de 4 de diciembre).
Véase Disp. Adicional 7.ª del presente TRLSC y apartado 1 de la Disp. Transitoria de la citada Ley 31/2014, de 3 de diciembre.

Sección 3.ª Especialidades de la remuneración de los Consejeros

Nueva Sección 3.ª incorporada por el artículo Único, cincuenta y cuatro, de la Ley 31/2014, de 3 de diciembre, por la que se modifica la Ley de Sociedades de Capital para la mejora del gobierno corporativo (BOE núm. 293, de 4 de diciembre).

Art. 529 sexdecies. *Carácter remunerado*.- Salvo disposición contraria de los estatutos, el cargo de consejero de sociedad cotizada será retribuido.

Artículo añadido por el artículo Único, Cincuenta y cinco, de la Ley 31/2014, de 3 de diciembre, por la que se modifica la Ley de Sociedades de Capital para la mejora del gobierno corporativo (BOE núm. 293, de 4 de diciembre). Y nuevamente redactado de acuerdo con el art. 3. Veinticinco, de la Ley 5/2021, de 12 de abril, por la que se modifica el texto refundido de la Ley de Sociedades de Capital (...), y otras normas financieras, en lo que respecta al fomento de la implicación a largo plazo de los accionistas en las sociedades cotizadas (BOE núm. 88, de 13 de abril).
Cfr. Art. 217.1 del presente TRLSC.
Téngase en cuenta arts. 217 a 219 y 249 del presente Ley.

Art. 529 septdecies. *Remuneración de los consejeros por su condición de tal*.- 1. La remuneración de las funciones que están llamados a desarrollar los consejeros en su condición de tales, como miembros del órgano colegiado o sus comisiones, deberá ajustarse al sistema de remuneración previsto estatutariamente conforme dispone el artículo 217 y a la política de remuneraciones aprobada con arreglo a lo previsto en el artículo 529 novodecies.

2. La política de remuneraciones establecerá cuando menos el importe máximo de la remuneración anual a satisfacer al conjunto de los consejeros en su condición de tales y los criterios para su distribución en atención a las funciones y responsabilidades atribuidas a cada uno de ellos.

3. Corresponde al consejo de administración la fijación individual de la remuneración de cada consejero en su condición de tal dentro del marco estatutario y de la política de remuneraciones, previo informe de la comisión de nombramientos y retribuciones.

Artículo añadido por el artículo Único, Cincuenta y seis, de la Ley 31/2014, de 3 de diciembre, por la que se modifica la Ley de Sociedades de Capital para la mejora del gobierno corporativo (BOE núm. 293, de 4 de diciembre). Véase apartado 1 de la citada Disp. Transitoria de la Ley 31/2014, de 3 de diciembre. Y nuevamente redactado de acuerdo con el art. 3. Veinticinco, de la Ley 5/2021, de 12 de abril, por la que se modifica el texto refundido de la Ley de Sociedades de Capital (...), y otras

normas financieras, en lo que respecta al fomento de la implicación a largo plazo de los accionistas en las sociedades cotizadas (BOE núm. 88, de 13 de abril).
Téngase en cuenta arts. 217 a 219 y 249 presente TRLSC.

Art. 529 octodecies. *Remuneración de los consejeros por el desempeño de funciones ejecutivas*.– 1. La remuneración de las funciones ejecutivas de los consejeros delegados y demás consejeros a los que se atribuyan funciones de esa índole en virtud de otros títulos deberá ajustarse a los estatutos y, en todo caso, a la política de remuneraciones aprobada con arreglo a lo previsto en el artículo 529 novodecies y a los contratos aprobados conforme a lo establecido en el artículo 249.

2. La política de remuneraciones establecerá cuando menos la cuantía de la retribución fija anual correspondiente a los consejeros por el desempeño de sus funciones ejecutivas y demás previsiones a que se refiere el artículo siguiente.

3. Corresponde al consejo de administración la determinación individual de la remuneración de cada consejero por el desempeño de las funciones ejecutivas que tenga atribuidas dentro del marco de la política de remuneraciones y de conformidad con lo previsto en su contrato, previo informe de la comisión de nombramientos y retribuciones.

> Artículo añadido por el artículo Único, Cincuenta y siete, de la Ley 31/2014, de 3 de diciembre, por la que se modifica la Ley de Sociedades de Capital para la mejora del gobierno corporativo (BOE núm. 293, de 4 de diciembre). Véase apartado 1 de la Disp. Transitoria de la Ley 31/2014, de 3 de diciembre. Y nuevamente redactado de acuerdo con el art. 3. Veinticinco, de la Ley 5/2021, de 12 de abril, por la que se modifica el texto refundido de la Ley de Sociedades de Capital (...), y otras normas financieras, en lo que respecta al fomento de la implicación a largo plazo de los accionistas en las sociedades cotizadas (BOE núm. 88, de 13 de abril).
> Téngase en cuenta arts. 217 a 219 y 249 del presente Ley.

Art. 529 novodecies. *Aprobación de la política de remuneraciones de los consejeros*.– 1. La política de remuneraciones de los consejeros deberá ajustarse al sistema de remuneración estatutariamente previsto y se aprobará por la junta general de accionistas como punto separado del orden del día, para su aplicación durante un período máximo de tres ejercicios. No obstante, las propuestas de nuevas políticas de remuneraciones de los consejeros deberán ser sometidas a la junta general de accionistas con anterioridad a la finalización del último ejercicio de aplicación de la anterior, pudiendo la junta general determinar que la nueva política sea de aplicación desde la fecha misma de aprobación y durante los tres ejercicios siguientes. Cualquier modificación o sustitución de la misma durante dicho plazo requerirá la previa aprobación de la junta general de accionistas conforme al procedimiento establecido para su aprobación.

2. La política de remuneraciones, junto con la fecha y el resultado de la votación, será accesible en la página web de la sociedad de forma gratuita desde su aprobación y al menos mientras sea aplicable.

3. La política de remuneraciones deberá cumplir los siguientes requisitos:

a) deberá contribuir a la estrategia empresarial y a los intereses y la sostenibilidad a largo plazo de la sociedad y explicar de qué modo lo hace.

b) resultará clara y comprensible y describirá los distintos componentes de la remuneración fija y variable, incluidas todas las bonificaciones y otras prestaciones en cualquiera de sus formas, que pueden ser concedidas a los consejeros, indicando su proporción relativa.

c) expondrá de qué forma se han tenido en cuenta las condiciones de retribución y empleo de los trabajadores de la sociedad al fijar la política de remuneraciones.

d) cuando una sociedad conceda remuneración variable, la política de remuneraciones establecerá criterios claros, completos y variados para esa concesión y señalará los criterios de rendimiento financiero y no financiero, incluidos, en su caso, los relativos a la responsabilidad social de las empresas, explicando la forma en que contribuyen a la consecución de los objetivos establecidos en la letra a), y los métodos que deben aplicarse para determinar en qué medida se han cumplido los criterios de rendimiento.

e) informará sobre cualquier período de diferimiento y sobre la posibilidad que tenga la sociedad de exigir la devolución de la remuneración variable.

f) cuando la sociedad conceda remuneración basada en acciones, la política especificará los períodos de devengo, así como, en su caso, la retención de las acciones tras la consolidación, y explicará la forma en que dicha remuneración contribuye a la consecución de los objetivos establecidos en la letra a).

g) señalará la duración de los contratos o acuerdos con los consejeros, los plazos de preaviso aplicables, las principales características de los sistemas de pensión complementaria o jubilación anticipada, las condiciones de terminación y los pagos vinculados a esta.

h) explicará el proceso de toma de decisiones que se ha seguido para su determinación, revisión y aplicación, incluidas las medidas destinadas a evitar o gestionar los conflictos de intereses y, en su caso, la función de la comisión de nombramientos y retribuciones y las demás comisiones que hubieran podido intervenir.

i) en caso de revisión de la política, se describirán y explicarán todos los cambios significativos y cómo se han tenido en cuenta las votaciones realizadas y los puntos de vista recibidos de los accionistas sobre la política y los informes anuales de remuneraciones de consejeros desde la fecha de la votación más reciente que haya tenido lugar sobre la política de remuneraciones en la junta general de accionistas.

4. La propuesta de la política de remuneraciones del consejo de administración será motivada y deberá acompañarse de un informe específico de la comisión de nombramientos y retribuciones. Ambos documentos se pondrán a disposición de los accionistas en la página web de la sociedad desde la convocatoria de la junta general, quienes

podrán solicitar además su entrega o envío gratuito. El anuncio de la convocatoria de la junta general hará mención de este derecho.

5. Cualquier remuneración que perciban los consejeros por el ejercicio o terminación de su cargo y por el desempeño de funciones ejecutivas será acorde con la política de remuneraciones de los consejeros vigente en cada momento, salvo las remuneraciones que expresamente haya aprobado la junta general de accionistas.

6. Las sociedades podrán aplicar excepciones temporales a la política de remuneraciones, siempre que en dicha política consten el procedimiento a utilizar y las condiciones en las que se puede recurrir a esas excepciones y se especifiquen los componentes de la política que puedan ser objeto de excepción.

Las circunstancias excepcionales mencionadas en este apartado solo cubrirán situaciones en las que la excepción de la política de remuneraciones sea necesaria para servir a los intereses a largo plazo y la sostenibilidad de la sociedad en su conjunto o para asegurar su viabilidad.

7. Sin perjuicio de lo que establece el apartado 1 de este artículo:

a) si la propuesta de una nueva política de remuneraciones es rechazada por la junta general de accionistas, la sociedad continuará remunerando a sus consejeros de conformidad con la política de remuneraciones en vigor en la fecha de celebración de la junta general y deberá someter a aprobación de la siguiente junta general ordinaria de accionistas una nueva propuesta de política de remuneraciones; y

b) si el informe anual sobre remuneraciones de los consejeros es rechazado en la votación consultiva de la junta general ordinaria, la sociedad solo podrá seguir aplicando la política de remuneraciones en vigor en la fecha de celebración de la junta general hasta la siguiente junta general ordinaria.

Artículo añadido por el artículo Único, Cincuenta y ocho, de la Ley 31/2014, de 3 de diciembre, por la que se modifica la Ley de Sociedades de Capital para la mejora del gobierno corporativo (BOE núm. 293, de 4 de diciembre). Véase apartado 2 de la Disp. Transitoria de la Ley 31/2014, de 3 de diciembre. Y nuevamente redactado de acuerdo con el art. 3. Veinticinco, de la Ley 5/2021, de 12 de abril, por la que se modifica el texto refundido de la Ley de Sociedades de Capital (…), y otras normas financieras, en lo que respecta al fomento de la implicación a largo plazo de los accionistas en las sociedades cotizadas (BOE núm. 88, de 13 de abril). La Disp. transitoria 1º.1. de esta Ley 5/2021, de 12 de abril establece que «las modificaciones introducidas por esta Ley en el artículo 529 novodecies del Texto Refundido de la Ley de Sociedades de Capital (…) entrarán en vigor transcurridos seis meses desde su publicación en el «Boletín Oficial del Estado» [esto es, el 13 de octubre 2021]. Las sociedades deberán someter a aprobación la política de remuneraciones adaptada a dichas modificaciones en la primera junta general que se celebre con posterioridad a esa fecha».
Téngase en cuenta arts. 217 a 219 y 249 del presente Ley. Y véase art. 541 de la misma.

CAPÍTULO VII bis. Operaciones vinculadas

Nuevo capítulo introducido de acuerdo con el art. 3. Veintiséis, de la Ley 5/2021, de 12 de abril, por la que se modifica el texto refundido de la Ley de Sociedades de Capital (...), y otras normas financieras, en lo que respecta al fomento de la implicación a largo plazo de los accionistas en las sociedades cotizadas (BOE núm. 88, de 13 de abril). La Disp. transitoria 1º.3 de esta Ley 5/2021, de 12 de abril establece que «las obligaciones establecidas en el nuevo Capítulo VII bis del Título XIV del Texto Refundido de la Ley de Sociedades de Capital (...), no resultarán de aplicación hasta transcurridos dos meses de la entrada en vigor de esta Ley».

Art. 529 vicies. *Definición de operaciones vinculadas.*– **1.** A los efectos de lo establecido en este Capítulo, se entenderán por operaciones vinculadas aquellas realizadas por la sociedad o sus sociedades dependientes con consejeros, con accionistas titulares de un 10 % o más de los derechos de voto o representados en el consejo de administración de la sociedad, o con cualesquiera otras personas que deban considerarse partes vinculadas con arreglo a las Normas Internacionales de Contabilidad, adoptadas de conformidad con el Reglamento (CE) 1606/2002 del Parlamento Europeo y del Consejo, de 19 de julio de 2002, relativo a la aplicación de normas internacionales de contabilidad.

2. Como excepción a lo previsto en el apartado anterior, no tendrán la consideración de operaciones vinculadas:

a) Las operaciones realizadas entre la sociedad y sus sociedades dependientes íntegramente participadas, directa o indirectamente, sin perjuicio de lo previsto en el artículo 231 bis.

b) La aprobación por el consejo de los términos y condiciones del contrato a suscribir entre la sociedad y cualquier consejero que vaya a desempeñar funciones ejecutivas, incluyendo el consejero delegado, o altos directivos, así como la determinación por el consejo de los importes o retribuciones concretas a abonar en virtud de dichos contratos, sin perjuicio del deber de abstención del consejero afectado previsto en el artículo 249.3.

c) Las operaciones celebradas por entidades de crédito basándose en medidas destinadas a la salvaguardia de su estabilidad, adoptadas por la autoridad competente responsable de la supervisión prudencial en el sentido del Derecho de la Unión Europea.

3. Tampoco tendrán la consideración de operaciones con partes vinculadas las que realice una sociedad con sus sociedades dependientes o participadas, siempre que ninguna otra parte vinculada a la sociedad tenga intereses en dichas entidades dependientes o participadas.

Artículo introducido de acuerdo con el art. 3. Veintiséis, de la Ley 5/2021, de 12 de abril, por la que se modifica el texto refundido de la Ley de Sociedades de Capital (...), y otras normas financieras, en lo que respecta al fomento de la implicación a largo plazo de los accionistas en las sociedades cotizadas (BOE núm. 88, de 13 de abril). La Disp. transitoria 1°.3. de esta Ley 5/2021, de 12 de abril, establece que «las obligaciones establecidas en el nuevo Capítulo VII bis del Título XIV del Texto Refundido de la Ley de Sociedades de Capital (…), no resultarán de aplicación hasta transcurridos dos meses de la entrada en vigor de esta Ley».

Art. 529 unvicies. *Publicación de información sobre operaciones vinculadas.-* 1. Las sociedades deberán anunciar públicamente, a más tardar en el momento de su celebración, las operaciones vinculadas que realice esta o sociedades de su grupo y que alcancen o superen:

a) el 5 por ciento del total de las partidas del activo o

b) el 2,5 por ciento del importe anual de la cifra anual de negocios.

2. El anuncio deberá insertarse en un lugar fácilmente accesible de la página web de la sociedad y será comunicado a la Comisión Nacional del Mercado de Valores para su difusión pública.

3. El anuncio deberá acompañarse del informe de la comisión de auditoría a que hace referencia el artículo 529 duovicies.3 y deberá incluir, como mínimo, la siguiente información:

a) información sobre la naturaleza de la operación y de la relación con la parte vinculada,

b) la identidad de la parte vinculada,

c) la fecha y el valor o importe de la contraprestación de la operación y

d) aquella otra información necesaria para valorar si esta es justa y razonable desde el punto de vista de la sociedad y de los accionistas que no sean partes vinculadas.

4. Lo previsto en el presente artículo se entenderá sin perjuicio de las normas sobre difusión pública de la información privilegiada establecidas en el artículo 17 del Reglamento (UE) n.º 596/2014 del Parlamento Europeo y del Consejo.

> Art. introducido de acuerdo con el art. 3. Veintiséis, de la Ley 5/2021, de 12 de abril, por la que se modifica el texto refundido de la Ley de Sociedades de Capital (…), y otras normas financieras, en lo que respecta al fomento de la implicación a largo plazo de los accionistas en las sociedades cotizadas (BOE núm. 88, de 13 de abril).
> La Disp. transitoria 1°.3. de esta Ley 5/2021, de 12 de abril establece que «las obligaciones establecidas en el nuevo Capítulo VII bis del Título XIV del Texto Refundido de la Ley de Sociedades de Capital (…), no resultarán de aplicación hasta transcurridos dos meses de la entrada en vigor de esta Ley».
> Téngase en cuenta la Disp. Adicional 7.ª y 12.ª, apartado 3, del presente TRLSC.

Art. 529 duovicies. Aprobación de las operaciones vinculadas.- 1. La competencia para aprobar las operaciones vinculadas cuyo importe o valor sea igual o superior al 10 % del total de las partidas del activo según el último balance anual aprobado por la sociedad corresponderá a la junta general de accionistas. Cuando la junta general esté llamada a pronunciarse sobre una operación vinculada, el accionista afectado estará privado del derecho de voto, salvo en los casos en que la propuesta de acuerdo haya sido aprobada por el consejo de administración sin el voto en contra de la mayoría de los consejeros independientes. No obstante, cuando proceda, será de aplicación la regla de la inversión de la carga de la prueba prevista en el artículo 190.3.

2. La competencia para aprobar el resto de las operaciones vinculadas corresponderá al consejo de administración, que no podrá delegarla. El consejero afectado o el que represente o esté vinculado al accionista afectado, deberá abstenerse de participar en la deliberación y votación del acuerdo correspondiente de conformidad con el artículo 228.c). No obstante, no deberán abstenerse los consejeros que representen o estén vinculados a la sociedad matriz en el órgano de administración de la sociedad cotizada dependiente, sin perjuicio de que, en tales casos, si su voto ha sido decisivo para la adopción del acuerdo, será de aplicación la regla de inversión de la carga de la prueba en términos análogos a los previstos en el artículo 190.3.

3. La aprobación por la junta o por el consejo de una operación vinculada deberá ser objeto de informe previo de la comisión de auditoría. En su informe, la comisión deberá evaluar si la operación es justa y razonable desde el punto de vista de la sociedad y, en su caso, de los accionistas distintos de la parte vinculada, y dar cuenta de los presupuestos en que se basa la evaluación y de los métodos utilizados. En la elaboración del informe no podrán participar los consejeros afectados.

4. No obstante lo dispuesto en los apartados 2 y 3 anteriores, el consejo de administración podrá delegar la aprobación de las siguientes operaciones vinculadas:

a) operaciones entre sociedades que formen parte del mismo grupo que se realicen en el ámbito de la gestión ordinaria y en condiciones de mercado;

b) operaciones que se concierten en virtud de contratos cuyas condiciones estandarizadas se apliquen en masa a un elevado número de clientes, se realicen a precios o tarifas establecidos con carácter general por quien actúe como suministrador del bien o servicio de que se trate, y cuya cuantía no supere el 0,5 por ciento del importe neto de la cifra de negocios de la sociedad.

La aprobación de las operaciones vinculadas a que se refiere este apartado 4 no requerirá de informe previo de la comisión de auditoría. No obstante, el consejo de administración deberá establecer en relación con ellas un procedimiento interno de información y control periódico, en el que deberá intervenir la comisión de auditoría y que verificará la equidad y transparencia de dichas operaciones y, en su caso, el cumplimiento de los criterios legales aplicables a las anteriores excepciones.

Art. introducido de acuerdo con el art. 3. Veintiséis, de la Ley 5/2021, de 12 de abril, por la que se modifica el texto refundido de la Ley de Sociedades de Capital (…), y otras normas financieras, en lo que respecta al fomento de la implicación a largo plazo de los accionistas en las sociedades cotizadas (BOE núm. 88, de 13 de abril). La

Disp. transitoria 1°.3. de esta Ley 5/2021, de 12 de abril establece que «las obligaciones establecidas en el nuevo Capítulo VII bis del Título XIV del Texto Refundido de la Ley de Sociedades de Capital (…), no resultarán de aplicación hasta transcurridos dos meses de la entrada en vigor de esta Ley».

Téngase la Disp. Adicional Duodécima, apartado 3, del presente TRLSC.

Art. 529 tervicies. Reglas de cálculo.– 1. Las operaciones vinculadas que se hayan celebrado con la misma contraparte en los últimos doce meses se agregarán para determinar el valor total a efectos de lo previsto en las normas aplicables contenidas en la presente Ley.

2. Las referencias realizadas en este capítulo al total de las partidas del activo o cifra anual de negocios se entenderán realizadas a los valores reflejados en las últimas cuentas anuales consolidadas o, en su defecto, a las últimas cuentas anuales individuales de la sociedad cotizada aprobadas por la junta general.

Art. introducido de acuerdo con el art. 3. Veintiséis, de la Ley 5/2021, de 12 de abril, por la que se modifica el texto refundido de la Ley de Sociedades de Capital (…), y otras normas financieras, en lo que respecta al fomento de la implicación a largo plazo de los accionistas en las sociedades cotizadas (BOE núm. 88, de 13 de abril). La Disp. transitoria 1°.3. de esta Ley 5/2021, de 12 de abril establece que «las obligaciones establecidas en el nuevo Capítulo VII bis del Título XIV del Texto Refundido de la Ley de Sociedades de Capital (…), no resultarán de aplicación hasta transcurridos dos meses de la entrada en vigor de esta Ley».

Téngase en cuenta la Disp. Adicional Duodécima, apartado 2, del presente TRLSC.

CAPÍTULO VIII. Pactos parasociales sujetos a publicidad

Art. 530. *Pactos parasociales en sociedad cotizada.–* 1. A los efectos de lo dispuesto en este capítulo, se entienden por pactos parasociales aquellos pactos que incluyan la regulación del ejercicio del derecho de voto en las juntas generales o que restrinjan o condicionen la libre transmisibilidad de las acciones en las sociedades anónimas cotizadas.

2. Lo dispuesto en este título se aplicará también a los supuestos de pactos que con el mismo objeto se refieran a obligaciones convertibles o canjeables emitidas por una sociedad anónima cotizada.

Anterior art. 518 que pasa a ser el actual art. 530 de acuerdo con el art. 2, Dos de la Ley 25/2011, de 1 de agosto, de reforma parcial de la Ley de Sociedades de Capital (…) (Entrada en vigor 2 de octubre 2011). Véase Disp. Adicional 7ª del presente TRLSC.

Art. 531. *Publicidad de los pactos parasociales.–* 1. La celebración, prórroga o modificación de un pacto parasocial que tenga por objeto el ejercicio del derecho de voto en las juntas generales o que restrinja o condicione la libre transmisibilidad de las acciones o de obligaciones convertibles o canjeables en las sociedades anónimas cotizadas habrá de ser comunicada con carácter inmediato a la propia sociedad y a la Comisión Nacional del Mercado de Valores.

A la comunicación se acompañará copia de las cláusulas del documento en el que conste, que afecten al derecho de voto o que restrinjan o condicionen la libre transmisibilidad de las acciones o de las obligaciones convertibles o canjeables.

2. Una vez efectuada cualquiera de estas comunicaciones, el documento en el que conste el pacto parasocial deberá ser depositado en el Registro Mercantil en el que la sociedad esté inscrita.

3. El pacto parasocial deberá publicarse como hecho relevante.

> Anterior art. 519 que pasa a ser el actual art. 531 de acuerdo con el art. 2, Dos de la Ley 25/2011, de 1 de agosto, de reforma parcial de la Ley de Sociedades de Capital (…) (Entrada en vigor 2 de octubre 2011).
> Véase Disp. Adicional 7ª del presente TRLSC.

Art. 532. *Legitimación para publicidad de los pactos parasociales.*– 1. Cualquiera de los firmantes del pacto parasocial estará legitimado para realizar las comunicaciones y el depósito a los que se refiere el artículo anterior, incluso aunque el propio pacto prevea su realización por alguno de ellos o un tercero.

2. En casos de usufructo y prenda de acciones, la legitimación corresponderá a quien tenga el derecho de voto.

> Anterior art. 520 que pasa a ser el actual art. 532 de acuerdo con el art. 2, Dos de la Ley 25/2011, de 1 de agosto, de reforma parcial de la Ley de Sociedades de Capital (…) (Entrada en vigor 2 de octubre 2011).
> Véase Disp. Adicional 7ª del presente TRLSC.

Art. 533. *Efectos de la falta de publicidad de los pactos parasociales.*– En tanto no tengan lugar las comunicaciones, el depósito y la publicación como hecho relevante, el pacto parasocial no producirá efecto alguno en cuanto a las referidas materias.

> Anterior art. 521 que pasa a ser el actual art. 533 de acuerdo con el art. 2, Dos de la Ley 25/2011, de 1 de agosto, de reforma parcial de la Ley de Sociedades de Capital (…) (Entrada en vigor 2 de octubre 2011).
> Véase Disp. Adicional 7ª del presente TRLSC.

Art. 534. *Pactos parasociales entre socios de sociedad que ejerza el control sobre una sociedad cotizada.*– Lo dispuesto en los artículos anteriores será de aplicación a los pactos parasociales entre socios o miembros de una entidad que ejerza el control sobre una sociedad cotizada.

> Anterior art. 522 que pasa a ser el actual art. 534 de acuerdo con el art. 2, Dos de la Ley 25/2011, de 1 de agosto, de reforma parcial de la Ley de Sociedades de Capital (…) (Entrada en vigor 2 de octubre 2011).

Véase Disp. Adicional 7ª del presente TRLSC.

Art. 535. *Dispensa temporal del deber de publicidad.*– Cuando la publicidad pueda ocasionar un grave daño a la sociedad, la Comisión Nacional del Mercado de Valores, a solicitud de los interesados, podrá acordar, mediante resolución motivada, que no se dé publicidad alguna a un pacto parasocial que le haya sido comunicado, o a parte de él, y dispensar de la comunicación de dicho pacto a la propia sociedad, del depósito en el Registro Mercantil del documento en que conste y de la publicación como hecho relevante, determinando el tiempo en que puede mantenerse en secreto entre los interesados.

> Anterior art. 523 que pasa a ser el actual art. 535 de acuerdo con el art. 2, Dos de la Ley 25/2011, de 1 de agosto, de reforma parcial de la Ley de Sociedades de Capital (…) (Entrada en vigor 2 de octubre 2011).

CAPÍTULO VIII BIS. Especialidades de las sociedades cotizadas con propósito para la adquisición

Cap. introducido por la disposición final 6.ª, Tres, de la LMVySI (§3).

Art. 535 bis. *Sociedad cotizada con propósito para la adquisición.*– 1. Se entenderá por sociedad cotizada con propósito para la adquisición aquella que se constituya con el objeto de adquirir la totalidad o una participación en el capital de otra sociedad o sociedades cotizadas o no cotizadas, ya sea directa o indirectamente, a título de compraventa, fusión, escisión, aportación no dineraria, cesión global de activos y pasivos u otras operaciones análogas y cuyas únicas actividades hasta ese momento sean la oferta pública de valores inicial, la solicitud a admisión a negociación y las conducentes a la adquisición que, en su caso, sea aprobada por la Junta General de accionistas.

2. Los fondos obtenidos en la oferta pública de valores se inmovilizarán en una cuenta abierta en una entidad de crédito a nombre de la sociedad cotizada con propósito para la adquisición.

3. Las sociedades cotizadas con propósito para la adquisición deberán incluir en la denominación social la indicación «Sociedad cotizada con Propósito para la Adquisición», o su abreviatura, «SPAC, S.A.», hasta que se formalice la adquisición que sea aprobada.

4. Los estatutos sociales de la sociedad cotizada con propósito para la adquisición deberán contemplar un plazo de 36 meses como máximo para la formalización del acuerdo de adquisición. Este plazo podrá ser ampliado, hasta un máximo de 18 meses adicionales, mediante decisión de la Junta General de Accionistas con los mismos requisitos exigibles a una modificación estatutaria.

5. Las especialidades previstas en este Capítulo se aplicarán también a las sociedades cotizadas con propósito para la adquisición que tengan valores admitidos a negociación en sistemas multilaterales de negociación.

6. Dejarán de aplicarse las especialidades del presente capítulo una vez formalizada la adquisición o inscrita la fusión.

Art. introducido por la disposición final 6.ª, Tres, de la LMVySI (§3).

Art. 535 ter. *Mecanismos de reembolso de los accionistas.–* 1. Las sociedades cotizadas con propósito para la adquisición deberán incorporar al menos uno de los siguientes mecanismos de reembolso de los accionistas, salvo que se comprometan a realizar la reducción de capital social prevista en el apartado 3:

a) La introducción de un derecho estatutario de separación una vez que la sociedad cotizada con propósito para la adquisición anuncie la adquisición o fusión proyectada, con independencia del sentido del voto del accionista en la junta correspondiente y sin que resulte de aplicación lo dispuesto en el artículo 346.1 a) de la Ley.

b) La emisión de acciones rescatables, sin que resulte de aplicación el límite máximo y las previsiones establecidas, respectivamente, en el artículo 500 y 501 de la Ley. El rescate se podrá ejercer en el plazo que prevea la sociedad, a solicitud de los accionistas que lo fueran en la fecha establecida al efecto, hayan votado o no a favor de la propuesta de adquisición.

2. El valor de reembolso de las acciones, ya se configure como derecho de separación o como acciones rescatables, será la parte alícuota del importe efectivo inmovilizado en la cuenta transitoria a la que se refiere el apartado 2 del artículo anterior.

3. La sociedad cotizada con propósito especial para la adquisición también podrá llevar a cabo una reducción de capital mediante la adquisición de sus propias acciones para su amortización como mecanismo de reembolso, en los términos previstos en el artículo 535 quater 3.

Art. introducido por la disposición final 6.ª, Tres, de la LMVySI (§3).

Art. 535 quater. *Especialidades de las sociedades cotizadas con propósito especial para la adquisición en relación con las ofertas públicas de adquisición.–* 1. Si, como consecuencia de la adquisición aprobada, algún accionista alcanza, directa o indirectamente, una participación de control de la sociedad resultante, tal y como este se define en el artículo 4 del Real Decreto 1066/2007, de 27 de julio, sobre el régimen de las ofertas públicas de adquisición, dicho accionista estará exceptuado de la obligación de formular una oferta pública de adquisición.

2. Si, como consecuencia del mecanismo de reembolso que se configure, algún accionista de la sociedad cotizada con propósito para la adquisición alcanza directa o indirectamente una participación de control de dicha sociedad, tal y como se define en el artículo 4 del Real Decreto 1066/2007, de 27 de julio, dicho accionista estará exceptuado de la obligación de formular una oferta pública de adquisición.

3. Si la sociedad cotizada con propósito especial para la adquisición llevase a cabo, como mecanismo de reembolso, una reducción de capital mediante la adquisición de sus propias acciones para su amortización, la oferta a la que hacen referencia los artículos 338 de la presente ley y 12 del Real Decreto 1066/2007, de 27 de julio incluirá las siguientes previsiones:

a) El precio de la oferta pública de adquisición será el importe equivalente a la parte alícuota del importe efectivo inmovilizado en la cuenta transitoria a la que se refiere el apartado 2 del artículo 535 bis anterior en el momento del ejercicio del derecho de reembolso.

b) La sociedad podrá, en lugar de amortizar las acciones adquiridas, aprobar su entrega en canje a los accionistas de la sociedad adquirida como contraprestación total o parcial de la adquisición.

c) Siempre que la sociedad haya limitado sus actividades a la oferta de acciones y las conducentes a la adquisición o fusión según se prevé en el artículo 535 bis, no existirá derecho de oposición de acreedores.

Este apartado será de aplicación exclusivamente a las reducciones de capital mediante la adquisición de sus propias acciones para su amortización llevadas a cabo como mecanismo de reembolso de los accionistas antes o en el marco de la adquisición o fusión.

4. Las excepciones de los apartados 1 y 2 anteriores se aplicarán automáticamente y no requerirán un acuerdo al efecto de la Comisión Nacional del Mercado de Valores.

Art. introducido por la disposición final 6.ª, Tres, de la LMVySI (§3).

Art. 535 quinquies. *Otras especialidades de las sociedades cotizadas con propósito especial para la adquisición.–* 1. No será de aplicación a las sociedades cotizadas con propósito especial para la adquisición el límite máximo de la autocartera contemplado en el artículo 509 de esta ley, siempre que la adquisición de acciones propias por la sociedad se lleve a cabo como mecanismo de reembolso de los accionistas una vez determinada la sociedad a adquirir, en los términos previstos en el artículo 535 quater 3.

2. En las operaciones de fusión en las que resulten de aplicación las excepciones a la obligación de publicar un folleto contempladas en el artículo 1, apartado 4, letra g), y apartado 5, letra f) del Reglamento (UE) 2017/1129 del Parlamento Europeo y del Consejo, de 14 de junio de 2017, sobre el folleto que debe publicarse en caso de oferta pública o admisión a cotización de valores en un mercado regulado, la CNMV, atendiendo a la naturaleza y complejidad de la operación, podrá exigir su elaboración.

Art. introducido por la disposición final 6.ª, Tres, de la LMVySI (§3).

CAPÍTULO IX. La información societaria

Los actuales arts. 536 a 538 y 539 eran, respectivamente, los anteriores arts. 524 a 526 y 528, al ser renumerados por art. 2, Dos de la Ley 25/2011, de 1 de agosto, de reforma parcial de la Ley de Sociedades de Capital (...) (Entrada en vigor 2 de octubre 2011). La anterior Sección 2ª y el art. 527 son derogados por la Disp. Derogatoria Única de la citada Ley 25/2011, pasando la Sección 3ª a ser la actual 2ª de acuerdo con el citado art. 2, Dos, de la Ley 25/2011, de 1 de agosto.

Sección 1.ª Especialidades de las cuentas anuales

Subsección 1.ª Cuentas anuales

Art. 536. *Prohibición de cuentas abreviadas*.- Las sociedades cuyos valores estén admitidos a negociación en un mercado regulado de cualquier Estado miembro de la Unión Europea, no podrán formular balance y estado de cambios en el patrimonio neto abreviados ni cuenta de pérdidas y ganancias abreviadas.

Anterior art. 524 que pasa a ser el actual art. 536 de acuerdo con el art. 2, Dos de la Ley 25/2011, de 1 de agosto, de reforma parcial de la Ley de Sociedades de Capital (...) (Entrada en vigor 2 de octubre 2011).
Véanse arts. 257 y 258 del presente TRLSC.

Subsección 2.ª Especialidades de la memoria

Art. 537. *Deber de información complementaria*.- Las sociedades que hayan emitido valores admitidos a cotización en un mercado regulado de cualquier Estado miembro de la Unión Europea y que, de acuerdo con la normativa en vigor publiquen únicamente cuentas anuales individuales, estarán obligadas a informar en la memoria de las principales variaciones que se originarían en el patrimonio neto y en la cuenta de pérdidas y ganancias si se hubieran aplicado las normas internacionales de información financiera adoptadas por los Reglamentos de la Unión Europea, indicando los criterios de valoración que hayan aplicado.

Anterior art. 525 que pasa a ser el actual art. 537 de acuerdo con el art. 2, Dos de la Ley 25/2011, de 1 de agosto, de reforma parcial de la Ley de Sociedades de Capital (...) (Entrada en vigor 2 de octubre 2011).
Véase arts. 260 del presente TRLSC.

Subsección 3.ª Especialidades del informe de gestión

Art. 538. *Inclusión del informe de gobierno corporativo y de remuneraciones en el informe de gestión*.- Las sociedades que hayan emitido valores admitidos a cotización en un mercado regulado de cualquier Estado miembro de la Unión Europea incluirán en el informe de gestión, en una sección separada, el informe de gobierno corporativo.

Las sociedades anónimas cotizadas deberán incluir, junto con aquel, asimismo, el informe anual sobre remuneraciones de los consejeros.

Anterior art. 526 que pasa a ser el actual art. 538 de acuerdo con el art. 2, Dos de la Ley 25/2011, de 1 de agosto, de reforma parcial de la Ley de Sociedades de Capital (…) (Entrada en vigor 2 de octubre 2011). Y redactado nuevamente de acuerdo con el art. 3. Veintisiete, de la Ley 5/2021, de 12 de abril, por la que se modifica el texto refundido de la Ley de Sociedades de Capital (…), y otras normas financieras, en lo que respecta al fomento de la implicación a largo plazo de los accionistas en las sociedades cotizadas (BOE núm. 88, de 13 de abril).

Véanse arts. 262, 540 y Disp. Adicional 7ª del presente TRLSC.

Sección 2.ª Los instrumentos especiales de información

Anterior Sección 3ª que pasa a ser 2ª de acuerdo con el art. 2, Dos de la Ley 25/2011, de 1 de agosto, de reforma parcial de la Ley de Sociedades de Capital (…) (Entrada en vigor 2 de octubre 2011).

La anterior Sección 2.ª y el art. 527 (Derecho especial de información) que la integraba derogados por la Disp. Derogatoria Única de la Ley 25/2011, de 1 de agosto, de reforma parcial de la Ley de Sociedades de Capital (…) (Entrada en vigor 2 de octubre 2011).

El derogado art. 527 establecía: «*Artículo 527. Derecho especial de información.– Hasta el séptimo día anterior al previsto para la celebración de la junta, los accionistas de una sociedad cotizada, además de poder ejercitar el derecho de información sobre los asuntos comprendidos en el orden del día, podrán solicitar informaciones o aclaraciones o formular preguntas por escrito acerca de la información accesible al público que se hubiera facilitado por la sociedad a la Comisión Nacional del Mercado de Valores desde la celebración de la última junta general*».

Art. 539. *Instrumentos especiales de información*.– 1. Las sociedades anónimas cotizadas deberán cumplir los deberes de información por cualquier medio técnico, informático o telemático, sin perjuicio del derecho de los accionistas a solicitar la información en forma impresa.

2. Las sociedades anónimas cotizadas deberán disponer de una página web para atender el ejercicio, por parte de los accionistas, del derecho de información, y para difundir la información relevante exigida por la legislación sobre el mercado de valores. Asimismo, las sociedades anónimas cotizadas publicarán en dicha página web el periodo medio de pago a sus proveedores, y, en su caso, las medidas a que se refiere el último párrafo del artículo 262.1.

En la página web de la sociedad se habilitará un foro electrónico de accionistas, al que podrán acceder con las debidas garantías tanto los accionistas individuales como las asociaciones voluntarias que puedan constituir, con el fin de facilitar su comunicación con carácter previo a la celebración de las juntas generales. En el foro podrán publicarse propuestas que pretendan presentarse como complemento del orden del día anunciado en la convocatoria, solicitudes de adhesión a tales propuestas, iniciativas para alcanzar el porcentaje suficiente para ejercer un derecho de minoría previsto en la Ley, así como ofertas o peticiones de representación voluntaria.

3. Al consejo de administración corresponde establecer el contenido de la información a facilitar en la página web, de conformidad con lo que establezca el Ministerio de Economía y Hacienda o, con su habilitación expresa, la Comisión Nacional del Mercado de Valores.

4. Los accionistas de cada sociedad cotizada podrán constituir asociaciones específicas y voluntarias para ejercer la representación de los accionistas en las juntas de sociedades cotizadas y los demás derechos reconocidos en esta Ley. A estos efectos, las asociaciones deberán cumplir los siguientes requisitos:

a) Tendrán como objeto exclusivo la defensa de los intereses de los accionistas, evitando incurrir en situaciones de conflicto de interés que puedan resultar contrarias a dicho objeto.

b) Estarán integradas, al menos, por cien personas, no pudiendo formar parte de ellas los accionistas con una participación superior al 0,5 por ciento del capital con derecho de voto de la sociedad.

c) Estarán constituidas mediante escritura pública que deberá inscribirse en el Registro Mercantil correspondiente al domicilio de la sociedad cotizada y, a los meros efectos de publicidad, en un registro especial habilitado al efecto en la Comisión Nacional del Mercado de Valores. En la escritura de constitución se fijarán las normas de organización y funcionamiento de la asociación.

d) Llevarán una contabilidad conforme a lo establecido en el Código de Comercio para las sociedades mercantiles y someterán sus cuentas anuales a auditoría de cuentas. Dentro del mes siguiente a la aprobación de las cuentas anuales del ejercicio anterior por la asamblea de los miembros de la asociación, esta deberá depositar en el Registro Mercantil un ejemplar de dichas cuentas, junto con el correspondiente informe de auditoría, y una memoria expresiva de la actividad desarrollada, remitiendo copia de estos documentos a la Comisión Nacional del Mercado de Valores. Como documento anejo a los anteriores, remitirán también a la Comisión Nacional del Mercado de Valores una relación de los miembros de la asociación al día en que hubiere finalizado el ejercicio anterior.

e) Llevarán un registro de las representaciones que les hubieran sido conferidas por accionistas para que les representen en las juntas generales que se celebren, así como de las representaciones con que hubieran concurrido a cada una de las juntas, con expresión de la identidad del accionista representado y del número de acciones con que hubiera concurrido en su nombre. El registro de representaciones estará a disposición de la Comisión Nacional del Mercado de Valores y de la entidad emisora.

Las asociaciones de accionistas no podrán recibir, de forma directa o indirecta, cantidad o ventaja patrimonial alguna de la sociedad cotizada.

Reglamentariamente se desarrollarán los requisitos de las asociaciones de accionistas para el ejercicio de los derechos que se les atribuyen en esta Ley, que comprenderán, al menos, los requisitos y límites para su constitución, las bases de su estructura orgánica, las reglas de su funcionamiento y los derechos y obligaciones que les correspondan, especialmente en su relación con la sociedad cotizada, así como el régimen de conflictos de interés que garanticen el adecuado cumplimiento de los fines para los que se constituyen.

5. Asimismo, se faculta al Gobierno y, en su caso, al Ministerio de Economía y Hacienda y, con su habilitación expresa, a la Comisión Nacional del Mercado de Valores, para desarrollar las especificaciones técnicas y jurídicas necesarias respecto a lo establecido en este artículo.

Anterior art. 528 que pasa a ser 539 de acuerdo con el art. 2, Dos de la Ley 25/2011, de 1 de agosto, de reforma parcial de la Ley de Sociedades de Capital (...) (Entrada en vigor 2 de octubre 2011).

Apartados 2 y 4 redactados de acuerdo por el artículo Único, Cincuenta y nueve, de la Ley 31/2014, de 3 de diciembre, por la que se modifica la Ley de Sociedades de Capital para la mejora del gobierno corporativo (BOE núm. 293, de 4 de diciembre). Véanse arts. 197, 520 y Disp. Adicional 7ª del presente TRLSC y art. 103 de la LMVySI (§3).

En relación con los apartados 2 y 3, véase art. 11 bis del presente TRLSC y art. 13 de la Orden ECC/461/2013, de 20 de marzo, en el que se determinada el contenido mínimo de la página web de las sociedades anónimas cotizadas. Y también sobre el contenido de su página web, véase la Disp. Adicional 3.ª La Ley 15/2010, de 5 de julio, de modificación de la Ley 3/2004, de 29 de diciembre, por la que se establecen medidas de lucha contra la morosidad en las operaciones comerciales [Reproducida en nota al art. 260 del presente TRLSC.

Sección 3.ª Informe anual de gobierno corporativo e informe anual sobre remuneraciones de los Consejeros

Nueva Sección 3.ª incorporada por el artículo Único, Sesenta, de la Ley 31/2014, de 3 de diciembre, por la que se modifica la Ley de Sociedades de Capital para la mejora del gobierno corporativo (BOE núm. 293, de 4 de diciembre).

Art. 540. *Informe anual de gobierno corporativo*.- 1. Las sociedades anónimas cotizadas deberán hacer público con carácter anual un informe de gobierno corporativo.

2. El informe anual de gobierno corporativo será objeto de comunicación a la Comisión Nacional del Mercado de Valores, acompañando copia del documento en que conste. La Comisión Nacional del Mercado de Valores remitirá copia del informe comunicado a las respectivas autoridades de supervisión cuando se trate de sociedades cotizadas que estén dentro de su ámbito de competencias.

3. El informe será objeto de publicación como hecho relevante.

4. El contenido y estructura del informe de gobierno corporativo será determinado por el Ministro de Economía y Competitividad o, con su habilitación expresa, por la Comisión Nacional del Mercado de Valores.

Dicho informe deberá ofrecer una explicación detallada de la estructura del sistema de gobierno de la sociedad y de su funcionamiento en la práctica. En todo caso, el contenido mínimo del informe de gobierno corporativo será el siguiente:

a) Estructura de propiedad de la sociedad, que habrá de incluir:

1.º información relativa a los accionistas con participaciones significativas, indicando los porcentajes de participación y las relaciones de índole familiar, comercial, contractual o societaria que existan, así como su representación en el consejo,

2.º información de las participaciones accionariales de los miembros del consejo de administración que deberán comunicar a la sociedad, y de la existencia de los pactos parasociales comunicados a la propia sociedad y a la Comisión Nacional del Mercado de Valores, y, en su caso, depositados en el Registro Mercantil,

3.º información de los valores que no se negocien en un mercado regulado comunitario, con indicación, en su caso, de las distintas clases de acciones y, para cada clase de acciones, los derechos y obligaciones que confiera, así como el porcentaje del capital social que represente la autocartera de la sociedad y sus variaciones significativas,

4.º información relativa a las normas aplicables a la modificación de los estatutos de la sociedad.

b) Cualquier restricción a la transmisibilidad de valores y cualquier restricción al derecho de voto.

c) Estructura de la administración de la sociedad, que habrá de incluir:

1.º información relativa a la composición, reglas de organización y funcionamiento del consejo de administración y de sus comisiones,

2.º identidad y remuneración de sus miembros, funciones y cargos dentro de la sociedad, sus relaciones con accionistas con participaciones significativas, indicando la existencia de consejeros cruzados o vinculados y los procedimientos de selección, remoción o reelección,

3.º detalle de los cargos de consejero, administrador o director, o representante de los mismos, que desempeñen los consejeros o representantes de consejeros miembros del consejo de administración de la sociedad en otras entidades, se trate o no de sociedades cotizadas.

4.º información sobre las demás actividades retribuidas de los consejeros o representantes de los consejeros miembros del consejo de administración de la sociedad, cualquiera que sea su naturaleza, distintas de las señaladas en el apartado anterior.

5.º información de los poderes de los miembros del consejo de administración y, en particular, los relativos a la posibilidad de emitir o recomprar acciones,

6.º información de los acuerdos significativos que haya celebrado la sociedad y que entren en vigor, sean modificados o concluyan en caso de cambio de control de la sociedad a raíz de una oferta pública de adquisición, y sus efectos, excepto cuando su divulgación resulte seriamente perjudicial para la sociedad. Esta excepción no se aplicará cuando la sociedad esté obligada legalmente a dar publicidad a esta información,

7.º información de los acuerdos entre la sociedad y sus cargos de administración y dirección o empleados que dispongan indemnizaciones cuando éstos dimitan o sean despedidos de forma improcedente o si la relación laboral llega a su fin con motivo de una oferta pública de adquisición.

8.º Una descripción de la política de diversidad aplicada en relación con el consejo de administración, de dirección y de las comisiones especializadas que se constituyan en su seno, por lo que respecta a cuestiones como la edad, el género, la discapacidad o la formación y experiencia profesional de sus miembros; incluyendo sus objetivos, las medidas adoptadas, la forma en la que se han aplicado, en particular, los procedimientos para procurar incluir en el consejo de administración un número de mujeres que permita alcanzar una presencia equilibrada de mujeres y hombres y los resultados en el período de presentación de informes, así como las medidas que, en su caso, hubiera acordado respecto de estas cuestiones la comisión de nombramientos.

Asimismo, las sociedades deberán informar si se facilitó información a los accionistas sobre los criterios y los objetivos de diversidad con ocasión de la elección o renovación de los miembros del consejo de administración, de dirección y de las comisiones especializadas constituidas en su seno.

En caso de no aplicarse una política de este tipo, se deberá ofrecer una explicación clara y motivada al respecto.

Las entidades pequeñas y medianas, de acuerdo con la definición contenida en la legislación de auditoría de cuentas, únicamente estarán obligadas a proporcionar información sobre las medidas que, en su caso, se hubiesen adoptado en materia de género.

d) Operaciones vinculadas de la sociedad con sus accionistas y sus administradores y cargos directivos y operaciones intragrupo.

e) Sistemas de control del riesgo, incluido el fiscal.

f) Funcionamiento de la junta general, con información relativa al desarrollo de las reuniones que celebre.

g) Grado de seguimiento de las recomendaciones de gobierno corporativo, o, en su caso, la explicación de la falta de seguimiento de dichas recomendaciones.

h) Una descripción de las principales características de los sistemas internos de control y gestión de riesgos en relación con el proceso de emisión de la información financiera.

5. Sin perjuicio de las sanciones que proceda imponer por la falta de remisión de la documentación o del informe de gobierno corporativo, o la existencia de omisiones o

datos engañosos o erróneos, corresponde a la Comisión Nacional del Mercado de Valores el seguimiento de las reglas de gobierno corporativo, a cuyo efecto podrá recabar cuanta información precise al respecto, así como hacer pública la información que considere relevante sobre su grado efectivo de cumplimiento.

6. Cuando la sociedad cotizada sea una sociedad anónima europea domiciliada en España que haya optado por el sistema dual, junto al informe anual de gobierno corporativo elaborado por la dirección se acompañará un informe elaborado por el consejo de control sobre el ejercicio de sus funciones.

> Artículo añadido de acuerdo por el artículo Único, Sesenta y uno, de la Ley 31/2014, de 3 de diciembre, por la que se modifica la Ley de Sociedades de Capital para la mejora del gobierno corporativo (BOE núm. 293, de 4 de diciembre).
> Los párrafos 3.º y 4.º del apartado 4. c) introducidos y párrafos, 3.º, 4.º, 5.º y 6.º del mismo apartado 4.c) renumerados de acuerdo con el art. 3. Veintiocho, de la Ley 5/2021, de 12 de abril, por la que se modifica el texto refundido de la Ley de Sociedades de Capital (...), y otras normas financieras, en lo que respecta al fomento de la implicación a largo plazo de los accionistas en las sociedades cotizadas (BOE núm. 88, de 13 de abril). Subapartado 6.º del apartado 4.c) redactado de acuerdo con el apartado Diez.2.º de la Ley 11/2018, de 28 de diciembre, por la que se modifica el Código de Comercio, el texto refundido de la Ley de Sociedades de Capital (...), y la Ley 22/2015, de 20 de julio, de Auditoría de Cuentas, en materia de información no financiera y diversidad (BOE núm. 314, de 29 de diciembre), procedente del Real Decreto-ley 18/2017, de 24 de noviembre. De acuerdo con el apartado 1 de la Disp. transitoria de la citada Ley 11/2018, la modificación será «de aplicación para los ejercicios económicos que se inicien a partir del 1 de enero de 2018». Debe tenerse, sin embargo, en cuenta que la Disp. Final 4.ª del citado RD-ley 18/2017, de 24 de noviembre, establece que «Las modificaciones introducidas por este real decreto-ley serán de aplicación para los ejercicios económicos que se inicien a partir del 1 de enero de 2017».
> Véanse arts. 529 ter 1, 538 y Disp. Adicional 7.ª del presente TRLSC, así como la Orden ECC/461/2013, de 20 de marzo, por la que se determinan el contenido y la estructura del informe anual de gobierno corporativo, del informe anual sobre remuneraciones y de otros instrumentos de información de las sociedades anónimas cotizadas, de las cajas de ahorros y de otras entidades que emitan valores admitidos a negociación en mercados oficiales de valores (BOE núm. 71, de 23 de marzo) (§4).
> Véase Disp. Ad. 6.ª de la LMVySI (§3).

Art. 541. *Informe anual sobre remuneraciones de los consejeros.*– 1. El consejo de administración de las sociedades anónimas cotizadas deberá elaborar y publicar anualmente un informe sobre remuneraciones de los consejeros, incluyendo las que perciban o deban percibir en su condición de tales y, en su caso, por el desempeño de funciones ejecutivas.

2. El informe anual sobre remuneraciones de los consejeros deberá incluir información completa, clara y comprensible sobre la política de remuneraciones de los consejeros aplicable al ejercicio en curso. Incluirá también un resumen global sobre la

aplicación de la política de remuneraciones durante el ejercicio cerrado, así como el detalle de las remuneraciones individuales devengadas por todos los conceptos por cada uno de los consejeros en dicho ejercicio.

3. El informe anual sobre remuneraciones de los consejeros se difundirá como otra información relevante por la sociedad de forma simultánea al informe anual de gobierno corporativo y se mantendrá accesible en la página web de la sociedad y de la Comisión Nacional del Mercado de Valores de forma gratuita durante un periodo mínimo de diez años. La sociedad y la CNMV podrán mantener el informe accesible al público durante más tiempo y deberán hacerlo cuando un acto legislativo sectorial de la Unión Europea establezca un periodo de tiempo más largo. En ambos casos dicho informe ya no podrá contener datos personales de los administradores.

4. El informe anual sobre remuneraciones de los consejeros se someterá a votación, con carácter consultivo y como punto separado del orden del día a la junta general ordinaria de accionistas.

5. La persona titular del Ministerio de Asuntos Económicos y Transformación Digital o, con su habilitación expresa, la Comisión Nacional del Mercado de Valores, determinará el contenido y estructura del informe anual sobre remuneraciones de los consejeros, así como el papel desempeñado, en su caso, por la comisión de retribuciones.

Formará parte de dicho contenido, cuando sea de aplicación, la siguiente información sobre la remuneración de cada administrador:

a) la remuneración total devengada en el ejercicio desglosada en sus componentes, la proporción relativa de la remuneración fija y variable, una explicación de la forma en que la remuneración total devengada cumple la política de remuneraciones objeto de aplicación y previamente adoptada, en particular cómo contribuye al rendimiento sostenible y a largo plazo de la sociedad, e información sobre la manera en que se han aplicado los criterios de rendimiento,

b) el importe total anual devengado y la variación experimentada en el año de las siguientes categorías: la remuneración del consejero, el rendimiento de la sociedad y la remuneración media sobre una base equivalente a tiempo completo de los trabajadores de la sociedad distintos de los administradores durante al menos los cinco ejercicios más recientes, presentadas de manera conjunta de modo que resulte posible establecer comparaciones,

c) toda remuneración procedente de cualquier empresa perteneciente al mismo grupo,

d) el número de acciones y de opciones sobre acciones o cualquier otro instrumento financiero cuyo valor esté referenciado al valor de las acciones concedidos u ofrecidos y las principales condiciones para el ejercicio de los derechos, incluidos el precio y la fecha de ejercicio, así como cualquier modificación de las mismas,

e) información sobre el uso de la posibilidad de exigir la devolución de la remuneración variable; e

f) información sobre toda desviación del procedimiento para la aplicación de la política de remuneraciones a que se refiere el artículo 529 novodecies.2 y toda excepción que se aplique de conformidad con el artículo 529 novodecies.5, incluida la explicación del carácter de las circunstancias excepcionales y la indicación de los componentes específicos que son objeto de excepción.

6. El informe sobre remuneraciones no incluirá, por lo que respecta a cada administrador, categorías especiales de datos personales en el sentido del artículo 9.1 del Reglamento (UE) n.º 2016/679, ni datos personales relativos a su situación familiar. Sin perjuicio de que los importes relativos a estos conceptos se incluyan formando parte del importe total de remuneraciones devengadas, se evitará a tal efecto desglosar aquellos conceptos retributivos específicos que puedan llevar a conocer estos datos personales dotados de especial protección.

Los datos personales de los administradores se incluirán en el informe sobre remuneraciones con el fin de aumentar la transparencia de las sociedades en lo que respecta a la remuneración de los administradores, con miras a reforzar la rendición de cuentas de estos y la supervisión de los accionistas sobre dicha remuneración; y su tratamiento se ajustará plenamente a lo establecido por la normativa de protección de datos de carácter personal y no podrán utilizarse para finalidades distintas de las establecidas en este artículo.

Las sociedades dejarán de dar acceso público a los datos personales de los administradores incluidos en el informe al que se refiere este apartado transcurridos 10 años desde su publicación.

> Artículo añadido por el artículo Único, Sesenta y dos, de la Ley 31/2014, de 3 de diciembre, por la que se modifica la Ley de Sociedades de Capital para la mejora del gobierno corporativo (BOE núm. 293, de 4 de diciembre). Y redactado de nuevo por el art. 3. Veintinueve, de la Ley 5/2021, de 12 de abril, por la que se modifica el texto refundido de la Ley de Sociedades de Capital (...) y otras normas financieras, en lo que respecta al fomento de la implicación a largo plazo de los accionistas en las sociedades cotizadas (BOE núm. 88, de 13 de abril). La Disp. transitoria 1ª.2. de esta Ley 5/2021, de 12 de abril establece que «las modificaciones introducidas por esta Ley en el artículo 541 del Texto Refundido de la Ley de Sociedades de Capital (...), entrarán en vigor para los informes anuales de remuneraciones de los consejeros correspondientes a los ejercicios cerrados a partir del 1 de diciembre de 2020».
> Véanse arts. 217 a 219, 249, 529 sexdecies a novodecies, 538 y Disp. Adicional 7.ª, 15.ª y 16.ª del presente TRLSC, así como la Orden ECC/461/2013, de 20 de marzo, por la que se determinan el contenido y la estructura del informe anual de gobierno corporativo, del informe anual sobre remuneraciones y de otros instrumentos de información de las sociedades anónimas cotizadas, de las cajas de ahorros y de otras

entidades que emitan valores admitidos a negociación en mercados oficiales de valores (BOE núm. 71, de 23 de marzo) (§10).

DISPOSICIONES ADICIONALES

Primera. *Prohibición de emitir obligaciones.*– Las personas físicas y las sociedades civiles, colectivas y comanditarias simples, no podrán emitir ni garantizar la emisión de obligaciones u otros valores negociables agrupados en emisiones.

Segunda. *Tributación de la transmisión de participaciones sociales.*– El régimen de tributación de la transmisión de las participaciones sociales será el establecido para la transmisión de valores en el artículo 108 de la Ley 24/1988, de 28 de julio, del Mercado de Valores.

> Derogada la LMV de 1988 y el TRLMV de 2015, la referencia al art. 108 debe entenderse hecha al art 338 de la LMVySI (§3).

Tercera. *Documento Único Electrónico (DUE).*– 1. El Documento Único Electrónico (DUE) es aquel en el que se incluyen todos los datos referentes que, de acuerdo con la legislación aplicable, deben remitirse a los registros jurídicos y las Administraciones Públicas competentes para:

a) La constitución de sociedades de responsabilidad limitada.

b) La inscripción en el Registro Mercantil de los emprendedores de responsabilidad limitada.

c) El cumplimiento de las obligaciones en materia tributaria y de Seguridad Social asociadas al inicio de la actividad de empresarios individuales y sociedades mercantiles.

d) La realización de cualquier otro trámite ante autoridades estatales, autonómicas y locales asociadas al inicio o ejercicio de la actividad, incluidos el otorgamiento de cualesquiera autorizaciones, la presentación de comunicaciones y declaraciones responsables y los trámites asociados al cese de la actividad.

Se excluyen de lo dispuesto en el párrafo anterior las obligaciones fiscales y de la Seguridad Social durante el ejercicio de la actividad, así como los trámites asociados a los procedimientos de contratación pública y de solicitud de subvenciones y ayudas.

2. Las remisiones y recepciones del DUE se limitarán a aquellos datos que sean necesarios para la realización de los trámites competencia del organismo correspondiente.

Reglamentariamente o, en su caso, mediante la celebración de los oportunos convenios entre las Administraciones Públicas competentes, se establecerán las especificaciones y condiciones para el empleo del DUE para la constitución de cualquier forma societaria, con pleno respeto a lo dispuesto en la normativa sustantiva y de publicidad que regula estas formas societarias y teniendo en cuenta la normativa a la que se hace mención en el apartado 6 de la disposición adicional cuarta.

3. La remisión del DUE se hará mediante el empleo de técnicas electrónicas, informáticas y telemáticas de acuerdo con lo dispuesto por las normas aplicables al empleo de tales técnicas, teniendo en cuenta lo previsto en las legislaciones específicas.

4. Los socios fundadores de la sociedad de responsabilidad limitada podrán manifestar al notario, previamente al otorgamiento de la escritura de constitución, su interés en realizar por sí mismos los trámites y la comunicación de los datos incluidos en el DUE o designar un representante para que lo lleve a efecto, en cuyo caso no será de aplicación lo establecido en la presente disposición adicional en lo relativo a la constitución de la sociedad.

5. El DUE será aprobado por el Consejo de Ministros a propuesta del Ministro de Industria, Energía y Turismo, previo informe de los demás ministerios competentes por razón de la materia, y estará disponible en todas las lenguas oficiales del Estado español.

6. Los Puntos de Atención al Emprendedor serán oficinas pertenecientes a organismos públicos y privados, así como puntos virtuales de información y tramitación telemática de solicitudes.

Los Puntos de Atención al Emprendedor se encargarán de facilitar la creación de nuevas empresas, el inicio efectivo de su actividad y su desarrollo, a través de la prestación de servicios de información, tramitación de documentación, asesoramiento, formación y apoyo a la financiación empresarial, según se establezca en los oportunos convenios, y en ellos se deberá iniciar la tramitación del DUE.

7. El Ministerio de Industria, Energía y Turismo, oído el Ministerio de Hacienda y Administraciones Públicas, podrá celebrar convenios de establecimiento de Puntos de Atención al Emprendedor con otras Administraciones Públicas y entidades privadas.

8. Las Administraciones Públicas establecerán al efecto procedimientos electrónicos para realizar los intercambios de información necesarios.

Disposición adicional redactada de acuerdo con la Disposición final sexta de la Ley 14/2013, de 27 de septiembre, de apoyo a los emprendedores y su internacionalización (BOE núm. 233 de 28 de septiembre) (§2).

Véanse arts. 13, 14 y 15 y Disps. Adicionales Segunda y Tercera de la citada Ley 14/2013, de 27 de septiembre (§2). Véase también los arts. 3 y 5 Ley 18/2022, de 28 de septiembre, de creación y crecimiento de empresas (BOE núm. 234, de 29 septiembre) (entrada en vigor el 19 de octubre de 2022), reproducidos en la nota de inicio al Título II (La constitución de las sociedades de capital) del presente TRLSC. Téngase en cuenta que de acuerdo con la Disp. Ad. 8ª de la LSRL de 1995, de la que procede la redacción originaria de esta Disposición Adicional, se dictó el Real Decreto 1332/2006, de 21 de noviembre, por el que se regulan las especificaciones y condiciones para el empleo del Documento Único Electrónico (DUE) para la constitución y puesta en marcha de sociedades de responsabilidad limitada mediante el sistema de tramitación telemática. Véase también sobre el DUE, el Real Decreto 682/2003, de 7 de junio, por el que se regula el sistema de tramitación telemática a que se refiere el artículo 134 y la disposición adicional octava de la Ley 2/1995, de 23 de marzo, de Sociedades de Responsabilidad Limitada, así como el Real Decreto 44/2015, de 2 de febrero, por el que se regulan las especificaciones y condiciones para el empleo del Documento Único Electrónico (DUE) para la puesta en marcha de sociedades cooperativas, sociedades civiles, comunidades de bienes, sociedades limitadas laborales y emprendedores de responsabilidad limitada mediante el sistema de tramitación telemática y el Real Decreto 867/2015, de 2 de octubre, por el que se regulan las especificaciones y condiciones para el empleo del Documento Único Electrónico para el cese de actividad y extinción de las sociedades de responsabilidad limitada y el cese de actividad de las empresas individuales.

Cuarta. *Colaboración social.*- [DEROGADA].

Disp. Adicional derogada por el art. 2, seis, Ley 18/2022, de 28 de septiembre, de creación y crecimiento de empresas (BOE núm. 234, de 29 septiembre) (entrada en vigor el 19 de octubre de 2022).

Quinta. *Recursos contra la calificación de las escrituras de constitución de la sociedad nueva empresa.*- [DEROGADA].

Disp. Adicional derogada por el art. 2, seis, Ley 18/2022, de 28 de septiembre, de creación y crecimiento de empresas (BOE núm. 234, de 29 septiembre) (entrada en vigor el 19 de octubre de 2022).

Sexta. *Medidas fiscales aplicables a la sociedad limitada nueva empresa.*- [DEROGADA].

Disp. Adicional derogada por el art. 2, seis, Ley 18/2022, de 28 de septiembre, de creación y crecimiento de empresas (BOE núm. 234, de 29 septiembre) (entrada en vigor el 19 de octubre de 2022).

Séptima. *Competencias supervisoras de la Comisión Nacional del Mercado de Valores.*- Las disposiciones contenidas en los artículos 497; 497 bis; 512; 513; 514; 515; 516; 517; 520 bis; 520 ter; 522 bis; 524 bis; 524 ter; 525.2; 526; 527 bis.2; 527 septies; 528; 529; 529 bis, apartados 3 a 11; 529 quaterdecies; 529 quindecies; 529 unvicies; 530; 531; 532; 533; 534; 538; 539; 540, y 541 del título XIV forman parte de las normas de ordenación y disciplina del mercado de valores, cuya supervisión corresponde a la Comisión Nacional del Mercado de Valores, de conformidad con lo dispuesto en el título IX de la Ley 6/2023, de 17 de marzo, de los Mercados de Valores y de los Servicios de Inversión.

La Comisión Nacional del Mercado de Valores será competente para incoar e instruir los expedientes sancionadores a los que den lugar los incumplimientos de las obligaciones establecidas en los artículos indicados en el párrafo anterior, de acuerdo con lo dispuesto en el título IX de la Ley 6/2023, de 17 de marzo, de los Mercados de Valores y de los Servicios de Inversión.

Disposición Adicional redactada de acuerdo el apartado Dos del art. 9 de la Ley Orgánica 2/2024, de 1 de agosto, de representación paritaria y presencia equilibrada de mujeres y hombres (BOE núm. 186, de 2 de agosto), que añade los arts. 529 bis, apartados 3 a 11 y actualiza a la LMVySI (§3) la anterior referencia a la LMV.

Con relación a la referencia a los apartados 3 a 12 de art. 529 bis, téngase en cuenta la Disp. Trans. 1.ª, apartado 4, de la citada Ley Orgánica 2/2024, reproducida en nota al art. 529 bis.

Octava. *Cálculo del periodo medio de pago a proveedores.–* Para el cálculo del periodo medio de pago a proveedores a que se refiere el artículo 262.1, serán aplicables los criterios pertinentes que hayan sido aprobados por el ministerio competente por razón de la materia, de conformidad con lo establecido en el apartado tercero de la disposición final segunda de la Ley Orgánica 2/2012, de 27 de abril, de Estabilidad Presupuestaria y Sostenibilidad Financiera. La fecha de recepción de la factura no podrá entenderse como fecha de inicio del plazo de pago salvo para los supuestos que señala expresamente la Ley 3/2004, de 29 de diciembre, por la que se establecen medidas de lucha contra la morosidad en las operaciones comerciales.

> Disp. adicional añadida por el artículo Único, Sesenta y cuatro, de la Ley 31/2014, de 3 de diciembre, por la que se modifica la Ley de Sociedades de Capital para la mejora del gobierno corporativo (BOE núm. 293, de 4 de diciembre). Y posteriormente modificada por el art. 2, cinco, Ley 18/2022, de 28 de septiembre, de creación y crecimiento de empresas (BOE núm. 234, de 29 septiembre) (entrada en vigor el 19 de octubre de 2022).
>
> Véase la Disp. Adicional 3.ª La Ley 15/2010, de 5 de julio, de modificación de la Ley 3/2004, de 29 de diciembre, por la que se establecen medidas de lucha contra la morosidad en las operaciones comerciales [Reproducida en nota al art. 260 del presente TRLSC].

Novena. *Comisiones del consejo de administración.–* El régimen en materia de comisiones del consejo de administración, comisión de auditoría y comisión de nombramientos y retribuciones contenido, respectivamente, en los artículos 529 terdecies, 529 quaterdecies y 529 quindecies, resultará también de aplicación a las sociedades de capital emisoras de valores distintos de las acciones admitidos a negociación en mercados regulados. No obstante, no estarán obligadas a constituir comisión de nombramientos y retribuciones las sociedades de capital emisoras de valores que estén exentas de constituir comisión de auditoría de conformidad con la normativa aplicable.

> Disposición adicional añadida por el artículo Único, Sesenta y cinco, de la Ley 31/2014, de 3 de diciembre, por la que se modifica la Ley de Sociedades de Capital para la mejora del gobierno corporativo (BOE núm. 293, de 4 de diciembre). Y nuevamente redactada de acuerdo con el art. 3. Treinta y una, de la Ley 5/2021, de 12 de abril, por la que se modifica el texto refundido de la Ley de Sociedades de Capital (...), y otras normas financieras, en lo que respecta al fomento de la implicación a largo plazo de los accionistas en las sociedades cotizadas (BOE núm. 88, de 13 de abril).

Décima. 1. A los efectos de la Ley 11/2015, de 18 de junio, de recuperación y resolución de entidades de crédito y empresas de servicios de inversión, la junta general de las sociedades cotizadas sujetas a esta Ley podrá, por una mayoría de dos tercios de los votos válidamente emitidos, acordar o modificar los estatutos sociales indicando que la junta general en la que se decida sobre una ampliación de capital sea convocada en un plazo inferior al establecido en el artículo 176 de esta Ley, siempre y cuando dicha junta no se celebre en un plazo inferior a diez días a partir de la convocatoria, se cumplan las condiciones de los artículos 8 a 10 de la Ley 11/2015, de 18 de junio, y la ampliación de capital sea necesaria para evitar las condiciones de resolución establecidas en los artículos 19 a 21 de dicha Ley.

2. A efectos de lo dispuesto en el apartado anterior, no se aplicarán los plazos previstos en los artículos 179.3 y 519.2 de esta Ley.

> Disp. añadida por la Disp. Ad. 9ª de la Ley núm. 11/2015, de 18 de junio, de recuperación y resolución de entidades de crédito y empresas de servicios de inversión.

Undécima. *Derecho de separación en instituciones financieras.*– No resultará de aplicación lo dispuesto en el artículo 348 bis de esta ley a las siguientes entidades:

a) Las entidades de crédito;

b) Los establecimientos financieros de crédito;

c) Las empresas de servicios de inversión;

d) Las entidades de pago;

e) Entidades de dinero electrónico;

f) Las sociedades financieras de cartera y sociedades financieras mixtas de cartera definidas de conformidad con los artículos 4.1.20) y 4.1.21) del Reglamento (UE) n.º 575/2013, de 26 de junio, sobre los requisitos prudenciales de las entidades de crédito y las empresas de inversión, y por el que se modifica el Reglamento (UE) n.º 648/2012;

g) Las sociedades financieras de cartera definidas en el artículo 34 del Real Decreto 309/2020, de 11 de febrero, sobre el régimen jurídico de los establecimientos financieros de crédito y por el que se modifica el Reglamento del Registro Mercantil, aprobado por el Real Decreto 1784/1996, de 19 de julio, y el Real Decreto 84/2015, de 13 de febrero, por el que se desarrolla la Ley 10/2014, de 26 de junio, de ordenación, supervisión y solvencia de entidades de crédito;

h) Las sociedades mixtas de cartera previstas en el artículo 4.1.22 del Reglamento (UE) n.º 575/2013 del Parlamento Europeo y del Consejo de 26 de junio de 2013.

> Disposición añadida por la Disp. Final 4ª de Real Decreto-ley núm. 19/2018, de 23 de noviembre, de servicios de pago y otras medidas urgentes en materia financiera (BOE núm. 284, de 24 de noviembre). Y nuevamente redactada por el art. 5. Dos, del Real Decreto-ley 7/2021, de 27 de abril, de transposición de directivas de la Unión Europea en las materias de competencia (…) y defensa de los consumidores (BOE núm. 101, de 28 de abril).

Duodécima. *Especialidades en relación con las entidades integrantes del sector público.*- 1. Como excepción a lo dispuesto en el artículo 529 bis.1, podrán ser miembros del consejo de administración aquellas personas jurídicas que pertenezcan al sector público y accedan al consejo de administración en representación de una parte del capital social. A las personas físicas que sean designadas representantes de estos consejeros les será de aplicación lo dispuesto en el artículo 529 decies. La propuesta de representante persona física deberá someterse al informe de la comisión de nombramientos y retribuciones.

2. A efectos de agregar las operaciones realizadas por las sociedades mercantiles estatales cotizadas con una misma parte vinculada según el artículo 529 tervicies, se entenderá por una misma parte vinculada a cada una de las Administraciones, entidades y entes individualmente considerados que integran el sector público de conformidad con el artículo 2 de la Ley 40/2015, de 1 de octubre, de Régimen Jurídico del Sector Público.

3. Las operaciones que realicen las entidades integrantes del sector público, en condiciones normales de mercado, con un adjudicatario considerado parte vinculada, tras un procedimiento de adjudicación llevado a cabo con publicidad y concurrencia, de acuerdo con la normativa pública de contratación, no estarán sometidas al régimen de publicidad y aprobación de operaciones con partes vinculadas establecidas en los artículos 529 univicies y 529 duovicies de la Ley de Sociedades de Capital.

Disp. adicional introducida de acuerdo con el art. 3. Treintaidós, de la Ley 5/2021, de 12 de abril, por la que se modifica el texto refundido de la Ley de Sociedades de Capital (...), y otras normas financieras, en lo que respecta al fomento de la implicación a largo plazo de los accionistas en las sociedades cotizadas (BOE núm. 88, de 13 de abril).

Decimotercera. *Sociedades anónimas con acciones admitidas a negociación en Sistemas Multilaterales de Negociación.*- Serán de aplicación a las sociedades anónimas con acciones admitidas a negociación en Sistemas Multilaterales de Negociación las normas contenidas en los Capítulos II, III, IV y V del Título XIV de la presente Ley.

Disp. adicional introducida de acuerdo con el art. 3. Treintaidós, de la Ley 5/2021, de 12 de abril, por la que se modifica el texto refundido de la Ley de Sociedades de Capital (...), y otras normas financieras, en lo que respecta al fomento de la implicación a largo plazo de los accionistas en las sociedades cotizadas (BOE núm. 88, de 13 de abril).

Decimocuarta. *Aumentos de capital con oferta de suscripción previa a la cotización de la sociedad en mercados regulados o sistemas multilaterales de negociación.*- Las normas contenidas en el Capítulo III del Título XIV de la presente Ley serán de aplicación a los aumentos de capital ofrecidos a una pluralidad de inversores y encaminados a incrementar la difusión de las acciones de la sociedad con carácter previo a su admisión a negociación en mercados regulados o su incorporación a sistemas multilaterales de negociación. Las referencias al valor razonable se entenderán hechas al precio fijado en la oferta de suscripción, salvo que, por el reducido número de suscriptores o por otras circunstancias, no esté justificado presumir que dicho precio se corresponde con el valor de mercado.

> Disp. adicional introducida de acuerdo con el art. 3. Treintaidós, de la Ley 5/2021, de 12 de abril, por la que se modifica el texto refundido de la Ley de Sociedades de Capital (...), y otras normas financieras, en lo que respecta al fomento de la implicación a largo plazo de los accionistas en las sociedades cotizadas (BOE núm. 88, de 13 de abril).

Decimoquinta. *Límite aplicable a entidades de crédito en el caso de delegación de la facultad de excluir el derecho de suscripción preferente para la emisión de obligaciones convertibles.*- El límite del veinticinco por ciento del número de acciones integrantes del capital social en el momento de la autorización previsto en el artículo 511 no será de aplicación a las emisiones de obligaciones convertibles que realicen las entidades de crédito, siempre que estas emisiones cumplan con los requisitos previstos en la Parte Segunda, Título I, Capítulo 3, Sección 1 del Reglamento (UE) 575/2013 del Parlamento Europeo y del Consejo, de 26 de junio de 2013 sobre los requisitos prudenciales de las entidades de crédito y las empresas de inversión, y por el que se modifica el Reglamento (UE) n.º 648/2012, para que las obligaciones convertibles emitidas puedan ser consideradas instrumentos de capital de nivel 1 adicional de la entidad de crédito emisora.

> Disp. adicional introducida de acuerdo con el art. 3. Treintaidós, de la Ley 5/2021, de 12 de abril, por la que se modifica el texto refundido de la Ley de Sociedades de Capital (...), y otras normas financieras, en lo que respecta al fomento de la implicación a largo plazo de los accionistas en las sociedades cotizadas (BOE núm. 88, de 13 de abril).

Decimosexta. *Representación equilibrada de mujeres y hombres en los consejos de administración de las entidades de interés público.*- 1. Lo previsto en el artículo 529 bis en sus apartados 3 y siguientes resultará también de aplicación a las entidades que, de conformidad con la Ley 22/2015, de 20 de julio, de Auditoría de Cuentas, tengan la consideración de entidad de interés público, a partir del ejercicio siguiente al que concurran los siguientes requisitos:

a) Que el número medio de trabajadores empleados durante el ejercicio sea superior a 250.

b) Que el importe neto de la cifra anual de negocios supere los 50 millones de euros o el total de las partidas de activo sea superior a 43 millones de euros.

Cuando se trate de sociedades controladas, directa o indirectamente por una familia, podrán excluirse del cómputo, a criterio de la sociedad, los consejeros ejecutivos y los dominicales contemplados en el artículo 529 duodecies.3.

A tales efectos, se entenderá por control lo dispuesto en el artículo 42 del Código de Comercio y por familia las personas relacionadas entre sí en línea directa, ascendente y descendente, sin límite, y en línea colateral hasta el cuarto grado.

2. No será exigible a dichas entidades de interés público la obligación de remisión de la información anual a la Comisión Nacional del Mercado de Valores prevista en el apartado 529 bis, apartado 9, cuando no sean sociedades cotizadas.

> Disp. adicional introducida por el apartado 3 del art. 9 de la Ley Orgánica 2/2024, de 1 de agosto, de representación paritaria y presencia equilibrada de mujeres y hombres (BOE núm. 186, de 2 de agosto. Si bien la citada Ley Orgánica 2/2024 entró en vigor a los veinte días de su publicación en el BOE, su Disp. Adicional Transitoria 1ª, en su apartado 5, segundo párrafo, establece que las modificaciones previstas en la presente disposición adicional decimosexta «se aplicarán gradualmente respecto de los Consejos de Administración y alta dirección de las entidades de interés público, debiendo alcanzar el porcentaje del treinta y tres por ciento del sexo menos representado en dichos órganos a fecha 30 de junio de 2026, y del cuarenta por ciento del sexo menos representado el 30 de junio de 2029».
>
> Véase Disp. Adicional 4ª de la citada Ley Orgánica 2/2024, relativa a los organismos responsables de la promoción, el análisis, el seguimiento y el apoyo del equilibrio de género en los consejos de administración.

DISPOSICIÓN TRANSITORIA

Única. Se suspende, hasta el 31 de diciembre de 2016, la aplicación de lo dispuesto en el artículo 348 bis de esta Ley.

> Disposición Transitoria introducida por el art. 1.4 de la Ley 1/2012, de 22 de junio, de simplificación de las obligaciones de información y documentación de fusiones y escisiones de sociedades de capital (BOE núm. 150, de 23 de junio de 2012). En ella se suspendía la aplicación del art. 348 bis hasta el hasta el 31 de diciembre de 2014. La Disp. Transitoria fue modificada por la Disp. Final 1.ª de la Ley 11/2014, de 5 de septiembre, de medidas urgentes en materia concursal, suspendiendo la aplicación del art. 348 bis hasta el 31 de diciembre de 2016. Posteriormente, la Disp. Final 1ª, Dos, de la Ley 9/2015, de 25 de mayo, de medidas urgentes en materia concursal, vuelve a redactar la citada Disp. Transitoria en los mismos términos, esto es, suspendiendo hasta el 31 de diciembre de 2016 la aplicación de lo dispuesto en el artículo 348 bis de esta Ley.

DISPOSICIONES FINALES

Primera. *Bolsa de denominaciones sociales, estatutos orientativos y plazo reducido de inscripción.*– 1. Se autoriza al Gobierno para regular una Bolsa de Denominaciones Sociales con reserva.

2. Por Orden del Ministro de Justicia podrá aprobarse un modelo orientativo de estatutos para la sociedad de responsabilidad limitada.

3. Si la escritura de constitución de una sociedad de responsabilidad limitada contuviese íntegramente los estatutos orientativos a que hace referencia el apartado anterior, y no se efectuaran aportaciones no dinerarias, el registrador mercantil deberá inscribirla en el plazo máximo de cuarenta y ocho horas, salvo que no hubiera satisfecho el Impuesto de Transmisiones Patrimoniales y Actos Jurídicos Documentados en los términos previstos en la normativa reguladora del mismo.

> En relación con el apartado 1, véase art. 15.3.b de la Ley 14/2013, de 27 de septiembre, de apoyo a los emprendedores y su internacionalización (BOE núm. 233 de 28 de septiembre) (§2), así como art. 9 Real Decreto 421/2015, de 29 de mayo, por el que se regulan los modelos de estatutos-tipo y de escritura pública estandarizados de las sociedades de responsabilidad limitada, se aprueba modelo de estatutos-tipo, se regula la Agenda Electrónica Notarial y la Bolsa de denominaciones sociales con reserva (§11).
>
> En relación con la constitución telemática de sociedades de responsabilidad limitada mediante escritura pública y estatutos tipo, véanse arts. 15 y 16 de la Ley 14/2013, de 27 de septiembre, de apoyo a los emprendedores y su internacionalización (BOE núm. 233 de 28 de septiembre) (§2), así como Disp. Final 12.ª de la Ley 28/2022, de 21 de diciembre, de fomento del ecosistema de las empresas emergentes (BOE núm. 306, de 22 de diciembre), con entrada en vigor el 23 de diciembre de 2022 (§9).
>
> La Disp. Ad. 5.ª de la Ley 18/2022, de 28 de septiembre, de creación y crecimiento de empresas (BOE núm. 234, de 29 septiembre) (entrada en vigor el 19 de octubre de 2022), establece que «el Ministerio de Justicia regulará mediante orden ministerial la escritura de constitución de las sociedades de responsabilidad limitada con un formato estandarizado y con campos codificados para las sociedades de responsabilidad limitada que se constituyan mediante el Documento Único Electrónico (DUE) y que adopten la fórmula de consejo de administración como sistema de administración».
>
> Por su parte, la Disp. Adicional 6.ª de la citada Ley 18/2022, de 28 de septiembre, de creación y crecimiento de empresas, establece:
>
> «1. A partir de la entrada en vigor de la norma de transposición de la Directiva (UE) 2019/1151 del Parlamento Europeo y del Consejo, de 20 de junio de 2019, por la que se modifica la Directiva (UE) 2017/1132 en lo que respecta a la utilización de herramientas y procesos digitales en el ámbito del derecho de sociedades, el procedimiento notarial para la constitución de sociedades de responsabilidad limitada de forma íntegra por medios telemáticos quedará incorporado al procedimiento de constitución a través del Centro de Información y Red de Creación de Empresas (CIRCE), y sujeto a los plazos, aranceles y demás requisitos previstos en la regulación de CIRCE.
>
> 2. Los desarrollos reglamentarios pertinentes para la incorporación de dicho procedimiento a CIRCE relativos al Documento Único Electrónico, los estatutos tipo y la escritura pública estandarizada se realizarán por Real Decreto».

Segunda. *Modificación de límites monetarios e importes de multas.*– Se autoriza al Gobierno para que mediante Real Decreto apruebe:

1.º La modificación de los límites monetarios que figuran en esta ley para que las sociedades de capital puedan formular cuentas anuales abreviadas con arreglo a los criterios que establezcan las Directivas de la Unión Europea.

2.º La adaptación de los importes de las multas que figuran en el Código de Comercio y en esta ley a las variaciones del coste de la vida.

§2. LEY 14/2013, DE 27 DE SEPTIEMBRE, DE APOYO A LOS EMPRENDEDORES Y SU INTERNACIONALIZACIÓN (Selección)

(BOE núm. 233, de 28 de septiembre de 2013)

PREÁMBULO

I. España viene atravesando una grave y larga crisis económica con agudas consecuencias sociales. Entre 2008 y 2012 se han destruido casi 1,9 millones de empresas en España, más del 99,5 por ciento de ellas con menos de 20 asalariados, frente a la creación de 1,7 millones de empresas, a pesar de la grave situación del desempleo en España.

Teniendo únicamente en cuenta a los jóvenes empresarios, la situación de España se vuelve especialmente dramática durante la crisis, habiendo el número de empresarios de 15 a 39 años registrado una caída de más del 30 por ciento desde 2007 a 2012.

Esta situación justifica por sí misma la necesidad de emprender reformas favorables al crecimiento y la reactivación económica. Las reformas no sólo deben aspirar a impulsar la actividad de manera coyuntural, sino que deben también abordar los problemas estructurales del entorno empresarial en España, buscando fortalecer el tejido empresarial de forma duradera.

Por ello, se hace imprescindible proceder a un análisis sobre las características de nuestro tejido empresarial que resulte en la identificación de sus principales problemas.

En primer lugar, uno de los graves problemas de la economía y sociedad española es la alta tasa de desempleo juvenil, que para el caso de los menores de 25 años duplica la media de la UE-27.

Las causas de ello hay que buscarlas, además de en algunas deficiencias que han venido caracterizando a nuestro modelo de relaciones laborales, en la ausencia de una mayor iniciativa emprendedora entre los más jóvenes que haya llevado, ante la falta de oportunidades de trabajo por cuenta ajena, a unos mayores niveles de autoempleo capaces, a su vez, de generar más empleo.

Para invertir esta situación, es necesario un cambio de mentalidad en el que la sociedad valore más la actividad emprendedora y la asunción de riesgos. La piedra angular para que este cambio tenga lugar es, sin duda, el sistema educativo.

En segundo lugar, el entorno normativo e institucional en el que se desenvuelven las actividades empresariales resulta de esencial importancia para impulsar ganancias de productividad y ahorrar recursos que actualmente se dedican al cumplimiento del marco jurídico.

Durante los últimos años se han abordado reformas que reflejan una mejora del posicionamiento de España dentro de los indicadores internacionales más relevantes sobre la facilidad de hacer negocios. No obstante, la posición relativa de España en este ámbito continúa siendo insuficiente en muchos aspectos.

En efecto, el acceso a las actividades económicas y su ejercicio están sometidos al cumplimiento de un complejo marco jurídico formado por normativa mercantil, sectorial y local, dispersa en normativa europea, leyes y reglamentos nacionales, autonómicos y locales.

El cumplimiento del marco jurídico vigente exige frecuentemente, no sólo la contratación de servicios de asesoramiento, sino también la dedicación de recursos humanos a este fin, lo que resulta especialmente gravoso para las empresas de menor dimensión. Además, los regímenes de autorización y los requisitos de obligado cumplimiento para los operadores suponen en muchas ocasiones verdaderas barreras de entrada en determinados mercados.

Por otro lado, es necesario mejorar la eficacia de las políticas de apoyo institucional al emprendimiento, que abarcan todas aquellas iniciativas públicas que ofrecen servicios de asistencia, información, asesoramiento y fomento de la cultura emprendedora o impulsan la prestación de estos servicios con carácter privado a través de esquemas de colaboración o de la concesión de ayudas o financiación.

En tercer lugar, las dificultades para acceder a financiación son uno de los mayores problemas a los que se enfrentan estructuralmente las empresas, por ello resulta esencial impulsar canales de financiación, tanto bancarios como no bancarios, que contribuyan a suavizar los efectos sobre las empresas de la restricción en el crédito.

En cuarto lugar, existe margen para mejorar el entorno de la investigación, el desarrollo y la innovación, así como en la utilización de las tecnologías de la información y comunicaciones, esenciales para el crecimiento y la competitividad de un país. El esfuerzo en investigación y desarrollo del sector privado en España es inferior al de los países de nuestro entorno, y en un contexto de restricción presupuestaria como el actual, resulta esencial la creación de un marco adecuado que favorezca la inversión privada en este ámbito.

En quinto lugar, los mercados internacionales son una fuente esencial de crecimiento en un contexto de globalización caracterizado por una integración de los mercados cada vez mayor. La crisis económica ha puesto de manifiesto el mejor comportamiento de las empresas internacionalizadas y la importancia de la internacionalización como factor de crecimiento y diversificación del riesgo. Las empresas internacionalizadas experimentan ganancias de productividad, mejoras en la gestión, mejor capacidad de acceso a la financiación y son, en definitiva, las que tienen mayor capacidad para crecer y crear empleo. La internacionalización se revela más que nunca como un motor clave del crecimiento económico a largo plazo de la economía española por su relación con la competitividad y los incrementos de productividad.

Además, los flujos internacionales están cambiando a velocidad mucho mayor de lo que nuestra Administración ha estado dispuesta a adaptarse en los últimos años. Las empresas tienen que desarrollar políticas y prácticas específicas para apoyar su expansión en otros países y la Administración española debe ajustar sus procesos para apoyar estos movimientos a escala global. En este sentido, el número de profesionales y directivos que tiene España con las capacidades necesarias para gestionar la internacionalización empresarial es, en algunos supuestos, insuficiente y resulta necesario que profesionales extranjeros en ámbitos muy específicos vengan a formar a españoles o a formarse ellos en España.

Tradicionalmente, la política de inmigración se ha enfocado únicamente hacia la situación del mercado laboral. Ahora corresponde ampliar la perspectiva y tener en cuenta no sólo la situación concreta del mercado laboral interno, sino también la contribución al crecimiento económico del país. La política de inmigración es cada vez en mayor medida un elemento de competitividad. La admisión, en los países de nuestro entorno, de profesionales cualificados es una realidad internacional que, a nivel global, se estima que representa un 30 por ciento de la emigración económica internacional.

Frente a esta realidad, la mayor parte de los países de la OCDE están implantando nuevos marcos normativos que son, sin duda, un elemento de competitividad. La OCDE ha identificado como un factor básico para favorecer el emprendimiento el entorno institucional y regulatorio del Estado de acogida. Por ello, los países más avanzados disponen ya de sistemas especialmente diseñados para atraer inversión y talento, caracterizados por procedimientos ágiles y cauces especializados.

II. El Título preliminar —«Disposiciones generales»— establece el objeto, ámbito de aplicación y la definición de emprendedor. El concepto de emprendedor se define de forma amplia, como aquellas personas, independientemente de su condición de persona física o jurídica, que van a desarrollar o están desarrollando una actividad económica productiva. Así, se pretende que las medidas de la Ley puedan beneficiar a todas las empresas, con independencia de su tamaño y de la etapa del ciclo empresarial en la que se encuentren. Ello sin perjuicio de que determinadas disposiciones de la Ley acoten el ámbito de algunas medidas a ciertos emprendedores, fundamentalmente en función de su tamaño o del estadio en el que se encuentren.

El Título I —«Apoyo a la iniciativa emprendedora»— contiene una serie de medidas en diversos ámbitos para incentivar la cultura emprendedora y facilitar el inicio de actividades empresariales.

En el Capítulo I —«Educación en emprendimiento»— se incorporan medidas para que los jóvenes adquieran, a través del sistema educativo, las competencias y habilidades requeridas para emprender.

La idea del emprendedor y de la cultura empresarial como elementos indispensables para el desarrollo económico y social de España se ha venido introduciendo de forma expresa en algunas etapas educativas, pero se considera necesario subrayar y ampliar este elemento, incorporándolo como objetivo específico en todas las etapas de la educación básica, así como en la Formación Profesional y en el bachillerato. Consecuentemente, se encomienda a las administraciones educativas la revisión y adecuación de los currículos de las enseñanzas regladas a estos nuevos objetivos.

Para fomentar la cultura del emprendimiento resulta necesario prestar especial atención a las enseñanzas universitarias, de modo que las universidades lleven a cabo tareas de información y asesoramiento para que los estudiantes se inicien en el emprendimiento.

A efectos de promover a través del sistema educativo la cultura del emprendimiento es esencial que el profesorado reúna las competencias y habilidades necesarias para cumplir de forma eficaz tal objetivo. A tal efecto, se contemplan medidas que inciden tanto sobre la formación inicial, como sobre la formación permanente del profesorado, siempre en colaboración con las Comunidades Autónomas.

Además, las medidas que esta Ley introduce en el ámbito educativo deben completarse con las de la Ley Orgánica para la Mejora de la Calidad Educativa, que prevé la estimulación del espíritu emprendedor a través de la posibilidad de elección de las trayectorias educativas más adecuadas y de la creación de las condiciones para que todos los alumnos puedan adquirir y expresar sus talentos.

En el Capítulo II —«El Emprendedor de Responsabilidad Limitada»— se crea una nueva figura, el Emprendedor de Responsabilidad Limitada, gracias a la cual las personas físicas podrán evitar que la responsabilidad derivada de sus deudas empresariales afecte a su vivienda habitual bajo determinadas condiciones.

El empresario es libre de constituirse en emprendedor de responsabilidad limitada, pero si lo hace deberá cumplir las obligaciones establecidas en el nuevo marco jurídico.

La creación de esta figura va acompañada de las oportunas garantías para los acreedores y para la seguridad jurídica en el tráfico mercantil. En este sentido, la operatividad de la limitación de responsabilidad queda condicionada a la inscripción y publicidad a través del Registro Mercantil y el Registro de la Propiedad.

Conforme a la disposición adicional primera de esta Ley, se exceptúan de la limitación de responsabilidad las deudas de derecho público. Los procedimientos de ejecución de estas deudas serán los establecidos en su normativa especial, con las especialidades previstas en la citada disposición adicional primera.

El Capítulo III —«Sociedad Limitada de Formación Sucesiva»— prevé la creación de una nueva figura de sociedad, la Sociedad Limitada de Formación Sucesiva (SLFS), sin capital mínimo, cuyo régimen será idéntico al de las Sociedades de Responsabilidad Limitada, excepto ciertas obligaciones específicas tendentes a garantizar una adecuada protección de terceros. Esta figura se inspira en las reformas adoptadas por otros países de nuestro entorno (Alemania, Bélgica) y su objetivo es abaratar el coste inicial de constituir una sociedad. Para garantizar una adecuada protección de terceros, se prevé un régimen especial para este subtipo societario, hasta que la sociedad no alcance voluntariamente el capital social mínimo para la constitución de una Sociedad de Responsabilidad Limitada.

Estas sociedades estarán sometidas a límites y obligaciones para reforzar sus recursos propios y para impulsar que estas empresas crezcan a través de la autofinanciación (inversión de los resultados de la actividad empresarial). En particular, se endurece el deber de dotación de reserva legal (siempre deberá dotarse por un veinte por ciento del beneficio) y se prohíbe la distribución de dividendos hasta que el patrimonio neto alcance el capital mínimo requerido para las sociedades de responsabilidad limitada. Asimismo, se limita la retribución anual de los socios y administradores, que no podrá exceder del veinte por ciento del beneficio del patrimonio neto. Además, en caso de liquidación, los socios y administradores de las Sociedades Limitadas de Formación Sucesiva responderán solidariamente del desembolso del capital mínimo requerido para las sociedades de responsabilidad limitada, si el patrimonio fuera insuficiente para atender el pago de las obligaciones.

El Capítulo IV —«Inicio de la actividad emprendedora»— introduce medidas para agilizar el inicio de la actividad de los emprendedores.

Por un lado, se crean los Puntos de Atención al Emprendedor, que serán ventanillas únicas electrónicas o presenciales a través de las que se podrán realizar todos y cada uno de los trámites para el inicio, ejercicio y cese de la actividad empresarial. Se garantiza la existencia de al menos un Punto de Atención al Emprendedor electrónico en el Ministerio de Industria, Energía y Turismo que prestará la totalidad de los servicios previstos en esta Ley. Este punto nace de la integración de las múltiples ventanillas que hoy existen en el inicio de la actividad a nivel estatal. Por otro lado, los emprendedores podrán constituir de forma ágil, tanto como empresarios de responsabilidad limitada como en forma societaria, a través de sistemas telemáticos.

(...)

El Título IV —«Apoyo al crecimiento y desarrollo de los proyectos empresariales»— se dedica a medidas para fomentar el crecimiento empresarial.

El Capítulo I —«Simplificación de cargas administrativas»— prevé diversas medidas de reducción de cargas administrativas. En primer lugar, se revisará el clima de negocios a través de la mejora de la regulación de las actividades económicas. Por otro lado, se establece que, para reducir las cargas administrativas a las que se enfrentan los emprendedores, las Administraciones Públicas deberán asegurarse de eliminar al menos una carga por cada una que introduzcan y siempre a coste equivalente.

(...)

En el Capítulo III —«Simplificación de los requisitos de información económica financiera»— se flexibilizan las exigencias de contabilidad de las empresas de menor dimensión, en cumplimiento del principio de proporcionalidad.

Cabe destacar, en este Capítulo, la elevación de los umbrales para la formulación del balance abreviado, acercándolos a los de la Directiva comunitaria, de forma que más empresas puedan optar por formular también la memoria abreviada y estén exentas de elaborar el Estado de Flujos de Efectivo.

(...)

En lo que se refiere a las disposiciones adicionales, (...)

Se prevé, a través del resto de las disposiciones adicionales, la integración de las ventanillas únicas existentes a nivel estatal en el Punto de Atención al Emprendedor, la colaboración con otros sistemas electrónicos con ocasión de la constitución de sociedades utilizando el Documento Único Electrónico (...)

En cuanto al contenido de las disposiciones finales se especifica el título competencial por el que se modifica cada norma (...)

Por último, se habilita al Gobierno a dictar las disposiciones necesarias para el desarrollo de la Ley y se prevé su entrada en vigor, que en general se produce al día siguiente de su publicación, salvo para el Capítulo V del Título I, relativo al acuerdo extrajudicial de pagos, las medidas tributarias y el artículo 35, relativo a la cifra mínima del capital social de las sociedades de garantía recíproca, para los cuales se establecen distintas fechas para su entrada en vigor.

TÍTULO PRELIMINAR. Disposiciones Generales

Artículo 1. *Objeto*.– Esta Ley tiene por objeto apoyar al emprendedor y la actividad empresarial, favorecer su desarrollo, crecimiento e internacionalización y fomentar la cultura emprendedora y un entorno favorable a la actividad económica, tanto en los momentos iniciales a comenzar la actividad, como en su posterior desarrollo, crecimiento e internacionalización.

Art. 2. *Ámbito de aplicación*.– Esta Ley es de aplicación a todas las actividades económicas y de fomento de la internacionalización realizadas por los emprendedores en el territorio español.

Art. 3. *Emprendedores*.– Se consideran emprendedores aquellas personas, independientemente de su condición de persona física o jurídica, que desarrollen una actividad económica empresarial o profesional, en los términos establecidos en esta Ley.

TÍTULO I. Apoyo a la iniciativa emprendedora

CAPÍTULO I. Educación en emprendimiento

(...)

CAPÍTULO II. El Emprendedor de Responsabilidad Limitada

Art. 7. *Limitación de responsabilidad del emprendedor de responsabilidad limitada*.– El emprendedor persona física, cualquiera que sea su actividad, podrá limitar su responsabilidad por las deudas que traigan causa del ejercicio de dicha actividad empresarial o profesional mediante la asunción de la condición de «Emprendedor de Responsabilidad Limitada», una vez cumplidos los requisitos y en los términos establecidos en este Capítulo.

Art. 8. *Eficacia de la limitación de responsabilidad*.– 1. Por excepción de lo que disponen el artículo 1.911 del Código Civil y el artículo 6 del Código de Comercio, el Emprendedor de Responsabilidad Limitada podrá obtener que su responsabilidad y la acción del acreedor, que tenga origen en las deudas empresariales o profesionales, no alcance a los bienes no sujetos con arreglo al apartado 2 de este artículo y siempre que dicha no vinculación se publique en la forma establecida en esta ley.

2. Podrán beneficiarse de la limitación de responsabilidad la vivienda habitual del deudor siempre que su valor no supere los 300.000 euros, valorada conforme a lo dispuesto en la base imponible del Impuesto sobre Transmisiones Patrimoniales y Actos Jurídicos Documentados en el momento de la inscripción en el Registro Mercantil, así como los bienes de equipo productivo afectos a la explotación y los que los reemplacen debidamente identificados en el Registro de Bienes Muebles y con el límite del volumen de facturación agregado de los dos últimos ejercicios.

En el caso de viviendas situadas en población de más de 1.000.000 de habitantes se aplicará un coeficiente del 1,5 al valor del párrafo anterior.

3. En la inscripción del emprendedor en el Registro Mercantil correspondiente a su domicilio se indicará el bien inmueble, propio o común, y los bienes de equipo productivo, que se pretende no hayan de quedar obligados por las resultas del giro empresarial o profesional por cumplir con el apartado 2 de este artículo.

4. No podrá beneficiarse de la limitación de responsabilidad el deudor que hubiera actuado con fraude o negligencia grave en el cumplimiento de sus obligaciones con terceros, siempre que así constare acreditado por sentencia firme o en concurso declarado culpable.

Art. modificado por el art. 5, Uno, de la Ley 18/2022, de 28 de septiembre, de creación y crecimiento de empresas (BOE núm. 234, de 29 septiembre) (entrada en vigor el 19 de octubre de 2022).

Téngase en cuenta que el art. 6 del C. Com ha sido drogado por la Disp. Derogatoria de la Ley 16/2022, de 5 de septiembre, de reforma del texto refundido de la Ley Concursal (...) (BOE núm. 214, de 6 de septiembre).

Téngase en cuenta respecto de las deudas de derecho público del emprendedor de responsabilidad limitada la Disp. Ad. 1ª de la presente Ley.

Art. 9. *Publicidad mercantil del emprendedor de responsabilidad limitada.–* 1. La condición de Emprendedor de Responsabilidad Limitada se adquirirá mediante su constancia en la hoja abierta al mismo en el Registro Mercantil correspondiente a su domicilio. Además de las circunstancias ordinarias, la inscripción contendrá una indicación de los activos no afectos conforme a los apartados 1 y 2 del artículo 8 de esta ley y se practicará en la forma y con los requisitos previstos para la inscripción del empresario individual. Será título para inmatricular al Emprendedor de Responsabilidad Limitada el acta notarial que se presentará obligatoriamente por el notario de manera telemática en el mismo día o siguiente hábil al de su autorización en el Registro Mercantil o la instancia suscrita con la firma electrónica reconocida del empresario y remitida telemáticamente a dicho Registro.

2. El emprendedor inscrito deberá hacer constar en toda su documentación, con expresión de los datos registrales, su condición de «Emprendedor de Responsabilidad Limitada» o mediante la adición a su nombre, apellidos y datos de identificación fiscal de las siglas «ERL».

3. Salvo que los acreedores prestaren su consentimiento expresamente, subsistirá la responsabilidad universal del deudor por las deudas contraídas con anterioridad a su inmatriculación en el Registro Mercantil como emprendedor individual de responsabilidad limitada.

4. El Colegio de Registradores, bajo la supervisión del Ministerio de Justicia mantendrá un portal público de libre acceso en que se divulgarán sin coste para el usuario los datos relativos a los emprendedores de responsabilidad limitada inmatriculados.

> Apartado 1 modificado por el art. 5, Dos, de la Ley 18/2022, de 28 de septiembre, de creación y crecimiento de empresas (BOE núm. 234, de 29 septiembre) (entrada en vigor el 19 de octubre de 2022). La modificación consiste en sustituir la expresión «del activo no afecto» por «de los activos no afectos».
> Véase apartado 2 de la Disp. Adicional 10ª de la presente Ley.

Art. 10. *Publicidad de la limitación de responsabilidad en el Registro de la Propiedad y en el Registro de Bienes Muebles.–* 1. Para su oponibilidad a terceros, la no sujeción de la vivienda habitual o los bienes de equipo a las resultas del tráfico empresarial o profesional deberá inscribirse en el Registro de la Propiedad y en el Registro de Bienes Muebles, en la hoja abierta al bien.

2. Inmatriculado el Emprendedor de Responsabilidad Limitada, el Registrador Mercantil expedirá certificación y la remitirá telemáticamente al Registrador de la Propiedad y al Registrador de Bienes Muebles de forma inmediata, siempre dentro del mismo día hábil, para su constancia en el asiento de inscripción de la vivienda habitual o del bien de equipo de aquel emprendedor.

3. Practicada la inscripción a que se refiere el primer apartado de este artículo, el Registrador denegará la anotación preventiva del embargo trabado sobre bien no sujeto

a menos que del mandamiento resultare que se aseguran deudas no empresariales o profesionales o se tratare de deudas empresariales o profesionales contraídas con anterioridad a la inscripción de limitación de responsabilidad, o de obligaciones tributarias o con la Seguridad Social.

4. En el caso de enajenación a un tercero de los bienes no sujetos se extinguirá respecto de ellos la no vinculación a las resultas del tráfico pudiéndose trasladar la no afección a los bienes subrogados por nueva declaración de alta del interesado.

> Art. modificado por el art. 5, Tres, de la Ley 18/2022, de 28 de septiembre, de creación y crecimiento de empresas (BOE núm. 234, de 29 septiembre) (entrada en vigor el 19 de octubre de 2022).

Art. 11. *Cuentas anuales del emprendedor individual.*- 1. El emprendedor de responsabilidad limitada deberá formular y, en su caso, someter a auditoría las cuentas anuales correspondientes a su actividad empresarial o profesional de conformidad con lo previsto para las sociedades unipersonales de responsabilidad limitada.

2. El emprendedor de responsabilidad limitada deberá depositar sus cuentas anuales en el Registro Mercantil.

3. Transcurridos siete meses desde el cierre del ejercicio social sin que se hayan depositado las cuentas anuales en el Registro Mercantil, el emprendedor perderá el beneficio de la limitación de responsabilidad en relación con las deudas contraídas con posterioridad al fin de ese plazo. Recuperará el beneficio en el momento de la presentación.

4. No obstante lo anterior, aquellos empresarios y profesionales que opten por la figura del Emprendedor de Responsabilidad Limitada y que tributen por el régimen de estimación objetiva, podrán dar cumplimiento a las obligaciones contables y de depósito de cuentas previstos en este artículo mediante el cumplimiento de los deberes formales establecidos en su régimen fiscal y mediante el depósito de un modelo estandarizado de doble propósito, fiscal y mercantil, en los términos que se desarrollen reglamentariamente.

CAPÍTULO III. La Sociedad Limitada de Formación Sucesiva

Art. 12. *Sociedad Limitada de Formación Sucesiva.*- El texto refundido de la Ley de Sociedades de Capital, aprobado por Real Decreto Legislativo 1/2010, de 2 de julio, se modifica en los siguientes términos: (...)

> [Se modifican arts. 4, 5, 23 y se añade un nuevo art. 4 bis] Téngase en cuenta que los arts. 4, 5 y 23 han sido modificados y el art. 4 bis ha sido suprimido por el art. 2, de la Ley 18/2022, de 28 de septiembre, de creación y crecimiento de empresas (BOE núm. 234, de 29 septiembre) (entrada en vigor el 19 de octubre de 2022).

CAPÍTULO IV. Inicio de la actividad emprendedora

Téngase en cuenta el Real Decreto 1332/2006, de 21 de noviembre, por el que se regulan las especificaciones y condiciones para el empleo del Documento Único Electrónico (DUE) para la constitución y puesta en marcha de sociedades de responsabilidad limitada mediante el sistema de tramitación telemática y el Real Decreto 44/2015, de 2 de febrero, por el que se regulan las especificaciones y condiciones para el empleo del Documento Único Electrónico (DUE) para la puesta en marcha de sociedades cooperativas, sociedades civiles, comunidades de bienes, sociedades limitadas laborales y emprendedores de responsabilidad limitada mediante el sistema de tramitación telemática (BOE núm. 36, de 11 de febrero de 2015).

Art. 13. *Puntos de Atención al Emprendedor*.– 1. Los Puntos de Atención al Emprendedor (PAE) serán oficinas pertenecientes a organismos públicos y privados, incluidas las notarías y los registros mercantiles, así como puntos virtuales de información y tramitación telemática de solicitudes.

2. Los Puntos de Atención al Emprendedor se encargarán de facilitar la creación de nuevas empresas, el inicio efectivo de su actividad y su desarrollo, a través de la prestación de servicios de información, tramitación de documentación, asesoramiento, formación y apoyo a la financiación empresarial.

3. Los Puntos de Atención al Emprendedor utilizarán el sistema de tramitación telemática del Centro de Información y Red de Creación de Empresas (CIRCE), cuya sede electrónica se ubicará en el Ministerio de Industria, Comercio y Turismo.

En ellos se deberá iniciar la tramitación del Documento Único Electrónico (DUE) regulado en la disposición adicional tercera el Texto Refundido de la Ley de Sociedades de Capital, aprobado por Real Decreto Legislativo 1/2010, de 2 de julio.

4. Todos los trámites necesarios para la constitución de sociedades, el inicio efectivo de una actividad económica y su ejercicio por emprendedores, podrán realizarse a través del Punto de Atención al Emprendedor electrónico del Ministerio de Industria, Comercio y Turismo.

5. El Punto de Atención al Emprendedor electrónico del Ministerio de Industria, Comercio y Turismo será accesible por ordenador, teléfono móvil y tableta e incluirá, en todo caso:

a) Toda la información y formularios necesarios para el acceso a la actividad y su ejercicio.

b) La posibilidad de presentar toda la documentación y solicitudes necesarias.

c) La posibilidad de conocer el estado de tramitación de los procedimientos en que tengan la condición de interesado y, en su caso, recibir la correspondiente notificación de los actos de trámite preceptivos y la resolución de los mismos por el órgano administrativo competente.

d) Toda la información sobre las ayudas, subvenciones y otros tipos de apoyo financiero disponibles para la actividad económica de que se trate en el Estado, Comunidades Autónomas y Entidades Locales.

e) El resto de funcionalidades que se le atribuya por esta ley y por el resto del ordenamiento jurídico.

6. Los Puntos de Atención al Emprendedor, presenciales o electrónicos, podrán prestar todos o alguno de los servicios mencionados en el apartado anterior, de acuerdo con lo establecido en la disposición adicional tercera del Real Decreto Legislativo 1/2010, de 2 de julio, por el que se aprueba el texto refundido de la Ley de Sociedades de Capital.

7. La persona titular del Ministerio de Industria, Comercio y Turismo regulará mediante orden el procedimiento administrativo por el cual se podrá adquirir la condición de PAE. Este procedimiento se iniciará a instancias de la persona física o jurídica interesada, que declarará el cumplimiento de los requisitos materiales, técnicos y humanos necesarios y su compromiso de respetar las instrucciones del Ministerio de Industria, Comercio y Turismo en relación con la utilización del CIRCE y la tramitación del DUE, así como de mantener un nivel mínimo de tramitación del DUE.

8. La persona titular del Ministerio de Industria, Comercio y Turismo regulará mediante orden el procedimiento administrativo mediante el cual se perderá la condición de PAE. Este procedimiento se iniciará a instancias de la persona física o jurídica interesada. También podrá iniciarse de oficio por parte del Ministerio de Industria, Comercio y Turismo cuando el PAE hubiera incumplido los requisitos o compromisos declarados.

> Art. modificado por el art. 5, Cuatro, de la Ley 18/2022, de 28 de septiembre, de creación y crecimiento de empresas (BOE núm. 234, de 29 septiembre) (entrada en vigor el 19 de octubre de 2022).
>
> Véase Disp. Ad. 2ª de la presente Ley y Real Decreto 127/2015, de 27 de febrero, por el que se integran los centros de ventanilla única empresarial y la ventanilla única de la Directiva de Servicios en los Puntos de Atención al Emprendedor (BOE n 62, de 13 de marzo)..

Art. 14. Inscripción de los emprendedores de responsabilidad limitada.– 1.

Los trámites necesarios para la inscripción registral del emprendedor de responsabilidad limitada se podrán realizar mediante el sistema de tramitación telemática del Centro de Información y Red de Creación de Empresa (CIRCE) y el Documento Único Electrónico (DUE) regulado en la disposición adicional tercera del texto refundido de la Ley de Sociedades de Capital, aprobado por Real Decreto Legislativo 1/2010, de 2 de julio, y su normativa de desarrollo.

2. En caso de que el emprendedor opte por la inscripción utilizando el sistema mencionado en el apartado anterior, el procedimiento se ajustará a las siguientes reglas:

a) En el Punto de Atención al Emprendedor se cumplimentará toda la información del DUE y se aportará la documentación necesaria para efectuar la inscripción en el Registro Mercantil, así como en el Registro de la Propiedad.

b) El Punto de Atención al Emprendedor enviará inmediatamente el DUE junto con la documentación correspondiente al Registro Mercantil, solicitando la inscripción del empresario de responsabilidad limitada. El Registro Mercantil contará con 6 horas hábiles para practicar la inscripción y remitir telemáticamente al sistema de tramitación del CIRCE la certificación de la inscripción practicada, que será remitida por éste a la autoridad tributaria competente.

c) Recibida la certificación de la inscripción, el registrador mercantil solicitará, respecto de los bienes inembargables por deudas profesionales y empresariales, la inscripción de esta circunstancia en el Registro de la Propiedad, aportando la certificación expedida por el Registrador Mercantil.

d) El registrador de la propiedad practicará la inscripción en el plazo de 6 horas hábiles desde la recepción de la solicitud, e informará inmediatamente de la inscripción practicada al sistema de tramitación telemática del CIRCE, que lo trasladará a la autoridad tributaria competente.

e) En todo el momento, el emprendedor podrá conocer, a través del Punto de Atención al Emprendedor en que haya iniciado la tramitación, el estado de la misma.

Art. 15. *Constitución de sociedades de responsabilidad limitada mediante escritura pública con formato estandarizado y estatutos tipo*.– 1. Los fundadores de una sociedad de responsabilidad limitada podrán optar por la constitución de la sociedad mediante escritura pública con formato estandarizado y estatutos tipo, cuyo contenido se desarrollará reglamentariamente.

2. Se utilizará en este caso:

a) El Documento Único Electrónico (DUE) regulado en la disposición adicional tercera del texto refundido de la Ley de Sociedades de Capital, aprobado por Real Decreto Legislativo 1/2010, de 2 de julio.

b) El sistema de tramitación telemática del Centro de Información y Red de Creación de Empresas (CIRCE).

c) Los modelos simplificados de los estatutos-tipo en el formato estandarizado, cuyo contenido, que deberá estar disponible en todas las lenguas oficiales en todas las Comunidades Autónomas, se desarrollará reglamentariamente.

d) Asimismo, se podrán utilizar modelos simplificados de apoderamientos en el formato estandarizado, cuyo contenido con facultades estandarizadas y codificadas se desarrollará reglamentariamente también en todas las lenguas oficiales de todas las Comunidades Autónomas.

3. En los Puntos de Atención al Emprendedor y de manera simultánea:

a) Se cumplimentará el Documento Único Electrónico y se iniciará la tramitación telemática, enviándose a cada organismo interviniente por vía electrónica, la parte del DUE que le corresponda para realizar el trámite de su competencia.

Los documentos redactados en lengua extranjera se acompañarán de una traducción al castellano o a otra lengua oficial en la provincia del domicilio social por traductor jurado. Esta disposición se entiende sin perjuicio del régimen lingüístico aplicable en las Comunidades Autónomas en las que otras lenguas españolas distintas del castellano son también oficiales. Los documentos públicos extranjeros deberán ir provistos de la correspondiente apostilla o legalización diplomática, salvo en los casos exceptuados por disposición de la ley o de los convenios internacionales vigentes en España. En todo caso, la intervención de Cónsul que otorgue dichos documentos, en funciones notariales, así como la legalización por autoridades españolas de documentos notariales otorgados en el extranjero, quedarán sujetas a las obligaciones tributarias establecidas en el ordenamiento tributario español.

b) Se solicitará la reserva de la denominación al Registro Mercantil Central, incluyendo hasta cinco denominaciones sociales alternativas, de entre las cuales el Registro Mercantil Central emitirá el correspondiente certificado negativo de denominación siguiendo el orden propuesto por el solicitante, dentro de las 6 horas hábiles siguientes a la solicitud.

La denominación podrá ser de la bolsa de denominaciones con reserva prevista en la disposición final primera del Real Decreto Legislativo 1/2010, de 2 de julio, por el que se aprueba el texto refundido de la Ley de Sociedades de Capital.

c) Se concertará inmediatamente la fecha de otorgamiento de la escritura de constitución mediante una comunicación en tiempo real con la agenda electrónica notarial obteniéndose los datos de la notaría y la fecha y hora del otorgamiento. La fecha y hora del otorgamiento en ningún caso será superior a doce horas hábiles desde que se inicia la tramitación telemática conforme a la letra a).

4. El notario:

a) En la fecha determinada en la letra c) del apartado 3, autorizará la escritura de constitución en formato electrónico aportándosele el documento justificativo de desembolso del capital social.

No obstante, lo anterior, no será necesario acreditar la realidad de las aportaciones dinerarias si los fundadores manifiestan en la escritura que responderán solidariamente frente a la sociedad y frente a los acreedores sociales de la realidad de las mismas.

Se utilizará la escritura de constitución con un formato estandarizado y con campos codificados.

b) Enviará de forma inmediata, a través del sistema de tramitación telemática del CIRCE, copia de la escritura a la Administración Tributaria solicitando la asignación provisional de un Número de Identificación Fiscal.

c) Remitirá copia autorizada de la escritura de constitución al Registro Mercantil del domicilio social a través del sistema de tramitación telemática del CIRCE.

d) Entregará a los otorgantes, si lo solicitan, una copia simple electrónica de la escritura, sin coste adicional. Esta copia estará disponible en la sede electrónica del Punto de Atención al Emprendedor del Ministerio de Industria, Comercio y Turismo.

5. El registrador mercantil, una vez recibida del CIRCE copia electrónica de la escritura de constitución junto con el NIF provisional asignado y la acreditación de la exención del Impuesto de Transmisiones Patrimoniales y Actos Jurídicos Documentados, en su modalidad de Operaciones Societarias, realizado:

a) Procederá a la calificación e inscripción dentro del plazo de las 6 horas hábiles siguientes a la recepción telemática de la escritura, entendiéndose por horas hábiles a estos efectos las que queden comprendidas dentro del horario de apertura fijado para los registros.

b) Remitirá al Centro de Información y Red de Creación de Empresas, el mismo día de la inscripción, certificación de la inscripción practicada.

c) Solicitará el número de identificación fiscal definitivo a la Administración Tributaria a través del CIRCE.

El sistema de tramitación telemática del CIRCE dará traslado inmediato a los fundadores que así lo soliciten y al notario autorizante de la escritura de constitución y de la certificación electrónica a que se refiere el apartado anterior, sin coste adicional.

Dicha certificación será necesaria para acreditar la correcta inscripción en el Registro de las sociedades, así como la inscripción del nombramiento de los administradores designados en la escritura.

Asimismo, el interesado podrá solicitar en cualquier momento, una vez inscrita la sociedad, certificación actualizada del contenido de la hoja registral de aquella que será expedida por el Registrador bajo su firma electrónica y provista de un código de validación de conformidad con lo previsto para las certificaciones con información continuada.

6. La autoridad tributaria competente notificará telemáticamente al sistema de tramitación telemática del CIRCE el carácter definitivo del Número de Identificación Fiscal. Este último lo trasladará de inmediato a los fundadores.

7. Cuando el registrador apreciare defectos u obstáculos que impidieren la inscripción, extenderá nota de calificación negativa y la notificará al CIRCE, que la trasladará de inmediato a los fundadores y al notario.

Los fundadores podrán atribuir al notario autorizante la facultad de subsanar electrónicamente los defectos advertidos por el registrador en su calificación, siempre que aquel se ajuste a la calificación y a la voluntad manifestada por las partes.

8. Desde el Punto de Atención al Emprendedor se procederá a realizar los trámites relativos al inicio de actividad mediante el envío de la información contenida en el DUE

a la autoridad tributaria, a la Tesorería General de la Seguridad Social, y en su caso, a las administraciones locales y autonómicas para llevar a cabo las comunicaciones, registros y solicitudes de autorizaciones y licencias necesarias para la puesta en marcha de la empresa.

9. La publicación de la inscripción de la sociedad en el «Boletín Oficial del Registro Mercantil» estará exenta del pago de tasas.

> Art. modificado por el art. 5, Cinco, de la Ley 18/2022, de 28 de septiembre, de creación y crecimiento de empresas (BOE núm. 234, de 29 septiembre) (entrada en vigor el 19 de octubre de 2022).
>
> Al mandato contenido en el apartado 1 se ha dado cumplimiento mediante Real Decreto 421/2015, de 29 de mayo, por el que se regulan los modelos de estatutos-tipo y de escritura pública estandarizados de las sociedades de responsabilidad limitada, se aprueba modelo de estatutos-tipo, se regula la Agenda Electrónica Notarial y la Bolsa de denominaciones sociales con reserva (BOE núm. 141, de 13 de junio) (§11).
>
> El apartado 2 de la Disposición Final Décima de la presente Ley establece:
>
> > «2. Por Orden del Ministerio de Justicia, se regulará la escritura de constitución con un formato estandarizado y con campos codificados.
> >
> > Los campos codificados permitirán la cumplimentación de los datos mínimos indispensables para la inscripción de la sociedad en el Registro Mercantil. El objeto social se identificará mediante la selección de alguno o algunos de los disponibles en la lista de los habilitados por la mencionada Orden Ministerial con la descripción correspondiente de la Clasificación Nacional de Actividades Económicas. Igualmente se indicará si la sociedad se encuentra en régimen de formación sucesiva».
>
> Véanse arts. 3 y 4 de la Ley 18/2022, de 28 de septiembre, de creación y crecimiento de empresas (BOE núm. 234, de 29 septiembre) (entrada en vigor el 19 de octubre de 2022), reproducido en nota inicial al Título II del TRLSC (§1).
>
> Véase respecto de la escritura de constitución con un formato estandarizado, el art. 6 del citado Real Decreto 421/2015, de 29 de mayo (§11) y Orden JUS/1840/2015, de 9 de septiembre, por la que se aprueba el modelo de escritura pública en formato estandarizado y campos codificados de las sociedades de responsabilidad limitada, así como la relación de actividades que pueden formar parte del objeto social (§12).
>
> La Disp. Ad. 5.ª de la Ley 18/2022, de 28 de septiembre, de creación y crecimiento de empresas (BOE núm. 234, de 29 septiembre) (entrada en vigor el 19 de octubre de 2022), establece que «el Ministerio de Justicia regulará mediante orden ministerial la escritura de constitución de las sociedades de responsabilidad limitada con un formato estandarizado y con campos codificados para las sociedades de responsabilidad limitada que se constituyan mediante el Documento Único Electrónico (DUE) y que adopten la fórmula de consejo de administración como sistema de administración».
>
> Véase también Disp. Adicional 3ª de la presente Ley. Yténganse en cuenta los artículos 19 a 30 del TRLSC (§1).

Art. 16. *Constitución de sociedades de responsabilidad limitada mediante escritura pública con formato estandarizado sin estatutos tipo.*– Cuando los fundadores opten por la constitución de una sociedad de responsabilidad limitada sin estatutos tipo, se aplicará lo dispuesto en el artículo 15, con las siguientes particularidades:

1. Los fundadores podrán optar por solicitar, a través de los Puntos de Atención al Emprendedor, la reserva de denominación y concertar la fecha de otorgamiento de la escritura de constitución.

2. El notario, una vez disponga de los antecedentes necesarios para la elaboración de la escritura, procederá conforme a lo previsto en el apartado 4 del artículo 15.

3. El registrador mercantil, una vez recibida copia electrónica de la escritura de constitución, inscribirá la sociedad inicialmente en el Registro Mercantil en el plazo de 6 horas hábiles, indicando exclusivamente los datos relativos a denominación, domicilio y objeto social, además del capital social y el órgano de administración seleccionado.

Desde esta inmatriculación, la sociedad se regirá por lo dispuesto en la Ley de Sociedades de Capital.

4. La escritura de constitución se inscribirá de forma definitiva en los términos de su otorgamiento dentro del plazo de 5 días contados desde el siguiente al de la fecha del asiento de presentación o, en su caso, al de la fecha de devolución del documento retirado, entendiendo que esta segunda inscripción vale como modificación de estatutos. A estos efectos deberá habilitarse en cada Registro Mercantil un servicio remoto de atención al público en horas de oficina para que, a solicitud de los interesados o sus representantes, previa su identificación, puedan evacuarse consultas incluso mediante videoconferencia, sobre la inscribibilidad de cláusulas o pactos estatutarios lícitos.

Si la inscripción definitiva se practica vigente el asiento de presentación, los efectos se retrotraerán a esta fecha. Cuando no sea posible completar el procedimiento dentro de los plazos señalados, el registrador mercantil notificará al solicitante los motivos del retraso.

5. Practicada la inscripción definitiva, el registrador mercantil notificará telemáticamente a la autoridad tributaria competente la inscripción de la sociedad, solicitando Número de Identificación Fiscal definitivo.

6. Para acreditar la correcta inscripción en el registro de las sociedades, así como la inscripción del nombramiento de los administradores designados en la escritura, bastará la certificación electrónica que, a solicitud del interesado, expida sin coste adicional el registrador mercantil el mismo día de la inscripción. Ese mismo día se remitirá al notario autorizante de la escritura de constitución, de la notificación de que se ha procedido a la inscripción con los correspondientes datos registrales, que se unirán al protocolo notarial.

Los fundadores podrán atribuir al notario autorizante la facultad de subsanar electrónicamente los defectos advertidos por el registrador en su calificación, siempre que aquel se ajuste a la calificación y a la voluntad manifestada por las partes.

7. Cualquier incidencia entre administraciones públicas que se pudiera producir durante la tramitación no atribuible al emprendedor, no le ocasionará obligaciones o gastos adicionales, siendo responsabilidad de las administraciones públicas correspondientes dar solución a la misma.

Art. modificado por el art. 5, Seis, de la Ley 18/2022, de 28 de septiembre, de creación y crecimiento de empresas (BOE núm. 234, de 29 septiembre) (entrada en vigor el 19 de octubre).

Véanse arts. 3 y 4 de la Ley Ley 18/2022, de 28 de septiembre, de creación y crecimiento de empresas (BOE núm. 234, de 29 septiembre) (entrada en vigor el 19 de octubre de 2022), reproducido en nota inicial al Título II del TRLSC (§1).

Véase Disp. Adicional 3ª de la presente Ley, arts. 6.3 y 7 del Real Decreto 421/2015, de 29 de mayo, por el que se regulan los modelos de estatutos-tipo y de escritura pública estandarizados de las sociedades de responsabilidad limitada, se aprueba modelo de estatutos-tipo, se regula la Agenda Electrónica Notarial y la Bolsa de denominaciones sociales con reserva (BOE núm. 141, de 13 de junio) (§11) y Orden JUS/1840/2015, de 9 de septiembre, por la que se aprueba el modelo de escritura pública en formato estandarizado y campos codificados de las sociedades de responsabilidad limitada, así como la relación de actividades que pueden formar parte del objeto social (§12). Véase reproducido en nota al art. anterior, la Disp. Ad. 5.ª de la Ley 18/2022, de 28 de septiembre, de creación y crecimiento de empresas (BOE núm. 234, de 29 septiembre) (entrada en vigor el 19 de octubre de 2022).

Ténganse en cuenta los artículos 19 a 30 del TRLSC (§1).

Art. 17. *Realización de los trámites asociados al inicio y ejercicio de la actividad de empresarios individuales y sociedades*.- 1. Los trámites necesarios para el alta e inicio de la actividad de los empresarios individuales y de las sociedades mercantiles se podrán realizar mediante el Documento Único Electrónico regulado en la disposición adicional tercera del texto refundido de la Ley de Sociedades de Capital, aprobado por Real Decreto Legislativo 1/2010, de 2 de julio, y su normativa de desarrollo.

2. El procedimiento se ajustará a las siguientes reglas:

a) Desde el Punto de Atención al Emprendedor se recogerán en el Documento Único Electrónico (DUE) todos los datos necesarios para tramitar el alta en el Régimen de la Seguridad Social que corresponda, la declaración censal de inicio de actividad y, en su caso, la comunicación de apertura del centro de trabajo, que se remitirán por el sistema de tramitación telemática del CIRCE a las autoridades competentes.

b) Simultáneamente al envío de las solicitudes de alta, el sistema de tramitación telemática del CIRCE remitirá a la Comunidad Autónoma la comunicación de inicio de actividad, la declaración responsable o la solicitud de autorización o licencia, en caso de ser exigido alguno de estos trámites por la Comunidad Autónoma donde el empresario vaya a establecerse.

c) Simultáneamente al envío de la comunicación de inicio de la actividad o la declaración responsable a la Comunidad Autónoma, o concedida la autorización o licencia por la Comunidad Autónoma, el sistema de tramitación telemática del CIRCE remitirá por vía telemática, al Ayuntamiento donde el empresario vaya a establecerse, la comunicación de inicio de actividad, la declaración responsable de la empresa o la solicitud de licencia, según los casos, de conformidad con las previsiones de los artículos 70 bis apartado 4, 84 bis y 84 ter de la Ley 7/1985, de 2 de abril, Reguladora de las Bases del Régimen Local y demás legislación aplicable.

d) Enviada la comunicación de inicio de actividad o la declaración responsable al Ayuntamiento, o concedida la autorización o licencia municipal, el Punto de Atención al Emprendedor comunicará de inmediato al empresario la finalización de los trámites necesarios para el inicio de la actividad.

e) Con la solicitud de iniciación de los trámites, el empresario abonará el importe resultante de la suma de la totalidad de las tasas que en su caso se exijan por las autoridades competentes. El ingreso podrá realizarse mediante transferencia bancaria o tarjeta de crédito o de débito.

3. Durante el ejercicio de la actividad, el emprendedor podrá realizar, a través de los Puntos de Atención al Emprendedor, cualquier otro trámite preceptivo asociado al desarrollo de la actividad ante las autoridades estatales, autonómicas y locales, incluidas la solicitud de autorizaciones y la presentación de comunicaciones y declaraciones responsables para la apertura de nuevos establecimientos o instalaciones.

Se excluyen de lo dispuesto en el párrafo anterior las obligaciones fiscales y de la Seguridad Social, así como los trámites asociados a los procedimientos de contratación pública y de solicitud de subvenciones y ayudas.

Art. 18. *Legalización de libros*.– 1. Todos los libros que obligatoriamente deban llevar los empresarios con arreglo a las disposiciones legales aplicables, incluidos los libros de actas de juntas y demás órganos colegiados, o los libros registros de socios y de acciones nominativas, se legalizarán telemáticamente en el Registro Mercantil después de su cumplimentación en soporte electrónico y antes de que trascurran cuatro meses siguientes a la fecha del cierre del ejercicio.

2. Los empresarios podrán voluntariamente legalizar libros de detalle de actas o grupos de actas formados con una periodicidad inferior a la anual cuando interese acreditar de manera fehaciente el hecho y la fecha de su intervención por el Registrador.

3. El Registrador comprobará el cumplimiento de los requisitos formales, así como la regular formación sucesiva de los que se lleven dentro de cada clase y certificará electrónicamente su intervención en la que se expresará el correspondiente código de validación.

Cf. con art. 27 del Ccom y véase la Instrucción de 12 de febrero de 2015, de la Dirección General de los Registros y del Notariado, sobre legalización de libros de los empresarios en aplicación del artículo 18 de la Ley 14/2013, de 27 de septiembre, de apoyo a los emprendedores y su internacionalización (BOE núm. 40, de 16 de febrero), así como la Instrucción de 1 de julio de 2015, de la Dirección General de los Registros y del Notariado, sobre mecanismos de seguridad de los ficheros electrónicos que contengan libros de los empresarios presentados a legalización en los registros mercantiles y otras cuestiones relacionadas (BOE núm. 162, de 8 de julio).

Art. 19. *Organización de los Registros*.– El Registro de la Propiedad y Mercantil estará abierto al público a todos los efectos, incluido el de presentación de documentos, de lunes a viernes desde las nueve a las diecisiete horas, salvo el mes de agosto y los días 24 y 31 de diciembre en que estará abierto desde las nueve a las catorce horas.

Cada Registro de la Propiedad estará a cargo de uno o varios Registradores. El número de Registradores que estarán a cargo de cada Registro de la Propiedad, en régimen de división personal, se determinará sobre criterios objetivos, mediante Real Decreto, a propuesta del Ministerio de Justicia.

Los Registros de la Propiedad, Mercantiles y de Bienes Muebles se llevarán en formato electrónico mediante un sistema informático único en la forma que reglamentariamente se determine. Dicho sistema informático deberá permitir que las Administraciones Públicas y los órganos judiciales, en el ejercicio de sus competencias y bajo su responsabilidad, tengan acceso a los datos que consten en los Registros de la Propiedad, Mercantiles y de Bienes Muebles, si bien, en el caso de las Administraciones Públicas, respetando las excepciones relativas a los datos especialmente protegidos. Dichos accesos se efectuarán mediante procedimientos electrónicos y con los requisitos y prescripciones técnicas que sean establecidos dentro de los Esquemas Nacionales de Interoperabilidad y de Seguridad.

Art. 20. *Sectorización universal de la actividad de los emprendedores*.– 1. En sus relaciones con las Administraciones Públicas en el ejercicio de sus respectivas competencias, los emprendedores deberán identificar su principal actividad por referencia al código de actividad económica que mejor la describa y con el desglose que sea suficiente de la Clasificación Nacional de Actividades Económicas. La sectorización de actividad será única para toda la Administración.

2. A tal efecto, en los documentos inscribibles y en la primera inscripción de constitución de las correspondientes entidades en los registros públicos competentes, se expresarán los códigos correspondientes a las actividades que corresponden al respectivo objeto social de cada entidad inscribible. En las cuentas anuales que hayan de depositarse se identificará cuál es la única actividad principal desarrollada durante el ejercicio por referencia al correspondiente código.

3. Los registros públicos en donde se depositen las cuentas anuales deberán poner a disposición de todas las Administraciones Públicas los códigos de actividad vigentes.

Las dudas que se susciten sobre su corrección serán resueltas mediante resolución del Instituto Nacional de Estadística a quien el Registrador someterá la decisión última.

CAPÍTULO V. Acuerdo Extrajudicial de Pagos

Art. 21. *Modificación de la Ley 22/2003, de 9 de julio, Concursal.*– [DEROGADO]

Artículo derogado por la Disposición derogatoria única.2.j) del TRLC.

Art. 22. *Servicios de los Puntos de Atención al Emprendedor.*– 1. Las personas físicas y jurídicas podrán realizar a través de los Puntos de Atención al Emprendedor todos los trámites administrativos necesarios para el cese de la actividad de empresarios individuales y para la extinción y cese de la actividad de sociedades mercantiles.

En particular, podrá encargarse la realización de los siguientes trámites:

a) Las actividades relativas a la constitución de sociedades y otros actos posteriores.

b) La solicitud de la inscripción al Registro Mercantil de la disolución, liquidación y extinción de la sociedad, del nombramiento de los liquidadores, del cierre de sucursales y, en general, cancelación del resto de asientos registrales.

c) La comunicación de la extinción de la empresa o el cese definitivo de su actividad y baja de los trabajadores a su servicio a la Dirección Provincial de la Tesorería General de la Seguridad Social.

d) La declaración de baja en el Censo de Empresarios, Profesionales y Retenedores y declaración de baja en el Impuesto de Actividades Económicas.

e) La comunicación de la baja en los Registros sectoriales estatales, autonómicos y municipales en los que se hubiese inscrito la empresa o sus instalaciones.

f) La comunicación de cese de actividad a las autoridades estatales, autonómicas y municipales cuando ésta sea preceptiva.

g) En caso de empresarios de responsabilidad limitada, la solicitud de cancelación de las inscripciones que resulten necesarias en el Registro Mercantil, en el Registro de la Propiedad, de Bienes Muebles y en cualesquiera otros Registros en los que estuvieren inmatriculados los bienes inembargables por deudas empresariales o profesionales.

2. En la solicitud, que estará disponible en formato electrónico, el interesado podrá solicitar expresamente la no realización de alguno o varios trámites.

Rubrica y apartado 1 modificados por el art. 32.1 de la Ley 11/2023, de 8 de mayo, Ley 11/2023, de 8 de mayo, de trasposición de Directivas de la Unión Europea en materia de (...) digitalización de actuaciones notariales y registrales (...) (BOE núm. 110, de 9 de mayo).

Véase Real Decreto 44/2015, de 2 de febrero, por el que se regulan las especificaciones y condiciones para el empleo del Documento Único Electrónico (DUE) para la puesta en marcha de sociedades cooperativas, sociedades civiles, comunidades de bienes, sociedades limitadas laborales y emprendedores de responsabilidad limitada mediante el sistema de tramitación telemática y Real Decreto 867/2015, de 2 de octubre, por el que se regulan las especificaciones y condiciones para el empleo del Documento Único Electrónico para el cese de actividad y extinción de las sociedades de responsabilidad limitada y el cese de actividad de las empresas individuales.

TÍTULO II. Apoyos fiscales y en materia de Seguridad Social a los emprendedores

(...)

TÍTULO III. Apoyo a la financiación de los emprendedores

(...)

TÍTULO IV. Apoyo al crecimiento y desarrollo de proyectos empresariales

CAPÍTULO I. Simplificación de las cargas administrativas

(...)

Art. 41. *Apoderamientos electrónicos*.- Los apoderamientos y sus revocaciones, otorgados por administradores o apoderados de sociedades mercantiles o por emprendedores de responsabilidad limitada podrán también ser conferidos en documento electrónico, siempre que el documento de apoderamiento sea suscrito con la firma electrónica reconocida del poderdante. Dicho documento podrá ser remitido directamente por medios electrónicos al Registro que corresponda.

Téngase en cuenta el título del Capítulo en que se integra este art. 41, así como el art. 1280.5 Código Civil, el art. 18.1 Código de Comercio y el art. 5 del RRM (§5).

(...)

CAPÍTULO III. Simplificación de los requisitos de información económico-financiera

Art. 48. *Contabilidad de determinadas empresas*.- Se modifica el apartado 2 del artículo 28 del Código de Comercio de 1885, que queda redactado como sigue:

«2. El Libro Diario registrará día a día todas las operaciones relativas a la actividad de la empresa. Será válida, sin embargo, la anotación conjunta de los totales de las operaciones por períodos no superiores al trimestre, a condición de que su detalle aparezca en otros libros o registros concordantes, de acuerdo con la naturaleza de la actividad de que trate».

Art. 49. *Formulación de cuentas anuales abreviadas.*– El texto refundido de la Ley de Sociedades de Capital, aprobado por Real Decreto Legislativo 1/2010, de 2 de julio, queda modificado de la siguiente forma:

[Se modifican el apartado 1 del art. 257 y el art. 263 del TRLSC].

[Textos incorporados al lugar correspondiente (§1).

TÍTULO V. Internacionalización de la economía española

(...)

DISPOSICIONES ADICIONALES

Primera. *Deudas de derecho público del emprendedor de responsabilidad limitada.*– 1. Lo dispuesto en el Capítulo II del Título I de esta Ley no resultará de aplicación respecto de las deudas de derecho público de las que resulte titular el emprendedor de responsabilidad limitada para cuya gestión recaudatoria resulte de aplicación lo dispuesto en la Ley 58/2003, de 17 de diciembre, General Tributaria, en la Ley 47/2003, de 26 de noviembre, General Presupuestaria y en el Real Decreto-legislativo 1/1994, de 20 de junio, por el que se aprueba el Texto Refundido de la Ley General de la Seguridad Social.

2. En el caso de las deudas de derecho público a las que se refiere el apartado anterior, la Administración Pública competente podrá desarrollar las actuaciones de cobro establecidas en la normativa en el mismo indicada, con las especialidades reguladas en el siguiente apartado.

3. Cuando entre los bienes embargados se encontrase la vivienda habitual del emprendedor de responsabilidad limitada en los términos del apartado 2 del artículo 8 de esta Ley, su ejecución será posible cuando:

a) No se conozcan otros bienes del deudor con valoración conjunta suficiente susceptibles de realización inmediata en el procedimiento de apremio.

b) Entre la notificación de la primera diligencia de embargo del bien y la realización material del procedimiento de enajenación del mismo medie un plazo mínimo de dos años. Este plazo no se interrumpirá ni se suspenderá, en ningún caso, en los supuestos de ampliaciones del embargo originario o en los casos de prórroga de las anotaciones registrales.

Véase art. 8 de la presente Ley.

Segunda. *Integración de ventanillas únicas en los Puntos de Atención al Emprendedor.*– 1. Los Puntos de Asesoramiento e Inicio de Tramitación (PAIT) pasarán a denominarse Puntos de Atención al Emprendedor (PAE).

Igualmente, los centros de ventanilla única empresarial y la Ventanilla Única de la Directiva de Servicios eugo.es (VUDS) del Ministerio de Hacienda y Administraciones Públicas se integrarán en los Puntos de Atención al Emprendedor. La forma de integración se establecerá reglamentariamente.

2. El Ministerio de Industria, Energía y Turismo, oído el Ministerio de Hacienda y Administraciones Públicas, podrá celebrar convenios de establecimiento de Puntos de Atención al Emprendedor con otras Administraciones Públicas y entidades privadas. En los convenios se establecerán los distintos catálogos de servicios que deben prestarse, así como su carácter gratuito y los que pueden ofrecerse mediante contraprestación económica. Entre los servicios a prestar, podrán incluirse todos o alguno de los servicios a los que se refiere el artículo 13.2 de esta Ley.

3. Los convenios PAIT actualmente firmados entre la Administración General del Estado y las entidades públicas y privadas se entenderán vigentes sin perjuicio de los nuevos convenios de Puntos de Atención al Emprendedor.

4. Las Administraciones Públicas llevarán a cabo todas las actuaciones necesarias para la implantación, en el plazo máximo de un año desde la entrada en vigor de esta Ley, de todos los servicios que, conforme a esta Ley, debe prestar el Punto de Atención al Emprendedor electrónico del Ministerio de Industria, Energía y Turismo.

> Véase art. 13 de la presente Ley y Real Decreto 127/2015, de 27 de febrero, por el que se integran los centros de ventanilla única empresarial y la ventanilla única de la Directiva de Servicios en los Puntos de Atención al Emprendedor (BOE n 62, de 13 de marzo).

Tercera. *Colaboración con otros sistemas electrónicos para la constitución de sociedades.*– 1. Los Ministerios de Justicia y de Industria, Energía y Turismo establecerán el uso de la agenda electrónica notarial para la constitución telemática de sociedades de responsabilidad limitada y cualquier otra forma jurídica que se incorpore reglamentariamente en el Documento Único Electrónico regulado en la disposición adicional tercera del texto refundido de la Ley de Sociedades de Capital, aprobado por Real Decreto Legislativo 1/2010, de 2 de julio.

2. El uso de la agenda electrónica notarial será de obligado cumplimiento para el notario, de manera que las citas que se establezcan mediante la misma tendrán efectos en el cómputo de los plazos establecidos en los artículos 15 y 16 de esta Ley.

3. Reglamentariamente se establecerán medidas sancionadoras por los incumplimientos de lo establecido en los apartados anteriores.

> Véanse arts. 3 y 4 de la Ley Ley 18/2022, de 28 de septiembre, de creación y crecimiento de empresas (BOE núm. 234, de 29 septiembre) (entrada en vigor el 19 de octubre de 2022), reproducido en nota inicial al Título II del TRLSC (§1).
> Véanse art. 8, Disp. Ad. 1ª y Disp. Final 3ª del Real Decreto 421/2015, de 29 de mayo, por el que se regulan los modelos de estatutos-tipo y de escritura pública

estandarizados de las sociedades de responsabilidad limitada, se aprueba modelo de estatutos-tipo, se regula la Agenda Electrónica Notarial y la Bolsa de denominaciones sociales con reserva (BOE núm. 141, de 13 de junio) (§11).

(...)

Octava. *Coste Económico.-* La aplicación de las previsiones contenidas en la presente Ley, que pudieran tener una incidencia sobre el gasto público, se desarrollará con los recursos humanos y los medios materiales existentes. En particular, la aplicación de las previsiones contenidas en los artículos 13, 19, 22, 38, 39, 40 en la Sección 2.ª del Título V y en la disposición adicional segunda no suponen aumento del gasto público, toda vez que el funcionamiento de los Órganos e instrumentos que se crean se desarrollará con los recursos humanos y los medios materiales existentes.

Novena. *Miniempresa o empresa de estudiantes.-* 1. La miniempresa o empresa de estudiantes se reconoce como herramienta pedagógica.

2. Reglamentariamente, se determinarán los requisitos, límites al estatuto de miniempresa o empresa de estudiantes y los modelos que facilitarán el cumplimiento de sus obligaciones tributarias y contables.

3. La miniempresa o empresa de estudiantes deberá inscribirse por la organización promotora del programa miniempresa en el registro que se habilitará al efecto, lo que permitirá a la miniempresa realizar transacciones económicas y monetarias, emitir facturas y abrir cuentas bancarias.

4. La miniempresa o empresa de estudiantes tendrá una duración limitada a un curso escolar prorrogable a un máximo de dos cursos escolares. Deberá liquidarse al final del año escolar presentando el correspondiente acta de liquidación y disolución.

5. La miniempresa o empresa de estudiantes estará cubierta por un seguro de responsabilidad civil u otra garantía equivalente suscrito por la organización promotora.

Véase Disp. Adicional 4.ª de la Ley 28/2022, de 21 de diciembre, de fomento del ecosistema de las empresas emergentes (§9)

Décima. *Aranceles registrales y notariales.* 1. La realización de cualquier operación registral, incluida la publicidad formal, estará exenta del pago del arancel cuando la responsable final del pago del mismo, con arreglo a las normas arancelarias, sea una de las entidades a que se refiere el apartado 1 del artículo 2 de la Ley Orgánica 2/2012, de 27 de abril, de Estabilidad Presupuestaria y Sostenibilidad Financiera. Esta exención entrará en vigor en el momento en que se ejecute la demarcación registral que, de acuerdo con lo establecido en el artículo 19, se aprobará mediante Real Decreto.

2. Los aranceles registrales para las inscripciones del Emprendedor de Responsabilidad Limitada en el Registro Mercantil y el Registro de la Propiedad serán los siguientes:

a) Registro Mercantil: 40 euros.

b) Registro de la Propiedad: 24 euros.

La publicación de la inscripción del Emprendedor de Responsabilidad Limitada en el «Boletín Oficial del Registro Mercantil» estará exenta del pago de tasas.

(...)

Decimotercera. *Llevanza electrónica de los Registros de la Propiedad, Mercantiles y de Bienes Muebles*.– La obligación de llevanza en formato electrónico de los Registros de la Propiedad, Mercantiles y de Bienes Muebles, de conformidad con el artículo 19 de esta Ley, será efectiva en el plazo de un año desde la entrada en vigor de la Ley.

Decimocuarta. *Requisitos de capital aplicables a pequeñas y medianas empresas*.– 1. A efectos del cálculo de los requisitos de recursos propios y de capital principal de las entidades de crédito, las exposiciones ponderadas por riesgo de crédito de pequeñas y medianas empresas determinadas conforme a lo dispuesto en el artículo sexto de la Ley 13/1985, de 25 de mayo, de coeficientes de inversión, recursos propios y obligaciones de información de los intermediarios financieros, se multiplicarán por un factor corrector de 0,7619.

2. Para la aplicación del factor establecido en el apartado anterior, se tendrá en cuenta lo previsto en el artículo 501.2 del Reglamento (UE) N.º 575/2013 del Parlamento Europeo y del Consejo de 26 de junio de 2013 sobre los requisitos prudenciales de las entidades de crédito y las empresas de inversión, y por el que se modifica el Reglamento (UE) N.º 648/2012.

(...)

DISPOSICIÓN DEROGATORIA

Única. *Derogación normativa*.– Quedan derogadas cuantas disposiciones de igual o inferior rango se opongan a lo establecido en esta Ley, y de manera específica:

a) La Ley 11/1983, de 16 de agosto, de Medidas Financieras de Estímulo a la Exportación.

b) El artículo 13 bis de la Ley 44/2002, de 22 de noviembre, de Medidas de Reforma del Sistema Financiero.

c) El artículo 9.2 de la Orden ITC/138/2009 de 28 de enero de 2009, por la que se regulan diversos aspectos relacionados con la concesión de apoyo oficial al crédito a la exportación mediante convenios de ajuste recíproco de intereses.

d) Las letras a) a e), ambas incluidas, del apartado uno del artículo 5, las letras a) y b) del apartado dos y el apartado tres del Real Decreto-ley 13/2010, de 3 de diciembre, de actuaciones en el ámbito fiscal, laboral y liberalizadoras para fomentar la inversión y la creación de empleo.

e) Con efectos para los períodos impositivos que se inicien a partir de 1 de enero de 2013, queda derogado el apartado 3 de la disposición adicional décima del texto refundido de la Ley del Impuesto sobre Sociedades, aprobado por el Real Decreto Legislativo 4/2004, de 5 de marzo.

> Letra d) modificada por el número uno de la disposición final 4.ª de la Ley 25/2013, de 27 de diciembre, de impulso de la factura electrónica y creación del registro contable de facturas en el Sector Público (BOE de 28 diciembre).

(…)

DISPOSICIONES FINALES

Tercera. *Modificación de la Ley 58/2003, de 17 de diciembre, General Tributaria.*- Se modifica el apartado 8 de la disposición adicional quinta, que queda redactado de la siguiente manera:

«8. Las sociedades en constitución y los empresarios individuales que presenten el documento único electrónico para realizar telemáticamente sus trámites de constitución e inicio de actividad, de acuerdo con lo previsto en la Ley 14/2013 de Apoyo a los Emprendedores y su Internacionalización, quedarán exoneradas de la obligación de presentar la declaración censal de alta, pero quedarán obligadas a la presentación posterior de las declaraciones de modificación o de baja que correspondan en la medida en que varíe o deba ampliarse la información y circunstancias contenidas en dicho documento único electrónico en caso de que el emprendedor no realice estos trámites a través de dicho documento».

(…)

Sexta. *Modificación del texto refundido de la Ley de Sociedades de Capital, aprobado por Real Decreto Legislativo 1/2010, de 2 de julio.*- Se modifica la disposición adicional tercera del texto refundido de la Ley de Sociedades de Capital, aprobado por Real Decreto Legislativo 1/2010, de 2 de julio, que queda redactada de la siguiente manera:

> Texto incorporado al lugar correspondiente (§1).

(…)

Novena. *Título competencial.*- Esta Ley se dicta, con carácter general, al amparo del artículo 149.1.6.ª de la Constitución que atribuye al Estado la competencia exclusiva sobre «legislación mercantil», a excepción de los Títulos, Capítulos o artículos, o parte de los mismos que se relacionan a continuación:

El Capítulo I del Título I y la disposición adicional décima se dictan al amparo del artículo 149.1.30.ª de la Constitución, que atribuye al Estado la competencia para establecer «las normas básicas para el desarrollo del artículo 27 de la Constitución, a fin de garantizar el cumplimiento de las obligaciones de los poderes públicos en esta materia».

El artículo 19 y la disposición adicional decimotercera, se dictan al amparo del artículo 149.1.8.ª de la Constitución, sobre «ordenación de los registros e instrumentos públicos».

Los artículos 13, 17 y 22 y la disposición adicional segunda se dictan al amparo del artículo 149.1.18.ª de la Constitución, que atribuye al Estado la competencia exclusiva sobre «procedimiento administrativo común».

Los artículos 28, 29, 30 y la disposición adicional decimosexta, se dictan al amparo del artículo 149.1.17.ª de la Constitución, sobre «régimen económico de la seguridad social».

El artículo 34, las disposiciones adicionales decimocuarta y decimoquinta y las disposiciones finales primera, segunda y cuarta, se dictan al amparo de los apartados 11.ª y 13.ª del artículo 149.1 de la Constitución, sobre «ordenación del crédito, banca y seguros» y «bases y coordinación de la planificación general de la actividad económica», respectivamente.

Los artículos 36, 37, el Capítulo I de la sección 1.ª del Título V y la disposición final octava, se dictan al amparo del artículo 149.1.13.ª de la Constitución, sobre «bases y coordinación de la planificación general de la actividad económica».

El artículo 38 se incardina en el artículo 149.1.31.ª de la Constitución sobre «estadística para fines estatales».

El artículo 45 se dicta al amparo del artículo 149.1.18.ª de la Constitución sobre «legislación básica sobre contratos y concesiones administrativas».

La Sección 2.ª del Título V y las disposiciones adicionales cuarta, quinta, sexta, séptima, decimoséptima, decimoctava y decimonovena se dictan al amparo del artículo 149.1.2.ª de la Constitución en materia de nacionalidad, inmigración, extranjería y derecho de asilo.

Los artículos que constituyan modificación de normas vigentes, se considerarán dictados al amparo del título competencial que figure en las normas objeto de modificación.

> Párrafo 10º modificado por art. 3.7 de Real Decreto-ley 11/2018, de 31 de agosto.

Décima. *Habilitación normativa.*– 1. Se habilita al Gobierno para dictar las disposiciones necesarias en desarrollo de esta Ley.

2. Por Orden del Ministerio de Justicia, se regulará la escritura de constitución con un formato estandarizado y con campos codificados.

Los campos codificados permitirán la cumplimentación de los datos mínimos indispensables para la inscripción de la sociedad en el Registro Mercantil. El objeto social se identificará mediante la selección de alguno o algunos de los disponibles en la lista de los habilitados por la mencionada Orden Ministerial con la descripción correspondiente de la Clasificación Nacional de Actividades Económicas. Igualmente se indicará si la sociedad se encuentra en régimen de formación sucesiva.

3. En el plazo de seis meses a contar desde la entrada en vigor de esta norma, el Gobierno aprobará un nuevo Reglamento del Registro Mercantil y la modificación necesaria del Reglamento Hipotecario.

4. Se autoriza a los Ministerios de Asuntos Exteriores y Cooperación, Economía y Competitividad, Interior, y Empleo y Seguridad Social a dictar las órdenes y resoluciones conjuntas necesarias para la aplicación y desarrollo de lo previsto en la Sección 2.ª del Título V.

> Véanse arts. 6.3 y 7 del Real Decreto 421/2015, de 29 de mayo, por el que se regulan los modelos de estatutos-tipo y de escritura pública estandarizados de las sociedades de responsabilidad limitada, se aprueba modelo de estatutos-tipo, se regula la Agenda Electrónica Notarial y la Bolsa de denominaciones sociales con reserva (BOE núm. 141, de 13 de junio) (§11) y Orden JUS/1840/2015, de 9 de septiembre, por la que se aprueba el modelo de escritura pública en formato estandarizado y campos codificados de las sociedades de responsabilidad limitada, así como la relación de actividades que pueden formar parte del objeto social (§12). Véase reproducido en nota al art. 15 la Disp. Ad. 5.ª de la Ley 18/2022, de 28 de septiembre, de creación y crecimiento de empresas (BOE núm. 234, de 29 septiembre) (entrada en vigor el 19 de octubre de 2022).

(...)

Duodécima. *Modificación de disposiciones reglamentarias.–* Las modificaciones que, a partir de la entrada en vigor de esta Ley, puedan realizarse respecto a las normas reglamentarias que son objeto de modificación por esta Ley, podrán efectuarse por normas del rango reglamentario correspondiente a la norma en que figuran.

(...)

Decimocuarta. *Entrada en vigor.–* Esta Ley entrará en vigor al día siguiente al de su publicación en el «Boletín Oficial del Estado». No obstante:

a) El Capítulo V del Título I entrará en vigor a los veinte días de su publicación en el «Boletín Oficial del Estado».

b) La redacción dada a los preceptos de la Ley 37/1992, de 28 de diciembre, del Impuesto sobre el Valor Añadido, que contiene el artículo 23, surtirá efectos desde 1 de enero de 2014.

c) La redacción dada al artículo 37 del texto refundido de la Ley del Impuesto sobre Sociedades, aprobado por el Real Decreto Legislativo 4/2004, de 5 de marzo, que contiene el artículo 25, surtirá efectos para los beneficios que se generen en períodos impositivos que se inicien a partir de 1 de enero de 2013.

d) La redacción dada a los apartados 2 y 3 del artículo 44 y el artículo 41, ambos del texto refundido de la Ley del Impuesto sobre Sociedades, aprobado por el Real Decreto Legislativo 4/2004, de 5 de marzo, que contienen, respectivamente, los apartados Uno y Tres del artículo 26, surtirán efectos para los períodos impositivos que se inicien a partir de 1 de enero de 2013.

e) La redacción dada al artículo 23 del texto refundido de la Ley del Impuesto sobre Sociedades, aprobado por el Real Decreto Legislativo 4/2004, de 5 de marzo, que contiene el artículo 26.Dos, surtirá efectos para las cesiones de activos intangibles que se realicen a partir de la entrada en vigor de esta Ley.

f) La redacción dada al apartado 2 del artículo 68 de la Ley 35/2006, de 28 de noviembre, del Impuesto sobre la Renta de las Personas Físicas y de modificación parcial de las Leyes de los Impuestos sobre Sociedades, sobre la Renta de no Residentes y sobre el Patrimonio, mediante el apartado cinco del artículo 27, surtirá efectos desde el 1 de enero de 2013.

g) Lo previsto en el artículo 35, relativo al importe exigido para la cifra mínima del capital social desembolsado de las sociedades de garantía recíproca, entrará en vigor a los 9 meses de su publicación en el «Boletín Oficial del Estado».

Letra g) derogada por la disposición derogatoria g) de la Ley 10/2014, de 26 de junio, de ordenación, supervisión y solvencia de entidades de crédito (BOE de 27 junio). Disposición renumerada como decimocuarta por el artículo art. 3.8 de Real Decreto-ley núm. 11/2018, de 31 de agosto.

§3. LEY 6/2023, DE 17 DE MARZO, DE LOS MERCADOS DE VALORES Y DE LOS SERVICIOS DE INVERSIÓN (Selección)
(BOE núm. 66, de 18 de marzo)

De acuerdo con la Disp. Final 15.ª 4 de la presente Ley «Hasta que se dicten las normas reglamentarias de desarrollo de la presente ley, se mantendrán en vigor las normas vigentes sobre los mercados de valores y los servicios de inversión, en tanto no se opongan a lo establecido en esta ley». En desarrollo de la presente Ley se ha dictado Real Decreto 813/2023, de 8 de noviembre, sobre el régimen jurídico de las empresas de servicios de inversión y de las demás entidades que prestan servicios de inversión; el Real Decreto 814/2023, de 8 de noviembre, sobre instrumentos financieros, admisión a negociación, registro de valores negociables e infraestructuras de mercado; y Decreto 815/2023, de 8 de noviembre, por el que se desarrolla la Ley 6/2023, de 17 de marzo, de los Mercados de Valores y de los Servicios de Inversión, en relación con los registros oficiales de la Comisión Nacional del Mercado de Valores, la cooperación con otras autoridades y la supervisión de empresas de servicios de inversión (todos ellos BOE núm. 268, de 9 de noviembre).

PREÁMBULO

I. La existencia de un mercado de valores transparente y eficiente constituye uno de los elementos básicos de toda economía social de mercado desarrollada y avanzada. Cumple una función esencial en la asignación de recursos financieros a los sectores económicos, la inversión en activos productivos, el fomento del ahorro del público y la apertura exterior de la economía y su integración en los flujos financieros y comerciales internacionales.

Como es sabido, en el correcto funcionamiento y desarrollo de los mercados de capitales juega un papel crítico el marco jurídico aplicable. La normativa reguladora es uno de los factores determinantes en la consecución de unos mercados financieros estables, transparentes y eficientes, y que garanticen los más elevados estándares de protección de la clientela de servicios financieros y los ahorradores.

Desde la publicación en 1988 de la primera Ley del Mercado de Valores, la normativa reguladora de los mercados de capitales ha estado presidida por una «ley marco» o de cabecera. Esta ley incorpora los caracteres básicos de los distintos mercados financieros y sus agentes, establece sus obligaciones esenciales de conducta e información para garantizar la protección de la clientela financiera, y atribuye a la Comisión Nacional del Mercado de Valores (en adelante, CNMV) la misión de supervisar dichos mercados en beneficio de la transparencia, la correcta formación de los precios y la protección de los inversores.

En este sentido, la normativa marco reguladora de los mercados de valores se ha visto transformada en las últimas décadas por dos fenómenos: el incremento de las normas reglamentarias que la desarrollan, y la incorporación de un creciente número de normas de derecho de la Unión Europea.

En lo que respecta al incremento de normas reglamentarias, si bien es cierto que la Ley 24/1988, de 28 de julio, fue desarrollada ya desde sus orígenes por un elevado número de reglamentos, no cabe duda de que el número y la extensión de dichas normas reglamentarias ha aumentado considerablemente en las últimas décadas, debido en gran medida a la creciente sofisticación y complejidad de los mercados de capitales.

El otro fenómeno en este ámbito ha sido el de la propia integración europea. Si bien los mercados de capitales y de servicios financieros se unieron al proceso de integración europea más tarde que otros mercados, como por ejemplo el de mercancías, lo cierto es que el proceso de integración de los mercados de capitales europeos ha sido muy intenso en los últimos años. En consecuencia, la mayor parte del ordenamiento jurídico vigente en este ámbito es el resultado de la transposición de directivas de la Unión Europea o está compuesto por los, cada vez más frecuentes, reglamentos de la Unión Europea, de aplicación directa.

La presente ley se erige en este sentido como la nueva «ley marco» de los mercados de valores, en sustitución del vigente Real Decreto Legislativo 4/2015, de 23 de octubre, por el que se aprueba el texto refundido de la Ley del Mercado de Valores, sucesor a su vez de la Ley 24/1988, de 28 de julio, del Mercado de Valores.

II. (…).

Sin lugar a dudas, serán necesarias nuevas modificaciones de esta ley en un futuro próximo. La actual iniciativa de una Unión del Mercado de Capitales impulsada por las instituciones de la Unión Europea no hará sino acelerar esta tendencia y obligará a seguir modificando la presente ley y sus reglamentos de desarrollo. En efecto, el nuevo Plan de Acción de la Comisión sobre una Unión de los Mercados de Capitales para las personas y las empresas, presentado en septiembre de 2020, contempla un total de 16 acciones legislativas, la mayoría de la cuales implicarán la reforma de alguna directiva de la normativa financiera europea y, en consecuencia, también de esta ley.

Por tanto, esta ley supone un importante esfuerzo de adaptación del marco normativo nacional al derecho de la Unión Europea.

Por un lado, mediante esta ley se transponen diversas directivas de la Unión Europea; y, por otro lado, era indispensable depurar de la Ley del Mercado de Valores aquellos preceptos que venían regulando materias que han pasado, con posterioridad, a estar reguladas por reglamentos europeos de directa aplicación, como por ejemplo el régimen jurídico de los depositarios centrales de valores o el de los proveedores de servicios de suministro de datos.

En cuanto a las directivas que son objeto de transposición mediante esta ley, cinco son las directivas transpuestas.

En primer lugar, se transpone (…)

Finalmente, se han identificado una serie de materias que requieren de actualización y modernización, con el objetivo de mejorar la competitividad y el atractivo de los mercados de valores españoles, potenciando su capacidad de financiación empresarial, siempre con las máximas garantías para el inversor.

III. Las principales razones que han llevado a la elaboración de esta ley tienen como objetivo afrontar con rigor y calidad los fenómenos mencionados. Esto es: incorporar las mejoras necesarias para facilitar el desarrollo de los mercados de valores españoles en el entorno competitivo actual; mejorar sustancialmente la técnica normativa y sistemática de este sector del ordenamiento jurídico; y, adaptar la normativa nacional a las recientes novedades del derecho europeo y ejercer las alternativas que reconocen las directivas a transponer de la forma más adecuada y favorable para los intereses de los mercados de valores domésticos, la estabilidad financiera y los derechos de la clientela de servicios de inversión.

En cuanto al primer aspecto mencionado, hay que señalar la eliminación de requisitos superfluos y redundantes para la admisión a negociación de valores de renta fija, para contribuir a aumentar el atractivo de nuestro mercado en dicho segmento. También se ajustan las obligaciones de información de los participantes en las infraestructuras de post-contratación españolas, eliminando procedimientos y obligaciones de información que resultan ya innecesarias debido a la implementación de reglamentos europeos de directa aplicación.

Por lo que se refiere al segundo aspecto, la presente ley lleva a cabo un importante esfuerzo de simplificación y reordenación de las materias reguladas a nivel legal. Así, y siguiendo las observaciones realizadas por el Consejo de Estado en diversos dictámenes, pretende regular, con rango de ley, únicamente los caracteres esenciales de los mercados de valores, las obligaciones y derechos básicos de sus agentes y de la clientela financiera, y el régimen de supervisión y sanción a cargo de la CNMV. El desarrollo de este marco legal básico es encomendado a los correspondientes reglamentos «generales» sobre los bloques principales de materias que integran este sector de actividad administrativa.

Además, en este mismo orden de cosas, esta ley mejora y simplifica el régimen sancionador de los sujetos que intervienen en los mercados de valores, ya que este régimen sancionador ha crecido también en cuanto a tipos infractores y sanciones en los últimos años para cumplir con las exigencias de numerosos reglamentos de la Unión Europea (UE). Con este objetivo, y siguiendo el ejemplo de la Ley 58/2003, de 17 de diciembre, General Tributaria, las infracciones y sanciones son tipificadas, en todos sus grados, en un único artículo para cada tipo de conducta infractora. Esta nueva sistemática no solo reduce considerablemente la extensión del régimen sancionador, sino que mitiga significativamente el riesgo de errores en futuras modificaciones legales y ayuda a un mejor conocimiento por sus destinatarios de las conductas prohibidas y sus consecuencias. Asimismo, se ha optado en esta nueva ley por agrupar las diversas infracciones y sanciones en función del reglamento de la Unión Europea del que proceden, lo cual ayudará a identificar mejor cuáles son las conductas prohibidas por cada uno de esos reglamentos de la Unión Europea y las sanciones que podrían aplicarse.

En resumen, este primer bloque de decisiones de política legislativa financiera de esta ley está orientado a mejorar su técnica normativa y sistemática. Ante el creciente número de normas que regulan los mercados financieros, cobran cada vez más importancia valores como la claridad, la simplicidad y la coherencia normativa.

IV. Las principales modificaciones que se introducen con esta ley en el marco de los mercados de valores afectan a distintos aspectos de los mismos.

Ciertamente, la regulación de las empresas de servicios de inversión se ha visto profundamente afectada por (…).

Este nuevo marco normativo europeo exige plasmar en la presente ley una separación de los requisitos prudenciales exigidos en función del tamaño de las empresas de servicios de inversión y otra serie de requisitos relacionados con los riesgos sistémicos y su importancia económica, y a su vez adaptar el marco de supervisión a nivel nacional.

(…).

La ley aborda además otras importantes reformas con la finalidad de mejorar la competitividad de los mercados de valores españoles y reforzar la protección del inversor minorista.

Por un lado, se elimina la obligación del depositario central de valores de contar con un sistema de información para la supervisión de la negociación, compensación, liquidación y registro de valores (en adelante, PTI) que se estableció en cumplimiento de las disposiciones legales y reglamentarias incorporadas en 2015 (...).

Desde entonces, se han implementado varias normas europeas que contribuyen a garantizar la trazabilidad de las operaciones, con requisitos uniformes y procedimientos armonizados para todos los Estados miembros. (...). En consecuencia, el sistema de información denominado PTI ha devenido innecesario por ser redundante con lo establecido en la normativa europea, y es una carga administrativa adicional cuya exigencia legal ha dejado de estar justificada. Con la entrada en vigor de esta ley, se elimina la obligación legal de mantener este sistema contemplando un periodo transitorio de dos años para que los depositarios centrales de valores, las infraestructuras de mercado y las entidades participantes puedan adaptarse al nuevo entorno regulatorio, pero asegurando que la CNMV pueda adoptar las medidas necesarias con el fin de asegurar el correcto funcionamiento de los procesos de liquidación y la estabilidad del sistema en la fecha en que finalice el periodo de adaptación.

Por otro lado, se extiende a los sistemas multilaterales de negociación la regulación aplicable a los mercados regulados en materia de ofertas públicas de adquisición. En línea con lo anterior, los sistemas multilaterales de negociación estarán también sujetos a las normas relativas a la exclusión voluntaria de negociación de un instrumento financiero que hasta ahora solo regían a los mercados regulados.

También se incorporan medidas para reforzar la protección de los inversores frente a las empresas que ofrecen servicios de inversión sin contar con la debida autorización por parte de la CNMV. La digitalización de la sociedad y el incremento de la utilización de las redes sociales y los medios de comunicación digitales como vías de acceso a la información, también de carácter financiero, hace necesario reforzar las competencias de supervisión en materia de publicidad de las entidades que ofrecen sus servicios sin contar con la debida autorización, de cara a evitar el fraude financiero. Dichas entidades han aprovechado el auge de la utilización de la tecnología en el día a día, valiéndose de la publicidad en redes, medios digitales o plataformas, lo cual tiene un impacto especialmente relevante en los inversores minoristas y en segmentos de la población que no pueden no estar familiarizados con el entorno financiero. Por ello, para reforzar la protección del inversor y de colectivos vulnerables ante este tipo de situaciones, resulta imprescindible introducir mecanismos de comprobación que eviten que se anuncien como supuestamente legítimas entidades que carecen de cualquier autorización para ejercer esta actividad reservada en la Unión Europea.

Por último, se desarrolla el régimen de las sociedades cotizadas con propósito para la adquisición (SPAC por sus siglas en inglés). La SPAC consiste en la constitución de una sociedad cotizada que capta inversiones y cuyo objeto social exclusivo es la identificación de una empresa, generalmente no cotizada y con alto potencial de crecimiento, en un plazo de tiempo determinado y a la que finalmente adquiere. Se trata, por tanto, de un mecanismo alternativo a la salida a bolsa tradicional, especialmente interesante para empresas en desarrollo ya que favorece la diversificación de fuentes de financiación. La creación de SPAC podría ir fomentar la bursatilización de nuestra economía y, en consecuencia, reducir la dependencia del crédito bancario permitiendo que las empresas tengan a su disposición fuentes de financiación alternativas.

Por otra parte, cabe destacar que las SPAC han experimentado una gran proliferación durante los dos últimos años en algunos países, especialmente en Estados Unidos, y más recientemente se está observando su incipiente desarrollo en las economías europeas.

Habida cuenta de los beneficios de las SPAC para la financiación empresarial y de su reciente evolución, se considera oportuno introducir una reforma en la Ley de Sociedades de Capital que dote de seguridad jurídica a este vehículo y asegure su transparencia y la protección de los inversores en las SPAC, especialmente de los socios minoritarios. Y es que, aunque la normativa de los mercados de valores ya contiene elementos suficientes para asegurar estas garantías de transparencia, las SPAC tienen algunas particularidades en lo que respecta a su funcionamiento y a los derechos que confieren a sus accionistas minoritarios que hacen necesaria esta modificación legislativa para así favorecer una mayor seguridad jurídica para estos inversores.

En este sentido, una de las principales características de las SPAC consiste en que los inversores cuentan con un derecho de reembolso del capital invertido en la SPAC en el momento de su constitución. Con esta reforma se pretende garantizar que el capital del inversor está adecuadamente protegido permitiendo a tal efecto que la SPAC utilice como mecanismo de reembolso bien un derecho estatutario de separación o bien la emisión de acciones rescatables. En ambos casos se prevé que el valor de reembolso del inversor será el importe equivalente a la parte alícuota del importe efectivo inmovilizado en la cuenta transitoria creada por la entidad en el momento de su constitución. Adicionalmente, se prevé la posibilidad de que la SPAC reduzca su capital mediante la adquisición de acciones propias como mecanismo de reembolso.

Por otra parte, y con el objeto de reforzar la seguridad jurídica de este instrumento, se prevén otras especificidades para las SPAC en materia de ofertas públicas de adquisición, causas legales de separación, régimen de autocartera y en relación con los requisitos aplicables a las adquisiciones onerosas. Asimismo, se precisa que la sociedad cotizada con propósito para la adquisición contará con un plazo de 36 meses para formular una propuesta de adquisición que podrá ampliarse en 18 meses adicionales si así lo aprueba la Junta General de accionistas. Finalmente, se introduce la facultad de la CNMV de exigir folleto en caso de que, en el momento de la fusión con la empresa objetivo, la operación estuviese exceptuada de publicarlo de conformidad con el Reglamento (UE) 2017/1129 del Parlamento Europeo y del Consejo, de 14 de junio de 2017.

V. Así, la ley comienza estableciendo, en sus disposiciones generales del Título I, las disposiciones comunes relativas al objeto y ámbito de aplicación de la ley, y a los valores negociables.

El Título II regula la naturaleza y régimen jurídico de la CNMV, así como sus funciones, competencias y organización.

El Título III contiene las disposiciones sobre el mercado primario de valores negociables.

El Título IV regula los distintos centros de negociación (mercados regulados, sistemas multilaterales de negociación y sistemas organizados de contratación), así como los sistemas de compensación, liquidación y registro de valores. Asimismo, incorpora disposiciones relativas al régimen de límites a las posiciones en derivados que incorpora parcialmente la transposición de la Directiva (UE) 2021/338 del Parlamento Europeo y del Consejo de 16 de febrero de 2021 por la que se modifica la Directiva 2014/65/UE en lo relativo a los requisitos de información, la gobernanza de productos y la limitación de posiciones, y las Directivas 2013/36/UE y (UE) 2019/878 en lo relativo a su aplicación a las empresas de servicios de inversión con el fin de contribuir a la recuperación de la crisis de la COVID-19. Por último, este Título establece los requisitos de información periódica de los emisores, las obligaciones de información sobre participaciones significativas y autocartera y el régimen aplicable a las ofertas públicas de adquisición.

El Título V introduce el régimen aplicable a las empresas de servicios de inversión, incluyendo el procedimiento de autorización, el régimen de prestación de servicios en terceros estados, los requisitos de información y de gobernanza, la política de remuneraciones y los mecanismos de gestión. Destaca la incorporación de la Directiva (UE) 2019/2034 del Parlamento

Europeo y del Consejo, de 27 de noviembre de 2019, relativa a la supervisión prudencial de las empresas de servicios de inversión y por la que se modifican las Directivas 2002/87/CE, 2009/65/CE, 2011/61/UE, 2013//36/UE, 2014/59/UE y 2014/65/UE.

El Título VI contiene el régimen aplicable a los proveedores de servicios de suministro de datos, su procedimiento de autorización y los requisitos de funcionamiento y de organización interna. Se transpone parcialmente en este Título la Directiva (UE) 2019/2177 del Parlamento Europeo y del Consejo, de 18 de diciembre de 2019, por la que se modifica la Directiva 2009/138/CE sobre el acceso a la actividad de seguro y de reaseguro y su ejercicio (Solvencia II), la Directiva 2014/65/UE relativa a los mercados de instrumentos financieros y la Directiva (UE) 2015/849 relativa a la prevención de la utilización del sistema financiero para el blanqueo de capitales o la financiación del terrorismo, en lo que respecta al artículo 1.

El Título VII incorpora las disposiciones relativas al Fondo de Garantía de Inversiones.

El Título VIII contiene las normas de conducta aplicables a los prestadores de servicios de inversión y la normativa relativa al abuso de mercado. Se transpone en este Título parcialmente la Directiva (UE) 2021/338 del Parlamento Europeo y del Consejo, de 16 de febrero de 2021, por la que se modifica la Directiva 2014/65/UE en lo relativo a los requisitos de información, la gobernanza de productos y la limitación de posiciones, y las Directivas 2013/36/UE y (UE) 2019/878 en lo relativo a su aplicación a las empresas de servicios de inversión con el fin de contribuir a la recuperación de la crisis de la COVID-19.

El Título IX regula el régimen de supervisión, inspección y sanción de la CNMV, y el Título X contiene el régimen fiscal de las operaciones sobre valores.

VI. Esta ley dispone de 8 disposiciones adicionales, 7 disposiciones transitorias, una disposición derogatoria y 15 disposiciones finales.

(...).

VII. Esta ley responde a los principios de necesidad, eficacia, proporcionalidad, seguridad jurídica, transparencia y eficiencia.

(...).

La presente norma se dicta de conformidad con lo previsto en el artículo 149.1. 6.ª, 11.ª y 13.ª de la Constitución, que atribuye al Estado la competencia exclusiva sobre legislación mercantil, bases de la ordenación de crédito, banca y seguros, y bases y coordinación de la planificación general de la actividad económica, respectivamente.

TÍTULO I. Disposiciones Generales

CAPÍTULO I. Objeto y ámbito de aplicación de la ley

Art. 1. *Objeto y contenido*.– La presente ley tiene por objeto la regulación del mercado de valores y los servicios y actividades de inversión en España, y se refiere, entre otras materias, a la emisión y oferta de instrumentos financieros, a los centros de negociación y sistemas de registro, compensación y liquidación de instrumentos financieros, al régimen de autorización, condiciones de funcionamiento y régimen prudencial de las empresas de servicios de inversión, a la prestación de servicios y actividades de inversión en España por parte de empresas de terceros países, a la autorización y funcionamiento de los proveedores de servicios de suministro de datos y al régimen de supervisión, inspección y sanción a cargo de la Comisión Nacional del Mercado de Valores (en adelante, CNMV).

Art. 2. *Instrumentos financieros sujetos a esta ley.*– 1. Quedan comprendidos en el ámbito de esta ley los siguientes instrumentos financieros:

a) valores negociables; entendiendo como tales cualquier derecho de contenido patrimonial, cualquiera que sea su denominación, que, por su configuración jurídica propia y régimen de transmisión, sea susceptible de tráfico generalizado e impersonal en un mercado financiero, incluyendo las siguientes categorías de valores negociables con excepción de los instrumentos de pago:

1.º Acciones de sociedades y otros valores negociables equiparables a las acciones de sociedades, y recibos de depositario representativos de tales valores.

2.º Bonos y obligaciones u otras formas de deuda titulizada, incluidos los recibos de depositario representativos de tales valores.

3.º Los demás valores negociables que dan derecho a adquirir o a vender tales valores negociables o que dan lugar a una liquidación en efectivo, determinada por referencia a valores negociables, divisas, tipos de interés o rendimientos, materias primas u otros índices o medidas.

b) instrumentos del mercado monetario;

c) participaciones y acciones en instituciones de inversión colectiva, así como de las entidades de capital-riesgo y las entidades de inversión colectiva de tipo cerrado;

d) contratos de opciones, futuros, permutas (swaps), acuerdos de tipos de interés a plazo y otros contratos de derivados relacionados con instrumentos financieros, divisas, variables financieras, materias primas o derechos de emisión;

e) instrumentos derivados para la transferencia del riesgo de crédito;

f) contratos financieros por diferencias, y

g) derechos de emisión.

2. También se considerarán instrumentos financieros los comprendidos en el apartado 1 cuando los mismos sean emitidos, registrados, transferidos o almacenados utilizando tecnología de registros distribuidos u otras tecnologías similares como soporte de esas actuaciones.

3. Reglamentariamente se establecerán las características y las categorías concretas de instrumentos financieros relacionados en el apartado anterior, así como las particularidades del régimen jurídico aplicable a las operaciones realizadas con instrumentos financieros.

Igualmente, se determinarán reglamentariamente las particularidades para el cumplimiento de lo dispuesto en esta ley y en sus normas de desarrollo, que se tendrán en cuenta cuando se utilicen sistemas basados en tecnología de registros distribuidos.

4. A los instrumentos financieros distintos de los valores negociables les serán de aplicación, con las adaptaciones que, en su caso, sean precisas, las reglas previstas en esta ley para los valores negociables.

Véanse art. 3.1.a) del Real Decreto 814/2023, de 8 de noviembre, sobre instrumentos financieros, admisión a negociación, registro de valores negociables e infraestructuras de mercado (BOE núm. 268, de 9 de noviembre) y los arts. 23.d) y 92 del TRLSC (§1).

Art. 3. *Ámbito de aplicación*.– 1. Las disposiciones de esta ley serán de aplicación a todos los instrumentos financieros cuya emisión, registro, negociación, comercialización, compensación o liquidación tenga lugar en territorio nacional, a las empresas de servicios de inversión domiciliadas en España, a las empresas de asesoramiento financiero nacionales, a los organismos rectores de los mercados regulados, sistemas multilaterales de negociación (en adelante, SMN) o sistemas organizados de contratación (en adelante, SOC) domiciliados en España, a las entidades de contrapartida central domiciliadas en España, a los depositarios centrales de valores domiciliados en España o que presten servicios en España y a los proveedores de suministros de datos domiciliados en España.

2. Esta ley y sus disposiciones de desarrollo serán también aplicables a las empresas de terceros países que presten servicios y actividades de inversión o ejerzan actividades de inversión mediante el establecimiento de una sucursal o en régimen de prestación de servicios sin sucursal en España.

Véanse arts. 23.d) y 92 del TRLSC (§1).

Art. 4. *Grupo de Sociedades*.– A los efectos de esta ley, se estará a la definición de grupo de sociedades establecida en el artículo 42 del Código de Comercio.

Véanse el art. 42 C.Com. y el art. 2.2 de la Ley 5/2005, de 22 de abril, de supervisión de los conglomerados financieros y por la que se modifican otras leyes del sector financiero (BOE núm. 97, de 23 de abril).

CAPÍTULO II. De los valores negociables

Capítulo desarrollado, en lo relativo a la representación de los valores negociables mediante anotaciones en cuenta, por el Título I del Real Decreto 814/2023, de 8 de noviembre, sobre instrumentos financieros, admisión a negociación, registro de valores negociables e infraestructuras de mercado (BOE núm. 268, de 9 de noviembre).

Art. 5. *Ámbito de aplicación*.– 1. Las disposiciones de este Capítulo serán también de aplicación a aquellos valores negociables registrados o representados mediante sistemas basados en tecnología de registros distribuidos cuyos términos y condiciones de emisión, en lo que respecta al registro, transmisión y forma de representación de los valores, prevean la aplicación de esta ley, siempre que dicho acuerdo sea válido de conformidad con la ley aplicable al emisor y a la ley aplicable a los términos y condiciones de la emisión.

En ausencia de mención expresa en el documento de emisión, las disposiciones de este Capítulo también serán de aplicación, en lo que respecta al registro, transmisión y forma de representación de los valores, a aquellos valores registrados o representados mediante sistemas basados en tecnología de registros distribuidos cuando el emisor tenga su domicilio social en territorio español o, cuando el emisor designe una única entidad responsable de la administración de la inscripción y registro de los valores en el sistema, cuando dicha entidad tenga su domicilio social en territorio español.

2. A efectos de lo dispuesto en este Capítulo y en su normativa de desarrollo, los pagarés con vencimiento inferior a 365 días se considerarán valores negociables.

Art. 6. *Representación de los valores negociables*.– 1. Los valores negociables podrán representarse por medio de anotaciones en cuenta, títulos o sistemas basados en tecnología de registros distribuidos. La modalidad de representación elegida habrá de aplicarse a todos los valores negociables integrados en una misma emisión.

2. Los valores negociables admitidos a negociación en centros de negociación estarán necesariamente representados mediante anotaciones en cuenta o mediante sistemas basados en tecnología de registros distribuidos en el marco del Reglamento UE 2022/858 del Parlamento Europeo y del Consejo, de 30 de mayo de 2022. Como excepción a lo previsto en el párrafo anterior, reglamentariamente se establecerán las especialidades necesarias para que los valores negociables extranjeros representados mediante títulos puedan ser negociados en centros de negociación y ser registrados en los depositarios centrales de valores establecidos en España.

3. La representación de valores negociables por cualquiera de las formas previstas en la presente ley podrá modificarse. El cambio de la representación por medio de anotaciones en cuenta a títulos exigirá la previa autorización de la CNMV, en los términos que se prevean reglamentariamente. El cambio de la representación mediante sistemas basados en tecnología de registros distribuidos a anotaciones en cuenta o a títulos, así como el cambio de representación mediante anotaciones en cuenta a sistemas basados en tecnología de registros distribuidos, se realizará en los términos que se prevean reglamentariamente. El cambio de la representación mediante títulos al sistema de anotaciones en cuenta o a cualquier sistema basado en tecnología de registros distribuidos podrá hacerse a medida que los titulares vayan prestando su consentimiento a la transformación.

4. Reglamentariamente se establecerán las condiciones para que los valores negociables representados mediante anotaciones en cuenta sean de carácter fungible a efectos de las operaciones de compensación y liquidación. Estas mismas condiciones

serán de aplicación a los valores negociables representados mediante sistemas basados en tecnología de registros distribuidos.

5. En los casos en que la entidad emisora elija sistemas basados en tecnología de registros distribuidos como forma de representación de los valores negociables, estos sistemas deberán garantizar la integridad e inmutabilidad de las emisiones que en ellos se realicen, identificar de forma directa e indirecta a los titulares de los derechos sobre los valores negociables y determinar la naturaleza, características y número de los mismos. Los titulares de los derechos sobre los valores negociables representados mediante sistemas basados en tecnología de registros distribuidos tendrán acceso a la información correspondiente a los mismos, así como a las operaciones sobre los valores por estos realizados.

> Véanse los arts. 5 a 8 del Real Decreto 814/2023, de 8 de noviembre, sobre instrumentos financieros (...) (BOE núm. 268, de 9 de noviembre), los arts. 92 y 113 a 119 TRLSC (§1), el art. 122 RRM (§5) (BOE núm. 54, de 3 de marzo) y el art. 2 del RD 302/2004, de 20 de febrero, sobre participaciones de las cajas de ahorro (BOE núm. 54, de 3 de marzo).

Art. 7. *Documento de la emisión.*– 1. La representación de valores negociables por medio de anotaciones en cuenta o mediante sistemas basados en tecnología de registros distribuidos requerirá la elaboración por la entidad emisora de un documento en el que constará la información necesaria para la identificación de la entidad encargada del registro contable o la responsable de la administración de la inscripción y registro, así como de los valores negociables integrados en la emisión.

Reglamentariamente se determinarán las particularidades del documento de la emisión en caso de valores negociables participativos y no participativos.

2. La entidad emisora deberá depositar una copia del documento de la emisión y sus modificaciones ante la entidad encargada del registro contable o ante la entidad responsable de la administración de la inscripción y registro de los valores negociables en los sistemas basados en tecnología de registros distribuidos. Cuando se trate de valores negociables admitidos a negociación en un centro de negociación, deberá depositarse también una copia ante su organismo rector.

3. La entidad emisora y su encargada del registro contable o la entidad o entidades responsables de la administración de la inscripción y registro de los valores negociables en los sistemas basados en tecnología de registros distribuidos habrán de tener en todo momento a disposición de los titulares y del público interesado en general una copia del referido documento.

4. El contenido de los valores negociables representados por medio de anotaciones en cuenta o por medio de sistemas basados en tecnología de registros distribuidos vendrá determinado por el documento de la emisión.

Asimismo, para los valores negociables representados por medio de sistemas basados en tecnología de registros distribuidos, el documento de emisión contendrá información suficiente sobre los sistemas en los que se registren los valores, incluyendo entre otros los aspectos principales sobre su funcionamiento y gobierno.

5. No será precisa la elaboración del documento de la emisión para los instrumentos financieros que se negocien en mercados regulados de futuros y opciones ni en los demás supuestos, a los que se aplicarán las condiciones que, en su caso, se determinen reglamentariamente.

Véanse arts. 9 a 12 del Real Decreto 814/2023, de 8 de noviembre, sobre instrumentos financieros (…) (BOE núm. 268, de 9 de noviembre).

Art. 8. *Entidades encargadas del registro contable y entidades responsables de administración de la inscripción y registro de los valores representados por medio de sistemas basados en tecnología de registros distribuidos.*– 1. La llevanza del registro contable de los valores negociables representados por medio de anotaciones en cuenta correspondientes a una emisión será atribuida a una única entidad que deberá velar por la integridad de la misma.

2. Cuando se trate de valores negociables representados por medio de anotaciones en cuenta no admitidos a negociación en centros de negociación, dicha entidad será libremente designada por la emisora entre las empresas de servicios de inversión y entidades de crédito autorizadas para realizar la actividad prevista en la letra a) del artículo 126 de esta ley. La designación deberá ser inscrita en el registro de la CNMV relativo a las entidades que tengan encomendada la llevanza del registro contable correspondiente a cada una de las emisiones de valores representados mediante anotaciones en cuenta no admitidos a negociación en centros de negociación, como requisito previo al comienzo de la llevanza del registro contable. Los depositarios centrales de valores también podrán asumir dicha función según los requisitos que, en su caso, se establezcan en la normativa aplicable y en sus reglamentos.

3. Cuando se trate de valores negociables admitidos a negociación en centros de negociación, la entidad encargada de la llevanza del registro contable de los valores negociables será el depositario central de valores designado que ejercerá tal función junto con sus entidades participantes.

4. La llevanza del registro de valores negociables representados mediante sistemas basados en tecnología de registros distribuidos se llevará a cabo en la forma prevista en el documento de la emisión al que se refiere el artículo 7. El emisor deberá designar a una o varias entidades que serán responsables de la administración de la inscripción y registro de los valores en el sistema, que podrán ser el propio emisor o una o varias entidades designadas por este. Entre otras funciones, estas entidades llevarán la gestión de la identificación de los titulares de los derechos derivados de los valores negociables,

así como de los distintos eventos corporativos, inscripciones o gravámenes que afecten a la emisión.

La designación de las entidades responsables de la administración de la inscripción y registro de los valores negociables en el sistema prevista en el párrafo anterior deberá realizarse en el documento de la emisión, y podrá realizarse bien mediante la atribución de estas funciones a una entidad o entidades específicas, bien mediante la descripción de los requisitos que dichas entidades deban cumplir para poder tener tal consideración.

En todo caso, deberá ser una de las entidades autorizadas para realizar la actividad prevista en la letra a) del artículo 126 de esta ley.

Reglamentariamente se determinarán, en su caso, los requisitos adicionales que las entidades responsables de la administración de la inscripción y registro de los valores en los sistemas basados en tecnología de registros distribuidos deban cumplir.

5. En el caso de los valores negociables admitidos a negociación en centros de negociación representados mediante sistemas basados en tecnología de registros distribuidos, la responsabilidad del cumplimiento de los requisitos establecidos en el artículo 6.5 y en el apartado 4 anterior recaerá sobre las infraestructuras de mercado autorizadas por la CNMV de conformidad con la normativa europea que resulte de aplicación.

6. Las entidades a las que se refiere este artículo responderán frente a quienes resulten perjudicados por la falta de práctica de las correspondientes inscripciones, por las inexactitudes y retrasos en las mismas y, en general, por el incumplimiento intencionado o por negligencia de sus obligaciones legales. El resarcimiento de los daños causados, cuando sea posible, habrá de hacerse efectivo en especie.

Véanse arts. 33 y 50 del Real Decreto 814/2023, de 8 de noviembre, sobre instrumentos financieros (…) (BOE núm. 268, de 9 de noviembre).

Art. 9. *Sistema de registro y tenencia de valores negociables representados mediante anotaciones en cuenta.*– 1. Todo depositario central de valores que preste servicios en España adoptará un sistema de registro compuesto por un registro central y los registros de detalle a cargo de las entidades participantes en dicho sistema.

2. El registro central estará a cargo del depositario central de valores y reconocerá a cada entidad participante que lo solicite, en su caso, una o varias cuentas propias, una o varias cuentas generales de terceros y una o varias cuentas individuales. Reglamentariamente se determinarán las características de los distintos tipos de cuentas, así como las obligaciones relativas a la llevanza de un registro de detalle por parte de las entidades participantes con cuentas generales de terceros.

3. El Gobierno desarrollará, en relación con las distintas entidades a las que se encomienda la llevanza de los registros contables y los distintos tipos de valores negociables, admitidos o no a negociación en centros de negociación, las normas de organización y funcionamiento de los correspondientes registros, el régimen jurídico de las

diferentes cuentas de valores negociables admisibles, las garantías y demás requisitos que les sean exigibles, los sistemas de identificación y control de los valores negociables representados mediante anotaciones en cuenta, así como las relaciones de aquellas entidades con los emisores y su intervención en la administración de valores negociables. Reglamentariamente se determinarán las condiciones y los supuestos en los que los depositarios centrales de valores podrán estar autorizados a realizar la llevanza directa de cuentas de valores negociables de su clientela en el registro central.

> Véanse arts. 34, 35 y 53 del Real Decreto 814/2023, de 8 de noviembre, sobre instrumentos financieros (…) (BOE núm. 268, de 9 de noviembre).

Art. 10. *Constitución de los valores negociables representados por medio de anotaciones en cuenta o mediante sistemas basados en tecnología de registros distribuidos.*– 1. Los valores negociables representados por medio de anotaciones en cuenta, o por medio de sistemas basados en tecnología de registros distribuidos, se constituirán como tales en virtud de su inscripción en el correspondiente registro de la entidad encargada del registro contable y desde entonces quedarán sometidos a las disposiciones de este Capítulo.

Los valores negociables representados por medio de sistemas basados en tecnología de registros distribuidos se constituirán como tales mediante su primer registro en dichos sistemas, en favor del emisor o de los suscriptores de los valores.

2. La puesta en circulación de los valores negociables se producirá en virtud de su registro en el correspondiente sistema a favor de los suscriptores de dichos valores.

3. Los suscriptores de valores negociables representados por medio de anotaciones en cuenta o mediante sistemas basados en tecnología de registros distribuidos tendrán derecho a que se practiquen a su favor, libres de gastos, las correspondientes inscripciones.

> Véanse arts. 14, 42 y 55 del Real Decreto 814/2023, de 8 de noviembre, sobre instrumentos financieros (…) (BOE núm. 268, de 9 de noviembre).

Art. 11. *Transmisión.*– 1. La transmisión de los valores negociables representados por medio de anotaciones en cuenta tendrá lugar por transferencia contable. La transmisión de los valores representados mediante sistemas basados en tecnología de registros distribuidos tendrá lugar mediante la transferencia registrada en el registro distribuido.

La inscripción o registro de la transmisión en el sistema de anotaciones en cuenta o en el sistema basado en tecnología de registros distribuidos, según corresponda, a favor del adquirente, producirá los mismos efectos que la entrega de los títulos.

2. La transmisión será oponible a terceros desde el momento en que se haya practicado la inscripción en el sistema de anotaciones en cuenta o en el sistema basado en tecnología de registros distribuidos, según el caso.

3. El tercero que adquiera a título oneroso valores negociables representados por medio de anotaciones en cuenta o por medio de sistemas basados en tecnología de registros distribuidos, de persona que, según los asientos del registro contable o el sistema basado en tecnología de registros distribuidos, aparezca legitimada para transmitirlos, no estará sujeto a reivindicación, a no ser que en el momento de la adquisición haya obrado de mala fe o con culpa grave.

4. La entidad emisora sólo podrá oponer, frente al adquirente de buena fe de valores negociables representados por medio de anotaciones en cuenta o por medio de sistemas basados en tecnología de registros distribuidos, las excepciones que se desprendan de la inscripción en relación con el documento de la emisión previsto en el artículo 7 y las que hubiese podido esgrimir en el caso de que los valores negociables hubiesen estado representados por medio de títulos.

5. La suscripción o transmisión de valores negociables sólo requerirá para su validez la intervención de notario cuando, no estando admitidos a negociación en un mercado regulado, estén representados mediante títulos al portador y dicha suscripción o transmisión no se efectúe con la participación o mediación de una sociedad o agencia de valores, o de una entidad de crédito.

> Véanse arts. 15, 43 y 56 del Real Decreto 814/2023, de 8 de noviembre, sobre instrumentos financieros (...) (BOE núm. 268, de 9 de noviembre).
> Cfr. con los arts. 545 C.Com. y 19, 20 y 67 LCCH.

Art. 12. *Constitución de derechos reales limitados y otros gravámenes.–* 1. La constitución de derechos reales limitados u otra clase de gravámenes sobre valores negociables representados por medio de anotaciones en cuenta o de sistemas basados en tecnología de registros distribuidos deberá inscribirse en la cuenta o registrarse en el registro correspondiente, según el caso. Los sistemas basados en tecnología de registros distribuidos que se utilicen, en su caso, para la representación de valores negociables deberán contar con los mecanismos necesarios para realizar la inscripción de cualesquiera actos y negocios jurídicos que deban inscribirse conforme a derecho, incluyendo, entre otros, embargos, ejecuciones judiciales, transmisiones *mortis causa* y la constitución de derechos reales limitados y otros gravámenes sobre ellos. Igualmente deberán contar con todas las funcionalidades necesarias propias de esta forma de representación de valores negociables. La inscripción de la prenda equivale al desplazamiento posesorio del título.

2. La constitución del gravamen será oponible a terceros desde el momento en que se haya practicado la correspondiente inscripción.

> Véanse los arts. 16, 45 y 57 del Real Decreto 814/2023, de 8 de noviembre, sobre instrumentos financieros (...) (BOE núm. 268, de 9 de noviembre), los arts. 320 a 324 del C.Com., los arts. 1.857 a 1.873 del CC, el art. 121 TRLSC (§1) y el RD 937/2020, de 27 de octubre, que aprueba el Reglamento de la Caja General de Depósitos.

Art. 13. *Legitimación registral y tracto sucesivo.*- 1. La persona que aparezca legitimada en los asientos del registro contable o en el sistema basado en tecnología de registros distribuidos se presumirá titular legítimo y, en consecuencia, podrá exigir de la entidad emisora que realice en su favor las prestaciones a que dé derecho el valor negociable. Podrá aparecer como persona legitimada bien el beneficiario último, o bien una entidad que esté autorizada a prestar el servicio auxiliar previsto en la letra a) del artículo 126 de esta ley, siempre que quede constancia de que actúa por cuenta de su clientela.

2. La entidad emisora que realice de buena fe y sin culpa grave la prestación en favor del legitimado se liberará aunque este no sea el titular del valor negociable.

3. Para la transmisión y el ejercicio de los derechos que corresponden al titular será precisa la previa inscripción a su favor.

> Véase los arts. 18 y 19 del Real Decreto 814/2023, de 8 de noviembre, sobre instrumentos financieros (...) (BOE núm. 268, de 9 de noviembre).

Art. 14. *Certificados de legitimación.*- 1. La legitimación para la transmisión y para el ejercicio de los derechos derivados de los valores negociables, representados tanto por medio de anotaciones en cuenta como por medio de sistemas basados en tecnología de registros distribuidos, podrá acreditarse mediante la exhibición de certificados, que serán oportunamente expedidos por las entidades encargadas de los registros contables de conformidad con sus propios asientos, o por las entidades responsables de la administración de la inscripción y registro de los valores cuando se utilicen sistemas basados en tecnología de registros distribuidos, quienes podrán expedir dichos certificados de conformidad con funcionalidades en dichos sistemas sobre la base de las cuales quede probada de forma indubitable la titularidad de los derechos de que se trate. Para estos valores, el documento de emisión detallará los mecanismos implementados por el sistema de representación basado en tecnología de registros distribuidos de que se trate a través de los cuales se pruebe la titularidad de los derechos sobre los valores negociables representados en dicho sistema.

2. Estos certificados no conferirán más derechos que los relativos a la legitimación. Serán nulos los actos de disposición que tengan por objeto los certificados.

3. No podrá expedirse, para los mismos valores negociables y para el ejercicio de los mismos derechos, más de un certificado.

4. Las entidades encargadas de los registros contables, las entidades responsables de la administración de la inscripción y registro de los valores y los miembros de los centros de negociación no podrán dar curso a transmisiones o gravámenes ni practicar las correspondientes inscripciones si el disponente no ha restituido previamente los certificados expedidos a su favor. La obligación de restitución decae cuando el certificado haya quedado privado de valor.

Véanse los arts. 21 a 24 y Disp. Trans. 1.ª del Real Decreto 814/2023, de 8 de noviembre, sobre instrumentos financieros (…) (BOE núm. 268, de 9 de noviembre).

Art. 15. *Traslado de valores negociables y regla de la prorrata.*– 1. Declarado el concurso de una entidad encargada de la llevanza del registro de valores negociables representados mediante anotaciones en cuenta, o de una entidad participante en el sistema de registro, o de una entidad responsable de la administración de la inscripción y registro de los valores en los sistemas basados en tecnología de registros distribuidos, los titulares de valores negociables anotados o inscritos en dichos registros gozarán del derecho de separación respecto de los valores negociables inscritos a su favor y lo podrán ejercitar solicitando su traslado a otra entidad, todo ello sin perjuicio de lo dispuesto en los artículos 92 y 176.2.e) de esta ley.

2. A efectos de lo previsto en este artículo, el juez del concurso y los órganos de la administración concursal velarán por los derechos que deriven de operaciones en curso de liquidación en el momento en que se declare el concurso de alguna de las entidades a las que se refiere el apartado anterior, atendiendo para ello a las reglas del correspondiente sistema de compensación, liquidación y registro.

3. Los depositarios centrales de valores y demás entidades encargadas de la llevanza del registro de valores negociables representados mediante anotaciones en cuenta garantizarán la integridad de las emisiones de valores. De conformidad con lo dispuesto en la normativa europea de desarrollo del Reglamento (UE) 909/2014, del Parlamento Europeo y del Consejo, el depositario central de valores exigirá a sus participantes que concilien cada día sus registros con la información recibida de él. Para ello, el depositario central de valores proporcionará diariamente a los participantes la siguiente información, especificada para cada cuenta de valores y cada emisión de valores:

a) el saldo agregado de la cuenta de valores al inicio del día hábil correspondiente;

b) cada una de las transferencias de valores hacia o desde una cuenta de valores durante el día hábil correspondiente;

c) el saldo agregado de la cuenta de valores al final del día hábil correspondiente.

Asimismo, el depositario central de valores deberá facilitar la información anterior a petición de otros titulares de cuentas de valores mantenidas por él, de forma centralizada o no centralizada, cuando dicha información sea necesaria para la conciliación de los registros de esos titulares con los registros del depositario central de valores.

4. En todo caso, y sin perjuicio de lo previsto en el apartado anterior, cuando los saldos de valores negociables con un mismo código de identificación ISIN (International Securities Identification Number) anotados en el conjunto de cuentas generales de terceros de una entidad participante en el registro central, no resulten suficientes para satisfacer completamente los derechos de los titulares de los valores negociables con el mismo código de identificación ISIN inscritos en el registro de detalle mantenido

por dicha entidad participante, se distribuirá el saldo anotado en dicho conjunto de cuentas generales de terceros a prorrata según los derechos de los titulares inscritos en el registro de detalle. Los titulares perjudicados ostentarán un derecho de crédito frente a la entidad participante por los valores negociables no entregados.

5. Cuando existan derechos reales limitados u otra clase de gravámenes sobre los valores negociables, y sin perjuicio de los pactos entre el garante y el beneficiario de la garantía, una vez aplicada la regla de la prorrata, dichos gravámenes se entenderán constituidos sobre el resultado de la prorrata y de los créditos frente a la entidad participante que, en su caso, existan por la parte no satisfecha en valores negociables.

6. Las competencias contempladas en este artículo corresponderán a las Comunidades Autónomas con competencias en la materia, respecto a los instrumentos financieros negociados exclusivamente en mercados de ámbito autonómico y previo cumplimiento de requisitos específicos exigidos en dichos mercados.

TÍTULO II. Comisión Nacional del Mercado de Valores (CNMV)

Véase Real Decreto 815/2023, de 8 de noviembre, por el que se desarrolla la Ley 6/2023, de 17 de marzo, de los Mercados de Valores y de los Servicios de Inversión, en relación con los registros oficiales de la Comisión Nacional del Mercado de Valores, la cooperación con otras autoridades y la supervisión de empresas de servicios de inversión (BOE núm. 268, de 9 de noviembre).

CAPÍTULO I. Disposiciones Generales

Art. 16. *Naturaleza y régimen jurídico*.– 1. La CNMV es un ente de derecho público, con personalidad jurídica propia y plena capacidad pública y privada, que se regirá por lo establecido en esta ley y en las disposiciones que la completen o desarrollen.

(…).

6. El Gobierno y el Ministerio de Asuntos Económicos y Transformación Digital ejercerán respecto de la CNMV las facultades que les atribuye esta ley, con estricto respeto a su ámbito de autonomía.

Art. 17. *Autonomía orgánica y funcional, e independencia en el ejercicio de sus funciones*.– En el ejercicio de sus funciones y para el cumplimiento de los fines que le han sido asignados, la CNMV cuenta con autonomía orgánica y funcional debiendo actuar en todo caso con plena independencia de las instituciones del Estado y de cualquier otra persona o entidad pública o privada.

Ninguna institución del Estado ni ninguna otra entidad pública o privada tratarán de dar instrucciones o ejercer presión sobre los miembros del Consejo ni el personal de la CNMV en el ejercicio de sus funciones.

Ni el Consejo ni el personal de la CNMV podrán solicitar ni aceptar instrucciones de las instituciones del Estado ni de ninguna entidad pública o privada.

Art. 18. *Funciones de la CNMV.*– 1. La CNMV es el organismo competente en materia de supervisión e inspección de los mercados de valores y de la actividad de cuantas personas físicas y jurídicas se relacionan en el tráfico de los mismos, del ejercicio sobre ellas de la potestad sancionadora y de las demás funciones que se le atribuyen en esta ley.

2. La CNMV velará por la transparencia de los mercados de valores, la correcta formación de los precios en los mismos y la protección de los inversores, promoviendo la difusión de cuanta información sea necesaria para asegurar la consecución de esos fines.

3. La CNMV asesorará al Gobierno y al Ministerio de Asuntos Económicos y Transformación Digital y, en su caso, a los órganos equivalentes de las Comunidades Autónomas, en las materias relacionadas con los mercados de valores, a petición de los mismos o por iniciativa propia. Podrá también elevar a aquéllos propuestas sobre las medidas o disposiciones relacionadas con los mercados de valores que estime necesarias. Elaborará y dará publicidad a un informe anual en el que se refleje su actuación y la situación general de los mercados de valores.

4. La CNMV elevará anualmente a las Cortes Generales un informe sobre el desarrollo de sus actividades y sobre la situación de los mercados financieros organizados. La persona titular de la presidencia de la CNMV comparecerá ante la Comisión de Asuntos Económicos y Transformación Digital del Congreso de los Diputados para dar cuenta de tal informe, así como cuantas veces sea requerida para ello.

El informe señalado en el párrafo anterior incluirá una memoria sobre la función supervisora realizada por la CNMV en relación con sus actuaciones y procedimientos llevados a cabo en el ámbito de sus competencias y de la que pueda deducirse información sobre la eficacia y eficiencia de tales procedimientos y actuaciones. En esta memoria se incluirá un informe del órgano de control interno sobre la adecuación de las decisiones adoptadas por los órganos de gobierno de la CNMV a la normativa procedimental aplicable en cada caso. Esta memoria deberá ser aprobada por el Consejo de la CNMV y se remitirá, además de a las Cortes Generales, al Gobierno de la Nación.

Véase Decreto 815/2023, de 8 de noviembre, por el que se desarrolla la Ley 6/2023, de 17 de marzo, de los Mercados de Valores y de los Servicios de Inversión, en relación con los registros oficiales de la Comisión Nacional del Mercado de Valores, la cooperación con otras autoridades y la supervisión de empresas de servicios de inversión (BOE núm. 268, de 9 de noviembre). De acuerdo con su art. 1 «tiene por objeto desarrollar la Ley 6/2023, de 17 de marzo, de los Mercados de Valores y de los Servicios de Inversión, en concreto el régimen jurídico de las potestades y facultades administrativas de la Comisión Nacional de los Mercados de Valores».

(...)

Art. 22. *Competencia normativa de la CNMV*.– 1. Para el adecuado ejercicio de sus competencias, la CNMV podrá dictar cuantas disposiciones exija el desarrollo y ejecución de los preceptos contenidos en la presente ley, los reales decretos aprobados por el Gobierno o en las órdenes de la persona titular del Ministerio de Asuntos Económicos y Transformación Digital, siempre que le habiliten de modo expreso para ello.

2. Las disposiciones dictadas por la CNMV a que se refiere el apartado anterior se elaborarán por esta, previos los informes técnicos y jurídicos oportunos de los servicios competentes de la misma. Tales disposiciones recibirán la denominación de circulares, serán aprobadas por el Consejo de la CNMV, no surtirán efectos hasta tanto sean publicadas en el «Boletín Oficial del Estado» y entrarán en vigor conforme a lo dispuesto en el artículo 2.1 del Código Civil.

En la elaboración de dichas circulares se darán, en todo caso, trámite de consulta pública, de acuerdo con lo previsto en el artículo 133 de la Ley 39/2015, de 1 de octubre, del Procedimiento Administrativo Común de las Administraciones Públicas, y trámite de audiencia a los sectores interesados en las mismas.

Del mismo modo, se recabará informe preceptivo del Consejo de Estado, de acuerdo con la Ley Orgánica 3/1980, de 22 de abril, del Consejo de Estado.

3. La CNMV podrá elaborar guías técnicas, dirigidas a las entidades y grupos supervisados, indicando los criterios, prácticas, metodologías o procedimientos que considera adecuados para el cumplimiento de la normativa que les resulte de aplicación. Dichas guías, que deberán hacerse públicas, podrán incluir los criterios que la CNMV seguirá en el ejercicio de sus actividades de supervisión. La CNMV podrá requerir una explicación a aquellas entidades y grupos supervisados que, en su caso, se hubieran separado de dichos criterios, prácticas, metodologías o procedimientos.

4. La CNMV podrá hacer suyas, y transmitir como tales a las entidades y grupos supervisados, las guías que sobre dichas cuestiones aprueben los organismos o comités internacionales activos en la regulación y supervisión del mercado de valores, así como desarrollar, complementar o adaptar las guías.

Art. 23. *Recursos contra disposiciones y resoluciones de la CNMV*.– Las disposiciones y resoluciones que dicte la CNMV en el ejercicio de las potestades administrativas que se le confieren en esta ley pondrán fin a la vía administrativa y serán recurribles en vía contencioso-administrativa.

CAPÍTULO II. Organización

Art. 24. *El Consejo de la CNMV*.– 1. La CNMV estará regida por un Consejo, al que corresponderá el ejercicio de todas las competencias que a la misma le asigna esta ley y el resto del ordenamiento jurídico.

(…)

Art. 25. *Facultades del Consejo de la CNMV*.– 1. En el marco de las funciones atribuidas a la CNMV por el artículo 18 y para el ejercicio de las competencias conferidas al Consejo por el artículo 24, el Consejo de la CNMV tendrá las siguientes facultades:

a) Aprobar las Circulares a que se refiere el artículo 22.

b) Aprobar el Reglamento de Régimen Interior de la CNMV a que se refiere el artículo 21.

c) Aprobar el anteproyecto de presupuesto de la CNMV.

d) Constituir el Comité Ejecutivo, regulado en el artículo 27.

e) Nombrar al personal de alta dirección de la CNMV, a propuesta de la persona titular de la presidencia de la CNMV.

f) Aprobar los informes anuales a que se refiere el artículo 18.

g) Aprobar o proponer todos aquellos asuntos que legalmente le correspondan.

2. En el plazo de tres meses a partir de la toma de posesión de cualquier miembro del Consejo, este deberá proceder, en sesión extraordinaria, a confirmar, modificar o revocar, de forma expresa, todas y cada una de sus delegaciones de facultades en la persona titular de la presidencia de la CNMV y en la persona titular de la vicepresidencia de la CNMV o en el Comité Ejecutivo.

Art. 26. *Funciones de las personas titulares de la presidencia y de la vicepresidencia de la CNMV*.– 1. La persona titular de la presidencia de la CNMV ejercerá las siguientes funciones:

a) Ostentar la representación legal de la CNMV.

b) Acordar la convocatoria de las sesiones ordinarias y extraordinarias del Consejo y del Comité Ejecutivo de la CNMV.

c) Dirigir y coordinar las actividades de todos los órganos directivos de la CNMV.

d) Disponer los gastos y ordenar los pagos de la CNMV.

e) Celebrar los contratos y convenios de la CNMV.

f) Desempeñar la jefatura superior de todo el personal de la CNMV.

g) Ejercer las facultades que el Consejo le delegue de forma expresa.

h) Ejercer las demás funciones que le atribuye el ordenamiento jurídico vigente.

2. La persona titular de vicepresidencia de la CNMV tendrá las siguientes atribuciones:

a) Sustituir a la persona titular de la presidencia de la CNMV en los casos de vacante, ausencia o enfermedad.

b) Presidir el Comité Consultivo de la CNMV a que se refiere el artículo 31.

c) Formar parte, como titular de la vicepresidencia, del Comité Ejecutivo de la CNMV.

d) Ejercer las funciones que la persona titular de la presidencia o el Consejo le deleguen.

3. En los casos de vacante, ausencia o enfermedad, la persona titular de la vicepresidencia será sustituida por aquel consejero o consejera de los previstos en el artículo 24.2.c) de esta ley, con mayor antigüedad en el cargo y, a igualdad de antigüedad, por el de mayor edad.

Art. 27. *El Comité Ejecutivo de la CNMV.*– 1. El Comité Ejecutivo estará integrado por la persona titular de la presidencia, la persona titular de la vicepresidencia y los consejeros y consejeras previstos en el artículo 24.2 c). Será secretario o secretaria del Comité Ejecutivo, con voz y sin voto, el secretario o secretaria del Consejo de la CNMV.

2. Serán atribuciones del Comité Ejecutivo:

a) Preparar y estudiar los asuntos que vayan a ser sometidos al Consejo de la CNMV.

b) Estudiar, informar y deliberar sobre los asuntos que someta a su consideración la persona titular de la presidencia.

c) Coordinar las actuaciones de los diferentes órganos directivos de la CNMV, sin perjuicio de las atribuciones que correspondan a la persona titular de la presidencia.

d) Aprobar, en la esfera del derecho privado, las adquisiciones patrimoniales de la CNMV y disponer de sus bienes.

e) Resolver las autorizaciones administrativas que le hayan sido atribuidas por delegación del Consejo, así como ejercer aquellas facultades que el Consejo le delegue expresamente.

(…)

Art. 31. *El Comité Consultivo de la CNMV.*– 1. El Comité Consultivo de la CNMV es el órgano de asesoramiento de su Consejo.

(…)

Art. 32. *Informe del Comité Consultivo.*– 1. El Comité Consultivo de la CNMV informará sobre cuantas cuestiones le sean planteadas por el Consejo.

2. El informe del Comité Consultivo será preceptivo en relación con:

a) Las disposiciones de la CNMV a que hace referencia el artículo 22.

b) La autorización, la revocación y las operaciones societarias de las empresas de servicios de inversión y de las restantes personas o entidades que actúen al amparo del artículo 128, cuando así se establezca reglamentariamente, atendiendo a su trascendencia económica y jurídica.

c) La autorización y revocación de las sucursales de empresas de servicios de inversión de países no miembros de la Unión Europea, y los restantes sujetos del mercado de valores, cuando así se establezca reglamentariamente, teniendo en cuenta la relevancia económica y jurídica de tales sujetos.

3. Sin perjuicio de su carácter de órgano consultivo del Consejo de la CNMV, el Comité Consultivo informará los proyectos de disposiciones de carácter general sobre materias directamente relacionadas con el mercado de valores que le sean remitidos por el Gobierno o por el Ministerio de Asuntos Económicos y Transformación Digital con el objeto de hacer efectivo el principio de audiencia de los sectores afectados en el procedimiento de elaboración de disposiciones administrativas.

(…)

TÍTULO III. Mercado primario de valores negociables

Téngase en cuenta del Real Decreto 814/2023, de 8 de noviembre, sobre instrumentos financieros, admisión a negociación, registro de valores negociables e infraestructuras de mercado (BOE núm. 268, de 9 de noviembre).

CAPÍTULO I. Disposiciones generales

Véanse arts. 59 a 61 del Real Decreto 814/2023, de 8 de noviembre, sobre instrumentos financieros (…) (BOE núm. 268, de 9 de noviembre).

Art. 34. *Libertad de emisión.*– 1. Las emisiones de valores negociables no requerirán autorización administrativa previa y para su colocación podrá recurrirse a cualquier técnica adecuada a elección del emisor. A los efectos de lo previsto en este Capítulo, se asimilarán a los valores negociables las participaciones y acciones emitidas por entidades de capital riesgo y otras entidades de inversión colectiva de tipo cerrado.

2. El emisor deberá estar válidamente constituido de acuerdo con la legislación del país en el que esté domiciliado y deberá estar operando de conformidad con su escritura de constitución y estatutos o documentos equivalentes.

Adicionalmente, los valores negociables deberán respetar el régimen jurídico al que estén sometidos y, en los casos en los que el emisor esté obligado a elaborar un folleto conforme a lo dispuesto en el Reglamento (UE) n.º 2017/1129 del Parlamento Europeo y del Consejo, de 14 de junio de 2017, sobre el folleto que debe publicarse en caso de oferta pública o admisión a cotización de valores en un mercado regulado y por el que se deroga la Directiva 2003/71/CE, la colocación deberá ajustarse a las condiciones recogidas en él.

Téngase en cuenta los arts. 61 a 68 del RD 814/2023, de 8 de noviembre, sobre instrumentos financieros, admisión a negociación, registro de valores negociables e infraestructuras de mercado (BOE núm. 268, de 9 de noviembre) y la OM de 28 de mayo de 1999 (BOE núm. 133, de 4 de junio), si bien esta última OM pudiera haberse visto afectada por la cláusula de derogación tácita prevista en la Disposición Derogatoria Única del RDL 5/2005, de 11 de marzo, de reformas urgentes para el impulso a la productividad y para la mejora de la contratación pública.

Art. 35. *Obligación de publicar folleto informativo.*– 1. Los valores negociables únicamente podrán ofertarse al público o admitirse a cotización en un mercado regulado tras la previa publicación de un folleto de conformidad con el Reglamento (UE) n.º 2017/1129 del Parlamento Europeo y del Consejo, de 14 de junio de 2017, sin perjuicio de lo dispuesto en los apartados 4 y 5 del artículo 1 del mismo.

2. No será exigible el folleto al que se refiere el apartado anterior en los siguientes casos:

a) En el caso de ofertas al público o admisiones a negociación en mercados regulados de pagarés con plazo de vencimiento inferior a 365 días.

b) Conforme a lo dispuesto en el artículo 3.2 del Reglamento (UE) n.º 2017/1129 del Parlamento Europeo y del Consejo, de 14 de junio de 2017, cuando las ofertas de valores negociables no estén sujetas a notificación de conformidad con el artículo 25 de dicho Reglamento, y el importe total de cada una de esas ofertas en la Unión sea inferior a ocho millones de euros, límite que se calculará sobre un período de doce meses.

c) En el caso de las entidades de crédito, no existirá obligación de publicar un folleto cuando las ofertas de valores negociables no estén sujetas a notificación de conformidad con el artículo 25 de dicho Reglamento, y el importe total de cada una de esas ofertas en la Unión sea inferior a cinco millones de euros, límite que se calculará sobre un período de doce meses.

Art. 36. *Obligaciones relativas a la colocación de determinadas emisiones.*– 1. Cuando se trate de colocación de emisiones no sujetas a la obligación de publicar folleto por tratarse de pagarés con plazo de vencimiento inferior a 365 días, por ir dirigidas a menos de ciento cincuenta inversores por Estado miembro excluyendo a los inversores cualificados, por requerirse una inversión mínima igual o superior a cien mil euros o por ser su importe total en la Unión Europea inferior a ocho millones de euros, calculado en un periodo de doce meses, que se dirijan al público en general empleando cualquier forma de comunicación publicitaria, deberá intervenir una entidad autorizada para prestar servicios de inversión. La actuación de esta entidad deberá incluir, al menos, la validación de la información a entregar a los inversores y la supervisión de modo general del proceso de comercialización.

2. La intervención obligatoria de una entidad autorizada para prestar servicios de inversión prevista en el apartado anterior no será de aplicación cuando el emisor realice la actividad propia de las plataformas de financiación participativa, así como de los proveedores de servicios de financiación participativa autorizados conforme al Reglamento (UE) n.º 2020/1503 del Parlamento Europeo y del Consejo, de 7 de octubre de 2020.

3. Adicionalmente, la CNMV podrá exigir que estas colocaciones, atendiendo a la complejidad del emisor o del instrumento financiero en cuestión, cumplan con la obligación de publicar folleto.

Art. 37. *Requisitos de información para la admisión a negociación en un mercado regulado.*– 1. La admisión a negociación de valores negociables en un mercado regulado no requerirá autorización administrativa previa. No obstante, estará sujeta al cumplimiento previo de los requisitos siguientes:

a) La aportación y registro en la CNMV o en el organismo rector del mercado regulado, según corresponda conforme a lo indicado en el artículo 63, de los documentos que acrediten la sujeción del emisor y de los valores negociables al régimen jurídico que les sea aplicable.

b) La aportación y registro en la CNMV o en el organismo rector del mercado regulado, según corresponda conforme a lo indicado en el artículo 63, de los estados financieros del emisor preparados y auditados de acuerdo con la legislación aplicable a dicho emisor cuando no resulte exigible la aprobación de un folleto por la CNMV. Reglamentariamente se determinará el número de ejercicios que deben comprender los estados financieros.

c) En caso de resultar exigible, la aportación, aprobación y registro en la CNMV de un folleto, así como su publicación.

2. El procedimiento para la admisión de valores negociables a negociación en los mercados regulados deberá facilitar que los valores negociables se negocien de un modo equitativo, ordenado y eficiente. Reglamentariamente se regulará dicho procedimiento.

3. La publicidad relativa a la admisión a negociación en un mercado regulado y a las ofertas públicas de valores negociables se ajustará a lo dispuesto en el artículo 22 del Reglamento (UE) n.º 2017/1129 del Parlamento Europeo y del Consejo, de 14 de junio de 2017, y el artículo 246 de esta ley.

4. A las ofertas públicas de venta o suscripción de valores negociables no exceptuadas de la obligación de publicar un folleto se les aplicará lo previsto en el apartado 1.a) de este artículo con las adaptaciones y excepciones que reglamentariamente se determinen.

Véanse el Reglamento (UE) 2017/1129, de 14 de junio, sobre el folleto que debe publicarse en caso de oferta pública o admisión a cotización de valores en un mercado regulado, los arts. 67 y 68 del Real Decreto 814/2023, de 8 de noviembre, sobre instrumentos financieros (...) (BOE núm. 268, de 9 de noviembre) y la OM de 19 de junio de 1997 (BOE núm. 148, de 21 de junio.

Art. 38. *Responsabilidad del folleto.*- 1. La responsabilidad de la información que figura en el folleto deberá recaer, al menos, sobre el emisor, el oferente o la persona que solicita la admisión a negociación en un mercado regulado y los administradores y administradoras de los anteriores.

Asimismo, serán responsables los siguientes sujetos:

a) El garante de los valores negociables en relación con la información que ha de elaborar.

b) La entidad directora respecto de las labores de comprobación que realice.

c) Aquellas otras personas que acepten asumir responsabilidad por el folleto, siempre que así conste en dicho documento y aquellas otras no incluidas entre las anteriores que hayan autorizado el contenido del folleto.

Reglamentariamente se establecerán las condiciones que rigen la responsabilidad de las personas mencionadas en este apartado.

2. De acuerdo con las condiciones que se determinen reglamentariamente, todas las personas indicadas en los apartados anteriores, según el caso, serán responsables de todos los daños y perjuicios que hubiesen ocasionado a los titulares de los valores negociables adquiridos como consecuencia de las informaciones falsas o las omisiones de datos relevantes del folleto o del documento que en su caso deba elaborar el garante.

La acción para exigir la responsabilidad prescribirá a los tres años desde que el reclamante hubiera podido tener conocimiento de la falsedad o de las omisiones en relación al contenido del folleto.

3. No se podrá exigir ninguna responsabilidad por causas relacionadas exclusivamente con la nota de síntesis a que se refiere el artículo 7 del Reglamento (UE) n.º 2017/1129 del Parlamento Europeo y del Consejo, de 14 de junio de 2017, o con la nota de síntesis específica del folleto de la Unión de crecimiento contemplada en el artículo 15.1 de dicho Reglamento, incluida su traducción, salvo que:

a) sea engañosa, inexacta o incoherente con las demás partes del folleto, o

b) no contenga, leída conjuntamente con el resto del folleto, la información fundamental destinada a ayudar a los inversores a decidir si deben invertir o no en los valores.

Véanse el art. 11 del Reglamento (UE) 2017/1129, de 14 de junio, y los arts. 69 a 74 del Real Decreto 814/2023, de 8 de noviembre, sobre instrumentos financieros (...) (BOE núm. 268, de 9 de noviembre).

Art. 39. *Responsabilidad en la aprobación del folleto.*- La CNMV será responsable de la aprobación del folleto, en los términos y con el alcance previsto en el artículo 20.9 del Reglamento (UE) n.º 2017/1129 del Parlamento Europeo y del Consejo, de 14 de junio de 2017.

CAPÍTULO II. Emisiones de obligaciones u otros valores negociables que reconozcan o creen deuda

Art. 40. *Exención de requisitos*.- 1. Lo dispuesto en este artículo será de aplicación a todas las emisiones de obligaciones o de otros valores negociables que reconozcan o creen deuda emitidos por sociedades españolas siempre que:

a) vayan a ser objeto de admisión a negociación en un mercado regulado u objeto de una oferta pública de venta respecto de la cual se exija la elaboración de un folleto sujeto a aprobación y registro por la CNMV en los términos dispuestos en el Capítulo anterior, o

b) vayan a ser objeto de admisión a negociación en un sistema multilateral de negociación establecido en España, o

c) vayan a ser objeto de admisión a negociación en un sistema organizado de contratación establecido en España.

Se entenderán incluidas en el párrafo anterior, siempre que cumplan lo dispuesto en el mismo, las emisiones de obligaciones o de otros valores negociables que reconozcan o creen deuda previstas en el Título XI del texto refundido de la Ley de Sociedades de Capital, aprobado por el Real Decreto Legislativo 1/2010, de 2 de julio.

No tendrán la consideración de obligaciones o de otros valores negociables que reconocen o crean deuda los valores participativos tales como las obligaciones convertibles en acciones, a condición de que sean emitidas por el emisor de las acciones subyacentes o por una entidad que pertenezca al grupo del emisor.

2. No será necesario otorgar escritura pública para la emisión de los valores a los que se refiere este artículo.

La publicidad de todos los actos relativos a las emisiones de valores negociables a que se refiere el apartado 1.a) se regirá por lo dispuesto en esta ley y sus disposiciones de desarrollo.

La publicidad de todos los actos relativos a las emisiones de valores negociables a que se refiere el apartado 1.b) se efectuará a través de los sistemas establecidos a tal fin por los sistemas multilaterales de negociación.

La publicidad de todos los actos relativos a las emisiones de valores negociables a que se refiere el apartado 1.c) se efectuará a través de los sistemas establecidos a tal fin por los sistemas organizados de contratación.

3. Para las emisiones a las que se refiere el apartado 1.a), las condiciones de cada emisión, así como la capacidad del emisor para formalizarlas, cuando no hayan sido reguladas por la ley, se someterán a las cláusulas contenidas en los estatutos sociales del emisor y se regirán por lo previsto en el acuerdo de emisión y, en su caso, el folleto. En el caso de pagarés con plazo de vencimiento inferior a 365 días, las condiciones exigidas legalmente para la emisión y las características de los valores se harán constar en certificación de los acuerdos expedida por las personas facultadas conforme a la

normativa vigente. Esta certificación se considerará apta para dar de alta los valores en anotaciones en cuenta y en los registros de los sistemas basados en tecnología de registros distribuidos, conforme a lo dispuesto en el artículo 7.

4. Para las emisiones a las que se refiere el apartado 1.b), las condiciones exigidas legalmente para la emisión y las características de los valores negociables se harán constar en certificación expedida por las personas facultadas conforme a la normativa vigente. Esta certificación se considerará apta para dar de alta los valores negociables en anotaciones en cuenta y en los registros de los sistemas basados en tecnología de registros distribuidos, conforme a lo dispuesto en el artículo 7.

5. Para las emisiones a las que se refiere el apartado 1.c), las condiciones exigidas legalmente para la emisión y las características de los valores negociables se harán constar en certificación expedida por las personas facultadas conforme a la normativa vigente. Esta certificación se considerará apta para dar de alta los valores negociables en anotaciones en cuenta conforme a lo dispuesto en el artículo 7.

> Véase el art. 8 del Reglamento (UE) 2017/1129, de 14 de junio, sobre el folleto que debe publicarse en caso de oferta pública o admisión a cotización de valores en un mercado regulado y por el que se deroga la Directiva 2003/71/CE.

Art. 41. *Ámbito de aplicación del sindicato de obligacionistas.-* El Título XI, Capítulo IV, del texto refundido de la Ley de Sociedades de Capital, aprobado por el Real Decreto Legislativo 1/2010, de 2 de julio, será de aplicación a las emisiones de obligaciones u otros valores negociables que reconozcan o creen deuda y que tengan la condición de oferta pública de suscripción sujetas a la obligación de elaborar un folleto conforme a lo dispuesto en el Reglamento (UE) n.º 2017/1129 del Parlamento Europeo y del Consejo, de 14 de junio de 2017, cuando:

a) sus términos y condiciones estén regidos por el ordenamiento jurídico español o por el ordenamiento jurídico de un Estado que no sea miembro de la Unión Europea ni perteneciente a la Organización para la Cooperación y Desarrollo Económicos, y

b) tengan lugar en territorio español o su admisión a negociación se produzca en un mercado regulado español o en un sistema multilateral de negociación establecido en España.

Asimismo, el Título XI, Capítulo IV, del texto refundido de la Ley de Sociedades de Capital, aprobado por el Real Decreto Legislativo 1/2010, de 2 de julio, resultará de aplicación a las ofertas públicas de obligaciones u otros valores negociables que reconozcan o creen deuda que se exceptúen de la obligación de publicar un folleto únicamente en virtud de lo previsto en las letras b) y c) del apartado segundo del artículo 35 de esta ley.

TÍTULO IV. Centros de negociación, sistemas de compensación, liquidación y registro de instrumentos financieros, obligaciones de información periódica de los emisores, obligaciones de información sobre participaciones significativas y autocartera, de las ofertas públicas de adquisición y los asesores de voto

Véase Real Decreto 814/2023, de 8 de noviembre, sobre instrumentos financieros, admisión a negociación, registro de valores negociables e infraestructuras de mercado (BOE núm. 268, de 9 de noviembre).

CAPÍTULO I. Centros de negociación

Véanse Caps. I a IV del título III del Real Decreto 814/2023, de 8 de noviembre, sobre instrumentos financieros (…) (BOE núm. 268, de 9 de noviembre).

Sección 1.ª Disposiciones comunes a los centros de negociación

Art. 42. *Centros de negociación.‑* 1. A los efectos de esta ley, los centros de negociación son los sistemas multilaterales autorizados a operar por la CNMV y por las Comunidades Autónomas con competencias en materia de mercados de valores, entendidos como todo sistema o dispositivo en el que interactúan los diversos intereses de compra y de venta de instrumentos financieros de múltiples terceros, cuyo funcionamiento se debe regir por las disposiciones de esta ley y su normativa de desarrollo.

A los efectos de la presente ley, son centros de negociación los mercados regulados, los sistemas multilaterales de negociación y los sistemas organizados de contratación.

2. A los efectos de este Título, se entenderá por:

a) Mercado regulado: sistema multilateral, operado o gestionado por un organismo rector del mercado, que reúne o brinda la posibilidad de reunir, dentro del sistema y según sus normas no discrecionales, los diversos intereses de compra y de venta sobre instrumentos financieros de múltiples terceros para dar lugar a contratos con respecto a los instrumentos financieros admitidos a negociación conforme a sus normas o sistemas, y que está autorizado y funciona de forma regular de conformidad con el presente Título.

b) Sistema multilateral de negociación (SMN): sistema multilateral, operado por una empresa de servicios de inversión o por un organismo rector del mercado, que permite reunir, dentro del sistema y según normas no discrecionales, los diversos intereses de compra y de venta sobre instrumentos financieros de múltiples terceros para dar lugar a contratos, de conformidad con el presente Título.

c) Sistema organizado de contratación (SOC): sistema multilateral, que no sea un mercado regulado o un SMN y en el que interactúan los diversos intereses de compra y de venta de bonos y obligaciones, titulizaciones, derechos de emisión o derivados de múltiples terceros para dar lugar a contratos.

3. Todo sistema multilateral con instrumentos financieros operará con arreglo a las disposiciones de esta ley que rijan el funcionamiento de los mercados regulados, de los SMN y de los SOC, según la tipología de centro de negociación de que se trate.

Art. 43. *Autorización*.– 1. Para dar comienzo a su actividad, los centros de negociación establecidos en España deberán obtener, previa la solicitud correspondiente, la autorización de la CNMV. (...)

(...)

Art. 46. *Normas sobre servicios de localización compartida, comisiones y variación mínima de cotización*.– Los centros de negociación establecerán:

a) las normas sobre servicios de localización compartida, que deberán ser transparentes, equitativas y no discriminatorias, y estar contenidas en sus normas internas de funcionamiento;

b) las estructuras de comisiones, que deberán quedar reflejadas en sus normas internas de funcionamiento. Deberán ser transparentes, equitativas y no discriminatorias, y no crearán incentivos para colocar, modificar o cancelar órdenes o para ejecutar operaciones de forma que contribuyan a perturbar las condiciones de negociación o fomenten prácticas de abuso de mercado. Reglamentariamente se determinarán las condiciones en las que deben establecerse estas comisiones; y

c) los regímenes de variación mínima de cotización en las acciones, recibos de certificados de depósito de valores, fondos cotizados, certificados y demás instrumentos financieros similares, así como en cualquier otro instrumento financiero incluido en el Reglamento Delegado (UE) n.º 2017/588, de la Comisión de 14 de julio de 2016, por el que se completa la Directiva 2014/65/UE del Parlamento Europeo y del Consejo en lo que respecta a las normas técnicas de regulación relativas al régimen de variación mínima de cotización aplicable a las acciones, los certificados de depósito y los fondos cotizados, de conformidad con este y con las normas de desarrollo de esta ley. La aplicación de variaciones mínimas no impedirá a los centros de negociación ajustar las órdenes de gran volumen al punto medio de las ofertas y los precios de oferta actuales.

> Véanse los arts. 84 y 85 del RD 814/2023, de 8 de noviembre, sobre instrumentos financieros, admisión a negociación, registro de valores negociables e infraestructuras de mercado (BOE núm. 268, de 9 de noviembre).

(...)

Art. 48. *Mecanismos de gestión de volatilidad*.– 1. Los centros de negociación interrumpirán o limitarán temporalmente la negociación si se produce una fluctuación significativa del precio de un instrumento financiero en dicho centro o en un mercado conexo durante un breve período de tiempo, y, en casos excepcionales, podrán cancelar, alterar o corregir cualquier operación como consecuencia de dicha fluctuación.

2. Reglamentariamente se determinarán las obligaciones relativas a las normas internas de funcionamiento del centro de negociación en relación con el establecimiento de parámetros para interrumpir la negociación, el establecimiento de reglas para reanudar la negociación tras su interrupción, las obligaciones de información a la CNMV sobre la interrupción de la negociación y a los sistemas y procedimientos con los que deben contar los centros de negociación para garantizar el cumplimiento de las obligaciones relacionadas con los mecanismos de gestión de volatilidad.

> Véanse el art. 86 del RD 814/2023, de 8 de noviembre, sobre instrumentos financieros, admisión a negociación, registro de valores negociables e infraestructuras de mercado (BOE núm. 268, de 9 de noviembre).

Art. 49. *Conflictos de interés*.– Los centros de negociación adoptarán medidas para detectar y afrontar las posibles consecuencias adversas para su funcionamiento o para sus miembros o participantes y usuarios, de cualquier conflicto entre sus intereses, sus propietarios o el organismo rector del mercado que los gestione y las exigencias del buen funcionamiento de estos.

(...)

Art. 52. *Suspensión y exclusión de negociación por el organismo rector*.– 1. El organismo rector de un centro de negociación podrá suspender o excluir de negociación un instrumento financiero que deje de cumplir las normas de dicho centro. En tal caso, los organismos rectores suspenderán o excluirán también la negociación de los instrumentos derivados vinculados o que hagan referencia al instrumento financiero suspendido o excluido de negociación, cuando esta medida sea necesaria para apoyar los objetivos de la suspensión o exclusión y comunicarán a la CNMV inmediatamente la información sobre a la aplicación de este artículo y seguidamente la harán pública.

2. Las mismas obligaciones del apartado anterior surgirán para el organismo rector de un centro de negociación cuando el instrumento financiero haya sido excluido de negociación en otro mercado regulado, en las condiciones que se determinen reglamentariamente.

3. Reglamentariamente se establecerán los casos en los que el organismo rector no podrá suspender o excluir la negociación de un instrumento financiero, así como las clases de instrumentos financieros derivados que quedarán también suspendidos o excluidos.

> Véase arts. 64 y 65 de la presente Ley y arts. 113 y 114 del título III del Real Decreto 814/2023, de 8 de noviembre, sobre instrumentos financieros (...) (BOE núm. 268, de 9 de noviembre).

Art. 53. *Supervisión del cumplimiento de las normas de los centros de negociación y de otras obligaciones legales.*– 1. Los centros de negociación establecerán y mantendrán mecanismos y procedimientos eficaces, incluidos los recursos necesarios, para supervisar con regularidad las órdenes trasmitidas, incluidas las cancelaciones y las operaciones realizadas por los miembros del mercado y el cumplimiento de sus normas por parte de sus miembros o participantes de acuerdo con sus sistemas.

Los mencionados mecanismos y procedimientos tendrán como finalidad detectar infracciones de las normas del mercado; anomalías en las condiciones de negociación; actuaciones que puedan revelar una conducta prohibida por el Reglamento (UE) n.º 596/2014 del Parlamento Europeo y del Consejo, de 16 de abril de 2014, sobre el abuso de mercado y por el que se derogan la Directiva 2003/6/CE del Parlamento Europeo y del Consejo, y las Directivas 2003/124/CE, 2003/125/CE y 2004/72/CE de la Comisión; o perturbaciones del sistema en relación con un instrumento financiero.

Los centros de negociación emplearán los recursos necesarios para garantizar la eficacia de dicha supervisión y establecerán un régimen disciplinario que el organismo rector aplicará en caso de incumplimiento de las normas internas de funcionamiento, con independencia de las sanciones administrativas que resulten aplicables de acuerdo con lo previsto en esta ley.

2. Los organismos rectores informarán inmediatamente a la CNMV sobre las infracciones descritas en el apartado anterior de conformidad con lo dispuesto en el Reglamento Delegado (UE) n.º 2017/565 de la Comisión, de 25 de abril de 2016, por el que se completa la Directiva 2014/65/UE del Parlamento Europeo y del Consejo en lo relativo a los requisitos organizativos y las condiciones de funcionamiento de las empresas de servicios de inversión, y términos definidos a efectos de dicha Directiva.

3. La CNMV comunicará, en su caso, a la AEVM y a las autoridades competentes de los demás Estados miembros la información descrita en el apartado anterior. En el supuesto de ser informada sobre actuaciones que puedan revelar una conducta prohibida por el Reglamento (UE) n.º 596/2014 del Parlamento Europeo y del Consejo, de 16 de abril de 2014, la CNMV deberá tener constancia de que dicha conducta se está produciendo o se ha producido, antes de notificarlo a las autoridades competentes de los demás Estados miembros y a la AEVM.

4. Los organismos rectores facilitarán sin demora indebida la información pertinente a la CNMV para la investigación y persecución del abuso de mercado cometido en el centro de negociación y le prestarán plena asistencia en la investigación y la persecución del abuso de mercado cometido en o mediante los sistemas del centro de negociación.

Art. 54. *Acuerdos con cámaras de compensación, sistemas de liquidación y depositarios centrales de valores.*– 1. Los organismos rectores que gestionen un centro de negociación tomarán las medidas necesarias para facilitar la liquidación eficiente de las operaciones realizadas en dicho centro de negociación.

2. Los organismos rectores de un centro de negociación podrán suscribir, previa comunicación a la CNMV, acuerdos con entidades de contrapartida central, cámaras de compensación, sistemas de liquidación y depositarios centrales de valores de otro Estado miembro o reconocidos como equivalentes, para la compensación o liquidación de algunas o todas las transacciones que hayan concluido entre miembros del mercado de sus respectivos sistemas.

3. La CNMV tendrá en cuenta la labor de vigilancia del sistema de compensación y liquidación llevada a cabo por las autoridades con competencia en la materia, a efectos de evitar repeticiones innecesarias de los controles.

> Véase el art. 144 del RD 814/2023, de 8 de noviembre, sobre instrumentos financieros, admisión a negociación, registro de valores negociables e infraestructuras de mercado (BOE núm. 268, de 9 de noviembre).

Art. 55. *Competencias de las Comunidades Autónomas en centros de negociación autonómicos*.– En el caso de centros de negociación de ámbito exclusivamente autonómico:

a) La autorización y revocación de la autorización a la que se refiere el artículo 43 de esta ley será concedida por la Comunidad Autónoma con competencias en la materia.

b) Las comunicaciones a la CNMV a las que se refieren los artículos 52 y 54 de esta ley se entenderán realizadas a la Comunidad Autónoma con competencias sobre el organismo rector respecto a los instrumentos financieros negociados exclusivamente en mercados de su ámbito autonómico, que deberá informar inmediatamente de la interrupción, su levantamiento y demás decisiones conexas a la CNMV. No obstante, será la CNMV la única autoridad competente para comunicarse con la AEVM y las autoridades nacionales competentes según lo establecido en los artículos citados.

> Téngase en cuenta el art. 115 del RD 814/2023, de 8 de noviembre, sobre instrumentos financieros, admisión a negociación, registro de valores negociables e infraestructuras de mercado (BOE núm. 268, de 9 de noviembre).

Art. 56. *Medidas preventivas*.– Cuando España sea Estado miembro de acogida de un centro de negociación y la CNMV tenga motivos claros y demostrables para creer que dicho centro de negociación infringe las obligaciones derivadas de las disposiciones adoptadas en virtud de la Directiva 2014/65/UE, del Parlamento Europeo y del Consejo, de 15 de mayo de 2014, comunicará los hechos a la autoridad competente del Estado miembro de origen del centro de negociación y, en caso de que dichas infracciones persistan, podrá adoptar medidas en los términos y condiciones y conforme al procedimiento que se establezca reglamentariamente.

Sección 2.ª De los mercados regulados

Véase Cap. II del Título III del Real Decreto 814/2023, de 8 de noviembre, sobre instrumentos financieros (…) (BOE núm. 268, de 9 de noviembre).

Art. 57. *Autorización y supervisión por parte de la CNMV.*- 1. Los mercados regulados deberán cumplir los siguientes requisitos para obtener la autorización, en los términos que se determinen reglamentariamente:

a) Designar un organismo rector.

b) Presentar el proyecto de estatutos sociales del organismo rector.

c) Elaborar un programa de actividades.

d) Elaborar un proyecto de normas internas de funcionamiento con el contenido mínimo que se determine reglamentariamente relativo, entre otras cuestiones, a las reglas aplicables a la negociación, al régimen de garantías, clases de operaciones y medidas de carácter organizativo.

e) Los demás requisitos de carácter societario, financiero y de organización interna que reglamentariamente se establezcan.

(…)

4. Los organismos rectores de los mercados regulados deberán estar autorizados para ejercer los derechos que esta ley, su normativa de desarrollo y la normativa de desarrollo de la Unión Europea que resulte de directa aplicación atribuyen al mercado regulado que gestionan.

(…)

6. Los organismos rectores de los mercados regulados realizarán sus funciones bajo la supervisión de la CNMV que deberá:

a) Comprobar periódicamente que los mercados regulados cumplen lo dispuesto en el presente Título.

b) Verificar que los mercados regulados cumplan en todo momento las condiciones de la autorización inicial establecidas en el presente Título, su normativa de desarrollo y el resto de normativa de la Unión Europea que resulte de aplicación.

Véanse los arts. 89 a 92 del RD 814/2023, de 8 de noviembre, sobre instrumentos financieros, admisión a negociación, registro de valores negociables e infraestructuras de mercado (BOE núm. 268, de 9 de noviembre).

Art. 58. *Requisitos de organización y funcionamiento para los organismos rectores de los mercados regulados.*- 1. (…)

2. Los organismos rectores no podrán ejecutar órdenes de clientes por cuenta propia o recurrir a la interposición de cuenta propia, con o sin riesgo, en ninguno de los mercados regulados que operen.

(…)

Art. 62. *Miembros de los mercados regulados.*- 1. Podrán ser miembros de los mercados regulados las empresas de servicios de inversión, las entidades de crédito, el Banco de España y la Administración General del Estado, otras personas que a juicio del organismo rector se consideren adecuadas en las condiciones que se detallen en el desarrollo reglamentario de esta ley y aquellas otras personas que se identifiquen en dicho desarrollo reglamentario.

2. El acceso a la condición de miembro de un mercado regulado se regirá por lo establecido en esta ley y su normativa de desarrollo, así como por las normas de acceso que estipule cada mercado cuyo contenido mínimo se establecerá reglamentariamente.

3. El organismo rector del mercado comunicará la lista de sus miembros a la CNMV con la periodicidad que se establezca reglamentariamente.

4. Los miembros del mercado regulado, en su condición de entidades que prestan servicios de inversión conforme a esta ley, se atendrán a las obligaciones contempladas en los artículos 200, 201, 202, 203, 204, 205, 206, 207, 209, 210, así como en los artículos 218 a 223, en relación con su clientela cuando, actuando por cuenta de esta, ejecuten sus órdenes en un mercado regulado. No obstante, cuando se trate de operaciones entre miembros, por cuenta propia y en nombre propio, estos no estarán obligados a exigirse mutuamente el cumplimiento de las obligaciones establecidas en los artículos anteriormente citados.

> Véanse arts. 105 a 109 del Título III del Real Decreto 814/2023, de 8 de noviembre, sobre instrumentos financieros (…) (BOE núm. 268, de 9 de noviembre).

Art. 63. *Requisitos relativos a la admisión de instrumentos financieros a negociación.*- 1. La verificación de los requisitos de admisión a negociación en un mercado regulado se realizará por:

a) La CNMV en el caso de la admisión a negociación de valores participativos.

b) El organismo rector del mercado regulado en el caso de la admisión a negociación de valores no participativos en dicho mercado.

2. Los mercados regulados deberán establecer normas claras y transparentes en relación a la admisión a negociación de instrumentos financieros, que aseguren que éstos puedan ser negociados de modo equitativo, ordenado y eficiente de conformidad con la normativa de desarrollo de la Unión Europea que resulte de directa aplicación para comprobar el cumplimiento de los requisitos de admisión y difusión de información.

3. La admisión de valores a negociación en los mercados regulados requerirá la verificación previa del cumplimiento de los requisitos y procedimientos establecidos en esta ley y en sus normas de desarrollo. La admisión a negociación en cada uno de los mercados regulados requerirá, en todo caso, el acuerdo del organismo rector del correspondiente mercado, a solicitud del emisor, quien podrá solicitarlo, bajo su responsabilidad, una vez emitidos los valores o constituidas las correspondientes anotaciones.

4. Reglamentariamente se determinarán los requisitos y el procedimiento para la admisión de valores a negociación en los mercados regulados de valores. Los requisitos podrán establecerse de forma diferenciada para las distintas categorías de valores o mercados.

5. No obstante lo dispuesto en el apartado 1, los valores emitidos por el Estado y los valores emitidos por el Instituto de Crédito Oficial (E.P.E.), cuando cuenten con el aval del Estado, se consideran admitidos de oficio a negociación en los mercados regulados conforme a lo que se determine en la emisión. Los valores emitidos por las Comunidades Autónomas se entenderán admitidos a negociación en virtud de la mera solicitud del emisor. En todos los supuestos anteriores se deberán, no obstante, ajustar a las especificaciones técnicas del mercado en cuestión conforme a lo dispuesto en el apartado anterior.

6. Un valor negociable que haya sido admitido a negociación en un mercado regulado de otro Estado miembro podrá ser admitido posteriormente a negociación en un mercado regulado español, aun sin el consentimiento del emisor. El mercado regulado deberá informar al emisor de esta circunstancia. El emisor no estará obligado a facilitar directamente la información que le pudiera requerir un mercado regulado que haya admitido los instrumentos financieros a negociación sin su consentimiento, si se trata de comprobar el cumplimiento de los requisitos a los que se refiere el apartado 4.

7. Cuando la capitalización de las acciones que estén siendo negociadas exclusivamente en un SMN supere los mil millones de euros durante un periodo continuado superior a seis meses, la entidad emisora deberá solicitar la admisión a negociación en un mercado regulado en el plazo de nueve meses. La entidad rectora del SMN velará por el cumplimiento de esta obligación.

Las entidades cuyas acciones pasen de ser negociadas en un SMN a serlo en un mercado regulado, durante un periodo transitorio máximo de dos años, podrán acogerse a determinadas exenciones de publicación y difusión de información bajo las condiciones que se establezcan en el desarrollo reglamentario de esta ley.

> El presente artículo ha tenido su entrada en vigor, de acuerdo con la Disp. Final 15.ª de la presente Ley, a los 6 meses de la publicación de esta en el BOE.
> Véanse arts. 62 y ss. y 110 a 112 del Título III del Real Decreto 814/2023, de 8 de noviembre, sobre instrumentos financieros (...) (BOE núm. 268, de 9 de noviembre).

Art. 64. *Suspensión y exclusión de negociación de instrumentos financieros por la CNMV*.– 1. La CNMV podrá acordar la suspensión de la negociación de los instrumentos financieros admitidos a negociación en mercados regulados sujetos a su supervisión cuando concurran circunstancias especiales que puedan perturbar el normal desarrollo de las operaciones sobre ese instrumento financiero o que aconsejen dicha medida en aras de la protección de los inversores.

La CNMV acordará la suspensión o exclusión de la negociación de los derivados contemplados en los apartados 4 a 10 del Anexo I de la sección C de la Directiva 2014/65/UE del Parlamento Europeo y del Consejo, de 15 de mayo de 2014, que estén vinculados o hagan referencia al instrumento financiero, cuando esto sea necesario para apoyar los objetivos de la suspensión o exclusión del instrumento financiero subyacente.

2. La CNMV podrá acordar, de oficio o a instancia de la entidad emisora, la exclusión de la negociación de los instrumentos financieros admitidos a negociación en mercados regulados sujetos a su supervisión, en el caso de que concurra alguna de las siguientes circunstancias:

a) La negociación de los referidos instrumentos no alcance los requisitos de difusión, frecuencia y volumen de contratación que se establezcan por la CNMV mediante Circular.

b) Su emisor no cumpla sus obligaciones legales, en especial en materia de remisión y publicación de información.

c) Se trate de instrumentos financieros cuyo emisor sea una sociedad en que se haya abierto la fase de liquidación de acuerdo con el Real Decreto Legislativo 1/2020, de 5 de mayo, por el que se aprueba el texto refundido de la Ley Concursal, o que se encuentre en fase de liquidación societaria, de conformidad con lo previsto en el texto refundido de la Ley de Sociedades de Capital, aprobado por el Real Decreto Legislativo 1/2010, de 2 de julio.

Sin perjuicio de las medidas cautelares que puedan adoptarse y a excepción del supuesto previsto en la letra c) anterior, la exclusión se adoptará previa audiencia de la entidad emisora, en caso de adoptarse de oficio por la CNMV.

Véanse arts. 52 de la presente Ley y 113 a 114 del Título III del Real Decreto 814/2023, de 8 de noviembre, sobre instrumentos financieros (...) (BOE núm. 268, de 9 de noviembre).

Art. 65. *Exclusión de negociación voluntaria*.– 1. La exclusión de la negociación de un instrumento financiero en un mercado regulado podrá también ser solicitada por la entidad emisora.

Se asimilarán a la exclusión de negociación aquellas operaciones societarias en virtud de las cuales los accionistas de la sociedad cotizada puedan convertirse, total o parcialmente, en socios de otra entidad no cotizada.

2. Cuando una sociedad acuerde la exclusión de negociación de sus acciones en los mercados regulados, deberá promover una oferta pública de adquisición dirigida a todos los valores afectados por la exclusión.

Se exceptúa el caso de que se haya formulado con carácter previo una oferta dirigida a la totalidad de los valores a un precio igual o superior al exigible en las ofertas contempladas en este apartado, siempre que a resultas de dicha oferta el oferente haya alcanzado al menos el setenta y cinco por ciento del capital con derecho a voto de la sociedad afectada.

3. El acuerdo de exclusión y los relativos a la oferta y al precio ofrecido deberán ser aprobados por la junta general de accionistas.

Al tiempo de la convocatoria de los órganos sociales que deban aprobar la oferta, se pondrá a disposición de los titulares de los valores afectados un informe de los administradores y administradoras en el que se justifique detalladamente la propuesta y el precio ofrecido.

4. La CNMV podrá dispensar de la obligación de formular una oferta pública de adquisición en aquellos supuestos en los que mediante otro procedimiento equivalente se asegure la protección de los legítimos intereses de los titulares de acciones afectadas por la exclusión, así como de los correspondientes a los titulares de las obligaciones convertibles y demás valores que den derecho a su suscripción. También podrá la CNMV dispensar de la obligación de formular una oferta pública de adquisición en los supuestos en los que el valor cotice en otro centro de negociación domiciliado en la Unión Europea.

5. En caso de oferta previa a la exclusión de negociación, el límite de adquisición de acciones propias establecido en el texto refundido de la Ley de Sociedades de Capital, aprobado por el Real Decreto Legislativo 1/2010, de 2 de julio, para las sociedades cotizadas en un mercado regulado será el 20 por ciento del capital social. Si como consecuencia de la realización de la oferta, las acciones propias superasen este límite, deberán ser amortizadas o enajenadas en el plazo de un año.

6. Lo dispuesto en este artículo resultará aplicable también, en los términos que se determinen reglamentariamente, a aquellas sociedades cuyas acciones estén admitidas a negociación en un SMN.

7. Reglamentariamente se establecerán las condiciones para la fijación del precio y demás requisitos de las ofertas públicas, así como las excepciones previstas en este apartado.

Con relación al apartado 6, véase Disp. Trans. 3.ª de la presente Ley.

Art. 66. *Derecho de los miembros a designar un sistema de liquidación.–* Los mercados regulados deberán ofrecer a todos sus miembros el derecho a designar el sistema de liquidación de las operaciones en instrumentos financieros que realicen en ese mercado. Reglamentariamente se establecerán las condiciones que garanticen que el sistema de liquidación designado asegura la liquidación eficaz de las operaciones en cuestión, así como los criterios técnicos que deberá reconocer la CNMV a tal efecto.

Art. 67. *Mercados regulados de ámbito autonómico.–* 1. En el caso de mercados regulados de ámbito autonómico:

a) Las competencias a las que se refiere el artículo 57 de esta ley corresponderán a la Comunidad Autónoma con competencias en la materia que, en particular, podrá establecer las medidas organizativas adicionales que estime oportunas respecto de dichos mercados de ámbito autonómico.

b) La aprobación de nombramientos de consejeros, consejeras y personal de alta dirección a la que se refiere el artículo 59 corresponderá a la Comunidad Autónoma con competencias en la materia.

c) El organismo rector comunicará a la respectiva Comunidad Autónoma y a la CNMV la lista de miembros a que se refiere el artículo 62.

d) Las competencias contempladas en el artículo 63, exceptuando lo relativo a la aprobación de folletos de conformidad con el Reglamento (UE) n.º 2017/1129 del Parlamento Europeo y del Consejo, de 14 de junio de 2017, corresponderán a la Comunidad Autónoma con competencias en la materia, respecto a los valores negociados exclusivamente en mercados de ámbito autonómico y previo cumplimiento de requisitos específicos exigidos en dichos mercados.

e) Las competencias a las que se refiere el artículo 64 de esta ley corresponderán a las Comunidades Autónomas con competencias en la materia, respecto a los valores negociados exclusivamente en mercados de ámbito autonómico.

2. Reglamentariamente se establecerán las condiciones y requisitos aplicables al ejercicio y desarrollo de la actividad de los mercados regulados de ámbito autonómico, atendiendo a la categoría de instrumento negociado en cada mercado regulado.

> Véase el art. 115 del RD 814/2023, de 8 de noviembre, sobre instrumentos financieros, admisión a negociación, registro de valores negociables e infraestructuras de mercado (BOE núm. 268, de 9 de noviembre).

Sección 3.ª De los sistemas multilaterales de negociación y de los sistemas organizados de contratación

> Véanse arts. 120 a 128 del Título III del Real Decreto 814/2023, de 8 de noviembre, sobre instrumentos financieros (…) (BOE núm. 268, de 9 de noviembre).

Art. 68. *Requisitos de organización y funcionamiento*.– 1. Los SMN y SOC tendrán por lo menos tres miembros o usuarios efectivamente activos, cada cual con la oportunidad de interactuar con todos los demás en lo que respecta a la formación de los precios.

2. Todo SMN y SOC estará gestionado por un organismo rector que será responsable de su organización y funcionamiento internos y dispondrá de los medios necesarios para gestionarlos. Podrán ejercer las funciones del organismo rector de un SMN o un SOC las entidades que reglamentariamente se establezcan.

3. Los organismos rectores que gestionen un SMN o un SOC, además de cumplir con los requisitos de organización contemplados en las Secciones 2.ª y 3.ª del Capítulo VI

del Título V de esta ley, deberán establecer mecanismos para la adecuada gestión técnica del sistema; normas y procedimientos transparentes que aseguren una negociación justa y ordenada; criterios objetivos para una ejecución eficaz de las órdenes, así como para determinar los instrumentos financieros que se pueden negociar en sus sistemas; y normas internas de funcionamiento específicamente referidas a la gestión del SMN o SOC. La anterior información deberá remitirse a la CNMV para su autorización y someterse al régimen de publicidad que se establezca.

4. (...)

Art. 69. *Normas reguladoras del acceso y obligaciones de información sobre los instrumentos financieros*.– 1. Los organismos rectores de un SMN y SOC establecerán, publicarán, mantendrán y aplicarán normas transparentes y no discriminatorias, basadas en criterios objetivos, que regulen el acceso a su sistema.

2. Cuando corresponda, los organismos rectores de un SMN y SOC deberán proporcionar, o en su caso, asegurarse de que existe información públicamente disponible que permita que los usuarios puedan formarse una opinión sobre los instrumentos negociados, teniendo en cuenta tanto la naturaleza de los usuarios como los tipos de instrumentos negociados en el SMN y SOC.

> Véase art. 71 de la presente Ley y 124 y 125 del Título III del Real Decreto 814/2023, de 8 de noviembre, sobre instrumentos financieros (...) (BOE núm. 268, de 9 de noviembre).

(...)

Art. 71. *Responsabilidad de la información*.– 1. La responsabilidad por la elaboración de la información pública a la que se refiere el artículo 69.2 relativa a los emisores de los instrumentos negociados deberá recaer, al menos, sobre el emisor y los miembros de su órgano de administración, quienes serán responsables de todos los daños y perjuicios que hubiesen ocasionado a los titulares de los instrumentos financieros, conforme a la legislación mercantil aplicable a dicho emisor, como consecuencia de que la información no proporcione una imagen fiel del emisor.

2. La acción para exigir la responsabilidad prescribirá a los tres años desde que el reclamante hubiera podido tener conocimiento de que la información no proporciona una imagen fiel del emisor.

> Véanse arts. 124 y 125 del Título III del Real Decreto 814/2023, de 8 de noviembre, sobre instrumentos financieros (...) (BOE núm. 268, de 9 de noviembre).

Art. 72. *Asesor registrado*.– Los SMN y SOC deberán establecer los derechos y obligaciones de los emisores y de cualesquiera otros intervinientes en el SMN y SOC, entre los que podrán incluir la necesidad de que los emisores designen un asesor registrado con las funciones que se establezcan en el desarrollo reglamentario de esta ley.

Véase art. 123 del Título III del Real Decreto 814/2023, de 8 de noviembre, sobre instrumentos financieros (...) (BOE núm. 268, de 9 de noviembre).

Art. 73. *Requisitos de organización y funcionamiento específicos para los SMN.-* 1. (...)

2. Los organismos rectores que gestionen un SMN no podrán ejecutar órdenes de clientes con capital propio o mediante interposición de la cuenta propia sin riesgo.

3. (...)

(...)

Art. 75. *Requisitos de organización y funcionamiento específicos para los SOC.-* 1. Los organismos rectores que gestionan un SOC implantarán medidas para evitar la ejecución en el mismo de órdenes de clientes con capital propio del organismo rector que gestiona el SOC o de cualquier entidad que sea parte del mismo grupo o persona jurídica que la empresa de servicios de inversión o el organismo rector del mercado.

2. Los organismos rectores que gestionen un SOC podrán recurrir a la interposición de la cuenta propia sin riesgo en los casos que reglamentariamente se establezcan.

3. Reglamentariamente se desarrollarán las normas específicas de organización y funcionamiento, así como las excepciones que resulten aplicables a los SOC.

Véase art. 127 del Título III del Real Decreto 814/2023, de 8 de noviembre, sobre instrumentos financieros (...) (BOE núm. 268, de 9 de noviembre).

Art. 76. *Mercado de PYME en expansión.-* 1. La CNMV podrá registrar como mercado de PYME en expansión aquellos SMN o segmentos de los mismos que cumplan los requisitos previstos en el desarrollo reglamentario de esta ley, a solicitud de los organismos rectores que los gestionen.

2. Los mercados de PYME en expansión deberán disponer en sus normas internas de funcionamiento de criterios apropiados para la admisión a negociación inicial y continuada de los instrumentos financieros de los emisores en dicho mercado y que establezcan la exigencia de que al menos el 50 por ciento de los emisores cuyos valores hayan sido admitidos en el SMN, sean PYME en el momento en que el SMN sea registrado como mercado PYME en expansión. Asimismo, las normas internas de funcionamiento deberán contar con procedimientos que aseguren que los emisores y las personas con responsabilidad de dirección y estrechamente vinculadas de conformidad con el artículo 3, apartado 1, puntos 21, 25 y 26 del Reglamento (UE) n.º 596/2014 del Parlamento Europeo y del Consejo, de 16 de abril de 2014, cumplen con los requisitos pertinentes que les sean aplicables conforme al citado Reglamento.

3. Reglamentariamente se establecerá la información que deberá hacerse pública en el momento de la admisión inicial a negociación de los instrumentos financieros en el mercado, así como las obligaciones de remisión y almacenamiento de información con las que deberán cumplir el SMN y los emisores cuyos instrumentos se negocien.

4. A efectos de este artículo, se entenderá por PYME la empresa con una capitalización de mercado media inferior a 200 millones de euros sobre la base de las cotizaciones de fin de año durante los tres ejercicios anteriores y el emisor de deuda, que no disponga de acciones o instrumentos asimilados que se negocien en algún centro de negociación, si el valor nominal de sus emisiones de deuda durante el ejercicio anterior, en el conjunto de los centros de negociación en toda la Unión, no supera los 50 millones de euros.

> Véase art. 128 del Título III del Real Decreto 814/2023, de 8 de noviembre, sobre instrumentos financieros (…) (BOE núm. 268, de 9 de noviembre).

Sección 4.ª Límites a las posiciones en derivados sobre materias primas

> Véase Cap.IV (arts. 129 a 141) del Título III del Real Decreto 814/2023, de 8 de noviembre, sobre instrumentos financieros (…) (BOE núm. 268, de 9 de noviembre).

(…)

Sección 5.ª Otras formas de negociación

Art. 79. *Internalización sistemática*.– 1. Son internalizadores sistemáticos las empresas de servicios de inversión que, con carácter organizado, frecuente, sistemático y sustancial, sin gestionar un sistema multilateral, negocian por cuenta propia cuando ejecutan órdenes de su clientela al margen de un mercado regulado o un SMN o un SOC.

El carácter frecuente y sistemático se medirá en función del número de operaciones al margen del centro de negociación con el instrumento financiero efectuadas por la empresa de servicios de inversión por cuenta propia mediante la ejecución de órdenes de su clientela.

El carácter sustancial se medirá en función del volumen de las operaciones de negociación extrabursátil efectuadas por la empresa de servicios de inversión en relación con su volumen total de negociación en un instrumento financiero específico, o en función del volumen de las operaciones de negociación al margen del centro de negociación efectuadas por la empresa de servicios de inversión en relación con el volumen total de negociación de un instrumento financiero específico en el conjunto de la Unión.

La definición de internalizador sistemático solo se aplicará si concurren tanto el carácter frecuente y sistemático como el carácter sustancial, o si una empresa de servicios de inversión o entidad de crédito decide optar por el régimen de internalizador sistemático.

2. Las cotizaciones de los internalizadores sistemáticos, la mejora de precios en estas cotizaciones y los precios de ejecución respetarán la variación mínima de cotización fijada de conformidad con el artículo 46, letra c) de esta ley y sus disposiciones de desarrollo.

La aplicación de variaciones mínimas de cotización no impedirá a los internalizadores sistemáticos casar las órdenes de gran volumen en el punto medio dentro de las ofertas y los precios de oferta actuales.

3. Los internalizadores sistemáticos se regirán asimismo por lo dispuesto en el Reglamento (UE) n.º 600/2014, de 15 de mayo de 2014 y por su normativa de desarrollo.

CAPÍTULO II. De los sistemas de compensación, liquidación y registro de valores e infraestructuras de poscontratación

Véase Cap. V (arts. 142 a 169) del Título III del Real Decreto 814/2023, de 8 de noviembre, sobre instrumentos financieros (…) (BOE núm. 268, de 9 de noviembre).

Sección 1.ª Intervención obligatoria de una entidad de contrapartida central y disposiciones relativas a la liquidación de valores

Véase arts. 142 a 151 del Título III del Real Decreto 814/2023, de 8 de noviembre, sobre instrumentos financieros (…) (BOE núm. 268, de 9 de noviembre).

Art. 80. *Intervención obligatoria de una entidad de contrapartida central.*– Reglamentariamente se determinarán los valores negociables cuyas operaciones realizadas en los segmentos de contratación multilateral de los centros de negociación estarán sujetas a mecanismos que permitan su ordenada liquidación y buen fin mediante la necesaria intervención de una entidad de contrapartida central, así como las particularidades para la ordenada liquidación de operaciones utilizando tecnología de registro distribuido, sin perjuicio de lo previsto en el artículo 4 del Reglamento (UE) n.º 648/2012 del Parlamento Europeo y del Consejo, de 4 de julio de 2012, relativo a los derivados extrabursátiles, las entidades de contrapartida central y los registros de operaciones.

Véanse el art. 142 del RD 814/2023, de 8 de noviembre, sobre instrumentos financieros, admisión a negociación, registro de valores negociables e infraestructuras de mercado (BOE núm. 268, de 9 de noviembre), y la Ley 41/1999, de noviembre, sobre sistemas de pagos y liquidación de valores.

Art. 81. *Liquidación de operaciones.*– 1. Los compradores y vendedores de valores negociables admitidos a negociación en centros de negociación quedarán obligados conforme a las reglas de dicho mercado a la entrega del efectivo y de los valores negociables desde que sus respectivas órdenes sean ejecutadas, aun cuando su liquidación efectiva se efectúe con posterioridad.

2. El comprador de los valores negociables admitidos a negociación en un centro de negociación adquirirá su titularidad cuando aquéllos queden anotados a su nombre en las cuentas de valores conforme a las reglas del sistema de registro.

3. Los centros de negociación determinarán en sus normas internas de funcionamiento la fecha teórica de liquidación de las operaciones ejecutadas pudiendo establecer distintas fechas en función de los valores negociables a liquidar, de los segmentos de negociación y de otros criterios, de acuerdo con la normativa europea aplicable y en coordinación, en su caso, con las entidades de contrapartida central y con los depositarios centrales de valores que intervengan en los procesos de liquidación.

> Véanse el art. 143 del RD 814/2023, de 8 de noviembre, sobre instrumentos financieros, admisión a negociación, registro de valores negociables e infraestructuras de mercado (BOE núm. 268, de 9 de noviembre), y la Ley 41/1999, de noviembre, sobre sistemas de pagos y liquidación de valores.

Art. 82. *Liquidación de derechos u obligaciones de contenido económico asociados a los valores.*– 1. La entidad emisora comunicará con antelación suficiente al organismo rector de los centros de negociación en los que, a su solicitud, estén admitidos a negociación sus valores, así como al depositario central de valores encargado del registro de los mismos, los derechos u obligaciones de contenido económico que los valores generen tan pronto se haya adoptado el acuerdo correspondiente.

2. Teniendo en cuenta las normas aplicables a la contratación, compensación, liquidación y registro de las operaciones sobre los valores admitidos a negociación en dichos mercados, estas comunicaciones deberán especificar las fechas relevantes para el reconocimiento, ejercicio, cumplimiento y pago de los correspondientes derechos y obligaciones.

3. Sin perjuicio de lo anterior, los beneficios, derechos u obligaciones inherentes a la titularidad de acciones y de valores equivalentes a acciones serán de cuenta y provecho del adquirente desde la fecha de la compra en el correspondiente centro de negociación, mientras que lo serán desde la fecha de liquidación de la correspondiente operación de compra en el caso de los valores de renta fija y demás valores no equivalentes a acciones. En caso de retrasos u otras incidencias en el proceso de liquidación, podrán realizarse los ajustes oportunos sobre la liquidación de dichos derechos u obligaciones.

> Véanse el art. 143 del RD 814/2023, de 8 de noviembre, sobre instrumentos financieros, admisión a negociación, registro de valores negociables e infraestructuras de mercado (BOE núm. 268, de 9 de noviembre), y la Ley 41/1999, de noviembre, sobre sistemas de pagos y liquidación de valores.

Sección 2.ª Disposiciones comunes a los depositarios centrales
de valores y las entidades de contrapartida central

Véanse arts. 152 a 157 del Título III del Real Decreto 814/2023, de 8 de noviembre, sobre instrumentos financieros (...) (BOE núm. 268, de 9 de noviembre).

Art. 83. *Régimen jurídico y autorización de los depositarios centrales de valores y las entidades de contrapartida central*.– 1. Los depositarios centrales de valores se regirán por el Reglamento (UE) n.º 909/2014 del Parlamento Europeo y del Consejo, de 23 de julio de 2014, sobre la mejora de la liquidación de valores en la Unión Europea y los depositarios centrales de valores y por el que se modifican las Directivas 98/26/CE y 2014/65/UE y el Reglamento (UE) n.º 236/2012 y sus correspondientes normas de desarrollo y aplicación.

2. Las entidades de contrapartida central se regirán por el Reglamento (UE) n.º 648/2012 del Parlamento Europeo y del Consejo, de 4 de julio de 2012, y sus correspondientes normas de desarrollo y aplicación; y por el Reglamento (UE) 2021/23, del Parlamento Europeo y del Consejo, de 16 de diciembre de 2021 relativo a un marco para la recuperación y la resolución de entidades de contrapartida central y por el que se modifican los Reglamentos (UE) n.º 1095/2010, (UE) n.º 648/2012, (UE) n.º 600/2014, (UE) n.º 806/2014 y (UE) 2015/2365 y las Directivas 2002/47/CE, 2004/25/CE, 2005/56/CE, 2007/36/CE, 20141/359/UE y (UE) 2017/1132.

3. Los depositarios centrales de valores y las entidades de contrapartida central se regirán, además, por las siguientes disposiciones:

a) Por esta ley y sus correspondientes normas de desarrollo.

b) Con carácter supletorio, por el texto refundido de la Ley de Sociedades de Capital, aprobado por el Real Decreto Legislativo 1/2010, de 2 de julio.

c) Por cualesquiera otras disposiciones del ordenamiento interno o del derecho de la Unión Europea que les resulten aplicables.

4. La autorización, revocación y funcionamiento de los depositarios centrales de valores y las entidades de contrapartida central establecidas en España se regirán por lo dispuesto en el Reglamento (UE) n.º 909/2014, de 23 de julio de 2014, y por lo dispuesto en el Reglamento (UE) n.º 648/2012 del Parlamento Europeo y del Consejo, de 4 de julio de 2012, respectivamente, así como por las disposiciones de esta ley y por cualquier otra normativa española o europea que le resulte de aplicación.

5. La CNMV será la autoridad competente responsable de la autorización, supervisión y sanción de los depositarios centrales de valores y de las entidades de contrapartida central establecidas en España de conformidad con el Reglamento (UE) n.º 909/2014, de 23 de julio de 2014 y con el Reglamento (UE) n.º 648/2012 del Parlamento Europeo y del Consejo, de 4 de julio de 2012.

6. Las entidades de contrapartida central no podrán estar autorizadas como depositario central de valores.

7. Las entidades de contrapartida central y los sistemas de liquidación de valores operados por los depositarios centrales de valores que se constituyan en España deberán estar reconocidas como sistemas a los efectos de la Ley 41/1999, de 12 de noviembre, sobre sistemas de pagos y de liquidación de valores.

(…)

Art. 87. *Acceso a los sistemas de contrapartida central, compensación y liquidación.*- 1. Sin perjuicio de lo dispuesto en el Reglamento (UE) n.º 909/2014, de 23 de julio de 2014, en el caso de los depositarios centrales de valores y, para las entidades de contrapartida central, en el Reglamento (UE) n.º 648/2012 del Parlamento Europeo y del Consejo, de 4 de julio de 2012, las empresas de servicios de inversión y las entidades de crédito de otros Estados miembros de la Unión Europea tendrán derecho a acceder a los sistemas de contrapartida central, compensación y liquidación autorizados por la CNMV, con el fin de liquidar o concertar la liquidación de operaciones en instrumentos financieros, tanto si se negocian en centros de negociación o SMN españoles o en centros de negociación o SMN de otros Estados miembros de la Unión Europea.

2. El acceso a estos sistemas estará sujeto a los mismos criterios objetivos, trasparentes y no discriminatorios que se aplican a los miembros locales.

Art. 88. *Seguimiento y control del correcto funcionamiento de los sistemas de negociación, compensación, liquidación y registro de valores.*- 1. Sin perjuicio de las facultades de supervisión, inspección y sanción que corresponden a la CNMV de acuerdo con el Título IX, los organismos rectores de los centros de negociación, las entidades de contrapartida central y los depositarios centrales de valores que presten servicios en España deberán velar, en el ámbito de sus respectivas competencias, por el correcto funcionamiento y eficiencia de los procesos de negociación, compensación y liquidación de transacciones y de registro de valores.

2. Se faculta al Gobierno para desarrollar reglamentariamente el contenido de la función prevista en el apartado anterior, incluyendo las obligaciones y facultades para su adecuado ejercicio.

> Véanse arts. 165 a 169 del RD 814/2023, de 8 de noviembre, sobre instrumentos financieros, admisión a negociación, registro de valores negociables e infraestructuras de mercado (BOE núm. 268, de 9 de noviembre).

Art. 89. *Derecho de garantía financiera por anticipo de efectivo o valores.*- 1. Los miembros de los centros de negociación, los miembros de las entidades de contrapartida central y las entidades participantes de los depositarios centrales de valores gozarán *ex lege* de un derecho de garantía financiera pignoraticia de los recogidos en el Real Decreto-ley 5/2005, de 11 de marzo, de reformas urgentes para el impulso a la productividad y para la mejora de la contratación pública, exclusivamente sobre los valores o el efectivo resultantes de la liquidación de operaciones por cuenta de clientes, personas físicas o jurídicas, cuando aquellas entidades hubieran tenido que anticipar el efectivo o los valores necesarios para atender la liquidación de dichas operaciones por incumplimiento o declaración de concurso de su clientela.

2. Las normas sobre la constitución y ejecución de este derecho de garantía, así como los valores sobre los que puede recaer tal derecho se establecerán en el desarrollo reglamentario de esta ley.

3. Los miembros de los centros de negociación, en caso de declaración de concurso de alguno de sus clientes, podrán introducir en dichos mercados y por cuenta del concursado, órdenes de compra o venta de valores de signo contrario a las operaciones contratadas por cuenta de aquél, cuando la declaración de concurso se produzca estando dichas operaciones en curso de liquidación. Los miembros de las entidades de contrapartida central y las entidades participantes de los depositarios centrales de valores gozarán del mismo derecho frente a sus clientes, que ejercitarán solicitando de los miembros de los centros de negociación la introducción de las órdenes de sentido contrario a las que se refiere este apartado.

4. Las disposiciones de los apartados anteriores se entienden sin perjuicio de las medidas de disciplina en la liquidación a las que se refieren los artículos 6 y 7 del Reglamento (UE) n.º 909/2014, de 23 de julio de 2014, y sin perjuicio de las garantías a que se refiere esta ley en favor de los centros de negociación, depositarios centrales de valores y entidades de contrapartida central, que gozarán de preferencia frente a los derechos citados en los apartados anteriores.

Sección 3.ª Disposiciones específicas para los depositarios centrales de valores

Véanse arts. 158 a 165 del Título III del Real Decreto 814/2023, de 8 de noviembre, sobre instrumentos financieros (…) (BOE núm. 268, de 9 de noviembre).

(…)

Sección 4.ª Disposiciones específicas para las entidades de contrapartida central

Véanse arts. 166 a 169 del Título III del Real Decreto 814/2023, de 8 de noviembre, sobre instrumentos financieros (…) (BOE núm. 268, de 9 de noviembre).

(…)

CAPÍTULO III. Obligaciones de información periódica de los emisores

Véase el RD 1362/2007, de 19 de octubre, de desarrollo de la LMV en relación con los requisitos de transparencia relativos a la información sobre los emisores cuyos valores estén admitidos a negociación en un mercado secundario oficial o en otro mercado regulado de la Unión Europea (BOE núm. 252, de 20 de octubre). Véase Disp. Final 15.ª, 4, de la presente Ley.

Téngase en cuenta el segundo párrafo del apartado 9 del art. 529 bis del TRLSC que establece que la CNMV «publicará, con periodicidad anual, un listado actualizado de las sociedades cotizadas que manifiesten en su informe de sostenibilidad haber alcanzado los objetivos establecidos en el artículo 529 bis, apartado 3». Esto es que «el consejo de administración tenga una composición que asegure la presencia, como mínimo, de un cuarenta por ciento de personas del sexo menos representado».

Art. 99. *Informe financiero anual.–* 1. Cuando España sea Estado miembro de origen, los emisores cuyos valores estén admitidos a negociación en un mercado regulado o en otro mercado regulado domiciliado en la Unión Europea someterán sus cuentas anuales a auditoría de cuentas y harán público y difundirán su informe financiero anual auditado.

El plazo máximo para cumplir con la obligación de publicación y difusión de este apartado será de cuatro meses desde la finalización de cada ejercicio, debiendo asegurarse los emisores de que los referidos informes se mantienen a disposición del público durante al menos diez años.

2. El informe financiero anual comprenderá las cuentas anuales y el informe de gestión revisados por el auditor de conformidad con lo dispuesto en la normativa reguladora de la actividad de auditoría de cuentas, así como las declaraciones de responsabilidad de su contenido.

3. En la memoria de los emisores cuyas acciones estén admitidas a negociación en un mercado regulado o en otro mercado regulado domiciliado en la Unión Europea, se deberá informar sobre las operaciones de los administradores y administradoras y de los miembros del consejo de control de una sociedad anónima europea domiciliada en España que haya optado por el sistema dual, o de persona que actúe por cuenta de éstos, realizadas con el citado emisor o con un emisor del mismo grupo durante el ejercicio al que se refieren las cuentas anuales, cuando las operaciones sean ajenas al tráfico ordinario de la sociedad o que no se realicen en condiciones normales de mercado.

Véanse los arts. 8 a 10 del RD 1362/2007, de 19 de octubre y la OM de 15 de septiembre de 2004, sobre información de las operaciones vinculadas que deben suministrar las sociedades emisoras de valores admitidos a negociación en mercados secundarios oficiales (BOE núm. 233, de 27 de septiembre). Véase Disp. Final 15.ª, 4, de la presente Ley.

Art. 100. *Informes financieros semestrales.–* 1. Cuando España sea Estado miembro de origen, los emisores cuyas acciones o valores de deuda estén admitidos a negociación en un mercado regulado o en otro mercado regulado domiciliado en la Unión Europea, harán público y difundirán un informe financiero semestral relativo a los seis primeros meses del ejercicio.

El plazo máximo para cumplir con la obligación de publicación y difusión de este apartado será de tres meses desde la finalización del período correspondiente, debiendo asegurarse los emisores de que el referido informe se mantiene a disposición del público durante al menos diez años.

2. Cuando España sea Estado miembro de origen y el informe financiero anual previsto en el artículo 99 no se haya hecho público en los dos meses siguientes a la finalización del ejercicio a que se refiere, los emisores cuyas acciones estén admitidas a negociación en un mercado regulado o en otro mercado regulado domiciliado en la Unión Europea, estarán obligados además a hacer público y difundir un segundo informe financiero semestral referido a los doce meses del ejercicio en el plazo máximo de tres meses desde la finalización del período correspondiente.

3. El informe financiero semestral comprenderá: los estados financieros semestrales, un informe de gestión intermedio y las declaraciones de responsabilidad sobre su contenido.

> Véanse los arts. 11 a 18 del RD 1362/2007, de 19 de octubre y la Circular 3/2018, de 28 de junio, de la Comisión Nacional del Mercado de Valores, sobre información periódica de los emisores con valores admitidos a negociación en mercados regulados relativa a los informes financieros semestrales, las declaraciones intermedias de gestión y, en su caso, los informes financieros trimestrales (BOE núm. 160, de 3 de julio). Véase Disp. Final 15.ª, 4, de la presente Ley.

Art. 101. *Supuestos de no sujeción.–* 1. No estarán sujetos al cumplimiento de lo dispuesto en los artículos 99 y 100 anteriores:

a) Los Estados miembros de la Unión Europea, las Comunidades Autónomas, las entidades locales y las demás entidades análogas de los Estados miembros de la Unión Europea, los organismos públicos internacionales de los que sea miembro al menos un Estado miembro de la Unión Europea, el Banco Central Europeo, la Facilidad Europea de Estabilización Financiera (FEEF) establecida por el Acuerdo Marco de la FEEF y cualquier otro mecanismo establecido con el objetivo de preservar la estabilidad financiera de la unión monetaria europea proporcionando asistencia financiera temporal a los Estados miembros cuya moneda es el euro y los Bancos Centrales nacionales de los Estados miembros de la Unión Europea, emitan o no acciones u otros valores; y

b) Los emisores que emitan únicamente valores de deuda admitidas a negociación en un mercado regulado cuyo valor nominal unitario sea de al menos 100 000 euros o, en el caso de los valores de deuda no denominados en euros, cuyo valor nominal unitario sea, en la fecha de emisión, equivalente a 100 000 euros como mínimo.

c) Sin perjuicio de la letra b) anterior, los emisores que tengan únicamente emisiones vivas de valores de deuda admitidas a negociación en un mercado regulado domiciliado en la Unión Europea antes del 31 de diciembre de 2010, cuyo valor nominal unitario sea de al menos 50 000 euros o, en el caso de los valores de deuda no denominados en euros, cuyo valor nominal unitario fuera, en la fecha de emisión, equivalente a 50 000 euros como mínimo, durante todo el tiempo en que tales obligaciones estén vivas.

2. Cuando España sea Estado miembro de origen, no estarán sujetos al cumplimiento de lo dispuesto en el artículo 100 los emisores constituidos antes del 31 de diciembre de 2003 que tengan exclusivamente valores de deuda admitidos a negociación en un mercado regulado domiciliado en la Unión Europea cuando dichos valores cuenten con la garantía incondicional e irrevocable del Estado, sus Comunidades Autónomas o entes locales.

3. Lo dispuesto en este Capítulo no será de aplicación a los fondos de inversión y sociedades de inversión colectiva de capital variable a que se refiere la Ley 35/2003, de 4 de noviembre, de Instituciones de Inversión Colectiva.

> Téngase en cuenta la Circular 3/2018, de 28 de junio, de la Comisión Nacional del Mercado de Valores, sobre información periódica de los emisores con valores admitidos a negociación en mercados regulados relativa a los informes financieros semestrales, las declaraciones intermedias de gestión y, en su caso, los informes financieros trimestrales (BOE núm. 160, de 3 de julio). Véase Disp. Final 15.ª, 4, de la presente Ley.

Art. 102. *Otras disposiciones*.– 1. Reglamentariamente se establecerán:

a) Los plazos y demás requisitos para la remisión a la CNMV de la información financiera.

b) Los requisitos para la publicación y difusión de la información periódica.

c) El contenido de la declaración de responsabilidad, así como los órganos o personas del emisor que deberán realizarla.

d) El contenido de la información financiera semestral, y en su caso, las adaptaciones y excepciones que correspondan para determinadas categorías de valores, mercados o emisores.

e) Los principios contables aceptables para emisores de Estados no miembros de la Unión Europea.

f) Cualquier otro aspecto que sea necesario para la aplicación de este artículo y en particular el contenido de la información que se precise para la publicación de estadísticas por la CNMV.

2. La información periódica a la que se refieren los artículos 99 y 100 anteriores deberá remitirse a la CNMV, cuando España sea Estado miembro de origen en los términos

que se establezcan reglamentariamente, para su incorporación al registro oficial que se determine reglamentariamente.

La CNMV será la autoridad competente de la supervisión de la información periódica a que se refieren los artículos 99 y 100 anteriores.

3. A los efectos de lo dispuesto en este capítulo, se entenderá por valores de deuda las obligaciones y aquellos otros valores negociables que reconozcan o creen una deuda, salvo los valores que sean equivalentes a las acciones o que, por su conversión o por el ejercicio de los derechos que confieren, den derecho a adquirir acciones o valores equivalentes a las acciones.

> Véanse los arts. 45 a 47 del RD 1362/2007, de 19 de octubre. Disp. Final 15.ª, 4, de la presente Ley.

Art. 103. *Otras obligaciones de información*.– 1. Los emisores cuyos valores estén admitidos a negociación en un mercado regulado o en otro mercado regulado domiciliado en la Unión Europea, cuando España sea Estado miembro de origen, harán pública y difundirán toda modificación producida en los derechos inherentes a dichos valores. Los emisores remitirán a la CNMV dicha información para su incorporación al registro oficial que se determine reglamentariamente.

Reglamentariamente se establecerán las excepciones a la obligación establecida en el párrafo anterior, los requisitos para la publicación y difusión de esta información, así como para su remisión a la CNMV.

2. Los emisores cuyas acciones u obligaciones estén admitidas a negociación en un mercado regulado o en otro mercado regulado domiciliado en la Unión Europea se asegurarán de que todos los mecanismos y la información necesarios para permitir que los accionistas y los tenedores de obligaciones ejerzan sus derechos estén disponibles en España cuando sea el Estado miembro de origen y de que se preserve la integridad de los datos.

A tales efectos, para los emisores de acciones que cotizan en un mercado regulado dicha obligación se entenderá cumplida mediante la aplicación de lo dispuesto en el artículo 539 del texto refundido de la Ley de Sociedades de Capital, aprobado por el Real Decreto Legislativo 1/2010, de 2 de julio, y sus normas de desarrollo. Reglamentariamente se establecerán los requisitos aplicables al resto de los emisores.

Lo dispuesto en este apartado no será de aplicación a los valores emitidos por los Estados miembros de la Unión Europea, las Comunidades Autónomas, los entes locales y las demás entidades análogas de los Estados miembros.

Art. 104. *Responsabilidad de los emisores*.– 1. La responsabilidad por la elaboración y publicación de la información a la que se hace referencia en los artículos 99 y

100 deberá recaer, al menos, sobre el emisor y sus administradores y administradoras de acuerdo con las condiciones que se establezcan reglamentariamente.

2. De acuerdo con las condiciones que se determinen reglamentariamente, el emisor y sus administradores y administradoras serán responsables de todos los daños y perjuicios que hubiesen ocasionado a los titulares de los valores como consecuencia de que la información no proporcione una imagen fiel del patrimonio, de la situación financiera y de los resultados del emisor.

3. La acción para exigir la responsabilidad prescribirá a los tres años desde que el reclamante hubiera podido tener conocimiento de que la información no proporciona una imagen fiel del emisor.

> Véanse el art. 42 del RD-Ley 21/2017, de 29 de diciembre y los arts. 10 y 17 del RD 1362/2007, de 19 de octubre. Véase Disp. Final 15.ª, 4, de la presente Ley.

CAPÍTULO IV. Obligaciones de información sobre participaciones significativas y autocartera

Art. 105. *Obligaciones del accionista y de los titulares de otros valores e instrumentos financieros*.- 1. El accionista que, directa o indirectamente, adquiera o transmita acciones de un emisor para el que España sea Estado de origen, en los términos que se establezcan reglamentariamente, cuyas acciones estén admitidas a negociación en un mercado regulado o en cualquier otro mercado regulado domiciliado en la Unión Europea, y que atribuyan derechos de voto, y como resultado de dichas operaciones, la proporción de derechos de voto que quede en su poder alcance, supere o se reduzca por debajo de los porcentajes que se establezcan reglamentariamente, deberá notificar al emisor y a la CNMV, en las condiciones que se señalen, la proporción de derechos de voto resultante.

La obligación contenida en el párrafo anterior se aplicará también cuando la proporción de derechos de voto supere, alcance o se reduzca por debajo de los porcentajes a los que se refiere el párrafo anterior a consecuencia de un cambio en el número total de derechos de voto de un emisor sobre la base de la información comunicada a la CNMV y hecha pública.

2. Las obligaciones establecidas en el apartado anterior serán también aplicables a cualquier persona que, con independencia de la titularidad de las acciones, tenga derecho a adquirir, transmitir o ejercer los derechos de voto atribuidos por las mismas, en los casos que se determinen reglamentariamente.

3. Igualmente se aplicará lo dispuesto en los apartados anteriores a quien posea, adquiera o transmita, directa o indirectamente, otros valores e instrumentos financieros que confieran el derecho incondicional o la facultad discrecional a adquirir acciones que atribuyan derechos de voto o instrumentos financieros que estén referenciados a acciones que atribuyan derechos de voto y tengan un efecto económico similar a los

valores e instrumentos financieros anteriormente mencionados, independientemente de si dan derecho o no a liquidación mediante entrega física de los valores subyacentes, en los términos y con el desglose que se determinen reglamentariamente.

4. Las obligaciones establecidas en los apartados anteriores también serán de aplicación cuando se produzca la admisión a negociación por primera vez en un mercado regulado o en otro mercado regulado domiciliado en la Unión Europea de las acciones de un emisor para el que España sea Estado de origen.

5. Reglamentariamente se determinarán la forma, plazo y demás condiciones para el cumplimiento de las obligaciones establecidas en este artículo, así como, en su caso, los supuestos exceptuados del cumplimiento de estas obligaciones.

6. Lo dispuesto en este artículo no será de aplicación a los partícipes y accionistas en fondos y sociedades de inversión colectiva de capital variable a que se refiere la Ley 35/2003, de 4 de noviembre.

> Véanse los arts. 23 a 39 del RD 1362/2007, de 19 de octubre. Véase Disp. Final 15.ª, 4, de la presente Ley.

Art. 106. *Obligaciones del emisor con relación a la autocartera*.– 1. Cuando España sea Estado miembro de origen, los emisores cuyas acciones estén admitidas a negociación en un mercado regulado o en otro mercado regulado domiciliado en la Unión Europea deberán comunicar a la CNMV, hacer pública y difundir las operaciones sobre sus propias acciones, en los términos que se establezcan reglamentariamente, cuando la proporción alcance, supere o se reduzca en los porcentajes que se determinen. Esta información se incorporará al registro oficial que se determine reglamentariamente.

2. Lo dispuesto en este artículo no será de aplicación a las sociedades de inversión colectiva de capital variable a que se refiere la Ley 35/2003, de 4 de noviembre.

> Véanse los arts. 40 a 43 del RD 1362/2007, de 19 de octubre. Véase Disp. Final 15.ª, 4, de la presente Ley.

Art. 107. *Medidas preventivas*.– 1. Cuando España sea Estado miembro de acogida en los términos que se establezcan reglamentariamente, la CNMV deberá informar a la autoridad competente del Estado miembro de origen y a la AEVM si observa que el emisor, el tenedor de acciones u otros instrumentos financieros o la persona física o jurídica aludida en el artículo 105 ha cometido irregularidades o incumplido las obligaciones a que se refieren los artículos 99 a 103, 105 y 106.

2. En el caso de que, bien porque la autoridad del Estado miembro de origen no haya adoptado medidas, bien porque pese a las medidas adoptadas por la autoridad competente del Estado miembro de origen o debido a que dichas medidas hayan resultado inadecuadas, la persona indicada en el apartado anterior persista en la violación de las oportunas disposiciones legales o reglamentarias, la CNMV, tras informar a la

autoridad competente del Estado miembro de origen, adoptará todas las medidas pertinentes para proteger a los inversores. La CNMV informará inmediatamente a la Comisión Europea y a la AEVM sobre las medidas adoptadas.

CAPÍTULO V. DE LAS OFERTAS PÚBLICAS DE ADQUISICIÓN

Véase arts. 75 y 76 del Real Decreto 814/2023, de 8 de noviembre, sobre instrumentos financieros (...) (BOE núm. 268, de 9 de noviembre) y el Real Decreto 1066/2007, de 27 de julio, sobre régimen de las ofertas públicas de adquisición de valores. Véase Disp. Final 15.ª, 4, de la presente Ley.

Art. 108. *Oferta pública de adquisición obligatoria*.– Quedará obligado a formular una oferta pública de adquisición por la totalidad de las acciones u otros valores que directa o indirectamente puedan dar derecho a su suscripción o adquisición y dirigida a todos sus titulares a un precio equitativo quien alcance el control de una sociedad cotizada, ya lo consiga:

a) Mediante la adquisición de acciones u otros valores que confieran, directa o indirectamente, el derecho a la suscripción o adquisición de acciones con derechos de voto en dicha sociedad;

b) Mediante pactos parasociales o de otra naturaleza con otros titulares de valores; o

c) Como consecuencia de los demás supuestos de naturaleza análoga que reglamentariamente se establezcan.

Véanse los arts. 3 a 8 del RD 1066/2007, de 27 de julio. Véase Disp. Final 15.ª, 4, de la presente Ley.

Art. 109. *Ámbito de aplicación*.– 1. Las obligaciones a que se refiere este Capítulo se entenderán referidas a aquellas sociedades cuyas acciones estén, en todo o en parte, admitidas a negociación en un mercado regulado español o en un SMN, en los términos que se determinen reglamentariamente, y tengan su domicilio social en España.

2. Las obligaciones a que se refiere este Capítulo se aplicarán también, en los términos que reglamentariamente se establezcan, a las sociedades que no tengan su domicilio social en España y cuyos valores no estén admitidos a negociación en un mercado regulado en el Estado miembro de la Unión Europea en el que la sociedad tenga su domicilio social, en los siguientes casos:

a) Cuando los valores de la sociedad solo estén admitidos a negociación en un mercado regulado español.

b) Cuando la primera admisión a negociación de los valores en un mercado regulado lo haya sido en un mercado regulado español.

c) Cuando los valores de la sociedad sean admitidos a negociación simultáneamente en mercados regulados de más de un Estado miembro y en un mercado regulado español, y la sociedad así lo decida mediante notificación a dichos mercados y a sus autoridades competentes el primer día de la negociación de los valores.

d) Cuando el 20 de mayo de 2006 los valores de la sociedad ya estuvieran admitidos a negociación simultáneamente en mercados regulados de más de un Estado miembro y en un mercado regulado español y la CNMV así lo hubiera acordado con las autoridades competentes de los demás mercados en los que se hubieran admitido a negociación o, a falta de acuerdo, así lo hubiera decidido la sociedad.

3. Asimismo, las obligaciones a que se refiere este Capítulo se aplicarán también, en los términos que reglamentariamente se establezcan, a las sociedades que tengan su domicilio social en España y cuyos valores no estén admitidos a negociación en un mercado regulado español.

Art. 110. *Precio equitativo*.– 1. Se entenderá que el precio es equitativo cuando, como mínimo, sea igual al precio más elevado que haya pagado o acordado el obligado a formular la oferta o las personas que actúen en concierto con él por los mismos valores durante un período de tiempo anterior a la oferta determinado reglamentariamente y en los términos que se establezcan.

2. No obstante, la CNMV podrá modificar el precio así calculado en las circunstancias y según los criterios que se establezcan reglamentariamente.

Entre las mencionadas circunstancias se podrán incluir, entre otras, las siguientes: que el precio más elevado se haya fijado por acuerdo entre el comprador y el vendedor; que los precios de mercado de los valores en cuestión hayan sido manipulados; que los precios de mercado, en general, o determinados precios, en particular, se hayan visto afectados por acontecimientos excepcionales; que se pretenda favorecer el saneamiento de la sociedad.

Entre los referidos criterios podrán incluirse, entre otros, el valor medio del mercado en un determinado periodo; el valor liquidativo de la sociedad u otros criterios de valoración objetivos generalmente utilizados.

3. En el supuesto de modificación del precio a que se refiere el apartado anterior, la CNMV publicará en su página web la decisión de que la oferta se formule a un precio distinto del equitativo. Dicha decisión deberá ser motivada.

> Véase el art. 9 del RD 1066/2007, de 27 de julio. Véase Disp. Final 15.ª, 4, de la presente Ley.

Art. 111. *Control de la sociedad*.– 1. A los efectos de este Capítulo, se entenderá que una persona física o jurídica tiene individualmente o de forma conjunta con las personas que actúen en concierto con ella, el control de una sociedad cuando alcance, directa o indirectamente, un porcentaje de derechos de voto igual o superior al 30 por ciento; o bien, cuando haya alcanzado una participación inferior y designe, en los términos que se establezcan reglamentariamente, un número de consejeros y consejeras que, unidos, en su caso, a los que ya se hubieran designado, representen más de la mitad de los miembros del órgano de administración de la sociedad.

2. La CNMV dispensará condicionalmente, en los términos que se establezcan reglamentariamente, de la obligación de formular la oferta pública de adquisición establecida en el artículo 108, cuando otra persona o entidad, directa o indirectamente, tuviera un porcentaje de voto igual o superior al que tenga el obligado a formular la oferta.

3. Si, como consecuencia exclusivamente de la variación en el número total de derechos de voto de la sociedad derivada de la existencia de acciones con voto de lealtad conforme a los artículos 527 ter y siguientes del texto refundido de la Ley de Sociedades de Capital, aprobado por el Real Decreto Legislativo 1/2010, de 2 de julio, cualquier accionista llegara a alcanzar, directa o indirectamente, un número de derechos de voto igual o superior al 30 por ciento, dicho accionista no podrá ejercer los derechos políticos que excedan de dicho porcentaje sin formular una oferta pública de adquisición dirigida a la totalidad del capital social.

La oferta se formulará dentro de los 3 meses siguientes a la fecha en que se hubiese sobrepasado el umbral del 30 por ciento y le serán de aplicación las reglas relativas a la determinación del precio equitativo.

No obstante, no será obligatoria la formulación de la oferta, cuando, dentro de los 3 meses siguientes a la fecha en que se hubiese sobrepasado el umbral del 30 por ciento de los derechos de voto, se enajene por el obligado a formular la oferta el número de acciones necesario para reducir el exceso de derechos de voto sobre los porcentajes señalados o se renuncie a los derechos de voto por lealtad que excedan del porcentaje del 30 por ciento de los derechos de voto de la sociedad, siempre que, entre tanto, no se ejerzan los derechos políticos que excedan de dicho porcentaje, o se obtenga una dispensa de la CNMV de acuerdo con lo establecido en el apartado 2 anterior.

Véase el art. 4 del RD 1066/2007, de 27 de julio. Véase Disp. Final 15.ª, 4, de la presente Ley.

Art. 112. *Consecuencias del incumplimiento de formular oferta pública de adquisición.*- 1. Quien incumpla la obligación de formular una oferta pública de adquisición, no podrá ejercer los derechos políticos derivados de ninguno de los valores de la sociedad cotizada cuyo ejercicio le corresponda por cualquier título, sin perjuicio de las sanciones previstas en el Título IX. Esta prohibición será también aplicable a los valores poseídos indirectamente por el obligado a presentar la oferta pública y a aquellos que correspondan a quienes actúen concertadamente con él.

2. Se entenderá que incumple la obligación de formular una oferta pública de adquisición quien no la presente, la presente fuera del plazo máximo establecido o con irregularidades esenciales.

3. Serán nulos los acuerdos adoptados por los órganos de una sociedad cuando para la constitución de estos o la adopción de aquellos hubiera sido necesario computar los valores cuyos derechos políticos estén suspendidos con arreglo a lo dispuesto en este artículo.

4. La CNMV estará legitimada para el ejercicio de las correspondientes acciones de impugnación, en el plazo de un año a contar desde que tenga conocimiento del acuerdo, sin perjuicio de la legitimación que pueda corresponder a otras personas.

La CNMV podrá impugnar los acuerdos del Consejo de Administración de la sociedad cotizada, en el plazo de un año a contar desde que tenga conocimiento de los mismos.

Art. 113. *Otras disposiciones*.– 1. Cuando la contraprestación ofrecida consista en valores a emitir por la sociedad obligada a formular la oferta se entenderá que no existe el derecho de suscripción preferente contemplado en el artículo 93 del texto refundido de la Ley de Sociedades de Capital, aprobado por el Real Decreto Legislativo 1/2010, de 2 de julio, para los antiguos accionistas y titulares de obligaciones convertibles.

2. Sin perjuicio de lo previsto en el artículo 110, las ofertas públicas de adquisición obligatorias estarán sujetas al régimen del artículo 117 cuando concurra alguna de las circunstancias establecidas en el apartado 3 de dicho artículo.

3. Lo previsto en este Capítulo no resultará de aplicación en caso de utilización de los instrumentos, competencias y mecanismos de resolución establecidos en la Ley 11/2015, de 18 de junio, de recuperación y resolución de entidades de crédito y empresas de servicios de inversión.

4. Reglamentariamente se establecerán:

a) Los valores a los que habrá de dirigirse la oferta.

b) Las reglas y plazos para el cómputo del porcentaje de votos que brinda el control de una sociedad, tomando en consideración las participaciones directas e indirectas, así como los convenios, acuerdos o situaciones de control conjunto.

c) La persona que estará obligada a presentar la oferta pública de adquisición en los supuestos de pactos parasociales y situaciones de control sobrevenido en los que exista obligación de presentarla.

d) Los términos en que la oferta será irrevocable o en que podrá someterse a condición o ser modificada.

e) Las garantías exigibles según que la contraprestación ofrecida sea en dinero, valores ya emitidos o valores cuya emisión aún no haya sido acordada por la sociedad o entidad oferente.

f) La modalidad de control administrativo a cargo de la CNVM y, en general, el procedimiento de las ofertas públicas de adquisición.

g) El régimen de las posibles ofertas competidoras.

h) Las reglas de prorrateo.

i) Las operaciones exceptuadas de este régimen.

j) El precio equitativo, las formas de contraprestación y las excepciones, en su caso, aplicables.

k) La información que habrá de hacerse pública antes de la presentación de una oferta, una vez adoptada la decisión de presentarla, en el transcurso de la misma y una vez finalizada.

l) El plazo en que deberá presentarse una oferta pública de adquisición desde su anuncio público.

m) Las reglas sobre la caducidad de las ofertas.

n) Las reglas aplicables a la publicación de los resultados de las ofertas.

o) La información que habrá de suministrarse por los órganos de administración o dirección de la sociedad afectada y del oferente a los representantes de sus respectivos trabajadores y trabajadoras o, en su defecto, a las propias personas trabajadoras, así como el procedimiento aplicable a dicha obligación, ello sin perjuicio de lo establecido en la legislación laboral.

p) Los demás extremos cuya regulación se juzgue necesaria.

Art. 114. *Obligaciones de los órganos de administración y dirección.*– 1. Durante el plazo y en los términos que se determinen reglamentariamente, los órganos de administración y dirección de la sociedad afectada o de las sociedades pertenecientes a su mismo grupo deberán obtener la autorización previa de la junta general de accionistas según lo dispuesto en el artículo 194 del texto refundido de la Ley de Sociedades de Capital, aprobado por Real Decreto Legislativo 1/2010, de 2 de julio, antes de emprender cualquier actuación que pueda impedir el éxito de la oferta, con excepción de la búsqueda de otras ofertas, y en particular antes de iniciar cualquier emisión de valores que pueda impedir que el oferente obtenga el control de la sociedad afectada.

Respecto de las decisiones adoptadas antes de iniciarse el plazo contemplado en el párrafo anterior y aún no aplicadas total o parcialmente, la junta general de accionistas deberá aprobar o confirmar según lo dispuesto en el artículo 194 del texto refundido de la Ley de Sociedades de Capital, aprobado por Real Decreto Legislativo 1/2010, de 2 de julio, toda decisión que no se inscriba en el curso normal de actividades de la sociedad y cuya aplicación pueda frustrar el éxito de la oferta.

En el caso de que la sociedad afectada cuente con un sistema de administración dual, lo dispuesto en los párrafos anteriores se entenderá también aplicable al consejo de control.

2. La junta general de accionistas a que se refiere este artículo podrá ser convocada quince días antes de la fecha fijada para su celebración, mediante anuncio publicado en el «Boletín Oficial del Registro Mercantil» y en uno de los diarios de mayor circulación

en la provincia, con expresión de la fecha de la reunión en primera convocatoria y todos los asuntos que han de tratarse.

El «Boletín Oficial del Registro Mercantil» publicará la convocatoria de forma inmediata a su recepción.

3. Las sociedades podrán no aplicar lo dispuesto en los apartados 1 y 2 cuando sean objeto de una oferta pública de adquisición formulada por una entidad que no tenga su domicilio social en España y que no esté sujeta a tales normas o equivalentes, incluidas las referidas a las reglas necesarias para la adopción de decisiones por la Junta General, o bien, por una entidad controlada por aquella, directa o indirectamente, de acuerdo con lo dispuesto en el artículo 42 del Código de Comercio.

Cualquier decisión que se adopte en virtud de lo dispuesto en el párrafo anterior requerirá autorización de la junta general de accionistas, según lo dispuesto en el artículo 194 del texto refundido de la Ley de Sociedades de Capital, aprobado por Real Decreto Legislativo 1/2010, de 2 de julio, adoptada, como máximo, 18 meses antes de que la oferta pública de adquisición se haya hecho pública.

4. El órgano de administración de la sociedad afectada deberá publicar un informe detallado sobre la oferta en los términos y plazos que se establezcan reglamentariamente.

> Véase el art. 28 del RD 1066/2007, de 27 de julio. Véase Disp. Final 15.ª, 4, de la presente Ley.

Art. 115. *Medidas de neutralización.*– 1. Las sociedades podrán decidir que se apliquen las siguientes medidas de neutralización:

a) La ineficacia, durante el plazo de aceptación de la oferta, de las restricciones a la transmisibilidad de valores previstas en los pactos parasociales referidos a dicha sociedad.

b) La ineficacia, en la junta general de accionistas que decida sobre las posibles medidas de defensa a que se refiere este artículo, de las restricciones al derecho de voto previstas en los estatutos de la sociedad afectada y en los pactos parasociales referidos a dicha sociedad.

c) La ineficacia de las restricciones contempladas en la letra a) anterior y, de las que siendo de las previstas en la letra b) anterior, se contengan en pactos parasociales, cuando tras una oferta pública de adquisición, el oferente haya alcanzado un porcentaje igual o superior al 70 por ciento del capital que confiera derechos de voto.

2. Las cláusulas estatutarias que, directa o indirectamente, fijen con carácter general el número máximo de votos que pueden emitir un mismo accionista, las sociedades pertenecientes a un mismo grupo o quienes actúen de forma concertada con los anteriores, quedarán sin efecto cuando tras una oferta pública de adquisición, el oferente haya alcanzado un porcentaje igual o superior al 70 por ciento del capital que confiera dere-

chos de voto, salvo que dicho oferente o su grupo o quienes actúen de forma concertada con los anteriores no estuvieran sujetos a medidas de neutralización equivalentes o no las hubieran adoptado.

3. La decisión de aplicar el apartado 1 de este artículo deberá adoptarse por la junta general de accionistas de la sociedad, con los requisitos de *quorum* y mayorías previstos para la modificación de estatutos de las sociedades anónimas en el texto refundido de la Ley de Sociedades de Capital, aprobado por el Real Decreto Legislativo 1/2010, de 2 de julio, y se comunicará a la CNMV y a los supervisores de los Estados miembros en los que las acciones de la sociedad estén admitidas a negociación, o se haya solicitado la admisión. La CNMV deberá hacer pública esta comunicación en los términos y el plazo que se fijen reglamentariamente.

En cualquier momento la junta general de accionistas de la sociedad podrá revocar la decisión de aplicar el apartado 1 de este artículo, con los requisitos de *quorum* y mayorías previstos para la modificación de estatutos de las sociedades anónimas en el texto refundido de la Ley de Sociedades de Capital, aprobado por el Real Decreto Legislativo 1/2010, de 2 de julio. La mayoría exigida en virtud de este párrafo ha de coincidir con la exigida en virtud del párrafo anterior.

4. Cuando la sociedad decida aplicar las medidas descritas en el apartado 1 deberá prever una compensación adecuada por la pérdida sufrida por los titulares de los derechos allí mencionados.

5. Las sociedades podrán dejar de aplicar las medidas de neutralización que tuvieran en vigor al amparo de lo dispuesto en el apartado 1 de este artículo, cuando sean objeto de una oferta pública de adquisición formulada por una entidad o grupo o quienes actúen de forma concertada con los anteriores, que no hubieran adoptado medidas de neutralización equivalentes.

Cualquier medida que se adopte en virtud de lo dispuesto en el párrafo anterior requerirá autorización de la junta general de accionistas, con los requisitos de *quorum* y mayorías previstos para la modificación de estatutos de las sociedades anónimas en el texto refundido de la Ley de Sociedades de Capital, aprobado por el Real Decreto Legislativo 1/2010, de 2 de julio, como máximo, dieciocho meses antes de que la oferta pública de adquisición se haya hecho pública.

6. Reglamentariamente se podrán establecer los demás extremos cuya regulación se juzgue necesaria para el desarrollo de lo dispuesto en este artículo.

<small>Véase el art. 29 del RD 1066/2007, de 27 de julio. Véase Disp. Final 15.ª, 4, de la presente Ley.</small>

Art. 116. *Compraventas forzosas.–* 1. Cuando, a resultas de una oferta pública de adquisición por la totalidad de los valores, en los términos de los artículos 108 a 113 y 117, el oferente posea valores que representen al menos el 90 por ciento del capital

que confiere derechos de voto y la oferta haya sido aceptada por titulares de valores que representen al menos el 90 por ciento de los derechos de voto, distintos de los que ya obraran en poder del oferente:

a) El oferente podrá exigir a los restantes titulares de valores que le vendan dichos valores a un precio equitativo.

b) Los titulares de valores de la sociedad afectada podrán exigir del oferente la compra de sus valores a un precio equitativo.

2. Si, en el supuesto regulado en este artículo, los valores objeto de la compra o venta forzosa, se encontrasen embargados como consecuencia de actos administrativos o de resoluciones judiciales, o existiera sobre ellos algún tipo de carga, incluyendo gravámenes, derechos reales limitados o garantías financieras, los valores se enajenarán libres de dichas cargas, pasando estas a constituirse sobre el precio pagado o los valores entregados por el oferente como pago del precio por la compraventa.

El depositario de los valores estará obligado a mantener en depósito el precio de la venta o, en su caso, los valores entregados, poniendo en conocimiento de la autoridad judicial o administrativa que hubiere ordenado los embargos o del titular de cualesquiera otras cargas la aplicación de este procedimiento.

Si, una vez aplicado lo dispuesto en este apartado, existiera una parte del precio que resultase innecesaria para la satisfacción de las obligaciones garantizadas con el embargo o embargos practicados, o con las cargas existentes sobre los valores, se pondrá inmediatamente a disposición del titular de estos.

3. Reglamentariamente se establecerá el procedimiento y los requisitos aplicables a la compraventa forzosa a que se refiere este artículo.

> Véanse los arts. 47 y 48 del RD 1066/2007, de 27 de julio. Véase Disp. Final 15.ª, 4, de la presente Ley.

Art. 117. *Ofertas públicas de adquisición voluntarias.*– 1. Las ofertas públicas de adquisición de acciones, o de otros valores que confieran directa o indirectamente derechos de voto en una sociedad cotizada, formuladas de modo voluntario, deberán dirigirse a todos sus titulares, estarán sujetas a las mismas reglas de procedimiento que las ofertas contempladas en este capítulo y podrán realizarse, en las condiciones que se establezcan reglamentariamente, por un número de valores inferior al total.

La oferta obligatoria contemplada en el artículo 108 no será exigible cuando el control se haya adquirido tras una oferta voluntaria por la totalidad de los valores, dirigida a todos sus titulares y que haya cumplido todos los requisitos recogidos en este capítulo.

2. Cuando dentro de los dos años anteriores al anuncio relativo a la oferta concurra alguna de las circunstancias señaladas en el apartado tercero siguiente, el oferente deberá aportar un informe de experto independiente sobre los métodos y criterios de

valoración aplicados para determinar el precio ofrecido, entre los que se incluirán el valor medio del mercado en un determinado período, el valor liquidativo de la sociedad, el valor de la contraprestación pagada por el oferente por los mismos valores en los doce meses previos al anuncio de la oferta, el valor teórico contable de la sociedad y otros criterios de valoración objetivos generalmente aceptados que, en todo caso, aseguren la salvaguarda de los derechos de los accionistas.

En el informe se justificará la relevancia respectiva de cada uno de los métodos empleados en la valoración. El precio ofrecido no podrá ser inferior al mayor entre el precio equitativo al que se refiere el artículo 110 y el que resulte de tomar en cuenta y con justificación de su respectiva relevancia, los métodos contenidos en el informe.

Asimismo, si la oferta se formulara como canje de valores, además de lo anterior, se deberá incluir, al menos como alternativa, una contraprestación o precio en efectivo equivalente financieramente, como mínimo, al canje ofrecido.

Con la finalidad de que la oferta se adecue a lo dispuesto en este apartado, la CNMV podrá adaptar el procedimiento administrativo, ampliando los plazos en la medida necesaria y requiriendo las informaciones y documentos que juzgue convenientes.

3. Las circunstancias a las que se refiere el apartado segundo anterior son las siguientes:

a) Que los precios de mercado de los valores a los que se dirija la oferta presenten indicios razonables de manipulación, que hubieran motivado la incoación de un procedimiento sancionador por la CNMV por infracción de lo dispuesto en el artículo 15 del Reglamento 596/2014 sobre abuso de mercado que regula la prohibición de la manipulación de mercado, sin perjuicio de la aplicación de las sanciones correspondientes, y siempre que se hubiese notificado al interesado el correspondiente pliego de cargos.

b) Que los precios de mercado, en general, o de la sociedad afectada en particular, se hayan visto afectados por acontecimientos excepcionales tales como por catástrofes naturales, situaciones de guerra o calamidad, pandemias declaradas u otras derivadas de fuerza mayor.

c) Que la sociedad afectada se haya visto sujeta a expropiaciones, confiscaciones u otras circunstancias de igual naturaleza que puedan suponer una alteración significativa del valor real de su patrimonio.

4. Reglamentariamente se podrán establecer los demás extremos cuya regulación se juzgue necesaria para el desarrollo de lo dispuesto en este artículo.

Véase el art. 13 del RD 1066/2007, de 27 de julio. Véase Disp. Final 15.ª, 4, de la presente Ley.

CAPÍTULO VI. Asesores de voto

Art. 118. *Asesores de voto.*– 1. Este Capítulo será de aplicación a los asesores de voto que presten sus servicios en relación con sociedades cotizadas que tengan su domicilio social en un Estado miembro de la Unión Europea y cuyas acciones estén admitidas a negociación en un mercado regulado o en un sistema multilateral de negociación que estén situados u operen en un Estado miembro de la Unión Europea, siempre y cuando el asesor de voto:

a) tenga su domicilio social en España,

b) no tenga su domicilio social en un Estado miembro de la Unión Europea, pero tenga su establecimiento principal en España; o

c) no tenga ni su domicilio social ni su establecimiento principal en un Estado miembro de la Unión Europea, pero tenga un establecimiento en España.

2. A efectos de lo previsto en este Capítulo, se entenderá por asesor de voto aquella persona jurídica que analiza con carácter profesional y comercial la información que las sociedades cotizadas están legalmente obligadas a publicar y, en su caso, otro tipo de información, para asesorar a los inversores en el ejercicio de sus derechos de voto mediante análisis, asesoramiento o recomendaciones de voto.

3. Aquellas entidades que cumplan los requisitos establecidos en los dos apartados anteriores deberán comunicarlo a la CNMV.

Art. 119. *Código de Conducta.*– 1. Los asesores de voto deberán publicar la referencia del código de conducta que apliquen e informarán sobre la forma en que lo han hecho.

Cuando los asesores de voto no apliquen ningún código de conducta, explicarán el motivo de manera clara y razonada. Asimismo, cuando los asesores de voto apliquen un código de conducta pero se aparten de alguna de sus recomendaciones, informarán públicamente sobre las recomendaciones que no estén siguiendo, los motivos para ello y las medidas alternativas adoptadas.

2. La información a que se refiere el presente artículo se hará pública de forma gratuita en las páginas web de los asesores de voto y será actualizada anualmente.

Art. 120. *Informe anual.*– 1. Los asesores de voto publicarán anualmente un informe con la finalidad de que su clientela esté debidamente informada acerca de la exactitud y fiabilidad de sus actividades, que contendrá al menos la siguiente información relacionada con sus investigaciones, su asesoramiento y las recomendaciones de voto que emitan:

a) las características importantes de los métodos y los modelos aplicados,

b) las principales fuentes de información utilizadas,

c) los procedimientos implantados para garantizar la calidad de las investigaciones, asesoramientos y recomendaciones de voto y la cualificación del personal destinado a esas funciones,

d) el grado y forma de consideración de las condiciones del entorno de mercado, jurídico, regulatorio y las condiciones específicas de la sociedad cotizada en cuestión,

e) las características importantes de las políticas de voto que aplican a cada mercado,

f) el grado y la forma en la que mantienen cauces de comunicación con las sociedades que son objeto de sus investigaciones, asesoramientos o recomendaciones de voto y con otras partes interesadas en la sociedad,

g) la política relativa a la prevención y a la gestión de conflictos de intereses potenciales; y

h) las limitaciones o condiciones que deben ser consideradas en las recomendaciones emitidas.

2. Los asesores de voto pondrán a disposición del público la información a que se refiere el presente artículo en sus páginas web, donde permanecerá disponible de forma gratuita durante un período mínimo de tres años a partir de la fecha de su publicación.

Art. 121. *Conflictos de intereses.*– Los asesores de voto determinarán y comunicarán sin demora a su clientela cualquier conflicto de intereses real o potencial o cualesquiera relaciones de negocio que puedan influir en la elaboración de sus investigaciones, asesoramientos o recomendaciones de voto y las medidas adoptadas para eliminar, mitigar o gestionar los conflictos de intereses reales o potenciales.

TÍTULO V. Empresas de servicios de inversión y otras personas y entidades autorizadas para prestar servicios de inversión

Título desarrollado por Real Decreto 813/2023, de 8 de noviembre, sobre el régimen jurídico de las empresas de servicios de inversión y de las demás entidades que prestan servicios de inversión (BOE núm. 268, de 9 de noviembre).

CAPÍTULO I. Disposiciones generales

Art. 122. *Concepto de empresa de servicios de inversión.*– 1. Las empresas de servicios de inversión son aquellas empresas cuya actividad principal consiste en prestar servicios de inversión o en realizar actividades de inversión con carácter profesional a terceros sobre los instrumentos financieros sometidos a esta ley y sus disposiciones de desarrollo y adoptan una de las formas jurídicas que establece el artículo 128.1 de esta ley.

2. Las empresas de servicios de inversión, conforme a su régimen jurídico específico, realizarán los servicios y actividades de inversión y los servicios auxiliares previstos en este capítulo, pudiendo ser miembros de los mercados regulados si así lo solicitan

de conformidad con lo dispuesto en el artículo 62 de esta ley, así como miembros o usuarios de los SMN y de los SOC, de conformidad con lo dispuesto en esta ley y sus normas de desarrollo.

3. Las referencias que en esta ley se hacen a empresas de servicios de inversión y autoridades de Estados miembros de la Unión Europea incluyen también a las que pertenezcan a otros Estados del Espacio Económico Europeo. Asimismo, las referencias que en esta ley se hacen a los Estados miembros de la Unión Europea, incluyen también a los Estados miembros del Espacio Económico Europeo.

Véase art. 3 Real Decreto 813/2023, de 8 de noviembre, sobre el régimen jurídico de las empresas de servicios de inversión y de las demás entidades que prestan servicios de inversión (BOE núm. 268, de 9 de noviembre).

Art. 123. *Supuestos de no aplicación y otras excepciones*.– 1. Los requisitos y obligaciones establecidas en esta ley y sus disposiciones de desarrollo, relativos a la prestación de servicios de inversión, no serán de aplicación a las siguientes personas y entidades:

a) Las entidades sujetas a la Ley 20/2015, de 14 de julio, de ordenación, supervisión y solvencia de las entidades aseguradoras y reaseguradoras y su normativa de desarrollo, cuando ejerzan las actividades contempladas en dicha ley.

b) Las personas que presten servicios de inversión exclusivamente a sus empresas matrices, a sus filiales o a otras filiales de sus empresas matrices.

c) Las personas que presten un servicio de inversión, cuando dicho servicio se preste de manera accesoria en el marco de una actividad profesional.

d) Las personas que negocien por cuenta propia con instrumentos financieros distintos de los derivados sobre materias primas, derechos de emisión, o derivados de estos, y que no presten ningún otro servicio de inversión o realicen ninguna otra actividad de inversión con instrumentos financieros distintos de los derivados sobre materias primas o de derechos de emisión o derivados de estos, con las excepciones que se señalen reglamentariamente.

e) Los operadores con obligaciones con arreglo a la Ley 1/2005, de 9 de marzo, por la que se regula el régimen del comercio de derechos de emisión de gases de efecto invernadero, con las condiciones que se señalen reglamentariamente.

f) Las personas que presten servicios y actividades de inversión consistentes exclusivamente en la gestión de sistemas de participación de las y los trabajadores.

g) Las personas que presten servicios y actividades de inversión que consistan únicamente en la gestión de sistemas de participación de personas trabajadoras y en la prestación de servicios y actividades de inversión exclusivamente a sus empresas matrices, a sus filiales o a otras filiales de sus empresas matrices.

h) Los miembros del Sistema Europeo de Bancos Centrales (en adelante SEBC), otros organismos nacionales con funciones similares en la Unión Europea, otros organismos públicos que se encargan de la gestión de la deuda pública o intervienen en ella en la Unión Europea así como a las instituciones financieras internacionales de las que son miembros dos o más Estados miembros que tengan la intención de movilizar fondos y prestar asistencia financiera en beneficio de aquellos de sus miembros que estén sufriendo graves problemas de financiación o que corran el riesgo de padecerlos.

i) Las instituciones de inversión colectiva, entidades de inversión colectiva de tipo cerrado y los fondos de pensiones, independientemente de que estén o no coordinados en el ámbito de la Unión Europea, ni a los depositarios y entidades gestoras de dichas instituciones.

j) Las personas que o bien negocien por cuenta propia, incluidos los creadores de mercado, con derivados sobre materias primas o con derechos de emisión o derivados de estos, excluidas las personas que negocien por cuenta propia cuando ejecutan órdenes de clientes, o bien presten servicios de inversión, por cuenta ajena, en derivados sobre materias primas o en derechos de emisión o derivados sobre tales derechos a los clientes o proveedores de su actividad principal, con las condiciones que se señalen reglamentariamente.

k) Las personas que prestan asesoramiento en materia de inversión en el ejercicio de otra actividad profesional no regulada por esta ley, siempre que la prestación de dicho asesoramiento no esté específicamente remunerada.

l) Los gestores de la red de transporte, con las condiciones que se señalen reglamentariamente.

2. Asimismo las siguientes personas quedarán excluidas de la aplicación de los requisitos y obligaciones establecidas en esta ley y sus disposiciones de desarrollo:

a) Personas y entidades que no estén autorizadas a:

1.º Tener fondos o valores de clientes y que, por tal motivo, no puedan en ningún momento colocarse en posición deudora con respecto a sus clientes, y

2.º prestar servicios y actividades de inversión, a no ser la recepción y transmisión de órdenes sobre valores negociables o la prestación de asesoramiento en materia de inversión en relación con dichos instrumentos financieros.

b) Personas que presten servicios de inversión exclusivamente en materias primas, derechos de emisión o derivados sobre estos con la única finalidad de dar cobertura a los riesgos comerciales de sus clientes, siempre que estos últimos sean exclusivamente empresas eléctricas locales en la definición del artículo 2.35, de la Directiva 2009/72/CE del Parlamento Europeo y del Consejo, de 13 de julio de 2009, o compañías de gas natural en la definición del artículo 2.1 de la Directiva 2009/73/CE del Parlamento Europeo y del Consejo, de 13 de octubre de 2003, con las condiciones que se señalen reglamentariamente; o

c) Personas que presten servicios de inversión exclusivamente en derechos de emisión o derivados sobre estos con la única finalidad de dar cobertura a los riesgos comerciales de sus clientes con las condiciones que se señalen reglamentariamente.

3. Las personas y entidades contempladas en el artículo 128.5.a) podrán quedar exentas de la aplicación de determinados requisitos prudenciales establecidos en esta ley y su normativa de desarrollo; asimismo, determinadas entidades que, además de prestar los servicios incluidos en el artículo 128.5.a), presten el servicio de inversión de recepción y transmisión de órdenes y que no estén autorizadas a tener fondos o valores de clientes por lo que, en ningún caso, podrán colocarse en posición deudora con respecto a sus clientes, así como determinadas entidades que presten servicios y actividades de inversión en materias primas, derechos de emisión y derivados para dar cobertura a los riesgos de la actividad comercial de sus clientes, podrán quedar exentas de la aplicación de los requisitos y obligaciones establecidas en esta ley y sus disposiciones de desarrollo.

4. Reglamentariamente se precisarán las categorías concretas de personas y entidades a las que se refieren los apartados anteriores, así como los requisitos prudenciales y régimen de supervisión aplicables a las personas y entidades del apartado anterior.

> Véanse art. 4, del Real Decreto 813/2023, de 8 de noviembre, sobre el régimen jurídico de las empresas de servicios de inversión y de las demás entidades que prestan servicios de inversión (BOE núm. 268, de 9 de noviembre).

Art. 124. *Aplicación a determinadas empresas de servicios de inversión de los requisitos establecidos en el Reglamento (UE) n.° 575/2013 del Parlamento Europeo y del Consejo, de 26 de junio de 2013, sobre los requisitos prudenciales de las entidades de crédito y las empresas de inversión, y por el que se modifica el Reglamento (UE) n.° 648/2012.–* 1. Las empresas de servicios de inversión previstas en el apartado 2 del artículo 1 del Reglamento (UE) 2019/2033, deberán cumplir los requisitos prudenciales previstos en el Reglamento (UE) n.° 575/2013 del Parlamento Europeo y del Consejo, de 26 de junio de 2013, sobre los requisitos prudenciales de las entidades de crédito, y por el que se modifica el Reglamento (UE) n.° 648/2012, y por la Ley 10/2014, de 26 de junio, y sus normas de desarrollo.

2. La CNMV podrá someter a una empresa de servicios de inversión al marco normativo de las entidades de crédito citado en el apartado anterior, siempre que el valor total de los activos consolidados de la empresa de servicios de inversión, calculado como la media de los doce meses anteriores, sea igual o superior a 5000 millones de euros y se cumplan las condiciones que se establezcan reglamentariamente teniendo en cuenta el tamaño, la naturaleza, la escala y la complejidad de las actividades, así como el riesgo sistémico de la empresa.

3. La CNMV, previo informe del Banco de España, podrá permitir que las empresas de servicios de inversión previstas en el apartado 5 del artículo 1 del Reglamento (UE) 2019/2033, aplique los requisitos prudenciales previstos en el Reglamento (UE) n.º 575/2013 del Parlamento Europeo y del Consejo, de 26 de junio de 2013, sobre los requisitos prudenciales de las entidades de crédito, y por el que se modifica el Reglamento (UE) n.º 648/2012, y por la Ley 10/2014, de 26 de junio, y sus normas de desarrollo.

4. Las empresas de servicios de inversión a las que se refieren los apartados anteriores serán supervisadas en lo que no se refiera a los requisitos prudenciales conforme a lo establecido en la presente ley y sus disposiciones de desarrollo.

Art. 125. *Servicios y actividades de inversión*.- 1. Se consideran servicios y actividades de inversión los siguientes:

a) La recepción y transmisión de órdenes de clientes en relación con uno o más instrumentos financieros. Se entenderá comprendida en este servicio la puesta en contacto de dos o más inversores para que ejecuten operaciones entre sí sobre uno o más instrumentos financieros.

b) La ejecución de órdenes por cuenta de clientes.

c) La negociación por cuenta propia.

d) La gestión de carteras.

e) La colocación de instrumentos financieros sin base en un compromiso firme.

f) El aseguramiento de instrumentos financieros o colocación de instrumentos financieros sobre la base de un compromiso firme.

g) El asesoramiento en materia de inversión.

No se considerará que constituya asesoramiento, a los efectos de lo dispuesto en este apartado, las recomendaciones de carácter genérico y no personalizadas que se puedan realizar en el ámbito de la comercialización de valores e instrumentos financieros. Dichas recomendaciones tendrán el valor de comunicaciones de carácter comercial. Asimismo, tampoco se considerará recomendación personalizada las recomendaciones que se divulguen exclusivamente al público.

h) La gestión de SMN.

i) La gestión de SOC.

2. Los actos llevados a cabo por una empresa de servicios de inversión que sean preparatorios para la prestación de un servicio o actividad de inversión deben considerarse parte integrante del servicio o actividad.

3. No se consideran servicios ni actividades de inversión los servicios de financiación participativa recogidos en el artículo 2.1.a) del Reglamento (UE) 2020/1503 del Parlamento Europeo y del Consejo, de 7 de octubre de 2020.

Véase art. 10 del Decreto 813/2023, de 8 de noviembre, sobre el régimen jurídico de las empresas de servicios de inversión y de las demás entidades que prestan servicios de inversión (BOE núm. 268, de 9 de noviembre), los arts. 2 a 17 del RD-Ley 5/2005, de 11 de marzo, de reformas urgentes para el impulso a la productividad y para la mejora de la contratación pública, y, en relación con la letra g), la Circular de la CNMV 10/2008, de 30 de diciembre (BOE núm. 12, de 14 de enero de 2009), sobre empresas de asesoramiento financiero.

Art. 126. *Servicios auxiliares.–* Se consideran servicios auxiliares de inversión:

a) La custodia y administración por cuenta de clientes de los instrumentos financieros, incluidos la custodia y servicios conexos como la gestión de tesorería y de garantías y excluido el mantenimiento de cuentas de valores en el nivel más alto.

b) La concesión de créditos o préstamos a inversores, para que puedan realizar una operación sobre uno o más de los instrumentos financieros previstos en esta ley y sus disposiciones de desarrollo, siempre que en dicha operación intervenga la empresa que concede el crédito o el préstamo.

c) El asesoramiento a empresas sobre estructura del capital, estrategia industrial y cuestiones afines, así como el asesoramiento y demás servicios en relación con fusiones y adquisiciones de empresas.

d) Los servicios relacionados con el aseguramiento.

e) La elaboración de informes de inversiones y análisis financieros u otras formas de recomendación general relativa a las operaciones sobre instrumentos financieros, de conformidad con lo dispuesto en el artículo 36 del Reglamento Delegado (UE) 2017/565 de la Comisión, de 25 de abril de 2016.

En cualquier caso, las recomendaciones que no cumplan las dos condiciones establecidas en el artículo 36.1 del Reglamento Delegado (UE) n.º 2017/565 de la Comisión, de 25 de abril de 2016, tendrán la consideración de comunicaciones publicitarias, debiendo las empresas de servicios de inversión que las presenten o difundan garantizar que se las identifica claramente como tales.

Además, la recomendación deberá contener una declaración clara y destacada, o en el caso de recomendaciones orales, medida de efecto equivalente, de que aquella no se ha elaborado con sujeción a las disposiciones normativas orientadas a promover la independencia de los informes de inversiones y de que no existe prohibición alguna que impida la negociación antes de la difusión del informe.

f) Los servicios de cambio de divisas, cuando estén relacionados con la prestación de servicios y actividades de inversión.

g) Los servicios y actividades de inversión, así como los servicios auxiliares que se refieran al subyacente no financiero de los instrumentos financieros derivados, como contratos de opciones, futuros, permutas (swaps), acuerdos de tipos de interés a plazo y otros contratos de derivados relacionados con instrumentos financieros, divisas, variables financieras, materias primas o derechos de emisión, cuando se hallen vinculados a la prestación de servicios y actividades de inversión o de servicios auxiliares. Se entenderá incluido el depósito o entrega de las mercaderías que tengan la condición de entregables.

Véase art. 10 del Decreto 813/2023, de 8 de noviembre, sobre el régimen jurídico de las empresas de servicios de inversión y de las demás entidades que prestan servicios de inversión (BOE núm. 268, de 9 de noviembre).

Art. 127. *Actividades accesorias y otras disposiciones sobre los servicios y actividades de inversión y servicios auxiliares.*– 1. Las empresas de servicios de inversión y las empresas de asesoramiento financiero nacionales que sean personas jurídicas, en los términos que reglamentariamente se establezcan, y siempre que se resuelvan en forma adecuada los posibles riesgos y conflictos de interés entre ellas y su clientela, o los que puedan surgir entre los distintos clientes, podrán realizar los servicios y actividades previstos en los artículos 125 y 126, referidos a instrumentos no contemplados en el artículo 2 de esta ley y sus disposiciones de desarrollo, u otras actividades accesorias que supongan la prolongación de su negocio, cuando ello no desvirtúe el objeto social exclusivo propio de la empresa de servicios de inversión.

Para el acceso y ejercicio de las actividades accesorias, las empresas de servicios de inversión y las empresas de asesoramiento financiero nacionales que sean personas jurídicas estarán obligadas al cumplimiento de la normativa que en su caso regule la actividad que se pretende realizar.

2. El Gobierno podrá modificar el contenido de la relación de los servicios y actividades de inversión y servicios auxiliares que figuran en los artículos anteriores para adaptarlo a las modificaciones que se establezcan en la normativa de la Unión Europea. Asimismo, el Gobierno también podrá regular la forma de prestar los servicios y actividades de inversión y servicios auxiliares citados en los artículos anteriores.

Véase art. 11 del Decreto 813/2023, de 8 de noviembre, sobre el régimen jurídico de las empresas de servicios de inversión y de las demás entidades que prestan servicios de inversión (BOE núm. 268, de 9 de noviembre).

Art. 128. *Clases de empresas de servicios de inversión y otras personas y entidades autorizadas para prestar servicios de inversión.*– 1. Son empresas de servicios de inversión las siguientes:

a) Las sociedades de valores, que pueden operar profesionalmente, tanto por cuenta ajena como por cuenta propia, y realizar todos los servicios y actividades de inversión y servicios auxiliares previstos en los artículos correspondientes de esta ley.

b) Las agencias de valores, que profesionalmente solo pueden operar por cuenta ajena, con representación o sin ella. Podrán realizar los servicios y actividades de inversión y los servicios auxiliares previstos en los artículos 125 y 126, respectivamente, con excepción de los previstos en el artículo 125.1.c) y f), y en el artículo 126.b).

c) Las sociedades gestoras de carteras, que exclusivamente pueden prestar los servicios y actividades de inversión previstos en el artículo 125.1.d) y g). También podrán realizar los servicios auxiliares previstos en el artículo 126.c) y e). Estas empresas no estarán autorizadas a tener fondos o valores de clientes por lo que, en ningún caso, podrán colocarse en posición deudora con respecto a sus clientes.

d) Las empresas de asesoramiento financiero, que son aquellas personas jurídicas que exclusivamente pueden prestar el servicio de inversión previsto en el artículo 125.1.g) y los servicios auxiliares previstos en el artículo 126.c) y e). Estas empresas no estarán autorizadas a tener fondos o valores de clientes por lo que, en ningún caso, podrán colocarse en posición deudora con respecto a sus clientes.

2. Las agencias de valores, las sociedades gestoras de carteras y las empresas de asesoramiento financiero no podrán realizar operaciones sobre valores o efectivo en nombre propio, salvo para, con sujeción a las limitaciones que reglamentariamente se establezcan, administrar su propio patrimonio.

Toda sociedad de valores que, de forma organizada, frecuente y sistemática, negocie por cuenta propia cuando ejecuta órdenes de clientes al margen de un mercado regulado, un SMN o un SOC, operará con arreglo al Título III del Reglamento (UE) n.º 600/2014 del Parlamento Europeo y del Consejo, de 15 de mayo de 2014.

3. Las entidades de crédito, aunque no sean empresas de servicios de inversión según esta ley, podrán realizar habitualmente todos los servicios y actividades de inversión y servicios auxiliares previstos en los artículos correspondientes de esta ley siempre que su régimen jurídico, sus estatutos y su autorización específica les habiliten para ello.

4. Las empresas de servicios de inversión no podrán asumir funciones exclusivas de sociedades gestoras de instituciones de inversión colectiva, de fondos de pensiones o de fondos de titulización.

5. Reglamentariamente se establecerán:

a) las condiciones bajo las cuales las personas físicas y jurídicas distintas de las entidades de crédito podrán prestar el servicio de inversión previsto en el artículo 125.1.g), con o sin los servicios auxiliares previstos en el artículo 126.c) y e), sin que tengan la consideración de empresas de servicios de inversión.

Estas personas físicas o jurídicas serán denominadas empresas de asesoramiento financiero nacionales y estarán sometidas a los mismos requisitos y régimen sancionador que las empresas de asesoramiento financiero del artículo 128.1.d), pero con unos menores requisitos de capital inicial y no podrán prestar sus servicios en otros Estados, miembros o no de la Unión Europea, de acuerdo con los artículos 143, 144 y 150 de esta ley.

b) los preceptos de esta ley que serán de aplicación a las sociedades gestoras de instituciones de inversión colectiva y las sociedades gestoras de entidades de inversión colectiva de tipo cerrado cuando presten los servicios de inversión o servicios auxiliares de recepción y transmisión de órdenes, gestión de carteras, asesoramiento en materia de inversión y custodia y administración de instrumentos financieros;

c) los preceptos de esta ley y su normativa de desarrollo que les resultarán de aplicación a las entidades de crédito contempladas en el apartado 3; y

d) los preceptos de esta ley y su normativa de desarrollo que serán de aplicación a las entidades de crédito y a las empresas de servicios de inversión cuando asesoren y vendan depósitos estructurados.

Art. 129. *Reserva de actividad y denominación*.– 1. Ninguna persona o entidad podrá, sin haber obtenido la preceptiva autorización y hallarse inscrita en los correspondientes registros administrativos de la CNMV o del Banco de España, desarrollar con carácter profesional o habitual las actividades previstas en los artículos 125 y 126.a), b), d), f) y g), en relación con los instrumentos financieros contemplados en el artículo 2 y sus disposiciones de desarrollo, comprendiendo, a tal efecto, a las operaciones sobre divisas.

Asimismo, la comercialización de servicios y actividades de inversión y la captación de clientela sólo podrán realizarlas profesionalmente, por sí mismas o a través de los agentes regulados en el artículo 127, las entidades que estuvieran autorizadas a prestar tales servicios y actividades.

2. Las denominaciones de «Sociedad de Valores», «Agencia de Valores», «Sociedad Gestora de Carteras» y «Empresa de Asesoramiento Financiero», así como sus abreviaturas «S.V.», «A.V.», «S.G.C.» y «E.A.F.» respectivamente, quedan reservadas a las empresas de servicios de inversión señaladas en el artículo 128.1 de esta ley e inscritas en los correspondientes registros de la CNMV, las cuales están obligadas a incluirlas en su denominación. Ninguna otra persona o entidad podrá utilizar tales denominaciones o abreviaturas ni la denominación de «empresa de servicios de inversión» ni cualquier otra denominación o abreviatura que induzca a confusión.

3. La denominación de «Empresa de Asesoramiento Financiero Nacional», así como su abreviatura «E.A.F.N.», quedan reservadas a las personas y entidades señaladas en el artículo 128.5.a) e inscritas en el correspondiente registro de la CNMV. Ninguna otra persona o entidad podrá utilizar esta denominación o abreviatura que induzca a confusión.

4. Las personas o entidades que incumplan lo previsto en cualquiera de los tres apartados anteriores serán requeridas por la CNMV para que cesen inmediatamente en la utilización de las denominaciones o en la oferta o realización de las actividades descritas. Si, en el plazo establecido reglamentariamente a contar desde la notificación del requerimiento, continuaran utilizándolas o realizándolas serán impuestas multas

coercitivas por importe de hasta quinientos mil euros, que podrán ser reiteradas con ocasión de posteriores requerimientos.

5. El Registro Mercantil y los demás Registros públicos no inscribirán a aquellas entidades cuyo objeto social o cuya denominación resulten contrarios a lo dispuesto en esta ley. Cuando, no obstante, tales inscripciones se hayan practicado, serán nulas de pleno derecho, debiendo procederse a su cancelación, ya sea de oficio o a instancia de la CNMV. Dicha nulidad no perjudicará los derechos de terceros de buena fe, adquiridos conforme al contenido de los correspondientes Registros.

6. Reglamentariamente se establecerán los plazos y el procedimiento a seguir ante el incumplimiento de lo previsto en los apartados 1, 2 y 3.

> Véase arts. 7 a 9 del Decreto 813/2023, de 8 de noviembre, sobre el régimen jurídico de las empresas de servicios de inversión y de las demás entidades que prestan servicios de inversión (BOE núm. 268, de 9 de noviembre).

Art. 130. *Agentes de empresas de servicios de inversión y de empresas de asesoramiento financiero nacional.*– 1. Las empresas de servicios de inversión podrán designar agentes vinculados para la promoción y comercialización de los servicios y actividades de inversión y servicios auxiliares que estén autorizadas a prestar. Igualmente, podrán designarlos para captar negocio en relación con los instrumentos financieros y los servicios y actividades de inversión que la empresa ofrece y realizar habitualmente frente a la posible clientela, en nombre de la empresa de servicios de inversión, los servicios y actividades de inversión previstos en el artículo 125.1.a), e) y g).

Asimismo, las empresas de asesoramiento financiero nacionales que sean personas jurídicas podrán designar agentes vinculados para la promoción y comercialización del servicio de asesoramiento en materia de inversión y servicios auxiliares que estén autorizadas a prestar y para captar negocio.

2. Los agentes actuarán en todo momento por cuenta y bajo responsabilidad plena e incondicional de las empresas de servicios de inversión o empresas de asesoramiento financiero nacionales que sean personas jurídicas que los hubieran contratado.

3. Los agentes contratados por las entidades contempladas en el apartado 1 deberán ser inscritos en el registro de la CNMV para poder iniciar su actividad.

4. Reglamentariamente se desarrollará lo dispuesto en este artículo, estableciendo, en particular, los demás requisitos a los que estará sujeta la actuación de los agentes y de las entidades a las que presten sus servicios, incluyendo entre otros su actuación en exclusiva y requisitos de idoneidad.

> Véanse arts. 14 a 18 del Decreto 813/2023, de 8 de noviembre, sobre el régimen jurídico de las empresas de servicios de inversión y de las demás entidades que prestan servicios de inversión (BOE núm. 268, de 9 de noviembre).

CAPÍTULO II. Autorización, registro, suspensión y revocación

Véase arts. 19 a 32 del Decreto 813/2023, de 8 de noviembre, sobre el régimen jurídico de las empresas de servicios de inversión y de las demás entidades que prestan servicios de inversión (BOE núm. 268, de 9 de noviembre).

Art. 131. *Autorización*.– 1. Corresponderá a la CNMV autorizar la creación de empresas de servicios de inversión. (...)

5. Corresponderá a la CNMV autorizar a las empresas de asesoramiento financiero nacionales. (...)

Art. 132. *Registro*.– 1. Para que una empresa de servicios de inversión o una empresa de asesoramiento financiero nacional que sea persona jurídica, una vez autorizada, pueda iniciar su actividad, los promotores deberán constituir la sociedad, inscribiéndola en el Registro Mercantil y posteriormente en el Registro de la CNMV que corresponda.

2. Cuando se trate de empresas de asesoramiento financiero nacionales que sean personas físicas bastará con la inscripción en el registro de la CNMV que corresponda.

3. La CNMV notificará a la AEVM toda autorización concedida a las empresas de servicios de inversión incluidas en el apartado 1.

(...)

CAPÍTULO III. Sucursales y prestación de servicios sin sucursal

Véase arts. 33 a 44 del Decreto 813/2023, de 8 de noviembre, sobre el régimen jurídico de las empresas de servicios de inversión y de las demás entidades que prestan servicios de inversión (BOE núm. 268, de 9 de noviembre).

Sección 1.ª Unión Europea

Art. 142. *Disposiciones generales*.– 1. El régimen de actuación transfronteriza en la Unión Europea que se regula en esta sección es de aplicación a las empresas de servicios de inversión españolas y a las autorizadas y supervisadas por las autoridades competentes de otros Estados miembros de la Unión Europea, así como a las empresas de servicios de inversión autorizadas y supervisadas por las autoridades competentes de otros Estados del Espacio Económico Europeo, que decidan prestar servicios y actividades de inversión, así como servicios auxiliares, estando todos ellos cubiertos por su autorización, en España o en otro Estado del territorio del Espacio Económico Europeo.

2. La prestación de los servicios y actividades a que se refiere el apartado anterior se podrá efectuar en régimen de prestación de servicios sin sucursal, bien mediante el establecimiento de una sucursal o bien mediante la utilización de agentes vinculados en caso de que no dispongan de sucursal.

(...)

Sección 2.ª *Terceros Estados*

(...)

CAPÍTULO IV. PARTICIPACIONES SIGNIFICATIVAS

Véase arts. 45 a 51 del Decreto 813/2023, de 8 de noviembre, sobre el régimen jurídico de las empresas de servicios de inversión y de las demás entidades que prestan servicios de inversión (BOE núm. 268, de 9 de noviembre).

(...)

CAPÍTULO V. REQUISITOS DE INFORMACIÓN, OBLIGACIONES DE GOBIERNO CORPORATIVO Y POLÍTICA DE REMUNERACIONES

Véanse arts. 52 a 63 del Decreto 813/2023, de 8 de noviembre, sobre el régimen jurídico de las empresas de servicios de inversión y de las demás entidades que prestan servicios de inversión (BOE núm. 268, de 9 de noviembre).

(...)

CAPÍTULO VI. SISTEMAS, PROCEDIMIENTOS Y MECANISMOS DE GESTIÓN

Sección 1.ª *Requisitos de carácter financiero*

Véanse arts. 64 a 82 del Decreto 813/2023, de 8 de noviembre, sobre el régimen jurídico de las empresas de servicios de inversión y de las demás entidades que prestan servicios de inversión (BOE núm. 268, de 9 de noviembre).

(...)

Sección 2.ª *Requisitos generales de organización interna y funcionamiento*

Véanse arts. 83 a 96 del Decreto 813/2023, de 8 de noviembre, sobre el régimen jurídico de las empresas de servicios de inversión y de las demás entidades que prestan servicios de inversión (BOE núm. 268, de 9 de noviembre).

Art. 176. *Requisitos de organización interna*.– 1. Las empresas de servicios de inversión, así como las empresas de asesoramiento financiero nacionales que sean personas jurídicas, ejercerán su actividad con respeto a las normas de gobierno corporativo y a los requisitos de organización interna establecidos en esta ley y en sus normas de desarrollo, así como a los artículos 21 a 43 del Reglamento Delegado (UE) 2017/565, de la Comisión, de 25 de abril de 2016, y demás legislación aplicable.

2. Reglamentariamente se desarrollarán los requisitos de organización interna de las entidades citadas en el apartado anterior, que deberán incluir, como mínimo, los siguientes aspectos:

a) Políticas y procedimientos adecuados y suficientes para garantizar que la misma, incluido el personal de alta dirección, sus empleados y agentes vinculados, cumplan las obligaciones que les impone esta ley, así como las normas pertinentes aplicables a las operaciones personales de dichas personas;

b) medidas administrativas y de organización efectivas con vistas a adoptar todas las medidas razonables destinadas a impedir que los conflictos de intereses definidos en el artículo 198 perjudiquen los intereses de su clientela;

c) un proceso para la aprobación de cada uno de los instrumentos financieros y las adaptaciones significativas de los instrumentos existentes antes de su comercialización o distribución a los clientes, en el caso de las empresas de servicios de inversión que diseñen instrumentos financieros para su venta a los clientes.

Este requisito no se aplicará cuando se preste el servicio en relación con bonos no estructurados o sin más derivados implícitos que una cláusula de reintegración, o cuando los instrumentos financieros se comercialicen o distribuyan exclusivamente a contrapartes elegibles. A estos efectos se entiende por cláusula de reintegración, aquella que tiene por objeto proteger al inversor obligando al emisor, en caso de reembolso anticipado de un bono, a devolver al inversor un importe igual a la suma del principal del bono y del valor actual neto de los pagos de los cupones restantes previstos hasta el vencimiento.

d) en el caso de las empresas de servicios de inversión que ofrezcan o comercialicen instrumentos financieros no diseñados por ellas, mecanismos adecuados para obtener la información adecuada sobre los instrumentos financieros y sobre el proceso de aprobación del producto, incluyendo el mercado destinatario definido del instrumento financiero, y para comprender las características y el mercado destinatario identificado de cada instrumento;

e) llevanza de un registro de todos los servicios, actividades y operaciones que realicen en los términos definidos en el artículo 177 de esta ley;

f) en el caso de empresas de servicios de inversión que tengan a su disposición instrumentos financieros pertenecientes a clientes, las medidas oportunas para salvaguardar los derechos de propiedad de sus clientes;

g) para aquellas empresas de servicios de inversión a las que sea de aplicación, un plan de recuperación en los términos previstos en la Ley 11/2015, de 18 de junio;

h) mecanismos de seguridad sólidos para garantizar la seguridad y autenticación de los sistemas de información, reducir al mínimo el riesgo de corrupción de datos y de acceso no autorizado y evitar fugas de información, manteniendo en todo momento la confidencialidad de los datos; y

i) contar con todas las medidas de promoción de la igualdad, en particular, con planes de igualdad y protocolos de prevención del acoso sexual y por razón de sexo en el trabajo, en los términos previstos en el Capítulo III del Título IV de la Ley Orgánica 3/2007, de 22 de marzo, para la igualdad efectiva de mujeres y hombres.

3. Asimismo, las entidades que presten servicios de inversión deberán adoptar y contar con:

a) Medidas razonables para garantizar la continuidad y la regularidad de la realización de los servicios y actividades de inversión;

b) procedimientos administrativos y contables adecuados, mecanismos de control interno, técnicas eficaces de valoración del riesgo y mecanismos eficaces de control y salvaguardia de sus sistemas informáticos;

c) las empresas de servicios de inversión a las que les sea de aplicación, deberán elaborar y mantener actualizado un plan de recuperación en los términos previstos en la Ley 11/2015, de 18 de junio;

d) cuando tengan a su disposición fondos pertenecientes a clientes, las empresas de servicios de inversión que presten servicios de inversión tomarán las medidas oportunas para salvaguardar los derechos de sus clientes. Las empresas de servicios de inversión no podrán utilizar por cuenta propia fondos de sus clientes, salvo en los supuestos excepcionales que puedan establecerse reglamentariamente y siempre con el consentimiento expreso del cliente. Los registros internos de la empresa deberán permitir conocer, en todo momento y sin demora, y especialmente en caso de insolvencia de la empresa, la posición de fondos de cada cliente; y

e) cuando confíen a un tercero el ejercicio de funciones operativas cruciales para la prestación de un servicio continuado y satisfactorio a sus clientes y la realización de actividades de inversión de modo continuo y satisfactorio, adoptarán medidas razonables para evitar que exista un riesgo operativo adicional indebido.

4. Las entidades de crédito que presten servicios y actividades de inversión deberán respetar los requisitos de organización interna contemplados en el apartado anterior, con las especificaciones que reglamentariamente se determinen, correspondiendo al Banco de España las facultades de supervisión, inspección y sanción de estos requisitos. A las citadas entidades no les resultará aplicable la prohibición de utilizar por cuenta propia los fondos de sus clientes que se establece en la letra d) anterior.

5. Reglamentariamente se regulará la celebración de acuerdos de garantía financiera con cambio de titularidad y la constitución de prendas o la celebración de acuerdos de compensación de créditos sobre los instrumentos financieros o sobre los fondos de clientes.

6. Iniciado el procedimiento concursal de una entidad depositaria de valores, la CNMV, sin perjuicio de las competencias del Banco de España y del FROB, podrá

disponer de forma inmediata y sin coste para el inversor, el traslado de los valores depositados por cuenta de sus clientes a otra entidad habilitada para desarrollar esta actividad, incluso si tales activos se encuentran depositados en terceras entidades a nombre de la entidad que preste el servicio de depósito. A estos efectos, tanto el juez competente como los órganos del procedimiento concursal facilitarán el acceso de la entidad a la que vayan a traspasarle los valores a la documentación y registros contables e informáticos necesarios para hacer efectivo el traspaso. La existencia del procedimiento concursal no impedirá que se hagan llegar al cliente, de acuerdo con las normas del sistema de compensación, liquidación y registro, los valores comprados o el efectivo procedente del ejercicio de los derechos económicos o de la venta de los valores.

7. Reglamentariamente se desarrollará lo establecido en este artículo y, en especial, se establecerá el contenido y requisitos de los procedimientos, registros y medidas señaladas en este artículo y se establecerán los requisitos de organización interna exigibles a las empresas de asesoramiento financiero nacionales que sean personas físicas.

> Véanse arts. 76 a 82 (Salvaguardia de activos y fondos de la clientela) del Decreto 813/2023, de 8 de noviembre, sobre el régimen jurídico de las empresas de servicios de inversión y de las demás entidades que prestan servicios de inversión (BOE núm. 268, de 9 de noviembre).

Art. 177. *Registros*.– 1. Las empresas de servicios de inversión y las empresas de asesoramiento financiero nacionales llevarán un registro de todos los servicios, actividades y operaciones que realicen. Dicho registro deberá ser suficiente para permitir que la CNMV desempeñe sus funciones de supervisión y aplique las medidas ejecutivas oportunas y, en particular, para que pueda determinar si la persona o entidad ha cumplido todas sus obligaciones, incluidas las relativas a su clientela o posible clientela y a la integridad del mercado.

2. El registro citado en el apartado 1 incluirá las grabaciones de las conversaciones telefónicas o comunicaciones electrónicas relacionadas con la actividad de las personas y entidades citadas en el apartado anterior. Reglamentariamente se desarrollará la obligación prevista en este artículo, que incluirá, al menos, los siguientes aspectos:

a) Los tipos de conversaciones telefónicas o comunicaciones electrónicas con la clientela que deberán registrarse;

b) la obligación de notificar a su clientela el hecho de que se grabarán las comunicaciones o conversaciones telefónicas;

c) la prohibición de prestar servicios o ejercer actividades de inversión por teléfono con aquellos clientes a los que no hayan notificado por adelantado la grabación en relación con determinados servicios;

d) la posibilidad de que la clientela pueda comunicar sus órdenes a la empresa de servicios de inversión por otros canales distintos siempre y cuando tales comunicaciones puedan hacerse en un soporte duradero; y

e) la adopción de medidas razonables para evitar aquellas comunicaciones que no se puedan registrar o copiar.

3. Los registros conservados con arreglo a lo dispuesto en este artículo se pondrán a disposición de la clientela si así lo solicita, y se conservarán durante un período de cinco años y, cuando la CNMV así lo solicite, durante un período de hasta siete años.

Art. 178. *Negociación algorítmica*.– 1. Las empresas de servicios de inversión que se dediquen a la negociación algorítmica deberán implantar:

a) Sistemas y controles de riesgo adecuados a sus actividades y efectivos para garantizar que sus sistemas de negociación sean resistentes, tengan suficiente capacidad, se ajusten a los umbrales y límites apropiados y limiten o impidan el envío de órdenes erróneas o la posibilidad de que los sistemas funcionen de modo que pueda crear o propiciar anomalías en las condiciones de negociación;

b) sistemas y controles de riesgo efectivos para garantizar que los sistemas de negociación no puedan usarse con ningún fin contrario al Reglamento (UE) n.º 596/2014 del Parlamento Europeo y del Consejo, de 16 de abril de 2014, o a las normas del centro de negociación al que está vinculada; y

c) unos mecanismos efectivos que garanticen la continuidad de las actividades en caso de disfunción de sus sistemas de negociación.

Asimismo, se asegurarán de que sus sistemas se hayan probado íntegramente y se supervisen para garantizar que cumplen los requisitos establecidos en este apartado.

2. Reglamentariamente se desarrollarán las obligaciones previstas en este artículo, que incluirán, entre otros, los siguientes elementos:

a) La obligación de notificar esta actividad a la CNMV u otras autoridades supervisoras;

b) las facultades de la CNMV para exigir a las empresas de servicios de inversión autorizadas en España que le faciliten información sobre su actividad;

c) la obligación de conservar los registros relativos a los aspectos a que se refieren este apartado; y

d) la obligación de que las empresas de servicios de inversión que empleen técnicas de negociación algorítmica de alta frecuencia mantengan registros de sus órdenes.

3. Reglamentariamente se determinarán las condiciones que permitan identificar la realización de negociación algorítmica como estrategia de creación de mercado y las obligaciones que deben cumplirse en ese caso.

Véanse arts. 97 y 98 del Decreto 813/2023, de 8 de noviembre, sobre el régimen jurídico de las empresas de servicios de inversión y de las demás entidades que prestan servicios de inversión (BOE núm. 268, de 9 de noviembre).

Sección 3.ª Requisitos de organización interna y funcionamiento de las empresas que faciliten acceso electrónico directo o actúen como miembros compensadores generales

Art. 179. *Acceso electrónico directo.*– 1. Toda empresa de servicios de inversión que facilite acceso electrónico directo a un centro de negociación deberá implantar unos sistemas y controles efectivos que garanticen que:

a) Se lleve a cabo una evaluación y revisión apropiadas de la idoneidad de la clientela que utiliza el servicio;

b) estos no puedan exceder unos umbrales preestablecidos de negociación y de crédito;

c) se supervise adecuadamente la negociación de las personas que utilizan el servicio; y

d) existan controles del riesgo apropiados que impidan las negociaciones que pudieran generar riesgos para la propia empresa de negociación, crear o propiciar anomalías en las condiciones de negociación o contravenir el Reglamento (UE) n.º 596/2014 del Parlamento Europeo y del Consejo, de 16 de abril de 2014, o las normas del centro de negociación.

2. Quedará prohibido el acceso electrónico directo a un centro de negociación si no se cumplen los controles previstos en el apartado anterior.

3. La empresa de servicios de inversión que preste acceso electrónico directo será responsable de garantizar que la clientela que utilice ese servicio cumpla los requisitos establecidos en esta ley y las normas del centro de negociación. Deberá supervisar las operaciones para detectar infracciones de dichas normas o anomalías en las condiciones de negociación o de actuación que puedan suponer abuso de mercado y que haya que notificar a la autoridad competente.

4. La empresa de servicios de inversión velará por que se celebre un acuerdo vinculante por escrito entre la empresa y el cliente acerca de los derechos y obligaciones fundamentales que se derivan de la prestación del servicio y porque, en el contexto del acuerdo, la empresa de servicios de inversión conserve la responsabilidad con arreglo a esta ley.

5. Reglamentariamente se podrá desarrollar lo previsto en este artículo, que incluirá, entre otros aspectos:

a) Las obligaciones de notificación a la CNMV y otras autoridades competentes;

b) la facultad de que la CNMV exija información en relación con esta actividad; y

c) la conservación de registros relativos a esta actividad.

Véanse arts. 99 y 100 del Decreto 813/2023, de 8 de noviembre, sobre el régimen jurídico de las empresas de servicios de inversión y de las demás entidades que prestan servicios de inversión (BOE núm. 268, de 9 de noviembre).

Art. 180. *Empresas de servicios de inversión que actúen como miembros compensadores generales.*– 1. Las empresas de servicios de inversión que actúen como miembros compensadores generales para otras personas deberán implantar sistemas y controles efectivos para garantizar que los servicios de compensación se apliquen solo a personas idóneas y que se ajusten a unos criterios claros, y que se impongan unos requisitos apropiados a tales personas a fin de reducir los riesgos para ellas y el mercado. Las empresas de servicios de inversión velarán por que se celebre un acuerdo vinculante por escrito entre ellas y las personas acerca de los derechos y obligaciones fundamentales que se derivan de la prestación del servicio.

2. Las empresas de servicios de inversión deberán cumplir las obligaciones previstas en este artículo de conformidad con el Reglamento Delegado (UE) 2017/589 de la Comisión, de 19 de julio de 2016.

Sección 4.ª Procedimientos de notificación de infracciones

Art. 181. *Notificación de infracciones.*– 1. Las empresas de servicios de inversión, así como las empresas de asesoramiento financiero nacionales, los organismos rectores del mercado, los agentes de publicación autorizados y los sistemas de información autorizados de conformidad con el Reglamento (UE) n.º 600/2014 que se beneficien de una exención de conformidad con el artículo 2, apartado 3, de dicho Reglamento, entidades de crédito en relación con servicios y actividades de inversión o con servicios auxiliares y sucursales de empresas de terceros países, deberán disponer de procedimientos adecuados para que sus empleados puedan notificar infracciones potenciales o efectivas a nivel interno a través de un canal específico, independiente y autónomo.

2. Estos procedimientos deberán garantizar la confidencialidad tanto de la persona que informa de las infracciones como de las personas físicas presuntamente responsables de la infracción.

3. Asimismo, deberá garantizarse que los empleados que informen de las infracciones cometidas en la entidad sean protegidos frente a represalias, discriminaciones y cualquier otro tipo de trato injusto.

4. Los interlocutores sociales podrán facilitar estos procedimientos siempre que ofrezcan la misma protección que la regulada en los apartados anteriores.

TÍTULO VI. Servicios de suministro de datos

Véanse arts. 146 a 157 del Real Decreto 813/2023, de 8 de noviembre, sobre el régimen jurídico de las empresas de servicios de inversión y de las demás entidades que prestan servicios de inversión (BOE núm. 268, de 9 de noviembre).

(...)

TÍTULO VII. Fondo de Garantía de Inversiones

Título desarrollado por el Capítulo I del RD 948/2001, de 3 de agosto, por el que se regulan los sistemas de indemnización de los inversores, modificado últimamente por el Real Decreto 1180/2023, de 27 de diciembre (véase Dsp. Transitoria de este último RD). Téngase en cuenta la Ley 11/2015, de 18 de junio, de recuperación y resolución de entidades de crédito y empresas de servicios de inversión (BOE núm. 146, de 19 de junio) y el Reglamento que la desarrolla, aprobado por RD 1012/2015, de 6 de noviembre (BOE núm. 267, de 7 de noviembre). Véase Disp. Final 15.ª, 4, de la presente Ley.

Art. 187. *Fondo de Garantía de Inversiones.*– 1. El fondo de garantía de inversiones se encargará de asegurar la cobertura a que se refiere el artículo 190 con ocasión de la realización de los servicios previstos en el artículo 125, así como del servicio auxiliar a que se refiere el artículo 126.a).

2. El fondo de garantía de inversiones se constituirá como patrimonio separado, sin personalidad jurídica, cuya representación y gestión se encomendará a una sociedad gestora que tendrá la forma de sociedad anónima, y cuyo capital se distribuirá entre las entidades adheridas en la misma proporción en que efectúen sus aportaciones al fondo.

3. Los presupuestos de la sociedad gestora, sus estatutos sociales, así como sus modificaciones, requerirán la previa aprobación de la CNMV. A igual aprobación se someterá el presupuesto estimativo de los fondos que elaborará la sociedad gestora.

Con objeto de permitir la incorporación de nuevos accionistas a la sociedad gestora como resultado de la adhesión de empresas de servicios de inversión a un fondo o el cese de quienes ostenten esa condición de accionista, se procederá a adaptar las participaciones en el capital de cada uno de los accionistas en la sociedad gestora en los términos que se determinen reglamentariamente. El resultado de este proceso de adaptación será comunicado a la CNMV.

4. El nombramiento de los miembros del Consejo de Administración y del Director o Directores generales de las sociedades gestoras exigirá la previa aprobación de la CNMV.

Se integrará en el Consejo de Administración un representante de la CNMV, con voz y sin voto, quien velará por el cumplimiento de las normas reguladoras de la actividad del fondo. Asimismo, y con las mismas funciones, cada Comunidad Autónoma con competencias en la materia en que exista mercado regulado designará un representante en dicho Consejo de Administración.

La CNMV podrá suspender todo acuerdo del Consejo de Administración que se considere contrario a dichas normas y a los fines propios del fondo.

Véanse los arts. 2 a 22 del RD 948/2001, de 3 de agosto. Véase Disp. Final 15.ª, 4, de la presente Ley.

Art. 188. *Adhesión*.– 1. Deberán adherirse al fondo de garantía de inversiones todas las empresas de servicios de inversión españolas, así como las empresas de asesoramiento financiero nacionales. La aportación fija que se determine reglamentariamente se hará en función del tipo de servicio de inversión que se preste y de forma proporcional al riesgo derivado de la prestación de dicho servicio.

2. Las sucursales de empresas extranjeras podrán adherirse si son de la Unión Europea.

3. El régimen de adhesión de las sucursales de empresas de un Estado tercero se ajustará a los términos que se establezcan reglamentariamente.

4. El fondo cubrirá las operaciones que realicen las empresas adheridas al mismo dentro o fuera del territorio de la Unión Europea, según corresponda a cada tipo de empresa, en los términos que reglamentariamente se establezcan.

5. Asimismo, se establecerá reglamentariamente el régimen específico de adhesión de las empresas de servicios de inversión de nueva creación.

Véase el art. 3 del RD 948/2001, de 3 de agosto. Véase Disp. Final 15.ª, 4 y Disp. Transitoria Sexta de la presente Ley.

Art. 189. *Exclusión*.– 1. Una empresa de servicios de inversión sólo podrá ser excluida del fondo cuando incumpla sus obligaciones con el mismo.

2. La exclusión implicará la revocación de la autorización concedida a la empresa.

3. La garantía proporcionada por el fondo alcanzará a la clientela que hubiese efectuado sus inversiones hasta ese momento.

4. Será competente para acordar la exclusión la CNMV, previo informe de la sociedad gestora del fondo.

Se dará la difusión adecuada al acuerdo de exclusión de forma que se garantice que la clientela de la empresa de servicios de inversión afectada tenga conocimiento inmediato de la medida adoptada.

5. Antes de adoptar esta decisión, deberán acordarse las medidas necesarias, incluida la exigencia de recargos sobre las cuotas no abonadas, para que la empresa de servicios de inversión cumpla sus obligaciones.

También podrá acordarse por la CNMV la suspensión prevista en el artículo 140. La sociedad gestora del fondo colaborará con la CNMV para conseguir la mayor efectividad de las medidas acordadas.

Véase el art. 12 del RD 948/2001, de 3 de agosto. Véase Disp. Final 15.ª, 4, de la presente Ley.

Art. 190. *Ejecución de las garantías*.– 1. Los inversores que no puedan obtener directamente de una entidad adherida al fondo el reembolso de las cantidades de dinero o la restitución de los valores o instrumentos que les pertenezcan podrán solicitar a la sociedad gestora del mismo la ejecución de la garantía que presta el fondo, cuando se produzca cualquiera de las siguientes circunstancias:

a) Que la entidad haya sido declarada en concurso.

b) Que se tenga judicialmente por solicitada la declaración de concurso de la entidad.

c) Que la CNMV declare que la empresa de servicios de inversión no puede, aparentemente y por razones directamente relacionadas con su situación financiera, cumplir las obligaciones contraídas con los inversores, siempre que los inversores hubieran solicitado a la empresa de servicios de inversión la devolución de fondos o valores que le hubieran confiado y no hubieran obtenido satisfacción por parte de la misma en un plazo máximo de veintiún días hábiles.

2. Una vez hecha efectiva la garantía por el fondo, este se subrogará en los derechos que los inversores ostenten frente a la empresa de servicios de inversión, hasta un importe igual a la cantidad que les hubiese sido abonada como indemnización.

3. En el supuesto de que los valores u otros instrumentos financieros confiados a la empresa de servicios de inversión fuesen restituidos por aquella con posterioridad al pago del importe garantizado por el fondo, este podrá resarcirse del importe satisfecho, total o parcialmente, si el valor de los que haya que restituir fuese mayor que la diferencia entre el de los que fueron confiados a la empresa de servicios de inversión y el importe pagado al inversor. A tal fin, está facultado a enajenarlos en la cuantía que resulte procedente, conforme a las prescripciones que se establezcan reglamentariamente.

De igual modo, cuando la empresa de servicios de inversión restituyera efectivo de clientes con posterioridad al pago del importe garantizado por el fondo, este podrá resarcirse del importe satisfecho, total o parcialmente, si el efectivo que hubiera que restituir fuera mayor que la diferencia entre el saldo pendiente de cobro por el inversor y el importe que le fue pagado.

4. El Gobierno queda facultado para regular, en todo lo no previsto en esta ley, el régimen de funcionamiento del fondo de garantía de inversiones y el alcance de la garantía que vayan a proporcionar. En especial podrá determinar:

a) El importe de la garantía y la forma y plazo en que se hará efectiva la misma.

b) Los inversores excluidos de la garantía, entre los que figurarán los inversores profesionales del artículo 194 y su normativa de desarrollo y los especialmente vinculados a la empresa incumplidora.

c) El régimen presupuestario y financiero, tanto de las sociedades gestoras, como de los fondos de garantía de inversiones, que regulará, entre otras cuestiones, sus posibilidades de endeudamiento y la forma en que las primeras pueden repercutir sus gastos de funcionamiento en los segundos.

d) El régimen de inversión de los recursos que integren el patrimonio de los fondos, que se inspirará en los principios de rentabilidad y liquidez para cumplir con rapidez sus compromisos.

e) Las reglas para determinar el importe de las aportaciones que deban hacer las entidades adheridas, que deberán ser suficientes para la cobertura de la garantía proporcionada.

f) La periodicidad con que se deberán hacer las aportaciones y el régimen de morosidad.

Véanse los arts. 6, 7 y 13 del RD 948/2001, de 3 de agosto. Véase Disp. Final 15.ª, 4, de la presente Ley.

TÍTULO VIII. Normas de conducta

Título desarrollado por Título VI (arts. 112 a 145) Real Decreto 813/2023, de 8 de noviembre, sobre el régimen jurídico de las empresas de servicios de inversión y de las demás entidades que prestan servicios de inversión (BOE núm. 268, de 9 de noviembre).

CAPÍTULO I. Normas de conducta aplicables a quienes presten servicios de inversión

Sección 1.ª Sujetos obligados y clasificación de clientes

Art. 191. *Sujetos obligados*.– 1. Quienes presten servicios de inversión deberán respetar:

a) Las normas de conducta contenidas en este capítulo.

b) Los códigos de conducta que, en desarrollo de las normas a que se refiere la letra a) apruebe el Gobierno o, con su habilitación expresa, la persona titular del Ministerio de Asuntos Económicos y Transformación Digital, a propuesta de la CNMV.

c) Las normas de conducta contenidas en sus propios reglamentos internos de conducta.

2. La persona titular del Ministerio de Asuntos Económicos y Transformación Digital y, con su habilitación expresa, la CNMV, establecerán el contenido mínimo de los reglamentos internos de conducta.

Art. 192. *Clases de clientes*.- A los efectos de lo dispuesto en este Título, las empresas de servicios de inversión clasificarán a su clientela en minoristas, profesionales y contrapartes elegibles. Igual obligación será aplicable a las demás empresas que presten servicios y actividades de inversión respecto de la clientela a la que presten u ofrezcan dichos servicios.

La categoría de contraparte elegible solo resulta aplicable en relación con el servicio de recepción y trasmisión de órdenes, ejecución de órdenes por cuenta de terceros o negociación por cuenta propia y los servicios auxiliares directamente relacionados con estos. Esta categorización no es posible cuando se presten servicios distintos de los anteriores como es el caso de gestión de carteras y asesoramiento.

Art. 193. *Clientes minoristas*.- Se considerarán clientes minoristas todos aquellos que no sean profesionales.

Art. 194. *Clientes profesionales*.- 1. Tendrán la consideración de clientes profesionales aquellos a quienes se les presuma la experiencia, conocimientos y cualificación necesarios para tomar sus propias decisiones de inversión y valorar correctamente sus riesgos.

2. Reglamentariamente se determinarán los tipos de clientes que tendrán en todo caso la consideración de cliente profesional.

> Véase art. 112 del Real Decreto 813/2023, de 8 de noviembre, sobre el régimen jurídico de las empresas de servicios de inversión y de las demás entidades que prestan servicios de inversión (BOE núm. 268, de 9 de noviembre).

Art. 195. *Solicitud de tratamiento como cliente profesional*.- 1. Tendrán también la consideración de cliente profesional el resto de clientes no incluidos en el artículo 194, entre los que se incluyen los organismos del sector público, las Entidades Locales y el resto de inversores minoristas, que lo soliciten con carácter previo y renuncien de forma expresa a su tratamiento como clientes minoristas. No obstante, en ningún caso se considerará que los clientes que soliciten ser tratados como profesionales poseen unos conocimientos y una experiencia del mercado comparables a las categorías de clientes profesionales establecidas reglamentariamente en virtud del artículo 194.

2. Reglamentariamente se podrán desarrollar los requisitos para la admisión de la solicitud y la renuncia previstas en el apartado anterior.

> Véanse art. 113 y 114 del Real Decreto 813/2023, de 8 de noviembre, sobre el régimen jurídico de las empresas de servicios de inversión y de las demás entidades que prestan servicios de inversión (BOE núm. 268, de 9 de noviembre).

Art. 196. *Operaciones con contrapartes elegibles.*– 1. A los efectos de lo dispuesto en este artículo, tendrán la consideración de contrapartes elegibles las siguientes entidades:

a) Las empresas de servicios de inversión;

b) las entidades de crédito;

c) las entidades aseguradoras y reaseguradoras;

d) las instituciones de inversión colectiva y sociedades gestoras de instituciones de inversión colectiva;

e) las entidades de capital-riesgo, otras entidades de inversión colectiva de tipo cerrado y sociedades gestoras de entidades de inversión colectiva de tipo cerrado;

f) los fondos de pensiones y sus entidades gestoras;

g) otras entidades financieras autorizadas o reguladas por la legislación europea o por el Derecho nacional de un Estado miembro; y

h) los gobiernos nacionales y sus servicios correspondientes, incluidos los que negocian deuda pública a escala nacional, Bancos Centrales y organismos supranacionales. También tendrán dicha consideración las entidades de terceros países equivalentes y las Comunidades Autónomas.

2. Asimismo, si se solicita, también se considerarán contrapartes elegibles las empresas que cumplan los requisitos que se establecen en el artículo 71 del Reglamento Delegado (UE) n.º 2017/565 de la Comisión, de 25 de abril de 2016, en cuyo caso solo serán reconocidas como contrapartes elegibles en lo relativo a los servicios u operaciones para los que puedan ser tratadas como cliente profesional. Se entenderán incluidas las empresas de terceros países que estén sujetas a requisitos y condiciones equivalentes.

3. Las empresas de servicios de inversión autorizadas para ejecutar órdenes por cuenta de terceros, negociar por cuenta propia o recibir y transmitir órdenes, podrán realizar estas operaciones y los servicios auxiliares directamente relacionados con ellas, con las entidades señaladas en los apartados anteriores sin necesidad de cumplir las obligaciones establecidas en los artículos 197, 199, 200, a excepción del apartado 4, 201, 202, 203, 204, 205, 206, 207, 208, 210, 211, 213, 214, 215, 216, 217, 218 y 219.

4. En su relación con las contrapartes elegibles, las empresas de servicios de inversión actuarán con honestidad, imparcialidad y profesionalidad y comunicarán información imparcial, clara y no engañosa, teniendo en cuenta la naturaleza de la contraparte elegible y su actividad.

5. En el caso de las entidades señaladas en el apartado 1, su clasificación como contraparte elegible se entenderá sin perjuicio del derecho de estas entidades a solicitar, bien de forma general o bien para cada operación, el trato como cliente, en cuyo caso su relación con la empresa de servicios de inversión quedará sujeta a lo dispuesto

en el apartado 3. La solicitud se ajustará a lo dispuesto en el artículo 71 del Reglamento Delegado (UE) n.º 2017/565 de la Comisión de 25 de abril de 2016.

6. En el caso de las empresas señaladas en el apartado 2, su clasificación como contraparte elegible requerirá que la empresa de servicios de inversión obtenga la confirmación expresa de que la empresa accede a ser tratada como una contraparte elegible, de forma general o para cada operación. Los procedimientos para obtener dicha confirmación se ajustarán lo dispuesto en el artículo 71 del Reglamento Delegado (UE) n.º 2017/565 de la Comisión de 25 de abril de 2016.

7. Cuando la operación se realice en relación con una empresa domiciliada en otro Estado miembro de la Unión Europea, se deberá respetar la clasificación de la empresa que determine la legislación de dicho Estado.

Sección 2.ª Deberes generales de actuación

Art. 197. *Obligación de diligencia y transparencia.*– Las empresas de servicios de inversión y las empresas de asesoramiento financiero nacionales actuarán con honestidad, imparcialidad y profesionalidad, en el mejor interés de su clientela, y observarán, en particular, los principios establecidos en la presente sección y en las secciones 3.ª, 4.ª, 5.ª, 6.ª y 7.ª, cuando presten servicios y actividades de inversión o, en su caso, servicios auxiliares a clientes.

Art. 198. *Conflictos de interés.*– 1. De conformidad con lo dispuesto en el artículo 176, las empresas que presten servicios y actividades de inversión deberán organizarse y adoptar medidas para prevenir, detectar y gestionar posibles conflictos de interés entre su clientela y la propia empresa o su grupo.

2. Reglamentariamente se podrá desarrollar lo previsto en este artículo, concretando, como mínimo, las partes entre las que pueden surgir conflictos de interés, las obligaciones de información respecto a las medidas adoptadas por la empresa de servicios de inversión conforme al apartado anterior, así como los medios en los que deberá proporcionarse dicha información.

Véase art. 115 del Real Decreto 813/2023, de 8 de noviembre, sobre el régimen jurídico de las empresas de servicios de inversión y de las demás entidades que prestan servicios de inversión (BOE núm. 268, de 9 de noviembre).

Sección 3.ª Vigilancia y control de servicios financieros

Véanse arts. 123 a 139 del Real Decreto 813/2023, de 8 de noviembre, sobre el régimen jurídico de las empresas de servicios de inversión y de las demás entidades que prestan servicios de inversión (BOE núm. 268, de 9 de noviembre).

Art. 199. *Diseño y comercialización de productos financieros.*– 1. Las empresas de servicios de inversión que diseñen instrumentos financieros para su venta a clientes deberán garantizar que dichos instrumentos estén diseñados para responder a las necesidades de un mercado destinatario definido de clientes finales dentro de la categoría de clientes pertinentes.

Asimismo, deberán garantizar que la estrategia de distribución de los instrumentos financieros sea compatible con el mercado destinatario definido, debiendo adoptar asimismo medidas razonables para garantizar que el instrumento se distribuya en el mercado destinatario definido.

2. Las empresas de servicios de inversión deberán comprender las características de los instrumentos financieros que ofrecen o recomiendan, valorar la compatibilidad de los mismos con las necesidades de los clientes a quienes prestan servicios y actividades de inversión, teniendo en cuenta asimismo el mercado destinatario definido de los clientes finales a que se refiere el apartado anterior, y garantizar que los instrumentos se ofrezcan o comercialicen únicamente cuando ello redunde en interés de la clientela.

3. Se exceptúa del cumplimiento de lo dispuesto en los dos apartados anteriores a las empresas de servicios de inversión cuando los instrumentos financieros se comercialicen o distribuyan exclusivamente entre contrapartes elegibles o cuando el servicio de inversión que presten las empresas de servicios de inversión se refiera a bonos no estructurados o sin más derivados implícitos que una cláusula de reintegración, como se define en el artículo 176.2.c).

4. Reglamentariamente se desarrollarán las obligaciones en materia de vigilancia y control de productos financieros previstos en este artículo para las empresas de servicios de inversión que produzcan y distribuyan instrumentos financieros. La CNMV podrá precisar los procedimientos y factores a considerar para la determinación del mercado destinatario de los instrumentos financieros, así como los procesos y sistemas que las entidades deberán implementar para garantizar razonablemente que los productos se distribuyan al mercado destinatario identificado.

Sección 4.ª Deberes de información

Véase art. 143 a 145 del Real Decreto 813/2023, de 8 de noviembre, sobre el régimen jurídico de las empresas de servicios de inversión y de las demás entidades que prestan servicios de inversión (BOE núm. 268, de 9 de noviembre).

Art. 200. *Deber general de información.-* 1. Las empresas que presten servicios y actividades de inversión deberán mantener en todo momento adecuadamente informada a su clientela, de conformidad con lo dispuesto en esta ley, sus disposiciones de desarrollo y el Reglamento Delegado (UE) 2017/565, de la Comisión de 25 de abril de 2016.

2. Toda información dirigida a la clientela, incluida la de carácter publicitario, deberá ser imparcial, clara y no engañosa. Las comunicaciones publicitarias deberán ser identificables con claridad como tales.

3. A la clientela, incluida la clientela potencial, se le proporcionará con suficiente antelación información conveniente con respecto a la empresa de servicios de inversión, los instrumentos financieros y las estrategias de inversión propuestas, los centros de ejecución de órdenes y todos los costes y gastos asociados.

4. Las empresas de servicios de inversión proporcionarán toda la información que exige esta ley y su normativa de desarrollo a sus clientes o potenciales clientes en formato electrónico, entendiendo por tal un soporte duradero distinto al papel, salvo cuando el cliente o cliente potencial sea un cliente minorista que haya solicitado recibir la información en papel, en cuyo caso esa información se proporcionará en papel de forma gratuita.

5. Reglamentariamente se desarrollará lo previsto en este artículo y, en especial, el contenido de la información a proporcionar a la clientela.

Art. 201. *Orientaciones y advertencias sobre los riesgos asociados a los instrumentos financieros y las estrategias de inversión.*– 1. La información referente a los instrumentos financieros y a las estrategias de inversión prevista en el artículo 200.3 deberá incluir orientaciones y advertencias apropiadas sobre los riesgos asociados a tales instrumentos o estrategias.

2. En el caso de valores distintos de acciones emitidos por una entidad de crédito, la información que se entregue a los inversores deberá incluir información adicional para destacar al inversor las diferencias de estos productos y los depósitos bancarios ordinarios en términos de rentabilidad, riesgo y liquidez.

La persona titular del Ministerio de Asuntos Económicos y Transformación Digital o, con su habilitación expresa la CNMV, podrán precisar los términos de la citada información adicional.

3. La CNMV podrá requerir que en la información que se entregue a los inversores con carácter previo a la adquisición de un producto, se incluyan cuantas advertencias estime necesarias relativas al instrumento financiero y, en particular, aquellas que destaquen que se trata de un producto no adecuado para inversores no profesionales debido a su complejidad. Igualmente, podrá requerir que estas advertencias se incluyan en los elementos publicitarios.

Art. 202. *Deber de información sobre el servicio prestado.*– 1. La empresa de servicios de inversión o empresas de asesoramiento financiero nacional proporcionará a la clientela en un soporte duradero informes adecuados sobre el servicio prestado. Dichos informes incluirán comunicaciones periódicas a sus clientes, tomando en consideración el tipo y la complejidad de los instrumentos financieros de que se trate y la naturaleza del servicio prestado al cliente, e incluirán, en su caso, los costes de las operaciones y servicios realizados por cuenta del cliente.

2. Los requisitos establecidos en el apartado anterior y en el artículo 204, apartados 3, 6, 7 y 8, no se aplicarán a servicios prestados a clientes profesionales salvo que estos informen en formato electrónico o en papel a la empresa de que desean beneficiarse de los derechos previstos en esas disposiciones.

3. Las empresas llevarán un registro de las comunicaciones a los clientes mencionados en el apartado anterior.

Sección 5.ª Evaluación de la idoneidad y la conveniencia

Véanse arts 116 y 117 del Real Decreto 813/2023, de 8 de noviembre, sobre el régimen jurídico de las empresas de servicios de inversión y de las demás entidades que prestan servicios de inversión (BOE núm. 268, de 9 de noviembre).

Art. 203. *Deber general de las entidades de conocer a su clientela*.- Las personas y entidades que presten servicios y actividades de inversión deberán asegurarse en todo momento de que disponen de toda la información necesaria sobre su clientela, con arreglo a lo que establecen los artículos 204, 205, 206, 207, 208 y los artículos 54 a 57 del Reglamento Delegado (UE) n.º 2017/565 de la Comisión de 25 de abril de 2016.

Art. 204. *Evaluación de la idoneidad*.- 1. Cuando preste servicios de asesoramiento en materia de inversiones o de gestión de carteras, o la empresa de asesoramiento financiero nacional en lo que respecta al servicio de asesoramiento en materia de inversión, obtendrá la información necesaria sobre los conocimientos y experiencia del cliente o posible cliente en el ámbito de inversión correspondiente al tipo concreto de producto o servicio, su situación financiera, incluida su capacidad para soportar pérdidas, y sus objetivos de inversión incluida su tolerancia al riesgo, con el fin de que la empresa pueda recomendarle los servicios de inversión e instrumentos financieros que sean idóneos para él y que, en particular, mejor se ajusten a su nivel de tolerancia al riesgo y su capacidad para soportar pérdidas.

2. Cuando una empresa de servicios de inversión o una empresa de asesoramiento financiero nacional preste asesoramiento en materia de inversión recomendando un paquete de servicios o productos combinados de acuerdo con el artículo 211.2, deberá velar por que el paquete, considerado de forma global, sea idóneo para el cliente.

3. Cuando presten servicios de asesoramiento en materia de inversiones o de gestión de carteras que impliquen el cambio de instrumentos financieros, o las empresas de asesoramiento financiero nacional en lo que respecta al servicio de asesoramiento en materia de inversión las empresas obtendrán la información necesaria sobre las inversiones del cliente y analizarán los costes y beneficios del cambio de instrumentos financieros. Cuando presten servicios de asesoramiento en materia de inversión, las empresas de servicios de inversión comunicarán al cliente si los beneficios del cambio de instrumentos financieros son superiores a los costes que ese cambio lleva aparejados o no.

Se considerará cambio de instrumentos financieros la venta de un instrumento financiero y la compra de otro, o el ejercicio del derecho a efectuar un cambio con respecto a un instrumento financiero ya existente.

4. En el caso de clientes profesionales, la empresa no tendrá que obtener información sobre los conocimientos y experiencia del cliente en relación con los productos, operaciones y servicios para los cuales ha obtenido la clasificación de cliente profesional.

5. Cuando la empresa no obtenga la información prevista en el primer apartado, no le recomendará servicios y actividades de inversión o instrumentos financieros al cliente o cliente potencial.

6. Al prestar asesoramiento en materia de inversión, la empresa de servicios de inversión proporcionará al cliente, antes de que se efectúe la operación, una declaración de idoneidad en soporte duradero en la que se especifique el asesoramiento proporcionado y de qué manera este asesoramiento se ajusta a las preferencias, objetivos y otras características del cliente minorista.

7. En caso de que el contrato de compra o de venta de un instrumento financiero se celebre utilizando un medio de comunicación a distancia que impida la entrega previa de la declaración de idoneidad, la empresa de servicios de inversión podrá facilitar esa declaración escrita en un soporte duradero inmediatamente después de que el cliente quede vinculado por cualquier acuerdo, siempre y cuando concurran las condiciones siguientes:

a) el cliente haya consentido en recibir la declaración de idoneidad sin demora indebida tras la conclusión de la operación, y

b) la empresa de servicios de inversión haya dado al cliente la opción de demorar la operación con el fin de recibir de antemano la declaración de idoneidad.

8. Cuando una empresa de servicios de inversión preste servicios de gestión de carteras o haya informado al cliente de que efectuará una evaluación periódica de idoneidad, el informe periódico deberá contener un estado actualizado de cómo la inversión se ajusta a las preferencias, objetivos y otras características del cliente minorista.

Véase art. 116 del Real Decreto 813/2023, de 8 de noviembre, sobre el régimen jurídico de las empresas de servicios de inversión y de las demás entidades que prestan servicios de inversión (BOE núm. 268, de 9 de noviembre).

Art. 205. *Evaluación de la conveniencia.*– 1. Cuando se presten servicios distintos del servicio de asesoramiento en materia de inversiones o de gestión de carteras, la empresa de servicios de inversión deberá solicitar al cliente o cliente potencial que facilite información sobre sus conocimientos y experiencia en el ámbito de inversión correspondiente al tipo concreto de producto o servicio ofrecido o solicitado, con la finalidad de que la entidad pueda evaluar si el servicio o producto de inversión es adecuado para el cliente.

2. Cuando lo que se prevea sea un paquete de servicios y productos combinados de acuerdo con el artículo 211.2, deberá velar por que el paquete considerado de forma global sea conveniente para el cliente.

3. La entidad entregará una copia al cliente del documento que recoja la evaluación realizada conforme a este artículo.

4. Cuando, con base en la información prevista en el apartado 1, la entidad considere que el producto o el servicio de inversión no es adecuado para el cliente, se lo advertirá.

5. Cuando el cliente no proporcione la información indicada en el apartado 1 o esta sea insuficiente, la entidad le advertirá de que dicha decisión le impide determinar si el servicio de inversión o producto previsto es adecuado para él.

6. En caso de que el servicio de inversión se preste en relación con un instrumento complejo, se exigirá que el documento contractual incluya, junto a la firma del cliente, una expresión manuscrita, en los términos que determine la CNMV, por la que el inversor manifieste que ha sido advertido de que el producto no le resulta conveniente o de que no ha sido posible evaluarlo en los términos de este artículo.

> Véase art. 117 del Real Decreto 813/2023, de 8 de noviembre, sobre el régimen jurídico de las empresas de servicios de inversión y de las demás entidades que prestan servicios de inversión (BOE núm. 268, de 9 de noviembre).

Art. 206. *Registro relativo a las obligaciones de evaluación de la conveniencia.-* Las entidades que presten servicios y actividades de inversión deberán mantener, en todo momento, un registro de las evaluaciones de conveniencia efectuadas, de conformidad con lo previsto en el artículo 56 del Reglamento Delegado (UE) 2017/565 de la Comisión, de 25 de abril de 2016.

Art. 207. *Exención de la evaluación de la conveniencia.-* Cuando la entidad preste exclusivamente el servicio de ejecución o recepción y transmisión de órdenes de clientes, con o sin prestación de servicios auxiliares, a excepción de la concesión de créditos o préstamos en virtud del artículo 126.b), que no se refieran a límites crediticios existentes de préstamos, cuentas corrientes y autorizaciones de descubiertos de clientes, no tendrá que seguir el procedimiento descrito en el artículo 205 siempre que se cumplan todas las siguientes condiciones:

a) Que la orden se refiera a instrumentos financieros no complejos;

b) que el servicio se preste a iniciativa del cliente o posible cliente;

c) que la entidad haya informado al cliente o posible cliente con claridad de que no está obligada a evaluar la conveniencia del instrumento financiero ofrecido o del servicio prestado y que, por tanto, el cliente no goza de la protección de las normas de conducta establecidas en esta ley. Dicha advertencia podrá realizarse en un formato normalizado; y

d) que la entidad cumpla lo dispuesto en el artículo 198.

Art. 208. *Instrumentos financieros no complejos.*– 1. A efectos de lo previsto en este capítulo, tendrán la consideración de instrumentos financieros no complejos los siguientes:

a) Las acciones admitidas a negociación en un mercado regulado o en un mercado equivalente de un tercer país o en un SMN, cuando se trate de acciones en sociedades, y excluidas las acciones en instituciones de inversión colectiva distintas de los organismos de inversión colectiva en valores mobiliarios (OICVM) y las acciones que incorporen derivados.

b) Los instrumentos del mercado monetario. Quedan excluidos los que incluyan derivados o incorporen una estructura que dificulte a la clientela la comprensión de los riesgos en que incurre.

c) Las obligaciones, los bonos u otras formas de deuda titulizadas, admitidas a negociación en un mercado regulado, en un mercado equivalente de un tercer país de conformidad con lo que se determine reglamentariamente, o en un SMN, excluidos los que incorporen derivados o incorporen una estructura que dificulte a la clientela la comprensión de los riesgos en que incurre.

d) Las participaciones y acciones en OICVM, excluidos los OICVM estructurados contemplados en el artículo 36.1, párrafo segundo, del Reglamento (UE) n.º 583/2010.

e) Los depósitos estructurados, excluidos aquellos que incorporen una estructura que dificulte a la clientela la comprensión de los riesgos en que incurre, en lo que respecta al rendimiento o al coste de salida del producto antes de su vencimiento.

2. Además de los instrumentos previstos en el apartado anterior, tendrán también la consideración de instrumentos financieros no complejos, aquellos en los que concurran las condiciones establecidas en el artículo 57 del Reglamento Delegado (UE) 2017/565 de la Comisión de 25 de abril de 2016.

3. A efectos de lo previsto en este capítulo, no se considerarán instrumentos financieros no complejos:

a) Los valores que den derecho a adquirir o a vender otros valores negociables o que den lugar a su liquidación en efectivo, determinada por referencia a valores negociables, divisas, tipos de interés o rendimientos, materias primas u otros índices o medidas.

b) Los siguientes instrumentos financieros: contratos de opciones, futuros, permutas (swaps), contratos a plazo, instrumentos derivados para la transferencia del riesgo de crédito, contratos financieros por diferencias, derechos de emisión consistentes en unidades reconocidas, acuerdos de tipos de interés a plazo y otros contratos de derivados relacionados con instrumentos financieros, divisas, variables financieras, materias primas o derechos de emisión, y los demás instrumentos que así se establezcan reglamentariamente.

c) Los bonos y obligaciones u otras formas de deuda titulizada, incluidos los recibos de depositario representativos de tales valores, que a su vez sean pasivos admisibles para la recapitalización interna de acuerdo con lo establecido en la Sección 4.ª del Capítulo VI de la Ley 11/2015, de 18 de junio.

Art. 209. *Comercialización a minoristas de determinados instrumentos financieros.*– 1. La comercialización o colocación entre clientes o inversores minoristas de los siguientes instrumentos estará sujeta al requisito previsto en el apartado 2:

a) Instrumentos de capital adicional de nivel 1;

b) instrumentos de capital de nivel 2;

c) bonos y obligaciones u otras formas de deuda titulizada, incluidos los recibos de depositario representativos de tales valores, que a su vez sean pasivos admisibles definidos de conformidad con el artículo 2.1, letra s), de la Ley 11/2015, de 18 de junio, que reúnan todas las condiciones previstas en el artículo 72 bis del Reglamento (UE) n.º 575/2013, excepto las previstas en el artículo 72 bis, apartado 1, letra b), y las condiciones establecidas en el artículo 72 ter, apartados 3 a 5, de dicho Reglamento; y

d) bonos y obligaciones u otras formas de deuda titulizada, incluidos los recibos de depositario representativos de tales valores, así como instrumentos del mercado monetario, entendiendo como tales las categorías de instrumentos que se negocian habitualmente en el mercado monetario, como letras del Tesoro, y efectos comerciales, excluidos los instrumentos de pago, distintos de los anteriores, que sean pasivos susceptibles de recapitalización interna definidos en el apartado r) del artículo 2.1 de la Ley 11/2015, de 18 de junio.

2. El requisito al que se refiere el apartado anterior será el siguiente:

El comercializador o colocador entre clientes o inversores minoristas de los instrumentos financieros deberá evaluar la idoneidad de dichos instrumentos para el cliente conforme a lo establecido en el artículo 204 de esta ley.

En caso de que la cartera de instrumentos financieros del cliente, en el momento en que vaya a realizar la compra, no exceda de 500 000 euros, para que el comercializador o colocador pueda considerar que el instrumento resulta idóneo, además de cumplir con el resto de los requisitos previstos en la normativa, deberá verificar el cumplimiento de las siguientes condiciones:

1.º Que la inversión total del cliente en los instrumentos financieros contemplados en el apartado 1 de este artículo, incluyendo la compra objeto de análisis, no supere el 10 por ciento de su cartera de instrumentos financieros. A estos efectos, la cartera de instrumentos financieros del cliente incluirá depósitos de efectivo e instrumentos financieros, quedando excluidos aquellos instrumentos financieros que el cliente haya aportado en garantía de sus obligaciones.

2.º Que el importe inicial invertido en uno o varios de los instrumentos recogidos en el apartado 1 de este artículo ascienda al menos a 10 000 euros.

3. Los instrumentos financieros mencionados en el apartado 1 del presente artículo podrán también comercializarse entre inversores minoristas sin sujeción al requisito previsto en el apartado 2, siempre que el valor nominal unitario mínimo de la emisión de dichos instrumentos sea de 100 000 euros.

4. Cuando se trate de instrumentos mencionados en las letras a), b) y c) del apartado 1, además de cumplirse con el requisito previsto en el apartado 2, la emisión habrá de contar con un tramo dirigido exclusivamente a clientes o inversores profesionales de al menos el cincuenta por ciento del total de la misma, sin que el número total de tales inversores pueda ser inferior a cincuenta, y sin que sea de aplicación a este supuesto lo previsto en el artículo 210 de esta ley.

5. Lo dispuesto en los apartados anteriores no resultará de aplicación a la amortización y conversión de instrumentos de capital y la recapitalización interna regulados en el capítulo VI de la Ley 11/2015, de 18 de junio.

Tampoco se aplicará a las ofertas de canje de los instrumentos financieros relacionados en el apartado 1 anterior por otros instrumentos financieros, ni a las ofertas cuyo objeto sea compensar económicamente a inversores siempre que se justifique ante la CNMV, con aportación de un informe de experto independiente, que el valor de los instrumentos ofrecidos es igual o superior al de los que son objeto de canje o que su valor es superior al perjuicio objeto de compensación.

> Con relación al apartado 1, véase Disp. Trans. 7.ª de la presente Ley.

Sección 6.ª Otras obligaciones de conducta en la prestación de servicios

Art. 210. *Registro de contratos*.– Las empresas de servicios de inversión y las empresas de asesoramiento financiero nacionales deberán crear un registro que incluya los acuerdos en los que se establezca, por escrito y en papel o en cualquier otro soporte duradero, los derechos y obligaciones esenciales de la empresa y del cliente, así como las condiciones en las que la empresa de servicios de inversión prestará servicios al cliente.

El contenido de dichos acuerdos deberá cumplir con lo dispuesto en el artículo 58 del Reglamento Delegado (UE) n.º 2017/565 de la Comisión, de 25 de abril de 2016.

> Véanse arts. 118 y 119 del Título VI del Real Decreto 813/2023, de 8 de noviembre, sobre el régimen jurídico de las empresas de servicios de inversión y de las demás entidades que prestan servicios de inversión (BOE núm. 268, de 9 de noviembre).

Art. 211. *Servicios de inversión como parte de un producto financiero o condición previa de un crédito y ventas vinculadas*.– 1. En caso de que se ofrezca un servicio de inversión como parte de un producto financiero al que ya se apliquen otras disposiciones sobre entidades de crédito y créditos al consumo relativas a los requisitos de información, dicho servicio no estará sujeto además a las obligaciones establecidas en el artículo 200 de esta ley y sus normas de desarrollo.

2. En caso de que se ofrezca un servicio de inversión junto con otro servicio o producto como parte de un paquete o como condición del mismo acuerdo o paquete, la empresa de servicios de inversión comunicará al cliente si se pueden comprar por separado los distintos componentes y facilitará aparte los justificantes de los costes y cargas de cada componente.

Si es probable que los riesgos asociados a dicho acuerdo o paquete ofrecido a un cliente minorista sean diferentes de los riesgos asociados a los componentes considerados por separado, la empresa de servicios de inversión facilitará una descripción adecuada de los diferentes componentes del acuerdo o paquete y del modo en que la interacción entre ellos modifica los riesgos.

3. Si un contrato de crédito relativo a bienes inmuebles de uso residencial, que esté sujeto a las disposiciones sobre evaluación de la solvencia de las personas consumidoras establecidas en el artículo 14 de la Ley 16/2011, de 24 de junio, de contratos de crédito al consumo, tiene como condición previa de pago, refinanciación o amortización del crédito, la prestación a la misma persona consumidora de un servicio de inversión en relación con obligaciones hipotecarias emitidas expresamente como garantía de la financiación del contrato de crédito y con las mismas condiciones que este, dicho servicio no estará sujeto a las obligaciones establecidas en los artículos 203, 204, 205.5, 207, 208, 209, 210, 211.3 y 217.

Art. 212. *Cumplimiento de las obligaciones de información en el caso de prestación de servicios por medio de otra empresa de servicios de inversión.*– 1. Cuando una empresa de servicios de inversión o empresa de asesoramiento financiero nacional preste servicios de inversión o servicios auxiliares en nombre de un cliente siguiendo instrucciones de otra empresa de servicios de inversión o empresa de asesoramiento financiero nacional, podrá basarse en la información que sobre el cliente le transmita esta última. En este caso, la empresa que remita las instrucciones será responsable de que la información sobre el cliente sea completa y exacta.

2. Asimismo, la empresa que reciba las instrucciones podrá basarse en recomendaciones proporcionadas al cliente por otra empresa de servicios de inversión con respecto al servicio o a la operación en cuestión. En este caso, la que remita las instrucciones será responsable de la adecuación para el cliente de las recomendaciones o asesoramiento proporcionado.

3. En cualquier caso, la empresa que reciba las instrucciones u órdenes será la responsable de la realización del servicio o la operación, sobre la base de la información

o recomendaciones recibidas, de conformidad con las disposiciones pertinentes de este capítulo.

Sección 7.ª Pagos y remuneraciones en la prestación de servicios

Art. 213. *Remuneración y conflicto de interés*.- Las empresas de servicios de inversión y las empresas de asesoramiento financiero nacionales que presten servicios y actividades de inversión a su clientela se asegurarán de no remunerar o evaluar el rendimiento de su personal de un modo que entre en conflicto con su obligación de actuar en el mejor interés de su clientela. En particular, no establecerán ningún sistema de remuneración, de objetivos de ventas o de otra índole que pueda constituir un incentivo para que el personal recomiende un instrumento financiero determinado a un cliente minorista si la empresa de servicios de inversión puede ofrecer un instrumento financiero diferente que se ajuste mejor a las necesidades del cliente.

Art. 214. *Asesoramiento independiente*.- 1. Las empresas de servicios de inversión y las empresas de asesoramiento financiero nacionales solo podrán informar a la clientela de que prestan el servicio de asesoramiento en materia de inversión de forma independiente si cumplen los siguientes requisitos:

a) Evaluar una gama de instrumentos financieros disponibles en el mercado que sea suficientemente diversificada en lo que respecta a sus tipos y a sus emisores o proveedores, a fin de garantizar que los objetivos de inversión de la clientela puedan cumplirse adecuadamente y no se limiten a instrumentos financieros emitidos o facilitados por:

1.º La propia empresa o por entidades que tengan vínculos estrechos con la empresa, u

2.º otras entidades con las que la empresa de servicios de inversión tenga vínculos jurídicos o económicos, como por ejemplo relaciones contractuales, tales que puedan mermar la independencia del asesoramiento facilitado;

b) no aceptar y retener honorarios, comisiones u otros beneficios monetarios o no monetarios abonados o proporcionados por un tercero o por una persona que actúe por cuenta de un tercero en relación con la prestación del servicio a la clientela; y

c) comunicar a la clientela con claridad los beneficios no monetarios menores, cuya percepción esté autorizada por no entenderse incluidos entre los descritos en la letra anterior, que puedan servir para aumentar la calidad del servicio prestado a la clientela y cuya escala y naturaleza sean tales que no pueda considerarse que afectan al cumplimiento por la empresa de servicios de inversión de la obligación de actuar en el mejor interés de su clientela.

2. Reglamentariamente se desarrollará la prohibición de aceptar y retener honorarios, comisiones u otros beneficios monetarios o no monetarios prevista en el apartado anterior y los beneficios que se considerarán beneficios no monetarios menores.

> Véase art. 121 del Real Decreto 813/2023, de 8 de noviembre, sobre el régimen jurídico de las empresas de servicios de inversión y de las demás entidades que prestan servicios de inversión (BOE núm. 268, de 9 de noviembre).

Art. 215. *Independencia en la gestión discrecional de carteras*.– 1. Cuando preste el servicio de gestión de carteras, la empresa de servicios de inversión no aceptará y retendrá honorarios, comisiones u otros beneficios monetarios o no monetarios abonados o proporcionados por un tercero o por una persona que actúe por cuenta de un tercero en relación con la prestación del servicio a la clientela.

2. Serán comunicados con claridad y excluidos de lo dispuesto en el apartado anterior los beneficios no monetarios menores que puedan servir para aumentar la calidad del servicio prestado a la clientela y cuya escala y naturaleza sean tales que no pueda considerarse que afectan al cumplimiento por la empresa de servicios de inversión de la obligación de actuar en el mejor interés de su clientela.

3. Reglamentariamente se desarrollará la prohibición de aceptar y retener honorarios, comisiones u otros beneficios monetarios o no monetarios prevista en el apartado 1.

> Véase art. 121 del Real Decreto 813/2023, de 8 de noviembre, sobre el régimen jurídico de las empresas de servicios de inversión y de las demás entidades que prestan servicios de inversión (BOE núm. 268, de 9 de noviembre).

Art. 216. *Percepción de incentivos*.– 1. En ningún caso se considerará que las empresas de servicios de inversión o las empresas de asesoramiento financiero nacionales cumplen con las obligaciones establecidas en los artículos 197 y 198 si abonan o cobran honorarios o comisiones, o proporcionan o reciben cualquier beneficio no monetario en relación con la prestación de un servicio de inversión o un servicio auxiliar, a un tercero o de un tercero que no sea el cliente o la persona que actúe en nombre del cliente, a menos que el pago o el beneficio:

a) Haya sido concebido para mejorar la calidad del servicio pertinente prestado al cliente; y

b) no perjudique el cumplimiento de la obligación de la empresa de servicios de inversión de actuar con honestidad, imparcialidad y profesionalidad, en el mejor interés de su clientela.

2. La existencia, naturaleza y cuantía de los pagos o beneficios a que se refiere el apartado anterior, o cuando dicha cuantía no pueda determinarse, su método de cálculo, deberán revelarse claramente al cliente, de forma completa, exacta y comprensible, antes de la prestación del servicio de inversión o servicio auxiliar correspondiente. Cuando

proceda, la empresa informará también al cliente de los mecanismos para transferir al cliente los honorarios, comisiones o beneficios monetarios y no monetarios percibidos por la prestación del servicio de inversión o del servicio auxiliar.

3. El pago o beneficio que permita o sea necesario para prestar servicios y actividades de inversión, tales como gastos de custodia, gastos de liquidación y cambio, tasas reguladoras o gastos de asesoría jurídica, y que, por su naturaleza, no puedan entrar en conflicto con el deber de la empresa de actuar con honestidad, imparcialidad y profesionalidad en el mejor interés de su clientela no estará sujeto a los requisitos previstos en el apartado 1.

4. El Gobierno o, con su habilitación expresa, la CNMV, desarrollarán lo dispuesto en este artículo. En particular, podrán establecer una lista cerrada de supuestos en los que se considerará que concurren los requisitos señalados en el apartado 1.

> Véase art. 120 del Real Decreto 813/2023, de 8 de noviembre, sobre el régimen jurídico de las empresas de servicios de inversión y de las demás entidades que prestan servicios de inversión (BOE núm. 268, de 9 de noviembre).

Art. 217. *Prueba de conocimientos y competencias necesarios.*– 1. Las empresas de servicios de inversión y las empresas de asesoramiento financiero nacionales asegurarán y demostrarán a la CNMV, previo requerimiento, que las personas físicas que prestan asesoramiento o proporcionan información sobre instrumentos financieros, servicios y actividades de inversión o servicios auxiliares a clientes en su nombre disponen de los conocimientos y las competencias necesarios para cumplir sus obligaciones de acuerdo con los artículos 199, 200, 202, 203, 204, 205, 206, 207, 208, 209, 211, 212, 213, 214, 215, 216 y 217.

2. La CNMV publicará en su página web las directrices aprobadas por la AEVM donde se especifiquen los criterios para la evaluación de conocimientos y competencias previstos en el apartado anterior y, en su caso, las guías técnicas que hubiese aprobado en virtud del artículo 267 donde se concreten los criterios que considera adecuados para que las entidades puedan demostrar que el personal que informa o que asesora sobre servicios y actividades de inversión posee dichos conocimientos y competencias necesarios.

Sección 8.ª Gestión y ejecución de las órdenes de la clientela

Art. 218. *Obligaciones relativas a la gestión y ejecución de órdenes.*– 1. Las personas o entidades que presten servicios y actividades de inversión, cuando ejecuten órdenes de clientes, ya presten este servicio de forma independiente o en conjunción con otro, deberán:

a) Adoptar todas las medidas suficientes para obtener el mejor resultado posible para las operaciones de su clientela teniendo en cuenta el precio, los costes, la rapidez y probabilidad en la ejecución y liquidación, el volumen, la naturaleza de la operación y cualquier otro elemento relevante para la ejecución de la orden.

b) Disponer de procedimientos y sistemas de gestión de órdenes, de conformidad con lo previsto en los artículos 67 a 70 del Reglamento Delegado (UE) 2017/565 de la Comisión, de 25 de abril de 2016, que permitan su puntual, justa y rápida ejecución y posterior asignación, de forma que no se perjudique a ningún cliente cuando se realizan operaciones para varios de ellos o se actúa por cuenta propia. Dichos procedimientos o sistemas permitirán la ejecución de órdenes de clientes, que sean equivalentes, con arreglo al momento en que fueron recibidas por la empresa de servicios de inversión.

c) Adoptar medidas para facilitar la ejecución más rápida posible de las órdenes de clientes a precio limitado respecto de acciones admitidas a negociación en un mercado regulado o negociadas en un centro de negociación que no sean ejecutadas inmediatamente en las condiciones existentes en el mercado.

2. Lo previsto en esta sección se aplicará de conformidad con el Reglamento Delegado (UE) 2017/565 de la Comisión de 25 de abril de 2016, por el que se completa la Directiva 2014/65/UE del Parlamento Europeo y del Consejo, de 15 de mayo de 2014, en lo relativo a los requisitos organizativos y las condiciones de funcionamiento de las empresas de servicios de inversión, y términos definidos a efectos de dicha Directiva.

3. Reglamentariamente se podrá desarrollar lo previsto en este artículo.

> Véase art. 141 del Real Decreto 813/2023, de 8 de noviembre, sobre el régimen jurídico de las empresas de servicios de inversión y de las demás entidades que prestan servicios de inversión (BOE núm. 268, de 9 de noviembre).

Art. 219. *Ejecución en centros de negociación.*– 1. Las empresas de servicios de inversión no percibirán ningún tipo de remuneración, descuento o beneficio no monetario por dirigir órdenes de clientes a un concreto centro de negociación o de ejecución que infrinja los requisitos en materia de conflictos de intereses o de incentivos establecidos en los artículos 197, 198, 199, 200, 213, 214, 215, 216, 217 y 218.

2. Para los instrumentos financieros sujetos a la obligación de negociación prevista en los artículos 23 y 28 del Reglamento (UE) n.º 600/2014 del Parlamento Europeo y del Consejo, de 15 de mayo de 2014, cada centro de negociación y cada internalizador sistemático, y para los demás instrumentos financieros, cada centro de ejecución, pondrá a disposición del público, sin coste alguno y con periodicidad como mínimo anual, los datos relativos a la calidad de la ejecución de las operaciones en dicho centro, de conformidad con el Reglamento Delegado (UE) 2017/575 de la Comisión, de 8 de junio de 2016, por el que se completa la Directiva 2014/65/UE del Parlamento Europeo y del Consejo relativa a los mercados de instrumentos financieros en lo que atañe a las normas técnicas de regulación aplicables a los datos que deben publicar los centros de ejecución sobre la calidad de ejecución de las operaciones. El informe periódico incluirá

datos detallados sobre el precio, los costes, la velocidad y la probabilidad de ejecución de los diferentes instrumentos financieros.

3. Las empresas de servicios de inversión deberán comunicar a la clientela, tras la ejecución de la operación, el centro en el que se ha ejecutado la orden.

Art. 220. *Deber de informar sobre la política de ejecución de órdenes.*– 1. La entidad deberá informar a su clientela sobre su política de ejecución de órdenes, siendo necesario que obtenga su consentimiento antes de aplicársela. Dicha información explicará con claridad, con el suficiente detalle y de una manera que pueda ser comprendida fácilmente por la clientela, cómo ejecutará la empresa las órdenes para el cliente. La información se ajustará a lo dispuesto en el Reglamento Delegado (UE) n.º 2017/565 de la Comisión de 25 de abril de 2016.

2. Cuando dicha política permita que la entidad ejecute las órdenes al margen de un centro de negociación, la clientela deberá conocer este extremo debiendo prestar su consentimiento previo y expreso antes de proceder a la ejecución de las órdenes al margen de un centro de negociación. El consentimiento se podrá obtener de manera general o para cada operación en particular.

3. La entidad deberá estar en condiciones de demostrar a su clientela, a petición de esta, que ha ejecutado sus órdenes de conformidad con la política de ejecución de la empresa y de demostrar a la CNMV, a su solicitud, el cumplimiento de lo dispuesto en los artículos 218, 219, 220, 221, 222 y 223.

Art. 221. *Deber de informar anualmente sobre los principales centros de ejecución.*– Las empresas de servicios de inversión que ejecuten órdenes de clientes resumirán y publicarán con periodicidad anual, respecto a cada clase de instrumento financiero, los cinco principales centros de ejecución de órdenes en términos de volúmenes de negociación, en los que ejecutaron órdenes de clientes en el año anterior, así como información sobre la calidad de la ejecución obtenida.

El contenido y el formato de dicha información se ajustarán a lo dispuesto en el Reglamento Delegado (UE) 2017/576 de la Comisión, de 8 de junio de 2016, por el que se complementa la Directiva 2014/65/UE del Parlamento Europeo y del Consejo en cuanto a las normas técnicas de regulación para la publicación anual por las empresas de inversión de información sobre la identidad de los centros de ejecución y sobre la calidad de la ejecución.

Art. 222. *Supuestos específicos de ejecución de las órdenes.*– 1. Cuando el cliente dé instrucciones específicas sobre la ejecución de su orden, la empresa ejecutará la orden siguiendo la instrucción específica.

2. Cuando se trate de órdenes de clientes minoristas que no hubieran dado instrucciones específicas, el mejor resultado posible se determinará en términos de contraprestación total, compuesta por el precio del instrumento financiero y los costes relacionados con la ejecución, que incluirán todos los gastos contraídos por el cliente que estén directamente relacionados con la ejecución de la orden, incluidas las comisiones del centro de ejecución, las de compensación y liquidación y aquellas otras pagadas a terceros implicados en la ejecución de la orden.

Art. 223. *Supervisión de la política de ejecución de órdenes por las entidades.-* 1. Las empresas de servicios de inversión que ejecuten órdenes de clientes supervisarán la efectividad de sus sistemas y de su política de ejecución de órdenes con objeto de detectar y, en su caso, corregir cualquier deficiencia. En particular, comprobarán periódicamente si los centros de ejecución incluidos en la política de ejecución de órdenes proporcionan los mejores resultados posibles para el cliente o si es necesario cambiar sus sistemas de ejecución, teniendo en cuenta, entre otras cosas, la información publicada en aplicación de lo dispuesto en los artículos 219.2 y 221.

2. Las entidades notificarán a aquellos de sus clientes con los que tengan una relación profesional estable cualquier cambio importante en sus sistemas o en su política de ejecución de órdenes.

Sección 9.ª Política de implicación

Art. 224. *Política de implicación de las empresas de servicios de inversión.-* 1. Las empresas de servicios de inversión y entidades de crédito que presten el servicio de gestión discrecional e individualizada de carteras desarrollarán y pondrán en conocimiento del público una política de implicación que describa cómo integran su implicación como accionistas o gestores de los accionistas en su política de inversión. Reglamentariamente se desarrollará el contenido mínimo que deba contemplar dicha política, así como la información que deben divulgar en relación con su aplicación.

2. Las obligaciones relativas a los conflictos de intereses recogidas en el artículo 121 serán asimismo aplicables a las actividades de implicación.

3. En caso de que las entidades comprendidas en el apartado 1 decidan no cumplir con uno o más de los requisitos recogidos en este artículo y en su normativa de desarrollo deberán publicar una explicación clara y motivada sobre las razones para ello.

Véase art. 142 del Real Decreto 813/2023, de 8 de noviembre, sobre el régimen jurídico de las empresas de servicios de inversión y de las demás entidades que prestan servicios de inversión (BOE núm. 268, de 9 de noviembre).

CAPÍTULO II. Abuso de mercado

Téngase en cuenta arts. 284 y 285 de Código Penal (§15).

Art. 225. *Autoridad competente*.– 1. La CNMV será la autoridad competente para la aplicación del Reglamento (UE) n.º 596/2014, del Parlamento Europeo y del Consejo, de 16 de abril de 2014.

2. La persona titular del Ministerio de Asuntos Económicos y Transformación Digital y, con su habilitación expresa, la CNMV, podrán adoptar las normas de desarrollo y ejecución que resulten precisas para el cumplimiento del citado Reglamento y del resto de las disposiciones vigentes en materia de abuso de mercado.

3. No obstante, se faculta expresamente a la CNMV a desarrollar todas aquellas cuestiones para las que el referido Reglamento habilita expresamente a la autoridad competente. En concreto, la CNMV podrá determinar cuáles son las prácticas de mercado aceptadas, de conformidad con lo dispuesto con el artículo 13 del citado Reglamento, mediante su aprobación por la correspondiente Circular.

Art. 226. *Difusión pública por emisores de información privilegiada*.– Los emisores de valores o instrumentos financieros que sean objeto de negociación en un mercado regulado español, o respecto de los que haya sido solicitada la admisión a negociación, deberán comunicar tan pronto como sea posible a la CNMV la información privilegiada que les concierna directamente a que se refiere el artículo 17 del Reglamento (UE) n.º 596/2014 del Parlamento Europeo y del Consejo, de 16 de abril de 2014. La CNMV hará pública esta información en su página web.

Art. 227. *Difusión pública por emisores de otra información relevante*.– Los emisores de valores o instrumentos financieros que sean objeto de negociación en un mercado regulado comunicarán también a la CNMV las restantes informaciones de carácter financiero o corporativo relativas al propio emisor o a sus valores o instrumentos financieros que cualquier disposición legal o reglamentaria les obligue a hacer públicas en España o que consideren necesario, por su especial interés, difundir entre los inversores. La CNMV hará también pública esta información en su página web.

Art. 228. *Modo y términos para la publicación de información privilegiada y otra información relevante*.– 1. La CNMV podrá determinar el modo y términos en que se publicarán a través de su página web las informaciones a las que se refieren los artículos anteriores. En todo caso, cuando se haga pública información privilegiada, se hará constar expresamente tal condición y en la página web de la CNMV se presentará dicha información de modo separado de cualesquiera otras informaciones comunicadas por emisores.

2. Los SMN y los SOC deberán contar con medios técnicos que garanticen la difusión pública de la información privilegiada que les sea comunicada por emisores de valores o instrumentos financieros que sean objeto de negociación en ellos o respecto de los que

haya sido solicitada la admisión a negociación. Dichos medios técnicos también podrán ser utilizados en relación con la restante información de carácter financiero o corporativo que los citados emisores deban difundir entre los inversores.

Art. 229. *Retraso de la difusión de información privilegiada.–* El emisor o el participante del mercado de derechos de emisión que, en el marco de lo previsto en el artículo 17.4 del Reglamento (UE) n.º 596/2014 del Parlamento Europeo y del Consejo, de 16 de abril de 2014, decida retrasar la difusión de información privilegiada, no estará obligado a remitir la justificación de la concurrencia de las condiciones que permiten tal retraso cuando realice la preceptiva comunicación del mismo a la CNMV, salvo que esta lo solicite expresamente.

Art. 230. *Operaciones realizadas por personas con responsabilidades de dirección y personas estrechamente vinculadas.–* 1. La obligación de notificación de las operaciones a las que se refiere el artículo 19.1 del Reglamento (UE) n.º 596/2014 del Parlamento Europeo y del Consejo, de 16 de abril de 2014, nacerá cuando, dentro de un año natural, la suma sin compensaciones de todas las operaciones alcance la cifra de 20 000 euros. A partir de esa primera comunicación, los sujetos obligados deberán comunicar todas y cada una de las operaciones subsiguientes efectuadas referidas en dicho artículo.

2. En relación con lo dispuesto en el artículo 19.3, último párrafo, del Reglamento (UE) n.º 596/2014 del Parlamento Europeo y del Consejo, de 16 de abril de 2014, las operaciones a las que se refiere el artículo 19.1 del citado Reglamento, que hayan sido notificadas por las personas con responsabilidades de dirección en emisores que hayan solicitado la admisión de sus instrumentos financieros en un mercado regulado o admitidos a negociación en un mercado regulado, así como las operaciones notificadas por las personas estrechamente vinculadas con ellas, se harán públicas por la CNMV.

La obligación de difusión pública de las operaciones notificadas por las personas con responsabilidades de dirección en los emisores referidos en el párrafo anterior o por las personas estrechamente vinculadas con ellas, establecida en el artículo 19 del Reglamento (UE) n.º 596/2014, del Parlamento Europeo y del Consejo, de 16 de abril de 2014, se dará por cumplida para dichas sociedades emisoras en caso de que estas difundan la información correspondiente a través de los medios técnicos previstos por la CNMV.

Se faculta a la CNMV para desarrollar los procedimientos y formas de realizar la difusión pública a la que se hace referencia en el apartado anterior.

Art. 231. *Obligaciones para los SMN y los SOC en relación con las operaciones realizadas por personas con responsabilidades de dirección y personas estrechamente vinculadas.–* Los SMN y los SOC deberán contar con medios técnicos que garanticen la difusión pública de las operaciones a las que se refiere el artículo 19.1 del Reglamento (UE) n.º 596/2014, del Parlamento Europeo y del Consejo, de 16 de abril de 2014, que hayan sido notificadas por las personas con responsabilidades de dirección en emisores de instrumentos financieros negociados exclusivamente en un SMN o en un SOC, los admitidos a negociación en un SMN o para los que se haya solicitado la admisión a negociación en un SMN, así como las notificadas por las personas estrechamente vinculadas con ellas. Dichos medios técnicos deberán cumplir con los términos establecidos en el artículo 19.3 del Reglamento (UE) n.º 596/2014 del Parlamento Europeo y del Consejo, de 16 de abril de 2014, y en el Reglamento de Ejecución (UE) n.º 2016/1055 de la Comisión, de 29 de junio de 2016.

La obligación de difusión pública de las operaciones notificadas por las personas con responsabilidades de dirección en los emisores referidos en el párrafo anterior o por las personas estrechamente vinculadas con ellas, establecida en el artículo 19 del Reglamento (UE) n.º 596/2014, del Parlamento Europeo y del Consejo, de 16 de abril de 2014, se dará por cumplida para dichas sociedades emisoras en caso de que las mismas difundan la información pertinente a través de los medios técnicos previstos por los SMN o por los SOC, según corresponda.

TÍTULO IX. Régimen de supervisión, inspección y sanción

CAPÍTULO I. Disposiciones comunes a los regímenes de supervisión e inspección y sancionador

Art. 232. *Ámbito de la supervisión, inspección y sanción*.– 1. Quedan sujetas al régimen de supervisión, inspección y sanción establecido en esta ley, a cargo de la CNMV:

a) Las siguientes personas y entidades, en lo que se refiere al cumplimiento de esta ley y su normativa de desarrollo, así como de las normas de derecho de la Unión Europea que contengan preceptos específicamente referidos a las mismas:

1.º Los organismos rectores de centros de negociación, las entidades de contrapartida central y los depositarios centrales de valores. Queda excluido el Banco de España.

2.º Las sociedades que tengan la titularidad de la totalidad de las acciones o de una participación que atribuya el control, directo o indirecto, de las entidades previstas en el número anterior.

3.º Las empresas de servicios de inversión españolas, extendiéndose esta competencia a cualquier oficina o centro dentro o fuera del territorio nacional.

4.º Las empresas de asesoramiento financiero nacionales.

5.º Las empresas de servicios de inversión autorizadas en otro Estado miembro de la Unión Europea que operen en España, en los términos establecidos en esta ley y en sus disposiciones de desarrollo incluyendo sus agentes vinculados y sucursales en territorio nacional.

6.º Las empresas de servicios de inversión autorizadas en Estados no miembros de la Unión Europea que operen en España.

7.º Los agentes de las entidades que presten servicios de inversión.

8.º La sociedad gestora del fondo de garantía de inversiones.

9.º Quienes, no estando incluidos en los apartados precedentes, ostenten la condición de miembro de algún centro de negociación o de los sistemas de compensación y liquidación de sus operaciones.

10.º Los proveedores de servicios de suministro de datos.

11.º Los asesores de voto.

12.º Las entidades responsables de la administración de la inscripción y registro de los valores negociables representados mediante sistemas basados en tecnología de registros distribuidos conforme a lo dispuesto en esta ley y en su normativa de desarrollo y en la normativa europea de aplicación.

b) Las agencias de calificación crediticia establecidas en España y registradas en virtud del Título III, Capítulo I, del Reglamento (CE) n.º 1060/2009 del Parlamento Europeo y del Consejo, de 16 de septiembre de 2009, sobre las agencias de calificación crediticia, las personas que participan en las actividades de calificación, las entidades calificadas o terceros vinculados, los terceros a los que las agencias de calificación crediticia hayan subcontratado algunas de sus funciones o actividades, y las personas relacionadas o conectadas de cualquier otra forma con las agencias o con las actividades de calificación crediticia.

La CNMV es la autoridad competente en España, a efectos de lo previsto en el Reglamento (CE) n.º 1060/2009 del Parlamento Europeo y del Consejo, de 16 de septiembre de 2009, y ejercerá sus competencias de conformidad con lo que se establezca en la normativa de la Unión Europea sobre agencias de calificación crediticia.

c) Las siguientes personas y entidades, en cuanto a sus actuaciones relacionadas con el mercado de valores:

1.º Los emisores de valores.

2.º Las entidades de crédito y sus agentes, extendiéndose esa competencia a cualquier sucursal abierta fuera del territorio nacional, así como las entidades de crédito autorizadas en otro Estado miembro de la Unión Europea o en Estados no miembros de la Unión Europea que operen en España.

3.º Las Sociedades Gestoras de Instituciones de Inversión Colectiva y las Sociedades Gestoras de Entidades de Inversión de tipo Cerrado en cuanto presten servicios de inversión.

4.º Las restantes personas físicas o jurídicas, en cuanto puedan verse afectadas por lo dispuesto en esta ley y sus disposiciones de desarrollo.

5.º Las agencias de calificación crediticia registradas por otra autoridad competente de la Unión Europea en virtud del Título III, Capítulo I, del Reglamento (CE) n.º

1060/2009 del Parlamento Europeo y del Consejo, de 16 de septiembre de 2009, y las agencias de calificación que hayan recibido la certificación por equivalencia en virtud del artículo 5 del citado Reglamento. La CNMV ejercerá sus competencias de conformidad con lo que se establezca en la normativa de la Unión Europea sobre agencias de calificación crediticia.

d) Las personas residentes o domiciliadas en España que controlen, directa o indirectamente, empresas de servicios de inversión en otros Estados miembros de la Unión Europea, dentro del marco de la colaboración con las autoridades responsables de la supervisión de dichas empresas, así como los titulares de participaciones significativas a los efectos del cumplimiento de lo previsto en el Capítulo IV del Título V.

e) Las entidades que formen parte de los grupos consolidables de empresas de servicios de inversión contempladas en el artículo 255, a los solos efectos del cumplimiento a nivel consolidado de los requerimientos de recursos propios y de las limitaciones que se puedan establecer sobre las inversiones, operaciones o posiciones que impliquen riesgos elevados.

f) Las entidades que forman parte de los grupos consolidables de los que sean dominantes las entidades a que se refiere la letra a) 1.º y 2.º, a los solos efectos del cumplimiento de la obligación de consolidar sus cuentas anuales y de las limitaciones que se puedan establecer en relación con su actividad y equilibrio patrimonial.

g) Las sociedades financieras de cartera, las sociedades financieras mixtas de carteras y las sociedades mixtas de cartera, de acuerdo con el artículo 4.1.16 y 40, respectivamente, del Reglamento (UE) n.º 2019/2033 del Parlamento Europeo y del Consejo, de 27 de noviembre de 2019, entre cuyas filiales se encuentren empresas de servicios de inversión, así como su personal de alta dirección efectivo.

h) Las personas físicas y entidades no financieras mencionadas en el artículo 255, a los solos efectos previstos en ese artículo.

i) Cualquier persona o entidad, a los efectos de comprobar si infringe las reservas de denominación y actividad previstas en los artículos 127 a 129. En el caso de personas jurídicas, las competencias que corresponden a la CNMV según los apartados anteriores podrán ejercerse sobre quienes ocupen cargos de administración, dirección o asimilados en las mismas.

j) Las personas físicas y jurídicas que realicen operaciones sometidas al Reglamento (UE) n.º 236/2012 del Parlamento Europeo y del Consejo, de 14 de marzo de 2012, sobre las ventas en corto y determinados aspectos de las permutas de cobertura por impago.

k) Las personas físicas y jurídicas que realicen operaciones sometidas al Reglamento (UE) n.º 648/2012 del Parlamento Europeo y del Consejo, de 4 de julio de 2012, relativo a los derivados extrabursátiles, las entidades de contrapartida central y los registros de operaciones.

l) Las entidades de crédito en el desarrollo de su actividad de venta o asesoramiento relacionados con depósitos estructurados.

m) Las personas físicas y jurídicas que realicen actuaciones sujetas al Reglamento (UE) n.º 1286/2014 del Parlamento Europeo y del Consejo, de 26 de noviembre de 2014, sobre los documentos de datos fundamentales relativos a los productos de inversión minorista vinculados y los productos de inversión basados en seguros, en cuanto se refiere a los productos de inversión minorista empaquetados incluidos en el ámbito de esta ley.

n) Los administradores y administradoras de índices de referencia y las entidades supervisadas de conformidad con lo previsto en el artículo 40 del Reglamento (UE) n.º 2016/1011 del Parlamento Europeo y del Consejo, de 8 de junio de 2016, sobre los índices utilizados como referencia en los instrumentos financieros y en los contratos financieros o para medir la rentabilidad de los fondos de inversión, y por el que se modifican las Directivas 2008/48/CE y 2014/17/UE y el Reglamento (UE) n.º 596/2014; así como las restantes personas físicas o jurídicas, en tanto puedan verse afectadas por las normas de dicho Reglamento y sus disposiciones de desarrollo.

ñ) Las personas físicas y jurídicas sujetas al Reglamento (UE) n.º 2015/2365 del Parlamento Europeo y del Consejo, de 25 de noviembre de 2015, sobre transparencia de las operaciones de financiación de valores y de reutilización y por el que se modifica el Reglamento (UE) n.º 648/2012 del Parlamento Europeo y del Consejo, de 4 de julio de 2012.

o) Las personas físicas y jurídicas sujetas al Reglamento (UE) n.º 596/2014 del Parlamento Europeo y del Consejo, de 16 de abril de 2014, sobre abuso de mercado.

p) Las personas físicas pertenecientes a las empresas de servicios de inversión, a las sociedades de cartera de inversión, a las sociedades financieras mixtas de cartera y a las sociedades mixtas de cartera establecidas en España, así como a los terceros, personas físicas o jurídicas, a los que estos entes hayan subcontratado funciones o actividades operativas.

2. Quedan también sujetas al régimen de supervisión, inspección y sanción establecido en esta ley, a cargo de la CNMV, las personas y entidades que, pese a no tener la consideración de empresa de servicios de inversión, están autorizadas a prestar determinados servicios de inversión de conformidad con el artículo 121 del Real Decreto sobre el régimen jurídico de las empresas de servicios de inversión y de las demás entidades que prestan servicios de inversión.

3. Corresponderá a la administración concursal de una entidad emisora de valores o de una entidad registrada sujeta a procedimiento concursal el cumplimiento de las obligaciones de remisión de información frente a la CNMV previstas en esta ley para sus administradores, administradoras y personal de alta dirección, cuando éstos hayan sido sustituidos por aquella.

Art. 233. *Régimen de la información sobre supervisión e inspección.-* 1. Todas las informaciones, documentos o datos que obren en poder de la CNMV u otras autoridades competentes como consecuencia del ejercicio de sus funciones relacionadas con la supervisión e inspección, incluida la potestad sancionadora, previstas en esta u otras leyes o en normativa europea no podrán ser divulgados ni podrá concederse acceso alguno a los mismos a ninguna persona o autoridad, fuera de los supuestos previstos en esta ley.

Sin perjuicio de lo dispuesto en esta ley y de los supuestos contemplados por el derecho penal o fiscal, ninguna información, documento o dato de los antes citados podrá ser accesible o divulgado a persona o autoridad alguna, salvo de forma genérica o colectiva que impida la identificación concreta de las empresas de servicios y actividades de inversión, organismos rectores de los mercados, mercados regulados o cualquier otra persona a que se refiera esta información.

2. Se exceptúan de la obligación de secreto regulado en este artículo:

a) Cuando el interesado consienta expresamente la difusión, publicación o comunicación de los datos.

b) La publicación de datos agregados a fines estadísticos, o las comunicaciones en forma sumaria o agregada de manera que las entidades individuales o personas concretas no puedan ser identificadas ni siquiera indirectamente.

c) Las informaciones requeridas por las autoridades judiciales competentes o por el Ministerio Fiscal en un proceso penal, o en un juicio civil, si bien en este último caso la obligación de secreto se mantendrá en todo lo relativo a las exigencias prudenciales de una empresa de servicios de inversión.

d) Las informaciones que, en el marco de procedimientos concursales de una empresa de servicios de inversión, sean requeridas por las autoridades judiciales, siempre que no versen sobre terceros implicados en el reflotamiento de la entidad.

e) Las informaciones que, en el marco de los recursos administrativos o jurisdiccionales entablados sobre resoluciones administrativas dictadas en materia de ordenación y disciplina de los mercados de valores, sean requeridas por las autoridades administrativas o judiciales competentes.

f) Las informaciones que la CNMV tenga que facilitar, para el cumplimiento de sus respectivas funciones, a las Comunidades Autónomas con competencias en materia de Bolsas de Valores; al Banco de España; a la Dirección General de Seguros y Fondos de Pensiones; al Instituto de Contabilidad y Auditoría de Cuentas; a las sociedades rectoras de los mercados regulados con el objeto de garantizar el funcionamiento regular de los mismos; a los fondos de garantía de inversores; a los interventores o síndicos de una empresa de servicios de inversión o de una entidad de su grupo, designados en los correspondientes procedimientos administrativos o judiciales, y a los auditores de cuentas de las empresas de servicios de inversión y de sus grupos.

g) Las informaciones que la CNMV tenga que facilitar a las autoridades responsables de la lucha contra el blanqueo de capitales en aplicación de la Ley 10/2010, de 28 de abril, de prevención del blanqueo de capitales y de la financiación del terrorismo, así como las comunicaciones que deban realizarse en virtud de lo dispuesto en los artículos 93 y 94 de la Ley 58/2003, de 17 de diciembre, General Tributaria, previa autorización indelegable del titular del Ministerio de Asuntos Económicos y Transformación Digital. A estos efectos, deberán tenerse en cuenta los acuerdos de colaboración formalizados por la CNMV con autoridades supervisoras de otros países.

h) Las informaciones requeridas por una Comisión Parlamentaria de Investigación, en los términos establecidos por su legislación específica. Los miembros de una Comisión Parlamentaria de Investigación que reciban información de carácter reservado vendrán obligados a adoptar las medidas pertinentes que garanticen su reserva.

i) Las informaciones que la CNMV decida facilitar a un sistema o cámara de compensación y liquidación de un mercado español, cuando considere que son necesarias para garantizar el correcto funcionamiento de dichos sistemas ante cualquier incumplimiento, o posible incumplimiento, que se produzca en el mercado.

j) Las informaciones que la CNMV tenga que facilitar, para el cumplimiento de sus funciones, a la ABE, AEVM, a la Junta Europea de Riesgo Sistémico, a la AESPJ, a los organismos o autoridades de otros países en los que recaiga la función pública de supervisión de las entidades de crédito, de las entidades aseguradoras o reaseguradoras, de otras instituciones financieras y de los mercados financieros, o la gestión de los sistemas de garantía de depósitos o indemnización de los inversores, siempre que exista reciprocidad, y que los organismos y autoridades estén sometidos a secreto profesional en condiciones que, como mínimo, sean equiparables a las establecidas por la normativa española. En el caso de que dicha información contuviera datos de carácter personal, se aplicará el Capítulo V del Reglamento (UE) 2016/679 del Parlamento Europeo y del Consejo, de 27 de abril de 2016, relativo a la protección de las personas físicas en lo que respecta al tratamiento de datos personales y a la libre circulación de estos datos y por el que se deroga la Directiva 95/46/CE.

k) Las informaciones que por razones de supervisión prudencial o sanción de las empresas de servicios de inversión y entidades o instituciones financieras y mercados sujetos al ámbito de esta ley, la CNMV tenga que dar a conocer al Ministerio de Asuntos Económicos y Transformación Digital o a las autoridades de las Comunidades Autónomas con competencias en materia de mercados de valores.

l) Las informaciones que la CNMV facilite a las autoridades supervisoras españolas en materia energética y a las autoridades supervisoras del Mercado Ibérico de la Energía Eléctrica y que sean necesarias para el cumplimiento de sus funciones de supervisión de dichos mercados. A estos efectos, deberán tenerse en cuenta los acuerdos de colaboración formalizados por la CNMV con otras autoridades. La información comunicada solo podrá ser divulgada mediante consentimiento expreso de la CNMV.

m) La información que, en relación con los derechos de emisión, y en virtud de la normativa vigente, la CNMV facilite a la Oficina Española de Cambio Climático, a los organismos públicos competentes en materia de supervisión de los mercados de contado y de subastas, al Registro Nacional de Derechos de Emisión y a otros organismos públicos responsables de la supervisión de conformidad con la Ley 1/2005, de 9 de marzo, por la que se regula el régimen del comercio de derechos de emisión de gases de efecto invernadero.

n) La información que, en relación con los derivados sobre materias primas agrícolas, la CNMV facilite al Ministerio de Agricultura, Pesca y Alimentación y a los organismos públicos autonómicos competentes en materia de supervisión, gestión y regulación de los mercados agrícolas físicos a tenor del Reglamento (UE) n.º 1308/2013 del Parlamento Europeo y del Consejo, de 17 de diciembre de 2013.

ñ) Las informaciones que la CNMV tenga que facilitar para el cumplimiento de sus funciones, y en virtud de esta ley, a otras autoridades competentes de la Unión Europea y a la Comisión Europea.

o) Las informaciones que, en virtud de acuerdos de cooperación e intercambio de información a los que se refiere el artículo 254 de esta ley, la CNMV facilite a las autoridades competentes de Estados no miembros de la Unión Europea, o a otras autoridades, organismos, o personas físicas y jurídicas de los mismos.

3. La transmisión de información reservada a los organismos y autoridades de países no pertenecientes al Espacio Económico Europeo a que se refiere el apartado 2.j) estará condicionada, cuando la información se haya originado en otro Estado miembro, a la conformidad expresa de la autoridad que la hubiere transmitido, y solo podrá ser comunicada a los destinatarios citados a los efectos para los que dicha autoridad haya dado su acuerdo. Igual limitación se aplicará a las informaciones a las cámaras y organismos mencionados en el apartado 2.i) y a las informaciones requeridas por el Tribunal de Cuentas y las Comisiones de Investigación de las Cortes Generales.

4. La CNMV comunicará a la ABE la identidad de las autoridades u organismos a los cuales podrá transmitir datos, documentos o informaciones de conformidad con el apartado 2.d) y f) en relación con el Instituto de Contabilidad y Auditoría de Cuentas.

CAPÍTULO II. Régimen de supervisión e inspección

Sección 1.ª Disposiciones generales

Art. 234. *Facultades de supervisión e inspección.*– 1. La CNMV contará con la experiencia, los recursos, la capacidad operativa, las facultades y la independencia necesaria para ejercer las funciones relativas a la supervisión prudencial, la investigación y las sanciones que le atribuye la presente ley y su normativa de desarrollo.

La CNMV asegurará que su personal, seleccionado de acuerdo con los principios del artículo 19, reúne las condiciones de idoneidad necesarias para desempeñar las funciones que tiene atribuidas.

2. La CNMV dispondrá de todas las facultades de supervisión e inspección necesarias para el ejercicio de sus funciones. Estas facultades las podrá ejercer:

a) Directamente, sin perjuicio de la facultad de recabar la colaboración de terceros en los términos establecidos en el artículo 241.

b) En colaboración con otras autoridades, nacionales o extranjeras, en los términos previstos en esta ley y sus normas de desarrollo.

c) Mediante solicitud a las autoridades judiciales competentes.

3. En la forma y con las limitaciones establecidas en el ordenamiento jurídico, las facultades de supervisión e inspección de la CNMV incluirán al menos las siguientes facultades:

a) Tener acceso a cualquier documento bajo cualquier forma o a otros datos que considere que pueden ser relevantes para el ejercicio de sus funciones y recibir o procurarse copia de los mismos.

b) Requerir o solicitar a cualquier persona, incluso a aquellas que intervengan sucesivamente en la transmisión de órdenes o en la ejecución de las operaciones consideradas, que facilite información en el plazo que razonablemente fije la CNMV y, si es necesario, citar y tomar declaración a una persona para obtener información.

c) Realizar inspecciones o investigaciones presenciales en cualquier oficina o dependencia.

Esta facultad se extenderá a cualesquiera otras empresas incluidas en la supervisión del cumplimiento de la prueba de capital del grupo, cuando la CNMV sea el supervisor de grupo, siempre que se notifique previamente a las otras autoridades competentes afectadas.

d) Requerir los registros telefónicos y de tráfico de datos de que dispongan las personas o entidades a las que se refiere el artículo 232.

Cuando no haya podido obtener por otros medios la información necesaria para realizar sus labores de supervisión o inspección, la CNMV podrá en los términos previstos en la disposición adicional decimoquinta de la Ley Orgánica 3/2018, de 5 de diciembre, de Protección de Datos Personales y garantía de los derechos digitales, recabar de los operadores que presten servicios de comunicaciones electrónicas disponibles al público y de los prestadores de servicios de la sociedad de la información los datos que obren en su poder relativos a la comunicación electrónica o servicio de la sociedad de la información proporcionados por dichos prestadores que sean distintos a su contenido y resulten imprescindibles para el ejercicio de dichas labores.

A tal efecto, el órgano competente de la CNMV deberá solicitar la correspondiente autorización judicial, cuando la misma implique restricción de derechos fundamentales, al Juzgado Central de lo Contencioso-Administrativo, que resolverá en el plazo máximo de cuarenta y ocho horas.

e) Exigir el embargo y la congelación de activos.

f) Exigir la prohibición temporal para ejercer actividad profesional.

g) Exigir a los auditores de las entidades del artículo 232.1.a). y 1.c) cualquier información que hayan obtenido en el ejercicio de su función.

h) Requerir o solicitar a cualquier persona que facilite información, incluida toda la documentación pertinente, acerca del volumen y la finalidad de una posición o exposición contraída a través de un derivado sobre materias primas, así como de los activos y pasivos del mercado subyacente.

i) Exigir el cese provisional o definitivo de toda práctica o conducta que considere contraria a las disposiciones del Reglamento (UE) n.º 596/2014, del Parlamento Europeo y del Consejo, de 16 de abril de 2014, del Reglamento (UE) n.º 600/2014 del Parlamento Europeo y del Consejo, de 15 de mayo de 2014, o a esta ley y sus disposiciones de desarrollo y prevenir la repetición de dicha práctica o conducta.

j) Adoptar cualquier tipo de medida para asegurarse que las personas y entidades sometidas a su supervisión cumplen con las normas y disposiciones aplicables, o con los requerimientos de subsanación o corrección realizados, pudiendo exigir a tales personas y entidades, aislada o colectivamente y a tal fin, la aportación de informes de expertos independientes, auditores o de sus órganos de control interno o cumplimiento normativo.

k) Acordar la suspensión o limitación del tipo o volumen de las operaciones o actividades que las personas físicas o jurídicas puedan hacer en el mercado de valores.

l) Acordar la suspensión o exclusión de la negociación de un instrumento financiero, ya sea en un mercado regulado o en otros sistemas de negociación.

m) Solicitar a cualquier persona que adopte medidas para reducir el volumen de una posición o exposición.

n) Remitir asuntos para su procesamiento penal.

ñ) Limitar la capacidad de toda persona de suscribir un contrato de derivados sobre materias primas, lo que incluye la introducción de límites al tamaño de las posiciones que una persona pueda mantener en todo momento de conformidad con el artículo 77.

o) Publicar avisos.

p) Suspender la comercialización o venta de instrumentos financieros o de depósitos estructurados cuando se cumplan las condiciones establecidas en los artículos 40, 41 o 42 del Reglamento (UE) n.º 600/2014/UE del Parlamento Europeo y del Consejo, de 15 de mayo de 2014.

q) Suspender la comercialización o venta de instrumentos financieros o de depósitos estructurados cuando una empresa de servicios de inversión no haya desarrollado o aplicado un proceso eficaz de aprobación de productos o haya incumplido de otro modo lo dispuesto en esta ley o en sus normas de desarrollo.

r) Exigir que se aparte a una persona física del órgano de administración de la empresa de servicios de inversión o del organismo rector del centro de negociación.

s) Autorizar a auditores o expertos a llevar a cabo verificaciones o investigaciones. En el caso de los auditores de cuentas deberá respetarse en todo caso el régimen de independencia al que estos se encuentren sujetos, de conformidad con lo establecido en la Ley 22/2015, de 20 de julio, de Auditoría de Cuentas.

t) En el ejercicio de las competencias de supervisión de la información periódica a que se refiere el artículo 102.2, la CNMV podrá:

1.º Recabar de los auditores de cuentas de los emisores cuyos valores estén admitidos a negociación en cualquier mercado regulado domiciliado en la Unión Europa, mediante requerimiento escrito, cuantas informaciones o documentos sean necesarios, de conformidad con lo establecido en la Ley 22/2015, de 20 de julio. La revelación por los auditores de cuentas de las informaciones requeridas por la CNMV con arreglo a lo dispuesto en este artículo no constituirá incumplimiento del deber de secreto.

2.º Exigir a los emisores cuyos valores estén admitidos a negociación en cualquier mercado regulado domiciliado en la Unión Europea la publicación de informaciones adicionales, incluidas informaciones de carácter trimestral; conciliaciones, correcciones o, en su caso, reformulaciones de la información periódica.

u) Recabar, por medio de sus empleados, la información sobre el grado de cumplimiento de las normas que afectan a los mercados de valores por las entidades supervisadas, sin revelar aquellos su condición de personal de la CNMV y, en especial, respecto del modo en el que sus productos financieros están siendo comercializados, así como sobre las buenas o malas prácticas que dichas entidades pudieran estar llevando a cabo.

v) Requerir, por escrito o verbalmente, a las personas y entidades enumeradas en el artículo 230 que hagan pública de manera inmediata la información que aquella estime pertinente sobre sus actividades relacionadas con el mercado de valores o que puedan influir en este. De no hacerlo directamente los obligados, lo hará la propia CNMV.

w) Suspender cautelarmente el ejercicio de los derechos de voto asociados a las acciones adquiridas hasta que se constate el cumplimiento de las obligaciones de información establecidas en el artículo 105, en el momento de la incoación o en el transcurso de un expediente sancionador.

x) En relación con los instrumentos derivados sobre materias primas, requerir información a los participantes de los mercados de contado relacionados mediante formularios normalizados, recibir informes sobre las operaciones y acceder directamente a los sistemas de los operadores.

y) Adoptar todas las medidas necesarias para garantizar que el público sea informado adecuadamente, mediante, entre otros, la corrección de la información falsa o engañosa publicada, y mediante solicitud al emisor o a otra persona que haya publicado o difundido información falsa o engañosa para que publique una rectificación.

z) En relación con la comercialización de productos de inversión minorista empaquetados, la CNMV podrá adoptar las siguientes medidas:

1.º Prohibir la comercialización de un producto de inversión minorista empaquetado.

2.º Suspender la comercialización de un producto de inversión minorista empaquetado.

3.º Prohibir que se facilite un documento de datos fundamentales que incumpla los requisitos de los artículos 6, 7, 8 o 10 del Reglamento (UE) n.º 1286/2014, del Parlamento Europeo y del Consejo, de 26 de noviembre de 2014, y exigir la publicación de una nueva versión del documento.

4.º Cualquier otra atribuida a la autoridad competente designada por el correspondiente Estado miembro en el Reglamento (UE) n.º 1286/2014, del Parlamento Europeo y del Consejo, de 26 de noviembre de 2014.

4. Si las personas sobre las que se ejercen las facultades de supervisión e inspección se opusieran a las mismas o existiese el riesgo de tal oposición, el órgano competente de la CNMV deberá solicitar la correspondiente autorización judicial, cuando esta implique restricción de derechos fundamentales, a los Juzgados Centrales de lo Contencioso-Administrativo, que resolverán en el plazo máximo de cinco días.

5. La CNMV podrá hacer pública cualquier medida adoptada, como consecuencia del incumplimiento de las normas aplicables, a menos que su divulgación pudiera poner en grave riesgo los mercados de valores o causar un perjuicio desproporcionado a las personas afectadas.

Art. 235. *Acceso, tratamiento y cesión de datos de carácter personal.*– [No se reproduce en estos Textos legales]

Art. 236. *Lugar de las actuaciones de comprobación e investigación.*– 1. Las actuaciones de comprobación e investigación, incluida la toma de declaración, podrán desarrollarse, a elección de los servicios de la CNMV:

a) En cualquier despacho, oficina o dependencia de la entidad o persona inspeccionada o de su representante; o

b) En los propios locales de la CNMV o de otros organismos de la administración.

2. Cuando las actuaciones de comprobación e investigación se desarrollen en los lugares señalados en la letra a) del apartado anterior, se observará la jornada laboral de los mismos, sin perjuicio de que pueda actuarse de común acuerdo en otras horas y días.

Art. 237. *Facultades ejercidas sobre personas y entidades supervisadas por otras autoridades.*- Cuando las medidas contempladas en las letras e), f), i), k) y t) del apartado 3 del artículo 234 se vayan a ejercer sobre entidades sujetas a la supervisión del Banco de España o de la Dirección General de Seguros y Fondos de Pensiones, ya sea con carácter cautelar en un procedimiento sancionador, ya sea al margen del ejercicio de la potestad sancionadora, deberán ser notificadas con carácter previo al organismo en cuestión.

Asimismo, cuando se trate de las medidas contempladas en el artículo 234.3.e), será preceptivo el informe previo del organismo competente.

Art. 238. *Valor probatorio de las actuaciones del personal de la CNMV.*- Los hechos constatados en el ejercicio de sus funciones de supervisión e inspección por el personal autorizado de la CNMV tendrán valor probatorio sin perjuicio de las pruebas que en defensa de sus respectivos derechos o intereses se puedan señalar o aportar por las personas o entidades interesadas.

Art. 239. *Otras facultades para reforzar la supervisión macroprudencial.*- La CNMV podrá introducir límites y condiciones a la actividad de sus entidades supervisadas con la finalidad de evitar un endeudamiento excesivo del sector privado que pueda afectar a la estabilidad financiera.

Art. 240. *Revisión y evaluación supervisoras.*- Las CNMV revisará, en la medida en que resulte pertinente y necesario y teniendo en cuenta el tamaño, perfil de riesgo y modelo de negocio de la empresa, los sistemas, estrategias, procedimientos y mecanismos aplicados por las empresas de servicios de inversión para cumplir lo dispuesto en la presente ley y en el Reglamento (UE) n.º 2019/2033 del Parlamento Europeo y del Consejo, de 27 de noviembre de 2019.

La CNMV evaluará según sea conveniente y pertinente, entre otras cuestiones, los riesgos y las exposiciones al riesgo, así como el modelo de negocio y sistemas de gobernanza, conforme a lo que se determine reglamentariamente.

Art. 241. *Colaboración de agentes externos en las funciones de supervisión e inspección.*- 1. Para el mejor ejercicio de las funciones de supervisión que tiene legalmente atribuidas, la CNMV podrá, en caso de necesidad debidamente motivada, emplear los antecedentes que se deriven de la colaboración que al efecto requiera de auditores de cuentas, consultores u otros expertos independientes, quienes deberán ajustarse, en todo caso, a las normas e instrucciones que dicho organismo determine. En el caso de los auditores de cuentas deberá respetarse en todo caso el régimen de independencia al que estos se encuentren sujetos, de conformidad con lo establecido en la Ley 22/2015, de 20 de julio, de Auditoría de Cuentas.

2. En particular, la CNMV, para valorar el grado de cumplimiento de las normas que afectan a los mercados de valores por las entidades supervisadas y, en especial, sobre las prácticas de comercialización de instrumentos financieros, podrá solicitar la colaboración de expertos mediante la emisión de informes.

Para la elaboración de estos informes, los expertos designados, así como sus empleados, podrán actuar de forma anónima, sin revelar su actuación por cuenta de la CNMV.

3. La actuación en régimen de colaboración con la CNMV de conformidad con lo previsto en este apartado no supondrá en ningún caso el ejercicio de potestades administrativas.

Art. 242. *Obligaciones de colaboración con la CNMV.*– 1. En virtud de lo dispuesto en el artículo 234, las personas físicas y jurídicas enumeradas en el artículo 232 quedan obligadas a poner a disposición de la CNMV cuantos libros, registros y documentos, sea cual fuere su soporte, esta considere precisos, incluidos los programas informáticos y los archivos magnéticos, ópticos o de cualquier otra clase, incluidas las conversaciones telefónicas de índole comercial que hayan sido grabadas con el consentimiento previo del cliente o inversor.

2. Las personas físicas están obligadas a comparecer ante citaciones de la CNMV para la toma de declaración.

3. Los órganos y organismos de cualquier Administración Pública; las cámaras y corporaciones, colegios, consejos de colegios y asociaciones profesionales; las demás entidades públicas, incluidas las entidades gestoras y servicios comunes de la Seguridad Social y quienes, en general, ejerzan funciones públicas, estarán obligados a colaborar y suministrar a la CNMV cuantos datos, documentos, registros, informes y antecedentes resulten necesarios para el ejercicio por la CNMV de las funciones recogidas en el artículo 18, sea cual fuere su soporte, a través de los requerimientos concretos y en el plazo indicado, y a prestarle el concurso, auxilio y protección para el ejercicio de sus funciones.

4. Los auditores de empresas de servicios de inversión están obligados al deber de comunicación a la Comisión Nacional del Mercado de Valores a que se refieren el artículo 34 y la disposición adicional séptima de la Ley 22/2015, de 20 de julio.

5. En la medida que sea necesario para el eficaz ejercicio por la CNMV de sus funciones de supervisión e inspección, las personas o entidades que presten cualquier tipo de servicio profesional a las personas comprendidas en el artículo 232 están obligadas a facilitar cuantos datos e informaciones les sean requeridos por esta, de conformidad con lo dispuesto, en su caso, en la normativa específica que regule su profesión o actividad.

Art. 243. *Publicación de información relevante.–* Con las salvedades previstas en el artículo 233, la CNMV podrá ordenar a los emisores de valores y a cualquier entidad relacionada con los mercados de valores que procedan a poner en conocimiento inmediato del público hechos o informaciones relevantes que puedan afectar a la negociación de los mismos, pudiendo, en su defecto, hacerlo ella misma.

Art. 244. *Registros públicos en relación con los mercados de valores.–* 1. La CNMV mantendrá los registros que se determinen reglamentariamente. Estos registros tendrán el carácter de registros oficiales y el público podrá acceder libremente a ellos.

2. La incorporación a los registros de la CNMV de la información periódica y de los folletos informativos sólo implicará el reconocimiento de que aquellos contienen toda la información requerida por las normas que fijen su contenido y en ningún caso determinará responsabilidad de la CNMV por la falta de veracidad de la información en ellos contenida.

Art. 245. *Competencias de las Comunidades Autónomas en materia de supervisión.–* 1. Lo dispuesto en este Título se entenderá sin perjuicio de las competencias de supervisión, inspección y sanción que correspondan a las Comunidades Autónomas que las tengan atribuidas sobre los organismos rectores de mercados regulados de ámbito autonómico y, en relación con las operaciones sobre valores admitidos a negociación únicamente en los mismos, sobre las demás personas o entidades relacionadas en los apartados 1 y 2 del artículo 232.

2. La CNMV podrá celebrar convenios con las Comunidades Autónomas con competencias en materia de mercados de valores al objeto de coordinar sus respectivas actuaciones.

Art. 246. *Publicidad.–* 1. La persona titular del Ministerio de Asuntos Económicos y Transformación Digital y, con su habilitación expresa, la CNMV, establecerá las condiciones y determinará los casos en que la publicidad de las actividades contempladas en esta ley estará sometida a autorización o a otra modalidad de control administrativo a cargo de la CNMV.

2. La CNMV ejercerá las acciones procedentes con objeto de conseguir la cesación o rectificación de la publicidad que resulte contraria a las disposiciones a que se refiere el apartado anterior o que en general deba reputarse ilícita conforme a las normas generales en materia publicitaria, sin perjuicio de las sanciones que resulten aplicables de acuerdo con el capítulo siguiente.

3. Los buscadores de internet, redes sociales y medios de comunicación recabarán información que indique que los anunciantes de instrumentos financieros o servicios de inversión al público general que pretenden anunciarse en sus sistemas cuentan con la

correspondiente autorización para prestar servicios de inversión, antes de publicar sus anuncios o de destacar de forma remunerada a dichos anunciantes en los resultados de búsquedas, páginas de internet o redes sociales. Adicionalmente, comprobarán que dichos anunciantes no se encuentran incluidos en la relación de entidades advertidas por la CNMV o por organismos supervisores extranjeros.

La CNMV pondrá a disposición de las entidades mencionadas en el párrafo anterior la información necesaria para realizar dichas comprobaciones, en especial la relativa a las entidades advertidas de realizar presuntamente la prestación de servicios de inversión sin tener autorización para ello.

Art. 247. *Publicidad de criptoactivos y otros activos.–* La CNMV podrá someter a autorización u otras modalidades de control administrativo, incluida la introducción de advertencias sobre riesgos y características, la publicidad de criptoactivos u otros activos e instrumentos presentados como objeto de inversión, con una difusión publicitaria comparable, aunque no se trate de actividades o productos previstos en esta ley. La CNMV desarrollará mediante circular, entre otras cuestiones, el ámbito subjetivo y objetivo y las modalidades concretas de control a las que quedarán sujetas dichas actividades publicitarias.

A estos efectos resultará de aplicación lo dispuesto en el apartado 2 del artículo 246 de esta ley.

Véase arts. 268, 307, 323 y Disp. Ad. 15.ª.3 de la presente Ley.

Art. 248. *Obligaciones de información contable.–* 1. Las cuentas e informes de gestión individuales y consolidados correspondientes a cada ejercicio de las entidades citadas en el artículo 232.1.a) deberán ser aprobadas, dentro de los cuatro meses siguientes al cierre de aquel, por su correspondiente junta general, previa realización de la auditoría de cuentas.

Las obligaciones establecidas en este artículo no resultarán de aplicación a las sociedades que tengan la titularidad de la totalidad de las acciones o de una participación que atribuya el control, directo o indirecto, de las sociedades mencionadas en el punto 1.º del artículo 232.1.a) que no tengan su domicilio social en España y que estén sujetas a obligaciones de información contable y supervisión por la autoridad competente de otro Estado miembro de la Unión Europea o por la autoridad supervisora de un Estado no miembro de la Unión Europea con la que se hayan establecido acuerdos de cooperación.

2. Sin perjuicio de lo establecido en el Libro I, Título III, del Código de Comercio, se faculta a la persona titular del Ministerio de Asuntos Económicos y Transformación Digital y, con su habilitación expresa, a la CNMV, al Banco de España o al Instituto de Contabilidad y Auditoría de Cuentas, para establecer y modificar en relación con las

entidades citadas en el apartado anterior, las normas contables y los modelos a que se deben ajustar sus estados financieros, así como los referidos al cumplimiento de los coeficientes que se establezcan, disponiendo la frecuencia y el detalle con que los correspondientes datos deberán ser suministrados a la CNMV o hacerse públicos con carácter general por las propias entidades. Esta facultad no tendrá más restricciones que la exigencia de que los criterios de publicidad sean homogéneos para todas las entidades de una misma categoría y semejantes para las diversas categorías.

La orden ministerial en la que se establezca la habilitación determinará los informes que, en su caso, serán preceptivos para el establecimiento y modificación de las señaladas normas y modelos, así como para la resolución de consultas sobre esa normativa.

Asimismo, se faculta a la persona titular del Ministerio de Asuntos Económicos y Transformación Digital, y con su habilitación expresa, a la CNMV, para regular los registros, bases de datos internos o estadísticos y documentos que deben llevar las entidades enumeradas en el artículo 232.1.a) así como, en relación con sus operaciones de mercado de valores, las demás entidades contempladas en el artículo 128.

3. La persona titular del Ministerio de Asuntos Económicos y Transformación Digital y, con su habilitación expresa, la CNMV, el Banco de España o el Instituto de Contabilidad y Auditoría de Cuentas, tendrán las mismas facultades previstas en el apartado anterior en relación con los grupos consolidables de empresas de servicios de inversión y con los grupos consolidables cuya entidad matriz sea alguna de las citadas en el artículo 232.1.a).1.º y 2.º El ejercicio de estas facultades requerirá los informes preceptivos que, en su caso, se determinen en la orden ministerial de habilitación.

Sección 2.ª Relaciones entre la CNMV y otras autoridades nacionales, europeas y de terceros Estados

Art. 249 a 254.– [No se reproducen en estos Textos legales]

Sección 3.ª Supervisión prudencial

Art. 255 a 267.– [No se reproducen en estos Textos legales]

CAPÍTULO III. Régimen sancionador

Sección 1.ª Disposiciones generales en materia de infracciones y sanciones

Art. 268. Cuestiones generales.– 1. Las personas físicas y entidades a las que resulten de aplicación los preceptos de esta ley, así como quienes ostenten de hecho o de derecho cargos de administración o dirección de estas últimas, que infrinjan normas de ordenación o disciplina del mercado de valores incurrirán en responsabilidad administrativa sancionable con arreglo a lo dispuesto en este Título.

2. Ostentan cargos de administración o dirección en las entidades a que se refiere el apartado anterior, a los efectos de lo dispuesto en este capítulo y siguientes, sus administradores, administradoras o miembros de sus órganos colegiados de administración, así como sus directores o directoras generales y asimilados, entendiéndose por tales aquellas personas que, de hecho o de derecho, desarrollen en la entidad funciones de alta dirección.

3. Quien ejerza en la entidad cargos de administración o dirección será responsable de las infracciones muy graves o graves cuando estas sean imputables a su conducta dolosa o negligente.

No obstante lo dispuesto en el párrafo anterior, serán considerados responsables de las infracciones muy graves o graves cometidas por las entidades, quienes ostenten en ellas cargos de administración o dirección, salvo en los siguientes casos:

a) Cuando quienes formen parte de órganos colegiados de administración no hubieran asistido por causa justificada a las reuniones correspondientes o hubieren votado en contra o salvado su voto en relación con las decisiones o acuerdos que hubieran dado lugar a las infracciones.

b) Cuando dichas infracciones sean exclusivamente imputables a comisiones ejecutivas, consejeros o consejeras delegadas, directores o directoras generales u órganos asimilados, u otras personas con funciones similares en la entidad.

4. Se consideran normas de ordenación y disciplina del mercado de valores las leyes y disposiciones de carácter general que contengan preceptos específicamente referidos a las entidades comprendidas en el artículo 232).1.a) a i) o a la actividad relacionada con el mercado de valores de las personas o entidades a que se refiere el artículo 232.1.b) y c) y que sean de obligada observancia para las mismas. Entre las citadas disposiciones se entenderán comprendidas las aprobadas por órganos del Estado, de las Comunidades Autónomas que tengan atribuidas competencias en la materia, los reglamentos de la Unión Europea y demás normas aprobadas por las instituciones de la Unión Europea que resulten de aplicación directa, así como las Circulares aprobadas por la CNMV previstas en el artículo 22.

(...)

Art. 271. *Concurrencia de procedimientos administrativos y procesos penales.–*
1. El ejercicio de la potestad sancionadora será independiente de la eventual concurrencia de delitos de naturaleza penal.

2. Cuando se tenga conocimiento de que se esté tramitando un proceso penal por los mismos hechos o por otros cuya separación de los sancionables con arreglo a esta

ley sea racionalmente imposible, se acordará la suspensión del procedimiento administrativo sancionador hasta que recaiga pronunciamiento judicial firme.

3. Cuando en el seno de un procedimiento administrativo sancionador se considere que los hechos pudieran ser constitutivos de delito se pondrán en conocimiento de los juzgados y tribunales competentes o del Ministerio Fiscal. En el caso de que se incoe un procedimiento penal, el procedimiento administrativo sancionador quedará suspendido hasta que el pronunciamiento judicial firme sea comunicado a la CNMV.

4. En cualquiera de los supuestos anteriores, si hubiera lugar a reanudar el procedimiento administrativo sancionador, la resolución administrativa que se dicte deberá respetar la apreciación de los hechos que contenga el pronunciamiento judicial.

5. No cabe imponer sanción administrativa cuando haya recaído sanción penal y exista identidad de sujeto, hecho y fundamento.

Art. 272. *Medidas provisionales en procedimientos sancionadores*.– En el transcurso de un expediente sancionador, de acuerdo con lo dispuesto en el artículo 56 de la Ley 39/2015, de 1 de octubre, podrán adoptarse medidas provisionales para asegurar la eficacia de la resolución que pudiera recaer, el buen fin del procedimiento, evitar el mantenimiento de los efectos de la infracción y las exigencias de los intereses generales, o como medida de supervisión prudencial o de conductas, para garantizar el correcto ejercicio de su función supervisora, la eficaz protección de los inversores o el correcto funcionamiento de los mercados de valores, manteniéndose estas medidas provisionales mientras permanezca la causa que las hubiera motivado. Entre otras, podrán adoptarse como medidas provisionales las medidas a las que se refiere el artículo 234.3 e), f), i), j), k), l), m), ñ), o), q), r), s), u), w), y) y z).

Art. 273. *Condonación de sanciones*.– 1. La persona titular del Ministerio de Asuntos Económicos y Transformación Digital, previo informe de la CNMV, podrá condonar, total o parcialmente, o aplazar el pago de las multas impuestas a personas jurídicas cuando hayan pasado a estar controladas por otros accionistas después de cometerse la infracción, estén incursas en un procedimiento concursal, o se den otras circunstancias excepcionales que hagan que el cumplimiento de la sanción en sus propios términos atente contra la equidad o perjudique a los intereses generales.

2. Lo dispuesto en el apartado anterior no alcanzará en ningún caso a las sanciones impuestas a quienes ocupaban cargos de administración o dirección en dichas personas jurídicas cuando se cometió la infracción.

3. En ningún caso habrá lugar a la condonación o aplazamiento si, en el supuesto de transmisión de acciones de la entidad sancionada, hubiere mediado precio o superada la situación concursal pudiera afrontarse la sanción.

Sección 2.ª Infracciones

Subsección 1.ª Comunicación de infracciones

Art. 274. *Canales de comunicación*.– 1. Toda persona que tenga conocimiento o sospecha fundada de la comisión de posibles infracciones previstas en la presente ley; en la Ley 35/2003, de 4 de noviembre; en el Reglamento (UE) n.º 575/2013 del Parlamento Europeo y del Consejo, de 26 de junio de 2013, en lo que respecta a las empresas de servicios de inversión; en el Reglamento (UE) n.º 596/2014 del Parlamento Europeo y del Consejo, de 16 de abril de 2014; en el Reglamento (UE) n.º 600/2014 del Parlamento Europeo y del Consejo, de 15 de mayo de 2014; en el Reglamento (UE) n.º 1286/2014 del Parlamento Europeo y del Consejo, de 26 de noviembre de 2014; en el Reglamento (UE) n.º 2017/1129 del Parlamento Europeo y del Consejo, de 14 de junio de 2017; y en el Reglamento (UE) n.º 2019/2033 del Parlamento Europeo y del Consejo, de 27 de noviembre de 2019, podrá comunicarla a la CNMV en la forma y con las garantías establecidas en este artículo y aquellas que se desarrollen reglamentariamente.

2. Las comunicaciones podrán realizarse:

a) De forma escrita, en formato electrónico o papel;

b) de forma oral, por vía telefónica, que podría ser grabada;

c) a través de reunión física con el personal especializado de la CNMV; o

d) de cualquiera de las formas que establezca la persona titular del Ministerio de Asuntos Económicos y Transformación Digital.

3. La CNMV habilitará los canales, los medios técnicos y el personal que resulten necesarios para recibir y gestionar las comunicaciones señaladas en el apartado 1 del modo más adecuado para lograr la máxima utilidad de la información recibida en la detección y tratamiento de las infracciones. Los canales se adecuarán a la forma en que la información sea presentada.

4. Antes de recibir la comunicación o, a más tardar, en el momento de recibirla, la CNMV facilitará al comunicante:

a) La información básica sobre la comunicación de infracciones, incluyendo, en particular, la posibilidad de anonimato y las medidas de protección de la identidad, en el caso de que desee identificarse, y

b) el acuse de recibo escrito de la información recibida a la dirección postal o electrónica elegida por la persona que la suministra, salvo que esta solicite expresamente lo contrario o que el acuse ponga en peligro la protección de su identidad.

Art. 275. *Contenido mínimo de las comunicaciones*.– 1. Las comunicaciones a que se refiere el artículo anterior podrán ser anónimas o incluir la identificación de la persona que las formula. En todo caso, deberán presentar elementos fácticos de los que razonablemente derive, al menos, una sospecha fundada de infracción.

2. Dentro del plazo de los 20 días siguientes a la recepción de la información, la CNMV determinará si existe o no sospecha fundada de infracción. De no existir, requerirá a la persona que envía la información para que aclare el contenido o lo complemente con nueva información en un plazo razonable para poder obtenerla.

3. Transcurrido el plazo fijado para la aclaración o aportación de nueva información, sin que pueda determinarse sospecha fundada, se notificará tal circunstancia de forma motivada a la persona que envía la información.

4. En todo caso, la CNMV informará a la persona que envía la comunicación del inicio, en su caso, de un procedimiento sancionador a partir de los hechos comunicados o de la remisión de los hechos a otras autoridades, dentro o fuera de España.

5. Los requerimientos y comunicaciones de la CNMV con la persona que formule una comunicación anónima se efectuarán de modo que se mantenga el anonimato en todo caso, salvo que la persona comunicante expresamente decida lo contrario.

Art. 276. *Garantías de confidencialidad.-* 1. La CNMV mantendrá un registro con la totalidad de la información recibida a través de los canales señalados en el artículo 274.3. El registro asegurará la plena confidencialidad de la información recibida, con acceso limitado exclusivamente al personal especializado responsable del tratamiento y gestión de estas comunicaciones.

Las comunicaciones recibidas no tendrán valor probatorio y no podrán ser incorporadas directamente a las diligencias judiciales o administrativas.

2. Cualquier transmisión de la comunicación, dentro o fuera de la CNMV, se realizará sin revelar, directa o indirectamente, los datos personales del comunicante de la infracción, si fuesen conocidos, ni de las personas físicas presuntamente responsables de dicha infracción incluidas en la comunicación, de conformidad con el Reglamento (UE) n.º 2016/679 del Parlamento Europeo y del Consejo, de 27 de abril de 2016, relativo a la protección de las personas físicas en lo que respecta al tratamiento de datos personales y a la libre circulación de estos datos y por el que se deroga la Directiva 95/46/CE, excepto en los siguientes casos:

a) Los datos personales de la persona presuntamente infractora que resulten necesarios para la realización de actuaciones previas, la iniciación, instrucción y resolución de un procedimiento administrativo sancionador, o bien de un proceso judicial, que tendrán en todo caso un nivel de protección equivalente al de las personas objeto de investigación o de sanción por parte del órgano competente;

b) los datos personales del comunicante cuando fuesen conocidos y así sea expresamente requerido por un órgano judicial competente del orden penal en el curso de diligencias de investigación o proceso penal, cuando constituya un elemento esencial para dicho proceso; y

c) todos los datos personales incluidos en la comunicación que resulten necesarios a autoridades equivalentes a autoridades nacionales competentes en el ámbito de la Unión Europea, previo cumplimiento de los requisitos establecidos en las normas comunitarias o nacionales que resulten de aplicación, o de terceros Estados, siempre que el nivel de protección de la confidencialidad de los datos personales resulte equivalente al vigente en España, y que cumpla los requisitos del Capítulo V del Reglamento general de protección de datos.

Art. 277. *Protección en el ámbito laboral y contractual*.– 1. La comunicación de infracciones:

a) no constituirá violación o incumplimiento de las restricciones sobre divulgación de información impuestas por vía contractual o por cualquier disposición legal, reglamentaria o administrativa que pudieran afectar a la persona comunicante, a las personas estrechamente vinculadas con esta, a las sociedades que administre o de las que sea titular real;

b) no constituirá infracción de ningún tipo en el ámbito de la normativa laboral por parte de la persona comunicante, ni de ella podrá derivar trato injusto o discriminatorio por parte del empleador; y

c) no generará ningún derecho de compensación o indemnización a favor de la empresa a la que presta servicios la persona comunicante o de un tercero, aun cuando se hubiera pactado la obligación de comunicación previa a dicha empresa o a un tercero.

2. La CNMV informará de forma precisa al comunicante sobre las vías de recurso y procedimientos disponibles en derecho para la protección frente a posibles perjuicios que pudieran derivar de alguna de las situaciones previstas en el apartado anterior y de forma que le permita en la práctica utilizar con facilidad dichas vías y procedimientos. Asimismo prestará asistencia efectiva informando al comunicante de sus derechos, emitiendo, en su caso, la correspondiente certificación de su condición de denunciante para hacerla efectiva ante la jurisdicción laboral. Igualmente, dispondrá los medios necesarios para asistir a la persona comunicante que lo requiera frente a riesgos reales derivados de la comunicación, que incluirán, en particular, la acreditación de la existencia, el contenido y el valor material que de la comunicación haya podido derivar.

Art. 278. *Habilitación reglamentaria*.– La persona titular del Ministerio de Asuntos Económicos y Transformación Digital y, con su habilitación expresa, la CNMV, podrá:

1. Establecer el contenido de la información a publicar por la CNMV en su sitio web sobre la comunicación de infracciones.

2. Desarrollar el procedimiento específico a seguir en la recepción y tramitación de comunicaciones, así como el contenido del acuse de recibo que la CNMV debe suministrar al comunicante antes de recibir la comunicación o, a más tardar, en el momento de recibirla.

3. Establecer las características y requisitos de los canales para la recepción de información de comunicaciones al objeto de asegurar su independencia, seguridad y confidencialidad.

4. Establecer los criterios, plazos e indicadores para la evaluación de la efectividad del sistema de comunicación señalado en los artículos precedentes.

Subsección 2.ª Infracciones muy graves y graves

Art. 279. *Infracciones relativas a la representación de valores negociables.*- (...)

[No se reproduce en estos Textos legales]

Art. 280. *Infracciones relativas a los mercados primarios de valores.*- (...)

[No se reproduce en estos Textos legales]

Art. 281. *Infracciones relativas al incumplimiento de los límites de posición sobre derivados y de las normas relativas a los miembros de los mercados regulados.*- (...)

[No se reproduce en estos Textos legales]

Art. 282. *Infracciones relativas a las obligaciones de información periódica de los emisores.*- 1. Se considerarán infracciones los siguientes incumplimientos de las obligaciones de información periódica de los emisores:

a) El incumplimiento por parte de las entidades a las que se refieren los artículos 82 a 89 de alguna de las siguientes obligaciones: la elaboración, la difusión, la publicación, la puesta a disposición del público o la remisión a la CNMV de la información regulada, el incumplimiento de las obligaciones de consolidación o el incumplimiento de la obligación de someter sus cuentas anuales e informes de gestión individuales y consolidados a la revisión por parte del auditor de cuentas.

b) El suministro a la CNMV de la información financiera regulada con datos inexactos o no veraces, o de información engañosa o que omita aspectos o datos relevantes.

2. Las infracciones tipificadas en este artículo se considerarán muy graves o graves atendiendo a los siguientes criterios:

a) Las infracciones recogidas en el párrafo a) del apartado anterior se considerarán muy graves cuando exista un interés de ocultación o negligencia grave, atendiendo a la relevancia de la comunicación no realizada y a la demora en que se hubiese incurrido; y graves cuando no concurra esta circunstancia.

b) Las infracciones recogidas en el párrafo b) del apartado anterior se considerarán muy graves.

Art. 283. *Infracciones de las obligaciones de publicar un folleto establecidas en el Reglamento (UE) 2017/1129 del Parlamento Europeo y del Consejo, de 14 de junio de 2017, sobre el folleto que debe publicarse en caso de oferta pública o admisión a cotización de valores en un mercado regulado y por el que se deroga la Directiva 2003/71/CE.–* 1. Se considerarán infracciones los incumplimientos de las obligaciones recogidas en los siguientes artículos del Reglamento (UE) 2017/1129 del Parlamento Europeo y del Consejo, de 14 de junio de 2017:

a) artículos 3, 5 y 6 sobre la obligación de publicar un folleto, la obligación de publicar un folleto en caso de reventa ulterior de valores y sobre la información que debe contener el folleto,

b) artículo 7, apartados 1 a 11, sobre la obligación, contenido y composición de la nota de síntesis del folleto, con las limitaciones establecidas en el artículo 38.3 de esta ley,

c) artículo 8 sobre la información que debe contener el folleto de base,

d) artículo 9 sobre las obligaciones relativas al documento de registro universal,

e) artículo 10 sobre las obligaciones del emisor cuando el folleto consiste en documentos separados,

f) artículo 11 apartados 1 y 3 sobre las responsabilidades inherentes al folleto,

g) artículo 14 apartados 1 y 2 sobre las obligaciones en régimen simplificado de divulgación de información para las emisiones secundarias,

h) artículo 15.1 sobre las obligaciones relativas al folleto de la Unión de crecimiento, con las limitaciones establecidas en el artículo 38.3 de esta ley respecto de la nota de síntesis,

i) artículo 16 apartados 1, 2 y 3 sobre las obligaciones de descripción de los factores de riesgo descritos en el folleto,

j) artículo 17 sobre las obligaciones relativas al precio definitivo de la oferta y la cantidad de valores ofertados,

k) artículo 18 sobre las obligaciones en caso de omisión de información en el folleto,

l) artículo 19 apartados 1 a 3 sobre las condiciones para la incorporación de información por referencia en el folleto,

m) artículo 20.1 sobre la obligación de aprobación del folleto,

n) artículo 21 apartados 1 a 4 y 7 a 11 sobre la publicación del folleto,

ñ) artículo 22 apartados 2 a 5 sobre las obligaciones respecto a la publicidad relativa a la oferta de valores o admisión a negociación,

o) artículo 23 apartados 1, 2, 3 y 5 sobre el suplemento del folleto,

p) artículo 27 sobre el régimen lingüístico, y

q) la falta de cooperación o el desacato con una investigación o una inspección o una solicitud con arreglo al artículo 32 sobre las facultades de las autoridades competentes.

2. Las infracciones tipificadas en este artículo se considerarán muy graves cuando se haya puesto en grave riesgo el correcto funcionamiento del mercado primario de valores y graves cuando no concurra esta circunstancia.

Art. 284. *Infracciones cometidas en relación con los centros de negociación.* (…)

[No se reproduce en estos Textos legales]

Art. 285. *Infracciones por incumplimientos de las obligaciones exigidas para el correcto funcionamiento del mercado.*– 1. Se considerarán infracciones los siguientes incumplimientos de las normas sobre los mercados regulados de la Sección 2.ª del Capítulo I del Título IV:

a) La ejecución de órdenes de clientes por cuenta propia o la interposición de cuenta propia, con o sin riesgo, en alguno de los mercados regulados en los que operen, incumpliendo lo dispuesto en el artículo 58.2.

b) La falta de comunicación a la CNMV o a la Comunidad Autónoma con competencias en la materia en el caso de mercados regulados de ámbito autonómico, de la lista de sus miembros en los términos previstos en el artículo 62.3 de esta ley.

c) El incumplimiento de los requisitos y el procedimiento para la admisión de valores a negociación previstos en el artículo 63.3.

d) La inexistencia de normas en relación con la admisión a negociación de instrumentos financieros, o la admisión de instrumentos financieros a negociación en los mercados regulados sin la verificación previa por la CNMV, cuando se trate de valores participativos, y por el organismo rector, cuando se trate de valores no participativos, en los términos previstos en el artículo 63.1.

2. Se considerará como infracción el incumplimiento, por los emisores de instrumentos financieros admitidos en SMN o SOC, los asesores registrados y cualquier otra entidad participante en aquellos, de las normas previstas en la Sección 3.ª del Título IV, sus disposiciones de desarrollo o en sus reglamentos de funcionamiento.

3. Las infracciones previstas en los apartados anteriores se considerarán muy graves o graves atendiendo a los siguientes criterios:

a) Las infracciones recogidas en letras a) y d) del apartado 1 se considerarán muy graves cuando los incumplimientos no sean meramente ocasionales o aislados, y graves en los restantes casos.

b) Las infracciones recogidas en las letras b) y c) del apartado 1 se considerarán muy graves cuando la cuantía de la admisión o el número de inversores afectados sean significativos; y graves en los restantes casos.

c) Las infracciones del apartado 2 se considerarán muy graves cuando los incumplimientos no sean meramente ocasionales o aislados, o cuando la cuantía de la admisión o el número de inversores afectados sean significativos, y graves en los restantes casos.

Art. 286. *Infracciones cometidas por los SMN y SOC.* (...)

[No se reproduce en estos Textos legales]

Art. 287. *Infracciones cometidas por los miembros de los centros de negociación.* (...)

[No se reproduce en estos Textos legales]

Art. 288. *Infracciones por incumplimientos del Reglamento (UE) n.º 236/2012 del Parlamento Europeo y del Consejo, de 14 de marzo de 2012, sobre las ventas en corto y determinados aspectos de las permutas de cobertura por impago.*– 1. Se considerarán infracciones los incumplimientos de las obligaciones recogidas en los siguientes artículos del Reglamento (UE) n.º 236/2012 del Parlamento Europeo y del Consejo, de 14 de marzo de 2012:

a) El incumplimiento de las obligaciones contenidas en los artículos 5 a 8 del citado Reglamento sin respetar lo especificado en el artículo 9 del mismo.

b) El incumplimiento del deber de comunicación contenida en el artículo 17.11.

c) El incumplimiento del deber de conservación de información contenida en dicho artículo 9.

d) El incumplimiento del deber de comunicación a que se refiere el artículo 17.9 y 10 del Reglamento.

e) La realización de ventas en corto cuando no se cumplan las condiciones descritas en el artículo 12 del Reglamento.

f) La realización de operaciones con permutas de cobertura por impago soberano cuando no estén permitidas por el artículo 14 del mismo Reglamento.

g) El incumplimiento de las obligaciones contenidas en los artículos 13, 15, 18 y 19 del Reglamento.

h) La realización de operaciones que hayan sido prohibidas o limitadas por la CNMV, en virtud de los artículos 20, 21 y 23 del Reglamento.

i) El incumplimiento de las obligaciones de comunicación y publicación contenidas en los artículos 9 y 17 del Reglamento.

2. Las infracciones previstas en el apartado anterior se considerarán muy graves o graves atendiendo a los siguientes criterios:

a) Las infracciones recogidas en los párrafos a) y b) del apartado anterior se considerarán muy graves cuando el retraso en la comunicación sea significativo o haya existido un requerimiento por parte de la CNMV; y graves cuando no concurra esta circunstancia.

b) Las infracciones recogidas en los párrafos c), g) y h) se considerarán muy graves en todos los supuestos.

c) La infracción recogida en el párrafo d) se considerará muy grave cuando la demora en la comunicación o el número y volumen de operaciones sean significativos, y grave cuando no concurra esta circunstancia.

d) La infracción recogida en el párrafo e) se considerará muy grave cuando concurra alguna de las siguientes circunstancias; y grave cuando no concurra ninguna:

1.º La realización de la venta en corto no sea meramente ocasional o aislada.

2.º La realización tenga un impacto importante en los precios de la acción.

3.º La operación tenga importancia relativa respecto al volumen negociado en el valor en la sesión en el mercado multilateral de órdenes.

4.º Exista alta volatilidad en el mercado o en el valor en particular.

5.º La operación aumente el riesgo potencial de fallo o retraso en la liquidación.

e) La infracción recogida en el párrafo f) se considerará muy grave cuando las operaciones realizadas hayan alcanzado un volumen significativo, y grave cuando no concurra esta circunstancia.

f) La infracción recogida en el párrafo i) se considerará grave.

Art. 289. *Infracciones por incumplimiento de la reserva de actividad y la obligación de obtener autorizaciones exigidas.* (…)

[No se reproduce en estos Textos legales]

Art. 290. *Infracciones por incumplimiento de las medidas de organización interna y de las obligaciones contables.–* (…)

[No se reproduce en estos Textos legales]

Art. 291. *Infracciones por incumplimiento de las exigencias prudenciales debidas y del Reglamento (UE) 2019/2033 del Parlamento Europeo y del Consejo de 27 de noviembre de 2019 relativo a los requisitos prudenciales de las empresas de servicios de inversión, y por el que se modifican los Reglamentos (UE) n.º 1093/2010, (UE) n.º 575/2013, (UE) n.º 600/2014 y (UE) n.º 806/2014.* (…)

[No se reproduce en estos Textos legales]

Art. 292. *Infracciones por incumplimiento de obligaciones previstas en el texto refundido de la Ley de Sociedades de Capital, aprobado por Real Decreto Legislativo*

1/2010, de 2 de julio.– 1. Son infracciones los siguientes incumplimientos de obligaciones previstas en el texto refundido de la Ley de Sociedades de Capital, aprobado por Real Decreto Legislativo 1/2010, de 2 de julio:

a) La falta de elaboración o de publicación del informe anual de gobierno corporativo o del informe anual sobre remuneraciones de los consejeros y consejeras a que se refieren, respectivamente, los artículos 540 y 541 y la disposición adicional sexta de esta ley, o la existencia en dichos informes de omisiones o datos falsos o engañosos. La falta de inclusión en la memoria de la información a la que se refiere el artículo 529 bis, apartado 8, o la inclusión de dicha información con omisiones o datos falsos o engañosos.

b) El incumplimiento de las obligaciones establecidas en los artículos 512 a 517, 525.2, 526, 528 a 534 y 538 relativos a las especialidades de la Junta General de Accionistas, las especialidades de la administración y la información societaria.

c) El incumplimiento de las obligaciones establecidas en el artículo 529 bis, apartados 3 a 7 y apartados 9 a 11, relativos a las exigencias de representación equilibrada de mujeres y hombres entre los administradores de las sociedades cotizadas y a la publicación de información relativa a dicha representación equilibrada en el seno de la sociedad.

d) El carecer las entidades emisoras de valores admitidos a negociación en mercados regulados de una comisión de auditoría y de una comisión de nombramientos y retribuciones en los términos establecidos en los artículos 529 quaterdecies y quindecies o el incumplimiento de las reglas de composición y de atribución de funciones de dichas comisiones de auditoría de las entidades de interés público contempladas en el citado artículo 529 quaterdecies.

e) La inexistencia de la página web prevista en el artículo 539 o la falta de publicación en la misma de la información señalada en dicho artículo y en el del artículo 17 del Reglamento (UE) n.º 596/2014, del Parlamento Europeo y del Consejo, de 16 de abril de 2014, o en sus normas de desarrollo.

f) La falta de inclusión en el informe de gestión de las sociedades cotizadas de la información exigida por el artículo 262 o la existencia de omisiones o datos falsos o engañosos.

2. Todas las infracciones previstas en este artículo tendrán la consideración de infracciones graves.

> Artículo modificado por el art. 10 de la Ley Orgánica 2/2024, de 1 de agosto, de representación paritaria y presencia equilibrada de mujeres y hombres (BOE núm. 186, de 2 de agosto): introduce el segundo inciso de la letra a) y la letra c), pasando las anteriores letras c), d) y e) a ser, respectivamente, las letras d), e) y f). Téngase en cuenta que el apartado 6 de la Disp. Transitoria 1.ª de la citada Ley 2/2024 establece que «lo dispuesto en el art. 292 de la Ley 6/2023» (en entiende que se refiere solo a las modificaciones realizadas en dicho art. por la citada Ley) «no entrará en vigor hasta que lo haga el correspondiente articulado de la Ley de Sociedades de Capital,

conforme con lo establecido en el apartado 4» de la citada Disp. Transitoria. Véase nota al art. 529 bis del TRLSC (§1).

Art. 293. *Infracciones por incumplimiento de la obligación de información y protección al inversor.*– 1. Son infracciones los siguientes incumplimientos de las obligaciones de información y protección al inversor:

a) La falta de medidas o políticas de gestión de conflictos de interés o su inaplicación, no ocasional o aislada, por parte de quienes presten servicios de inversión o, en su caso, por los grupos o conglomerados financieros en los que se integren las empresas de servicios de inversión, así como el incumplimiento de las obligaciones previstas en los artículos 197 y 200 a 208 sobre determinadas normas de conducta aplicables a quienes prestan servicios de inversión, o la falta de registro de contratos regulado en el artículo 210.

b) La ausencia de un departamento o servicio de atención a la clientela.

c) La falta de políticas de gestión y ejecución de órdenes de clientes, así como su inaplicación, o su aplicación sin haber obtenido el consentimiento previo de clientes.

d) El incumplimiento por parte de las empresas de servicios de inversión de sus obligaciones de actuar con honestidad, imparcialidad y profesionalidad y de comunicar información imparcial, clara y no engañosa en su relación con las contrapartes elegibles, así como de obtener la confirmación expresa de que la empresa, que cumple con lo dispuesto en el artículo 196.2, accede a ser tratada como una contraparte elegible, de forma general o para cada operación, previstas en el artículo 196.5 y 6.

e) El incumplimiento por parte de las empresas de servicios de inversión de sus obligaciones establecidas en el artículo 209.

f) El incumplimiento por parte de las empresas de servicios de inversión de sus obligaciones establecidas en los artículos 214 a 217.

2. Las infracciones previstas en los apartados anteriores se considerarán muy graves o graves atendiendo a los siguientes criterios:

a) Las infracciones recogidas en los apartados 1.a), b) y e) serán muy graves en todos los supuestos.

b) Las infracciones recogidas en los apartados 1.c), d) y f) se considerarán muy graves cuando el incumplimiento no sea meramente ocasional o aislado, y graves cuando el incumplimiento sea ocasional, aislado o deficiente o su aplicación sea meramente deficiente.

Art. 294. *Infracciones cometidas por los asesores de voto.*– 1. Se considerará infracción el incumplimiento por parte de los asesores de voto de la obligación de publicar de forma gratuita en su página web las informaciones a que se refieren los artículos 119 y 120, o de determinar y comunicar sin demora a su clientela cualquier conflicto de intereses real o potencial o cualesquiera relaciones de negocio que puedan influir en la elaboración de sus investigaciones, asesoramientos o recomendaciones de voto y las medidas adoptadas para eliminar, mitigar o gestionar los conflictos de intereses reales o potenciales de conformidad con el artículo 121.

2. La infracción recogida en el apartado anterior será muy grave cuando el incumplimiento no sea meramente ocasional o aislado, y grave en los restantes casos.

Art. 295. *Infracciones relativas al incumplimiento de las obligaciones de información sobre participaciones significativas.–* 1. Son infracciones muy graves en relación con el incumplimiento de las obligaciones de información sobre participaciones significativas:

a) La adquisición de una participación significativa de control incumpliendo lo previsto en los artículos 60, 91 y 96.

b) La realización de actos fraudulentos o la utilización de personas físicas o jurídicas interpuestas con la finalidad de conseguir un resultado cuya obtención directa implicaría, al menos, la comisión de una infracción grave, así como la intervención o realización de operaciones sobre valores que implique simulación de las transferencias de la titularidad de los mismos.

c) La realización de operaciones societarias sin cumplir los requisitos previstos en el artículo 139.

2. Son infracciones graves en relación con el incumplimiento de las obligaciones de información sobre participaciones significativas y autocartera:

a) la adquisición de una participación como la descrita en el artículo 153.1 sin haberla comunicado a la CNMV,

b) el incumplimiento de las obligaciones establecidas en el artículo 159 relativo a la comunicación de estructura accionarial,

c) el aumento o reducción de una participación significativa, incumpliendo lo previsto en los artículos 60.1 y 96.

Art. 296. *Infracciones relativas a las agencias de calificación crediticia reguladas por esta ley y el Reglamento (CE) n.º 1060/2009 del Parlamento Europeo y del Consejo, de 16 de septiembre de 2009, sobre las agencias de calificación crediticia.–* (...)

[No se reproduce en estos Textos legales]

Art. 297. *Infracciones relativas al incumplimiento de las obligaciones del Reglamento (UE) n.º 596/2014 del Parlamento Europeo y del Consejo, de 16 de abril de 2014, sobre el abuso de mercado y por el que se derogan la Directiva 2003/6/ CE del Parlamento Europeo y del Consejo, y las Directivas 2003/124/CE, 2003/125/*

CE y 2004/72/CE de la Comisión.- 1. Son infracciones los incumplimientos de las obligaciones establecidas en los siguientes artículos del Reglamento (UE) n.º 596/2014 del Parlamento Europeo y del Consejo, de 16 de abril de 2014:

a) La inobservancia del deber de información previsto en los artículos 103, 105 o 106 de esta ley.

b) La inobservancia del deber de información o notificación previsto en el artículo 19 del Reglamento (UE) n.º 596/2014, del Parlamento Europeo y del Consejo, de 16 de abril de 2014.

c) El incumplimiento de lo dispuesto en el artículo 15 del Reglamento (UE) n.º 596/2014, del Parlamento Europeo y del Consejo, de 16 de abril de 2014.

d) El incumplimiento de alguna de las prohibiciones establecidas en el artículo 14 del Reglamento (UE) n.º 596/2014, del Parlamento Europeo y del Consejo, de 16 de abril de 2014.

e) El incumplimiento, por parte de un emisor o participante del mercado de derechos de emisión, de alguna de las obligaciones establecidas en los apartados 1, 2, 4, 5 u 8 del artículo 17 del Reglamento (UE) n.º 596/2014, del Parlamento Europeo y del Consejo, de 16 de abril de 2014.

f) El incumplimiento de la obligación de establecer y mantener los mecanismos, sistemas y procedimientos para prevenir, detectar y notificar las órdenes u operaciones sospechosas de constituir abuso de mercado, según lo dispuesto en los apartados 1 o 2 del artículo 16 del Reglamento 596/2014, del Parlamento Europeo y del Consejo, de 16 de abril de 2014.

g) El incumplimiento de las obligaciones relativas a la llevanza de las listas de iniciados establecidas en el artículo 18 del Reglamento (UE) n.º 596/2014, del Parlamento Europeo y del Consejo, de 16 de abril de 2014.

h) El incumplimiento de las obligaciones de notificación establecidas en el apartado 1 del artículo 4 del Reglamento (UE) n.º 596/2014, del Parlamento Europeo y del Consejo, de 16 de abril de 2014.

i) El incumplimiento de la obligación de comunicación a la CNMV de órdenes u operaciones sospechosas de constituir abuso de mercado, establecida en el artículo 16.1 y 2 del Reglamento (UE) n.º 596/2014, del Parlamento Europeo y del Consejo, de 16 de abril de 2014.

2. Las infracciones previstas en el apartado anterior serán muy graves en los supuestos en los que concurran las siguientes circunstancias y graves en los demás supuestos:

a) Las infracciones tipificadas en las letras a) y b) del apartado anterior, cuando exista un interés de ocultación o negligencia grave, atendiendo a la relevancia de la comunicación no realizada y a la demora en que se hubiese incurrido.

b) La infracción tipificada en la letra c) del apartado anterior, cuando concurra alguna de las siguientes circunstancias:

1.º la conducta produzca una alteración significativa de la cotización,

2.º el importe de los fondos utilizados o el volumen o el valor de los instrumentos financieros utilizados en la comisión de la infracción sea relevante, o

3.º el beneficio real o potencial o las pérdidas evitadas como consecuencia de la comisión de la infracción sea relevante.

c) La infracción tipificada en la letra d) del apartado anterior, cuando concurra alguna de las siguientes circunstancias:

1.º el importe de los fondos utilizados o el volumen o el valor de los instrumentos financieros utilizados en la comisión de la infracción sea relevante,

2.º el beneficio real o potencial o la pérdida evitada como consecuencia de la comisión de la infracción sea relevante, o

3.º el infractor haya tenido conocimiento de la información por su condición de miembro de los órganos de administración, dirección o control del emisor, por el ejercicio de su profesión, trabajo o funciones o figure o debiera haber figurado en los registros a los que se refiere el artículo 18 del Reglamento (UE) n.º 596/2014, del Parlamento Europeo y del Consejo, de 16 de abril de 2014.

d) La infracción tipificada en la letra e) del apartado anterior, cuando se haya puesto en grave riesgo la transparencia e integridad del mercado.

e) Las infracciones tipificadas en las letras f) y h) del apartado anterior serán muy graves en todos los supuestos.

f) La infracción tipificada en la letra g) del apartado anterior, en caso de ausencia de lista de iniciados, o cuando su llevanza se realiza con vicios o defectos esenciales que impidan conocer la identidad de las personas con acceso a información privilegiada o la fecha y hora exacta de este acceso.

g) La infracción tipificada en la letra i) del apartado anterior será grave en todos los supuestos.

Art. 298. *Infracciones relativas al incumplimiento de las obligaciones de transparencia e integridad del mercado establecidas en el Reglamento (UE) n.º 600/2014 del Parlamento Europeo y del Consejo, de 15 de mayo de 2014, relativo a los mercados de instrumentos financieros y por el que se modifica el Reglamento (UE) n.º 648/2012.* (...)

[No se reproduce en estos Textos legales]

Art. 299. *Infracciones por incumplimiento de las obligaciones establecidas en el Reglamento (UE) n.º 2015/2365 del Parlamento Europeo y del Consejo de 25 de noviembre de 2015 sobre transparencia de las operaciones de financiación de valores* *y de reutilización y por el que se modifica el Reglamento (UE) n.º 648/2012, de 4 de julio.– (...)*

[No se reproduce en estos Textos legales]

Art. 300. *Infracciones relativas a los sistemas de compensación, liquidación y registro de valores.* (...)

[No se reproduce en estos Textos legales]

Art. 301. *Infracciones relativas a las ofertas públicas de adquisición.*– 1. Son infracciones los siguientes incumplimientos relativos a las ofertas públicas de adquisición:

a) El incumplimiento de la obligación de presentar una oferta pública de adquisición de valores; su presentación fuera del plazo máximo establecido o con irregularidades esenciales que impidan a la CNMV tenerla por presentada o autorizarla; admitirla a trámite o la realización de la oferta pública sin la debida autorización.

b) La falta de publicación o de remisión a la CNMV de la información y documentación que haya de publicarse o enviarse a aquella, como consecuencia de actuaciones que obliguen a la presentación de una oferta pública de adquisición de valores, en el transcurso de la misma o una vez finalizada.

c) La publicación o el suministro de información o documentación relativas a una oferta pública de adquisición con omisión de datos o con inclusión de inexactitudes, falsedades o datos que induzcan a engaño.

d) El incumplimiento por los órganos de administración y dirección de las obligaciones establecidas en el artículo 114 y en su desarrollo reglamentario.

e) El incumplimiento de las obligaciones establecidas en los artículos 64 y 115 relativo a las medidas de neutralización y en su desarrollo reglamentario y 116 relativo a compraventas forzosas.

2. Las infracciones previstas en el apartado anterior serán muy graves o graves atendiendo a los siguientes criterios:

a) Las infracciones previstas en las letras a), d) y e) serán siempre muy graves.

b) Las infracciones previstas en las letras b) y c) serán muy graves cuando la información o documentación afectada sea relevante, o la cuantía de la oferta o el número de inversores afectados sea significativo; y graves cuando no concurran estas circunstancias.

Art. 302. *Infracciones por incumplimiento de las obligaciones establecidas en el Reglamento (UE) n.º 2016/1011, del Parlamento Europeo y del Consejo, de 8 de junio de 2016, sobre los índices utilizados como referencia en los instrumentos financieros y en los contratos financieros o para medir la rentabilidad de los fondos* *de inversión, y por el que se modifican las Directivas 2008/48/CE y 2014/17/UE y el Reglamento (UE) n.º 596/2014.– (...)*

[No se reproduce en estos Textos legales]

Art. 303. *Infracciones por incumplimientos de las obligaciones establecidas en el Reglamento (UE) n.º 648/2012 del Parlamento Europeo y del Consejo, de 4 de julio de 2012, relativo a los derivados extrabursátiles, las entidades de contrapartida central y los registros de operaciones.* (...)

[No se reproduce en estos Textos legales]

Art. 304. *Infracciones por incumplimiento de las obligaciones establecidas en los siguientes artículos del Reglamento (UE) n.º 909/2014 del Parlamento Europeo y del Consejo, de 23 de julio de 2014, sobre la mejora de la liquidación de valores en la Unión Europea y los depositarios centrales de valores y por el que se modifican las Directivas 98/26/CE y 2014/65/UE y el Reglamento (UE) n.º 236/2012.* (...)

[No se reproduce en estos Textos legales]

Art. 305. *Infracciones por incumplimiento de las obligaciones establecidas en el Reglamento (UE) n.º 1286/2014, del Parlamento Europeo y del Consejo, de 26 de noviembre de 2014, sobre los documentos de datos fundamentales relativos a los productos de inversión minorista vinculados y los productos de inversión basados en seguros.*– 1. Son infracciones los incumplimientos de las obligaciones recogidas en los siguientes artículos del Reglamento (UE) n.º 1286/2014, del Parlamento Europeo y del Consejo, de 26 de noviembre de 2014:

a) El incumplimiento de la obligación de elaboración del documento de datos fundamentales por el productor y de publicación en su página web, a que se refiere el artículo 5.1 el Reglamento.

b) El incumplimiento de lo dispuesto en los artículos 6, 7 y 8.1 a 3, del Reglamento, sobre forma y contenido del documento de datos fundamentales.

c) La realización de comunicaciones comerciales sobre el producto de inversión minorista empaquetado que incumplan lo dispuesto en el artículo 9 del Reglamento.

d) El incumplimiento de lo dispuesto en el artículo 10.1 del Reglamento relativo al examen y revisión del documento de datos fundamentales.

e) El incumplimiento de las obligaciones de suministro del documento de datos fundamentales impuestas por el artículo 13.1, 3 y 4, y 14 del Reglamento.

f) El incumplimiento de la obligación de establecer los procedimientos y mecanismos de reclamación a que se refiere el artículo 19 del Reglamento o su inaplicación.

2. Las infracciones previstas en los apartados anteriores serán muy graves o graves atendiendo a los siguientes criterios:

a) La infracción tipificada en la letra a) del apartado anterior será muy grave en todos los supuestos.

b) La infracción tipificada en la letra b) del apartado anterior será muy grave cuando la información del documento afectada por el incumplimiento sea relevante o el número de inversores afectado por él sea significativo, y grave cuando no concurran dichas circunstancias.

c) Las infracciones tipificadas en las letras c), d) y e) del apartado anterior serán muy graves cuando el incumplimiento no tenga un carácter meramente ocasional o aislado, y graves cuando no concurra dicha circunstancia.

d) La infracción tipificada en la letra f) del apartado anterior será muy grave cuando el número de inversores afectados sea significativo, y grave cuando el incumplimiento se refiera a la inaplicación de los procedimientos y mecanismos de reclamación y no deba calificarse como muy grave.

Art. 306. *Infracciones por incumplimiento de las obligaciones establecidas en el Reglamento (UE) 2019/2033 del Parlamento Europeo y del Consejo de 27 de noviembre de 2019 relativo a los requisitos prudenciales de las empresas de servicios de inversión, y por el que se modifican los Reglamentos (UE) n.º 1093/2010, (UE) n.º 575/2013, (UE) n.º 600/2014 y (UE) n.º 806/2014. (...)*

[No se reproduce en estos Textos legales]

Art. 307. *Infracciones por incumplimiento de las obligaciones establecidas en el Reglamento (UE) del Parlamento Europeo y del Consejo, relativo a los mercados de criptoactivos y por el que se modifica la Directiva (UE) 2019/1937.*– 1. Se considerarán infracciones graves los incumplimientos de las obligaciones recogidas en los siguientes artículos del Reglamento (UE) del Parlamento Europeo y del Consejo, relativo a los mercados de criptoactivos y por el que se modifica la Directiva (UE) 2019/1937:

a) Los artículos 4 a 13 sobre emisión y oferta pública de criptoactivos distintos de fichas referenciadas a activos o fichas de dinero electrónico que no sean instrumento financiero.

b) Los artículos relativos a las fichas referenciadas a activos, en concreto:

1.º artículos 15 y 15a, sobre la autorización para la oferta y admisión a negociación de fichas referenciadas a activos autorización,

2.º artículo 17 sobre el contenido y forma del libro blanco de criptoactivos relativo a fichas referenciadas a activos,

3.º artículo 19a sobre las obligaciones de información de los emisores de fichas referenciadas a activos,

4.º artículo 19b sobre las restricciones para emitir fichas referenciadas a activos como medio de pago,

5.º artículo 21 sobre la modificación del libro blanco de criptoactivos relativo a fichas referenciadas a activos tras su publicación,

6.º artículos 23 a 31 sobre las obligaciones aplicables a los emisores de fichas referenciadas a activos,

7.º artículos 32 a 36 sobre las obligaciones de disponer de activos de reserva, su custodia, límites de inversión y prohibición del devengo de intereses,

8.º artículo 37 sobre la evaluación de las adquisiciones previstas de emisores de fichas referenciadas a activos,

9.º artículo 41a sobre el plan de recuperación de los emisores de fichas referenciadas a activos,

10.º artículo 42 sobre plan de amortización de los emisores de fichas referenciadas a activos.

c) Los artículos 43 a 49, relativos a fichas de dinero electrónico, excepto el artículo 47, concretamente:

1.º artículo 43 referente a la autorización,

2.º artículo 44 relativo a la emisión y amortización de fichas de dinero electrónico,

3.º artículo 45 sobre la prohibición de intereses,

4.º artículo 46 relativo al contenido y forma del libro blanco de criptoactivos para fichas de dinero electrónico,

5.º artículo 48 sobre las comunicaciones de marketing,

6.º artículo 49 referente a la inversión de fondos recibidos a cambio de fichas referenciadas a activos,

7.º artículo 49a sobre los planes de recuperación y amortización.

d) Los artículos relativos a los proveedores de servicios de criptoactivos, en concreto:

1.º artículo 53 sobre autorización de proveedores de servicios de criptoactivos que no sean instrumento financiero,

2.º artículo 53a sobre provisión de servicios de criptoactivos por entidades de crédito, empresas de servicios de inversión, operadores de mercado, entidades de dinero electrónico, entidades gestoras de UCITs y fondos de inversión alternativos autorizados,

3.º artículo 56 sobre revocación de la autorización de proveedores de servicios de criptoactivos,

4.º artículo 58 sobre la prestación transfronteriza de servicios de criptoactivos,

5.º artículos 59 a 66 relativos a las obligaciones de todos los proveedores de servicios de criptoactivos, excepto el artículo 61.9 sobre la obligación de disponer de sistemas, procedimientos y mecanismos para supervisar y detectar el abuso de mercado,

6.º artículo 67 sobre custodia y administración de criptoactivos por cuenta de terceros,

7.º artículo 68 sobre explotación de una plataforma de negociación de criptoactivos,

8.º artículo 69 sobre canje de criptoactivos por moneda fiat o canje de criptoactivos por otros criptoactivos,

9.º artículo 70 sobre ejecución de órdenes relacionadas con criptoactivos por cuenta de terceros,

10.º artículo 71 sobre colocación de criptoactivos,

11.º artículo 72 sobre recepción y transmisión de órdenes por cuenta de terceros,

12.º artículo 73 sobre asesoramiento y gestión de carteras sobre criptoactivos,

13.º artículo 74 sobre evaluación de las adquisiciones previstas de proveedores de servicios de criptoactivos.

e) Los artículos relativos al abuso de mercado en relación con criptoactivos, en concreto:

1.º artículo 61.9 sobre la obligación de disponer de sistemas, procedimientos y mecanismos para supervisar y detectar el abuso de mercado,

2.º artículo 77 sobre comunicación de información privilegiada,

3.º artículo 78 sobre prohibición de operaciones con información privilegiada,

4.º artículo 79 sobre prohibición de comunicación ilícita de información privilegiada,

5.º artículo 80 sobre prohibición de manipulación de mercado.

f) La falta de cooperación o el desacato con una investigación o una inspección o una solicitud con arreglo al apartado 2 del artículo 82 sobre las facultades de las autoridades competentes.

2. Las infracciones tipificadas en las letras a), b), c), d) y f) del apartado anterior se considerarán muy graves cuando se den las siguientes circunstancias:

a) cuando se haya puesto en grave riesgo el correcto funcionamiento del mercado primario de valores para las infracciones contempladas en las letras a), b), c), d) y f) del párrafo anterior;

b) cuando se realice la colocación de emisiones de criptoactivos sin atenerse a las condiciones básicas publicitadas, omitiendo datos relevantes o incluyendo inexactitudes, falsedades o datos que induzcan a engaño en la citada actividad publicitaria;

c) el ejercicio, no meramente ocasional o aislado, por los proveedores de servicios de criptoactivos de actividades sin autorización o, en general, ajenas a su objeto social;

d) el incumplimiento de la obligación de establecer y mantener los mecanismos, sistemas y procedimientos para prevenir, detectar y notificar las órdenes u operaciones sospechosas de constituir abuso de mercado para las infracciones contempladas en la letra c) 5.º del párrafo anterior.

Véase Disp. Final 15.ª 3 de la presente Ley.

Art. 308. *Infracciones por incumplimiento de las obligaciones establecidas en el Reglamento (UE) 2022/2554 del Parlamento Europeo y del Consejo, de 14 de diciembre de 2022, sobre la resiliencia operativa digital del sector financiero y por el que se modifican los Reglamentos (CE) n.º 1060/2009, (UE) n.º 648/2012, (UE) n.º 600/2014, (UE) n.º 909/2014 y (UE) 2016/1011.– (...)*

[No se reproduce en estos Textos legales]

Art. 309. *Infracciones por incumplimiento de las obligaciones establecidas en el Reglamento (UE) n.º 2021/23, del Parlamento Europeo y del Consejo, de 16 de diciembre de 2020, relativo a un marco para la recuperación y la resolución de entidades de contrapartida central y por el que se modifican los Reglamentos (UE) n.º 1095/2010, (UE) n.º 648/2012, (UE) n.º 600/2014, (UE) n.º 806/2014 y (UE) n.º 2015/2365 y las Directivas 2002/47/CE, 2004/25/CE, 2007/36/CE, 2014/59/ UE y (UE) 2017/1132. (...)*

[No se reproduce en estos Textos legales]

Subsección 3.ª Infracciones leves

Art. 310. *Infracciones leves.–* Son infracciones leves aquellas infracciones de preceptos de obligada observancia comprendidos en las normas de ordenación y disciplina del mercado de valores que no constituyan infracción grave o muy grave conforme a lo dispuesto en la subsección anterior; y en particular las siguientes acciones u omisiones:
(...)

Subsección 4.ª Prescripción de las infracciones

Art. 311. *Prescripción de las infracciones.–* 1. Las infracciones muy graves prescribirán a los cinco años, las graves a los cuatro años y las leves a los dos años.

2. El plazo de prescripción de las infracciones comenzará a contarse desde el día en que la infracción hubiera sido cometida. En las infracciones derivadas de una actividad continuada, la fecha inicial del cómputo será la de finalización de la actividad o la del último acto con el que la infracción se consume.

3. La prescripción se interrumpirá por la iniciación, con conocimiento del interesado, del procedimiento sancionador, reiniciándose el plazo de prescripción si el expediente sancionador permaneciera paralizado durante tres meses por causa no imputable a aquellos contra quienes se dirija.

Sección 3.ª Sanciones

Art. 312 a 326. (...)

[No se reproducen en estos Textos legales]

Art. 327. *Sanción complementaria por infracciones muy graves o graves a quienes ejerzan cargos de administración o dirección*.– Además de la sanción que corresponda imponer al infractor por la comisión de infracciones muy graves o graves, cuando la infractora sea una persona jurídica podrá imponerse una o más de las siguientes sanciones a quienes, ejerciendo cargos de administración o dirección en la misma, sean responsables de la infracción:

a) Multa por importe de hasta 400 000 euros en el supuesto de infracciones muy graves y hasta 250 000 euros en el supuesto de infracciones graves.

En el caso de empresas de servicios de inversión que incumplan las normas contenidas en el Reglamento (UE) n.º 575/2013 del Parlamento Europeo y del Consejo, de 26 de junio de 2013, la multa a imponer será, por importe de hasta 5 000 000 de euros en el supuesto de infracciones muy graves y hasta 2 500 000 euros en el supuesto de infracciones graves.

En el caso de los depositarios centrales de valores y de las entidades de crédito designadas a las que se refiere el artículo 54.2.b) del Reglamento (UE) n.º 909/2014, de 23 de julio de 2014, que cometan infracciones muy graves a las que se refiere el artículo 304, la multa a imponer será por importe de hasta 5 000 000 de euros; y en el caso de los que cometan las infracciones graves a las que se refiere el artículo 304, la multa a imponer será por importe de hasta 2 500 000 de euros.

b) Suspensión en el ejercicio del cargo de administración o dirección que ocupe el infractor en la entidad por plazo no superior a tres años en el supuesto de infracciones muy graves y por plazo no superior a un año en el supuesto de infracciones graves.

c) Separación del cargo con inhabilitación para ejercer cargos de administración o dirección en la misma entidad por un plazo no superior a cinco años en el supuesto de infracciones muy graves.

d) Separación del cargo con inhabilitación para ejercer cargos de administración o dirección en cualquier entidad de las previstas en el artículo 232.1.a) o en una entidad de crédito por plazo no superior a diez años en el supuesto de infracciones muy graves.

e) Separación del cargo de administración o dirección que ocupe el infractor en cualquier entidad financiera, con inhabilitación permanente para ejercer cargos de administración o dirección en cualquier otra entidad de las previstas en el artículo 232.1.a) y c) 2.º, 3.º y 4.º cuando la misma persona haya sido sancionada por cometer en un plazo de diez años dos o más incumplimientos de las obligaciones o prohibiciones previstas en los artículos 14 o 15 del Reglamento (UE) n.º 596/2014, del Parlamento Europeo y del Consejo, de 16 de abril de 2014, en el supuesto de infracciones muy graves.

f) Amonestación pública en el «Boletín Oficial del Estado» de la identidad del infractor y la naturaleza de la infracción o amonestación privada.

Art. *328 a 331*. (…)

[No se reproducen en estos Textos legales]

Art. 332. *Información y notificación de infracciones y sanciones administrativas*.- (…)

[No se reproduce en estos Textos legales]

Art. 333. *Información y notificación de sentencias penales condenatorias*.- (…)

[No se reproduce en estos Textos legales]

Art. 334. *Publicación de sanciones en la web de la CNMV*.- 1. La CNMV hará pública en su página web oficial, a través del correspondiente registro, y sin demora injustificada, cualquier decisión por la que se imponga una sanción, previa notificación a las personas sancionadas. Adicionalmente, las sanciones de suspensión, separación y separación con inhabilitación, una vez sean ejecutivas, se harán constar, en su caso, en el Registro Mercantil.

2. La publicación deberá incluir, por lo menos, información sobre el tipo y la naturaleza de la infracción, las sanciones impuestas y la identidad de las personas responsables de la misma.

3. En relación con lo previsto en el apartado anterior, excepcionalmente, cuando la CNMV considere que la publicación de la identidad de la persona jurídica destinataria de la sanción o de los datos personales de la persona física sancionada, pudiera ser desproporcionada o pudiera causar un daño desproporcionado a las entidades o personas físicas sancionadas, en la medida en que se pueda determinar el daño, o que dicha publicación pueda poner en peligro una investigación penal en curso o la estabilidad de los mercados financieros, podrá acordar cualquiera de las medidas siguientes:

a) Retrasar la publicación hasta el momento en que dejen de existir los motivos que justifiquen tal retraso;

b) publicar la sanción impuesta de manera anónima, cuando dicha publicación garantice la protección efectiva de los datos personales de que se trate. En este caso, la publicación de los datos pertinentes podrá aplazarse por un periodo razonable de tiempo si se prevé que en el transcurso de ese periodo dejarán de existir las razones que justifiquen una publicación con protección del anonimato; o

c) no publicar en modo alguno la sanción impuesta cuando considere que dicha publicación de conformidad con las letras a) y b) sería insuficiente para garantizar:

1.º Que no se ponga en peligro la estabilidad de los mercados financieros, o

2.º la proporcionalidad de la publicación en comparación con medidas que se consideran de menor importancia.

4. El régimen de publicación previsto en los apartados anteriores será aplicable también a las medidas provisionales que la CNMV acuerde en el transcurso de un procedimiento sancionador conforme a lo previsto en el artículo 272.

La obligación de publicación regulada en este artículo no se aplicará a las decisiones por las que se impongan medidas de carácter investigativo.

5. Cuando se interponga recurso en vía judicial contra la decisión de imponer una sanción o medida, la CNMV también publicará de inmediato en su sitio web oficial esa información, así como toda información posterior relativa al resultado de ese recurso. Además, también se publicará toda decisión que anule o condone una decisión previa de imponer una sanción o medida.

6. La CNMV mantendrá publicada toda la información a que se refieren los apartados anteriores en su sitio web oficial durante cinco años, como mínimo, tras su publicación. Los datos de carácter personal solo podrán mantenerse en el sitio web oficial, cuando lo permita la Ley Orgánica 3/2018, de 5 de diciembre, y como máximo hasta el cumplimiento de la finalidad prevista.

Art. 335. *Publicidad de las sanciones en el «Boletín Oficial del Estado».-* Las sanciones por infracciones muy graves y graves serán publicadas en el «Boletín Oficial del Estado» una vez que sean firmes en la vía administrativa, siendo también aplicable a esta publicación lo dispuesto en el artículo 334.2 y 3.

Art. 336. *Publicidad de acuerdos de iniciación de procedimientos sancionadores.-* La CNMV podrá hacer públicos los acuerdos de iniciación de procedimientos sancionadores una vez notificados a los interesados, tras resolver, en su caso, sobre los aspectos confidenciales de su contenido y previa disociación de los datos de carácter personal a los que se refiere el artículo 4.1 del Reglamento (UE) n.º 2016/679 del Parlamento Europeo y del Consejo, de 27 de abril de 2016, salvo en lo que se refiere al nombre de los infractores. La publicación se decidirá previa ponderación, suficientemente razonada, entre el interés público, atendiendo a los efectos favorables que, en conjunto, genere sobre la mejor transparencia y funcionamiento de los mercados de valores y la protección de los inversores, y el perjuicio que cause a los infractores.

Art. 337. *Comunicación de sanciones a la junta general.-* Las sanciones que sean ejecutivas impuestas por la CNMV a personas jurídicas deberán ser objeto de comunicación en la inmediata reunión de junta general o del órgano equivalente que se celebre.

TÍTULO X. Régimen Fiscal de las Operaciones sobre Valores

Art. 338. *Exención del Impuesto sobre el Valor Añadido y del Impuesto sobre Transmisiones Patrimoniales y Actos Jurídicos Documentados.-* 1. La transmisión de valores, admitidos o no a negociación en un mercado secundario oficial, estará exenta del Impuesto sobre el Valor Añadido y del Impuesto sobre Transmisiones Patrimoniales y Actos Jurídicos Documentados.

2. Quedan exceptuadas de lo dispuesto en el apartado anterior las transmisiones de valores no admitidos a negociación en un mercado secundario oficial realizadas en el mercado secundario, que tributarán en el impuesto al que estén sujetas como transmisiones onerosas de bienes inmuebles, cuando mediante tales transmisiones de valores se hubiera pretendido eludir el pago de los tributos que habrían gravado la transmisión de los inmuebles propiedad de las entidades a las que representen dichos valores.

Sin perjuicio de lo dispuesto en el párrafo anterior, se entenderá, salvo prueba en contrario, que se actúa con ánimo de elusión del pago del impuesto correspondiente a la transmisión de bienes inmuebles en los siguientes supuestos:

a) Cuando se obtenga el control de una entidad cuyo activo esté formado en al menos el 50 por ciento por inmuebles radicados en España que no estén afectos a actividades empresariales o profesionales, o cuando, una vez obtenido dicho control, aumente la cuota de participación en ella.

b) Cuando se obtenga el control de una entidad en cuyo activo se incluyan valores que le permitan ejercer el control en otra entidad cuyo activo esté integrado al menos en un 50 por ciento por inmuebles radicados en España que no estén afectos a actividades empresariales o profesionales, o cuando, una vez obtenido dicho control, aumente la cuota de participación en ella.

c) Cuando los valores transmitidos hayan sido recibidos por las aportaciones de bienes inmuebles realizadas con ocasión de la constitución de sociedades o de la ampliación de su capital social, siempre que tales bienes no se afecten a actividades empresariales o profesionales y que entre la fecha de aportación y la de transmisión no hubiera transcurrido un plazo de tres años.

3. En los supuestos en que la transmisión de valores quede sujeta a los impuestos citados sin exención, según lo previsto en el apartado 2 anterior, se aplicarán las siguientes reglas:

1.ª Para realizar el cómputo del activo, los valores netos contables de todos los bienes contabilizados se sustituirán por sus respectivos valores de mercado determinados a la fecha en que tenga lugar la transmisión o adquisición. A estos efectos, el sujeto pasivo estará obligado a formar un inventario del activo en dicha fecha y a facilitarlo a la Administración Tributaria a requerimiento de esta.

En el caso de bienes inmuebles, los valores netos contables se sustituirán por los valores que deban operar como base imponible del impuesto en cada caso, conforme a lo dispuesto en el texto refundido de la Ley del Impuesto sobre Transmisiones Patrimoniales y Actos Jurídicos Documentados, aprobado por el Real Decreto Legislativo 1/1993, de 24 de septiembre.

2.ª Tratándose de sociedades mercantiles, se entenderá obtenido dicho control cuando directa o indirectamente se alcance una participación en el capital social superior al 50 por ciento. A estos efectos se computarán también como participación del adquirente los valores de las demás entidades pertenecientes al mismo grupo de sociedades.

3.ª En los casos de transmisión de valores a la propia sociedad tenedora de los inmuebles para su posterior amortización por ella, se entenderá a efectos fiscales que tiene lugar el supuesto de elusión definido en las letras a) o b) del apartado anterior. En este caso será sujeto pasivo el accionista que, como consecuencia de dichas operaciones, obtenga el control de la sociedad, en los términos antes indicados.

4.ª En las transmisiones de valores que, conforme al apartado 2, estén sujetas al Impuesto sobre el Valor Añadido y no exentas, que tendrán la consideración de entrega de bienes a efectos del mismo, la base imponible se determinará en proporción al valor de mercado de los bienes que deban computarse como inmuebles. A este respecto, en los supuestos recogidos en el apartado 2.c), la base imponible del impuesto será la parte proporcional del valor de mercado de los inmuebles que fueron aportados en su día correspondiente a las acciones o participaciones transmitidas.

5.ª En las transmisiones de valores que, de acuerdo a lo expuesto en el apartado 2, deban tributar por la modalidad de transmisiones patrimoniales onerosas del Impuesto sobre Transmisiones Patrimoniales y Actos Jurídicos Documentados, para la práctica de la liquidación, se aplicarán los elementos de dicho impuesto a la parte proporcional del valor de los inmuebles, calculado de acuerdo con las reglas contenidas en su normativa. A tal fin se tomará como base imponible:

– En los supuestos a los que se refiere el apartado 2.a), la parte proporcional sobre el valor de la totalidad de las partidas del activo que, a los efectos de la aplicación de este precepto, deban computarse como inmuebles, que corresponda al porcentaje total de participación que se pase a tener en el momento de la obtención del control o, una vez obtenido, onerosa o lucrativamente, dicho control, al porcentaje en el que aumente la cuota de participación.

– En los supuestos a los que se refiere el apartado 2.b), para determinar la base imponible solo se tendrán en cuenta los inmuebles de aquellas cuyo activo esté integrado al menos en un 50 por ciento por inmuebles no afectos a actividades empresariales o profesionales.

– En los supuestos a que se refiere el apartado 2.c), la parte proporcional del valor de los inmuebles que fueron aportados en su día correspondiente a las acciones o participaciones transmitidas.

Art. 339. *Obligación de comunicación a la Administración Tributaria*.– 1. Las entidades emisoras de valores, las sociedades y agencias de valores y los demás intermediarios financieros quedan obligados a comunicar a la Administración Tributaria cualquier operación de emisión, suscripción y transmisión de valores en la que hubieran intervenido. Esta comunicación implicará la presentación de relaciones nominales de compradores y vendedores, clase y número de los valores transmitidos, precios de compra o venta, fecha de la transmisión y número de identificación fiscal del adquirente y transmitente en los plazos y en la forma que reglamentariamente se determine.

2. A los efectos previstos en el apartado anterior, quien pretenda adquirir o transmitir valores deberá comunicar, al tiempo de dar la orden correspondiente, su número de identificación fiscal a la entidad emisora e intermediarios financieros respectivos, que no atenderán aquella hasta el cumplimiento de dicha obligación.

Art. 340. *Exenciones fiscales*.– La CNMV gozará de las mismas exenciones fiscales que atribuya al Banco de España la legislación vigente.

DISPOSICIONES ADICIONALES

Primera. *Resolución alternativa de litigios en materia de consumo*.– Hasta la creación de la autoridad única competente para la resolución de litigios de consumo en el sector financiero prevista en la disposición adicional primera de la Ley 7/2017, de 2 de noviembre, por la que se incorpora al ordenamiento jurídico español la Directiva 2013/11/UE, del Parlamento Europeo y del Consejo, de 21 de mayo de 2013, relativa a la resolución alternativa de litigios en materia de consumo, el servicio de reclamaciones de la CNMV y del Banco de España, regulados en el artículo 30 de la Ley 44/2002, de 22 de noviembre, de Medidas de Reforma del Sistema Financiero, actuarán como entidades de resolución alternativa de litigios en el ámbito del mercado de valores respecto a las reclamaciones que, por razón de su contenido, sean de su competencia.

La Disp. Ad. 1.ª de la Ley 7/2017, de 2 de noviembre, a que se refiere esta Disp. Ad establece:

«*Las entidades de resolución alternativa en el ámbito de la actividad financiera.* 1. Para la resolución, con carácter vinculante o no, de litigios de consumo en el sector financiero, será creada por ley, y comunicada a la Comisión Europea, tras su acreditación por la autoridad competente, una única entidad, con competencias en este ámbito. Esta ley obligará a las entidades financieras a participar en los procedimientos ante dicha entidad de resolución alternativa de litigios para el ámbito de su actividad. El resto de entidades acreditadas que den cobertura a reclamaciones de consumo de todos los sectores económicos, podrán conocer igualmente de este tipo de litigios, siempre que ambas partes se hayan sometido voluntariamente al procedimiento.

2. A estos efectos, el Gobierno remitirá a las Cortes Generales, en el plazo de ocho meses desde la entrada en vigor de esta ley, un proyecto de ley que regule el sistema institucional de protección del cliente financiero, así como su organización y funciones.

3. Hasta que entre en vigor la ley prevista en el apartado anterior, los servicios de reclamaciones regulados en el artículo 30 de la Ley 44/2002, de 22 de noviembre, de Medidas de Reforma del Sistema Financiero, acomodarán su funcionamiento y procedimiento a lo previsto en la presente ley y, en especial, se garantizará su independencia organizativa y funcional en el seno del organismo donde están incardinados con el fin de poder ser acreditados como entidad de resolución alternativa de litigios financieros.»

Segunda. *Régimen jurídico de las emisiones de las Diputaciones Forales del País Vasco.* (...)

[No se reproduce en estos Textos legales]

Tercera. *Régimen jurídico de los derechos de emisión.–* (...)

[No se reproduce en estos Textos legales]

Cuarta. *Restricciones relativas a las inversiones financieras temporales de entidades sin ánimo de lucro.–* (...)

[No se reproduce en estos Textos legales]

Quinta. *Las sociedades propietarias de entidades de contrapartida central, depositarios centrales de valores y mercados regulados españoles.–* (...)

[No se reproduce en estos Textos legales]

Sexta. *Informe anual de gobierno corporativo en entidades cotizadas sin forma de sociedad anónima.–* Lo previsto en el artículo 540 del texto refundido de la Ley de Sociedades de Capital, aprobado por el Real Decreto Legislativo 1/2010, de 2 de julio, no resultará de aplicación a las entidades distintas de las sociedades anónimas cotizadas que emitan valores que se negocien en mercados regulados que estén domiciliados u operen en un Estado miembro. Será suficiente con que estas entidades incluyan en el informe de gestión una referencia, en su caso, al código de buen gobierno que la entidad siga, con indicación de las recomendaciones del mismo que no sigan y una descripción de las principales características de los sistemas internos de control y gestión de riesgos en relación con el proceso de emisión de información financiera.

Séptima. *Disposiciones específicas relativas a organismos públicos que tengan entre sus objetivos principalmente la mejora de la economía nacional e inviertan exclusivamente por cuenta propia.–* (...)

[No se reproduce en estos Textos legales]

Octava. *De los mercados regulados existentes.–* Las Bolsas de Valores de Madrid, Barcelona, Bilbao y Valencia, incluido el Sistema de Interconexión Bursátil, así como los demás mercados regulados existentes a la fecha de entrada en vigor de esta ley se entenderán automáticamente autorizados a los efectos previstos en el artículo 43 de esta ley, sin perjuicio de que les sea de aplicación todo lo previsto en esta ley para los mercados regulados y en las disposiciones de desarrollo que se dicten en relación con los instrumentos financieros, la admisión a negociación de valores negociables y las infraestructuras de mercado. La CNMV se asegurará, en particular, de que dichos mercados cumplen cuantos requisitos resulten exigibles para la autorización de mercados regulados.

Las Bolsas de Valores podrán mantener o establecer un Sistema de Interconexión Bursátil, de ámbito estatal, integrado a través de una red informática, en el que se negociarán aquellos valores que estén admitidos a negociación en, al menos dos Bolsas de Valores, a solicitud de la entidad emisora y previo informe favorable de la entidad que gestione el aludido sistema.

La integración de una emisión en el Sistema de Interconexión Bursátil implicará su negociación exclusiva a través del mismo.

Novena. *Desarrollo reglamentario del artículo 216 de esta ley.–* El Gobierno desarrollará el contenido establecido en el artículo 216 mediante reglamento.

DISPOSICIONES TRANSITORIAS

Primera. *Cuotas participativas de las cajas de ahorros y las cuotas participativas de asociación de la Confederación Española de Cajas de Ahorros.–* Las cuotas participativas de las cajas de ahorros y las cuotas participativas de asociación de la Confederación Española de Cajas de Ahorros que hayan sido emitidas con anterioridad al 13 de noviembre de 2015, seguirán teniendo carácter de valor negociable al que se refiere el artículo 2.1 de esta ley hasta su completa amortización.

Segunda. *Mandato de la persona titular de la presidencia, de la persona titular de la vicepresidencia y de los consejeros y consejeras de la CNMV.–* Las personas que, a la entrada en vigor de esta ley, ejerzan la titularidad de la presidencia, de la vicepresidencia y de las consejerías del Consejo de la CNMV, y se encuentren en su primer período de mandato, podrán ser renovados al término de sus mandatos una única vez y por un periodo total que, incluyendo el tiempo transcurrido con antelación a la entrada en vigor de esta ley, no podrá exceder del plazo de seis años previsto en el artículo 28 de la presente ley.

Tercera. *Exclusión de la negociación voluntaria de aquellas sociedades cuyas acciones estén admitidas a negociación en un SMN.–* La aplicación de la regulación prevista en torno a la exclusión voluntaria en relación con los Sistemas Multilaterales de Negociación no se producirá hasta la entrada en vigor del desarrollo reglamentario de la presente norma.

Véase art. 65.6 de la presente Ley.

Cuarta. *Eliminación de la obligación de los depositarios centrales de valores relativa al sistema de información para la supervisión de la negociación, compensación, liquidación y registro de valores negociables.*– Los depositarios centrales de valores y las infraestructuras de mercado y entidades participantes tendrán dos años para adaptarse a la eliminación de la obligación relativa al sistema de información para la supervisión de la negociación, compensación, liquidación y registro de valores negociables establecida en los artículos 114 a 116 del Real Decreto Legislativo 4/2015, de 23 de octubre, por el que se aprueba el texto refundido de la Ley del Mercado de Valores.

Las modificaciones en el reglamento de los depositarios centrales de valores previsto en el artículo 86 de esta ley que sean precisas como consecuencia de la desaparición del sistema de información deberán ser remitidas a la Comisión Nacional del Mercado de Valores para su aprobación en el plazo máximo de seis meses desde la entrada en vigor de esta ley. La CNMV podrá adoptar, conforme a lo dispuesto en esta ley, las medidas necesarias con el fin de asegurar el correcto funcionamiento de los procesos de liquidación y la estabilidad del sistema en la fecha en que finalice el periodo de adaptación previsto en esta disposición transitoria.

Quinta. *Régimen transitorio de las empresas de asesoramiento financiero nacionales en relación con el registro de EAFN.*– 1. La CNMV dispondrá, desde la entrada en vigor de esta ley, de un plazo de 9 meses para dar de baja, de oficio, a las empresas de asesoramiento financiero nacionales que sean personas físicas del vigente registro de EAF, para su posterior inclusión en el registro de EAFN.

2. Las empresas de asesoramiento financiero nacionales que sean personas jurídicas, de forma voluntaria, y en un plazo máximo de 9 meses desde la entrada en vigor de esta ley, podrán notificar a la CNMV su cambio de denominación, la baja en el registro de EAF y su consiguiente incorporación al registro de EAFN.

Sexta. *Adhesión de las empresas de asesoramiento financiero nacionales al Fondo de Garantía de Inversiones (FOGAIN).*– Las empresas de asesoramiento financiero nacionales dispondrán de un plazo de tres meses desde la publicación del reglamento de desarrollo de esta ley para su adhesión al FOGAIN, en cumplimiento de lo dispuesto en el artículo 188.1 de esta ley.

Séptima. *Comercialización a minoristas de determinados instrumentos financieros.*– Las previsiones contenidas en el artículo 209 de esta ley no se aplicará a los instrumentos financieros de deuda que se recogen en el apartado primero de dicho artículo, que hayan sido emitidos con anterioridad a la fecha de entrada en vigor de la presente ley.

DISPOSICIÓN DEROGATORIA

Única. *Derogación normativa.*– 1. Quedan derogadas, con el alcance establecido en el apartado 5 de la disposición final decimoquinta, las siguientes disposiciones:

a) El Real Decreto Legislativo 4/2015, de 23 de octubre, por el que se aprueba el texto refundido de la Ley del Mercado de Valores.

b) El Real Decreto-ley 21/2017, de 29 de diciembre, de medidas urgentes para la adaptación del derecho español a la normativa de la Unión Europea en materia del mercado de valores.

c) El Real Decreto-ley 14/2018, de 28 de septiembre, por el que se modifica el texto refundido de la Ley del Mercado de Valores, aprobado por el Real Decreto Legislativo 4/2015, de 23 de octubre.

2. Asimismo, quedan derogadas cuantas disposiciones de igual o inferior rango se opongan, contradigan o resulten incompatibles con lo dispuesto en esta ley.

DISPOSICIONES FINALES

Primera. *Modificación de la Ley 13/1989, de 26 de mayo, de Cooperativas de Crédito.* (...)

[No se reproduce en estos Textos legales]

Segunda. *Modificación de la Ley 41/1999, de 12 de noviembre, sobre sistemas de pagos y de liquidación de valores.* (...)

[No se reproduce en estos Textos legales]

Tercera. *Modificación de la Ley 1/2000, de 7 de enero, de Enjuiciamiento Civil.*– Uno. El artículo 517 queda redactado del siguiente modo:

«Art. 517. Acción ejecutiva. Títulos ejecutivos.

1. La acción ejecutiva deberá fundarse en un título que tenga aparejada ejecución.

2. Solo tendrán aparejada ejecución los siguientes títulos:

1.º La sentencia de condena firme.

2.º Los laudos o resoluciones arbitrales y los acuerdos de mediación, debiendo estos últimos haber sido elevados a escritura pública de acuerdo con la Ley de mediación en asuntos civiles y mercantiles.

3.º Las resoluciones judiciales que aprueben u homologuen transacciones judiciales y acuerdos logrados en el proceso, acompañadas, si fuere necesario para constancia de su concreto contenido, de los correspondientes testimonios de las actuaciones.

4.º Las escrituras públicas, con tal que sea primera copia; o si es segunda que esté dada en virtud de mandamiento judicial y con citación de la persona a quien deba perjudicar, o de su causante, o que se expida con la conformidad de todas las partes.

5.º Las pólizas de contratos mercantiles firmadas por las partes y por corredor de comercio colegiado que las intervenga, con tal que se acompañe certificación en la que dicho corredor acredite la conformidad de la póliza con los asientos de su libro registro y la fecha de estos.

6.º Los títulos al portador o nominativos, legítimamente emitidos, que representen obligaciones vencidas y los cupones, también vencidos, de dichos títulos, siempre que los cupones confronten con los títulos y éstos, en todo caso, con los libros talonarios.

La protesta de falsedad del título formulada en el acto de la confrontación no impedirá, si ésta resulta conforme, que se despache la ejecución, sin perjuicio de la posterior oposición a la ejecución que pueda formular el deudor alegando falsedad en el título.

7.º Los certificados no caducados expedidos por las entidades encargadas de los registros contables respecto de los valores representados mediante anotaciones en cuenta o por las entidades responsables de la administración de la inscripción y registro respecto de los valores representados mediante sistemas basados en tecnología de registros distribuidos a los que se refiere la Ley del Mercado de Valores, siempre que se acompañe copia de la escritura pública de representación de los valores o, en su caso, de la emisión, cuando tal escritura sea necesaria, conforme a la legislación vigente.

Instada y despachada la ejecución, no caducarán los certificados a que se refiere el párrafo anterior.

8.º El auto que establezca la cantidad máxima reclamable en concepto de indemnización, dictado en los supuestos previstos por la ley en procesos penales incoados por hechos cubiertos por el Seguro Obligatorio de Responsabilidad Civil derivada del uso y circulación de vehículos de motor.

9.º Las demás resoluciones procesales y documentos que, por disposición de esta u otra ley, lleven aparejada ejecución.»

Téngase en cuenta que el art. 22, Cuarenta y dos (entrada en vigor el 3 de abril) de la Ley Orgánica 1/2025, de 2 de enero, de medidas en materia de eficiencia del Servicio Público de Justicia, modifica los numerales 2.º, 4.º, 5.º y 7.º del apartado 2 del artículo 517 de la LEC.

Cuarta. *Modificación de la Ley 35/2003, de 4 de noviembre, de Instituciones de Inversión Colectiva.* (...)

[No se reproduce en estos Textos legales]

Quinta. *Modificación de la Ley 35/2006, de 28 de noviembre, del Impuesto sobre la Renta de las Personas Físicas y de modificación parcial de las leyes de los Impuestos sobre Sociedades, sobre la Renta de no Residentes y sobre el Patrimonio.* (…)

[No se reproduce en estos Textos legales]

Sexta. *Modificación del Real Decreto Legislativo 1/2010, de 2 de julio, por el que se aprueba el texto refundido de la Ley de Sociedades de Capital.*

[Se modifica art. 23, 407, se introduce un nuevo Capítulo VIII bis denominado «Especialidades de las sociedades cotizadas con propósito para la adquisición» en el Título XIV, que comprende los nuevos artículos 535 bis a 535 quinquies].

[Textos incorporados al lugar correspondiente: §1]

Séptima. *Modificación de la Ley 10/2014, de 26 de junio, de ordenación, supervisión y solvencia de entidades de crédito.* (…)

[No se reproduce en estos Textos legales]

Octava. *Modificación de la Ley 16/2014, de 30 de septiembre, por la que se regulan las tasas de la Comisión Nacional del Mercado de Valores.* (…)

[No se reproduce en estos Textos legales]

Novena. *Modificación de la Ley 22/2014, de 12 de noviembre, por la que se regulan las entidades de capital-riesgo, otras entidades de inversión colectiva de tipo cerrado y las sociedades gestoras de entidades de inversión colectiva de tipo cerrado, y por la que se modifica la Ley 35/2003, de 4 de noviembre, de Instituciones de Inversión Colectiva.* (…)

[No se reproduce en estos Textos legales]

Disposición final décima. Modificación de la Ley 5/2015, de 27 de abril, de fomento de la financiación empresarial. (…)

[No se reproduce en estos Textos legales]

Undécima. *Modificación de la Ley 11/2015, de 18 de junio, de recuperación y resolución de entidades de crédito y empresas de servicios de inversión.* (…)

[No se reproduce en estos Textos legales]

Duodécima. *Títulos competenciales.–* 1. Esta ley se dicta de conformidad con lo previsto en el artículo 149.1.6.ª, 11.ª y 13.ª de la Constitución Española, que atribuyen al Estado la competencia exclusiva sobre legislación mercantil, bases de la ordenación de crédito, banca y seguros, y bases y coordinación de la planificación general de la actividad económica, respectivamente.

2. A los efectos del ejercicio de sus competencias, tendrán carácter básico los correspondientes preceptos del Título IX, salvo las referencias contenidas en ellos a órganos o entidades estatales.

Decimotercera. *Incorporación de derecho de la Unión Europea.*– Uno. Mediante esta ley se incorporan parcialmente al derecho español las siguientes directivas:

1. Directiva 2019/2034 del Parlamento Europeo y del Consejo, de 27 de noviembre de 2019, relativa a la supervisión prudencial de las empresas de servicios de inversión, y por la que se modifican las Directivas 2002/87/CE, 2009/65/CE, 2011/61/UE, 2013/36/UE, 2014/59/UE y 2014/65/UE.

2. Directiva (UE) 2019/2177 del Parlamento Europeo y del Consejo, de 18 de diciembre de 2019, por la que se modifica la Directiva 2009/138/CE sobre el acceso a la actividad de seguro y de reaseguro y su ejercicio (Solvencia II), la Directiva 2014/65/UE relativa a los mercados de instrumentos financieros y la Directiva (UE) 2015/849 relativa a la prevención de la utilización del sistema financiero para el blanqueo de capitales o la financiación del terrorismo.

3. Directiva 2021/338 del Parlamento Europeo y del Consejo, de 16 de febrero de 2021, por la que se modifica la Directiva 2014/65/UE del Parlamento Europeo y del Consejo, de 15 de mayo de 2014, en lo relativo a los requisitos de información, la gobernanza de productos y la limitación de posiciones con el fin de contribuir a la recuperación de la pandemia de COVID-19, flexibiliza determinados requisitos aplicables a los agentes financieros para facilitar la recuperación económica derivada de la crisis del COVID-19.

4. Directiva del Parlamento Europeo y del Consejo por la que se modifican las Directivas 2006/43/CE, 2009/65/CE, 2009/138/UE, 2011/61/UE, 2013/36/UE, 2014/65/UE, (UE) 2015/2366 y (UE) 2016/2341.

Dos. Mediante esta ley se incorporan al Derecho español la Directiva (UE) 2020/1504 del Parlamento Europeo y del Consejo, de 7 de octubre de 2020, por la que se modifica la Directiva 2014/65/UE relativa a los mercados de instrumentos financieros y la Directiva (UE) 2021/2261 del Parlamento Europeo y del Consejo de 15 de diciembre de 2021 por la que se modifica la Directiva 2009/65/CE en lo que respecta a la utilización de los documentos de datos fundamentales por las sociedades de gestión de organismos de inversión colectiva en valores mobiliarios (OICVM).

Decimocuarta. *Facultad de desarrollo.*– El Gobierno y la persona titular del Ministerio de Asuntos Económicos y Transformación Digital, en el ámbito de sus respectivas competencias, podrán dictar las normas reglamentarias necesarias para el desarrollo de lo dispuesto en esta ley.

Decimoquinta. *Entrada en vigor.-* 1. Esta ley entrará en vigor a los veinte días de su publicación en el «Boletín Oficial del Estado».

2. El artículo 63 entrará en vigor a los 6 meses de la publicación de esta ley en el «Boletín Oficial del Estado».

3. Los artículos 307 y 323 entrarán en vigor cuando lo haga el Reglamento (UE) del Parlamento Europeo y del Consejo, relativo a los mercados de criptoactivos y por el que se modifica la Directiva (UE) 2019/1937.

4. Hasta que se dicten las normas reglamentarias de desarrollo de la presente ley, se mantendrán en vigor las normas vigentes sobre los mercados de valores y los servicios de inversión, en tanto no se opongan a lo establecido en esta ley.

§4. MODIFICACIONES ESTRUCTURALES (LIBRO I, DISP. AD. 1.ª A 3.ª, DISP. TRANS. 1.ª, DISP. DER. ÚNICA Y DISP. FINALES. 2.ª, 3.ª, 4.ª Y 7.ª A 9.ª DEL REAL DECRETO-LEY 5/2023, DE 28 DE JUNIO, (…) DE TRANSPOSICIÓN DE DIRECTIVAS DE LA UNIÓN EUROPEA EN MATERIA DE MODIFICACIONES ESTRUCTURALES DE SOCIEDADES MERCANTILES (…)

(BOE núm. 154, de 29 de junio)

PREÁMBULO

I. La transposición en plazo de directivas de la Unión Europea es un objetivo fundamental del Consejo Europeo. A este fin, la Comisión Europea somete informes periódicos al Consejo de Competitividad, a los que se les da un alto valor político por su función de medición de la eficacia y credibilidad de los Estados miembros en la puesta en práctica del mercado interior.

Asimismo, el Consejo Europeo, consciente de su importancia como elemento estructural del mercado interior, estableció en su momento como objetivos que cada Estado miembro debía transponer a su derecho interno, al menos, el 99% de las directivas de mercado interior (Déficit 1) y como objetivo adicional, el 100% de las Directivas de mercado interior que tuvieran un retraso en su transposición superior a dos años con respecto a la fecha de su vencimiento (Déficit 0).

El cumplimiento de este objetivo resulta del todo prioritario, habida cuenta del escenario diseñado por el Tratado de Lisboa de 2007 por el que se modifican el Tratado de la Unión Europea y el Tratado constitutivo de la Comunidad Europea, para los incumplimientos de transposición en plazo, para los que la Comisión puede pedir al Tribunal de Justicia de la Unión Europea la imposición de importantes sanciones económicas de manera acelerada (artículo 260.3 del Tratado de Funcionamiento de la Unión Europea —TFUE—).

Cabe además recordar que, desde la introducción por la Comisión de un nuevo criterio de aplicación de dicho artículo en enero de 2017, en lo sucesivo, además de la multa coercitiva, se solicitará al Tribunal de Justicia una multa a tanto alzado contra el Estado miembro de que se trate. De esta manera, aunque el Estado miembro transponga la Directiva encontrándose la demanda planteada ante el Tribunal, la Comisión no desistirá de su recurso, sino que perseguirá hasta el final una sentencia condenatoria que imponga una sanción a tanto alzado.

España viene cumpliendo consistentemente con los objetivos de transposición en los plazos comprometidos desde que resultan fijados los mismos. No obstante, en los últimos años, hechos como la repetición de elecciones generales en 2019, con la consiguiente disolución de las Cortes Generales, la existencia de un Gobierno en funciones durante un tiempo prolongado, así como el estallido de la pandemia del COVID-19 en el año 2020, explican la acumulación de retrasos en la transposición de algunas directivas, que requieren de una norma con rango de ley para su incorporación al ordenamiento jurídico interno.

Tal es el caso de la Directiva (UE) 2019/2121 del Parlamento Europeo y del Consejo, de 27 de noviembre de 2019, por la que se modifica la Directiva (UE) 2017/1132 en lo que atañe a las transformaciones, fusiones y escisiones transfronterizas, cuya transposición constituye el objeto del libro primero del presente real decreto-ley; (…).

Dichas Directivas se encuentran en riesgo de multa con arreglo a lo establecido en el artículo 260.3 del TFUE, al existir, respecto a la primera, un procedimiento de infracción abierto por la Comisión Europea. Dado que el plazo de transposición finalizó el día 31 de enero de 2023, España recibió el 22 de marzo de 2023 una carta de emplazamiento de la Comisión Europea por falta de notificación de medidas de transposición. (…).

(…)

En este sentido, debe recordarse que se considera en riesgo de multa aquellas directivas para las que queda menos de 3 meses para que se cumpla su plazo límite de transposición y que necesitan, al menos, una norma con rango de ley para su transposición sin que dicha ley haya empezado su tramitación parlamentaria; así como todas aquellas directivas que tienen ya un procedimiento de infracción abierto por la Comisión Europea por haberse cumplido su plazo límite de transposición.

Ante esta situación, resulta necesario acudir a la aprobación de un real decreto-ley para proceder a dicha transposición, lo que permitirá cerrar los procedimientos de infracción abiertos por la Comisión Europea.

(…)

En cuanto a la utilización del real decreto-ley como instrumento de transposición, y además del análisis de la concurrencia de los requisitos ordinarios que se efectuará con posterioridad, debe recordarse que el Tribunal Constitucional en su Sentencia 1/2012, de 13 de enero, avala la concurrencia del presupuesto habilitante de la extraordinaria y urgente necesidad del artículo 86.1 de la Constitución Española cuando concurran «el patente retraso en la transposición» y la existencia de «procedimientos de incumplimiento contra el Reino de España».

Asimismo, cabe señalar que el Consejo de Estado en su informe sobre la inserción del Derecho europeo en el ordenamiento español, de 14 de febrero de 2008, considera que, si bien no debe convertirse en mecanismo ordinario para la incorporación de las directivas, sí está justificado en atención, por ejemplo, «al plazo fijado por la norma comunitaria, a la necesidad de dar urgente respuesta a unas determinadas circunstancias o a la existencia de una declaración de incumplimiento por el Tribunal de Justicia de las Comunidades Europeas».

(…).

III. El presente real decreto-ley se estructura en una parte expositiva y una parte dispositiva que consta de cinco libros, conformados por 226 artículos, cinco disposiciones adicionales, diez disposiciones transitorias, una disposición derogatoria y nueve disposiciones finales.

El libro primero transpone al ordenamiento jurídico español la Directiva (UE) 2019/2121 del Parlamento Europeo y del Consejo, de 27 de noviembre de 2019, en lo que atañe a las transformaciones, fusiones y escisiones transfronterizas intracomunitarias, estructurándose en cuatro títulos.

El título I incluye un capítulo I que contiene disposiciones preliminares relativas a las limitaciones y exclusiones aplicables a las distintas operaciones de modificación estructural reguladas; un capítulo II, que contiene, novedosamente, las disposiciones comunes aplicables a todas las modificaciones estructurales, sin distinción de que sean operaciones internas o transfronterizas, no obstante las adaptaciones en su caso oportunas a cada operación y que comprenden, la elaboración del proyecto de modificación estructural, los informes del órgano de administración y de expertos independientes, la publicidad preparatoria del acuerdo, la aprobación de operación proyectada, el acuerdo unánime de modificación estructural, la publicación e impugnación del acuerdo, la protección de socios y acreedores y la eficacia de la inscripción y validez de la operación inscrita.

Estas disposiciones comunes se completan, en el título II, con una serie de normas específicas para cada uno de los tipos de modificación interna regulados en la ley: transformación por cambio de tipo social (capítulo I), fusión (capítulo II), escisión (capítulo III) y cesión global de activo y pasivo (capítulo IV).

En este ámbito de las operaciones internas, la opción de armonizar su régimen al de las modificaciones estructurales transfronterizas, se ha llevado a cabo, manteniendo en este título II el actual texto de la Ley 3/2009, de 3 de abril, procediendo al cambio de numeración del articulado y suprimiendo las menciones y especialidades para las fusiones transfronterizas que, en su caso, se recogen en el título que regula a éstas.

Asimismo, en ocasiones ha sido necesario un cambio de denominación de las tradicionales modificaciones estructurales internas incluidas en la Ley 3/2009, de 3 de abril, pasando a denominarse, de conformidad con la Directiva (UE) 2019/2121, el «traslado internacional de domicilio» como «transformación transfronteriza», que, a su vez, se diferencia de la transformación por cambio de tipo social, que no conlleva cambio de ley nacional.

De otro lado, en un ámbito sustantivo, se ha considerado conveniente extender también al ámbito interno algunas de las opciones de política legislativa adoptadas respecto de las modificaciones estructurales transfronterizas, como es la previsión que contempla la Directiva (UE) 2019/2121 de dos tipos de fusiones simplificadas, añadiendo al único supuesto hasta ahora previsto de que un mismo socio sea dueño de todas las acciones o participaciones de las sociedades fusionadas, el de que unos mismos socios sean dueños en la misma proporción de todas las sociedades fusionadas, dado que no se aprecia motivo alguno que justifique una regulación diferente para las fusiones internas y para las fusiones transfronterizas.

Igualmente, la simplificación de requisitos que la citada Directiva establece respecto de la escisión por segregación transfronteriza aconseja no sujetar a las segregaciones internas a mayores requisitos que las operaciones transfronterizas.

Finalmente, en materia de escisión, se ha optado por extender también al ámbito interno el régimen contemplado respecto de las escisiones transfronterizas, la responsabilidad solidaria de las sociedades beneficiarias de la escisión frente a las deudas que hubieran quedado a cargo de la sociedad escindida o segregada, limitándose no obstante la responsabilidad de la sociedad escindida al activo neto que quede en ella. Esta era una posibilidad que se ofrecía a los Estados miembros en el artículo 146.6 de la Directiva 2017/2011 (versión codificada), no acogida en su momento y de la que en cierto modo se parte en la Directiva UE 2019/2121.

Se ha considerado que este real decreto-ley constituye el marco adecuado para incorporar esta previsión, por dos razones: por un lado, porque este régimen de responsabilidad permitiría evitar la declaración de un elevado número de concursos de acreedores de las sociedades escindidas, lo que acontece frecuentemente en la práctica; y, por otro lado, porque habiéndose optado en la transposición de la Directiva UE 2019/2121, por extender su ámbito de aplicación también a sociedades que se encuentren bajo marcos de reestructuración preventivos (planes de reestructuración/planes de continuación), es importante evitar que, colocado el pasivo más numeroso en la sociedad escindida, esta no pueda atender a su satisfacción, frustrándose la ejecución de dichos planes y viéndose abocada en su caso a un procedimiento judicial concursal (concurso de acreedores).

Por su parte, las modificaciones estructurales transfronterizas se abordan en el título III, relativo a las intraeuropeas, y en el título IV dedicado a las extraeuropeas. La regulación de estas últimas en este texto normativo se justifica a la vista del elevado número de operaciones que se producen en la práctica en este ámbito.

La estructura de ambos títulos es semejante. El título dedicado a las modificaciones estructurales transfronterizas intraeuropeas contiene un capítulo I donde se regula su ámbito de aplicación; y ambos títulos formulan, en primer lugar, disposiciones generales para todas las operaciones transfronterizas para, a continuación, añadir reglas específicas para cada tipo de modificación estructural.

Conforme a las previsiones contenidas en la Directiva, el proyecto de modificación estructural se somete a los procedimientos de información, aprobación y control previstos en este real decreto-ley, con la finalidad de establecer un régimen de transparencia y legalidad común a todas las operaciones transfronterizas.

Un aspecto importante de las operaciones de modificación estructural transfronteriza es el relativo a la publicidad preparatoria de los acuerdos de las juntas generales, siendo necesario, como se recoge en la Directiva, que la información que las sociedades publiquen, al menos un mes antes de la celebración de la junta general, sea exhaustiva y permita a los interesados valorar las consecuencias de la operación prevista.

Respecto del modo de hacer pública la información previa necesaria, se ha acogido la opción prevista en la Directiva dentro del sistema de publicidad registral del que se parte, de que las sociedades puedan cumplir con los requisitos de publicidad informativa a través de su página web corporativa, que es el medio de publicidad contemplado prevalentemente hasta ahora por la Ley 3/2009, de 3 de abril, sobre modificaciones estructurales de las sociedades mercantiles. En el supuesto de que la sociedad opte por la publicación de la información preceptiva a través de su página web corporativa, es necesario, como prescribe la Directiva, que la sociedad remita al Registro Mercantil determinada información, incluyendo los detalles del sitio web en el que poder obtener en línea y de manera gratuita toda la documentación e información correspondiente.

Tal como prevé la Directiva, la presentación en el Registro Mercantil de la información y documentación preceptiva podrá efectuarse de manera electrónica para facilitar el desarrollo de estas operaciones, en consonancia con la digitalización en el ámbito del Derecho de sociedades que se promueve desde la Unión Europea.

En lo que se refiere al contenido de la publicidad preparatoria de los acuerdos de modificación estructural transfronteriza, cumpliendo también con lo exigido por la Directiva, es necesario que se publique el proyecto de la operación, junto a «un aviso» —denominado en el texto de transposición como «anuncio» por ser un término más acorde a nuestra tradición jurídica—, mediante el que debe informarse a los socios, acreedores, públicos y privados, y representantes de los trabajadores o, cuando no existan tales representantes, a los propios trabajadores, de la posibilidad de formular observaciones, hasta cinco días laborables antes de la junta general, sobre la operación propuesta. Además, haciendo uso de una opción prevista en la Directiva, en el texto de transposición se exige que el informe del experto independiente, dada su relevante función en el procedimiento y para distintos interesados, también se publique y se ponga a disposición del público, sin perjuicio de que la sociedad pueda excluir la información confidencial cuya revelación pudiera ir en detrimento de su posición comercial en el mercado.

Asimismo, en este real decreto-ley se incorporan las disposiciones de la Directiva relativas a la aprobación de las operaciones transfronterizas por las juntas generales de los socios, distinguiendo, dadas las diferencias en nuestro ordenamiento, entre las sociedades anónimas y las sociedades limitadas en lo que se refiere a las mayorías necesarias para la adopción de los acuerdos.

Debido a las repercusiones que las modificaciones estructurales tienen para los socios de las sociedades participantes en ellas, la disposición de instrumentos de protección de sus intereses, particularmente en favor de socios disidentes de la operación, ha constituido un tema objeto de particular atención en la transposición de la Directiva. En este marco, el reconocimiento de un derecho de los socios disidentes a separarse de la sociedad, ya conocido tradicionalmente, y mantenido de forma continuada en nuestro Derecho en modificaciones como la transformación, la fusión transfronteriza o el traslado del domicilio al extranjero, ha terminado constituyéndose como instrumento de referencia para la protección de los socios. La Directiva que se traspone en este texto legal sigue esta orientación y acoge una peculiar variante del derecho de separación, con aplicación común en todas las operaciones transfronterizas armonizadas.

Siguiendo lo dispuesto por la Directiva y el criterio ya mantenido en la Ley 3/2009, de 3 de abril, respecto del derecho de separación en las operaciones transfronterizas, el derecho de los socios a enajenar sus acciones o participaciones se reconoce sólo en favor de quienes voten en contra del acuerdo de modificación estructural transfronteriza y experimenten un cambio de legislación aplicable. Se ha considerado conveniente extender el derecho a los socios que posean acciones o participaciones sin voto y también sufran un cambio de lex societatis.

El derecho a impugnar la relación de canje y reclamar un pago en efectivo en el caso de fusión y escisión transfronteriza, se limita a los socios que no tengan o no ejerzan el derecho a enajenar sus acciones o participaciones, reconociéndose, por otro lado, que la sociedad resultante de la fusión transfronteriza o las sociedades beneficiarias de la escisión, y en el caso de escisión parcial también la sociedad escindida, puedan aportar acciones o participaciones en lugar de un pago en efectivo.

Este real decreto-ley ha optado por regular como medidas de protección de acreedores comunes a las tres operaciones de modificación estructural. Por un lado, la exigencia de que los administradores informen sobre las implicaciones para los acreedores de la operación propuesta y hagan constar en el proyecto «toda garantía» que, en los casos apropiados, se ofrezca a los acreedores; publicidad que, a su vez, es instrumental respecto del derecho que se les reconoce a presentar «observaciones» con antelación a la junta general, exponiendo, en su caso, su disconformidad con las garantías que la operación les ofrece.

Por otro lado, cuando la satisfacción de sus derechos esté en juego debido a la modificación estructural, se reconoce el derecho a obtener garantías «adecuadas» de la sociedad a todos los acreedores que hayan mostrado su disconformidad con las garantías ofrecidas por aquella. No obstante, el ejercicio por el acreedor de ese derecho a obtener garantías adecuadas se supedita a que, antes de recurrir al amparo judicial y con el objetivo de desjudicializar en lo posible estas operaciones, acuda al Registrador Mercantil con el fin de que, a la vista del informe del experto y con la intermediación de aquel, la sociedad y dichos acreedores puedan llegar a un acuerdo. En caso de que el informe del experto no se hubiese emitido, el Registrador Mercantil nombrará a solicitud de los acreedores un experto independiente.

Asimismo, debe resaltarse que existen normas especiales de protección de acreedores, tanto públicos como privados, en las distintas operaciones de modificación estructural. En este marco, en los casos de transformación transfronteriza, se mantiene en el Estado de origen un foro de competencia judicial en favor de los acreedores durante los dos años posteriores a que la operación haya surtido efecto; así mismo, en los casos de escisión, se establece un régimen común de responsabilidad solidaria de las sociedades beneficiarias de la escisión frente a las deudas que hubieran quedado a cargo de la sociedad escindida o segregada, limitándose no obstante la responsabilidad de la sociedad escindida al activo neto que quede en ella.

Además, como mecanismos de protección de acreedores, se ha reforzado el sistema de publicidad preparatoria de los acuerdos de modificaciones estructurales en dos aspectos. Por un lado, en cumplimiento de la Directiva, estableciendo la necesidad de publicación de un «anuncio» mediante el cual se informa a socios, acreedores, públicos y privados, y trabajadores, de la posibilidad de formular observaciones. Por otro lado, se ha recogido la posibilidad que ofrecía la Directiva en cuanto a reforzar este sistema mediante la utilización del boletín nacional o una plataforma electrónica central.

Por lo tanto, el conjunto de garantías establecidas para la protección de los acreedores, tanto públicos como privados, unido al régimen de publicidad acogido por este real decreto ley, brindan a las Administraciones Públicas un conjunto de cauces y mecanismos de protección de sus derechos suficientes ante las posibles modificaciones estructurales.

A ello se une, el hecho de que la solicitud al Registrador Mercantil para que emita el certificado previo en las operaciones intraeuropeas, aplicable también a las extraeuropeas, debe acompañarse de información sobre el cumplimiento de las obligaciones debidas por la sociedad a organismos públicos. En su función de control de legalidad en caso de sospecha de abuso o fraude, el Registrador mercantil podrá además requerir al organismo o entidad pública que corresponda la información adicional que considere necesaria, en particular sobre el estado de cumplimiento por la sociedad de sus obligaciones en el área de competencia de dicho organismo o entidad, información que puede recabarse de las autoridades del ámbito tributario, económico, social o penal y que por ende implicará todo tipo de cuestiones relacionadas con estas áreas. También podrá solicitar información, en su caso, a las autoridades competentes del Estado de destino, cuyo Derecho regirá la sociedad resultante de la operación.

En definitiva, el espíritu de la Directiva 2019/2121, es garantizar que la sociedad que efectúa la modificación estructural cumpla sus obligaciones. Para ello, se dota a los acreedores, públicos y privados, de las garantías señaladas, se les da conocimiento previo de la operación concreta y, además, se garantiza en el articulado la aplicación del Derecho interno respecto al cumplimiento y garantía de tales obligaciones.

En las operaciones transfronterizas los trabajadores se ven protegidos tanto en sus derechos de información y consulta, como en sus derechos, cuando existan, de participación o cogestión en los órganos de dirección o control. El régimen de protección de la Directiva 2019/2121, previsto para las fusiones transfronterizas, sigue vigente en lo sustancial, aun cuando ahora se extiende también a las operaciones de transformación y escisión transfronteriza.

Con ese fin, se introducen algunas novedades en la regulación de los derechos de información y consulta, exigiéndose la previsión de una sección específica para los trabajadores en el informe del órgano de administración, reconociéndose a los trabajadores el derecho a presentar observaciones al proyecto con antelación a la junta general, en la misma línea que a socios y acreedores. Todo ello se materializa en un artículo único, semejante al que existía para las fusiones transfronterizas, que ahora afecta también a las transformaciones y escisiones, por lo que se incluye en la sección de disposiciones comunes, dentro de la opción de política legislativa de evitar la repetición de los mismos preceptos.

Con el fin de dotar de seguridad jurídica a las operaciones que se desarrollen, la Directiva articula un sistema que garantiza el reparto de las tareas de control que corresponden a los Estados, obligando a que cada uno de ellos designe una autoridad que expida el denominado «certificado previo a la operación». Este certificado es el instrumento con el que finaliza cada procedimiento interno en el Estado de origen y, de forma inmediata, permite acceder a la aprobación definitiva de la modificación estructural proyectada en el Estado de destino.

Un aspecto importante de la Directiva, trasladado a esta norma, es el hecho de que si el Registrador Mercantil durante el control de legalidad tuviera sospechas fundadas de que la operación se realiza con fines abusivos o fraudulentos, teniendo por objeto o efecto eludir el Derecho de la Unión o el Derecho español, o servir a fines delictivos, según el motivo de la sospecha, pueda recabar en tiempo útil del organismo o entidad pública que corresponda por razón de la materia, la información adicional que considere necesaria.

Por último, las modificaciones estructurales transfronterizas con sociedades constituidas fuera del Espacio Económico Europeo se abordan en el título IV de este libro I bajo la denominación de «Modificaciones estructurales transfronterizas extraeuropeas».

En su regulación se ha seguido el mismo esquema de las operaciones intraeuropeas, con las necesarias adaptaciones, teniéndose en cuenta que esta regulación es unilateral sin que hasta el momento una Directiva europea o regla convencional establezca un marco común con Estados no miembros. Tampoco se benefician de algunas de las reglas facilitadoras que, sin embargo, se aplican a las operaciones intraeuropeas.

En cuanto al control de estas operaciones, se ha optado por seguir el mismo mecanismo de control en dos fases seguido para las operaciones intraeuropeas: certificado previo a la operación por el Estado de origen y control de legalidad de la realización o conclusión de la operación por el Estado de destino.

(...)

La parte final del real decreto-ley contiene incluye cinco disposiciones adicionales, diez disposiciones transitorias, una disposición derogatoria y nueve disposiciones finales.

La disposición adicional primera indica que lo previsto en el libro primero de este real decreto-ley se entiende sin perjuicio de los derechos de información y consulta de los trabajadores previstos en la legislación laboral; añadiendo que en el supuesto de que las modificaciones estructurales reguladas en el libro primero de este real decreto-ley comporten un cambio en la titularidad de la empresa, de un centro de trabajo o de una unidad productiva autónoma, serán de aplicación las previsiones recogidas en el artículo 44 del texto refundido de la Ley del Estatuto de los Trabajadores, aprobado por el Real Decreto Legislativo 2/2015, de 23 de octubre.

La disposición adicional segunda establece que la transformación, fusión, escisión o cesión global de activo y pasivo de las sociedades colectivas no inscritas y, en general, de las sociedades irregulares, requerirán su previa inscripción registral.

La disposición adicional tercera regula el régimen aplicable a las operaciones de transformación, fusión, escisión y cesión global o parcial de activos y pasivos entre entidades de crédito y entre entidades aseguradoras.

(...)

La disposición transitoria primera prevé la aplicación temporal de las disposiciones contenidas en el libro primero del presente real decreto-ley a las modificaciones estructurales de sociedades mercantiles que se encuentren pendientes de aprobación a la entrada en vigor del real decreto-ley.

(...)

La disposición derogatoria única dispone la derogación de cuantas disposiciones de igual o inferior rango se opongan al contenido del real decreto-ley y, en concreto, la de la Ley 3/2009, de 3 de abril, sobre modificaciones estructurales de las sociedades mercantiles

(...)

La disposición final segunda tiene por objeto la modificación de la Ley 31/2006, de 18 de octubre, sobre implicación de los trabajadores en las sociedades anónimas y cooperativas europeas, a fin de transponer lo establecido respecto a la protección de los derechos de participación o cogestión de los trabajadores en la Directiva (UE) 2019/2121, de 27 de noviembre, adaptando la rúbrica y el título IV de esta ley laboral que pasa a denominarse «Disposiciones aplicables a las modificaciones estructurales transfronterizas intraeuropeas de sociedades de capital», abarcando no solo las fusiones transfronterizas sino las transformaciones y escisiones de este carácter, dando así cobertura a los tres tipos de operaciones estructurales.

(…)

La disposición final séptima contempla los títulos competenciales de la Constitución Española que amparan al Estado para aprobar las distintas medidas recogidas en este real decreto-ley.

La disposición final octava identifica las normas de derecho de la Unión Europea incorporadas al derecho español mediante este real decreto-ley.

Por último, la disposición final novena establece la entrada en vigor de esta norma

IV. A la vista del contenido expuesto, se estima necesario destacar, en relación con la diversidad de ámbitos y materias que el presente real decreto-ley viene a regular, que el Tribunal Constitucional, en la Sentencia 136/2011, de 13 de septiembre, declaró que el dogma de la deseable homogeneidad de un texto legislativo no es obstáculo insalvable que impida al legislador dictar normas multisectoriales, pues tampoco existe en la Constitución Española precepto alguno, expreso o implícito, que impida que las leyes tengan un contenido heterogéneo.

En el mismo sentido, la reciente STC 16/2023, de 7 de marzo, establece que la heterogeneidad de medidas contempladas en el mismo, permite afirmar que estamos ante lo que se conoce como una ´norma-ómnibus´, cuya naturaleza no excluye per se su aprobación mediante el instrumento normativo del decreto-ley.

(…)

Por todo ello, y de acuerdo con la jurisprudencia del Tribunal Constitucional, deben concretarse las razones que justifican la extraordinaria y urgente necesidad de adoptar las diferentes medidas previstas en el presente real decreto-ley.

(…)

V. Comenzando por el libro primero, su objetivo fundamental es incorporar al ordenamiento jurídico español, como ya ha quedado puesto de manifiesto, la Directiva (UE) 2019/2121, del Parlamento Europeo y del Consejo, de 27 de noviembre de 2021, por la que se modifica la Directiva (UE) 2017/1132 en lo que atañe a las transformaciones, fusiones y escisiones transfronterizas. En el presente caso, se acude al recurso al real decreto-ley por el vencimiento del plazo para la transposición de la dicha Directiva el pasado 31 de enero de 2023, habiéndose recibido ya la correspondiente carta de emplazamiento el 22 de marzo de 2023.

Asimismo, además de la obligación formal de efectuar la transposición en el plazo previsto, existen razones materiales que aconsejan una transposición urgente. En este sentido, cabe señalar que la Directiva que se pretende transponer responde a una iniciativa de la Comisión Europea que, en su Comunicación de 25 de octubre de 2016 titulada «Programa de trabajo de la Comisión para 2017: Realizar una Europa que proteja, capacite y vele por la seguridad», puso de manifiesto la necesidad de facilitar las fusiones transfronterizas. Así, la Directiva (UE) 2019/2121 actualizó el régimen vigente de las fusiones transfronterizas y extendió la regulación transfronteriza también a las transformaciones, tanto parciales como totales, cuando comporten la formación de nuevas sociedades, estableciendo un marco jurídico armonizado para toda la Unión Europea. De esta forma, es preciso adaptar el ordenamiento jurídico español transponiendo la mencionada Directiva para posibilitar la realización de las transformaciones, fusiones y escisiones transfronterizas europeas, garantizando una protección efectiva de todas las partes implicadas en el proceso.

(…)

LIBRO PRIMERO. Transposición de directiva de la Unión Europea en materia de modificaciones estructurales de sociedades mercantiles

De acuerdo con la Disp. Final 9ª del RD-Ley 5/2023, el Libro Primero entró en vigor el 29 julio de 2023. Y cuerdo con la Disp. Transitoria 1.ª las disposiciones de este Libro Primero «se aplicarán a las modificaciones estructurales de sociedades mercantiles cuyos proyectos no hubieran sido aún aprobados por las sociedades implicadas con anterioridad a la entrada en vigor de este real decreto-Ley», esto es el 30 de junio.

TÍTULO I. De las modificaciones estructurales

CAPÍTULO I. Disposiciones preliminares

Artículo 1. *Ámbito objetivo*.– El presente real decreto-ley tiene por objeto la regulación de las modificaciones estructurales, tanto internas como transfronterizas, de las sociedades mercantiles consistentes en la transformación, fusión, escisión y cesión global de activo y pasivo.

Art. 2. *Ámbito subjetivo*.– El presente real decreto-ley es aplicable a todas las sociedades que tengan la consideración de mercantiles, bien por la naturaleza de su objeto, bien por la forma de su constitución.

Las modificaciones estructurales de las sociedades cooperativas se regirán por su específico régimen legal.

Art. 3. *Limitaciones y exclusiones*.– 1. Las sociedades en liquidación podrán realizar una modificación estructural siempre que no haya comenzado la distribución de su patrimonio entre los socios.

2. Las sociedades que se encuentren en concurso de acreedores o sometidas a un plan de reestructuración o, en su caso, a un plan de continuación, podrán proceder a una transformación, fusión, escisión o cesión global. La formación de la voluntad social, los derechos de los socios y la protección de los acreedores se ajustarán a lo previsto en el Real Decreto Legislativo 1/2020, de 5 de mayo, por el que se aprueba el texto refundido de la Ley Concursal.

3. A los efectos de la aplicación de la regla del mejor interés de los acreedores de las sociedades sometidas a un plan de reestructuración, la cuota hipotética de liquidación se calculará por referencia a lo que se obtendría en un procedimiento concursal abierto en España.

4. No podrán proceder a una transformación transfronteriza sociedades que se encuentren en liquidación concursal.

5. Este real decreto-ley no se aplica a las sociedades objeto de los instrumentos, competencias y mecanismos de resolución previstos en el título IV de la Directiva 2014/59 UE.

CAPÍTULO II. Disposiciones comunes

Sección 1.ª Del proyecto y de los informes de la modificación estructural

Art. 4. *Proyecto de modificación estructural.*– 1. Los administradores de la sociedad o sociedades que realicen o participen en una modificación estructural deberán elaborar un proyecto que contendrá, al menos, las menciones siguientes:

1.º La forma jurídica, razón social y domicilio social de la sociedad o sociedades participantes y, en su caso, los mismos datos respecto de la sociedad resultante.

2.º La modificación y el calendario indicativo propuestos de realización de la operación.

3.º Los derechos que vayan a conferirse por la sociedad resultante a los socios que gocen de derechos especiales o a los tenedores de valores o títulos que no sean acciones, participaciones o, en su caso, cuotas, o las medidas propuestas que les afecten.

4.º Las implicaciones de la operación para los acreedores y, en su caso, toda garantía personal o real que se les ofrezca.

5.º Toda ventaja especial otorgada a los miembros de los órganos de administración, dirección, supervisión o control de la sociedad o sociedades que realicen o participen en la modificación estructural.

6.º Los detalles de la oferta de compensación en efectivo a los socios que dispongan del derecho a enajenar sus acciones, participaciones o, en su caso, cuotas.

7.º Las consecuencias probables de la operación para el empleo.

2. El proyecto contendrá además las menciones que para cada tipo de modificación estructural se establecen en este real decreto-ley.

Art. 5. *Informe del órgano de administración.*– 1. Los administradores elaborarán un informe para los socios y los trabajadores explicando y justificando los aspectos jurídicos y económicos de la modificación estructural, sus consecuencias para los trabajadores, así como, en particular, para la actividad empresarial futura de la sociedad y para sus acreedores.

2. El informe incluirá una sección destinada a los socios y otra a los trabajadores. La sociedad podrá decidir si elabora un informe que contenga esas dos secciones, o si elabora informes por separado destinados, respectivamente, a los socios y los trabajadores.

3. En la sección del informe destinada a los socios se explicarán, en particular:

1.º La compensación en efectivo propuesta en el proyecto en caso de ejercicio por los socios que dispongan del derecho a enajenar sus acciones, participaciones o cuotas, y el método empleado para determinar tal compensación.

2.º El tipo de canje de las acciones, participaciones o cuotas, el importe de cualquier compensación en efectivo que proceda y el método o métodos empleados para determinar dicho tipo, así como el procedimiento de canje, en el caso de fusiones y escisiones.

3.º Las consecuencias de la modificación estructural para los socios.

4.º El eventual impacto de género de la modificación propuesta en los órganos de administración, así como su incidencia en la responsabilidad social de la empresa.

5.º Los derechos y las vías de recurso a disposición de los socios de conformidad con este real decreto-ley.

4. La sección del informe destinada a los socios no será exigible cuando así lo hayan acordado todos los socios con derecho de voto de la sociedad o sociedades participantes y, además, todas las personas que, en su caso, según la ley o los estatutos sociales, fueran titulares de ese derecho o cuando así se establezca en el régimen particular de cada modificación estructural.

5. En la sección del informe destinada a los trabajadores se explicarán:

1.º Las consecuencias de la operación para las relaciones laborales, así como, en su caso, cualquier medida destinada a preservar dichas relaciones.

2.º Cualquier cambio sustancial en las condiciones de empleo aplicables o en la ubicación de los centros de actividad de la sociedad.

3.º El modo en que los factores contemplados en los apartados 1 y 2 afectan a las filiales de la sociedad.

6. Al menos un mes antes de la fecha de celebración de la junta general que apruebe la operación, los administradores de la sociedad o sociedades participantes pondrán el informe o informes a disposición de los socios y de los representantes de los trabajadores de la sociedad o, cuando no existan tales representantes, de los propios trabajadores, junto con el proyecto de modificación estructural, de estar disponible. Dicha puesta a disposición se realizará mediante su inserción en la página web de la sociedad de existir esta y, en su defecto, mediante su remisión por vía electrónica. En las operaciones transfronterizas dicho plazo será de seis semanas.

7. Cuando el órgano de administración reciba, en tiempo oportuno, una opinión sobre la información a que se refieren los apartados 1 y 5 de los representantes de los trabajadores o, cuando no existan tales representantes, de los propios trabajadores, se informará a los socios de dicha opinión, que se adjuntará al informe.

8. No se requerirá la sección del informe destinada a los trabajadores cuando la sociedad y sus filiales, de haberlas, no tengan más trabajadores que los que formen

parte del órgano de administración o de dirección o la modificación consista en una transformación interna.

Art. 6. *Informe de experto independiente.–* 1. Un experto independiente designado por el Registrador Mercantil, a solicitud de los administradores, examinará el proyecto de modificación estructural y elaborará un informe destinado a los socios en los términos previstos para cada tipo de operación. Ese informe se pondrá a su disposición al menos un mes antes de la fecha de la junta general que apruebe la modificación estructural.

El informe se dividirá en distintas partes, según su objeto. En la primera parte, el informe incluirá la opinión del experto sobre:

1.º si es adecuada la compensación en efectivo ofrecida a los socios que, como consecuencia de la modificación estructural, dispongan de un derecho a enajenar sus acciones; o

2.º si es adecuado el tipo de canje de las acciones, participaciones o cuotas fijado en las fusiones y escisiones.

2. En la segunda parte, el informe se pronunciará sobre la suficiencia del capital aportado. Esta segunda parte sólo será necesaria cuando la sociedad resultante o beneficiaria de la modificación estructural sea una sociedad anónima o comanditaria por acciones.

3. En la tercera parte, el informe podrá contener, a solicitud de los administradores, una valoración sobre la adecuación de las garantías ofrecidas, en su caso, a los acreedores.

4. En la primera parte del informe se deberá exponer los métodos seguidos por los administradores para determinar la compensación en efectivo propuesta o el tipo de canje fijado, explicar si esos métodos son adecuados con expresión de los valores a los que conducen, la importancia relativa atribuida a esos métodos en la determinación del valor considerado y, si existieran, las dificultades especiales de valoración, y manifestar si la compensación en efectivo o el tipo de canje están o no justificados.

En particular, al valorar la compensación en efectivo, el experto tendrá en cuenta todo precio de mercado de las acciones, participaciones o cuotas en la sociedad antes del anuncio del proyecto o el valor de la sociedad sin considerar el efecto de la operación propuesta, determinado de conformidad con los métodos de valoración generalmente aceptados.

5. El experto estará facultado para obtener de la sociedad o sociedades participantes toda la información necesaria para cumplir con su labor pericial.

6. El informe deberá estar vigente en el momento de celebración de la junta general que apruebe la modificación estructural en la sociedad o sociedades participantes.

7. No se exigirá el informe de experto sobre la compensación en efectivo o el tipo de canje cuando así lo hayan acordado todos los socios con derecho de voto de la sociedad o sociedades participantes en la operación o cuando así se establezca en el régimen particular de cada modificación estructural.

Art. 7. *Publicidad preparatoria del acuerdo*.– 1. Al menos un mes antes de la fecha de la junta general que vaya a acordar una modificación estructural, los administradores de la sociedad o sociedades participantes están obligados a insertar en la página web de dicha sociedad o sociedades además de los que se especifiquen para cada tipo de modificación estructural, los siguientes documentos:

1.º El proyecto de modificación estructural;

2.º Un anuncio por el que se informe a los socios, acreedores y representantes de los trabajadores de la sociedad, o, cuando no existan tales representantes, a los propios trabajadores, de que pueden presentar a la sociedad, a más tardar cinco días laborables antes de la fecha de la junta general, observaciones relativas al proyecto; y

3.º El informe de experto independiente, cuando proceda, excluyendo, en su caso, la información confidencial que contuviera.

La inserción de dichos documentos en la página web deberá mantenerse hasta que finalice el plazo para el ejercicio por los acreedores de los derechos que les correspondan.

2. El hecho de la inserción de esos documentos en la página web se publicará de forma gratuita en el «Boletín Oficial del Registro Mercantil», con expresión de la página web en que figure y de la fecha de la inserción. La inserción en la web del proyecto y la fecha de la misma se acreditarán mediante la certificación del contenido de aquélla, remitido al correspondiente Registro Mercantil, debiéndose publicar en el «Boletín Oficial del Registro Mercantil» dentro de los cinco días siguientes a la recepción de la última certificación.

3. Los administradores también pueden depositar dicha información voluntariamente en el Registro Mercantil correspondiente a cada una de ellas.

4. Si la sociedad o sociedades que participan en la modificación estructural careciera de página web, los administradores están obligados a depositar los documentos previstos en el apartado 1 en el Registro Mercantil de su domicilio social. Efectuado el depósito, el registrador comunicará al Registrador Mercantil Central, para su inmediata publicación gratuita en el «Boletín Oficial del Registro Mercantil», el hecho del depósito y la fecha en que hubiere tenido lugar.

5. La publicación del anuncio de convocatoria de las juntas de socios que hayan de resolver sobre la operación o la comunicación individual de ese anuncio a los socios no podrá realizarse antes de la publicación de la inserción o del depósito de la documentación en el «Boletín Oficial del Registro Mercantil».

6. Los documentos previstos en el apartado 1 podrán presentarse telemáticamente en el Registro Mercantil competente con la firma electrónica cualificada de quienes los suscriban.

7. El acceso a la documentación depositada en el Registro Mercantil o a la información presentada en el mismo será público y gratuito mediante el sistema de interconexión de registros.

8. Los aranceles registrales por la publicidad prevista en los apartados anteriores no podrán superar la recuperación del coste de la prestación de tales servicios.

Sección 2.ª Del Acuerdo de modificación estructural y de la validez de la operación

Art. 8. *Aprobación por la junta general.*– 1. Las modificaciones estructurales deben ser acordadas necesariamente por la junta general, con los requisitos y formalidades establecidos en el régimen de la sociedad o sociedades que participen en dicha operación, con las salvedades previstas en este real decreto-ley.

2. La junta general de la sociedad tomará nota de los informes de administradores y, en su caso, de las opiniones presentadas por los trabajadores o sus representantes en relación con dichos informes. Asimismo, tomará nota de los informes de los expertos independientes, así como de las observaciones presentadas, en su caso, por socios, acreedores o trabajadores. A la vista de todo ello, la junta general de la sociedad acordará la aprobación o no del proyecto de modificación estructural.

3. La junta general podrá supeditar la ejecución de la operación a la ratificación expresa por la propia junta de las disposiciones que regulan la implicación y participación de los trabajadores.

4. En las sociedades anónimas, para la aprobación del proyecto por la junta general, será necesaria en primera convocatoria, la concurrencia de accionistas presentes o representados que posean, al menos, el cincuenta por ciento del capital suscrito con derecho de voto. En segunda convocatoria será suficiente la concurrencia del veinticinco por ciento de dicho capital. Cuando el capital presente o representado alcance, al menos, el cincuenta por ciento, bastará con que el acuerdo se adopte por mayoría absoluta. Se requerirá el voto favorable de los dos tercios del capital presente o representado en la junta cuando en segunda convocatoria concurran accionistas que representen el veinticinco por ciento o más del capital suscrito con derecho de voto sin alcanzar el cincuenta por ciento.

5. En las sociedades de responsabilidad limitada, la aprobación del proyecto por la junta general requerirá el voto favorable de, al menos, dos tercios de los votos correspondientes a las participaciones en que se divida el capital social.

6. Los estatutos sociales podrán elevar los quorum y mayorías previstas en los dos apartados anteriores siempre que no superen el noventa por ciento de los derechos de voto que corresponden al capital social presente o representado en la junta general.

7. Todo cambio del proyecto de modificación estructural requerirá la misma mayoría.

Art. 9. *Acuerdo unánime de modificación estructural.*– 1. El acuerdo de modificación estructural podrá adoptarse sin necesidad de publicar o depositar los documentos exigidos por la ley, aunque deberán incorporarse a la escritura de modificación estructural, y sin anuncio sobre la posibilidad de formular observaciones ni informe de los administradores sobre el proyecto de modificación, cuando se adopte por la sociedad o por cada una de las sociedades participantes en junta universal y por unanimidad de todos los socios con derecho de voto y, en su caso, de quienes de acuerdo con la ley o los estatutos pudieran ejercer legítimamente ese derecho.

2. Los derechos de información de los trabajadores sobre la modificación estructural, incluido el informe de los administradores sobre los efectos que pudiera tener sobre el empleo, no podrán ser restringidos por el hecho de que la modificación estructural sea aprobada en junta universal.

Art. 10. *Publicación del acuerdo.*– 1. El acuerdo de modificación estructural, una vez adoptado, se publicará en el «Boletín Oficial del Registro Mercantil» y en la página web de la sociedad o, a falta de ella, en uno de los diarios de mayor difusión en las provincias en las que cada una de las sociedades tenga su domicilio. En el anuncio se hará constar el derecho que asiste a los socios y acreedores de obtener el texto íntegro del acuerdo adoptado y del balance presentado.

2. No será necesaria la publicación a que se refiere el apartado anterior cuando el acuerdo se comunique individualmente por escrito o vía electrónica a todos los socios y acreedores, por un procedimiento que asegure la recepción de aquél en la dirección que figure en la documentación de la sociedad.

Art. 11. *Impugnación del acuerdo.*– No constituirán por sí solos, individual o conjuntamente, motivos de impugnación del acuerdo de modificación estructural, los siguientes:

1.º La compensación en efectivo ofrecida en el proyecto por la enajenación de las acciones, participaciones o cuotas de los socios fue fijada inadecuadamente;

2.º La relación de canje de las acciones, participaciones o cuotas fue fijada inadecuadamente; o

3.º La información facilitada sobre la compensación en efectivo o la relación de canje no cumplía los requisitos legales.

Sección 3.ª De la protección de los socios y los acreedores

Art. 12. *Protección de los socios: derecho a una compensación en efectivo y tipo de canje.*– 1. Los socios que conforme al régimen específico de la modificación estructural proyectada tengan el derecho a enajenar sus acciones, participaciones o cuotas a cambio de una compensación en efectivo adecuada, podrán ejercitarlo siempre que hayan votado en contra de la aprobación del correspondiente proyecto o sean titulares de acciones o participaciones sin voto.

En concreto, los socios dispondrán de este derecho en las transformaciones internas, en las fusiones por absorción de sociedad participada al 90% cuando no se elaboren los informes de administradores y de expertos sobre el proyecto de fusión y en las operaciones transfronterizas cuando vayan a quedar sometidos a una ley extranjera.

2. Los socios que pretendan ejercitar el derecho a enajenar sus acciones, participaciones o, cuotas, deberán comunicarlo a la sociedad en el plazo de 20 días desde la fecha de la junta general que haya aprobado el acuerdo de modificación estructural. La sociedad dispondrá de una dirección electrónica a la que los socios puedan comunicar su decisión.

3. La compensación en efectivo establecida en el correspondiente proyecto de modificación se abonará dentro del plazo de dos meses a contar desde la fecha en que surta efecto la modificación.

4. Cuando el socio que haya declarado su voluntad de ejercer el derecho de enajenación de sus acciones, participaciones o, cuotas, considere que la compensación en efectivo ofrecida por la sociedad no se ha fijado adecuadamente, tendrá derecho a reclamar una compensación en efectivo complementaria ante el Juzgado de lo Mercantil del domicilio social, cuya competencia será exclusiva, o el tribunal arbitral estatutariamente previsto, dentro del plazo de dos meses desde la fecha en que hayan recibido o hubieran debido recibir la compensación inicial.

Será exclusivamente competente para conocer dicha reclamación, también en el ámbito internacional, el Juzgado de lo Mercantil del domicilio de la sociedad o, en su caso, el tribunal arbitral estatutariamente previsto.

5. El ejercicio de los derechos previstos en este artículo no paralizará la operación de modificación estructural ni impedirá su inscripción en el Registro Mercantil.

6. La protección de los socios en el tipo de canje de acciones, participaciones o cuotas, se realizará conforme a las reglas previstas para la fusión.

Art. 13. *Protección de los acreedores.*– 1. Los acreedores cuyos créditos hayan nacido con anterioridad a la publicación del correspondiente proyecto, aun no hayan vencido en el momento de dicha publicación, que no estén conformes con las garantías ofrecidas o con la falta de ellas en aquel proyecto y hayan notificado a la sociedad su disconformidad, podrán, dentro del plazo de 1 mes para las operaciones internas y 3 meses para las transfronterizas a partir de dicha publicación:

1.º Acudir al Registrador Mercantil del domicilio social, si se ha emitido informe de experto independiente sobre las garantías considerándolas inadecuadas. En este caso, el Registrador Mercantil dará traslado en el plazo de 5 días a la sociedad para que ésta en el plazo 15 días pueda, en su caso, ampliarlas u ofrecer otras nuevas.

Si tras ello el acreedor sigue insatisfecho, podrá en el plazo de 10 días solicitar al Juzgado de lo Mercantil competente las garantías que, en su caso, deba prestar la sociedad.

2.º Acudir al Juzgado de lo Mercantil, si se ha emitido informe de experto independiente sobre las garantías considerándolas adecuadas. En este caso, el Juzgado de lo Mercantil tramitará el procedimiento y realizará la comunicación al Registrador Mercantil.

3.º Solicitar del Registrador Mercantil que nombre un experto independiente en el plazo de cinco días, dentro del plazo de 3 meses desde la publicación del proyecto, si no se ha emitido informe de experto independiente sobre las garantías los acreedores. El experto se pronunciará en el plazo de 20 días en un único informe sobre la adecuación de las garantías de todos los acreedores que lo hayan solicitado.

Si el informe de este experto considera que las garantías son inadecuadas, se estará a lo previsto en el número 1.º, y si considera que son adecuadas, a lo previsto en el número 2.º El coste de dicho informe será a cargo de la sociedad, salvo que esta hubiera hecho la declaración sobre la situación financiera prevista en este real decreto-ley, el informe del experto considere las garantías adecuadas o el juez, en su caso, desestime la reclamación judicial del acreedor.

2. En los casos en que no sea necesaria la publicación del proyecto de fusión, la fecha de nacimiento del crédito a los efectos de la protección de los acreedores deberá ser anterior a la fecha de publicación del acuerdo de fusión adoptado por la junta general o, en los casos que así proceda, por el consejo de administración o a la fecha de la comunicación individual a ese acuerdo al acreedor.

3. El ejercicio de los derechos previstos en este artículo no paralizará la operación de modificación estructural ni impedirá su inscripción en el Registro Mercantil.

4. Los obligacionistas podrán ejercer sus derechos en los mismos términos que los restantes acreedores, salvo que la modificación estructural hubiere sido aprobada por la asamblea de obligacionistas.

Véase art. 399 ter del TRLC.

Art. 14. *Adecuación y eficacia de las garantías*.– 1. Los acreedores, para que se le concedan o completen las garantías de sus créditos, deberán demostrar que la satisfacción de sus derechos está en riesgo debido a la modificación estructural y que no han obtenido garantías adecuadas de la sociedad. Se presumirá, salvo prueba en contrario, que las garantías son adecuadas o necesarias cuando el informe de experto independiente haya constatado esa adecuación o la sociedad haya emitido la declaración sobre la situación financiera en los términos previstos en el siguiente artículo.

2. En todo caso, la eficacia de estas garantías quedará supeditada a que la modificación estructural surta efecto.

Art. 15. *Declaración sobre la situación financiera*.– 1. El órgano de administración de la sociedad que realice o participe en una operación podrá adjuntar para su publicación junto con el proyecto una declaración que refleje con exactitud la situación financiera actual en una fecha no anterior a un mes antes de la publicación de dicha declaración. En ella se hará constar que sobre la base de la información a su disposición y después de haber efectuado las averiguaciones que sean razonables, no conoce ningún motivo por el que la sociedad, después de que la operación surta efecto, no pueda responder de sus obligaciones al vencimiento de estas.

2. Tratándose de una escisión, la declaración del órgano de administración se referirá además a la capacidad de la o las sociedades beneficiarias de responder de las obligaciones que se le hayan atribuido en virtud del proyecto de escisión al vencimiento de estas.

Sección 4.ª Inscripción y validez de la operación

Art. 16. *Eficacia de la inscripción y validez de la operación*.– 1. El Registrador Mercantil procederá a la inscripción de la operación de modificación estructural una vez que compruebe que se han cumplido debidamente todas las condiciones exigidas y se han cumplimentado correctamente todos los trámites necesarios. A los efectos de este real decreto-ley, la eficacia de la modificación estructural se producirá desde la fecha de su inscripción en el Registro Mercantil.

2. No podrá declararse la nulidad de una modificación estructural una vez inscrita. Quedan a salvo las acciones resarcitorias que correspondan a socios y terceros.

3. También queda a salvo la aplicación de las disposiciones de derecho penal, de prevención y lucha contra la financiación del terrorismo y de derecho laboral y tributario, para imponer medidas y sanciones después de la fecha en que haya surtido efectos la modificación estructural. Asimismo, queda a salvo la legislación especial relativa al acceso, cesión o comunicación de información de naturaleza tributaria.

TÍTULO II. De las modificaciones estructurales

CAPÍTULO I. De la transformación por cambio de tipo social

Sección 1.ª Disposiciones Generales

Art. 17. *Concepto*.- En virtud de la transformación una sociedad adopta un tipo social distinto, conservando su personalidad jurídica.

Art. 18. *Supuestos de posible transformación*.- 1. Una sociedad mercantil inscrita podrá transformarse en cualquier otro tipo de sociedad mercantil.

2. Una sociedad mercantil inscrita, así como una agrupación europea de interés económico, podrán transformarse en agrupación de interés económico. Igualmente, una agrupación de interés económico podrá transformarse en cualquier tipo de sociedad mercantil y en agrupación europea de interés económico.

3. Una sociedad civil podrá transformarse en cualquier tipo de sociedad mercantil.

4. Una sociedad anónima podrá transformarse en sociedad anónima europea. Igualmente, una sociedad anónima europea podrá transformarse en sociedad anónima.

5. Una sociedad cooperativa podrá transformarse en sociedad mercantil, y una sociedad mercantil inscrita en sociedad cooperativa.

6. Una sociedad cooperativa podrá transformarse en sociedad cooperativa europea y una sociedad cooperativa europea podrá transformarse en sociedad cooperativa.

Art. 19. *Transformaciones entre sociedad anónima y sociedad anónima europea*.- La transformación de sociedades anónimas en sociedades anónimas europeas y viceversa se regirá por lo dispuesto en el Reglamento (CE) número 2157/2001 y por las normas que lo desarrollan, y por lo dispuesto en la Ley 31/2006, de 18 de octubre, sobre implicación de los trabajadores en las sociedades anónimas y cooperativas europeas.

Sección 2.ª Del proyecto y del informe de la transformación

Art. 20. *Proyecto de transformación*.- 1. El proyecto contendrá, además de las menciones enumeradas en las disposiciones comunes, las siguientes:

1.º Los datos identificadores de la inscripción de la sociedad en el Registro Mercantil.

2.º El proyecto de escritura social o estatutos de la sociedad que resulte de la transformación, así como, otros pactos sociales que vayan a constar en documento público.

2. En las transformaciones internas no será necesario que el proyecto contenga ofrecimiento de garantías a los acreedores.

3. El proyecto se acompañará de la siguiente documentación:

1.º El balance de la sociedad a transformar, que deberá estar cerrado dentro de los seis meses anteriores a la fecha prevista para la reunión, junto con un informe sobre las modificaciones patrimoniales significativas que hayan podido tener lugar con posterioridad al mismo.

2.º El informe del auditor de cuentas sobre el balance presentado, cuando la sociedad que se transforme esté obligada a someter sus cuentas a auditoría.

3.º La acreditación de encontrarse al corriente en el cumplimiento de las obligaciones tributarias y frente a la Seguridad Social, mediante la aportación de los correspondientes certificados, válidos y emitidos por el órgano competente.

Art. 21. *Informe del órgano de administración.–* 1. El informe contendrá las menciones enumeradas en las disposiciones comunes del Título I.

2. Los administradores de la sociedad están obligados a informar a la junta de socios a la que se someta la aprobación de la transformación, sobre cualquier modificación importante del activo o del pasivo acaecida entre la fecha del informe justificativo de la transformación y del balance puestos a disposición de los socios y la fecha de la reunión de la junta.

3. No será precisa la puesta a disposición o envío de la información a que se refiere el apartado primero cuando el acuerdo de transformación se adopte en junta universal y por unanimidad.

Art. 22. *Informe de experto independiente.–* El informe de experto independiente solo será necesario en los casos de transformación en sociedad anónima o sociedad comanditaria por acciones y tendrá como único objeto la valoración de las aportaciones no dinerarias.

Sección 3.ª Del acuerdo de transformación y protección de los socios

Art. 23. *Requisitos del acuerdo de transformación.–* 1. El acuerdo de transformación se adoptará con los requisitos y formalidades establecidos en el régimen de la sociedad que se transforma.

2. El acuerdo deberá incluir la aprobación del balance de la sociedad presentado para la transformación, con las modificaciones que en su caso resulten procedentes, así como de las menciones exigidas para la constitución de la sociedad cuyo tipo se adopte.

Art. 24. *Protección de los socios.–* 1. Los socios y los titulares de acciones o participaciones sin voto tendrán derecho a enajenar sus acciones o participaciones a la sociedad o a los socios o terceros que esta proponga a cambio de una compensación en efectivo adecuada, en los términos previstos para la protección de socios en las disposiciones comunes.

2. Los socios que por efecto de la transformación hubieran de asumir una responsabilidad personal por las deudas sociales y no hubieran votado a favor del acuerdo de transformación quedarán automáticamente separados de la sociedad, si no se adhieren fehacientemente a él dentro del plazo de un mes a contar desde la fecha de su adopción cuando hubieran asistido a la junta de socios, o desde la comunicación de ese acuerdo cuando no hubieran asistido. La valoración de las acciones o participaciones correspondientes a los socios que resulten separados se hará conforme a lo previsto en las disposiciones comunes.

Art. 25. *Subsistencia de las obligaciones de los socios.–* 1. La transformación por sí sola no liberará a los socios del cumplimiento de sus obligaciones frente a la sociedad.

2. Si el tipo social en que se transforma la sociedad exige el desembolso íntegro del capital social, habrá de procederse al desembolso con carácter previo al acuerdo de transformación o, en su caso, a una reducción de capital con finalidad de condonación de dividendos pasivos. En el primer caso, la realidad de los desembolsos efectuados se acreditará ante el notario autorizante de la escritura pública y los documentos acreditativos se incorporarán a la misma en original o testimonio.

Art. 26. *Participación de los socios en la sociedad transformada.–* 1. El acuerdo de transformación no podrá modificar la participación social de los socios si no es con el consentimiento de todos los que permanezcan en la sociedad.

2. En el caso de una sociedad con uno o más socios industriales que se transforme en un tipo social en el que no existan tales socios, la participación de éstos en el capital de la nueva sociedad transformada será la que corresponda a la cuota de participación que les hubiera sido asignada en la escritura de constitución de la sociedad o, en su defecto, la que se convenga entre todos los socios, reduciéndose proporcionalmente en ambos casos la participación de los demás socios.

La subsistencia, en su caso, de la obligación personal del socio industrial en la sociedad una vez transformada exigirá siempre el consentimiento del socio y deberá instrumentarse como prestación accesoria en las condiciones que se establezcan en los estatutos sociales.

Art. 27. *Sociedades que tuvieran emitidas obligaciones u otros valores.–* La transformación de una sociedad que tuviera emitidas obligaciones u otros valores en otro tipo social al que no le esté permitido emitirlos y la de una sociedad anónima que tuviera emitidas obligaciones convertibles en acciones en otro tipo social diferente, sólo podrán acordarse si previamente se hubiera procedido a la amortización o a la conversión, en su caso, de las obligaciones emitidas.

Art. 28. *Titulares de derechos especiales*.– 1. La transformación no podrá tener lugar si, dentro del mes siguiente a la publicación en el «Boletín Oficial del Registro Mercantil» del acuerdo de la misma o del envío de la comunicación individual por escrito, se opusieran titulares de derechos especiales distintos de las acciones, de las participaciones o de las cuotas que no puedan mantenerse después de la transformación.

2. Esa oposición no producirá efecto alguno si es realizada por un socio que hubiere votado a favor de la transformación.

Art. 29. *Modificaciones adicionales a la transformación*.– 1. La transformación de la sociedad podrá ir acompañada de la incorporación de nuevos socios.

2. Cuando la transformación vaya acompañada de la modificación del objeto, el domicilio, el capital social u otros extremos de la escritura o de los estatutos, habrán de observarse los requisitos específicos de esas operaciones conforme a las disposiciones que rijan el nuevo tipo social.

Sección 4.ª De la formalización y de la inscripción de la transformación

Art. 30. *Escritura pública de transformación*.– 1. La escritura pública de transformación habrá de ser otorgada por la sociedad y por todos los socios que pasen a responder personalmente de las deudas sociales.

2. Además de las menciones exigidas para la constitución de la sociedad cuyo tipo se adopte, la escritura pública de transformación habrá de contener la relación de socios que hubieran quedado automáticamente separados y el capital que representen, así como la cuota, las acciones o participaciones que se atribuyan a cada socio en la sociedad transformada.

Art. 31. *Eficacia de la transformación*.– La eficacia de la transformación quedará supeditada a la inscripción de la escritura pública en el Registro Mercantil, que solo se podrá llevar a cabo una vez acreditado el cumplimiento de las condiciones anteriormente referidas.

Sección 5.ª Efectos de la transformación sobre la responsabilidad de los socios

Art. 32. *Responsabilidad de los socios por las deudas sociales y protección de acreedores*.– 1. Los socios que en virtud de la transformación asuman responsabilidad personal e ilimitada por las deudas sociales responderán en la misma forma de las deudas anteriores a la transformación.

2. Salvo que los acreedores sociales hayan consentido expresamente la transformación, subsistirá la responsabilidad de los socios que respondían personalmente de las deudas de la sociedad transformada por las deudas sociales contraídas con anterioridad

a la transformación de la sociedad. Esta responsabilidad prescribirá a los cinco años a contar desde la publicación de la transformación en el «Boletín Oficial del Registro Mercantil».

3. En las transformaciones internas no serán aplicables las disposiciones comunes sobre protección de acreedores.

CAPÍTULO II. DE LA FUSIÓN

Sección 1.ª Disposiciones generales

Art. 33. *Concepto*.– En virtud de la fusión, dos o más sociedades mercantiles inscritas se integran en una única sociedad mediante la transmisión en bloque de sus patrimonios y la atribución a los socios de las sociedades que se extinguen de acciones, participaciones o cuotas de la sociedad resultante, que puede ser de nueva creación o una de las sociedades que se fusionan.

Art. 34. *Clases de fusión*.– 1. La fusión en una nueva sociedad implicará la extinción de cada una de las sociedades que se fusionan y la transmisión en bloque de los respectivos patrimonios sociales a la nueva entidad, que adquirirá por sucesión universal los derechos y obligaciones de aquéllas.

2. Si la fusión hubiese de resultar de la absorción de una o más sociedades por otra ya existente, ésta adquirirá por sucesión universal los patrimonios de las sociedades absorbidas, que se extinguirán, aumentando, en su caso, el capital social de la sociedad absorbente en la cuantía que proceda.

Art. 35. *Continuidad en la participación*.– 1. Los socios de las sociedades extinguidas se integrarán en la sociedad resultante de la fusión, recibiendo un número de acciones o participaciones, o una cuota, en proporción a su respectiva participación en aquellas sociedades.

2. En el caso de una sociedad con uno o más socios industriales que se fusione en otra en la que no puedan existir tales socios, la participación de éstos en el capital de la sociedad resultante de la fusión se determinará atribuyendo a cada uno de ellos la participación en el capital de la sociedad extinguida correspondiente a la cuota de participación que le hubiera sido asignada en la escritura de constitución, o en su defecto, la que se convenga entre todos los socios de dicha sociedad, reduciéndose proporcionalmente en ambos casos la participación de los demás socios.

La subsistencia, en su caso, de la obligación personal del socio industrial en la sociedad que resulte de la fusión, exigirá siempre el consentimiento del socio y deberá instrumentarse como prestación accesoria cuando no puedan existir socios industriales.

Art. 36. *Tipo de canje.*– 1. En las operaciones de fusión el tipo de canje de las acciones, participaciones o cuotas de las sociedades que participan en la misma debe establecerse sobre la base del valor razonable de su patrimonio.

2. Cuando sea conveniente para ajustar el tipo de canje, los socios podrán recibir, además, una compensación en dinero que no exceda del diez por ciento del valor nominal de las acciones, de las participaciones o del valor contable de las cuotas atribuidas.

Art. 37. *Prohibición de canje de participaciones propias.*– Las acciones, participaciones o cuotas de las sociedades que se fusionan, que estuvieran en poder de cualquiera de ellas o en poder de otras personas que actuasen en su propio nombre, pero por cuenta de esas sociedades, no podrán canjearse por acciones, participaciones o cuotas de la sociedad resultante de la fusión y, en su caso, deberán ser amortizadas o extinguidas.

Art. 38. *Aplicación de legislación sectorial.*– Serán de aplicación a las fusiones de sociedades mercantiles los requisitos que, en su caso, se exijan en la legislación sectorial.

Sección 2.ª Del proyecto de fusión

Art. 39. *Proyecto común de fusión.*– 1. Los administradores de cada una de las sociedades que participen en la fusión habrán de redactar y suscribir un proyecto común de fusión. Si falta la firma de alguno de ellos, se señalará al final del proyecto, con indicación de la causa.

2. Una vez suscrito el proyecto común de fusión, los administradores de las sociedades que se fusionen se abstendrán de realizar cualquier clase de acto o de concluir cualquier contrato que pudiera comprometer la aprobación del proyecto o modificar sustancialmente la relación de canje de las acciones, participaciones o cuotas.

3. El proyecto de fusión quedará sin efecto si no hubiera sido aprobado por las juntas de socios de todas las sociedades que participen en la fusión dentro de los seis meses siguientes a su fecha.

Art. 40. *Contenido del proyecto común de fusión.*– El proyecto común de fusión además de las menciones contempladas en las disposiciones comunes incluirá:

1.º Los datos identificadores de la inscripción de las sociedades participantes en el Registro Mercantil.

2.º Los de la sociedad resultante de la fusión o, en su caso, el proyecto de escritura y estatutos de la sociedad de nueva creación.

3.º El tipo de canje de las acciones, participaciones o cuotas, la compensación complementaria en dinero si se hubiera previsto y, en su caso, el procedimiento de canje.

4.º La incidencia que la fusión haya de tener sobre las aportaciones de industria o en las prestaciones accesorias en las sociedades que se extinguen y las compensaciones que vayan a otorgarse, en su caso, a los socios afectados en la sociedad resultante.

5.º La fecha a partir de la cual los titulares de las nuevas acciones, participaciones o cuotas tendrán derecho a participar en las ganancias sociales y cualesquiera peculiaridades relativas a este derecho.

6.º La fecha a partir de la cual la fusión tendrá efectos contables.

7.º La información sobre la valoración del activo y pasivo del patrimonio de cada sociedad que se transmita a la sociedad resultante.

8.º Las fechas de las cuentas de las sociedades que se fusionan utilizadas para establecer las condiciones en que se realiza la fusión.

9.º La acreditación de encontrarse al corriente en el cumplimiento de las obligaciones tributarias y frente a la Seguridad Social, mediante la aportación de los correspondientes certificados, válidos y emitidos por el órgano competente.

Art. 41. *Informe de expertos sobre el proyecto de fusión.*– 1. Cuando alguna de las sociedades que participen en la fusión sea anónima o comanditaria por acciones, los administradores de cada una de las sociedades que se fusionan deberán solicitar del registrador mercantil correspondiente al domicilio social el nombramiento de uno o varios expertos independientes y distintos, para que, por separado, emitan informe sobre el proyecto común de fusión.

No obstante, los administradores de todas las sociedades que se fusionan a que se refiere el apartado anterior podrán pedir al Registrador Mercantil que designe uno o varios expertos para la elaboración de un único informe. La competencia para el nombramiento corresponderá al Registrador Mercantil del domicilio social de la sociedad absorbente o del que figure en el proyecto común de fusión como domicilio de la nueva sociedad.

2. Los expertos nombrados podrán obtener de las sociedades que participan en la fusión, sin limitación alguna, toda la información necesaria para cumplir con su labor pericial.

3. El informe del experto o de los expertos estará dividido, en al menos, dos partes: en la primera, deberá exponer los métodos seguidos por los administradores para establecer el tipo de canje de las acciones, participaciones o cuotas de los socios de las sociedades que se extinguen; y en la segunda, deberá manifestar la opinión de si el patrimonio de las sociedades que se extinguen es igual, al menos, al capital de la nueva sociedad o al importe del aumento del capital de la sociedad absorbente cuando

la nueva sociedad o la sociedad absorbente sea una sociedad anónima o comanditaria por acciones.

4. El contenido del informe del experto o de los expertos sobre el proyecto de fusión estará integrado únicamente por la segunda parte cuando, en todas las sociedades que participen en la fusión, así lo hayan acordado todos los socios con derecho de voto y, además, todas las personas que, en su caso, según la ley o los estatutos sociales, fueran titulares de ese derecho.

5. En los demás casos el informe será facultativo.

6. El informe del experto independiente deberá estar vigente en el momento de la celebración de las juntas generales de accionistas que aprueben la fusión para cada una de las sociedades intervinientes.

Art. 42. *Fusión posterior a una adquisición de sociedad con endeudamiento de la adquirente*.– 1. En caso de fusión entre dos o más sociedades, si alguna de ellas hubiera contraído deudas en los tres años inmediatamente anteriores para adquirir el control de otra que participe en la operación de fusión o para adquirir activos de la misma esenciales para su normal explotación o que sean de importancia por su valor patrimonial, serán de aplicación las siguientes reglas:

1.º El proyecto de fusión deberá indicar los recursos y los plazos previstos para la satisfacción por la sociedad resultante de las deudas contraídas para la adquisición del control o de los activos.

2.º El informe de los administradores sobre el proyecto de fusión debe indicar las razones que hubieran justificado la adquisición del control o de los activos y que justifiquen, en su caso, la operación de fusión y contener un plan económico y financiero, con expresión de los recursos y la descripción de los objetivos que se pretenden conseguir.

3.º El informe de los expertos sobre el proyecto de fusión debe contener un juicio sobre la razonabilidad de las indicaciones a que se refieren los dos números anteriores.

2. En estos supuestos será necesario el informe de expertos incluso cuando se trate de acuerdo unánime de fusión.

Sección 3.ª Del Balance de fusión

Art. 43. *Balance de fusión*.– 1. El último balance de ejercicio aprobado podrá considerarse balance de fusión, siempre que hubiere sido cerrado dentro de los seis meses anteriores a la fecha del proyecto de fusión.

Si el balance anual no cumpliera con ese requisito, será preciso elaborar un balance cerrado con posterioridad al primer día del tercer mes precedente a la fecha del proyecto de fusión, siguiendo los mismos métodos y criterios de presentación del último balance anual.

2. En ambos casos podrán modificarse las valoraciones contenidas en el último balance en atención a las modificaciones importantes del valor razonable que no aparezcan en los asientos contables.

3. Si en la fusión participan una o varias sociedades anónimas cotizadas cuyos valores estén ya admitidos a negociación en un mercado regulado, domiciliado en la Unión Europea, el balance de fusión podrá ser sustituido por el informe financiero semestral de cada una de ellas exigido por la legislación sobre mercado de valores, siempre que dicho informe hubiere sido cerrado y hecho público dentro de los seis meses anteriores a la fecha del proyecto de fusión. Dicho informe no precisará estar auditado. El informe se pondrá a disposición de los accionistas en la misma forma que la establecida para el balance de fusión. La misma regla será aplicable a los emisores de valores admitidos a negociación en un mercado regulado, domiciliado en la Unión Europea.

Art. 44. *Verificación y aprobación del balance*.– El balance de fusión y las modificaciones de las valoraciones contenidas en el mismo deberán ser verificados por el auditor de cuentas de la sociedad, cuando exista obligación de auditar, y habrán de ser sometidos a la aprobación de la junta general que resuelva sobre la fusión a cuyos efectos deberá mencionarse expresamente en el orden del día de la junta.

Esta regla no será de aplicación cuando conforme a las disposiciones de este real decreto-ley no se requiera aprobación del acuerdo de fusión por la junta general.

Art. 45. *Impugnación del balance de fusión*.– La impugnación del balance de fusión no podrá suspender por sí sola la ejecución de la fusión.

Sección 4.ª Del Acuerdo de fusión

Art. 46. *Información sobre la fusión*.– 1. Antes de la publicación del anuncio de convocatoria de las juntas generales que hayan de resolver sobre la fusión o de la comunicación individual de ese anuncio a los socios, los administradores deberán insertar en la página web de la sociedad, con posibilidad de descargarlos e imprimirlos o, si no tuviera página web, poner a disposición de los socios, obligacionistas, titulares de derechos especiales y de los representantes de los trabajadores, en el domicilio social, además de los especificados en las disposiciones comunes, los siguientes documentos:

1.º Las cuentas anuales y los informes de gestión de los tres últimos ejercicios, así como los correspondientes informes de los auditores de cuentas de las sociedades en las que fueran legalmente exigibles.

2.º El balance de fusión de cada una de las sociedades, cuando sea distinto del último balance anual aprobado, acompañado, si fuera exigible, del informe de auditoría o, en el caso de fusión de sociedades cotizadas, el informe financiero semestral por el que el balance se hubiera sustituido.

3.º Los estatutos sociales vigentes incorporados a escritura pública y, en su caso, los pactos relevantes que vayan a constar en documento público.

4.º El proyecto de escritura de constitución de la nueva sociedad o, si se trata de una absorción, el texto íntegro de los estatutos de la sociedad absorbente o, a falta de estos, de la escritura por la que se rija, incluyendo destacadamente las modificaciones que hayan de introducirse.

5.º La identidad de los administradores de las sociedades que participan en la fusión, la fecha desde la que desempeñan sus cargos y, en su caso, las mismas indicaciones de quienes vayan a ser propuestos como administradores como consecuencia de la fusión.

2. Si la sociedad no tuviera página web, los socios, los obligacionistas, los titulares de derechos especiales y los representantes de los trabajadores que así lo soliciten por cualquier medio admitido en Derecho tendrán derecho al examen en el domicilio social de copia íntegra de los documentos a que se refiere el apartado anterior, así como a la entrega o al envío gratuitos, por medios electrónicos, de un ejemplar de cada uno de ellos.

3. Las modificaciones importantes del activo o del pasivo acaecidas en cualquiera de las sociedades que se fusionan, entre la fecha de redacción del proyecto de fusión y la de la reunión de la junta general que haya de aprobarla, habrán de comunicarse a la junta de todas las sociedades que se fusionan. A tal efecto, los administradores de la sociedad en que se hubieran producido las modificaciones deberán ponerlas en conocimiento de los administradores de las restantes sociedades para que puedan informar a sus respectivas juntas. Esta información no será exigible cuando, en todas y cada una de las sociedades que participen en la fusión, lo acuerden todos los socios con derecho de voto y, en su caso, quienes de acuerdo con la ley o los estatutos pudieran ejercer legítimamente ese derecho.

Art. 47. *Acuerdo de fusión.*– 1. La fusión habrá de ser acordada necesariamente por la junta general de cada una de las sociedades que participen en ella, ajustándose estrictamente al proyecto común de fusión, con los requisitos y formalidades establecidos en el régimen de las sociedades que se fusionan. Cualquier acuerdo de una sociedad que modifique unilateralmente el proyecto de fusión equivaldrá al rechazo de la propuesta.

2. La publicación de la convocatoria de la junta o la comunicación individual de ese anuncio a los socios habrán de realizarse con un mes de antelación, como mínimo, a la fecha prevista para la celebración de la junta; deberán incluir las menciones mínimas del proyecto de fusión legalmente exigidas; y harán constar la fecha de inserción de los documentos indicados en el artículo anterior en la página web de la sociedad o, si ésta no tuviera página web, el derecho que corresponde a todos los socios, obligacionistas,

titulares de derechos especiales y representantes de los trabajadores a examinar en el domicilio social copia de esos documentos, así como a obtener la entrega o el envío gratuitos de los mismos por medios electrónicos.

3. Cuando la fusión se realice mediante la creación de una nueva sociedad, el acuerdo de fusión deberá incluir las menciones legalmente exigidas para la constitución de aquélla.

Art. 48. _Exigencias especiales del acuerdo de fusión._– 1. El acuerdo de fusión exigirá, además, el consentimiento de todos los socios que, por virtud de la fusión, pasen a responder ilimitadamente de las deudas sociales, así como el de los socios de las sociedades que se extingan que hayan de asumir obligaciones personales en la sociedad resultante de la fusión.

2. También será necesario el consentimiento individual de los titulares de derechos especiales distintos de las acciones o participaciones cuando no disfruten, en la sociedad resultante de la fusión, de derechos equivalentes a los que les correspondían en la sociedad extinguida, a no ser que la modificación de tales derechos hubiera sido aprobada, en su caso, por la asamblea de esos titulares.

Art. 49. _Protección de los socios en la relación de canje._– 1. Los socios de las sociedades que se fusionen, que consideren que la relación de canje establecida en el proyecto no es adecuada, pueden impugnarla y reclamar un pago en efectivo ante el Juzgado de lo Mercantil del domicilio social, cuya competencia será exclusiva, o el tribunal arbitral estatutariamente previsto, siempre que no hayan votado a favor de la aprobación del acuerdo de fusión o no tengan derecho de voto, dentro del plazo de dos meses desde la fecha de publicación del acuerdo de la junta general. La decisión del Juzgado o tribunal arbitral será vinculante para la sociedad resultante de la fusión.

2. La sociedad resultante podrá compensar a los socios con acciones o participaciones propias en lugar del pago en efectivo.

3. La impugnación de la relación de canje no paralizará la fusión ni impedirá su inscripción en el Registro Mercantil.

Sección 5.ª De la formalización e inscripción de la fusión

Art. 50. _Escritura pública de fusión._– 1. Las sociedades que se fusionan elevarán el acuerdo de fusión adoptado a escritura pública, a la cual se incorporará el balance de fusión de aquéllas o, en el caso de fusión de sociedades cotizadas, el informe financiero semestral por el que el balance se hubiera sustituido.

2. Si la fusión se realizara mediante la creación de una nueva sociedad, la escritura deberá contener, además, las menciones legalmente exigidas para la constitución de la misma en atención al tipo elegido.

Si se realizara por absorción, la escritura contendrá las modificaciones estatutarias que se hubieran acordado por la sociedad absorbente con motivo de la fusión y el número, clase y serie de las acciones o las participaciones o cuotas que hayan de ser atribuidas, en cada caso, a cada uno de los nuevos socios.

Art. 51. *Inscripción de la fusión*.– 1. La eficacia de la fusión se producirá con la inscripción de la nueva sociedad o, en su caso, con la inscripción de la absorción en el Registro Mercantil competente, que solo se podrá llevar a cabo una vez acreditado el cumplimiento de las condiciones anteriormente referidas.

2. Una vez inscrita la fusión se cancelarán los asientos registrales de las sociedades extinguidas.

Sección 6.ª Efectos de la fusión sobre la responsabilidad de los socios

Art. 52. *Responsabilidad por las deudas sociales anteriores a la fusión*.– Salvo que los acreedores sociales hayan consentido de modo expreso la fusión, los socios responsables personalmente de las deudas de las sociedades que se extingan por la fusión contraídas con anterioridad a esa fusión, continuarán respondiendo de esas deudas. Esta responsabilidad prescribirá a los cinco años a contar desde la publicación de la fusión en el «Boletín Oficial del Registro Mercantil».

Sección 7.ª De las fusiones especiales

Art. 53. *Absorción de sociedad íntegramente participada*.– 1. Cuando la sociedad absorbente fuera titular de forma directa o indirecta de todas las acciones o participaciones sociales en que se divida el capital de la sociedad o sociedades, la operación podrá realizarse sin necesidad de que concurran los siguientes requisitos:

1.º La inclusión en el proyecto de fusión de las menciones relativas al tipo de canje de las acciones o participaciones, a las modalidades de entrega de las acciones o participaciones de la sociedad resultante a los socios de la sociedad o sociedades absorbidas, a la fecha de participación en las ganancias sociales de la sociedad resultante o a cualesquiera peculiaridades relativas a este derecho o a la información sobre la valoración del activo y pasivo del patrimonio de cada sociedad que se transmite a la sociedad resultante o a las fechas de las cuentas de las sociedades que se fusionan.

2.º Los informes de administradores y expertos sobre el proyecto de fusión.

3.º El aumento de capital de la sociedad absorbente.

4.º La aprobación de la fusión por las juntas generales de la sociedad o sociedades absorbidas.

2. Cuando la sociedad absorbente fuese titular de forma indirecta de todas las acciones o participaciones sociales en que se divide el capital de la sociedad absorbida,

además de tener en cuenta lo dispuesto en el apartado anterior, será siempre necesario el informe de expertos y será exigible, en su caso, el aumento de capital de la sociedad absorbente. Cuando la fusión provoque una disminución del patrimonio neto de sociedades que no intervienen en la fusión por la participación que tienen en la sociedad absorbida, la sociedad absorbente deberá compensar a estas últimas sociedades por el valor razonable de esa participación.

Art. 54. *Absorción de sociedad participada al noventa por ciento*.– 1. Cuando la sociedad absorbente fuera titular directa del noventa por ciento o más, pero no de la totalidad del capital de la sociedad o de las sociedades anónimas o de responsabilidad limitada que vayan a ser objeto de absorción, no serán necesarios los informes de administradores y de expertos sobre el proyecto de fusión, siempre que en éste se ofrezca por la sociedad absorbente a los socios de las sociedades absorbidas la adquisición de sus acciones o participaciones sociales, estimadas en su valor razonable, dentro del plazo de dos meses a contar desde la fecha de la inscripción de la absorción en el Registro Mercantil.

2. En el proyecto de fusión deberá constar el valor establecido para la adquisición de las acciones o participaciones sociales. Los socios que, dentro del plazo de 20 días desde la fecha de la junta general que haya aprobado el acuerdo de modificación estructural manifiesten la voluntad de transmitir las acciones o participaciones sociales a la sociedad absorbente, pero que no estuvieran de acuerdo con el valor que para las mismas se hubiera hecho constar en el proyecto, podrán reclamar una compensación en efectivo complementaria en los términos previstos en las disposiciones comunes para la protección de los socios.

3. Las acciones o participaciones de los socios de la sociedad absorbida que no fueran adquiridas deberán ser canjeadas por acciones o participaciones propias que la absorbente tuviera en cartera. En otro caso, y siempre que no tenga que celebrarse la junta a solicitud de la minoría, los administradores están autorizados, si así lo prevé el proyecto de fusión, a elevar el capital en la medida estrictamente necesaria para el canje.

Art. 55. *Junta general de la sociedad absorbente*.– 1. Cuando la sociedad absorbente fuera titular directa del noventa por ciento o más del capital social de la sociedad o de las sociedades anónimas o de responsabilidad limitada que vayan a ser objeto de absorción, no será necesaria la aprobación de la fusión por la junta general de la sociedad absorbente, siempre que con un mes de antelación como mínimo a la fecha prevista para la celebración de la junta o juntas de las sociedades absorbidas que deban pronunciarse sobre el proyecto de fusión, o, en caso de sociedad íntegramente participada, a la fecha prevista para la formalización de la absorción, se hubiera publicado el proyecto por cada una de las sociedades participantes en la operación con un anuncio, publicado en la página web de la sociedad o, caso de no existir, en el «Boletín Oficial del Registro Mercantil» o en uno de los diarios de mayor difusión en la provincia en las que cada una de las sociedades tenga su domicilio, en el que se haga constar el derecho que corresponde a los socios de la sociedad absorbente y a los acreedores de las sociedades que participan en la fusión a examinar en el domicilio social el proyecto común y las cuentas anuales y los informes de gestión de los últimos tres ejercicios, así como los informes de los correspondientes auditores de las sociedades en que fueran legalmente exigibles y, en su caso, los informes de los administradores, los informes de los expertos independientes, o los balances de fusión cuando fueran distintos del último balance aprobado, o, en caso de sociedad cotizada, el informe financiero semestral, así como a obtener cuando no se haya publicado en la página web, la entrega o el envío gratuitos del texto íntegro de los mismos.

En el anuncio deberá mencionarse el derecho de los socios que representen, al menos, el uno por ciento del capital social a exigir la celebración de la junta de la sociedad absorbente para la aprobación de la absorción en el plazo de un mes desde la publicación del proyecto en los términos establecidos en este real decreto-ley.

2. La publicación del proyecto por cada una de las dos sociedades en los términos indicados en el párrafo anterior eximirá a tales sociedades de la publicación del acuerdo de fusión,

3. Los administradores de la sociedad absorbente estarán obligados a convocar la junta para que apruebe la absorción cuando, dentro de los quince días siguientes a la publicación del último de los anuncios a los que se refiere el apartado anterior, lo soliciten socios que representen, al menos, el uno por ciento del capital social. En este supuesto, la junta debe ser convocada para su celebración dentro de los dos meses siguientes a la fecha en que se hubiera requerido notarialmente a los administradores para convocarla.

Art. 56. *Supuestos asimilados a la absorción de sociedades íntegramente participadas*.– 1. Lo dispuesto para la absorción de sociedades íntegramente participadas será de aplicación, en la medida que proceda, a la fusión, en cualquiera de sus clases, de sociedades íntegramente participadas de forma directa o indirecta por el mismo socio o por socios que tengan idéntica participación en todas las sociedades que se fusionen, así como a la fusión por absorción cuando la sociedad absorbida fuera titular de forma directa o indirecta de todas las acciones o participaciones de la sociedad absorbente.

2. Cuando la sociedad absorbida fuese titular de forma indirecta de todas las acciones o participaciones sociales en que se divide el capital de la sociedad absorbente o cuando las sociedades absorbida y absorbente estén participadas indirectamente por el mismo socio, será siempre necesario el informe de expertos y será exigible, en su

caso, el aumento de capital de la sociedad absorbente. Cuando la fusión provoque una disminución del patrimonio neto de sociedades que no intervienen en la fusión por la participación que tienen en la sociedad absorbente o absorbida, la sociedad absorbente deberá compensar a dichas sociedades por el valor razonable de esa participación.

Art. 57. *Operación asimilada a la fusión.*– También constituye una fusión la operación mediante la cual una sociedad se extingue transmitiendo en bloque su patrimonio a la sociedad que posee la totalidad de las acciones, participaciones o cuotas correspondientes a aquélla.

CAPÍTULO III. DE LA ESCISIÓN

Sección 1.ª Disposiciones Generales

Art. 58. *Clases y requisitos.*– 1. La escisión de una sociedad mercantil inscrita podrá revestir cualquiera de las siguientes modalidades:

1.ª Escisión total.

2.ª Escisión parcial.

3.ª Segregación.

2. Las sociedades beneficiarias de la escisión podrán ser de un tipo mercantil diferente al de la sociedad que se escinde.

3. Sólo podrá acordarse la escisión si las acciones o las aportaciones de los socios a la sociedad que se escinde se encuentran íntegramente desembolsadas.

Art. 59. *Escisión total.*– Se entiende por escisión total la extinción de una sociedad, con división de todo su patrimonio en dos o más partes, cada una de las cuales se transmite en bloque por sucesión universal a una sociedad de nueva creación o es absorbida por una sociedad ya existente, recibiendo los socios un número de acciones, participaciones o cuotas de las sociedades beneficiarias proporcional a su respectiva participación en la sociedad que se escinde y, en su caso, cuando sea conveniente para ajustar el tipo de canje, los socios podrán recibir, además, una compensación en dinero que no exceda del diez por ciento del valor nominal de las acciones, de las participaciones o del valor contable de las cuotas atribuidas.

Art. 60. *Escisión parcial.*– 1. Se entiende por escisión parcial el traspaso en bloque por sucesión universal de una o varias partes del patrimonio de una sociedad, cada una de las cuales forme una unidad económica, a una o varias sociedades de nueva creación o ya existentes, recibiendo los socios de la sociedad que se escinde un número de acciones, participaciones o cuotas sociales de las sociedades beneficiarias de la escisión proporcional a su respectiva participación en la sociedad que se escinde y, en su caso, cuando sea conveniente para ajustar el tipo de canje, los socios podrán recibir, además, una compensación en dinero que no exceda del diez por ciento del valor nominal de las acciones, de las participaciones o del valor contable de las cuotas atribuidas y reduciendo ésta el capital social en la cuantía necesaria.

2. Si la parte del patrimonio que se transmite en bloque está constituida por una o varias empresas o establecimientos comerciales, industriales o de servicios, podrán ser atribuidas a la sociedad beneficiaria las deudas contraídas para la organización o el funcionamiento de la empresa que se traspasa.

Art. 61. *Segregación*.– Se entiende por segregación el traspaso en bloque por sucesión universal de una o varias partes del patrimonio de una sociedad, cada una de las cuales forme una unidad económica, a una o varias sociedades, recibiendo a cambio la sociedad segregada acciones, participaciones o cuotas de las sociedades beneficiarias.

Art. 62. *Constitución de sociedad íntegramente participada mediante transmisión del patrimonio*.– Se aplicarán también, en cuanto procedan, las normas de la escisión a la operación mediante la cual una sociedad transmite en bloque su patrimonio a otra sociedad de nueva creación, recibiendo a cambio todas las acciones, participaciones o cuotas de socio de la sociedad beneficiaria.

Sección 2.ª Régimen legal de la escisión

Art. 63. *Régimen jurídico de la escisión*.– La escisión se regirá por las normas establecidas para la fusión en este real decreto-ley, con las salvedades contenidas en este capítulo, entendiendo que las referencias a la sociedad resultante de la fusión equivalen a referencias a las sociedades beneficiarias de la escisión.

Art. 64. *Proyecto de escisión*.– En el proyecto de escisión, además de las menciones enumeradas para el proyecto de fusión interna, se incluirán:

1.º En su caso, la atribución a los socios de la sociedad escindida de acciones, participaciones o cuotas en las sociedades beneficiarias, en la sociedad escindida, o en ambas, y el criterio en el que se base dicha atribución.

2.º La descripción precisa del patrimonio activo y pasivo de la sociedad escindida y una declaración sobre el modo en que tal patrimonio se repartirá entre las sociedades beneficiarias o seguirá en poder de la sociedad escindida en caso de escisión parcial o de escisión por segregación, incluidas las disposiciones relativas al tratamiento del patrimonio activo o pasivo no atribuidos expresamente en el proyecto, tales como activos o pasivos desconocidos en la fecha en que se elabore el proyecto.

3.º La acreditación de encontrarse al corriente en el cumplimiento de las obligaciones tributarias y frente a la Seguridad Social, mediante la aportación de los correspondientes certificados, válidos y emitidos por el órgano competente.

Art. 65. *Atribución de elementos del activo y del pasivo.*– 1. En caso de escisión total, cuando un elemento del activo o del pasivo de la sociedad escindida no se haya atribuido a ninguna sociedad beneficiaria en el proyecto de escisión y la interpretación de este no permita decidir sobre el reparto, se distribuirá ese elemento del activo, su contravalor o el elemento pasivo entre todas las sociedades beneficiarias de manera proporcional al activo atribuido a cada una de ellas en el proyecto de escisión.

2. Esta misma regla se aplicará en caso de escisión parcial o de escisión por segregación, distribuyendo el elemento del activo o del pasivo entre todas las sociedades beneficiarias y la sociedad escindida.

Art. 66. *Atribución de acciones, participaciones o cuotas a los socios.*– En los casos de escisión total o de escisión parcial, siempre que no se atribuyan a los socios de la sociedad que se escinde acciones, participaciones o cuotas de todas las sociedades beneficiarias, será necesario el consentimiento individual de los afectados.

Art. 67. *Informe de los administradores sobre el proyecto de escisión.*– En el informe sobre el proyecto de escisión que habrán de redactar los administradores de las sociedades participantes en la escisión se deberá expresar que han sido emitidos los informes sobre las aportaciones no dinerarias previstos en este real decreto-ley para el caso de que las sociedades beneficiarias de la escisión sean anónimas o comanditarias por acciones, así como el Registro Mercantil en que esos informes estén depositados o vayan a depositarse.

Art. 68. *Informe de expertos independientes.*– 1. Cuando las sociedades que participen en la escisión sean anónimas o comanditarias por acciones, el proyecto de escisión deberá someterse al informe de uno o varios expertos independientes designados por el Registrador Mercantil del domicilio de cada una de esas sociedades. Dicho informe comprenderá, además, la valoración del patrimonio no dinerario que se transmita a cada sociedad.

2. No obstante lo establecido en el apartado anterior, los administradores de todas las sociedades que participan en la escisión podrán solicitar al Registrador mercantil del domicilio de cualquiera de ellas el nombramiento de uno o varios expertos para la elaboración de un único informe.

3. El informe o informes de los expertos no serán necesarios cuando así lo acuerden la totalidad de los socios con derecho de voto y, en su caso, de quienes de acuerdo con la ley o los estatutos pudieran ejercer legítimamente el derecho de voto, de cada

una de las sociedades que participan en la escisión, sin perjuicio de su necesidad en cuanto a la valoración del patrimonio aportado en relación al capital de las sociedades beneficiarias.

Art. 69. *Modificaciones patrimoniales posteriores al proyecto de escisión.-* Los administradores de la sociedad escindida están obligados a informar a su junta general sobre cualquier modificación importante del patrimonio acaecida entre la fecha de elaboración del proyecto de escisión y la fecha de reunión de la junta. La misma información deberán proporcionar, en los casos de escisión por absorción, los administradores de las sociedades beneficiarias y éstos a los administradores de la sociedad escindida, para que, a su vez, informen a su junta general.

Art. 70. *Protección de los acreedores y responsabilidad por las obligaciones incumplidas.-* 1. Sin perjuicio de lo dispuesto en las disposiciones comunes sobre protección de acreedores, de las deudas nacidas antes de la publicación del proyecto de escisión y aun no vencidas en ese momento asumidas frente a los acreedores de la sociedad escindida o segregada por una sociedad beneficiaria que resulten incumplidas, responderán solidariamente todas las sociedades beneficiarias hasta el importe de los activos netos atribuidos a cada una de ellas en la escisión y, si subsistiera, la propia sociedad escindida, hasta el importe de los activos netos que permanezcan en ella.

2. En esos mismos términos responderán solidariamente las sociedades beneficiarias de las deudas de la sociedad escindida nacidas antes de la publicación del proyecto de escisión y no vencidas en ese momento.

3. La responsabilidad solidaria de las sociedades participantes en la escisión o segregación prescribirá los cinco años.

Art. 71. *Simplificación de requisitos.-* 1. En el caso de escisión, si las acciones, participaciones o cuotas de cada una de las nuevas sociedades se atribuyen a los socios de la sociedad que se escinde proporcionalmente a los derechos que tenían en el capital de ésta, no serán necesarios el informe de los administradores sobre el proyecto de escisión ni el informe de expertos independientes, así como tampoco el balance de escisión.

2. No será necesario para la realización de la segregación con creación de nuevas sociedades o en favor de sociedades íntegramente participadas:

1.º El informe de los administradores.

2.º El informe de experto independiente, salvo en lo referente a si el patrimonio aportado por las sociedades que se extinguen es igual, al menos, al capital de la nueva sociedad o al importe del aumento del capital de la sociedad beneficiaria, cuando esta sea una sociedad anónima o comanditaria por acciones.

CAPÍTULO IV. De la cesión global de activo y pasivo

Sección 1.ª Disposiciones Generales

Art. 72. *Cesión global de activo y pasivo*.- 1. Una sociedad inscrita podrá transmitir en bloque todo su patrimonio por sucesión universal, a uno o a varios socios o terceros, a cambio de una contraprestación que no podrá consistir en acciones, participaciones o cuotas de socio del cesionario.

2. La sociedad cedente quedará extinguida si la contraprestación fuese recibida total y directamente por los socios. En todo caso, la contraprestación que reciba cada socio deberá respetar las normas aplicables a la cuota de liquidación.

Art. 73. *Cesión global plural*.- Cuando la cesión global se realice a dos o más cesionarios, cada parte del patrimonio que se ceda habrá de constituir una unidad económica.

Sección 2.ª Régimen legal de la cesión global

Art. 74. *Proyecto de cesión global*.- 1. Los administradores de la sociedad habrán de redactar y suscribir un proyecto de cesión global, que contendrá, además de las informaciones previstas en las disposiciones comunes, las siguientes menciones:

1.º Los datos de identificación del cesionario o cesionarios.

2.º La fecha a partir de la cual la cesión tendrá efectos contables.

3.º La información sobre la valoración del activo y pasivo del patrimonio, la designación y, en su caso, el reparto preciso de los elementos del activo y del pasivo que han de transmitirse a cada cesionario.

4.º La contraprestación que hayan de recibir la sociedad o los socios. Cuando la contraprestación se atribuya a los socios, se especificará el criterio en que se funde el reparto.

5.º La acreditación de encontrarse al corriente en el cumplimiento de las obligaciones tributarias y frente a la Seguridad Social, mediante la aportación de los correspondientes certificados, válidos y emitidos por el órgano competente.

2. Los administradores deberán presentar para su depósito en el Registro Mercantil un ejemplar del proyecto de cesión global.

Art. 75. *Informe de los administradores*.- Los administradores elaborarán un informe explicando y justificando detalladamente el proyecto de cesión global.

Art. 76. *Informe de experto independiente*.- El informe de experto independiente en la cesión global tendrá carácter facultativo.

Art. 77. *Acuerdo de cesión global.*– 1. La cesión global habrá de ser acordada necesariamente por la junta general de la sociedad cedente, ajustándose estrictamente al proyecto de cesión global, con los requisitos establecidos para la adopción del acuerdo de fusión.

2. No será necesario el acuerdo de la junta general de la sociedad o sociedades cesionarias, bastando el acuerdo del consejo de administración, salvo que la cesión global tenga por objeto la adquisición de los activos esenciales.

Art. 78. *Escritura e inscripción de la cesión global.*– 1. La cesión global se hará constar en escritura pública otorgada por la sociedad cedente y por el cesionario o cesionarios. La escritura recogerá el acuerdo de cesión global adoptado por la sociedad cedente, que solo se podrá llevar a cabo una vez acreditado el cumplimiento de las condiciones anteriormente referidas.

2. La eficacia de la cesión global se producirá con la inscripción en el Registro Mercantil de la sociedad cedente. Si la sociedad se extinguiera como consecuencia de la cesión, se cancelarán sus asientos registrales.

Art. 79. *Responsabilidad solidaria por las obligaciones incumplidas.*– 1. Sin perjuicio de lo establecido en las disposiciones comunes sobre protección de acreedores, de las deudas incumplidas que hayan nacido antes de la publicación del proyecto de cesión no vencidas en ese momento y que hayan sido asumidas frente a los acreedores de la sociedad cedente por un cesionario responderán solidariamente los demás cesionarios, hasta el límite del activo neto atribuido a cada uno de ellos en la cesión. Así mismo, responderá según los casos, los socios hasta el límite de lo que hubieran recibido como contraprestación por la cesión, o la propia sociedad que no se hubiera extinguido, hasta el importe de los activos netos que permanezcan en ella.

2. La responsabilidad solidaria de los cesionarios y los socios prescribirá a los cinco años.

TÍTULO III. De las modificaciones estructurales transfronterizas intraeuropeas

CAPÍTULO I. Ámbito de aplicación

Art. 80. *Modificaciones estructurales incluidas.*– 1. El presente título se aplicará a las siguientes modificaciones estructurales:

1.º Las transformaciones de sociedades de capital, constituidas de conformidad con el Derecho de un Estado miembro del Espacio Económico Europeo y cuyo domicilio social, administración central o centro de actividad principal se encuentre dentro de dicho Espacio, en sociedades de capital sujetas al Derecho español y las transformaciones de estas últimas en sociedades de capital sujetas al Derecho de un Estado miembro del Espacio Económico Europeo.

2.º Las fusiones, escisiones y cesiones globales de activo y pasivo de sociedades de capital constituidas de conformidad con el Derecho de un Estado miembro del Espacio Económico Europeo y cuyo domicilio social, administración central o centro de actividad principal se encuentre dentro de dicho Espacio cuando, interviniendo al menos dos de ellas sujetas a la legislación de Estados miembros diferentes, una de ellas esté sujeta a la legislación española.

2. Las sociedades de capital sujetas a la legislación española a las que se aplica el presente título son las sociedades anónimas, comanditarias por acciones y de responsabilidad limitada.

Art. 81. *Exclusiones.*– El presente título no se aplicará a las modificaciones estructurales en las que participen una o varias sociedades cuyo objeto sea la inversión colectiva de capitales obtenidos del público, que funcione según el principio de reparto de riesgos y cuyas partes sociales, a petición del tenedor de estas, se readquieran o se rescaten, directa o indirectamente, con cargo a los activos de dichas sociedades.

Art. 82. *Ley aplicable.*– 1. En las fusiones, escisiones y cesiones globales se tendrán en cuenta las respectivas leyes personales de las sociedades participantes y en las transformaciones, la ley personal anterior y posterior de la sociedad que se transforma, todo ello sin perjuicio del régimen aplicable a las sociedades anónimas europeas.

2. En lo sucesivo se entenderá por «Estado miembro de origen» el Estado a cuya ley está sujeta la sociedad participante antes de la transformación, fusión, escisión o cesión global y por «Estado miembro de destino» el Estado a cuya ley queda sometida la sociedad resultante de la transformación o de la fusión, o la sociedad o sociedades beneficiarias en el caso de escisión o cesión global.

Art. 83. *Régimen aplicable a las sociedades españolas.*– 1. Salvo que el presente título disponga lo contrario, las sociedades españolas que participen en una modificación transfronteriza cumplirán con los requisitos y trámites previstos para las modificaciones estructurales internas en este real decreto-ley y lo previsto en las disposiciones que siguen. En caso de discordancia o contradicción, prevalecerán las disposiciones de este título.

2. En la interpretación de estas normas se tendrá en cuenta que la libertad de establecimiento constituye un principio fundamental del Derecho de la Unión Europea.

CAPÍTULO II. Disposiciones generales

Sección 1.ª Del proyecto y protección de socios, acreedores y trabajadores

Art. 84. *Proyecto de modificación estructural*.– Los administradores de la sociedad o sociedades españolas que realicen o participen en una modificación estructural deberán elaborar un proyecto que contendrá, al menos, las mismas menciones que para las modificaciones estructurales internas que corresponda y, en su caso, la información sobre los procedimientos por los que se determinan los regímenes de participación de los trabajadores en la definición de sus derechos a la participación en la sociedad o sociedades resultantes.

Art. 85. *Informe del órgano de administración*.– En la sección del informe del órgano de administración destinada a los trabajadores se explicará, en particular, lo siguiente:

1.º Las consecuencias de la operación para las relaciones laborales, así como, en su caso, cualquier medida destinada a preservar dichas relaciones;

2.º Cualquier cambio sustancial en las condiciones de empleo aplicables o en la ubicación de los centros de actividad de la sociedad;

3.º El modo en que los factores contemplados en los apartados 1 y 2 afectan a las filiales de la sociedad.

Art. 86. *Protección de los socios*.– Los socios de las sociedades españolas participantes en una modificación estructural que, como consecuencia de esa modificación, vayan a quedar sometidos a una ley extranjera, tendrán derecho a enajenar sus acciones o participaciones a la sociedad a la que pertenezcan o a los socios o terceros que esta proponga a cambio de una compensación en efectivo adecuada, siempre que hayan votado en contra de la aprobación del correspondiente proyecto. Este mismo derecho corresponde a los titulares de acciones o participaciones sin voto.

Art. 87. *Protección de los acreedores*.– 1. Si al tiempo de emitirse el certificado previo por el Registrador Mercantil algún acreedor de cualquier sociedad española participante en una modificación estructural transfronteriza hubiera manifestado su disconformidad con las garantías y, en su caso, hubiera presentado demanda judicial, se dejará constancia de ello en el certificado previo.

2. Los derechos de los acreedores se entenderán sin perjuicio de la aplicación del régimen propio de las obligaciones pecuniarias o no pecuniarias que se tengan con las administraciones públicas.

Art. 88. *Información, consulta y participación de los trabajadores.–* 1. Los representantes de los trabajadores o, cuando no existan, los propios trabajadores, deberán ser informados y consultados antes de que se decida el proyecto de modificación o el informe de los administradores, lo que ocurra antes, de modo que se pueda proporcionar a los trabajadores, en su caso, una respuesta motivada antes de la aprobación de la modificación estructural por la junta general.

2. Cuando la sociedad o sociedades resultantes de la modificación estructural tengan su domicilio social en España, los derechos de implicación de los trabajadores se definirán con arreglo a la legislación laboral española. En particular, los derechos de participación de los trabajadores en la sociedad o sociedades se definirán con arreglo a lo dispuesto en la Ley 31/2006, de 18 de octubre.

3. Cuando al menos una de las sociedades que participan en la modificación estructural esté gestionada en régimen de participación de los trabajadores y la sociedad o sociedades resultantes de la modificación estructural se rijan por dicho sistema, dicha sociedad o sociedades deberán adoptar una forma jurídica que permita el ejercicio de los derechos de participación.

4. A efectos de este real decreto-ley, los conceptos de implicación y de participación de los trabajadores serán los establecidos en la Ley 31/2006, de 18 de octubre.

5. Los derechos de información y consulta de los trabajadores de la sociedad o sociedades resultantes de la modificación estructural que presten sus servicios en centros de trabajo situados en España, se regirán por la legislación laboral española, al margen del lugar donde dicha sociedad o sociedades tengan su domicilio social.

Art. 89. *Publicidad preparatoria y complementaria.–* 1. La publicidad preparatoria del acuerdo de modificación estructural transfronteriza se hará de conformidad con las disposiciones aplicables a las modificaciones internas, si bien la sociedad o sociedades participantes deberán, en todo caso, presentar en el registro correspondiente, la información que se señala a continuación.

2. La sociedad que se transforma, escinde, participa como cedente en una cesión global o cada una de las sociedades participantes en una fusión presentarán en sus respectivos registros, al menos un mes antes de la fecha de la junta general que deba aprobar el proyecto de modificación estructural, la siguiente información:

1.º Forma jurídica, la razón social y el domicilio social de:

a) la sociedad que se transforma en su Estado de origen, así como la forma, razón y domicilio propuestos para la sociedad transformada en el Estado miembro de destino;

b) cada una de las sociedades que se fusionan, así como la forma, razón y domicilio propuestos para cualquier sociedad de nueva creación;

c) la sociedad escindida, así como la forma, razón y domicilio propuestos para la nueva sociedad o sociedades resultantes o beneficiarias de la escisión;

d) la sociedad cedente, así como la forma, razón y domicilio de la sociedad o sociedades cesionarias.

2.º El registro de la sociedad que se transforma, escinde, participa como cedente o de cada una de las sociedades que participan en la fusión, así como su número de inscripción en ese registro.

3.º Una indicación de las medidas tomadas para el ejercicio de los derechos de los acreedores, trabajadores y socios.

4.º Los detalles del sitio web en el que podrá obtenerse en línea y gratuitamente el proyecto de modificación estructural, la publicidad preparatoria del acuerdo, así como información completa sobre las medidas a que se refiere el inciso 3.º del presente apartado.

3. El registro del Estado miembro de origen, en los casos de transformación, escisión, cesión global y de cada una de las sociedades participantes en los casos de fusión, pondrá a disposición del público la información mencionada en el apartado 2.

*Sección 2.ª De la impugnación, formalización e inscripción
de las modificaciones estructurales*

Art. 90. *Certificado previo a la modificación estructural.*– 1. Corresponde al Registrador Mercantil del domicilio social de la sociedad española que va a realizar o participar en una operación en la que España sea el Estado de origen, controlar la legalidad de la operación en lo que atañe a las partes del procedimiento que estén sujetas al Derecho español y expedir un certificado previo que acredite que se han cumplido todas las condiciones exigidas y que se han cumplimentado correctamente todos los procedimientos y formalidades necesarias.

2. La solicitud por parte de la sociedad para obtener el certificado previo se acompañará de la escritura de elevación a público del acuerdo de modificación estructural adoptado por la junta general, a la que se unirá la siguiente documentación:

1.º El proyecto de modificación estructural.

2.º El informe del órgano de administración, en su caso, y la opinión de los representantes de los trabajadores si se hubiera recibido.

3.º El informe de experto independiente.

4.º Las observaciones presentadas, en su caso, por socios, acreedores o representantes de los trabajadores.

5.º La declaración sobre la situación financiera de la sociedad, cuando se hubiera emitido.

6.º La aprobación, en su caso, del socio o socios afectados por un aumento de sus obligaciones económicas.

7.º Los certificados de encontrarse al corriente en el cumplimiento de las obligaciones tributarias y frente a la Seguridad Social.

3. Además, la solicitud deberá contener información sobre los siguientes extremos:

1.º El número de trabajadores de la sociedad en el momento de la elaboración del proyecto de la operación.

2.º La existencia de filiales y su respectiva ubicación geográfica.

3.º El cumplimiento de las obligaciones debidas por la sociedad a organismos públicos.

4.º El inicio, en su caso, de los procedimientos relativos a la determinación de los derechos de participación de los trabajadores.

4. La solicitud de la sociedad y la escritura de elevación a público del acuerdo de modificación estructural adoptado por la junta general podrán presentarse electrónicamente en el Registro Mercantil del domicilio social de la sociedad. El Registrador efectuará el control de legalidad y se pronunciará sobre el certificado previo en el plazo de tres meses.

Cuando, debido a la complejidad de la operación, no sea posible realizar dicho control en los plazos establecidos en el párrafo anterior, el Registrador Mercantil notificará a la sociedad los motivos de cualquier retraso antes del vencimiento de dichos plazos.

5. Si la modificación proyectada cumple todas las condiciones exigidas, y se han observado todos los procedimientos y formalidades necesarias, el Registrador Mercantil expedirá el certificado y lo notificará a la sociedad, haciéndolo constar en la hoja de ésta. En caso contrario, el Registrador no expedirá el certificado previo, informará a la sociedad de los motivos de su decisión y le ofrecerá la oportunidad de subsanar los defectos observados en un plazo no superior a 30 días. De no producirse la subsanación en dicho plazo, el Registrador denegará el certificado previo y la operación no podrá llevarse a cabo.

Art. 91. *Control de legalidad en caso de sospecha de abuso o fraude.*– 1. Excepcionalmente, el plazo inicial de tres meses se ampliará por un máximo de tres meses más si a resultas de la documentación e información presentadas el Registrador Mercantil tuviera sospechas fundadas de que la operación sometida se realiza con fines abusivos o fraudulentos, que tengan por objeto o produzcan el efecto de eludir el Derecho de la Unión o el Derecho español, o sirva a fines delictivos.

2. El Registrador podrá, en función del motivo de su sospecha:

1.º Requerir a la sociedad información adicional que considere necesaria, que podrá incluir, entre otras cuestiones, la finalidad de la operación, el sector, la inversión, la facturación neta y las pérdidas y ganancias, la composición del balance, el lugar donde quedarán situados las actividades económicas de la sociedad, el centro de administración efectiva, la residencia fiscal, el lugar de trabajo de sus empleados, los activos y su ubicación, o los titulares reales de la sociedad.

2.º Solicitar al organismo o entidad pública que corresponda la información adicional que considere necesaria, en particular sobre el estado de cumplimiento por la sociedad de sus obligaciones en el área de competencia de dicho organismo o entidad. A estos efectos, el Registrador estará autorizado para recabar, en tiempo útil, dicha información de las autoridades del ámbito tributario, económico, social o penal. También podrá solicitar información, en su caso, a las autoridades competentes del Estado de destino, cuyo Derecho regirá la sociedad resultante de la operación.

3. El Registrador Mercantil llevará a cabo una valoración global de la información y documentación que haya recibido conforme a los procedimientos previstos en esta sección. A estos efectos el Registrador Mercantil podrá acudir a un experto independiente, cuyo coste correrá a cargo de la sociedad solicitante.

4. Cuando, debido a la complejidad de la operación, no sea posible realizar la valoración en los plazos establecidos en los apartados anteriores, el Registrador Mercantil notificará a la sociedad los motivos de cualquier retraso antes del vencimiento de dichos plazos.

5. Si de esa valoración global resultara de manera clara que la operación se lleva a cabo con fines abusivos o fraudulentos o con intención delictiva, el Registrador Mercantil denegará el certificado previo e informará a la sociedad de los motivos de su decisión. En otro caso, expedirá el certificado y lo notificará a la sociedad.

Art. 92. *Recursos y vigencia del certificado previo*.– 1. La denegación por el Registrador Mercantil del certificado previo agotará la vía administrativa y podrá ser recurrida por la sociedad ante el Juzgado de lo Mercantil competente en el plazo máximo de dos meses desde su notificación.

2. El plazo de vigencia del certificado previo será de seis meses, prorrogable por causa justificada a juicio del Registrador Mercantil por seis meses más.

Art. 93. *Transmisión del certificado previo*.– 1. El certificado previo se compartirá con la autoridad que el Estado miembro de destino haya designado como competente para el control de legalidad de la operación, a través del sistema de interconexión de registros. El acceso al certificado será gratuito para dicha autoridad, así como para los registros.

2. En todo caso, el certificado previo estará disponible al público a través del sistema de interconexión de registros.

Art. 94. *Control de la legalidad de la operación cuando España sea el Estado de destino*.– 1. Cuando la sociedad resultante de la operación quede sujeta al Derecho español, el Registrador Mercantil controlará, antes de proceder a su inscripción, la legalidad de la operación en lo relativo a la realización de la modificación estructural y a la constitución de la nueva sociedad o sociedades o de las modificaciones de la sociedad absorbente.

2. También verificará que las disposiciones sobre la participación de los trabajadores se hayan establecido de conformidad con lo previsto en este real decreto-ley.

3. A estos efectos, la sociedad que se transforma, cada una de las sociedades que se fusionan o la sociedad que se escinde deberá presentar:

1.º El certificado previo.

2.º El proyecto de modificación estructural aprobado por la junta general, salvo que su acuerdo no fuera exigible.

3.º Información, en su caso, sobre las medidas adoptadas en relación con la participación de los trabajadores.

4. La solicitud, información y documentación previstas en este Artículo podrán presentarse por la sociedad que se transforma, fusiona o escinde electrónicamente, sin necesidad de comparecencia física ante el Registrador Mercantil.

5. El Registrador Mercantil procederá a la inscripción de la operación de modificación estructural una vez que compruebe que se han cumplido debidamente todas las condiciones exigidas y se han cumplimentado correctamente los trámites necesarios.

6. El Registrador Mercantil aceptará el certificado previo como prueba concluyente de la correcta cumplimentación de los procedimientos y formalidades exigidas en el Estado miembro de origen.

Art. 95. *Registro e inscripción de la operación*.– 1. Si España fuera el Estado de destino de la operación, se hará constar en el Registro Mercantil, en la hoja abierta a la sociedad española resultante, la fecha de su inscripción y el hecho de que esta inscripción resulta de una transformación, fusión o escisión. También se hará constar en esa hoja el número de registro o inscripción, la razón social y la forma jurídica que tenían la sociedad o sociedades participantes en su Estado de origen antes de la operación.

2. El Registrador notificará al registro del Estado o Estados miembros de origen, a través del sistema de interconexión de registros, que la operación de transformación, fusión o escisión ha surtido efecto.

3. Si España fuera el Estado o uno de los Estados de origen de la operación, se hará constar en el Registro Mercantil, en la hoja abierta a la sociedad española que participa en esa operación, la fecha de cancelación o modificación de sus asientos registrales y el hecho de que esta cancelación o modificación es resultado de una transformación, fusión o escisión. También se hará constar en esa hoja el número de registro o inscripción, la razón social y la forma jurídica que tenga la sociedad resultante de la operación en su Estado de destino.

4. Procederá la cancelación de los asientos registrales de la sociedad española:

1.º en el caso de transformación o fusión, inmediatamente después de la recepción de la notificación por el registro del Estado miembro de destino o de la sociedad resultante de la fusión, de que la transformación o la fusión han surtido efecto; o

2.º en el caso de escisión total, inmediatamente después de la recepción de la notificación de que se ha registrado la sociedad o sociedades beneficiarias en el o los Registros de sus respectivos Estados miembros.

5. El Registro Mercantil pondrá a disposición del público y hará accesible la información a que se refieren los apartados anteriores a través del sistema de interconexión de registros.

CAPÍTULO III. Disposiciones especiales

Sección 1.ª De las transformaciones transfronterizas

Art. 96. *Concepto*.– 1. En virtud de una transformación transfronteriza:

1.º Una sociedad de capital española, sin ser disuelta ni liquidada y conservando su personalidad jurídica, se convierte en una sociedad de capital del Estado miembro de destino, trasladando al menos su domicilio social a dicho Estado.

2.º Una sociedad de capital inscrita en otro Estado miembro de origen, sin ser disuelta ni liquidada y, conservando su personalidad jurídica, se convierte en una sociedad de capital española, trasladando al menos su domicilio social a España.

2. A los efectos de esta sección se entenderá:

1.º Por Estado miembro de origen, el Estado miembro en el que la sociedad estuviera inscrita con anterioridad a la transformación.

2.º Por Estado miembro de destino, el Estado miembro en el que se inscriba la sociedad transformada como resultado de la transformación.

3.º Por sociedad transformada, la sociedad constituida en el Estado miembro de destino como resultado de la transformación.

Art. 97. *Ley aplicable y formalidades*.– Los procedimientos y formalidades que deban cumplirse en relación con la transformación con el fin de obtener el certificado previo a la transformación se regirán por el Derecho del Estado miembro de origen, mientras que los procedimientos y formalidades que deban cumplirse tras la recepción de dicho certificado para concluir la operación se regirán por el Derecho del Estado miembro de destino.

Art. 98. *Proyecto de transformación*.– El proyecto contendrá, además de las menciones enumeradas en las disposiciones comunes, las siguientes:

1.º La forma jurídica, razón social y domicilio social propuestos para la sociedad transformada en el Estado de destino.

2.º La escritura de constitución de la sociedad en el Estado de destino, en su caso, y los estatutos sociales si fueran objeto de un acto separado.

3.º Cualquier tipo de incentivo o subvención recibido, en su caso, por la sociedad en España en los últimos cinco años.

Art. 99. *Protección de los acreedores*.- Sin perjuicio de otros foros de competencia judicial internacional durante los dos años posteriores a que la transformación haya surtido efecto, los acreedores cuyos créditos hayan nacido con anterioridad a la publicación del proyecto de transformación podrán demandar a la sociedad ante los tribunales del domicilio social que ésta mantenía en el Estado de origen.

Los acuerdos de elección de foro y los convenios arbitrales prevalecerán sobre la regla anterior en los casos y términos previstos en sus respectivas regulaciones.

Art. 100. *Fecha y efectos de la transformación*.- 1. La transformación tendrá efectos a partir de la inscripción de la operación en el Registro Mercantil correspondiente cuando sea España el Estado de destino de la sociedad transformada. En el caso de que el Estado miembro de destino sea otro se estará a lo dispuesto en su legislación.

2. Como consecuencia de la transformación:

a) La totalidad del patrimonio activo y pasivo de la sociedad que se transforma, incluidos todos los contratos, créditos, derechos y obligaciones, pasará a serlo de la sociedad transformada.

b) Los socios de la sociedad seguirán siendo socios de la sociedad transformada, a menos que hayan enajenado sus acciones o participaciones en ejercicio del correspondiente derecho de enajenación previsto por la realización de la operación.

c) Los derechos y obligaciones de la sociedad que se transforma derivados de contratos de trabajo o de relaciones laborales existentes en la fecha en la que surta efecto la transformación quedarán atribuidos a la sociedad transformada.

Sección 2.ª De las fusiones

Art. 101. *Condiciones relativas a las fusiones*.- 1. Las sociedades participantes en una fusión cumplirán con las disposiciones y trámites de la legislación nacional a la que estén sujetas, incluyendo los relativos al proceso de toma de decisiones sobre la fusión y la protección de los trabajadores en lo que respecta a sus derechos distintos de los de participación.

2. El hecho de que la legislación de, al menos, uno de los Estados afectados permita que la compensación en efectivo, que forma parte del tipo de canje, supere el diez por

ciento del valor nominal o, en su defecto, del valor contable de las acciones o participaciones que se canjeen, no será obstáculo para la realización de una fusión.

3. Las normas que permiten al Gobierno español imponer condiciones por razones de interés público a una fusión interna serán también de aplicación a las fusiones en las que, al menos, una de las sociedades que se fusionan esté sujeta a la ley española.

Art. 102. *Proyecto común de fusión.–* Las sociedades que se fusionen redactarán un proyecto común de fusión transfronteriza. El proyecto contendrá las menciones enumeradas para las fusiones internas, así como las previstas en las disposiciones generales del capítulo II de este título.

Art. 103. *Informe de experto independiente.–* 1. En las fusiones y escisiones transfronterizas será siempre necesario el informe de experto, salvo cuando así lo hayan acordado todos los socios de la sociedad.

2. Como alternativa a la designación de expertos que operen por cuenta de cada una de las sociedades que se fusionen, uno o más expertos independientes, previa petición conjunta de dichas sociedades, podrán ser designados o autorizados por la correspondiente autoridad judicial o administrativa del Estado miembro del que dependa alguna de las sociedades que se fusionen o la sociedad resultante, para redactar un informe escrito único destinado a la totalidad de los socios.

Art. 104. *Protección de los socios en la relación de canje.–* 1. Los socios de las sociedades españolas que se fusionen que no tengan o no hayan ejercitado el derecho a enajenar sus acciones o participaciones, pero consideren que la relación de canje establecida en el proyecto no es adecuada, pueden impugnarla y reclamar un pago en efectivo.

2. Este derecho se ejercitará conforme al procedimiento y con los efectos previstos para la protección de socios respecto de la relación de canje en las fusiones internas.

Art. 105. *Pluralidad de sociedades españolas participantes.–* Si además de la sociedad resultante de la fusión también fuera española alguna de las sociedades que se extinguen, la legalidad del procedimiento de fusión en relación con la misma se realizará por el Registrador Mercantil del domicilio de la sociedad resultante de la fusión, siendo suficiente que en el título presentado al Registro conste, debidamente acreditada por el Registrador del domicilio de la sociedad que se extingue, la inexistencia de obstáculos registrales para la fusión pretendida.

Art. 106. *Fecha y efectos de la fusión.–* 1. Cuando la sociedad resultante de la fusión sea española la operación surtirá efectos a partir de la inscripción en el Registro Mercantil. En otro caso se estará a lo dispuesto en la legislación del Estado de la sociedad resultante.

2. La fusión producirá los siguientes efectos:

a) La transmisión a la sociedad resultante de la totalidad del patrimonio de la sociedad o sociedades que se extinguen, incluidos los contratos, créditos, derechos y obligaciones.

b) Los socios de la sociedad o sociedades que se extinguen devendrán socios de la sociedad resultante, a menos que hayan enajenado sus acciones o participaciones en ejercicio del correspondiente derecho de enajenación previsto por la realización de la operación.

c) La extinción de la sociedad o sociedades absorbidas o fusionadas.

3. Cuando la legislación de los Estados miembros imponga trámites especiales para que la transmisión de determinados bienes, derechos y obligaciones sea oponible a terceros, dichos trámites se aplicarán y serán cumplidos por la sociedad resultante de la fusión.

Sección 3.ª De las escisiones con creación de nuevas sociedades

Art. 107. *Ley aplicable y formalidades*.– 1. Los procedimientos y formalidades que deban cumplirse en relación con la escisión para la obtención del certificado previo se regirán por el Derecho del Estado miembro de la sociedad escindida.

2. Los procedimientos y formalidades que deban cumplirse tras la recepción de dicho certificado para la conclusión de la operación se regirán por el Derecho de los Estados miembros de las sociedades beneficiarias.

Art. 108. *Proyecto de escisión*.– La sociedad escindida redactará un proyecto de escisión transfronteriza. El proyecto contendrá las menciones enumeradas para las escisiones internas en favor de sociedades de nueva creación, así como las previstas en las disposiciones generales del capítulo II de este título.

Art. 109. *Protección de los socios en la relación de canje*.– 1. Los socios de la sociedad española escindida que no tengan o no hubieran ejercitado el derecho a enajenar sus acciones o participaciones, pero consideren que la relación de canje establecida en el proyecto no es adecuada, pueden impugnarla y reclamar un pago en efectivo.

2. Este derecho se ejercitará conforme al procedimiento y con los efectos previstos para la protección de socios respecto de la relación de canje en las operaciones internas.

Art. 110. *Protección de los acreedores en las escisiones*.– La responsabilidad legal de todas las sociedades participantes en la escisión frente a los acreedores de la sociedad escindida al tiempo de la escisión, se regirá por la ley personal de esa sociedad.

Art. 111. *Fecha y efectos de la escisión*.– 1. Cuando la sociedad escindida sea española, la operación surtirá efecto con la inscripción de la escisión en el Registro Mercantil correspondiente a esta sociedad, lo que no podrá tener lugar antes de que el registro del Estado miembro de la sociedad beneficiaria notifique al Registro de la sociedad escindida, mediante el sistema de interconexión de registros, que la sociedad beneficiaria ha sido ya inscrita. La misma regla se aplicará cuando haya más de una sociedad beneficiaria. Una vez registrada la escisión, el Registro Mercantil de la sociedad escindida lo notificará por el mismo sistema al registro o registros de las sociedades beneficiarias. Si la sociedad escindida se extinguiera como consecuencia de la escisión, se cancelarán sus asientos registrales.

2. Cuando la sociedad escindida no sea española, la operación surtirá efecto conforme a lo dispuesto en la legislación del Estado de la sociedad escindida.

3. La escisión total producirá los siguientes efectos:

a) La transmisión a las sociedades beneficiarias conforme al reparto especificado en el proyecto de la totalidad del patrimonio activo y pasivo de la sociedad escindida, incluidos todos los contratos, créditos, derechos y obligaciones.

b) La conversión de los socios de la sociedad escindida en socios de las sociedades beneficiarias conforme al reparto de acciones o participaciones especificado en el proyecto, a menos que hayan enajenado sus acciones o participaciones.

c) La transmisión a las respectivas sociedades beneficiarias de los derechos y obligaciones de la sociedad escindida derivados de contratos de trabajo o de relaciones laborales y existentes en la fecha en que surta efecto la escisión.

d) La extinción de la sociedad escindida.

4. La escisión parcial producirá los siguientes efectos:

a) La transmisión a la sociedad o sociedades beneficiarias de una parte del patrimonio activo y pasivo de la sociedad escindida, incluidos todos los contratos, créditos, derechos y obligaciones, permaneciendo la parte restante en la sociedad escindida conforme al reparto especificado en el proyecto.

b) La conversión de al menos algunos de los socios de la sociedad escindida en socios de la sociedad o sociedades beneficiarias, permaneciendo al menos algunos de ellos en la sociedad escindida o la conversión en socios de ambas conforme al reparto de acciones o participaciones especificado en el proyecto, salvo que dichos socios hayan enajenado sus acciones o participaciones.

c) La transmisión a las sociedades beneficiarias respectivas de los derechos y obligaciones de la sociedad escindida derivados de contratos de trabajo o de relaciones laborales y existentes en la fecha en que surta efecto la escisión, atribuidos a la sociedad o sociedades beneficiarias de conformidad con el proyecto.

5. La escisión por segregación producirá los siguientes efectos:

a) La transmisión a la sociedad o sociedades beneficiarias de parte del patrimonio activo y pasivo de la sociedad escindida, incluidos todos los contratos, créditos, derechos y obligaciones, permaneciendo la parte restante en la sociedad escindida conforme al reparto especificado en el proyecto.

b) La atribución a la sociedad escindida de las acciones o participaciones de la sociedad o sociedades beneficiarias.

c) La transmisión a la sociedad o sociedades beneficiarias de los derechos y obligaciones de la sociedad escindida derivados de contratos de trabajo o de relaciones laborales y existentes en la fecha en que surta efecto la escisión, atribuidos a la sociedad o sociedades beneficiarias de conformidad con el proyecto.

6. Cuando la legislación de los Estados miembros imponga en el caso de escisión, trámites especiales para que la transmisión de determinados bienes, derechos y obligaciones de la sociedad escindida sea oponible a terceros, dichos trámites se aplicarán y serán cumplidos por las sociedades escindida o beneficiaria según corresponda.

Sección 4.ª De las escisiones con sociedades existentes

Art. 112. *Escisión con sociedades beneficiarias ya existentes: regla general.*- 1. Las escisiones, cuando las sociedades beneficiarias fueran sociedades ya existentes, se regirán por las normas de la escisión con sociedades de nueva creación, con las siguientes especialidades:

a) Se elaborará un proyecto común de escisión, que deberá ser aprobado por todas las sociedades participantes en la operación de escisión.

b) Cuando la sociedad beneficiaria sea española, también se requerirá informe de sus administradores e informe pericial independiente.

c) Las reglas sobre protección de socios en la relación de canje y protección de acreedores serán también aplicables a los socios y acreedores de la sociedad beneficiaria española.

d) No son aplicables las reglas sobre simplificación de requisitos en la segregación.

2. La responsabilidad legal de todas las sociedades participantes frente a los acreedores de la sociedad escindida al tiempo de la escisión se regirá por la ley personal de esta sociedad.

Art. 113. *Control de legalidad cuando España sea el Estado de destino.*- 1. El Registrador Mercantil comprobará que las sociedades que participan en la escisión hayan aprobado el proyecto común de escisión en los mismos términos.

2. En cuanto a la documentación que debe presentarse al Registro Mercantil de la sociedad beneficiaria española el certificado previo se podrá sustituir, cuando su emisión no esté contemplada en el Estado miembro de la sociedad escindida para operacio-

nes con sociedades beneficiarias existentes, por un certificado que acredite la legalidad de la operación y que se han cumplimentado todos los procedimientos y formalidades exigidas para la escisión en ese Estado.

Sección 5.ª De las cesiones globales de activo y pasivo

Art. 114. *Concepto*.– 1. Se entenderá por cesión global de activo y pasivo la operación por la que la sociedad cedente, transmite en bloque todo su patrimonio por sucesión universal a una o varias sociedades cesionarias, a cambio de una contra-prestación en dinero u otros activos distintos de las acciones o participaciones de la cesionaria o cesionarias.

2. Si la cesión global se hiciera a una cesionaria persona física, se estará a lo dispuesto en su ley personal, aplicándose las reglas que siguen en lo que corresponda.

Art. 115. *Ley aplicable*.– 1. La cesión global de activo y pasivo solo será posible cuando esta operación esté admitida por las leyes personales de la sociedad cedente y de la sociedad o sociedades cesionarias.

2. La ley de la sociedad cedente regirá la cesión global en lo que respecta a su aprobación por esta sociedad, a los derechos de sus socios, acreedores y trabajadores, y a la transmisión por sucesión universal de la totalidad de su activo y pasivo. La ley de la sociedad cesionaria regirá la cesión global en lo que respecta a su aprobación por esta sociedad, a los trámites y requisitos para concluir la operación.

Art. 116. *Proyecto de cesión global*.– Las sociedades participantes elaborarán un proyecto común de cesión global trasfronteriza, que deberá ser aprobada por cada una de ellas, y que contendrá las menciones requeridas en la cesión global interna y, en su caso, la información sobre el régimen de participación de los trabajadores en la sociedad o sociedades cesionarias.

Art. 117. *Protección de los socios*.– No serán aplicables a las cesiones globales de activo y pasivo de sociedades españolas las disposiciones generales sobre protección de los socios mediante el derecho de enajenación de sus acciones o participaciones.

Art. 118. *Protección de los acreedores*.– La responsabilidad legal de todas las sociedades participantes frente a los acreedores de la sociedad cedente al tiempo de la cesión se regirá por la ley personal de esta sociedad.

Art. 119. *Certificado previo y control de legalidad*.– Si la sociedad cedente es española, será necesaria la obtención de un certificado previo del Registro Mercantil en los términos previstos para las escisiones, que se ajustará a las especialidades indicadas en esta sección.

Art. 120. *Fecha y efectos de la cesión global*.– 1. Cuando la sociedad cedente sea española, la operación surtirá efecto con la inscripción de la cesión en el Registro Mercantil correspondiente a esta sociedad. Una vez inscrita la cesión, el Registro Mercantil de la sociedad cedente lo notificará al registro o registros de las sociedades cesionarias. Si la sociedad cedente se extinguiera como consecuencia de la cesión, se cancelarán sus asientos registrales.

2. Cuando la sociedad cedente no sea española, la operación surtirá efecto conforme a lo dispuesto en la legislación del Estado de dicha sociedad.

3. La cesión global de activo y pasivo producirá los siguientes efectos:

1.º La transmisión al cesionario o a los cesionarios de la totalidad del patrimonio activo y pasivo de la sociedad cedente, incluidos todos los contratos, créditos, derechos y obligaciones.

2.º La transmisión al cesionario o a los cesionarios de los derechos y obligaciones de la sociedad cedente derivados de contratos de trabajo o de relaciones laborales existentes en la fecha en que surta efecto la cesión global.

3.º La extinción de la sociedad cedente española, si la contraprestación fuese recibida total y directamente por los socios.

4. Cuando la legislación de los Estados miembros imponga, en el caso de cesión global de activo y pasivo, trámites especiales para que la transmisión de determinados bienes, derechos y obligaciones de la cedente sea oponible a terceros, dichos trámites se aplicarán y serán cumplidas por la sociedad cedente o cesionaria según proceda.

TÍTULO IV. De las modificaciones estructurales transfronterizas extraeuropeas

CAPÍTULO I. Disposiciones generales

Art. 121. *Modificaciones estructurales incluidas*.– Sin perjuicio de lo dispuesto en los Tratados y Convenios internacionales vigentes en España, el presente título se aplicará a las siguientes modificaciones estructurales:

1.º Las transformaciones de sociedades de capital constituidas de conformidad con el Derecho de un Estado que no forme parte del Espacio Económico Europeo en sociedades de capital sujetas al Derecho español o en sentido inverso.

2.º Las fusiones, escisiones y cesiones globales de activo y pasivo en que intervengan sociedades de capital constituidas de conformidad con el Derecho de un Estado que no forme parte del Espacio Económico Europeo, y una o varias sociedades sujetas a la legislación española.

Art. 122. *Régimen general*.– A las sociedades españolas que participen en modificaciones estructurales con sociedades constituidas de conformidad con el Derecho de un Estado que no forme parte del Espacio Económico Europeo les serán de aplicación las disposiciones de este real decreto-ley relativas a las modificaciones estructurales intraeuropeas, sustituyendo la expresión «Estado miembro» por «Estado», con las excepciones y reglas especiales que se prevén en este título.

Art. 123. *Certificado previo a la transformación, fusión, escisión o cesión global de activo y pasivo.*– Será exigible a las sociedades españolas que participen en una modificación estructural extraeuropea la obtención del certificado previo conforme a las mismas reglas aplicables a las operaciones intraeuropeas, con las siguientes especialidades:

1.º El certificado previo se podrá adaptar para dar cumplimiento a requisitos específicos que pudieran ser exigibles conforme al Derecho del Estado de destino, para asegurar su eficacia.

2.º La transmisión entre autoridades o registros del certificado previo se regirá por la legislación general, ajustándose a las prácticas de cooperación registral internacional entre los Estados.

Art. 124. *Control de legalidad cuando España sea el Estado de destino.*– Cuando la sociedad resultante o beneficiaria de la operación sea o vaya a ser española, el Registrador Mercantil controlará la legalidad de la operación conforme a las reglas aplicables a las modificaciones estructurales intraeuropeas correspondientes con las siguientes especialidades:

1.º El certificado previo se sustituirá por una certificación del Registrador o autoridad competente extranjera que, por sí sola o en conjunción con otros documentos, acredite la legalidad de la operación.

2.º Las notificaciones entre registros se regirán por la legislación general y se ajustarán a las prácticas de cooperación registral internacional entre Estados.

CAPÍTULO II. Disposiciones especiales

Art. 125. *Transformación.*– 1. La transformación de una sociedad española en una sociedad constituida conforme al Derecho de un Estado que no forme parte del Espacio Económico Europeo solo podrá realizarse si el Derecho de ese Estado lo permite con mantenimiento de la personalidad jurídica.

2. La transformación de la sociedad extranjera en sociedad española no afectará a su personalidad jurídica si su ley personal permite el mantenimiento de dicha personalidad. La sociedad deberá cumplir con lo exigido por la ley española para la constitución del tipo societario de que se trate, justificando, en particular, con un informe de experto independiente que su patrimonio neto cubre la cifra de capital social que consta en los estatutos sociales, que deberá ser como mínimo la cifra de capital social exigida por el Derecho español.

Art. 126. *Cesión global de activo y pasivo*.– La cesión global de activo y pasivo se regirá por las mismas reglas aplicables a las cesiones globales de activo y pasivo intraeuropeas.

DISPOSICIONES ADICIONALES

Primera. *Derechos laborales derivados de modificaciones estructurales*.– 1. Lo previsto en el libro primero de este real decreto-ley se entiende sin perjuicio de los derechos de información y consulta de los trabajadores previstos en la legislación laboral.

2. En el supuesto de que las modificaciones estructurales reguladas en el libro primero de este real decreto-ley comporten un cambio en la titularidad de la empresa, de un centro de trabajo o de una unidad productiva autónoma, serán de aplicación las previsiones recogidas en el artículo 44 del texto refundido de la Ley del Estatuto de los Trabajadores, aprobado por el Real Decreto Legislativo 2/2015, de 23 de octubre.

Segunda. *Sociedades colectivas e irregulares*.– La transformación, fusión, escisión o cesión global de activo y pasivo de las sociedades colectivas no inscritas y, en general, de las sociedades irregulares, requerirán su previa inscripción registral.

Tercera. *Régimen aplicable a las operaciones de transformación, fusión, escisión y cesión global o parcial de activos y pasivos entre entidades de crédito y entre entidades aseguradoras*.– 1. Las operaciones de fusión entre entidades de crédito de la misma naturaleza, así como las de escisión y cesión global de activos y pasivos entre entidades de crédito de idéntica o distinta naturaleza se regirán por las normas establecidas para dichas operaciones en el libro primero del presente real decreto-ley, sin perjuicio de lo previsto en la legislación específica aplicable a estas entidades.

2. Las operaciones de fusión, transformación, escisión y cesión de cartera entre entidades aseguradoras se regirán por las normas establecidas para dichas operaciones en el libro primero del presente real decreto-ley, sin perjuicio de lo previsto en la legislación específica aplicable a estas entidades.

3. Cuando la operación consista en el traspaso por sucesión universal de una o varias partes del patrimonio de una entidad de crédito, cualquiera que sea su naturaleza, que formen una unidad económica, a otra entidad de crédito de igual o distinta naturaleza a cambio de una contraprestación que no consista en acciones, participaciones o cuotas de la entidad cesionaria, resultará de aplicación a la misma el régimen de la cesión global de activos y pasivos previsto en el libro primero de este real decreto-ley, sin perjuicio de lo previsto en su legislación específica.

DISPOSICIONES TRANSITORIAS

Primera. *Régimen transitorio aplicable en materia de modificaciones estructurales de sociedades mercantiles.*– Las disposiciones del libro primero del presente real decreto-ley se aplicarán a las modificaciones estructurales de sociedades mercantiles cuyos proyectos no hubieren sido aún aprobados por las sociedades implicadas con anterioridad a la entrada en vigor de este real decreto-ley.

DISPOSICIÓN DEROGATORIA

Única. *Normas derogadas.*– Queda derogada la Ley 3/2009 de 3 de abril, sobre modificaciones estructurales de las sociedades mercantiles, así como cuantas disposiciones de igual o inferior rango que se opongan al presente real decreto-ley.

DISPOSICIONES FINALES

Segunda. *Modificación de la Ley 31/2006, de 18 de octubre, sobre implicación de los trabajadores en las sociedades anónimas y cooperativas europeas.*– La Ley 31/2006, de 18 de octubre, sobre implicación de los trabajadores en las sociedades anónimas y cooperativas europeas, queda modificada como sigue:

Uno. Se modifica la rúbrica y la redacción del título IV, que queda redactado en los siguientes términos:

«**TÍTULO IV. Disposiciones aplicables a las modificaciones estructurales transfronterizas intraeuropeas de sociedades de capital**

CAPÍTULO I. Derechos de participación de los trabajadores en las sociedades afectadas

Art. 39. Ámbito de aplicación del capítulo.– 1. La participación de los trabajadores en las sociedades resultantes de una modificación estructural transfronteriza intraeuropea, así como su implicación en la definición de los derechos correspondientes, se regirá por las disposiciones previstas en este capítulo cuando concurra alguna de las siguientes circunstancias:

a) Que al menos una de las sociedades que se fusionan, la sociedad que se transforma o la escindida emplee, durante el período de seis meses que precede a la publicación del proyecto de la operación de modificación estructural transfronteriza intraeuropea, un número medio de trabajadores equivalente a cuatro quintas partes del umbral aplicable para dar lugar a la participación de los trabajadores en el sentido del artículo 2, letra k), de la Directiva 2001/86/CE del Consejo, de 8 de octubre de 2001, tal como se establezca en el derecho del Estado miembro a cuya jurisdicción esté sujeta la sociedad afectada.

b) Que, en el caso de existir participación de los trabajadores en cada sociedad resultante, aquella no alcance al menos el mismo nivel de participación de los trabajadores que el aplicado en la sociedad o sociedades antes de la modificación estructural transfronteriza, medido en función de la proporción de miembros que representan a los trabajadores en el órgano de administración o control, o sus comités, o en el órgano directivo competente dentro de las sociedades para decidir el reparto de los beneficios.

c) Que, en el caso de existir participación de los trabajadores en cada sociedad resultante, los trabajadores de los establecimientos de tal sociedad situados en otros Estados miembros ejerzan unos derechos de participación inferiores a los derechos de participación que ejercen los trabajadores empleados en España.

2. La aplicación de las disposiciones de este capítulo excluye la de las disposiciones de cualquier otro Estado miembro en que las sociedades resultantes cuenten con centros de trabajo, salvo en los casos en los que exista una remisión expresa en este capítulo.

Art. 40. Procedimiento de negociación de los derechos de participación.– 1. Se aplicarán a los derechos de participación de los trabajadores las disposiciones contenidas en el capítulo I del título I de esta ley, con las siguientes peculiaridades:

a) No será de aplicación lo previsto en el artículo 8.2 y 3, respecto de las funciones de la comisión negociadora.

No obstante, la comisión negociadora tendrá derecho a decidir, por mayoría de dos tercios de sus miembros que representen al menos a dos tercios de los trabajadores, no iniciar negociaciones o poner fin a las negociaciones ya entabladas, y basarse en las normas de participación vigentes en la legislación laboral española.

b) El contenido del acuerdo deberá incluir:

1.º La identificación de las partes que lo conciertan.

2.º El ámbito de aplicación del acuerdo.

3.º Los elementos esenciales de las normas de participación, incluida, en su caso, la determinación del número de miembros del órgano de administración de la sociedad o sociedades resultantes que los trabajadores tendrán derecho a elegir, designar o recomendar o a cuya designación tendrán derecho a oponerse, de los procedimientos a seguir para ello y de sus derechos.

4.º La fecha de entrada en vigor del acuerdo, su duración y las condiciones de su denuncia, prórroga y renegociación.

2. Además de lo previsto en el apartado 1, se aplicarán a los derechos de participación de los trabajadores, en el caso de fusiones transfronterizas intraeuropeas, las siguientes especialidades:

a) Los órganos competentes de las sociedades que se fusionen, en el supuesto de que al menos una de dichas sociedades esté gestionada en régimen de participación de los trabajadores, tendrán derecho a optar, sin negociación previa, por estar directamente sujetas a las disposiciones subsidiarias contempladas en el artículo 20 para la participación de los trabajadores en los supuestos de fusión de sociedades, y por respetar dichas disposiciones a partir de la fecha de registro de la sociedad resultante de la fusión.

La sociedad comunicará a sus trabajadores o sus representantes si opta por aplicar las disposiciones subsidiarias, o si entabla negociaciones en el marco del órgano especial de negociación. En el segundo caso, la sociedad comunicará a sus trabajadores o sus representantes el resultado de las negociaciones sin demora indebida.

b) La mayoría de dos tercios a la que se refiere el segundo párrafo del apartado 1.a) deberá incluir los votos de los miembros que representen a los trabajadores en, al menos, dos Estados miembros diferentes.

c) No será de aplicación lo previsto en el artículo 9.2. En el caso de que en alguna de las sociedades que se fusionan se aplicara un sistema de participación de los trabajadores en sus órganos de administración o de control que afectasen, al menos, a un 25 por 100 del número total de trabajadores empleados en el conjunto de las sociedades participantes, cuando el resultado de las negociaciones pueda determinar una reducción de los derechos de participación de los trabajadores existentes en las sociedades participantes, la mayoría necesaria para tomar tal acuerdo será la de dos tercios de los miembros de la comisión negociadora, que representen a su vez, al menos, a dos tercios de los trabajadores e incluyan los votos de miembros que representen a trabajadores de, al menos, dos Estados miembros.

Se entenderá por reducción de los derechos de participación, a los efectos previstos en el párrafo anterior, el establecimiento de un número de miembros en los órganos de la sociedad resultante de la fusión inferior al mayor número existente en cualquiera de las sociedades participantes.

3. Además de lo previsto en el apartado 1, se aplicarán a los derechos de participación de los trabajadores, en el caso de transformaciones y escisiones transfronterizas intraeuropeas, las siguientes especialidades:

a) No será de aplicación lo previsto en el artículo 7.2 y 3, respecto de la composición de la comisión negociadora.

b) No será de aplicación lo previsto en el artículo 9.2.

c) El contenido del acuerdo deberá incluir el reconocimiento de unos derechos de implicación de los trabajadores que sean, como mínimo, equivalentes en todos sus elementos a los existentes en la sociedad que se transforma o escinde.

d) La sociedad comunicará a sus trabajadores o a los representantes de estos el resultado de las negociaciones relativas a su participación sin dilación indebida.

Art. 41. Aplicación de las disposiciones subsidiarias en materia de participación.– 1. Las disposiciones subsidiarias previstas en el artículo 20 en materia de participación de los trabajadores se aplicarán a la sociedad o sociedades resultantes afectadas por la modificación estructural, a partir de la fecha de su constitución, en los siguientes casos:

a) Cuando las partes así lo decidan.

b) Cuando no se haya alcanzado ningún acuerdo en el plazo de seis meses o, en su caso, durante el periodo de prórroga de este plazo, en los términos previstos en el artículo 10, y siempre que los órganos competentes de las sociedades que se fusionan, transforman o escinden decidan aceptar la aplicación de las disposiciones subsidiarias. Si se decidiera no aceptar la aplicación de dichas disposiciones, no podrá continuarse con el proceso de modificación estructural.

En el caso de fusiones transfronterizas intraeuropeas, se deberán cumplir, además del requisito señalado en el párrafo anterior, los siguientes:

1.º Que la comisión negociadora no haya adoptado la decisión de no iniciar negociaciones o poner fin a las negociaciones ya entabladas y basarse en las normas de participación vigentes en la legislación laboral española.

2.º Que se aplicara con anterioridad a la inscripción de la sociedad resultante de la fusión en alguna de las sociedades participantes un sistema de participación de los trabajadores en sus órganos de administración o de control que afectase al 33,3 por 100, al menos, del número total de trabajadores empleados en el conjunto de las sociedades participantes, o bien a un número inferior, si la comisión negociadora así lo decide.

2. En el caso de fusiones transfronterizas intraeuropeas, y a los efectos de lo dispuesto en el apartado anterior, se tomarán en consideración todos aquellos sistemas de participación previos que respondan a lo establecido en el artículo 2.l), con independencia de su origen legal o convencional.

Si ninguna de las sociedades participantes estuviera regida por uno de tales sistemas de participación antes de la inscripción de la fusión, la sociedad resultante de la fusión no estará obligada a establecer disposiciones en materia de participación de los trabajadores.

Cuando en el seno de las diferentes sociedades participantes hubiesen existido diferentes sistemas de participación de los trabajadores, corresponde a la comisión negociadora decidir cuál de dichos sistemas deberá aplicarse en la sociedad. La comisión negociadora deberá informar al órgano competente de las sociedades participantes sobre la decisión adoptada a este respecto.

Si en la fecha de inscripción de la sociedad la comisión negociadora no ha informado al órgano competente de las sociedades participantes sobre la existencia de una decisión adoptada conforme a lo señalado en el párrafo anterior, se aplicará a la sociedad resultante de la fusión el sistema de participación que hubiera afectado con anterioridad al mayor número de trabajadores de las sociedades participantes.

Art. 42. Aplicación transitoria de las normas de participación anteriores en el caso de transformaciones y escisiones transfronterizas intraeuropeas.– Las normas sobre la participación de los trabajadores que se aplicaban antes de la transformación o de la escisión transfronteriza intraeuropea seguirán siendo aplicables hasta la fecha de aplicación de las normas convenidas posteriormente o, a falta de normas convenidas, hasta la aplicación de las disposiciones subsidiarias previstas en el artículo 20.

Art. 43. Extensión a las sociedades resultantes de modificaciones estructurales transfronterizas intraeuropeas de determinadas disposiciones aplicables a las sociedades europeas.– Serán de aplicación a las sociedades resultantes de modificaciones estructurales transfronterizas intraeuropeas domiciliadas en España las disposiciones contenidas en el capítulo III del título I para las sociedades europeas, salvo en sus referencias a los órganos de representación y los representantes de los trabajadores que ejerzan sus funciones en el marco de un procedimiento de información y consulta.

Art. 44. Protección en caso de modificaciones estructurales posteriores.– Cuando la sociedad o sociedades resultantes de la modificación estructural transfronteriza intraeuropea esté gestionada en régimen de participación de los trabajadores, dicha sociedad deberá garantizar la protección de los derechos de los trabajadores en caso de ulteriores modificaciones estructurales nacionales o transnacionales durante un plazo de cuatro años después de que la modificación estructural transfronteriza intraeuropea haya surtido efecto, aplicándose en tal caso las disposiciones establecidas en este título en cuanto sea posible.

CAPÍTULO II. Disposiciones aplicables a los centros de trabajo situados en España de las sociedades resultantes de modificaciones estructurales transfronterizas intraeuropeas

Art. 45. Ámbito de aplicación del capítulo.– 1. Salvo en sus referencias al órgano de representación, las disposiciones contenidas en el título II serán aplicables a los centros de trabajo situados en España de las sociedades resultantes de modificaciones estructurales transfronterizas intraeuropeas con domicilio social en cualquier Estado miembro del Espacio Económico Europeo.

2. Asimismo, serán de aplicación a las sociedades participantes en procesos de modificaciones estructurales transfronterizas intraeuropeas y a las sociedades resultantes de dichos procesos las disposiciones contenidas en el título III, respecto de los procedimientos judiciales, en los términos establecidos en dicho título.

3. Lo previsto en los apartados anteriores únicamente será de aplicación en los casos en que deba existir participación de los trabajadores en la sociedad o sociedades resultantes de la modificación estructural, de conformidad con las disposiciones de los Estados miembros por las que se dé cumplimiento a los artículos 86 terdecies, 133 y 160 terdecies de la Directiva (UE) 2017/1132 del Parlamento Europeo y del Consejo, de 14 de junio de 2017, sobre determinados aspectos del Derecho de sociedades.

Art. 46. Eficacia jurídica en España de las disposiciones de otros Estados miembros.– Los acuerdos entre la comisión negociadora y el órgano competente de las sociedades participantes en modificaciones estructurales transfronterizas intraeuropeas concluidos conforme a las disposiciones de los Estados miembros y, en su defecto, las normas subsidiarias de las citadas disposiciones obligan a todos los centros de trabajo de la sociedad o sociedades resultantes de la modificación estructural incluidos dentro de su ámbito de aplicación y situados en territorio español, así como a sus trabajadores respectivos, durante todo el tiempo de su vigencia.

No obstante, la validez y eficacia de dichos acuerdos en ningún caso podrán menoscabar ni alterar las competencias de negociación, información y consulta que la legislación española otorga a los comités de empresa, delegados de personal y organizaciones sindicales, así como a cualquier otra instancia representativa creada por la negociación colectiva.»

Dos. Se modifica la letra a) del apartado 3 de la disposición adicional primera, que queda redactada como sigue:

«a) A los actuales derechos de implicación de los trabajadores distintos de los de participación en los órganos de la SE de que gocen los trabajadores de la SE y de sus centros de trabajo y empresas filiales de conformidad con las legislaciones y prácticas nacionales de los Estados miembros.

Tampoco afectará a los derechos de implicación de los trabajadores distintos de los de participación en los órganos de la sociedad o sociedades resultantes de las modificaciones estructurales transfronterizas intraeuropeas de que gocen los trabajadores de la sociedad y de sus centros de trabajo de conformidad con las legislaciones y prácticas nacionales de los Estados miembros.»

Tercera. *Modificación del texto refundido de la Ley de Sociedades de Capital aprobado por el Real Decreto Legislativo 1/2010, de 2 de julio.*– Se modifica el texto refundido de la Ley de Sociedades de Capital, aprobado por el Real Decreto Legislativo 1/2010, de 2 de julio, en los siguientes términos:

[Se modifican arts. 160 g), 194.1, 199 b), 346.3, 461 y 462] [Textos modificados introducidos en el lugar correspondiente del TRLSC (§1)].

Cuarta. *Modificación del texto refundido de la Ley Concursal, aprobado por el Real Decreto Legislativo 1/2020, de 5 de mayo.*– Se modifica el texto refundido de la Ley Concursal, aprobado por el Real Decreto Legislativo 1/2020, de 5 de mayo, en los siguientes términos:

[Se modifican arts. 317.3, 317 bis, 399 ter 1 y 631.3.] [No se reproducen en los presentes texto legales]

Séptima. *Títulos competenciales.*– El libro primero, las disposiciones adicionales primera, segunda y tercera, la disposición transitoria primera y las disposiciones finales primera, segunda, tercera y cuarta se dictan al amparo de las competencias que el artículo 149.1. 6.ª y 7.ª de la Constitución Española atribuye en exclusiva al Estado en materia de legislación mercantil y de legislación laboral.

El libro segundo se dicta al amparo de lo dispuesto en el artículo 149.1. 7.ª y 18.ª de la Constitución Española, que atribuyen al Estado, respectivamente, la competencia exclusiva en materia de legislación laboral, sin perjuicio de su ejecución por los órganos de las comunidades autónomas; y para establecer las bases del régimen estatutario de los funcionarios.

El libro tercero se dicta al amparo de lo dispuesto en el artículo 149.1. 13.ª, 21.ª y 29.ª de la Constitución Española, que atribuye al Estado la competencia exclusiva en materia de bases y coordinación de la planificación general de la actividad económica; de transportes terrestres que transcurran por el territorio de más de una Comunidad Autónoma; de tráfico y circulación de vehículos a motor; y de seguridad pública; excepto el título III que se dicta al amparo de lo dispuesto en el artículo 149.1. 6.ª 11.ª y 13.ª de la Constitución que atribuyen al Estado las competencias en materia de legislación mercantil, de bases de la ordenación de crédito y de bases y coordinación de la planificación general de la actividad económica, respectivamente.

El libro cuarto se dicta al amparo de lo dispuesto en el artículo 149.1. 6.ª, 7.ª, 11.ª, 13.ª, 14.ª, 17.ª, 19.ª, 21.ª y 25.ª de la Constitución que atribuyen al Estado las competencias en materia de legislación mercantil; de legislación laboral; de bases de la ordenación de crédito; de bases y coordinación de la planificación general de la actividad económica; de Hacienda general y deuda del Estado; de legislación básica y régimen económico de la Seguridad Social, sin perjuicio de la ejecución de sus servicios por las Comunidades Autónomas; de pesca marítima, sin perjuicio de las competencias que en la ordenación del sector se atribuyan a las Comunidades Autónomas; de ferrocarriles y transportes terrestres que transcurran por el territorio de más de una Comunidad Autónoma y de bases del régimen minero y energético, respectivamente.

Lo dispuesto en el libro quinto se dicta al amparo de lo dispuesto en artículo 149.1.6.ª, 7.ª, 11.ª, 13.ª, 14.ª, 17.ª, 18.ª, 23.ª y 25.ª de la Constitución Española, que atribuyen al Estado la competencia exclusiva en materia de legislación mercantil; de legislación procesal; de legislación laboral; de bases de la ordenación de crédito, banca y seguros; de bases y coordinación de la planificación general de la actividad económica; de Hacienda general y deuda del Estado; de legislación básica y régimen económico de la Seguridad Social, sin perjuicio de la ejecución de sus servicios por las comunidades autónomas; bases del régimen estatutario de los funcionarios; de legislación básica sobre protección del medio ambiente, sin perjuicio de las facultades de las Comunidades Autónomas de establecer normas adicionales de protección y de bases del régimen minero y energético, respectivamente.

Octava. *Incorporación de Derecho comunitario.*– Mediante el libro primero se traspone la Directiva (UE) 2019/2121 del Parlamento Europeo y del Consejo, de 27 de noviembre de 2019, por la que se modifica la Directiva (UE) 2017/1132 en lo que atañe a las transformaciones, fusiones y escisiones transfronterizas.

El libro segundo traspone parcialmente la Directiva (UE) 2019/1158 del Parlamento Europeo y del Consejo, de 20 de junio de 2019, relativa a la conciliación de la vida familiar y la vida profesional de los progenitores y los cuidadores, y por la que se deroga la Directiva 2010/18/UE del Consejo; salvo su artículo 5 y su artículo 8, apartado 3, respecto de la remuneración o la prestación económica del permiso parental.

El título I del libro tercero desarrolla y da cumplimiento al mandato contenido en el artículo 18.1 del Reglamento (UE) 2021/784 del Parlamento Europeo y del Consejo, de 29 de abril de 2021, dirigido a que los Estados miembros establezcan el régimen de sanciones aplicables al incumplimiento de las obligaciones incluidas en dicha disposición.

El título III del libro tercero transpone parcialmente la Directiva (UE) 2018/843, del Parlamento Europeo y del Consejo, de 30 de mayo de 2018, por la que se modifica la Directiva (UE) 2015/849 relativa a la prevención de la utilización del sistema financiero para el blanqueo de capitales o la financiación del terrorismo, y por la que se modifican las Directivas 2009/138/CE y 2013/36/UE, y se recoge en la normativa nacional lo declarado en la sentencia dictada por el Tribunal de Justicia de la Unión Europea, en asuntos acumulados C 37/20 y C 601/20, en relación con la Directiva (UE) 2018/843 del Parlamento Europeo y del Consejo de 30 de mayo de 2018 por la que se modifica la Directiva (UE) 2015/849 relativa a la prevención de la utilización del sistema financiero para el blanqueo de capitales o la financiación del terrorismo, y por la que se modifican las Directivas 2009/138/CE y 2013/36/UE.

Lo dispuesto en el título II del libro quinto de este real decreto-ley incorpora parcialmente al ordenamiento jurídico nacional, la Directiva 2018/2001 del Parlamento Europeo y del Consejo, de 11 de diciembre de 2018, relativa al fomento del uso de energía procedente de fuentes renovables, en lo relativo a las comunidades de energías renovables. Asimismo, incorpora parcialmente al ordenamiento jurídico nacional, en lo relativo a las comunidades ciudadanas de energía, la Directiva (UE) 2019/944 del Parlamento Europeo y del Consejo de 5 de junio de 2019 sobre normas comunes para el mercado interior de la electricidad y por la que se modifica la Directiva 2012/27/UE.

Novena. *Entrada en vigor*.– El presente real decreto-ley entrará en vigor el día siguiente al de su publicación en el «Boletín Oficial del Estado», excepto las previsiones del libro primero y del título VII del libro quinto, que entrarán en vigor al mes de su publicación en el «Boletín Oficial del Estado», y las regulaciones del título III del libro tercero, que entrarán en vigor cuando se apruebe su desarrollo reglamentario.

§5. REAL DECRETO 1784/1996, DE 19 DE JULIO, POR EL QUE SE APRUEBA EL REGLAMENTO DEL REGISTRO MERCANTIL (Selección)
(BOE núm. 184, de 31 de julio de 1996)

En el presente epígrafe se realiza tan sólo una selección de las normas del Reglamento del Registro Mercantil.

Téngase especialmente en cuenta que el RRM, salvo los arts. 94 bis, 308 bis a 308 septies, 326.2, Disp. Ad. 1.ª y Disp. Final 7.ª, no ha sido objeto de modificación con posterioridad a la entrada en vigor de la hoy derogada Ley 3/2009, de 3 de abril, sobre Modificaciones Estructurales de las Sociedades Mercantiles (LMESM), del Texto Refundido de la Ley de Sociedades de Capital (TRLSC) y de sus posteriores modificaciones, por lo que sus normas deben considerarse derogadas en tanto se opongan a las disposiciones de las citadas leyes.

A la fecha de cierre de esta edición todavía no se ha dado cumplimiento a la Disposición Final Segunda del Real Decreto Legislativo 1/2010, de 2 de julio, por el que se aprueba el Texto Refundido de la Ley de Sociedades de Capital (§1), en la que «se autoriza al Ministro de Justicia para la modificación de las referencias a la numeración contenida en el Reglamento del Registro Mercantil, aprobado por Real Decreto 1784/1996, de 19 de julio, de los artículos de los textos de las disposiciones que se derogan por la que corresponde a los contenidos en el texto refundido de la Ley de sociedades de capital».

Por su parte, el apartado 3 de la Disp. Adicional 10ª de la Ley 14/2013, de 27 de septiembre, de apoyo a los emprendedores y su internacionalización (BOE núm. 233 de 28 de septiembre) (§2) establece que «en el plazo de seis meses a contar desde la entrada en vigor de esta norma, el Gobierno aprobará un nuevo Reglamento del Registro Mercantil y la modificación necesaria del Reglamento Hipotecario». Por Orden de 18 de diciembre de 2015, se constituye en el seno de la Sección de Derecho mercantil de la Comisión General de Codificación una ponencia para la elaboración de una propuesta de reglamento del registro mercantil.

TÍTULO II. De la inscripción de los empresarios y sus actos

CAPÍTULO I. Disposiciones generales

Art. 81. *Sujetos y actos de inscripción obligatoria.*- 1. Será obligatoria la inscripción en el Registro Mercantil de los siguientes sujetos:

a) El naviero empresario individual.

b) Las sociedades mercantiles.

c) Las sociedades de garantía recíproca.

d) Las cooperativas de crédito, las mutuas y cooperativas de seguros y las mutualidades de previsión social.

e) Las sociedades de inversión colectiva.

f) Las agrupaciones de interés económico.

g) Las cajas de ahorro.

h) Los fondos de inversión.

i) Los fondos de pensiones.

j) Las sucursales de cualquiera de los sujetos anteriormente indicados.

k) Las sucursales de sociedades extranjeras y de otras entidades extranjeras con personalidad jurídica y fin lucrativo.

l) Las sociedades extranjeras que trasladen su domicilio a territorio español.

m) Las demás personas o entidades que establezcan las Leyes.

2. En la hoja abierta a cada uno de los sujetos mencionados en el apartado anterior se inscribirán necesariamente los actos o circunstancias establecidos en las Leyes o en este Reglamento.

3. Podrán también inscribirse las sociedades civiles, cualquiera que sea su objeto, aunque no tengan forma mercantil.

Apartado 3 añadido por el apartado 2 de la Disp. Ad. Única del Real Decreto 1867/1998, de 4 de septiembre, por el que se modifican determinados artículos del Reglamento Hipotecario. La citada Disp. Ad. fue declarada nula, por infracción del principio de jerarquía normativa, por la STS (Sala 3.ª, sección 6.ª) de 24 de febrero de 2000 (fallo publicado en BOE núm. 98, de 24 de abril de 2000). Téngase en cuenta, sin embargo, que con posterioridad la Disp. Adicional octava de la Ley 18/2022, de 28 de septiembre, de creación y crecimiento de empresas (BOE núm. 234, de 29 septiembre) (entrada en vigor el 19 de octubre de 2022) estableció:

«**Disposición adicional octava. Sociedades civiles.**- 1. Las sociedades civiles por su objeto que no tengan forma mercantil constituidas conforme al derecho común, foral o especial que les sea aplicable podrán inscribirse en el Registro Mercantil con arreglo a las normas generales de su Reglamento en cuanto le sean aplicables.

En la inscripción primera de las sociedades civiles se hará constar las siguientes circunstancias:

1.ª La identidad de los socios.

2.ª La denominación de la sociedad en la que deberá constar la expresión «Sociedad Civil».

3.ª El objeto de la sociedad.

4.ª El régimen de administración.

5.ª El plazo de duración si se hubiera pactado.

6.ª Los demás pactos lícitos que se hubieren estipulado.

En la hoja abierta a la sociedad serán inscribibles el nombramiento, cese y renuncia de los administradores, los poderes generales, su modificación, extinción o revocación, la admisión de nuevos socios, así como la separación o exclusión de los existentes, la transmisión de participaciones entre los socios, y las resoluciones judiciales o administrativas que afecten al régimen de administración de la sociedad.

2. Las sociedades civiles constituidas con arreglo a los derechos civiles, forales o especiales se regirán en todo lo relativo a las mismas por las normas de dichos derechos

que les resulten aplicables, y su inscripción en el Registro Mercantil solo será posible cumplidos los requisitos legales establecidos por dichos derechos civiles, forales o especiales que serán de aplicación prevalente a la regulación del Registro Mercantil.» Véase arts. 16 y 19 C.com y art. 4 del presente RRM. Y ténganse en cuenta los arts. 8.3, 9 y 14 de la Ley 14/2013, de 27 de septiembre, de apoyo a los emprendedores y su internacionalización (selección) (§2), así como el art. 8.1 y 2 de la Ley 2/2007, de 15 de marzo, de Sociedades Profesionales (§7).

Art. 82. *Advertencia del Notario.*- Los Notarios que autoricen documentos sujetos a inscripción en el Registro Mercantil advertirán a los otorgantes, en el propio documento y de manera específica, acerca de la obligatoriedad de la inscripción.

Art. 83. *Plazo para solicitar la inscripción.*- Salvo disposición legal o reglamentaria en contrario, la inscripción habrá de solicitarse dentro del mes siguiente al otorgamiento de los documentos necesarios para la práctica de la misma.

Art. 84. *Autorizaciones administrativas.*- 1. Salvo que otra cosa disponga la legislación especial, no podrá practicarse la inscripción en el Registro Mercantil del sujeto que pretenda realizar actividades cuya inclusión en el objeto requiera licencia o autorización administrativa, si no se acredita su obtención. La misma regla se aplicará a la inscripción de actos posteriores sujetos a licencia o autorización administrativa.

2. En la inscripción se consignará la oportuna referencia a las licencias o autorizaciones que correspondan.

Art. 85. *Registros especiales.*- 1. Salvo que otra cosa disponga la legislación especial, no será necesaria la previa inscripción en los Registros administrativos para la inscripción en el Registro Mercantil.

2. Una vez practicada la inscripción en el Registro administrativo, se consignarán, previa solicitud del interesado, los datos de aquélla en el Registro Mercantil por medio de nota marginal.

Art. 86. *Obligaciones fiscales.*- 1. No podrá practicarse asiento alguno, a excepción del de presentación, si no se ha justificado previamente que ha sido solicitada o practicada la liquidación de los tributos correspondientes al acto o contrato que se pretenda inscribir o al documento en virtud del cual se pretenda la inscripción.

2. En la inscripción primera de todas las sociedades y entidades inscribibles habrá de consignarse su número de identificación fiscal, aunque sea provisional.

CAPÍTULO II. DE LA INSCRIPCIÓN DE LOS EMPRESARIOS INDIVIDUALES

Arts. 87 a 93. (…)

No se reproducen en estos textos legales.

CAPÍTULO III. De la inscripción de las Sociedades en general

Sección 1.ª Disposiciones Generales

Art. 94. *Contenido de la hoja*.– 1. En la hoja abierta a cada sociedad se inscribirán obligatoriamente:

1.º La constitución de la sociedad, que necesariamente será la inscripción primera.

2.º La modificación del contrato y de los estatutos sociales, así como los aumentos y las reducciones del capital.

3.º La prórroga del plazo de duración.

4.º El nombramiento y cese de administradores, liquidadores y auditores. Asimismo habrá de inscribirse el nombramiento y cese de los secretarios y vicesecretarios de los órganos colegiados de administración, aunque no fueren miembros del mismo.

La inscripción comprenderá tanto los miembros titulares como, en su caso, los suplentes.

5.º Los poderes generales y las delegaciones de facultades, así como su modificación, revocación y sustitución. No será obligatoria la inscripción de los poderes generales para pleitos o de los concedidos para la realización de actos concretos.

6.º La apertura, cierre y demás actos y circunstancias relativos a las sucursales en los términos previstos en los artículos 295 y siguientes.

7.º La transformación, fusión, escisión, rescisión parcial, disolución y liquidación de la sociedad.

8.º La designación de la entidad encargada de la llevanza del registro contable en el caso de que los valores se hallen representados por medio de anotaciones en cuenta.

9.º Las resoluciones judiciales inscribibles relativas al concurso, voluntario o necesario, principal o acumulado, de la sociedad y las medidas administrativas de intervención.

10.º Las resoluciones judiciales o administrativas, en los términos establecidos en las Leyes y en este Reglamento.

11.º Los acuerdos de implicación de los trabajadores en una sociedad anónima europea, así como sus modificaciones posteriores, de acuerdo con lo previsto en el artículo 114.3 de este Reglamento.

12.º El sometimiento a supervisión de una autoridad de vigilancia.

13.º En general, los actos o contratos que modifiquen el contenido de los asientos practicados o cuya inscripción prevean las leyes o el presente Reglamento.

2. En dicha hoja se inscribirán también obligatoriamente la emisión de obligaciones u otros valores negociables, agrupados en emisiones, realizadas por sociedades anónimas o entidades autorizadas para ello, y los demás actos y circunstancias relativos a los mismos cuya inscripción esté legalmente establecida.

3. Será igualmente obligatoria la inscripción de la admisión y exclusión de cualquier clase de valores a negociación en un mercado secundario oficial.

> Ordinal 9.º del apartado 1 redactado de acuerdo con el art. 10.Cuatro del Real Decreto 685/2005, de 10 de junio, sobre publicidad de resoluciones concursales y por el que se modifica el Reglamento del Registro Mercantil, en materia de publicidad registral de las resoluciones concursales.
>
> Apartado 1, ordinales 11 y 12, introducidos y antiguo ordinal 11 renumerado como 13 por Art. Único, Dos, del Real Decreto 659/2007, de 25 de mayo, por el que se modifica el Reglamento del Registro Mercantil, para su adaptación a las disposiciones de la Ley 19/2005, de 14 de noviembre, sobre la sociedad anónima europea domiciliada en España.

Art. 94 bis.– Se asignará a las sociedades de capital y a las sucursales de sociedades de otros Esta dos miembros un identificador único europeo (EUID), que permita identificarlas inequívocamente en las comunicaciones entre los registros a través del sistema de interconexión de registros mercantiles. Dicho identificador único europeo se compone de prefijo del país (ES); código del Registro Mercantil seguido de un punto; identificador único de sociedad o sucursal y, en su caso, un dígito de verificación que permita evitar errores de identificación

> Art. añadido por el art. único. Uno, del Real Decreto 442/2023, de 13 de junio, por el que se modifica el Reglamento del Registro Mercantil (...). Esta modificación entró en vigor el 9 de mayo de 2024 de acuerdo con lo establecido en la Disp. final 3 del citado Real Decreto.

Art. 95. *Título inscribible.*– 1. Los actos a que se refieren los párrafos 1.º a 3.º y 5.º a 7.º del apartado 1 del artículo anterior deberán constar, para su inscripción, en escritura pública.

2. Respecto de los actos relacionados en los párrafos 4.º y 9.º del apartado 1 y en el apartado 2 de dicho artículo, así como respecto de los actos relativos a la delegación de facultades, se estará a lo específicamente dispuesto en este Reglamento.

3. Para la inscripción de las circunstancias señaladas en el apartado tercero del artículo anterior se presentará certificación expedida por la Sociedad Rectora del Mercado de Valores en la que se hallen admitidos a cotización, y en cuanto a la circunstancia señalada en el párrafo 8.º del apartado 1 de dicho artículo se estará a lo dispuesto en este Reglamento.

4. La inscripción de los actos modificativos del contenido de los asientos a que se refiere el párrafo 11 del apartado 1 de dicho artículo, se practicará en virtud de documento de igual clase al requerido para la inscripción del acto que se modifica.

Art. 96. *Asientos posteriores al cierre provisional.*– Practicado en la hoja registral el cierre a que se refieren los artículos 276 y 277 del Reglamento del Impuesto de Sociedades, sólo podrán extenderse los asientos ordenados por la autoridad judicial o aquellos que hayan de contener los actos que sean presupuesto necesario para la reapertura de la hoja, así como los relativos al depósito de las cuentas anuales.

El art. 119.2 de la Ley 27/2014, de 27 de noviembre, del Impuesto sobre Sociedades (BOE núm. 288, de 28 de noviembre), establece:

«Artículo 119. Baja en el índice de entidades.- 1. La Agencia Estatal de Administración Tributaria dictará, previa audiencia de los interesados, acuerdo de baja provisional en los siguientes casos:

a) Cuando los débitos tributarios de la entidad para con la Hacienda pública del Estado sean declarados fallidos de conformidad con lo dispuesto en el Reglamento General de Recaudación, aprobado por el Real Decreto 939/2005, de 29 de julio.

b) Cuando la entidad no hubiere presentado la declaración por este impuesto correspondiente a 3 períodos impositivos consecutivos.

2. El acuerdo de baja provisional será notificado al registro público correspondiente, que deberá proceder a extender en la hoja abierta a la entidad afectada una nota marginal en la que se hará constar que, en lo sucesivo, no podrá realizarse ninguna inscripción que a aquélla concierna sin presentación de certificación de alta en el índice de entidades.

3. El acuerdo de baja provisional no exime a la entidad afectada de ninguna de las obligaciones tributarias que le pudieran incumbir.»

Véase art. 57 del Reglamento del Impuesto de sociedades aprobado por Real Decreto 634/2015, de 10 de julio.

Sección 2.ª De la documentación de los acuerdos sociales

Art. 97. Contenido del acta.- 1. Los acuerdos de los órganos colegiados de las sociedades mercantiles se consignarán en acta, que se extenderá o transcribirá en el libro de actas correspondiente, con expresión de las siguientes circunstancias:

1.ª Fecha y lugar del territorio nacional o del extranjero en que se hubiere celebrado la reunión.

2.ª Fecha y modo en que se hubiere efectuado la convocatoria, salvo que se trate de Junta o Asamblea universal. Si se tratara de Junta General o Especial de una sociedad anónima, se indicarán el «Boletín Oficial del Registro Mercantil» y el diario o diarios en que se hubiere publicado el anuncio de convocatoria.

3.ª Texto íntegro de la convocatoria o, si se tratase de Junta o Asamblea universal, los puntos aceptados como orden del día de la sesión.

4.ª En caso de Junta o Asamblea, el número de socios concurrentes con derecho a voto, indicando cuántos lo hacen personalmente y cuántos asisten por representación, así como el porcentaje de capital social que unos y otros representan. Si la Junta o Asamblea es universal, se hará constar, a continuación de la fecha y lugar y del orden del día, el nombre de los asistentes, que deberá ir seguido de la firma de cada uno de ellos.

En caso de órganos colegiados de administración, se expresará el nombre de los miembros concurrentes, con indicación de los que asisten personalmente y de quienes lo hacen representados por otro miembro.

5.ª Un resumen de los asuntos debatidos y de las intervenciones de las que se haya solicitado constancia.

6.ª El contenido de los acuerdos adoptados.

7.ª En el caso de Junta o Asamblea, la indicación del resultado de las votaciones, expresando las mayorías con que se hubiere adoptado cada uno de los acuerdos.

Si se tratase de órganos colegiados de administración, se indicará el número de miembros que ha votado a favor del acuerdo.

En ambos casos, y siempre que lo solicite quien haya votado en contra, se hará constar la oposición a los acuerdos adoptados.

8.ª La aprobación del acta conforme al artículo 99.

2. Las decisiones del socio único se consignarán en acta, que se extenderá o transcribirá en el Libro de actas correspondiente, con expresión de las circunstancias 1.ª y 6.ª del apartado anterior, así como si la decisión ha sido adoptada personalmente o por medio de representante.

3. Las circunstancias y requisitos establecidos en este Reglamento respecto de las actas y sus libros y certificaciones se entenderán exigidos a los exclusivos efectos de la inscripción en el Registro Mercantil.

> Sobre la legalización del libro actas, véase art. 106 del presente RRM y nota al mismo.
>
> En relación con el apartado 2, véase art. 15 del TRLSC (§1).

Art. 98. *Lista de asistentes a las Juntas o Asambleas.*– 1. La lista de asistentes figurará al comienzo de la propia acta o se adjuntará a ella por medio de anejo firmado por el Secretario, con el Visto Bueno del Presidente.

2. La lista de asistentes podrá formarse también mediante fichero o incorporarse a soporte informático. En estos casos se extenderá en la cubierta precintada del fichero o del soporte la oportuna diligencia de identificación firmada por el Secretario, con el Visto Bueno del Presidente.

> Véanse arts. 179 y 192 del TRLSC (§1).

Art. 99. *Aprobación del acta.*– 1. Las actas de Junta o Asamblea se aprobarán en la forma prevista por la Ley o, en su defecto, por la escritura social. A falta de previsión específica, el acta deberá ser aprobada por el propio órgano al final de la reunión.

2. Las actas del órgano colegiado de administración se aprobarán en la forma prevista en la escritura social. A falta de previsión específica, el acta deberá ser aprobada por el propio órgano al final de la reunión o en la siguiente.

3. Una vez que conste en el acta su aprobación, será firmada por el Secretario del órgano o de la sesión, con el Visto Bueno de quien hubiera actuado en ella como Presidente.

4. Cuando la aprobación del acta no tenga lugar al final de la reunión, se consignará en ella la fecha y el sistema de aprobación.

Véase art. 202 del TRLSC (§1).

Art. 100. *Supuestos especiales*.– 1. Cuando la Ley no impida la adopción de acuerdos por correspondencia o por cualquier otro medio que garantice su autenticidad, las personas con facultad de certificar dejarán constancia en acta de los acuerdos adoptados, expresando el nombre de los socios o, en su caso, de los administradores, y el sistema seguido para formar la voluntad del órgano social de que se trate, con indicación del voto emitido por cada uno de ellos. En este caso, se considerará que los acuerdos han sido adoptados en el lugar del domicilio social y en la fecha de recepción del último de los votos emitidos.

2. Si se tratare de acuerdos del órgano de administración adoptados por escrito y sin sesión, se expresará, además, que ningún miembro del mismo se ha opuesto a este procedimiento.

3. Salvo disposición contraria de la escritura social, el voto por correo deberá remitirse dentro del plazo de diez días a contar desde la fecha en que se reciba la solicitud de emisión del voto, careciendo de valor en caso contrario.

Art. 101. *Acta notarial de la Junta*.– 1. El Notario que hubiese sido requerido por los administradores para asistir a la celebración de la Junta y levantar acta de la reunión, juzgará la capacidad del requirente y, salvo que se trate de Junta o Asamblea Universal, verificará si la reunión ha sido convocada con los requisitos legales y estatutarios, denegando en otro caso su ministerio.

2. Una vez aceptado el requerimiento, el Notario se personará en el lugar, fecha y hora indicados en el anuncio, y procederá a asegurarse de la identidad y de los cargos de Presidente y Secretario de la reunión.

3. Constituida la Junta, preguntará a la asamblea si existen reservas o protestas sobre las manifestaciones del Presidente relativas al número de socios concurrentes y al capital presente.

Véase art. 203 TRLSC (§1) y art. 194 del presente Reglamento.

Art. 102. *Contenido específico del acta notarial*.– 1. Además de las circunstancias generales derivadas de la legislación notarial y de las previstas como 1.ª, 2.ª y 3.ª del artículo 97 de este Reglamento, el Notario dará fe de los siguientes hechos o circunstancias:

1.ª De la identidad del Presidente y Secretario, expresando sus cargos.

2.ª De la declaración del Presidente de estar válidamente constituida la Junta y del número de socios con derecho a voto que concurren personalmente o representados y de su participación en el capital social.

3.ª De que no se han formulado por los socios reservas o protestas sobre las anteriores manifestaciones del Presidente y, en caso contrario, del contenido de las formuladas, con indicación de su autor.

4.ª De las propuestas sometidas a votación y de los acuerdos adoptados, con transcripción literal de unas y otros, así como de la declaración del Presidente de la Junta sobre los resultados de las votaciones, con indicación de las manifestaciones relativas al mismo cuya constancia en acta se hubiere solicitado.

5.ª De las manifestaciones de oposición a los acuerdos y otras intervenciones cuando así se solicite, consignando el hecho de la manifestación, la identificación del autor y el sentido general de aquélla o su tenor literal si se entregase al Notario texto escrito, que quedará unido a la matriz.

El Notario podrá excusar la reseña de las intervenciones que, a su juicio, no fueren pertinentes por carecer de relación con los asuntos debatidos o con los extremos del orden del día. Cuando apreciare la concurrencia de circunstancias o hechos que pudieran ser constitutivos de delito podrá interrumpir su actuación haciéndolo constar en el acta.

2. Si las sesiones se prolongan durante dos o más días consecutivos, la reunión de cada día se consignará como diligencia distinta en el mismo instrumento y por orden cronológico.

3. En ningún caso el Notario calificará la legalidad de los hechos consignados en el instrumento.

Véase art. 203 TRLSC (§1) y art. 194 del presente Reglamento.

Art. 103. *Cierre del acta notarial.*– 1. La diligencia relativa a la reunión, extendida por el Notario en el propio acto o, ulteriormente, en su estudio con referencia a las notas tomadas sobre el lugar, no necesitará aprobación, ni precisará ser firmada por el Presidente y el Secretario de la Junta.

2. El acta notarial tendrá la consideración de acta de la Junta y, como tal, se transcribirá en el Libro de actas de la sociedad.

Véase art. 203 TRLSC (§1) y art. 194 del presente Reglamento.

Art. 104. *Anotación preventiva de la solicitud de acta notarial y de la publicación de un complemento a la convocatoria de una Junta.*– 1. A instancia de algún interesado deberá anotarse preventivamente la solicitud de levantamiento de acta notarial de la Junta por la minoría prevista por la Ley y de la publicación de un complemento a la convocatoria con inclusión de uno o más puntos del orden del día, que se regula en el artículo 97 de la Ley de Sociedades Anónimas.

La anotación se practicará, en el primer caso, en virtud del requerimiento notarial dirigido a los administradores y efectuado dentro del plazo legalmente establecido para dicha solicitud.

La anotación preventiva de la publicación de un complemento a la convocatoria de una Junta se practicará en virtud de la notificación fehaciente a que se refiere el párrafo 3 del artículo 97 de la Ley de Sociedades Anónimas.

2. Practicada la anotación preventiva, no podrán inscribirse en el Registro Mercantil los acuerdos adoptados por la Junta a que se refiera el asiento si no constan en acta notarial, o no se justifica la publicación del correspondiente complemento a la convocatoria, en su caso.

3. La anotación preventiva de la solicitud de acta notarial se cancelará por nota marginal cuando se acredite debidamente la intervención del Notario en la Junta, o cuando hayan transcurrido tres meses desde la fecha de la anotación.

La anotación preventiva de solicitud de un complemento a la convocatoria de una Junta se cancelará por nota marginal cuando se acredite debidamente la publicación de dicho complemento de convocatoria, o hubieran transcurrido tres meses desde la fecha de la anotación.

> Artículo redactado por Art. Único, Tres, del Real Decreto 659/2007, de 25 de mayo, por el que se modifica el Reglamento del Registro Mercantil (...), para su adaptación a las disposiciones de la Ley 19/2005, de 14 de noviembre, sobre la sociedad anónima europea domiciliada en España.
> La referencia al art. 97 de la LSA hay que entenderlo realizado actualmente al art. 172 y 519 TRLSC (§1).
> Véanse arts. 172, 203 y 519 TRLSC (§1) y art. 194 del presente Reglamento.

Art. 105. *Otras actas notariales*.– 1. Lo dispuesto en esta sección se entiende sin perjuicio de las actas notariales autorizadas para la constatación de determinados hechos acaecidos en las Juntas o Asambleas de socios, que se regirán por las normas generales contenidas en la legislación notarial.

2. No obstante, cuando hubiese sido requerida la presencia de Notario para levantar acta de la Junta o de la Asamblea de socios, no podrá ningún otro Notario prestar sus servicios para constatar los hechos a que se refiere el apartado anterior.

3. Cualquier acta notarial que no sea la regulada en los artículos anteriores no tendrá la consideración de acta de la Junta.

Art. 106. *Libro de actas*.– 1. La sociedad podrá llevar un libro de actas para cada órgano.

2. Los libros de actas, que podrán ser de hojas móviles, deberán legalizarse por el Registrador Mercantil necesariamente antes de su utilización, en la forma prevista en este Reglamento.

3. No podrá legalizarse un nuevo libro de actas en tanto no se acredite la íntegra utilización del anterior, salvo que se hubiere denunciado la sustracción del mismo o consignado en acta notarial su extravío o destrucción.

> Sobre la legación del libro actas, téngase en cuenta el art. 27 del C.com y que los apartados 2 y 3 del presente artículo deben considerarse derogados por el art. 18 de la Ley 14/2013, de 27 de septiembre, de apoyo a los emprendedores y su internacionalización (§2), que ha sido desarrollado por la Instrucción de 12 de febrero de 2015, de la Dirección General de los Registros y del Notariado, sobre legalización de libros de los empresarios en aplicación del artículo 18 de la Ley 14/2013, de 27 de septiembre (BOE de 16 de febrero), así como por la Instrucción de 1 de julio de 2015, de la Dirección General de los Registros y del Notariado, sobre mecanismos de seguridad de los ficheros electrónicos que contengan libros de los empresarios presentados a legalización en los registros mercantiles y otras cuestiones relacionadas (BOE núm. 162, de 8 de julio).
>
> Véanse arts. 329 a 336 del presente Reglamento.

Sección 3.ª De la elevación a instrumento público y del modo de acreditar los acuerdos sociales

Art. 107. *Elevación a instrumento público de los acuerdos sociales*.– 1. La elevación a instrumento público de los acuerdos de la Junta o Asamblea general o especial y de los acuerdos de los órganos colegiados de administración, podrá realizarse tomando como base el acta o libro de actas, testimonio notarial de los mismos o certificación de los acuerdos. También podrá realizarse tomando como base la copia autorizada del acta, cuando los acuerdos constaren en acta notarial.

2. En la escritura de elevación a público del acuerdo social deberán consignarse todas las circunstancias del acta que sean necesarias para calificar la validez de aquél. En su caso, el Notario testimoniará en la escritura el anuncio de convocatoria publicado o protocolizará testimonio notarial del mismo.

Art. 108. *Personas facultadas para la elevación a instrumento público*.– 1. La elevación a instrumento público de los acuerdos sociales corresponde a la persona que tenga facultad para certificarlos.

Las decisiones del socio único, consignadas en acta bajo su firma o la de su representante, podrán ser ejecutadas y formalizadas por el propio socio o por los administradores de la sociedad.

2. También podrá realizarse por cualquiera de los miembros del órgano de administración con nombramiento vigente e inscrito en el Registro Mercantil, cuando hubieren

sido expresamente facultados para ello en la escritura social o en la reunión en que se hayan adoptado los acuerdos.

3. La elevación a instrumento público por cualquier otra persona requerirá el otorgamiento de la oportuna escritura de poder, que podrá ser general para todo tipo de acuerdos en cuyo caso deberá inscribirse en el Registro Mercantil. Este procedimiento no será aplicable para elevar a públicos los acuerdos sociales cuando se tome como base para ello el acta o testimonio notarial de la misma.

4. Cuando se hubiere cerrado el Registro Mercantil por falta del depósito de cuentas, quien eleve a instrumento público los acuerdos sociales manifestará esta circunstancia en la escritura.

Art. 109. *Facultad de certificar.*- 1. La facultad de certificar las actas y los acuerdos de los órganos colegiados de las sociedades mercantiles corresponde:

a) Al Secretario y, en su caso, al Vicesecretario del órgano colegiado de administración, sea o no administrador. Las certificaciones se emitirán siempre con el Visto Bueno del Presidente o, en su caso, del Vicepresidente de dicho órgano.

b) Al administrador único, o a cualquiera de los administradores solidarios.

c) A los administradores que tengan el poder de representación en el caso de administración conjunta.

Será de aplicación a los liquidadores lo dispuesto en este apartado para los administradores.

2. En los casos previstos en el apartado anterior, será necesario que las personas que expidan la certificación tengan su cargo vigente en el momento de la expedición. Para la inscripción de los acuerdos contenidos en la certificación deberá haberse inscrito, previa o simultáneamente, el cargo del certificante.

3. La facultad de certificar las actas en las que se consignen las decisiones del socio único corresponderá a éste o, en la forma dispuesta en el apartado 1, a los administradores de la sociedad con cargo vigente.

4. No se podrán certificar acuerdos que no consten en actas aprobadas y firmadas o en acta notarial.

Art. 110. *Certificación de acuerdos de la Asamblea de obligacionistas.*- La facultad de expedir las certificaciones de las actas o los acuerdos de la Asamblea de obligacionistas corresponde al Comisario.

Art. 111. *Certificación expedida por persona no inscrita.*- 1. La certificación del acuerdo por el que se nombre al titular de un cargo con facultad certificante, cuando haya sido extendida por el nombrado, sólo tendrá efecto si se acompañare notificación fehaciente del nombramiento al anterior titular, con cargo inscrito, en el domicilio de éste según el Registro. La notificación quedará cumplimentada y se tendrá por hecha en cualquiera de las formas expresadas en el artículo 202 del Reglamento Notarial.

El Registrador no practicará la inscripción de los acuerdos certificados en tanto no transcurran quince días desde la fecha del asiento de presentación.

En este plazo, el titular anterior podrá oponerse a la práctica del asiento, si justifica haber interpuesto querella criminal por falsedad en la certificación o si acredita de otro modo la falta de autenticidad de dicho nombramiento.

Si se acredita la interposición de la querella, se hará constar esta circunstancia al margen del último asiento, que se cancelará una vez resuelta la misma, sin que dicha interposición impida practicar la inscripción de los acuerdos certificados.

2. Lo dispuesto en el apartado anterior no será de aplicación cuando se acredite el consentimiento del anterior titular al contenido de la certificación, mediante su firma legitimada en dicha certificación o en documento separado, ni cuando se acredite debidamente la declaración judicial de ausencia o de fallecimiento, la incapacitación o la defunción de aquél.

3. Lo dispuesto en los apartados anteriores será también aplicable a la inscripción del acuerdo de nombramiento de cargo con facultad certificante cuya elevación a público, realizada por el nombrado, haya tenido lugar en virtud de acta o de libro de actas o de testimonio notarial de los mismos.

Art. 112. *Contenido de la certificación.*– 1. Los acuerdos de los órganos colegiados de las sociedades mercantiles podrán certificarse por transcripción literal o por extracto, salvo que se trate de acuerdos relativos a la modificación de la escritura o de los estatutos sociales, en cuyo caso será preceptiva la transcripción literal del acuerdo. En la certificación se harán constar la fecha y el sistema de aprobación del acta correspondiente o, en su caso, que los acuerdos figuran en acta notarial.

2. Si los acuerdos hubieren de inscribirse en el Registro Mercantil, se consignarán en la certificación todas las circunstancias del acta que sean necesarias para calificar la validez de los acuerdos adoptados.

3. En caso de certificación por extracto, si los acuerdos hubiesen de inscribirse en el Registro Mercantil, se consignarán en ella todas las circunstancias que enumera el artículo 97, con las siguientes particularidades:

1.ª Será suficiente expresar el total capital que representen las acciones de los socios asistentes, o, en su caso, el número de votos que corresponden a sus participaciones, siendo necesario indicar el número de socios únicamente cuando éste sea determinante para la válida constitución de la Junta o Asamblea o para la adopción del acuerdo.

2.ª Si la Junta fuese universal sólo será necesario consignar tal carácter y que en el acta figura el nombre y la firma de los asistentes que sean socios o representantes de éstos.

3.ª No será necesario recoger en la certificación el resumen de los asuntos debatidos ni expresar, en su caso, si hubo o no intervenciones u oposiciones.

4.ª En caso de órganos de administración no será necesario especificar cuántos asistieron personalmente ni cuántos por representación.

5.ª Se consignará en la certificación que ha sido confeccionada la lista de asistentes, en su caso, así como el medio utilizado para ello.

4. En todo caso, en la certificación deberá constar la fecha en que se expide.

Sección 4.ª De la inscripción de los acuerdos sociales

Art. 113. *Contenido de la inscripción*.– La inscripción de acuerdos sociales expresará, además de las circunstancias generales de los asientos a que se refiere el artículo 37, el contenido específico de los acuerdos, la fecha y el lugar en que fueron adoptados, así como la fecha y modo de aprobación del acta cuando no sea notarial.

CAPÍTULO IV. De la inscripción de las sociedades anónimas

Sección 1.ª De la inscripción de la escritura de constitución

Art. 114. *Circunstancias de la primera inscripción*.– 1. En la inscripción primera de las sociedades anónimas deberán constar necesariamente las circunstancias siguientes:

1.ª La identidad del socio o socios fundadores. En el primer caso, en el acta de inscripción se hará una referencia expresa al carácter unipersonal de la sociedad.

En caso de fundación sucesiva, sólo se hará constar la identidad de los promotores y de las personas que otorguen la escritura fundacional.

2.ª La aportación de cada socio, en los términos previstos en los artículos 132 y siguientes, así como las acciones, debidamente identificadas, adjudicadas en pago.

3.ª La cuantía total, al menos aproximada, de los gastos de constitución.

4.ª Los estatutos de la sociedad.

5.ª La identidad de las personas que se encarguen inicialmente de la administración y representación de la sociedad.

6.ª La identidad de los auditores de cuentas, en su caso.

2. Además, se harán constar en la inscripción los pactos y condiciones inscribibles que los socios juzguen convenientes establecer en la escritura o en los estatutos, siempre que no se opongan a las leyes ni contradigan los principios configuradores de la sociedad anónima.

En particular, podrán constar en las inscripciones:

a) Las cláusulas penales en garantía de obligaciones pactadas e inscritas, especialmente si están contenidas en protocolo familiar publicado en la forma establecida en los artículos 6 y 7 del Real Decreto por el que se regula la publicidad de los protocolos familiares.

b) El establecimiento por pacto unánime entre los socios de los criterios y sistemas para la determinación previa del valor razonable de las acciones previstos para el caso de transmisiones inter vivos o mortis causa.

c) El pacto por el que los socios se comprometen a someter a arbitraje las controversias de naturaleza societaria de los socios entre sí y de éstos con la sociedad o sus órganos.

d) El pacto que establezca la obligación de venta conjunta por los socios de las partes sociales de las sociedades que se encuentren vinculadas entre sí por poseer unidad de decisión y estar obligadas a consolidación contable.

e) La existencia de comités consultivos en los términos establecidos en el artículo 124 de este Reglamento.

3. Para la inscripción de una sociedad anónima europea se deberá acreditar el cumplimiento de los requisitos y trámites establecidos en cada procedimiento constitutivo, según se trate de constitución mediante fusión, transformación de una sociedad anónima española, constitución de una sociedad anónima europea filial, o de una sociedad anónima europea holding.

En todo caso, en la inscripción se hará constar, además de las circunstancias mencionadas en los apartados precedentes, la existencia de un acuerdo de implicación de los trabajadores conforme a la legislación aplicable, a cuyo efecto se acompañará a la escritura certificación comprensiva de su contenido, expedida por la autoridad laboral competente encargada del Registro a que se refiere el artículo 90 del Estatuto de los Trabajadores. De no existir ese acuerdo, la escritura pública deberá contener la manifestación de los otorgantes, que se hará constar en la inscripción, de que la comisión negociadora ha decidido no iniciar las negociaciones para celebrarlo o dar por terminadas las que se hubiesen iniciado o, en su caso, de que ha transcurrido el plazo legalmente establecido para llegar a un acuerdo sin lograrlo.

De existir un acuerdo de implicación de los trabajadores que atribuya a éstos una participación en el nombramiento de los miembros del órgano de administración o control de la sociedad, la parte del acuerdo relativa a tal extremo será inscribible en el Registro Mercantil a solicitud de la sociedad o de los representantes de los trabajadores. En los mismos términos será inscribible la aplicación de las disposiciones de referencia supletorias a tales nombramientos.

Apartado 2 redactado por la Disposición final 2.ª, Uno, del Real Decreto 171/2007, de 9 de febrero, por el que se regula la publicidad de los protocolos familiares (BOE n° 65, de 16 de marzo). Apartado 3 introducido por Art. Único, Cuatro del Real Decreto 659/2007, de 25 de mayo, por el que se modifica el Reglamento del Registro Mercantil, para su adaptación a las disposiciones de la Ley 19/2005, de 14 de noviembre, sobre la sociedad anónima europea domiciliada en España.

Art. 115. *Contenido de los estatutos.*- Para su inscripción en el Registro Mercantil, los estatutos de la sociedad anónima deberán expresar las menciones que se recogen en los artículos siguientes.

Art. 116. *Denominación de la sociedad.*- 1. En los Estatutos se consignará la denominación de la sociedad, con la indicación «Sociedad Anónima» o su abreviatura «S. A.». Tratándose de sociedad anónima europea la sigla SE deberá constar delante o detrás de su denominación.

2. La denominación de la sociedad deberá ajustarse además a las previsiones generales contenidas en los artículos 398 y siguientes y a las específicas que, en su caso, determine la legislación especial.

Apartado 1 redactado por Art. Único, Cinco del Real Decreto 659/2007, de 25 de mayo, por el que se modifica el Reglamento del Registro Mercantil, para su adaptación a las disposiciones de la Ley 19/2005, de 14 de noviembre, sobre la sociedad anónima europea domiciliada en España.

Art. 117. *Objeto social.*- 1. El objeto social se hará constar en los estatutos determinando las actividades que lo integren.

2. No podrán incluirse en el objeto social los actos jurídicos necesarios para la realización o desarrollo de las actividades indicadas en él.

3. En ningún caso podrá incluirse como parte del objeto social la realización de cualesquiera otras actividades de lícito comercio ni emplearse expresiones genéricas de análogo significado.

Art. 118. *Duración de la sociedad.*- 1. Los estatutos habrán de contener la duración de la sociedad.

2. Si se fijare un plazo y no se indicare su comienzo, aquél se empezará a contar desde la fecha de la escritura de constitución.

Véase art. 25 del TRLSC (§1).

Art. 119. *Comienzo de operaciones.*- 1. Los estatutos recogerán la fecha o momento en que la sociedad dará comienzo a sus operaciones.

2. No podrá indicarse una fecha anterior a la del otorgamiento de la escritura de constitución, salvo en el caso de transformación en sociedad anónima.

Véase art. 24 del TRLSC (§1).

Art. 120. *Domicilio social*.- 1. En los estatutos se consignará el domicilio de la sociedad, que habrá de radicar en el lugar del territorio español en que se prevea establecer el centro de su efectiva administración y dirección o su principal establecimiento o explotación.

2. Salvo disposición contraria de los estatutos, el órgano de administración será competente para decidir la creación, supresión o traslado de sucursales.

Véase art. 9 y 285 del TRLSC (§1), así como la Disp. Transitoria del RD-Ley 15/2017, de 6 de octubre, de medidas urgente en materia de movilidad de operadores económicos dentro del territorio nacional (BOE núm. 242, de 7 de octubre).

Art. 121. *Capital social*.- 1. Los estatutos habrán de determinar la cifra del capital social, expresándola en pesetas.

2. Cuando proceda, se hará constar también en los estatutos la parte del valor no desembolsado, así como las circunstancias a que se refiere el artículo 134.

Véase arts. 4 y 23 d) del TRLSC (§1).
Téngase en cuenta la Ley 46/1998, de 17 de diciembre, sobre introducción del euro.

Art. 122. *Acciones*.- 1. Los estatutos expresarán el número de acciones en que estuviera dividido el capital social, su clase o clases, con expresión del valor nominal, número de acciones y contenido de derechos de cada una de las clases y, cuando dentro de una misma clase existan varias series, el número de acciones de cada serie.

2. Deberá expresarse asimismo si las acciones se representan por medio de títulos o por medio de anotaciones en cuenta. En el caso de que se representen por medio de títulos, se precisará si son nominativos o al portador, la numeración de las acciones que podrá ser general, por clases o series y si se prevé la emisión de títulos múltiples.

3. La circunstancia de haberse impreso y entregado o depositado los títulos se hará constar por nota al margen de la inscripción correspondiente. El citado asiento se practicará en virtud de certificación expedida por el órgano de Administración, con las firmas legitimadas, en la que se identifiquen los títulos que han sido puestos en circulación.

4. Cuando las acciones se representen por medio de anotaciones en cuenta, la designación de la entidad o entidades encargadas de la llevanza del Registro Contable y la incorporación al mismo de las acciones se hará constar mediante un asiento de inscripción, en el que se identifican la emisión o emisiones afectadas. Cuando las acciones estuvieran admitidas a cotización en un mercado secundario oficial, la inscripción se practicará mediante certificación expedida por el Servicio de Compensación y Liquidación de Valores. En otro caso el título inscribible estará constituido por certificación del acuerdo del órgano de administración de la sociedad, con firmas legitimadas, unido a la

aceptación de la sociedad o agencia de valores, que se acreditará en la forma prevenida en el artículo 142.

> Sobre la representación de las acciones, véanse arts. 92, 113 a 119, 496 y 497 del TRLSC (§1), 6 a 15 del LMVySI (3) y su desarrollo por el Título I del Real Decreto 814/2023, de 8 de noviembre, sobre instrumentos financieros, admisión a negociación, registro de valores negociables e infraestructuras de mercado (BOE núm. 268, de 9 de noviembre).

Art. 123. *Restricciones a la libre transmisibilidad de acciones*.– 1. Cuando los estatutos sociales contengan restricciones a la libre transmisibilidad de las acciones, deberán expresar las acciones nominativas a que afectan y el contenido de la restricción.

2. Cuando la transmisibilidad de las acciones se condicione al previo consentimiento o autorización de la sociedad, se expresarán de forma precisa las causas que permitan denegarla. Los estatutos no podrán atribuir a un tercero la facultad de consentir o autorizar la transmisión.

3. Cuando se reconozca un derecho de adquisición preferente en favor de todos los accionistas, de los pertenecientes a una clase, de la propia sociedad o de un tercero, se expresarán de forma precisa las transmisiones en las que existe la preferencia.

4. Podrán inscribirse en el Registro Mercantil las cláusulas estatutarias que prohiban la transmisión voluntaria de las acciones durante un período de tiempo no superior a dos años a contar desde la fecha de constitución de la sociedad.

5. No podrán inscribirse en el Registro Mercantil las restricciones estatutarias por las que el accionista o accionistas que las ofrecieren de modo conjunto queden obligados a transmitir un número de acciones distinto a aquél para el que solicitan la autorización.

6. No podrán inscribirse en el Registro Mercantil las restricciones estatutarias que impidan al accionista obtener el valor real de las acciones. Queda a salvo lo dispuesto en la legislación especial.

7. Los estatutos podrán establecer que el valor real sea fijado por el auditor de cuentas de la sociedad, y si ésta no lo tuviere, por el auditor que, a solicitud de cualquier interesado, nombre el Registrador Mercantil del domicilio social.

8. Las adquisiciones de acciones que tengan lugar como consecuencia de las adjudicaciones efectuadas a los socios en la liquidación de la sociedad titular de aquéllas, se sujetará al régimen estatutario previsto para la transmisión *mortis causa* de dichas acciones.

Art. 124. *Administración y representación de la sociedad*.– 1. En los estatutos se hará constar la estructura del órgano al que se confía la administración, determinando si se atribuye:

a) A un administrador único.

b) A varios administradores que actúen solidariamente.

c) A dos administradores que actúen conjuntamente.

d) A un Consejo de Administración, integrado por un mínimo de tres miembros.

2. En los estatutos se hará constar también a qué administradores se confiere el poder de representación así como su régimen de actuación, de conformidad con las siguientes reglas:

a) En el caso de administrador único, el poder de representación corresponderá necesariamente a éste.

b) En caso de varios administradores solidarios, el poder de representación corresponde a cada administrador, sin perjuicio de las disposiciones estatutarias o de los acuerdos de la Junta sobre distribución de facultades, que tendrán un alcance meramente interno.

c) En el caso de dos administradores conjuntos, el poder de representación se ejercitará mancomunadamente.

d) En el caso de consejo de administración, el poder de representación corresponde al propio consejo, que actuará colegiadamente. No obstante los estatutos podrán atribuir, además, el poder de representación a uno o varios miembros del consejo a título individual o conjunto.

Cuando el consejo, mediante acuerdo de delegación, nombre uno o varios consejeros delegados, se indicará el régimen de actuación.

Además, los estatutos podrán crear un comité consultivo.

Deberá determinarse en los estatutos sociales si la competencia para el nombramiento y revocación del comité consultivo es del consejo de administración o de la junta general; su composición y requisitos para ser titular; su funcionamiento, retribución y número de miembros; la forma de adoptar acuerdos; las concretas competencias consultivas o informativas del mismo así como su específica denominación en la que se podrá añadir, entre otros adjetivos, el término «familiar».

También podrá hacerse constar en los estatutos sociales cualquier otro órgano cuya función sea meramente honorífica e incluir en ellos el correspondiente sistema de retribución de los titulares de dicho cargo.

3. En todo caso, se indicará el número de administradores o, al menos, el máximo y el mínimo de éstos, así como el plazo de duración de su cargo y el sistema de retribución, si la tuvieren. Salvo disposición contraria de los estatutos la retribución correspondiente a los administradores será igual para todos ellos.

4. No podrán inscribirse en el Registro Mercantil las enumeraciones de facultades del órgano de administración que sean consignadas en los estatutos.

5. Cuando se trate de una sociedad anónima europea, en los estatutos se hará constar el sistema de administración, monista o dual, por el que se opta.

Si se opta por el sistema de administración monista, serán de aplicación las reglas de este artículo.

Si se opta por el sistema de administración dual, se hará constar en los estatutos la estructura del órgano de dirección, así como el plazo de duración en el cargo. En su caso, se hará constar también el número máximo y mínimo de los componentes del consejo de dirección y del consejo de control, así como las reglas para la determinación de su número concreto.

> Apartado 2º, letra d) redactado por la Disposición final 2.ª, Dos, del Real Decreto 171/2007, de 9 de febrero, por el que se regula la publicidad de los protocolos familiares (BOE nº 65, de 16 de marzo). Apartado 5º introducido por Art. Único, Seis del Real Decreto 659/2007, de 25 de mayo, por el que se modifica el Reglamento del Registro Mercantil, para su adaptación a las disposiciones de la Ley 19/2005, de 14 de noviembre, sobre la sociedad anónima europea domiciliada en España.

Art. 125. *Fecha de cierre del ejercicio social.*– 1. Los estatutos fijarán la fecha de cierre del ejercicio social, cuya duración no podrá ser en ningún caso superior al año.

2. A falta de disposición estatutaria, se entenderá que el ejercicio social termina el 31 de diciembre de cada año.

> Véase art. 26 del TRLSC (§1).

Art. 126. *Funcionamiento de la Junta general.*– 1. Los estatutos deberán determinar el modo en que la Junta general de accionistas deliberará y adoptará sus acuerdos.

2. Si no se estableciesen requisitos particulares para las Juntas generales extraordinarias y para las especiales, se entenderá que se rigen por las reglas previstas en la Ley y en los estatutos sociales para las generales ordinarias.

3. Si se condicionase el derecho de asistencia a las Juntas a la legitimación anticipada del accionista, se expresarán el modo y el plazo de acreditar la legitimación y, en su caso, la forma de obtener la tarjeta de asistencia.

4. Si se limitase la facultad del accionista de hacerse representar en las Juntas, se expresará el contenido de la limitación.

Art. 127. *Prestaciones accesorias.*– En caso de que se establezcan prestaciones accesorias, los estatutos detallarán su régimen, con expresión de su contenido, su carácter gratuito o la forma de su retribución, las acciones que llevan aparejada la obligación de realizarlas, así como las consecuencias de su incumplimiento y las eventuales cláusulas penales aplicables en dicho caso.

Art. 128. *Ventajas de fundadores y promotores.*– En caso de que se establezcan derechos especiales en favor de los fundadores o de los promotores de la sociedad, los estatutos detallarán su régimen, con expresión de si se encuentran o no incorporados a títulos nominativos, así como las limitaciones a la libre transmisibilidad de los mismos que pudieran establecerse.

Sección 2.ª De la inscripción de la fundación sucesiva

Véanse arts. 41 a 55 del TRLSC (§1).

Art. 129. *Depósito del programa de fundación y del folleto informativo*.– 1. En la fundación sucesiva los promotores están obligados a presentar para su depósito en el Registro Mercantil del domicilio social previsto, un ejemplar impreso del programa de fundación y del folleto informativo, acompañados del documento acreditativo de su depósito previo ante la Comisión Nacional del Mercado de Valores.

2. Dentro de los quince días siguientes al de la fecha del asiento de presentación, el Registrador calificará bajo su responsabilidad si los documentos presentados y su contenido son los legalmente exigidos y si están suscritos por las personas establecidas por la Ley. Si no apreciare defectos, tendrá por efectuado el depósito, practicando la correspondiente nota en el Diario. En caso contrario, procederá conforme a lo establecido respecto de los títulos defectuosos.

3. Efectuado el depósito, el Registrador Mercantil remitirá el anuncio correspondiente al Registrador Mercantil Central para su inmediata publicación en el «Boletín Oficial del Registro Mercantil».

4. Al margen del asiento de presentación y al pie de la copia o copias del programa, si se hubiesen acompañado, se pondrá nota haciendo constar la remisión y el archivo. Esta nota será suficiente para solicitar la legalización del libro de actas.

5. En el anuncio se harán públicos el hecho del depósito de los indicados documentos, la posibilidad de su consulta en la Comisión Nacional del Mercado de Valores o en el propio Registro Mercantil, así como un extracto de su contenido.

Véanse los arts. 42, 43 y 46 del TRLSC (§1). Y arts. 35 a 39 de la LMVySI (§3), así como arts. 59 a 74 del Real Decreto 814/2023, de 8 de noviembre, sobre instrumentos financieros, admisión a negociación, registro de valores negociables e infraestructuras de mercado (BOE n. 268, de 9 de noviembre).

Art. 130. *Contenido específico de la escritura de fundación sucesiva*.– 1. En la fundación sucesiva, el resultado de la suscripción pública se hará constar en la escritura de constitución por manifestación y bajo la responsabilidad de los comparecientes, a la que se incorporará la certificación del que hubiere actuado como Secretario en la Asamblea constituyente, con el Visto Bueno del Presidente.

2. En la certificación se harán constar la identidad de cada uno de los socios y el número y numeración de las acciones que se les atribuyan, así como la cuantía de su desembolso y las aportaciones dinerarias o no dinerarias efectuadas.

Véase art. 51 del TRLSC (§1).

Art. 131. *Restitución de las aportaciones*.– Transcurrido un año desde el depósito del programa de fundación en el Registro Mercantil sin haberse procedido a inscribir la escritura de constitución, el Registrador remitirá al Registrador Mercantil Central, para su inmediata publicación en el «Boletín Oficial del Registro Mercantil», un anuncio de que los suscriptores pueden exigir la restitución de las aportaciones realizadas con los frutos que hubieran producido, extendiendo, al margen del asiento de presentación del programa, nota expresiva de la remisión del anuncio.

Véase art. 55 del TRLSC (§1).

Art. 131 bis. *Inscripción de la constitución de una sociedad anónima europea holding.*- 1. En la constitución de una sociedad anónima europea holding, en que participen sociedades anónimas y sociedades limitadas españolas, conforme al art. 2 del Reglamento (CE) núm. 2157/2001 del Consejo, de 8 de octubre de 2001, el depósito del proyecto de constitución se regirá por lo establecido en el artículo 226 de este Reglamento.

2. El nombramiento del experto o expertos independientes que hayan de elaborar el informe escrito sobre el proyecto de constitución destinado a los socios de cada una de las sociedades que participen en la misma se regulará por lo establecido en los artículos 338 a 349 de este Reglamento y se practicará previa solicitud de cada sociedad española que promueva la constitución. En caso de informe conjunto, si la sociedad va a ser domiciliada en España será competente para el nombramiento el Registrador correspondiente al futuro domicilio.

3. El derecho de separación de los socios que hubieran votado en contra deberá ejercitarse por escrito en el plazo de un mes a contar desde la fecha del acuerdo de constitución. Si la sociedad anónima europea holding fuera a establecer su domicilio en España, además de los requisitos generales para su constitución, en la escritura se hará constar la declaración de los administradores de que ningún socio ha ejercitado su derecho de separación en las sociedades domiciliadas en España o, en caso contrario, la declaración de los administradores de la que resulte el reembolso de las acciones correspondientes y los datos de identidad de los accionistas que ejercitaron tal derecho, previa amortización de aquellas y reducción del capital social.

Art. introducido por Art. Único, Siete del Real Decreto 659/2007, de 25 de mayo, por el que se modifica el Reglamento del Registro Mercantil, para su adaptación a las disposiciones de la Ley 19/2005, de 14 de noviembre, sobre la sociedad anónima europea domiciliada en España.
Véanse arts. 471 a 473 del TRLSC (§1).

Sección 3.ª De las aportaciones

Art. 132. *Aportaciones dinerarias.*- 1. Cuando la aportación fuese dineraria, en la escritura de constitución y de aumento del capital, así como en las escrituras en las que consten los sucesivos desembolsos, el Notario dará fe de que se le ha exhibido y entregado la certificación del depósito de las correspondientes cantidades a nombre de la sociedad en una entidad de crédito, certificación que el Notario incorporará a la escritura. A estos efectos, la fecha del depósito no podrá ser anterior en más de dos meses a la de la escritura de constitución o a la del acuerdo de aumento de capital.

2. No será necesaria la indicación de las circunstancias anteriores en el caso de que se haya entregado el dinero al Notario autorizante para que éste constituya el depósito a nombre de la sociedad. La solicitud de constitución del depósito se consignará en la escritura.

En el plazo de cinco días hábiles, el Notario constituirá el depósito en una entidad de crédito, haciéndolo constar así en la escritura matriz por medio de diligencia separada.

Véase arts. 61 y 62 del TRLSC (§1).

Art. 133. *Aportaciones no dinerarias*.– 1. Cuando la aportación fuese no dineraria, se describirán en la escritura los bienes o derechos objeto de la aportación, con indicación de sus datos registrales, si los tuviera, el título o concepto de la aportación así como el valor de cada uno de ellos.

Si se tratase de la aportación de una empresa o establecimiento comercial, industrial o de servicios, se describirán en la escritura los bienes y derechos registrables y se indicará el valor del conjunto o unidad económica objeto de aportación. Los restantes bienes podrán relacionarse en inventario, que se incorporará a la escritura.

2. El informe exigido para el caso de aportaciones no dinerarias se incorporará a la escritura de constitución de la sociedad o a la de aumento del capital social, depositándose testimonio notarial del mismo en el Registro Mercantil.

En la inscripción se hará constar el nombre del experto que lo haya elaborado, las circunstancias de su designación, la fecha de emisión del informe y si existen diferencias entre el valor atribuido por el experto a cada uno de los bienes objeto de aportación no dineraria y el que a los mismos se le atribuya en la escritura. El Registrador denegará la inscripción cuando el valor escriturado supere el valor atribuido por el experto en más de un 20 por 100. La misma regla será de aplicación en los casos de transformación, fusión y escisión cuando se requiera la emisión de informe por parte de experto independiente.

3. Cuando se aporten valores mobiliarios admitidos a cotización en mercado secundario oficial, el Registrador Mercantil podrá designar como experto a la Sociedad Rectora de la Bolsa de Valores en que aquéllos estén admitidos a cotización, que emitirá una certificación relativa al valor de los mismos.

La certificación de la sociedad rectora expresará los extremos que se especifican en el artículo 38 de la Ley de Sociedades Anónimas y tendrá el valor de informe a que se refiere el citado artículo.

La referencia al artículo 38 de la LSA hay que entenderla realizada actualmente al art. 67 TRLSC (§1).
Véanse arts. 63 a 71 de la TRLSC (§1).

Art. 134. *Desembolsos pendientes.*– 1. Cuando no se desembolsare íntegramente el capital suscrito, se indicará en la escritura de constitución o de aumento de capital social si los desembolsos pendientes se efectuarán en metálico o mediante aportaciones no dinerarias.

2. En este último caso se determinarán la naturaleza, valor y contenido de las futuras aportaciones, así como la forma y el procedimiento de efectuarlas, con mención expresa del plazo, que no podrá exceder de cinco años, computados desde la constitución de la sociedad o, en su caso, desde el respectivo acuerdo de aumento del capital.

Salvo disposición en contrario, si llegado el momento de efectuar la aportación no dineraria ésta hubiera devenido imposible, se satisfará su valor en dinero.

3. En el caso de que los desembolsos pendientes hayan de efectuarse en metálico, se determinará la forma y el plazo máximo en que hayan de satisfacerse los dividendos pasivos.

Art. 135. *Sucesivos desembolsos.*– 1. Los sucesivos desembolsos del capital social se inscribirán mediante escritura pública en la que se declare el desembolso efectuado, con expresión del objeto de la aportación, de su valor y de la consiguiente liberación total o parcial de cada una de las acciones a que afecte, acompañando asimismo los documentos justificativos de la realidad de los desembolsos, en los términos a que se refieren los artículos anteriores.

2. En la inscripción no será necesario hacer constar la identidad de quienes hayan satisfecho los dividendos pasivos, salvo que éstos no se satisfagan en dinero.

Sección 4.ª De la inscripción del acta de firma de los títulos de las acciones

Art. 136. *Firma de los títulos de las acciones.*– La firma de las acciones por uno o varios administradores de la sociedad podrá ser autógrafa o reproducirse por medios mecánicos. En este último caso, antes de la puesta en circulación de los títulos, deberá inscribirse en el Registro Mercantil el acta notarial por la que se acredite la identidad de las firmas reproducidas mecánicamente con las que se estampen en presencia del Notario.

Art. 137. *Acta notarial de identidad de firmas.*- 1. El acta notarial a que se refiere el artículo anterior deberá expresar, al menos, las circunstancias siguientes:

1.ª El acuerdo o decisión de los administradores de utilizar dicho procedimiento, y la designación de quién o quiénes deban firmar.

2.ª La manifestación del administrador o de los administradores requirentes de que todas las acciones que han de ser objeto de la firma, cuyas clases y números indicarán, son idénticas al prototipo de los títulos que entregan al Notario.

3.ª La legitimación por el Notario de las firmas reproducidas mecánicamente en el prototipo. El prototipo se protocolizará con el acta notarial.

2. El prototipo antes expresado podrá ser sustituido por fotocopia de uno de los títulos, en la que se hará constar por el Notario diligencia de cotejo con su original.

Sección 5.ª Del nombramiento y cese de los administradores

Art. 138. *Circunstancias de la inscripción del nombramiento de administradores.*- En la inscripción del nombramiento de los administradores se hará constar la identidad de los nombrados, la fecha del nombramiento así como el plazo y el cargo para el que, en su caso, hubiese sido nombrado el miembro del Consejo de Administración.

Art. 139. *Nombramiento por cooptación.*- La inscripción de un acuerdo del Consejo de Administración relativo al nombramiento por cooptación de uno o varios miembros del Consejo deberá contener, además de las circunstancias a que se refiere el artículo anterior, la indicación del número de vacantes existentes antes de haber ejercitado el Consejo de Administración la facultad de cooptación y el nombre y apellidos del anterior titular, el plazo para el que había sido nombrado, la fecha en que se hubiera producido la vacante y su causa.

Véanse arts. 244 y 216 del TRLSC (§1).

Art. 140. *Nombramiento por el sistema proporcional.*- La inscripción del nombramiento de un miembro del Consejo de Administración por el sistema de representación proporcional deberá expresar, además de las indicaciones a que se refiere el artículo 138, esa circunstancia, mencionando las acciones agrupadas con las que se hubiera formado el correspondiente cociente, su valor nominal, clase y serie, si existieran varias, y la numeración de las mismas.

Véase art. 243 del TRLSC (§1) y Real Decreto 821/1991, de 17 de mayo, por el que se desarrolla el artículo 137 del texto refundido de la Ley de Sociedades Anónimas en materia de nombramiento de miembros del Consejo de Administración por el sistema proporcional (§13).

Art. 141. *Aceptación del nombramiento.*– 1. El nombramiento de los administradores se inscribirá a medida en que se vaya produciendo la aceptación de cada uno de los designados, pero el órgano de administración no quedará válidamente constituido mientras no hayan aceptado un número de administradores que permita su actuación efectiva.

2. La fecha de la aceptación no podrá ser anterior a la del nombramiento.

Art. 142. *Título inscribible.*– 1. La inscripción del nombramiento de administradores podrá practicarse mediante certificación del acta de la Junta General, o, en su caso, del Consejo de Administración en que fueron nombrados, expedida en debida forma y con las firmas legitimadas notarialmente, por testimonio notarial de dicha acta o mediante copia autorizada del acta notarial a que se refieren los artículos 101 y siguientes.

Si el nombramiento y la aceptación no se hubiesen documentado simultáneamente, deberá acreditarse esta última, bien en la forma indicada en el párrafo anterior, bien mediante escrito del designado con firma notarialmente legitimada.

2. También podrá inscribirse el nombramiento mediante escritura pública que acredite las circunstancias del nombramiento y de la aceptación.

Art. 143. *Nombramiento de administrador persona jurídica.*– 1. En caso de administrador persona jurídica, no procederá la inscripción del nombramiento en tanto no conste la identidad de la persona física que aquélla haya designado como representante suyo para el ejercicio de las funciones propias del cargo.

2. En caso de reelección del administrador persona jurídica, el representante anteriormente designado continuará en el ejercicio de las funciones propias del cargo, en tanto no se proceda expresamente a su sustitución.

Véase art. 529 bis.1 del TRLSC (§1).

Art. 144. *Plazo para el ejercicio del cargo.*– En la inscripción del nombramiento de los administradores se indicará el plazo para el que, de acuerdo con las normas legales o estatutarias, hubiesen sido designados.

Art. 145. *Caducidad del nombramiento.*– 1. El nombramiento de los administradores caducará cuando, vencido el plazo, se haya celebrado la Junta General siguiente o hubiese transcurrido el término legal para la celebración de la Junta que deba resolver sobre la aprobación de cuentas del ejercicio anterior.

2. La inscripción del nombramiento de administradores por el Consejo de Administración mediante cooptación de entre los accionistas, caducará cuando haya concluido la celebración de la Junta General, inmediatamente siguiente al nombramiento, sin que conste en el Registro la aprobación por dicha Junta del nombramiento del administrador cooptado.

3. El Registrador hará constar la caducidad, mediante nota marginal, cuando deba practicar algún asiento en la hoja abierta a la sociedad o se hubiera solicitado certificación.

Art. 146. *Continuidad de cargos del Consejo de Administración*.- 1. Salvo disposición contraria de los estatutos, el Presidente, los Vicepresidentes y, en su caso, el Secretario y Vicesecretarios del Consejo de Administración que sean reelegidos miembros del Consejo por acuerdo de la Junta General, continuarán desempeñando los cargos que ostentaran con anterioridad en el seno del Consejo sin necesidad de nueva elección y sin perjuicio de la facultad de revocación que respecto de dichos cargos corresponde al órgano de administración.

2. La anterior regla no se aplicará a los Consejeros Delegados ni a los miembros de las comisiones ejecutivas.

Art. 147. *Dimisión y cese de administradores. Administradores suplentes*.- 1. 1.º La inscripción de la dimisión de los administradores se practicará mediante escrito de renuncia al cargo otorgado por el administrador y notificado fehacientemente a la sociedad, o en virtud de certificación del acta de la Junta General o del Consejo de Administración, con las firmas legitimadas notarialmente, en la que conste la presentación de dicha renuncia.

2.º En el documento en virtud del cual se practique la inscripción de la dimisión del administrador deberá constar la fecha en que ésta se haya producido.

3.º La inscripción del cese de los administradores por fallecimiento o por declaración judicial de fallecimiento, se practicará a instancia de la sociedad o de cualquier interesado en virtud de certificación del Registro Civil.

2. 1.º Salvo disposición contraria de los estatutos, podrán ser nombrados uno o varios suplentes para el caso de que cesen por cualquier causa uno o varios administradores determinados o todos ellos. Los suplentes habrán de reunir en el momento de su designación los requisitos legal o estatutariamente previstos para ser nombrado administrador.

2.º En este caso, en la inscripción del nombramiento de administradores, se expresará la identidad de los suplentes y, si hubiesen sido designados varios, el orden en que habrán de cubrir las vacantes que puedan producirse. No se practicará la inscripción en tanto no conste la aceptación de los suplentes como tales.

3.º El nombramiento y aceptación de los suplentes como administradores se inscribirán en el Registro Mercantil, de conformidad con las reglas generales, una vez que conste inscrito el cese del anterior titular. Si los estatutos establecen un plazo determinado de duración del cargo de administrador, el suplente desempeñará el cargo por el período pendiente de cumplir por la persona cuya vacante se cubra.

Art. 148. *Separación de administradores.*– La inscripción de la separación de los administradores se practicará, según su causa, en virtud de los documentos siguientes:

a) Si la separación hubiera sido acordada por la Junta General o se produjera como consecuencia del acuerdo de promover o de transigir la acción social de responsabilidad, mediante cualquiera de los documentos a que se refiere el artículo 142.

b) Si la separación hubiese sido acordada por resolución judicial firme, mediante testimonio de la misma.

Sección 6.ª Del nombramiento y cese de los consejeros
delegados y miembros de la comisión ejecutiva

Art. 149. *Inscripción de la delegación de facultades.*– 1. La inscripción de un acuerdo del Consejo de Administración relativo a la delegación de facultades en una Comisión Ejecutiva o en uno o varios Consejeros Delegados y al nombramiento de estos últimos, deberá contener bien la enumeración particularizada de las facultades que se delegan, bien la expresión de que se delegan todas las facultades legal y estatutariamente delegables. En el supuesto de que se nombren varios Consejeros Delegados, deberá indicarse qué facultades se ejercerán solidariamente y cuáles en forma mancomunada o, en su caso, si todas las facultades que se delegan deben ejercerse en una u otra forma.

2. Las facultades concedidas con el carácter de delegables por la Junta General al Consejo sólo podrán delegarse por éste si se enumeran expresamente en el acuerdo de delegación.

3. El ámbito del poder de representación de los órganos delegados será siempre el que determina el artículo 129 de la Ley de Sociedades Anónimas en relación con los administradores.

> La referencia al artículo 129 LSA hay que entenderla realizada actualmente al art. 234 TRLSC (§1).

Art. 150. *Aceptación de la delegación.*– La inscripción del acuerdo de delegación de facultades del Consejo de Administración y del nombramiento de los Consejeros Delegados o de los miembros de la Comisión Ejecutiva no podrá practicarse en tanto no conste la aceptación de las personas designadas para desempeñar dichos cargos.

Art. 151. *Título inscribible de la delegación.*– 1. La inscripción del acuerdo de delegación de facultades del Consejo de Administración y de nombramiento de los Consejeros Delegados o de miembros de la Comisión Ejecutiva, así como de los acuerdos posteriores que los modificaren, se practicarán en virtud de escritura pública.

2. La aceptación de la delegación no consignada en la escritura, los acuerdos que revoquen la delegación de facultades concedida, así como la renuncia de los delegados,

podrán inscribirse asimismo en virtud de los documentos a que se refieren los artículos 142 y 147.

Art. 152. *Efectos de la inscripción*.- Inscrita la delegación, sus efectos en relación con los actos otorgados desde la fecha de nombramiento se retrotraerán al momento de su celebración.

Sección 7.ª Del nombramiento y cese de los auditores de cuentas

Art. 153. *Nombramiento de auditores de cuentas*.- 1. En la inscripción del nombramiento de los auditores de cuentas de la sociedad, tanto titulares como suplentes, se hará constar su identidad, así como la fecha y el plazo para el que hubieran sido nombrados.

2. En el caso de que hubieran sido nombrados por el Juez o por el Registrador Mercantil, se hará constar así expresamente, indicando la persona que hubiera solicitado el nombramiento y las circunstancias en que se fundaba su legitimación.

3. Para la inscripción de la revocación del auditor efectuada por la Junta General antes de que finalice el período para el cual fue nombrado, será suficiente que se exprese que ha mediado justa causa.

Art. 154. *Régimen supletorio del nombramiento e inscripción*.- En lo no previsto en el artículo anterior y en la medida en que resulte compatible, será de aplicación a los auditores de cuentas lo dispuesto en los artículos 138 y siguientes de este Reglamento.

Sección 8.ª De la anotación preventiva de la demanda de impugnación de los acuerdos sociales y de la suspensión de los acuerdos

Art. 155. *Anotación preventiva de la demanda de impugnación de los acuerdos sociales*.- 1. La anotación preventiva de la demanda de impugnación de acuerdos sociales adoptados por la Junta o por el Consejo de Administración se practicará cuando, previa solicitud del demandante y con audiencia de la sociedad demandada, el Juez, a su prudente arbitrio, así lo ordenare.

2. El Juez, a instancia de la sociedad demandada, podrá supeditar la adopción de la medida a la prestación por parte del demandante de una caución adecuada a los daños y perjuicios que puedan causarse.

Art. 156. *Cancelación de la anotación preventiva de la demanda de impugnación*.- 1. La anotación preventiva de la demanda de impugnación de acuerdos sociales se cancelará cuando ésta se desestime por sentencia firme, cuando el demandante haya desistido de la acción o cuando haya caducado la instancia.

2. El testimonio judicial de la sentencia firme que declare la nulidad de todos o alguno de los acuerdos impugnados, será título suficiente para la cancelación de la anotación preventiva, de la inscripción de dichos acuerdos y de la de aquellos otros posteriores que fueran contradictorios con los pronunciamientos de la sentencia.

Art. 157. *Anotación preventiva de la suspensión de los acuerdos impugnados.-* 1. La anotación preventiva de las resoluciones judiciales firmes que ordenen la suspensión de acuerdos impugnados, inscritos o inscribibles, se practicará, sin más trámites, a la vista de aquéllas.

2. La anotación preventiva de la suspensión de acuerdos se cancelará en los mismos casos que la relativa a la demanda de impugnación de los acuerdos sociales.

Sección 9.ª De la inscripción de la modificación de los estatutos sociales

Art. 158. *Escritura de la modificación estatutaria.-* 1. Para su inscripción, la escritura pública de modificación de los estatutos sociales deberá contener, además de los requisitos de carácter general, los siguientes:

1.º La transcripción literal de la propuesta de modificación.

2.º La manifestación de los otorgantes de que ha sido emitido el preceptivo informe justificando la modificación y su fecha.

3.º La transcripción literal de la nueva redacción de los artículos de los estatutos sociales que se modifican o adicionan, así como, en su caso, la expresión de los artículos que se derogan o sustituyen.

2. Lo dispuesto en los párrafos 1.º y 2.º del apartado anterior no será de aplicación a los acuerdos adoptados en Junta Universal.

3. Cuando la modificación implique nuevas obligaciones para los accionistas o afecte a sus derechos individuales no podrá inscribirse la escritura de modificación sin que conste en ella o en otra independiente el consentimiento de los interesados o afectados, o resulte de modo expreso dicho consentimiento del acta del acuerdo social pertinente la cual deberá estar firmada por aquéllos.

Art. 159. *Escritura de modificación perjudicial para una clase de acciones.-* 1. Cuando se trate de una modificación que lesione directa o indirectamente los derechos de una clase de acciones, se expresará en la escritura que la modificación ha sido acordada, además de por la Junta General, por la mayoría de los accionistas pertenecientes a la clase afectada, bien en Junta especial, bien en votación separada en la Junta General.

2. Si el acuerdo hubiera sido adoptado en Junta especial, se incluirán los datos relativos a su convocatoria y constitución, expresando la identidad del Presidente y del Secretario.

3. Si el acuerdo hubiera sido adoptado en votación separada, se indicarán el número de accionistas pertenecientes a la clase afectada que hubieran concurrido a la Junta General, así como el importe del capital social de los concurrentes, el acuerdo o los acuerdos de la clase afectada y la mayoría con que en cada caso se hubieran adoptado.

Art. 160. *Inscripción de la sustitución del objeto y de la transferencia del domicilio social al extranjero.*– 1. La inscripción de la sustitución del objeto o de la transferencia al extranjero del domicilio social, sólo podrá practicarse cuando, además de los requisitos señalados en los artículos 158 y 163, conste en la escritura pública la declaración de los administradores de que ningún accionista ha hecho uso del derecho de separación o, en su caso, de que han sido reembolsadas las acciones de quienes lo hubieren ejercitado o ha sido consignado su importe, con expresión del precio reembolsado por acción, previa reducción del capital social mediante amortización de las acciones.

2. En la inscripción de la transferencia al extranjero del domicilio social se harán constar, además, los datos relativos al convenio internacional en que se funda el acuerdo y a su ratificación, con expresión de la fecha y número del «Boletín Oficial del Estado» en que se hubieran publicado el texto del convenio y el instrumento de ratificación.

> Sobre la transferencia al extranjero del domicilio social, véanse, arts. 346, 461, 461 del TRLSC (§1), arts. 12, 24, 96.1, 121.1 del RD-L 5/2023, de 28 de junio, (…) de transposición de Directivas de la Unión Europea en materia de modificaciones estructurales de sociedades mercantiles (…) y de ejecución y del Derecho de la Unión Europea (BOE núm. 154, de 29 de junio) (§4) y arts. 120, 159, 160 bis, 161, 163, 182, 309 del presente RRM.

Art. 160 bis. *Inscripción del traslado del domicilio de una sociedad anónima europea a otro Estado miembro.*– 1. En el traslado de domicilio de una sociedad anónima europea domiciliada en España a otro Estado miembro de la Unión Europea, el Registrador del domicilio social, una vez que tenga por efectuado el depósito del proyecto de traslado, lo comunicará, en el plazo de cinco días, al Ministerio de Justicia, a la Comunidad Autónoma donde la sociedad anónima tenga su domicilio social y, en su caso, a la autoridad de vigilancia correspondiente. Dicha comunicación se hará constar por nota marginal en la hoja abierta a la sociedad.

2. El Gobierno, o en su caso la autoridad de vigilancia correspondiente, notificarán al Registrador la oposición en cuanto se haya aprobado dicho acuerdo y como máximo en el plazo de dos meses a que se refiere el artículo 316.3 de la Ley de Sociedades Anónimas. El Registrador hará constar esta circunstancia por nota marginal y denegará la expedición de la certificación a que se refiere el artículo 315 de dicha Ley.

3. En la escritura pública de traslado deberá constar la declaración de los administradores de que ningún accionista ha ejercitado su derecho de separación, ni ningún

acreedor su derecho de oposición. Caso contrario, el derecho de separación se recogerá mediante la declaración de los administradores de la que resulte el reembolso de las acciones correspondientes y los datos de identidad de los accionistas que ejercitaron tal derecho, previa amortización de aquellas y reducción del capital social. Y el derecho de oposición de los acreedores se recogerá mediante declaración de los administradores en la que conste la identidad de quienes se hubieren opuesto, el importe de su crédito y las garantías que hubiese prestado la sociedad. Todas estas circunstancias se harán constar en la inscripción.

4. El Registrador, a la vista de los datos obrantes en el Registro y en la escritura pública de traslado presentada, acreditado el cumplimiento de lo dispuesto en los párrafos anteriores y practicadas las correspondientes operaciones registrales, expedirá la certificación a que se refiere el artículo 315 de la Ley de Sociedades Anónimas, y extenderá la diligencia contemplada en el artículo 20.4 de este Reglamento.

5. Una vez recibida por el Registrador la certificación de haber quedado inscrita la sociedad anónima europea en el Registro correspondiente al nuevo domicilio social, extenderá la inscripción de cierre de la hoja registral.

> Art. introducido por Art. Único, Ocho, del Real Decreto 659/2007, de 25 de mayo, por el que se modifica el Reglamento del Registro Mercantil aprobado por el Real Decreto 1784/1996, de 19 de julio, para su adaptación a las disposiciones de la Ley 19/2005, de 14 de noviembre, sobre la sociedad anónima europea domiciliada en España.
>
> La referencia a los artículos 315 y 316 LSA hay que entenderla realizada actualmente a los arts. 463 y 464 TRLSC (§1).

Art. 161. *Reducción del capital a causa de sustitución del objeto o de la transferencia del domicilio social al extranjero.*– 1. En el acuerdo de la Junta General de sustitución del objeto o de transferencia al extranjero del domicilio social, se entenderá comprendido el de reducción del capital social en la medida necesaria para el reembolso de las acciones de quienes hubiesen ejercitado el derecho de separación de la sociedad.

2. Cuando algún accionista hubiere ejercitado el derecho de separación dentro del plazo legal, los administradores de la sociedad, una vez transcurrido dicho plazo, publicarán el acuerdo de reducción del capital social en el «Boletín Oficial del Registro Mercantil» y en un periódico de gran circulación en la provincia en que la sociedad tuviera su domicilio.

En el caso de que los acreedores hubieran ejercitado el derecho de oposición, no podrán reembolsarse las acciones hasta tanto la sociedad no preste las garantías oportunas.

> Apartado 2º redactado de nuevo por Art. Único, Nueve del Real Decreto 659/2007, de 25 de mayo, por el que se modifica el Reglamento del Registro Mercantil, para

su adaptación a las disposiciones de la Ley 19/2005, de 14 de noviembre, sobre la sociedad anónima europea domiciliada en España.

Art. 162. *Inscripción de la reducción de capital derivada del derecho de separación.-* En los supuestos contemplados en el artículo anterior, si se ha ejercitado el derecho de separación y se ha producido el consiguiente reembolso de las acciones, la inscripción de la sustitución del objeto o de la transferencia del domicilio al extranjero deberá practicarse simultáneamente a la de reducción del capital social, rigiéndose ésta por sus reglas específicas.

Art. 163. *Inscripción del cambio de denominación o de domicilio, o de cualquier modificación del objeto social.-* 1. Para la inscripción en el Registro Mercantil del cambio de denominación, del cambio de domicilio, incluido el traslado dentro del mismo término municipal, o de cualquier modificación del objeto social, se acreditará en la escritura de publicación del correspondiente anuncio en un diario de gran circulación en la provincia o provincias respectivas.

2. Una vez inscrito en el Registro Mercantil, el cambio de denominación se hará constar en los demás registros por medio de notas marginales.

> Apartado 1º redactado de nuevo por Art. Único, Diez, del Real Decreto 659/2007, de 25 de mayo, por el que se modifica el Reglamento del Registro Mercantil, para su adaptación a las disposiciones de la Ley 19/2005, de 14 de noviembre, sobre la sociedad anónima europea domiciliada en España.
> Téngase en cuenta que el art. 289 del TRLSC (§1) sobre «publicidad de determinados acuerdos de modificación» fue derogado por la Disp. Derogatoria Única de la Ley 25/2011, de 1 de agosto, de reforma parcial de la Ley de Sociedades de Capital (...)

Art. 164. *Circunstancias de la inscripción.-* En la inscripción de cualquier modificación estatutaria se hará constar, además de las circunstancias generales, la nueva redacción dada a los artículos de los estatutos que se modifican o adicionan, así como, en su caso, la expresión de los que se derogan o sustituyen.

Sección 10.ª De la inscripción del aumento y la reducción del capital social

Art. 165. *Inscripción de la modificación del capital.-* 1. El aumento o la reducción de capital se inscribirán en el Registro Mercantil en virtud de escritura pública en la que consten los correspondientes acuerdos y los actos relativos a su ejecución.

2. En ningún caso podrán inscribirse acuerdos de modificación del capital que no se encuentren debidamente ejecutados.

Art. 166. *Escritura de aumento del capital social.-* 1. Para su inscripción, en la escritura pública de aumento deberá expresarse, además de los requisitos de carácter general, la cuantía en que se ha acordado elevar la cifra del capital social, con indicación de si el aumento se realiza por emisión de nuevas acciones o por elevación del valor nominal de las ya existentes, así como el contenido del contravalor.

2. Si el aumento del capital social se realiza por emisión de nuevas acciones, la escritura deberá contener, además, las indicaciones siguientes:

1.ª La identificación de las acciones, de conformidad con las reglas contenidas en el artículo 122.

2.ª Las condiciones acordadas para el ejercicio del derecho de suscripción preferente por parte de los accionistas y, en su caso, por los titulares de obligaciones convertibles, con expresión de la relación de cambio, el plazo de suscripción y la forma de ejercitar el derecho. Se consignarán además la cuantía y las condiciones de desembolso así como, si procediera, las circunstancias previstas por el artículo 134.

En el caso de que, entre las condiciones del aumento, se hubiera previsto la posibilidad de una suscripción incompleta, se indicará así expresamente.

Cuando no exista derecho de suscripción preferente, así como en los casos de renuncia individual al ejercicio de este derecho por parte de todos o de algunos accionistas o titulares de obligaciones convertibles, y en los de supresión total o parcial del mismo por acuerdo de la Junta General, se indicará expresamente.

Si la Junta General hubiera acordado la supresión total o parcial del derecho de suscripción preferente deberá hacerse constar manifestación de que ha sido oportunamente elaborada la memoria prevista por la Ley y emitido el preceptivo informe por el auditor de cuentas, con expresión del nombre del auditor y de la fecha de su informe.

3.ª La prima de emisión, si se hubiera acordado, con expresión de su cuantía por cada nueva acción que se emite.

3. Si el aumento del capital social se realiza por aumento del valor nominal de las acciones, se expresará en la escritura pública que todos los accionistas han prestado su consentimiento a esta modalidad de aumento, salvo que se haga íntegramente con cargo a reservas o beneficios de la sociedad. Además, se consignarán la cuantía y las condiciones del desembolso, así como, si procediera, las circunstancias a que se refiere el artículo 134.

4. En la escritura se expresará además:

1.º Que el aumento acordado ha sido íntegramente suscrito, desembolsado en los términos previstos y adjudicadas las acciones a los suscriptores o, en su caso, que la suscripción ha sido incompleta, indicando la cuantía de la misma.

2.º Que el pago de la prima, si se hubiere acordado, ha sido íntegramente satisfecho en el momento de la suscripción.

3.º La manifestación de los administradores de que se ha cumplimentado lo dispuesto en el artículo 160 de la Ley de Sociedades Anónimas y, cuando sea preceptivo, todos los trámites previstos en el artículo 26 de la Ley 24/1988, de 28 de julio, del Mercado de Valores.

4.º La nueva redacción de los artículos de los estatutos sociales relativos a la cifra del capital social y a las acciones, con las indicaciones a que se refieren los artículos 121 y 122.

5. Para su inscripción, las menciones relativas al acuerdo de aumento y a su ejecución, contempladas respectivamente en los apartados 1 a 4 de este artículo, podrán consignarse en escrituras separadas.

> La referencia al artículo 160 LSA hay que entenderla realizada actualmente al art. 309 TRLSC (§1). Y la referencia al art. 26 d la Ley de Marcado de Valores al art. 37 de la LMVySI (§3).

Art. 167. *Capital autorizado.*– 1. En la escritura pública otorgada por los administradores en uso de la facultad de aumentar el capital delegada por la Junta General, se expresarán, además de las circunstancias a que se refiere el artículo anterior, el contenido íntegro del acuerdo de delegación, la cuantía dispuesta respecto del límite de la delegación y la que queda por disponer.

2. En todo caso se entenderá que la delegación subsiste en sus propios términos mientras no haya expirado el plazo fijado, aunque cambien los administradores y aunque la Junta acuerde con posterioridad a la delegación uno o varios aumentos del capital social.

> Véase art. 297.1 b) del TRLSC (§1).

Art. 168. *Clases de contravalor del aumento del capital social.*– 1. Cuando el contravalor consista en aportaciones dinerarias, la escritura pública deberá expresar que las acciones anteriormente emitidas se encuentran totalmente desembolsadas o, en su caso, que la cantidad pendiente de desembolso no excede del 3 por 100 del capital social.

Las sociedades de seguros indicarán si las acciones anteriormente emitidas se encuentran o no totalmente desembolsadas, y en este último caso expresarán la parte pendiente de desembolso.

2. Cuando el contravalor consista total o parcialmente en aportaciones no dinerarias, se observará lo dispuesto en los artículos 133 y 134 de este Reglamento.

3. Cuando el contravalor consista en la compensación de créditos contra la sociedad, la escritura pública deberá expresar el nombre del acreedor o acreedores y la fecha en que fue contraído el crédito o créditos así como, en su caso, el documento en el que conste que el crédito es líquido y exigible o que, al menos, un 25 por 100 de los créditos a compensar son líquidos, vencidos y exigibles y que el vencimiento de los restantes no es superior a cinco años.

La certificación del auditor se incorporará a la escritura pública, haciéndose constar en la inscripción el nombre del auditor, la fecha de la certificación y que en ésta se declara que resultan exactos los datos relativos a los créditos aportados.

4. Cuando el contravalor consista en la transformación de reservas o de beneficios que ya figuraban en el patrimonio social, la escritura pública deberá expresar que el aumento se ha realizado en base a un balance verificado y aprobado, con indicación de la fecha del mismo así como del nombre del auditor y la fecha de la verificación.

El balance, junto con el informe del auditor, se incorporará a la escritura, haciéndose constar en la inscripción el nombre del auditor y las fechas de verificación y aprobación del balance.

Véanse arts. 63 a 71, 73 a 76, 295.2 y 299 a 303 de la TRLSC (§1).

Art. 169. *Circunstancias de la inscripción del aumento de capital.*– En la inscripción del aumento de capital, además de las circunstancias generales, se hará constar:

1.º El importe del aumento.

2.º La identificación de las nuevas acciones o el incremento de valor nominal experimentado por las antiguas.

3.º La nueva redacción de los artículos de los estatutos relativos al capital y a las acciones, con las indicaciones a que se refieren los artículos 121 y 122.

Art. 170. *Escritura de reducción del capital social.*– 1. Para su inscripción, en la escritura pública de reducción del capital se consignarán, además de los requisitos de carácter general, la finalidad de la reducción, la cuantía de la misma, el procedimiento mediante el cual la sociedad ha de llevarla a cabo, el plazo de ejecución y, en su caso, la suma que haya de abonarse a los accionistas.

2. Si se hubiere acordado la reducción del capital social mediante la amortización de acciones y la medida no afectase por igual a todas ellas, la escritura pública deberá expresar asimismo que la reducción ha sido acordada, además de por la Junta General, por la mayoría de los accionistas afectados, conforme a lo establecido en el artículo 159.

3. En la escritura se expresará, además, la fecha de publicación del acuerdo en el «Boletín Oficial del Registro Mercantil» y se presentará en el Registro Mercantil un ejemplar del diario en que se hubiera publicado dicho anuncio o copia del mismo.

4. Cuando la Ley reconozca a los acreedores el derecho de oposición, en la escritura habrá de constar también la declaración de que ningún acreedor ha ejercitado su derecho o, en otro caso, la identificación de quienes se hubieran opuesto, el importe de sus créditos y la indicación de haber sido prestada garantía a satisfacción del acreedor o, en su caso, de haberle sido notificada a éste la prestación de la fianza a que se refiere el artículo 166 de la Ley de Sociedades Anónimas.

Si la sociedad hubiere satisfecho los créditos se consignará así expresamente.

5. Cuando la reducción de capital hubiera tenido por finalidad la devolución de aportaciones, se hará constar en la escritura la declaración de los otorgantes de que se han satisfecho a los accionistas afectados los reembolsos correspondientes.

6. En todo caso, la escritura expresará la nueva redacción de los artículos de los estatutos sociales relativos a la cifra del capital y a las acciones, con las indicaciones a que se refieren los artículos 121 y 122.

7. Las menciones relativas al acuerdo y a su ejecución podrán consignarse en escrituras separadas.

> Apartado 3° redactado de nuevo por Art. Único, Once, del Real Decreto 659/2007, de 25 de mayo, por el que se modifica el Reglamento del Registro Mercantil, para su adaptación a las disposiciones de la Ley 19/2005, de 14 de noviembre, sobre la sociedad anónima europea domiciliada en España.
>
> La referencia al artículo 166 LSA hay que entenderla realizada actualmente a los arts. 334 y 337 TRLSC (§1).

Art. 171. *Modalidades especiales de reducción del capital*.– 1. Si se hubiere acordado la reducción del capital social mediante amortización de las acciones por adquisición ofrecida a los accionistas, en la escritura se indicará el «Boletín Oficial del Registro Mercantil» en que se hubiera publicado el anuncio de la propuesta de compra y se presentarán en el Registro Mercantil los ejemplares de los periódicos en que se hubiera publicado o copia de los mismos.

2. Si se hubiera acordado la reducción del capital social para restablecer el equilibrio entre el capital y el patrimonio de la sociedad, disminuido por consecuencia de pérdidas, o con la finalidad de constituir o incrementar la reserva legal o las reservas voluntarias, la escritura pública deberá expresar que la reducción se ha realizado con base en un balance verificado y aprobado, indicando el nombre del auditor y la fecha de la verificación.

El balance, junto con el informe del auditor, se incorporará a la escritura, haciéndose constar en la inscripción el nombre del auditor y las fechas de verificación y aprobación del balance.

Art. 172. *Circunstancias de la inscripción de la reducción del capital*.– En la inscripción de la reducción del capital, además de las circunstancias generales, se hará constar:

1.º El importe de la reducción.

2.º La identificación de las acciones que se amorticen y, en su caso, la indicación de la disminución del valor nominal experimentado por las acciones.

3.º La nueva redacción de los artículos de los estatutos relativos al capital y a las acciones, con las indicaciones a que se refieren los artículos 121 y 122.

Art. 173. *Amortización judicial de acciones.*- 1. En la inscripción de la resolución judicial firme por la que se reduzca el capital social mediante la amortización de las propias acciones, se expresarán el Juez o Tribunal y la fecha en que hubiera sido dictada, y se transcribirá la parte dispositiva de dicha resolución, en la que figurará necesariamente la nueva redacción de los artículos de los estatutos sociales relativos a la cifra del capital social y a las acciones, con las indicaciones a que se refieren los artículos 121 y 122.

2. Si por virtud de la resolución judicial el capital social resultara inferior al mínimo legal, el Registrador suspenderá la inscripción y extenderá nota de cierre provisional hasta que se presente en el Registro Mercantil la escritura de transformación, de aumento del capital social en la medida necesaria o de disolución.

Sección 11.ª Publicidad de la unipersonalidad sobrevenida

Art. 174. *Inscripción de la unipersonalidad sobrevenida.*- 1. La declaración de haberse producido la adquisición o la pérdida del carácter unipersonal de la sociedad, así como el cambio de socio único, se hará constar en escritura pública que se inscribirá en el Registro Mercantil. La escritura pública que documente las anteriores declaraciones será otorgada por quienes tengan la facultad de elevar a públicos los acuerdos sociales, de conformidad con lo dispuesto en los artículos 108 y 109 de este Reglamento. Si las acciones son nominativas, se exhibirá al Notario el libro-registro de las acciones, testimonio notarial del mismo en lo que fuera pertinente o certificación de su contenido. Si las acciones están representadas por medio de anotaciones en cuenta, se incorporará a la escritura certificación expedida por la entidad encargada de la llevanza del registro contable. Si las acciones son al portador, se exhibirán al Notario los títulos representativos de las mismas o los resguardos provisionales; si no se hubiesen emitido los títulos o los resguardos, lo hará constar así el otorgante bajo su responsabilidad con exhibición del título de adquisición o transmisión.

2. En la inscripción se expresará necesariamente la identidad del socio único, así como la fecha y naturaleza del acto o negocio por el que se hubiese producido la adquisición o la pérdida del carácter unipersonal o el cambio de socio único.

Véase art. 13 de la TRLSC (§1).

CAPÍTULO V. De la inscripción de sociedades de responsabilidad limitada

Sección 1.ª De la inscripción de la escritura de constitución

Art. 175. *Circunstancias de la primera inscripción.*- 1. En la inscripción primera de las sociedades de responsabilidad limitada deberán constar necesariamente las circunstancias siguientes:

1.ª La identidad del socio o socios fundadores. En el primer caso, en el acta de inscripción se hará una referencia expresa al carácter unipersonal de la sociedad.

2.ª Las aportaciones que cada socio realice en los términos previstos en los artículos 189 y 190 y la numeración de las participaciones asignadas en pago.

3.ª Los estatutos de la sociedad.

4.ª La determinación del modo concreto en que inicialmente se organice la administración, en caso de que los estatutos prevean diferentes alternativas.

5.ª La identidad de la persona o personas que se encarguen inicialmente de la administración y representación de la sociedad.

6.ª La identidad de los auditores de cuentas, en su caso.

2. Además, se harán constar en la inscripción los pactos y condiciones inscribibles que los socios hayan juzgado conveniente establecer en la escritura o en los estatutos, siempre que no se opongan a las leyes ni contradigan los principios configuradores de la sociedad de responsabilidad limitada.

En particular, podrán constar en las inscripciones las siguientes cláusulas estatutarias:

a) Las cláusulas penales en garantía de obligaciones pactadas e inscritas, especialmente si están contenidas en protocolo familiar publicado en la forma establecida en los artículos 6 y 7 del Real Decreto por el que se regula la publicidad de los protocolos familiares.

b) El establecimiento por pacto unánime de los socios de los criterios y sistemas para la determinación del valor razonable de las participaciones sociales previstas para el caso de transmisiones inter vivos o mortis causa o bien para la concurrencia de obligación de transmitir de conformidad con el artículo 188.3 de este Reglamento.

c) El pacto por el que los socios se comprometen a someter a arbitraje las controversias de naturaleza societaria de los socios entre sí y de éstos con la sociedad o sus órganos.

d) El pacto que establezca la obligación de venta conjunta por los socios de las partes sociales de las sociedades que se encuentren vinculadas entre sí por poseer unidad de decisión y estar obligadas a consolidación contable.

e) La existencia de comités consultivos en los términos establecidos en el artículo 185.3 de este Reglamento.

Apartado 2 redactado de nuevo por la Disposición final 2.ª, Tres, del Real Decreto 171/2007, de 9 de febrero, por el que se regula la publicidad de los protocolos familiares (BOE nº 65, de 16 de marzo) (§14).

El art. 11.2 de la Ley 28/2022, de 21 de diciembre, de fomento del ecosistema de las empresas emergentes (BOE núm. 306, de 22 de diciembre) (§9), con entrada en vigor el 23 de diciembre de 2022, establece:

«2. Los pactos de socios en las empresas emergentes en forma de sociedad limitada serán inscribibles y gozarán de publicidad registral si no contienen cláusulas contrarias a la ley. Igualmente, serán inscribibles las cláusulas estatutarias que incluyan una prestación accesoria de suscribir las disposiciones de los pactos de socios en las empresas emergentes, siempre que el contenido del pacto esté identificado de forma que lo puedan conocer no solo los socios que lo hayan suscrito sino también los futuros socios».

Art. 176. *Contenido de los estatutos*.– Para su inscripción en el Registro Mercantil, los estatutos de la sociedad de responsabilidad limitada deberán expresar las menciones que se recogen en los artículos siguientes.

Art. 177. *Denominación de la sociedad*.– 1. En los estatutos se consignará la denominación de la sociedad, con la indicación «Sociedad de Responsabilidad Limitada», «Sociedad Limitada» o sus abreviaturas «S. R. L». o «S. L».

2. La denominación de la sociedad deberá ajustarse además a las previsiones generales contenidas en los artículos 398 y siguientes y a las específicas que, en su caso, determine la legislación especial.

Art. 178. *Objeto social*.– 1. El objeto social se hará constar en los estatutos, determinando las actividades que lo integran.

2. No podrán incluirse en el objeto social los actos jurídicos necesarios para la realización o desarrollo de las actividades indicadas en él.

3. En ningún caso podrá incluirse como parte del objeto social la realización de cualesquiera otras actividades de lícito comercio ni emplearse expresiones genéricas de análogo significado.

Art. 179. *Duración de la sociedad*.– 1. Salvo disposición contraria de los estatutos, la sociedad tendrá duración indefinida.

2. Si se fijare un plazo y no se indicare su comienzo, aquél se empezará a contar desde la fecha de la escritura de constitución.

Véase art. 25 del TRLSC (§1).

Art. 180. *Comienzo de operaciones*.– 1. Salvo disposición contraria de los estatutos, las operaciones sociales darán comienzo en la fecha de la escritura de constitución.

2. Los estatutos no podrán fijar una fecha anterior a la de la escritura de constitución, excepto en el supuesto de transformación.

Véase art. 24 del TRLSC (§1).

Art. 181. *Fecha de cierre del ejercicio social*.– Los estatutos habrán de contener la fecha de cierre del ejercicio social.

Véase art. 26 del TRLSC (§1).

Art. 182. *Domicilio social*.- 1. En los estatutos se consignará el domicilio de la sociedad, que habrá de radicar en el lugar del territorio español en que se halle el centro de su efectiva administración y dirección, o en que radique su principal establecimiento o explotación.

2. Salvo disposición contraria de los estatutos, el órgano de administración será competente para decidir la creación, la supresión o el traslado de las sucursales.

Véase art. 9 y 285 del TRLSC (§1), así como la Disp. Transitoria del RD-Ley 15/2017, de 6 de octubre, de medidas urgente en materia de movilidad de operadores económicos dentro del territorio nacional (BOE núm. 242, de 7 de octubre).

Art. 183. *Capital social*.- Los estatutos habrán de determinar la cifra del capital social, expresándola en pesetas.

Véase arts. 4 y 23 d) del TRLSC (§1).
Téngase en cuenta la Ley 46/1998, de 17 de diciembre, sobre introducción del euro.

Art. 184. *Participaciones*.- 1. Los estatutos de la sociedad de responsabilidad limitada expresarán el número de participaciones en que se divida el capital social, el valor nominal de las mismas, su numeración correlativa y, si fueran desiguales, los derechos que cada una atribuya a los socios y la cuantía o la extensión de éstos.

2. En caso de desigualdad de derechos, las participaciones se individualizarán por el número que les corresponda dentro de la numeración correlativa general y los derechos que atribuyan se concretarán del siguiente modo:

1.º Cuando concedan más de un derecho de voto, para todos o algunos acuerdos, se indicará el número de votos.

2.º Cuando concedan derechos que afecten al dividendo o a la cuota de liquidación, se indicará la cuantía de éstos por medio de múltiplos de la unidad.

3.º En los demás casos, se indicará el contenido y la extensión del derecho atribuido.

Art. 185. *Administración y representación de la sociedad*.- 1. En los estatutos se hará constar la estructura del órgano al que se confía la administración, determinando si se atribuye:

a) A un administrador único.

b) A varios administradores que actúen solidariamente.

c) A varios administradores que actúen conjuntamente.

d) A un Consejo de Administración integrado por un mínimo de tres y un máximo de doce miembros.

2. Los estatutos podrán establecer distintos modos de organizar la administración de entre los expresados en el apartado anterior, atribuyendo a la Junta General la facultad de optar alternativamente por cualquiera de ellos, sin necesidad de modificación estatutaria.

3. En los estatutos se hará constar, también, a qué administradores se confiere el poder de representación, así como su régimen de actuación, de conformidad con las siguientes reglas:

a) En el caso de administrador único, el poder de representación corresponderá necesariamente a éste.

b) En caso de varios administradores solidarios, el poder de representación corresponde a cada administrador, sin perjuicio de las disposiciones estatutarias o de los acuerdos de la Junta sobre distribución de facultades, que tendrán un alcance meramente interno.

c) En el caso de varios administradores conjuntos, el poder de representación se ejercerá mancomunadamente, al menos, por dos de ellos en la forma determinada en los estatutos.

d) En el caso de consejo de administración, el poder de representación corresponderá al propio consejo que actuará colegiadamente.

Además, los estatutos podrán crear un comité consultivo.

Deberá determinarse en los estatutos sociales si la competencia para el nombramiento y revocación del comité consultivo es del consejo de administración o de la junta general; su composición y requisitos para ser titular; su funcionamiento, retribución y número de miembros; la forma de adoptar acuerdos; las concretas competencias consultivas o informativas del mismo, así como su específica denominación en la que se podrá añadir, entre otros adjetivos, el término «familiar».

También podrá hacerse constar en los estatutos sociales cualquier otro órgano cuya función sea meramente honorífica e incluir en ellos el correspondiente sistema de retribución de los titulares de dicho cargo.

Además, los estatutos sociales podrán atribuir el poder de representación a uno o varios miembros del consejo a título individual o conjunto.

Cuando el consejo, mediante el acuerdo de delegación, nombra una comisión ejecutiva o uno o varios consejeros delegados, se indicará el régimen de la actuación.

4. Cuando los estatutos establezcan solamente el máximo y el mínimo de administradores, corresponde a la Junta General la determinación de su número. En caso de Consejo de Administración, el número mínimo y máximo de sus componentes no puede ser inferior a tres ni superior a doce.

Los estatutos indicarán el plazo de duración del cargo de administrador si fuere determinado y el sistema de retribución si la tuviere. Salvo disposición contraria de los estatutos, la retribución correspondiente a los administradores será igual para todos ellos.

5. En caso de prever Consejo de Administración, los estatutos establecerán el régimen de organización y funcionamiento del Consejo que deberá comprender las reglas de convocatoria y constitución del órgano, así como el modo de deliberar y adoptar acuerdos por mayoría. La delegación de facultades se regirá por lo establecido para las sociedades anónimas.

6. No podrán inscribirse en el Registro Mercantil las enumeraciones de facultades del órgano de administración que sean consignadas en los estatutos.

> Apartado 3, letra d) redactado de nuevo por la Disposición final 2.ª, Cuatro, del Real Decreto 171/2007, de 9 de febrero, por el que se regula la publicidad de los protocolos familiares (BOE nº 65, de 16 de marzo) (§14).

Art. 186. *Funcionamiento de la Junta General.*– 1. Los estatutos podrán establecer que la convocatoria de la Junta General se realice mediante anuncio publicado en un determinado diario de circulación en el término municipal en el que esté situado el domicilio social, o por cualquier procedimiento de comunicación, individual y escrita, que asegure la recepción del anuncio por todos los socios en el domicilio designado al efecto o en el que conste en el Libro-Registro de socios.

2. Los estatutos no podrán distinguir entre primera y segunda convocatoria de la Junta General.

3. El socio podrá hacerse representar en las reuniones de la Junta General por cualquiera de las personas previstas en la Ley y, en su caso, en los estatutos.

4. La representación comprenderá la totalidad de las participaciones de que sea titular el socio representado, y deberá conferirse por escrito. Si no constare en documento público, conforme al artículo 49 de la Ley 2/1995, de 23 de marzo, de Sociedades de Responsabilidad Limitada, deberá ser especial para cada Junta.

5. La representación es siempre revocable. Salvo que otra cosa se establezca en los estatutos, de conformidad con el artículo 49 de la Ley 2/1995, de 23 de marzo, de Sociedades de Responsabilidad Limitada, la asistencia personal a la Junta del representado tendrá valor de revocación de la total representación conferida.

6. Los estatutos deberán determinar el modo en que la Junta General deliberará y adoptará sus acuerdos.

> Apartado 5 redactado de nuevo por la Disposición final 2.ª, Cinco, del Real Decreto 171/2007, de 9 de febrero, por el que se regula la publicidad de los protocolos familiares (BOE nº 65, de 16 de marzo) (§14).
> La referencia al artículo 49 de la LSRL hay que entenderla realizada actualmente a los arts. 183 y 185 TRLSC (§1).

Art. 187. *Prestaciones sociales accesorias.*– 1. En el caso de que se establezcan prestaciones accesorias, los estatutos detallarán su régimen, con expresión de su contenido concreto y determinado, que podrá ser económico o en general cualquier obligación de dar, hacer y no hacer, así como el carácter gratuito o retribuido de las mismas o, en su caso, las garantías previstas en su cumplimiento. En el supuesto de que sean retribuidas, los estatutos habrán de determinar la compensación a recibir por los socios que las realicen, sin que pueda exceder en ningún caso del valor que corresponda a la prestación.

2. Los estatutos podrán vincular la obligación de realizar prestaciones accesorias a la titularidad de una o varias participaciones sociales concretamente determinadas.

> Apartado 1 redactado de nuevo por la Disposición final 2.ª, Seis, del Real Decreto 171/2007, de 9 de febrero, por el que se regula la publicidad de los protocolos familiares (BOE nº 65, de 16 de marzo) (§14).
> El art. 11.2 de la Ley 28/2022, de 21 de diciembre, de fomento del ecosistema de las empresas emergentes (BOE núm. 306, de 22 de diciembre) (§9), con entrada en vigor el 23 de diciembre de 2022, establece que: «2. Los pactos de socios en las empresas emergentes en forma de sociedad limitada serán inscribibles y gozarán de publicidad registral si no contienen cláusulas contrarias a la ley. Igualmente, serán inscribibles las cláusulas estatutarias que incluyan una prestación accesoria de suscribir las disposiciones de los pactos de socios en las empresas emergentes, siempre que el contenido del pacto esté identificado de forma que lo puedan conocer no solo los socios que lo hayan suscrito sino también los futuros socios».

Art. 188. *Cláusulas estatutarias sobre transmisión de las participaciones sociales*.– 1. Serán inscribibles cualesquiera cláusulas que restrinjan la transmisión de todas o de algunas de las participaciones sociales, sin más limitaciones que las establecidas por la Ley.

2. Serán inscribibles en el Registro Mercantil las cláusulas estatutarias por las que se reconozca un derecho de adquisición preferente en favor de todos o alguno de los socios, o de un tercero, cuando expresen de forma precisa las transmisiones en las que exista la preferencia, así como las condiciones de ejercicio de aquel derecho y el plazo máximo para realizarlo.

3. Serán inscribibles en el Registro Mercantil las cláusulas estatutarias que impongan al socio la obligación de transmitir sus participaciones a los demás socios o a terceras personas determinadas cuando concurran circunstancias expresadas de forma clara y precisa en los estatutos.

4. Las adquisiciones de participaciones sociales que tengan lugar como consecuencia de las adjudicaciones efectuadas a los socios en la liquidación de la sociedad titular de aquéllas, se sujetarán al régimen estatutario previsto para la transmisión *mortis causa* de dichas participaciones.

5. Cuando así se establezca en los estatutos sociales, de acuerdo con la legislación civil aplicable, corresponderá al socio titular o, en su caso, a sus causahabientes, el ejercicio de los derechos sociales.

De la misma forma, los estatutos podrán establecer, de conformidad con la legislación civil aplicable, la designación de un representante para el ejercicio de los derechos sociales constante la comunidad hereditaria si así fue establecido en el título sucesorio.

Apartado 5 introducido por la Disposición final 2.ª, Siete, del Real Decreto 171/2007, de 9 de febrero, por el que se regula la publicidad de los protocolos familiares (BOE nº 65, de 16 de marzo) (§14).

Sección 2.ª De las aportaciones

Art. 189. *Aportaciones dinerarias*.– 1. Cuando la aportación fuese dineraria, en la escritura de constitución o de aumento del capital, el Notario dará fe de que se le ha exhibido y entregado la certificación del depósito de las correspondientes cantidades a nombre de la sociedad en una entidad de crédito, certificación que el Notario incorporará a la escritura. A estos efectos la fecha del depósito no podrá ser anterior en más de dos meses a la de la escritura de constitución o a la del acuerdo de aumento de capital.

2. Lo anterior no será necesario en el caso de que se haya entregado el dinero al Notario autorizante para que éste constituya el depósito a nombre de la sociedad. La solicitud de constitución del depósito se consignará en la escritura.

En el plazo de cinco días hábiles el Notario constituirá el depósito en una entidad de crédito, haciéndolo constar así en la escritura matriz por medio de diligencia separada.

Véanse arts. 61 y 62 del TRLSC (§1).

Art. 190. *Aportaciones no dinerarias*.– 1. Cuando la aportación fuese no dineraria, se describirán en la escritura los bienes o derechos objeto de la aportación, con sus datos registrales si existieran, el título o concepto de la aportación, la valoración en pesetas que se le atribuya, así como la numeración de las participaciones asignadas en pago.

Si se tratase de la aportación de una empresa o establecimiento comercial, industrial o de servicios, se describirán en la escritura los bienes y derechos registrables y se indicará el valor del conjunto o unidad económica objeto de aportación. Los restantes bienes podrán relacionarse en inventario, que se incorporará a la escritura.

2. En el supuesto de que existan aportaciones no dinerarias que se hayan sometido a valoración pericial conforme al artículo 38 de la Ley de Sociedades Anónimas, será de aplicación lo dispuesto en los apartados 2 y 3 del artículo 133.

La referencia al artículo 38 de la LSA hay que entenderla realizada actualmente al art. 67 TRLSC (§1).
Véanse arts. 63 a 71 y 73 a 76 de la TRLSC (§1).

Sección 3.ª Del nombramiento y cese de los
administradores y de los auditores de cuentas

Art. 191. *Nombramiento de administradores.*- Los administradores serán nombrados en el acto de constitución de la sociedad o por acuerdo de la Junta General con la mayoría legal o estatutariamente prevista. No se admitirá el nombramiento por cooptación, ni por el sistema de representación proporcional.

Art. 192. *Circunstancias de la inscripción.*- 1. En la inscripción del nombramiento de los administradores se hará constar la identidad de los nombrados y la fecha del nombramiento y, en su caso, el plazo para el que lo hubieran sido y el cargo para el que hubiese sido nombrado el miembro del Consejo de Administración.

2. Será de aplicación a la inscripción del nombramiento y cese de los administradores y de los auditores de cuentas de la sociedad de responsabilidad limitada lo dispuesto en los artículos 141 a 154 de este Reglamento, excepto lo dispuesto en el párrafo primero del apartado 1 del artículo 142 respecto al nombramiento de administradores por el Consejo de Administración.

Art. 193. *Facultad de optar.*- El acuerdo por el que la Junta General ejercite la facultad de optar por cualquiera de los distintos modos alternativos de organizar la administración previstos en los estatutos, se consignará en escritura pública y se inscribirá en el Registro Mercantil.

Sección 4.ª Del acta notarial de Junta

Art. 194. *Constancia registral de la solicitud de acta notarial.*- 1. Sin perjuicio de lo dispuesto con carácter general en el artículo 104, la solicitud de levantamiento de acta notarial de la Junta General de las sociedades de responsabilidad limitada podrá hacerse constar por nota marginal en el Registro Mercantil siempre que en el orden del día figure algún acuerdo susceptible de inscripción o la aprobación de las cuentas anuales.

2. La nota se practicará al margen de la última inscripción a instancia de los interesados y en virtud de requerimiento notarial dirigido a los administradores y efectuado dentro del plazo legalmente establecido.

3. Practicado el requerimiento en la forma expresada en los párrafos segundo y tercero del artículo 202 del Reglamento Notarial, sin perjuicio de lo dispuesto en el artículo 203 del mismo Reglamento, la sociedad podrá oponerse en la propia acta de requerimiento o en otra independiente, o mediante escrito dirigido al Registrador y firmado por quien tenga poder de representación, con firma legitimada notarialmente. En cualquiera de los casos la sociedad únicamente podrá oponerse en virtud de cer-

tificación de la que resulte que la titularidad del socio o socios requirentes no figura inscrita como vigente en el libro de socios y, además, en su caso, que la sociedad no ha tenido conocimiento de la adquisición de las correspondientes participaciones. La oposición deberá presentarse en el Registro Mercantil dentro de los cinco días hábiles siguientes al de la práctica del requerimiento. Presentada ésta, el Registrador denegará la extensión de la nota marginal. En todo caso, la nota no podrá practicarse hasta que transcurra el indicado plazo.

4. Los acuerdos adoptados por la Junta a que se refiera la nota sólo serán inscribibles si constan en acta notarial, que, en consecuencia, será presupuesto necesario para la inscripción del título o documento en que aquéllos se formalicen y para el depósito de cuentas en el Registro Mercantil.

Véanse art. 203 TRLSC (§1) y arts. 101 a 104 del presente RRM.

Sección 5.ª De la inscripción de la modificación de los estatutos sociales

Art. 195. *Escritura de modificación estatutaria*.- 1. Para su inscripción la escritura pública de modificación de estatutos sociales de una sociedad de responsabilidad limitada deberá contener, además de los requisitos de carácter general, declaración de que en la convocatoria de la Junta se han hecho constar los extremos que hayan de modificarse y de que el texto íntegro de la modificación propuesta ha estado desde la convocatoria a disposición de los socios en el domicilio social.

2. Cuando la modificación implique nuevas obligaciones para los socios o afecte a sus derechos individuales, no podrá inscribirse la escritura de modificación sin que conste en ella o en otra independiente el consentimiento de los interesados o afectados o resulte de modo expreso dicho consentimiento del acta del acuerdo social pertinente, la cual deberá estar firmada por aquéllos.

Art. 196. *Modificaciones especiales*.- 1. La inscripción de los acuerdos sociales de modificación estatutaria que confieran a quienes no hubieran votado a favor el derecho a separarse de la sociedad se atendrá a lo dispuesto en los artículos 206 y 208.

2. La escritura pública de reducción de capital en los casos de separación y exclusión del socio expresará las participaciones amortizadas, la identidad del socio o socios afectados, la causa de la amortización, la fecha del reembolso o de la consignación, y la nueva redacción de los preceptos estatutarios afectados por la reducción de capital, que se regirá por sus reglas específicas.

Art. 197. *Circunstancias de la inscripción*.- En la inscripción de cualquier modificación estatutaria se harán constar, además de las circunstancias generales, las referidas en el artículo 164 y, en su caso, en el párrafo segundo del artículo 160.

Sección 6.ª De la inscripción del aumento y reducción del capital social

Art. 198. *Escritura de aumento de capital social.*‐ 1. Para su inscripción, en la escritura pública de aumento deberá expresarse, además de los requisitos de carácter general, la cuantía en que se ha acordado elevar la cifra del capital social, con indicación de si el aumento se realiza por creación de nuevas participaciones o por elevación del valor nominal de las ya existentes, así como el contenido del contravalor.

2. Si el aumento de capital se realiza por creación de nuevas participaciones la escritura deberá contener, además, las indicaciones siguientes:

1.ª La identificación de las participaciones de conformidad con las reglas contenidas en el artículo 184.

2.ª Las condiciones acordadas para el ejercicio del derecho de asunción preferente por parte de los socios y la cuantía y las condiciones del desembolso. Si la Junta General hubiera acordado la supresión total o parcial del derecho de preferencia, deberá consignarse en la escritura que en la convocatoria de la Junta se hizo constar tanto la propuesta de suprimir el derecho de preferencia, como el derecho de los socios a examinar en el domicilio social el informe elaborado al efecto por el órgano de administración, declarando, además, los otorgantes que al tiempo de la convocatoria de la Junta se puso a disposición de los socios dicho informe. Si la Junta se celebró con carácter universal o los socios renunciaron individualmente al derecho de asunción preferente se hará constar así expresamente.

3.ª La prima, si se hubiera acordado, con expresión de su cuantía por cada participación creada.

3. Si el aumento de capital se realiza por aumento del valor nominal de las participaciones, se expresará en la escritura pública que todos los socios han prestado su consentimiento a esta modalidad de aumento, salvo que se haga íntegramente con cargo a reservas o beneficios de la sociedad.

4. En la escritura se expresará además:

1.º Que el aumento acordado ha sido íntegramente desembolsado en los términos previstos, y, en los casos de aumento de capital por creación de nuevas participaciones, la identidad de las personas a quienes se hayan adjudicado, la numeración de las participaciones atribuidas a cada una de ellas y la circunstancia de haberse hecho constar la titularidad de las mismas en el Libro-Registro de socios. Si el aumento de capital no se hubiera asumido íntegramente dentro del plazo fijado al efecto se hará constar expresamente.

2.º Que a los efectos del ejercicio del derecho de preferencia fue realizada por los administradores una comunicación escrita a cada uno de los socios y, en su caso, a los usufructuarios inscritos en el Libro-Registro de socios. En otro caso deberá protocolizarse en la escritura el «Boletín Oficial del Registro Mercantil» en el que, con tal finalidad, se hubiera publicado el anuncio de la oferta de asunción de las nuevas participaciones.

3.º Que el pago de la prima, si se hubiera acordado, ha sido íntegramente satisfecho en el momento del desembolso.

5. Para su inscripción, las menciones relativas al acuerdo de aumento y a su ejecución, contempladas respectivamente en los apartados anteriores de este artículo, podrán consignarse en escrituras separadas.

Art. 199. *Clases de contravalor en el aumento del capital social.*– 1. Cuando el contravalor consista en aportaciones dinerarias se observará lo dispuesto en el artículo 189.

2. Cuando el contravalor consista total o parcialmente en aportaciones no dinerarias, se describirán en la escritura los bienes o derechos objeto de aportación en la forma prevista en el artículo 190, y se expresará en la escritura que al tiempo de la convocatoria de la Junta se puso a disposición de los socios el preceptivo informe de los administradores. Si las aportaciones no dinerarias hubiesen sido sometidas a valoración pericial, conforme a lo dispuesto en el artículo 38 de la Ley de Sociedades Anónimas, se observará, además, lo dispuesto en los apartados 2 y 3 del artículo 133.

3. Cuando el contravalor consista en la compensación de créditos contra la sociedad la escritura pública deberá expresar el nombre del acreedor, la fecha en que fue contraído el crédito, la declaración de que éste es completamente líquido y exigible y la declaración de que al tiempo de la convocatoria de la junta fue puesto a disposición de los socios el informe de los administradores, que se incorporará a la escritura que documente la ejecución del acuerdo.

4. Cuando el contravalor consista en la transformación de reservas o de beneficios que ya figuraban en el patrimonio social, la escritura pública deberá expresar que el aumento se ha realizado en base a un balance aprobado por la Junta General, referido a una fecha comprendida dentro de los seis meses inmediatamente anteriores a la fecha del acuerdo que se incorporará a la escritura pública de aumento.

> La referencia al artículo 38 de la LSA hay que entenderla realizada actualmente al art. 67 TRLSC (§1).
> Véanse arts. 63 a 71, 73 a 76, 295.2 y 300 a 303 de la TRLSC (§1).

Art. 200. *Circunstancias de la inscripción del aumento de capital.*– En la inscripción del aumento de capital, además de las circunstancias generales, se hará constar:

1.º El importe del aumento.

2.º La identificación de las nuevas participaciones o el incremento de valor nominal experimentado por las antiguas.

3.º La identidad de las personas a quienes se hayan adjudicado las participaciones en los casos en que el contravalor del aumento de capital consista en aportaciones no dinerarias, en la compensación de créditos contra la sociedad o en la transformación de reservas o beneficios.

4.º La nueva redacción de los artículos de los estatutos relativos al capital y a las participaciones, con las indicaciones a que se refieren los artículos 183 y 184.

Art. 201. *Escritura de reducción del capital social.*- 1. Para su inscripción, en la escritura pública de reducción del capital se consignarán, además de los requisitos de carácter general, la finalidad de la reducción y la cuantía de la misma.

Cuando la reducción no afecte por igual a todas las participaciones se expresará en la escritura que todos los socios han prestado su consentimiento a esta modalidad de reducción.

2. Cuando los estatutos reconozcan a los acreedores el derecho de oposición, en la escritura se expresará además:

1.º Que fue efectuada por los administradores una notificación personal a los acreedores. En su defecto se protocolizarán en la escritura los anuncios en el «Boletín Oficial del Registro Mercantil» y en un diario de los de mayor circulación en la localidad en que radique el domicilio de la sociedad, que con esta finalidad se hubieran publicado.

2.º Que ningún acreedor ha ejercitado en plazo su derecho o, en otro caso, la identificación de quienes se hubieran opuesto, el importe de sus créditos y la indicación de haber sido prestada garantía o satisfecho los créditos.

3. Cuando la reducción de capital hubiera tenido por finalidad la restitución de aportaciones, en la escritura se consignarán además:

1.º La suma dineraria o la descripción de los bienes que hayan de entregarse a los socios, así como la declaración de los otorgantes de que han sido realizados los reembolsos correspondientes.

2.º La identidad de las personas a quienes se hubiere restituido la totalidad o parte de las aportaciones sociales o, en su caso, la declaración del órgano de administración de haber quedado constituida una reserva con cargo a beneficios o reservas libres por un importe igual al percibido por los socios en concepto de restitución, salvo en el caso previsto en el artículo 81 de la Ley.

4. Cuando la reducción de capital tuviere por finalidad restablecer el equilibrio entre el capital y el patrimonio contable de la sociedad disminuido por consecuencia de pérdidas, la escritura pública deberá expresar que la reducción se ha realizado con base a un balance aprobado por la Junta General, previa su verificación por los auditores de cuentas de la sociedad cuando ésta estuviere obligada a verificar sus cuentas anuales y, si no lo estuviere, la verificación se realizará por el auditor de cuentas que al efecto designen los administradores. El balance, que deberá referirse a una fecha comprendida dentro de los seis meses inmediatamente anteriores al acuerdo y su verificación, se protocolizarán en la escritura de reducción.

5. En todo caso, la escritura expresará la nueva redacción de los artículos de los estatutos sociales relativos a la cifra del capital y las participaciones, con las indicaciones a que se refieren los artículos 183 y 184.

6. Las menciones relativas al acuerdo y a su ejecución podrán consignarse en escrituras separadas.

> La referencia al artículo 81 LSRL 1995 hay que entenderla realizada actualmente al art. 332 TRLSC (§1).

Art. 202. *Circunstancias de la inscripción de la reducción del capital*.– En la inscripción de la reducción del capital social, además de las circunstancias generales, se hará constar:

1.º El importe de la reducción.

2.º La identificación de las participaciones que se amorticen y, en su caso, la indicación de la alteración de su valor nominal.

3.º La identidad de las personas a quienes se hubiese restituido la totalidad o parte de las aportaciones sociales o, en su caso, la declaración a que se refiere el apartado 3 del artículo anterior.

4.º La nueva redacción de los artículos de los estatutos relativos al capital y a las participaciones, con las indicaciones a que se refieren los artículos 183 y 184.

Sección 7.ª Publicidad de la unipersonalidad sobrevenida

Art. 203. *Inscripción de la unipersonalidad sobrevenida*.– 1. La declaración de haberse producido la adquisición o la pérdida del carácter unipersonal de la sociedad, así como el cambio de socio único, se hará constar en escritura pública que se inscribirá en el Registro Mercantil. La escritura pública que documente las anteriores declaraciones, será otorgada por quienes tengan la facultad de elevar a instrumento público los acuerdos sociales, de conformidad con lo dispuesto en los artículos 108 y 109 de este Reglamento, exhibiendo al Notario como base para el otorgamiento el Libro-Registro de socios, testimonio notarial del mismo en lo que fuera pertinente o certificación de su contenido.

2. En la inscripción se expresará necesariamente la identidad del socio único así como la fecha y naturaleza del acto o negocio por el que se hubiese producido la adquisición o la pérdida del carácter unipersonal o el cambio de socio único.

> Véase art. 13 de la TRLSC (§1).

Sección 8.ª De la separación y exclusión de socios de
sociedades de responsabilidad limitada

> Véanse arts. 346 y ss. y 350 y ss. de la TRLSC (§1).

Art. 204. *Causas estatutarias de separación*.– 1. En el caso de que los estatutos sociales establezcan causas de separación de los socios distintas a las previstas en la Ley, deberá determinar el modo de acreditar la existencia de la causa, la forma de ejercitar el derecho de separación y el plazo para el ejercicio de este derecho.

2. Para inscribir la introducción en los estatutos sociales de una nueva causa de separación o la modificación o la supresión de cualquiera de las estatutarias existentes, será necesario que conste en escritura pública el consentimiento de todos los socios o resulte de modo expreso dicho consentimiento del acta del acuerdo social pertinente, la cual deberá estar firmada por aquéllos.

Art. 205. *Ejercicio del derecho de separación*.– 1. Los acuerdos o los hechos que den lugar al derecho de separación se publicarán en el «Boletín Oficial del Registro Mercantil». El órgano de administración podrá sustituir dicha publicación por una comunicación escrita a cada uno de los socios que no hayan votado a favor del acuerdo o que desconozcan el hecho que dé lugar al derecho de separación.

2. El derecho de separación podrá ejercitarse en tanto no transcurra un mes desde la publicación o desde la recepción de la comunicación a que se refiere el apartado anterior.

Art. 206. *Inscripción de acuerdos que den derecho al socio a separarse de la sociedad*.– 1. Para la inscripción en el Registro Mercantil de la escritura pública que documente acuerdos que, según la Ley o los estatutos sociales, den derecho al socio a separarse de la sociedad, será necesario que en la misma escritura o en otra posterior se contenga la fecha de publicación del acuerdo en el «Boletín Oficial del Registro Mercantil» o la del envío de la comunicación sustitutiva de esa publicación a los socios que no hubiesen votado a favor, así como la declaración de los administradores de que ningún socio ha ejercitado el derecho de separación dentro del plazo establecido. Lo dispuesto en este apartado no será de aplicación cuando el acuerdo hubiese sido adoptado con el voto favorable de todos los socios.

En caso de que algún socio hubiera ejercitado ese derecho, se estará a lo dispuesto en el artículo 208.

2. En la inscripción de la transferencia al extranjero del domicilio social se harán constar, además, los datos relativos al convenio internacional en que se funda el acuerdo y a su ratificación, con expresión de la fecha y número del «Boletín Oficial del Estado» en que se hubiera publicado el texto del convenio y el instrumento de ratificación.

Art. 207. *Causas estatutarias de exclusión*.– 1. En el caso de que los estatutos sociales establezcan causas de exclusión de los socios distintas a las previstas en la Ley, deberán determinarlas concreta y precisamente.

2. Para inscribir la introducción en los estatutos sociales de una nueva causa de exclusión o la modificación o la supresión de cualquiera de las estatutarias existentes, será necesario que conste en escritura pública el consentimiento de todos los socios o resulte de modo expreso dicho consentimiento del acta del acuerdo social pertinente, la cual deberá estar firmada por aquéllos.

Art. 208. *Inscripción de la separación o de la exclusión.*– 1. Para su inscripción en el Registro Mercantil, la escritura pública en la que se haga constar la separación o la exclusión del socio habrá de expresar necesariamente las circunstancias siguientes:

1.ª La causa de la separación o de la exclusión del socio y, en caso de exclusión, el acuerdo de la Junta General o testimonio de la resolución judicial firme, que se unirá a la escritura.

En el caso de que el socio excluido fuera titular de un porcentaje igual o superior al 25 por 100 del capital social, se consignará, además, esta circunstancia.

2.ª El valor real de las participaciones del socio separado o excluido, la persona o personas que las hayan valorado y el procedimiento seguido para esa valoración, así como la fecha del informe del auditor, en el caso de que se hubiera emitido, el cual se unirá a la escritura.

3.ª La manifestación de los administradores o de los liquidadores de la sociedad de que se ha reembolsado el valor de las participaciones al socio separado o excluido o consignado su importe, a nombre del interesado, en entidad de crédito del término municipal en que radique el domicilio social, acompañando documento acreditativo de la consignación.

2. Para la inscripción en el Registro Mercantil de la escritura pública que documente la separación o la exclusión de uno o varios socios, será necesario que en la misma escritura o en otra posterior se haga constar la reducción del capital social, expresando las participaciones amortizadas, la identidad del socio o socios afectados, la causa de la amortización, la fecha del reembolso o de la consignación, la cifra a que hubiera quedado reducido el capital, así como la nueva redacción de los estatutos que resultaren afectados.

3. Si los estatutos sociales reconocen derecho de oposición de los acreedores en caso de restitución de aportaciones, no podrá efectuarse el reembolso de las participaciones al socio separado o excluido hasta tanto no transcurra el plazo establecido para el ejercicio de este derecho. En este caso, en la escritura pública que documente la separación o la exclusión de uno o varios socios, se hará constar la manifestación de los administradores o liquidadores sobre la inexistencia de oposición por parte de los acreedores o la identidad de quienes se hubiesen opuesto, el importe de su crédito y las garantías que hubiere prestado la sociedad.

CAPÍTULO VI. DE LA INSCRIPCIÓN DE LAS SOCIEDADES COLECTIVAS Y COMANDITARIAS

Sección 1.ª De la inscripción de las sociedades colectivas y comanditarias simples

Arts. 209 a 212. (...)

No se reproducen en estos textos legales.

Sección 2.ª De la inscripción de las sociedades comanditarias por acciones

Art. 213. *Circunstancias de la primera inscripción.*– En la inscripción primera de las sociedades comanditarias por acciones deberán constar necesariamente las circunstancias previstas en el artículo 114, con las siguientes precisiones:

a) En la mención relativa a la denominación, si ésta es subjetiva, solamente podrán incluirse en ella nombres de los socios colectivos.

b) En la mención relativa a las personas que se encarguen de la administración y representación de la sociedad deberá constar su condición de socios colectivos.

c) En los estatutos sociales se consignará el nombre de los socios colectivos.

Art. 214. *Nombramiento y cese de administradores.*– 1. El nombramiento de administradores fuera del acto constitutivo y su cese se inscribirán en virtud de los documentos previstos en los artículos 142, 147 y 148.

2. No obstante, cuando el cese sea consecuencia de la separación se aplicarán las normas sobre modificación de estatutos.

Art. 215. *Régimen supletorio.*– En lo no previsto en los artículos anteriores, serán de aplicación a la sociedad comanditaria por acciones, en la medida en que lo permita su específica naturaleza, los preceptos de este Reglamento relativos a la sociedad anónima.

CAPÍTULO VII. DE LA TRANSFORMACIÓN, FUSIÓN Y ESCISIÓN DE SOCIEDADES

Sección 1.ª De la transformación de sociedades

Téngase en cuenta arts. 1 a 32 del Real Decreto-ley 5/2023, de 28 de junio, (...) de transposición de Directivas de la Unión Europea en materia de modificaciones estructurales de sociedades mercantiles (...) (BOE núm. 154, de 29 de junio) (§4).

Art. 216. *Escritura pública de transformación.*– Para su inscripción en el Registro Mercantil, la escritura pública de transformación de sociedad mercantil deberá contener todas las menciones legal y reglamentariamente exigidas para la constitución de la sociedad cuya forma se adopte.

Art. 217. *Transformación de sociedad colectiva o comanditaria o agrupación de interés económico en sociedad anónima o de responsabilidad limitada.*– 1. La escritura pública de transformación de sociedades colectivas, comanditarias o agrupaciones de interés económico en sociedad anónima o de responsabilidad limitada no podrá inscribirse sin que conste el consentimiento de todos los socios que tengan responsabilidad personal y solidaria por las deudas sociales. En cuanto a los socios comanditarios se estará a lo dispuesto en la escritura social.

2. Si la sociedad o agrupación de interés económico se transforman en sociedad anónima, en la escritura se incluirá la manifestación expresa de los otorgantes, bajo su responsabilidad, de que el patrimonio cubre, por lo menos, el veinticinco por ciento del capital, con expresión, en su caso, de los dividendos pasivos pendientes y la forma y plazo de desembolsarlos. Además, se incorporará a la escritura pública el informe de uno o varios expertos independientes sobre el patrimonio social no dinerario.

Si la sociedad o agrupación de interés económico se transforma en sociedad de responsabilidad limitada, en la escritura se incluirá la manifestación de los otorgantes, bajo su responsabilidad, de que el patrimonio cubre el capital social y de que éste queda totalmente desembolsado.

En ambos supuestos, si los acreedores sociales hubieren consentido expresamente en la transformación, los otorgantes lo manifestarán en la escritura bajo su responsabilidad.

3. A la escritura se acompañará, para su depósito en el Registro Mercantil, el balance general de la sociedad cerrado el día anterior al del acuerdo de transformación.

Art. 218. *Transformación de sociedad civil o cooperativa en sociedad de responsabilidad limitada.*– 1. La escritura pública de transformación de sociedades civiles o cooperativas en sociedad de responsabilidad limitada no podrá inscribirse sin que conste el consentimiento de todos los socios de la sociedad civil o, en su caso, el consentimiento de todos los socios que tengan en la cooperativa algún tipo de responsabilidad personal por las deudas sociales. En ambos supuestos, se incluirá en la escritura, asimismo, la manifestación de los otorgantes, bajo su responsabilidad, de que el patrimonio cubre el capital social quedando éste totalmente desembolsado y, si los acreedores sociales hubieren consentido expresamente la transformación, los otorgantes lo manifestarán igualmente en la escritura bajo su responsabilidad.

2. En caso de transformación de cooperativa, en la escritura se expresarán también las normas que han sido aplicadas para la adopción del acuerdo de transformación, así como el destino que se haya dado a los fondos o reservas que tuviere la entidad. Si la legislación aplicable reconociere a los socios el derecho de separación, la escritura contendrá, además, la relación de quienes hayan hecho uso del mismo y el capital que representen, así como el balance final cerrado el día anterior al de su otorgamiento.

3. A la escritura se acompañará, para su depósito en el Registro Mercantil, un balance general de la sociedad civil o de la cooperativa, cerrado el día anterior al del acuerdo de transformación. Cuando se trate de transformación de cooperativa se acompañarán, además, los siguientes documentos:

a) La certificación del Registro de Cooperativas correspondiente, en la que consten la declaración de inexistencia de obstáculos para la inscripción de la transformación y, en su caso, la transcripción literal de los asientos que hayan de quedar vigentes. En la propia certificación se hará constar que el encargado del Registro ha extendido nota de cierre provisional de la hoja de la cooperativa que se transforma.

b) Si la legislación aplicable a la cooperativa que se transforma exigiere algún tipo de publicidad escrita del acuerdo de transformación, los ejemplares de las publicaciones en que la misma se hubiere realizado.

4. Una vez inscrita la transformación de la cooperativa, el Registrador Mercantil lo comunicará de oficio al Registro de Cooperativas correspondiente para que en éste se proceda a la inmediata cancelación de los asientos de la sociedad.

Art. 219. *Transformación de sociedad anónima o sociedad de responsabilidad limitada en sociedad colectiva o comanditaria o en agrupación de interés económico.–* 1. Para su inscripción, la transformación de una sociedad anónima o de responsabilidad limitada en sociedad colectiva o comanditaria simple o por acciones o en agrupación de interés económico se hará constar en escritura pública otorgada por la sociedad y por todos los socios que pasen a responder personalmente de las deudas sociales.

2. Si existiesen socios con derecho de separación, se expresará en la escritura la fecha de publicación del acuerdo en el «Boletín Oficial del Registro Mercantil» o, en caso de transformación de sociedad de responsabilidad limitada dicha fecha o la del envío de la comunicación sustitutiva de esa publicación a cada uno de los socios que no hubiesen votado a favor.

Además, se expresará en la escritura la identidad de los socios que hayan hecho uso del derecho de separación dentro del plazo correspondiente y el capital que representen o, en su caso, se incluirá la declaración de los administradores, bajo su responsabilidad, de que ningún socio ha ejercitado el derecho de separación dentro de dicho plazo.

En caso de que algún socio hubiere ejercitado el derecho de separación, si se documentare en la misma escritura la reducción del capital, se hará constar en ella el reembolso de sus acciones o participaciones o la consignación de su importe y la fecha en que se hayan efectuado, expresando las acciones o participaciones amortizadas y la cifra a que hubiere quedado reducido el capital, así como la nueva redacción de los artículos de los estatutos que resultaren afectados por la reducción.

3. A la escritura se acompañarán, para su depósito en el Registro Mercantil, los siguientes documentos:

a) El balance de la sociedad cerrado el día anterior a la fecha del acuerdo de transformación.

b) El balance de la sociedad cerrado el día anterior al otorgamiento de la escritura.

c) En caso de transformación de sociedad anónima, los ejemplares de los diarios en que se hubiere publicado el acuerdo de transformación cuando dicha publicación fuera necesaria.

Art. 220. *Transformación de sociedad anónima en sociedad de responsabilidad limitada*.– 1. Para su inscripción, la transformación de sociedad anónima en sociedad de responsabilidad limitada se hará constar en escritura pública otorgada por la sociedad, en la que se incluirán los siguientes extremos:

1.º La fecha de publicación del acuerdo en el «Boletín Oficial del Registro Mercantil» y en los periódicos correspondientes, salvo que aquél hubiese sido adoptado con el voto favorable de todos los socios.

2.º La declaración de haber sido anulados e inutilizados los títulos representativos de las acciones o, en caso de que éstas estuvieren representadas por medio de anotaciones en cuenta, la declaración de que las anotaciones han sido canceladas en el registro contable que corresponda.

3.º La declaración de que el patrimonio cubre el capital social y de que éste queda íntegramente desembolsado.

2. A la escritura se acompañarán, para su depósito en el Registro Mercantil, los siguientes documentos:

a) El balance de la sociedad cerrado el día anterior al acuerdo de transformación.

b) El balance de la sociedad cerrado el día anterior al otorgamiento de la escritura.

c) Los ejemplares de los diarios en que se hubiese publicado el acuerdo cuando dicha publicación fuera necesaria.

d) En caso de cancelación de anotaciones en cuenta, certificación acreditativa de la misma expedida por el órgano encargado del registro contable que corresponda.

Art. 221. *Transformación de sociedad limitada en sociedad anónima*.– 1. Para su inscripción, la transformación de sociedad de responsabilidad limitada en sociedad anónima se hará constar en escritura pública otorgada por la sociedad, en la que se incluirán los siguientes extremos:

a) Si existieren socios con derechos de separación, la fecha de publicación del acuerdo en el «Boletín Oficial del Registro Mercantil» o, en su caso, la fecha en que se envió a cada uno de los socios que no hayan votado a favor del mismo la comunicación sustitutiva de dicha publicación.

b) El número de acciones que correspondan a cada una de las participaciones.

c) La identidad de los socios que hayan hecho uso del derecho de separación dentro del plazo correspondiente y el capital que representen o, en su caso, la declaración de los administradores, bajo su responsabilidad, de que ningún socio ha ejercitado el derecho de separación dentro de dicho plazo.

En caso de que algún socio hubiere ejercitado el derecho de separación, si se documentare en la misma escritura la reducción del capital, se hará constar en ella el reembolso de sus participaciones o la consignación de su importe y la fecha en que se hayan efectuado, expresando las participaciones amortizadas y la cifra a que hubiere quedado reducido el capital social, así como la nueva redacción de los artículos de los estatutos que resultaren afectados por la reducción.

d) El informe de los expertos independientes sobre el patrimonio social no dinerario.

2. A la escritura, se acompañará, para su depósito en el Registro Mercantil, el balance de la sociedad cerrado el día anterior al acuerdo de transformación.

Art. 222. *Transformación de sociedad limitada en sociedad civil o cooperativa.*– 1. La transformación de sociedad de responsabilidad limitada en sociedad civil o cooperativa se hará constar en escritura pública otorgada por la sociedad y por todos los socios que pasen a asumir algún tipo de responsabilidad personal por las deudas sociales, en la que se incluirán los siguientes extremos:

a) Si existieren socios con derecho de separación, la fecha de publicación del acuerdo en el «Boletín Oficial del Registro Mercantil» o, en su caso, la fecha en que se envió a cada uno de los socios que no hayan votado a favor del mismo la comunicación sustitutiva de dicha publicación.

b) La identidad de los socios que hayan hecho uso del derecho de separación dentro del plazo correspondiente y el capital que representen o, en su caso, la declaración de los administradores, bajo su responsabilidad, de que ningún socio ha ejercitado el derecho de separación dentro de dicho plazo.

En caso de que algún socio hubiere ejercitado el derecho de separación, si se documentare en la misma escritura la reducción del capital, se hará constar en ella el reembolso de sus participaciones o la consignación de su importe y la fecha en que se hayan efectuado, expresando las participaciones amortizadas y la cifra a que hubiere quedado reducido el capital social, así como la nueva redacción de los artículos de los estatutos que resultaren afectados por la reducción.

2. Además, en caso de transformación en cooperativa en la escritura se observará lo siguiente:

a) Se hará constar la indicación de la legislación cooperativa que admita o permita la transformación, así como la identificación del Registro de Cooperativas al que corresponda la inscripción de la sociedad transformada.

b) Se incorporará la certificación del Registro Mercantil en la que consten la declaración de inexistencia de obstáculos para la inscripción de la transformación y, en su caso, la transcripción literal de los asientos que hayan de quedar vigentes. En la propia certificación, el Registrador hará constar que ha extendido nota de cierre provisional de la hoja de la sociedad que se transforma.

3. En caso de transformación en sociedad civil, la escritura se presentará en el Registro Mercantil para proceder a la cancelación de los asientos relativos a la sociedad transformada, acompañada del balance de la sociedad cerrado el día anterior a la fecha del acuerdo de transformación y del balance final cerrado el día anterior al del otorgamiento de la escritura, que quedarán depositados en el Registro. Previa calificación de la escritura, el Registrador extenderá el asiento de cancelación en la hoja de la sociedad, haciéndolo constar en la escritura, procediendo a la publicación de la transformación en el «Boletín Oficial del Registro Mercantil».

4. En caso de transformación en sociedad cooperativa, la escritura se presentará para su inscripción en el Registro de Cooperativas correspondiente acompañada de los balances a que se refiere el apartado anterior.

Inscrita la transformación, el encargado del Registro de Cooperativas lo comunicará de oficio al Registrador Mercantil correspondiente, quien procederá a la inmediata cancelación de los asientos relativos a la sociedad transformada y a la publicación de la transformación en el «Boletín Oficial del Registro Mercantil».

Art. 223. *Modificaciones estatutarias simultáneas.*– Cuando la transformación vaya acompañada de una modificación del objeto, domicilio, capital social o cualquier otro extremo de la escritura, habrán de observarse los requisitos inherentes a estas operaciones.

Art. 224. *Otros supuestos de transformación.*– 1. En el caso de que, por autorizarlo una disposición legal, una sociedad no mercantil se transformara en sociedad mercantil, una sociedad mercantil se transformara en sociedad no mercantil, o una sociedad no mercantil se transformara en otra no mercantil, la escritura pública será otorgada por la sociedad y por todos los socios que, en virtud de la transformación pasen a asumir cualquier clase de responsabilidad personal por las deudas sociales. En la escritura se expresarán todas las menciones legal y reglamentarias exigibles para la constitución de la sociedad cuya forma se adopte y, en su caso, para la transformación de la sociedad afectada. A falta de disposiciones reguladoras de la transformación, lo serán supletoriamente las contenidas en esta sección en cuanto sean aplicables.

2. Lo dispuesto en el apartado anterior no será de aplicación a los supuestos de transformación regulados en esta sección.

Art. 224 bis. *Transformación de una sociedad anónima existente en sociedad anónima europea.*– 1. En el caso de constitución de una sociedad anónima europea mediante la transformación de una sociedad anónima española se aplicarán, en lo que proceda, las reglas del presente Capítulo.

El proyecto de transformación se depositará en el Registro Mercantil correspondiente a su domicilio social y se regirá por lo establecido en el artículo 226 de este Reglamento.

El nombramiento del experto o expertos independientes que certifiquen que la sociedad dispone de activos netos suficientes, al menos para la cobertura del capital y de las reservas de la sociedad anónima europea, se regulará por lo establecido en los artículos 338 a 349 de este Reglamento.

2. Para la inscripción de la sociedad anónima europea resultante de la transformación se incorporarán a la escritura el informe de los administradores y la certificación de los expertos que se regulan en el artículo 326 de la Ley de Sociedades Anónimas.

> Art. introducido por Art. Único, Doce, del Real Decreto 659/2007, de 25 de mayo, por el que se modifica el Reglamento del Registro Mercantil, para su adaptación a las disposiciones de la Ley 19/2005, de 14 de noviembre, sobre la sociedad anónima europea domiciliada en España.
> La referencia al art. 326 de la Ley de Sociedades Anónimas se debe entender hecha al art. 474 del TRLSC (§16).

Art. 225. *Circunstancias de la inscripción.*– En la inscripción de la transformación habrán de consignarse, además de las circunstancias generales, todas las exigidas para la inscripción primera de la sociedad cuya forma se adopte así como aquellas otras relativas al derecho de separación de los socios que sean procedentes.

Sección 2.ª De la fusión y escisión de sociedades

> Téngase en cuenta arts. 1 a 16 y 33 a 57 del Real Decreto-ley 5/2023, de 28 de junio, (…) de transposición de Directivas de la Unión Europea en materia de modificaciones estructurales de sociedades mercantiles (…) (BOE núm. 154, de 29 de junio) (§4).

Art. 226. *Depósito del proyecto de fusión.*– 1. Los administradores están obligados a presentar para su depósito en el Registro Mercantil correspondiente a cada una de las sociedades que participan en la fusión un ejemplar del proyecto de fusión.

2. Dentro de los cinco días hábiles siguientes al de la fecha del asiento de presentación, el Registrador calificará exclusivamente si el documento presentado es el exigido por la Ley y si está debidamente suscrito. Cumplidos estos requisitos, tendrá por efectuado el depósito, practicando las correspondientes notas marginales en el diario y en la hoja abierta a la sociedad. En caso contrario procederá de acuerdo con lo dispuesto para los títulos defectuosos.

3. Efectuado el depósito, el Registrador comunicará al Registrador Mercantil Central para su inmediata publicación en el «Boletín Oficial del Registro Mercantil», el hecho del depósito y la fecha en que hubiere tenido lugar.

4. La publicación de la convocatoria de las Juntas Generales que hayan de resolver sobre la fusión no podrá realizarse antes de que hubiese quedado efectuado el depósito.

Art. 226 bis. *Constitución mediante fusión de una sociedad anónima europea domiciliada en otro Estado miembro.*– 1. En la constitución de una sociedad anónima europea domiciliada en otro Estado miembro mediante fusión, en la que participe una sociedad española, será de aplicación lo dispuesto en los apartados 1 y 2 del artículo 160 bis de este Reglamento.

2. El nombramiento del experto o expertos independientes que hayan de informar sobre el proyecto de fusión se regulará por lo establecido en los artículos 338 a 349 de este Reglamento.

3. El derecho de separación de los socios que hubieran votado en contra deberá ejercitarse por escrito en el plazo de un mes a contar desde la fecha del acuerdo de fusión. En documento público se hará constar la declaración de los administradores de que ningún socio ha hecho uso de su derecho de separación o, en caso contrario, la declaración de los administradores de la que resulte el reembolso de las acciones correspondientes y los datos de identidad de los accionistas que ejercitaron tal derecho, previa amortización de aquellas y reducción del capital social.

4. El Registrador, a la vista de los datos obrantes en el Registro y en la escritura pública de fusión presentada, y acreditados los trámites previstos en los apartados anteriores, certificará el cumplimiento por parte de la sociedad anónima española que se fusiona de todos los actos y trámites previos a la fusión.

> Art. introducido por Art. Único, Trece, del Real Decreto 659/2007, de 25 de mayo, por el que se modifica el Reglamento del Registro Mercantil, para su adaptación a las disposiciones de la Ley 19/2005, de 14 de noviembre, sobre la sociedad anónima europea domiciliada en España.

Art. 227. *Escritura pública de fusión.*– 1. Para su inscripción, la fusión se hará constar en escritura pública otorgada por todas las sociedades participantes.

2. La escritura recogerá separadamente respecto de cada una de las sociedades intervinientes, además de las circunstancias generales, las siguientes:

1.ª La manifestación de los otorgantes, bajo su responsabilidad, sobre el cumplimiento de lo establecido en el artículo 238 de la Ley de Sociedades Anónimas y de que han sido puestos a disposición de los socios y acreedores los documentos a que se refiere el artículo 242 de dicha Ley.

2.ª La declaración de los otorgantes respectivos sobre la inexistencia de oposición por parte de los acreedores y obligacionistas o, en su caso, la identidad de quienes se hubiesen opuesto, el importe de su crédito y las garantías que hubiere prestado la sociedad.

3.ª La fecha de publicación en el «Boletín Oficial del Registro Mercantil» del depósito del proyecto de fusión.

4.ª Las fechas de publicación del acuerdo de fusión en el «Boletín Oficial del Registro Mercantil».

5.ª El balance de fusión de las sociedades que se extinguen y, en su caso, el informe de los auditores.

6.ª El contenido íntegro del acuerdo de fusión, de conformidad con lo establecido en el artículo siguiente.

3. Si alguna de las sociedades que se fusionan se encontrara en quiebra, se hará constar en la escritura pública la resolución judicial que autorice a la sociedad a participar en la fusión.

Art. 228. *Contenido del acuerdo de fusión.*– 1. El acuerdo de fusión habrá de expresar necesariamente las circunstancias siguientes:

1.ª La identidad de las sociedades participantes.

2.ª Los estatutos que hayan de regir el funcionamiento de la nueva sociedad, así como la identidad de las personas que hayan de encargarse inicialmente de la administración y representación de la sociedad y, en su caso, de los auditores de cuentas. En caso de fusión por absorción, se expresarán las modificaciones estatutarias que procedan.

3.ª El tipo de canje de las acciones o participaciones y, en su caso, la compensación complementaria en dinero que se prevea.

4.ª El procedimiento por el que serán canjeadas las acciones o participaciones de las sociedades que se extinguen, así como la fecha a partir de la cual las nuevas acciones o participaciones darán derecho a participar en las ganancias sociales y cualesquiera peculiaridades relativas a este derecho.

5.ª La fecha a partir de la cual las operaciones de las sociedades que se extinguen se considerarán realizadas a efectos contables por cuenta de la sociedad a la que traspasan su patrimonio.

6.ª Los derechos que hayan de otorgarse en la sociedad absorbente o en la nueva sociedad a los titulares de acciones de clases especiales, a los titulares de participaciones privilegiadas y a quienes tengan derechos especiales distintos de las acciones o de las participaciones en las sociedades que se extingan o, en su caso, las opciones que se les ofrezcan.

7.ª Las ventajas de cualquier clase que hayan de atribuirse en la sociedad absorbente o en la nueva sociedad a los expertos independientes que hayan intervenido en el proyecto de fusión, así como a los administradores de las sociedades que, en su caso, hayan intervenido en el proyecto de fusión.

2. Las circunstancias anteriormente señaladas habrán de ajustarse, en su caso, al proyecto de fusión.

Art. 229. *Participación en la fusión de sociedades colectivas o comanditarias.-* 1. Si participa en la fusión una sociedad colectiva o comanditaria simple, la escritura habrá de contener el consentimiento de todos los socios colectivos. Para los socios comanditarios, se estará a lo dispuesto en la escritura social.

2. Si la nueva sociedad o la absorbente fuera colectiva o comanditaria, la escritura deberá recoger el consentimiento de todos los socios que en virtud de la fusión pasen a responder ilimitadamente de las deudas sociales.

Art. 230. *Documentos complementarios.-* 1. Para su inscripción, se acompañarán a la escritura de fusión los siguientes documentos:

1.º El proyecto de fusión, salvo que se halle depositado en el mismo Registro.

2.º Los ejemplares de los diarios en que se hubiesen publicado la convocatoria de la Junta y el acuerdo de fusión.

3.º El informe de los administradores de cada una de las sociedades que participan en la fusión, explicando y justificando el proyecto.

4.º El informe o informes del experto o expertos independientes sobre el proyecto de fusión y sobre el patrimonio aportado por las sociedades que se extinguen, cuando fueran obligatorios.

2. En el caso de constitución de una sociedad anónima europea mediante fusión que vaya a fijar su domicilio en España, se acompañarán los certificados de las autoridades correspondientes al domicilio de las sociedades extranjeras participantes en la fusión acreditativos de la legalidad del procedimiento con arreglo a la ley aplicable y de los asientos vigentes obrantes en el Registro de procedencia, así como el informe o informes del experto o expertos independientes.

> Art. redactado de nuevo por Art. Único, Catorce, del Real Decreto 659/2007, de 25 de mayo, por el que se modifica el Reglamento del Registro Mercantil, para su adaptación a las disposiciones de la Ley 19/2005, de 14 de noviembre, sobre la sociedad anónima europea domiciliada en España.

Art. 231. *Calificación de la concordancia con los antecedentes registrales.-* 1. Cuando el Registro de la nueva sociedad resultante de la fusión o de la sociedad absorbente no coincida con el Registro de las restantes sociedades que participen en la fusión, la inscripción de la fusión no podrá practicarse sin que conste en el título nota firmada por el Registrador o Registradores correspondientes al domicilio de las sociedades que se extinguen declarando la inexistencia de obstáculos registrales para la fusión pretendida.

2. Idéntica nota extenderá el Registrador al margen del último asiento de la sociedad correspondiente, con referencia a la escritura que la motiva.

3. Dicha nota marginal implicará el cierre provisional de la hoja de la sociedad durante el plazo de seis meses.

Art. 232. *Circunstancias de la inscripción.–* 1. Si la fusión diera lugar a la creación de una nueva sociedad, se abrirá a ésta la correspondiente hoja registral, practicándose en ella una primera inscripción en la que se recogerán las menciones legalmente exigidas para la constitución de la nueva sociedad y demás circunstancias del acuerdo de fusión.

2. Si la fusión se verificara por absorción se inscribirán en la hoja abierta a la sociedad absorbente las modificaciones estatutarias que, en su caso, se hayan producido y demás circunstancias del acuerdo de fusión.

Art. 233. *Cancelación de asientos.–* 1. Una vez inscrita la fusión, el Registrador cancelará de oficio los asientos de las sociedades extinguidas, por medio de un único asiento, trasladando literalmente a la nueva hoja los que hayan de quedar vigentes.

2. Si las sociedades que se extinguen estuviesen inscritas en Registro distinto, el Registrador comunicará de oficio haber inscrito la fusión, indicando el número de la hoja, folio y tomo en que conste.

Recibido este oficio, el Registrador del domicilio de la sociedad extinguida cancelará mediante un único asiento los de la sociedad, remitiendo, en su caso, certificación literal de los asientos que hayan de quedar vigentes para su incorporación al Registro que haya inscrito la fusión.

Art. 234. *Comunicación al Registrador Mercantil Central.–* Cada uno de los Registradores Mercantiles a que correspondan las sociedades participantes en la fusión y, en su caso, el correspondiente a la nueva sociedad resultante de la fusión, remitirán al Registrador Mercantil Central, por separado, los datos necesarios para la publicación a que se refiere el párrafo 15 del artículo 388.

Art. 235. *Escritura pública de escisión.–* 1. Para su inscripción, la escritura pública de escisión habrá de expresar, además de las indicaciones a que se refiere el artículo 227, la clase de escisión, indicando si se produce o no extinción de la sociedad que se escinde, así como si las sociedades beneficiarias de la escisión son de nueva creación o ya existentes.

2. A la escritura pública se acompañarán los documentos que se mencionan en el artículo 230 relativos a la fusión.

Art. 236. *Inscripción de la escisión.*– 1. La inscripción de la escisión se regirá, en lo que resulte pertinente, por lo dispuesto en los artículos anteriores para la fusión.

2. Si la escisión produjese la extinción de la sociedad que se escinde, el Registrador cancelará los asientos referentes a esta sociedad, una vez inscritas las nuevas sociedades resultantes de la escisión en nueva hoja, o la absorción por sociedades ya existentes en las hojas correspondientes a las sociedades absorbentes. Si las sociedades participantes en la escisión estuviesen inscritas en Registro distinto, será de aplicación el apartado segundo del artículo 233.

3. En caso de escisión parcial o segregación, una vez inscrita la segregación en la hoja abierta a la sociedad segregante, el Registrador competente inscribirá las nuevas sociedades resultantes de la segregación en nueva hoja, o la absorción por sociedades ya existentes en las hojas correspondientes a las sociedades absorbentes.

Art. 237. *Comunicación al Registrador Mercantil Central.*– Cada uno de los Registradores Mercantiles a que correspondan las sociedades participantes en la escisión y, en su caso, el de las nuevas sociedades resultantes de la misma, remitirá al Registrador Mercantil Central, por separado, los datos necesarios para la publicación a que se refiere el párrafo 16 del artículo 388.

CAPÍTULO VIII. DE LA DISOLUCIÓN Y LIQUIDACIÓN DE SOCIEDADES Y DEL CIERRE DE LA HOJA REGISTRAL

> Véanse arts. 360 a 400 TRLSC (§1).
> Véase el art. 22 de la Ley 14/2013, de 27 de septiembre, de apoyo a los emprendedores y su internacionalización (§2).

Sección 1.ª De la disolución de sociedades y de su reactivación

> Véanse arts. 360 a 370 TRLSC (§1).

Art. 238. *Disolución de pleno derecho.*– 1. El Registrador, de oficio, cuando deba practicar algún asiento en la hoja abierta a la sociedad o se hubiera solicitado certificación, o a instancia de cualquier interesado, extenderá una nota al margen de la última inscripción, expresando que la sociedad ha quedado disuelta, en los siguientes casos:

1.º Cuando hubiera transcurrido el plazo de duración de la sociedad.

2.º Cuando hubiera transcurrido un año desde la adopción del acuerdo de reducción del capital de la sociedad anónima, de responsabilidad limitada o comanditaria por acciones por debajo del mínimo establecido por la Ley como consecuencia del cumplimiento de una norma legal, sin que se hubiere inscrito la transformación o la disolución de la sociedad o el aumento del capital social.

3.º Cuando hubiera transcurrido un año desde la fecha del reembolso o de la consignación de la cantidad correspondiente al socio separado o excluido de sociedad de responsabilidad limitada, con reducción del capital por debajo del mínimo legal, sin que se hubiera inscrito la transformación o la disolución de la sociedad o el aumento del capital social.

2. En los casos a que se refiere el apartado anterior, el Registrador extenderá una nota al margen de la inscripción del nombramiento de los administradores, expresando que han cesado en su cargo.

Si los administradores quedasen convertidos en liquidadores por establecerlo así la Ley o los estatutos sociales, el Registrador lo hará constar en el correspondiente asiento.

3. En caso de disolución por transcurso del término, la prórroga de la sociedad no producirá efectos si el acuerdo correspondiente se presentase en el Registro Mercantil una vez transcurrido el plazo de duración de la sociedad.

Art. 239. *Título inscribible*.– 1. La inscripción de la disolución de las sociedades anónimas, de responsabilidad limitada y comanditarias por acciones por causa legal o estatutaria distinta del mero transcurso del tiempo de duración de la sociedad, se practicará en virtud de escritura pública o testimonio judicial de la sentencia firme por la que se hubiera declarado la disolución de la sociedad.

2. La inscripción de la disolución de las sociedades colectivas y comanditarias simples se practicará en virtud de testimonio judicial de la sentencia firme por la que se hubiera declarado la disolución de la sociedad o en virtud de escritura pública, otorgada por todos los socios colectivos. En cuanto a los socios comanditarios, se estará a lo dispuesto en la escritura social.

3. En caso de quiebra de la sociedad o de cualquiera de los socios colectivos, la inscripción se practicará en virtud de testimonio de la resolución judicial firme que declare la quiebra.

4. En caso de muerte o declaración judicial de fallecimiento de un socio colectivo, la inscripción se practicará en virtud de instancia a la que se acompañará el certificado del Registro Civil o testimonio judicial del auto correspondiente.

Art. 240. *Circunstancias de la inscripción*.– En la inscripción de la disolución se harán constar, además de las circunstancias generales, la causa que la determina, el cese de los administradores, las personas encargadas de la liquidación en los términos previstos en el artículo 243 y las normas que, en su caso, hubiere acordado la Junta general o la asamblea de socios para la liquidación y división del haber social.

Art. 241. *Anotación preventiva de demanda de disolución de la sociedad*.– Podrá practicarse anotación preventiva de la demanda de disolución judicial de la sociedad en los términos previstos en los artículos 155 y 156 de este Reglamento.

Art. 242. *Reactivación de la sociedad disuelta.*- 1. La inscripción de la reactivación de la sociedad disuelta se practicará en virtud de la escritura pública que documente el acuerdo de reactivación.

2. Para su inscripción en el Registro Mercantil, en la escritura se harán constar, además de las circunstancias generales, las siguientes:

1.ª La manifestación de los otorgantes de que, en su caso, ha desaparecido la causa de disolución que motivó el acuerdo respectivo y que no ha comenzado el pago de la cuota de liquidación a los socios. Si la sociedad fuera anónima, de responsabilidad limitada o comanditaria por acciones, se hará constar, además, que el patrimonio contable no es inferior al capital social.

2.ª La fecha de publicación del acuerdo de reactivación en el «Boletín Oficial del Registro Mercantil» o la de la comunicación escrita a cada uno de los socios que no hayan votado a favor del acuerdo, si éste diese lugar al derecho de separación.

3.ª La declaración de los otorgantes sobre la inexistencia de oposición por parte de los acreedores y obligacionistas o, en su caso, la identidad de quienes se hubiesen opuesto, el importe de su crédito y las garantías que hubiese prestado la sociedad.

4.ª El nombramiento de los administradores y el cese de los liquidadores.

Véanse art. 370 TRLSC (§1).

Sección 2.ª De la liquidación de sociedades y del cierre de su hoja registral

Véase art. 371 a 400 TRLSC (§1).

Art. 243. *Nombramiento de liquidadores.*- 1. En la inscripción del nombramiento de los liquidadores, que podrá ser simultáneo o posterior a la disolución, se hará constar su identidad y el modo en que han de ejercitar sus facultades. En el caso de sociedad de responsabilidad limitada, quienes fueren administradores al tiempo de la disolución quedarán convertidos en liquidadores, salvo que se hubieren designado otros en los estatutos sociales o que, al acordar la disolución, los designe la Junta general.

2. El nombramiento de liquidadores sin fijación de plazo se entenderá efectuado por todo el período de liquidación.

Art. 244. *Nombramiento de interventor.*- En la inscripción del nombramiento del interventor a que se refiere el artículo 269 de la Ley de Sociedades Anónimas se hará constar su identidad, expresando las circunstancias de su designación.

La referencia al artículo 269 LSA hay que entenderla realizada actualmente al art. 381 TRLSC (§1).

Art. 245. *Título inscribible.*- El nombramiento de liquidadores o interventores se inscribirá en virtud de cualquiera de los títulos previstos para la inscripción de los administradores o en virtud de testimonio judicial de la sentencia firme por la que se hubieren nombrado. Queda a salvo el caso previsto por el artículo 238.

Art. 246. *Cesión global del activo y del pasivo.*– 1. Cuando exista cesión global del activo y del pasivo, la cesión se hará constar en escritura pública otorgada por la sociedad cedente y por el cesionario o cesionarios.

2. En la inscripción de la cesión global se harán constar, además de las circunstancias generales, las siguientes:

1.ª La fecha de publicación del acuerdo de cesión en el «Boletín Oficial del Registro Mercantil» y en un diario de gran circulación en el lugar del domicilio social. En el anuncio se hará constar el derecho de los acreedores de la sociedad cedente y de los acreedores del cesionario o cesionarios a obtener el texto íntegro del acuerdo de cesión, así como el derecho de dichos acreedores a oponerse a la cesión en el plazo de un mes.

2.ª La declaración de la sociedad cedente sobre la inexistencia de oposición en el plazo antes indicado por parte de los acreedores y obligacionistas o, en su caso, la identidad de quienes se hubiesen opuesto, el importe de su crédito y las garantías que hubiere prestado el cesionario.

> Téngase en cuenta arts. 1 a 16 y 72 a 79 del Real Decreto-ley 5/2023, de 28 de junio, (…) de transposición de Directivas de la Unión Europea en materia de modificaciones estructurales de sociedades mercantiles (…) (BOE núm. 154, de 29 de junio) (§11).

Art. 247. *Cancelación de los asientos registrales de la sociedad.*– 1. Si la sociedad extinguida fuera colectiva o comanditaria simple, se presentará en el Registro la correspondiente escritura pública en la que conste la manifestación de los liquidadores de que se han cumplido las disposiciones legales y estatutarias.

A la escritura se incorporará el balance final de liquidación y la relación de los socios, en la que conste su identidad y el valor de la cuota de liquidación que les hubiera correspondido a cada uno.

2. Si la sociedad extinguida fuera anónima, de responsabilidad limitada o comanditaria por acciones, se presentará en el Registro la correspondiente escritura pública en la que consten las siguientes manifestaciones de los liquidadores:

1.ª Que el balance final de liquidación ha sido aprobado por la Junta general. Si la sociedad extinguida fuera de responsabilidad limitada, los liquidadores deberán manifestar que también han sido aprobados el informe completo sobre las operaciones de liquidación y el proyecto de división entre los socios del activo resultante. Si la sociedad extinguida fuera anónima o comanditaria por acciones, en la escritura pública se hará constar, además, que ha sido publicado el balance final de liquidación en el «Boletín Oficial del Registro Mercantil» y en uno de los diarios de mayor circulación en el lugar del domicilio social, acreditando la fecha de las respectivas publicaciones.

2.ª Que ha transcurrido el plazo para impugnarlo, sin que contra él se hayan formulado reclamaciones, o que ha alcanzado firmeza la sentencia que las hubiere resuelto.

3.ª Que se ha procedido a la satisfacción de los acreedores o a la consignación o aseguramiento de sus créditos, con expresión del nombre de los acreedores pendientes de satisfacción y del importe de las cantidades consignadas y de las aseguradas, así como la entidad en que se hubieran consignado y la que hubiera asegurado el pago de los créditos no vencidos.

4.ª Que se ha procedido al reparto entre los socios del haber social existente, o que han sido consignadas en depósito, a disposición de sus legítimos dueños las cuotas no reclamadas, con expresión de su importe, y, en su caso, que se ha procedido a la anulación de las acciones.

3. A la escritura se incorporará el balance final de liquidación y, en el caso de sociedad de responsabilidad limitada, la relación de los socios en la que conste su identidad y el valor de la cuota de liquidación que les hubiere correspondido a cada uno. Si la cuota de liquidación se hubiere satisfecho mediante la entrega de otros bienes sociales, se describirán en la escritura, con indicación de sus datos registrales, si los tuvieran, así como el valor de cada uno de ellos.

4. En la inscripción se transcribirá el balance final de liquidación y, en el caso de sociedades de responsabilidad limitada, se hará constar la identidad de los socios y el valor de la cuota de liquidación que hubiere correspondido a cada uno de ellos, expresando que quedan cancelados todos los asientos relativos a la sociedad.

5. Con la escritura se depositarán en el Registro Mercantil los libros de comercio, la correspondencia, la documentación y los justificantes concernientes al tráfico de la sociedad, salvo que en dicha escritura los liquidadores hubieran asumido el deber de conservación de dichos libros y documentos durante el plazo de seis años a contar desde la fecha del asiento de cancelación de la sociedad, o manifestado que la sociedad carece de ellos.

En el caso de depósito de libros y documentos, que deberán relacionarse en la escritura o en instancia con firma legitimada, el Registrador Mercantil estará obligado a conservarlos durante seis años a contar desde la fecha del asiento de cancelación de la sociedad.

Art. 248. *Activo sobrevenido.*– 1. En caso de que aparecieran bienes o derechos de sociedad cancelada, los liquidadores otorgarán escritura pública de adjudicación de la cuota adicional a los antiguos socios, que presentarán a inscripción en el Registro Mercantil en el que la sociedad hubiera figurado inscrita.

2. Presentada a inscripción la escritura, el Registrador Mercantil, no obstante la cancelación efectuada, procederá a inscribir el valor de la cuota adicional de liquidación que hubiera correspondido a cada uno de los antiguos socios.

3. En el caso de que el Juez competente hubiere acordado el nombramiento de persona que sustituya a los liquidadores para la conversión en dinero de los bienes y derechos a que se refiere el apartado primero y para la adjudicación de la cuota adicional a los antiguos socios, el Registrador Mercantil, no obstante la cancelación efectuada, procederá a inscribir el nombramiento de dicha persona en virtud de testimonio judicial de la resolución correspondiente.

CAPÍTULO IX. De la inscripción en sociedades especiales

Las Secciones 1.ª (De la inscripción de las sociedades de garantía recíproca) (arts. 249 a 253), 2.ª (De la inscripción de las cooperativas de crédito, de la mutuas y cooperativas de seguros y de las mutualidades de previsión social) (arts. 254 a 258), 3.ª (De la inscripción de las sociedades de inversión mobiliaria e inmobiliaria) (arts. 259 a 263), 4.ª (De la inscripción de las agrupaciones de interés económico) (arts. 264 a 269), no se reproducen en estos textos legales.

SECCIÓN 5.ª De la inscripción de las sociedades civiles

Sección añadida por el apartado 3 de la Disp. Ad. Única del Real Decreto 1867/1998, de 4 de septiembre, por el que se modifican determinados artículos del Reglamento Hipotecario. La citada Disp. Ad. ha sido declarada nula infracción del principio de jerarquía normativa.

Art. 269 bis. Inscripción de las sociedades civiles.– 1. Las sociedades civiles con forma mercantil serán objeto de inscripción con arreglo a las reglas aplicables a la forma que hubieran adoptado.

Las sociedades civiles que no tengan forma mercantil podrán inscribirse con arreglo a las normas generales de este Reglamento en cuanto le sean aplicables.

En la inscripción primera de las sociedades civiles se hará constar las siguientes circunstancias:

1.ª La identidad de los socios.

2.ª La denominación de la sociedad en la que deberá constar la expresión «Sociedad Civil».

3.ª El objeto de la sociedad.

4.ª El régimen de administración.

5.ª Plazo de duración si se hubiera pactado.

6.ª Los demás pactos lícitos que se hubieren estipulado.

En la hoja abierta a la sociedad serán inscribibles el nombramiento, cese y renuncia de los administradores, los poderes generales, su modificación o revocación, la admisión de nuevos socios, así como la separación o exclusión de los existentes, la transmisión de participaciones entre los socios, y las resoluciones judiciales o administrativas que afecten al régimen de administración de la sociedad.

Art. introducido por el apartado 3 de la Disp. Ad. Única del Real Decreto 1867/1998, de 4 de septiembre, por el que se modifican determinados artículos del Reglamento Hipotecario. La citada Disp. Ad. ha sido declarada nula, por infracción del principio de jerarquía normativa, por la STS (Sala 3.ª, Sección 6.ª) de 24 de febrero de 2000 (fallo publicado en BOE núm. 98, de 24 de abril).

Téngase en cuenta, sin embargo, la Disp. Adicional octava de la Ley 18/2022, de 28 de septiembre, de creación y crecimiento de empresas (BOE núm. 234, de 29 septiembre) (entrada en vigor el 19 de octubre de 2022) reproducida en nota al art. 81 de este Reglamento.

CAPÍTULO X. DE LA INSCRIPCIÓN DE OTRAS ENTIDADES

Las Secciones 1.ª (De la inscripción de las cajas de ahorro) (arts. 270 a 276), 2.ª (De la inscripción de los fondos de inversión) (arts. 277 a 284), y 3.ª (De la inscripción de los fondos de pensiones) (arts. 285 a 294) que componen este Capítulo IX no se reproducen en estos textos legales.

CAPÍTULO XI. DE LA INSCRIPCIÓN DE LAS SUCURSALES Y DE LOS EMPRESARIOS EXTRANJEROS

Véase art. 15 del Ccom, art. 11 del TRLSC (§1) y arts. 81.1.j) y k), 94.1.6º, 120 y 182 del presente RRM.

Sección 1.ª De las sucursales

Art. 295. *Noción de sucursal.*- A efectos de lo prevenido en este Reglamento, se entenderá por sucursal todo establecimiento secundario dotado de representación permanente y de cierta autonomía de gestión, a través del cual se desarrollen, total o parcialmente, las actividades de la sociedad.

Art. 296. *Registro competente.*- 1. La apertura de sucursales deberá inscribirse primeramente en la hoja abierta a la sociedad. Posteriormente, será objeto de inscripción separada en el Registro Mercantil correspondiente al domicilio de la sucursal.

2. Cuando el domicilio de la sucursal radique en la misma provincia en que esté situado el domicilio de la sociedad, la apertura de la sucursal sólo se inscribirá en la hoja abierta a la sociedad.

No obstante, cuando el Registrador lo considere necesario para mayor claridad de los asientos, podrá abrirse hoja propia en el mismo Registro a las diversas sucursales de la misma circunscripción registral.

Art. 297. *Circunstancias de las inscripciones.*- 1. En la inscripción que se practique en la hoja abierta a la sociedad se hará constar el establecimiento de la sucursal, con indicación de:

1.º Cualquier mención que, en su caso, identifique a la sucursal.

2.º El domicilio de la misma.

3.º Las actividades que, en su caso, se le hubiesen encomendado.

4.º La identidad de los representantes nombrados con carácter permanente para la sucursal, con expresión de sus facultades.

2. En la primera inscripción de la hoja abierta a la sucursal se harán constar, además de las circunstancias anteriores, la identidad de la sociedad y el nombre y apellidos o denominación social de sus administradores, con indicación del cargo que ostenten.

Art. 298. *Sucesión de inscripciones.*- 1. Una vez inscrita la apertura de la sucursal en la hoja de la sociedad, ésta solicitará una certificación de la inscripción practicada y de los administradores cuyo cargo estuviese vigente, y la presentará en el Registro en cuya circunscripción radique la sucursal, a fin de que se practique la primera inscripción de la sucursal.

2. El Registrador correspondiente al domicilio de la sucursal, una vez practicada la primera inscripción, remitirá al Registrador Mercantil Central los datos que hayan de publicarse en el Boletín Oficial del Registro Mercantil y se refieran exclusivamente a la sucursal.

Art. 299. *Actos posteriores.*- La disolución, el nombramiento de liquidadores, el término de la liquidación y la suspensión de pagos o la quiebra de la sociedad, así como la modificación de cualquiera de las circunstancias mencionadas en el artículo 297 y el cierre de la sucursal, una vez inscritos en la hoja de la sociedad, se harán constar en el Registro Mercantil del domicilio de la sucursal por medio de certificación.

Este remitirá los datos correspondientes al Registrador Mercantil Central cuando afecten exclusivamente a la sucursal.

Art. 300. *Inscripción de la primera sucursal establecida por sociedad extranjera.*- 1. Las sociedades extranjeras que establezcan una sucursal en territorio español la inscribirán en el Registro Mercantil correspondiente al lugar de su domicilio, presentando a tal efecto y debidamente legalizados, los documentos que acrediten la existencia de la sociedad, sus estatutos vigentes y sus administradores, así como el documento por el que se establezca la sucursal.

2. En la primera inscripción de la sucursal, además de las circunstancias relativas a la sociedad que resulten de los documentos presentados, incluidos los datos registrales de la misma, así como el nombre, apellidos y cargo de sus administradores, se harán constar las circunstancias contenidas en el apartado primero del artículo 297.

Art. 301. *Inscripción de la segunda o posterior sucursal establecida por sociedad extranjera.*- Cuando una sociedad extranjera estableciere segunda o posteriores sucursales en territorio español, la primera inscripción de éstas contendrá:

1.ª Las circunstancias mencionadas en el apartado primero del artículo 297, según figuren en el documento por el que se establezca la sucursal.

2.ª Los datos registrales y, en su caso, la denominación de la sucursal en cuya hoja consten los datos relativos a la sociedad.

3.ª La identidad de los administradores de la sociedad, con indicación de sus cargos.

Art. 302. *Actos posteriores*.- 1. El cambio de la denominación y domicilio de la sociedad, el cese, renovación o nombramiento de nuevos administradores, la disolución, el nombramiento de liquidadores, el término de la liquidación y la quiebra o suspensión de pagos de la sociedad se harán constar en las hojas de todas las sucursales que tenga establecidas en territorio español.

2. La modificación de las circunstancias a que se refiere el apartado primero del artículo 297 se hará constar en la hoja de la sucursal afectada.

3. La modificación de los estatutos de la sociedad extranjera se hará constar en la hoja abierta en la sucursal en que consten los datos relativos a la sociedad.

Art. 303. *Cierre de la primera sucursal de sociedad extranjera*.- 1. No podrá cerrarse la hoja de la primera sucursal de sociedad extranjera, en el caso de que ésta tuviese otra u otras sucursales en España, sin que previamente se haya acreditado el traslado a la hoja de cualquiera de ellas de los datos relativos a la sociedad.

2. El traslado contemplado en el apartado anterior se regirá por las reglas sobre el traslado del domicilio.

Art. 304. *Publicación en el «Boletín Oficial del Registro Mercantil»*.- Practicada la inscripción, el Registrador en cuya circunscripción radique una sucursal de sociedad extranjera, remitirá al Registrador Mercantil Central los datos que hayan de publicarse en el «Boletín Oficial del Registro Mercantil».

Art. 305. *Publicidad formal de los datos de la sociedad*.- 1. La publicidad relativa a los datos de la sociedad podrá solicitarse y hacerse efectiva a través del Registro de la sucursal.

2. A tal efecto, presentada la solicitud en el Registro de la sucursal, éste oficiará por medio de telecopia al de la sociedad o al de la sucursal donde consten los datos relativos a la sociedad extranjera, al objeto de que le remita la información correspondiente.

3. El Registrador de destino hará la remisión por correo. No obstante, la nota simple habrá de remitirse por telecopia o procedimiento similar, cuando así se solicite.

Art. 306. *Eficacia frente a terceros*.- En caso de discrepancia, los datos contenidos en la hoja abierta a la sucursal prevalecerán respecto de terceros de buena fe sobre los que figuren en la hoja de la sociedad.

Art. 307. *Ámbito de aplicación*.– Lo dispuesto en esta sección respecto de las sucursales de sociedades será aplicable a las sucursales o establecimientos secundarios del empresario individual, a las de las demás entidades españolas inscribibles y a las de las entidades extranjeras con personalidad jurídica y fin lucrativo.

Art. 308. *Documentación de la sucursal*.– Los empresarios individuales, sociedades y entidades deberán hacer constar en toda la documentación, correspondencia, notas de pedido y facturas de su sucursal, además de las circunstancias establecidas en el artículo 24 del Código de Comercio, los datos de inscripción de la sucursal en el Registro Mercantil.

Sección 2.ª De la inscripción de los empresarios y sus actos

Se modifica la rúbrica por el artículo único. Dos, del Real Decreto 442/2023, de 13 de junio, por el que se modifica el Reglamento del Registro Mercantil (...) (BOE núm. 141, de 14 de junio). Esta modificación entró en vigor el 9 de mayo de 2024 de acuerdo con lo establecido en la disposición final 3 del citado Real Decreto.

Art. 308 bis. *Creación en línea de sucursales de una sociedad establecida en otro estado miembro de la Unión Europea*.– 1. Las sociedades de otro Estado miembro podrán crear una o varias sucursales en cualquier lugar del territorio nacional mediante el procedimiento íntegramente electrónico aplicable a la constitución de sociedades de responsabilidad limitada relativo a su inscripción en el Registro Mercantil sin perjuicio de utilizar cualquier otro procedimiento legalmente establecido conforme a lo dispuesto en el artículo 20 bis y concordantes del texto refundido de la Ley de Sociedades de Capital, aprobado por el Real Decreto Legislativo 1/2010, de 2 de julio.

2. Toda información y documentos relativos a la creación primera o sucesivas, actos posteriores o cierre de las sucursales se presentarán íntegramente en línea, sin perjuicio de que la sociedad prefiera la presentación en línea notarial en el domicilio social de la sucursal.

3. La inscripción de las sucursales se regulará por lo previsto en este capítulo. No es de aplicación lo dispuesto en el artículo 302.3 del Reglamento del Registro Mercantil.

4. El Registrador Mercantil, una vez recibida toda la documentación requerida para la creación en línea de una sucursal procederá a su inscripción en el plazo máximo de diez días laborables. Si se excediera de dicho plazo, se notificará al solicitante los motivos del retraso.

Artículo añadido por el artículo único.Tres, del Real Decreto 442/2023, de 13 de junio, por el que se modifica el Reglamento del Registro Mercantil (...) (BOE núm. 141, de 14 de junio de 2023). Esta modificación entró en vigor el 9 de mayo de 2024 de acuerdo con lo establecido en la disposición final 3 del citado Real Decreto.

Art. 308 ter. *Documentación a presentar para la creación en línea de una sucursal.*– Los documentos e informaciones que se deben presentar para la inscripción en el Registro Mercantil de una sucursal son los siguientes:

a) Documento que acredite la existencia de la sociedad y donde consten los datos de denominación y forma jurídica de la sociedad, domicilio, datos registrales, el EUID, y el nombre y apellidos o denominación social de sus administradores, con indicación del cargo que ostenten.

Al procederse al registro de la sucursal, el registrador comprobará la información sobre la sociedad a través del sistema de interconexión de registros.

b) Documento por el que se establezca la sucursal.

c) Cualquier mención que, en su caso, identifique a la sucursal.

d) Domicilio de la sucursal, con indicación de la calle y número o lugar de situación, la localidad, el municipio y provincia.

e) Actividades que, en su caso, se le hubiesen encomendado.

f) Identidad de los representantes nombrados con carácter permanente para la sucursal, con expresión de sus facultades.

g) Todos aquellos otros documentos o indicaciones cuya inscripción establezcan las leyes.

> Artículo añadido por el artículo único.3 del Real Decreto 442/2023, de 13 de junio, por el que se modifica el Reglamento del Registro Mercantil (…) (BOE núm. 141, de 14 de junio de 2023). Esta modificación entró en vigor el 9 de mayo de 2024 de acuerdo con lo establecido en la disposición final 3 del citado Real Decreto.

Art. 308 quater. *Cierre en línea de una sucursal.*– El cierre en línea de la sucursal se regirá por el mismo procedimiento establecido para la extinción de la sociedad.

Se deberá aportar el acuerdo de cierre de la sucursal adoptado por el órgano competente de la sociedad.

> Artículo añadido por el artículo único.3 del Real Decreto 442/2023, de 13 de junio, por el que se modifica el Reglamento del Registro Mercantil (…) (BOE núm. 141, de 14 de junio de 2023). Esta modificación entró en vigor el 9 de mayo de 2024 de acuerdo con lo establecido en la disposición final 3 del citado Real Decreto.

Sección 3.ª Información societaria europea y su acceso mediante la plataforma central europea y el Identificador Único Europeo (EUID)

> Sección añadida por el artículo único.4 del Real Decreto 442/2023, de 13 de junio, por el que se modifica el Reglamento del Registro Mercantil (…) (BOE núm. 141, de 14 de junio de 2023). Esta modificación entró en vigor el 9 de mayo de 2024 de acuerdo con lo establecido en la disposición final 3 del citado Real Decreto.

Art. 308 quinquies. *Información societaria europea.*– 1. El Registro Mercantil asegurará la interconexión con la plataforma central europea en la forma que se determine por las normas de la Unión Europea y las normas reglamentarias que las desarrollen.

2. El intercambio de información a través del sistema de interconexión con la plataforma central europea facilitará a los interesados la obtención de información sobre los datos registrales referentes a:

a) El nombre y forma jurídica de la sociedad, su domicilio social, el Estado miembro en el que estuviera registrada, su número de registro y su Identificador Único Europeo (EUID).

b) La escritura de constitución y los estatutos, si no estuviesen incorporados a aquella.

c) Las modificaciones de los actos a que se refiere la letra b), comprendida la prórroga de la sociedad.

d) Después de cada modificación de la escritura de constitución o de los estatutos, el texto íntegro del acto modificado, en su redacción actualizada.

e) El nombramiento, el cese de funciones, así como la identidad de las personas que, como órgano legalmente previsto, o como miembros de tal órgano:

1.º Tengan el poder de obligar a la sociedad con respecto a terceros y representarla en juicio, expresando si para obligar a la sociedad dichas personas pueden hacerlo por sí solas o deben actuar conjuntamente.

2.º Participen en la administración, la vigilancia o el control de la sociedad.

3.º Hayan resultado inhabilitadas para ejercer el cargo de administrador de la sociedad.

f) Al menos anualmente, el importe del capital suscrito, cuando la escritura de constitución o los estatutos mencionen un capital autorizado, a menos que todo aumento de capital suscrito implique una modificación de los estatutos.

g) Los documentos contables por cada ejercicio presupuestario, que deben publicarse de conformidad con la legislación vigente.

h) Todo cambio de domicilio social.

i) La disolución de la sociedad.

j) La resolución judicial que declare la nulidad de la sociedad.

k) El nombramiento y la identidad de los liquidadores, así como sus poderes respectivos, a menos que estos poderes resultasen expresa y exclusivamente de la ley o de los estatutos.

l) La inscripción de la escritura de extinción de la sociedad.

Artículo añadido por el artículo único.4 del Real Decreto 442/2023, de 13 de junio, por el que se modifica el Reglamento del Registro Mercantil (...) (BOE núm. 141, de 14 de junio de 2023). Esta modificación entró en vigor el 9 de mayo de 2024 de acuerdo con lo establecido en la disposición final 3 del citado Real Decreto.

Art. 308 sexties. *Información sobre sucursales de sociedades europeas.*– El intercambio de información a través del sistema de interconexión facilitará a los interesados la obtención de información sobre las indicaciones referentes a las sucursales de sociedades de otros Estados miembros:

a) El domicilio de la sucursal.

b) La indicación de las actividades de la sucursal.

c) El número de Registro de la sociedad y su EUID.

d) La denominación y la forma jurídica de la sociedad, así como la denominación de la sucursal si esta última no corresponde a la de la sociedad.

e) El nombramiento, el cese en funciones incluido el cese por inhabilitación, así como la identidad de las personas que tengan poder para obligar a la sociedad frente a terceros y de representarla en juicio: como órgano de la sociedad legalmente previsto o como miembros de tal órgano, de conformidad con la publicidad dada en la sociedad de acuerdo con la letra e) del artículo 17.5 del Código de Comercio; como representantes permanentes de la sociedad para la actividad de la sucursal, con indicación del contenido de sus poderes.

f) La disolución de la sociedad.

g) El nombramiento y la identidad de los liquidadores, así como sus poderes respectivos, a menos que estos poderes resultasen expresa y exclusivamente de la ley o de los estatutos.

h) La extinción de la sociedad.

i) Los procedimientos de insolvencia, o cualquier otro procedimiento análogo del que sea objeto la sociedad.

j) Las cuentas anuales y, en su caso, las cuentas consolidadas de la sociedad que hubieran sido elaboradas conforme a su legislación.

k) El cierre de la sucursal.

> Artículo añadido por el artículo único.4 del Real Decreto 442/2023, de 13 de junio, por el que se modifica el Reglamento del Registro Mercantil (...) (BOE núm. 141, de 14 de junio de 2023). Esta modificación entró en vigor el 9 de mayo de 2024 de acuerdo con lo establecido en la disposición final 3 del citado Real Decreto.

Art. 308 septies. *Modificación registral de datos de sucursales transfronterizas intracomunitarias.*– 1. A los efectos de la debida coordinación de la información sobre matrices y sucursales, los Registros Mercantiles notificarán sin demora, a través del sistema de interconexión de registros mercantiles, los siguientes datos de las sociedades matrices inscritas en España que tengan sucursales en otros Estados miembros:

a) Las modificaciones relativas a la denominación, el domicilio social, el número de registro, la forma jurídica de la sociedad, las modificaciones relativas al nombramiento, el cese de funciones, y la identidad de las personas que participen en la administración, vigilancia o control de la sociedad o que tengan poderes de representación. También notificará el depósito de los documentos contables de la sociedad.

   b) La información relativa a la apertura y clausura de procedimientos de liquidación e insolvencia y sobre la extinción de la sociedad.

   2. A los efectos de la debida coordinación de la información sobre matrices y sucursales, los Registros Mercantiles notificarán, sin demora, a través del sistema de interconexión de registros mercantiles, la apertura, el cierre y supresión del registro de las sucursales de sociedades de otros Estados miembros inscritas en España.

   3. Los Registros Mercantiles, que reciban a través del sistema de interconexión de registros mercantiles informaciones relativas a las sociedades matrices de otros Estados miembros con sucursales inscritas en España, así como informaciones relativas a las sucursales registradas en otros Estados miembros de sociedades matrices inscritas, acusarán recibo de la información y consignarán o actualizarán, sin demora, las informaciones que reciban, en particular, tratándose de las descritas en los apartados 1 y 2 del presente artículo.

   Cuando la información que se reciba sea la relativa a la apertura y clausura de procedimientos de liquidación e insolvencia y sobre extinción de sociedades matrices inscritas en otros Estados miembros con sucursales en España, en la publicidad que expidan sobre las referidas sucursales se hará mención obligatoria de los procedimientos de liquidación e insolvencia de sus respectivas matrices, así como sobre su extinción, indicando el Registro en que consten inscritos dichos actos y su fecha.

    Artículo añadido por el artículo único.4 del Real Decreto 442/2023, de 13 de junio, por el que se modifica el Reglamento del Registro Mercantil (…) (BOE núm. 141, de 14 de junio de 2023). Esta modificación entró en vigor el 9 de mayo de 2024 de acuerdo con lo establecido en la disposición final 3 del citado Real Decreto.

Sección 4.ª De los empresarios extranjeros

    Sección añadida (era la anterior sección 2.ª) por el artículo único.5 del Real Decreto 442/2023, de 13 de junio, por el que se modifica el Reglamento del Registro Mercantil (…) (BOE núm. 141, de 14 de junio de 2023). Esta modificación entró en vigor el 9 de mayo de 2024 de acuerdo con lo establecido en la disposición final 3 del citado Real Decreto.

Art. 309. *Traslado de domicilio a territorio nacional.*– 1. Cuando un empresario o entidad extranjera inscribible con arreglo a la legislación española traslade su domicilio a territorio nacional, se harán constar en la primera inscripción todos los actos y circunstancias que sean de consignación obligatoria conforme a la normativa española y se hallen vigentes en el Registro extranjero.

   Dicha inscripción se practicará en virtud de certificación literal o traslado de la hoja o expediente del Registro extranjero.

2. Será preciso, además, el depósito simultáneo en el Registro Mercantil de las cuentas anuales correspondientes al último ejercicio terminado.

Art. 309 bis. *Inscripción de sociedad anónima europea filial.*- La constitución y demás actos inscribibles de una sociedad anónima europea filial se inscribirán en el Registro Mercantil de su domicilio conforme a lo dispuesto para las sociedades anónimas, identificando a las sociedades o entidades matrices conforme a lo dispuesto en el artículo 38 de este Reglamento.

> Art. introducido por Art. Único, Quince del Real Decreto 659/2007, de 25 de mayo, por el que se modifica el Reglamento del Registro Mercantil, para su adaptación a las disposiciones de la Ley 19/2005, de 14 de noviembre, sobre la sociedad anónima europea domiciliada en España.

CAPÍTULO XII. De la inscripción de la emisión de obligaciones

Art. 310. *Circunstancias de la inscripción de la emisión.*- 1. La inscripción de la emisión de obligaciones se practicará en la hoja abierta o que a tal efecto se abra a la entidad emisora en el Registro Mercantil, en la que se expresarán las siguientes circunstancias:

1.ª La denominación de la entidad, el capital social desembolsado o la cifra de valoración de sus bienes, y, en su caso, el importe de las reservas que figuran en el último balance aprobado y de las cuentas de regularización y actualización de balances aceptadas por el Ministerio de Economía y Hacienda.

2.ª El importe total de la emisión y la serie o series de los valores que deban lanzarse al mercado, indicando si se representan por medio de títulos o por medio de anotaciones en cuenta.

3.ª Las condiciones de la emisión, la fecha en que deba abrirse la suscripción y el plazo para su realización.

4.ª El valor nominal, así como los intereses, vencimientos y primas y lotes de las obligaciones, si los tuviere.

5.ª Las garantías de la emisión, con indicación de sus datos identificadores y, en su caso, el Registro público donde se ha inscrito la hipoteca o la entidad depositaria de los efectos pignorados.

6.ª La constitución del Sindicato de obligacionistas, sus características y normas de funcionamiento, así como la indicación de su primer Presidente.

7.ª Las reglas fundamentales que hayan de regir las relaciones entre la sociedad y el Sindicato.

2. Si las obligaciones fueran convertibles en acciones, en la inscripción se consignarán las bases y modalidades de la conversión.

3. Cuando la entidad emisora no fuese sociedad anónima y no hubiere constituido al tiempo de la emisión el Sindicato de obligacionistas, las circunstancias 6.ª y 7.ª del apartado 1 se harán constar en inscripción separada mediante cualquiera de los títulos a que se refiere el artículo 9 de la Ley de 24 de diciembre de 1964.

> La Ley 211/1964, a la que se refiere el último apartado, fue derogada por la Ley 5/2015, de 27 de abril, de fomento de la financiación empresarial.

Art. 311. *Constancia de la suscripción.-* Agotada la suscripción de las obligaciones o transcurrido el plazo previsto al efecto, se hará constar al margen de la inscripción de la emisión la suscripción total o el importe efectivamente suscrito en virtud de acta notarial en la que el administrador de la sociedad manifieste bajo su responsabilidad la veracidad de dicho extremo, y a la que se incorporarán, en su caso, las matrices de los títulos emitidos.

Art. 312. *Nombramiento del Comisario.-* Celebrada la primera reunión de la Asamblea general de obligacionistas, deberá inscribirse el acuerdo por el que se confirme en el cargo de Presidente al Comisario o el nombramiento, debidamente aceptado, de la persona que haya de sustituirle. Todo cambio posterior en la titularidad del cargo de Presidente será necesariamente inscrito.

Art. 313. *Inscripción del Reglamento del Sindicato.-* Deberá igualmente inscribirse el Reglamento del Sindicato válidamente aprobado por la Asamblea de obligacionistas o las modificaciones y adiciones que ésta hubiese introducido en las normas contenidas en la escritura de emisión relativas a la estructura y funcionamiento del Sindicato, así como las ulteriores revisiones de aquellos que la Asamblea acordare.

Art. 314. *Inscripción de la modificación de la emisión.-* Toda modificación de las condiciones de la emisión convenida entre la sociedad y el Sindicato dentro de los límites de su competencia deberá inscribirse en el Registro Mercantil.

Art. 315. *Cancelación de la inscripción de la emisión.-* 1. La cancelación total de la inscripción de la emisión o la consignación registral del pago parcial de los valores en circulación se practicarán cuando la sociedad haya satisfecho legítimamente todos o parte de los emitidos, presentando al efecto acta notarial en la que el administrador manifieste bajo su responsabilidad esa circunstancia mediante exhibición de los libros y documentos correspondientes, y el Notario dé fe de que se le han exhibido los títulos inutilizados o un muestreo de los mismos o, en su caso, la certificación expedida por la entidad encargada del registro de anotaciones en cuenta acreditativa de la cancelación total o parcial.

2. Si se tratare de obligaciones hipotecarias, la cancelación por amortización se practicará presentando en el Registro cualquiera de los documentos a que se refiere el artículo 156 de la Ley Hipotecaria, con la nota de haberse practicado la cancelación o cancelaciones correspondientes en el Registro de la Propiedad. También podrá practicarse en virtud de certificación literal o en relación, de la cancelación practicada, expedida por el Registrador de la Propiedad.

Art. 316. *Cancelación mediante convenio*.– 1. Los convenios celebrados entre la sociedad y el Sindicato de obligacionistas por los cuales aquélla deba rescatar todas o parte de las obligaciones emitidas se inscribirán en el Registro Mercantil.

2. Cuando, al ejecutar el convenio, no se hubieren podido rescatar todos los valores afectados, para la cancelación de la inscripción de la emisión bastará acompañar al acta notarial a que se refiere el apartado primero del artículo anterior justificación del previo ofrecimiento y de la consignación del importe de los valores no rescatados, hecha con los requisitos previstos en los artículos 1.176 y siguientes del Código Civil.

Art. 317. *Cancelación parcial*.– Cuando la cancelación sea parcial, en el documento en cuya virtud haya de practicarse se expresará la serie y número de los valores a que la amortización se refiera. Las mismas circunstancias habrán de consignarse en el asiento.

Art. 318. *Título inscribible*.– 1. Salvo disposición específica en contrario, los actos a que se refieren los artículos anteriores deberán constar, para su inscripción, en escritura pública.

2. En la escritura de emisión se hará constar la declaración de los administradores de que en la emisión se han cumplido todos los trámites previstos en el artículo 26 de la Ley 24/1988, de 28 de julio, del Mercado de Valores, en los casos en que ello sea preceptivo.

Si la emisión fuera de obligaciones convertibles, a la escritura se acompañará el informe de los administradores explicativo de las bases y modalidades de conversión, así como el de los auditores de cuentas.

> La referencia al art. 26 de la Ley 24/1998, de 28 de julio, se debe entender hecha al art. 40 de la Ley 6/2023, de 17 de marzo, de los Mercados de Valores y de los Servicios de Inversión (§3).

Art. 319. *Delegación de la facultad de acordar la emisión de obligaciones*.– 1. Para su inscripción, la escritura pública otorgada por los administradores en uso de la facultad de emitir obligaciones delegada por la Junta general expresará, además de las circunstancias generales y de las previstas en el apartado primero del artículo 310, el contenido íntegro del acuerdo de delegación, la cuantía dispuesta respecto del límite de la delegación y la que quede por disponer.

2. Los administradores deberán hacer uso de la facultad delegada dentro del plazo de cinco años.

CAPÍTULO XIII. De la inscripción de las situaciones concursales y de otras medidas de intervención

Véanse art. 2 d) del presente Reglamento, arts. 36.2, 557, 560 y ss. del TRLC, así como el Real Decreto 892/2013, de 15 de noviembre, por el que se regula el Registro Público Concursal (BOE núm. 289, de 3 de diciembre). Téngase en cuenta la Disp. Transitoria única, 1, del TRLC, así como la Disp. Final 14ª de la Ley 16/2022, de 5 de septiembre, de reforma del TRLC.

Sección 1.ª De la inscripción de las situaciones concursales y de su publicidad

Epígrafe del capítulo y de la Sección 1.ª y contenido de ésta (arts. 320 a 325) redactados de acuerdo con el art. 10.Seis y Siete del Real Decreto 685/2005, de 10 de junio, sobre publicidad de resoluciones concursales y por el que se modifica el Reglamento del Registro Mercantil.

Téngase en cuenta que el citado Real Decreto 685/2005, de 10 de junio, sobre difusión y publicidad de las resoluciones concursales a través de Internet, ha sido derogado por la Disp. Derogatoria única del Real Decreto 892/2013, de 15 de noviembre por el que se regula el Registro Público Concursal, sin perjuicio de su aplicación provisional en los términos del apartado 2 de su disposición transitoria primero.

Art. 320. *Inscripción del concurso.*- 1. En la hoja abierta a cada empresario individual, sociedad o entidad inscribible se inscribirán:

a) Los autos de declaración y de reapertura del concurso voluntario o necesario.

b) El auto de apertura de la fase de convenio; la sentencia de aprobación del convenio; la sentencia que declare el incumplimiento del convenio, y la sentencia que declare la nulidad del convenio.

c) El auto de apertura de la fase de liquidación, el auto de aprobación del plan de liquidación, y, en su caso, el auto que refleje la adopción de medidas administrativas que comporten la disolución de una entidad y que excluyen la posibilidad de declarar el concurso.

d) El auto de conclusión del concurso y la sentencia que resuelve la impugnación del auto de conclusión.

e) El auto de formación de la sección de calificación y la sentencia de calificación del concurso como culpable.

f) Cuantas resoluciones dicte el juez del concurso en materia de intervención o suspensión de las facultades de administración y disposición del concursado sobre los bienes y derechos que integran la masa activa.

2. En el caso de declaración conjunta del concurso de varios deudores y en el caso de acumulación de concursos, se hará constar esta circunstancia en la hoja abierta a cada uno de los deudores, con expresión de la identidad de los demás.

Artículo redactado de acuerdo con el apartado 10.7 del RD 685/2005, de 10 de junio.

Art. 321. *Título de inscripción*.– 1. Los asientos a que se refiere el artículo anterior se practicarán en virtud de mandamiento judicial, en el que se expresará necesariamente si la resolución correspondiente es o no firme. En tanto no sea firme, será objeto de anotación preventiva.

2. Si la resolución contuviera algún pronunciamiento en materia de intervención o suspensión de las facultades de administración y disposición del concursado sobre los bienes y derechos que integran la masa activa, el mandamiento deberá identificar los bienes y derechos inscritos en registros públicos si los datos obrasen en las actuaciones.

Artículo redactado de acuerdo con el apartado 10.7 del RD 685/2005, de 10 de junio.

Art. 322. *Inscripción en el Registro Mercantil*.– 1. En la inscripción que se practique en la hoja abierta al sujeto inscrito se transcribirá la parte dispositiva de la resolución judicial, con expresión del nombre y número del juzgado o del tribunal que la hubiera dictado, la identidad del juez o, en el caso de tribunales colegiados, del ponente, el número de autos y la fecha de la resolución.

2. Si no estuviera inscrito en el Registro Mercantil el empresario individual que hubiera sido declarado en concurso de acreedores, se procederá, con carácter previo, a su inscripción en virtud de un mandamiento judicial, que deberá contener las circunstancias necesarias para dicha inscripción.

3. Si no estuviera inscrita en el Registro Mercantil la sociedad mercantil que hubiera sido declarada en concurso de acreedores, se procederá a su inscripción. En el caso de que faltara la escritura de constitución, la inscripción se practicará en virtud de un mandamiento judicial, que deberá contener, al menos, la denominación y el domicilio de la sociedad y la identidad de los socios de los que el juez tenga constancia.

Artículo redactado de acuerdo con el apartado 10.7 del RD 685/2005, de 10 de junio.

Art. 323. *Remisión de datos al Registro Mercantil Central y a los registros públicos de bienes*.– 1. Los registradores mercantiles, remitirán al Registro Mercantil Central, inmediatamente después de practicar el correspondiente asiento, los datos relativos a las resoluciones judiciales en materia concursal a las que se refiere el artículo 320 que sean suficientes para que, conforme a lo dispuesto por el artículo 390, la información que facilite el Registro Mercantil Central y su publicación en el Boletín Oficial del Registro Mercantil permitan apreciar el contenido esencial del asiento al que se refieran.

2. Si los datos relativos a los bienes que obraran en las actuaciones y en el mandamiento fueran suficientes, el mismo día en que se hubiera practicado el correspondiente asiento, los registradores mercantiles remitirán una certificación del contenido de la resolución dictada por el juez del concurso al Registro de la Propiedad, al Registro de Bienes Muebles o a cualquier otro registro público de bienes competente.

3. La comunicación a los registros públicos de bienes será telemática y estará autorizada con la firma electrónica del registrador mercantil o, si no fuera posible, se realizará mediante correo certificado urgente, con acuse de recibo. Esta certificación será título bastante para practicar los correspondientes asientos.

> Los apartados 1, 2 y 3 del presente artículo en la redacción dada por el art. 10 del RD 685/2005, de 10 de junio, sobre publicidad de resoluciones concursales, fueron declarados nulos por la Sentencia del Tribunal Supremo de 28 de marzo de 2007 (BOE núm. 139 de 11 de julio de 2007).
> El apartado Uno del art. 2 del RD 158/2008, de 8 de febrero, de reforma del Real Decreto 685/2005, de 10 de junio, sobre publicidad de resoluciones concursales ..., y por el que se modifica el Reglamento del Registro Mercantil para la mejora de la información del registro mercantil central (BOE núm. 35, de 9 de febrero), modifica la rubrica del presente artículo, así como su apartado 1, y renumera como apartados 2 y 3 los anteriores apartados 4 y 5.

Art. 324. *Publicidad informativa de las resoluciones concursales inscribibles en los registros públicos de personas*.- [SIN CONTENIDO].

> El artículo en la redacción dada por el art. 10 del RD 685/2005, de 10 de junio, sobre publicidad de resoluciones concursales, fue declarado nulo por la Sentencia del Tribunal Supremo de 28 de marzo de 2007 (BOE núm. 139 de 11 de julio de 2007).
> El apartado Dos del art. 2 del RD 158/2008, de 8 de febrero, de reforma del Real Decreto 685/2005, de 10 de junio, sobre publicidad de resoluciones concursales ..., y por el que se modifica el Reglamento del Registro Mercantil para la mejora de la información del registro mercantil central (BOE núm. 35, de 9 de febrero), dejo sin contenido este artículo.

Art. 325. *Cancelación de asientos*.- 1. Las anotaciones preventivas de situaciones concursales se cancelarán de oficio o a instancia de parte una vez transcurrido el plazo de caducidad.

2. Los asientos relativos al convenio se cancelarán mediante el mandamiento judicial o testimonio del auto de conclusión del concurso por cumplimiento del convenio.

3. Los demás asientos relativos a situaciones concursales, salvo los referentes a la sentencia de calificación, serán cancelados mediante mandamiento o testimonio del auto de conclusión del concurso.

4. Los asientos relativos a la calificación del concurso de acreedores serán cancelados por el registrador, de oficio o instancia de parte, una vez transcurrido un mes desde la fecha en que hubiera finalizado la inhabilitación.

5. La hoja registral de la entidad extinguida como consecuencia de la conclusión del concurso de acreedores se cancelará en virtud del mandamiento o testimonio del auto de conclusión, una vez que sea firme.

Art. modificado por el art. 10.7 del RD 685/2005, de 10 de junio.

Sección 2.ª De la inscripción de medidas administrativas respecto de entidades financieras y de otras entidades jurídicas

Art. 326. *Medidas administrativas inscribibles*.– 1. En la hoja abierta a cada entidad se inscribirán:

1.º Las medidas de intervención de dichas entidades y de sustitución provisional de sus órganos de administración o dirección acordadas por la autoridad administrativa competente.

En particular, respecto de las entidades de seguros y, en la medida en que sean aplicables, en relación a las entidades gestoras de fondos de pensiones, y planes y fondos de pensiones, se inscribirán las medidas de control especial a que se refieren el apartado 7 y los párrafos a) y d) del apartado 2 del artículo 39 de la Ley de Ordenación y Supervisión de los Seguros Privados.

2.º Las medidas de intervención de las operaciones de intervención acordadas por la autoridad administrativa competente.

3.º Las sanciones de suspensión, separación o separación con inhabilitación, impuestas a quienes ejerzan cargos en la administración o dirección en entidades, con expresión de la duración de la sanción.

Cuando el sancionado sea empresario, la sanción de separación con inhabilitación se inscribirá, además, en la hoja correspondiente a dicho empresario.

Si el sancionado no estuviera inscrito, se procederá a la previa inscripción del mismo.

4.º La revocación de la autorización a la entidad para operar en un determinado sector o ramo de actividad.

5.º La disolución acordada de oficio de dichas entidades, el nombramiento y cese de liquidadores, así como la declaración de extinción de la entidad. En este último caso, el Registrador procederá a extender diligencia de cierre en la hoja de la entidad extinguida.

2. A efectos de lo dispuesto en esta sección, serán consideradas entidades financieras las entidades de crédito, los establecimientos financieros de crédito, las de seguro, las entidades gestoras de fondos de pensiones, los planes y fondos de pensiones y las que ejerzan en el ámbito del mercado de valores que se hallen inscritas en los correspondientes Registros especiales a cargo del Banco de España, de la Dirección General de Seguros y Fondos de Pensiones y de la Comisión Nacional del Mercado de Valores.

> Apartado 2 modificado por la Disp. Final 1. del Real Decreto 309/2020 de 11 de febrero (BOE núm. 48 de 25 febrero) (Entrada en vigor 1 de julio de 2020).

Art. 327. *Título inscribible y circunstancias de la inscripción*.– 1. Los asientos a que se refiere el artículo anterior se practicarán en virtud de la correspondiente resolución administrativa.

2. En la inscripción se transcribirá la parte dispositiva de la resolución administrativa, con expresión de la autoridad y de la fecha en que se hubiera dictado.

En su caso, el Registrador inscribirá también el nombre y apellidos o denominación de las personas o entidades que hayan de ejercer las funciones de intervención o sean nombradas administradores provisionales, liquidadores o liquidadores-delegados, con indicación de si tales personas o entidades deben actuar individual o conjuntamente y, cuando proceda, de sus funciones o facultades.

Art. 328. *Medidas administrativas inscribibles respecto de entidades financieras cabeza de grupo consolidado*.– En la hoja abierta a cada entidad financiera cabeza de grupo consolidado, que no tenga la condición de entidad de crédito, se inscribirá la resolución administrativa de disolución forzosa de aquella entidad y la apertura del período de liquidación, con expresión del nombre y apellidos o denominación de los liquidadores y de su régimen de actuación.

TÍTULO III. De otras funciones del Registro Mercantil

CAPÍTULO I. De la legalización de los libros de los empresarios

Véase art. 27 del Ccom. Téngase en cuenta que los arts. 329 a 337 que integran este Cap. I deben entenderse, al menos, parcialmente derogados por el art. 18 de la Ley 14/2013, de 27 de septiembre, de apoyo a los emprendedores y su internacionalización (§2), que ha sido desarrollado por la Instrucción de 12 de febrero de 2015, de la Dirección General de los Registros y del Notariado, sobre legalización de libros de los empresarios en aplicación del artículo 18 de la Ley 14/2013, de 27 de septiembre (BOE de 16 de febrero), así como por la Instrucción de 1 de julio de 2015, de la Dirección General de los Registros y del Notariado, sobre mecanismos de seguridad de los ficheros electrónicos que contengan libros de los empresarios presentados a legalización en los registros mercantiles y otras cuestiones relacionadas (BOE núm.

162, de 8 de julio de 2015). El citado art. 18 de la Ley 14/2013, de 27 de septiembre, establece:

«Art. 18. Legalización de libros.– 1. Todos los libros que obligatoriamente deban llevar los empresarios con arreglo a las disposiciones legales aplicables, incluidos los libros de actas de juntas y demás órganos colegiados, o los libros registros de socios y de acciones nominativas, se legalizarán telemáticamente en el Registro Mercantil después de su cumplimentación en soporte electrónico y antes de que trascurran cuatro meses siguientes a la fecha del cierre del ejercicio.

2. Los empresarios podrán voluntariamente legalizar libros de detalle de actas o grupos de actas formados con una periodicidad inferior a la anual cuando interese acreditar de manera fehaciente el hecho y la fecha de su intervención por el Registrador.

3. El Registrador comprobará el cumplimiento de los requisitos formales, así como la regular formación sucesiva de los que se lleven dentro de cada clase y certificará electrónicamente su intervención en la que se expresará el correspondiente código de validación».

Art. 329. *Obligación de legalización de los libros obligatorios.*– 1. Los libros que obligatoriamente deben llevar los empresarios con arreglo a disposiciones legales vigentes se legalizarán en el Registro Mercantil de su domicilio.

2. Asimismo, podrán ser legalizados por el Registro Mercantil los libros de detalle del Libro Diario y cualesquiera otros que se lleven por los empresarios en el ámbito de su actividad.

Véase nota inicial al presente Capítulo.

Art. 330. *Solicitud de legalización.*– 1. La solicitud de legalización se efectuará mediante instancia por duplicado dirigida al Registrador Mercantil competente, en la que se reflejarán las siguientes circunstancias:

1.ª Nombre y apellidos del empresario individual o denominación de la sociedad o entidad, y, en su caso, datos de identificación registral, así como su domicilio.

2.ª Relación de los libros cuya legalización se solicita, con expresión de si se encuentran en blanco o si han sido formados mediante la encuadernación de hojas anotadas, así como del número de folios u hojas de que se compone cada libro.

3.ª Fecha de apertura y, en su caso, de cierre de los últimos libros legalizados de la misma clase que aquellos cuya legalización se solicita.

4.ª Fecha de la solicitud.

2. Con la solicitud, que habrá de estar debidamente suscrita y sellada, deberán acompañarse los libros que pretendan legalizarse.

3. Los sujetos sometidos a inscripción obligatoria y no inscritos sólo podrán solicitar la legalización una vez presentada a inscripción la escritura de constitución. Los libros no serán legalizados hasta que la inscripción se practique.

Véase nota inicial al presente Capítulo.

Art. 331. *Tramitación de la solicitud.–* 1. Presentada la instancia y los libros a legalizar, se practicará en el Diario el correspondiente asiento de presentación.

2. En el asiento se harán constar la fecha de presentación de la instancia, la identificación del empresario solicitante y el número y clase de los libros a legalizar.

Véase nota inicial al presente Capítulo.

Art. 332. *Presentación de libros en blanco.–* Los libros obligatorios que se presenten para su legalización antes de su utilización deberán estar, ya se hallen encuadernados o formados por hojas móviles, completamente en blanco y sus folios numerados correlativamente.

Véase nota inicial al presente Capítulo.

Art. 333. *Presentación de hojas encuadernadas.–* 1. Los libros obligatorios formados por hojas encuadernadas con posterioridad a la realización en ellas de asientos y anotaciones por cualquier procedimiento idóneo deberán estar encuadernados de modo que no sea posible la sustitución de los folios y deberán tener el primer folio en blanco y los demás numerados correlativamente y por el orden cronológico que corresponda a los asientos y anotaciones practicados en ellas. Los espacios en blanco deberán estar convenientemente anulados.

2. Los libros obligatorios a que se refiere el apartado anterior deberán ser presentados a legalización antes de que transcurran los cuatro meses siguientes a la fecha de cierre del ejercicio.

3. En el caso de que la legalización se solicite fuera del plazo legal, el Registrador lo hará constar así en la diligencia del Libro y en el asiento correspondiente del Libro-fichero de legalizaciones.

Véase nota inicial al presente Capítulo.

Art. 334. *Legalización de los libros.–* 1. La legalización de los libros tendrá lugar mediante diligencia y sello.

2. La diligencia, firmada por el Registrador, se extenderá en el primer folio. En la misma se identificará al empresario, incluyendo, en su caso, sus datos registrales y se expresará la clase de libro, el número que le corresponda dentro de los de la misma clase legalizados por el mismo empresario, el número de folios de que se componga, y el sistema y contenido de su sellado.

3. El sello del Registro se pondrá en todos los folios mediante impresión o estampillado. También podrán ser sellados los libros mediante perforación mecánica de los folios, o por cualquier otro procedimiento que garantice la autenticidad de la legalización.

Véase nota inicial al presente Capítulo.

Art. 335. *Plazo para la legalización.*- Si la solicitud se hubiera realizado en la debida forma y los libros reuniesen los requisitos establecidos por la Ley y este Reglamento, el Registrador procederá a su legalización dentro de los quince días siguientes al de su presentación.

Véase nota inicial al presente Capítulo.

Art. 336. *Notas de despacho.*- 1. Practicada, suspendida o denegada la legalización, se tomará razón de esta circunstancia en el Libro de legalizaciones, y seguidamente se extenderán las oportunas notas al pie de la instancia y al margen del asiento de presentación.

2. Un ejemplar de la instancia se devolverá al solicitante, acompañada, en su caso, de los libros legalizados. El otro ejemplar quedará archivado en el Registro.

3. Transcurridos tres meses desde la presentación de los libros sin que fueran retirados, podrá remitirlos el Registrador, con cargo al empresario solicitante, al domicilio consignado en la instancia, haciéndolo constar así al pie de la misma.

Véase nota inicial al presente Capítulo.

Art. 337. *Libros de sucursales.*- Las sucursales que dispongan de libros propios podrán legalizarse en el Registro Mercantil de su domicilio.

CAPÍTULO II. Del nombramiento de expertos independientes y de auditores de cuentas

Sección 1.ª Del nombramiento de expertos independientes

Art. 338. *Solicitud del nombramiento de expertos independientes.*- 1. La solicitud de nombramiento de uno o varios expertos independientes para la elaboración de un informe sobre las aportaciones no dinerarias a sociedades anónimas o comanditarias por acciones se hará mediante instancia por triplicado, dirigida al Registrador Mercantil del domicilio social, expresando las circunstancias siguientes:

1.ª Denominación y datos de identificación registral de la sociedad o, en su caso, el nombre y apellidos de las personas que promuevan la constitución de la sociedad, así como su domicilio.

2.ª Descripción de los bienes, con indicación del lugar en que se encuentren, así como del número y valor nominal y, en su caso, prima de emisión de las acciones a emitir como contrapartida.

3.ª Declaración de no haberse obtenido en los últimos tres meses otra valoración de los mismos bienes, realizada por experto independiente nombrado por el Registrador Mercantil.

4.ª Fecha de la solicitud.

2. La instancia deberá ir suscrita, al menos, por una de las personas que promuevan la constitución de la sociedad o, si ya estuviera constituida, por la propia sociedad.

Art. 339. *Tramitación de la solicitud.*– 1. Presentada la instancia, se practicará en el Libro Diario el correspondiente asiento de presentación, en el que se identificará al solicitante y al presentante, y se indicarán sucintamente los bienes a valorar.

2. Practicado el asiento de presentación, se procederá a la apertura de un expediente numerado, cuya existencia se hará constar por nota al margen de aquel asiento. En el expediente se recogerán todas las incidencias a que se refieren los artículos siguientes.

Art. 340. *Nombramiento de expertos independientes.*– 1. Dentro de los quince días siguientes al de la fecha del asiento de presentación, el Registrador designará, conforme a las normas que se dicten y, en ausencia de éstas, a su prudente arbitrio, un experto independiente entre las personas físicas o jurídicas que pertenezcan a profesión directamente relacionada con los bienes objeto de valoración o que se hallen específicamente dedicadas a valoraciones o peritaciones.

2. Cuando los bienes a valorar sean de naturaleza heterogénea o, aun no siéndolo, se encuentren en circunscripción perteneciente a distintos Registros mercantiles, el Registrador podrá nombrar varios expertos, expresando en el nombramiento los bienes a valorar por cada uno de ellos.

3. En la resolución por la que se nombre al experto o expertos independientes, determinará el Registrador la retribución a percibir por cada uno de los nombrados o los criterios para su cálculo.

La retribución de los expertos habrá de ajustarse, en su caso, a las reglas establecidas por los respectivos Colegios Profesionales y a las normas que a tal efecto se dicten por parte del Ministerio de Justicia.

4. El nombramiento se hará constar por diligencia en los ejemplares de la instancia presentada, uno de los cuales se entregará o remitirá al solicitante, otro será archivado en el Registro y el tercero se remitirá al experto. En caso de pluralidad de expertos, se enviarán fotocopias diligenciadas a cada uno de los nombrados.

Art. 341. *Incompatibilidades del experto.*– 1. Son causas de incompatibilidad para ser nombrado experto las establecidas para los peritos por la legislación procesal civil.

2. Cuando el experto nombrado fuese incompatible, deberá excusarse inmediatamente ante el Registrador, quien, previa notificación a los interesados, procederá a la designación de otro nuevo.

Art. 342. *Recusación del experto.*– 1. En cualquier momento, antes de la elaboración del informe, los interesados podrán recusar al experto por concurrir causa legítima, comunicándolo al Registrador, quien a su vez lo notificará al experto, por cualquier medio que permita dejar constancia de la fecha en que se recibe la notificación.

Transcurridos cinco días desde la notificación sin que el experto se haya opuesto compareciendo ante el Registrador, se anulará el nombramiento procediéndose a otro nuevo.

2. Si el experto se opusiese a la recusación, el Registrador, dentro de los dos días siguientes, resolverá según proceda.

Contra la resolución del Registrador podrán los interesados interponer recurso ante la Dirección General de los Registros y del Notariado en el plazo de quince días, a contar de la fecha de notificación de la resolución.

Art. 343. *Nombramiento en favor de un mismo experto*.– El nombramiento de un experto que ya hubiera sido designado por el mismo Registrador dentro del último año deberá ser puesto en conocimiento de la Dirección General de los Registros y del Notariado.

Art. 344. *Notificación y aceptación del nombramiento*.– 1. El nombramiento se notificará al experto designado por cualquier medio que permita dejar constancia de la fecha en que se recibe la notificación.

2. En el plazo de cinco días a contar desde la fecha de la notificación deberá el nombrado comparecer ante el Registrador para aceptar el cargo, lo cual se hará constar por diligencia en la instancia archivada en el Registro.

Aceptado el cargo, se extenderá el correspondiente asiento en el Libro de nombramientos de expertos y auditores, indicándose el número de expediente.

3. Transcurrido el plazo a que se refiere el apartado anterior sin haber comparecido el designado, cualquiera que fuese la causa que lo haya impedido, caducará su nombramiento, procediendo el Registrador a efectuar un nuevo nombramiento.

Art. 345. *Plazo de la emisión del informe*.– 1. Los expertos elaborarán su informe por escrito razonado en el plazo de un mes a contar desde la fecha de la aceptación del nombramiento.

Cuando concurran circunstancias excepcionales, el Registrador, a petición del propio experto, podrá conceder un plazo mayor.

2. Si el informe no es emitido en el plazo concedido, caducará el encargo, procediéndose por el Registrador a un nuevo nombramiento, sin perjuicio de la responsabilidad en que pueda haber incurrido el experto por el incumplimiento de su mandato.

Art. 346. *Emisión del informe*.– Emitido el informe, el experto entregará el original a la persona que hubiera solicitado su nombramiento y comunicará tal entrega al Registrador Mercantil que lo hubiera nombrado, quien lo hará constar en el expediente, que cerrará en ese momento mediante la correspondiente diligencia. Esta circunstancia se consignará asimismo al margen del asiento de nombramiento.

Art. 347. *Caducidad del informe*.– El informe emitido por el experto caducará a los tres meses de su fecha, salvo que con anterioridad hubiera sido ratificado por el propio experto, en cuyo caso prorrogará su validez tres meses más, a contar desde la fecha de ratificación.

Art. 348. *Percepción de la retribución*.– 1. Los expertos percibirán la retribución directamente de la sociedad en cuyo nombre se hubiera solicitado el informe y, si ésta no se hubiera constituido, de quien hubiera firmado la solicitud.

2. Los expertos podrán solicitar provisión de fondos a cuenta de sus honorarios antes de iniciar el ejercicio de sus funciones.

Art. 349. *Solicitud de nombramiento de expertos en caso de fusión y de escisión*.– 1. En caso de fusión o de escisión de sociedades, la solicitud de nombramiento de uno o varios expertos independientes para la emisión del preceptivo informe se hará individualmente por cada una de las sociedades que participan en la fusión o de las sociedades beneficiarias de la escisión.

2. No obstante lo dispuesto en el apartado anterior, el informe podrá ser común a todas las sociedades que participen en la fusión cuando éstas lo soliciten, debiendo suscribir la instancia, al menos, una persona con poder de representación por cada una de las sociedades interesadas.

En este caso la solicitud se presentará al Registrador Mercantil del domicilio social de la absorbente o del que figure en el proyecto de fusión como domicilio de la nueva sociedad a constituir, adjuntando certificación del proyecto de fusión emitida por cada uno de los órganos de administración de las sociedades solicitantes.

3. No obstante lo dispuesto en el apartado primero, el informe podrá ser común a todas las sociedades beneficiarias de la escisión cuando éstas lo soliciten, debiendo suscribir la instancia, al menos, una persona con poder de representación por cada una de las sociedades afectadas.

La solicitud se presentará en este caso al Registrador mercantil del domicilio de cualquiera de ellas, adjuntando certificación del proyecto de escisión emitido por cada uno de los órganos de administración de las sociedades solicitantes.

Sección 2.ª Del nombramiento de auditores

Véanse art. 41 del Ccom y arts. 263 a 271 de la TRLSC (§1), así como la Disp. Adicional 9.ª de la LAC (§6) y la Instrucción de 9 de febrero de 2016, de la Dirección General de los Registros y del Notariado, sobre cuestiones vinculadas con el nombramiento de auditores, su inscripción en el Registro Mercantil y otras materias relacionadas (BOE núm. 39, de 15 de febrero).

Art. 350. *Nombramiento de auditores de sociedades obligadas a verificación*.- Los administradores, el Comisario del Sindicato de obligacionistas o cualquier socio de sociedad anónima, de responsabilidad limitada o comanditaria por acciones obligadas a la verificación de las cuentas anuales y del informe de gestión, podrán solicitar del Registrador Mercantil del domicilio social el nombramiento de uno o varios auditores de cuentas en los siguientes casos:

a) Cuando la Junta general no hubiera nombrado a los auditores antes de que finalice el ejercicio a auditar. Si la Junta general sólo hubiera nombrado auditores titulares personas físicas, los legitimados anteriormente indicados podrán solicitar del Registrador Mercantil la designación de los suplentes.

Una vez finalizado el ejercicio a auditar, la competencia para el nombramiento de auditores para la verificación de las cuentas anuales y del informe de gestión de sociedades obligadas a ello, corresponderá exclusivamente al Registrador Mercantil del domicilio social o, previa revocación del designado por el Registrador, al Juez de Primera Instancia del domicilio social.

b) Cuando las personas nombradas no acepten el cargo dentro del plazo establecido en este Reglamento o, por cualquier causa justificada, no puedan cumplir sus funciones.

Véase art. 265.1 del TRLSC (§1).

Art. 351. *Solicitud de nombramiento de auditores de cuentas*.- 1. La solicitud de nombramiento de auditor de cuentas se hará mediante instancia por triplicado, dirigida al Registrador Mercantil del domicilio social, expresando las circunstancias siguientes:

1.ª Nombre y apellidos del solicitante, con indicación del cargo que ostenta en la sociedad o de su condición de socio, así como su domicilio.

2.ª Denominación y datos de identificación registral de la sociedad a auditar, así como su domicilio.

3.ª Causa de la solicitud.

4.ª Fecha de la solicitud.

2. La instancia, debidamente suscrita, habrá de acompañarse, en su caso, de los documentos acreditativos de la legitimación del solicitante.

Art. 352. *Legitimación para solicitar el nombramiento de auditor*.- 1. Para solicitar el nombramiento de auditores de cuentas, los administradores y el Comisario del Sindicato de obligacionistas deberán figurar inscritos como tales en el Registro Mercantil.

2. Si la solicitud de nombramiento la efectuara un socio de sociedad obligada a la verificación de las cuentas anuales, deberá legitimarse éste según la naturaleza y, en su caso, el modo en que conste representada o documentada su participación social.

Art. 353. *Tramitación de la solicitud.*– 1. Presentada la instancia, se practicará el correspondiente asiento de presentación en el Diario, en el que se identificará al solicitante y al presentante y se expresarán la denominación y datos registrales de la sociedad a auditar y la causa de la solicitud.

2. Practicado el asiento de presentación, se procederá a la apertura de un expediente numerado, cuya existencia se hará constar por nota al margen de aquel asiento. En el expediente se recogerán todas las incidencias a que se refieren los artículos siguientes.

Art. 354. *Oposición de la sociedad al nombramiento solicitado.*– 1. Dentro de los cinco días siguientes al del asiento de presentación, el Registrador trasladará a la sociedad afectada copia de la instancia y de los documentos adjuntos a ella, por cualquier medio que permita dejar constancia de la fecha en que se reciba la notificación.

2. La sociedad sólo podrá oponerse al nombramiento solicitado si en el plazo de cinco días, a contar desde la fecha de la notificación, aporta prueba documental de que no procede el nombramiento o si niega la legitimación del solicitante. El escrito de oposición se archivará en el expediente.

3. Dentro de los cinco días siguientes al de la presentación del escrito de oposición, el Registrador resolverá según proceda. Contra la resolución del Registrador podrán los interesados interponer recurso ante la Dirección General de los Registros y del Notariado, en el plazo de quince días a contar de la fecha de notificación de la resolución. El recurso se presentará, dentro del plazo indicado, en el Registro correspondiente, elevándose el expediente por el Registrador Mercantil a la Dirección General dentro de los cinco días siguientes.

4. Transcurrido el plazo de oposición sin haberse planteado ésta o, en otro caso, firme la resolución del Registrador, procederá éste al nombramiento solicitado.

Art. 355. *Sistema de nombramiento.*– 1. En el mes de enero de cada año, el Instituto de Contabilidad y Auditoría de Cuentas remitirá al Registrador Mercantil Central una lista de los auditores inscritos en el Registro Oficial al 31 de diciembre del año anterior, por cada circunscripción territorial de los Registros Mercantiles existentes. En cada una de las listas figurarán, por orden alfabético y numerados, el nombre y apellidos o la razón social o denominación de los auditores de cuentas, así como su domicilio, que necesariamente deberá radicar en la circunscripción registral a que se refiera dicha lista.

Los auditores que tengan oficina o despacho abierto en distintas circunscripciones territoriales podrán figurar en las listas correspondientes a cada una de ellas.

2. Recibida la lista, el Registrador Mercantil Central remitirá a cada Registrador Mercantil la lista correspondiente a su circunscripción y publicará en el «Boletín Oficial del Registro Mercantil» el día y la hora del sorteo público para determinar en cada circunscripción el orden de nombramientos.

3. Efectuado el sorteo, se publicará en el «Boletín Oficial del Registro Mercantil» la letra del alfabeto que determine el orden de los nombramientos. Dicho orden comenzará a regir para los que se efectúen a partir del primer día hábil del mes siguiente en que hubiese tenido lugar la publicación y se mantendrá hasta que entre en vigor el correspondiente al año siguiente.

4. Los Registradores Mercantiles tendrán a disposición del público la lista de auditores correspondiente a su circunscripción.

Art. 356. *Excepciones al sistema de nombramiento.–* 1. Por excepción a lo dispuesto en el artículo anterior, cuando concurran circunstancias especiales o la última cuenta de pérdidas y ganancias depositada en el Registro de la sociedad a auditar no se hubiera formulado de forma abreviada, o la sociedad a auditar estuviera legalmente obligada a formular cuentas anuales e informe de gestión consolidados, el Registrador Mercantil, a falta de normas conforme a las cuales proceder en estos casos, podrá solicitar de la Dirección General de los Registros y del Notariado la designación de auditor para proceder a su nombramiento.

2. A estos efectos, el Instituto de Contabilidad y Auditoría de Cuentas facilitará a la Dirección General de los Registros y del Notariado, dentro del mes de febrero de cada año, una relación de auditores que superen la capacidad que determine dicha Dirección General, medida en función del número de profesionales a su servicio y del volumen de horas de auditoría facturadas en el ejercicio anterior.

Art. 357. *Incompatibilidades.–* Son causas de incompatibilidad para ser designado auditor de cuentas las establecidas en la legislación de auditoría de cuentas.

> Véanse arts. 18 a 21 de la LAC (§6) y 43 y ss. del Real Decreto 2/2021, de 12 de enero, por el que se aprueba el Reglamento de desarrollo de la LAC.

Art. 358. *Formalización del nombramiento.–* 1. El nombramiento se hará constar por diligencia en los ejemplares de la instancia presentada, uno de los cuales se entregará o remitirá al solicitante, otro será archivado en el Registro y el tercero se remitirá al auditor nombrado. En caso de pluralidad de auditores o de nombramiento de suplentes, se enviarán fotocopias diligenciadas a cada uno de los nombrados.

2. Aceptado el cargo, el nombramiento de auditor se inscribirá en el Libro de nombramiento de expertos y auditores, indicándose el número de expediente y, además, en la hoja abierta a la sociedad extendiéndose las oportunas notas de referencia.

Art. 359. *Nombramiento de auditores de sociedades no obligadas a verificación.–* 1. Los socios de sociedad anónima, de responsabilidad limitada o de sociedad comanditaria por acciones no obligadas a la verificación de las cuentas anuales y del informe de gestión podrán solicitar del Registrador Mercantil del domicilio social el nombramiento de uno o varios auditores de cuentas, con cargo a la sociedad, cuando concurran las siguientes circunstancias:

1.ª Que el solicitante o los solicitantes representen, al menos, el 5 por 100 del capital social.

2.ª Que no hayan transcurrido tres meses desde la fecha de cierre del ejercicio a auditar.

2. Al nombramiento de auditores contemplado en este artículo será de aplicación lo dispuesto en los artículos 354, 355, 356 y 358.

> Véase art. 265.2 del TRLSC (§1).

Art. 360. *Período de nombramiento*.– La auditoría a realizar por el auditor de cuentas nombrado por el Registrador Mercantil se limitará a las cuentas anuales y al informe de gestión correspondientes al último ejercicio.

Art. 361. *Emisión del informe*.– Emitido el informe, el auditor entregará el original a la sociedad auditada. Si el auditor no pudiese realizar la auditoría por causas no imputables al propio auditor, emitirá informe con opinión denegada por limitación absoluta en el alcance de sus trabajos y entregará el original al solicitante remitiendo copia a la sociedad. En ambos casos comunicará tal entrega al Registrador Mercantil que lo hubiere nombrado, quien lo hará constar en el expediente, que cerrará en ese momento mediante la correspondiente diligencia. Esta circunstancia se consignará asimismo al margen del asiento de nombramiento.

Art. 362. *Retribución*.– 1. Al efectuar el nombramiento, el Registrador fijará la retribución a percibir por los auditores para todo el período que deban desempeñar el cargo o, al menos, los criterios para su cálculo.

2. La retribución del auditor habrá de ajustarse a las reglas y principios que se establezcan en las Normas Técnicas de Auditoría y, en su caso, a las normas que a tal efecto se dicten por parte del Ministerio de Justicia.

> Véanse art. 267 del TRLSC (§1) y arts. 24 de la Ley 22/2015, de 20 de julio, de Auditoría de Cuentas (§6) y 62 a 64 del Real Decreto 2/2021, de 12 de enero, por el que se aprueba el Reglamento de desarrollo de la LAC, así como la Instrucción segunda de la Instrucción de 9 de febrero de 2016, de la Dirección General de los Registros y del Notariado, sobre cuestiones vinculadas con el nombramiento de auditores, su inscripción en el Registro Mercantil y otras materias relacionadas (BOE núm. 39, de 15 de febrero).

Art. 363. *Nombramiento de auditores para determinar el valor real de las acciones y participaciones sociales*.– 1. El nombramiento de auditor por el Registrador Mercantil del domicilio social para la determinación del valor real de las acciones o participaciones en los casos establecidos por la Ley se efectuará a solicitud del interesado, de conformidad con lo previsto en los artículos 351 y siguientes.

2. Aceptado el cargo, el nombramiento se inscribirá exclusivamente en el Libro de nombramiento de expertos y auditores, indicándose el número de expediente.

3. El plazo para emitir el informe será de un mes a contar desde la aceptación y podrá ser prorrogado por el Registrador a petición fundada del auditor.

4. Las mismas reglas serán de aplicación al nombramiento de auditor por el Registrador Mercantil del domicilio social para la determinación del importe a abonar por el nudo propietario al usufructuario de acciones o de participaciones sociales en concepto de incremento de valor y al nombramiento del auditor a petición de los administradores, en defecto del nombrado por la Junta general, para la verificación prevista en los artículos 156 y 157 de la Ley de Sociedades Anónimas.

5. Los honorarios del auditor serán de cargo de la sociedad, salvo en el supuesto de la liquidación del usufructo de acciones o participaciones.

> La referencia a los artículo 156 y 157 LSA hay que entenderla realizada actualmente a los arts. 301 y 303 TRLSC (§1).

Art. 364. *Régimen supletorio*.– En lo no previsto en los artículos anteriores, y en la medida en que resulte compatible, será de aplicación al nombramiento de auditores de cuentas lo dispuesto para los expertos independientes.

CAPÍTULO III. Del depósito y publicidad de las cuentas anuales

> Véanse arts. 41 del C.com y arts. 279 a 284 TRLSC (§1).
>
> Téngase en cuenta la Orden JUS/794/2021, de 22 de julio, por la que se aprueban los nuevos modelos para la presentación en el Registro Mercantil de las cuentas anuales de los sujetos obligados a su publicación (BOE núm. 177, de 26 de julio), y la Orden JUS/793/2021, de 22 de julio, por la que se aprueban los modelos de presentación en el Registro Mercantil de las cuentas anuales consolidadas de los sujetos obligados a su publicación (BOE núm. 177, de 26 de julio). Véase también Resolución de 5 de marzo de 2019, del Instituto de Contabilidad y Auditoría de Cuentas, por la que se desarrollan los criterios de presentación de los instrumentos financieros y otros aspectos contables relacionados con la regulación mercantil de las sociedades de capital (BOE núm. 60 de 11 de marzo), Resolución que «será de aplicación a las cuentas anuales de los ejercicios iniciados a partir del 1 de enero de 2020».

Sección 1.ª De la presentación y depósito de las cuentas anuales

Art. 365. *Obligaciones de presentación de las cuentas anuales*.– 1. Los administradores de sociedades anónimas, de responsabilidad limitada, comanditarias por acciones y de garantía recíproca, fondos de pensiones y, en general, cualesquiera otros empresarios que en virtud de disposiciones vigentes vengan obligados a dar publicidad a sus cuentas anuales presentarán éstas para su depósito en el Registro Mercantil de su domicilio, dentro del mes siguiente a su aprobación.

2. Igual obligación incumbe a los liquidadores respecto del estado anual de cuentas de la liquidación.

3. Los demás empresarios inscritos podrán solicitar, con arreglo a las disposiciones del presente Reglamento, el depósito de sus cuentas debidamente formuladas.

Art. 366. *Documentos a depositar.*‑ 1. A los efectos del depósito prevenido en el artículo anterior, deberán presentarse los siguientes documentos:

1.º Solicitud firmada por el presentante.

2.º Certificación del acuerdo del órgano social competente con firmas legitimadas notarialmente que contenga el acuerdo de aprobación de las cuentas y de la aplicación del resultado.

La certificación contendrá todas las circunstancias exigidas por el artículo 112 de este Reglamento y expresará si las cuentas han sido formuladas de forma abreviada, expresando, en tal caso, la causa. La certificación expresará igualmente, bajo fe del certificante, que las cuentas y el informe de gestión están firmados por todos los administradores, o si faltare la firma de alguno de ellos se señalará esta circunstancia en la certificación, con expresa indicación de la causa.

El informe de los auditores de cuentas deberá estar firmado por éstos.

3.º Un ejemplar de las cuentas anuales, debidamente identificado en la certificación a que se refiere el número anterior.

4.º Un ejemplar del informe de gestión.

5.º Un ejemplar del informe de los auditores de cuentas cuando la sociedad está obligada a verificación contable o cuando se hubiere nombrado auditor a solicitud de la minoría.

6.º Un ejemplar del documento relativo a los negocios sobre acciones propias cuando la sociedad esté obligada a formularlo.

7.º Certificación acreditativa de que las cuentas depositadas se corresponden con las auditadas. Esta certificación podrá incluirse en la contemplada por el párrafo 2.º de este apartado.

2. Previa autorización de la Dirección General de los Registros y del Notariado, los documentos contables a que se refiere este artículo podrán depositarse en soporte magnético.

En relación con el nº 2 del apartado 1, véanse los arts. 257.1 y 263 de la TRLSC (§1).

Art. 367. *Asiento de presentación.*‑ De la presentación de las cuentas se practicará asiento en el Libro Diario en el que se identificará al solicitante y al presentante y se relacionarán los documentos presentados. Este asiento tendrá una vigencia de cinco meses, aplicándose en lo demás lo establecido en este Reglamento respecto a dicho asiento.

Art. 368. *Calificación e inscripción del depósito.*– 1. Dentro del plazo establecido en este Reglamento, el Registrador calificará exclusivamente, bajo su responsabilidad, si los documentos presentados son los exigidos por la Ley, si están debidamente aprobados por la Junta general o por los socios, así como si constan las preceptivas firmas de acuerdo con lo dispuesto en el párrafo 2.º del apartado 1 del artículo 366.

2. Verificado el cumplimiento de los requisitos a que se refiere el artículo anterior, el Registrador tendrá por efectuado el depósito, practicando el correspondiente asiento en el Libro de depósito de cuentas y en la hoja abierta a la sociedad. El Registrador hará constar también esta circunstancia al pie de la solicitud, que quedará a disposición de los interesados.

3. En caso de que no procediere el depósito, se estará a lo establecido para los títulos defectuosos.

Véase art. 280 del TRLSC (§1).

Art. 369. *Publicidad de las cuentas depositadas.*– La publicidad de las cuentas anuales y documentos complementarios depositados en el Registro Mercantil se hará efectiva por medio de certificación expedida por el Registrador o por medio de copia de los documentos depositados, a solicitud de cualquier persona. La copia podrá expedirse en soporte informático.

Véase art. 281 del TRLSC (§1).

Art. 370. *Publicación del depósito.*– 1. Dentro de los tres primeros días hábiles de cada mes, los Registradores Mercantiles remitirán al Registrador Mercantil Central una relación alfabética de las sociedades que hubieran cumplido en debida forma, durante el mes anterior, la obligación de depósito de las cuentas anuales. Si esa obligación hubiera sido cumplida fuera del plazo legal, se indicará expresamente en cada caso.

2. La lista será única por cada Registro Mercantil, cualquiera que sea el número de Registradores encargados del mismo.

3. El «Boletín Oficial del Registro Mercantil» publicará el anuncio de las sociedades que hubieran cumplido con la obligación de depósito.

Art. 371. *Remisión al Ministerio de Economía y Hacienda de la relación de sociedades incumplidoras.*– 1. Dentro del primer mes de cada año, los Registradores Mercantiles remitirán a la Dirección General de los Registros y del Notariado una relación alfabética de las sociedades que no hubieran cumplido en debida forma, durante el año anterior, la obligación de depósito de las cuentas anuales.

2. La Dirección General de los Registros y del Notariado, dentro del segundo mes de cada año, trasladará al Instituto de Contabilidad y Auditoría de Cuentas las listas a que se refiere el apartado anterior, para la incoación del correspondiente expediente sancionador.

Véase art. 283 del TRLSC (§1).

Sección 2.ª De la presentación y depósito de las cuentas consolidadas

Téngase en cuenta la Orden JUS/615/2022, de 30 de junio, por la que se aprueban los modelos de presentación en el Registro Mercantil de las cuentas anuales consolidadas de los sujetos obligados a su publicación (BOE núm. 159, de 4 de julio de 2022), así como la Resolución de 18 de mayo de 2023, de la Dirección General de Seguridad Jurídica y Fe Pública, referida a los modelos para la presentación en el Registro Mercantil de las cuentas anuales consolidadas de los sujetos obligados a su publicación.

Art. 372. *Obligación de presentación de las cuentas consolidadas.*– Dentro del mes siguiente a la aprobación de las cuentas consolidadas por la Junta general de socios de la sociedad dominante, los administradores presentarán para su depósito en el Registro Mercantil del domicilio de dicha sociedad la certificación del acuerdo de la Junta general de que las cuentas consolidadas han sido aprobadas, al que adjuntarán un ejemplar de cada una de dichas cuentas, así como del informe de gestión consolidado y del informe de los auditores de cuentas del grupo.

Art. 373. *Notificación a los Registros de las filiales.*– El Registrador que haya depositado las cuentas consolidadas comunicará de oficio a los Registradores en donde se hallen inscritas las sociedades filiales el hecho del depósito, al objeto de que en éstos se tome razón de esta circunstancia en el Libro de depósito de cuentas.

Art. 374. *Régimen aplicable.*– Será de aplicación al depósito de las cuentas consolidadas lo dispuesto en la sección anterior.

Sección 3.ª De la presentación y depósito de las cuentas en el registro de las sucursales de entidades extranjeras

Art. 375. *Depósito de cuentas en el Registro de la sucursal.*– 1. Las sociedades extranjeras que tengan abiertas sucursales en España habrán de depositar necesariamente en el Registro de la sucursal en que consten los datos relativos a la sociedad sus cuentas anuales y, en su caso, las cuentas consolidadas que hubieran sido elaboradas conforme a su legislación.

2. Dicho depósito se regirá por lo previsto en la sección 1.ª de este capítulo.

Si las cuentas ya estuvieran depositadas en el Registro de la sociedad extranjera, la calificación del Registrador se limitará a la comprobación de este extremo. Queda a salvo lo dispuesto en el artículo siguiente.

Art. 376. *Control de equivalencia.*– En el caso de que la legislación de la sociedad extranjera no preceptuase la elaboración de las cuentas a que se refiere el artículo anterior o la preceptuase en forma no equivalente a la legislación española, la sociedad habrá de elaborar dichas cuentas en relación con la actividad de la sucursal y depositarlas en el Registro Mercantil.

Sección 4.ª De la conservación de las cuentas anuales depositadas

Art. 377. *Obligación y lugar de conservación de las cuentas anuales.*– 1. Los Registradores conservarán las cuentas anuales y documentos complementarios depositados en el Registro Mercantil durante seis años a contar desde la publicación del anuncio del depósito en el «Boletín Oficial del Registro Mercantil».

2. Si en el local del Registro no hubiere espacio suficiente para la debida conservación de las cuentas y documentos complementarios, los Registradores, previa autorización de la Dirección General de los Registros y del Notariado, podrán depositarlos en otro adecuado o sustituir la conservación material por el almacenamiento mediante procedimientos informáticos de lectura óptica dotados de garantías suficientes.

Sección 5.ª Del cierre del Registro

Art. 378. *Cierre del Registro por falta de depósito de cuentas.*– 1. Transcurrido un año desde la fecha del cierre del ejercicio social sin que se haya practicado en el Registro el depósito de las cuentas anuales debidamente aprobadas, el Registrador Mercantil no inscribirá ningún documento presentado con posterioridad a aquella fecha, hasta que, con carácter previo, se practique el depósito. Se exceptúan los títulos relativos al cese o dimisión de Administradores, Gerentes, Directores generales o Liquidadores, y a la revocación o renuncia de poderes, así como a la disolución de la sociedad y al nombramiento de liquidadores y a los asientos ordenados por la Autoridad judicial o administrativa.

2. Si tan sólo se hubiese efectuado el asiento de presentación de las cuentas anuales, el cierre registral provisional únicamente se practicará cuando caduque dicho asiento.

3. Interpuesto recurso gubernativo contra la suspensión o la denegación del depósito de cuentas, quedará en suspenso la vigencia del asiento de presentación, con los efectos previstos en el apartado anterior, hasta el día en que recayere la resolución definitiva.

4. Interpuesto recurso gubernativo contra la resolución del Registrador sobre nombramiento de auditor a solicitud de la minoría, aunque haya transcurrido el plazo previsto en el apartado primero, no se producirá el cierre registral, por falta del depósito de las cuentas del ejercicio para el que se hubiere solicitado dicho nombramiento, hasta que transcurran tres meses a contar desde la fecha de la resolución definitiva.

5. Si las cuentas anuales no se hubieran depositado por no estar aprobadas por la Junta general, no procederá el cierre registral cuando se acredite esta circunstancia mediante certificación del órgano de administración con firmas legitimadas, en la que se expresará la causa de la falta de aprobación o mediante copia autorizada del acta notarial de Junta general en la que conste la no aprobación de las cuentas anuales. Para impedir el cierre, la certificación o la copia del acta deberá presentarse en el Registro Mercantil antes de que finalice el plazo previsto en el apartado primero de este artículo, debiendo justificarse la permanencia de esta situación cada seis meses por alguno de dichos medios. Estas certificaciones y actas y las posteriores que, en su caso, se presenten reiterando la subsistencia de la falta de aprobación serán objeto de inscripción y de publicación en el «Boletín Oficial del Registro Mercantil».

6. En los casos a que se refieren los anteriores apartados 3, 4 y 5 subsistirá la obligación de depósito de las cuentas correspondientes a los ejercicios posteriores.

7. El cierre del Registro persistirá hasta que se practique el depósito de las cuentas pendientes o se acredite, en cualquier momento, la falta de aprobación de éstas en la forma prevista en el apartado 5.

Véase art. 282 del TRLSC (§1).

TÍTULO IV. Del Registro Mercantil Central

CAPÍTULO I. Disposiciones generales

Art. 379. *Objeto*.– El Registro Mercantil Central tendrá por objeto:

a) La ordenación, tratamiento y publicidad meramente informativa de los datos que reciba de los Registros Mercantiles.

b) El archivo y publicidad de las denominaciones de sociedades y entidades jurídicas.

c) La publicación del «Boletín Oficial del Registro Mercantil», en los términos establecidos en este Reglamento.

d) La llevanza del Registro relativo a las sociedades y entidades que hubieren trasladado su domicilio al extranjero sin pérdida de la nacionalidad española.

e) La comunicación a la Oficina de Publicaciones Oficiales de las Comunidades Europeas de los datos a que se refiere el artículo 14 del Reglamento CE 2157/2001 del Consejo, de 8 de octubre, por el que se aprueba el Estatuto de la Sociedad Anónima Europea.

Letra e) introducida por Art. Único, Dieciséis, del Real Decreto 659/2007, de 25 de mayo, por el que se modifica el Reglamento del Registro Mercantil, para su adaptación a las disposiciones de la Ley 19/2005, de 14 de noviembre, sobre la sociedad anónima europea domiciliada en España.

Art. 380. *Régimen general*.- El Registro Mercantil Central estará establecido en Madrid y se regirá, en cuanto a su organización, por las disposiciones generales recogidas en los artículos 13 y siguientes de este Reglamento que le resulten de aplicación.

Art. 381. *Registro informático*.- El tratamiento y archivo de los datos contenidos en el Registro Mercantil Central se llevará a cabo mediante los medios y procedimientos informáticos que sean precisos para lograr los fines a aquél encomendados.

Art. 382. *Publicidad formal*.- 1. El Registrador Mercantil Central podrá expedir notas informativas de su contenido, con los datos concernientes a empresarios individuales, sociedades o entidades inscritas. La solicitud de estas notas deberá hacerse por escrito. En las notas que se expidan se advertirá de las limitaciones relativas a la información que se facilita.

Las notas simples informativas a que se refiere el párrafo precedente podrán expedirse a través de sistemas de telecomunicación informáticos.

2. Los Registradores Mercantiles Centrales determinarán, en cada caso, bajo su responsabilidad, el procedimiento para hacer efectivas las expresadas notas y su contenido, cuando por razón de la solicitud formulada pueda vulnerarse la legislación vigente de protección de datos de carácter personal.

3. En ningún caso podrá expedir certificaciones, salvo las referidas a denominaciones.

Art. 383. *Régimen económico*.- Los titulares del Registro Mercantil Central, con los recursos procedentes del expresado Registro de conformidad con su régimen arancelario, proveerán lo necesario para la adecuada instalación y para la permanente adaptación técnica y operativa del mismo.

> Art. redactado de acuerdo con el apartado Tres del art. 2 del RD 158/2008, de 8 de febrero, de reforma del Real Decreto 685/2005, de 10 de junio, sobre publicidad de resoluciones concursales ..., y por el que se modifica el Reglamento del Registro Mercantil para la mejora de la información del registro mercantil central (BOE núm. 35, de 9 de febrero).

CAPÍTULO II. De la remisión y tratamiento de datos en el Registro Mercantil Central

Art. 384. *Remisión de datos y su constancia*.- 1. Los registradores mercantiles remitirán al Registrador Mercantil Central los datos a los que se refiere este Reglamento inmediatamente después de la práctica del asiento correspondiente. Queda a salvo lo dispuesto en el artículo 370.

2. Asimismo, de forma inmediata se hará constar la expresada remisión por nota al margen del asiento practicado.

Art. redactado de acuerdo con el apartado Cuatro del art. 2 del RD 158/2008, de 8 de febrero, de reforma del Real Decreto 685/2005, de 10 de junio, sobre publicidad de resoluciones concursales..., y por el que se modifica el Reglamento del Registro Mercantil para la mejora de la información del registro mercantil central (BOE núm. 35, de 9 de febrero).

Art. 385. *Procedimiento de remisión*.- 1. La remisión de datos por los Registros Mercantiles se hará utilizando soportes magnéticos de almacenamiento o mediante comunicación telemática, a través de terminales o de equipos autónomos susceptibles de comunicación directa con el ordenador del Registrador Mercantil Central.

2. En cada comunicación se indicará el número correlativo que le corresponde dentro del año, la fecha de remisión y la clave que acredite su autenticidad.

3. El Registrador Mercantil Central verificará la regularidad y autenticidad de los envíos. Si no existiera obstáculo que impida la incorporación de los datos remitidos al archivo informatizado, se practicará ésta desde luego, comunicándolo así documentalmente al Registro de origen.

4. Diariamente se formarán por el Registrador Mercantil Central dos listados, firmados por el mismo: uno de incorporación de envíos, expresando el Registro de origen, fecha y número de remisión; y otro, en su caso, de envíos no incorporados, expresando en este caso, la causa que motive la no incorporación.

Art. 386. *Datos relativos a empresarios individuales*.-

No se reproduce en estos textos legales.

Art. 387. *Datos relativos a la primera inscripción de sociedades y demás entidades*.- 1. Los datos esenciales relativos a la primera inscripción de las sociedades o entidades que se comunicarán al Registrador Mercantil Central por los Registros Mercantiles, serán los siguientes:

1.º La denominación. Se hará constar, asimismo, el número de identificación fiscal.

2.º La calle y número o lugar de situación, la localidad y el municipio del domicilio social.

3.º La cifra de capital, indicando en su caso la parte no desembolsada. Cuando se trate de cajas de ahorro, fondos de inversión o mutuas de seguros, se indicará, en lugar de la cifra de capital, la del fondo de dotación, patrimonio del fondo y fondo mutual respectivamente.

4.º La fecha de comienzo de sus operaciones. Si estuviere pendiente de algún condicionamiento administrativo se indicará así expresamente.

5.º El plazo de duración, si no fuere indefinido.

6.º El objeto social o, en su caso, la actividad descrita por el Registrador en forma extractada.

7.º La estructura del órgano de administración.

8.º Los apellidos y nombre o la denominación de quienes integren los órganos legal o estatutariamente previstos para la administración y representación, indicando el cargo. Se hará constar, asimismo, el documento nacional de identidad o el número de identificación fiscal. Tratándose de extranjeros, se expresará el número de identidad de extranjero o, en su defecto, el de su pasaporte o documento de viaje.

9.º Los apellidos y nombre o la denominación de los auditores, en su caso.

2. En caso de sociedad unipersonal, se comunicará, además, el carácter de sociedad unipersonal y la identidad del socio único.

> Número 8.º del apartado 1 redactado de acuerdo con el apartado Seis del art. 2 del RD 158/2008, de 8 de febrero, de reforma del Real Decreto 685/2005, de 10 de junio, sobre publicidad de resoluciones concursales y por el que se modifica el Reglamento del Registro Mercantil... (BOE núm. 35, de 9 de febrero).

Art. 388. *Datos relativos a actos posteriores de sociedades y entidades inscritas*.- 1. Los datos esenciales relativos a los actos posteriores a la primera inscripción de sociedades o entidades inscritas que se comunicarán al Registrador Mercantil Central por los Registros Mercantiles, serán los siguientes:

1.º En los cambios de denominación social, la nueva denominación.

2.º En los cambios de domicilio, la calle y número o lugar de situación, localidad y municipio del nuevo domicilio.

3.º En los aumentos de capital, el importe de la ampliación, con expresión de la parte desembolsada y el capital total resultante.

4.º En los desembolsos de dividendos pasivos, el importe que se desembolsa.

5.º En las reducciones de capital, el importe de la reducción y la cifra final del capital.

6.º En las sustituciones y modificaciones del objeto social, el nuevo o, en su caso, las variaciones introducidas en los términos previstos en el número 6 del artículo anterior.

7.º En la modificación de la estructura del órgano de administración, la nueva estructura y la identidad de las personas designadas para ocupar los cargos.

8.º En las demás modificaciones de los estatutos o del título constitutivo, una breve indicación de la materia a que se refiere (establecimiento o modificación de restricciones a la trasmisión de participaciones; creación o supresión de acciones sin voto; modificaciones de quórum y mayorías legales; etc.).

9.º En los nombramientos de miembros del órgano de administración, incluidos los delegados, o de los apoderados generales, la identidad de los nombrados y, en su caso, el cargo.

10. En la caducidad del cargo de administrador o en la revocación o cese de las personas contempladas en el apartado anterior, su identidad, con indicación del cargo que ostentaban.

11. En la modificación de facultades representativas, la identidad de las personas afectadas.

12. En el nombramiento, revocación o cese de auditores, la identidad de los afectados.

13. En la emisión de obligaciones, la fecha e importe de la emisión, así como la identidad del Comisario.

14. En la transformación, la nueva forma adoptada, así como los datos previstos en el artículo anterior en cuanto hayan sido objeto de modificación.

15. En la fusión, la extinción de las sociedades o entidades afectadas. Si la fusión da lugar a la creación de una nueva entidad, los datos a que se refiere el artículo anterior respecto de la misma.

Si la fusión fuese por absorción, las modificaciones que se hayan producido, de conformidad con lo establecido en este artículo.

16. En la escisión, la extinción o, en su caso, la escisión parcial de la sociedad o entidad afectada.

Si la escisión da lugar a la creación de una o varias nuevas sociedades o entidades, los datos a que se refiere el artículo anterior respecto de cada una de ellas. Si el patrimonio escindido es objeto de absorción por otra sociedad, las modificaciones de esta última, de conformidad con lo establecido en este artículo.

17. En el establecimiento de sucursales y en los demás actos relativos a las mismas mencionados en el artículo 389, los datos previstos en el mismo.

18. En la disolución, su causa, la identidad de los liquidadores y, en su caso, del interventor, así como la reactivación si se produjere.

19. En caso de prórroga, el nuevo plazo de duración.

20. En el cierre provisional o definitivo de la hoja registral, la fecha y su causa y, sin perjuicio de ello, la constancia en dicha hoja de la existencia de activos sobrevenidos.

21. En la anotación preventiva de la demanda de impugnación de los acuerdos sociales, la identidad del demandante o demandantes, el Juzgado ante el que se tramita la impugnación y su número de Autos, así como el acuerdo impugnado debidamente identificado.

22. En la anotación preventiva de la suspensión de los acuerdos impugnados, se hará constar el Juzgado que acordó la suspensión, fecha de la resolución, así como el acuerdo o acuerdos suspendidos.

23. Referencia a la inscripción de la certificación de no haberse aprobado las cuentas que hubieren debido depositarse.

24. Referencia al hecho del depósito en el Registro Mercantil correspondiente de los pactos parasociales y de otros pactos que afecten a una sociedad cotizada conforme a lo previsto por el artículo 112 de la Ley 24/1988, de 28 de julio, del Mercado de Valores.

25. Referencia al hecho de la inscripción en el Registro Mercantil correspondiente de los reglamentos de la junta general de accionistas y del consejo de administración de las sociedades cotizadas conforme a lo previsto en los artículos 113 y 115 de la Ley 24/1988, de 28 de julio, del Mercado de Valores.

2. En caso de sociedad unipersonal se comunicará, además, la adquisición o la pérdida de tal situación, el cambio de socio único así como, en su caso, la identidad de éste.

3. En los supuestos a los que se refieren los números 7, 9 10 y 11 del apartado 1 del presente artículo, se hará constar, asimismo, el documento nacional de identidad o el número de identificación fiscal. Tratándose de extranjeros, se expresará el número de identidad de extranjero o, en su defecto, el de su pasaporte o documento de viaje.

> Números 24 y 25 del apartado 1 y apartado 3 añadidos de acuerdo, respectivamente, con los apartados Siete y Ocho del art. 2 del RD 158/2008, de 8 de febrero, de reforma del Real Decreto 685/2005, de 10 de junio, sobre publicidad de resoluciones concursales y por el que se modifica el Reglamento del Registro Mercantil (BOE núm. 35, de 9 de febrero).
> La referencia a los artículo 112, 113 y 115 de la LMV hay que entenderla realizada actualmente a los arts. 512, 528, 529 y 530 a 535 del TRLSC (§1).

Art. 389. *Datos relativos a sucursales*.- Los datos esenciales relativos a las sucursales inscritas, que se comunicarán al Registrador Mercantil Central por el Registro Mercantil correspondiente a la sede de las mismas, serán los siguientes:

1.º El establecimiento de la sucursal, indicando en extracto las actividades que, en su caso, se le hubieren encomendado y la identidad de los representantes de carácter permanente nombrados para la misma.

2.º El nombramiento y revocación o cese de apoderados generales, expresando su identidad.

3.º Los cambios de domicilio, con indicación de la calle y número o lugar de situación, la localidad y el municipio del nuevo domicilio.

4.º El cierre de la sucursal.

5.º Los actos relativos a la sociedad extranjera que se hayan inscrito en el Registro de su sucursal en España, expresando los datos correspondientes con arreglo al artículo anterior.

6.º En todo caso, se indicará la identidad del empresario individual o la denominación de la sociedad o entidad a que pertenezca la sucursal y su nacionalidad, cuando no sea la española, así como cualquier mención que, en su caso, identifique la sucursal y necesariamente, el domicilio de ésta.

En los supuestos a los que se refieren los números 1.º y 2.º se hará constar, asimismo, el documento nacional de identidad o el número de identificación fiscal. Tratándose de extranjeros, se expresará el número de identidad de extranjero o, en su defecto, el de su pasaporte o documento de viaje.

> Último párrafo añadido por el apartado Nueve del art. 2 del RD 158/2008, de 8 de febrero, de reforma del Real Decreto 685/2005, de 10 de junio, sobre publicidad de resoluciones concursales y por el que se modifica el Reglamento del Registro Mercantil (…) (BOE núm. 35, de 9 de febrero).

Art. 390. *Datos no previstos*.– En cualquier otro supuesto no previsto en los artículos anteriores, los datos a remitir serán los establecidos en la norma que ordene aquélla o, en su caso, los que sean suficientes para que la publicación permita apreciar el contenido esencial del asiento a que se refieran.

Art. 391. *Datos comunes*.– 1. Los datos a que se refieren los artículos anteriores irán precedidos en todo caso de la indicación del sujeto a que afecten, de la naturaleza o clase del acto inscrito y de la fecha y datos del asiento practicado.

2. En los supuestos de fusión y escisión, se indicará además la denominación de las otras sociedades o entidades afectadas, así como, en su caso, la denominación de la resultante o absorbente.

3. Cuando se trate de actos inscritos en virtud de una resolución judicial o administrativa se indicará, además, el órgano que la hubiere dictado y su fecha.

Art. 392. *Datos relativos a circunstancias no inscritas*.– 1. Los datos relativos a circunstancias no inscritas que se comunicarán al Registrador Mercantil Central por los Registros Mercantiles al objeto de que gestione su publicación en el «Boletín Oficial del Registro Mercantil» serán los siguientes:

1.º Cuando se trate de la fundación sucesiva de una sociedad anónima, la indicación del Registro donde se efectuó el depósito del programa de fundación, del folleto explicativo y de la certificación que acredite su depósito previo ante la Comisión Nacional del Mercado de Valores, la fecha del mismo, el nombre y apellidos de los promotores, la cifra de capital que se pretende emitir y el plazo de suscripción, así como si la aportación es dineraria o no. Además se expresará la indicación de que los documentos depositados pueden ser consultados en el propio Registro o en la Comisión Nacional del Mercado de Valores.

2.º Si se produjese la falta de inscripción prevista en el artículo 131 de este Reglamento, la fecha a partir de la cual los suscriptores pueden exigir la restitución de sus aportaciones con sus frutos.

3.º En las fusiones o escisiones de sociedades, la fecha en que se haya depositado el correspondiente proyecto de fusión o escisión.

4.º En los depósitos de cuentas anuales, la denominación de las sociedades que hubiesen cumplido, durante el mes anterior, con dicha obligación.

5.º La fecha en que se depositen los libros, correspondencia, documentación y justificantes concernientes a su tráfico, en los casos de liquidación de sociedades o cese de actividad de empresarios individuales.

2. En cualquier otro supuesto no previsto en el apartado anterior, se publicarán los datos que prevea la norma que lo regule.

Art. 393. *Errores en la remisión de datos*.– 1. Si el Registrador Mercantil Central observase algún error en los datos remitidos, o defecto en el soporte utilizado que impida su incorporación al archivo informatizado, suspenderá ésta, y lo comunicará al Registro de origen para su subsanación, indicando la causa.

2. Si el error fuese detectado en el Registro de origen después de la remisión de los datos y antes de su publicación, lo comunicará al Registrador Mercantil Central, indicando los datos correctos.

Art. 394. *Reelaboración de la información*.– El Registrador Mercantil Central podrá reelaborar la información remitida por los Registradores Mercantiles, con la finalidad de adaptarla al sistema informático del Registrador Mercantil Central y a las funciones de éste.

CAPÍTULO III. De la Sección de denominaciones de sociedades y entidades inscritas

El apartado 1 de la Disp. Final 1ª de la TRLSC (§1) autorizó al Gobierno para regular una Bolsa de Denominaciones Sociales, lo que se ha hecho en el art. 9 del Decreto 421/2015, de 29 de mayo, por el que se regulan los modelos de estatutos-tipo y de escritura pública estandarizados de las sociedades de responsabilidad limitada, se aprueba modelo de estatutos-tipo, se regula la Agenda Electrónica Notarial y la Bolsa de denominaciones sociales con reserva (BOE núm. 141, de 13 de junio) (§11).

Sección 1.ª Disposiciones generales

Art. 395. *Contenido de la Sección*.– En el Registro Mercantil Central se llevará una Sección de denominaciones que se integrará por las siguientes:

1.º Denominaciones de las sociedades y demás entidades inscritas.

2.º Denominaciones sobre cuya utilización exista reserva temporal en los términos establecidos en este Reglamento.

Art. 396. *Inclusión de entidades no inscribibles en la Sección de denominaciones.*– 1. En la Sección de denominaciones del Registro Mercantil Central podrán incluirse las denominaciones de otras entidades cuya constitución se halle inscrita en otros Registros públicos, aunque no sean inscribibles en el Registro Mercantil, cuando así lo soliciten sus legítimos representantes.

2. La solicitud, ajustada al modelo oficial, deberá ir acompañada de certificación que acredite la vigencia de la inscripción en el Registro o Registros correspondientes.

Art. 397. *Inclusión de denominaciones de origen.*– 1. En la Sección de denominaciones del Registro Mercantil Central podrán incluirse las denominaciones de origen.

2. La solicitud de inscripción se formulará por el Consejo Regulador correspondiente, a la que se acompañará la resolución administrativa por la que se apruebe la denominación.

*Sección 2.ª De la composición y de la denominación de
las sociedades y demás entidades inscribibles*

Véanse arts. 6 y 7 de la TRLSC (§1).

Art. 398. *Unidad de denominación.*– 1. Las sociedades y demás entidades inscribibles sólo podrán tener una denominación.

2. Las siglas o denominaciones abreviadas no podrán formar parte de la denominación. Quedan a salvo las siglas indicativas del tipo de sociedad o entidad previstas en el artículo 403.

Art. 399. *Signos de la denominación.*– 1. Las denominaciones de sociedades y demás entidades inscribibles deberán estar formadas con letras del alfabeto de cualquiera de las lenguas oficiales españolas.

2. La inclusión de expresiones numéricas podrá efectuarse en guarismos árabes o números romanos.

Art. 400. *Clases de denominaciones.*– 1. Las sociedades anónimas y de responsabilidad limitada podrán tener una denominación subjetiva o razón social, o una denominación objetiva.

2. Las sociedades colectivas o comanditarias simples deberán tener una denominación subjetiva o razón social, en la que figurarán necesariamente el nombre y apellidos, o sólo uno de los apellidos de todos los socios colectivos, de algunos de ellos o de uno solo, debiendo añadirse en estos dos últimos casos la expresión «y compañía» o su abreviatura «y cía». Podrá formar parte de dicha denominación subjetiva alguna expresión que haga referencia a una actividad que esté incluida en el objeto social. En este caso, será aplicable lo dispuesto en el inciso final del apartado 2 del artículo 402.

3. Las sociedades comanditarias por acciones podrán tener una denominación subjetiva o razón social, en la forma prevista en el apartado anterior, o una denominación objetiva.

Art. 401. *Denominaciones subjetivas*.– 1. En la denominación de una sociedad anónima o de responsabilidad limitada o de una entidad sujeta a inscripción, no podrá incluirse total o parcialmente el nombre o el seudónimo de una persona sin su consentimiento. Se presume prestado el consentimiento cuando la persona cuyo nombre o seudónimo forme parte de la denominación sea socio de la misma.

2. La persona que, por cualquier causa, hubiera perdido la condición de socio de una sociedad anónima o de responsabilidad limitada, no podrá exigir la supresión de su nombre de la denominación social, a menos que se hubiera reservado expresamente este derecho.

3. En la denominación de una sociedad colectiva o comanditaria, simple o por acciones, no podrá incluirse total o parcialmente el nombre de persona natural o jurídica que no tenga de presente la condición de socio colectivo.

4. En el caso de que una persona cuyo nombre figure total o parcialmente en la razón social perdiera por cualquier causa la condición de socio colectivo, la sociedad está obligada a modificar de inmediato la razón social.

Art. 402. *Denominaciones objetivas*.– 1. La denominación objetiva podrá hacer referencia a una o varias actividades económicas o ser de fantasía.

2. No podrá adoptarse una denominación objetiva que haga referencia a una actividad que no esté incluida en el objeto social. En el caso de que la actividad que figura en la denominación social deje de estar incluida en el objeto social, no podrá inscribirse en el Registro Mercantil la modificación del mismo sin que se presente simultáneamente a inscripción la modificación de la denominación.

Art. 403. *Indicación de la forma social*.– 1. En la denominación social deberá figurar la indicación de la forma social de que se trate o su abreviatura. En el caso de que figure la abreviatura, se incluirá ésta al final de la denominación.

2. En las denominaciones de las sociedades inscribibles, sólo podrán utilizarse las siguientes abreviaturas:

1.ª S. A., para la sociedad anónima.

2.ª S. L., o S.R.L., para la sociedad de responsabilidad limitada.

3.ª S. C., o S.R.C., para la sociedad colectiva.

4.ª S. en C. o S. Com., para la sociedad comanditaria simple.

5.ª S. Com. p.A., para la sociedad comanditaria por acciones.

6.ª S. Coop., para la sociedad cooperativa.

7.ª S.G.R., para la sociedad de garantía recíproca.

8.ª S.E., para la sociedad anónima europea.

3. En el caso de sociedades mercantiles especiales, se estará a lo dispuesto en la legislación que les sea específicamente aplicable.

4. En las denominaciones de los fondos inscribibles, sólo podrán utilizarse las siguientes abreviaturas:

1.ª F.I.M., para el fondo de inversión mobiliaria.

2.ª F.I.A.M.M., para el fondo de inversión en activos del mercado monetario.

3.ª F. P., para el fondo de pensiones.

4.ª F.I.I., para los Fondos de Inversión Inmobiliaria.

5.ª S.I.I., para las Sociedades de Inversión Inmobiliaria.

5. En las denominaciones de las agrupaciones de interés económico, sólo podrán utilizarse las siguientes abreviaturas:

1.ª A.I.E., para la agrupación de interés económico.

2.ª A.E.I.E., para la agrupación europea de interés económico.

> Apartado 2º, abreviatura 8ª, introducida por Art. Único, Diecisiete del Real Decreto 659/2007, de 25 de mayo, por el que se modifica el Reglamento del Registro Mercantil, para su adaptación a las disposiciones de la Ley 19/2005, de 14 de noviembre, sobre la sociedad anónima europea domiciliada en España.

Art. 404. *Prohibición general.–* No podrán incluirse en la denominación términos o expresiones que resulten contrarios a la Ley, al orden público o a las buenas costumbres.

Art. 405. *Prohibición de denominaciones oficiales.–* 1. Las sociedades y demás entidades inscribibles en el Registro Mercantil no podrán formar su denominación exclusivamente con el nombre de España, sus Comunidades Autónomas, provincias o municipios. Tampoco podrán utilizar el nombre de organismos, departamentos o dependencias de las Administraciones Públicas, ni el de los Estados extranjeros u organizaciones internacionales.

2. Los adjetivos «nacional» o «estatal» sólo podrán ser utilizados por sociedades en las que el Estado o sus organismos autónomos ostenten directa o indirectamente la mayoría del capital social.

Los adjetivos «autonómico», «provincial» o «municipal» sólo podrán ser utilizados por sociedades en las que la correspondiente administración ostente directa o indirectamente la mayoría del capital social.

El adjetivo «oficial» y demás de análogo significado sólo podrán ser utilizados por las sociedades en que la administración pública ostente la mayoría del capital.

3. Las prohibiciones establecidas en este artículo no serán de aplicación cuando el empleo en la denominación de las expresiones a que se refieren se halle amparado por una disposición legal o haya sido debidamente autorizado.

Art. 406. *Prohibición de denominaciones que induzcan a error.*– No podrá incluir-se en la denominación término o expresión alguna que induzca a error o confusión en el tráfico mercantil sobre la propia identidad de la sociedad o entidad, y sobre la clase o naturaleza de éstas.

Art. 407. *Prohibición de identidad.*– 1. No podrán inscribirse en el Registro Mercantil las sociedades o entidades cuya denominación sea idéntica a alguna de las que figuren incluidas en la Sección de denominaciones del Registro Mercantil Central.

2. Aun cuando la denominación no figure en el Registro Mercantil Central, el Notario no autorizará, ni el Registrador inscribirá, sociedades o entidades cuya denominación les conste por notoriedad que coincide con la de otra entidad preexistente, sea o no de nacionalidad española.

Art. 408. *Concepto de identidad.*– 1. Se entiende que existe identidad no sólo en caso de coincidencia total y absoluta entre denominaciones, sino también cuando se dé alguna de las siguientes circunstancias:

1.ª La utilización de las mismas palabras en diferente orden, género o número.

2.ª La utilización de las mismas palabras con la adición o supresión de términos o expresiones genéricas o accesorias, o de artículos, adverbios, preposiciones, conjunciones, acentos, guiones, signos de puntuación u otras partículas similares, de escasa significación.

3.ª La utilización de palabras distintas que tengan la misma expresión o notoria semejanza fonética.

2. Los criterios establecidos en las reglas 1.ª, 2.ª y 3.ª del apartado anterior no serán de aplicación cuando la solicitud de certificación se realice a instancia o con autorización de la sociedad afectada por la nueva denominación que pretende utilizarse.

En la certificación expedida por el Registrador Mercantil Central se consignará la oportuna referencia a la autorización. La autorización habrá de testimoniarse en la escritura o acompañarse a la misma para su inscripción en el Registro Mercantil.

3. Para determinar si existe o no identidad entre dos denominaciones se prescindirá de las indicaciones relativas a la forma social o de aquellas otras cuya utilización venga exigida por la Ley.

Sección 3.ª Del funcionamiento de la sección de denominaciones

Téngase en cuenta el apartado 1 de la Disp. Final 1ª TRLSC (§1), el art. 15.3 b) y art. 16 de la Ley 14/2013, de 27 de septiembre, de apoyo a los emprendedores y su internacionalización (BOE núm. 233 de 28 de septiembre) (§2).

El apartado 1 de la Disp. Final 1ª de la TRLSC (§1) autorizó al Gobierno para regular una Bolsa de Denominaciones Sociales, lo que se ha hecho en el art. 9 del Decreto 421/2015, de 29 de mayo, por el que se regulan los modelos de estatutos-tipo y de escritura pública estandarizados de las sociedades de responsabilidad limitada, se aprueba modelo de estatutos-tipo, se regula la Agenda Electrónica Notarial y la Bolsa de denominaciones sociales con reserva (BOE núm. 141, de 13 de junio) (§11).

Art. 409. *Certificación de denominaciones.–* 1. A solicitud del interesado, el Registrador Mercantil Central expedirá certificación expresando, exclusivamente, si la denominación figura o no registrada y, en su caso, los preceptos legales en que basa su calificación desfavorable.

2. Se considera como registrada aquella denominación que vulnere la prohibición de identidad a que se refieren los artículos 407 y 408.

Art. 410. *Entrada de solicitudes.–* 1. Las solicitudes de certificación se formularán por escrito, ajustadas a modelo oficial, y podrán referirse a una sola denominación o a varias, hasta un máximo de tres.

2. Las solicitudes se presentarán directamente en el Registro Mercantil Central o se remitirán por correo. El Ministerio de Justicia podrá autorizar otras modalidades de presentación de la solicitud.

3. Recibidas las solicitudes en el Registro Mercantil Central, se numerarán correlativamente dentro de cada año, con expresión del día de la recepción, entregando recibo al presentante.

Las solicitudes recibidas por correo se numerarán al final del día.

Art. 411. *Calificación y recursos.–* 1. En el plazo de tres días hábiles a partir de la recepción, el Registrador Mercantil Central calificará si la composición de la denominación se ajusta a lo establecido en los artículos 398, 399 y 407 y expedirá o no la certificación según proceda.

2. Contra la decisión del Registrador podrá interponerse recurso gubernativo conforme a las normas contenidas en los artículos 66 y siguientes de este Reglamento.

Art. 412. *Reserva temporal de denominación.–* 1. Expedida certificación de que no figura registrada la denominación solicitada, se incorporará ésta a la Sección de denominaciones, con carácter provisional, durante el plazo de seis meses, contados desde la fecha de expedición. Cuando la certificación comprenda varias denominaciones, sólo se incorporará a la sección, la primera respecto de la cual se hubiera emitido certificación negativa.

2. Si transcurrido el plazo a que se refiere el apartado anterior no se hubiera recibido en el Registro Mercantil Central comunicación de haberse practicado la inscripción de la sociedad o entidad, o de la modificación de sus estatutos en el Registro Mercantil correspondiente, la denominación registrada caducará y se cancelará de oficio en la Sección de denominaciones.

3. Si el documento presentado en el Registro Mercantil estuviera pendiente de despacho por cualquier causa, el Registrador comunicará esta circunstancia al Registrador Mercantil Central dentro de los quince últimos días del plazo de reserva de la denominación, quedando prorrogada, por virtud de la comunicación, la duración de dicha reserva durante dos meses, contados desde la expiración del plazo.

4. Si se hubiese interpuesto recurso gubernativo contra la calificación del Registrador Mercantil, éste lo comunicará al Registrador Mercantil Central, a los efectos de prorrogar la reserva de la denominación durante dos más, contados desde la fecha de la resolución de aquél.

> Apartado 1 redactado de acuerdo con el apartado Diez del art. 2 del RD 158/2008, de 8 de febrero, de reforma del Real Decreto 685/2005, de 10 de junio, sobre publicidad de resoluciones concursales ..., y por el que se modifica el Reglamento del Registro Mercantil para la mejora de la información del registro mercantil central (BOE núm. 35, de 9 de febrero).
>
> El apartado 1 de la Disp. Final 1.ª de la TRLSC (§1) autorizó al Gobierno para regular una Bolsa de Denominaciones Sociales, lo que se ha hecho en el art. 9 del Decreto 421/2015, de 29 de mayo, por el que se regulan los modelos de estatutos-tipo y de escritura pública estandarizados de las sociedades de responsabilidad limitada, se aprueba modelo de estatutos-tipo, se regula la Agenda Electrónica Notarial y la Bolsa de denominaciones sociales con reserva (BOE núm. 141, de 13 de junio) (§5).

Art. 413. *Obligatoriedad de la certificación negativa*.- 1. No podrá autorizarse escritura de constitución de sociedades y demás entidades inscribibles o de modificación de denominación, sin que se presente al Notario la certificación que acredite que no figura registrada la denominación elegida.

La denominación habrá de coincidir exactamente con la que conste en la certificación negativa expedida por el Registrador Mercantil Central.

2. La certificación presentada deberá ser la original, estar vigente y haber sido expedida a nombre de un fundador o promotor o, en caso de modificación de la denominación, de la propia sociedad o entidad.

3. La certificación deberá protocolizarse con la escritura matriz.

> Sobre cambio de beneficiario de la denominación, véase art. 14 de la Orden del Ministerio de Justicia de 30 de diciembre de 1991 (BOE núm. 21, de 24 de enero de 1992).

Art. 414. *Vigencia de la certificación negativa*.- 1. La certificación negativa tendrá una vigencia de tres meses contados desde la fecha de su expedición por el Registrador Mercantil Central. Caducada la certificación, el interesado podrá solicitar una nueva con la misma denominación. A la solicitud deberá acompañar la certificación caducada.

2. No podrá autorizarse ni inscribirse documento alguno que incorpore una certificación caducada.

Apartado 1 redactado de acuerdo con el apartado Once del art. 2 del RD 158/2008, de 8 de febrero, de reforma del Real Decreto 685/2005, de 10 de junio, sobre publicidad de resoluciones concursales ..., y por el que se modifica el Reglamento del Registro Mercantil para la mejora de la información del registro mercantil central (BOE núm. 35, de 9 de febrero).

Art. 415. *Firmeza del Registro*.- Una vez inscrita la sociedad o entidad, el registro de la denominación se convertirá en definitivo.

Art. 416. *Cambio voluntario de denominación*.- En caso de modificación de denominación, la denominación anterior caducará transcurrido un año desde la fecha de la inscripción de la modificación en el Registro Mercantil, cancelándose de oficio.

Art. 417. *Cambio judicial de denominación*.- 1. La sentencia firme que, por cualquier causa, ordene el cambio de denominación, habrá de inscribirse, mediante testimonio de la misma, en el Registro Mercantil en que figure inscrita la entidad condenada. El Registrador remitirá al Registrador Mercantil Central los datos correspondientes para su inmediata publicación en el «Boletín Oficial del Registro Mercantil».

2. Efectuada la inscripción, no podrán acceder al Registro Mercantil Provincial correspondiente nuevas inscripciones relativas a las sociedades o entidades que deban modificar su denominación, en tanto no se inscriba la nueva denominación de la sociedad o entidad afectada.

Art. 418. *Sucesión en la denominación*.- 1. En caso de fusión, la entidad absorbente o la nueva entidad resultante, podrán adoptar como denominación la de cualquiera de las que se extingan por virtud de la fusión.

2. En caso de escisión total, cualquiera de las entidades beneficiarias podrá adoptar como denominación la de la entidad que se extingue por virtud de la escisión.

3. En todo caso, para la inscripción de la denominación de la nueva entidad o de la absorbente no será necesaria la certificación a que se refiere el artículo 409.

Art. 419. *Caducidad de denominaciones de entidades canceladas*.- Las denominaciones de aquellas sociedades y demás entidades inscritas que hubieren sido canceladas en el Registro Mercantil, caducarán transcurrido un año desde la fecha de la cancelación de la sociedad o entidad, cancelándose de oficio en la sección de denominaciones.

CAPÍTULO IV. Del «Boletín Oficial del Registro Mercantil»

Arts. 420 a 428. (...)

No se reproducen en estos textos legales.

DISPOSICIONES ADICIONALES

No se reproducen en los presentes textos legales.

DISPOSICIONES TRANSITORIAS

No se reproducen en los presentes textos legales.

DISPOSICIONES FINALES

No se reproducen en los presentes textos legales.

§6. LEY 22/2015, DE 20 DE JULIO, DE AUDITORÍA DE CUENTAS (Selección)
(BOE núm. 173, de 21 de julio)

Téngase en cuenta que, de acuerdo con su Disp. Ad. 14.ª (Entrada en vigor), la presente ley entró en vigor con carácter general el día 17 de junio de 2016, salvo las excepciones que establece dicha Disposición (véase). En aquellas disposiciones cuya entrada en vigor no coincide con la entrada en vigor general de la Ley se indica expresamente.

Véase Real Decreto 2/2021, de 12 de enero, por el que se aprueba el Reglamento de desarrollo de la Ley 22/2015, de 20 de julio, de Auditoría de Cuentas (BOE núm. 26, de 30 de enero).

PREÁMBULO

I. El objeto principal de esta Ley es adaptar la legislación interna española a los cambios incorporados por la Directiva 2014/56/UE del Parlamento Europeo y del Consejo, de 16 de abril de 2014, por la que se modifica la Directiva 2006/43/CE del Parlamento Europeo y del Consejo, de 17 de mayo de 2006, relativa a la auditoría legal de las cuentas anuales y de las cuentas consolidadas, en lo que no se ajusta a ella. Junto a dicha Directiva, se ha aprobado el Reglamento (UE) n.º 537/2014, del Parlamento Europeo y del Consejo, de 16 de abril de 2014, sobre los requisitos específicos para la auditoría legal de las entidades de interés público y por el que se deroga la Decisión 2005/909/CE de la Comisión.

La citada Directiva derogó la entonces Octava Directiva 84/253/CEE, del Consejo, de 10 de abril de 1984, basada en la letra g) del apartado 3 del artículo 54 del Tratado CEE, relativa a la autorización de las personas encargadas del control legal de documentos contables, incorporada a nuestro ordenamiento mediante la Ley 19/1988, de 12 de julio, de Auditoría de Cuentas, regulando así por primera vez en España la actividad de auditoría de cuentas. Esta actividad, por su contribución a la transparencia y fiabilidad de la información económico financiera de las empresas y entidades auditadas, constituye un elemento consustancial al sistema de economía de mercado recogido en el artículo 38 de la Constitución. Así, se configura como aquella que, mediante la utilización de determinadas técnicas de revisión, tiene por objeto la emisión de un informe acerca de la fiabilidad de la información económica financiera auditada, sin que se limite a la mera comprobación de que los saldos que figuran en sus anotaciones contables concuerdan con los ofrecidos en las cuentas que se auditan, ya que las técnicas de revisión y verificación aplicadas permiten, con un alto grado de certeza, dar una opinión técnica e independiente sobre la contabilidad en su conjunto y, además, sobre otras circunstancias que, afectando a la vida de la empresa, no estuvieran recogidas en dicho proceso.

La actividad de auditoría de cuentas se caracteriza por la relevancia pública que desempeña al prestar un servicio a la entidad revisada y afectar e interesar no sólo a ésta, sino también a los terceros que mantengan o puedan mantener relaciones con la misma, habida cuenta de que todos ellos, entidad auditada y terceros, pueden conocer la calidad de la información económica financiera auditada sobre la cual versa la opinión de auditoría emitida. Con la finalidad de regular y establecer las garantías suficientes para que las cuentas anuales o cualquier otra información económica financiera que haya sido verificada por un tercero independiente sea aceptada con plena confianza por los terceros interesados, en la Ley 19/1988, de 12 de julio, de Auditoría de Cuentas, se definió la actividad de auditoría y se establecieron, entre otras disposiciones, las condiciones que se deben cumplir para acceder al Registro Oficial de Auditores de Cuentas y poder así ejercer tal actividad, las normas que regulan su ejercicio, el contenido mínimo del informe de auditoría de cuentas anuales, el régimen de incompatibilidades y de responsabilidad de los auditores de cuentas, el régimen de infracciones y sanciones y la atribución al Instituto de Contabilidad y Auditoría de Cuentas del control de la actividad y de la potestad disciplinaria de los auditores de cuentas.

Con el tiempo, diversas normas se sucedieron para completar este régimen. Así, en primer lugar, la Ley 4/1990, de 29 de junio, de Presupuestos Generales del Estado para 1990, incorporó una vía específica de inscripción en el Registro Oficial de Auditores de Cuentas para personas que, no teniendo una titulación universitaria, hubiesen, sin embargo, obtenido una titulación suficiente para acceder a la universidad y adquirido una formación práctica de 8 años, mayor que la exigida con carácter general. Al mismo tiempo, se establecieron determinadas reglas particulares a los efectos de acreditar la formación práctica adquirida con anterioridad a la entrada en vigor de la Ley 19/1988, de 12 de julio, de Auditoría de Cuentas, requisito necesario para obtener la autorización del Instituto de Contabilidad y Auditoría de Cuentas a efectos de la inscripción en el Registro Oficial de Auditores de Cuentas.

Posteriormente, la Ley 31/1991, de 30 de diciembre, de Presupuestos Generales del Estado para el año 1992, modificó la composición del Comité Consultivo del Instituto de Contabilidad y Auditoría de Cuentas y la Ley 13/1992, de 1 de junio, sobre Recursos propios y supervisión en base consolidada de las Entidades Financieras, modificó el régimen de infracciones y sanciones. Asimismo, se estableció la obligación para los auditores de cuentas de entidades sometidas al régimen de supervisión previsto en la citada Ley 13/1992, de 1 de junio, de emitir inmediatamente el informe de auditoría de cuentas anuales correspondiente cuando conocieran y comprobaran la existencia de presuntas irregularidades o situaciones que pudieran afectar gravemente a la estabilidad, solvencia o continuidad de la entidad auditada.

Con la Ley 3/1994, de 14 de abril, por la que se adapta la legislación española en materia de entidades de crédito a la Segunda Directiva de Coordinación bancaria y se introducen otras modificaciones relativas al sistema financiero, se incorporó la obligación de someter a auditoría las informaciones contables que las entidades de crédito extranjeras deben hacer públicas anualmente para las sucursales que tengan en España, cuando no tengan que presentar cuentas anuales de su actividad en España.

La Ley 2/1995, de 23 de marzo, de Sociedades de Responsabilidad Limitada, incluyó la posibilidad de prorrogar anualmente el contrato de auditoría una vez finalizado el período inicial contratado.

Posteriormente, la Ley 37/1998, de 16 de noviembre, de reforma de la Ley 24/1988, de 28 de julio, del Mercado de Valores, dio una nueva redacción a la obligación para los auditores de cuentas de entidades sometidas al régimen de supervisión del Banco de España, de la Comisión Nacional del Mercado de Valores y de la Dirección General de Seguros, de comunicar rápidamente a dichas Instituciones supervisoras cualquier hecho o decisión sobre la entidad auditada de los que tuvieran conocimiento en el ejercicio de sus funciones y que pudieran afectar de forma relevante al ejercicio de su actividad, a su continuidad, estabilidad o solvencia, o en los casos en que la opinión en su informe fuera denegada o desfavorable o en los que se impidiese la emisión del informe de auditoría.

Además, mediante la Ley 41/1999, de 12 de noviembre, sobre sistemas de pagos y de liquidación de valores, se fijó el plazo de un año como período específico para resolver y notificar la resolución en los procedimientos sancionadores derivados de la comisión de las infracciones previstas en la Ley 19/1988, de 12 de julio, de Auditoría de Cuentas.

Junto a esas importantes modificaciones, hay que destacar dos reformas sustanciales. La primera de ellas se llevó a cabo mediante la Ley 44/2002, de 22 de noviembre, de Medidas de Reforma del Sistema Financiero, en sus artículos 48 a 53, que introdujo modificaciones sustanciales que afectaron a diversos aspectos: el examen unificado del sistema de acceso al Registro Oficial de Auditores de Cuentas, la obligación de seguir cursos de formación continuada de los auditores de cuentas, la incorporación de vías de acceso específicas al Registro Oficial de Auditores de Cuentas para funcionarios pertenecientes a determinados cuerpos de la administración cuya formación y funciones se hallasen relacionados con la auditoría de cuentas del sector público, el deber de independencia y las causas de incompatibilidades, el deber de rotación del auditor en relación con determinadas entidades auditadas, la responsabilidad civil de los auditores de cuentas, el deber de custodia de la documentación de los trabajos de auditoría y el acceso a dicha documentación, el régimen de infracciones y sanciones, las competencias del Instituto de Contabilidad y Auditoría de Cuentas en relación con el control de la actividad de auditoría de cuentas y la creación de la tasa del Instituto de Contabilidad y Auditoría de Cuentas por emisión de informes de auditoría de cuentas.

Posteriormente, la Ley 62/2003, de 30 de diciembre, de medidas fiscales, administrativas y del orden social, modificó la composición y funciones de los órganos rectores del Instituto de Contabilidad y Auditoría de Cuentas.

La Ley 16/2007, de 4 de julio, de reforma y adaptación de la legislación mercantil en materia contable para su armonización internacional con base en la normativa de la Unión Europea, en su disposición adicional quinta, modificada a su vez por la disposición final cuarta de la Ley 34/2007, de 15 de noviembre, de calidad del aire y protección de la atmósfera, modificó la Ley 19/1988, de 12 de julio, de Auditoría de Cuentas, en relación con los plazos de contratación de los auditores de cuentas, para posibilitar la renovación del contrato de auditoría por periodos sucesivos de hasta tres años una vez finalizado el periodo inicial de contratación.

La segunda de las reformas sustanciales de la Ley tuvo lugar con la entrada en vigor de la Ley 12/2010, de 30 de junio, por la que se modifica la Ley 19/1988, de 12 de julio, de Auditoría de Cuentas, la Ley 24/1988, de 28 de julio, del Mercado de Valores y el Texto Refundido de la Ley de Sociedades Anónimas, aprobado por el Real Decreto Legislativo 1564/1989, de 22 de diciembre, para su adaptación a la normativa comunitaria.

Con esta Ley se transpuso a nuestro ordenamiento jurídico interno la Directiva 2006/43/CE del Parlamento Europeo y del Consejo, de 17 de mayo de 2006, relativa a la auditoría legal de las cuentas anuales y de las cuentas consolidadas, por la que se modifican las Directivas 78/660/CEE y 83/349/CEE del Consejo y se deroga la Directiva 84/253/CEE del Consejo. El tiempo transcurrido desde la entrada en vigor de la citada Directiva 84/253/CEE, los cambios acaecidos en el entorno económico y financiero con mayores cuotas de globalización e internacionalización, y la falta de un planteamiento armonizado de la auditoría en el ámbito de la Unión Europea, principalmente en materia de supervisión pública, hicieron imprescindible acometer un proceso de reforma en dicho ámbito, que culminó con la citada Directiva 2006/43/CE.

Esta Directiva constituyó un importante paso para alcanzar una mayor armonización de los requisitos que se exigen para el ejercicio de la actividad de auditoría en el ámbito de la Unión Europea, así como de los principios que deben regir el sistema de supervisión pública en dicho ámbito, suponiendo en el momento de su adopción un punto de inflexión en la regulación de la actividad de auditoría. La nueva regulación se configuraba sobre la base de entender que la actividad de auditoría desempeña una función de interés público, entendida ésta por la existencia de un conjunto amplio de personas e instituciones que confían en la actuación del auditor de cuentas, por cuanto que su correcta y adecuada ejecución constituyen factores que coadyuvan al correcto funcionamiento de los mercados al incrementar la integridad y la eficacia de los estados financieros en cuanto vehículos de transmisión de información. Frente a la Directiva derogada que contenía normas básicas de autorización, independencia y publicidad de los auditores de cuentas, la Directiva 2006/43/CE ampliaba su alcance al mismo tiempo que pretendía armonizar un mayor número de aspectos relacionados con: la autorización y registro de auditores y sociedades de auditoría, incluidos los de otros Estados de la Unión Europea y de terceros países, las normas de ética profesional, de independencia y objetividad, la realización de las auditorías de acuerdo con las normas internacionales de auditoría que adopte la Unión Europea, la responsabilidad plena del auditor que realice la auditoría de estados financieros consolidados, el control de calidad de los auditores y sociedades de auditoría, los sistemas efectivos de investigación y sanción, disposiciones específicas relativas a las entidades de interés público y la cooperación y reconocimiento mutuo entre las autoridades competentes de Estados miembros de la Unión Europea, así como las relaciones de terceros países.

Además de incorporar a la legislación nacional la Directiva 2006/43/CE, la Ley 12/2010, de 30 de junio, modificó determinados aspectos contenidos en la Ley 19/1988, de 12 de julio, que eran necesarios debido a los cambios que habían tenido lugar en la legislación mercantil y para incorporar mejoras de carácter técnico derivadas de la práctica.

Así, se resaltan modificaciones que afectan al contenido mínimo del informe de auditoría con el objeto de favorecer la comparabilidad en el entorno económico internacional; la asunción de la responsabilidad plena que debe asumir el auditor de cuentas responsable de la auditoría de las cuentas anuales o estados financieros consolidados; el sistema de fuentes jurídicas al que debe sujetarse la actividad de auditoría de cuentas, constituido por tres grupos de normas, las normas de auditoría, las normas de ética y las normas de control de calidad interno de los auditores y sociedades de auditoría, incorporando como normas de auditoría las Normas Internacionales de Auditoría que sean adoptadas por la Unión Europea; la autorización e inscripción en el Registro Oficial de Auditores de quien esté autorizado en otro Estado miembro de la Unión Europea, o en un registro público de terceros países de acuerdo con los requisitos de reciprocidad y equivalencia, la obligación de inscribirse de quienes emitan informes de auditoría sobre las cuentas anuales o consolidadas de sociedades domiciliadas fuera de la Unión Europea y cuyos valores estén admitidos a negociación en España, y la posibilidad de que puedan ser socios de las sociedades de auditoría otras sociedades de auditoría autorizadas en un Estado miembro de la Unión Europea, que antes no estaba permitido; la responsabilidad de los auditores únicamente por los daños que les sean imputables, siempre y cuando no se impida el resarcimiento justo del perjudicado; la extensión del deber de secreto a todos aquellos sujetos que intervienen en la realización de la auditoría de cuentas; el alcance y finalidad de la actividad de control de la auditoría de cuentas, diferenciando entre el control de calidad externo, de carácter regular y procedimental, del que puede derivar con carácter general la formulación de recomendaciones o requerimientos; y el control técnico, cuyo objeto es detectar y corregir la ejecución inadecuada de un concreto trabajo de auditoría o aspecto de la actividad del auditor; y determinadas modificaciones en relación con el régimen de infracciones y sanciones, relacionadas en su casi totalidad con las nuevas obligaciones incorporadas.

Un aspecto sustancialmente modificado fue el deber de independencia de los auditores, el cual se basa, por una parte, en la enunciación de un principio general de independencia que obliga a todo auditor a abstenerse de actuar cuando pudiera verse comprometida su objetividad en relación a la información económica financiera a auditar, y por otra parte, en la enumeración de un conjunto de circunstancias, situaciones o relaciones específicas en las que se considera que, en el caso de concurrir, los auditores no gozan de independencia respecto a una entidad determinada, siendo la única solución o salvaguarda posible la no realización del trabajo de auditoría.

En relación con el deber de independencia, se incorporó la obligación de documentar y establecer los sistemas de salvaguarda que permitan detectar y responder a las amenazas a la independencia de los auditores. Si estas amenazas son de tal importancia que comprometen la independencia, los auditores deben abstenerse de realizar la auditoría. En todo caso, se debe evitar cualquier situación que pudiera suponer una posible participación en la entidad auditada o relación con ésta. Asimismo, se modificaron determinadas situaciones o servicios que generan incompatibilidad para realizar la auditoría y se redujo el período de cómputo temporal de las situaciones de incompatibilidad de tres a dos años.

Además, se incorporó el concepto de red a la que pertenece el auditor o sociedad de auditoría, a efectos de observar el deber de independencia, delimitándose sobre la base de la existencia de la unidad de decisión y en la existencia de relaciones de control y de influencia significativa, de suerte que las personas o entidades que formen parte de esta red que incurran en cualesquiera de los supuestos de incompatibilidad contemplados legalmente, harán igualmente incompatibles al auditor de cuentas o sociedad de auditoría en relación con la respectiva entidad, con determinadas particularidades. También, se modificó el ámbito de extensiones subjetivas para incluir a determinados parientes.

Por otra parte, al incorporarse en ese momento el concepto de entidades de interés público, se introdujeron obligaciones como la de publicar un informe anual de transparencia y la de rotación del firmante del informe, además de la obligación para determinadas entidades de contar con una Comisión de Auditoría.

Finalmente, teniendo en cuenta las numerosas modificaciones producidas, el Real Decreto Legislativo 1/2011, de 1 de julio, aprobó el Texto Refundido de la Ley de Auditoría de Cuentas, un texto comprensivo de la normativa aplicable a la actividad de auditoría de cuentas, sistemático, armonizado y unificado.

II. La evolución experimentada en el contexto económico y financiero desde la entrada en vigor de la Directiva 2006/43/CE del Parlamento Europeo y del Consejo, de 17 de mayo de 2006 y, en particular, la crisis financiera acaecida en los últimos años, llevó a cuestionar la adecuación y suficiencia de este marco normativo comunitario, acometiéndose un proceso de debate sobre cómo la actividad de auditoría podría contribuir a la estabilidad financiera, culminando en la aprobación y publicación de la Directiva 2014/56/ UE del Parlamento Europeo y del Consejo, de 16 de abril de 2014, y del Reglamento (UE) n.º 537/2014 del Parlamento Europeo y del Consejo, de 16 de abril de 2014, ambos con el fin último de reforzar la confianza de los usuarios en la información económico-financiera mediante la mejora de la calidad de las auditorías de cuentas en el ámbito de la Unión Europea.

A diferencia del anterior marco, se considera necesario el desarrollo de un instrumento normativo separado para las entidades de interés público con el fin de conseguir que las auditorías de estas entidades tengan una calidad elevada, contribuyendo con ello a un funcionamiento más eficaz del mercado interior, y garantizando al propio tiempo un elevado nivel de protección de los consumidores e inversores a escala de la Unión Europea.

Con tal fin, la nueva normativa de la Unión Europea, en primer lugar, pretende incrementar la transparencia en la actuación de los auditores clarificando la función que desempeña la auditoría y el alcance y las limitaciones que tiene, al objeto de reducir la denominada brecha de expectativas entre lo que espera un usuario de una auditoría y lo que realmente es. Para ello se busca una mayor armonización de las normas de la Unión Europea, así como un nivel mínimo de convergencia en lo que respecta a las normas de auditoría, concebidas para ser utilizadas en la realización de las auditorías de las cuentas anuales de entidades de todo tipo, dimensión y naturaleza. A tales efectos, interesa destacar los nuevos requisitos de contenido del informe de auditoría, que serán mayores en el caso de los emitidos en relación con las entidades de interés público, mejorando la información que debe proporcionarse a la entidad auditada, a los inversores y demás interesados. Así, a quienes auditan éstas entidades se les obliga, por un lado, a remitir un informe adicional a la Comisión de Auditoría de estas entidades que refleje los resultados de auditoría, reforzando el valor añadido que supone la auditoría y coadyuvando en la mejora de la calidad de la información económica financiera que se audita; y por otro lado, los auditores de cuentas deben incorporar al informe anual de transparencia determinada información financiera que se concreta en la Directiva. Igualmente, se persigue reforzar los canales de comunicación entre los auditores y los supervisores de las entidades de interés público.

En segundo lugar, la normativa de la Unión Europea aprobada pretende reforzar la independencia y objetividad de los auditores en el ejercicio de su actividad, pilar básico y fundamental en que reside la confianza que se deposita en el informe de auditoría. Para ello, se incorporan requisitos más restrictivos que los de la Directiva 2006/43/CE, de 17 de mayo de 2006, potenciándose la actitud de escepticismo profesional y la atención especial que debe prestarse para evitar conflictos de interés o la presencia de determinados intereses comerciales o de otra índole, teniendo además en cuenta los casos en que opera en un entorno de red.

Al objeto de reforzar la actitud de escepticismo profesional y objetividad, de prevenir conflictos de intereses derivados de la prestación de servicios ajenos a los de auditoría, y de reducir el riesgo de posibles conflictos de intereses provocados por el actual sistema en el que «el auditado selecciona y paga al auditor» y por la amenaza de familiaridad derivada de relaciones prolongadas, el citado Reglamento (UE) n.º 537/2014, de 16 de abril, incorpora para los auditores de entidades de interés público, una lista de servicios distintos de auditoría prohibidos, que no pueden prestarse a aquellas entidades, su matriz y sus controladas; determinadas normas por las que se limitan los honorarios que pueden percibir por los servicios distintos de los de auditoría permitidos o en relación con una determinada entidad de interés público; así como la obligación de rotación externa o periodo máximo de contratación.

Igualmente, y con el fin de contribuir a reforzar la independencia de estos auditores y la calidad de las auditorías realizadas en relación con estas entidades, se refuerzan las funciones atribuidas a sus Comisiones de Auditoría, en particular, las relacionadas con dicho deber, al mismo tiempo que se fortalece su independencia y capacidad técnica.

En tercer lugar, dados los problemas detectados en relación con la estructura del mercado y las dificultades de expansión, se arbitran determinadas medidas que permiten dinamizar y abrir el mercado de auditoría, incorporando el denominado «pasaporte europeo» para así contribuir a la integración del mercado de la auditoría, si bien con las medidas compensatorias que puede tomar el Estado miembro de acogida dónde se pretenda ejercer la actividad, y declarando la nulidad de las cláusulas contractuales que limitan o restringen la facultad de elegir auditor.

Las medidas anteriores se acompañan de las que se incorporan en el Reglamento (UE) n.º 537/2014, de 16 de abril, relacionadas con los incentivos a la realización de auditorías conjuntas, la participación de entidades de menor tamaño en los procesos de licitación obligatoria, pública y periódica, que se regulan simplificando la elección del auditor, y la obligación de rotación externa.

Al objeto de mejorar el entorno y las iniciativas empresariales, la normativa de la Unión Europea incorpora tres grupos de medidas dirigidas a reducir los costes de transacción que conlleva la realización de actividades en el ámbito de la Unión Europea para las entidades pequeñas y medianas: la aplicación proporcionada a la complejidad y dimensión de la actividad del auditor o de la entidad auditada, la facultad de que los Estados miembros simplifiquen determinados requisitos para pequeñas entidades auditoras y disposiciones específicas para pequeñas y medianas entidades auditoras.

En cuarto lugar, al objeto de evitar una fragmentación en el mercado de auditoría en el ámbito de la Unión Europea, la nueva normativa pretende un mayor grado de armonización, no sólo en las normas que rigen la actividad, sino en las que la vigilan y disciplinan, así como en los mecanismos de cooperación de la Unión Europea e internacional. En este sentido, se refuerzan las competencias de la autoridad supervisora pública, al objeto de reforzar el cumplimiento de aquellas normas, al mismo tiempo que se introduce el criterio de riesgo como rector en las revisiones de control de calidad que ha de realizar dicha autoridad y se atribuyen a ésta facultades para imponer unas mínimas normas disciplinarias. Dicha autoridad, tal y como prevé la Directiva 2014/56/UE de 16 de abril de 2014, deberá ser independiente como premisa para asegurar la integridad, autonomía y adecuación del sistema de supervisión pública.

En relación con los auditores de entidades de interés público, se incorporan mecanismos, de un lado, para hacer un seguimiento respecto a la evolución del mercado, especialmente en lo relativo a los riesgos derivados de una elevada concentración del mercado, en particular, en sectores específicos, y al funcionamiento de las Comisiones de Auditoría; y de otro lado, en relación con la vigilancia de riesgos que pudieran darse en las entidades financieras calificadas de importancia sistémica, estableciendo un diálogo sectorial y anónimo entre quienes auditan estas entidades y la Junta Europea de Riesgo sistémico.

Por todo ello, en la Directiva 2014/56/UE de 16 de abril de 2014, que se transpone en esta Ley, se tratan aspectos referidos al acceso de auditores de cuentas y sociedades de auditoría autorizados en Estados miembros, a la objetividad e independencia, a la organización de auditores, a las normas e informe de auditoría, a los informes a la Comisión de Auditoría y a la contratación y cese. En cambio, en el Reglamento (UE) n.º 537/2014, de 16 de abril de 2014, se recogen normas de honorarios e independencia, del informe de auditoría, de la obligación de comunicación, de conservación y custodia, así como limitaciones temporales a la contratación o rotación externa y determinadas obligaciones de la Comisión de Auditoría, como las referidas al proceso de selección del auditor. En ambos textos, se incorporan mecanismos para fortalecer el sistema de supervisión pública en aras a asegurar la plena efectividad del nuevo marco regulatorio.

En definitiva, la nueva normativa de la Unión Europea introduce cambios sustanciales en la normativa existente, derivados de la necesidad, puesta de manifiesto en la Unión Europea, de recuperar la confianza de los usuarios en la información económica financiera que se audita, en especial la de las entidades de interés público y de reforzar la calidad de las auditorías, fortaleciendo su independencia.

III. La estructura de la nueva Ley debe explicarse partiendo, de un lado y en lo que a los auditores de interés público se refiere, de su integración con el Reglamento (UE) n.º 537/2014, de 16 de abril, y de otro lado, de la necesidad de transponer la Directiva 2014/56/UE. Tanto la

Directiva como el Reglamento de la Unión Europea citados constituyen el régimen jurídico fundamental que debe regir la actividad de auditoría de cuentas en el ámbito de la Unión Europea.

La Ley regula los aspectos generales del régimen de acceso al ejercicio de la actividad de auditoría, los requisitos que han de seguirse en su ejercicio, que van desde la objetividad e independencia hasta la emisión del informe, pasando por las normas de organización de los auditores y de realización de sus trabajos, así como el régimen de control y sancionador establecidos en orden a garantizar la plena eficacia de la normativa. El Reglamento (UE) n.º 537/2014 del Parlamento Europeo y del Consejo, de 16 de abril de 2014, establece los requisitos que deben seguir los auditores de cuentas de las entidades de interés público, sin perjuicio de que les sea aplicable a éstos lo que se establece con carácter general para los auditores de cuentas y de que la Ley trate de aquellas cuestiones respecto a las cuales el referido Reglamento citado otorga a los Estados miembros diversas opciones. Ante esta dualidad de regímenes, esta Ley dedica un título a la auditoría de cuentas con carácter general, y otro a los auditores de cuentas de entidades de interés público.

Así, esta Ley se estructura en un título Preliminar y cinco títulos, en los que se contienen ochenta y nueve artículos, diez disposiciones adicionales, tres disposiciones transitorias, una disposición derogatoria y catorce disposiciones finales.

El título preliminar incluye las disposiciones generales del régimen jurídico por el que ha de regirse la actividad de auditoría de cuentas, recogiendo su ámbito de aplicación y el sistema de fuentes jurídicas que integra su normativa reguladora, que será de aplicación asimismo a quienes auditan las entidades de interés público. A estos auditores les es igualmente de aplicación el régimen establecido en el Reglamento (UE) n.º 537/2014, de 16 de abril. En dicho régimen jurídico subyace la función de interés público a la que responde el ejercicio de la actividad de auditoría de cuentas.

En lo que a las normas de auditoría se refiere, se siguen manteniendo las normas internacionales de auditoría que sean adoptadas por la Comisión de la Unión Europea. En este punto, se establece la posibilidad de que las normas técnicas de auditoría actualmente existentes y las de nueva emisión puedan imponer requisitos adicionales a los contemplados en normas internacionales de auditoría adoptadas por la Unión Europea, según la Directiva 2014/56/UE del Parlamento Europeo y del Consejo, de 16 de abril de 2014.

También, y siguiendo lo establecido en la Directiva que se transpone, se recogen definiciones a los efectos de esta Ley, entre las que destaca la de pequeñas y medianas entidades, en la medida en que, como se ha destacado, se incorporan menciones específicas por razón del tamaño, y siguiendo los parámetros contenidos en la Directiva 2013/34/CE del Parlamento Europeo y del Consejo, de 26 de junio de 2013, sobre los estados financieros anuales, los estados financieros consolidados y otros informes afines de ciertos tipos de empresas. Debe destacarse que estos parámetros no coinciden, a los efectos de esta Ley, con los definidos como aquellos que determinan que una auditoría es obligatoria.

El título I, dedicado a la auditoría de cuentas, regula los aspectos esenciales de la actividad de auditoría de cuentas de conformidad con la Directiva que se transpone, si bien debe señalarse que la auditoría que se regula no supone garantía alguna respecto a la viabilidad futura de la entidad auditada ni de la eficiencia o eficacia con que la entidad auditada haya dirigido o vaya a dirigir su actividad. Este título se divide en tres capítulos. El capítulo I define las modalidades de auditoría de cuentas y el nuevo contenido del informe de auditoría, que incorpora ciertos contenidos adicionales de acuerdo con la facultad otorgada a los Estados miembros. Al mismo tiempo, se amplía su alcance respecto al informe de gestión que en su caso se emita. Igualmente, se regula el régimen a aplicar en caso de auditoría de cuentas consolidadas, que se modifica para incorporar determinadas precisiones en relación con el trabajo de evaluación y revisión del auditor del grupo.

El capítulo II regula el régimen de acceso al ejercicio de la actividad de auditoría, así como el Registro Oficial de Auditores de Cuentas, cuyo contenido público se ve modificado para incorporar el mandato europeo de publicidad de las sanciones. Con arreglo también a esta norma, se incorpora la posibilidad de que una sociedad de auditoría autorizada en otro Estado miembro pueda ejercer su actividad en España, siempre que quien firme en su nombre el informe esté autorizado en España.

Por otra parte, y sin perjuicio de lo que disponga la normativa de la Unión Europea, se modifican determinados aspectos del régimen de inscripción obligatoria, en el Registro Oficial citado, de aquellos auditores de cuentas y sociedades de auditoría que emitan informes de auditoría en relación con las cuentas anuales o consolidadas de ciertas sociedades domiciliadas fuera de la Unión Europea cuyos valores estén admitidos a negociación en España, previo cumplimiento de requisitos equivalentes a los que se exige a los auditores de cuentas nacionales.

En todo caso, en lo que se refiere al régimen de autorización, dado que la relevancia pública exige a quien realiza esta actividad el cumplimiento ex ante de un conjunto de requisitos y condiciones, la mera presentación de declaraciones responsables o de comunicaciones previas no permite por sí misma el inicio de esta actividad. Por la misma razón, no cabe entender estimada por silencio la petición que en su caso se realice para poder ejercer la actividad de auditoría de cuentas.

El capítulo III, que regula los distintos aspectos que han de regir el ejercicio de la actividad auditora, contiene cinco secciones, divididas en veinte artículos. En la sección 1.ª, se incorpora ex lege por mandato de la Unión Europea, la obligación de escepticismo profesional, así como la aplicación del juicio profesional, que deben presidir la realización de cualquier trabajo de auditoría desde su planificación hasta la emisión del informe.

En la sección 2.ª se establece el régimen de independencia al que todos los auditores de cuentas y sociedades de auditoría se encuentran sujetos, incluidos los auditores de quienes auditan entidades de interés público, de acuerdo con las remisiones contenidas en el capítulo IV y las cuestiones tratadas en el Reglamento (UE) n.º 537/2014, de 16 de abril. Se mantiene el régimen contenido en la norma que ahora se deroga y que se configuraba como un sistema mixto al basarse, por una parte, en la enunciación de un principio general de independencia que obliga a todo auditor a abstenerse de actuar cuando pudiera verse comprometida su objetividad en relación a la información económica financiera a auditar, y por otra parte, en la enumeración de un conjunto de circunstancias, situaciones o relaciones específicas en las que se considera que, en el caso de concurrir, los auditores no gozan de independencia respecto a una entidad determinada, siendo la única solución o salvaguarda posible la no realización del trabajo de auditoría.

Este régimen se enmarca en la regulación contenida en la Directiva 2014/56/UE, que sigue recogiendo, al igual que la Directiva anterior, como principios generales a asegurar por los Estados miembros, el de ser independiente, el de no participar en el proceso de toma de decisiones y el de evaluar las amenazas a la independencia y en su caso aplicar salvaguardas para atenuar aquellas (autorrevisión, abogacía, interés propio, familiaridad o confianza o intimidación) que pudieran comprometer la independencia y en su caso abstenerse de realizar la auditoría. Igualmente, sigue obligando a cada Estado miembro a asegurar que un auditor de cuentas no realice una auditoría en relación a una entidad auditada cuando existan relaciones financieras, comerciales, laborales o de otro tipo de tal importancia que comprometa la independencia del auditor. La nueva redacción comunitaria sigue obligando a que el auditor considere el entorno de red en que opera a los efectos de observar su independencia.

Sin embargo, la nueva Directiva a transponer incorpora unos requisitos más restrictivos, no contemplados anteriormente, tales como la obligación de que los Estados miembros se aseguren de que cualquier persona, no solo el auditor, que pueda influir en el resultado de la auditoría se abstenga de participar en el proceso de toma de decisiones de la entidad; que el auditor de cuentas o sociedad de auditoría tome medidas para evitar conflictos de interés o de relación comercial u otra clase, directas o indirectas, reales o potenciales, que puedan comprometer la independencia; que el auditor de cuentas o sociedad de auditoría, su personal o quien le preste servicios en el ejercicio de la actividad de auditoría, y determinados parientes, no posean interés significativo directo ni realicen determinadas operaciones con instrumentos financieros de la entidad auditada; que dichas personas no participen en la auditoría si poseen instrumentos financieros de la auditada o tienen algún interés o relación comercial o financiera con la misma. Finalmente, recoge determinadas exigencias en relación con los regalos, situaciones sobrevenidas que afecten a la entidad auditada y prohibiciones posteriores, y con el periodo mínimo durante el cual la obligación de independencia debe observarse. Por todo ello, y consecuentemente con la finalidad expresada de reforzar la independencia, el régimen contenido en la nueva Directiva va más allá de un enfoque de principios.

En la medida en que el régimen incorporado en el Texto Refundido de la Ley de Auditoría de Cuentas, que se deroga, cabía en la redacción anterior de la Directiva, resulta más que justificado mantener el mismo sistema mixto, habida cuenta que la independencia se constituye en pilar fundamental en el que reside la confianza que se deposita en el informe de auditoría, y que la nueva Directiva es más restrictiva que la anterior.

Por tanto, sobre la base de dicho régimen mixto se incorporan, fortaleciendo el sistema de incompatibilidades o prohibiciones, los nuevos requisitos que con el carácter de mínimos contempla la Directiva 2014/56/UE, de 16 de abril de 2014, y se modifican determinadas cuestiones para evitar que el régimen aplicable a los auditores de cuentas con carácter general sea más restrictivo que el que se exige en el Reglamento (UE) n.º 537/2014, de 16 de abril, de modo que se introducen determinados ajustes en el periodo de cómputo al que se extienden determinadas incompatibilidades. Esto no significa que la independencia del auditor no pueda verse comprometida por amenazas derivadas de intereses o relaciones comerciales, laborales, familiares o de otra clase, existentes con anterioridad al período de cómputo establecido.

Así, se incorpora legalmente la obligación de establecer los sistemas de salvaguarda para hacer frente a las amenazas que pudieran derivarse de conflictos de intereses o de alguna relación comercial, laboral, familiar o de otra índole. En todo caso, debe evitarse cualquier situación o relación que pudiera aparentar una posible participación en la entidad auditada, relación con ésta, o en su gestión, definiéndose qué se entiende por ésta, de modo que se pudiera concluir que la independencia resulta comprometida, tal como establece la Directiva. Como señala la Recomendación de la Unión Europea de 16 de mayo de 2002, sobre la independencia de los auditores de cuentas en la Unión Europea: principios fundamentales, son dos los elementos sustanciales del requisito de independencia, real y apariencia, de modo que los auditores deben ser y parecer ser independientes. Siendo esta una actitud mental inobservable la normativa y práctica internacional delimita las situaciones o servicios que se configuran como presunciones iuris et de iure, generadoras de incompatibilidad con la realización de la auditoría.

Asimismo, se modifican determinadas situaciones o servicios que generan incompatibilidad para realizar la auditoría, incorporando los relacionados con operaciones realizadas con los instrumentos financieros, la tenencia de intereses significativos y la aceptación de obsequios de valor significativo. Igualmente se mantiene el período de cómputo temporal de determinadas situaciones de incompatibilidad al ejercicio anterior al que se refieren los estados financieros auditados, reduciéndolo a un año para la gran mayoría, que coinciden con los servicios que se prohíben para los auditores de entidades de interés público. Al mismo tiempo, se incluyen las actuaciones que deben realizar los auditores en situaciones sobrevenidas en las que se adquiere un interés financiero o la entidad auditada resulta afectada por una combinación de negocios. También se introducen ajustes en las incompatibilidades que resultan de circunstancias o situaciones en que incurren los familiares.

La Directiva que se transpone establece que pueden afectar al deber de independencia la existencia de relaciones, situaciones o servicios no sólo entre la entidad auditada y el auditor o sociedad de auditoría, sino también entre aquélla y la red a la que pertenece el auditor o sociedad de auditoría. En las normas de extensión se distingue entre la red auditora y la red no auditora, lo que obedece a la necesidad de establecer más excepciones cuando concurren las causas de incompatibilidad en la red no auditora dada su teórica lejanía. El sentido de las normas de extensión que se recoge es que si las personas o entidades comprendidas en dicho ámbito incurren en cualesquiera de los supuestos de incompatibilidad contemplados en esta Ley y en otras disposiciones legales, harán igualmente incompatibles al auditor de cuentas o sociedad de auditoría en relación con la respectiva entidad, si bien teniendo en cuenta las particularidades que se establecen en la Ley. En dicho ámbito de extensión subjetiva se incluye también, entre otros, a quienes estén vinculados por determinadas relaciones de parentesco, como los progenitores, hijos y hermanos y sus cónyuges, dado que en estos casos existen o pueden existir las mismas amenazas a la independencia que pueden darse de igual forma que en el caso del cónyuge del auditor, excluyéndose del alcance de dicha extensión y reduciéndose el círculo de familiares para determinados supuestos.

Por otra parte, y también de acuerdo con la Directiva, se reduce a un año el periodo que rige para las prohibiciones impuestas con posterioridad a la finalización del trabajo de auditoría y al que está sujeto el auditor, al objeto de evitar que en la realización objetiva del trabajo de auditoría concurran o se presenten situaciones que puedan suponer un riesgo o una amenaza a la independencia por la existencia, durante dicha realización, de compromisos o expectativas futuras que puedan comprometer la objetividad del auditor en la realización de la auditoría. Únicamente se mantiene el periodo de prohibición de dos años para el caso de auditores de entidades de interés público.

Las modificaciones incorporadas en dichas situaciones o servicios no significan en modo alguno que, cuando concurran las situaciones modificadas o suprimidas u otras situaciones o servicios prestados durante periodos anteriores, no constituyan o no puedan constituir amenazas a la independencia, siendo así que el auditor de cuentas deberá establecer al respecto el oportuno sistema de salvaguardas para su evaluación y, en su caso, eliminación. De igual modo, no significa que el auditor pueda realizar el trabajo de auditoría en el caso de que estas circunstancias persistan y sean de tal importancia o entidad que comprometan su independencia en relación con la entidad auditada. Como hasta ahora, lo mismo debe entenderse para el caso de que se produzcan situaciones distintas de las definidas como causas de incompatibilidad que, por su naturaleza y momento de realización, puedan suponer una amenaza que comprometa, pese a las salvaguardas establecidas, la independencia del auditor.

La sección 3.ª regula la responsabilidad civil de los auditores en el ejercicio de la actividad de auditoría y la fianza que deben prestar, sin que se haya incorporado modificación alguna.

La sección 4.ª incorpora, de un lado, los principios y políticas a los que deben ajustarse la organización interna del auditor y la sociedad de auditoría, que deben orientarse a prevenir cualquier amenaza a la independencia y deben garantizar la calidad, integridad y carácter crítico y riguroso con que se realizan las auditorías. De otro lado, se regulan las normas mínimas a las que ha de ajustarse la organización del trabajo del auditor.

En la sección 5.ª se prevén los deberes de conservación y custodia, y de guardar secreto de la documentación referente a cada auditoría y demás documentación generada y exigida de acuerdo con esta Ley, incorporándose determinadas excepciones en favor de ciertas autoridades internacionales en los términos previstos en la misma.

El capítulo IV, dividido en cuatro secciones, contiene los requisitos más estrictos exigidos a los auditores de entidades de interés público, además de aquello establecido en el título I que no resulte contradictorio o exceptuado por lo regulado en dicho capítulo, tal como se establece en su sección 1.ª, y de acuerdo con la remisión genérica a la Directiva que se contiene en el artículo 1.2 del Reglamento (UE) n.º 537/2014, de 16 de abril de 2014. Por razones de seguridad jurídica y uniformidad normativa se contienen las referencias correspondientes al articulado de dicho Reglamento, y se precisan en su caso determinados aspectos no tratados en el mismo o las opciones que éste contempla en favor de los Estados miembros. La sección 2.ª regula los informes que tienen que emitir estos auditores con el fin de aumentar la confianza de los usuarios de la información económica financiera auditada y su responsabilidad en relación con la auditoría realizada. Así, en primer lugar, debe emitirse un informe de auditoría cuyo contenido es mucho más amplio que el previsto con carácter general, exigiéndose en el Reglamento de la Unión Europea información sobre la independencia y sobre su capacidad para detectar irregularidades, incluidas las debidas a fraude. En segundo lugar, estos auditores deben publicar el informe anual de transparencia, respecto al cual el citado Reglamento de la Unión Europea incorpora determinada información financiera sobre sus ingresos y desglose, cuyo criterio se determina en esta Ley, y los de la red auditora. Además, se exige que se publique de forma separada al de la red a la que pudiera pertenecer en aras de alcanzar una mayor transparencia y evitar cualquier confusión, sin perjuicio del contenido que adicionalmente podrá desarrollarse mediante resolución del Instituto de Contabilidad y Auditoría de Cuentas.

La sección 3.ª, relativa al régimen de independencia, incluye en primer lugar, además de las correspondientes referencias al articulado del Reglamento (UE) n.º 537/2014, de 16 de abril de 2014, la remisión a lo previsto en las secciones 1.ª y 2.ª del capítulo III del título I, habida cuenta que el artículo 6 de dicho Reglamento establece la obligación de cumplir con lo previsto en el artículo 22 ter de la Directiva, precepto que resulta incorporado en las citadas secciones, y que obligan a cumplir, entre otras, las previsiones establecidas en relación con el régimen de independencia, así como la obligación de evaluar la existencia de amenazas que comprometan su independencia y de aplicar las medidas de salvaguarda a aplicar. De acuerdo con las opciones otorgadas a los Estados miembros, y de conformidad con lo previsto en el artículo 22 de la Directiva, se amplía el periodo de cómputo al que deben extenderse las prohibiciones y se prohíben también los servicios detallados cuando se realizan por los familiares próximos. En segundo lugar, recoge el ejercicio de las opciones atribuidas a los Estados miembros en relación con la duración máxima de contratación de los auditores y las normas de limitación de honorarios por concentración con respecto a una entidad de interés público, incorporadas en el Reglamento (UE) n.º 537/2014, de 16 de abril de 2014. Respecto a la duración, no se opta por prolongar la duración máxima, habida cuenta que se entiende que las excesivas relaciones prolongadas generan una amenaza de familiaridad tal que la independencia se entiende comprometida. En relación con las normas de limitación de honorarios por dependencia financiera, se entiende adecuado imponer el requisito más restrictivo de prohibir la realización de auditoría en el ejercicio siguiente, toda vez que alcanzar determinado porcentaje de concentración supone una amenaza de interés propio e incluso de intimidación que no puede mitigarse. En relación con las distintas opciones ejercidas respecto a las normas de honorarios, de servicios prohibidos y rotación externa, se opta por ejercer determinadas opciones más restrictivas, consistentes en fijar, en beneficio también de una mayor seguridad jurídica, determinadas situaciones que impiden realizar la auditoría de cuentas. En relación con las limitaciones de honorarios se exige que el auditor considere adicionalmente la red en que opera al objeto de evitar que mediante ésta se eluda su cumplimiento. De esta manera se pretende asegurar una aplicación consistente y uniforme de las normas de independencia, pilar fundamental en que descansa la confianza que se deposita en el informe de auditoría.

Finalmente, la sección 4.ª incorpora las especificidades que son aplicables a estos auditores en relación con las normas de organización interna, de organización del trabajo y del traspaso de expedientes y el artículo 45 autoriza a determinar reglamentariamente los requisitos que deben reunir quienes auditen entidades de interés público, lo que resulta justificado por la necesidad de asegurar la adecuada disposición de medios y capacidades para auditar entidades cuya información tiene una compleja dimensión e indudable impacto económico en los mercados.

El título II regula el sistema de supervisión pública y comprende cuatro capítulos. El capítulo I determina el ámbito de aplicación de la supervisión pública, cuya plena responsabilidad corresponde al Instituto de Contabilidad y Auditoría de Cuentas, autoridad responsable en materia de auditoría de cuentas, delimitando este ámbito por las funciones que se atribuyen y los sujetos a los que alcanza. A las que viene ejerciendo actualmente se incorporan las que exige la nueva normativa, referidas a la vigilancia de la evolución del mercado de auditoría. Con ello se alcanzan los objetivos de la normativa de la Unión Europea que requiere una autoridad competente especializada en la información económica financiera, así como en el marco normativo que regula la actividad auditora y en su vigilancia, al mismo tiempo que resulta garantizada la ausencia de cualquier conflicto de intereses, de modo que la supervisión tenga como fin único la mejora de la calidad de las auditorías y se asegura que no haya fraccionamiento en el mercado regulador y supervisor de la auditoría. Con ello se sigue la práctica existente en la casi totalidad de los Estados miembros. No obstante, la atribución a la Comisión Nacional del Mercado de Valores de la competencia supervisora en relación con las funciones atribuidas a las Comisiones de auditoría de cuentas de las entidades de interés público, se entiende sin perjuicio de las competencias atribuidas al Instituto de Contabilidad y Auditoría de Cuentas, en cuanto única autoridad competente y responsable última del sistema de supervisión pública, según el nuevo artículo 32.4 bis de la Directiva.

Tal como resulta de la normativa de la Unión Europea, y al objeto de cumplir sus funciones de manera adecuada, eficaz, eficiente y con integridad, el Instituto de Contabilidad y Auditoría de Cuentas debe cumplir con las siguientes premisas: ser independiente, de modo que no participen en sus órganos rectores o en la toma de decisiones quienes ejercen la actividad de auditoría de cuentas; ser transparente en lo que a los programas de trabajo e informes de actividad se refiere; contar con la capacidad, los conocimientos técnicos y los recursos apropiados y suficientes y tener una financiación adecuada y segura, libre de cualquier influencia indebida por parte de los auditores y sociedades de auditoría. En particular, la nueva normativa de la Unión Europea exige que la autoridad competente cuente con la atribución de las competencias necesarias para llevar a cabo sus tareas, incluyendo la capacidad de adoptar medidas para asegurar el cumplimiento de las nuevas disposiciones, la capacidad para acceder a los datos, obtener información y realizar inspecciones o demás comprobaciones que estime oportunas, para lo cual podrá contratar servicios de profesionales o ser asistido por expertos, manteniéndose en el artículo 55 la facultad ya existente de acordar con terceros, bajo determinadas condiciones, tareas relacionadas con las inspecciones de auditores que no sean de interés público, incluyendo a las Corporaciones representativas de auditores de cuentas. También, se mantiene la autorización al Instituto de Contabilidad y Auditoría de Cuentas para desarrollar los criterios que éste debe seguir en relación con la ejecución del control de calidad. El capítulo II se dedica al Instituto de Contabilidad y Auditoría de Cuentas, autoridad supervisora nacional a la que se atribuyen las competencias en materia de auditoría de cuentas, de acuerdo con la normativa de la Unión Europea citada.

Interesa destacar dos aspectos. Por un lado, la especial prevalencia e interés que requieren los trabajos de auditoría de las entidades de interés público, lo que justifica una mayor especialización, atención y dedicación por parte del supervisor, y requiere de este la adecuada ordenación y utilización eficiente y eficaz de los medios disponibles para su debido cumplimiento. Por otro lado, la especial obligación, que ya tenía atribuida el Instituto de Contabilidad y Auditoría de Cuentas, de velar por el deber de independencia, lo que le confiere, tal como ha reconocido la jurisprudencia, la función específica y cualificada de pronunciarse sobre la observancia de dicho deber en el concreto desarrollo de la actividad de auditoría por su condición de tercero objetivo, neutral e informado, a la par que técnico, que debe prevalecer frente a cualquier criterio que pudiera venir de la propia entidad auditada o de otros entes. Las funciones atribuidas al respecto a la Comisión de Auditoría se configuran como una suerte de salvaguarda preventiva que no exime al auditor de cuentas de observar el deber de independencia, ni tampoco condiciona ni excluye las competencias de supervisión que al respecto se atribuyen al Instituto de Contabilidad y Auditoría de Cuentas.

Asimismo, se precisa de forma más detallada el alcance y finalidad de la actividad de control de la actividad de auditoría de cuentas y de sus dos modalidades, que se siguen manteniendo pero que pasan a denominarse, siguiendo la terminología del Derecho de la Unión Europea y que impera en la práctica internacional, de un lado, inspecciones —antiguo control de calidad externo—, de carácter regular o periódico y de las que puede derivar la formulación de recomendaciones o requerimientos, para cuya realización se incorpora como criterio rector el análisis de riesgos; y de otro, investigaciones —en las que se incardina el actual control técnico— al objeto de detectar y corregir la ejecución inadecuada de un concreto trabajo de auditoría o actividad del auditor. Estas actuaciones de control siguen participando de la naturaleza de actuaciones previas de información, contempladas en el artículo 69.2 de la Ley 30/1992, de 26 de noviembre, del Régimen Jurídico de las Administraciones Públicas y del Procedimiento Administrativo Común.

El control adecuado de la actividad de auditoría requiere igualmente establecer mecanismos adecuados de intercambio de información con otros organismos o instituciones públicas, en particular, con el Banco de España, la Comisión Nacional del Mercado de Valores y la Dirección General de Seguros y Fondos de Pensiones.

Por último, los capítulos III y IV regulan los aspectos internacionales que resulten de la nueva normativa de la Unión Europea. El sistema de supervisión pública debe comprender los mecanismos adecuados que permitan una cooperación efectiva a escala europea entre las actividades de supervisión de los Estados miembros, en cuanto factor que contribuye a asegurar una calidad elevada y homogénea de la auditoría en la Unión Europea. Dicha cooperación descansa en el principio de reglamentación y supervisión en el Estado miembro de origen en el que está autorizado el auditor o sociedad de auditoría y dónde tenga la entidad auditada su domicilio social. En el caso de servicios transfronterizos en el ámbito de la Unión Europea, corresponderán las inspecciones a la autoridad del Estado miembro de origen, en el que esté autorizado el auditor o sociedad, y las investigaciones a la autoridad del Estado miembro en el que tenga su domicilio social la entidad auditada, tal como se precisa en el capítulo II. Se extiende el deber de colaboración con los Estados miembros de la Unión Europea a las autoridades europeas de supervisión.

De acuerdo con el Reglamento (UE) n.º 537/2014, de 16 de abril, la cooperación entre las autoridades competentes de los Estados miembros ha de organizarse en el marco de la Comisión de Organismos Europeos de Supervisión de Auditores, en la que se integra el Instituto de Contabilidad y Auditoría de Cuentas como autoridad responsable de la supervisión pública en materia de auditoría de cuentas, y para el que se prevé su participación activa, al mismo tiempo que el intercambio de cierta información.

Los mecanismos de cooperación europea se contemplan mediante la posibilidad de transmitir información al Banco Central Europeo, al Sistema Europeo de Bancos Centrales y a la Junta Europea de Riesgos Sistémicos, y de crear colegios de supervisores en los que se pueda intercambiar información, en particular en relación con las actividades de auditores que operen en el marco de una red.

Asimismo, se mantiene la necesidad de una cooperación efectiva con las autoridades de terceros países dada la complejidad de las auditorías de grupos transfronterizos y el entorno económico cada vez más internacionalizado, al mismo tiempo que se incorporan determinadas precisiones a las que debe sujetarse la transmisión a tercero de la información remitida o enviada como resultado de esta cooperación.

Con el fin de reforzar el cumplimiento de las obligaciones incorporadas en esta Ley como consecuencia de la transposición de la Directiva 2014/56/UE y de la aplicación del Reglamento (UE) n.º 537/2014, de 16 de abril de 2014, se introducen ciertas modificaciones en el régimen de infracciones y sanciones, contenido en el título III. Dichas modificaciones afectan principalmente a la inclusión de nuevos tipos infractores como consecuencia de las nuevas obligaciones que se imponen, así como de cumplir con el mandato europeo de que las sanciones sean efectivas y disuasorias. Asimismo, se han introducido algunas modificaciones en la clasificación de los tipos infractores, menores, pero necesarias para adecuarlas a los principios citados. Igualmente se modifican las normas de publicidad de las sanciones y de denuncia para cumplir con los mandatos contenidos al respecto en la citada Directiva. Respecto a la denuncia, sin efecto vinculante en orden a la incoación de procedimiento sancionador, su tratamiento está supeditado, mediante la ordenación y utilización eficiente y eficaz de los medios disponibles, al debido cumplimiento de las competencias de control de la actividad auditora, atribuidas legalmente al Instituto de Contabilidad y Auditoría de Cuentas, de modo que permita alcanzar el objetivo último de la mejora global y en su conjunto en la calidad de los trabajos de auditoría, proyectando dichas actuaciones sobre todos los que están habilitados legalmente para ejercer la actividad de auditoría y, en especial, de quienes auditan entidades de interés público por la mayor relevancia que tiene frente a terceros.

El título IV se dedica a las tasas del Instituto de Contabilidad y Auditoría de Cuentas por el control y la supervisión de la actividad de auditoría de cuentas, por la expedición de certificados o documentos a instancia de parte y por las inscripciones y anotaciones en el Registro Oficial de Auditores de Cuentas. El hecho imponible de la tasa por el control y supervisión de la actividad de auditoría de cuentas lo constituye la prestación por parte del ICAC de un servicio que afecta a los auditores de cuentas o sociedades de auditoría y que se pone de manifiesto, entre otras actuaciones, a través de la llevanza del Registro Oficial de Auditoría de Cuentas, labores técnicas, inspecciones e investigaciones y el régimen disciplinario de los auditores de cuentas o sociedades de auditoría. El coste de la actividad de control y supervisión es mayor en auditorías de entidades de interés público, dados los mayores requisitos que la Ley que ahora se aprueba exige a los auditores o sociedades de auditorías que las llevan a cabo. Finalmente, el título V contiene la regulación correspondiente a la protección de datos de carácter personal.

En definitiva, con la regulación que se incorpora, el ejercicio de las actuaciones de control encomendadas al Instituto de Contabilidad y Auditoría de Cuentas ha de permitir alcanzar la mejora global y en su conjunto en la calidad de los trabajos de auditoría, de modo que se alcance un nivel elevado de confianza en los usuarios de la información económica y se eviten conflictos de interés en la realización de las auditorías. Con ello se pretenden fortalecer las garantías suficientes para que las cuentas anuales o cualquier otro documento contable que haya sido verificado por un tercero sea aceptado con plena confianza por la persona que trata de obtener información a través de ellos, precisamente, por haber sido emitido por quien, teniendo la capacidad y formación adecuada, es independiente.

IV. Finalmente, la Ley se acompaña de diez disposiciones adicionales, algunas de las cuales se mantienen con el mismo contenido que en el texto legal que se deroga, tales como las referidas a la auditoría obligatoria y los auditores del sector público. Otras disposiciones son objeto de modificación, tal como ocurre y como se ha expuesto, en relación con los mecanismos de cooperación, o se incorporan ex novo, tal como sucede con las referidas al seguimiento y evolución del mercado, las sociedades de auditoría, las comunicaciones electrónicas y la duración máxima de contratación.

Destaca la novedad incorporada mediante la disposición adicional tercera, en la que se regula la exigencia de una Comisión de Auditoría para las entidades de interés público, de acuerdo con los requisitos, excepciones, dispensas, composiciones y funciones que contiene la Directiva 2014/56/UE, de 16 de abril de 2014, e incorporando su contenido en el articulado del Texto Refundido de la Ley de Sociedades de Capital, aprobado por Real Decreto Legislativo 1/2010, de 2 de julio.

En las tres disposiciones transitorias se incorporan las que se contenían ya en la Ley 12/2010, de 30 de junio, así como las referidas a deberes o requisitos que se consideran novedades con esta Ley al objeto de establecer un periodo transitorio que facilite la aplicación de los nuevos deberes o requisitos. Es el caso de los referidos a las sociedades de auditoría y a las situaciones de incompatibilidad.

Las disposiciones finales regulan determinadas modificaciones normativas, principalmente para ajustarse a la normativa de la Unión Europea, debiendo destacarse la referida a las comisiones de auditoría, y recogen determinadas habilitaciones, destacando la modificación que deja sin vigor la definición de entidades de interés público por razón de tamaño contenida en el Reglamento que desarrolla el Texto Refundido de la Ley de Auditoría de Cuentas, aprobado por el Real Decreto 1517/2011, de 31 de octubre.

TÍTULO PRELIMINAR. Ámbito de aplicación, objeto, régimen jurídico y definiciones

Artículo 1. *Ámbito de aplicación y objeto*.– 1. Esta Ley tiene por objeto la regulación de la actividad de auditoría de cuentas, tanto obligatoria como voluntaria, mediante el establecimiento de las condiciones y los requisitos de necesaria observancia para su ejercicio, así como la regulación del sistema de supervisión pública y los mecanismos de cooperación internacional en relación con dicha actividad.

2. Se entenderá por auditoría de cuentas la actividad consistente en la revisión y verificación de las cuentas anuales, así como de otros estados financieros o documentos contables, elaborados con arreglo al marco normativo de información financiera que resulte de aplicación, siempre que dicha actividad tenga por objeto la emisión de un informe sobre la fiabilidad de dichos documentos que pueda tener efectos frente a terceros.

3. La auditoría de cuentas tendrá necesariamente que ser realizada por un auditor de cuentas o una sociedad de auditoría, mediante la emisión del correspondiente informe y con sujeción a los requisitos y formalidades establecidos en esta Ley.

4. Lo dispuesto en esta Ley no resulta aplicable a las auditorías de cuentas que se realicen por los órganos del sector público estatal, autonómico o local en el ejercicio de sus competencias, que se regirán por su legislación específica de conformidad con lo dispuesto en la disposición adicional segunda.

> Véase en Dis. Ad. 1.ª las entidades que, sin perjuicio de lo establecido en otras disposiciones, deberán someterse en todo caso a la auditoría de cuentas prevista en el apartado 2 de este artículo.

Art. 2. *Normativa reguladora de la actividad de auditoría de cuentas*.– 1. La actividad de auditoría de cuentas se realizará con sujeción a esta Ley, a su Reglamento de desarrollo, así como a las normas de auditoría, de ética e independencia y de control de calidad interno de los auditores de cuentas y sociedades de auditoría.

A las auditorías de cuentas de entidades de interés público les será de aplicación lo establecido en el Reglamento (UE) n.º 537/2014, del Parlamento Europeo y del Consejo, de 16 de abril, sobre los requisitos específicos para la auditoría legal de las entidades de interés público, y lo establecido en el capítulo IV del título I de esta Ley.

2. Las normas de auditoría constituyen los principios y requisitos que deben observar los auditores de cuentas en la realización del trabajo de auditoría de cuentas y sobre las que deben basarse las actuaciones necesarias para expresar una opinión técnica responsable e independiente. Se consideran normas de auditoría las contenidas en esta Ley, en su Reglamento de desarrollo, en las normas internacionales de auditoría adoptadas por la Unión Europea y en las normas técnicas de auditoría.

A estos efectos, se entenderán por normas internacionales de auditoría las normas internacionales de auditoría, la norma internacional de control de calidad y otras normas internacionales emitidas por la Federación Internacional de Contables a través del Consejo de Normas Internacionales de Auditoría y Aseguramiento, siempre que sean pertinentes para la actividad de auditoría de cuentas regulada en esta Ley.

Las normas técnicas de auditoría tendrán por objeto la regulación de los aspectos no contemplados en las normas internacionales de auditoría adoptadas por la Unión Europea.

3. Las normas de ética incluyen, al menos, los principios de competencia profesional, diligencia debida, integridad y objetividad, sin perjuicio de lo establecido en las secciones 1.ª y 2.ª del capítulo III del título I.

4. Las normas técnicas de auditoría, las normas de ética y las normas de control de calidad interno de los auditores de cuentas y sociedades de auditoría se elaborarán, adaptarán o revisarán, de conformidad con los principios generales y práctica comúnmente admitida en los Estados miembros de la Unión Europea así como con las normas internacionales de auditoría adoptadas por la Unión Europea, por las corporaciones de derecho público representativas de quienes realicen la actividad de auditoría de cuentas, previa información pública durante el plazo de dos meses y serán válidas a partir de su publicación, mediante resolución del Instituto de Contabilidad y Auditoría de Cuentas, en su «Boletín Oficial».

En el caso de que las corporaciones de derecho público representativas a que se refiere el párrafo anterior, previo requerimiento del Instituto de Contabilidad y Auditoría de Cuentas, no elaborasen, adaptasen o revisasen alguna de las normas técnicas de auditoría, de las normas de ética y de las normas de control de calidad interno, en la forma establecida anteriormente, este Instituto procederá a su elaboración, adaptación o revisión, informando de ello a las referidas corporaciones de derecho público representativas y cumpliendo también el requisito de información pública durante el plazo de dos meses.

5. Sólo podrán imponerse requisitos o procedimientos adicionales a los establecidos en las normas internacionales de auditoría adoptadas por la Unión Europea cuando dichos requisitos o procedimientos adicionales se deriven de requerimientos exigidos por ley nacional referente al ámbito de aplicación de las auditorías de cuentas o resulten necesarios para aumentar la credibilidad y calidad de los estados financieros auditados.

Estos requisitos adicionales serán comunicados por el Instituto de Contabilidad y Auditoría de Cuentas a la Comisión Europea, como mínimo, tres meses antes de su entrada en vigor o, en el caso de requisitos ya existentes en el momento de la adopción de una norma internacional de auditoría, en un plazo no superior a tres meses a partir de la fecha de adopción de la norma internacional de auditoría.

Dichos requisitos adicionales deberán establecerse mediante resolución del Instituto de Contabilidad y Auditoría de Cuentas en la que se declare la vigencia de los apartados correspondientes de las normas de auditoría preexistentes a la adopción por la Unión Europea de las normas internacionales de auditoría sobre la misma materia, o mediante la publicación de nuevas normas de auditoría limitadas a los referidos requisitos adicionales. La Resolución deberá ser publicada en su «Boletín Oficial», previo trámite de información pública durante el plazo de dos meses.

En relación con las norma internacionales de auditoría a que se refiere el apartado 4 del presente artículo y el art. 5 del Reglamento de la Ley de Auditoría (RD 2/2021, de

21 de enero) véase Resolución de 11 de abril de 2024, del Instituto de Contabilidad y Auditoría de Cuentas, por la que se publica la actualización de las Normas Técnicas de Auditoría, resultado de la adaptación de las Normas Internacionales de Auditoría para su aplicación en España (NIA-ES), las Normas de Control de Calidad Interno, resultado de la adaptación de las Normas Internacionales de Gestión de Calidad 1 y 2 para su aplicación en España (NIGC 1-ES y NIGC 2-ES) y el Glosario de Términos, resultado de la adaptación del publicado junto con estas Normas Internacionales para su aplicación en España (BOE n. 101, de 25 de abril), así como la Resolución de 17 de julio de 2025, del Instituto de Contabilidad y Auditoría de Cuentas (BOE n. 177, de 24 de julio).

Art. 3. *Definiciones*.– A los efectos de lo establecido en esta Ley, se aplicarán las siguientes definiciones:

1. Marco normativo de información financiera: el conjunto de normas, principios y criterios establecido en:

a) La normativa de la Unión Europea relativa a las cuentas consolidadas, en los supuestos previstos para su aplicación.

b) El Código de Comercio y la restante legislación mercantil.

c) El Plan General de Contabilidad y sus adaptaciones sectoriales.

d) Las normas de obligado cumplimiento que apruebe el Instituto de Contabilidad y Auditoría de Cuentas en desarrollo del Plan General de Contabilidad y sus normas complementarias.

e) El resto de la normativa contable española que resulte de aplicación.

2. Auditoría obligatoria: auditoría de las cuentas anuales o de las cuentas consolidadas, que sea exigida por el Derecho de la Unión Europea o la legislación nacional.

3. Auditor de cuentas: persona física autorizada para realizar auditorías de cuentas por el Instituto de Contabilidad y Auditoría de Cuentas, conforme a lo establecido en el artículo 8.1, o por las autoridades competentes de un Estado miembro de la Unión Europea o de un tercer país.

4. Sociedad de auditoría: persona jurídica, independientemente de la forma societaria mercantil adoptada, autorizada para realizar auditorías de cuentas por el Instituto de Contabilidad y Auditoría de Cuentas, conforme a lo dispuesto en el artículo 8.1, o por las autoridades competentes de un Estado miembro de la Unión Europea o de un tercer país.

5. Tendrán la consideración de entidades de interés público:

a) Las entidades emisoras de valores admitidos a negociación en mercados secundarios oficiales de valores, las entidades de crédito y las entidades aseguradoras sometidas al régimen de supervisión y control atribuido al Banco de España, a la Comisión Nacional del Mercado de Valores y a la Dirección General de Seguros y Fondos de Pensiones, y a los organismos autonómicos con competencias de ordenación y supervisión de las entidades aseguradoras, respectivamente, así como las entidades emisoras de valores admitidos a negociación en el mercado alternativo bursátil pertenecientes al segmento de empresas en expansión.

b) Las entidades que se determinen reglamentariamente en atención a su importancia pública significativa por la naturaleza de su actividad, por su tamaño o por su número de empleados.

c) Los grupos de sociedades en los que la sociedad dominante sea una entidad de las contempladas en las letras a) y b) anteriores.

6. Auditor principal responsable:

a) Auditor de cuentas que firme el informe de auditoría de cuentas a título individual o en nombre de una sociedad de auditoría.

b) En el caso de sociedades de auditoría, el auditor o auditores de cuentas designados en su caso por la sociedad de auditoría como principales responsables de realizar el trabajo de auditoría de cuentas en nombre de dicha sociedad.

c) En el caso de auditorías de cuentas consolidadas o de otros estados financieros o documentos contables consolidados, el auditor o auditores de cuentas designados en su caso como auditor o auditores principales responsables de realizar la auditoría en las entidades que sean significativas en el conjunto consolidable.

7. Estado miembro de origen: el Estado miembro de la Unión Europea que haya autorizado al auditor de cuentas o sociedad de auditoría a realizar la actividad de auditoría de cuentas en dicho Estado de conformidad con lo dispuesto en su normativa nacional como trasposición del artículo 3, apartado 1, de la Directiva 2006/43/CE del Parlamento Europeo y del Consejo, de 17 de mayo de 2006, relativa a la auditoría legal de las cuentas anuales y de las cuentas consolidadas, modificada por la Directiva 2014/56/ UE del Parlamento Europeo y del Consejo, de 16 de abril de 2014.

8. Estado miembro de acogida: el Estado miembro de la Unión Europea, distinto del de origen, en el que un auditor de cuentas o una sociedad de auditoría autorizados por su Estado miembro de origen para realizar la actividad de auditoría de cuentas, obtengan la correspondiente autorización para realizar la actividad en aquel Estado, de conformidad con lo dispuesto en su normativa nacional como resultado de la trasposición de los artículos 3 bis y 14, respectivamente, de la Directiva 2006/43/CE.

9. Entidades pequeñas: las entidades que durante dos ejercicios consecutivos reúnan, a la fecha de cierre de cada uno de ellos, al menos dos de las circunstancias siguientes:

a) Que el total de las partidas del activo no supere los cuatro millones de euros.

b) Que el importe total de su cifra anual de negocios no supere los ocho millones de euros.

c) Que el número medio de trabajadores empleados durante el ejercicio no sea superior a cincuenta. Las entidades perderán esta consideración si dejan de reunir, durante dos ejercicios consecutivos, dos de las circunstancias a que se refiere este apartado.

En el primer ejercicio social desde su constitución, transformación o fusión, las entidades tendrán esta consideración si reúnen, al cierre de dicho ejercicio, al menos dos de las tres circunstancias expresadas en este apartado.

10. Entidades medianas: las entidades que, sin tener la consideración de entidades pequeñas, durante dos ejercicios consecutivos reúnan, a la fecha de cierre de cada uno de ellos, al menos dos de las circunstancias siguientes:

a) Que el total de las partidas del activo no supere los veinte millones de euros.

b) Que el importe total de su cifra anual de negocios no supere los cuarenta millones de euros.

c) Que el número medio de trabajadores empleados durante el ejercicio no sea superior a doscientos cincuenta.

Las entidades perderán esta consideración si dejan de reunir, durante dos ejercicios consecutivos, dos de las circunstancias a que se refiere este apartado.

En el primer ejercicio social desde su constitución, transformación o fusión, las entidades tendrán esta consideración si reúnen, al cierre de dicho ejercicio, al menos dos de las tres circunstancias expresadas en este apartado.

11. Equipo del encargo: personal del auditor de cuentas o de la sociedad de auditoría que participen en la realización de un trabajo de auditoría de cuentas concreto, incluyendo a quienes, siendo socios o no, sean empleados o cualquier persona cuyos servicios estén a disposición o bajo el control del auditor de cuentas o la sociedad de auditoría.

12. Familiares del auditor principal responsable: los cónyuges de los auditores o las personas con quienes mantengan análogas relaciones de afectividad, y aquellos con los que el auditor tenga vínculos de consanguinidad en primer grado directo o en segundo grado colateral, así como los cónyuges de aquellos con los que tengan los vínculos de consanguinidad citados.

13. Familiares con vínculos estrechos de la persona afectada por la causa de incompatibilidad: los cónyuges o quienes mantengan análoga relación de afectividad, quienes tengan vínculos de consanguinidad en primer grado descendente y quienes, con independencia del grado, tengan vínculos de consanguinidad y vivan en su hogar durante un período mínimo de un año.

14. Red: la estructura a la que pertenece un auditor o una sociedad de auditoría que tenga por objeto la cooperación, así como, que tenga claramente por objetivo compartir beneficios o costes, o que comparte propiedad, control o gestión comunes, políticas y procedimientos de control de calidad comunes, una estrategia empresarial común, el uso de un nombre comercial común, o una parte significativa de sus recursos profesionales.

En todo caso, se entenderá que forman parte de una misma red las entidades vinculadas al auditor de cuentas o sociedad de auditoría en los términos a que se refiere el apartado siguiente.

15. Entidades vinculadas a la entidad auditada: las entidades que estén vinculadas directa o indirectamente mediante la existencia de una relación de control en los términos a que se refiere el apartado siguiente, mediante la existencia de una misma unidad de decisión al estar controladas la entidad auditada y las otras entidades por cualquier medio por una o varias personas físicas o jurídicas que actúen conjuntamente o se hallen bajo dirección única por acuerdos o cláusulas estatutarias, o mediante la existencia de influencia significativa, en los términos previstos en el artículo 47 del Código de Comercio.

16. Entidades con relación de control con la entidad auditada: las entidades vinculadas directa o indirectamente a la entidad auditada mediante la existencia de una relación de control de las contempladas en el artículo 42 del Código de Comercio.

TÍTULO I. De la auditoría de cuentas

CAPÍTULO I. De las modalidades de auditoría de cuentas

Téngase en cuenta que, de acuerdo con la Disp. Final 14.ª de la presente Ley, lo previsto en este capítulo I, en relación con la realización de trabajos de auditoría de cuentas y la emisión de los informes correspondientes, es de aplicación a los trabajos de auditoría sobre cuentas anuales correspondientes a ejercicios económicos que se iniciaron a partir del 17 de junio de 2016, así como a los de otros estados financieros o documentos contables correspondientes a dicho ejercicio económico.

Art. 4. *Auditoría de cuentas anuales y de otros estados financieros o documentos contables*.– Las dos modalidades de auditoría de cuentas que se incluyen en el ámbito de aplicación de esta Ley son:

1. La auditoría de las cuentas anuales, que consistirá en verificar dichas cuentas a efectos de dictaminar si expresan la imagen fiel del patrimonio, de la situación financiera y de los resultados de la entidad auditada, de acuerdo con el marco normativo de información financiera que resulte de aplicación.

Asimismo, comprenderá la verificación del informe de gestión que, en su caso, acompañe a las cuentas anuales, a fin de dictaminar sobre su concordancia con dichas cuentas anuales y si su contenido es conforme con lo establecido en la normativa de aplicación.

2. La auditoría de otros estados financieros o documentos contables, que consistirá en verificar y dictaminar si dichos estados financieros o documentos contables expresan la imagen fiel o han sido preparados de conformidad con el marco normativo de información financiera expresamente establecido para su elaboración.

Lo establecido en esta Ley sobre los trabajos e informes de auditoría de las cuentas anuales será de aplicación, con la correspondiente adaptación, a los trabajos e informes de auditoría de otros estados financieros o documentos contables.

> Véase en Dis. Ad. 1.ª las entidades que, sin perjuicio de lo establecido en otras disposiciones, deberán someterse en todo caso a la auditoría de cuentas prevista en el artículo 1.2 de esta Ley.

Art. 5. *Informe de auditoría de cuentas anuales*.– 1. El informe de auditoría de las cuentas anuales es un documento mercantil que deberá incluir, como mínimo, el siguiente contenido:

a) Identificación de la entidad auditada, de las cuentas anuales que son objeto de la auditoría, del marco normativo de información financiera que se aplicó en su elaboración, de las personas físicas o jurídicas que encargaron el trabajo y, en su caso, de las personas a quienes vaya destinado; así como la referencia a que las cuentas anuales han sido formuladas por el órgano de administración de la entidad auditada.

b) Una descripción general del alcance de la auditoría realizada, con referencia a las normas de auditoría conforme a las cuales ésta se ha llevado a cabo y, en su caso, de los procedimientos previstos en ellas que no haya sido posible aplicar como consecuencia de cualquier limitación puesta de manifiesto en el desarrollo de la auditoría. Asimismo, se informará sobre la responsabilidad del auditor de cuentas o sociedad de auditoría de expresar una opinión sobre las citadas cuentas en su conjunto.

c) Explicación de que la auditoría se ha planificado y ejecutado con el fin de obtener una seguridad razonable de que las cuentas anuales están libres de incorrecciones materiales, incluidas las derivadas del fraude.

Asimismo, se describirán los riesgos considerados más significativos de la existencia de incorrecciones materiales, incluidas las debidas a fraude, un resumen de las respuestas del auditor a dichos riesgos y, en su caso, de las observaciones esenciales derivadas de los mencionados riesgos.

d) Declaración de que no se han prestado servicios distintos a los de la auditoría de las cuentas anuales o concurrido situaciones o circunstancias que hayan afectado a la necesaria independencia del auditor o sociedad de auditoría, de acuerdo con el régimen regulado en las secciones 1.ª y 2.ª del capítulo III del título I.

e) Una opinión técnica en la que se manifestará, de forma clara y precisa, si las cuentas anuales ofrecen la imagen fiel del patrimonio, de la situación financiera y de los resultados de la entidad auditada, de acuerdo con el marco normativo de información financiera que resulte de aplicación y, en particular, con los principios y criterios contables contenidos en el mismo.

La opinión podrá revestir cuatro modalidades: favorable, con salvedades, desfavorable o denegada. Cuando no existan salvedades la opinión será favorable.

En el caso de que existan tales salvedades, deberán reflejarse todas ellas en el informe y la opinión técnica será con salvedades, desfavorable o denegada.

Asimismo, se indicarán, en su caso, las posibles incertidumbres significativas o materiales relacionadas con hechos o condiciones que pudieran suscitar dudas significativas sobre la capacidad de la entidad auditada para continuar como empresa en funcionamiento.

También se hará referencia a las cuestiones que, no constituyendo una salvedad, el auditor de cuentas deba o considere necesario destacar a fin de enfatizarlas.

f) Una opinión sobre la concordancia o no del informe de gestión con las cuentas correspondientes al mismo ejercicio, en el caso de que el citado informe de gestión acompañe a las cuentas anuales. Asimismo, se incluirá una opinión sobre si el contenido y presentación de dicho informe de gestión es conforme con lo requerido por la normativa que resulte de aplicación, y se indicarán, en su caso, las incorrecciones materiales que se hubiesen detectado a este respecto.

No obstante, lo dispuesto en el párrafo anterior no será de aplicación en los siguientes supuestos:

1.º En el caso de auditorías de cuentas consolidadas de sociedades a que se refiere el artículo 49.5 del Código de Comercio y de cuentas anuales individuales de sociedades referidas en el artículo 262.5 del Texto Refundido de la Ley de Sociedades de Capital, en relación con el estado de información no financiera mencionado en los citados artículos, o, en su caso, con el informe separado correspondiente al mismo ejercicio al que se haga referencia en el informe de gestión, que incluya la información que se exige para dicho estado en el artículo 49.6 del Código de Comercio, conforme a lo previsto en el apartado 7 del mismo artículo.

En ambos supuestos, el auditor deberá comprobar únicamente que el citado estado de información no financiera se encuentre incluido en el informe de gestión o, en su caso, se haya incorporado en este la referencia correspondiente al informe separado en la forma prevista en los artículos mencionados en el párrafo anterior. En el caso de que no fuera así, lo indicará en el informe de auditoría.

2.º En el caso de auditorías de cuentas de entidades emisoras de valores admitidos a negociación en mercados regulados, en relación con la información contenida en el artículo 540.4. letra a), 3.º, letra c), 2.º y 4.º a 6.º, y letras d), e), f) y g), del Texto Refundido de la Ley de Sociedades de Capital; y, para las sociedades cotizadas definidas en el artículo 495 de dicho Texto Refundido, adicionalmente a la información anterior, el informe anual de remuneraciones de los consejeros, contenido en el artículo 541 del mismo Texto Refundido.

En ambos supuestos, el auditor deberá comprobar únicamente que la información mencionada en el párrafo anterior, para las entidades emisoras de valores y para las sociedades cotizadas, se ha facilitado en los informes correspondientes y estos han sido incorporados al informe de gestión. En el caso de que no fuera así, lo indicará en el informe de auditoría.

g) Una declaración de si la entidad auditada estaba obligada a presentar, en el ejercicio previo al auditado, el informe relativo al impuesto de sociedades o impuestos de naturaleza idéntica o análoga al que se refiere la disposición adicional undécima de la presente ley. En caso de que estuviera obligada, una declaración de que la entidad publicó el informe en el Registro Mercantil y en la página web correspondiente, de conformidad con lo previsto en la citada disposición.

h) Fecha y firma de quien o quienes lo hubieran realizado. La fecha del informe de auditoría será aquella en que el auditor de cuentas y la sociedad de auditoría han completado los procedimientos de auditoría necesarios para formarse una opinión sobre las cuentas anuales.

2. El informe de auditoría deberá ser emitido por el auditor de cuentas o la sociedad de auditoría, de forma que pueda cumplir la finalidad para la que fue contratada la auditoría de cuentas. La falta de emisión del informe de auditoría o la renuncia a continuar con el contrato de auditoría, tan sólo podrá producirse por la existencia de justa causa. En todo caso, se considera que existe justa causa en aquellos supuestos en los que concurra alguna de las siguientes circunstancias:

a) Existencia de amenazas que comprometan la independencia u objetividad del auditor de cuentas o de la sociedad de auditoría, de acuerdo con lo dispuesto en las secciones 1.ª y 2.ª del capítulo III del título I y, en su caso, en la sección 3.ª del capítulo IV del título I.

b) Imposibilidad absoluta de realizar el trabajo encomendado al auditor de cuentas o sociedad de auditoría por circunstancias no imputables a éstos.

En los anteriores supuestos, cuando se trate de auditorías obligatorias, deberá informarse razonadamente, tanto al registro mercantil correspondiente al domicilio social de la sociedad auditada, como al Instituto de Contabilidad y Auditoría de Cuentas, de las circunstancias determinantes de la falta de emisión del informe o la renuncia a continuar con el contrato de auditoría, en la forma y plazos que se determine reglamentariamente.

3. El informe de auditoría de cuentas anuales será emitido bajo la responsabilidad de quien o quienes lo hubieran realizado, y deberá estar firmado por éstos.

4. El informe de auditoría de cuentas anuales deberá ir acompañado de la totalidad de documentos que componen las cuentas objeto de auditoría y, en su caso, del informe de gestión. La publicación de estos documentos, junto con el informe de auditoría, se regirá por lo dispuesto en el marco normativo de información financiera que resulte aplicable.

5. En ningún caso el informe de auditoría de cuentas anuales podrá ser publicado parcialmente o en extracto, ni de forma separada a las cuentas anuales auditadas.

Cuando el informe sea público podrá hacerse mención a su existencia, en cuyo caso, deberá hacerse referencia al tipo de opinión emitida.

6. El informe de auditoría será redactado en lenguaje claro y sin ambigüedades. En ningún caso se podrá utilizar el nombre de ningún órgano o institución pública con competencias de inspección o control de modo que pueda indicar o sugerir que dicha autoridad respalda o aprueba el informe de auditoría.

> Letra f) del apartado 1 redactado de acuerdo con el art. 5. Uno, de la Ley 5/2021, de 12 de abril, por la que se modifica el texto refundido de la Ley de Sociedades de Capital (...), y otras normas financieras, en lo que respecta al fomento de la implicación a largo plazo de los accionistas en las sociedades cotizadas (BOE núm. 83, de 13 de abril). Letra g) del apartado 1 redactada y letra h) de dicho apartado introducida con el mismo contenido de la anterior letra g) por la Dis. Final 6.ª de la Ley 28/2022, de 21 de diciembre, de fomento del ecosistema de las empresas emergentes (BOE núm. 306, de 22 de diciembre de 2022), con entrada en vigor el 23 de diciembre de 2022.

Art. 6. *Deber de solicitud y suministro de información*.- Las entidades auditadas estarán obligadas a facilitar cuanta información fuera necesaria para realizar los trabajos de auditoría de cuentas; asimismo, quien o quienes realicen dichos trabajos estarán obligados a requerir cuanta información precisen para la emisión del informe de auditoría de cuentas.

Art. 7. *Auditoría de cuentas consolidadas*.- 1. Esta Ley será de aplicación a la auditoría de cuentas anuales consolidadas, o de otros estados financieros o documentos contables consolidados.

2. El auditor de cuentas que realice la auditoría de las cuentas anuales consolidadas, o de otros estados financieros o documentos contables consolidados, asume la plena responsabilidad del informe de auditoría emitido, aun cuando la auditoría de las cuentas anuales de las sociedades participadas haya sido realizada por otros auditores.

3. Quienes emitan la opinión sobre las cuentas anuales consolidadas, o sobre otros estados financieros o documentos contables consolidados, vendrán obligados a recabar la información necesaria, en su caso, a quienes hayan realizado la auditoría de cuentas de las entidades que formen parte del conjunto consolidable, que estarán obligados a suministrar cuanta información se les solicite.

4. El auditor de cuentas que realice la auditoría de las cuentas anuales consolidadas, o de otros estados financieros o documentos contables consolidados, efectuará una evaluación y revisión del trabajo de auditoría realizado por otros auditores de cuentas o sociedades de auditoría, incluidos los de la Unión Europea y de terceros países, en relación con las auditorías de entidades que formen parte del conjunto consolidable.

La evaluación deberá documentarse en los papeles de trabajo del auditor de las cuentas consolidadas, incluyendo la naturaleza, calendario y alcance de la labor realizada por los otros auditores o sociedades de auditoría, así como, en su caso, la revisión realizada por el auditor de las cuentas consolidadas de partes relevantes de la documentación de auditoría de los citados auditores realizada a efectos de la auditoría de las cuentas anuales consolidadas.

Asimismo, el auditor de cuentas que realice la auditoría de las cuentas anuales consolidadas, o de otros estados financieros o documentos contables consolidados, revisará el trabajo de auditoría realizado por los otros auditores a efectos de la auditoría de las cuentas anuales consolidadas, debiendo documentar dicha revisión.

A estos efectos, y para que el auditor de las cuentas consolidadas pueda basarse en el trabajo realizado por los otros auditores o sociedades de auditoría será necesario suscribir un acuerdo previo con éstos a fin de transmitir toda la documentación necesaria para la realización de la auditoría de las cuentas consolidadas.

La documentación correspondiente al trabajo de auditoría de las cuentas consolidadas, que corresponde conservar al auditor o la sociedad de auditoría de dichas cuentas, deberá permitir la revisión y control del trabajo realizado por parte del Instituto de Contabilidad y Auditoría de Cuentas de forma adecuada.

5. Cuando el auditor de las cuentas consolidadas no pueda revisar el trabajo de auditoría realizado por otros auditores de cuentas o sociedades de auditoría, incluidos los de la Unión Europea y de terceros países, en relación con las cuentas de entidades incluidas en las cuentas consolidadas, adoptará las medidas adecuadas e informará al Instituto de Contabilidad y Auditoría de Cuentas de tal circunstancia y sus causas en los plazos y forma que se determine reglamentariamente. Entre las medidas a adoptar se deberá incluir la realización de los procedimientos de auditoría necesarios para la auditoría de las cuentas consolidadas, directamente o en colaboración con otros auditores, según proceda, sobre las cuentas de las citadas entidades.

6. En el supuesto de que el auditor de cuentas consolidadas sea objeto de una inspección o investigación en relación con un trabajo de auditoría de cuentas consolidadas por parte del Instituto de Contabilidad y Auditoría de Cuentas, si es requerido para ello, pondrá a disposición de quien realice tal control o investigación toda la información que obre en su poder relativa al trabajo de auditoría realizado por otros auditores de cuentas o sociedades de auditoría, incluidos los de la Unión Europea y de terceros países, en relación con las cuentas de entidades incluidas en las cuentas consolidadas, a efectos de la auditoría de las cuentas consolidadas, incluyendo los papeles de trabajo correspondientes a los trabajos realizados por los citados otros auditores.

7. En el caso de que una entidad que forme parte del conjunto consolidable sea auditada por auditores de cuentas o sociedades de auditoría de terceros países con los que no exista acuerdo de intercambio de información sobre la base de reciprocidad, el auditor de cuentas que realice la auditoría de las cuentas anuales consolidadas, o de otros estados financieros o documentos contables consolidados, será responsable de aplicar

los procedimientos que reglamentariamente se determinen para facilitar que el Instituto de Contabilidad y Auditoría de Cuentas pueda tener acceso a la documentación del trabajo de auditoría realizado por los citados auditores de cuentas o sociedades de auditoría del tercer país, incluidos los papeles de trabajo pertinentes para la auditoría del grupo, pudiendo a tal efecto conservar una copia de esa documentación o acordar por escrito con estos auditores de cuentas o sociedades de auditoría un acceso adecuado e ilimitado para que el auditor del grupo la remita al Instituto de Contabilidad y Auditoría de Cuentas, cuando éste lo requiera. Si existieran impedimentos legales o de otro tipo que impidieran la transmisión de los papeles de trabajo de auditoría de un tercer país al auditor del grupo, la documentación conservada por este auditor incluirá la prueba de que ha aplicado los procedimientos adecuados para obtener acceso a la documentación relativa a la auditoría y, en caso de impedimentos distintos de los legales derivados de la legislación nacional, la prueba que demuestre la existencia de tales impedimentos.

8. Lo dispuesto en este artículo será de aplicación también a la sociedad de auditoría que realice la auditoría de cuentas anuales consolidadas, o de otros estados financieros o documentos contables consolidados, así como a los auditores de cuentas que la realicen en nombre de dicha sociedad.

9. Lo dispuesto en este artículo no será de aplicación a las auditorías que se realizan por los órganos públicos de control de la gestión económico-financiera del sector público sobre las cuentas anuales u otros estados financieros consolidados en los que la sociedad dominante sea una entidad pública empresarial u otra entidad de derecho público y las sociedades dominadas pudieran ser sociedades mercantiles. Este tipo de auditorías se regirá por la normativa específica del sector público.

CAPÍTULO II. Requisitos para el ejercicio de la auditoría de cuentas

Art. 8. *Registro Oficial de Auditores de Cuentas*.– 1. Podrán realizar la actividad de auditoría de cuentas las personas físicas o jurídicas que, reuniendo las condiciones a que se refieren los artículos 9 a 11, figuren inscritos en el Registro Oficial de Auditores de Cuentas del Instituto de Contabilidad y Auditoría de Cuentas, y presten la garantía financiera a que se refiere el artículo 27.

2. El Registro Oficial de Auditores de Cuentas será público y su información será accesible por medios electrónicos.

3. En el caso de auditores de cuentas, contendrá la siguiente información:

a) Nombre, dirección, número de registro y situación en la que se encuentren inscritos.

b) En el caso de estar inscrito en situación de ejerciente, se indicará el domicilio profesional, dirección de página web, y número de registro de la sociedad o sociedades de auditoría con las que está relacionado.

c) Todas las demás inscripciones como auditor de cuentas ante las autoridades competentes de otros Estados miembros y como auditor en terceros países, con indicación, de las autoridades competentes para la inscripción, y en su caso, los números de registro.

d) Las sanciones impuestas como consecuencia del ejercicio de la actividad de auditoría de cuentas, de conformidad con lo establecido en el artículo 82.

4. En el caso de las sociedades de auditoría, contendrá la siguiente información:

a) Nombre, domicilio social, forma jurídica, dirección de cada oficina en la que realice su actividad, número de registro y dirección de página web.

b) Nombre, apellidos, dirección y número de registro de cada uno de los socios, con indicación de quien o quienes ejerzan las funciones de administración o de dirección.

c) Nombre, apellidos, dirección y número de registro de los auditores de cuentas al servicio de la sociedad de auditoría, con identificación de los que estén designados expresamente para realizar auditorías y firmar informes de auditoría en nombre de la sociedad y del periodo de vigencia de dicha designación.

d) Si la sociedad está vinculada a las entidades a que se refieren los artículos 19 ó 20, deberá aportar información de los nombres y direcciones de dichas entidades, o indicación de donde puede obtenerse públicamente dicha información.

e) Todas las demás inscripciones como sociedad de auditoría ante las autoridades competentes de otros Estados miembros y de terceros países, con indicación de la autoridad competente para la inscripción y, en su caso, el número de registro.

f) En su caso, si la sociedad de auditoría está inscrita en virtud de lo establecido en el artículo 11.4, indicación del Estado miembro de origen en el que estuviera autorizado.

g) Las sanciones impuestas como consecuencia del ejercicio de la actividad de auditoría de cuentas, de conformidad con lo establecido en el artículo 82.

5. En el caso de auditores de cuentas, así como de sociedades y demás entidades de auditoría de terceros países, deberán figurar de forma separada, debiendo en todo caso identificarse como tales aquellos a que se refieren respectivamente el artículo 10.3 y el artículo 11.5, con la mención de que no están autorizados para el ejercicio de la actividad de auditoría de cuentas en España.

6. La inscripción en el Registro Oficial de Auditores de Cuentas no facultará para el ejercicio de otras actividades distintas a las previstas en el artículo 1, que requerirán las condiciones de titulación y colegiación exigidas por la legislación aplicable en cada caso.

7. Los auditores de cuentas inscritos en el Registro Oficial de Auditores de Cuentas, salvo aquellos a los que se refiere el artículo 10.3, deberán seguir cursos y realizar actividades de formación continuada, los cuales podrán ser impartidos, en la forma y

condiciones que se establezcan reglamentariamente, por las corporaciones representativas de los auditores de cuentas, las entidades docentes autorizadas u otras entidades.

Art. 9. *Autorización e inscripción en el Registro Oficial de Auditores de Cuentas.-*
1. Para ser inscrito en el Registro Oficial de Auditores de Cuentas se requerirá:

a) Ser mayor de edad.

b) Tener la nacionalidad española o la de alguno de los Estados miembros de la Unión Europea, sin perjuicio de lo que disponga la normativa sobre el derecho de establecimiento.

c) Carecer de antecedentes penales por delitos dolosos.

d) Haber obtenido la correspondiente autorización del Instituto de Contabilidad y Auditoría de Cuentas.

2. La autorización a que se refiere la letra d) del apartado 1 anterior se concederá a quienes reúnan las siguientes condiciones:

a) Haber obtenido una titulación universitaria de carácter oficial y validez en todo el territorio nacional.

No se exigirá este requisito a quienes, cumpliendo el resto de los requisitos establecidos en este apartado, hayan cursado los estudios u obtenido los títulos que faculten para el ingreso en la Universidad y adquirido la formación práctica señalada en la letra b) de este apartado, con un período mínimo de ocho años, en trabajos realizados en el ámbito financiero y contable, especialmente referidos al control de cuentas anuales, cuentas consolidadas y estados financieros análogos, de los cuales al menos cinco años hayan sido realizados con un auditor de cuentas o una sociedad de auditoría, y en el ejercicio de esta actividad en cualquier Estado miembro de la Unión Europea.

Para el cómputo del periodo de formación práctica adquirida con anterioridad a la entrada en vigor de la Ley 19/1988, de 12 de julio, de Auditoría de Cuentas la certificación de dicha formación práctica corresponderá a quienes, en aquel momento, fueran miembros en ejercicio del Instituto de Censores Jurados de Cuentas, del Registro de Economistas Auditores pertenecientes al Consejo General de Colegios de Economistas de España y del Registro General de Auditores perteneciente al Consejo Superior de Colegios Oficiales de Titulares Mercantiles de España.

b) Haber seguido programas de enseñanza teórica y adquirido una formación práctica.

Los programas de enseñanza teórica deberán versar sobre las materias a que se refiere la letra c) de este apartado.

La formación práctica deberá extenderse por un período mínimo de tres años en trabajos realizados en el ámbito financiero y contable, y se referirá especialmente a cuentas anuales, cuentas consolidadas o estados financieros análogos. Al menos, dos años de dicha formación práctica se deberán realizar con un auditor de cuentas o una sociedad de auditoría, y en el ejercicio de esta actividad en cualquier Estado miembro de la Unión Europea.

c) Haber superado un examen de aptitud profesional organizado y reconocido por el Estado.

El examen de aptitud profesional, que estará encaminado a la comprobación rigurosa de la capacitación del candidato para el ejercicio de la auditoría de cuentas, deberá versar sobre las siguientes materias: marco normativo de información financiera; análisis financiero; contabilidad analítica de costes y contabilidad de gestión; gestión de riesgos y control interno; auditoría de cuentas y normas de acceso a ésta; normativa aplicable al control de la auditoría de cuentas y a los auditores de cuentas y sociedades de auditoría; normas internacionales de auditoría; así como normas de ética e independencia. Asimismo, el citado examen deberá cubrir, en la medida en que se requieran para el ejercicio de la actividad de auditoría de cuentas, las siguientes materias: derecho de sociedades, de otras entidades y gobernanza; derecho concursal, fiscal, civil y mercantil; derecho del trabajo y de la seguridad social; tecnología de la información y sistemas informáticos; economía general, economía de la empresa y economía financiera; matemáticas y estadística, y principios fundamentales de gestión financiera de las empresas.

Quienes posean una titulación universitaria de carácter oficial y validez en todo el territorio nacional, de las reguladas en la Ley Orgánica 6/2001, de 21 de diciembre, de Universidades, quedarán dispensados en el examen de aptitud profesional de aquellas materias que hayan superado en los estudios requeridos para la obtención de dichos títulos.

3. El examen de aptitud se realizará mediante el sistema de convocatoria única, a propuesta conjunta de las Corporaciones representativas de auditores de cuentas, y subsidiariamente por el Instituto de Contabilidad y Auditoría de Cuentas, previa aprobación por este último de la respectiva convocatoria, que se publicará mediante orden del Ministro de Economía y Competitividad.

Reglamentariamente se establecerán las normas para la aprobación del contenido de los programas, la periodicidad, la composición del tribunal, en el que habrá de constar al menos un miembro de cada una de las corporaciones representativas de auditores de cuentas y el periodo de formación práctica.

4. Podrán inscribirse en el Registro Oficial de Auditores de Cuentas los empleados públicos, cuya formación y funciones desempeñadas se hallen relacionadas con la auditoría de cuentas del sector público, o que examinen o valoren la situación financiera y patrimonial y la actuación de las entidades financieras o aseguradoras, y que hayan sido seleccionados como empleados públicos mediante oposición o mediante otras pruebas establecidas al efecto que permitan constatar la formación teórica y aptitud necesaria para el ejercicio de tales funciones, cuando cumplieran los requisitos para la inscripción en el Registro Oficial de Auditores de Cuentas establecidos en este artículo.

El requisito relativo al seguimiento de programas de enseñanza teórica y el correspondiente a la superación del examen de aptitud profesional, establecidos en las letras b) y c) del apartado 2, se entenderán cumplidos mediante la superación de la oposición o de las pruebas selectivas de acceso al empleo público referidas en el párrafo precedente.

Asimismo, se entenderá cumplido el requisito de la formación práctica establecido en la letra b) del apartado 2, mediante el desempeño efectivo de trabajos correspondientes a la auditoría de cuentas anuales, cuentas consolidadas o estados financieros análogos del Sector Público, de entidades financieras o aseguradoras, durante un periodo mínimo de tres años, debidamente certificado.

5. La presentación de una declaración responsable o una comunicación previa no permitirá el ejercicio de la actividad de auditoría de cuentas. No podrá entenderse estimada por silencio administrativo la petición de acceso al Registro Oficial de Auditores de Cuentas y, por tanto, de autorización para el ejercicio de la actividad de auditoría de cuentas.

Art. 10. *Auditores de cuentas autorizados en otros Estados miembros de la Unión Europea y en terceros países.*- 1. Podrán inscribirse en el Registro Oficial de Auditores de Cuentas los auditores de cuentas autorizados para realizar la actividad de auditoría de cuentas en otros Estados miembros de la Unión Europea, en los términos que reglamentariamente se determinen.

Para obtener la autorización del Instituto de Contabilidad y Auditoría de Cuentas deberán superar una prueba de aptitud sobre la normativa española aplicable a la auditoría cuyo conocimiento no se hubiese acreditado en el Estado miembro en que el auditor de cuentas esté autorizado.

2. Podrán inscribirse en el Registro Oficial de Auditores de Cuentas los auditores de cuentas autorizados para realizar la actividad de auditoría de cuentas en terceros países, en condiciones de reciprocidad, que cumplan requisitos equivalentes a los exigidos en letras a), b) y c) del artículo 9.2, así como con la obligación de formación continuada a que se refiere el artículo 8.7.

Para obtener la autorización del Instituto de Contabilidad y Auditoría de Cuentas deberán acreditar, al menos, el cumplimiento de los requisitos establecidos en las letras a) y c) del artículo 9.1, superar una prueba de aptitud equivalente a la que se refiere el apartado anterior, en los términos que reglamentariamente se determinen, y disponer de domicilio o establecimiento permanente en España o designar a un representante con domicilio en España.

3. Sin perjuicio de lo dispuesto en la normativa de la Unión Europea, deberán en todo caso inscribirse en el Registro Oficial de Auditores de Cuentas los auditores de cuentas autorizados para realizar la actividad de auditoría de cuentas en terceros países

que emitan informes de auditoría sobre cuentas anuales o cuentas anuales consolidadas de una entidad constituida fuera de la Unión Europea y cuyos valores estén admitidos a negociación en un mercado secundario oficial en España, excepto cuando la entidad auditada emita exclusivamente obligaciones, bonos u otros títulos de deuda negociables que cumplan alguna de las siguientes condiciones:

a) Que hayan sido admitidos a negociación en un mercado secundario oficial en España antes del 31 de diciembre de 2010 y cuyo valor nominal por unidad sea de 50.000 euros como mínimo en la fecha de emisión.

b) Que hayan sido admitidos a negociación en un mercado secundario oficial en España después del 31 de diciembre de 2010 y cuyo valor nominal por unidad sea de 100.000 euros como mínimo en la fecha de emisión.

Esta excepción no se aplicará cuando la entidad emita valores que sean equiparables a las acciones de sociedades o que, si se convierten o si se ejercen los derechos que confieren, den derecho a adquirir acciones o valores equiparables a acciones.

Los auditores de cuentas a que se refiere este apartado deberán reunir las siguientes condiciones:

1.ª Cumplir los requisitos equivalentes a los exigidos en los artículos 9.1, letras a) y c), y 9.2, letras a) y b).

2.ª Designar a un representante con domicilio en España.

3.ª Realizar los informes de auditoría a los que se refiere este apartado con arreglo a las normas internacionales de auditoría adoptadas por la Unión Europea y a lo estipulado en las secciones 1.ª y 2.ª del capítulo III del título I o, en su caso, con arreglo a las normas y requisitos declarados equivalentes por la Unión Europea.

4.ª Que tengan publicado en su página web el informe anual de transparencia a que se refiere el artículo 37, o un informe que cumpla los requisitos equivalentes de información.

La inscripción en el Registro Oficial de Auditores de Cuentas de estos auditores de cuentas no les faculta para el ejercicio de la actividad de auditoría de cuentas en relación con entidades domiciliadas en España.

Sin perjuicio de lo que disponga la normativa de la Unión Europea, los informes de auditoría emitidos por estos auditores de cuentas de terceros países no registrados en el Registro Oficial de Auditores de Cuentas no tendrán eficacia jurídica en España.

Art. 11. *Sociedades de auditoría.*- 1. Podrán inscribirse en el Registro Oficial de Auditores de Cuentas como sociedades de auditoría de cuentas las sociedades mercantiles que cumplan los siguientes requisitos:

a) Que las personas físicas que realicen los trabajos y firmen los informes de auditoría en nombre de una sociedad de auditoría estén autorizadas para ejercer la actividad de auditoría de cuentas en España.

b) Que la mayoría de los derechos de voto correspondan a auditores de cuentas o sociedades de auditoría autorizados para realizar la actividad de auditoría de cuentas en cualquier Estado miembro de la Unión Europea.

c) Que una mayoría de los miembros del órgano de administración sean socios auditores de cuentas o sociedades de auditoría autorizados para realizar la actividad de auditoría de cuentas en cualquier Estado miembro de la Unión Europea.

En caso de que el órgano de administración no tenga más que dos miembros, al menos uno de ellos deberá cumplir las condiciones establecidas en este apartado.

2. Será de aplicación a las sociedades de auditoría lo dispuesto en el artículo 9.5. Asimismo, la Ley 2/2007, de 15 de marzo, de sociedades profesionales será de aplicación a las sociedades de auditoría de cuentas en cuanto no contravenga esta Ley.

3. La dirección y firma de los trabajos de auditoría realizados por una sociedad de auditoría de cuentas corresponderá, en todo caso, a uno o varios auditores de cuentas que pueden ejercer la actividad de auditoría en España y que estén designados por la sociedad de auditoría como auditores principales responsables para realizar la auditoría, así como para firmar el informe en nombre de dicha sociedad.

4. Podrán inscribirse en el Registro Oficial de Auditores de Cuentas las sociedades de auditoría de cuentas autorizadas en otro Estado miembro de la Unión Europea, que pretendan ejercer la auditoría en España, siempre que el auditor principal responsable o los auditores principales responsables que realicen la auditoría figuren inscritos en situación de ejerciente en el Registro Oficial de Auditores de Cuentas. La autorización en otro Estado miembro podrá exigirse mediante la acreditación de un certificado emitido por la correspondiente autoridad competente dentro de los tres meses anteriores a la solicitud.

La inscripción de estas sociedades se comunicará a las autoridades competentes de los Estados miembros de origen. Las retiradas de autorización de sociedades inscritas en el Registro Oficial de Auditores de Cuentas, cuando también estuvieran inscritas en otro Estado miembro, serán comunicadas al Estado miembro de acogida, con indicación de la causa de la misma.

5. En todo caso deberán estar inscritas en el Registro Oficial de Auditores de Cuentas las sociedades y demás entidades de auditoría autorizadas para realizar la actividad de auditoría de cuentas de terceros países que emitan informes de auditoría en relación a las cuentas anuales a que se refiere el artículo 10.3. En estos casos, se exigirá a quienes firmen los informes en nombre de la entidad el cumplimiento de los requisitos establecidos en el citado artículo.

Para estar inscritas en el Registro Oficial de Auditores de Cuentas, estas sociedades y demás entidades de auditoría deberán cumplir las siguientes condiciones:

a) Que el auditor de cuentas que firme el informe de auditoría en nombre de éstas y la mayoría de los miembros de su órgano de administración cumplan con los requisitos equivalentes a los exigidos en las letras a) y c) del artículo 9.1 y en las letras a) y b) del artículo 9.2.

b) Que los informes de auditoría a que se refiere este apartado se realicen con arreglo a las normas internacionales de auditoría adoptadas por la Unión Europea y a lo estipulado en las secciones 1.ª y 2.ª del capítulo III del título I, o en su caso, con arreglo a las normas y requisitos declarados equivalentes por la Unión Europea.

c) Que designen un representante con domicilio en España.

d) Que tengan publicado en sus páginas web el informe anual de transparencia a que se refiere el artículo 37, o un informe que cumpla los requisitos equivalentes de información.

Los informes de auditoría emitidos por las sociedades y demás entidades de auditoría a que se refiere este apartado no inscritas, no tendrán eficacia jurídica en España, sin perjuicio de lo que disponga la normativa de la Unión Europea.

La inscripción en el Registro Oficial de Auditores de Cuentas de estas sociedades y demás entidades de auditoría no les faculta para el ejercicio de la actividad de auditoría en relación con entidades domiciliadas en España.

Las sociedades y demás entidades de auditoría a que se refiere este apartado causarán baja en el Registro Oficial de Auditores de Cuentas cuando incumplan alguno de los requisitos establecidos en este apartado, por renuncia voluntaria o por sanción.

> Téngase en cuenta que de acuerdo con el apartado 2 de la Disp. Final 14.ª de la presente Ley, el presente art. 11, en relación con los requisitos exigidos a las sociedades de auditoría, entró en vigor al día siguiente de la publicación de esta Ley en el «Boletín Oficial del Estado», esto es, 22 de julio de 2015.
>
> Por su parte, la Disp. Ad. 6.ª de la presente Ley establece en su párrafo 1.º que «las sociedades de auditoría deberán realizar las correspondientes modificaciones para adaptarse a lo exigido en el artículo 11 en el plazo de un año desde la fecha de publicación de esta Ley en el «Boletín Oficial del Estado» (21 de julio de 2015) y en su párrafo 2.º que «en caso de que las sociedades de auditoría no se hubieran modificado antes de dicha fecha, el Instituto de Contabilidad y Auditoría de Cuentas procederá a darles de baja de oficio del Registro Oficial de Auditores de Cuentas».

Art. 12. *Baja en el Registro Oficial de Auditores de Cuentas.*– 1. Los auditores de cuentas causarán baja temporal o definitiva, según los casos, en el Registro Oficial de Auditores de Cuentas, en los siguientes supuestos:

a) Por incumplimiento de cualquiera de los requisitos establecidos en los artículos 9 y 10. Dicho incumplimiento deberá ser comunicado por los auditores de cuentas al Instituto de Contabilidad y Auditoría de Cuentas.

b) Por renuncia voluntaria.

c) Por sanción.

2. Además de por los mismos supuestos que se indican en el apartado anterior, las sociedades de auditoría causarán baja temporal o definitiva, según los casos, en el

Registro Oficial de Auditores de Cuentas, cuando incumplan alguno de los requisitos establecidos en el artículo 11.1, así como por no mantener la garantía financiera prevista en el artículo 27.

Las sociedades de auditoría deberán comunicar al Instituto de Contabilidad y Auditoría de Cuentas el incumplimiento de los requisitos exigidos en el artículo 11 para su inscripción en el Registro Oficial de Auditores de Cuentas.

Tal incumplimiento dará lugar a la baja en dicho Registro cuando se mantenga durante un tiempo superior a tres meses. Excepcionalmente, el Instituto de Contabilidad y Auditoría de Cuentas, a solicitud de la sociedad de auditoría, podrá prorrogar el plazo anterior por un período de hasta otros tres meses cuando se acrediten circunstancias suficientes que lo justifiquen.

No obstante, antes de que transcurran los tres meses de prórroga, el Instituto de Contabilidad y Auditoría de Cuentas podrá efectuar requerimientos para la subsanación o cumplimiento de los requisitos exigidos en este artículo en un plazo determinado, que de no ser atendidos, podrán dar lugar a la baja en el Registro Oficial de Auditores de Cuentas.

CAPÍTULO III. Ejercicio de la actividad de auditoría de cuentas

Téngase en cuenta que, de acuerdo con la Disp. Final 14.ª de la presente Ley, lo previsto en este Capítulo III, en relación con la realización de trabajos de auditoría de cuentas y la emisión de los informes correspondientes, es de aplicación a los trabajos de auditoría sobre cuentas anuales correspondientes a ejercicios económicos que se inicien a partir del 17 de junio de 2016, así como a los de otros estados financieros o documentos contables correspondientes a dicho ejercicio económico.

Sección 1.ª Escepticismo y juicio profesionales

Art. 13. Escepticismo y juicio profesionales.– 1. En la realización de cualquier trabajo de auditoría de cuentas, el auditor de cuentas deberá actuar con escepticismo y aplicar su juicio profesional en los términos previstos en esta sección y el resto de la normativa reguladora de la actividad de auditoría de cuentas.

2. Se entiende por escepticismo profesional la actitud que implica mantener siempre una mente inquisitiva y especial alerta ante cualquier circunstancia que pueda indicar una posible incorrección en las cuentas anuales auditadas, debida a error o fraude, y examinar de forma crítica las conclusiones de auditoría.

Esta actitud supone reconocer la posibilidad de que existan incorrecciones materiales en las cuentas anuales objeto de auditoría, incluyendo fraudes o errores, sea cual fuere la experiencia anterior del auditor de cuentas en relación con la honestidad e integridad de los responsables de la administración y de los directivos de la entidad auditada.

En particular, el auditor de cuentas o la sociedad de auditoría mantendrán una actitud de escepticismo profesional:

a) Cuando revisen las estimaciones de la dirección de la entidad relativas al valor razonable, al deterioro de activos y provisiones y a los futuros flujos de tesorería determinantes de la capacidad de la entidad para seguir como empresa en funcionamiento.

b) Cuando realicen la evaluación crítica de la evidencia de auditoría obtenida, lo que implica cuestionar la evidencia de auditoría contradictoria, la suficiencia y adecuación de la evidencia obtenida, y la fiabilidad e integridad de los documentos, de las respuestas y otra información procedentes de la entidad auditada.

3. Se entiende por juicio profesional la aplicación competente, adecuada y congruente con las circunstancias que concurran, de la formación práctica, el conocimiento y la experiencia del auditor de cuentas de conformidad con las normas de auditoría, de ética y del marco normativo de información financiera que resulten de aplicación para la toma de decisiones en la realización de un trabajo de auditoría de cuentas.

La aplicación del juicio profesional debe documentarse adecuadamente. No se admitirá la mera remisión al juicio profesional como justificación de decisiones que, de otra forma, no estén respaldadas por los hechos o circunstancias concurrentes en el trabajo, por la evidencia de auditoría obtenida o que no sean conformes con lo establecido en la normativa citada en el párrafo anterior.

Sección 2.ª Independencia

Art. 14. *Principio general de independencia.*– 1. Los auditores de cuentas y las sociedades de auditoría deberán ser independientes, en el ejercicio de su función, de las entidades auditadas, debiendo abstenerse de actuar cuando su independencia en relación con la revisión y verificación de las cuentas anuales, los estados financieros u otros documentos contables se vea comprometida.

2. Los auditores de cuentas y las sociedades de auditoría, así como toda persona en condiciones de influir directa o indirectamente en el resultado de la auditoría, deberán abstenerse de participar de cualquier manera en la gestión o toma de decisiones de la entidad auditada. No se considerará participación en la gestión o toma de decisiones de la entidad auditada las comunicaciones efectuadas durante la realización del trabajo de auditoría que sean necesarias para el cumplimiento de la normativa reguladora de la actividad de auditoría de cuentas o las derivadas de actuaciones exigidas por otras disposiciones de rango legal.

3. En todo caso, los auditores de cuentas y sociedades de auditoría deberán abstenerse de realizar la auditoría de cuentas de una entidad en aquellos supuestos en que incurran en alguna causa de incompatibilidad de las previstas en los artículos 16 a 20 o de las situaciones contempladas en los artículos 23, 25, 39 y 41.

4. En particular, no podrán participar ni influir, de ninguna manera en el resultado del trabajo de auditoría de cuentas de una entidad, aquellas personas que tengan una relación laboral, comercial o de otra índole con la entidad auditada, que pueda generar un conflicto de intereses o ser percibida, generalmente, como causante de un conflicto de intereses.

5. El Instituto de Contabilidad y Auditoría de Cuentas es el organismo encargado de velar por el adecuado cumplimiento del deber de independencia, así como de valorar en cada trabajo concreto la posible falta de independencia de un auditor de cuentas o sociedad de auditoría.

Art. 15. *Identificación de amenazas y adopción de medidas de salvaguarda.*- 1. A efectos de lo establecido en esta sección, los auditores de cuentas y las sociedades de auditoría deberán establecer los procedimientos necesarios para detectar e identificar las amenazas a su citada independencia, evaluarlas y, cuando sean significativas, aplicar las medidas de salvaguarda adecuadas y suficientes para eliminarlas o reducirlas a un nivel aceptablemente bajo que no comprometa su independencia.

2. Las amenazas a la independencia podrán proceder de factores como la autorrevisión, interés propio, abogacía, familiaridad o confianza, o intimidación, derivados de la existencia de conflictos de intereses o de alguna relación comercial, financiera, laboral, familiar o de otra clase, ya sea directa o indirecta, real o potencial.

Si la importancia de estos factores en relación con las medidas de salvaguarda aplicadas es tal que compromete su independencia, el auditor de cuentas o la sociedad de auditoría se abstendrán de realizar la auditoría.

3. Los procedimientos de detección e identificación de amenazas y las medidas de salvaguarda serán adecuados a la dimensión de la actividad de auditoría del auditor de cuentas o de la sociedad de auditoría, serán objeto de revisión periódica y se aplicarán de manera individualizada, en su caso, para cada trabajo de auditoría, debiendo documentarse en los papeles de trabajo de cada auditoría de cuentas.

4. Las situaciones y amenazas a que se refieren los apartados anteriores podrán generarse, igualmente, cuando concurran en las personas o entidades a que se refieren los artículos 18, 19 y 20.

Art. 16. *Causas de incompatibilidad.*- 1. En todo caso, se considerará que el auditor de cuentas o la sociedad de auditoría no goza de la suficiente independencia en el ejercicio de sus funciones respecto de una empresa o entidad, además de en los supuestos de incompatibilidad previstos en otras leyes, cuando concurra alguna de las siguientes circunstancias en el auditor de cuentas, la sociedad de auditoría o en los auditores principales responsables del trabajo de auditoría:

a) Circunstancias derivadas de situaciones personales:

1.º Tener la condición de miembro del órgano de administración, de directivo o de apoderado que tenga otorgado a su favor un poder general de la entidad auditada o desempeñar puestos de empleo en la entidad auditada. También concurrirá esta circunstancia respecto del responsable del área económica financiera y de quién desempeñe funciones de supervisión o control interno en la entidad auditada, cualquiera que sea el vínculo que tengan con dicha entidad.

2.º Tener interés significativo directo en la entidad auditada derivado de un contrato o de la propiedad de un bien o de la titularidad de un derecho. En todo caso, se entenderá que existe tal interés en el supuesto de poseer instrumentos financieros de la entidad auditada o de una entidad vinculada a ésta cuando, en este último caso, sean significativos para cualquiera de las partes.

A efectos de lo dispuesto en este número, se exceptúan los intereses que se posean de forma indirecta a través de instituciones de inversión colectiva diversificada.

3.º Realizar cualquier tipo de operación relacionada con instrumentos financieros emitidos, garantizados o respaldados de cualquier otra forma por la entidad auditada.

A efectos de lo dispuesto en este número, se exceptúan los instrumentos financieros que se posean de forma indirecta a través de instituciones de inversión colectiva diversificada.

4.º Solicitar o aceptar obsequios o favores de la entidad auditada, salvo que su valor sea insignificante o intrascendente.

b) Circunstancias derivadas de servicios prestados:

1.º La prestación a la entidad auditada de servicios de contabilidad o preparación de los registros contables o los estados financieros.

2.º La prestación a la entidad auditada de servicios de valoración, salvo que se cumplan los siguientes requisitos:

i. Que no tengan un efecto directo o tengan un efecto de poca importancia relativa, por separado o de forma agregada, en los estados financieros auditados;

ii. Que la estimación del efecto en los estados financieros auditados esté documentada de forma exhaustiva en los papeles de trabajo correspondientes al trabajo de auditoría.

3.º La prestación de servicios de auditoría interna a la entidad auditada, salvo que el órgano de gestión de la entidad auditada sea responsable del sistema global de control interno, de la determinación del alcance, riesgo y frecuencia de los procedimientos de auditoría interna, de la consideración y ejecución de los resultados y recomendaciones proporcionadas por la auditoría interna.

4.º La prestación de servicios de abogacía simultáneamente para la entidad auditada, salvo que dichos servicios se presten por personas jurídicas distintas y con consejos de administración diferentes, y sin que puedan referirse a la resolución de litigios sobre cuestiones que puedan tener una incidencia significativa, medida en términos de importancia relativa, en los estados financieros correspondientes al período o ejercicio auditado.

5.º La prestación a la entidad auditada de servicios de diseño y puesta en práctica de procedimientos de control interno o de gestión de riesgos relacionados con la elaboración o control de la información financiera, o del diseño o aplicación de los sistemas informáticos de la información financiera, utilizados para generar los datos integrantes de los estados financieros de la entidad auditada, salvo que ésta asuma la responsabilidad del sistema global de control interno o el servicio se preste siguiendo las especificaciones establecidas por dicha entidad, la cual debe asumir también la responsabilidad del diseño, ejecución, evaluación y funcionamiento del sistema.

2. A los efectos de lo dispuesto en este artículo, las menciones a los estados financieros se entenderán realizadas al resto de documentos a que se refiere el artículo 1.2, cuando sean objeto de auditoría.

Art. 17. *Extensiones subjetivas a entidades vinculadas o con una relación de control con la entidad auditada*.- 1. Se considerará que el auditor de cuentas o la sociedad de auditoría no gozan de la suficiente independencia en el ejercicio de sus funciones cuando concurran en las entidades vinculadas con la entidad auditada las circunstancias de incompatibilidad personales previstas en el artículo 16.1.a).

2. La prestación de los servicios previstos en el artículo 16.1.b) únicamente determinarán la incompatibilidad del auditor o de la sociedad de auditoría cuando se presten a otras entidades con las que la entidad auditada tenga una relación de control.

Art. 18. *Incompatibilidades derivadas de situaciones que concurren en familiares de los auditores principales responsables*.- 1. Se considerará que el auditor de cuentas o la sociedad de auditoría no gozan de la suficiente independencia en el ejercicio de sus funciones respecto a una entidad auditada, cuando concurran en los familiares del auditor o auditores principales responsables del trabajo de auditoría a que se refiere el artículo 3.6, letras a) y b), las circunstancias contempladas en el artículo 16.

Esta previsión también se aplicará cuando las circunstancias de incompatibilidad derivadas de situaciones personales o de servicios prestados se aprecien respectivamente en relación con las entidades vinculadas o controladas por la entidad auditada a que se refiere el artículo anterior.

2. A los efectos de lo previsto en el apartado anterior, las circunstancias de incompatibilidad se apreciarán teniendo en cuenta las siguientes particularidades:

a) Respecto a las derivadas de la condición ostentada o puesto desempeñado conforme al artículo 16.1.a).1.º:

1.º En todo caso, si el familiar tiene la condición de miembro del consejo de administración de la entidad auditada, su entidad dominante o de una entidad respecto de la cual la entidad auditada ejerza control o influencia significativa.

2.º Si desempeña puestos de empleo, éstos habrán de afectar a la elaboración de información significativa, medida en términos de importancia relativa, que contengan los estados financieros u otros documentos contables de la entidad auditada.

3.º En los demás supuestos, existirá incompatibilidad cuando se produzcan en la entidad auditada, en su entidad dominante o en una entidad respecto de la cual la entidad auditada ejerza control o influencia significativa, en términos de importancia relativa, para la entidad auditada.

b) Respecto a las resultantes de poseer instrumentos financieros conforme a lo previsto en el artículo 16.1.a).2.º:

1.º Cuando los familiares con vínculos estrechos del auditor o auditores principales responsables posean instrumentos financieros de la entidad auditada. Si los instrumentos fuesen de una entidad vinculada, deberán ser significativos.

2.º Cuando el resto de familiares posean instrumentos financieros que sean significativos de la entidad auditada, de su entidad dominante o de una entidad vinculada respecto de la cual la entidad auditada ejerza control o influencia significativa, en términos de importancia relativa, para la entidad auditada.

En el caso de que los cónyuges de estos familiares posean instrumentos financieros de una entidad vinculada de las contempladas en el párrafo anterior, existirá incompatibilidad cuando, conforme a lo previsto reglamentariamente, sean muy significativos.

c) Respecto a la realización de operaciones relacionadas con instrumentos financieros prevista en el artículo 16.1.a).3.º:

1.º Cuando los familiares con vínculos estrechos del auditor o auditores principales responsables realicen operaciones con los instrumentos financieros emitidos, garantizados o respaldados de cualquier otra forma por la entidad auditada, de su entidad dominante o de una entidad vinculada respecto de la cual la entidad auditada ejerza control o influencia significativa y sea significativa, en términos de importancia relativa, para la entidad auditada.

2.º Cuando el resto de familiares realicen operaciones con instrumentos financieros emitidos, garantizados o respaldados de cualquier otra forma por la entidad auditada, y el volumen de las operaciones sea significativo o, si se tratase de los cónyuges de estos familiares, muy significativo.

d) Respecto a las circunstancias de incompatibilidad relativas a la prestación de servicios previstas en el artículo 16.1 b), se entenderá que existe incompatibilidad en el caso de que se produzcan en la entidad auditada, en su entidad dominante o en una entidad respecto de la cual la entidad auditada ejerza control y sea significativa, en términos de importancia relativa, para la entidad auditada.

Art. 19. *Incompatibilidades derivadas de situaciones que concurren en personas o entidades relacionadas directamente con el auditor de cuentas o sociedad de auditoría.–* 1. Se considerará que el auditor de cuentas o la sociedad de auditoría no gozan de la suficiente independencia en el ejercicio de sus funciones respecto a una entidad auditada, cuando concurran las circunstancias previstas en el artículo 16 o en otras leyes en las siguientes personas o entidades:

a) Las personas, distintas de los auditores principales responsables, sean auditores o no y formen o no parte de la organización del auditor o sociedad de auditoría, que participen o tengan capacidad para influir en el resultado final de la auditoría de cuentas, o responsabilidad de supervisión o gestión en la realización del trabajo de auditoría y puedan influir directamente en su valoración y resultado final.

b) Las personas, distintas de las citadas en la letra anterior, que formen parte del equipo del encargo, ya sean empleados o ya presten servicios a disposición del auditor de cuentas o la sociedad de auditoría.

c) Los socios de la sociedad de auditoría, así como los auditores de cuentas o sociedades de auditoría con los que tuvieran cualquier vinculación directa o indirecta, que no estén incluidos en las letras anteriores. A efectos de considerar la existencia de vinculación directa o indirecta con los auditores de cuentas o sociedades de auditoría se aplicará lo establecido en el artículo 3.15, en relación con las entidades vinculadas a la entidad auditada, así como la existencia de socios comunes.

d) Las personas, distintas de las citadas en las letras anteriores, que sean empleados o cuyos servicios estén a disposición o bajo control del auditor de cuentas o la sociedad de auditoría y que intervengan directamente en las actividades de auditoría.

Esta previsión también se aplicará cuando concurran en las personas o entidades a que se refiere este apartado las circunstancias de incompatibilidad derivadas de situaciones personales o servicios prestados respectivamente en relación con las entidades vinculadas o controladas por la entidad auditada a que se refiere el artículo 17.

2. A efectos de lo previsto en el apartado anterior, las circunstancias de incompatibilidad se apreciarán teniendo en cuenta las siguientes particularidades:

a) Respecto a las derivadas de la condición ostentada o puesto desempeñado conforme a lo dispuesto en el artículo 16.1.a).1.º:

1.º Cuando concurran en las personas a que se refiere el apartado 1, letra d), existirá incompatibilidad si afecta a la entidad auditada, a su entidad dominante o a una entidad vinculada respecto de la cual la entidad auditada ejerza control o influencia significativa y sea, en términos de importancia relativa, significativa para la entidad auditada. En todo caso, existirá situación de incompatibilidad cuando tengan la condición de miembros del órgano de administración.

2.º En el caso de los familiares con vínculos estrechos de las personas a que se refiere el apartado 1, solo existirá incompatibilidad si fuesen administradores o responsables del área económica-financiera de la entidad auditada, de su entidad dominante o de una entidad vinculada respecto de la cual la entidad auditada ejerza control o influencia significativa y sea, en términos de importancia relativa, significativa para la entidad auditada.

No obstante, en el caso de los familiares con vínculos estrechos de las personas a que se refieren las letras c) y d) del apartado 1, solo existirá incompatibilidad cuando, por razón de la estructura y dimensión de la sociedad de auditoría, pueda existir relación con posibles efectos o influencia en el resultado del trabajo de auditoría.

b) Respecto a las resultantes de poseer instrumentos financieros conforme a lo previsto en el artículo 16.1.a).2.º

1.º Cuando las personas a que se refieren las letras c) y d) del apartado 1 y sus familiares con vínculos estrechos posean instrumentos financieros significativos de la entidad auditada, de su entidad dominante o de una entidad vinculada respecto de la cual la entidad auditada ejerza control o influencia significativa y dicha entidad sea significativa, en términos de importancia relativa, para la entidad auditada.

2.º Cuando concurran en los familiares con vínculos estrechos de las personas a que se refieren las letras a) y b) del apartado 1.

c) Respecto a la realización de operaciones relacionadas con instrumentos financieros prevista en el artículo 16.1.a).3.º

1.º Cuando los familiares con vínculos estrechos de las personas a que se refieren las letras a) y b) del apartado 1, realicen operaciones con los instrumentos financieros emitidos, garantizados o respaldados de cualquier otra forma por la entidad auditada, por su entidad dominante o por una entidad vinculada respecto de la cual la entidad auditada ejerza control o influencia significativa y sea significativa, en términos de importancia relativa, para la entidad auditada.

2.º Cuando los familiares con vínculos estrechos de las personas a que se refieren las letras c) y d) del apartado 1, realicen operaciones con los instrumentos financieros emitidos, garantizados o respaldados de cualquier otra forma por la entidad auditada, y el volumen de las operaciones sea significativo.

d) Respecto a las resultantes de solicitar o aceptar obsequios o favores de la entidad auditada conforme a lo previsto en el artículo 16.1.a).4.º, cuando concurran en los familiares con vínculos estrechos de las personas a que se refieren las letras a) y b) del apartado 1.

e) Respecto a las circunstancias de incompatibilidad relativas a la prestación deservicios previstas en el artículo 16.1.b):

1.º Cuando concurran en las personas a que se refiere la letra d) del apartado 1, existirá incompatibilidad en el caso de que se produzcan en la entidad auditada, en su entidad dominante o en una entidad respecto de la cual la entidad auditada ejerza control y sea significativa, en términos de importancia relativa, para la entidad auditada.

2.º Cuando los familiares con vínculos estrechos de las personas a que se refiere el apartado 1 presten servicios de contabilidad o de preparación de los registros contables o estados financieros a la entidad auditada o a una entidad respecto de la cual la entidad auditada ejerza control y sea significativa, en términos de importancia relativa, para la entidad auditada.

No obstante, cuando se trate de familiares de las personas a que se refieren las letras c) y d) del apartado 1, solo existirá incompatibilidad cuando, por razón de la estructura y dimensión de la sociedad de auditoría, pueda existir relación con posibles efectos o influencia en el resultado del trabajo de auditoría.

Art. 20. *Incompatibilidades derivadas de situaciones que concurren en otras personas o entidades pertenecientes a la red del auditor o la sociedad de auditoría.-* 1. Se considerará que el auditor de cuentas o la sociedad de auditoría no gozan de la suficiente independencia en el ejercicio de sus funciones respecto a una entidad auditada, cuando las circunstancias contempladas en el artículo 16 o en otras leyes concurran en las personas o entidades, excluidas las personas o entidades a que se refiere el artículo anterior, con las que formen una misma red los auditores principales responsables a que se refiere el artículo 3.6, letras a) y b), o la sociedad de auditoría en cuyo nombre se realice la auditoría.

A efectos de lo dispuesto en este apartado las personas de la red del auditor o sociedad de auditoría que podrán originar una situación de incompatibilidad se limitarán, con carácter general, a las que tengan la condición de socio, administrador, secretario del órgano de administración o apoderado con mandato general en una entidad perteneciente a dicha red.

Esta previsión también se aplicará cuando concurran las circunstancias de incompatibilidad derivadas de situaciones personales o servicios prestados respectivamente en relación con las entidades vinculadas o controladas por la entidad auditada a que se refiere el artículo 17, siempre que la entidad auditada ejerza control o influencia significativa y aquellas sean, en términos de importancia relativa, significativas para la entidad auditada.

2. A efectos de lo previsto en el apartado anterior, las circunstancias de incompatibilidad se apreciarán teniendo en cuenta las siguientes particularidades:

a) Respecto a las derivadas de la condición ostentada o puesto desempeñado conforme al artículo 16.1.a).1.º:

1.º Si las personas o entidades a que se refiere el apartado 1 ejercen cargo directo o desempeñan puestos de empleo, habrán de afectar a la elaboración de información significativa, medida en términos de importancia relativa, contenida en los estados financieros u otros documentos contables de la entidad auditada.

2.º En el caso de que sus familiares con vínculos estrechos fuesen administradores o responsables del área económica-financiera de la entidad auditada, cuando, por razón de la estructura y dimensión de la sociedad de auditoría, pueda existir relación con posibles efectos o influencia en el resultado del trabajo de auditoría.

b) Respecto a las resultantes de poseer instrumentos financieros conforme a lo previsto en el artículo 16.1.a).2.º, existirá incompatibilidad cuando las personas o entidades a que se refiere el apartado 1 posean instrumentos financieros significativos de la entidad auditada, de su entidad dominante o de una entidad respecto de la cual la entidad auditada ejerza control o influencia significativa, siempre y cuando, por razón de la estructura y dimensión conjunta de la sociedad de auditoría y de las entidades pertenecientes a la red, pueda existir relación con posibles efectos o influencia en el resultado del trabajo de auditoría.

c) No será aplicable la causa de incompatibilidad relativa a la solicitud o aceptación de obsequios prevista en el artículo 16.1.a).4.º

d) Respecto a los servicios prestados previstos en el artículo 16.1.b), existirá incompatibilidad si los familiares con vínculos estrechos de las personas a que se refiere el apartado 1 prestan servicios de contabilidad o de preparación de los registros contables o estados financieros a la entidad auditada, siempre que, por razón de la estructura y dimensión de la sociedad de auditoría, pueda existir relación con posibles efectos o influencia en el resultado del trabajo de auditoría.

Art. 21. *Periodo de vigencia de las incompatibilidades.*– 1. Existirá una situación de incompatibilidad derivada de la prestación de servicios cuando dichos servicios se presten en el periodo comprendido desde el inicio del ejercicio al que correspondan las cuentas anuales, los estados financieros u otros documentos contables auditados, hasta la fecha en que el auditor de cuentas o la sociedad de auditoría finalice el trabajo de auditoría.

En el caso de las incompatibilidades derivadas de situaciones personales, se entenderá que existen cuando estas se produzcan en el período comprendido desde el inicio del primer año anterior al ejercicio al que correspondan las cuentas anuales, los estados financieros u otros documentos contables auditados, hasta la fecha en que el auditor de cuentas o la sociedad de auditoría finalice el trabajo de auditoría.

Sin perjuicio de lo anterior, en el supuesto de que se trate de incompatibilidades derivadas del artículo 16.1.a).2.º, deberá resolverse la situación de incompatibilidad con anterioridad a la aceptación del nombramiento como auditor de cuentas.

2. En el supuesto de que la posesión de instrumentos financieros a que se refiere el artículo 16.1.a).2.º se produzca de forma sobrevenida con posterioridad a la aceptación del encargo, el auditor de cuentas o sociedad de auditoría deberá proceder a liquidar, deshacer o eliminar dicho interés financiero en el plazo de un mes desde que tuvo co-

nocimiento de tal circunstancia. Si no pudiese resolverse el citado interés en el plazo anterior por circunstancias no imputables al auditor, éste podrá ampliarse, si bien el interés debe estar resuelto, en todo caso, antes de la emisión del informe de auditoría. De no proceder en tal sentido deberán abstenerse de realizar el trabajo de auditoría y efectuar las comunicaciones previstas en el artículo 5.2.

Cuando, una vez aceptado un encargo, la entidad auditada sea adquirida, se fusione o adquiera otra entidad, el auditor de cuentas o sociedad de auditoría deberá identificar y evaluar los intereses, relaciones o situaciones con la entidad, a fin de determinar si su independencia pudiera verse comprometida. En el plazo más breve posible y, en todo caso, antes de tres meses, el auditor adoptará las medidas necesarias para eliminar las relaciones o intereses que comprometieran su independencia o para reducir las amenazas a un nivel aceptablemente bajo para que ésta no resulte comprometida.

3. El periodo de cómputo a que se refiere este artículo será de aplicación en los supuestos a que se refieren los artículos 17, 18, 19 y 20, con las particularidades que en dichos artículos se contemplen.

> La Disp. Final 14.ª, apartado 3.a), establece que entrará en vigor el 1 de enero de 2016 el artículo 21.1, primer párrafo, en relación con el periodo de vigencia de las incompatibilidades.

Art. 22. *Régimen de contratación*.– 1. Los auditores de cuentas y las sociedades de auditoría serán contratados por un período de tiempo determinado inicialmente, que no podrá ser inferior a tres años ni superior a nueve a contar desde la fecha en que se inicie el primer ejercicio a auditar, pudiendo ser contratados por periodos máximos sucesivos de hasta tres años una vez que haya finalizado el periodo inicial.

Si una vez finalizado el periodo de contratación inicial o la prórroga del mismo, ni el auditor de cuentas o la sociedad de auditoría ni la entidad auditada manifestaren su voluntad en contrario antes de la fecha de aprobación de las cuentas anuales auditadas correspondientes al último período contratado o prorrogado, el contrato quedará tácitamente prorrogado por un plazo de tres años.

2. Durante el periodo inicial, o el período de prórroga del contrato inicial, no podrá rescindirse el contrato sin que medie justa causa. Las divergencias de opiniones sobre tratamientos contables o procedimientos de auditoría no son justa causa. En todo caso, los auditores de cuentas y la entidad auditada deberán comunicar al Instituto de Contabilidad y Auditoría de Cuentas la rescisión del contrato de auditoría.

Los accionistas que ostenten más del cinco por ciento del capital social o de los derechos de voto de la entidad auditada o el órgano de administración de dicha entidad podrán solicitar al juez de primera instancia del domicilio social de la entidad la revocación del auditor designado por la junta general y el nombramiento de otro, cuando concurra justa causa.

3. Cuando las auditorías de cuentas no fueran obligatorias, no serán de aplicación las limitaciones temporales de contratación establecidas en el apartado 1 de este artículo.

4. Serán nulos de pleno derecho los acuerdos o cláusulas contractuales o estatutarias que pudieran restringir o limitar la selección, el nombramiento y la contratación por parte de los órganos competentes de la entidad de cualquier auditor de cuentas o sociedad de auditoría inscritos en el Registro Oficial de Auditores de Cuentas.

Art. 23. *Prohibiciones posteriores a la finalización del trabajo de auditoría.*– 1. Sin perjuicio de otros supuestos de prohibición contemplados en otras leyes, durante el año siguiente a la finalización del trabajo de auditoría de cuentas correspondiente, los auditores principales responsables del trabajo de auditoría y las sociedades de auditoría en cuyo nombre se realice la auditoría no podrán formar parte de los órganos de administración o de dirección de la entidad auditada ni de las entidades con las que ésta tenga una relación de control, ni ocupar puesto de trabajo, ni tener interés financiero directo o indirecto en dichas entidades si, en cualquiera de los casos, es significativo para cualquiera de las partes.

2. La prohibición a que se refiere el apartado anterior será de aplicación a las siguientes personas:

a) Los auditores, socios o no, distintos a los auditores principales responsables del trabajo de auditoría, de la sociedad de auditoría que tengan responsabilidad de supervisión o gestión en la realización del trabajo de auditoría y puedan influir directamente en su valoración y resultado final.

b) Quienes formen parte del equipo de encargo del trabajo de auditoría cuando tengan la condición de auditores de cuentas, únicamente en relación con la entidad auditada.

c) Los socios de la sociedad de auditoría y a los auditores designados para realizar auditorías en nombre de ésta que no hayan intervenido o tenido capacidad de influir en el trabajo de auditoría, salvo que dejen de tener cualquier vinculación o interés con la sociedad de auditoría antes de entrar a formar parte de los referidos órganos, de ocupar puesto de trabajo en la entidad auditada o antes de tener interés financiero y siempre y cuando la objetividad no pueda verse comprometida por la existencia de posibles influencias recíprocas entre dichos socios y el auditor firmante o la sociedad de auditoría.

3. El incumplimiento de la prohibición llevará aparejada la incompatibilidad de los auditores de cuentas y a las sociedades de auditoría a los que se refiere este artículo, para la realización de los trabajos de auditoría de la entidad auditada o de las sociedades que forman parte del grupo en los términos del artículo 42 del Código de Comercio, a partir del momento en que se incumpla dicha prohibición y en los dos años siguientes.

4. Lo establecido en este artículo no será de aplicación cuando el interés financiero derive de causas sobrevenidas no imputables al auditor de cuentas, o se adquiera en condiciones normales de mercado por el auditor de cuentas, o por el socio de la sociedad de auditoría o auditor designado para realizar auditorías en nombre de ésta, siempre que, en estas situaciones, haya dejado de tener cualquier vinculación o tipo de interés en la sociedad de auditoría.

Art. 24. *Honorarios y transparencia en la remuneración de los auditores de cuentas y de las sociedades de auditoría.*- 1. Los honorarios correspondientes a los servicios de auditoría se fijarán, en todo caso, antes de que comience el desempeño de sus funciones y para todo el periodo en que deban desempeñarlas. Los citados honorarios no podrán estar influidos o determinados por la prestación de servicios adicionales a la entidad auditada. No podrán tener carácter contingente ni basarse en ningún tipo de condición distinta a cambios en las circunstancias que sirvieron de base para la fijación de los honorarios. Por el ejercicio de dicha función, ni los auditores de cuentas ni las sociedades de auditoría podrán percibir otra remuneración o ventaja.

A estos efectos, se entenderán por honorarios contingentes en un encargo de auditoría aquellos en los que la remuneración se calcula con arreglo a una fórmula preestablecida en función de los resultados de una transacción o del propio trabajo de auditoría. No se considerarán contingentes los honorarios establecidos por resolución judicial o por las autoridades correspondientes.

2. Los auditores de cuentas y sociedades de auditoría deberán comunicar al Instituto de Contabilidad y Auditoría de Cuentas anualmente las horas y honorarios facturados a cada entidad auditada, distinguiendo las que corresponden a servicios de auditoría de cuentas y otros servicios, así como cualquier otra información que precise el Instituto de Contabilidad y Auditoría de Cuentas para el ejercicio de sus funciones.

Art. 25. *Causas de abstención por honorarios percibidos.*- 1. Cuando los honorarios devengados derivados de la prestación de servicios de auditoría y distintos del de auditoría a la entidad auditada por parte del auditor de cuentas o sociedad de auditoría, en los tres últimos ejercicios consecutivos, representen más del 30 por ciento del total de los ingresos anuales del auditor de cuentas o sociedad de auditoría, éstos deberán abstenerse de realizar la auditoría de cuentas correspondiente al ejercicio siguiente.

2. También será exigible la obligación de abstenerse de realizar la auditoría correspondiente en el ejercicio siguiente cuando los honorarios devengados derivados de la prestación de servicios de auditoría y distintos del de auditoría en los tres últimos ejercicios consecutivos a la entidad auditada y a sus entidades vinculadas, por parte del auditor de cuentas o de la sociedad de auditoría y de quienes forman parte de la

red, representen más del 30 por ciento del total de los ingresos anuales del auditor de cuentas o sociedad de auditoría y de la citada red.

3. Reglamentariamente se determinarán los criterios a tener en cuenta para el caso de auditores de cuentas o sociedades de auditoría que inicien su actividad, así como de auditores de cuentas y sociedades de auditoría pequeñas. Asimismo, reglamentariamente se determinarán los ingresos totales a computar a efectos del cumplimiento de este límite.

Sección 3.ª Responsabilidad y garantía financiera

Art. 26. *Responsabilidad civil*.– 1. Los auditores de cuentas y las sociedades de auditoría responderán por los daños y perjuicios que se deriven del incumplimiento de sus obligaciones según las reglas generales del Código Civil, con las particularidades establecidas en este artículo.

2. La responsabilidad civil de los auditores de cuentas y las sociedades de auditoría será exigible de forma proporcional y directa a los daños y perjuicios económicos que pudieran causar por su actuación profesional tanto a la entidad auditada como a un tercero.

A estos efectos, se entenderá por tercero cualquier persona física o jurídica, pública o privada, que acredite que actuó o dejó de actuar tomando en consideración el informe de auditoría, siendo éste elemento esencial y apropiado para formar su consentimiento, motivar su actuación o tomar su decisión.

La responsabilidad civil será exigible de forma personal e individualizada, con exclusión del daño o perjuicio causado por la propia entidad auditada o por terceros.

3. Cuando la auditoría de cuentas se realice por un auditor de cuentas en nombre de una sociedad de auditoría, responderán solidariamente, dentro de los límites señalados en el apartado precedente, el auditor que haya firmado el informe de auditoría y la sociedad de auditoría.

4. La acción para exigir la responsabilidad contractual del auditor de cuentas y de la sociedad de auditoría prescribirá a los cuatro años a contar desde la fecha del informe de auditoría.

Art. 27. *Garantía financiera*.– 1. Sin perjuicio de la responsabilidad civil regulada en el artículo anterior, para responder de los daños y perjuicios que pudieran causar en el ejercicio de su actividad, los auditores de cuentas y las sociedades de auditoría de cuentas estarán obligados a prestar garantía financiera.

2. La garantía financiera podrá prestarse mediante depósito en efectivo, títulos de deuda pública, aval de entidad financiera o seguro de responsabilidad civil o de caución,

por la cuantía y en la forma que establezca el Ministerio de Economía y Competitividad. La cuantía, en todo caso, será proporcional a su volumen de negocio.

3. Reglamentariamente se fijarán, además del importe de la garantía financiera para el primer año de ejercicio de la actividad, los elementos esenciales que resulten necesarios para garantizar su suficiencia y vigencia a efectos de cumplir su finalidad.

Sección 4.ª Organización interna y del trabajo de los auditores de cuentas y de las sociedades de auditoría

Art. 28. *Organización interna*.– 1. Los auditores de cuentas y las sociedades de auditoría dispondrán de procedimientos administrativos y contables fiables, de procedimientos de valoración de riesgo eficaces, de mecanismos operativos que permitan asegurar el control y la protección de sus sistemas informáticos, así como de los mecanismos internos de control de calidad, que garanticen el cumplimiento de las decisiones y procedimientos en el seno de la estructura funcional del auditor de cuentas y en todos los niveles de la sociedad de auditoría.

2. Los auditores de cuentas y las sociedades de auditoría implantarán un sistema de control de calidad interno que garantice la calidad de la auditoría de cuentas de conformidad con lo establecido en las normas de control de calidad interno a las que se refiere el artículo 2.

El responsable último del sistema de control de calidad interno será un auditor de cuentas inscrito en el Registro Oficial de Auditores de Cuentas, que pueda realizar la auditoría de cuentas de acuerdo con lo exigido en el artículo 8.1.

El sistema de control de calidad interno deberá incluir, entre otros aspectos, los siguientes:

a) Medidas organizativas y administrativas eficaces para prevenir, detectar, evaluar, comunicar, reducir y, cuando proceda, eliminar cualquier amenaza a la independencia de los auditores de cuentas y de las sociedades de auditoría, de conformidad con lo establecido en la sección 2.ª del capítulo III del título I.

Dichas medidas deberán incluir, entre otras, políticas y procedimientos que garanticen que los propietarios o accionistas, así como los miembros de los órganos de administración, de dirección y de supervisión interna de las sociedades de auditoría, o de las sociedades vinculadas a las que se refieren los artículos 19 y 20, no puedan intervenir en la realización de una auditoría de cuentas de ningún modo que pueda comprometer la independencia y objetividad del auditor de cuentas firmante del informe de auditoría.

En el caso de los auditores de cuentas, las políticas y procedimientos mencionados en el párrafo anterior se referirán a las personas y entidades vinculadas al auditor de cuentas en los términos establecidos en los artículos 19 y 20.

b) Políticas y procedimientos apropiados para la realización de los trabajos de auditoría de cuentas, relativos a la ética e independencia, la aceptación y continuidad de los trabajos, los recursos humanos, incluyendo la formación del personal y la realización de encargos, incluidas la supervisión y revisión de los trabajos de auditoría de cuentas, así como el seguimiento.

Dichas políticas y procedimientos incluirán, entre otros, los siguientes:

1.º Políticas y procedimientos para que el personal de los auditores de cuentas y de las sociedades de auditoría, así como cualquier otra persona que intervenga directamente en la actividad de auditoría de cuentas, posean los conocimientos y la experiencia necesarios para el desempeño de las funciones que tienen asignadas.

2.º Políticas retributivas, incluyendo como tales la participación en beneficios, que ofrezcan suficientes incentivos al rendimiento para asegurar la calidad de la auditoría de cuentas. En particular, los ingresos que el auditor de cuentas o la sociedad de auditoría obtengan de la prestación a la entidad auditada de servicios distintos a los de auditoría de cuentas no formarán parte de la evaluación del rendimiento ni de la retribución de ninguna persona que participe en la realización del trabajo de auditoría de cuentas o que pueda influir en el mismo.

3.º Políticas y procedimientos en relación con la organización del archivo de auditoría a que se refiere el artículo 29.

4.º Políticas y procedimientos que garanticen que la externalización de funciones o actividades de auditoría no menoscabe el control de calidad interno del auditor de cuentas y de las sociedades de auditoría, ni las actividades de supervisión a las que se refiere el artículo 49. Dicha externalización no afectará a la responsabilidad del auditor de cuentas y sociedades de auditoría frente a la entidad auditada.

5.º Políticas y procedimientos para comprobar y analizar la idoneidad y eficacia de sus sistemas de organización interna y del sistema de control interno, así como las medidas a adoptar para corregir cualquier posible deficiencia.

Dichos procedimientos incluirán, entre otros, los medios para que el personal del auditor de cuentas y de las sociedades de auditoría pueda denunciar internamente los hechos que pudieran ser constitutivos de infracciones de la normativa reguladora de la actividad de auditoría de cuentas.

En todo caso, el auditor de cuentas y las sociedades de auditoría deberán realizar una evaluación anual del sistema de control de calidad interno. El auditor de cuentas y la sociedad de auditoría mantendrán registros de las conclusiones de dicha evaluación y de las medidas propuestas, en su caso, para modificar el sistema sometido a evaluación.

3. Los auditores de cuentas y las sociedades de auditoría se dotarán de sistemas, recursos y procedimientos apropiados para garantizar la continuidad y regularidad de sus actividades de auditoría de cuentas. A tal efecto, establecerán medidas de carácter organizativo y administrativo apropiadas para prevenir, detectar, resolver y registrar los

incidentes que puedan tener consecuencias graves para la integridad de su actividad de auditoría de cuentas.

Reglamentariamente se determinarán los requisitos simplificados a que se refieren los apartados anteriores para quienes realizan exclusivamente las auditorías de entidades pequeñas.

4. El auditor de cuentas y las sociedades de auditoría deberán documentar los sistemas, políticas, procedimientos, mecanismos y medidas mencionados en los apartados anteriores, y ponerlos en conocimiento de su personal, así como de las personas y entidades a las que se refieren los artículos 19 y 20 que intervengan o puedan intervenir en la realización de los trabajos de auditoría de cuentas.

5. Los auditores de cuentas y las sociedades de auditoría deberán poder acreditar al sistema de supervisión pública que las políticas y los procedimientos que hayan establecido para lograr el cumplimiento efectivo de lo establecido en los apartados anteriores son adecuados, debiendo guardar proporción con la magnitud y la complejidad de sus actividades, determinadas en función de la dimensión de las entidades que son auditadas.

Art. 29. *Organización del trabajo.*– 1. Los auditores de cuentas y las sociedades de auditoría designarán conforme a criterios de calidad, independencia y competencia, al menos, un auditor principal responsable para la realización del trabajo de auditoría de cuentas. El auditor principal responsable o los auditores principales responsables participarán activamente en la realización del trabajo de auditoría de cuentas, dedicando el tiempo suficiente al trabajo de auditoría asignado y dispondrán de los recursos suficientes, así como del personal con la competencia y capacidad necesarias para desempeñar sus funciones adecuadamente.

2. Los auditores de cuentas y las sociedades de auditoría elaborarán un archivo de auditoría por cada trabajo de auditoría de cuentas, que comprenderá, al menos, el análisis y la evaluación realizadas previamente a la aceptación o continuidad del trabajo de auditoría, incluyendo los aspectos relativos al deber de independencia del auditor exigido en las secciones 1.ª y 2.ª del capítulo III del título I, así como demás documentación referente a cada trabajo, incluidos los papeles de trabajo del auditor que constituyan las pruebas y el soporte de las conclusiones obtenidas en la realización de cada trabajo de auditoría, incluidas las que consten en el informe.

El archivo de auditoría se cerrará en el plazo máximo de 60 días a partir de la fecha del informe de auditoría.

3. Los auditores de cuentas y las sociedades de auditoría deberán crear y documentar los siguientes registros relativos a su actividad de auditoría de cuentas:

a) Registro de infracciones graves o muy graves de la normativa reguladora de la actividad de auditoría de cuentas, así como de sus eventuales consecuencias y de las medidas destinadas a subsanar las infracciones y a modificar el sistema de control de calidad interno. Se elaborará un informe anual que contenga un resumen general de las medidas adoptadas, que se divulgará al nivel interno apropiado.

b) Registro de consultas, que contenga las solicitudes formuladas y el asesoramiento recibido de expertos.

c) Registro de entidades auditadas, que incluya los datos siguientes en relación con cada entidad auditada:

1.º Razón social, número de identificación fiscal, dirección y domicilio social.

2.º Identificación del principal auditor responsable o de los principales auditores responsables y, en su caso, del revisor de control de calidad.

3.º Honorarios devengados correspondientes a cada ejercicio en concepto de auditoría de cuentas y por otros servicios prestados a la entidad auditada, desglosados para cada uno de estos dos tipos de servicios y por entidad.

d) Registro de reclamaciones, que contengan las que hayan sido formuladas por escrito y estén relacionadas con la ejecución de las auditorías de cuentas.

Sección 5.ª Deberes de custodia y secreto

Art. 30. *Deber de conservación y custodia*.– Los auditores de cuentas y las sociedades de auditoría de cuentas conservarán y custodiarán durante el plazo de cinco años, a contar desde la fecha del informe de auditoría, la documentación referente a cada auditoría de cuentas por ellos realizada, incluidos los papeles de trabajo del auditor que constituyan las pruebas y el soporte de las conclusiones que consten en el informe y demás documentación, información, archivos y registros a que se refieren los artículos 28, 29, 42 y 43.

Art. 31. *Deber de secreto*.– El auditor de cuentas firmante del informe de auditoría, la sociedad de auditoría así como los socios de ésta, los auditores de cuentas designados para realizar auditorías en nombre de la sociedad de auditoría y todas las personas que hayan intervenido en la realización de la auditoría estarán obligados a mantener el secreto de cuanta información conozcan en el ejercicio de su actividad, no pudiendo hacer uso de la misma para finalidades distintas de las de la propia auditoría de cuentas, sin perjuicio del deber de denuncia contemplado en el artículo 262 de la Ley de Enjuiciamiento Criminal.

La invocación del deber de secreto regulado en este apartado no impedirá la aplicación de lo dispuesto en esta Ley y en el Reglamento (UE) n.º 537/2014, de 16 de abril.

Art. 32. *Acceso a la documentación*.– Sin perjuicio de lo dispuesto en el artículo anterior, podrán, en todo caso, acceder a la documentación referente a cada auditoría de cuentas, quedando sujetos al deber de secreto:

a) El Instituto de Contabilidad y Auditoría de Cuentas, tanto en el ejercicio de la función supervisora a que se refiere el capítulo I del título II, como a efectos de la cooperación internacional prevista en el capítulo IV del título II.

b) Quienes resulten designados por resolución judicial.

c) El Banco de España, la Comisión Nacional del Mercado de Valores y la Dirección General de Seguros y Fondos de Pensiones, así como los órganos autonómicos competentes en materia de supervisión y control de las entidades aseguradoras, exclusivamente a los efectos del ejercicio de las competencias relativas a las entidades sujetas a su supervisión y control, en casos especialmente graves, de acuerdo con lo establecido en el artículo 38, y siempre que no hubieran podido obtener de tales entidades la documentación concreta a la que precisen acceder.

Adicionalmente, la Comisión Nacional del Mercado de Valores podrá solicitar cualquier información y documentos a los auditores de las cuentas correspondientes a las entidades emisoras de valores admitidos a negociación en mercados secundarios oficiales de valores que sean precisos para el ejercicio de las competencias atribuidas.

d) Los órganos que tengan atribuidas por ley competencias de control interno y externo de la gestión económica-financiera del sector público, respecto de las auditorías realizadas a entidades públicas de sus respectivos ámbitos de competencia. Dichos órganos y organismos podrán requerir del auditor de cuentas o sociedad de auditoría la información de la que disponga sobre un asunto concreto, en relación con la auditoría de cuentas de la entidad auditada y con la aclaración, en su caso, del contenido de los papeles de trabajo.

e) Las corporaciones representativas de los auditores de cuentas a los exclusivos efectos de verificar la observancia de las prácticas y procedimientos internos de actuación de sus miembros en el ejercicio de su actividad de auditoría de cuentas.

f) Los auditores de cuentas y sociedades de auditoría, además de en el caso previsto en el artículo 7, en el supuesto de sustitución de auditor de cuentas o sociedad de auditoría de la entidad. En este supuesto de sustitución, el auditor de cuentas o sociedad de auditoría predecesora permitirá el acceso por parte de su sucesor a toda la información relacionada con la entidad auditada y a la documentación de la auditoría más reciente.

g) Las autoridades competentes de los Estados miembros de la Unión Europea y de terceros países en los términos a que se refiere el capítulo IV del título II.

h) Quienes estén autorizados por ley.

CAPÍTULO IV. De la auditoría de cuentas en entidades de interés público

Téngase en cuenta que de acuerdo con la Disp. Final 14.ª de la presente Ley lo previsto en este capítulo IV, secciones 1.ª a 4.ª, en relación con la realización de trabajos de auditoría de cuentas y la emisión de los informes correspondientes, es de aplicación a los trabajos de auditoría sobre cuentas anuales correspondientes a ejercicios económicos que se iniciaron a partir del 17 de junio de 2016, así como a los de otros estados financieros o documentos contables correspondientes a dicho ejercicio económico.

Sección 1.ª Disposiciones comunes

Véase nota inicial al presente Cap. IV.

Art. 33. *Ámbito de aplicación.*– Este título resulta de aplicación a los auditores de cuentas y sociedades de auditoría de cuentas que realicen trabajos de auditoría de las cuentas anuales o de estados financieros o documentos contables correspondientes a entidades de interés público, de acuerdo con lo establecido en el artículo 1.2, así como a las entidades de interés público en lo relacionado con la designación y contratación de auditor.

Art. 34. *Régimen jurídico.*– A los auditores de cuentas y sociedades de auditoría de cuentas que realicen trabajos de auditoría de las cuentas anuales o de estados financieros o documentos contables correspondientes a entidades de interés público, les será de aplicación lo establecido en el Reglamento (UE) n.º 537/2014, de 16 de abril, así como lo establecido en esta Ley de acuerdo con las particularidades establecidas en este título.

Sección 2.ª De los informes

Véase nota inicial al presente Cap. IV.

Art. 35. *Informe de auditoría de cuentas anuales.*– 1. El informe de auditoría de las cuentas anuales de una entidad de interés público se elaborará y presentará de acuerdo con lo establecido en esta ley y en el artículo 10 del Reglamento (UE) n.º 537/2014, de 16 de abril.

2. [SUPRIMIDO].

Art. redactado de acuerdo con el art. 3.º del RD-Ley 18/2017, de 24 de noviembre, por el que se modifican el Código de Comercio, el texto refundido de la Ley de Sociedades de Capital (…), y la Ley 22/2015, de 20 de julio, de Auditoría de Cuentas, en materia de información no financiera y diversidad (BOE núm. 287, de 25 de noviembre de 2017). Tramitado el citado RD-Ley como Proyecto Ley, la Ley 11/2018, de 2018 de diciembre, por la que se modifica el Código de Comercio, el texto refundido de la Ley de Sociedades de Capital (…), y la Ley 22/2015, de 20 de julio, de Auditoría de Cuentas, en materia de información no financiera y diversidad (BOE núm. 314, de 29 de diciembre), en su art. 3 mantiene la redacción del presente artículo. El apartado 2 suprimido por el art. 5.2 de la Ley 5/2021, de 12 de abril, por la que se modifica el texto refundido de la Ley de Sociedades de Capital, (…), y otras normas financieras, en lo que respecta al fomento de la implicación a largo plazo de los accionistas en las sociedades cotizadas (BOE núm. 83, d 13 de abril).

Téngase en cuenta que la Disp. Final 4.ª del citado RD-Ley 18/2017, de 24 de noviembre, establece que «Las modificaciones introducidas por este real Decreto-Ley serán de aplicación para los ejercicios económicos que se inicien a partir del 1 de enero de 2017. Los dos ejercicios computables, a efectos de lo dispuesto en los artículos 49.5.b) del Código de Comercio y 262.5.b) del texto refundido de la Ley de Sociedades de Capital serán el citado ejercicio 2017 y el inmediato anterior». Y téngase también en cuenta que, de acuerdo con el párrafo primero del apartado 1 de la Disp. Trasitoría Primera de la citada Ley 11/2018, las modificaciones introducidas en este artículo «serán de aplicación para los ejercicios económicos que se inicien a partir del 1 de enero de 2018». Y que los apartados 2 y 3 de dicha Disposición Transitoria establecen que:

«2. Los dos ejercicios consecutivos computables, a efectos de lo dispuesto en los artículos 49.5 b) del Código de Comercio y 262.5.b) del Texto Refundido de la Ley de Sociedades de Capital aprobado por el Real Decreto Legislativo 1/2010, de 2 de julio, serán el que se inicie a partir del 1 de enero de 2018 y el inmediato anterior.

3. Transcurridos tres años de la entrada en vigor de esta Ley, la obligación de presentar el estado de información no financiera consolidado previsto en los apartados 49.5 b) del Código de Comercio y 262.5.b) del Texto Refundido de la Ley de Sociedades de Capital, será de aplicación a todas aquellas sociedades con más de 250 trabajadores que o bien tengan la consideración de entidades de interés público de conformidad con la legislación de auditoría de cuentas, exceptuando a las entidades que tienen la calificación de empresas pequeñas y medianas de acuerdo con la Directiva 34/2013, o bien, durante dos ejercicios consecutivos reúnan, a la fecha de cierre de cada uno de ellos, al menos una de las circunstancias siguientes:

1.º Que el total de las partidas del activo sea superior a 20.000.000 de euros.

2.º Que el importe neto de la cifra anual de negocios supere los 40.000.000 de euros».

Art. 36. *Informe adicional para la Comisión de Auditoría en entidades de interés público.*– 1. Los auditores de cuentas o sociedades de auditoría de entidades de interés público elaborarán y presentarán un informe adicional al de auditoría de las cuentas anuales, de conformidad con lo establecido en el artículo 11 del Reglamento (UE) n.º 537/2014, de 16 de abril. En el caso de auditoría de cuentas anuales consolidadas, el auditor del grupo deberá elaborar este informe adicional para entregarse a la sociedad dominante.

2. Cuando lo soliciten las autoridades nacionales supervisoras de las entidades de interés público, el informe adicional para la Comisión de Auditoría les será facilitado sin demora por parte de los auditores de cuentas o sociedades de auditoría.

Art. 37. *Informe anual de transparencia.*– 1. Los auditores de cuentas y sociedades de auditoría que realicen la auditoría de cuentas de entidades de interés público deberán publicar y presentar de forma individual un informe de transparencia de conformidad con el contenido mínimo establecido en el artículo 13 del Reglamento (UE) n.º 537/2014, de 16 de abril, y de acuerdo con los siguientes criterios:

a) La información relativa al volumen total de negocios de los auditores legales que ejercen a título individual y las sociedades de auditoría que forman parte de la red del auditor o sociedad de auditoría, referida en el artículo 13.2.b).iv) del Reglamento (UE) n.º 537/2014, de 16 de abril, comprenderá el correspondiente a los servicios de auditoría de estados financieros anuales y consolidados, así como a los servicios distintos de auditoría que hubiesen prestado a las entidades de interés público y a las entidades vinculadas a que se refiere el artículo 17.

b) La información relativa al volumen total de negocios del auditor de cuentas o sociedad de auditoría, referida en el artículo 13.2.k), incisos i) y iii), del Reglamento (UE) n.º 537/2014, de 16 de abril, se desglosará de forma separada por cada una de las entidades de interés público auditadas.

2. De conformidad con lo establecido en el artículo 13.1 del Reglamento (UE) n.º 537/2014, de 16 de abril, los auditores de cuentas y las sociedades de auditoría deberán informar al Instituto de Contabilidad y Auditoría de Cuentas de la publicación, en la página web, del informe de transparencia o la actualización del mismo cuando proceda, en la forma y plazo que reglamentariamente se determine.

3. En el caso excepcional en que, de acuerdo con lo previsto en el último párrafo del artículo 13.2.k) del Reglamento (UE) n.º 537/2014, de 16 de abril, el auditor de cuentas o la sociedad de auditoría decida no publicar la información indicada en el artículo 13.2.f) del citado Reglamento, relativa a las entidades de interés público auditadas durante el ejercicio precedente, con el objeto de prevenir una amenaza significativa y grave para la seguridad personal de cualquier particular, el auditor de cuentas o la sociedad de auditoría deberá comunicar al Instituto de Contabilidad y Auditoría de Cuentas las razones que justifican la existencia de dicha amenaza en el plazo y forma que reglamentariamente se determine.

4. El contenido del informe de transparencia a que se refiere el apartado 1 podrá desarrollarse mediante resolución del Instituto de Contabilidad y Auditoría de Cuentas. Dicha resolución deberá ajustarse al procedimiento de elaboración regulado en el artículo 24.1 de la Ley 50/1997, de 27 de noviembre, del Gobierno.

Art. 38. *Informe a las autoridades nacionales supervisoras de las entidades de interés público.-* Los auditores de cuentas y sociedades de auditoría que realicen la auditoría de las cuentas anuales o de otros estados financieros de las entidades de interés público sometidas al régimen de supervisión y control atribuido al Banco de España, a la Comisión Nacional del Mercado de Valores y a la Dirección General de Seguros y Fondos de Pensiones, o a los órganos autonómicos con competencias de ordenación y supervisión de las entidades aseguradoras, tendrán la obligación de comunicar rápidamente por escrito, a los citados órganos o instituciones públicas según proceda, toda información relativa a la entidad o institución auditada de la que hayan tenido conocimiento en el ejercicio de sus funciones en los supuestos contemplados en el artículo 12.1 del Reglamento (UE) n.º 537/2014, de 16 de abril.

Véase Disp Ad. 7.ª de la presente Ley.

Sección 3.ª Independencia

Véase nota inicial al presente Cap. IV.

Art. 39. Incompatibilidades y servicios prohibidos.– A los auditores de cuentas y sociedades de auditoría de entidades de interés público les será de aplicación:

1. El régimen establecido en el Reglamento (UE) n.º 537/2014, de 16 de abril y, en particular, los artículos 5.1, 5.4 y 5.5. No obstante, podrán prestarse los servicios a que se refiere el artículo 5.3 de dicho Reglamento, siempre que se cumplan los requisitos previstos en el mismo.

Adicionalmente, la prohibición de prestar servicios ajenos a la auditoría a que se refiere el artículo 5.1 del Reglamento se extenderá a los familiares de los auditores principales responsables con las particularidades a que se refiere el artículo 18.2 d) de esta Ley, así como a las personas a que se refiere el artículo 19 con las particularidades contempladas en dicho artículo.

2. El régimen establecido en las secciones 1.ª y 2.ª del capítulo III del título I de esta Ley, con las siguientes particularidades:

a) De las circunstancias previstas en el artículo 16.1 serán de aplicación únicamente los supuestos de la letra a), resultando asimismo de aplicación lo dispuesto en el artículo 21 en relación con dichas circunstancias y supuestos.

b) Serán de aplicación las normas contempladas en los artículos 17 a 20, en relación con las circunstancias y supuestos a que se refiere la letra a) anterior.

c) Las prohibiciones posteriores a la finalización del trabajo de auditoría establecidas en el artículo 23 serán de aplicación durante los dos años siguientes a la finalización del trabajo de auditoría.

La Disp. Final 14.ª, apartado 3.a) establece la entrada en vigor el 1 de enero de 2016 del artículo 39.1, en relación al periodo de cómputo de incompatibilidades a que se refiere el artículo 5.1 del Reglamento (UE) 537/2014, de 16 de abril.

Art. 40. *Contratación, rotación y designación de auditores de cuentas o sociedades de auditoría.*– 1. En relación con la duración del contrato de auditoría, se aplicará lo establecido en el artículo 17 del Reglamento (UE) n.º 537/2014, de 16 de abril, en particular lo dispuesto en los apartados 3, 5, 6 y 8. Adicionalmente, la duración mínima del período inicial de contratación de auditores de cuentas en entidades de interés público no podrá ser inferior a tres años, no pudiendo exceder el período total de contratación, incluidas las prórrogas, de la duración máxima de diez años establecida en el artículo 17 del citado Reglamento. No obstante, una vez finalizado el período total de contratación máximo de diez años de un auditor o sociedad de auditoría, podrá prorrogarse dicho periodo adicionalmente hasta un máximo de catorce años, siempre que se haya contratado de forma simultánea al mismo auditor o sociedad de auditoría junto a otro u otros auditores o sociedades de auditoría para actuar conjuntamente en este período adicional, o hasta diez años si se realiza una convocatoria pública de ofertas para la auditoría legal de conformidad con lo dispuesto en el artículo 16, apartados 2 a 5 del Reglamento de la UE número 537/2014, de 16 de abril. Durante el periodo inicial, o del período de prórroga del contrato inicial, no podrá rescindirse el contrato sin que medie justa causa, no pudiendo ser consideradas como tales las divergencias de opiniones sobre tratamientos contables o procedimientos de auditoría. En todo caso, los auditores de cuentas y la entidad auditada deberán comunicar al Instituto de Contabilidad y Auditoría de Cuentas la rescisión del contrato de auditoría.

2. En relación con la rotación de los auditores de cuentas y sociedades de auditoría, será de aplicación lo dispuesto en el artículo 17.7 del Reglamento (UE) n.º 537/2014, de 16 de abril, en particular lo establecido en los párrafos tercero y cuarto. Adicionalmente, una vez transcurridos cinco años desde el contrato inicial, será obligatoria la rotación de los auditores principales responsables del trabajo de auditoría, debiendo transcurrir en todo caso un plazo de tres años para que dichas personas puedan volver a participar en la auditoría de la entidad auditada, de conformidad con lo dispuesto en el artículo 17.7, párrafo primero, del Reglamento (UE) n.º 537/2014, de 16 de abril.

3. La designación de auditores de cuentas o sociedades de auditoría en las entidades de interés público estará sujeta a lo dispuesto en los apartados 2, 3, 4, 5 y 6 del artículo 16 del Reglamento (UE) n.º 537/2014, de 16 de abril.

4. Los accionistas que ostenten más del cinco por ciento del capital social o de los derechos de voto de la entidad auditada o el órgano de administración de dicha entidad podrán solicitar al juez de primera instancia del domicilio social de la entidad la revocación del auditor designado por la junta general y el nombramiento de otro, cuando concurra justa causa. Asimismo, dicha solicitud podrá ser realizada por el Instituto de Contabilidad y Auditoría de Cuentas.

En todo caso, en el supuesto de cese o revocación del auditor de cuentas, el auditor de cuentas y la entidad auditada deberán comunicar tal circunstancia a la autoridad nacional supervisora correspondiente de la entidad de interés público, indicando las razones que la fundamentan.

Apartado 1 modificado por la Disp. Final 22.ª de la Ley 31/2022, de 23 de diciembre, de Presupuestos Generales del Estado para el año 2023 (BOE núm. 308, de 24 de diciembre, c.e. BOE núm. 52, de 2 de marzo de 2023).

Art. 41. *Honorarios y transparencia*.– 1. En relación con las limitaciones de honorarios se aplicará lo establecido en el Reglamento (UE) n.º 537/2014, de 16 de abril, en particular, los artículos 4.1 y 4.2.

2. Cuando los honorarios devengados derivados de la prestación de servicios de auditoría y distintos del de auditoría a la entidad auditada, por el auditor de cuentas o sociedad de auditoría, en cada uno de los tres últimos ejercicios consecutivos, representen más del 15 por ciento del total de los ingresos anuales del auditor de cuentas o sociedad de auditoría, dicho auditor o sociedad de auditoría deberá abstenerse de realizar la auditoría de cuentas correspondiente al ejercicio siguiente.

Asimismo, también será exigible la obligación de abstenerse prevista en el párrafo anterior cuando los honorarios devengados derivados de la prestación de servicios de auditoría y distintos del de auditoría en cada uno de los tres últimos ejercicios consecutivos a la entidad auditada y a sus entidades vinculadas por parte del auditor de cuentas o de la sociedad de auditoría, y de quienes forman parte de la red, representen más del 15 por ciento del total de los ingresos anuales del auditor de cuentas o sociedad de auditoría y de la citada red. Reglamentariamente se determinarán los ingresos totales a computar a efectos del cumplimiento de este límite.

No obstante, en los términos en los que reglamentariamente se determine, cuando la sociedad de auditoría sea pequeña o mediana, la Comisión de Auditoría u órgano equivalente, sobre la base de un examen a las amenazas a la independencia y las medidas adoptadas para atenuarla, podrá autorizar excepcionalmente que se realice la auditoría de cuentas del ejercicio inmediatamente siguiente por una sola vez. Dicha excepcionalidad deberá quedar adecuadamente justificada y motivada.

3. La comunicación anual sobre honorarios al Instituto de Contabilidad y Auditoría de Cuentas por parte de los auditores de cuentas y sociedades de auditoría, a que se refiere el artículo 24.2 de esta Ley, se hará con indicación separada de las entidades auditadas que tengan la consideración de entidades de interés público, distinguiendo en este caso, en los honorarios por servicios prestados distintos a los de auditoría de cuentas, si dichos servicios vienen o no exigidos por el derecho de la Unión Europea o por una disposición nacional de rango legal.

*Sección 4.ª Organización interna y del trabajo en relación
con auditorías de entidades de interés público*

Véase nota inicial al presente Cap. IV.

Art. 42. *Organización interna*.– Sin perjuicio de las políticas y procedimientos que deben incluir en el sistema de control de calidad, a que se refiere el artículo 28.2.b) de esta Ley, los auditores de cuentas y sociedades de auditoría, en los trabajos de auditoría de cuentas de entidades de interés público, deberán establecer políticas y procedimientos para la realización de la revisión de control de calidad del trabajo de auditoría, de conformidad con el artículo 8 del Reglamento (UE) n.º 537/2014, de 16 de abril, antes de emitirse el informe.

Art. 43. *Organización del trabajo*.– 1. Sin perjuicio de lo establecido en relación con el archivo de auditoría que los auditores de cuentas y sociedades de auditoría deben elaborar para cada trabajo de auditoría, de acuerdo con el artículo 29.2 de esta Ley, en el archivo de auditoría se documentarán los aspectos recogidos adicionalmente, en su caso, en los artículos 6 a 8 del Reglamento (UE) n.º 537/2014, de 16 de abril, así como los papeles de trabajo del auditor de cuentas y de la sociedad de auditoría que constituyan las pruebas y el soporte de las conclusiones que consten en los informes a los que se refieren los artículos 10, 11 y 12 del citado Reglamento.

2. En relación con la obligación de elaborar un registro de entidades auditadas, a que se refiere el artículo 29.3.c) de esta Ley, entre los datos a incluir en dicho registro, deberán figurar los ingresos a que hace referencia el artículo 14 del Reglamento (UE) n.º 537/2014, de 16 de abril, así como con el detalle a que se refiere el artículo 37.1 de esta Ley.

Art. 44. *Expediente de traspaso*.– En el supuesto de sustitución de auditor de cuentas o sociedad de auditoría en entidades de interés público, sin perjuicio de lo dispuesto en el artículo 32 de esta Ley, será de aplicación lo establecido en el artículo 18 del Reglamento (UE) n.º 537/2014, de 16 de abril.

Art. 45. *Estructura organizativa*.– Reglamentariamente se podrán determinar los requisitos relacionados con la estructura organizativa y la dimensión que deben cumplir los auditores de cuentas o las sociedades de auditoría que realizan las auditorías de las entidades de interés público. Entre dichos requisitos se incluirán los referidos al número de auditores de cuentas, al número de empleados, a la existencia de recursos técnicos y especializados en el tratamiento y análisis de cuestiones complejas y a la calidad contrastada de los sistemas de control internos. En todo caso, los requisitos serán proporcionados y se modularán atendiendo a la complejidad de las labores de auditoría y a la magnitud de la entidad auditada.

TÍTULO II. Supervisión pública

CAPÍTULO I. Función supervisora

Art. 46. *Ámbito de supervisión pública*.– 1. Quedan sujetos al sistema de supervisión pública, objetiva e independiente, establecido en esta Ley, todos los auditores de cuentas y sociedades de auditoría, en el ejercicio de la actividad a que se refiere el artículo 1, y demás personas, entidades u órganos cuya actuación se enmarque en el ámbito de aplicación del Reglamento (UE) n.º 537/2014, de 16 de abril.

2. El Instituto de Contabilidad y Auditoría de Cuentas es la autoridad responsable del sistema de supervisión pública y, en particular, de:

a) La autorización e inscripción en el Registro Oficial de Auditores de Cuentas de los auditores de cuentas y de las sociedades de auditoría.

b) La adopción de normas en materia de ética, normas de control de calidad interno en la actividad de auditoría y normas técnicas de auditoría en los términos previstos en esta Ley, así como la supervisión de su adecuado cumplimiento.

c) La formación continuada de los auditores de cuentas. d) El sistema de inspecciones y de investigación.

e) La vigilancia regular de la evolución del mercado de servicios de auditoría de cuentas en el caso de entidades de interés público.

f) El régimen disciplinario.

3. Corresponde al Instituto de Contabilidad y Auditoría de Cuentas, además de las funciones que legalmente tiene atribuidas, la responsabilidad y participación en los mecanismos de cooperación internacional en el ámbito de la actividad de auditoría de cuentas, contemplados en esta Ley, así como en el Reglamento (UE) n.º 537/2014, de 16 de abril.

4. El Registro Oficial de Auditores de Cuentas dependerá del Instituto de Contabilidad y Auditoría de Cuentas.

En relación con la apartado 2.e), véase Disp. Ad. 4.ª de la presente Ley.

Art. 47. *Recursos*.– Contra las resoluciones que dicte el Instituto de Contabilidad y Auditoría de Cuentas en el ejercicio de las competencias que le atribuye esta Ley podrá interponerse recurso de alzada ante el Ministro de Economía y Competitividad, cuya resolución pondrá fin a la vía administrativa.

Como excepción, las resoluciones de carácter normativo dictadas por el Instituto de Contabilidad y Auditoría de Cuentas, serán directamente recurribles ante la jurisdicción contencioso-administrativa.

Art. 48. *Sujetos sobre los que se ejerce la función supervisora*.– 1. El Instituto de Contabilidad y Auditoría de Cuentas podrá recabar cuanta información estime necesaria para el adecuado cumplimiento de las competencias de supervisión que tiene encomendadas de las siguientes personas y entidades:

a) De los auditores de cuentas y sociedades de auditoría, y de las entidades a que se refieren los artículos 19 y 20.

b) De los terceros a los que dichos auditores o sociedades de auditoría hayan externalizado determinadas funciones o actividades.

c) De Las personas que participen o hayan participado en las actividades de los auditores de cuentas y sociedades de auditoría, o tengan conexión o relación con éstos.

d) De las entidades auditadas, y sus entidades vinculadas, a que se refiere el artículo 17.

2. Las personas físicas y jurídicas contempladas en el apartado anterior, quedan obligadas a poner a disposición del Instituto de Contabilidad y Auditoría de Cuentas cuantos libros, registros y documentos requiera, sea cual fuere su soporte original, y en el soporte que el Instituto de Contabilidad y Auditoría de Cuentas solicite, incluidos los programas informáticos y los archivos magnéticos, ópticos o de cualquier otra clase.

Adicionalmente, los auditores de cuentas y sociedades de auditoría estarán obligados a comparecer ante el Instituto de Contabilidad y Auditoría de Cuentas, a petición de éste.

3. El Instituto de Contabilidad y Auditoría de Cuentas, en el ejercicio de sus competencias, podrá comunicar y requerir a los auditores de cuentas y sociedades de auditoría por medios electrónicos las informaciones y actuaciones realizadas en el cumplimiento de lo dispuesto en esta Ley.

Art. 49. *Facultades de supervisión.*- 1. En el ejercicio de su función supervisora, el Instituto de Contabilidad y Auditoría de Cuentas podrá efectuar las actuaciones de comprobación, inspección, investigación y disciplina que estime necesarias, en relación con las personas y entidades a que se refiere el artículo anterior. En particular, podrá:

a) Acceder a cualquier dato, registro o información relacionados con la actividad de auditoría de cuentas en poder de los auditores de cuentas y sociedades de auditoría y recibir u obtener copias de estos, relacionadas con la actividad de auditoría de cuentas.

b) Efectuar investigaciones e inspecciones, así como las comprobaciones que considere necesarias.

c) Acceder a cualquier dato, registro o información que obre en poder de los sujetos mencionados en el artículo anterior, y distintos a los citados en la letra a) de este apartado, siempre que sea necesario para el adecuado cumplimiento de las funciones atribuidas a este Instituto.

d) Requerir que se ponga fin a toda práctica que sea contraria a la normativa reguladora de la actividad de auditoría de cuentas.

Esta decisión podrá adoptarse como medida cautelar en el transcurso de un expediente sancionador o como medida al margen del ejercicio de la potestad sancionadora, siempre que sea necesario para la eficaz protección de terceros o el correcto funcionamiento de los mercados, y se mantendrán mientras permanezca la causa que las hubiera motivado.

e) Imponer las sanciones y medidas administrativas que, en su caso, se correspondan de conformidad con lo previsto en este título.

2. Las facultades a que se refiere el apartado anterior podrán ser ejercidas directamente, en colaboración con otras autoridades o mediante solicitud a las autoridades judiciales competentes.

3. El Instituto de Contabilidad y Auditoría de Cuentas podrá remitir a los órganos jurisdiccionales hechos o circunstancias que pudieran suponer indicios de delito.

Art. 50. *Lugar de las actuaciones de comprobación, investigación e inspección.-*
1. Las actuaciones de comprobación, investigación e inspección podrán desarrollarse, a elección del Instituto de Contabilidad y Auditoría de Cuentas:

a) En cualquier despacho, oficina o dependencia del auditor de cuentas o de la sociedad de auditoría, y de las entidades a que se refieren los artículos 19 y 20 y demás personas o entidades contempladas en el artículo 48.1.

b) En los propios locales del Instituto de Contabilidad y Auditoría de Cuentas.

2. Cuando las actuaciones se desarrollen en los lugares señalados en la letra a) del apartado 1 anterior, se observará la jornada laboral de los mismos, sin perjuicio de que pueda actuarse de común acuerdo en otras horas y días.

Art. 51. *Colaboración administrativa.-* 1. En los términos previstos por el artículo 4 de la Ley 30/1992, de 26 de noviembre, de Régimen Jurídico de las Administraciones Públicas y del Procedimiento Administrativo Común, los órganos y organismos de cualquier administración pública, sin perjuicio del deber de secreto que les ampare conforme a la legislación vigente, quedan sujetos al deber de colaborar con el Instituto de Contabilidad y Auditoría de Cuentas y están obligados a proporcionar, a requerimiento de éste, los datos e informaciones de que dispongan y puedan resultar necesarios para el ejercicio por parte de éste de la función supervisora.

2. También, deberán comunicar al Instituto de Contabilidad y Auditoría de Cuentas los hechos de los que hubieran tenido conocimiento que pudieran ser constitutivos de infracción a la normativa reguladora de la actividad de auditoría de cuentas.

3. En particular, el Instituto de Contabilidad y Auditoría de Cuentas podrá solicitar de las autoridades nacionales supervisoras de entidades de interés público la información que estime pertinente para el ejercicio de sus funciones y en relación con las competencias a que se refiere el artículo 46.

Asimismo, el Instituto de Contabilidad y Auditoría de Cuentas podrá solicitar la colaboración de la Agencia Estatal de Administración Tributaria, en relación con los datos e información de los auditores de cuentas y sociedades de auditoría que sean necesarios para el ejercicio de sus competencias.

Art. 52. *Control de la actividad de auditoría de cuentas: investigaciones e inspecciones.-* El control de la actividad de auditoría de cuentas, que será realizado de oficio y de acuerdo con las disponibilidades humanas y materiales del Instituto de Contabilidad y Auditoría de Cuentas, se llevará a cabo mediante las siguientes actuaciones:

a) Investigaciones de las actuaciones de los auditores de cuentas y sociedades de auditoría

b) Inspecciones de los auditores de cuentas y sociedades de auditoría.

Art. 53. *Investigaciones*.– 1. Las investigaciones sobre determinados trabajos de auditoría de cuentas o aspectos de la actividad de auditoría de cuentas tendrán por objeto determinar hechos o circunstancias que puedan suponer la existencia de indicios de posibles incumplimientos de la normativa reguladora de la actividad de auditoría de cuentas.

2. Las actuaciones de investigación consistirán en el examen de los archivos de trabajo de auditoría u otra documentación en poder del auditor de cuentas y las sociedades de auditoría y de las personas y entidades a las que se refieren los artículos 19 y 20, así como en la realización de indagaciones y en la obtención y evaluación de cualquier otra información o documentación relevante.

Art. 54. *Inspecciones*.– 1. Las inspecciones consistirán en la revisión periódica de los auditores de cuentas y sociedades de auditoría, con el objetivo de evaluar sus sistemas de control de calidad interno, mediante la verificación de los procedimientos aplicados y la revisión de los archivos de los trabajos de auditoría de cuentas seleccionados, incluyendo la evaluación del cumplimiento de la normativa reguladora de la actividad de auditoría de cuentas y con la finalidad de verificar y concluir sobre la eficacia de dichos sistemas.

En relación con los auditores de cuentas y sociedades de auditoría que realicen auditorías de entidades de interés público se estará a lo establecido en los artículos 26.6 y 26.7 del Reglamento (UE) n.º 537/2014, de 16 de abril.

2. Las inspecciones se realizarán sobre la base de un análisis de riesgos. En el caso de auditores de cuentas y sociedades de auditoría que realicen auditorías exigidas por el Derecho de la Unión Europea, la periodicidad mínima de las inspecciones será de seis años, sin perjuicio de lo establecido en el artículo 26.2 del Reglamento (UE) n.º 537/2014, de 16 de abril, respecto de los auditores de cuentas y sociedades de auditoría que realicen auditorías de entidades de interés público.

3. Las inspecciones serán adecuadas y proporcionadas a la magnitud y complejidad de las actividades de los auditores de cuentas y de las sociedades de auditoría sujetos a las mismas. A estos efectos, en la comprobación de los archivos de los trabajos de auditorías de pequeñas y medianas entidades se tendrán en cuenta las consideraciones específicas que se establecen en las normas de auditoría para las entidades de pequeña dimensión.

Reglamentariamente se determinarán las actuaciones y criterios a seguir en las inspecciones de las sociedades de auditoría que tengan identidad sustancial cuando hayan manifestado que aplican los mismos procedimientos y políticas de control interno. A estos efectos, se entiende que existe identidad sustancial entre sociedades de auditoría cuando se compartan socios o auditores de cuentas que constituyan la mayoría del capital social o del órgano de administración.

4. El resultado de las inspecciones se documentará en un informe en el que figuren las principales conclusiones del control de calidad con los requerimientos de mejora formulados, que deben ser aplicados por el auditor de cuentas y las sociedades de auditoría en el plazo establecido a tal efecto.

En las inspecciones realizadas a auditores de cuentas y a sociedades de auditoría que realicen auditorías de entidades de interés público se estará a lo establecido en los artículos 26.8 y 26.9 del Reglamento (UE) n.º 537/2014, de 16 de abril.

5. El informe a que se refiere el apartado anterior será objeto de publicación en la página web del Instituto de Contabilidad y Auditoría de Cuentas, en el caso de que se refiera a auditores de cuentas y sociedades de auditoría de entidades de interés público.

Dicha publicación no contendrá datos identificativos de las entidades auditadas por los auditores de cuentas o sociedades de auditoría revisados y se mantendrá en la página web hasta que el Instituto de Contabilidad y Auditoría de Cuentas emita un nuevo informe que contenga los resultados de una nueva inspección.

La publicación a que se refiere este apartado lo será sin perjuicio de las actuaciones de seguimiento de los requerimientos en su caso formulados, de las actuaciones de investigación que pudieran realizarse o de las actuaciones disciplinarias que pudieran iniciarse en aquellos casos en que existieran indicios de infracción.

Art. 55. *Asistencia de servicios profesionales y expertos*.– 1. Las funciones de inspección, investigación o comprobación que correspondan al Instituto de Contabilidad y Auditoría de Cuentas se realizarán por el personal funcionario a su servicio.

No obstante, cuando las necesidades de servicio así lo requieran, y se acredite adecuadamente la insuficiencia de medios, en los supuestos que se indican en los apartados siguientes, será posible acudir a la contratación de terceros para la realización únicamente de labores meramente instrumentales dentro de las citadas funciones.

La contratación se llevará a cabo a través de un contrato de servicios en los términos de la legislación de contratos del sector público.

2. En la ejecución de inspecciones relativas a auditores de cuentas o sociedades de auditoría que no auditen entidades de interés público, y exclusivamente para la realización de meras labores instrumentales, se podrá contratar, bien con las Corporaciones representativas de los auditores, bien con terceros.

En todo caso, quienes ejecuten dichas labores por cuenta de las Corporaciones o de los terceros contratados, deberán cumplir siempre los siguientes requisitos:

a) Que sean auditores de cuentas no ejercientes y que no pertenezcan a sociedades de auditoría.

b) Que sean independientes de los auditores de cuentas sometidos a inspección y estén libres de cualquier posible influencia o conflicto de intereses por parte de éstos.

A estos efectos, las personas que sean contratadas en estos términos deberán declarar que no tienen ningún conflicto de interés con el auditor de cuentas o sociedad de auditoría objeto de control.

En cualquier caso, no podrán participar en esta licitación aquellas personas que, como mínimo, en los tres años anteriores al inicio de la inspección, hayan sido socios o empleados, hayan prestado servicios profesionales o hayan estado asociados con el auditor de cuentas o sociedad de auditoría objeto de inspección.

c) Que tengan la formación profesional apropiada y experiencia adecuada en auditoría de cuentas e información financiera, así como formación específica sobre controles de calidad.

d) En la ejecución de inspecciones el Instituto de Contabilidad y Auditoría de Cuentas podrá igualmente contratar con expertos con conocimientos específicos en alguna de las materias o sectores especializados relacionados con cualquier ámbito de interés para el ejercicio de las competencias de inspección. Estos expertos, deberán cumplir los requisitos establecidos en las letras b) y c) de este apartado 2.

e) Lo establecido en este apartado 2 se entenderá sin perjuicio de lo dispuesto en el artículo 26.5 del Reglamento (UE) n.º 537/2014, de 16 de abril, para los auditores de cuentas y sociedades de auditoría que realicen auditorías de entidades de interés público.

3. Adicionalmente, para la ejecución de las investigaciones y demás comprobaciones distintas de las referidas en el apartado anterior por parte del personal del Instituto de Contabilidad y Auditoría de Cuentas, se podrá recabar la asistencia de expertos con conocimientos o experiencia en algunas materias o sectores especializados relacionados con cualquier ámbito de interés en el ejercicio de las competencias de dicho Instituto. Dichos expertos cumplirán requisitos análogos a los que se contemplan en el apartado 2, letras b) y c).

Dicha asistencia será objeto de contratación en los términos expuestos en los apartados anteriores.

4. Quienes participen en las labores meramente instrumentales en procedimientos de ejecución de inspección, o en el desarrollo de funciones específicas en las inspecciones, investigaciones u otras comprobaciones, podrán acceder a la documentación que sea necesaria referente a los auditores de cuentas o sociedades de auditoría, siempre y cuando así lo determinen expresamente los funcionarios inspectores del Instituto

de Contabilidad y Auditoría de Cuentas encargados de la correspondiente actuación, quedando sujetos al deber de secreto establecido en el artículo 60 y actuarán bajo las instrucciones de los funcionarios públicos que presten sus servicios en el Instituto de Contabilidad y Auditoría de Cuentas.

5. Cuando así se requiera para la realización de verificaciones o funciones específicas, el Instituto de Contabilidad y Auditoría de Cuentas podrá recabar la asistencia de servicios profesionales y de expertos, quienes serán contratados en los términos expuestos en los apartados anteriores. Dichas verificaciones o funciones específicas, en todo caso, no podrán implicar otra actividad que una mera labor instrumental.

6. En todos los supuestos de inspección, investigación, comprobación o demás actuaciones a las que se refiere este artículo, la supervisión y dirección de las mismas corresponderá a los funcionarios inspectores del Instituto de Contabilidad y Auditoría de Cuentas quienes establecerán cuáles son las labores de carácter meramente instrumental que en cada caso han de realizar los terceros contratados para auxiliar la actuación de los mismos.

7. Los contratos de servicios a los que se refiere este artículo tendrán la duración estrictamente necesaria para la prestación del servicio en ellos prevista.

CAPÍTULO II. Instituto de Contabilidad y Auditoría de Cuentas

Art. 56. *El Instituto de Contabilidad y Auditoría de Cuentas*.- 1. El Instituto de Contabilidad y Auditoría de Cuentas, organismo autónomo adscrito al Ministerio de Economía y Competitividad, regirá su actuación por las leyes y disposiciones generales que le sean de aplicación y, especialmente por lo que para dicho tipo de organismos públicos dispone la Ley 6/1997, de 14 de abril de Organización y Funcionamiento de la Administración General del Estado y por esta Ley.

2. Los órganos rectores del Instituto de Contabilidad y Auditoría de Cuentas son: el Presidente, el Comité de Auditoría de Cuentas y el Consejo de Información Corporativa.

> Apartado 2 modificado por el art. 106.Uno del RD-Ley 20/2022, de 27 de diciembre, de medidas de respuesta a las consecuencias económicas y sociales de la Guerra de Ucrania y de apoyo a la reconstrucción de la isla de La Palma y a otras situaciones de vulnerabilidad (BOE núm. 311, de 28 de diciembre). Se sustituye «Consejo de Contabilidad» por «Consejo de Información Corporativa».

Art. 57. *El Presidente*.- El Presidente, con categoría de director general, será nombrado por el Gobierno, a propuesta del Ministro de Economía y Competitividad, y ostentará la representación legal del Instituto de Contabilidad y Auditoría de Cuentas, ejerciendo las facultades que le asigna esta Ley y las que reglamentariamente se determinen.

No podrá ser Presidente quien durante los tres años precedentes:

a) Haya realizado auditorías de cuentas.

b) Haya sido titular de derechos de voto en una sociedad de auditoría.

c) Haya sido miembro del órgano de administración, dirección o supervisión de una sociedad de auditoría.

d) Haya sido socio o mantenido una relación laboral o contractual de otro tipo con una sociedad de auditoría.

Sin perjuicio de otros supuestos de prohibición contemplados en otras leyes, durante los dos años siguientes a la finalización del ejercicio de sus funciones, el Presidente no podrá incurrir en ninguna de las circunstancias a que se refieren las letras a) a d) anteriores.

Art. 58. *El Comité de Auditoría de Cuentas.*– 1. El Comité de Auditoría de Cuentas es el órgano al que preceptivamente deberán ser sometidos a consideración por el Presidente los asuntos relacionados con las siguientes materias:

a) Determinación de las normas que habrán de seguir los exámenes de aptitud profesional exigidos para el acceso al Registro Oficial de Auditores de cuentas, así como las convocatorias de los mismos aprobadas y publicadas por Orden ministerial;

b) Publicación de las normas de auditoría, de ética y de control de calidad interno que se elaboren, adapten o revisen por las corporaciones de derecho público representativas de quienes realicen la actividad de auditoría de cuentas o, en su caso, por el Instituto de Contabilidad y Auditoría de Cuentas;

c) Propuestas de modificaciones legislativas o reglamentarias que se eleven al Ministro de Economía y Competitividad en relación con la normativa reguladora de la actividad de auditoría de cuentas;

d) Determinación de las normas de formación continuada a que se refiere el artículo 8.7.

e) Resolución de consultas planteadas al Instituto de Contabilidad y Auditoría de Cuentas por parte de los auditores de cuentas como consecuencia del ejercicio de dicha actividad siempre que se considere que tienen interés general;

f) Cualesquiera otras que se consideren oportunas por la Presidencia de este Instituto, excluidas las relacionadas con el ejercicio de la potestad sancionadora.

2. El Comité de Auditoría estará presidido por el Presidente del Instituto de Contabilidad y Auditoría de Cuentas, y estará compuesto por un máximo de trece miembros designados por el Ministro de Economía y Competitividad, con la siguiente distribución:

a) Un representante del Ministerio de Economía y Competitividad, a través de la Dirección General de Seguros y Fondos de Pensiones;

b) un representante del Ministerio de Hacienda y Administraciones Públicas, a través de la Intervención General de la Administración del Estado;

c) un representante del Tribunal de Cuentas;

d) cuatro representantes de las corporaciones representativas de auditores;

e) un representante del Banco de España;

f) un representante de la Comisión Nacional del Mercado de Valores;

g) un abogado del Estado;

h) un miembro de la carrera judicial o fiscal o registrador mercantil;

i) un catedrático de universidad;

j) y un experto de reconocido prestigio en materia contable y de auditoría de cuentas.

No podrán ser miembros del Comité de Auditoría de Cuentas las personas que durante los tres años precedentes:

1.ª Hayan realizado auditorías de cuentas.

2.ª Hayan sido titulares de derechos de voto en una sociedad de auditoría.

3.ª Hayan sido miembros del órgano de administración, dirección o supervisión de una sociedad de auditoría.

4.ª Hayan sido socio o mantenido una relación laboral o contractual de otro tipo con una sociedad de auditoría.

Sin perjuicio de otros supuestos de prohibición contemplados en otras leyes, durante los dos años siguientes a la finalización del cargo de miembro del Comité de Auditoría, éstos no podrán incurrir en ninguna de las circunstancias 1.ª a 4.ª a que se refiere el párrafo anterior.

3. La composición, organización y funciones del Comité de Auditoría de Cuentas se desarrollarán reglamentariamente.

4. La asistencia al Comité de Auditoría de Cuentas dará derecho a la correspondiente indemnización.

> De acuerdo con la Disp. Final 14.ª, apartado 3.b), el art. 58 entró en vigor el 1 de enero de 2016.

Art. 59. *El Consejo de Información Corporativa.*- 1. El Consejo de Información Corporativa es el órgano competente, una vez oído el Comité Consultivo de Contabilidad, para valorar la idoneidad y adecuación de cualquier propuesta normativa o de interpretación de interés general en materia contable con el Marco Conceptual de la Contabilidad regulado en el Código de Comercio.

Asimismo, es el órgano competente, una vez oído el Comité Consultivo de Sostenibilidad, para valorar la idoneidad y adecuación de cualquier propuesta normativa o de interpretación de interés general en materia de información corporativa sobre sostenibilidad.

A tales efectos, informará a los órganos y organismos competentes antes de la aprobación de las normas de contabilidad o de las normas de información corporativa sobre sostenibilidad y sus interpretaciones, emitiendo el correspondiente informe no vinculante.

2. El Consejo de Información Corporativa estará presidido por el Presidente del Instituto, que tendrá voto de calidad, y formado, junto con él, por un representante de cada uno de los centros, organismos o instituciones restantes que tengan atribuidas competencias de regulación en materia contable, y en su caso, de información corporativa sobre sostenibilidad del sistema financiero: Banco de España, Comisión Nacional del Mercado de Valores y Dirección General de Seguros y Fondos de Pensiones.

Asistirá con voz, pero sin voto, como Secretario del Consejo, un funcionario del Instituto de Contabilidad y Auditoría de Cuentas.

Igualmente formará parte del Consejo de Información Corporativa con voz pero sin voto un representante del Ministerio de Hacienda y Función Pública designado por la persona titular del Departamento.

3. El Comité Consultivo de Contabilidad es el órgano de asesoramiento del Consejo de Información Corporativa en materia contable. Dicho Comité estará integrado por expertos contables de reconocido prestigio en relación con la información económica-financiera, en representación tanto de las administraciones públicas como de los distintos sectores implicados en la elaboración, uso y divulgación de dicha información. En cualquier caso, deberán estar representados los Ministerios de Justicia; de Asuntos Económicos y Transformación Digital, a través del Instituto de Contabilidad y Auditoría de Cuentas, de la Dirección General de Seguros y Fondos de Pensiones, del Instituto Nacional de Estadística; de Hacienda y Función Pública, a través de la Intervención General de la Administración del Estado y de la Dirección General de Tributos; el Banco de España; la Comisión Nacional del Mercado de Valores; el Consejo General de Economistas de España;

Asimismo, estará integrado por un representante de las asociaciones u organizaciones representativas de los emisores de información económica de las empresas y otro de los usuarios de información contable; un representante de las asociaciones emisoras de principios y criterios contables; un profesional de la auditoría a propuesta del Instituto de Censores Jurados de Cuentas y otro de la Universidad.

La persona titular de la Presidencia del Instituto de Contabilidad y Auditoría de Cuentas podrá nombrar hasta cinco personas de reconocido prestigio en materia contable. Adicionalmente, cuando la complejidad de la materia así lo requiera, podrá invitar a las reuniones a un experto en dicha materia.

A la deliberación del Comité Consultivo de Contabilidad se someterá cualquier proyecto o propuesta normativa o interpretativa en materia contable.

4. El Comité Consultivo de Sostenibilidad es el órgano de asesoramiento del Consejo de Información Corporativa en materia de información corporativa sobre sostenibilidad. Dicho Comité estará integrado por expertos de reconocido prestigio en relación con la

información corporativa sobre sostenibilidad, en representación tanto de las administraciones públicas como de los distintos sectores implicados en la elaboración, uso, divulgación y verificación de dicha información. En cualquier caso, deberán estar representados los Ministerios de Justicia; de Asuntos Económicos y Transformación Digital, a través del Instituto de Contabilidad y Auditoría de Cuentas; de Hacienda y Función Pública; de Transición Ecológica y Reto Demográfico; deberán nombrar de forma conjunta dos representantes los Ministerios de Trabajo y Economía Social, de Derechos Sociales y Agenda 2030 y de Igualdad; deberá estar representada la Comisión Nacional del Mercado de Valores; el Banco de España; la Dirección General de Seguros y Fondos de Pensiones y el Consejo General de Economistas de España.

Asimismo, estará integrado por dos representantes de las asociaciones u organizaciones representativas de los emisores de información corporativa sobre sostenibilidad, siendo uno de ellos representante de las pequeñas y medianas empresas; un representante de los usuarios de información sobre sostenibilidad y un profesional de verificación de la información sobre sostenibilidad a propuesta del Instituto de Censores Jurados de Cuentas.

La persona titular de la Presidencia del Instituto de Contabilidad y Auditoría de Cuentas designará a un representante de dicho Instituto, un representante de la Universidad, un representante de las asociaciones emisoras de principios y criterios contables y podrá nombrar hasta cuatro personas de reconocido prestigio en materia de sostenibilidad. Adicionalmente, cuando la complejidad de la materia así lo requiera, podrá invitar a las reuniones a un experto en dicha materia.

A la deliberación del Comité Consultivo de Sostenibilidad se someterá cualquier proyecto o propuesta normativa o interpretativa en materia de información corporativa sobre sostenibilidad.

5. Las facultades de propuesta al Comité Consultivo de Contabilidad y al Comité Consultivo de Sostenibilidad corresponden, en la forma y condiciones que reglamentariamente se establezcan, con carácter general al Instituto de Contabilidad y Auditoría de Cuentas, sin perjuicio de las referidas al sector financiero que corresponderán en cada caso al Banco de España, a la Comisión Nacional del Mercado de Valores y a la Dirección General de Seguros y Fondos de Pensiones, de acuerdo con sus respectivas competencias, y sin perjuicio de realizar propuestas conjuntas.

La composición y forma de designación de sus miembros y la forma de actuación de ambos Comités serán las que se determinen reglamentariamente.

6. La asistencia al Comité Consultivo de Contabilidad y al Comité Consultivo de Sostenibilidad dará derecho a la correspondiente indemnización.

Art. modificado por el art. 106. Dos, del RD-Ley 20/2022, de 27 de diciembre, de medidas de respuesta a las consecuencias económicas y sociales de la Guerra de Ucrania y de apoyo a la reconstrucción de la isla de La Palma y a otras situaciones de vulnerabilidad (BOE núm. 311, de 28 de diciembre).

Art. 60. *Confidencialidad y deber de secreto.*– 1. Las informaciones o datos que el Instituto de Contabilidad y Auditoría de Cuentas haya obtenido en el ejercicio de sus funciones de supervisión pública y control de la actividad de auditoría de cuentas previstas en esta Ley tendrán carácter confidencial y no podrán ser divulgados o facilitados a ninguna persona o autoridad.

2. Todas las personas que desempeñen o hayan desempeñado una actividad para el Instituto de Contabilidad y Auditoría de Cuentas y hayan tenido conocimiento de datos de carácter confidencial están obligadas a guardar secreto. El incumplimiento de esta obligación determinará las responsabilidades penales, civiles, y administrativas previstas por las leyes.

Estas personas no podrán prestar declaración ni testimonio, ni publicar, comunicar, exhibir datos o documentos confidenciales, ni siquiera después de haber cesado en el servicio, salvo expreso permiso otorgado por el Instituto de Contabilidad y Auditoría de Cuentas. Si dicho permiso no fuera concedido, la persona afectada mantendrá el deber de secreto y quedará exenta de la responsabilidad que de ello emane.

3. Se exceptúan del deber de secreto regulado en este artículo:

a) Cuando el interesado consienta expresamente la difusión, publicación o comunicación de los datos.

b) La publicación de datos agregados con fines estadísticos, o las comunicaciones en forma sumaria o agregada de manera que los auditores de cuentas y sociedades de auditoría no puedan ser identificadas, de acuerdo con la disposición adicional quinta.

c) Las informaciones requeridas por las autoridades judiciales competentes o por el Ministerio Fiscal en un proceso penal, o en un juicio civil.

d) Las informaciones que, en el marco de los recursos administrativos o jurisdiccionales entablados sobre resoluciones administrativas dictadas en el ejercicio de la competencia sancionadora a que se refiere el artículo 68 sean requeridas por las autoridades administrativas o judiciales competentes.

e) La información que el Instituto de Contabilidad y Auditoría de Cuentas publique de acuerdo con lo dispuesto en los artículos 8, 61 y 82.

f) Los resultados de las actuaciones de control de calidad efectuados de forma individualizada a los auditores de cuentas y sociedades de auditoría, sin que se incluya identificación de las entidades auditadas. Reglamentariamente se determinará la forma y contenido de dicha publicación.

4. No obstante lo dispuesto en los apartados anteriores, las informaciones confidenciales podrán ser suministradas por el Instituto de Contabilidad y Auditoría de Cuentas a las siguientes personas y entidades para facilitar el cumplimiento de sus

respectivas funciones, las cuales estarán a su vez obligadas a guardar el deber de secreto regulado en este artículo:

a) Quienes resulten designados por resolución judicial. b) Quienes estén autorizados por ley.

c) El Banco de España, la Comisión Nacional del Mercado de Valores y la Dirección General de Seguros y Fondos de Pensiones, así como los órganos autonómicos con competencias de ordenación y supervisión de las entidades aseguradoras.

d) Las autoridades responsables de la lucha contra el blanqueo de capitales y la financiación del terrorismo, así como las comunicaciones que puedan realizarse en virtud de lo dispuesto en la sección 3.ª del capítulo I del título III de la Ley 58/2003, de 17 de diciembre, General Tributaria.

e) Las personas y entidades a las que el Instituto de Contabilidad y Auditoría de Cuentas encargue la ejecución de las tareas o cometidos en los términos establecidos en la disposición adicional tercera.

f) Las autoridades competentes de los Estados miembros de la Unión Europea y de terceros países en los términos a que se refieren, respectivamente, los artículos 63 y 67, así como los colegios de supervisores en materia de auditoría de cuentas con arreglo a lo previsto en el artículo 66.

g) La Comisión de Organismos Europeos de Supervisión de Auditores, la Autoridad Europea de Valores y Mercados, la Autoridad Bancaria Europea, la Autoridad Europea de Seguros y Pensiones de Jubilación, la Comisión, el Sistema Europeo de Bancos Centrales, el Banco Central Europeo y la Junta Europea de Riesgos Sistémicos en los términos establecidos en el capítulo IV de este título.

h) A las Comisiones de Auditoría de las entidades de interés público los informes de inspección en la parte que corresponda a los trabajos de auditoría referentes a la respectiva entidad de interés público, y a efectos del cumplimiento de sus competencias, previstas en el Reglamento (UE) n.º 537/2014, de 16 de abril de 2014, y en el artículo 529 quaterdecies del Texto Refundido de la Ley de Sociedades de Capital, aprobado por el Real Decreto Legislativo 1/2010, de 2 de julio.

Art. 61. *Transparencia y publicidad.*- El Instituto de Contabilidad y Auditoría de Cuentas deberá publicar con periodicidad anual un informe en el que se recojan, al menos, los programas o planes de actuación realizados por el Instituto, una Memoria de actividades y los resultados generales y conclusiones alcanzadas del sistema de control de calidad.

En relación con los auditores de cuentas y sociedades de auditoría que realicen auditorías de entidades de interés público, la obligación de transparencia y publicidad se sujetará a lo establecido en el artículo 28 del Reglamento (UE) n.º 537/2014, de 16 de abril. Adicionalmente, el Instituto de Contabilidad y Auditoría de Cuentas publicará los resultados y conclusiones de los informes de control de calidad a los que se refiere el artículo 26 del citado Reglamento. Esta publicación no incluirá datos identificativos de las entidades auditadas cuyos trabajos de auditoría hayan sido objeto de inspección.

CAPÍTULO III. Régimen de supervisión aplicable a auditores, así como a sociedades y demás entidades de auditoría autorizados en Estados miembros de la Unión Europea y en terceros países

Art. 62. *Auditores, sociedades y demás entidades de auditoría autorizados en Estados miembros de la Unión Europea y en terceros países.*– Quedarán sujetos a las competencias de control y al régimen disciplinario atribuidos al Instituto de Contabilidad y Auditoría de Cuentas en este título:

a) Los auditores de cuentas y sociedades de auditoría autorizados para realizar la actividad de auditoría de cuentas originariamente en un Estado miembro de la Unión Europea e inscritos en el Registro Oficial de Auditores de Cuentas, en relación con los trabajos de auditoría realizados respecto a las cuentas de entidades con domicilio social en España, sin perjuicio de lo que establezcan los acuerdos reguladores que se pudieran celebrar con los Estados miembros de la Unión Europea.

b) Los auditores de cuentas autorizados originariamente para realizar la actividad de auditoría en terceros países que, inscritos en el Registro Oficial de Auditores de Cuentas, estén autorizados para ejercer la actividad de auditoría de cuentas en España.

c) Los auditores de cuentas, así como las sociedades y demás entidades de auditoría autorizados para realizar la actividad de auditoría de cuentas en terceros países que emitan informes de auditoría sobre cuentas anuales o cuentas anuales consolidadas de una entidad de las referidas en los artículos 10.3 y 11.5, de acuerdo con las dispensas que se desarrollen reglamentariamente, según la declaración y evaluación de equivalencia que realice la Comisión de la Unión Europea.

CAPÍTULO IV. Cooperación internacional

Art. 63. *Deber de colaboración con los Estados miembros de la Unión Europea y con las autoridades europeas de supervisión.*– 1. El Instituto de Contabilidad y Auditoría de Cuentas colaborará con la Autoridad Europea de Valores y Mercados, la Autoridad Bancaria Europea, la Autoridad Europea de Seguros y Pensiones de Jubilación y con las autoridades de los Estados miembros de la Unión Europea que tengan competencias atribuidas en materia de autorización, registro, control de calidad, investigación y régimen disciplinario de la actividad de auditoría de cuentas pudiendo, a tal efecto, intercambiar toda la información que sea precisa, y realizar tanto una investigación a petición de un Estado miembro de la Unión Europea como permitir que su personal acompañe al personal del Instituto de Contabilidad y Auditoría de Cuentas en el transcurso de la investigación, así como solicitar a un Estado miembro la realización de una investigación en las mismas condiciones.

Sin perjuicio de lo establecido en el artículo 11.4, en los supuestos en que un auditor de cuentas o sociedad de auditoría deje de estar inscrito en el Registro Oficial de Auditores de Cuentas, el Instituto de Contabilidad y Auditoría de Cuentas lo comunicará a las autoridades de los Estados miembros a que se refiere el párrafo anterior, en los que el auditor o la sociedad estuviesen autorizados para el ejercicio de la actividad auditora, junto con las razones que lo justifiquen.

2. El intercambio de información previsto en el apartado anterior se realizará con la celeridad y la diligencia debida, debiendo, en caso de no poder suministrar la información en tales condiciones, comunicar los motivos a la autoridad solicitante.

Las autoridades europeas de supervisión citadas en el apartado anterior, las autoridades competentes de los Estados miembros citados, así como el Instituto de Contabilidad y Auditoría de Cuentas, deberán observar el deber de secreto a que se refiere el artículo 60, de la información a que hayan tenido acceso de acuerdo con el apartado anterior. Dicha información sólo podrá ser utilizada para el ejercicio de las funciones contempladas en esta Ley, en el contexto de procedimientos administrativos relacionados con tales funciones y en los procedimientos judiciales, no pudiendo ser revelada salvo en los supuestos previstos en el artículo 60 y cuando lo exijan el Derecho de la Unión Europea o nacional.

3. Sin perjuicio de lo dispuesto en los apartados anteriores, el Instituto de Contabilidad y Auditoría de Cuentas podrá negarse a facilitar la información a las autoridades competentes de otros Estados miembros, a realizar una investigación solicitada por estas autoridades, o a que su personal esté acompañado por el personal de dichas autoridades, cuando el suministro de tal información o la realización de tal investigación pueda perjudicar a la soberanía, a la seguridad o al orden público, o se hubiesen iniciado ante autoridades españolas procedimientos judiciales o dictado por dichas autoridades sentencia firme en dichos procedimientos sobre los mismos hechos y contra los mismos auditores y sociedades de auditoría.

4. Cuando el Instituto de Contabilidad y Auditoría de Cuentas llegue a la conclusión de que se están llevando o se han llevado a cabo en el territorio de otro Estado miembro actividades contrarias a las disposiciones nacionales de dicho Estado miembro por las que se haya transpuesto la Directiva 2006/43/ CE del Parlamento Europeo y del Consejo de 17 de mayo de 2006, relativa a la auditoría legal de las cuentas anuales y de las cuentas consolidadas, lo comunicará a la autoridad competente de dicho Estado miembro.

5. En relación con los auditores o sociedades de auditoría que auditen entidades de interés público, el Instituto de Contabilidad y Auditoría de Cuentas podrá colaborar con las autoridades competentes de otro Estado miembro de conformidad con el artículo 31 del Reglamento (UE) n.º 537/2014, de 16 de abril.

Art. 64. *Comisión de Órganos Europeos de Supervisión de Auditores.*– El Instituto de Contabilidad y Auditoría de Cuentas, en su condición de autoridad supervisora en materia de auditoría de cuentas, cooperará con la Comisión de Órganos Europeos de Supervisión de Auditores, de acuerdo con lo establecido en el Reglamento (UE) n.º 537/2014, de 16 de abril.

En particular, el Instituto de Contabilidad y Auditoría de Cuentas intercambiará información de acuerdo con lo establecido en el Reglamento (UE) n.º 537/2014, de 16 de abril.

Adicionalmente, el Instituto de Contabilidad y Auditoría de Cuentas proporcionará a la Comisión de Órganos Europeos de Supervisión de Auditores, como mínimo, la siguiente información:

a) Con carácter anual, información agregada en relación con las medidas administrativas y sanciones impuestas en el ejercicio de sus competencias de supervisión. b) Con carácter puntual y a la mayor brevedad posible, sobre las sanciones impuestas, que hubieren ganado firmeza en vía administrativa, a las sociedades de auditoría y auditores de cuentas que supongan la retirada de autorización o baja definitiva en el Registro Oficial de Auditores de Cuentas, así como la suspensión de la autorización y baja temporal de hasta cinco años en el Registro Oficial de Auditores de Cuentas.

c) Con carácter puntual y a la mayor brevedad posible, las sanciones impuestas de suspensión de hasta tres años, que hubieren ganado firmeza en vía administrativa, a los miembros de un órgano de administración o gestión de una entidad de interés público por el incumplimiento de los deberes impuestos por esta Ley.

Asimismo, el Instituto de Contabilidad y Auditoría de Cuentas cooperará con la Comisión de Órganos Europeos de Supervisión de Auditores y las autoridades competentes de los Estados miembros para converger en la aplicación de los requisitos relativos a la formación exigidos para ejercer la auditoría y el acceso de auditores de cuentas autorizados en otros Estados miembros.

Art. 65. *Transmisión de información al Banco Central Europeo, Sistema Europeo de Bancos Centrales y a la Junta Europea de Riesgos Sistémicos.*– El Instituto de Contabilidad y Auditoría de Cuentas podrá transmitir al Sistema Europeo de Bancos Centrales, al Banco Central Europeo y a la Junta Europea de Riesgos Sistémicos, la información necesaria para el ejercicio de sus respectivas funciones.

Art. 66. *Colegios de autoridades supervisoras competentes en materia de auditoría de cuentas.*– El Instituto de Contabilidad y Auditoría de Cuentas participará en los colegios de autoridades competentes con el fin de facilitar la realización de las actuaciones recogidas en los artículos 46 y 63 de esta Ley y del artículo 31 del Reglamento (UE) n.º 537/2014, de 16 de abril.

Art. 67. *Coordinación con autoridades competentes de terceros países.*– 1. El Instituto de Contabilidad y Auditoría de Cuentas, atendiendo al principio de reciprocidad, podrá celebrar acuerdos de intercambio de información con las autoridades de terceros países, que sean declaradas adecuadas por la Comisión de la Unión Europea, competentes en materia de autorización, registro, control de calidad, investigación y régimen disciplinario reguladas en esta Ley. Dichos acuerdos de intercambio de información garantizarán que las autoridades competentes de terceros países justifiquen cada petición, que las personas empleadas o anteriormente empleadas por las citadas autoridades competentes que reciben la información estén sujetas a obligaciones de secreto profesional, que dichas autoridades competentes de terceros países puedan utilizar dicha información sólo para el ejercicio de sus funciones de supervisión pública, control de calidad e investigaciones y sanciones equivalentes a las establecidas en esta Ley y que dicho acuerdo no menoscabe la protección de los intereses comerciales de la entidad auditada, incluyendo la propiedad industrial e intelectual.

El Instituto de Contabilidad y Auditoría de Cuentas notificará estos acuerdos de intercambio de información a la Comisión de Órganos Europeos de Supervisión de Auditores y a la Comisión.

En particular, y en los términos en que se acuerde con las autoridades competentes de terceros países, el Instituto de Contabilidad y Auditoría de Cuentas podrá permitir, previa justificación de la petición por la autoridad competente de un tercer país, el envío a dicha autoridad competente de papeles de trabajo u otros documentos que obren en poder de aquellos auditores de cuentas, así como de las sociedades y demás entidades de auditoría que auditen las cuentas de sociedades con domicilio social en España y que hayan emitido valores en ese tercer país o de sociedades que formen parte de un grupo que publique las cuentas anuales consolidadas en dicho tercer país, así como de los informes de inspección o investigación relativos a dichas auditorías de cuentas.

2. Sin perjuicio de lo dispuesto en el apartado anterior, el Instituto de Contabilidad y Auditoría de Cuentas podrá negarse a facilitar información a las autoridades competentes de terceros países cuando el suministro de tal información perjudique a la soberanía, a la seguridad o al orden público, o se hubiesen iniciado ante las autoridades españolas procedimientos judiciales o dictado por dichas autoridades sentencia firme en dichos procedimientos sobre los mismos hechos y contra los mismos auditores y sociedades de auditoría o se hubiesen adoptado por el Instituto de Contabilidad y Auditoría de Cuentas resoluciones que hubieran ganado firmeza en relación con los mismos hechos y contra los mismos auditores de cuentas o sociedades de auditoría.

3. En casos excepcionales, el Instituto de Contabilidad y Auditoría de Cuentas podrá permitir el envío de información directamente por los auditores de cuentas y sociedades de auditoría, inscritos en el Registro Oficial de Auditores de Cuentas, a las autoridades competentes de un tercer país, siempre que se hayan celebrado acuerdos de intercambio

de información con dichas autoridades, éstas hayan iniciado investigaciones en dicho país y previamente informen razonadamente de cada petición al Instituto de Contabilidad y Auditoría de Cuentas, y el envío de la información no perjudique las actuaciones de supervisión del Instituto de Contabilidad y Auditoría de Cuentas a las que están sujetos los auditores de cuentas y sociedades de auditoría.

4. A la información en su caso suministrada con arreglo a este artículo le será de aplicación el deber de secreto a que se refiere el artículo 60. Sin perjuicio de lo que disponga el Derecho de la Unión Europea, dicha información sólo podrá ser utilizada para el ejercicio de las funciones de supervisión reguladas en esta Ley, así como a las funciones equivalentes a éstas atribuidas a las autoridades a que se refiere el apartado 1 de este artículo.

5. El Instituto de Contabilidad y Auditoría de Cuentas podrá divulgar la información confidencial recibida de la autoridad competente de un tercer país, de conformidad con lo establecido en el artículo 37 del Reglamento (UE) n.º 537/2014, de 16 de abril.

6. El Instituto de Contabilidad y Auditoría de Cuentas exigirá que la información confidencial que haya comunicado a la autoridad competente de un tercer país se divulgue de conformidad con lo establecido en el artículo 38 del Reglamento (UE) n.º 537/2014, de 16 de abril.

El Instituto de Contabilidad y Auditoría de Cuentas colaborará con las autoridades competentes o de terceros países, de conformidad con lo establecido en el artículo 36 del Reglamento (UE) n.º 537/2014, de 16 de abril.

TÍTULO III. Régimen de infracciones y sanciones

Art. 68. *Potestad administrativa sancionadora.*– Corresponderá al Instituto de Contabilidad y Auditoría de Cuentas el ejercicio de la potestad sancionadora por la comisión de infracciones tipificadas en esta Ley, respecto de los sujetos responsables a que se refiere el artículo 70.1.

Art. 69. *Especialidades en materia de procedimiento.*– 1. La potestad sancionadora a que se refiere el artículo anterior se ejercerá de conformidad con lo establecido en el título IX de la Ley 30/1992, de 26 de noviembre, del Régimen Jurídico de las Administraciones Públicas y del Procedimiento Administrativo Común, en esta Ley y en los Reglamentos que la desarrollen.

2. Se consideraran interesados en los procedimientos sancionadores tramitados con arreglo a este título quienes resulten identificados en el acuerdo de incoación como presuntamente responsables.

3. El denunciante de hechos que pudieran ser constitutivos de alguna de las infracciones tipificadas en esta Ley no será considerado interesado en el procedimiento

que, en su caso, se inicie, y el escrito de denuncia no formará parte del expediente, no estando legitimado para la interposición de recursos o reclamaciones en relación con los resultados de las actuaciones previas que pudieran haberse realizado, en su caso, con anterioridad al inicio del procedimiento sancionador, ni de la resolución que ponga fin a éste.

4. El plazo para resolver y notificar la resolución en los procedimientos sancionadores derivados de la comisión de las infracciones previstas en esta Ley será de un año, ampliable conforme a lo previsto en los artículos 42.6 y 49 de la Ley 30/1992, de 26 de noviembre, de Régimen Jurídico de las Administraciones Públicas y del Procedimiento Administrativo Común.

5. En los términos que se prevean reglamentariamente, podrá acordarse la tramitación abreviada del procedimiento sancionador cuando al tiempo de iniciarse el expediente sancionador se encontrasen en poder del Instituto de Contabilidad y Auditoría de Cuentas todos los elementos que permitan formular la propuesta de resolución. En este caso, la propuesta se incorporará al acuerdo de iniciación, que se notificará al interesado, indicándole la puesta de manifiesto del expediente y concediéndole un plazo de quince días para que alegue cuanto considere conveniente y presente los documentos, justificantes y pruebas que estime oportunos.

6. La responsabilidad civil o penal en la que, en su caso, pudieran incurrir los sujetos responsables de las infracciones tipificadas en esta Ley será exigible en la forma que establezcan el artículo 26 de esta Ley y las demás leyes que regulan aquellas responsabilidades.

7. En el acuerdo de incoación o en cualquier momento posterior se podrá adoptar, como medida cautelar y en atención a las circunstancias particulares de la presunta infracción imputada, un requerimiento dirigido al auditor de cuentas o a la sociedad de auditoría para que pongan fin a su actuación y se abstengan de repetirla.

En caso de finalizar el procedimiento con una resolución sancionadora, referida a los hechos tenidos en consideración para formular el requerimiento indicado, se hará constar dicho requerimiento en la parte dispositiva de la misma, sin perjuicio de que adicionalmente se impongan las sanciones previstas.

> Téngase en cuenta que, de acuerdo con el apartado 2 de la Disp. Final. 14.ª de la presente Ley, el apartado 5 entró en vigor, en lo referente a la habilitación contenida en relación con la tramitación abreviada del procedimiento sancionador, al día siguiente de la publicación de esta Ley en el «Boletín Oficial del Estado», esto es, el 22 de julio de 2015.

Art. 70. *Responsabilidad administrativa*.– 1. Se considerarán, en todo caso, sujetos responsables de las infracciones tipificadas en esta Ley:

a) Los auditores de cuentas y las sociedades de auditoría y demás entidades de auditoría.

b) En el caso de infracciones cometidas por las sociedades de auditoría, derivadas de un determinado trabajo de auditoría, tanto éstas como los auditores de cuentas, socios o no, que hayan firmado el informe de auditoría en nombre de aquéllas.

c) Las personas y entidades a que se refieren los artículos 18,19 y 20.

d) Los sujetos no auditores a los que alcanzan las prohibiciones establecidas en los artículos 23 y 31, y demás personas o entidades a las que se refieren las actuaciones contempladas en el artículo 46.1.

2. No se considerará sancionable el incumplimiento de las normas de auditoría que derive de una discrepancia jurídica o técnica razonablemente justificada en su interpretación o aplicación. A estos efectos, y con el fin de posibilitar la verificación de la razonabilidad de la interpretación de las normas técnicas de auditoría efectuada por el auditor o la sociedad de auditoría, éstos deberán documentar la razonabilidad de la interpretación realizada.

3. La comisión de cualquiera de las infracciones señaladas en esta Ley deducida de un solo hecho, únicamente podrá dar lugar a la imposición de una única sanción al auditor firmante del informe de auditoría en nombre de una sociedad de auditoría, y una única sanción a la sociedad de auditoría en cuyo nombre se haya firmado el informe.

Art. 71. *Infracciones.*– Las infracciones cometidas por los sujetos a que se refiere el artículo 70.1 se clasificarán en muy graves, graves y leves.

Art. 72. *Infracciones muy graves.*– Se considerarán infracciones muy graves:

a) La emisión de informes de auditoría de cuentas cuya opinión no fuese acorde con las pruebas obtenidas por el auditor en su trabajo, siempre que hubiese mediado dolo o negligencia especialmente grave e inexcusable.

b) El incumplimiento de lo dispuesto en los artículos 4.1, 4.2 y 5.1 del Reglamento (UE) 537/2014, de 16 de abril, o en los artículos 14 a 20, 25 y 39, en relación con el deber de independencia, siempre que hubiese mediado dolo o negligencia especialmente grave; de la obligación de duración máxima de contratación exigida en el artículo 40.1; o de las limitaciones de honorarios contemplados en el artículo 41.1 y 2.

c) La negativa o resistencia por los auditores de cuentas o sociedades de auditoría al ejercicio de las competencias de control o disciplina del Instituto de Contabilidad y Auditoría de Cuentas o la falta de remisión a dicho organismo de cuanta información o documentos sean requeridos en el ejercicio de las funciones legalmente atribuidas de control y disciplina del ejercicio de la actividad de auditoría de cuentas, de conformidad con lo establecido en el capítulo I del título II de esta Ley.

d) El incumplimiento del deber de secreto establecido en el artículo 31.

e) La utilización en beneficio propio o ajeno de la información obtenida en el ejercicio de sus funciones.

f) El incumplimiento de la prohibición impuesta con arreglo a los artículos 77, párrafo segundo, y 78.1.

g) El incumplimiento del deber de conservación y custodia establecido en el artículo 30, salvo que concurran causas de fuerza mayor no imputables al auditor de cuentas o a la sociedad de auditoría.

h) La no emisión del informe de auditoría de cuentas de una entidad de interés público, por causas imputables al auditor de cuentas o a la sociedad de auditoría, incluido el caso en que no concurrieran las circunstancias requeridas en el artículo 5.2 para la falta de emisión del informe de auditoría o la renuncia a continuar con el contrato de auditoría; así como la emisión de ese informe de auditoría que, por razón de la fecha de su emisión, no sea susceptible de cumplir con la finalidad para la que fue encargado el correspondiente trabajo de auditoría, por causas imputables al auditor de cuentas o la sociedad de auditoría.

i) La no emisión o entrega en plazo del informe adicional para la Comisión de Auditoría de las entidades de interés público, o su entrega con un contenido sustancialmente incorrecto o incompleto, siempre que hubiese mediado requerimiento de la Comisión de Auditoría.

j) La realización de trabajos de auditoría de cuentas sin estar inscrito como ejerciente en el Registro Oficial de Auditores de Cuentas o sin tener prestada fianza suficiente.

k) La firma de un informe de auditoría en nombre de una sociedad de auditoría, por un auditor de cuentas que no esté expresamente designado por dicha sociedad para su realización.

Art. 73. *Infracciones graves*.– Se considerarán infracciones graves:

a) El incumplimiento de la obligación de realizar una auditoría de cuentas contratada en firme o aceptada, en el caso de designación judicial o por el Registrador Mercantil, por causas imputables al auditor de cuentas o a la sociedad de auditoría, incluido el caso en que no concurrieran las circunstancias requeridas en el artículo 5.2 para la falta de emisión del informe de auditoría o la renuncia a continuar con el contrato de auditoría; así como la emisión de un informe de auditoría que, por razón de la fecha de su emisión, no sea susceptible de cumplir con la finalidad para la que fue encargado el correspondiente trabajo de auditoría, por causas imputables al auditor de cuentas o la sociedad de auditoría.

b) El incumplimiento de las normas de auditoría que pudiera tener un efecto significativo sobre el resultado de su trabajo y, por consiguiente, en su informe.

c) El incumplimiento de lo dispuesto en los artículos 4.1, 4.2 y 5.1 del Reglamento (UE) n.º 537/2014, de 16 de abril, o en los artículos 14 a 20, 25 y 39, en relación con el deber de independencia, siempre que no hubiese mediado dolo o negligencia especialmente grave, así como de los artículos 22 a 24, 40.2 y 40.3.

d) La falta de remisión al Instituto de Contabilidad y Auditoría de Cuentas de aquellas informaciones, de carácter periódico o circunstancial, exigidas legal o reglamentariamente, cuando hayan transcurrido tres meses desde la finalización de los plazos establecidos para ello, o la remisión de dicha información cuando sea sustancialmente incorrecta o incompleta.

e) La aceptación de trabajos de auditoría de cuentas que superen la capacidad anual medida en horas del auditor de cuentas, de acuerdo con lo establecido en las normas de auditoría de cuentas.

f) El incumplimiento de lo establecido en la disposición adicional séptima; o la emisión del informe o comunicación a que se refiere dicha disposición que contenga información sustancialmente incorrecta o incompleta; o el incumplimiento de la obligación de comunicación a las autoridades nacionales supervisoras de las entidades de interés público exigida en el artículo 38 de esta Ley.

g) La emisión de un informe, identificándose como auditor de cuentas, en un trabajo distinto a los que se regulan en el artículo 1, o distinto a aquellos que, no teniendo la naturaleza de auditoría de cuentas estén atribuidos por ley a auditores de cuentas, cuando su redacción o presentación pueda generar confusión respecto a su naturaleza como trabajo de auditoría de cuentas.

h) El incumplimiento de lo establecido en el artículo 15, en relación con la identificación de amenazas y las medidas de salvaguarda aplicadas, cuando estas sean insuficientes o no se hayan establecido.

i) La falta de cumplimiento en plazo de los requerimientos formulados en el control de calidad a que se refiere el artículo 54 o falta sustancial del cumplimiento en plazo de dichos requerimientos.

j) El incumplimiento de la obligación de publicar el informe anual de transparencia; de la obligación de comunicar y justificar las razones de no incluir información sobre la identificación de entidades de interés público; o cuando el informe publicado contenga información sustancialmente incorrecta o incompleta, de acuerdo con el contenido previsto en el artículo 37, siempre que haya transcurrido un mes desde la finalización del plazo previsto para ello.

k) La negativa o resistencia por parte de los sujetos no auditores a que se refieren los artículos 19, 20 y 48.1, al ejercicio de las competencias de control o disciplina del Instituto de Contabilidad y Auditoría de Cuentas o la falta de remisión a dicho organismo de cuanta información o documentos sean requeridos en el ejercicio de dichas competencias, con arreglo a lo establecido en el capítulo I del título II.

l) La inexistencia o falta sustancial de aplicación de sistemas de control de calidad internos por parte de los auditores de cuentas o sociedades de auditoría; el incumplimiento de la obligación de llevanza de los registros establecidos en los artículos 28, 29, 42 y 43 respecto de la organización interna del auditor o su llevanza sustancialmente incompleta o incorrecta; o la falta de realización de la revisión de control de calidad a que se refiere el artículo 8 del Reglamento (UE) n.º 537/2014, de 16 de abril, antes de emitirse el informe de auditoría.

ll) La falta de comunicación del incumplimiento de alguno de los requisitos exigidos a los auditores de cuentas o sociedades de auditoría para la inscripción en el Registro Oficial de Auditores de Cuentas como ejercientes o sociedades de auditoría, cuando hayan continuado ejerciendo su actividad.

m) El incumplimiento de lo dispuesto en el artículo 8.7 en cuanto al seguimiento de formación continuada.

n) El incumplimiento de la obligación de permitir al auditor de cuentas o sociedad auditora sucesora, en el caso de sustitución del auditor de cuentas de la entidad audita-da, o al auditor de cuentas o sociedad de auditoría del grupo, en el caso de auditoría de cuentas consolidadas, el acceso a la documentación relacionada con la entidad auditada o con las entidades consolidadas, respectivamente.

ñ) La no emisión o entrega en plazo a la Comisión de Auditoría del informe adicional previsto por el artículo 36, o su entrega con un contenido sustancialmente incorrecto o incompleto.

Art. 74. *Infracciones leves*.– Se considerarán infracciones leves:

a) Cualesquiera acciones y omisiones que supongan incumplimiento de las normas de auditoría y que no estén incluidas en los artículos anteriores.

b) La no remisión al Instituto de Contabilidad y Auditoría de Cuentas de aquellas informaciones, de carácter periódico o circunstancial, exigidas legal o reglamentaria-mente, dentro de los plazos establecidos para ello, siempre y cuando no hayan transcurrido tres meses desde la finalización de estos plazos.

Art. 75. *Sanciones por infracciones cometidas por auditores de cuentas individuales*.– Cuando se trate de infracciones cometidas por un auditor individual se aplicará al infractor el siguiente régimen de sanciones:

1. Por la comisión de infracciones muy graves se impondrá al infractor una de las siguientes sanciones: a) Revocación de la autorización y baja definitiva en el Registro Oficial de Auditores de Cuentas. b) Suspensión de la autorización y baja temporal por plazo de dos años y un día a cinco años en el

c) Multa por importe de seis a nueve veces la cantidad facturada por el trabajo de auditoría en el que se haya cometido la infracción, sin que pueda, en ningún caso, ser inferior a 18.001 euros, ni superior a 36.000 euros. Este máximo no será de aplicación en aquellos casos en que la infracción se refiera a un trabajo de auditoría de cuentas de una entidad de interés público. Cuando la infracción no se haya cometido en relación con un trabajo concreto de auditoría, se impondrá al auditor de cuentas una sanción de multa de un importe mínimo de 18.001 euros y máximo de 36.000 euros.

2. Por la comisión de infracciones graves se impondrá al infractor una de las siguientes sanciones:

a) Suspensión de la autorización y baja temporal por plazo de hasta dos años en el Registro Oficial de Auditores de Cuentas.

b) Multa por importe de dos a cinco veces la cantidad facturada por el trabajo de auditoría en el que se haya cometido la infracción, sin que pudiera, en ningún caso, ser inferior a 6.001 euros, ni superior a 18.000 euros. Este máximo no será de aplicación en aquellos casos en que la infracción se refiera a un trabajo de auditoría de cuentas de una entidad de interés público. Cuando la infracción no se haya cometido en relación con un concreto trabajo de auditoría, se impondrá al auditor una sanción de multa de un importe mínimo de 6.001 euros y máximo de 18.000 euros.

Por la comisión de la infracción grave contemplada en el artículo 73.d) se impondrá al auditor de cuentas a título individual en todo caso la retirada de la autorización y baja en el Registro Oficial de Auditores de Cuentas cuando en los últimos cinco años hubiera sido impuesta una sanción firme en vía administrativa por el mismo tipo de infracción.

3. Por la comisión de infracciones leves se impondrá al infractor una de las siguientes sanciones:

a) Multa por importe de hasta 6.000 euros.

b) Amonestación privada.

Art. 76. *Sanciones por infracciones cometidas por sociedades de auditoría.-* Cuando se trate de infracciones cometidas por sociedades de auditoría se aplicará el siguiente régimen de sanciones:

1. Por la comisión de infracciones muy graves se impondrá a la sociedad de auditoría infractora una de las siguientes sanciones:

a) Retirada de la autorización y baja definitiva en el Registro Oficial de Auditores de Cuentas.

b) Multa por un importe entre el tres y el seis por ciento de los honorarios facturados por actividad de auditoría de cuentas en el último ejercicio declarado ante el Instituto de Contabilidad y Auditoría de Cuentas con anterioridad a la imposición de la sanción, sin que la sanción resultante pueda ser inferior a 24.000 euros.

2. Al auditor de cuentas, designado al efecto, que firme el informe en nombre de una sociedad de auditoría corresponsable de la infracción muy grave cometida por dicha sociedad de auditoría, se le impondrá una de las siguientes sanciones:

a) Retirada de la autorización y baja definitiva en el Registro Oficial de Auditores de Cuentas.

b) Suspensión de la autorización y baja temporal por plazo de dos años y un día a cinco años en el Registro Oficial de Auditores de Cuentas.

c) Multa por importe mínimo de 12.001 euros y máximo de 24.000 euros.

3. Por la comisión de infracciones graves se impondrá a la sociedad de auditoría infractora una sanción de multa por un importe de hasta el tres por ciento de los honorarios facturados por actividad de auditoría de cuentas en el último ejercicio declarado ante el Instituto de Contabilidad y Auditoría de Cuentas con anterioridad a la imposición de la sanción, sin que la sanción resultante pueda ser inferior a 12.000 euros.

Por la comisión de la infracción grave contemplada en el artículo 73.d) se impondrá a la sociedad de auditoría en todo caso la retirada de la autorización y baja en el Registro Oficial de Auditores de Cuentas cuando en los últimos cinco años hubiera sido impuesta una sanción firme en vía administrativa por el mismo tipo de infracción.

Por la comisión de la infracción grave contemplada en el artículo 73.ll) se impondrá a la sociedad auditora la suspensión o retirada de la autorización y baja en el Registro Oficial de Auditores de Cuentas, o una sanción de multa por importe de hasta el tres por ciento de los honorarios facturados por actividad de auditoría de cuentas en el último ejercicio cerrado con anterioridad a la imposición de la sanción.

4. Al auditor de cuentas, designado al efecto, que firme en nombre de una sociedad de auditoría corresponsable de la infracción grave cometida por dicha sociedad de auditoría, se le impondrá una de las siguientes sanciones:

a) Suspensión de la autorización y baja temporal por plazo de hasta dos años en el Registro Oficial de Auditores de Cuentas.

b) Multa por importe mínimo de 3.000 euros y máximo de 12.000 euros.

5. Por la comisión de infracciones leves se impondrá a la sociedad de auditoría infractora una sanción de multa por importe de hasta 6.000 euros.

6. Al auditor de cuentas, designado al efecto, que firme el informe en nombre de una sociedad de auditoría corresponsable de la infracción leve cometida por dicha sociedad, se le impondrá una sanción de amonestación privada.

Art. 77. *Sanciones por infracciones cometidas por auditores de cuentas y sociedades de auditoría en relación con entidades de interés público*.– Cuando la imposición de una sanción de multa sea consecuencia de un trabajo de auditoría de cuentas en relación con una entidad de interés público o del incumplimiento de obligaciones impuestas a quienes son auditores de entidades de interés público, se podrá incrementar hasta un 20 % la cuantía de la misma que correspondería aplicar, con carácter general, conforme a los artículos 75 y 76. Los importes mínimos y máximos se incrementarán en la misma proporción.

En el caso de que proceda imponer las sanciones consistentes en multas, adicionalmente, podrá imponerse a la sociedad de auditoría y a los auditores de cuentas responsables de la infracción la suspensión para realizar auditorías de cuentas de entidades de interés público por un plazo de hasta 2 años en el caso de infracciones graves y de hasta 5 años en el caso de infracciones muy graves. Dicho plazo comenzará a contarse a partir del inicio del ejercicio siguiente a aquel en que la sanción adquiera firmeza en vía administrativa.

Art. 78. *Otras sanciones adicionales.–* 1. Cuando la imposición de una sanción por infracción muy grave o grave sea consecuencia de un trabajo de auditoría de cuentas a una determinada entidad, dicha sanción llevará aparejada la prohibición al auditor de cuentas individual o a la sociedad de auditoría y a los auditores principales responsables del trabajo de realizar la auditoría de cuentas de la mencionada entidad correspondiente a los tres primeros ejercicios que se inicien con posterioridad a la fecha en que la sanción adquiera firmeza en vía administrativa.

2. Adicionalmente a las sanciones impuestas por infracciones muy graves o graves consistentes en retiradas o suspensiones de la autorización y bajas definitivas o provisionales en el Registro Oficial de Auditores de Cuentas, se impondrá a los sujetos infractores la sanción de inhabilitación para ejercer cargos de administrador en sociedades de auditoría por el mismo periodo por el que se impongan aquellas.

3. En caso de que en relación con el trabajo de auditoría realizado se haya cometido una infracción muy grave o grave, incluida, en todo caso, su realización por quien no esté habilitado para ello, la resolución sancionadora contendrá, en su parte dispositiva, una declaración que ponga de manifiesto el incumplimiento en el informe de auditoría emitido, de los requisitos del informe de auditoría establecidos en el artículo 5.

En el caso de que la auditoría se haya realizado a una entidad de interés público, se hará referencia expresa al incumplimiento de los requisitos establecidos en el artículo 10 del Reglamento (UE) n.º 537/2014, de 16 de abril, y en el artículo 5.1.f).

> Segundo párrafo del apartado 3 redactado de acuerdo con el art. 5.3 de la Ley 5/2021, de 12 de abril, por la que se modifica el texto refundido de la Ley de Sociedades de Capital (...), y otras normas financieras, en lo que respecta al fomento de la implicación a largo plazo de los accionistas en las sociedades cotizadas (BOE núm. 83, d 13 de abril).

Art. 79. *Sanciones por infracciones cometidas por sujetos no auditores.–* En el supuesto de infracciones cometidas por sujetos no auditores, se aplicarán las siguientes reglas:

a) Por la infracción muy grave prevista en el artículo 72.b), por incumplimiento de la prohibición establecida en el artículo 39.2.d) se les impondrá la multa por importe mínimo de 26.000 euros y máximo de 54.000 euros. En este caso no se considerará responsable a la sociedad de auditoría por el referido incumplimiento, sin perjuicio de su obligación de no realizar la auditoría a que se refiere el artículo 23.

b) Por la infracción muy grave contemplada en el artículo 72.d), por incumplimiento del deber de guardar secreto establecido en el artículo 31, se impondrá una multa por importe mínimo de 18.000 euros y máximo de 36.000 euros.

c) Por la infracción muy grave contemplada en el artículo 72.j), por realizar trabajos de auditoría de cuentas sin estar inscrito como ejerciente en el Registro Oficial de Auditores de Cuentas o sin tener prestada fianza suficiente, se impondrá una multa por importe mínimo de 30.000 euros y máximo de 60.000 euros.

d) Por la infracción grave prevista en el artículo 73.c), por incumplimiento de la prohibición establecida en el artículo 23, se les impondrá la multa por importe mínimo de 6.000 euros y máximo de 48.000 euros. En este caso no se considerará responsable a la sociedad de auditoría por el referido incumplimiento, sin perjuicio de su obligación de no realizar la auditoría a que se refiere el citado artículo 23.

e) Por la infracción grave, contemplada en el artículo 73.k), por negativa o resistencia, se impondrá una multa por importe mínimo de 12.000 euros y máximo de 18.000 euros.

En el supuesto de infracciones previstas en el artículo 73.k) cometidas por las entidades auditadas o vinculadas, se impondrá una multa por importe mínimo de 12.000 euros y máximo de 36.000 euros.

En el caso de tratarse de entidades de interés público, se impondrá una multa por importe mínimo de 36.000 euros y máximo de 72.000 euros.

Art. 80. *Determinación de la sanción*.– 1. Las sanciones aplicables en cada caso por la comisión de infracciones se determinarán teniendo en cuenta los siguientes criterios:

a) La naturaleza e importancia de la infracción.

b) La gravedad del perjuicio o daño causado o que pudiera causar.

c) La existencia de intencionalidad.

d) La importancia de la entidad auditada, medida en función del total de las partidas de activo, de su cifra anual de negocios o del número de trabajadores.

e) Las consecuencias desfavorables para la economía nacional.

f) La conducta anterior de los infractores.

g) La circunstancia de haber procedido a realizar por iniciativa propia actuaciones dirigidas a subsanar la infracción o a minorar sus efectos.

2. Cuando en los últimos cinco años hubiera sido impuesta una sanción que hubiere alcanzado firmeza en vía administrativa por el mismo tipo de infracción, se impondrán las sanciones contempladas en los artículos 75 a 79 en su mitad superior, salvo lo es-

tablecido en relación con la comisión de la infracción grave contemplada en el artículo 73.d).

Art. 81. *Ejecutividad de las resoluciones.*– Las resoluciones mediante las que se impongan cualquiera de las sanciones enumeradas en este título sólo serán ejecutivas cuando hubieren ganado firmeza en vía administrativa.

Art. 82. *Publicidad de las sanciones.*– 1. La parte dispositiva de las resoluciones sancionadoras que sean ejecutivas se publicará en el «Boletín del Instituto de Contabilidad y Auditoría de Cuentas», y se inscribirá en el Registro Oficial de Auditores de Cuentas. Se exceptúan las sanciones de amonestación privada.

Cuando las sanciones sean recurridas en la vía contencioso-administrativa, se hará constar dicha circunstancia en el Registro Oficial de Auditores de Cuentas y, siempre que sea posible, se indicará el estado de tramitación del recurso y el resultado del mismo.

2. Se podrá acceder a la información descrita en el apartado anterior a través de la página web del Instituto de Contabilidad y Auditoría de Cuentas.

3. Las sanciones por infracciones cometidas en relación con trabajos e informes de auditoría de entidades de interés público se publicarán en el «Boletín Oficial del Estado» una vez que hayan ganado firmeza en vía administrativa.

Las sanciones de separación y de inhabilitación se harán constar, además, en el Registro Mercantil, una vez que hayan ganado firmeza en vía administrativa.

4. En la publicación de las sanciones se incluirá información sobre el tipo y la naturaleza de la infracción y la identidad de la persona física o jurídica sobre la que recaiga la sanción.

5. Excepcionalmente se podrán inscribir en el Registro Oficial de Auditores de Cuentas con carácter confidencial, sin proceder a su publicación, las sanciones que haya ganado firmeza en vía administrativa, en aquellos casos en que, además de lo dispuesto en la legislación aplicable concurra alguna de las siguientes circunstancias:

a) Que la publicación de la sanción pudiera poner en peligro la estabilidad de los mercados financieros o una investigación penal en curso.

b) Que la publicación de la sanción pudiera causar un perjuicio desproporcionado a las instituciones o personas afectadas en relación con las que se haya cometido la infracción.

La exclusión de la publicación de la sanción podrá acordarse motivadamente por el Ministro de Economía y Competitividad, a petición de los interesados, al resolver el recurso de alzada que en su caso se hubiese interpuesto.

Art. 83. *Responsabilidad administrativa de sociedades de auditoría extinguidas.*– 1. Las sanciones de multa impuestas por la comisión de las infracciones tipificadas en esta Ley a las sociedades de auditoría disueltas y liquidadas en las que la ley limite la responsabilidad patrimonial de los socios, partícipes o cotitulares se transmitirán a éstos, que quedarán obligados solidariamente hasta el límite del valor de la cuota de liquidación que les corresponda.

Las sanciones de multa impuestas por la comisión de las infracciones tipificadas en esta Ley a las sociedades disueltas y liquidadas en las que la Ley no limite la responsabilidad patrimonial de los socios, partícipes o cotitulares se transmitirán íntegramente a éstos, que quedarán obligados solidariamente a su cumplimiento.

Asimismo, las sanciones de baja o de incompatibilidad impuestas por las infracciones cometidas por las sociedades disueltas o extinguidas únicamente se transmitirán a las sociedades o entidades en las que participen y sean los mismos socios o los mismos partícipes que existían en las sociedades disueltas o extinguidas.

2. En los supuestos de extinción o disolución sin liquidación de sociedades de auditoría, las sanciones de multa impuestas por la comisión de las infracciones tipificadas en esta Ley se transmitirán a las personas o entidades que sucedan o que sean beneficiarias de la correspondiente operación.

Asimismo, únicamente se transmitirán las sanciones de baja o de incompatibilidad impuestas por las infracciones cometidas por las sociedades de auditoría disueltas o extinguidas sin liquidación a las citadas sociedades que resulten de estas operaciones en aquellos casos en los que en estas últimas participen los mismos socios o los mismos partícipes que existían en las sociedades disueltas o extinguidas sin liquidación.

Lo dispuesto en este apartado será aplicable a cualquier supuesto de cesión global del activo y pasivo de una sociedad mercantil.

3. Lo dispuesto en los apartados anteriores será de aplicación en aquellos casos en que se produzca una disolución encubierta o meramente aparente. Se considera que, en todo caso, existe disolución encubierta o meramente aparente de la persona jurídica cuando se continúe con su actividad económica y se mantenga la identidad sustancial de clientes, proveedores y empleados, o de la parte más relevante de todos ellos. En tales casos, las sanciones se transmitirán a la sociedad o persona física en la que concurra la identidad a que se refiere el párrafo anterior.

4. En el caso de que no se hubiese iniciado el correspondiente expediente sancionador para declarar la responsabilidad administrativa por la comisión de infracciones previstas en esta Ley en el momento de producirse la extinción de la personalidad jurídica de la sociedad de auditoría, se exigirán las sanciones que pudieran imponerse a los sucesores a que se refiere este artículo, pudiéndose entender las actuaciones con cualquiera de ellos. Lo mismo se entenderá cuando la responsabilidad no estuviera todavía declarada en el momento de producirse la extinción de la personalidad jurídica.

Art. 84. *Obligación de conservación de la documentación.-* En los casos de baja temporal o definitiva en el Registro Oficial de Auditores de Cuentas, los auditores de cuentas y las sociedades de auditoría adoptarán las medidas necesarias para la salvaguarda de la documentación referente a aquellas auditorías de cuentas que hubieran realizado y que sean objeto de una acción de responsabilidad civil.

Art. 85. *Prescripción de las infracciones.-* 1. Las infracciones leves prescribirán al año, las graves a los dos años y las muy graves a los tres años de su comisión.

2. La prescripción se interrumpirá por la iniciación, con conocimiento del interesado, del procedimiento sancionador, reanudándose el plazo si el expediente permaneciese paralizado durante más de seis meses por causa no imputable al auditor de cuentas o sociedad de auditoría de cuentas sujetos al procedimiento.

Art. 86. *Prescripción de las sanciones.-* 1. Las sanciones impuestas por infracciones leves prescribirán al año, las impuestas por infracciones graves a los dos años, y las impuestas por infracciones muy graves a los tres años.

2. El plazo de prescripción comenzará a contarse desde el día siguiente a aquél en que adquiera firmeza la resolución por la que se imponga la sanción, reanudándose el plazo si el expediente permaneciese paralizado durante más de seis meses por causa no imputable al auditor de cuentas o sociedad de auditoría de cuentas sujetos al procedimiento.

TÍTULO IV. Tasas del Instituto de Contabilidad y Auditoría de Cuentas

Art. 87. *Tasa del Instituto de Contabilidad y Auditoría de Cuentas por el control y supervisión de la actividad de la auditoría de cuentas.-* (...) [No se reproduce en estos textos legales].

Art. 88. *Tasa del Instituto de Contabilidad y Auditoría de Cuentas por la expedición de certificados o documentos a instancia de parte y por las inscripciones y anotaciones en el Registro Oficial de Auditores de Cuentas.-* (...) [No se reproduce en estos textos legales].

TÍTULO V. Protección de datos personales

Art. 89. *Protección de datos personales.-* El acceso a las informaciones y datos requeridos por el Instituto de Contabilidad y Auditoría de Cuentas en el ejercicio de sus funciones de supervisión se realiza de conformidad con el artículo 11.2.a) de la Ley Orgánica 15/1999, de 13 de diciembre, de Protección de Datos de Carácter Personal.

El Instituto de Contabilidad y Auditoría de Cuentas aplicará la normativa vigente sobre protección de datos al tratamiento de los datos de carácter personal intercambiados en el ámbito de cooperación comunitaria y con terceros países.

El tratamiento de los datos de carácter personal del denunciante se realizará de conformidad con la Ley Orgánica 15/1999, de 13 de diciembre, de Protección de Datos de Carácter Personal.

Las referencias a la Ley Orgánica 15/1999 se entenderán hechas a la Ley Orgánica 3/2018, de 5 de diciembre, de Protección de Datos Personales y garantía de los derechos digitales.

DISPOSICIONES ADICIONALES

Primera. *Auditoría obligatoria.-* 1. Sin perjuicio de lo establecido en otras disposiciones, deberán someterse en todo caso a la auditoría de cuentas prevista en el artículo 1.2 de esta Ley, las entidades, cualquiera que sea su naturaleza jurídica, en las que concurra alguna de las siguientes circunstancias:

a) Que emitan valores admitidos a negociación en mercados secundarios oficiales de valores o sistemas multilaterales de negociación.

b) Que emitan obligaciones en oferta pública.

c) Que se dediquen de forma habitual a la intermediación financiera, y, en todo caso, las entidades de crédito, las empresas de servicios de inversión, las sociedades rectoras de los mercados secundarios oficiales, las entidades rectoras de los sistemas multilaterales de negociación, la Sociedad de Sistemas, las entidades de contrapartida central, la Sociedad de Bolsas, las sociedades gestoras de los fondos de garantía de inversiones y las demás entidades financieras, incluidas las instituciones de inversión colectiva, fondos de titulización y sus gestoras, inscritas en los correspondientes Registros del Banco de España y de la Comisión Nacional del Mercado de Valores.

d) Que tengan por objeto social cualquier actividad sujeta al Texto Refundido de la Ley de ordenación y supervisión de los seguros privados, aprobado por Real Decreto Legislativo 6/2004, de 29 de octubre, dentro de los límites que reglamentariamente se establezcan, así como los fondos de pensiones y sus entidades gestoras.

e) Que reciban subvenciones, ayudas o realicen obras, prestaciones, servicios o suministren bienes al Estado y demás organismos públicos dentro de los límites que reglamentariamente fije el Gobierno por real decreto.

f) Las demás entidades que superen los límites que reglamentariamente fije el Gobierno por real decreto. Dichos límites se referirán, al menos, a la cifra de negocios, al importe total del activo según balance y al número anual medio de empleados, y se aplicarán, todos o cada uno de ellos, según lo permita la respectiva naturaleza jurídica de cada sociedad o entidad.

2. Lo previsto en esta disposición adicional no es aplicable a las entidades que formen parte del sector público estatal, autonómico o local, sin perjuicio de lo que disponga la normativa que regula dichas entidades del sector público. En todo caso, lo previsto en esta disposición adicional será aplicable a las sociedades mercantiles que formen parte del sector público estatal, autonómico o local.

3. Las sucursales en España de entidades de crédito extranjeras, cuando no tengan que presentar cuentas anuales de su actividad en España, deberán someter a auditoría la información económica financiera que con carácter anual deban hacer pública, y la que con carácter reservado remitan al Banco de España, de conformidad con el marco normativo contable que resulte de aplicación.

> En relación con el apartado 1.d), la referencia al Texto Refundido de la Ley de ordenación y supervisión de los seguros privados, aprobado por Real Decreto Legislativo 6/2004, de 29 de octubre, debe entenderse realizada a partir del 16 de enero de 2016 a la Ley 20/2015, de 14 de julio, de ordenación, supervisión y solvencia de las entidades aseguradoras y reaseguradoras (BOE núm. 168, de 15 de julio de 2015), Ley cuya entrada en vigor se fijó con carácter general en su Disp. Ad. 21.ª el 16 de enero de 2016.

Segunda. *Auditoría en entidades del sector público.-* 1. Esta Ley no será de aplicación a las actividades de revisión y verificación de cuentas anuales, estados financieros u otros documentos contables, ni a la emisión de los correspondientes informes, que se realicen por órganos de control de las Administraciones Públicas en el ejercicio de sus competencias, que continuarán rigiéndose por su legislación específica.

2. Los trabajos de auditoría sobre cuentas anuales u otros estados financieros o documentos contables de entidades que forman parte del sector público estatal, autonómico o local y se encuentran atribuidos legalmente a los órganos públicos de control de la gestión económico financiera del sector público en el ejercicio de sus competencias, se rigen por sus normas específicas, no resultando de aplicación a dichos trabajos lo establecido en la normativa reguladora de la actividad de auditoría de cuentas.

Los trabajos de colaboración que pudieran realizar los auditores de cuentas o las sociedades de auditoría inscritos en el Registro Oficial de Auditores, en virtud de contratos celebrados por los órganos públicos de control a que se refiere el apartado 1, y en ejecución de la planificación anual de auditorías de dichos órganos, se regirán por su legislación específica, no resultando de aplicación lo establecido en esta Ley.

Los informes a que se refiere este apartado, que pudieran emitir auditores de cuentas o sociedades de auditoría sobre entidades públicas, no podrán identificarse como de auditoría de cuentas, ni su redacción o presentación podrán generar confusión respecto a su naturaleza como trabajo de auditoría de cuentas.

3. No obstante el apartado anterior, en los casos en que en los contratos celebrados entre los órganos públicos de control y los auditores de cuentas inscritos en el Registro

Oficial de Auditores de Cuentas se incluya, junto a colaboración en la realización de la auditoría pública, la emisión de un informe de auditoría de cuentas de los previstos en el artículo 1 de esta Ley, destinado a atender determinadas exigencias previstas en normas sectoriales o por otras razones de índole mercantil o financiero, tales como la concurrencia a licitaciones internacionales o para obtener recursos en mercados financieros, el informe de auditoría se someterá a lo dispuesto en la normativa reguladora de la actividad de auditoría de cuentas.

Se exceptúan de lo dispuesto en este apartado los informes relativos a cuentas o estados que se formulen con arreglo a la normativa contable del sector público o que los trabajos de auditoría se realicen con arreglo a las normas de auditoría aplicables del sector público.

4. Los trabajos de auditoría de cuentas realizados por un auditor de cuentas o sociedad de auditoría, inscritos en el Registro Oficial de Auditores de Cuentas, sobre las cuentas anuales o estados financieros u otros documentos contables de entidades integrantes del sector público estatal, autonómico o local que, conforme a su normativa de aplicación, se encuentran obligados legalmente a someter sus cuentas anuales a la auditoría de cuentas prevista en el artículo 1 de esta Ley, están sujetos a lo dispuesto en la normativa reguladora de la actividad de auditoría de cuentas, siempre y cuando dichas cuentas o estados no se formulen con arreglo a la normativa contable del sector público o los trabajos de auditoría no se realicen con arreglo a las normas de auditoría aplicables del sector público. En particular, están sujetos a la citada normativa reguladora de la actividad de auditoría los trabajos de auditoría realizados por un auditor de cuentas o sociedad de auditoría inscritos en el Registro Oficial de Auditores de Cuentas sobre las cuentas anuales de las sociedades mercantiles pertenecientes al mencionado sector público sujetas a la obligación de someter sus cuentas anuales a auditoría conforme a la normativa mercantil.

5. En los supuestos de cuentas anuales u otros estados financieros consolidados en los que la sociedad dominante sea una entidad pública empresarial u otra entidad de derecho público y las sociedades dominadas pudieran ser sociedades mercantiles, cuando la auditoría de dichas cuentas anuales se realice por los órganos públicos de control de la gestión económico-financiera del sector público, en la realización de dicha función no será de aplicación lo dispuesto en el artículo 7 de esta Ley, rigiéndose por la normativa específica del sector público.

Tercera. *Comisión de Auditoría de entidades de interés público.*– 1. Las entidades de interés público, cuya normativa no lo exija, deberán tener una Comisión de Auditoría con la composición y funciones contempladas en el artículo 529 quaterdecies del Texto Refundido de la Ley de Sociedades de Capital, aprobado por Real Decreto Legislativo 1/2010, de 2 de julio.

2. En las entidades a que se refiere el apartado 1 que dispongan de un órgano con funciones equivalentes a las de la Comisión de Auditoría, que se haya establecido y opere conforme a su normativa aplicable, las funciones de la Comisión de Auditoría serán asumidas por el citado órgano, debiendo dichas entidades hacer público en su página web el órgano encargado de esas funciones y su composición.

En las Cajas de Ahorros las funciones de la Comisión de Auditoría podrán ser asumidas por la Comisión de Control.

3. No obstante lo dispuesto en el apartado 1, no estarán obligadas a tener una Comisión de Auditoría:

a) Las entidades de interés público cuya única actividad consista en actuar como emisor de valores garantizados por activos, según se definen dichos valores en el artículo 2, punto 5, del Reglamento (CE) n.º 809/2004 de la Comisión.

b) Las entidades de interés público previstas en el artículo 3.5 b) que sean pequeñas y medianas, siempre que sus funciones sean asumidas por el órgano de administración.

c) Las entidades de interés público previstas en el artículo 3.5 b) a las que la normativa comunitaria permita exonerar de este requisito y así se determine reglamentariamente.

d) Las entidades de interés público que sean dependientes, de acuerdo con lo previsto en el artículo 42 del Código de Comercio, de otras entidades de interés público, siempre que la Comisión de Auditoría de la entidad dominante asuma también, en el ámbito de las dependientes a que se refiere este apartado, las funciones propias de tal comisión y cualesquiera otras que pudiesen atribuírsele, y cuando concurra alguno de los siguientes requisitos:

1.º Que las entidades dependientes estén íntegramente participadas por la entidad dominante, o

2.º Que la aplicación de esta excepción haya sido aprobada por la junta de accionistas de la sociedad dependiente por unanimidad.

Las entidades de interés público a que se refiere este apartado harán públicos en su página web los motivos por los que consideran que no es adecuado disponer de una Comisión de Auditoría o de un órgano de administración o supervisión encargado de realizar las funciones de la Comisión de Auditoría.

e) Las entidades de interés público que sean entidades públicas empresariales, de las previstas en el artículo 103 de la Ley 40/2015, de 1 de octubre, del régimen jurídico del sector público, siempre que sus funciones sean asumidas por el órgano de administración.

4. Quedarán exentas del cumplimiento del requisito de independencia exigido a la Comisión de Auditoría por los apartados 1 y 2 del artículo 529 quaterdecies del Texto Refundido de la Ley de Sociedades de Capital, aprobado por Real Decreto Legislativo 1/2010, de 2 de julio, las entidades que reúnan los siguientes requisitos:

a) Que se trate de entidades de interés público de las previstas en el artículo 3.5.b) y tengan obligación de tener Comisión de Auditoría.

b) Que los miembros de la Comisión de Auditoría lo sean, a su vez, de su órgano de administración. c) Que su normativa específica no exija la presencia de consejeros independientes en el órgano de administración.

5. Las entidades de interés público a que se refieren los apartados 2 a 4 anteriores comunicarán las circunstancias en ellos recogidas a las autoridades supervisoras nacionales de dichas entidades. Dicha comunicación se realizará en el plazo de un mes a contar desde que se adoptó el acuerdo societario correspondiente.

6. Lo establecido en las funciones previstas en las letras d) a g) del artículo 529 quaterdecies, apartado 4, del Texto Refundido de la Ley de Sociedades de Capital, se entenderán sin perjuicio de las competencias atribuidas al Instituto de Contabilidad y Auditoría de Cuentas en la normativa reguladora de la auditoría de cuentas en relación con la observancia del deber de independencia.

7. La supervisión del cumplimiento de lo establecido en esta disposición adicional corresponde a la Comisión Nacional del Mercado de Valores, de conformidad con lo dispuesto en el título VIII de la Ley 24/1988, de 28 de julio, del Mercado de Valores. Esta competencia se entiende sin perjuicio de la que ostenta el Instituto de Contabilidad y Auditoría de Cuentas en materia de supervisión de la actividad de auditoría de cuentas.

Con carácter puntual y a la mayor brevedad posible, la Comisión Nacional del Mercado de Valores facilitará al Instituto de Contabilidad y Auditoría de Cuentas para su remisión a la Comisión de Órganos Europeos de Supervisión de Auditores la información correspondiente a las sanciones, en su caso, impuestas que hubieren ganado firmeza en vía administrativa, a los miembros de la Comisión de Auditoría a que se refiere esta disposición adicional.

Letras b) y d) del apartado 3 redactadas y letra e) del mismo apartado introducido de acuerdo, respectivamente, con el art. 5.4 y 5 de la Ley 5/2021, de 12 de abril, por la que se modifica el texto refundido de la Ley de Sociedades de Capital (...) y otras normas financieras, en lo que respecta al fomento de la implicación a largo plazo de los accionistas en las sociedades cotizadas (BOE núm. 83, d 13 de abril).

La referencia en el apartado 7 al título VIII de la Ley 24/1988, de 28 de julio, del Mercado de Valores, debe entenderse realizada al título IX de la LMVySI (§3).

Cuarta. *Colaboración de la Comisión Nacional de los Mercados y la Competencia en la ejecución de competencias en relación con el mercado de auditoría de cuentas.-*
1. Para el ejercicio de las competencias a que se refiere el artículo 46.2.e) de esta Ley, el Instituto de Contabilidad y Auditoría de Cuentas podrá solicitar la colaboración de la Comisión Nacional de los Mercados y la Competencia, en particular, para la elaboración de un informe anual en el que se refleje como mínimo:

a) La evolución del mercado de servicios de auditoría legal prestado a entidades de interés público, y del funcionamiento de las comisiones de auditoría.

b) Las principales operaciones que hayan ocurrido en el sector, que pudieran afectar a nivel de concentración del mercado, y a la disponibilidad o prestación de servicios de auditoría en momentos o sectores determinados.

c) Los riesgos identificados, y en particular la identificación de los riesgos derivados de una incidencia elevada de fallos de calidad de un auditor legal o sociedad de auditoría y las medidas a tomar para su mitigación.

2. La Comisión Nacional de los Mercados y la Competencia y el Instituto de Contabilidad y Auditoría de Cuentas intercambiarán la información oportuna a efectos del cumplimiento de sus respectivas competencias. En particular, el Instituto de Contabilidad y Auditoría de Cuentas informará a la Comisión Nacional de los Mercados y la Competencia de los hechos, conductas o prácticas de las que pueda sos-pechar o deducir que existen indicios de prácticas contrarias a las normas de competencia establecidas en la Ley 3/2013, de 4 de junio, de creación de la Comisión Nacional de los Mercados y la Competencia.

3. Las autoridades competentes y las personas que trabajen o hayan trabajado en el cumplimiento de lo previsto en esta disposición deberán observar el deber de secreto establecido en el artículo 60, sin perjuicio de las excepciones legales previstas, y de la Ley 3/2013, de 4 de junio, de creación de la Comisión Nacional de los Mercados y la Competencia.

> Téngase en cuenta que de acuerdo con el apartado 2 de la Disp. Final. 14.ª de la presente Ley, esta Disp. Ad. 4.ª ha entrado en vigor, en relación con la colaboración de la Comisión Nacional de los Mercados y la Competencia, al día siguiente de la publicación de esta Ley en el «Boletín Oficial del Estado», esto es el 22 de julio 2015.

Quinta. Informe sobre la evolución *del mercado*.– Antes del 17 de junio de 2016, y cada tres años como mínimo a partir de dicha fecha, el Instituto de Contabilidad y Auditoría de Cuentas y la Red Europea de Competencia elaborarán un informe sobre la evolución del mercado de servicios de auditoría legal prestados a entidades de interés público y lo presentarán a la Comisión de Organismos Europeos de Supervisión de Auditores, Autoridad Europea de Valores y Mercados, Autoridad Bancaria Europea, a la Autoridad Europea de Seguros y Pensiones de Jubilación y a la Comisión.

Sexta. *Sociedades de auditoría*.– Las sociedades de auditoría deberán realizar las correspondientes modificaciones para adaptarse a lo exigido en el artículo 11 en el plazo de un año desde la fecha de publicación de esta Ley en el «Boletín Oficial del Estado».

En caso de que las sociedades de auditoría no se hubieran modificado antes de dicha fecha, el Instituto de Contabilidad y Auditoría de Cuentas procederá a darles de baja de oficio del Registro Oficial de Auditores de Cuentas.

Séptima. *Mecanismos de coordinación con órganos o instituciones públicas con competencias de control o inspección.*– Adicionalmente a lo establecido en el artículo 38 de esta Ley, cuando por disposiciones con rango de ley se atribuyan a órganos o instituciones públicas competencias de control o inspección sobre entidades que se sometan a auditoría de cuentas, el Gobierno, mediante real decreto, establecerá los sistemas, normas y procedimientos que hagan posible su adecuada coordinación, a los efectos de recabar de los auditores de cuentas y sociedades de auditoría cuanta información resulte necesaria para el ejercicio de las mencionadas competencias.

Los auditores de las cuentas anuales de las entidades distintas de las de interés público sometidas al régimen de supervisión y control atribuido al Banco de España, a la Comisión Nacional del Mercado de Valores y a la Dirección General de Seguros y Fondos de Pensiones, así como a los órganos autonómicos con competencias de ordenación y supervisión de las entidades aseguradoras, tendrán la obligación de comunicar rápidamente por escrito a los citados órganos o instituciones públicas competentes según proceda, cualquier hecho o decisión, sobre la entidad o institución auditada del que hayan tenido conocimiento en el ejercicio de sus funciones, y que pueda:

a) Constituir una violación grave del contenido de las disposiciones legales, reglamentarias o administrativas que establezcan las condiciones de su autorización o que regulen de manera específica el ejercicio de su actividad.

b) Perjudicar la continuidad de su explotación, o afectar gravemente a su estabilidad o solvencia.

c) Implicar una opinión con salvedades, desfavorable o denegada, o impedir la emisión del informe de auditoría.

Sin perjuicio de la obligación anterior, la entidad auditada tendrá la obligación de remitir copia del informe de auditoría de las cuentas anuales a las autoridades supervisoras competentes anteriormente citadas. Si en el plazo de una semana desde la fecha de entrega del informe, el auditor no tuviera constancia fehaciente de que se ha producido dicha remisión, deberá enviar directamente el informe a las citadas autoridades.

Adicionalmente, los auditores de cuentas de las entidades dominadas que estén sometidas al régimen de supervisión, además de informar a las autoridades supervisoras competentes, según se establece en el párrafo primero, también informarán a los auditores de cuentas de la entidad dominante.

La comunicación de buena fe de los hechos o decisiones mencionados a las autoridades supervisoras competentes no constituirá incumplimiento del deber de secreto establecido en el artículo 31 de esta Ley, o del que pueda ser exigible contractualmente a los auditores de cuentas, ni implicará para éstos ningún tipo de responsabilidad.

Octava. *Comunicaciones electrónicas.*– Los auditores de cuentas y sociedades de auditoría tendrán la obligación de habilitar, en el plazo que se fije para ello, los medios técnicos requeridos por el Instituto de Contabilidad y Auditoría de Cuentas para la eficacia de sus sistemas de notificación electrónica de conformidad con lo dispuesto en el artículo 27.6 de la Ley 11/2007, de 22 de junio, de acceso electrónico de los ciudadanos a los servicios públicos.

Novena. *Colaboración con la Dirección General de los Registros y del Notariado.-* 1. La Dirección General de los Registros y del Notariado remitirá al Instituto de Contabilidad y Auditoría de Cuentas, en los meses de septiembre y marzo, una relación de las sociedades y demás entidades inscritas en los registros mercantiles correspondientes que hubieran presentado en los seis meses anteriores para su depósito las cuentas anuales acompañadas del informe de auditoría, con especificación de los datos identificativos del auditor de cuentas o sociedad de auditoría, así como del periodo de nombramiento. A tales efectos, los registradores mercantiles deberán remitir la citada información correspondiente a su registro a la Dirección General de los Registros y del Notariado en el mes anterior a los señalados en el párrafo precedente.

2. Previamente a inscribir el nombramiento de auditor en el Registro Mercantil, el registrador deberá verificar que el auditor de cuentas o sociedad de auditoría se encuentran inscritos en el Registro Oficial de Auditores de Cuentas en la situación de ejerciente y no estén en situación que les impida realizar la auditoría.

<blockquote>Disp. Adicional desarrollada por Instrucción de la DGRN de 9 de febrero 2016, sobre cuestiones vinculadas con el nombramiento de auditores, su inscripción en el Registro Mercantil y otras materias relacionadas (BOE núm. 39, de 15 febrero 2016).</blockquote>

Décima. *Información de los pagos efectuados a las Administraciones Públicas.-* Primero. Obligación de publicar información sobre los pagos efectuados a las Administraciones Públicas.

1. Las empresas activas en las industrias extractiva o de la explotación maderera de bosques primarios en las que concurran las circunstancias de los apartados siguientes, estarán obligadas a la elaboración y publicación de un informe anual sobre los pagos realizados a las Administraciones Públicas.

Se entenderán como empresas activas en las industrias extractiva, las empresas que realicen cualquier actividad que conlleve la exploración, la prospección, el descubrimiento, el desarrollo y la extracción de minerales, petróleo, depósitos de gas natural u otros materiales en el campo de las actividades económicas enumeradas en la sección B, divisiones 05 a 08, del anexo I así como las actividades a las que se alude en la sección A, división 02, grupo 02.2 del anexo I del Reglamento (CE) n.º 1893/2006, del Parlamento Europeo y del Consejo, de 20 de diciembre de 2006, por el que se establece la nomenclatura estadística de actividades económicas NACE en su versión vigente en cada momento, respectivamente.

Se entiende por bosque primario a efectos de lo dispuesto en esta disposición, el monte regenerado de manera natural, compuesto de especies nativas y en el que no existen indicios evidentes de actividades humanas y donde los procesos ecológicos no han sido alterados de manera significativa.

Por su parte, Administración Pública será cualquier autoridad nacional, regional o local de un Estado, incluidos los departamentos, agencias o sociedades sujetos al control de tales autoridades, conforme a lo dispuesto en el artículo 42 del Código de Comercio.

2. No obstante, la obligación a que se refiere el apartado anterior únicamente aplicará a aquellas empresas que cumplan alguna de las siguientes circunstancias y que no resulten eximidas a tenor del apartado cuarto:

a) Que sea una empresa grande, considerando como tal a estos exclusivos efectos aquella que, en la fecha de cierre de balance, rebase, al menos, los límites numéricos de dos de los tres criterios siguientes:

i. Que el total de las partidas del activo del balance supere los veinte millones de euros.

ii. Que el importe neto de su cifra anual de negocios supere los cuarenta millones de euros.

iii. Que el número medio de trabajadores empleados durante el ejercicio sea superior a doscientos cincuenta.

b) Que sea una entidad de interés público, entendiendo como tales aquéllas que cumplan las condiciones establecidas en el artículo 3.5 de esta la Ley.

Segundo. Contenido del informe.

1. El informe contendrá la siguiente información referida al ejercicio económico correspondiente y a las actividades mencionadas en el segundo párrafo del apartado primero.1:

a) El importe total de los pagos a cada Administración Pública y que comprenderá cualquier cantidad pagada, ya sea en dinero o en especie, por las actividades sujetas.

b) El importe total de los pagos realizados a cada Administración Pública desglosados en los siguientes tipos de pagos:

I. Derechos sobre la producción.

II. Gravámenes sobre los ingresos, la producción o los beneficios de las sociedades, excluidos los impuestos que gravan el consumo, como el impuesto sobre el valor añadido, los impuestos sobre la renta de las personas físicas o los impuestos sobre las ventas.

III. Cánones.

IV. Dividendos.

V. Primas de prospección inicial, descubrimiento y producción.

VI. Licencias, alquileres, derechos de acceso y otras prestaciones por licencias y/o concesiones; y

VII. Pagos por mejoras de las infraestructuras, excluidos los realizados en virtud de la responsabilidad social de las empresas.

c) Cuando los pagos hayan sido atribuidos a un proyecto específico, el importe total, desglosado por tipo de pago, así como el importe total de los pagos de cada proyecto.

No obstante, los pagos realizados por la empresa en relación con obligaciones impuestas a nivel de la entidad, podrán consignarse a nivel de la entidad en lugar de a nivel de proyecto.

Se entiende por proyecto como las actividades operativas que se rigen por un único contrato, licencia, arrendamiento, concesión o acuerdo jurídico similar y forman la base de una responsabilidad de pago frente una Administración Pública. No obstante, si varios de estos acuerdos están sustancialmente interconectados se considerarán un proyecto.

2. No será necesario consignar en el informe ningún pago, efectuado como pago único o como serie de pagos relacionados, que sea inferior a 100.000 euros durante el ejercicio.

3. Cuando se efectúen pagos en especie, se consignarán por su valor y, en su caso, por su volumen, incluyéndose unas notas explicativas para aclarar el modo en que se ha determinado tal valor.

4. La consignación de los pagos contemplados en el presente apartado segundo reflejará el fondo más que la forma del pago o actividad de que se trate y no deberán desglosarse ni agregarse de forma artificial los pagos o las actividades con la intención de eludir la aplicación de esta Ley.

Tercero. Informe consolidado.

1. Las empresas que desarrollen las actividades sujetas a la obligación del apartado primero deberán formular y publicar un informe consolidado sobre sus pagos a las Administraciones Públicas en los términos previstos en esta Ley si la sociedad dominante se encuentra sometida a la obligación de formular cuentas anuales e informe de gestión consolidados conforme a lo dispuesto en el artículo 42 del Código de Comercio.

Se considerará que una sociedad dominante tiene actividades en la industria extractiva o en la explotación maderera de bosques primarios cuando cualquiera de sus empresas dominadas realice actividades en la industria extractiva o en la explotación maderera de bosques primarios.

2. El informe consolidado incluirá únicamente los pagos resultantes de las operaciones de extracción y/u operaciones relacionadas con la explotación maderera de bosques primarios.

Cuarto. Exenciones.

1. No estarán obligadas a elaborar y publicar el informe establecido en el apartado primero, las empresas en las siguientes circunstancias:

a) Empresas cuya sociedad matriz esté sujeta al Derecho español o de un Estado miembro de la Unión Europea y cuyos pagos se incluyan en el informe consolidado al que hace referencia el apartado tercero anterior de acuerdo con las disposiciones del Estado en cuestión.

b) Las empresas que preparen y publiquen un informe que cumpla los requisitos de información de un tercer país siempre que dichos requisitos hubiesen sido declarados equivalentes a los establecidos en esta Ley, tras aplicar los procedimientos de equivalencia referidos en los artículos 46, apartados 2 y 3 y 47, de la Directiva 2013/34/UE, del Parlamento Europeo y del Consejo, de 26 de junio de 2013, sobre los estados financieros anuales, los estados financieros consolidados y otros informes afines de ciertos tipos de empresas, por la que se modifica la Directiva 2006/43/CE del Parlamento Europeo y del Consejo y se derogan las Directivas 78/660/CEE y 83/349/CEE del Consejo. No obstante, la empresa en cuestión deberá publicar y depositar en el Registro Mercantil el informe de acuerdo con lo establecido en el apartado quinto.

2. No estarán obligadas a formular el informe consolidado al que hace referencia el apartado tercero, las siguientes sociedades matrices:

a) Las sociedades dominantes de un grupo pequeño, salvo en el caso de que alguna de las empresas dominadas sea una entidad de interés público. A estos exclusivos efectos, se entenderá que un grupo es pequeño cuando de manera consolidada no se rebasen, al menos, dos de los siguientes límites en la fecha de cierre del balance de la sociedad dominante:

i. Que el total de las partidas del activo del balance no supere los seis millones de euros.

ii. Que el importe neto de su cifra anual de negocios no supere los doce millones de euros.

iii. Que el número medio de trabajadores empleados durante el ejercicio no sea superior a cincuenta. b) Las sociedades dominantes de un grupo mediano, salvo en el caso de que alguna de las empresas dominadas sea una entidad de interés público. A estos exclusivos efectos se entenderá que un grupo es mediano cuando no sea pequeño y de manera consolidada no se rebasen, al menos dos de los siguientes límites en la fecha de cierre del balance de la sociedad dominante:

i. Que el total de las partidas del activo del balance no supere los veinte millones de euros.

ii. Que el importe neto de su cifra anual de negocios no supere los cuarenta millones de euros.

iii. Que el número medio de trabajadores empleados durante el ejercicio no sea superior a doscientos cincuenta.

c) Las sociedades dominantes sujetas al Derecho español que sean al mismo tiempo empresas dominadas y su propia sociedad dominante esté sujeta al Derecho de un Estado miembro de la Unión Europea.

3. Las empresas en que concurran, al menos, una de las circunstancias de las siguientes letras, no tendrán que ser incluidas en un informe consolidado:

a) Que circunstancias severas y duraderas obstaculicen sustancialmente el ejercicio por parte de la sociedad dominante de sus derechos sobre el patrimonio o gestión de dicha empresa.

b) Que, excepcionalmente, la información necesaria para la preparación del informe consolidado sobre los pagos efectuados a las Administraciones Públicas objeto de la presente Ley no pueda obtenerse sin gastos desproporcionados o sin demora injustificada.

c) Que la tenencia de las acciones o participaciones de dicha empresa tenga exclusivamente por objetivo su cesión ulterior.

No obstante, las excepciones de este apartado se aplicarán únicamente si se utilizan también a los efectos de los estados financieros consolidados.

Quinto. Aprobación y publicidad.– Los informes sobre pagos a Administraciones Públicas serán objeto de aprobación y publicación dentro de los seis primeros meses después de que finalice cada ejercicio y se mantendrán a disposición pública durante, al menos, diez años. Asimismo, se depositarán en el registro mercantil conjuntamente con los documentos que integren las cuentas anuales.

Sexto. Responsabilidad de elaborar y publicar informes.

1. Los administradores de la sociedad serán responsables de garantizar, en la medida de sus conocimientos y capacidades, que el informe sobre los pagos efectuados a las Administraciones Públicas se elabora, aprueba, deposita y publica conforme a los requisitos exigidos por esta Ley.

2. El incumplimiento por el órgano de administración de la obligación de elaborar, publicar y depositar, dentro del plazo establecido, los documentos a que se refiere esta Ley y sin perjuicio de otras responsabilidades, dará lugar a la imposición de la correspondiente sanción en los términos y condiciones de la legislación aplicable a la sociedad en cuestión.

> Téngase en cuenta que esta Disp. Ad., de acuerdo con Disp. Final 14.ª de la presente Ley, «será de aplicación a los estados financieros que se correspondan con los ejercicios que comiencen a partir de 1 de enero de 2016».
> Véase Disp. Transitoria 3.ª de la presente Ley.

Undécima. *Obligación de informar acerca del impuesto sobre sociedades o impuestos de naturaleza idéntica o análoga por parte de determinadas empresas y sucursales.*– Primero. Empresas y sucursales obligadas a informar.

1. La sociedad dominante última de un grupo sujeta a derecho español que formule cuentas anuales consolidadas y cuyo importe neto de la cifra anual de negocios consolidada en la fecha de cierre del ejercicio haya superado, en cada uno de los dos últimos ejercicios consecutivos, un total de 750.000.000 de euros deberá elaborar, publicar, depositar y hacer accesible un informe acerca del impuesto sobre sociedades o impuestos de naturaleza idéntica o análoga relativo al último de esos dos ejercicios consecutivos.

A estos efectos, se entenderá por sociedad dominante última la empresa que elabore los estados financieros consolidados del grupo mayor de empresas conforme a lo dispuesto en el artículo 42 del Código de Comercio.

La sociedad dominante última cesará en la obligación de elaborar un informe consolidado relativo al impuesto sobre sociedades o impuestos de naturaleza idéntica o análoga cuando el importe neto de la cifra anual de negocios consolidada en la fecha de cierre de balance sea inferior a 750.000.000 de euros en cada uno de los dos últimos ejercicios consecutivos según sus estados financieros consolidados.

La sociedad que no forme parte de un grupo y cuyo importe neto de la cifra anual de negocios en la fecha de cierre del ejercicio haya superado en cada uno de los dos últimos ejercicios consecutivos un total de 750.000.000 de euros, según sus estados financieros anuales, deberá elaborar, publicar, depositar y hacer accesible un informe acerca del impuesto sobre sociedades o impuestos de naturaleza idéntica o análoga relativo al último de esos dos ejercicios consecutivos.

Esta sociedad dejará de estar sujeta a la obligación de información referida en el párrafo anterior cuando el importe neto de la cifra anual de negocios en la fecha de cierre del ejercicio sea inferior a 750.000.000 de euros en cada uno de los dos últimos ejercicios consecutivos según sus estados financieros anuales.

2. Lo dispuesto en el apartado anterior no será aplicable a las sociedades que no formen parte de un grupo ni a las sociedades dominantes últimas y sus dependientes cuando dichas sociedades, incluidas sus sucursales, estén establecidas o tengan su domicilio social o actividad empresarial permanente en el territorio de un solo Estado miembro y en ningún otro territorio fiscal.

A estos efectos, se entenderá por territorio fiscal un Estado o un país o territorio no estatal que goce de autonomía fiscal por lo que respecta al impuesto sobre sociedades.

3. Lo dispuesto en el apartado 1 tampoco resultará aplicable a las empresas que no formen parte de un grupo ni a las sociedades dominantes últimas en caso de que ellas mismas o sus dependientes publiquen un informe de acuerdo con el artículo 87 de la Ley 10/2014, de 26 de junio, de ordenación, supervisión y solvencia de entidades de crédito, en el que se incluya información acerca de todas sus actividades y, en el caso de las sociedades dominantes últimas, de todas las actividades de la totalidad de las empresas dependientes incluidas en los estados financieros consolidados.

4. Las empresas filiales sujetas a derecho español que estén controladas por una sociedad dominante última no sujeta al derecho de un Estado miembro cuyo importe neto de la cifra anual de negocios consolidada en la fecha de cierre del ejercicio haya superado en cada uno de los dos últimos ejercicios consecutivos un total de 750.000.000 de euros, según sus estados financieros consolidados, estarán obligadas a publicar y hacer accesible un informe acerca del impuesto sobre sociedades o impuestos de naturaleza idéntica o análoga a nivel consolidado de dicha sociedad dominante última relativo al más reciente de los dos ejercicios consecutivos, siempre y cuando dichas empresas filiales no tengan la consideración de entidad pequeña de acuerdo con los umbrales establecidos en el artículo 3 de esta ley.

Cuando dicha información o informe no sean accesibles, la empresa filial solicitará a su sociedad dominante última que le proporcione toda la información exigida a fin de que pueda cumplir con las obligaciones establecidas en el apartado 1. Si la sociedad dominante última no facilitase toda la información exigida, la empresa filial elaborará, publicará, depositará y hará accesible un informe relativo al impuesto sobre sociedades que contenga toda la información que obre en su poder, que haya obtenido o adquirido, y una declaración en la que se indique que su sociedad dominante última no ha puesto a disposición la información necesaria.

Las empresas filiales mencionadas dejarán de estar sujetas a las obligaciones de información del presente apartado cuando el importe neto de la cifra anual de negocios consolidada de la sociedad dominante última en la fecha de cierre del ejercicio sea inferior a 750.000.000 de euros en cada uno de los dos últimos ejercicios consecutivos según sus estados financieros consolidados.

5. Las sucursales constituidas en territorio español por empresas que no estén sujetas al Derecho de un Estado miembro estarán obligadas a publicar y hacer accesible un informe acerca del impuesto sobre sociedades o impuestos de naturaleza idéntica o análoga consolidado de la sociedad dominante última o de la sociedad que no forme parte de un grupo relativo al más reciente de los dos últimos ejercicios consecutivos, cuando cumplan los criterios siguientes:

a) Que la empresa que constituyó la sucursal sea o bien una empresa filial de un grupo cuya sociedad dominante última no esté sujeta al derecho de un Estado miembro y cuyo importe neto de la cifra anual de negocios consolidada en la fecha de cierre de ejercicio haya superado en cada uno de los dos últimos ejercicios consecutivos un total de 750.000.000 de euros, según sus estados financieros consolidados, o bien una sociedad que no pertenezca a un grupo cuyo importe neto de la cifra anual de negocios consolidada en la fecha de cierre del ejercicio haya superado en cada uno de los dos últimos ejercicios consecutivos un total de 750.000.000 de euros según sus estados financieros.

b) Que la sociedad dominante última a que se refiere la letra a) no cuente con una empresa filial de las mencionadas en el apartado 4.

c) Que no tengan la consideración de entidad pequeña de acuerdo con los umbrales establecidos en artículo 3 de esta ley. Cuando dicha información o informe no esté disponible, la persona o personas designadas para cumplir las formalidades de publicidad a que se refiere el apartado tercero solicitarán a la sociedad dominante última o a la sociedad que no forme parte de un grupo que les facilite toda la información necesaria para permitirles cumplir sus obligaciones.

En caso de que no se facilite toda la información exigida, la sucursal elaborará, publicará, depositará y hará accesible un informe relativo al impuesto sobre sociedades o impuestos de naturaleza idéntica o análoga que contenga toda la información que obre en su poder, que haya obtenido o adquirido, y una declaración en la que indique que la sociedad dominante última o la sociedad que no forme parte de un grupo no ha puesto a disposición la información necesaria.

6. Lo dispuesto en los apartados 4 y 5, respecto de las filiales y las sucursales respectivamente, no resultará de aplicación en caso de que el informe relativo al impuesto sobre sociedades o impuestos de naturaleza idéntica o análoga ya haya sido elaborado por una sociedad dominante última o sociedad que no forme parte de un grupo que no esté sujeta al Derecho de un Estado miembro, siempre que dicho informe tenga un contenido compatible con el previsto en la presente disposición de modo que sea compatible con el contenido del informe regulado en el apartado segundo y cumpla además los criterios siguientes:

a) Se haga accesible al público, de forma gratuita y en un formato electrónico de lectura automática:

i) En el sitio web de dicha sociedad dominante última o en el de la sociedad que no forme parte de un grupo.

ii) En al menos una de las lenguas oficiales de la Unión.

iii) En un plazo máximo de seis meses a partir de la fecha de cierre del ejercicio sobre el que se elabora el informe, e

b) Indique el nombre y el domicilio social de una empresa filial única, o el nombre y la dirección de una sucursal única que esté sujeta al Derecho de un Estado miembro, que publique el informe con arreglo a lo dispuesto en el apartado tercero.1 de esta disposición adicional.

7. Las empresas filiales y las sucursales no sujetas a lo dispuesto en los apartados 4 y 5 deberán publicar y hacer accesible un informe relativo al impuesto sobre sociedades o impuestos de naturaleza idéntica o análoga en caso de que dichas empresas filiales y sucursales tengan como único fin eludir las obligaciones de información establecidas en la presente disposición.

Segundo. Contenido del informe relativo al impuesto sobre sociedades o impuestos de naturaleza idéntica o análoga.

1. El informe relativo al impuesto sobre sociedades o impuestos de naturaleza idéntica o análoga incluirá información acerca de todas las actividades de la sociedad que no formen parte de un grupo o de la sociedad dominante última, incluidas las actividades de todas las empresas filiales que figuren en los estados financieros consolidados correspondientes al ejercicio de que se trate.

2. La información a que se refiere el apartado anterior consistirá en:

a) El nombre de la sociedad dominante última o de la sociedad que no forme parte de un grupo, el ejercicio de que se trate, la moneda empleada en la presentación del informe y, en su caso, una lista de todas las empresas filiales que figuren en los estados financieros consolidados de la sociedad dominante última, correspondiente al ejercicio de que se trate, que estén establecidas en la Unión Europea o en territorios fiscales incluidos en los anexos I y II de las Conclusiones del Consejo sobre la lista revisada de la UE de países y territorios no cooperadores a efectos fiscales.

b) Una breve descripción de la naturaleza de sus actividades.

c) El número de empleados sobre una base equivalente a tiempo completo.

d) Sus ingresos calculados como:

i) La suma del importe neto de la cifra anual de negocios, otros ingresos derivados de la explotación, ingresos procedentes del rendimiento de participaciones sociales excluidos los dividendos recibidos de las empresas vinculadas, ingresos procedentes de otras inversiones y préstamos que formen parte de los activos no corrientes, otros intereses por cobrar y otros ingresos de naturaleza similar referidos en la cuenta de pérdidas y ganancias del Plan General de Contabilidad, aprobado por Real Decreto 1514/2007, de 16 de noviembre, y en sus disposiciones complementarias.

ii) Los ingresos según se determinen en el marco de información financiera con arreglo al cual se preparen los estados financieros, excluidas las correcciones de valor y dividendos procedentes de las empresas vinculadas.

A efectos de lo dispuesto en esta letra, los ingresos incluirán las transacciones con partes vinculadas.

e) El importe de los beneficios o de las pérdidas antes de aplicar el impuesto sobre sociedades.

f) El importe del impuesto sobre sociedades o impuestos de naturaleza idéntica o análoga devengados durante el ejercicio de que se trate, calculados como los gastos fiscales corrientes reconocidos sobre los beneficios o pérdidas imponibles del ejercicio por las empresas y sucursales en el territorio fiscal de que se trate.

A efectos de lo dispuesto en esta letra, el gasto fiscal corriente reflejará únicamente las actividades de la empresa durante el ejercicio de que se trate y no incluirá los impuestos diferidos ni las provisiones para obligaciones fiscales inciertas.

g) El importe del impuesto sobre sociedades o impuestos de naturaleza idéntica o análoga abonados en efectivo, calculado como el importe de los impuestos abonados durante el ejercicio de que se trate por las empresas y sucursales en el territorio fiscal de que se trate.

A efectos de lo dispuesto en esta letra los impuestos abonados incluirán las retenciones abonadas por otras empresas con respecto a los pagos realizados a empresas y sucursales dentro de un grupo.

h) El importe de las reservas al final del ejercicio de que se trate.

3. La información enumerada en el apartado anterior podrá comunicarse sobre la base de las instrucciones para la comunicación de información a que se refiere el artículo 14 del Reglamento del Impuesto sobre Sociedades, aprobado por el Real Decreto 634/2015, de 10 de julio, y su normativa de desarrollo y que regula la Orden HFP/1978/2016, de 28 de diciembre, por la que se aprueba el modelo 231 de Declaración de información país por país.

4. El informe presentará la información a que se refieren los apartados 2 y 3 anteriores por separado para cada Estado miembro. Cuando un Estado miembro comprenda varios territorios fiscales, la información se agregará por Estado miembro.

La información de los apartados 2 y 3 también se presentará por separado para cada territorio fiscal que, a 1 de marzo del ejercicio para el que se haya de elaborar el informe, esté incluido en el anexo I de las Conclusiones del Consejo sobre la lista revisada de la UE de países y territorios no cooperadores a efectos fiscales, y para cada territorio fiscal que, a 1 de marzo del ejercicio para el que se haya de elaborar el informe y a 1 de marzo del ejercicio anterior, haya figurado en el anexo II de las Conclusiones del Consejo sobre la lista revisada de la UE de países y territorios no cooperadores a efectos fiscales.

La información de los apartados 2 y 3 se presentará de manera agregada para otros territorios fiscales.

La información se atribuirá al territorio fiscal correspondiente sobre la base del establecimiento, la existencia de un domicilio social o una actividad empresarial permanente que, dadas las actividades del grupo o de la empresa independiente, pueda estar sujeto a tributación del impuesto sobre sociedades en dicho territorio fiscal.

En caso de que las actividades de varias empresas filiales puedan estar sujetas a tributación del impuesto sobre sociedades en un único territorio fiscal, la información atribuida a dicho territorio fiscal representará la suma de la información relativa a tales actividades de cada empresa filial y sus sucursales en dicho territorio fiscal.

La información sobre una actividad concreta no se atribuirá de manera simultánea a más de un territorio fiscal.

5. La información a que se refieren los apartados 2 y 3 se presentará utilizando una plantilla común y en formatos electrónicos que sean de lectura automática, los cuales serán establecidos por la Comisión Europea mediante actos de ejecución.

6. Ciertos elementos de información que debieran hacerse públicos de conformidad con los apartados 2 o 3 podrán omitirse temporalmente del informe cuando su divulga-

ción pueda ser gravemente perjudicial para la posición comercial de las empresas a las que se refiere el informe. Cualquier omisión deberá indicarse claramente en el informe e ir acompañada de una justificación debidamente motivada.

Toda información omitida con arreglo al párrafo anterior deberá hacerse pública en un informe posterior relativo al impuesto sobre sociedades, a más tardar cinco años después de su omisión inicial.

No podrá ser objeto de omisión la información relativa a los territorios fiscales incluidos en los anexos I y II de las Conclusiones del Consejo sobre la lista revisada de la UE de países y territorios no cooperados a efectos fiscales, a los que se refiere el apartado 4.

7. El informe relativo al impuesto sobre sociedades o impuestos de naturaleza idéntica o análoga podrá incluir, cuando resulte aplicable a nivel de grupos, una exposición general que explique toda discrepancia significativa entre los importes comunicados con arreglo a las letras f) y g) del apartado 2, teniendo en cuenta, en su caso, las cantidades correspondientes relativas a ejercicios anteriores.

8. La moneda empleada en el informe relativo al impuesto sobre sociedades o impuestos de naturaleza idéntica o análoga será aquella en la que se presenten los estados financieros consolidados de la sociedad dominante última o los estados financieros anuales de la sociedad que no forme parte de un grupo.

No obstante, en el caso de no accesibilidad de la información o del informe de las empresas filiales a que se refiere el apartado 4 del apartado primero, la moneda empleada en el informe relativo al impuesto sobre sociedades será la moneda en la que la empresa filial publique sus estados financieros anuales.

9. El informe relativo al impuesto sobre sociedades o impuestos de naturaleza idéntica o análoga deberá precisar si ha sido preparado de conformidad con los apartados 2 o 3.

Tercero. Publicación y accesibilidad.

1. El informe relativo al impuesto sobre sociedades o impuestos de naturaleza idéntica o análoga y, en su caso, la declaración a la que se refiere el apartado 4 del apartado primero serán objeto de aprobación y publicación en un plazo de seis meses a partir de la fecha de cierre del ejercicio al que se refieran. Asimismo, se depositarán en el Registro Mercantil conjuntamente con los documentos que integren las cuentas anuales.

2. El informe relativo al impuesto sobre sociedades o impuestos de naturaleza idéntica o análoga y la declaración publicados por las empresas de conformidad con el apartado anterior deberán hacerse accesibles al público de forma gratuita en al menos una de las lenguas oficiales de la Unión Europea, en un plazo máximo de seis meses a partir de la fecha de cierre de balance del ejercicio sobre el que se elabore el informe, en el sitio web de:

a) La empresa, cuando sea aplicable el apartado primero.1.

b) La empresa filial cuando sea aplicable el apartado primero.4.

c) La sucursal o la empresa que haya constituido la sucursal, o una empresa filial, cuando sea aplicable el apartado primero.5.

3. El informe relativo al impuesto de sociedades y, en su caso, la declaración mencionada en el apartado primero, permanecerán accesibles en el sitio web correspondiente durante al menos cinco años consecutivos.

Cuarto. Responsabilidad de la elaboración, publicación, depósito y accesibilidad del informe relativo al impuesto sobre sociedades o impuestos de naturaleza idéntica o análoga.

1. Los miembros de los órganos de administración de las sociedades dominantes últimas o la sociedad que no forme parte de un grupo a que se refiere el apartado primero.1 serán colectivamente responsables de garantizar que el informe relativo al impuesto sobre sociedades o impuestos de naturaleza idéntica o análoga se elabore, publique, deposite y haga accesible de conformidad con lo dispuesto en esta ley.

2. Los miembros de los órganos de administración de las empresas filiales a que se refiere el apartado primero.4 y las personas designadas para cumplir las formalidades de publicidad en relación con las sucursales a que se refiere el apartado primero.5 serán colectivamente responsables de garantizar, en la medida de su conocimiento y capacidad, que el informe relativo al impuesto sobre sociedades se elabore de modo que sea compatible o de conformidad, según corresponda, con los apartados primero y segundo, y se publique y se haga accesible de conformidad con el apartado tercero.

Quinto. Fecha de inicio de la presentación del informe relativo al impuesto sobre sociedades o impuestos de naturaleza idéntica o análoga.

Las obligaciones introducidas por esta disposición adicional serán de aplicación para los ejercicios económicos que se inicien a partir del 22 de junio de 2024.

Disp. Adicional introducida por la Dis. Final 6.ª de la Ley 28/2022, de 21 de diciembre, de fomento del ecosistema de las empresas emergentes (BOE núm. 306, de 22 de diciembre de 2022), siendo las obligaciones introducidas por esta disposición adicional de aplicación para los ejercicios económicos que se inicien a partir del 22 de junio de 2024.

DISPOSICIONES TRANSITORIAS

Primera. *Licenciados, Ingenieros, Profesores Mercantiles, Arquitectos o Diplomados universitarios.*– Quienes a la fecha de entrada en vigor de la Ley 12/2010, de 30 de junio, por la que se modificaba la Ley 19/1988, de 12 de julio, de Auditoría de Cuentas, estuviesen en posesión de los títulos de Licenciado, Ingeniero, Profesor Mercantil, Arquitecto o Diplomado universitario conservarán el derecho de dispensa en el examen de aptitud profesional, en aquellas materias que hayan superado en los estudios requeridos para la obtención de dichos títulos, en los términos establecidos mediante resolución del Instituto de Contabilidad y Auditoría de Cuentas.

Segunda. *Situaciones de incompatibilidad.*- Las situaciones de incompatibilidad derivadas de las circunstancias previstas en el artículo 16.1 a), 2.º, 3.º y 4.º, así como en el artículo 39.2, que modifican el régimen anterior a la entrada en vigor de esta Ley, no determinarán la falta de independencia de los auditores de cuentas y sociedades de auditoría cuando se hubiesen originado y concluido con anterioridad a 1 de enero de 2016.

Los servicios prohibidos a que se refiere el artículo 39.1, que modifican el régimen anterior a la entrada en vigor de esta Ley, no determinarán la falta de independencia de los auditores de cuentas y sociedades de auditoría en relación con las auditorías de cuentas iniciadas antes de dicha fecha y que no hayan finalizado con la emisión del preceptivo informe de auditoría.

Tercera. *Ejercicio económico de aplicación de las previsiones contenidas en la disposición adicional décima.*- Las obligaciones reguladas en la disposición adicional décima de esta Ley solo serán exigibles en relación a las actividades desarrolladas en los ejercicios económicos que empiecen a partir del 1 de enero de 2016.

DISPOSICIÓN DEROGATORIA

Única.- Quedan derogadas cuantas disposiciones de igual o inferior rango se opongan a lo dispuesto en esta Ley, y en particular, el Texto Refundido de la Ley de Auditoría de Cuentas, aprobado por el Real Decreto Legislativo 1/2011, de 1 de julio.

DISPOSICIONES FINALES

Primera. *Modificación del Código de Comercio, aprobado por Real Decreto de 22 de agosto de 1885.*- (...)

> [Se modifican los arts. 34.1, 38.bis.1, 39.4, 43, y se suprimen los apartados 3, 4 y 5 del art. 38.bis del C.com.].

Segunda. *Modificación de la Ley 24/1988, de 28 de julio, del Mercado de Valores.*- Se añade un apartado b) al artículo 100 de la Ley 24/1988, de 28 de julio, del Mercado de Valores. (...)

> Téngase en cuenta que la Ley 24/1988, de 28 de julio, del Mercado de Valores ha sido derogada por el TRLMV y esta, a su vez, por la LMVy SI (§3).

Tercera. *Modificación de la Ley 29/1998, de 13 de julio, reguladora de la Jurisdicción Contencioso-administrativa.*- Se añade un nuevo apartado 6 a la disposición adicional cuarta de la Ley 29/1998, de 13 de julio, reguladora de la Jurisdicción Contencioso-administrativa, con la siguiente redacción:

«6. Las resoluciones del Ministro de Economía y Competitividad que resuelvan recursos de alzada contra actos dictados por el Instituto de Contabilidad y Auditoría de Cuentas, así como las resoluciones de carácter normativo dictadas por el Instituto de Contabilidad y Auditoría de Cuentas directamente, en única instancia, ante la Sala de lo Contencioso-administrativo de la Audiencia Nacional.»

Cuarta. *Modificación del Texto Refundido de la Ley de Sociedades de Capital, aprobado por el Real Decreto Legislativo 1/2010, de 2 de julio.-*

[Se modifican la letra d) del apartado 2 del art. 107, apartado 3 del art. 124, apartado 3 del art. 128, apartado 3 del art. 257, arts. 260, 261, 264, 265, añade un párrafo final al art. 266, se añade un apartado 3 al art. 267, se modifica el apartado 2 del art. 270, se suprime el apartado 4 del art. 273, se modifican el apartado 1 del art. 279, las letras a) y c) del apartado 2 del art. 308, el apartado 353, los arts. 354 y 355, la letra b) del apartado 2 del art. 417, los apartado 1,2 y 3 del art. 505 y el art. 529 quaterdecies].

Texto incorporados al lugar correspondiente (§1).

Quinta. *Modificación de la Ley 27/2014, de 27 de noviembre, del Impuesto sobre Sociedades.-* Con efectos para los períodos impositivos que se inicien a partir de 1 de enero de 2016, se introducen las siguientes modificaciones en la Ley 27/2014, de 27 de noviembre, del Impuesto sobre Sociedades:

Uno. Se modifica el apartado 2 del artículo 12, que queda redactado de la siguiente forma:

«2. El inmovilizado intangible se amortizará atendiendo a su vida útil. Cuando la misma no pueda estimarse de manera fiable, la amortización será deducible con el límite anual máximo de la veinteava parte de su importe.

La amortización del fondo de comercio será deducible con el límite anual máximo de la veinteava parte de su importe.»

Dos. Se deroga el apartado 3 del artículo 13.

Tres. Se modifica la disposición transitoria trigésima quinta, que queda redactada de la siguiente forma:

«Disposición transitoria trigésima quinta. Régimen fiscal aplicable a activos intangibles adquiridos con anterioridad a 1 de enero de 2015.

El régimen fiscal establecido en el artículo 12.2 de esta Ley no resultará de aplicación a los activos intangibles, incluido el fondo de comercio, adquiridos en períodos impositivos iniciados con anterioridad a 1 de enero de 2015, a entidades que formen parte con la adquirente del mismo grupo de sociedades según los criterios establecidos en el artículo 42 del Código de Comercio, con independencia de la residencia y de la obligación de formular cuentas anuales consolidadas.»

Téngase en cuenta que esta Disp. Ad., de acuerdo con el apartado 4 de la Disp. Final 14.ª de la presente Ley, «será de aplicación a los estados financieros que se correspondan con los ejercicios que comiencen a partir de 1 de enero de 2016»

Sexta. *Título competencial*.- Esta Ley se dicta al amparo de lo dispuesto en el artículo 149.1.6.ª de la Constitución, que atribuye al Estado competencia exclusiva sobre la «legislación mercantil».

De esta competencia se exceptúan la disposición final segunda que se ampara en las competencias del artículo 149.1.11.ª y 13.ª de la Constitución que atribuyen al Estado la competencia sobre «bases de la ordenación de crédito, banca y seguros» y «bases y coordinación de la planificación general de la actividad económica», respectivamente; y la disposición final tercera, que se dicta al amparo del artículo 149.1.6.ª de la Constitución, que atribuye al Estado la competencia exclusiva para dictar la «legislación procesal, sin perjuicio de las necesarias especialidades que en este orden se deriven de las particularidades del derecho sustantivo de las Comunidades Autónomas».

Séptima. *Incorporación de Derecho de la Unión Europea*.- Mediante esta Ley se incorpora al Derecho español la Directiva 2014/56/UE del Parlamento Europeo y del Consejo, de 16 de abril de 2014, por la que se modifica la Directiva 2006/43/CE relativa a la auditoría legal de las cuentas anuales y de las cuentas consolidadas.

Octava. *Habilitación normativa*.- Se autoriza al Gobierno para que, a propuesta del Ministro de Economía y Competitividad, dicte las normas necesarias para el desarrollo de lo dispuesto en esta Ley.

En el plazo de un año desde la publicación de esta Ley, el Gobierno, a propuesta del Ministro de Economía y Competitividad, determinará las condiciones que deben cumplir las entidades para tener la consideración de entidades de interés público en razón de su importancia pública significativa por la naturaleza de su actividad, por su tamaño o por su número de empleados, a que se refiere el artículo 3.5 b) de esta Ley.

Novena. *Habilitación para la modificación de los Estatutos del Instituto de Contabilidad y Auditoría de Cuentas*.- El Gobierno mediante real decreto, por iniciativa del Ministro de Economía y Competitividad y a propuesta del Ministro de Hacienda y Administraciones Públicas, procederá, en su caso, a la adaptación estatutaria correspondiente del Instituto de Contabilidad y Auditoría de Cuentas.

Décima. *Autorización del Instituto de Contabilidad y Auditoría de Cuentas*.- Se autoriza al Instituto de Contabilidad y Auditoría de Cuentas para que, mediante resolución, y de acuerdo con las normas de desarrollo que dicte el Gobierno, desarrolle los criterios a seguir relativos al alcance, ejecución y seguimiento del sistema de control de calidad, de acuerdo con lo dispuesto en la Directiva 2014/56/UE del Parlamento Europeo y del Consejo, de 16 de abril de 2014, por la que se modifica la Directiva 2006/43/CE relativa a la auditoría legal de las cuentas anuales y de las cuentas consolidadas y con lo dispuesto en el Reglamento (UE) n.º 537/2014, de 16 de abril de 2014, sobre los requisitos específicos para la auditoría legal de las entidades de interés público y por el que se deroga la Decisión 2005/909/CE de la Comisión. Dicha resolución deberá ajustarse al procedimiento de elaboración regulado en el artículo 24.1 de la Ley 50/1997, de 27 de noviembre del Gobierno.

Undécima. *Funciones encomendadas a los miembros del Instituto de Censores Jurados de Cuentas de España, con anterioridad a la entrada en vigor de la Ley 19/1988, de 12 de julio, de Auditoría de Cuentas.*– Las funciones encomendadas a los miembros del Instituto de Censores Jurados de Cuentas de España en las leyes y demás disposiciones de carácter general se entienden atribuidas, desde la entrada en vigor de la Ley 19/1988, de 12 de julio, de Auditoría de Cuentas, a los auditores de cuentas y sociedades de auditoría de cuentas para el ejercicio de la auditoría de cuentas.

Duodécima. *No incremento de gasto.*– Las medidas previstas en esta Ley no supondrán incremento de retribuciones, de dotaciones, ni de otros costes de personal.

Decimotercera. *Régimen jurídico de la reserva por fondo de comercio en los ejercicios iniciados a partir del 1 de enero de 2016.*– En los ejercicios iniciados a partir del 1 de enero de 2016, la reserva por fondo de comercio se reclasificará a las reservas voluntarias de la sociedad y será disponible a partir de esa fecha en el importe que supere el fondo de comercio contabilizado en el activo del balance.

> Téngase en cuenta que esta Disp. Ad., de acuerdo con el apartado 4 de la Disp. Final 14.ª de la presente Ley, «será de aplicación a los estados financieros que se correspondan con los ejercicios que comiencen a partir de 1 de enero de 2016»

Decimocuarta. *Entrada en vigor.*– 1. Esta Ley entrará en vigor el día 17 de junio de 2016.

No obstante lo anterior, lo previsto en los capítulos I, III y IV, secciones 1.ª a 4.ª, del título I, en relación con la realización de trabajos de auditoría de cuentas y la emisión de los informes correspondientes, será de aplicación a los trabajos de auditoría sobre cuentas anuales correspondientes a ejercicios económicos que se inicien a partir de dicha fecha, así como a los de otros estados financieros o documentos contables correspondientes a dicho ejercicio económico.

2. Adicionalmente, las siguientes disposiciones entrarán en vigor al día siguiente de la publicación de esta Ley en el «Boletín Oficial del Estado»:

a) El artículo 11, en relación con los requisitos exigidos a las sociedades de auditoría.

b) El artículo 69.5, en lo referente a la habilitación contenida en relación con la tramitación abreviada del procedimiento sancionador.

c) La disposición adicional cuarta, en relación con la colaboración de la Comisión Nacional de los Mercados y la Competencia.

3. Asimismo, entrarán en vigor el 1 de enero de 2016 las siguientes disposiciones:

a) Los artículos 21.1, primer párrafo, en relación con el periodo de vigencia de las incompatibilidades, y 39.1, en relación al periodo de cómputo de incompatibilidades a que se refiere el artículo 5.1 del Reglamento (UE) 537/2014, de 16 de abril.

b) El artículo 58, relativo al Comité de Auditoría de Cuentas del Instituto de Contabilidad y Auditoría de Cuentas.

c) Los artículos 87 y 88, en relación con las tasas del Instituto de Contabilidad y Auditoría de Cuentas.

d) Los apartados uno a tres, siete a once y catorce a diecinueve de la disposición final cuarta, que modifica el Texto Refundido de la Ley de Sociedades de Capital.

e) La disposición final duodécima, referida al no incremento de gasto.

4. Lo previsto en la disposición adicional décima (información de los pagos efectuados a las Administraciones Públicas), en la disposición final cuarta (modificación del Texto Refundido de la Ley de Sociedades de Capital) apartados cuatro a seis, doce y trece, en la disposición final primera (modificación del Código de Comercio), en la disposición final quinta (Modificación de la Ley del Impuesto sobre Sociedades) y en la disposición final decimotercera (Régimen jurídico de la reserva por Fondo de Comercio) será de aplicación a los estados financieros que se correspondan con los ejercicios que comiencen a partir de 1 de enero de 2016.

§7. LEY 2/2007, DE 15 DE MARZO, DE SOCIEDADES PROFESIONALES

(BOE núm. 65, de 16 de marzo de 2007)

EXPOSICIÓN DE MOTIVOS

I. La evolución de las actividades profesionales ha dado lugar a que la actuación aislada del profesional se vea sustituida por una labor de equipo que tiene su origen en la creciente complejidad de estas actividades y en las ventajas que derivan de la especialización y división del trabajo.

Así, las organizaciones colectivas que operan en el ámbito de los servicios profesionales han ido adquiriendo una creciente difusión, escala y complejidad, con acusada tendencia en tiempos recientes a organizar el ejercicio de las profesiones colegiadas por medio de sociedades.

En este contexto, la Ley de Sociedades Profesionales que ahora se promulga tiene por objeto posibilitar la aparición de una nueva clase de profesional colegiado, que es la propia sociedad profesional, mediante su constitución con arreglo a esta Ley e inscripción en el Registro de Sociedades Profesionales del Colegio Profesional correspondiente.

Para ello, se establece una disciplina general de las sociedades profesionales que facilite el desarrollo de esta franja dinámica de nuestro sistema social y económico y con tan acusada incidencia en los derechos de sus clientes. Así pues, la creación de certidumbre jurídica sobre las relaciones jurídico-societarias que tienen lugar en el ámbito profesional se constituye en uno de los propósitos fundamentales que persigue la nueva Ley. Junto a éste, se hace preciso consignar un adecuado régimen de responsabilidad a favor de los usuarios de los servicios profesionales que se prestan en el marco de una organización colectiva.

En definitiva, esta nueva Ley de Sociedades Profesionales se constituye en una norma de garantías: garantía de seguridad jurídica para las sociedades profesionales, a las que se facilita un régimen peculiar hasta ahora inexistente, y garantía para los clientes o usuarios de los servicios profesionales prestados de forma colectiva, que ven ampliada la esfera de sujetos responsables.

II. En el primer aspecto, la nueva Ley consagra expresamente la posibilidad de constituir sociedades profesionales stricto sensu. Esto es, sociedades externas para el ejercicio de las actividades profesionales a las que se imputa tal ejercicio realizado por su cuenta y bajo su razón o denominación social. En definitiva, la sociedad profesional objeto de esta Ley es aquélla que se constituye en centro subjetivo de imputación del negocio jurídico que se establece con el cliente o usuario, atribuyéndole los derechos y obligaciones que nacen del mismo, y, además, los actos propios de la actividad profesional de que se trate son ejecutados o desarrollados directamente bajo la razón o denominación social. Quedan, por tanto, fuera del ámbito de aplicación de la Ley las sociedades de medios, que tienen por objeto compartir infraestructura y distribuir sus costes; las sociedades de comunicación de ganancias; y las sociedades de intermediación, que sirven de canalización o comunicación entre el cliente, con quien mantienen la titularidad de la relación jurídica, y el profesional persona física que, vinculado a la sociedad por cualquier título (socio, asalariado, etc.), desarrolla efectivamente la actividad profesional. Se trata de, en este último caso, de sociedades cuya finalidad es la de proveer y gestionar en común los medios necesarios para el ejercicio individual de la profesión, en el sentido no de proporcionar directamente al solicitante la prestación que desarrollará el profesional persona física, sino de servir no sólo de intermediaria para que sea éste último quien la realice, y también de coordinadora de las diferentes prestaciones específicas seguidas.

El régimen que se establece tiende a asegurar la flexibilidad organizativa: frente a la alternativa consistente en la creación de una nueva figura societaria, se opta por permitir que las sociedades profesionales se acojan a cualquiera de los tipos sociales existentes en nuestro ordenamiento jurídico.

Ahora bien, ese principio de libertad organizativa se ve modulado por cuanto, en garantía de terceros, toda sociedad profesional se ve compelida a cumplir los requisitos establecidos en la nueva Ley; en caso contrario, no será posible su constitución y su incumplimiento sobrevenido supondrá causa de disolución. Las peculiaridades que se imponen tienden a asegurar, de una parte, que el control de la sociedad corresponde a los socios profesionales, exigiendo mayorías cualificadas en los elementos patrimoniales y personales de la sociedad, incluidos sus órganos de administración, de modo que las singularidades que de antiguo han caracterizado el ejercicio profesional, con acusados componentes deontológicos, no se vean desnaturalizadas cuando se instrumenta a través de una figura societaria. Por esta razón se subraya, en el artículo 4.4, la prohibición que pesa sobre las personas en las que concurra causa de incompatibilidad, prohibición o inhabilitación para el ejercicio de la actividad profesional que constituya el objeto social de la sociedad profesional ya constituida o que se pretenda constituir, de incorporarse como socios profesionales a tal sociedad durante la subsistencia de aquellas causas. La relevancia de los socios profesionales se traduce asimismo, entre otros aspectos, en la necesidad permanente de su identificación y en el carácter en principio intransmisible de las titularidades de éstos.

Además, y en coherencia con lo que antecede, se someten las sociedades profesionales a un régimen de inscripción constitutiva en el Registro Mercantil en todos los casos, incluso cuando se trate de sociedades civiles, además de la instauración de un sistema registral que se confía a los Colegios Profesionales a fin de posibilitar el ejercicio de las facultades que el ordenamiento jurídico les confiere en relación con los profesionales colegiados, sean personas físicas o jurídicas.

Ciertamente, junto a los Notarios, los Registradores Mercantiles están llamados en estos casos a garantizar la operatividad del sistema asegurando el cumplimiento de las obligaciones legales mediante la calificación de los documentos que se presenten a inscripción, tanto en el inicial momento constitutivo de la sociedad profesional como, con posterioridad, a lo largo de su existencia.

También se crea, con efectos puramente informativos, un portal de Internet bajo la dependencia del Ministerio de Justicia, así como en las Comunidades Autónomas.

III. En garantía de los terceros que requieran los servicios profesionales se establece junto a la responsabilidad societaria, la personal de los profesionales, socios o no, que hayan intervenido en la prestación del servicio, respecto de las deudas que en ésta encuentren su origen.

Este régimen de responsabilidad se extiende en la disposición adicional segunda a todos aquellos supuestos en que se produce el ejercicio por un colectivo de la actividad profesional, se amparen o no en formas societarias, siempre que sea utilizada una denominación común o colectiva, por cuanto generan en el demandante de los servicios una confianza específica en el soporte colectivo de aquella actividad que no debe verse defraudada en el momento en que las responsabilidades, si existieran, deban ser exigidas; regla que sólo quiebra en un supuesto, en el que se establece la responsabilidad solidaria y personal de todos los partícipes o socios: en aquéllos casos en los que el ejercicio colectivo de la actividad profesional no se ampara en una persona jurídica, por carecer de un centro subjetivo de imputación de carácter colectivo.

IV. Los preceptos de esta Ley son de plena aplicación en todo el territorio nacional, amparados por los títulos competenciales exclusivos del Estado relativos a la legislación mercantil, la ordenación de los registros e instrumentos públicos y las bases del régimen jurídico de las Administraciones públicas.

Art. 1. *Definición de las sociedades profesionales.*– 1. Las sociedades que tengan por objeto social el ejercicio en común de una actividad profesional deberán constituirse como sociedades profesionales en los términos de la presente Ley.

A los efectos de esta Ley, es actividad profesional aquélla para cuyo desempeño se requiere titulación universitaria oficial, o titulación profesional para cuyo ejercicio sea necesario acreditar una titulación universitaria oficial, e inscripción en el correspondiente Colegio Profesional.

A los efectos de esta Ley se entiende que hay ejercicio en común de una actividad profesional cuando los actos propios de la misma sean ejecutados directamente bajo la razón o denominación social y le sean atribuidos a la sociedad los derechos y obligaciones inherentes al ejercicio de la actividad profesional como titular de la relación jurídica establecida con el cliente.

2. Las sociedades profesionales podrán constituirse con arreglo a cualquiera de las formas societarias previstas en las leyes, cumplimentando los requisitos establecidos en esta Ley.

3. Las sociedades profesionales se regirán por lo dispuesto en la presente Ley y, supletoriamente, por las normas correspondientes a la forma social adoptada.

Véase art. 36 CE y art. 1.3 y 3.2 de la Ley 2/1974, de 13 de febrero, sobre Colegios Profesionales.

Art. 2. *Exclusividad del objeto social.*– Las sociedades profesionales únicamente podrán tener por objeto el ejercicio en común de actividades profesionales, y podrán desarrollarlas bien directamente, bien a través de la participación en otras sociedades profesionales. En este caso, la participación de la sociedad tendrá la consideración de socio profesional en la sociedad participada, a los efectos de los requisitos del artículo 4, así como a los efectos de las reglas que, en materia de responsabilidad, se establecen en los artículos 5, 9 y 11 de la Ley, que serán exigibles a la sociedad matriz.

Art. 3. *Sociedades multidisciplinares.*– Las sociedades profesionales podrán ejercer varias actividades profesionales, siempre que su desempeño no se haya declarado incompatible por norma de rango legal.

Art. modificado por el art. 6.1 de la Ley 25/2009, de 22 de diciembre, de modificación de diversas leyes para su adaptación a la Ley sobre el libre acceso a las actividades de servicios y su ejercicio.
Véase Disp. Ad. 8.ª de la presente Ley

Art. 4. *Composición*.– 1. Son socios profesionales:

a) Las personas físicas que reúnan los requisitos exigidos para el ejercicio de la actividad profesional que constituye el objeto social y que la ejerzan en el seno de la misma.

b) Las sociedades profesionales debidamente inscritas en los respectivos Colegios Profesionales que, constituidas con arreglo a lo dispuesto en la presente Ley, participen en otra sociedad profesional.

2. Como mínimo, la mayoría del capital y de los derechos de voto, o la mayoría del patrimonio social y del número de socios en las sociedades no capitalistas, habrán de pertenecer a socios profesionales.

3. Igualmente habrán de ser socios profesionales como mínimo la mitad más uno de los miembros de los órganos de administración, en su caso, de las sociedades profesionales. Si el órgano de administración fuere unipersonal, o si existieran consejeros delegados, dichas funciones habrán de ser desempeñadas necesariamente por un socio profesional. En todo caso, las decisiones de los órganos de administración colegiados requerirán el voto favorable de la mayoría de socios profesionales, con independencia del número de miembros concurrentes.

4. No podrán ser socios profesionales las personas en las que concurra causa de incompatibilidad para el ejercicio de la profesión o profesiones que constituyan el objeto social, ni aquellas que se encuentren inhabilitadas para dicho ejercicio en virtud de resolución judicial o corporativa.

5. Estos requisitos deberán cumplirse a lo largo de toda la vida de la sociedad profesional, constituyendo causa de disolución obligatoria su incumplimiento sobrevenido, a no ser que la situación se regularice en el plazo máximo de seis meses contados desde el momento en que se produjo el incumplimiento.

6. Los socios profesionales únicamente podrán otorgar su representación a otros socios profesionales para actuar en el seno de los órganos sociales.

Art. modificado por el art. 6.2 de la Ley 25/2009, de 22 de diciembre, de modificación de diversas leyes para su adaptación a la Ley sobre el libre acceso a las actividades de servicios y su ejercicio.

Art. 5. *Ejercicio e imputación de la actividad profesional*.– 1. La sociedad profesional únicamente podrá ejercer las actividades profesionales constitutivas de su objeto social a través de personas colegiadas en el Colegio Profesional correspondiente para el ejercicio de las mismas.

2. Los derechos y obligaciones de la actividad profesional desarrollada se imputarán a la sociedad, sin perjuicio de la responsabilidad personal de los profesionales contemplada en el artículo 11 de esta Ley.

Art. 6. *Denominación social*.– 1. La sociedad profesional podrá tener una denominación objetiva o subjetiva.

2. Cuando la denominación sea subjetiva se formará con el nombre de todos, de varios o de alguno de los socios profesionales.

3. Las personas que hubieren perdido la condición de socio y sus herederos podrán exigir la supresión de su nombre de la denominación social, salvo pacto en contrario.

No obstante, el consentimiento de quien hubiera dejado de ser socio para el mantenimiento de su nombre en la denominación social será revocable en cualquier momento, sin perjuicio de las indemnizaciones que fueran procedentes.

4. El mantenimiento en la denominación social del nombre de quien hubiera dejado de ser socio que deba responder personalmente por las deudas sociales, no implicará su responsabilidad personal por las deudas contraídas con posterioridad a la fecha en que haya causado baja en la sociedad.

5. En la denominación social deberá figurar, junto a la indicación de la forma social de que se trate, la expresión «profesional». Ambas indicaciones podrán incluirse de forma desarrollada o abreviada.

La denominación abreviada de las sociedades profesionales se formará con las siglas propias de la forma social adoptada seguidas de la letra «p», correspondiente al calificativo de «profesional».

Art. 7. *Formalización del contrato*.– 1. El contrato de sociedad profesional deberá formalizarse en escritura pública.

2. La escritura constitutiva recogerá las menciones y cumplirá los requisitos contemplados en la normativa que regule la forma social adoptada y, en todo caso, expresará:

a) La identificación de los otorgantes, expresando si son o no socios profesionales.

b) El Colegio Profesional al que pertenecen los otorgantes y su número de colegiado, lo que se acreditará mediante certificado colegial, en el que consten sus datos identificativos, así como su habilitación actual para el ejercicio de la profesión.

c) La actividad o actividades profesionales que constituyan el objeto social.

d) La identificación de las personas que se encarguen inicialmente de la administración y representación, expresando la condición de socio profesional o no de cada una de ellas.

Art. 8. *Inscripción registral de las Sociedades Profesionales*.– 1. La escritura pública de constitución deberá ser inscrita en el Registro Mercantil. Con la inscripción adquirirá la sociedad profesional su personalidad jurídica.

2. En la inscripción se harán constar las menciones exigidas, en su caso, por la normativa vigente para la inscripción de la forma societaria de que se trate, las contenidas en el artículo 7.2 y, al menos, los siguientes extremos:

a) Denominación o razón social y domicilio de la sociedad.

b) Fecha y reseña identificativa de la escritura pública de constitución y notario autorizante; y duración de la sociedad si se hubiera constituido por tiempo determinado.

c) La actividad o actividades profesionales que constituyan el objeto social.

d) Identificación de los socios profesionales y no profesionales y, en relación con aquéllos, número de colegiado y Colegio Profesional de pertenencia.

e) Identificación de las personas que se encarguen de la administración y representación, expresando la condición de socio profesional o no de cada una de ellas.

3. Cualquier cambio de socios y administradores, así como cualquier modificación del contrato social, deberán constar en escritura pública y serán igualmente objeto de inscripción en el Registro Mercantil.

4. La sociedad se inscribirá igualmente en el Registro de Sociedades Profesionales del Colegio Profesional que corresponda a su domicilio, a los efectos de su incorporación al mismo y de que éste pueda ejercer sobre aquélla las competencias que le otorga el ordenamiento jurídico sobre los profesionales colegiados.

La inscripción contendrá los extremos señalados en el apartado 2 de este artículo. Cualquier cambio de socios y administradores y cualquier modificación del contrato social serán igualmente objeto de inscripción en el Registro de Sociedades Profesionales.

El Registrador Mercantil comunicará de oficio al Registro de Sociedades Profesionales la práctica de las inscripciones, con el fin de que conste al Colegio la existencia de dicha sociedad y de que se proceda a recoger dichos extremos en el citado Registro Profesional.

5. La publicidad del contenido de la hoja abierta a cada sociedad profesional en el Registro Mercantil y en el Registro de Sociedades Profesionales se realizará a través de un portal en Internet bajo la responsabilidad del Ministerio de Justicia.

El acceso al portal de Internet será público, gratuito y permanente.

Se faculta al Ministerio de Justicia para establecer el régimen de organización, gestión y funcionamiento del portal.

En idénticos términos, las Comunidades Autónomas podrán establecer un portal en Internet en su ámbito territorial.

A estos efectos, los Colegios Profesionales remitirán periódicamente al Ministerio de Justicia y a la Comunidad Autónoma respectiva las inscripciones practicadas en sus correspondientes Registros de Sociedades Profesionales.

6. En el supuesto regulado en el artículo 3, la sociedad profesional se inscribirá en los Registros de Sociedades Profesionales de los Colegios de cada una de las profesiones

que constituyan su objeto, quedando sometida a las competencias de aquél que corresponda según la actividad que desempeñe en cada caso.

Art. 9. *Desarrollo de la actividad profesional y responsabilidad disciplinaria*.- 1. La sociedad profesional y los profesionales que actúan en su seno ejercerán la actividad profesional que constituya el objeto social de conformidad con el régimen deontológico y disciplinario propio de la correspondiente actividad profesional.

Las causas de incompatibilidad o de inhabilitación para el ejercicio de la profesión que afecten a cualquiera de los socios se harán extensivas a la sociedad y a los restantes socios profesionales, salvo exclusión del socio inhabilitado o incompatible en los términos que se establece en la presente Ley.

2. En ningún caso será obstáculo el ejercicio de la actividad profesional a través de la sociedad para la efectiva aplicación a los profesionales, socios o no, del régimen disciplinario que corresponda según su ordenamiento profesional.

Sin perjuicio de la responsabilidad personal del profesional actuante, la sociedad profesional también podrá ser sancionada en los términos establecidos en el régimen disciplinario que corresponda según su ordenamiento profesional.

3. En los trabajos profesionales que se sometan a visado, éste se expedirá a favor de la sociedad profesional o del profesional o profesionales colegiados que se responsabilicen del trabajo.

4. La sociedad profesional y su contratante podrán acordar que, antes del inicio de la prestación profesional, la sociedad profesional ponga a disposición del contratante, al menos, los siguientes datos identificativos del profesional o profesionales que vayan a prestar dichos servicios: nombre y apellidos, título profesional, Colegio Profesional al que pertenece y expresión de si es o no socio de la sociedad profesional.

> Art. modificado por el art. 6.3 de la Ley 25/2009, de 22 de diciembre, de modificación de diversas leyes para su adaptación a la Ley sobre el libre acceso a las actividades de servicios y su ejercicio.

Art. 10. *Participación en beneficios y pérdidas*.- 1. El contrato social determinará el régimen de participación de los socios en los resultados de la sociedad o, en su caso, el sistema con arreglo al cual haya de determinarse en cada ejercicio. A falta de disposición contractual, los beneficios se distribuirán y, cuando proceda, las pérdidas se imputarán en proporción a la participación de cada socio en el capital social.

2. Los sistemas con arreglo a los cuales haya de determinarse periódicamente la distribución del resultado podrán basarse en o modularse en función de la contribución efectuada por cada socio a la buena marcha de la sociedad, siendo necesario en estos supuestos que el contrato recoja los criterios cualitativos y/o cuantitativos aplicables. El reparto final deberá en todo caso ser aprobado o ratificado por la junta o asamblea

de socios con las mayorías que contractualmente se establezcan, las cuales no podrán ser inferiores a la mayoría absoluta del capital, incluida dentro de ésta la mayoría de los derechos de voto de los socios profesionales.

Art. 11. *Responsabilidad patrimonial de la sociedad profesional y de los profesionales*.– 1. De las deudas sociales responderá la sociedad con todo su patrimonio. La responsabilidad de los socios se determinará de conformidad con las reglas de la forma social adoptada.

2. No obstante, de las deudas sociales que se deriven de los actos profesionales propiamente dichos responderán solidariamente la sociedad y los profesionales, socios o no, que hayan actuado, siéndoles de aplicación las reglas generales sobre la responsabilidad contractual o extracontractual que correspondan.

3. Las sociedades profesionales deberán estipular un seguro que cubra la responsabilidad en la que éstas puedan incurrir en el ejercicio de la actividad o actividades que constituyen el objeto social.

> Véase Disp. Ad. 2.ª. de la presente Ley.

Art. 12. *Intransmisibilidad de la condición de socio profesional*.– La condición de socio profesional es intransmisible, salvo que medie el consentimiento de todos los socios profesionales. No obstante, podrá establecerse en el contrato social que la transmisión pueda ser autorizada por la mayoría de dichos socios.

Art. 13. *Separación de socios profesionales*.– 1. Los socios profesionales podrán separarse de la sociedad constituida por tiempo indefinido en cualquier momento. El ejercicio del derecho de separación habrá de ejercitarse de conformidad con las exigencias de la buena fe, siendo eficaz desde el momento en que se notifique a la sociedad.

2. Si la sociedad se ha constituido por tiempo determinado, los socios profesionales sólo podrán separarse, además de en los supuestos previstos en la legislación mercantil para la forma societaria de que se trate, en los supuestos previstos en el contrato social o cuando concurra justa causa.

Art. 14. *Exclusión de socios profesionales*.– 1. Todo socio profesional podrá ser excluido, además de por las causas previstas en el contrato social, cuando infrinja gravemente sus deberes para con la sociedad o los deontológicos, perturbe su buen funcionamiento o sufra una incapacidad permanente para el ejercicio de la actividad profesional.

2. Todo socio profesional deberá ser excluido cuando haya sido inhabilitado para el ejercicio de la actividad profesional, sin perjuicio de su posible continuación en la sociedad con el carácter de socio no profesional si así lo prevé el contrato social.

3. La exclusión requerirá acuerdo motivado de la junta general o asamblea de socios, requiriendo en todo caso el voto favorable de la mayoría del capital y de la mayoría de los derechos de voto de los socios profesionales, y será eficaz desde el momento en que se notifique al socio afectado.

4. La pérdida de la condición de socio o la separación, cualquiera que sea su causa, no liberará al socio profesional de la responsabilidad que pudiera serle exigible de conformidad con el artículo 11.2 de esta Ley.

Art. 15. *Transmisiones forzosas y mortis causa.*- 1. En el contrato social, y fuera de él siempre que medie el consentimiento expreso de todos los socios profesionales, podrá pactarse que la mayoría de éstos, en caso de muerte de un socio profesional, puedan acordar que las participaciones del mismo no se transmitan a sus sucesores. Si no procediere la transmisión, se abonará la cuota de liquidación que corresponda.

2. La misma regla se aplicará en los supuestos de transmisión forzosa entre vivos, a los que a estos solos efectos se asimila la liquidación de regímenes de cotitularidad, incluida la de la sociedad de gananciales.

Art. 16. *Reembolso de la cuota de liquidación.*- 1. El contrato social podrá establecer libremente criterios de valoración o cálculo con arreglo a los cuales haya de fijarse el importe de la cuota de liquidación que corresponda a las participaciones del socio profesional separado o excluido, así como en los casos de transmisión mortis causa y forzosa cuando proceda.

2. En estos casos, dichas participaciones serán amortizadas, salvo que la amortización sea sustituida por la adquisición de las participaciones por otros socios, por la propia sociedad o por un tercero, siempre que ello resulte admisible de conformidad con las normas legales o contractuales aplicables a la sociedad, o bien exista consentimiento expreso de todos los socios profesionales.

Art. 17. *Normas especiales para las sociedades de capitales.*- 1. En el caso de que la sociedad profesional adopte una forma social que implique limitación de la responsabilidad de los socios por las deudas sociales, se aplicarán, además de las restantes contenidas en esta Ley, las reglas siguientes:

a) En el caso de sociedades por acciones, deberán ser nominativas.

b) Los socios no gozarán del derecho de suscripción preferente en los aumentos de capital que sirvan de cauce a la promoción profesional, ya sea para atribuir a un profesional la condición de socio profesional, ya para incrementar la participación societaria de los socios que ya gozan de tal condición, salvo disposición en contrario del contrato social.

c) En los aumentos de capital a que se refiere la letra anterior, la sociedad podrá emitir las nuevas participaciones o acciones por el valor que estime conveniente, siempre que sea igual o superior al valor neto contable que les sea atribuible a las participaciones o acciones preexistentes y, en todo caso, al valor nominal salvo disposición en contrario del contrato social.

d) La reducción del capital social podrá tener, además de las finalidades recogidas en la ley aplicable a la forma societaria de que se trate, la de ajustar la carrera profesional de los socios, conforme a los criterios establecidos en el contrato social.

e) Para que la sociedad pueda adquirir sus propias acciones o participaciones en el supuesto contemplado en el artículo 15.2 de esta Ley, deberá realizarse con cargo a beneficios distribuibles o reservas disponibles. Las acciones o participaciones que no fuesen enajenadas en el plazo de un año deberán ser amortizadas y, entre tanto, les será aplicable el régimen previsto en el artículo 79 de la Ley de Sociedades Anónimas y en el artículo 40 bis de la Ley de Sociedades de Responsabilidad Limitada.

f) En cuanto al régimen de retribución de la prestación accesoria de los socios profesionales, podrá ser de aplicación lo dispuesto en el apartado 2 del artículo 10.

2. Las acciones y participaciones correspondientes a los socios profesionales llevarán aparejada la obligación de realizar prestaciones accesorias relativas al ejercicio de la actividad profesional que constituya el objeto social.

> En relación con la letra e) del apartado 1, la referencia al art. 79 de la LSA debe entenderse hecha al art. 148 del TRLSC (§1) y la referencia al art. 40 bis de la LSRL debe entenderse hecha al art- 142 del TRLSC.

Art. 18. *Cláusula de resolución extrajudicial de conflictos.*– El contrato social podrá establecer que las controversias derivadas del mismo que surjan entre los socios, entre socios y administradores, y entre cualesquiera de éstos y la sociedad, incluidas las relativas a separación, exclusión y determinación de la cuota de liquidación, sean sometidas a arbitraje o cualquier otro medio adecuado de solución de controversias, de acuerdo con las normas reguladoras de la institución.

> Art. modificado por la Disp. Ad. 15.ª de la de la Ley Orgánica 1/2025, de 2 de enero, de medidas en materia de eficiencia del Servicio Público de Justicia (BOE núm., de 3 de enero) (entrada en vigor 3 de abril de 2025).

DISPOSICIONES ADICIONALES

Primera. *Auditoría de cuentas.*– Los preceptos de esta Ley serán de aplicación, en lo no previsto en su normativa especial, a quienes realicen la actividad de auditoría de cuentas de forma societaria. A los efectos de lo dispuesto en esta Ley, se considerará como Registro profesional de las sociedades de auditoría y de colegiación de los socios de éstas el Registro Oficial de Auditores de Cuentas.

Segunda. *Extensión del régimen de responsabilidad.-* 1. El régimen de responsabilidad establecido en el artículo 11 será igualmente aplicable a todos aquellos supuestos en que dos o más profesionales desarrollen colectivamente una actividad profesional sin constituirse en sociedad profesional con arreglo a esta Ley.

Se presumirá que concurre esta circunstancia cuando el ejercicio de la actividad se desarrolle públicamente bajo una denominación común o colectiva, o se emitan documentos, facturas, minutas o recibos bajo dicha denominación.

2. Si el ejercicio colectivo a que se refiere esta disposición no adoptara forma societaria, todos los profesionales que lo desarrollen responderán solidariamente de las deudas y responsabilidades que encuentren su origen en el ejercicio de la actividad profesional.

Tercera. *Profesionales exceptuados de alguno de los requisitos legales.-* Esta Ley será de aplicación a todos los profesionales colegiados en el momento de su entrada en vigor que ejerzan profesiones en que la colegiación sea obligatoria y exija el requisito de titulación del artículo 1.1, aunque dichos profesionales no reúnan la titulación descrita por no haberles sido requerida en el momento de su colegiación.

Cuarta. *Modificación del Código de Comercio.-* 1. Se modifica el artículo 16.1.séptimo del Código de Comercio, que quedará redactado con el siguiente tenor:

«Séptimo. Las Sociedades Civiles Profesionales, constituidas con los requisitos establecidos en la legislación específica de Sociedades Profesionales.»

2. Se añade un apartado Octavo al artículo 16.1 del Código de Comercio, con la siguiente redacción:

«Octavo. Los actos y contratos que establezca la ley.»

Quinta. *Régimen de Seguridad Social de los Socios Profesionales.-* Los socios profesionales a los que se refiere el artículo 4.1.a) de la presente Ley estarán, en lo que se refiere a la Seguridad Social, a lo establecido en la disposición adicional decimoquinta de la Ley 30/1995, de 8 de noviembre, de Supervisión y Ordenación de los Seguros Privados.

La Disp. Ad. 15.ª de la Ley 30/1995 derogada por el apartado 3 de la Disp. derogatoria única del R.D. Legislativo 8/2015, de 30 de octubre, por el que se aprueba el texto refundido de la Ley General de la Seguridad Social. Véanse Disposiciones Adicionales 18.ª y 19ª del citado texto refundido de la Ley de Seguridad Social.

Sexta. *Oficinas de farmacia.-* Sin perjuicio de lo establecido en la presente Ley, la titularidad de las oficinas de farmacia se regulará por la normativa sanitaria propia que les sea de aplicación.

Séptima. *Sociedades profesionales de países comunitarios.*– Serán reconocidas en España como sociedades profesionales las constituidas como tales de conformidad con la legislación de un Estado miembro de la Unión Europea y cuya sede social, administración central y centro de actividad principal se encuentre en el territorio de un Estado miembro, siempre que hayan cumplido los requisitos previstos, en su caso, en dicho país comunitario para actuar como sociedades profesionales.

La prestación de servicios o el establecimiento en España de las sociedades antes referidas se ajustará a lo previsto en la normativa que regula el reconocimiento de cualificaciones profesionales y, en su caso, en la normativa específica sobre establecimiento o ejercicio de profesionales comunitarios, sin perjuicio del cumplimiento de la normativa española aplicable sobre el ejercicio de la actividad en términos compatibles con el Derecho comunitario.

Disp. añadida por el art. 6.4 de la Ley 25/2009, de 22 de diciembre, de modificación de diversas leyes para su adaptación a la Ley sobre el libre acceso a las actividades de servicios y su ejercicio.

Octava. *Régimen especial de la prestación de servicios jurídicos integrales de defensa y representación.*– 1. Como excepción a lo previsto en el artículo 3 de esta Ley, las sociedades profesionales podrán ejercer simultáneamente las actividades profesionales de la abogacía y de la procura de los tribunales.

2. Los profesionales de la abogacía y la procura podrán ser socios y socias profesionales de una sociedad profesional, debidamente inscrita en los Registros de Sociedades Profesionales de las respectivas organizaciones colegiales, cuyo objeto social consista en la prestación de servicios jurídicos integrales de defensa y representación.

3. En el caso previsto en el apartado anterior no serán de aplicación las prohibiciones por razón de incompatibilidad y su extensión a la sociedad y socios, previstas respectivamente en el artículo 3, en el artículo 4.4 inciso primero y en el artículo 9.1 párrafo segundo de esta Ley.

4. Los estatutos de las sociedades profesionales cuyo objeto social consista en la prestación de servicios jurídicos integrales de defensa y representación contendrán, de conformidad con lo que prescriban las normas deontológicas de las respectivas profesiones, las disposiciones necesarias para garantizar que los profesionales que asuman la defensa o la representación de sus patrocinados puedan:

a) Adoptar las decisiones propias de cada una de las profesiones de forma totalmente autónoma e independiente de la otra.

b) Cumplir con total independencia de criterio las reglas deontológicas que cada profesión imponga y, en particular, los deberes de secreto profesional y confidencialidad.

c) Separarse, en cualquier momento, de la llevanza del asunto cuando vean comprometida su imparcialidad, articulando a través de los órganos de la sociedad los mecanismos de detección y solución de cualquier conflicto de intereses, todo ello sin perjuicio de lo previsto en el artículo 11 de esta Ley.

> Disp. añadida por el art. 2 de la Ley 15/2021, de 23 de octubre, por la que se modifica la Ley 34/2006, de 30 de octubre, sobre el acceso a las profesiones de Abogado y Procurador de los Tribunales, así como la Ley 2/2007, de 15 de marzo, de sociedades profesionales (...).

DISPOSICIONES TRANSITORIAS

Primera. *Plazo de inscripción en el Registro Mercantil.–* 1. Las sociedades constituidas con anterioridad a la entrada en vigor de esta Ley y a las que les fuera aplicable a tenor de lo dispuesto en su artículo 1.1, deberán adaptarse a las previsiones de la presente Ley y solicitar su inscripción, o la de la adaptación en su caso, en el Registro Mercantil, en el plazo de un año desde la entrada en vigor de ésta.

2. Transcurrido el plazo establecido en el apartado anterior sin haberse dado cumplimiento a lo que en él se dispone, no se inscribirá en el Registro Mercantil documento alguno. Se exceptúan los títulos relativos a la adaptación a la presente Ley, al cese o dimisión de administradores, gerentes, directores generales y liquidadores, y a la revocación o renuncia de poderes, así como a la disolución de la sociedad y nombramiento de liquidadores y los asientos ordenados por la autoridad judicial o administrativa.

3. Transcurrido el plazo de dieciocho meses desde la entrada en vigor de la presente Ley sin que haya tenido lugar la adaptación y su presentación en el Registro Mercantil, la sociedad quedará disuelta de pleno derecho, cancelando inmediatamente de oficio el Registrador Mercantil los asientos correspondientes a la sociedad disuelta.

Segunda. *Constitución de los Registros de Sociedades Profesionales y plazo de inscripción en los mismos.–* En el plazo de nueve meses contados desde la entrada en vigor de esta Ley, los Colegios Profesionales y demás organizaciones corporativas deberán tener constituidos sus respectivos Registros Profesionales. Las sociedades constituidas con anterioridad a la entrada en vigor de esta Ley y a las que les fuera aplicable a tenor de lo dispuesto en su artículo 1.1, deberán solicitar su inscripción en el correspondiente Registro de Sociedades Profesionales en el plazo máximo de un año contado desde su constitución.

Tercera. *Exenciones fiscales y reducciones arancelarias.–* Durante el plazo de un año contado desde la entrada en vigor de esta Ley, los actos y documentos precisos para que las sociedades constituidas con anterioridad se adapten a sus disposiciones estarán exentos del Impuesto sobre Transmisiones Patrimoniales, en sus modalidades de operaciones societarias y de actos jurídicos documentados, y disfrutarán de la reducción que determine el Consejo de Ministros a propuesta del de Justicia en los derechos que los Notarios y los Registradores Mercantiles hayan de percibir como consecuencia de la aplicación de los respectivos aranceles.

> En su virtud se dictó el Real Decreto 1131/2007, de 31 de agosto, por el que se fija la reducción de los derechos arancelarios de los notarios y de los registradores mercantiles contenida en la disposición transitoria tercera de la Ley 2/2007, de 15 de marzo, de sociedades profesionales (BOE núm. 2010, de 1 de septiembre).

Cuarta. Régimen transitorio de incompatibilidades profesionales.– En tanto no entre en vigor el real decreto a que se refiere el apartado 2 de la disposición final segunda de esta Ley, permanecerán vigentes las normas sobre incompatibilidades para el ejercicio de actividades profesionales actualmente aplicables.

DISPOSICIÓN DEROGATORIA

Única.– Queda derogada la disposición adicional septuagésima de la Ley 30/2005, de 29 de diciembre, de Presupuestos Generales del Estado para 2006.

DISPOSICIONES FINALES

Primera. Carácter de la Ley.– Los preceptos de esta Ley son de aplicación plena, y se dictan en virtud de lo dispuesto en el artículo 149.1.6.ª de la Constitución; así como, en lo que se refiere al artículo 8, apartados 1, 2 y 3, al amparo del artículo 149.1.8.ª de la Constitución; y en lo relativo al artículo 8, apartados 4, 5 y 6, el artículo 9 y la disposición transitoria segunda, al amparo del artículo 149.1.8.ª y 18.ª de la Constitución; que declaran respectivamente la competencia exclusiva del Estado en materia de legislación mercantil, ordenación de los registros e instrumentos públicos y bases del régimen jurídico de las administraciones públicas.

Segunda. *Habilitación normativa*.– 1. Se autoriza al Consejo de Ministros para dictar cuantas disposiciones de aplicación y desarrollo de la presente Ley sean necesarias.

2. También se autoriza al Consejo de Ministros para dictar las disposiciones reglamentarias que sean precisas para adaptar la normativa sobre establecimiento o ejercicio de profesionales comunitarios a la naturaleza societaria del prestador de los servicios.

> Art. modificado por el art. 6.5 de la Ley 25/2009, de 22 de diciembre, de modificación de diversas leyes para su adaptación a la Ley sobre el libre acceso a las actividades de servicios y su ejercicio.

Tercera. *Entrada en vigor*.– La presente Ley entrará en vigor a los tres meses de su publicación en el «Boletín Oficial del Estado».

§8. LEY 44/2015, DE 14 DE OCTUBRE, DE SOCIEDADES LABORALES Y PARTICIPADAS

(BOE núm. 247, de 15 de octubre)

PREÁMBULO

I. Las sociedades laborales, nacidas en los años setenta como método de autoempleo colectivo por parte de los trabajadores, logran el reconocimiento constitucional en el artículo 129.2 de la Constitución Española de 1978, que ordena a los poderes públicos la promoción de las diversas formas de participación en la empresa y el establecimiento de las medidas que faciliten el acceso de los trabajadores a la propiedad de los medios de producción.

La Ley 4/1997, de 24 de marzo, de sociedades laborales, introdujo un importante avance en su regulación y permitió un gran desarrollo de esta fórmula societaria, como se puede constatar a la vista de la creación de numerosas empresas y puestos de trabajo que se han generado al amparo de dicha norma. No obstante, dado el tiempo transcurrido desde su promulgación comienza a evidenciarse la necesidad de actualizar su marco normativo con el objetivo de dar un nuevo impulso a las sociedades laborales por su condición de empresas participadas por los socios trabajadores y abiertas a la integración como socios de los demás trabajadores de la empresa.

Las sociedades laborales son sociedades de capital por su forma y por tanto les son aplicables las normas relativas a las sociedades anónimas y limitadas. Desde la aprobación de la Ley de sociedades laborales de 1997, han sido numerosas las reformas legislativas que han afectado a este sector, entre otras: la Ley 22/2003, de 9 de julio, concursal; la Ley 2/2007, de 15 de marzo, de sociedades profesionales; la Ley 3/2009, de 3 de abril, sobre modificaciones estructurales de las sociedades mercantiles, o el texto refundido de la Ley de Sociedades de Capital, aprobado por el Real Decreto Legislativo 1/2010, de 2 de julio.

Esta situación exige una adecuación de la ley de sociedades laborales al nuevo marco normativo y una sistematización de sus normas más acorde con la establecida en la ley de sociedades de capital, que ha integrado en un mismo texto la regulación de la sociedad anónima y de la sociedad de responsabilidad limitada, al reconocer que la distinción principal entre las sociedades de capital no es tanto por su forma como por su condición o no de sociedad cotizada. Un claro ejemplo de ello es la sociedad laboral donde las coincidencias entre sociedades anónimas laborales y sociedades laborales de responsabilidad limitada aconsejan ofrecer en muchos casos soluciones jurídicas comunes.

Pero las sociedades laborales también son por sus fines y principios orientadores, entidades de la economía social, como señala explícitamente la Ley 5/2011, de 29 de marzo, de economía social, y por tanto, deben ser acreedoras de sus políticas de promoción, entre las que figura el mandato a los poderes públicos de crear un entorno que fomente el desarrollo de iniciativas económicas y sociales en el marco de la economía social. Con este objetivo, la disposición adicional séptima de esta ley ordenaba al Gobierno que remitiera a las Cortes un proyecto de ley que actualizase y revisase la Ley 4/1997, de 24 de marzo, de Sociedades Laborales.

II. El concepto de participación de los trabajadores en la empresa ha ido creciendo en importancia en los últimos tiempos, donde encontramos claros ejemplos en el ámbito europeo que demandan esta fórmula societaria.

La Recomendación del Consejo, de 27 de julio de 1992, relativa al fomento de la participación de los trabajadores en los beneficios y los resultados de la empresa (incluida la participación en el capital), invitaba a los estados miembros a reconocer los posibles beneficios de una utilización más extendida, a nivel individual o colectivo, de una amplia variedad de fórmulas de participación de los trabajadores por cuenta ajena en los beneficios y los resultados de la empresa, tales como la participación en beneficios, el accionariado o fórmulas mixtas; y a tener en cuenta, en este contexto, el papel y la responsabilidad de los interlocutores sociales, de conformidad con las legislaciones y prácticas nacionales.

También recomendaba garantizar que las estructuras jurídicas permitieran la introducción de las fórmulas de participación, que se considerara la posibilidad de conceder estímulos tales como incentivos fiscales u otras ventajas financieras, para fomentar la introducción de determinadas fórmulas de participación; y que se fomentara la utilización de fórmulas de participación facilitando el suministro de información adecuada a todas las partes que pudieran estar interesadas.

En este sentido, destaca también el Dictamen del Comité Económico y Social Europeo sobre el tema «Participación financiera de los trabajadores en Europa», de 21 de octubre de 2010, que establece que la participación financiera de los trabajadores representa una posibilidad de hacer participar más y mejor a las empresas y a los trabajadores, así como a la sociedad en su conjunto, en el éxito de la creciente europeización de la actividad económica.

El objetivo del dictamen era animar a Europa a elaborar un marco de referencia que fomente la conexión social y económica de Europa, agilizando la aplicación de la participación financiera de los trabajadores en distintos niveles.

En base a este dictamen, el Comité Económico y Social Europeo pide que se adopte una nueva recomendación del Consejo relativa al fomento de la participación de los trabajadores en los beneficios y los resultados de la empresa y se presenten propuestas sobre el modo de afrontar los obstáculos a los proyectos transfronterizos.

Además, y en línea con la estrategia «Europa 2020», la participación financiera de los trabajadores puede constituir uno de los mecanismos para fortalecer la competitividad de las Pymes europeas, ya que aumenta la identificación con ellas y la vinculación de sus trabajadores cualificados —tanto en los buenos como en los malos tiempos—. Así, la participación financiera de los trabajadores también contribuirá a garantizar un futuro sostenible.

De esta manera se da a los trabajadores la posibilidad de aumentar a largo plazo su patrimonio de manera sencilla, lo cual permite añadir recursos complementarios para vivir después de dejar de trabajar. Los trabajadores a los que se permite participar en los resultados de la empresa sienten que se les tiene más en cuenta por su contribución a los resultados obtenidos por la empresa.

Sin perjuicio de otras formas de codecisión e intervención en las decisiones de la empresa, las participaciones en el capital pueden —en función de cómo se desarrollen— llevar a una participación en la toma de decisiones, por ejemplo, mediante el derecho de voto de los accionistas. En el caso de participación en forma de acciones, el derecho de voto de los accionistas, tanto individual como colectivo, puede ejercerse, por ejemplo, mediante una sociedad de participación financiera.

En esta línea cabe destacar que las sociedades laborales en España, en sintonía con las recomendaciones europeas, responden al modelo de empresa participada mayoritariamente.

Son unos de los máximos exponentes de la participación de los trabajadores en las empresas en nuestro país, encontrándose a la vanguardia en relación a la regulación de este tipo de entidades en los restantes países de nuestro entorno.

III. La nueva regulación no solo actualiza, moderniza y mejora el contenido de la Ley 4/1997, de 24 de marzo, como consecuencia de las últimas reformas del derecho de sociedades, sino que en cumplimiento de la previsión contenida en la Ley 5/2011, de economía social, refuerza la naturaleza, función y caracterización de la sociedad laboral como entidad de la economía social, poniendo en valor sus especificidades.

Mejora su régimen jurídico con los objetivos de fomentar la participación de los trabajadores en las empresas, facilitando su acceso a la condición de socio, al tiempo que se incorporan nuevas medidas para asegurar el control de la sociedad por parte de los trabajadores, aumentar la utilidad de las sociedades laborales y su preferencia por parte de los emprendedores. Pretende fortalecer su vertiente empresarial y consolidar el carácter estable y no coyuntural de este modelo empresarial. Prepara su contenido a los cambios que se producirán en torno al documento único electrónico y reestructura el articulado eliminando preceptos superfluos e incorporando otros necesarios.

El capítulo I establece el régimen societario, y regula en un único artículo el concepto de sociedad laboral y los rasgos esenciales que la caracterizan, entre los que se encuentra la necesidad de poseer la mayoría del capital social, exigiendo además que ningún socio pueda tener acciones o participaciones que representen más de la tercera parte del capital social. Por otro lado, se amplían las excepciones a estas exigencias entre las que cabe destacar la posibilidad de constituir sociedades laborales con dos socios, siempre que ambos sean trabajadores y tengan distribuida de forma igualitaria su participación en la sociedad. Asimismo, se flexibiliza el marco de contratación de trabajadores no socios y los plazos de adaptación en los supuestos de transgresión de los límites de capital y contratación de trabajadores no socios exigidos para no perder la condición de sociedad laboral.

Los artículos 2 y 4 mantienen la competencia administrativa para la calificación de las sociedades laborales en los mismos términos recogidos en la Ley 4/1997, de 24 de marzo; no obstante se simplifica la documentación necesaria para su constitución en los supuestos de sociedades preexistentes y se incorpora la necesidad de armonización y colaboración entre los distintos registros administrativos estatal y autonómicos y el Registro Mercantil que intervienen en la creación de las sociedades laborales, posibilitando la implantación de medios electrónicos y telemáticos para obtener la calificación e inscripción. Además, se reducen las obligaciones administrativas de las sociedades laborales suprimiendo la exigencia de comunicar periódicamente al registro administrativo las transmisiones de acciones o participaciones, limitándola a los casos en los que se alteren los límites exigidos para obtener la calificación de laboral.

El artículo 5 mantiene la dualidad de las clases de acciones y participaciones hasta ahora existentes: laboral y general, en función de que su propietario sea o no socio trabajador y, con el fin de facilitar la gestión y transmisión de las mismas, se exige que sean de igual valor nominal y que confieran los mismos derechos, lo que permite evitar posibles divergencias entre la propiedad del capital y el control efectivo de la sociedad.

El artículo 6 determina un nuevo sistema más ágil en caso de transmisión voluntaria de acciones y participaciones tanto de la clase general como de la laboral, simplificando el complejo sistema de adquisición preferente regulado anteriormente, lo que comporta una reducción de plazos y del colectivo con derechos de preferencia ya que se suprime el derecho que ostentaban los trabajadores de duración determinada.

El artículo 7 regula la valoración de las acciones y participaciones, a los efectos de transmisión y amortización, permitiendo que la valoración de las mismas pueda referirse a un sistema previsto estatutariamente, aunque no tendrá efectos retroactivos.

El artículo 9 regula la transmisión de acciones y participaciones en los supuestos de extinción de la relación laboral, ampliando los casos en los que pueden establecerse normas especiales e incorpora como novedad que en los supuestos de embargo de acciones o participaciones de la sociedad o de ejecución en prenda sobre las mismas, las notificaciones previstas en el artículo 109 del texto refundido de la Ley de Sociedades de Capital, aprobado por el Real Decreto Legislativo 1/2010, de 2 de julio, se hagan también a los trabajadores no socios con contrato por tiempo indefinido.

El artículo 12 regula de forma novedosa la adquisición por la sociedad de sus propias acciones y participaciones, dirigida a facilitar su transmisión en el plazo máximo de tres años a los trabajadores con contrato por tiempo indefinido. Además la ley incorpora por primera vez la posibilidad de que la sociedad facilite asistencia financiera a los trabajadores para la adquisición de capital social.

El artículo 13 regula el órgano de administración, y el artículo 14, referente a la reserva especial, amplía los fines a los que se puede destinar ya que además de compensar pérdidas, podrá aplicarse a la adquisición de autocartera por parte de la sociedad con el objeto de facilitar su posterior enajenación por los trabajadores, todo ello en línea con uno de los objetivos principales de la ley que es la articulación de mecanismos para procurar el acceso de los trabajadores a la condición de socios.

Además, la obligación de dotación de dicha reserva se limita hasta que alcance una cuantía de al menos una cifra superior al doble del capital social.

El artículo 15 regula la pérdida de la calificación de la sociedad como laboral, y el artículo 16 establece los supuestos de separación y exclusión de socios no regulados hasta la fecha.

El capítulo II, regula los beneficios fiscales, exigiendo ya como único requisito para gozar de los mismos la calificación de «laboral» de la sociedad.

El capítulo III regula las sociedades participadas por los trabajadores, definiendo por primera vez en nuestro país dicho concepto, considerando como tales no solo a las propias sociedades laborales, sino a cualesquiera otras sociedades en las que los socios trabajadores posean capital social y derechos de voto. Establece además los principios a los que se someten, y el posible reconocimiento que se pueda desarrollar en relación a estas sociedades.

Por último, la ley cuenta con seis disposiciones adicionales, que establecen como novedades la colaboración y armonización entre el registro administrativo estatal, los autonómicos y el mercantil, y las medidas de fomento para la constitución de sociedades laborales y la creación de empleo. La Ley incluye también dos disposiciones transitorias, una derogatoria, que afecta a la totalidad de la Ley 4/1997, de 24 de marzo, de Sociedades Laborales, a la disposición adicional cuadragésima séptima de la Ley 27/2011, de 1 de agosto, sobre actualización, adecuación y modernización del sistema de Seguridad Social, así como a cualquier otra disposición de igual o inferior rango que se oponga a lo previsto en la presente ley, y seis disposiciones finales.

CAPÍTULO I. Régimen societario

Art. 1. *Concepto de «sociedad laboral».*- 1. Las sociedades laborales son aquellas sociedades anónimas o de responsabilidad limitada que se someten a los preceptos establecidos en la presente ley.

2. Podrán obtener la calificación de «Sociedad Laboral» las sociedades anónimas o de responsabilidad limitada que cumplan los siguientes requisitos:

a) Que al menos la mayoría del capital social sea propiedad de trabajadores que presten en ellas servicios retribuidos de forma personal y directa, en virtud de una relación laboral por tiempo indefinido.

b) Que ninguno de los socios sea titular de acciones o participaciones sociales que representen más de la tercera parte del capital social, salvo que:

La sociedad laboral se constituya inicialmente por dos socios trabajadores con contrato por tiempo indefinido, en la que tanto el capital social como los derechos de voto estarán distribuidos al cincuenta por ciento, con la obligación de que en el plazo máximo de 36 meses se ajusten al límite establecido en este apartado.

Se trate de socios que sean entidades públicas, de participación mayoritariamente pública, entidades no lucrativas o de la economía social, en cuyo caso la participación podrá superar dicho límite, sin alcanzar el cincuenta por ciento del capital social.

En los supuestos de transgresión sobrevenida de los límites que se indican en los apartados a) y b) del presente artículo, la sociedad estará obligada a acomodar a la ley la situación de sus socios, en el plazo de dieciocho meses a contar desde el primer incumplimiento.

c) Que el número de horas-año trabajadas por los trabajadores contratados por tiempo indefinido que no sean socios no sea superior al cuarenta y nueve por ciento del cómputo global de horas-año trabajadas en la sociedad laboral por el conjunto de los socios trabajadores. No computará para el cálculo de este límite el trabajo realizado por los trabajadores con discapacidad de cualquier clase en grado igual o superior al treinta y tres por ciento.

Si fueran superados los límites previstos en este apartado, la sociedad deberá alcanzarlos, de nuevo, en el plazo máximo de doce meses. El órgano del que dependa el Registro de Sociedades Laborales podrá conceder hasta dos prórrogas, por un plazo máximo de doce meses cada una, siempre que se acredite en cada solicitud de prórroga que se ha avanzado en el proceso de adaptación a los límites previstos. El plazo de adaptación en los casos de subrogación legal o convencional de trabajadores será de treinta y seis meses, pudiendo solicitarse igualmente las prórrogas previstas en este apartado.

3. La superación de límites y las circunstancias que originen dicha situación, así como su adaptación posterior a la ley, deberán ser comunicadas al Registro de Socieda-

des Laborales, en el plazo de un mes desde que se produzcan, a los efectos previstos en el apartado 2 del artículo 15 de la presente ley.

> De acuerdo con el art. 14 del Real Decreto 15/2020, de 21 de abril, de medidas urgentes complementarias para apoyar la economía y el empleo, el plazo de 36 meses contemplado en el artículo 1.2.b), se prorrogó con carácter de extraordinario en 12 meses más para las sociedades labores constituidas durante el año 2017. Y de acuerdo con el número 1 del artículo 11 de RD-ley 8/2021, de 4 de mayo, por el que se adoptan medidas urgentes en el orden sanitario, social y jurisdiccional, a aplicar tras la finalización de la vigencia del estado de alarma (…), el plazo de 36 meses contemplado en el artículo 1.2.b), se prorrogó con carácter de extraordinario en 24 meses más para las sociedades labores constituidas durante el año 2017, 2018 y 2019.

Art. 2. *Competencia administrativa*.– 1. Corresponde al Ministerio de Empleo y Seguridad Social o, en su caso, a los órganos competentes de las Comunidades Autónomas que hayan recibido los correspondientes traspasos de funciones y servicios en materia de calificación y registro de sociedades laborales, el otorgamiento de la calificación de «Sociedad Laboral», así como el control del cumplimiento de los requisitos establecidos en esta ley y, en su caso, la facultad de resolver sobre la descalificación. La calificación otorgada por una autoridad competente tendrá plena eficacia en todo el territorio nacional, sin necesidad de que la sociedad realice ningún trámite adicional o cumpla nuevos requisitos.

A tal efecto se llevarán a cabo actuaciones de armonización, colaboración e información entre el Registro del Ministerio de Empleo y Seguridad Social, el Registro Mercantil y los Registros de las Comunidades Autónomas. En particular, el Registro del Ministerio de Empleo y Seguridad Social, sin menoscabo de las competencias de las Comunidades Autónomas, integrará en una base de datos común la información que obre en los distintos registros de las Comunidades Autónomas que sea necesaria para el ejercicio de las competencias atribuidas en materia de supervisión y control a las autoridades competentes.

2. La calificación de «Sociedad Laboral» se otorgará previa solicitud de la sociedad, a la que acompañará la documentación que se determine reglamentariamente.

En todo caso, las sociedades de nueva constitución aportarán copia autorizada de la correspondiente escritura, en la que conste expresamente la voluntad de los otorgantes de fundar una sociedad laboral.

Si la sociedad es preexistente, deberá aportar certificación literal del Registro Mercantil sobre los asientos vigentes relativos a la misma, copia autorizada de la escritura de elevación a público de los acuerdos de la Junta General favorables a la calificación de sociedad laboral y a la modificación de los artículos de sus estatutos para adaptarlos a lo previsto en esta ley, así como del Libro registro de acciones nominativas o del Libro registro de socios que refleje la titularidad de las acciones o participaciones.

3. Los trámites necesarios para la calificación e inscripción de una sociedad como sociedad laboral podrán realizarse a través de los medios electrónicos, informáticos y telemáticos que se habiliten al efecto.

4. La calificación prevista en el presente artículo no será de aplicación a lo establecido en el capítulo III de la presente ley.

Art. 3. *Denominación social*.– 1. En la denominación de la sociedad deberá figurar la indicación «Sociedad Anónima Laboral», «Sociedad de Responsabilidad Limitada Laboral», o «Sociedad Limitada Laboral» o sus abreviaturas SAL, SRLL o SLL, según proceda.

2. El adjetivo «laboral» no podrá ser incluido en la denominación por sociedades que no tengan la calificación de «Sociedad Laboral».

3. La denominación de «laboral» se hará constar en toda su documentación, correspondencia, notas de pedido y facturas, así como en todos los anuncios que haya de publicar por disposición legal o estatutaria.

Art. 4. *Registro administrativo de Sociedades Laborales y coordinación con el Registro Mercantil*.– 1. En el Registro de Sociedades Laborales creado a efectos administrativos en el Ministerio de Empleo y Seguridad Social, se harán constar los actos que se determinen en esta ley y en sus normas de desarrollo, todo ello sin perjuicio de las competencias de ejecución que tengan asumidas o asuman las Comunidades Autónomas.

2. La sociedad gozará de personalidad jurídica desde su inscripción en el Registro Mercantil, si bien para la inscripción en dicho Registro de una sociedad con la calificación de laboral deberá aportarse el certificado que acredite que dicha sociedad ha sido calificada por el Ministerio de Empleo y Seguridad Social o por el órgano competente de la respectiva Comunidad Autónoma como tal e inscrita en el registro administrativo a que se refiere el párrafo anterior.

La constancia en el Registro Mercantil del carácter laboral de una sociedad se hará mediante nota marginal en la hoja abierta a la sociedad, en la forma y plazos que se establezcan reglamentariamente, con notificación al registro administrativo.

3. La obtención de la calificación como laboral por una sociedad anónima o de responsabilidad limitada no se considerará transformación social ni estará sometida a las normas aplicables a la transformación de sociedades.

4. El Registro Mercantil no practicará ninguna inscripción de modificación de estatutos de una sociedad laboral que afecte a su denominación, domicilio social, composición del capital social o régimen de transmisión de acciones y participaciones, sin que se aporte por la misma certificado del Registro de Sociedades Laborales del que resulte, o bien la resolución favorable de que dicha modificación no afecta a la calificación de la sociedad como laboral, o bien la anotación registral del cambio de domicilio.

5. Los Registradores Mercantiles remitirán al registro administrativo correspondiente, preferentemente en formato electrónico, nota simple informativa de la práctica de los asientos que afecten a la constitución y extinción de las sociedades laborales, así como a la modificación de los actos relacionados en el apartado anterior.

6. La sociedad laboral que traslade su domicilio deberá comunicarlo a la autoridad competente. Cuando el traslado se produzca al ámbito de actuación de otro registro administrativo, pasará a depender de éste, sin perjuicio de lo dispuesto en el artículo 20 y la disposición adicional décima de la Ley 20/2013, de 9 de diciembre, de garantía de la unidad de mercado. En cualquier caso, en el supuesto de expedientes de descalificación que se encuentren incoados al momento del traslado, el registro de origen mantendrá la competencia hasta su resolución.

7. El juez que conozca de la impugnación de algún acuerdo social que afecte a la denominación, composición del capital o al cambio de domicilio, pondrá en conocimiento del registro administrativo del que dependa la sociedad la existencia de la demanda y las causas de impugnación, así como la sentencia que dicte sobre la demanda.

Véase Disp. Final 4.ª.

Art. 5. *Capital social. Clases de acciones y participaciones*.– 1. El capital social estará dividido en acciones nominativas o en participaciones sociales. Las acciones y participaciones, sean de la clase que sean, tendrán el mismo valor nominal y conferirán los mismos derechos económicos, sin que sea válida la creación de acciones o participaciones privadas del derecho de voto.

2. Las acciones y participaciones de las sociedades laborales se dividirán en dos clases: las que sean propiedad de los trabajadores cuya relación laboral lo sea por tiempo indefinido y las restantes. La primera clase se denominará «clase laboral» y la segunda «clase general». La sociedad laboral podrá ser titular de acciones y participaciones de ambas clases.

3. En los supuestos de transmisión de acciones o participaciones que supongan un cambio de clase por razón de su propietario, los administradores sin necesidad de acuerdo de la Junta General procederán a formalizar la modificación del artículo o artículos de los estatutos a los que ello afecte, otorgando la pertinente escritura pública que se inscribirá en el Registro Mercantil, una vez inscrita en el Registro de Sociedades Laborales.

4. La memoria anual de las sociedades laborales recogerá las variaciones de capital social que haya experimentado dicha sociedad durante el ejercicio económico de referencia.

Art. 6. *Derecho de adquisición preferente en caso de transmisión voluntaria «inter vivos» de acciones o participaciones*.– 1. Las acciones y participaciones, salvo previsión estatutaria en contra, podrán transmitirse libremente a los socios trabajadores y trabajadores no socios con contrato por tiempo indefinido.

En este caso, el transmitente deberá comunicar a los administradores de la sociedad por escrito y de modo que asegure su recepción, el número y características de las acciones o participaciones que se proponga transmitir y la identidad del adquirente.

2. En los demás supuestos, el propietario de acciones o participaciones comunicará a la sociedad el número, características y términos económicos de las acciones o participaciones que se proponga transmitir para que ésta traslade la propuesta en el plazo máximo de diez días simultáneamente a todos los posibles interesados (trabajadores indefinidos, socios trabajadores y socios generales), que deberán manifestar su voluntad de adquisición en un plazo máximo de 20 días contados desde que les fue notificada la transmisión proyectada.

Recibidas las ofertas de compra, los administradores dispondrán de 10 días para comunicar al vendedor la identidad del o de los adquirentes, priorizándose los interesados, en caso de concurrencia, de acuerdo al siguiente orden de preferencia:

1.º Trabajadores indefinidos no socios, en relación directa a su antigüedad en la empresa.

2.º Socios trabajadores, en relación inversa al número de acciones o participaciones que posean.

3.º Socios de la clase general, a prorrata de su participación en el capital social.

4.º Sociedad.

El orden de preferencia a favor de los grupos enumerados se seguirá sin perjuicio de lo establecido en el apartado tres de este artículo.

Si no se presentasen ofertas de compra en el plazo previsto, el propietario de acciones o participaciones podrá transmitirlas libremente.

Si el socio no procediera a la transmisión de las mismas en el plazo de dos meses, deberá iniciar de nuevo los trámites regulados en el presente artículo.

3. Toda transmisión de acciones o participaciones, cualquiera que sea su clase y circunstancias, quedará sometida al consentimiento de la sociedad si con la misma se pueden superar los límites previstos en el artículo 1 de esta ley.

El consentimiento se expresará mediante acuerdo del órgano de administración en el plazo de un mes y sólo podrá denegarse si se propone, por parte de dicho órgano, la identidad de una o varias personas que adquieran las acciones o participaciones que sobrepasen los límites previstos en el artículo 1.

4. La transmisión de acciones o participaciones que no se ajusten a lo previsto en la ley, o en su caso, a lo establecido en los estatutos, no producirán efecto alguno frente a la sociedad.

Art. 7. *Valoración de las acciones y participaciones a los efectos de transmisión o amortización*.- El precio de las acciones o participaciones, la forma de pago y demás condiciones de la operación serán los convenidos y comunicados al órgano de administración por el socio transmitente.

Si la transmisión proyectada fuera a título oneroso distinto de la compraventa o a título gratuito, el precio de adquisición será el fijado de común acuerdo por las partes o, en su defecto, el valor razonable de las mismas el día en que hubiese comunicado al órgano de administración de la sociedad el propósito de transmitir. Se entenderá por valor razonable el que determine un experto independiente, distinto al auditor de la sociedad, designado a este efecto por los administradores.

Los gastos del experto independiente serán de cuenta de la sociedad. El valor razonable que se fije será válido para todas las enajenaciones que tengan lugar dentro de cada ejercicio anual. Si en las enajenaciones siguientes, durante el mismo ejercicio anual, el transmitente o adquirente no aceptasen tal valor razonable se podrá practicar nueva valoración a su costa.

No obstante lo anterior, los socios de la sociedad laboral podrán acordar en los estatutos sociales los criterios y sistemas de determinación previa del valor de las acciones o participaciones para los supuestos de su transmisión o amortización, en cuyo caso prevalecerá este valor. Si se incorpora esta posibilidad una vez constituida la sociedad, no será de aplicación a los socios que no votaron a favor del acuerdo de modificación de los estatutos.

Art. 8. *Nulidad de cláusulas estatutarias*.- 1. Solo serán válidas las cláusulas que prohíban la transmisión voluntaria de las acciones o participaciones sociales por actos «ínter vivos» si los estatutos reconocen al socio el derecho a separarse de la sociedad en cualquier momento. La incorporación de estas cláusulas a los estatutos sociales exigirá el consentimiento de todos los socios.

2. No obstante lo establecido en el apartado anterior, los estatutos podrán impedir la transmisión voluntaria de las acciones o participaciones por actos «ínter vivos», o el ejercicio del derecho de separación, durante un período de tiempo no superior a cinco años a contar desde la constitución de la sociedad, o para las acciones o participaciones procedentes de una ampliación de capital, desde el otorgamiento de la escritura pública de su ejecución.

Art. 9. *Transmisión de acciones y participaciones en los supuestos de extinción de la relación laboral*.- 1. En caso de extinción de la relación laboral del socio trabajador, éste habrá de ofrecer la adquisición de sus acciones o participaciones en el plazo de un mes desde la firmeza de la extinción de la relación laboral, conforme a lo dispuesto en el artículo 6, y si nadie ejercita su derecho de adquisición, conservará la cualidad de socio, si bien las acciones o participaciones que no haya transmitido pasarán a ser de la clase general conforme al artículo 5.

Existiendo compradores de tales acciones o participaciones sociales, si el socio que, extinguida su relación laboral y requerido notarialmente para ello, no procede, en el plazo de un mes, a formalizar la venta, ésta podrá ser otorgada por el órgano de administración por el valor razonable o, en su caso, el establecido conforme a los criterios de valoración previstos estatutariamente, que se consignará a disposición de aquél, bien judicialmente o bien en la Caja General de Depósitos o en el Banco de España.

2. Los estatutos sociales podrán establecer normas especiales para los casos de jubilación e incapacidad permanente del socio trabajador, para los supuestos de socios trabajadores en excedencia, así como para los socios trabajadores que por subrogación legal o convencional dejen de ser trabajadores de la sociedad.

3. En el caso de embargo de las acciones y participaciones de la sociedad o de ejecución de la prenda constituida sobre las mismas, se estará a lo previsto en el artículo 109 del texto refundido de la Ley de Sociedades de Capital, aprobado por el Real Decreto Legislativo 1/2010, de 2 de julio, con la particularidad de que las notificaciones se hagan también a los trabajadores no socios con contrato indefinido, y que el derecho de subrogación previsto se ejercite en el orden previsto en el artículo 6.

Art. 10. *Transmisión «mortis causa» de acciones o participaciones.*– 1. La adquisición de alguna acción o participación social por sucesión hereditaria confiere al adquirente, ya sea heredero o legatario del fallecido, la condición de socio.

2. No obstante lo dispuesto en el apartado anterior, los estatutos sociales, en caso de muerte del socio trabajador, podrán reconocer un derecho de adquisición sobre las acciones o participaciones de clase laboral, por el procedimiento previsto en el artículo 6.2, el cual se ejercitará por el valor razonable o, en su caso, el establecido conforme a los criterios de valoración previstos estatutariamente, que tales acciones o participaciones tuvieren el día del fallecimiento del socio, y que, salvo previsión estatutaria en contra, se pagará al contado, habiendo de ejercitarse este derecho de adquisición en el plazo máximo de tres meses, a contar desde la comunicación a la sociedad de la adquisición hereditaria.

3. No podrá ejercitarse el derecho estatutario de adquisición preferente si el heredero o legatario fuera trabajador de la sociedad con contrato de trabajo por tiempo indefinido.

4. Las transmisiones de acciones o participaciones, cualquiera que sea su clase, quedarán sometidas al consentimiento de la sociedad si con las mismas se pudieran superar los límites previstos en el artículo 1 de esta ley.

Art. 11. *Derecho de suscripción preferente*.– 1. En toda ampliación de capital con emisión de nuevas acciones o con creación de nuevas participaciones sociales, deberá respetarse la proporción existente entre las pertenecientes a las dos clases con que puede contar la sociedad, excepto cuando el aumento de capital tenga como objeto la acomodación del capital a los límites a que se refiere el artículo 1, 2.a) y b) de esta ley. En estos casos, el aumento de capital podrá adoptarse por acuerdo de la Junta General con la mayoría ordinaria establecida para las sociedades de responsabilidad limitada en el artículo 198 del texto refundido de la Ley de Sociedades de Capital, aprobado por el Real Decreto Legislativo 1/2010, de 2 de julio, y con el quórum de constitución y las mayorías establecidas para las sociedades anónimas en los artículos 193 y 201 de dicha ley.

2. Los titulares de acciones o de participaciones pertenecientes a cada una de las clases, tienen derechos de preferencia para suscribir o asumir las nuevas acciones o participaciones sociales pertenecientes a la clase respectiva.

3. Salvo acuerdo de la Junta General que adopte el aumento del capital social, las acciones o participaciones no suscritas o asumidas por los socios de la clase respectiva se ofrecerán a los trabajadores con contrato por tiempo indefinido, en la forma prevista en el artículo 6.

4. La exclusión del derecho de preferencia se regirá por la normativa vigente que resulte aplicable al tipo de sociedad, pero cuando la exclusión afecte a las acciones o participaciones de la clase laboral, la prima será fijada libremente por la Junta General, siempre que la misma apruebe un Plan de adquisición de acciones o participaciones por los trabajadores de la sociedad con contrato por tiempo indefinido, y que las nuevas acciones o participaciones se destinen al cumplimiento del Plan e imponga la prohibición de enajenación en un plazo de cinco años.

Art. 12. *Adquisición por la sociedad laboral de sus propias acciones y participaciones sociales*.– 1. La adquisición por la sociedad laboral de sus propias acciones y participaciones sociales en los supuestos contemplados en la presente ley, deberá efectuarse con cargo a beneficios, a la reserva especial o a otras reservas disponibles.

2. Las acciones y participaciones propias adquiridas por la sociedad deberán ser enajenadas a favor de los trabajadores de la sociedad con contrato de trabajo por tiempo indefinido en el plazo máximo de tres años a contar desde la fecha de su adquisición, conforme al procedimiento y valoración previsto en los artículos 6 y 7.

3. Transcurrido dicho plazo, las acciones o participaciones no enajenadas deberán ser amortizadas mediante reducción del capital social, salvo que en su conjunto las acciones o participaciones propias no excedan del veinte por ciento del capital social.

4. Las sociedades laborales podrán anticipar fondos, conceder créditos o préstamos, prestar garantías o facilitar asistencia financiera para la adquisición de sus propias

acciones o participaciones por los trabajadores de la sociedad con contrato por tiempo indefinido que no sean socios.

5. El régimen aplicable a las acciones y participaciones propias será el previsto en la Ley de Sociedades de Capital, aprobada por el Real Decreto Legislativo 1/2010, de 2 de julio, y no computarán a los efectos de determinar si se cumple el requisito del artículo 1.2.a) de la presente ley.

Art. 13. *Órgano de administración*.– 1. Es competencia de los administradores la gestión y la representación de la sociedad. En el caso de que los administradores deleguen la dirección y gestión de la sociedad, o confieran apoderamientos con esta finalidad, deberán adoptar medidas para delimitar claramente sus competencias y evitar interferencias y disfunciones.

2. Si la sociedad laboral estuviera administrada por un Consejo de Administración, los titulares de acciones o participaciones de la clase general podrán agrupar sus acciones o participaciones sociales para nombrar a sus miembros conforme al sistema de representación proporcional previsto en el artículo 243 del texto refundido de la Ley de Sociedades de Capital, aprobado por el Real Decreto Legislativo 1/2010, de 2 de julio.

3. La actuación de los administradores debe ser diligente, leal, responsable, transparente y adecuada a las peculiaridades de la sociedad laboral como modelo de sociedad específico. Deberán favorecer la generación de empleo estable y de calidad, la integración como socios de los trabajadores, la igualdad de oportunidades entre hombres y mujeres, y la conciliación de la vida personal, familiar y laboral.

4. Asimismo, adoptarán políticas o estrategias de responsabilidad social, fomentando las prácticas de buen gobierno, el comportamiento ético y la transparencia.

Art. 14. *Reserva especial*.– 1. Además de las reservas legales o estatutarias que procedan, las sociedades laborales están obligadas a constituir una reserva especial que se dotará con el diez por ciento del beneficio líquido de cada ejercicio, hasta que alcance al menos una cifra superior al doble del capital social.

2. La reserva especial solo podrá destinarse por la sociedad laboral a la compensación de pérdidas en el caso de que no existan otras reservas disponibles suficientes para este fin, y/o a la adquisición de sus propias acciones o participaciones sociales, que deberán ser enajenadas a favor de los trabajadores de la sociedad con contrato por tiempo indefinido, de acuerdo con lo dispuesto en el artículo 12.

Art. 15. *Pérdida de la calificación*.– 1. Serán causas legales de pérdida de la calificación como «Sociedad Laboral» las siguientes:

1.ª La superación de los límites establecidos en el artículo 1, sin perjuicio de las excepciones previstas en el mismo.

2.ª La falta de dotación, la dotación insuficiente o la aplicación indebida de la reserva especial.

2. Verificada la existencia de causa legal de pérdida de la calificación, cuando no se haya comunicado conforme al apartado 3 del artículo 1, o en el caso de comunicación cuando hayan transcurrido los plazos de adaptación previstos en dicho artículo, el Ministerio de Empleo y Seguridad Social o el órgano competente de la Comunidad Autónoma correspondiente, tras la instrucción del oportuno expediente, descalificará a la sociedad como «Sociedad Laboral», ordenando su baja en el Registro de Sociedades Laborales. Efectuado el correspondiente asiento, se remitirá certificación de la resolución y de la baja al Registro Mercantil para la práctica de nota marginal en la hoja abierta a la sociedad.

3. El procedimiento se ajustará a lo que se disponga en la normativa a que se hace referencia en la disposición final cuarta de esta ley.

4. La sociedad también perderá la calificación de laboral por acuerdo de la Junta General, adoptado con los requisitos y las mayorías establecidas para la modificación de los estatutos.

5. La descalificación como laboral conllevará la pérdida y el reintegro de los beneficios y ayudas públicas, adquiridos como consecuencia de su condición de sociedad laboral desde el momento en el que la sociedad incurra en la causa de descalificación.

6. Los Estatutos sociales podrán establecer como causa de disolución la pérdida de la condición de «Sociedad Laboral» de la sociedad.

Art. 16. *Separación y exclusión de socios.*– 1. La pérdida de la calificación de la sociedad como laboral podrá ser causa legal de separación por parte del socio. Si la descalificación fuera consecuencia de un acuerdo adoptado en Junta General, el derecho de separación corresponderá a los socios que no votaron a favor del acuerdo.

2. El derecho de separación en caso de falta de distribución de dividendos previsto en el artículo 348 bis del texto refundido de la Ley de Sociedades de Capital, aprobado por el Real Decreto Legislativo 1/2010, de 2 de julio, no será de aplicación a los socios trabajadores de la sociedad laboral.

3. La sociedad laboral podrá excluir al socio que incumpla las obligaciones previstas en esta ley en materia de transmisión de acciones y participaciones, o realice actividades perjudiciales para los intereses de la sociedad y por las que hubiera sido condenado por sentencia firme a indemnizar a la sociedad los daños y perjuicios causados. Las acciones o participaciones de los socios separados o excluidos deberán ser ofrecidas a los trabajadores de la sociedad con contrato de trabajo por tiempo indefinido, conforme a lo previsto en el artículo 6 de esta ley. Las acciones o participaciones no adquiridas deberán ser amortizadas mediante reducción del capital social.

4. En el plazo máximo de cuatro meses a partir de la recepción del escrito por el que el socio comunica que ejercita su derecho de separación previsto en el apartado 1 de este artículo, del acuerdo de la Junta General por el que se decide la exclusión del socio, o de la notificación de la resolución judicial firme dictada al respecto, el socio separado o excluido tendrá derecho a obtener en el domicilio social el valor de sus acciones o participaciones, trasmitidas o amortizadas.

CAPÍTULO II. Beneficios fiscales

Art. 17. *Beneficios fiscales*.– Las sociedades que sean calificadas como laborales gozarán, en el Impuesto sobre Transmisiones Patrimoniales y Actos Jurídicos Documentados, de una bonificación del 99 por 100 de las cuotas que se devenguen por modalidad de transmisiones patrimoniales onerosas, por la adquisición, por cualquier medio admitido en Derecho, de bienes y derechos provenientes de la empresa de la que proceda la mayoría de los socios trabajadores de la sociedad laboral.

CAPÍTULO III. Sociedades participadas por los trabajadores

Véase Disp. Final 5.ª de la presente Ley.

Art. 18. *Fundamento y principios*.– 1. Los poderes públicos promoverán la constitución y desarrollo de las sociedades participadas por los trabajadores.

2. La participación de los trabajadores en los resultados y en la toma de decisiones de las sociedades contribuye al aumento de la autonomía del trabajador en su lugar de trabajo, y fomenta la colaboración en la estrategia futura de la empresa.

3. Las sociedades participadas por los trabajadores se someten a los siguientes principios:

a) Promoción del acceso de los trabajadores al capital social y/o a los resultados de la empresa.

b) Fomento de la participación de los trabajadores en la toma de decisiones de la sociedad.

c) Promoción de la solidaridad interna y con la sociedad que favorezca el compromiso con el desarrollo local, la igualdad de oportunidades entre hombres y mujeres, la cohesión social, la inserción de personas en riesgo de exclusión social, la generación de empleo estable y de calidad, la conciliación de la vida personal, familiar y laboral y la sostenibilidad.

Art. 19. *Concepto de Sociedad Participada por los Trabajadores*.– 1. Tendrán la consideración de sociedades participadas por los trabajadores las sociedades anónimas o de responsabilidad limitada que no alcancen los requisitos establecidos en el capítulo I, pero promuevan el acceso a la condición de socios de los trabajadores, así como las distintas formas de participación de los mismos, en particular a través de la representación legal de los trabajadores, y cumplan alguno de los siguientes requisitos:

a) Que cuenten con trabajadores que posean participación en el capital y/o en los resultados de la sociedad.

b) Que cuenten con trabajadores que posean participación en los derechos de voto y/o en la toma de decisiones de la sociedad.

c) Que adopten una estrategia que fomente la incorporación de trabajadores a la condición de socios.

d) Que promuevan los principios recogidos en el artículo anterior.

2. Su actuación deberá ser diligente, leal, responsable y transparente, y deberán favorecer la generación de empleo estable y de calidad, la integración como socios de los trabajadores, la igualdad de oportunidades entre hombres y mujeres, y la conciliación de la vida personal, familiar y laboral.

3. Asimismo, adoptarán políticas o estrategias de responsabilidad social, fomentando las prácticas de buen gobierno, el comportamiento ético y la transparencia.

Art. 20. *Reconocimiento*.- 1. Podrán ser reconocidas como sociedades participadas por los trabajadores, aquellas que cumplan con lo establecido en el presente capítulo, de acuerdo al procedimiento que se establezca reglamentariamente por el Ministerio de Empleo y Seguridad Social.

2. Las administraciones públicas podrán adoptar, en el ámbito de sus competencias, medidas que, de forma armonizada y coordinada, promuevan e impulsen la participación de los trabajadores en las empresas.

DISPOSICIONES ADICIONALES

Primera. *Colaboración y armonización entre Registros*.- Las Comunidades Autónomas con competencia transferida para la gestión del Registro Administrativo de Sociedades Anónimas Laborales continuarán ejerciéndola respecto del Registro de Sociedades Laborales a que se refiere el artículo 4 de esta ley.

Se llevarán a cabo actuaciones de armonización, colaboración e información entre el Registro del Ministerio de Empleo y Seguridad Social, el Registro Mercantil y los Registros de las Comunidades Autónomas.

Segunda. *Derecho de asociación*.- A efectos de ostentar la representación ante las administraciones públicas y en defensa de sus intereses, así como para organizar servicios de asesoramiento, formación, asistencia jurídica o técnica y cuantos sean convenientes a los intereses de sus socios, las sociedades laborales, sean anónimas o de responsabilidad limitada, podrán organizarse en asociaciones o agrupaciones específicas, de conformidad con la Ley 19/1977, de 1 de abril, reguladora del derecho de asociación sindical.

Tercera. *Efectos de la modificación de la calificación de las sociedades.*– A efectos de la legislación de arrendamientos, no existe transmisión cuando una sociedad anónima o limitada alcance la calificación de laboral o sea descalificada como tal.

Cuarta. *Medidas de fomento para la constitución de sociedades laborales y la creación de empleo.*– 1. Serán de aplicación a los socios trabajadores de las sociedades laborales todos los beneficios que, en el ámbito de empleo y de la seguridad social, y en desarrollo de la Ley 5/2011, de 29 de marzo, de Economía Social, tengan por objeto impulsar la realización de actuaciones de promoción, difusión y formación de la economía social.

2. Lo dispuesto en el capítulo II de la presente ley, en materia de beneficios fiscales, se entiende sin perjuicio de los regímenes tributarios forales vigentes en los Territorios Históricos del País Vasco y en la Comunidad Foral de Navarra.

Quinta. *Ausencia de gasto público.*– Las medidas contenidas en la presente ley no supondrán incremento en el gasto público.

Sexta. *Régimen fiscal vasco.*– Los beneficios fiscales previstos en la presente ley, en el ámbito de los Territorios Históricos del País Vasco se regirán por la Ley 12/2002, de 23 de mayo, por la que se aprueba el Concierto Económico con la Comunidad Autónoma del País Vasco.

DISPOSICIONES TRANSITORIAS

Primera. *Procedimientos iniciados con anterioridad a la entrada en vigor de esta ley.*– Los expedientes relativos a las Sociedades Laborales que se encuentren tramitándose a la entrada en vigor de esta ley se resolverán por las normas vigentes en la fecha de su iniciación.

Segunda. *Adaptación de Estatutos.*– Las sociedades laborales deberán adaptar sus estatutos a las previsiones de la presente ley en el plazo máximo de dos años desde su entrada en vigor. Transcurrido el plazo, no se inscribirá en el Registro Mercantil documento alguno de la sociedad laboral hasta que no se haya inscrito la adaptación de los estatutos sociales. Se exceptúan de la prohibición de inscripción el acuerdo de adaptación a la presente ley, los títulos relativos al cese o dimisión de administradores, gerentes, directores generales y liquidadores, y la revocación o renuncia de poderes, así como a la transformación de la sociedad o a su disolución, nombramiento de liquidadores, liquidación y extinción de la sociedad, y los asientos ordenados por la autoridad judicial o administrativa.

El contenido de la escritura pública y estatutos de las sociedades laborales calificadas e inscritas al amparo de la normativa que ahora se deroga no podrá ser aplicado en oposición a lo dispuesto en esta ley.

DISPOSICIÓN DEROGATORIA

Única. *Derogación normativa.-* Quedan derogadas cuantas disposiciones de igual o inferior rango se opongan a lo previsto en esta ley y, de forma expresa:

a) La Ley 4/1997, de 24 de marzo, de Sociedades Laborales.

b) La disposición adicional cuadragésima séptima de la Ley 27/2011, de 1 de agosto, sobre actualización, adecuación y modernización del sistema de Seguridad Social.

DISPOSICIONES FINALES

Primera. *Modificación del texto refundido de la Ley General de la Seguridad Social, aprobado por el Real Decreto Legislativo 1/1994, de 20 de junio.-* (...)

[Se modifica la letra m) del apartado 2 del art. 97, la anterior letra m del dicho apartado 2 pasa a constituir la letra n) con idéntica redacción, y se añade una nueva Disp. Ad. 27.º]

El texto refundido de la Ley General de la Seguridad Social, aprobado por el Real Decreto Legislativo 1/1994, de 20 de junio, fue derogado por el apartado 1 de la Disp. Derogatoria única del Real Decreto Legislativo 8/2015, de 30 de octubre, por el que se aprueba el texto refundido de la Ley General de la Seguridad Social, cuyos arts. 136, letras b) c), d) y e) del apartado 2, y art. 305, apartado 2. b) y e), establecen: «Artículo 136. Extensión.- 2. A los efectos de esta ley se declaran expresamente comprendidos en el apartado anterior [esto es, "Estarán obligatoriamente incluidos en el campo de aplicación del Régimen General de la Seguridad Social"] :

b) Los trabajadores por cuenta ajena y los socios trabajadores de las sociedades de capital, aun cuando sean miembros de su órgano de administración, si el desempeño de este cargo no conlleva la realización de las funciones de dirección y gerencia de la sociedad, ni posean su control en los términos previstos por el artículo 305.2.b).

c) Como asimilados a trabajadores por cuenta ajena, los consejeros y administradores de las sociedades de capital, siempre que no posean su control en los términos previstos por el artículo 305.2.b), cuando el desempeño de su cargo conlleve la realización de las funciones de dirección y gerencia de la sociedad, siendo retribuidos por ello o por su condición de trabajadores por cuenta de la misma.

Estos consejeros y administradores quedarán excluidos de la protección por desempleo y del Fondo de Garantía Salarial.

d) Los socios trabajadores de las sociedades laborales, cuya participación en el capital social se ajuste a lo establecido en el artículo 1.2.b) de la Ley 44/2015, de 14 de octubre, de Sociedades Laborales y Participadas, y aun cuando sean miembros de su órgano de administración, si el desempeño de este cargo no conlleva la realización de las funciones de dirección y gerencia de la sociedad, ni posean su control en los términos previstos por el artículo 305.2.e).

e) Como asimilados a trabajadores por cuenta ajena, los socios trabajadores de las sociedades laborales que, por su condición de administradores de las mismas, realicen funciones de dirección y gerencia de la sociedad, siendo retribuidos por ello o por su vinculación simultánea a la sociedad laboral mediante una relación laboral de carácter especial de alta dirección, y no posean su control en los términos previstos por el artículo 305.2.e).

Estos socios trabajadores quedarán excluidos de la protección por desempleo y del Fondo de Garantía Salarial, salvo cuando el número de socios de la sociedad laboral no supere los veinticinco.»

«Artículo 305. Extensión. 2. A los efectos de esta ley se declaran expresamente comprendidos en este régimen especial [de la Seguridad Social de los Trabajadores por Cuenta Propia o Autónomos]:

b) Quienes ejerzan las funciones de dirección y gerencia que conlleva el desempeño del cargo de consejero o administrador, o presten otros servicios para una sociedad de capital, a título lucrativo y de forma habitual, personal y directa, siempre que posean el control efectivo, directo o indirecto, de aquella. Se entenderá, en todo caso, que se produce tal circunstancia, cuando las acciones o participaciones del trabajador supongan, al menos, la mitad del capital social.

Se presumirá, salvo prueba en contrario, que el trabajador posee el control efectivo de la sociedad cuando concurra alguna de las siguientes circunstancias:

1.º Que, al menos, la mitad del capital de la sociedad para la que preste sus servicios esté distribuido entre socios con los que conviva y a quienes se encuentre unido por vínculo conyugal o de parentesco por consanguinidad, afinidad o adopción, hasta el segundo grado.

2.º Que su participación en el capital social sea igual o superior a la tercera parte del mismo.

3.º Que su participación en el capital social sea igual o superior a la cuarta parte del mismo, si tiene atribuidas funciones de dirección y gerencia de la sociedad.

En los supuestos en que no concurran las circunstancias anteriores, la Administración podrá demostrar, por cualquier medio de prueba, que el trabajador dispone del control efectivo de la sociedad.

e) Los socios trabajadores de las sociedades laborales cuando su participación en el capital social junto con la de su cónyuge y parientes por consanguinidad, afinidad o adopción hasta el segundo grado con los que convivan alcance, al menos, el 50 por ciento, salvo que acrediten que el ejercicio del control efectivo de la sociedad requiere el concurso de personas ajenas a las relaciones familiares».

Véanse letras c), d) y e) del art. 136 y letra e) del apartado 2 del art. 305 y Disp. Adic. 41.ª del vigente texto refundido de la Ley General de la Seguridad Social.

Segunda. *Título competencial.*– Esta ley se dicta al amparo del artículo 149.1 de la Constitución Española, apartados 6.ª y 7.ª, que atribuyen al Estado, respectivamente, las competencias exclusivas sobre legislación mercantil y laboral, sin perjuicio de su ejecución por los órganos de las Comunidades Autónomas, así como al amparo del apartado 17.ª, que atribuye la competencia exclusiva al Estado en materia de régimen económico de la Seguridad Social, en lo que respecta a la disposición final primera.

Tercera. *Derecho supletorio*.- En lo no previsto en esta ley, serán de aplicación a las sociedades laborales las normas correspondientes a las sociedades anónimas o de responsabilidad limitada, según la forma que ostenten.

Cuarta. *Regulación del Registro Administrativo de Sociedades Laborales*.- El Gobierno, en el plazo máximo de un año a partir de la publicación de esta ley, a propuesta de los Ministros de Justicia y de Empleo y Seguridad Social, previa consulta a las Comunidades Autónomas procederá a la aprobación de un nuevo Real Decreto que regule el Registro Administrativo de Sociedades Laborales, y que tendrá por objeto modernizar el funcionamiento de dicho registro, mediante la implantación de los procedimientos telemáticos que puedan establecerse. Dicho Real Decreto contemplará los correspondientes mecanismos de cooperación para hacer efectiva la integración en una base de datos común permanentemente actualizada del Registro de Empleo y Seguridad Social de la información obrante en los Registros de las Comunidades Autónomas que resulte necesaria para ejercer las funciones de supervisión.

> A la fecha de cierre de estos textos legales no se ha dado cumplimiento a esta Disposición. Actualmente el Registro Administrativo de Sociedades Laborales se encuentra regulado en el Real Decreto 2114/1998, de 2 de octubre.

Quinta. *Habilitación para el desarrollo reglamentario*.- El Gobierno, a propuesta de los titulares de los departamentos ministeriales afectados, en el ámbito de sus respectivas competencias, podrá dictar las disposiciones necesarias para el desarrollo de la presente ley y, en concreto, en lo referente al régimen aplicable a las sociedades participadas por los trabajadores, al amparo de lo previsto en el capítulo III de la presente ley.

Sexta. *Entrada en vigor*.- La presente ley entrará en vigor a los treinta días de su publicación en el «Boletín Oficial del Estado».

§9. LEY 28/2022, DE 21 DE DICIEMBRE, DE FOMENTO DEL ECOSISTEMA DE LAS EMPRESAS EMERGENTES
(BOE núm. 306, de 22 de diciembre)

PREÁMBULO

I. En los últimos años, el emprendimiento basado en la innovación va ganando espacio, empujado por el éxito de las empresas digitales que nacieron de pequeños proyectos innovadores, del acceso a un caudal inmenso de conocimientos y datos en internet sobre los que pueden desarrollarse nuevos productos y servicios y por el avance en los conocimientos científicos y técnicos que hacen posible transformar los resultados de la investigación en empresas viables. Esta nueva economía basada en el conocimiento supone una palanca importante de crecimiento y prosperidad, al basarse en actividades de alto valor añadido, tener un alto potencial de crecimiento gracias a la escala que proporcionan los medios digitales, promover la investigación, el desarrollo y la innovación y desarrollar nuevos productos y servicios que facilitan o mejoran procesos sociales, económicos, medioambientales o culturales.

También existen retos tecnológicos para garantizar un acceso equitativo a las herramientas digitales que usan intensamente las empresas emergentes de base tecnológica.

En una economía cada vez más globalizada e interdependiente y con un peso creciente de las empresas de base tecnológica y del trabajo a distancia con medios digitales, cobra cada vez más importancia la atracción de talento e inversión mediante la creación de ecosistemas favorables al establecimiento de emprendedores o trabajadores a distancia, conocidos como «nómadas digitales», a la creación y crecimiento *(scale up)* de empresas innovadoras, basadas en el conocimiento, de base digital y rápido crecimiento, conocidas como empresas emergentes o *startups* y a la atracción de inversores especializados en la creación y crecimiento de estas empresas, también conocidos como «*business angels*».

En España se ha desarrollado un incipiente ecosistema de empresas emergentes en torno a algunos polos de atracción de talento, capital y emprendedores, que despuntan en el panorama europeo. Más allá de los centros urbanos, es fundamental fomentar el desarrollo de polos de atracción de empresas emergentes en ciudades periféricas, así como en entornos rurales, favoreciendo la interrelación de estas empresas y de los territorios para así aumentar su oportunidad de éxito. Incrementando los índices de innovación en el conjunto del territorio, más allá de las concentraciones urbanas, se podrá configurar una red de oportunidades para todos los ciudadanos independientemente del lugar en el que residan, favoreciendo la desconcentración de población y actividades y promoviendo la igualdad de derechos y oportunidades en todo el territorio.

Con el fin de reforzar este ecosistema incipiente y de impulsar este tipo de empresas como uno de los motores de la recuperación y la modernización de la economía española, el Plan de Recuperación, Transformación y Resiliencia incluye la Estrategia España Nación Emprendedora, que recoge, entre otras medidas: el apoyo al emprendimiento, con una atención especial al talento femenino, el desarrollo de instrumentos financieros para impulsar la inversión inicial y de crecimiento en startups en tecnologías disruptivas, la Oficina Nacional de Emprendimiento (ONE) como ventanilla única de servicios para emprendedores digitales y empresas emergentes, así como diversos proyectos normativos para facilitar la creación de empresas, su crecimiento y restructuración, entre las que cabe destacar la presente ley, que sitúa España a la vanguardia en este terreno, con un conjunto de medidas específicas en el ámbito fiscal, mercantil, civil y laboral alineadas con los programas de los países más avanzados y con los estándares europeos en la materia, en particular el recientemente suscrito estándar europeo nación emprendedora *(EU startup nation standard)*.

Las empresas emergentes presentan características específicas que hacen difícil su encaje en el marco normativo tradicional. En primer lugar, el alto riesgo derivado de su alto contenido innovador, la incertidumbre sobre el éxito de su modelo de negocio, que dificulta la financiación en las fases iniciales, al exigir capital para poder madurar y probar sus ideas antes de que la empresa empiece a generar ingresos; en segundo lugar, el potencial de crecimiento exponencial a través de economías de escala, que exige grandes inversiones de capital para permitir su rápida expansión en caso de éxito; en tercer lugar, su dependencia de la captación y retención de trabajadores altamente cualificados y de alta productividad desde las fases iniciales de la empresa, en las que no existe un flujo de ingresos para remunerarlos mediante instrumentos salariales clásicos y, finalmente, la exposición a una fuerte competencia internacional por captar capital y talento extranjero.

Todas estas características de las empresas emergentes encajan mal con los marcos normativos tradicionales en el ámbito fiscal, mercantil, civil y laboral. Ello justifica un tratamiento diferenciado respecto a empresas con modelos de negocio convencionales. Por esta razón, la competencia por la atracción de inversión y talento en la nueva economía digital ha llevado a distintos programas de fomento de las startups en los países de nuestro entorno, que suelen incorporar tres elementos principales: (i) beneficios fiscales para los emprendedores, trabajadores e inversores, (ii) reducción de trabas administrativas y facilitación de visados y (iii) flexibilidad en la gestión de la empresa y en la aplicación de los principios mercantiles y concursales.

Asimismo, España presenta importantes activos para la atracción de profesionales altamente cualificados que desarrollan su actividad, por cuenta propia o ajena, mediante herramientas electrónicas. Es el primer país en despliegue de fibra óptica dentro de la Unión Europea, lo que proporciona unas buenas condiciones de conectividad, incluso en zonas rurales. Junto a este aspecto determinante para estos trabajadores, cabe señalar otras características más subjetivas como pueden ser la benigna climatología, la forma de vida, la seguridad ciudadana, la cultura o la gastronomía, las excelentes universidades y la existencia de un creciente número de clusters de investigación y desarrollo tecnológico y de industrias creativas, alrededor de los que se desarrolla un ecosistema internacional de profesionales que hacen que nuestro país se posicione entre uno de los destinos más atractivos para los teletrabajadores.

La atracción de este tipo de perfiles tiene efectos positivos en su nuevo lugar de residencia. El más obvio es el económico: se trata de profesionales altamente cualificados cuyos ingresos procedentes del exterior se destinan a vivir en el entorno de su elección. Contribuyen a activar el consumo, con el consiguiente impacto sobre la economía local. Además, a través de sus conexiones, enriquecen el talento local y generan red y oportunidades de valor para otros profesionales. Esto es especialmente valioso en entornos de innovación y ecosistemas emprendedores, como el sector audiovisual, entre otros.

En este contexto, la presente ley incorpora un importante conjunto de medidas que responden al resultado del intenso proceso de consulta pública y a la audiencia pública del anteproyecto de ley. Dichas medidas reducen significativamente los obstáculos detectados a la creación y crecimiento de estas empresas de tipo legislativo, referidos fundamentalmente a las cargas fiscales y sociales, a las exigencias del derecho mercantil y a los trámites burocráticos. Además, la ley promueve la inversión en innovación, impulsa los instrumentos públicos de apoyo al ecosistema de empresas emergentes y refuerza la colaboración público-privada con el fin de impulsar el crecimiento de estas empresas. Finalmente, se favorece el establecimiento en España de los emprendedores y trabajadores de este tipo de empresas, así como de los trabajadores a distancia de todo tipo de sectores y empresas, conocidos como «nómadas digitales».

En este marco, es de particular importancia eliminar las brechas de género existentes en este ámbito, ya que nuestro país no podrá alcanzar la competitividad deseada si no se toman las medidas necesarias para incorporar al ecosistema el talento de las mujeres.

Los preceptos de esta ley son solo especialidades que se completarán con las disposiciones de las muchas normas afectadas que no colisionen o anulen las ventajas establecidas en favor de las empresas destinatarias de esta ley.

Por otro lado, esta ley se ve complementada con las medidas previstas en la Ley 18/2022, de 28 de septiembre, de creación y crecimiento de empresas, así como en la reforma del marco concursal, dirigidas a mejorar la calidad normativa y el clima de negocios, favoreciendo la eficiencia y la productividad a lo largo de todo el ciclo de creación, crecimiento y restructuración empresarial. Asimismo, la presente ley complementa los programas de inversión específicos previstos en el Plan de Recuperación, Transformación y Resiliencia de España, entre los que cabe destacar el recientemente creado Fondo Next Tech, gestionado por el Instituto de Crédito Oficial para la movilización de capital público y privado para el crecimiento de empresas emergentes en tecnologías disruptivas, y el fondo de apoyo al emprendimiento femenino gestionado por la Empresa Nacional de Innovación (ENISA).

II. El título preliminar explicita los objetivos de la ley, así como su ámbito de aplicación, incluyendo una definición específica de las empresas emergentes o startups que podrán acceder a las medidas de apoyo aquí previstas, que incluye a las empresas nacidas en el sistema de ciencia y tecnología, conocidas como empresas de base tecnológica o científica.

En concreto, se establecen unos requisitos específicos que hacen que estas empresas destaquen sobre el resto del tejido empresarial. Estos requisitos son la antigüedad de la empresa (ser de nueva creación o de un máximo de cinco años desde su constitución y de siete años en el caso del sector de biotecnología, energía, industrial u otros según avance el estado de la tecnología), su independencia, tener sede social o establecimiento permanente en España, así como un porcentaje mayoritario de la plantilla con contrato en España, su carácter innovador, no ser cotizada ni haber distribuido dividendos y no alcanzar un volumen de negocio superior a los diez millones de euros.

Con el fin de proporcionar una ventanilla única, la acreditación, ineludible para poder acogerse a los beneficios fiscales y sociales establecidos en esta ley, será eficaz frente a todas las Administraciones y entes que deban reconocerlos. La acreditación formal del emprendimiento innovador correrá a cargo de ENISA, la Empresa Nacional de Innovación, S.M.E., SA, que dispondrá de los recursos necesarios para desplegar un procedimiento sencillo, rápido y gratuito para el emprendedor.

Dado el distinto tratamiento de estas empresas respecto a otras, los beneficios deben acabar cuando la empresa haya conseguido estabilizarse o haya pasado el tiempo que se estima razonable para encontrar un modelo de negocio sostenible. En relación con el emprendimiento en serie, la experiencia demuestra que llevar a cabo varios proyectos consecutivos o simultáneos aumenta las probabilidades de éxito de liderar empresas económicamente rentables. Las estadísticas confirman que más de la mitad de los emprendedores en España han participado directamente en varios proyectos de emprendimiento. Los proyectos de emprendimiento innovador, normalmente con un alto componente tecnológico, tienen un alto índice de fracaso.

Por lo que, si el primer intento fracasa, como es característico de este tipo de proyectos de alto riesgo, pueden volver a aplicarse los incentivos de esta ley a otras empresas constituidas por los mismos socios, pues debe darse otra oportunidad a quien, pese al fracaso, pero con la experiencia adquirida, quiera intentarlo de nuevo.

No podrán acogerse a los beneficios de esta ley aquellas empresas emergentes fundadas o dirigidas por sí o por persona interpuesta, que no estén al corriente de las obligaciones tributarias y con la Seguridad Social, hayan sido condenadas por sentencia firme por un delito de administración desleal, insolvencia punible, delitos societarios, delitos de blanqueo de capitales, financiación del terrorismo, delitos contra la Hacienda pública y la Seguridad Social, delitos de prevaricación, cohecho, tráfico de influencias, malversación de caudales públicos, fraudes y exacciones ilegales o delitos urbanísticos, así como a aquellas condenadas a la pena de pérdida de la posibilidad de obtener subvenciones o ayudas públicas. Asimismo, no podrán acogerse a dichos beneficios quienes hayan perdido la posibilidad de contratar con la Administración.

III. En el capítulo I del título I y en las disposiciones finales segunda y tercera, se desarrollan un conjunto de incentivos fiscales para favorecer las necesidades específicas de este tipo de empresas. Para evitar la dispersión normativa y por técnica jurídica, con carácter general, se modifican las leyes tributarias a las que se refieren las distintas medidas.

En primer lugar y siguiendo el ejemplo de otros países del ámbito europeo, se suaviza la tributación inicial de las empresas emergentes, reduciendo el tipo del Impuesto de Sociedades del actual 25 % al 15 %, durante un máximo de cuatro años, siempre que la empresa mantenga la condición de empresa emergente. Además, se extiende a todas ellas el aplazamiento del pago de las deudas tributarias durante los dos primeros años de actividad.

En segundo lugar, con la finalidad de atraer el talento y dotar de una política retributiva adecuada a la situación y necesidades de este tipo de empresas, se mejora la fiscalidad de las fórmulas retributivas basadas en la entrega de acciones o participaciones a los empleados de las mismas, denominadas por el vocablo inglés stock options. Así, se eleva el importe de la exención de los 12.000 a los 50.000 euros anuales en el caso de entrega de acciones o participaciones a los empleados de empresas emergentes, exención aplicable igualmente cuando dicha entrega sea consecuencia del ejercicio de opciones de compra previamente concedidas a aquellos. Adicionalmente, para la parte del rendimiento del trabajo en especie que exceda de dicha cuantía se establece una regla especial de imputación temporal, que permite diferir su imputación hasta el período impositivo en el que se produzcan determinadas circunstancias, y en todo caso, en el plazo de diez años a contar desde la entrega de las acciones o participaciones. Por último, se introduce una regla especial de valoración de los rendimientos del trabajo en especie con la finalidad de aclarar el valor que corresponde a las acciones o participaciones concedidas a los trabajadores de empresas emergentes.

Con el fin de facilitar la articulación de esta forma de remuneración, en el artículo 10 se permite a estas empresas la emisión de acciones para autocartera.

En tercer lugar, se aumenta la deducción por inversión en empresa de nueva o reciente creación, incrementando el tipo de deducción del 30 al 50 por ciento y aumentando la base máxima de 60.000 a 100.000 euros. Asimismo, se eleva, con carácter general, de tres a cinco años el plazo para suscribir las acciones o participaciones, a contar desde la constitución de la entidad, y hasta siete para determinadas categorías de empresas emergentes. Además, para los socios fundadores de empresas emergentes se permite la aplicación de esta deducción con independencia de su porcentaje de participación en el capital social de la entidad.

En cuarto lugar, se mejora el acceso al régimen fiscal especial aplicable a las personas trabajadoras desplazadas a territorio español con el objetivo de atraer el talento extranjero. En particular, se disminuye el número de períodos impositivos anteriores al desplazamiento a territorio español durante los cuales el contribuyente no puede haber sido residente fiscal en España, que pasa de diez a cinco años, con lo que se hace más sencillo el acceso al régimen. Además, se extiende el ámbito subjetivo de aplicación del régimen a los trabajadores por cuenta ajena, al permitir su aplicación a trabajadores que, sea o no ordenado por el empleador, se desplacen a territorio español para trabajar a distancia utilizando exclusivamente medios y sistemas informáticos, telemáticos y de telecomunicación, así como a administradores de empresas emergentes con independencia de su porcentaje de participación en el capital social de la entidad. Además, se establece la posibilidad de acogerse al régimen especial, esto es, de optar por la tributación por el Impuesto de la Renta de no Residentes, a los hijos del contribuyente menores de veinticinco años (o cualquiera que sea su edad en caso de discapacidad) y a su cónyuge o, en el supuesto de inexistencia de vínculo matrimonial, el progenitor de los hijos, siempre que cumplan unas determinadas condiciones.

Por último, se regula la calificación fiscal de la retribución obtenida por la gestión exitosa de entidades de capital-riesgo (conocida como carried interest), al tiempo que se establece un tratamiento fiscal específico para tales retribuciones, en línea con la regulación de los países de nuestro entorno, que fomente el desarrollo del capital-riesgo como elemento canalizador de financiación empresarial de especial relevancia, todo ello con la finalidad de impulsar el emprendimiento, la innovación y la actividad económica.

Finalmente, la disposición final segunda modifica la Ley del Impuesto sobre la Renta de no Residentes con la finalidad de aclarar que estarán exentos en dicho impuesto los rendimientos del trabajo en especie que estén exentos en el Impuesto sobre la Renta de las Personas Físicas.

IV. El título I se dedica también a la inversión extranjera y fidelización del talento. Para que la inversión crezca, la ley actúa en primer lugar en el terreno fiscal. En particular, en lo que afecta a las personas físicas que inviertan en empresas de nueva o reciente creación.

En cuanto a la inversión extranjera, se reducen los requisitos burocráticos para los inversores que no vayan a residir en España, que no estarán obligados a obtener el número de identidad de extranjero (NIE), facilitando la solicitud electrónica del número de identificación fiscal (NIF), requisito imprescindible para materializar y documentar la inversión. Esta simplificación consiste en que si se trata de una persona física extranjera se permitirá la identificación con la obtención únicamente del NIF y en el caso de tratarse de una entidad extranjera, siempre que la nueva entidad se cree a través del Centro de Información y Red de Creación de Empresas (CIRCE), mediante Documento Único Electrónico (DUE), regulado en la disposición adicional tercera del Real Decreto Legislativo 1/2010, de 2 de julio, por el que se aprueba el texto refundido de la Ley de Sociedades de Capital, se permite la obtención del NIF para la entidad inversora extranjera por este mismo sistema.

En tercer lugar, se ofrecen dos vías electrónicas alternativas para que los inversores extranjeros, sin residencia en España, obtengan el número de identificación fiscal que la ley exige para realizar actos con trascendencia tributaria sin necesidad de personarse en una oficina administrativa para solicitarlo o recogerlo, alineándose así con los países más avanzados.

Asimismo, se favorece la equivalencia de los documentos emitidos en otros países. En numerosas ocasiones, los inversores extranjeros actúan a través de un representante. Este representante ostentará un poder de representación, que podrá constar en un documento notarial o en un contrato de mandato con representación en el que conste expresamente la aceptación de la representación fiscal. Si el documento notarial se ha emitido en el extranjero por parte de un notario extranjero, no se exigirá adecuar su contenido al ordenamiento jurídico español, entendiendo por «notario» en esta ley únicamente a los notarios de carrera, no así a los cónsules o encargados de asuntos consulares que ejerzan la fe pública en el extranjero.

Por otra parte, las empresas emergentes tienen dificultades para atraer y retener a colaboradores con perfiles especializados y escasos. Desde el punto de vista retributivo, no pueden pagar sueldos altos porque no tienen liquidez y no pueden comprometer una participación en los beneficios de la empresa por las limitaciones que el Derecho mercantil y tributario establecen a la emisión de acciones con este fin. Esta ley facilita a las empresas la adecuación de la política retributiva a tal situación y necesidades, al flexibilizar la generación de autocartera en las sociedades limitadas –que es la forma jurídica de la mayoría de las empresas emergentes– y mejorar la tributación a la retribución mediante las acciones o participaciones sociales propias de las empresas emergentes a sus trabajadores.

Asimismo, como ya se ha señalado anteriormente, se mejora el régimen fiscal de los trabajadores españoles o extranjeros desplazados a territorio español, lo que les permite optar por la tributación por el Impuesto de la Renta de no Residentes.

Respecto del talento extranjero, como complemento a las medidas fiscales anteriormente recogidas, la disposición final quinta incorpora un conjunto de medidas migratorias para facilitar la entrada y residencia no solo a los profesionales altamente cualificados sino también al emprendimiento y la inversión.

En numerosas ocasiones, los trabajadores de las empresas emergentes pueden realizar su trabajo de manera remota, siempre que dispongan de un equipo informático y una conexión a internet de calidad. La expansión del teletrabajo ha dado lugar al surgimiento de un nuevo estilo de vida denominado nomadismo digital. Los nómadas digitales son personas cuyos empleos les permiten trabajar en remoto y cambiar de residencia frecuentemente, compatibilizando el trabajo de alta cualificación con el turismo inmersivo en el país de residencia.

Para regular la residencia de este perfil de profesionales itinerantes y de otros muchos que puedan elegir España como un lugar de teletrabajo más estable, se crea una nueva categoría de visado y de autorización de residencia. El visado para el teletrabajo de carácter internacional permite entrar y residir en España durante un máximo de un año mientras sus titulares trabajan para sí mismos o para empleadores en cualquier lugar del mundo. Además, la autorización de residencia para el teletrabajo internacional permite a los extranjeros que ya se hallan de forma regular en España, por ejemplo, aquellos que están estudiando en España o los que siendo titulares de un visado de teletrabajo vayan a agotar dicho año de residencia y quieran continuar en España, solicitar una autorización por un período máximo de tres años, renovable por un período de dos años, pudiendo obtener la residencia permanente a los cinco años.

Este supuesto se añade a los previstos en la Ley 14/2013, de 27 de septiembre, de apoyo a los emprendedores y su internacionalización, para facilitar la inmigración de interés económico para España, y se rige por ella, para beneficiarse de todas las ventajas que otorga esa Ley no solo en cuanto a los ajustados plazos de tramitación, con silencio positivo a su término, sino también por la posibilidad de reagrupación familiar. La posibilidad de trasladarse con la familia, bien desde el momento inicial o bien en algún momento posterior, es un factor determinante para efectuar el traslado de residencia.

Además, con el objetivo de atraer y retener talento, en un mundo globalizado como el actual, se amplía la vigencia de las autorizaciones de residencia de dos a tres años previstas en la Ley 14/2013, de 27 de septiembre, de apoyo a los emprendedores y su internacionalización.

Por otro lado, se modifica el procedimiento y la definición de actividad emprendedora prevista en el capítulo III de la sección 2.ª de la Ley 14/2013, de 27 de septiembre, de apoyo a los emprendedores y su internacionalización, en aras de mejorar y flexibilizar el procedimiento de la tramitación de autorizaciones de residencia para este colectivo.

Además, se permitirá que el pasaporte sea documento acreditativo suficiente para darse de alta en la Seguridad Social durante los primeros seis meses de residencia o estancia en las categorías reguladas por la sección 2.ª de la Ley 14/2013, de 27 de septiembre, de apoyo a los emprendedores y su internacionalización.

V. En el título II se abordan los aspectos formales y societarios que más afectan a las empresas emergentes. Aunque la introducción del Documento Único Electrónico (DUE), hace más de diez años, ha supuesto una mejora notable en la constitución de empresas, existe margen de mejora.

Es especialmente relevante la mejora técnica y operativa que introduce la Directiva (UE) 2019/1151 del Parlamento Europeo y del Consejo, de 20 de junio de 2019, por la que se modifica la Directiva (UE) 2017/1132 en lo que respecta a la utilización de herramientas y procesos digitales en el ámbito del Derecho de sociedades, de las que el ecosistema emprendedor español se beneficiará en gran medida.

En este sentido, la presente ley prevé la creación de empresas emergentes en un solo paso, mediante el otorgamiento de un número de identificación fiscal, de manera que la empresa pueda completar los trámites para su constitución con posterioridad. Se elimina el doble trámite registral y notarial y se prevé un procedimiento íntegramente electrónico.

Además de las disposiciones específicas sobre la generación de autocartera, la ley excluye a las startups, durante los primeros tres años desde su constitución, de las exigencias relativas al equilibrio patrimonial a los efectos de las causas de disolución. De esta manera, se refleja la especificidad de estas empresas emergentes en términos de activo y pasivo durante la fase inicial de la empresa, hasta la consolidación de su modelo de negocio.

VI. La Administración tiene un importante potencial de arrastre del emprendimiento a través de la contratación pública, así como la colaboración público-privada y el establecimiento de entornos seguros de prueba para la actividad de startups en entornos regulados. Por ello, la ley facilita las convocatorias para el diseño de soluciones innovadoras que resuelvan problemas o necesidades de la Administración en el desempeño de sus funciones (compra pública innovadora), con una atención especial a las startups en entornos rurales o fuera de los polos urbanos de innovación ya consolidados.

La ley también regula los entornos controlados de prueba, conocidos como regulatory sandbox en la terminología anglosajona. La finalidad de estos espacios es exceptuar la normativa general, bajo la supervisión de un organismo o entidad reguladora, para evaluar la utilidad, viabilidad y el impacto de innovaciones tecnológicas en los diferentes sectores de actividad productiva. En este caso, se contempla la posibilidad de que las startups hagan pruebas durante un año, en un entorno controlado por el regulador correspondiente.

La generalización de la oportunidad para la creación de estos espacios es fruto del éxito de la Ley 7/2020, de 13 de noviembre, para la transformación digital del sistema financiero, que implementa un sandbox específicamente en este sector al que se puede acceder a través de convocatorias periódicas, y de la oportunidad para establecer los principios generales que deben regir la creación e implementación de estos espacios.

Esta ley favorece la colaboración público-privada para la creación de empresas emergentes de base innovadora en el entorno universitario (conocidas como spin offs) así como las iniciativas para impulsar el emprendimiento de los estudiantes.

En el ámbito de las subvenciones, se reducen las cargas correspondientes a las startups para el acceso a ayudas públicas. Se aumenta la transparencia y la coherencia del sistema estatal de subvenciones al emprendimiento basado en innovación, para evitar duplicidades en el gasto público e informar debidamente a los agentes sobre las subvenciones disponibles y su eficacia en el logro de los objetivos que se persiguen. Como primer paso, se dispone que la Autoridad Independiente de Responsabilidad Fiscal (AIReF) elabore, en el plazo de siete meses, un informe sobre todas las ayudas disponibles, con el fin de mejorar la eficiencia y la transparencia.

VII. La Administración puede proyectar, tanto al interior como al exterior, información sobre las características del sistema español de empresas emergentes, para facilitar la interconexión entre los distintos agentes que lo conforman y la atracción de capital y talento internacional. Para ello, se dispone la publicación de un portal web con información actualizada que, necesariamente, habrá de figurar también en inglés.

Con el mismo espíritu de retroalimentación y mejora, se prevé la realización de un informe anual, que se elevará a las Cortes Generales, sobre la aplicación de la ley y sus resultados. El sector, las Comunidades Autónomas, las Entidades Locales y otros agentes institucionales participarán en la evaluación continua de la ley a través de un foro de empresas emergentes que servirá de referencia al Gobierno para que, de forma coordinada y como órgano consultivo, oriente su política y la del resto de administraciones públicas sobre empresas innovadoras, promoviendo además la diversidad, la inclusión y el resto de principios y valores democráticos.

VIII. Esta ley está incluida en el Plan Anual Normativo de 2021, de conformidad con el artículo 25 de la Ley 50/1997, de 27 de noviembre, del Gobierno.

Asimismo, está recogida en la Agenda España Digital 2025, presentada el 23 de julio de 2020, y es uno de los hitos del Plan de Recuperación, Transformación y Resiliencia, aprobado por las instituciones europeas el 13 de julio de 2021. En concreto, su elaboración está contemplada en la Reforma 2 del Componente 13, de impulso a la PYME, donde se apunta que proporcionará un marco favorable a la creación y al crecimiento de empresas emergentes de base tecnológica, atendiendo a sus especificidades, incorporando de forma transversal la igualdad de género.

Esta ley se adecúa a los principios de buena regulación previstos en el artículo 129 de la Ley 39/2015, de 1 de octubre, del Procedimiento Administrativo Común de las Administraciones Públicas. La ley es necesaria y eficaz para reconocer unos beneficios e incentivos a las empresas emergentes, creando un marco legal que reconoce las singularidades propias de las startups. Además, la ley es fundamental puesto que es una reforma contenida en el Plan Nacional de Recuperación, Transformación y Resiliencia pactado con la Unión Europea.

La proporcionalidad de la norma se asegura porque contiene la regulación imprescindible para minimizar la carga administrativa que impone, frente a los beneficios e incentivos otorgados en diferentes ámbitos. El principio de seguridad jurídica queda reforzado al ser la reforma plenamente congruente con el ordenamiento jurídico y haberse buscado, en todo lo posible, la alineación del régimen jurídico nacional con el régimen jurídico europeo y el mantenimiento de los instrumentos legislativos vigentes. El principio de transparencia se garantiza a través del Boletín Oficial del Estado y todos los trámites de consulta, audiencia e información pública, donde las partes interesadas han tenido oportunidad de influir en el proceso de elaboración de esta ley. Por último, en relación con el principio de eficiencia, no se imponen cargas administrativas adicionales que no sean estrictamente necesarias.

Entre los principales hitos en la tramitación de esta ley caben destacarse el trámite de consulta pública previa, el trámite de audiencia e información pública, la emisión de informes por parte de la Comisión Nacional de los Mercados y la Competencia, del Consejo Económico y Social, así como la del resto de ministerios proponentes.

IX. La presente ley consta de un preámbulo y una parte dispositiva, estructurada en veintiséis artículos, siete disposiciones adicionales, una transitoria, y trece disposiciones finales, y se dicta al amparo de lo dispuesto en el artículo 149.1.2.ª, 6.ª, 8.ª, 11.ª, 13.ª, 14.ª, 15.ª, 17.ª, 18.ª y 30.ª de la Constitución Española, que atribuye al Estado la competencia exclusiva sobre nacionalidad, inmigración, extranjería y derecho de asilo; sobre legislación mercantil; sobre la ordenación de los registros y los instrumentos públicos; sobre las bases de la ordenación de crédito, banca y seguros; sobre el establecimiento de las bases y la coordinación de la planificación general de la actividad económica; sobre Hacienda General y Deuda del Estado; sobre el fomento y coordinación general de la investigación científica y técnica; sobre el régimen económico de la seguridad social; sobre las bases del régimen jurídico de las Administraciones públicas y la legislación básica sobre contratos y concesiones administrativas; y sobre normas básicas para el desarrollo del artículo 27 de la Constitución, a fin de garantizar el cumplimiento de las obligaciones de los poderes públicos en esta materia.

TÍTULO PRELIMINAR. Disposiciones generales

Art. 1. *Objeto.*– 1. Esta ley tiene como objeto establecer un marco normativo específico para apoyar la creación y el crecimiento de empresas emergentes en España, teniendo en cuenta la distribución competencial sobre la materia entre el Estado y las Comunidades Autónomas.

2. Igualmente, establece un sistema de seguimiento y evaluación de sus resultados sobre el ecosistema español de empresas emergentes.

Art. 2. *Objetivos generales.*– Los objetivos generales de esta ley son los siguientes:

a) Fomentar la creación, el crecimiento y la relocalización de empresas emergentes en España, en especial de las microempresas, de las pequeñas y las medianas empresas emprendedoras, fijando además las condiciones que favorezcan su capacidad de internacionalización.

b) Atraer talento y capital internacional para el desarrollo del ecosistema español de empresas emergentes.

c) Estimular la inversión pública y privada en empresas emergentes.

d) Favorecer la interrelación entre empresas, agentes financiadores y territorios para aumentar las posibilidades de éxito de las empresas emergentes, con especial atención al fomento de polos de atracción de empresas emergentes en entornos rurales, y especialmente, en aquellas zonas que están perdiendo población, en aras de una mayor cohesión social y territorial.

e) Impulsar el acercamiento entre la formación profesional y la universidad y las empresas emergentes.

f) Contribuir a incrementar la transferencia de conocimientos de la Universidad y de los organismos públicos de investigación y restantes agentes públicos del Sistema Español de Ciencia, Tecnología e Innovación al mundo empresarial.

g) Eliminar las brechas de género existentes en el ecosistema español de empresas emergentes.

h) Apoyar el desarrollo de polos de atracción de empresas e inversores.

i) Impulsar la compra pública innovadora con empresas emergentes.

j) Garantizar la eficacia y coherencia del sistema estatal de ayudas al emprendimiento basado en innovación.

k) Promover el seguimiento participativo de la evolución del ecosistema español de empresas emergentes y de los resultados de esta ley.

Art. 3. *Ámbito de aplicación y definiciones.*– 1. Esta ley será de aplicación a las empresas emergentes, entendiendo por empresa emergente, a los efectos de esta ley, toda persona jurídica, incluidas las empresas de base tecnológica creadas al amparo de la Ley 14/2011, de 1 de junio, de la Ciencia, la Tecnología y la Innovación, que reúna simultáneamente las siguientes condiciones:

a) Ser de nueva creación o, no siendo de nueva creación, cuando no hayan transcurrido más de cinco años desde la fecha de inscripción en el Registro Mercantil, o Registro de Cooperativas competente, de la escritura pública de constitución, con carácter general, o de siete en el caso de empresas de biotecnología, energía, industriales y otros sectores estratégicos o que hayan desarrollado tecnología propia, diseñada íntegramente en España, que se determinarán a través de la orden a la que hace referencia el artículo 4.1.

b) No haber surgido de una operación de fusión, escisión o transformación de empresas que no tengan consideración de empresas emergentes. Los términos concentración o segregación se consideran incluidos en las anteriores operaciones.

c) No distribuir ni haber distribuido dividendos, o retornos en el caso de cooperativas.

d) No cotizar en un mercado regulado.

e) Tener su sede social, domicilio social o establecimiento permanente en España.

f) Tener al 60 % de la plantilla con un contrato laboral en España. En las cooperativas se computarán dentro de la plantilla, a los solos efectos del citado porcentaje, los socios trabajadores y los socios de trabajo, cuya relación sea de naturaleza societaria.

g) Desarrollar un proyecto de emprendimiento innovador que cuente con un modelo de negocio escalable, según lo previsto en el artículo 4.

Cuando la empresa pertenezca a un grupo de empresas definido en el artículo 42 del Código de Comercio, el grupo o cada una de las empresas que lo componen deberá cumplir con los requisitos anteriores.

2. A los efectos de este artículo, se entiende por empresa de base tecnológica aquella cuya actividad requiere la generación o un uso intensivo de conocimiento científico-técnico y tecnologías para la generación de nuevos productos, procesos o servicios y para la canalización de las iniciativas de investigación, desarrollo e innovación y la transferencia de sus resultados.

Se considerará que una empresa emergente es innovadora cuando su finalidad sea resolver un problema o mejorar una situación existente mediante el desarrollo de productos, servicios o procesos nuevos o mejorados sustancialmente en comparación con el estado de la técnica y que lleve implícito un riesgo de fracaso tecnológico, industrial o en el propio modelo de negocio.

3. No podrán acogerse a los beneficios de esta ley aquellas empresas emergentes fundadas o dirigidas por sí o por persona interpuesta, que no estén al corriente de las obligaciones tributarias y con la Seguridad Social, hayan sido condenadas por sentencia firme por un delito de administración desleal, insolvencia punible, delitos societarios, delitos de blanqueo de capitales, financiación del terrorismo, delitos contra la Hacienda pública y la Seguridad Social, delitos de prevaricación, cohecho, tráfico de influencias, malversación de caudales públicos, fraudes y exacciones ilegales o delitos urbanísticos, así como a aquellas condenadas a la pena de pérdida de la posibilidad de obtener subvenciones o ayudas públicas. Asimismo, no podrán acogerse a dichos beneficios quienes hayan perdido la posibilidad de contratar con la Administración.

> Véase Orden PCM/825/2023, de 20 de julio, por la que se regulan los criterios y el procedimiento de certificación de empresas emergentes que dan acceso a los beneficios y especialidades reconocidas en la Ley 28/2022, de 21 de diciembre, de fomento del ecosistema de las empresas emergentes (BOE núm. 171, de 21 de junio).

Art. 4. *Certificación del emprendimiento innovador y escalable del modelo de negocio.–* 1. Los emprendedores que quieran acogerse a los beneficios y especialidades de esta ley deberán solicitar a ENISA, Empresa Nacional de Innovación, S.M.E., SA, que evalúe todas las características recogidas en los artículos 3 y 6, además del criterio del carácter de emprendimiento innovador y escalable de su modelo de negocio. La innovación propuesta podrá ser de producto o de negocio. Mediante orden ministerial conjunta, el Ministerio de Asuntos Económicos y Transformación Digital, el Ministerio de Industria, Comercio y Turismo y el Ministerio de Ciencia e Innovación determinarán conjuntamente los criterios para evaluar las características de los artículos 3 y 6, en especial el carácter de emprendimiento innovador y escalable de las empresas emergentes, que podrán estar basados en referencias nacionales e internacionales ampliamente aceptadas para reconocer el carácter de emprendimiento innovador y escalable de una empresa, así como las medidas procedimentales necesarias para el correcto cumplimiento del proceso de acreditación de estas empresas.

2. El procedimiento de evaluación llevado a cabo por ENISA se efectuará en un plazo, no superior a tres meses, a contar desde la fecha en que la solicitud, completa con toda la información requerida, efectuada por los emprendedores que quieran acogerse a los beneficios y especialidades de esta ley haya tenido entrada en el registro electrónico habilitado a tal fin. El vencimiento de dicho plazo sin que se haya notificado resolución expresa, legitima al interesado que hubiera realizado la solicitud para entenderla estimada por silencio administrativo positivo. El cómputo del plazo máximo para resolver se suspenderá cuando se requiera al interesado para que subsane las deficiencias de su solicitud o aporte documentos necesarios para dictar la resolución, según lo dispuesto en el artículo 22 de la Ley 39/2015, de 1 de octubre, del Procedimiento Administrativo Común de las Administraciones Públicas.

3. El análisis sobre el grado de innovación del proyecto emprendedor y sobre la escalabilidad del modelo de negocio se basará en, al menos, los siguientes criterios:

a) Grado de innovación. Se valorará haber recibido financiación pública en los últimos tres años, sin haber sufrido revocación por incorrecta o insuficiente ejecución de la actividad financiada. También se tendrán en cuenta los gastos en investigación, desarrollo e innovación tecnológica respecto de los gastos totales de la empresa durante los dos ejercicios anteriores, o en el ejercicio anterior cuando se trate de empresas de menos de dos años.

b) Grado de atractivo del mercado. Se valorará la oferta y demanda en el sector, la generación de tracción, estrategias de captación de usuarios o clientes, entre otros aspectos.

c) Fase de vida de la empresa. Se valorará la implementación de prototipos y la obtención de un producto mínimo viable o la puesta en mercado del servicio.

d) Modelo de negocio. Se considerará la escalabilidad del número de usuarios, del número de operaciones o de la facturación anual.

e) Competencia. Se valorarán las empresas competidoras en su ámbito o sector de actividad y la diferenciación respecto de las mismas.

f) Equipo. Se valorará la experiencia, formación y trayectoria del equipo que componga la empresa.

g) Dependencia de proveedores, suministradores y contratos de alquiler. Se tendrán en cuenta las relaciones con otros operadores económicos.

h) Clientes. Se valorará el volumen de clientes o usuarios de la empresa.

i) ENISA, o en su caso, el organismo público vinculado o dependiente de la Administración General del Estado en el que delegue el Gobierno esta función, podrá denegar la acreditación cuando el modelo de negocio presente dudas razonables de potenciales riesgos reputacionales, regulatorios, éticos o especulativos.

4. ENISA publicará en su página web una guía o manual de procedimiento en el que se concretarán los detalles del mismo, así como la documentación a presentar por las empresas interesadas.

5. ENISA, mediante convenio, podrá establecer acuerdos con terceras entidades colaboradoras, categoría en la que se encuentran las entidades de las Comunidades Autónomas, para la realización de actividades relativas a la tramitación, gestión documental, difusión y seguimiento de la solicitud relativa a este procedimiento en los términos que se fijen en dicho convenio y según los criterios establecidos en la orden ministerial conjunta citada en el apartado 1 del presente artículo. En dichos convenios, se establecerán, entre otros elementos, la documentación a presentar a ENISA por parte de la entidad colaboradora, así como la evaluación de lo establecido en los artículos 3 y 6 de esta ley.

> Véase Disp. Transitoria única de la presente Ley.
> En virtud del apartado 1 se ha dictado la Orden PCM/825/2023, de 20 de julio, por la que se regulan los criterios y el procedimiento de certificación de empresas emergentes que dan acceso a los beneficios y especialidades reconocidas en la Ley 28/2022, de 21 de diciembre, de fomento del ecosistema de las empresas emergentes (BOE núm. 171, de 21 de junio).

Art. 5. *Acreditación de la condición de empresa emergente.*– 1. La condición de empresa emergente inscrita en el Registro Mercantil o en el Registro de Cooperativas competente, será condición necesaria y suficiente para poder acogerse a los beneficios y especialidades de esta ley. No obstante, en relación con la tributación de las empresas emergentes, la Administración tributaria podrá comprobar el cumplimiento y mantenimiento en el tiempo de los requisitos que se establecen en el artículo 3, a los efectos de la aplicación de los incentivos fiscales regulados en el capítulo I del título I, y sin perjuicio de las regularizaciones administrativas que procedan.

2. El Registro Mercantil habilitará un procedimiento de consulta en línea gratuito para cualquier persona, que comprenderá, al menos, la fecha de constitución e inscripción de la sociedad, el NIF, el nombre o razón social, el representante legal, su domicilio social y su condición de empresa emergente.

Si un órgano u organismo administrativo debiera acreditar algún requisito, se habilitarán procedimientos electrónicos para su comprobación en línea por el registrador o por el encargado del registro competente.

3. ENISA aportará, previa interlocución con las entidades colaboradoras citadas en el apartado 5 del artículo 4 de la ley con las que celebre convenio, como las entidades autonómicas, la correspondiente documentación acreditativa del cumplimiento de todos los requisitos exigibles para adquirir la condición de empresa emergente directamente

al Registro Mercantil, o al Registro de Cooperativas competente, lo que se hará constar en la hoja abierta a la sociedad, y siempre que tales requisitos no exijan la modificación de los estatutos sociales.

Los órganos u organismos públicos competentes deberán proporcionar a ENISA, al Colegio de Registradores de España y al Registro de cooperativas competente los datos relativos a las ayudas europeas u otras que no puedan consultarse en línea.

4. Si el notario que autorice la escritura, o el registrador mercantil o la persona responsable del Registro de cooperativas competente para su inscripción, consideraran que la sociedad ha sido constituida en fraude de ley informará de ello a la Dirección General de Seguridad Jurídica y Fe Pública y a la Agencia Estatal de Administración Tributaria, dando cuenta al interesado de este traslado de información.

Art. 6. *Fin de aplicación de los beneficios y especialidades de esta ley.*- La empresa emergente y sus inversores no podrán o dejarán de acogerse a los beneficios previstos en esta ley cuando ocurra alguno de los siguientes supuestos:

a) Deje de cumplir cualquiera de los requisitos previstos en el artículo 3 y, en particular, al término de los cinco o siete años desde la creación de la empresa emergente.

b) Se extinga la empresa antes de ese término.

c) Sea adquirida por otra empresa que no tenga la condición de empresa emergente.

d) El volumen de negocio anual de la empresa supere el valor de diez millones de euros.

e) Lleve a cabo una actividad que genere un daño significativo al medio ambiente conforme al Reglamento (UE) 2020/852 del Parlamento Europeo y del Consejo de 18 de junio de 2020 relativo al establecimiento de un marco para facilitar las inversiones sostenibles y por el que se modifica el Reglamento (UE) 2019/2088.

f) Los socios que sean titulares, directa o indirectamente, de una participación de al menos el 5 % del capital social o administradores de la empresa emergente hayan sido condenados por sentencia firme por los tipos delictivos incluidos en el artículo 3.3.

Véase Orden PCM/825/2023, de 20 de julio, por la que se regulan los criterios y el procedimiento de certificación de empresas emergentes que dan acceso a los beneficios y especialidades reconocidas en la Ley 28/2022, de 21 de diciembre, de fomento del ecosistema de las empresas emergentes (BOE núm. 171, de 21 de junio).

TÍTULO I. Incentivos fiscales, atracción de inversión extranjera y fidelización del talento

CAPÍTULO I. Incentivos fiscales

Art. 7. *Tributación de las empresas emergentes.*- Los contribuyentes del Impuesto sobre Sociedades y del Impuesto sobre la Renta de no Residentes que obtengan rentas mediante establecimiento permanente situado en territorio español y que tengan la condición de empresa emergente conforme al título preliminar de esta ley, tributarán en el primer período impositivo en que, teniendo dicha condición, la base imponible resulte positiva y en los tres siguientes, siempre que mantengan la condición citada, al tipo del 15 por ciento en los términos establecidos en el apartado 1 del artículo 29 de la Ley 27/2014, de 27 de noviembre, del Impuesto sobre Sociedades.

Art. 8. *Aplazamiento de la tributación de una empresa emergente.*– 1. Los contribuyentes del Impuesto sobre Sociedades y del Impuesto sobre la Renta de no Residentes que obtengan rentas mediante establecimiento permanente situado en territorio español y que tengan la condición de empresa emergente conforme al título preliminar de esta ley, podrán solicitar, a la Administración tributaria del Estado en el momento de la presentación de la autoliquidación, el aplazamiento del pago de la deuda tributaria correspondiente a los dos primeros períodos impositivos en los que la base imponible del Impuesto sea positiva.

La Administración tributaria del Estado concederá el aplazamiento, con dispensa de garantías, por un período de doce y seis meses, respectivamente, desde la finalización del plazo de ingreso en período voluntario de la deuda tributaria correspondiente a los citados períodos impositivos.

Para disfrutar de este beneficio, será necesario que el solicitante se encuentre al corriente en el cumplimiento de sus obligaciones tributarias en la fecha en que se efectúe la solicitud de aplazamiento y, además, que la autoliquidación se presente dentro del plazo establecido. No podrá aplazarse, según el procedimiento establecido en este apartado, el ingreso de las autoliquidaciones complementarias.

El ingreso de la deuda tributaria aplazada se efectuará en el plazo de un mes desde el día siguiente al de vencimiento de cada uno de los plazos señalados, sin que tenga lugar el devengo de intereses de demora.

2. Los contribuyentes del Impuesto sobre Sociedades y del Impuesto sobre la Renta de no Residentes que obtengan rentas mediante establecimiento permanente situado en territorio español, que tengan la condición de empresa emergente conforme al título preliminar de esta ley, no tendrán la obligación de efectuar los pagos fraccionados regulados en el artículo 40 de la Ley 27/2014, de 27 de noviembre, del Impuesto sobre Sociedades, y 23.1 del Real Decreto Legislativo 5/2004, de 5 de marzo, por el que se aprueba el texto refundido de la Ley del Impuesto sobre la Renta de no Residentes, respectivamente, que deban efectuar a cuenta de la liquidación correspondiente al período impositivo inmediato posterior a cada uno de los referidos en el apartado anterior, siempre que en ellos se mantenga la condición de empresa emergente.

CAPÍTULO II. Atracción de inversión extranjera y fidelización del talento

Art. 9. *Requisitos de identificación de inversores extranjeros*.– 1. Las personas físicas que carezcan de la nacionalidad española, que deseen invertir en empresas emergentes españolas y no residan en España, deberán solicitar a la Agencia Estatal de Administración Tributaria española un número de identificación fiscal. No estarán obligadas, a estos efectos, a obtener un número de identidad de extranjero.

Cuando el inversor sea una persona jurídica o una entidad sin personalidad jurídica de nacionalidad extranjera, el representante que solicite en su nombre el número de identificación fiscal deberá tener asignado un número de identificación fiscal. Su poder de representación podrá constar en un documento notarial o en un contrato de mandato con representación en el que conste expresamente la aceptación de la representación fiscal. Si el documento notarial se ha emitido por un notario extranjero, no se exigirá adecuar su contenido al ordenamiento jurídico español.

En el caso de que no se acredite la inversión en una empresa emergente en el plazo de seis meses desde la asignación del número de identificación fiscal del inversor, la Agencia Estatal de Administración Tributaria podrá revocar el número de identificación fiscal asignado al inversor extranjero.

2. La Agencia Estatal de Administración Tributaria habilitará un procedimiento electrónico, a efectos de lo establecido en el apartado 1, que deberá resolverse en el plazo de diez días hábiles desde la presentación de la solicitud del número de identificación fiscal, acompañada de la documentación que, en su caso, se exija.

Los modelos para solicitar dicho número estarán disponibles en formato electrónico y su presentación podrá realizarse utilizando un certificado electrónico cualificado conforme a las condiciones que establecen las letras a) y b) del apartado 2 del artículo 9 de la Ley 39/2015, de 1 de octubre, del Procedimiento Administrativo Común de las Administraciones Públicas, y su normativa de desarrollo vigente en cada momento, y que resulte admisible por la Agencia Estatal de Administración Tributaria.

3. Cuando la inversión tenga lugar para constituir una empresa y esta se tramite por vía electrónica a través del Centro de Información y Red de Creación de Empresas (CIRCE), mediante Documento Único Electrónico (DUE), regulado en la disposición adicional tercera del Real Decreto Legislativo 1/2010, de 2 de julio, por el que se aprueba el texto refundido de la Ley de Sociedades de Capital, el inversor podrá solicitar a la Agencia Estatal de Administración Tributaria, a través del Punto de Atención al Emprendedor, la asignación de un número de identificación fiscal para sí. En otro caso, el notario actuante enviará, de forma inmediata, copia de la escritura a la Agencia Estatal de Administración Tributaria, solicitando la asignación de un número de identificación fiscal para el inversor.

Los notarios también podrán solicitar la asignación del número de identificación fiscal para los extranjeros referidos en este artículo, cuando se incorporen como socios a una empresa emergente con ocasión de una ampliación de su capital social u otra operación societaria.

Art. 10. *Autocartera en las empresas emergentes que sean sociedades limitadas con la finalidad de ejecutar un plan de retribuciones.*- 1. Sin perjuicio de lo dispuesto en el artículo 140 del texto refundido de la Ley de Sociedades de Capital, aprobado por el Real Decreto Legislativo 1/2010, de 2 de julio, y en el artículo 12 de la Ley 44/2015, de 14 de octubre, de Sociedades Laborales y Participadas, la junta general de la sociedad podrá autorizar la adquisición de participaciones propias, hasta el 20 % del capital como máximo, para su entrega a los administradores, empleados u otros colaboradores de la empresa, con la exclusiva finalidad de ejecutar un plan de retribución.

2. El sistema de retribución mediante la entrega de participaciones deberá estar previsto en los estatutos y aprobado por la junta general, mediante acuerdo que incluirá el número máximo de participaciones que se podrán asignar en cada ejercicio a este sistema de remuneración, el valor de las participaciones que se tome como referencia y el plazo de duración del plan.

3. La adquisición por la sociedad de participaciones propias en ejercicio de la autorización a la que se refiere el apartado 1 solo podrá producirse con las siguientes condiciones:

a) Que las participaciones a adquirir estén íntegramente desembolsadas.

b) Que el patrimonio neto, una vez realizada la adquisición, no resulte inferior al importe del capital social más las reservas indisponibles, legales o estatutarias. A estos efectos, en las sociedades laborales no se tendrá en cuenta la reserva especial regulada en el artículo 14 de la Ley 44/2015, de 14 de octubre, de Sociedades Laborales y Participadas.

c) Que la adquisición se produzca dentro de los cinco años siguientes al acuerdo de autorización.

4. En caso de contravención a lo dispuesto en el apartado anterior resultará de aplicación lo dispuesto en el artículo 139 del texto refundido de la Ley de Sociedades de Capital, aprobado por el Real Decreto Legislativo 1/2010, de 2 de julio, y en el artículo 14 de la Ley 44/2015, de 14 de octubre, de Sociedades Laborales y Participadas.

TÍTULO II. Formalidades aplicables a las empresas emergentes constituidas como sociedades limitadas

Art. 11. *Inscripción de actos y acuerdos en el Registro.*- 1. El plazo para la inscripción de empresas emergentes y de todos sus actos societarios será de cinco días hábiles, contados desde el siguiente al de la fecha del asiento de presentación o, en su caso, al de la fecha de devolución del documento retirado.

En el caso de que se utilicen estatutos tipo, a los que se refiere la disposición final duodécima, el registrador procederá a la calificación e inscripción dentro del plazo de las seis horas hábiles siguientes a la recepción telemática de la escritura, entendiéndose por horas hábiles las que queden comprendidas dentro del horario de apertura fijado para los registros.

En caso de existencia de causa justificada por razones técnicas o por especial complejidad del asunto que impida el cumplimiento de dichos plazos, el Registrador mercantil deberá notificar esta circunstancia al interesado en el plazo más breve posible y en todo caso antes de que transcurran los plazos establecidos anteriormente para calificar e inscribir cuando procediera.

Los trámites necesarios para llevar a cabo la inscripción de empresas emergentes, así como los trámites de carácter fiscal y con la Seguridad Social necesarios para el inicio de actividad y otros recogidos en la normativa reguladora del Documento Único Electrónico, podrán realizarse mediante el uso de dicho documento.

2. Los pactos de socios en las empresas emergentes en forma de sociedad limitada serán inscribibles y gozarán de publicidad registral si no contienen cláusulas contrarias a la ley. Igualmente, serán inscribibles las cláusulas estatutarias que incluyan una prestación accesoria de suscribir las disposiciones de los pactos de socios en las empresas emergentes, siempre que el contenido del pacto esté identificado de forma que lo puedan conocer no solo los socios que lo hayan suscrito sino también los futuros socios.

Art. 12. *Aranceles notariales y registrales y tasas por la inscripción de sociedades de responsabilidad limitada.–* 1. Los aranceles notariales y registrales, en el caso de que los emprendedores que se acojan a los estatutos tipo adaptados a las necesidades de las empresas emergentes, a los que se refiere la disposición final duodécima, utilicen el sistema de tramitación telemática del Centro de Información y Red de Creación de Empresas y el capital social sea inferior a 3.100 euros, serán de 60 y 40 euros respectivamente.

2. La publicación de los actos de inscripción señalados el apartado anterior en el «Boletín Oficial del Registro Mercantil» estarán exentos del pago de tasas.

Art. 13. *Pérdidas que reduzcan el patrimonio neto.–* Las empresas emergentes no incurrirán en causa de disolución por pérdidas que dejen reducido el patrimonio neto a una cantidad inferior a la mitad del capital social, siempre que no sea procedente solicitar la declaración de concurso, hasta que no hayan transcurrido tres años desde su constitución.

TÍTULO III. Compra pública innovadora

Art. 14. *Fomento de la compra pública innovadora para empresas emergentes.-*
1. El Gobierno incluirá en el Plan Estatal de Investigación Científica y Técnica y de Innovación previsto en la Ley 14/2011, de 1 de junio, de la Ciencia, la Tecnología y la Innovación, los planes de cada ministerio y organismo público vinculado o dependiente de la Administración General del Estado, para la compra pública de innovación, tanto para la compra pública de tecnología o procesos innovadores como para la compra pública pre-comercial, a la que se refiere el artículo 8 de la Ley 9/2017, de 8 de noviembre, de Contratos del Sector Público, por la que se transponen al ordenamiento jurídico español las Directivas del Parlamento Europeo y del Consejo 2014/23/UE y 2014/24/UE, de 26 de febrero de 2014, y los créditos destinados a su financiación.

Anualmente, se dará cuenta al Consejo de Ministros de la ejecución de los planes de compra pública innovadora y de la evaluación de sus resultados.

2. Las administraciones públicas tendrán en cuenta las características de las empresas emergentes al precisar los requisitos de solvencia económica y técnica de las empresas participantes en procedimientos de compra pública innovadora y de compra pública pre-comercial, se rijan o no por la Ley 9/2017, de 8 de noviembre, para no crear obstáculos a su participación en la licitación.

Asimismo, realizarán pagos parciales siempre que la ejecución del contrato pueda dividirse en diversas fases de ejecución.

3. En los pliegos de cláusulas administrativas se valorará la inclusión de requisitos de capacidad y solvencia, y criterios de adjudicación que faciliten el acceso en condiciones de igualdad a las empresas emergentes ubicadas en zonas escasamente pobladas. Se promoverá, a través de la incorporación de requisitos y características específicas sociales y medioambientales que redunden en la mejora del medio rural, propiciando las adquisiciones de proximidad, la utilización de productos locales, ecológicos, e igualmente la gestión forestal sostenible, las energías renovables y el ahorro energético, siempre que se respeten los principios de concurrencia, igualdad y no discriminación de la contratación pública.

4. En los pliegos de cláusulas administrativas se podrá establecer que la titularidad de los derechos de propiedad intelectual derivados del desarrollo del objeto del contrato será compartida a partes iguales por la Administración contratante y la empresa emergente adjudicataria.

TÍTULO IV. Entornos regulados de pruebas

Art. 15. *Licencias de prueba para empresas emergentes.-* 1. Las empresas calificadas como emergentes que operen en sectores regulados podrán solicitar a la autoridad administrativa reguladora de su ámbito de actividad una licencia de prueba temporal para el desarrollo de sus actividades. La licencia tendrá una duración máxima de un año.

2. La empresa emergente deberá advertir por escrito al usuario o consumidor de esta situación de prueba temporal, informar de su duración y recibir de este su consentimiento expreso para iniciar el ejercicio de la prueba.

Art. 16. *Entornos controlados de pruebas.*– 1. Los poderes públicos promoverán, reglamentariamente, la creación de entornos controlados, por períodos limitados de tiempo, para evaluar la utilidad, la viabilidad y el impacto de innovaciones tecnológicas aplicadas a actividades reguladas, a la oferta o provisión de nuevos bienes o servicios, a nuevas formas de provisión o prestación de los mismos o a fórmulas alternativas para su supervisión y control por parte de las autoridades competentes.

Además, contribuirán a impulsar, de forma especial, entornos controlados de pruebas también en zonas rurales que por sus características supongan un entorno favorable y dinámico para el uso de innovaciones tecnológicas, bienes y servicios novedosos y en línea con lo definido como territorio rural inteligente, potenciando así el uso de las tecnologías digitales como herramienta imprescindible para el desarrollo, puestas al servicio de los territorios y sus habitantes.

2. La evaluación del impacto que justificará la creación de los entornos controlados de pruebas se referirá a la afectación de cualquiera de las razones imperiosas de interés general referidas en el artículo 3.11 de la Ley 17/2009, de 23 de noviembre, sobre el libre acceso a las actividades de servicios y su ejercicio.

3. Las pruebas se regirán por las normas sobre espacios controlados de pruebas que se dicten en cada sector y los protocolos que acuerden las autoridades supervisoras y los promotores de los proyectos, sin sujeción a la legislación específica del mercado de que se trate.

4. La creación y desarrollo de los entornos controlados de pruebas se ajustarán a los siguientes principios:

a) Publicidad y transparencia, de forma que se garantice la posibilidad de alegar a todo aquel interesado que pueda ver afectados sus derechos o intereses legítimos.

b) Igualdad y no discriminación entre operadores para la libre concurrencia y acceso a los entornos controlados de pruebas.

c) Necesidad, proporcionalidad y mínima distorsión de la competencia efectiva en el mercado, garantizando que la adaptación de marcos y el establecimiento de excepciones se ajusten a lo mínimo necesario para evaluar el impacto de las innovaciones tecnológicas aplicadas.

d) Control sobre las repercusiones en la estabilidad e integridad del mercado de que se trate o sobre terceros no participantes en las pruebas.

e) Principio de limitación temporal de las habilitaciones o excepciones que se establezcan dentro del entorno controlado de prueba al tiempo mínimo necesario para evaluar el impacto de las innovaciones tecnológicas aplicadas.

f) Protección de consumidores, de usuarios y de terceros que pudieran verse afectados por los riesgos potenciales de la innovación que se prueba.

g) Cooperación y coordinación entre las autoridades competentes cuando la innovación afecte a diversas materias o distintos ámbitos y niveles territoriales.

5. Las autoridades públicas tendrán en cuenta los resultados de las pruebas para, en su caso, conceder o ampliar las autorizaciones precisas para operar a los promotores del proyecto y para impulsar mejoras o adaptaciones en la normativa y régimen de control aplicable.

6. Las autoridades públicas informarán de los entornos controlados de pruebas creados, los resultados y conclusiones de las pruebas y de sus propuestas de mejora o adaptación de la normativa al Foro Nacional de Empresas Emergentes.

7. Los entornos controlados de pruebas que permitan llevar a la práctica proyectos tecnológicos de innovación en el sistema financiero se regirán por lo previsto en la Ley 7/2020, de 13 de noviembre, para la transformación digital del sistema financiero.

> En virtud del presente artículo y de la Disp. Final 11.ª se dictó Real Decreto 817/2023, de 8 de noviembre, por el que se establece un entorno controlado de pruebas para el ensayo del cumplimiento de la propuesta de Reglamento del Parlamento Europeo y del Consejo por el que se establecen normas armonizadas en materia de inteligencia artificial. Dicho RD establecía en su Disp. Final 2.ª que el mismo tendría una vigencia de máximo treinta y seis meses desde su entrada en vigor o, en su caso, hasta que sea aplicable en el Reino de España el Reglamento del Parlamento Europeo y del Consejo por el que se establecen normas armonizadas en materia de inteligencia artificial. El Reglamento (UE) 2024/1689 del Parlamento Europeo y del Consejo, de 13 de junio de 2024, por el que se establecen normas armonizadas en materia de inteligencia artificial («D.O.U.E.L.» 12 julio), entró en vigor a los veinte días de su publicación en el Diario Oficial de la Unión Europea y será aplicable a partir del 2 de agosto de 2026. Véanse arts. 57 a 63 del citado Reglamento.

TÍTULO V. Colaboración público-privada entre universidades y empresas emergentes

Art. 17. *Colaboración público-privada.–* Las administraciones públicas promoverán el desarrollo de programas educativos en materia de emprendimiento y habilidades digitales, incluyendo aquellos nacidos de la colaboración público-privada, particularmente en entornos rurales o con escasa densidad de población para fomentar la creación de empresas emergentes en estas ubicaciones. En aquellos territorios donde se hayan implementado proyectos universitarios, entroncados en el mundo rural, los plazos relativos a la duración de estos programas se unificarán o potenciarán, en función de la atracción de estos programas de empleo a zonas rurales.

Estos programas educativos en materia de emprendimiento y habilidades digitales podrán integrarse en las actuaciones relacionadas y previstas en instrumentos como el Plan Nacional de Competencias Digitales, contando con el presupuesto, objetivos e instrumentos asociados a las mismas.

Además, las administraciones públicas impulsarán actuaciones orientadas a fomentar la implantación de empresas emergentes en los entornos rurales, así como el establecimiento de ecosistemas de innovación en el medio rural que proporcionen las condiciones necesarias para el desarrollo de empresas de base tecnológica y científica que puedan recoger los frutos de la investigación.

Art. 18. *Universidades, entidades y empresas basadas en el conocimiento.*– Las universidades fomentarán la formación orientada a favorecer la empleabilidad y el emprendimiento a título individual o colectivo. Las universidades podrán crear o participar en entidades y empresas basadas en el conocimiento en los términos establecidos en la normativa específica.

Las empresas de base tecnológica spinoff originadas en las universidades españolas tendrán la consideración de empresas emergentes innovadoras (startups) cuando cumplan con los requisitos establecidos en el párrafo segundo del apartado 2 del artículo 3.

TÍTULO VI. Fomento de las empresas emergentes

Art. 19. *Sistema estatal de ayudas al emprendimiento basado en innovación.*– 1. El sistema estatal de ayudas al emprendimiento basado en innovación está formado por el conjunto de programas gestionados por el Estado que se destinan a fomentar la creación en España de empresas emergentes, a impulsar su expansión internacional, a estimular la inversión nacional y extranjera en este tipo de empresas, la colaboración entre empresas y el incremento de la participación de mujeres y territorios en este fenómeno.

2. El sistema estatal de ayudas al emprendimiento basado en innovación estará orientado hacia la realización de las misiones orientadoras de los programas plurianuales de fomento de la investigación y la innovación de la Unión Europea, y de otros grandes retos, relevantes para España, que sean identificados por el Gobierno con carácter plurianual.

Art. 20. *Acciones prioritarias.*– 1. La Administración General del Estado, en cooperación con las administraciones autonómicas y locales, promoverá el establecimiento de fondos de co-inversión para atraer capital privado a la financiación de empresas emergentes en sus distintas fases de creación, crecimiento e internacionalización.

2. La Administración General del Estado, en cooperación, cuando proceda, con las administraciones autonómicas y locales, alentará la creación de redes de contacto y colaboración, plataformas y puntos de encuentro entre empresas emergentes y entre estas y empresas maduras, así como con los demás agentes del ecosistema español de empresas emergentes. Asimismo, podrá financiar proyectos colaborativos entre pequeñas y medianas empresas y empresas emergentes.

3. La Administración General del Estado, en cooperación con las administraciones autonómicas y locales, velará por reducir la brecha de género en las actuaciones que realice para atraer capital privado a la financiación de empresas emergentes. Asimismo, promoverá la participación de mujeres en plataformas y puntos de encuentro entre empresas emergentes y entre estas y empresas maduras, poniendo en marcha medidas de acción positiva, si fuese necesario.

Art. 21. *Planificación, ejecución y evaluación de los mecanismos de apoyo al emprendimiento basado en innovación.–* 1. El Gobierno aprobará un programa plurianual de ayudas al emprendimiento basado en innovación, en el que se definan los fines orientadores que perseguirán y el peso relativo de las acciones indicadas en los artículos 19 y 20 en el conjunto de las ayudas, así como los medios para asegurar el servicio a dichos fines y la distribución de acciones prevista, más el procedimiento para evaluar sus resultados.

El programa plurianual de ayudas incorporará la perspectiva de género y establecerá, así mismo, los mecanismos de coordinación oportunos para garantizar la complementariedad de las distintas líneas de ayuda, su evaluación continua en pos de su mayor eficacia y eficiencia, y la transparencia de todas las fuentes de financiación estatales relacionadas con el emprendimiento de base innovadora.

El programa se integrará en el Plan Estatal de Investigación Científica y Técnica y de Innovación, teniendo la consideración de plan estratégico de subvenciones, de conformidad con lo previsto en la Ley 38/2003, de 17 de noviembre, General de Subvenciones.

2. La Administración General del Estado elaborará y publicará un informe sobre la ejecución del programa de ayudas al emprendimiento basado en la innovación en el año anterior.

Asimismo, cada cuatro años publicará un informe sobre la ejecución global del programa, el efecto de las ayudas concedidas sobre las empresas que se beneficiaron de ellas y sobre el ecosistema emprendedor en general, así como sobre su impacto en los grandes retos inspiradores del sistema estatal de ayudas al emprendimiento basado en innovación.

Art. 22. *Reducción de garantías.–* Cuando la concesión de subvenciones o los pagos a cuenta estén condicionados a la prestación de garantías, la empresa emergente beneficiaria podrá solicitar que la garantía se reduzca a cambio de disminuir en la misma proporción el importe de la ayuda o del pago anticipado.

La Administración otorgante evaluará dicha solicitud en base, al menos, a los siguientes criterios:

a) Estar al corriente en el cumplimiento de las obligaciones tributarias y con la Seguridad Social durante los últimos cinco ejercicios.

b) Que no haya incurrido en procedimiento de reintegro de ninguna subvención otorgada con anterioridad.

Art. 23. *Información sobre convocatorias de subvenciones.*– En los Puntos de Atención al Emprendedor y en la Oficina Nacional de Emprendimiento, se publicará una relación de las subvenciones públicas dirigidas específicamente a empresas emergentes y convocadas por las instituciones comunitarias y por las administraciones públicas españolas. Esta relación se mantendrá permanentemente actualizada.

Los Puntos de Atención al Emprendedor y la Oficina Nacional de Emprendimiento publicarán también un calendario orientativo de las subvenciones de convocatoria regular durante el mes de enero de cada año.

Art. 24. *Conocimiento y difusión del ecosistema español de empresas emergentes.*– 1. La Administración General del Estado publicará información sobre los centros urbanos de atracción de empresas emergentes y sus agentes de financiación, aceleradoras e incubadoras, a través de un portal web con información en, al menos, español, lenguas oficiales y reconocidas estatutariamente en sus Comunidades Autónomas e inglés, siempre y cuando hayan comunicado su actividad al Ministerio de Asuntos Económicos y Transformación Digital para colaborar con las funciones de promoción del ecosistema español de empresas emergentes.

La Oficina Nacional de Emprendimiento incardinará esta información dentro de su catálogo de servicios y ejercerá la labor de punto de acceso principal para la información relacionada con el emprendimiento en nuestro país.

2. El portal web al que se refiere el apartado anterior informará en, al menos, español, lenguas oficiales y reconocidas estatutariamente en sus Comunidades Autónomas (para estas lenguas en lo relativo al contenido informativo) e inglés sobre las condiciones de entrada y residencia en España de emprendedores, inversores y profesionales altamente cualificados, de acuerdo con la Ley 14/2013, de 27 de septiembre, incluyendo los documentos necesarios, las tasas aplicables y una explicación detallada del procedimiento, así como una interfaz para solicitar la concesión de los visados y autorizaciones pertinentes. Dicha interfaz incorporará una pasarela de pagos para el abono de las tasas correspondientes.

TÍTULO VII. Seguimiento participativo de las políticas públicas estatales sobre empresas emergentes

Art. 25. *Foro Nacional de Empresas Emergentes.-* 1. Se crea el Foro Nacional de Empresas Emergentes como órgano colegiado interministerial consultivo y de colaboración entre las administraciones públicas, universidades, organismos públicos de investigación y centros tecnológicos, asociaciones empresariales de base asociativa más representativas de ámbito estatal y autonómico, asociaciones o corporaciones de profesionales intermediarios, empresas emergentes y aquellas otras que colaboren con ellas.

2. Sus funciones serán analizar, identificar buenas prácticas y debatir las políticas públicas de impulso al emprendimiento en investigación y desarrollo y en innovación. También propondrá mejoras orientadas a su crecimiento y a su integración en los mercados comunitario y mundial.

El Foro Nacional de Empresas Emergentes promoverá la diversidad, la inclusión y los principios democráticos entre las empresas emergentes. Para ello, podrá establecer reconocimientos para aquellas empresas emergentes que se destaquen por su actividad en este sentido.

3. Por real decreto, se desarrollará la composición y régimen de funcionamiento del Foro, en el marco de la Ley 40/2015, de 1 de octubre, de Régimen Jurídico del Sector Público.

4. Entre las funciones del Foro está la emisión de informe preceptivo y no vinculante para la evaluación continua de la aplicación de la presente ley en los términos del artículo siguiente.

> En virtud del apartado 3 y de la Disp. Fina 11.ª se dicta el Real Decreto 1138/2024, de 11 de noviembre, por el que se regula el Foro Nacional de Empresas Emergentes.

Art. 26. *Evaluación continua de la aplicación de la ley.-* 1. El Gobierno, mediante la Comisión Delegada del Gobierno para Asuntos Económicos, llevará a cabo un seguimiento de la aplicación de esta ley, para lo que aprobará, previa consulta con el Foro Nacional de Empresas Emergentes, indicadores de cumplimiento de los objetivos de la ley, que estarán desagregados por sexo y por Comunidades Autónomas siempre que sea posible.

2. El Gobierno elevará, anualmente, un informe a las Cortes Generales sobre los resultados de la ley y sus propuestas de mejora.

DISPOSICIONES ADICIONALES

Primera. *Actualizaciones de interfaces y neutralidad tecnológica.-* 1. Las administraciones públicas impulsarán la adaptación de sus aplicaciones informáticas para que los ciudadanos puedan interactuar con ellas a través de dispositivos móviles, y mediante la utilización de cualquier navegador.

Velarán por que las interfaces de usuario se mantengan actualizadas de acuerdo con la evolución de los programas informáticos y su implantación en el mercado.

2. El Consejo General del Notariado y el Colegio de Registradores de España promoverán la adaptación de las aplicaciones informáticas que deban emplear los ciudadanos para relacionarse electrónicamente con los notarios y los registradores con el fin de que sean compatibles con cualquier navegador, admitan todas las firmas y sellos electrónicos incluidos en la «lista de confianza de prestadores de servicios de certificación» y pueda interactuarse con ellas desde dispositivos móviles.

Velarán por que las interfaces de usuario se mantengan actualizadas de acuerdo con la evolución de los programas informáticos y su implantación en el mercado.

3. La Administración General del Estado y su sector público institucional, así como el Consejo General del Notariado y el Colegio de Registradores de España deberán establecer un calendario para cumplir los objetivos señalados en el apartado 1 sin que el plazo pueda exceder de cuatro años desde la entrada en vigor de esta ley.

Tanto el calendario como el progreso en su ejecución se publicarán en el punto de acceso electrónico general u otro portal único de internet de la Administración General del Estado, y en la página web del Consejo General del Notariado y del Colegio de Registradores de España, de forma respectiva.

Segunda. *Evaluación de la coherencia de los programas de ayuda a empresas emergentes del Estado.*– 1. Como primer paso para adecuar el sistema estatal de ayudas al emprendimiento basado en innovación a los principios de transparencia, coherencia y evaluación continua, el Gobierno encargará a la Autoridad Independiente de Responsabilidad Fiscal la realización de un inventario sobre todas las líneas de ayuda existentes en el Estado y su sector público institucional dirigidas a empresas emergentes o a su creación.

Igualmente, la Autoridad Independiente de Responsabilidad Fiscal realizará una evaluación de la economía, eficacia y eficiencia de las líneas de ayuda y formulará recomendaciones para garantizar su máxima coherencia y efectividad.

2. La Autoridad Independiente de Responsabilidad Fiscal dispondrá de nueve meses para la entrega del inventario y del informe de evaluación sobre el sistema público de apoyo a las empresas emergentes a través de subvenciones y ayudas.

Tercera. *Coordinación de las actuaciones sobre empresas emergentes en la Administración General del Estado.*– En el seno de la Comisión Delegada del Gobierno para Asuntos Económicos se creará un grupo de trabajo para intercambiar información sobre las políticas que afecten a las empresas emergentes, preparar las reuniones del Foro Nacional de Empresas Emergentes, estudiar propuestas para incrementar la compra pública innovadora y coordinar las iniciativas de fomento de los distintos departamentos en aplicación de lo dispuesto en el capítulo I del título VI, sin perjuicio de lo establecido en la Ley 50/1997, de 27 de noviembre, del Gobierno, en lo referente a la competencia del Presidente del Gobierno para crear, suprimir o modificar las Comisiones Delegadas del Gobierno, su composición y funcionamiento.

Cuarta. *Startup de estudiantes.*– 1. La startup de estudiantes se reconoce como herramienta pedagógica.

2. Reglamentariamente, se determinarán los requisitos, límites al estatuto de la startup de estudiantes; así como también se podrán adoptar medidas específicas de información y asistencia que facilitarán el cumplimiento de sus obligaciones tributarias y contables.

3. La startup de estudiantes se constituirá, mediante el sistema del Centro de Información y Red de Creación de Empresas, por la organización promotora del programa de estudios correspondiente, lo que permitirá a la misma realizar transacciones económicas y monetarias, emitir facturas y abrir cuentas bancarias.

Los Puntos de Atención al Emprendedor que quieran participar como organizaciones promotoras deberán solicitar a ENISA su participación en el programa. Para este fin, ENISA contará con el apoyo de la Escuela de Organización Industrial, Fundación EOI, F.S.P.

4. La startup de estudiantes tendrá una duración limitada a un curso escolar prorrogable a un máximo de dos cursos escolares.

5. La startup de estudiantes estará cubierta por un seguro de responsabilidad civil u otra garantía equivalente suscrito por la organización promotora.

Véase Disp. Ad. 9.ª de la Ley 14/2013, de 27 de septiembre (§2).

Quinta. *Plazo para la puesta en marcha del portal de internet sobre el ecosistema español de empresas emergentes.*– El Gobierno dispondrá lo necesario para que, en el plazo máximo de un año, esté en funcionamiento el portal de internet para conocimiento y difusión del ecosistema español de empresas emergentes a que se refiere el artículo 24.

Sexta. *Ventanilla única.*– Con el objetivo de facilitar los procedimientos de tramitación de visados y permisos de residencia regulados en la sección II del capítulo IV del título V de la Ley 14/2013, de 27 de septiembre, de apoyo a los emprendedores y su internacionalización, los órganos competentes en la tramitación de los mismos se comprometerán a favorecer modelos basados en una ventanilla única.

Séptima. *Creación de la Agencia Española de Supervisión de Inteligencia Artificial.*– (…)

[Disp. Adicional no reproducida en estos Textos legales].

DISPOSICIÓN TRANSITORIA

Única. *Plazo para determinar el carácter de emprendimiento innovador y la escalabilidad del modelo de negocio.*– El plazo para determinar el carácter de emprendimiento innovador y la escalabilidad del modelo de negocio será de 3 meses a partir de que la empresa haya remitido toda la información relativa a la solicitud de acreditación, incluyendo la información complementaria que se le haya podido solicitar a partir del análisis realizado por parte de ENISA. Este plazo será aplicable a partir de los seis meses siguientes al de la entrada en vigor de esta ley.

DISPOSICIONES FINALES

Primera. *Título competencial.*– Esta ley se dicta al amparo de los títulos competenciales que se citan a continuación:

a) El título preliminar, salvo los artículos 3.2 y 6, y el título IV se dictan al amparo del artículo 149.1.13.ª de la Constitución, que atribuye al Estado competencia sobre las bases y coordinación de la planificación general de la actividad económica.

b) Los capítulos I y II del título I y las disposiciones finales segunda y tercera se dictan al amparo del artículo 149.1.14.ª de la Constitución, que atribuye al Estado competencia exclusiva en materia de Hacienda General y Deuda del Estado.

c) El artículo 5 y el título II, a excepción del artículo 12 en lo que se refiere a los aranceles notariales o registrales, se dictan al amparo del artículo 149.1.6.ª de la Constitución, que atribuye al Estado competencia exclusiva sobre la legislación mercantil.

d) Los artículos 3.2, 3.3 y 12, en lo que se refiere a los aranceles notariales y registrales, y la disposición adicional primera, en lo que respecta al Consejo General del Notariado y al Colegio de Registradores de España, se dictan al amparo del artículo 149.1.8.ª de la Constitución, que atribuye al Estado competencia exclusiva sobre la ordenación de los registros y los instrumentos públicos.

e) El título III, a excepción del artículo 14 apartado 1, se dicta al amparo del artículo 149.1.18.ª de la Constitución, que atribuye al Estado competencia para dictar la legislación básica sobre contratos y concesiones administrativas.

f) La disposición adicional primera se dicta al amparo de los artículos 149.1.6.ª, 8.ª y 18.ª de la Constitución, que atribuye al Estado la competencia para dictar las bases sobre la legislación mercantil y ordenación de los registros, los instrumentos públicos y las bases del régimen jurídico de las Administraciones Públicas.

g) El título V se dicta de acuerdo con lo previsto en el artículo 149.1.15.ª y 149.1.30.ª de la Constitución, que atribuye al Estado competencia sobre el fomento y la coordinación general de la investigación científica y técnica, y para dictar normas básicas para el desarrollo del artículo 27 de la Constitución, a fin de garantizar el cumplimiento de las obligaciones de los poderes públicos en esta materia.

h) El artículo 14, apartado 1, los títulos VI y VII y las disposiciones adicionales primera, segunda y tercera resultarán únicamente de aplicación en el ámbito de la Administración General del Estado y en su sector público institucional.

i) El artículo 10 se dicta al amparo del artículo 149.1.6.ª, 11.ª y 13.ª de la Constitución, que atribuye al Estado competencia exclusiva sobre la legislación mercantil, bases de la ordenación de crédito, banca y seguros y el establecimiento de las bases y la coordinación de la planificación general de la actividad económica.

j) La disposición adicional quinta se dicta al amparo del artículo 149.1.30.ª de la Constitución, que atribuye al Estado la competencia exclusiva para dictar normas básicas para el desarrollo del artículo 27 de la Constitución.

Las restantes disposiciones resultarán únicamente de aplicación en el ámbito de la Administración General del Estado y en su sector público institucional.

Segunda. *Modificación del texto refundido de la Ley del Impuesto sobre la Renta de no Residentes, aprobado por el Real Decreto Legislativo 5/2004, de 5 de marzo.-* El texto refundido de la Ley del Impuesto sobre la Renta de no Residentes, aprobado por el Real Decreto Legislativo 5/2004, de 5 de marzo, queda modificado como sigue:

La letra a) del artículo 14.1 queda redactado de la siguiente forma:

«a) Las rentas mencionadas en el artículo 7 y los rendimientos del trabajo en especie mencionados en el apartado 3 del artículo 42 de la Ley 35/2006, de 28 de noviembre, del Impuesto sobre la Renta de las Personas Físicas y de modificación parcial de las leyes de los Impuestos sobre Sociedades, sobre la Renta de no Residentes y sobre el Patrimonio, percibidas por personas físicas, así como las prestaciones por razón de necesidad reconocidas al amparo del Real Decreto 8/2008, de 11 de enero, por el que se regula la prestación por razón de necesidad a favor de los españoles residentes en el exterior y retornados.»

Tercera. *Modificación de la Ley 35/2006, de 28 de noviembre, del Impuesto sobre la Renta de las Personas Físicas y de modificación parcial de las leyes de los Impuestos sobre Sociedades, sobre la Renta de no Residentes y sobre el Patrimonio.-* Con efectos desde el 1 de enero de 2023, se introducen las siguientes modificaciones en la Ley 35/2006, de 28 de noviembre, del Impuesto sobre la Renta de las Personas Físicas y de modificación parcial de las leyes de los Impuestos sobre Sociedades, sobre la Renta de no Residentes y sobre el Patrimonio, quedando redactada de la siguiente forma:

Uno. Se añade una letra m) al apartado 2 del artículo 14, que queda redactada de la siguiente forma:

«m) Los rendimientos del trabajo en especie derivados de la entrega de acciones o participaciones de una empresa emergente a las que se refiere la Ley 28/2022, de 21 de diciembre, de fomento del ecosistema de las empresas emergentes, que, cumpliendo los requisitos establecidos en la letra f) del apartado 3 del artículo 42 de esta ley no estén exentos por superar la cuantía prevista en dicho artículo, se imputarán en el período impositivo en el que concurra alguna de las siguientes circunstancias:

– Que el capital de la sociedad sea objeto de admisión a negociación en bolsa de valores o en cualquier sistema multilateral de negociación, español o extranjero.

– Que se produzca la salida del patrimonio del contribuyente de la acción o participación correspondiente.

No obstante, transcurrido el plazo de diez años a contar desde la entrega de las acciones o participaciones sin que se haya producido alguna de las circunstancias señaladas anteriormente, el contribuyente deberá imputar los rendimientos del trabajo a que se refiere esta letra correspondientes a tales acciones o participaciones, en el período impositivo en el que se haya cumplido el referido plazo de diez años.»

Dos. La letra f) del artículo 42.3 queda redactada de la siguiente forma:

«f) En los términos que reglamentariamente se establezcan, la entrega a los trabajadores en activo, de forma gratuita o por precio inferior al normal de mercado, de acciones o participaciones de la propia empresa o de otras empresas del grupo de sociedades, en la parte que no exceda, para el conjunto de las entregadas a cada trabajador, de 12.000 euros anuales, siempre que la oferta se realice en las mismas condiciones para todos los trabajadores de la empresa, grupo o subgrupos de empresa.

La exención prevista en el párrafo anterior será de 50.000 euros anuales en el caso de entrega de acciones o participaciones concedidas a los trabajadores de una empresa emergente a las que se refiere la Ley 28/2022, de 21 de diciembre, de fomento del ecosistema de las empresas emergentes. En este supuesto, no será necesario que la oferta se realice en las condiciones señaladas en el párrafo anterior, debiendo efectuarse la misma dentro de la política retributiva general de la empresa y contribuir a la participación de los trabajadores en esta última. En el caso de que la entrega de acciones o participaciones sociales a que se refiere este párrafo derive del ejercicio de opciones de compra sobre acciones o participaciones previamente concedidas a los trabajadores por la empresa emergente, los requisitos para la consideración como empresa emergente deberán cumplirse en el momento de la concesión de la opción.»

Tres. Se añade una nueva letra g) en el número 1.º del apartado 1 del artículo 43, que queda redactada de la siguiente forma:

«g) En el caso de entrega de acciones o participaciones concedidas a los trabajadores de una empresa emergente a las que se refiere el segundo párrafo de la letra f) del apartado 3 del artículo 42 de esta ley, por el valor de las acciones o participaciones sociales suscritas por un tercero independiente en la última ampliación de capital realizada en el año anterior a aquel en que se entreguen las acciones o participaciones sociales. De no haberse producido la referida ampliación, se valorarán por el valor de mercado que tuvieran las acciones o participaciones sociales en el momento de la entrega al trabajador.»

Cuatro. El artículo 68.1 queda redactado de la siguiente forma:

«1. Deducción por inversión en empresas de nueva o reciente creación.

1.º Los contribuyentes podrán deducirse el 50 por ciento de las cantidades satisfechas en el período de que se trate por la suscripción de acciones o participaciones en empresas de nueva o reciente creación, cuando se cumpla lo dispuesto en los números 2.º y 3.º de este apartado, pudiendo, además de la aportación temporal al capital, aportar sus conocimientos empresariales o profesionales adecuados para el desarrollo de la entidad en la que invierten, en los términos que establezca el acuerdo de inversión entre el contribuyente y la entidad.

La base máxima de deducción será de 100.000 euros anuales y estará formada por el valor de adquisición de las acciones o participaciones suscritas.

No formarán parte de la base de deducción las cantidades satisfechas por la suscripción de acciones o participaciones cuando respecto de tales cantidades el contribuyente practique una deducción establecida por la Comunidad Autónoma en el ejercicio de las competencias previstas en la Ley 22/2009, de 18 de diciembre, por la que se regula el sistema de financiación de las Comunidades Autónomas de régimen común y Ciudades con Estatuto de Autonomía y se modifican determinadas normas tributarias.

2.º La entidad cuyas acciones o participaciones se adquieran deberá cumplir los siguientes requisitos:

a) Revestir la forma de Sociedad Anónima, Sociedad de Responsabilidad Limitada, Sociedad Anónima Laboral o Sociedad de Responsabilidad Limitada Laboral, en los términos previstos en el texto refundido de la Ley de Sociedades de Capital, aprobado por el Real Decreto Legislativo 1/2010, de 2 de julio, y en la Ley 44/2015, de 14 de octubre, de Sociedades Laborales y Participadas, y no estar admitida a negociación en ningún mercado organizado, tanto mercado regulado como sistemas multilaterales de negociación.

Este requisito deberá cumplirse durante todos los años de tenencia de la acción o participación.

b) Ejercer una actividad económica que cuente con los medios personales y materiales para el desarrollo de la misma. En particular, no podrá tener por actividad la gestión de un patrimonio mobiliario o inmobiliario a que se refiere el artículo 4.8.dos.a) de la Ley 19/1991, de 6 de junio, del Impuesto sobre el Patrimonio, en ninguno de los períodos impositivos de la entidad concluidos con anterioridad a la transmisión de la participación.

c) El importe de la cifra de los fondos propios de la entidad no podrá ser superior a 400.000 euros en el inicio del período impositivo de la misma en que el contribuyente adquiera las acciones o participaciones.

Cuando la entidad forme parte de un grupo de sociedades en el sentido del artículo 42 del Código de Comercio, con independencia de la residencia y de la obligación de formular cuentas anuales consolidadas, el importe de los fondos propios se referirá al conjunto de entidades pertenecientes a dicho grupo.

3.º A efectos de aplicar lo dispuesto en el apartado 1.º anterior deberán cumplirse las siguientes condiciones:

a) Las acciones o participaciones en la entidad deberán adquirirse por el contribuyente bien en el momento de la constitución de aquella o mediante ampliación de capital efectuada, con carácter general, en los cinco años siguientes a dicha constitución, o en los siete años siguientes a dicha constitución en el caso de empresas emergentes a las que se refiere el apartado 1 del artículo 3 de la Ley 28/2022, de 21 de diciembre, de fomento del ecosistema de las empresas emergentes, y permanecer en su patrimonio por un plazo superior a tres años e inferior a doce años.

b) La participación directa o indirecta del contribuyente, junto con la que posean en la misma entidad su cónyuge o cualquier persona unida al contribuyente por parentesco, en línea recta o colateral, por consanguinidad o afinidad, hasta el segundo grado incluido, no puede ser, durante ningún día de los años naturales de tenencia de la participación, superior al 40 por ciento del capital social de la entidad o de sus derechos de voto. Lo dispuesto en esta letra no resultará de aplicación a los socios fundadores de una empresa emergente a las que se refiere la Ley 28/2022, de 21 de diciembre, de fomento del ecosistema de las empresas emergentes, entendidos como aquellos que figuren en la escritura pública de constitución de la misma.

c) Que no se trate de acciones o participaciones en una entidad a través de la cual se ejerza la misma actividad que se venía ejerciendo anteriormente mediante otra titularidad.

4.º Cuando el contribuyente transmita acciones o participaciones y opte por la aplicación de la exención prevista en el apartado 2 del artículo 38 de esta ley, únicamente formará parte de la base de la deducción correspondiente a las nuevas acciones o participaciones suscritas la parte de la reinversión que exceda del importe total obtenido en la transmisión de aquellas. En ningún caso se podrá practicar deducción por las nuevas acciones o participaciones mientras las cantidades invertidas no superen la citada cuantía.

5.º Para la práctica de la deducción será necesario obtener una certificación expedida por la entidad cuyas acciones o participaciones se hayan adquirido indicando el cumplimiento de los requisitos señalados en el número 2.º anterior en el período impositivo en el que se produjo la adquisición de las mismas.»

Cinco. El artículo 93 queda redactado de la siguiente forma:

«Artículo 93. Régimen fiscal especial aplicable a los trabajadores, profesionales, emprendedores e inversores desplazados a territorio español.

1. Las personas físicas que adquieran su residencia fiscal en España como consecuencia de su desplazamiento a territorio español podrán optar por tributar por el Impuesto sobre la Renta de no Residentes, con las reglas especiales previstas en el apartado 2 de este artículo, manteniendo la condición de contribuyentes por el Impuesto sobre la Renta de las Personas Físicas, durante el período impositivo en que se efectúe el cambio de residencia y durante los cinco períodos impositivos siguientes, cuando, en los términos que se establezcan reglamentariamente, se cumplan las siguientes condiciones:

a) Que no hayan sido residentes en España durante los cinco períodos impositivos anteriores a aquél en el que se produzca su desplazamiento a territorio español.

b) Que el desplazamiento a territorio español se produzca, ya sea en el primer año de aplicación del régimen o en el año anterior, como consecuencia de alguna de las siguientes circunstancias:

1.º Como consecuencia de un contrato de trabajo, con excepción de la relación laboral especial de los deportistas profesionales regulada por el Real Decreto 1006/1985, de 26 de junio, por el que se regula la relación laboral especial de los deportistas profesionales.

Se entenderá cumplida esta condición cuando se inicie una relación laboral, ordinaria o especial distinta de la anteriormente indicada, o estatutaria con un empleador en España. Igualmente, se entenderá cumplida esta condición cuando el desplazamiento sea ordenado por el empleador y exista una carta de desplazamiento de este o cuando, sin ser ordenado por el empleador, la actividad laboral se preste a distancia, mediante el uso exclusivo de medios y sistemas informáticos, telemáticos y de telecomunicación. En particular, se entenderá cumplida esta circunstancia en el caso de trabajadores por cuenta ajena que cuenten con el visado para teletrabajo de carácter internacional previsto en la Ley 14/2013, de 27 de septiembre, de apoyo a los emprendedores y su internacionalización.

2.º Como consecuencia de la adquisición de la condición de administrador de una entidad. En caso de que la entidad tenga la consideración de entidad patrimonial en los términos previstos en el artículo 5, apartado 2, de la Ley del Impuesto sobre Sociedades, el administrador no podrá tener una participación en dicha entidad que determine su consideración como entidad vinculada en los términos previstos en el artículo 18 de la Ley 27/2014, de 27 de noviembre, del Impuesto sobre Sociedades.

3.º Como consecuencia de la realización en España de una actividad económica calificada como actividad emprendedora, de acuerdo con el procedimiento descrito en el artículo 70 de la Ley 14/2013, de 27 de septiembre, en los términos establecidos reglamentariamente.

4.º Como consecuencia de la realización en España de una actividad económica por parte de un profesional altamente cualificado que preste servicios a empresas emergentes en el sentido del artículo 3 de la Ley 28/2022, de 21 de diciembre, de fomento del ecosistema de empresas emergentes, o que lleve a cabo actividades de formación, investigación, desarrollo e innovación, percibiendo por ello una remuneración que represente en conjunto más del 40 % de la totalidad de los rendimientos empresariales, profesionales y del trabajo personal. Reglamentariamente se determinará la forma de acreditar la condición de profesional altamente cualificado, así como la determinación de los requisitos para calificar las actividades como de formación, investigación, desarrollo e innovación.

c) Que no obtenga rentas que se calificarían como obtenidas mediante un establecimiento permanente situado en territorio español, salvo en el supuesto previsto en la letra b).3.º y 4.º de este apartado.

El contribuyente que opte por la tributación por el Impuesto sobre la Renta de no Residentes quedará sujeto por obligación real en el Impuesto sobre el Patrimonio.

La persona titular del Ministerio de Hacienda y Función Pública establecerá el procedimiento para el ejercicio de la opción mencionada en este apartado.

2. La aplicación de este régimen especial implicará, en los términos que se establezcan reglamentariamente, la determinación de la deuda tributaria del Impuesto sobre la Renta de las Personas Físicas con arreglo a las normas establecidas en el texto refundido de la Ley del Impuesto sobre la Renta de no Residentes, aprobado por el Real Decreto Legislativo 5/2004, de 5 de marzo, para las rentas obtenidas sin mediación de establecimiento permanente con las siguientes especialidades:

a) No resultará de aplicación lo dispuesto en los artículos 5, 6, 8, 9, 10, 11 y 14 del capítulo I del citado texto refundido. No obstante, estarán exentos los rendimientos del trabajo en especie a los que se refiere la letra a) del artículo 14.1 del citado texto refundido.

b) La totalidad de los rendimientos de actividades económicas calificadas como una actividad emprendedora o de los rendimientos del trabajo obtenidos por el contribuyente durante la aplicación del régimen especial se entenderán obtenidos en territorio español.

c) A efectos de la liquidación del impuesto, se gravarán acumuladamente las rentas obtenidas por el contribuyente en territorio español durante el año natural, sin que sea posible compensación alguna entre aquellas.

d) La base liquidable estará formada por la totalidad de las rentas a que se refiere la letra c) anterior, distinguiéndose entre las rentas a que se refiere el artículo 25.1.f) del texto refundido de la Ley del Impuesto sobre la Renta de no Residentes, y el resto de rentas.

e) Para la determinación de la cuota íntegra:

1.º A la base liquidable, salvo la parte de la misma correspondiente a las rentas a que se refiere el artículo 25.1.f) del texto refundido de la Ley del Impuesto sobre la Renta de no Residentes, se le aplicarán los tipos que se indican en la siguiente escala:

Base liquidable – Euros	Tipo aplicable – Porcentaje
Hasta 600.000 euros.	24
Desde 600.000,01 euros en adelante.	47

2.º A la parte de la base liquidable correspondiente a las rentas a que se refiere el artículo 25.1.f) del texto refundido de la Ley del Impuesto sobre la Renta de no Residentes, se le aplicarán los tipos que se indican en la siguiente escala:

Base liquidable del ahorro – Hasta euros	Cuota íntegra – Euros	Resto base liquidable del ahorro – Hasta euros	Tipo aplicable – Porcentaje
0	0	6.000	19
6.000,00	1.140	44.000	21
50.000,00	10.380	150.000	23
200.000,00	44.880	En adelante.	26

f) Las retenciones e ingresos a cuenta en concepto de pagos a cuenta del impuesto se practicarán, en los términos que se establezcan reglamentariamente, de acuerdo con la normativa del Impuesto sobre la Renta de no Residentes.

No obstante, el porcentaje de retención o ingreso a cuenta sobre rendimientos del trabajo será el 24 por ciento. Cuando las retribuciones satisfechas por un mismo pagador de rendimientos del trabajo durante el año natural excedan de 600.000 euros, el porcentaje de retención aplicable al exceso será el 47 por ciento.

3. También podrán optar por tributar por el Impuesto sobre la Renta de no Residentes, con las reglas especiales previstas en el apartado 2 de este artículo, manteniendo la condición de contribuyentes por el Impuesto sobre la Renta de las Personas Físicas, el cónyuge del contribuyente a que se refiere el apartado 1 anterior y sus hijos, menores de veinticinco años o cualquiera que sea su edad en caso de discapacidad, o en el supuesto de inexistencia de vínculo matrimonial, el progenitor de estos, siempre que se cumplan las siguientes condiciones:

a) Que se desplacen a territorio español con el contribuyente a que se refiere el apartado 1 anterior o en un momento posterior, siempre que no hubiera finalizado el primer período impositivo en el que a este le resulte de aplicación el régimen especial.

b) Que adquieran su residencia fiscal en España.

c) Que cumplan las condiciones a que se refieren las letras a) y c) del apartado 1 de este artículo.

d) Que la suma de las bases liquidables, a que se refiere la letra d) del apartado 2 de este artículo, de los contribuyentes en cada uno de los períodos impositivos en los que les resulte de aplicación este régimen especial, sea inferior a la base liquidable del contribuyente a que se refiere el apartado 1 anterior.

El régimen especial resultará de aplicación durante los sucesivos períodos impositivos en los que, cumpliéndose tales condiciones, el mismo resulte también de aplicación al contribuyente previsto en el apartado 1 anterior. Reglamentariamente se establecerán los términos y condiciones para la aplicación del presente régimen especial.»

Seis. Se añade una nueva disposición adicional quincuagésima tercera, que queda redactada de la siguiente forma:

«Disposición adicional quincuagésima tercera. Rendimientos del trabajo obtenidos por la gestión de fondos vinculados al emprendimiento, a la innovación y al desarrollo de la actividad económica.

1. Tendrán la consideración de rendimientos del trabajo los derivados directa o indirectamente de participaciones, acciones u otros derechos, incluidas comisiones de éxito, que otorguen derechos económicos especiales en alguna de las entidades relacionadas en el apartado 2, obtenidos por las personas administradoras, gestoras o empleadas de dichas entidades o de sus entidades gestoras o entidades de su grupo.

2. Las entidades a que se refiere el apartado 1 son las siguientes:

a) Fondos de Inversión Alternativa de carácter cerrado definidos en la Directiva 2011/61/UE del Parlamento Europeo y del Consejo, de 8 de junio de 2011, relativa a los gestores de fondos de inversión alternativos y por la que se modifican las Directivas 2003/41/CE y 2009/65/CE y los Reglamentos (CE) n.º 1060/2009 y (UE) n.º 1095/2010 incluidos en alguna de las siguientes categorías:

1.º Entidades definidas en el artículo 3 de la Ley 22/2014, de 12 de noviembre, por la que se regulan las entidades de capital riesgo, otras entidades de inversión colectiva de tipo cerrado y las sociedades gestoras de entidades de inversión colectiva de tipo cerrado, y por la que se modifica la Ley 35/2003, de 4 de noviembre, de Instituciones de Inversión Colectiva.

2.º Fondos de capital riesgo europeos regulados en el Reglamento (UE) n.º 345/2013, del Parlamento Europeo y del Consejo, de 17 de abril de 2013, sobre los fondos de capital riesgo europeos.

3.º Fondos de emprendimiento social europeos regulados en el Reglamento (UE) n.º 346/2013 del Parlamento Europeo y del Consejo, de 17 de abril de 2013, sobre los fondos de emprendimiento social europeos, y

4.º Fondos de inversión a largo plazo europeos regulados en el Reglamento (UE) 2015/760 del Parlamento Europeo y del Consejo, de 29 de abril de 2015, sobre los fondos de inversión a largo plazo europeos.

b) Otros organismos de inversión análogos a los anteriores.

3. Los rendimientos del trabajo a que se refiere el apartado 1 se integrarán en la base imponible en un 50 por ciento de su importe, sin que resulten de aplicación exención o reducción alguna, cuando se cumplan los siguientes requisitos:

a) Los derechos económicos especiales de dichas participaciones, acciones o derechos estén condicionados a que los restantes inversores en la entidad a la que se refiere el apartado 2 anterior, obtengan una rentabilidad mínima definida en el reglamento o estatuto de la misma.

b) Las participaciones, acciones o derechos se mantengan durante un período mínimo de cinco años, salvo que se produzca su transmisión mortis causa, o que se liquiden anticipadamente o queden sin efecto o se pierdan total o parcialmente como consecuencia del cambio de entidad gestora, en cuyo caso, deberán haberse mantenido ininterrumpidamente hasta que se produzcan dichas circunstancias.

Lo dispuesto en esta letra será exigible, en su caso, a las entidades titulares de las participaciones, acciones o derechos. No será de aplicación el tratamiento previsto en este apartado cuando los derechos económicos especiales procedan directa o indirectamente de una entidad residente en un país o territorio calificado como jurisdicción no cooperativa o con el que no exista normativa sobre asistencia mutua en materia de intercambio de información tributaria en los términos previstos en la Ley 58/2003, de 17 de diciembre, General Tributaria, que sea de aplicación.»

Cuarta. *Modificación de la Ley 20/2007, de 11 de julio, del Estatuto del trabajo autónomo.*– Se añade un nuevo artículo 38 quinquies en la Ley 20/2007, de 11 de julio, del Estatuto del trabajo autónomo, con la siguiente redacción:

«Artículo 38 quinquies. Bonificación de cuotas en favor de trabajadores autónomos de empresas emergentes en situación de pluriactividad.

1. A los trabajadores incluidos en el Régimen Especial de la Seguridad Social de los Trabajadores por Cuenta Propia o Autónomos por poseer el control efectivo, directo o indirecto, de una empresa emergente regulada en la Ley 28/2022, de 21 de diciembre, de fomento del ecosistema de las empresas emergentes, y que, de forma simultánea, trabajen por cuenta ajena para otro empleador, les resultará de aplicación una bonificación del cien por cien de la cuota correspondiente a la base mínima establecida con carácter general, en cada momento, en el citado régimen especial durante los tres primeros años.

Esta bonificación será incompatible con los beneficios en la cotización previstos en los artículos 31 y 32.

2. Esta bonificación se disfrutará de forma continuada en tanto persista la situación de pluriactividad y, como máximo, durante los tres primeros años, a contar desde la fecha del alta que se produzca como consecuencia del inicio de la actividad autónoma por la dedicación a la empresa emergente.

La bonificación se extinguirá, en todo caso, en el momento en que cese la situación de pluriactividad, no pudiendo reiniciarse posteriormente su aplicación en el supuesto de que se produzca una nueva situación de pluriactividad.

3. La bonificación se aplicará por la Tesorería General de la Seguridad Social conforme a los datos, programas y aplicaciones informáticas disponibles en cada momento para la gestión liquidatoria y recaudatoria de la Seguridad Social, previa presentación de declaración responsable por parte del trabajador autónomo; sin perjuicio de su control y revisión por la Inspección de Trabajo y Seguridad Social, por la Tesorería General de la Seguridad Social y por el Servicio Público de Empleo Estatal, en el ejercicio de sus respectivas competencias.

4. La bonificación prevista en este artículo se financiará con cargo al presupuesto del Servicio Público de Empleo Estatal dentro de su ámbito competencial y conforme a sus disponibilidades presupuestarias.»

Quinta. *Modificación de la Ley 14/2013, de 27 de septiembre, de apoyo a los emprendedores y su internacionalización.*– La Ley 14/2013, de 27 de septiembre, de apoyo a los emprendedores y su internacionalización, queda modificada como sigue:

Uno. El apartado 1 del artículo 61 queda redactado del siguiente modo:

«Artículo 61. Entrada y permanencia en España por razones de interés económico.

1. Los extranjeros que se propongan entrar o residir, o que ya residan, en España verán facilitada su entrada y permanencia en territorio español por razones de interés económico de acuerdo con lo establecido en esta sección, en aquellos supuestos en los que acrediten ser:

a) Inversores.

b) Emprendedores.

c) Profesionales altamente cualificados.

d) Investigadores.

e) Trabajadores que efectúen movimientos intraempresariales.

f) Teletrabajadores de carácter internacional.»

Dos. La letra c) del apartado 3 del artículo 62 queda redactado del siguiente modo:

«Artículo 62. Requisitos generales para la estancia o residencia.

c) Carecer de antecedentes penales en España y en los países donde haya residido durante los dos últimos años, por delitos previstos en el ordenamiento jurídico español. Adicionalmente, se presentará una declaración responsable de la inexistencia de antecedentes penales de los últimos cinco años.»

Tres. Se modifica el apartado 1 del artículo 67.

«1. La autorización inicial de residencia para inversores tendrá una duración de tres años sin perjuicio de lo establecido en el artículo 66.3 para compras de inmuebles no formalizadas.»

Cuatro. Se modifica el capítulo III de la sección 2.ª del título V relativo a emprendedores y actividad empresarial:

1.º Se elimina el artículo 68 y se modifican los siguientes artículos en su numeración actual.

2.º El artículo 69 queda redactado del siguiente modo:

«Artículo 69. Residencia para emprendedores.

1. Aquellos extranjeros que soliciten entrar en España o que siendo titulares de una autorización de estancia o residencia o visado pretendan iniciar, desarrollar o dirigir una actividad económica como emprendedor, podrán ser provistos de una autorización de residencia para actividad empresarial, que tendrá validez en todo el territorio nacional y una vigencia de tres años. Una vez cumplido dicho plazo, podrán solicitar la renovación de la autorización de residencia por dos años, pudiendo obtener la residencia permanente a los cinco años.

La solicitud de autorización de residencia de emprendedor se realizará por el propio interesado o a través de un representante legal y de forma electrónica ante la Unidad de Grandes Empresas y Colectivos Estratégicos.

En el supuesto de que el extranjero se encuentre fuera de España, la solicitud de autorización y visado se realizará simultáneamente a través de una única instancia que iniciará la tramitación de autorización y visado de forma consecutiva.

2. Los solicitantes deberán cumplir los requisitos generales previstos en el artículo 62 y los requisitos legales necesarios para el inicio de la actividad, que serán los establecidos en la normativa sectorial correspondiente.»

3.º El artículo 70 queda redactado del siguiente modo:

«Artículo 70. Definición de actividad emprendedora y empresarial.

1. Se entenderá como actividad emprendedora aquella que sea innovadora y/o tenga especial interés económico para España y a tal efecto cuente con un informe favorable emitido por ENISA.

La solicitud se dirigirá a la Unidad de Grandes Empresas y Colectivos Estratégicos que de oficio solicitará informe sobre la actividad emprendedora y empresarial a ENISA. Este informe, de carácter preceptivo, será evacuado en el plazo de diez días hábiles.

En el caso de que el extranjero se encuentre fuera de España, una vez que tenga la autorización concedida, solicitará el visado de residencia correspondiente.

2. Para la valoración de la actividad emprendedora y empresarial, se tendrá en cuenta:

a) El perfil profesional del solicitante y su implicación en el proyecto. En caso de que existan varios socios, se evaluará la participación de cada uno de ellos, tanto de los que solicitan un visado o autorización como de los que no requieran el mismo.

b) El plan de negocio, que englobará una descripción del proyecto, del producto o servicio que desarrolla, y su financiación, incluyendo la inversión requerida y las posibles fuentes de financiación.

c) Los elementos que generen el valor añadido para la economía española, la innovación u oportunidades de inversión.»

Cinco. Se modifica el artículo 71 que queda redactado del siguiente modo:

«Podrán solicitar una autorización de residencia para profesionales altamente cualificados, que tendrá validez en todo el territorio nacional, las empresas que requieran la incorporación en territorio español de profesionales extranjeros graduados o postgraduados de universidades y escuelas de negocios de reconocido prestigio, titulados de formación profesional de grado superior, o especialistas con una experiencia profesional de un nivel comparable de al menos 3 años, en los términos que se establezcan en las instrucciones a las que se refiere la disposición adicional vigésima de esta ley.

La acreditación del cumplimiento de los requisitos anteriores se efectuará una única vez, quedando la empresa inscrita en la Unidad de Grandes Empresas y Colectivos Estratégicos. Dicha inscripción tendrá una validez de tres años renovables si se mantienen los requisitos. Cualquier modificación de las condiciones deberá ser comunicada a la Unidad de Grandes Empresas y Colectivos Estratégicos en el plazo de treinta días. En caso de no comunicar dicha modificación, la empresa dejará de estar inscrita en la Unidad.

La autorización de residencia para profesionales altamente cualificados será de tres años o igual a la duración del contrato, en caso de ser esta inferior. Una vez cumplido dicho plazo podrá solicitar la renovación de la autorización de residencia por dos años, pudiendo obtener la residencia permanente a los cinco años.»

Seis. Se modifica el artículo 72.3, que queda redactado del siguiente modo:

«3. El período de validez de una autorización de residencia para investigación será de tres años o igual a la duración del convenio de acogida o contrato, en caso de ser esta inferior. Una vez cumplido dicho plazo podrá solicitar la renovación de la autorización de residencia por dos años, pudiendo obtener la residencia permanente a los cinco años, de acuerdo con lo previsto en el artículo 75.2.»

Siete. Se modifica la letra b) del artículo 73.3, que queda redactado del siguiente modo:

«b) Autorización nacional de residencia por traslado intraempresarial: procederá esta autorización en los supuestos no contemplados en la letra a) o una vez haya transcurrido la duración máxima del traslado prevista en el apartado anterior. El período de validez de la autorización de residencia será de tres años o igual a la duración del traslado.»

Ocho. Se introduce un cuarto apartado en el artículo 76:

«Artículo 76. Procedimiento de autorización.

4. El pasaporte será documento acreditativo suficiente para darse de alta en la Seguridad Social durante los primeros seis meses de residencia o estancia en las categorías reguladas por esta sección y en aquellos supuestos en que el extranjero no esté en posesión del número de identificación de extranjero (NIE), sin perjuicio de que posteriormente se solicite el NIE.»

Nueve. Se introduce un nuevo capítulo V bis en la sección 2.ª del título V, que queda redactado de la siguiente manera:

«CAPÍTULO V BIS. Teletrabajadores de carácter internacional

Artículo 74 bis. Definición.– 1. Se halla en situación de residencia por teletrabajo de carácter internacional el nacional de un tercer Estado, autorizado a permanecer en España para ejercer una actividad laboral o profesional a distancia para empresas radicadas fuera del territorio nacional, mediante el uso exclusivo de medios y sistemas informáticos, telemáticos y de telecomunicación. En el caso de ejercicio de una actividad laboral, el titular de la autorización por teletrabajo de carácter internacional solo podrá trabajar para empresas radicadas fuera del territorio nacional. En el supuesto de ejercicio de una actividad profesional, se permitirá al titular de la autorización por teletrabajo de carácter internacional trabajar para una empresa ubicada en España, siempre y cuando el porcentaje de dicho trabajo no sea superior al 20 % del total de su actividad profesional.

2. Podrán solicitar el visado o la autorización de teletrabajo los profesionales cualificados que acrediten ser graduados o postgraduados de universidades de reconocido prestigio, formación profesional y escuelas de negocios de reconocido prestigio o bien con una experiencia profesional mínima de tres años.

Artículo 74 ter. Requisitos.– Deberán quedar acreditados, además de los requisitos generales del artículo 62, los siguientes:

a) La existencia de una actividad real y continuada durante al menos un año de la empresa o grupo de empresas con la que el trabajador mantiene relación laboral o profesional.

b) Documentación acreditativa de que la relación laboral o profesional se puede realizar en remoto.

c) En el supuesto de una relación laboral, se deberá acreditar la existencia de la misma entre el trabajador y la empresa no localizada en España durante al menos, los últimos tres meses anteriores a la presentación de la solicitud, así como documentación que acredite que dicha empresa permite al trabajador realizar la actividad laboral a distancia.

d) En el supuesto de la existencia de una relación profesional, se deberá acreditar que el trabajador tiene relación mercantil con una o varias empresas no localizadas en España durante, al menos, los tres últimos meses, así como documentación que acredite los términos y condiciones en los que va a ejercer la actividad profesional a distancia.

Artículo 74 quater. Visado para teletrabajo de carácter internacional.– 1. Los extranjeros no residentes en España, que se propongan residir en territorio español con el fin de teletrabajar a distancia para una empresa no ubicada en España, solicitarán el visado para teletrabajo de carácter internacional que tendrá una vigencia máxima de un año, salvo que el período de trabajo sea inferior, en cuyo caso el visado tendrá la misma vigencia que este.

2. El visado para teletrabajo de carácter internacional constituirá título suficiente para residir y trabajar a distancia en España durante su vigencia.

3. En el plazo de sesenta días naturales antes de la expiración del visado, los teletrabajadores de carácter internacional que estén interesados en continuar residiendo en España podrán solicitar la autorización de residencia para trabajador a distancia internacional, siempre y cuando se mantengan las condiciones que generaron el derecho.

Artículo 74 quinquies. Residencia para teletrabajo de carácter internacional.– 1. Aquellos extranjeros que se hallen en España de forma regular o que hayan accedido mediante el visado previsto en el artículo anterior, podrán solicitar una autorización de residencia con el fin de teletrabajar a distancia para una empresa localizada en el extranjero, que tendrá validez en todo el territorio nacional.

2. La validez de esta autorización tendrá una vigencia máxima de tres años salvo que se solicite por un período de trabajo inferior.

3. Los titulares de esta autorización podrán solicitar su renovación por períodos de dos años siempre y cuando se mantengan las condiciones que generaron el derecho.»

Diez. Se modifica el apartado 1 de la disposición adicional decimoséptima, que queda redactado en los siguientes términos:

«1. Una vez finalizados los estudios en una institución de educación superior, los extranjeros que hayan alcanzado como mínimo el Nivel 6 de acuerdo con el Marco Europeo de Cualificaciones, correspondiente a la acreditación de grado, podrán permanecer en España durante un período máximo improrrogable de veinticuatro meses con el fin de buscar un empleo adecuado en relación con el nivel de los estudios finalizados o para emprender un proyecto empresarial.»

Once. Se modifica el apartado 6 de la disposición adicional decimoctava, que queda redactado en los siguientes términos:

«6. El período de validez de esta autorización de residencia para prácticas será de doce meses o igual a la duración del convenio de prácticas, de ser inferior. Esta autorización podrá ser renovada, por una sola vez, no pudiendo exceder de dos años el período total de la autorización inicial y de su prórroga. En el caso de que se trate de un contrato de trabajo en prácticas, la duración será la prevista en el mismo y regida por la legislación laboral aplicable en cada momento.»

Doce. Se añade una nueva disposición adicional vigésima, que queda redactada como sigue:

«Disposición adicional vigésima. Desarrollo de instrucciones con los requisitos para los visados y autorizaciones de residencia a los que se refiere esta ley.

Se habilita a los órganos competentes para dictar unas instrucciones con los requisitos específicos que deberán cumplir los solicitantes de los visados y autorizaciones de residencia a los que se refiere esta ley.

Para la elaboración de estas instrucciones técnicas, el Gobierno constituirá un grupo de trabajo en el que participarán los ministerios con competencias en la materia. Dichas instrucciones deberán estar elaboradas a más tardar el 31 de marzo de 2023 y contener requisitos específicos adaptados para los solicitantes de visados y autorizaciones de residencia a los que se refiere esta ley. Los umbrales de los importes económicos utilizados para evaluar los recursos económicos de los solicitantes se referenciarán al Salario Mínimo Interprofesional (SMI).»

Trece. Se añade una nueva disposición adicional vigésima primera en los términos siguientes:

«Disposición adicional vigésima primera. Números y Tarjetas de Identidad de Extranjero.

Se facilitará la expedición del Número de Identidad de Extranjero para los solicitantes de autorizaciones de residencia otorgadas al amparo de esta ley y las personas que pretendan realizar actividades relacionadas con los objetivos de esta ley. Para ello, se habilitará una página web específica para este colectivo para solicitar citas en línea y se podrá contar con diversas administraciones y organismos para la expedición presencial de los Números de Identificación de Extranjero.»

Sexta. *Modificación de la Ley 22/2015, de 20 de julio, de Auditoría de Cuentas.*– Uno. Modificación del apartado 1 del artículo 5, dando nueva redacción a la letra g) e introduciendo una nueva letra h), con el contenido de la actual letra g): (…)

[Modificaciones incorporadas al lugar correspondiente (§7)]

Dos. Se introduce una disposición adicional undécima con el siguiente contenido: (…)

[Introducida en el lugar correspondiente (§7)]

Séptima. *Modificación de la Ley 6/2018, de 3 de julio, de Presupuestos Generales del Estado para el año 2018.*– (…)

[Disposición Final no reproducida en estos Textos legales]

Octava. *Programa «Alicante 2021. Salida Vuelta al Mundo a Vela».*- (...)

[Disposición Final no reproducida en estos Textos legales]

Novena. *Carácter especial de esta ley.-* Los preceptos de esta ley desplazarán las disposiciones del ordenamiento jurídico que regulen de manera distinta las mismas materias, en su aplicación a las empresas emergentes.

Los preceptos de esta ley que establezcan excepciones o especialidades al derecho vigente, en su aplicación a las empresas emergentes, se integrarán con las disposiciones de esas normas y sus reglamentos de desarrollo que no contravengan lo dispuesto en esta ley.

Décima. *Salvaguardia del rango de ciertas disposiciones reglamentarias.-* Se mantiene el rango reglamentario de las siguientes normas afectadas por esta ley:

a) Real Decreto 1426/1989, de 17 de noviembre, por el que se aprueba el Arancel de los Notarios.

b) Real Decreto 1427/1989, de 17 de noviembre, por el que se aprueba el Arancel de los Registradores de la Propiedad.

c) Decreto 757/1973, de 29 de marzo, por el que se aprueba el adjunto Arancel de los Registradores Mercantiles.

Undécima. *Habilitación para el desarrollo reglamentario.-* Se habilita al Gobierno para dictar las disposiciones necesarias en desarrollo de esta ley.

El Consejo de Ministros aprobará, en el plazo de seis meses desde la publicación de esta ley en el «Boletín Oficial del Estado», un real decreto que regule el funcionamiento del Foro Nacional de Empresas Emergentes previsto en el artículo 25.

> En virtud del art. 16 y de esta Disp. Final 11.ª se dictó el Real Decreto 817/2023, de 8 de noviembre, por el que se establece un entorno controlado de pruebas para el ensayo del cumplimiento de la propuesta de Reglamento del Parlamento Europeo y del Consejo por el que se establecen normas armonizadas en materia de inteligencia artificial. Sobre dicho RD, véase nota al art. 16.
> En virtud del apartado 3 del art. 25 y de esta Disp. Fina 11.ª se ha dictado el Real Decreto 1138/2024, de 11 de noviembre, por el que se regula el Foro Nacional de Empresas Emergentes.

Duodécima. *Mandato para la aprobación de estatutos tipo adaptados a las necesidades de las empresas emergentes.-* El Gobierno aprobará por real decreto, en el plazo de tres meses desde la entrada en vigor de esta ley, diferentes modelos de estatutos tipo, que se incorporarán a las escrituras públicas de constitución, adaptados ambos a las necesidades de las empresas emergentes reguladas por esta ley.

> A fecha de cierre de estos textos legales dicho RD no se ha aprobado.

Decimotercera. *Entrada en vigor.-* Esta ley entrará en vigor el día siguiente al de su publicación en el «Boletín Oficial del Estado».

§10. ORDEN ECC/461/2013, DE 20 DE MARZO, POR LA QUE SE DETERMINAN EL CONTENIDO Y LA ESTRUCTURA DEL INFORME ANUAL DE GOBIERNO CORPORATIVO, DEL INFORME ANUAL SOBRE REMUNERACIONES Y DE OTROS INSTRUMENTOS DE INFORMACIÓN DE LAS SOCIEDADES ANÓNIMAS COTIZADAS, DE LAS CAJAS DE AHORROS Y DE OTRAS ENTIDADES QUE EMITAN VALORES ADMITIDOS A NEGOCIACIÓN EN MERCADOS OFICIALES DE VALORES

(BOE núm. 71, de 23 de marzo)

Téngase en cuenta art. 538, 540 y 541 del TRLSC (§1).
Véase desarrollo de la presente Orden en nota a su Disp. Final Segunda.

PREÁMBULO

La normativa sobre gobierno corporativo ha tenido una evolución sustancial durante los últimos años, tanto a nivel comunitario, como en el ámbito nacional. Su relevancia y utilidad para garantizar un correcto funcionamiento de los mercados, ha llevado a los poderes públicos a incrementar y perfeccionar las obligaciones existentes sobre la materia, lo que ha comprendido, entre otras acciones, la aprobación del Código Unificado de Buen Gobierno de las sociedades anónimas cotizadas.

Tanto la Ley 2/2011, de 4 de marzo, de Economía Sostenible, como el Real Decreto-ley 11/2010, de 9 de julio, de órganos de gobierno y otros aspectos del régimen jurídico de las Cajas de Ahorros, han procedido a modificar el régimen jurídico existente, imponiendo nuevas obligaciones en materia de gobierno corporativo a las sociedades anónimas cotizadas y las cajas de ahorros, respectivamente.

La aprobación de estas normas comporta la necesidad de revisar las disposiciones de carácter reglamentario actualmente existentes con el fin de adaptarlas a las nuevas obligaciones que la legislación introduce, lo que constituye la finalidad principal de esta orden ministerial.

Esta revisión afecta fundamentalmente a las sociedades anónimas cotizadas y a las cajas de ahorros, sin perjuicio de que también se contengan disposiciones en relación con otras entidades que emitan valores admitidos a negociación en mercados oficiales de valores.

En relación con las sociedades anónimas cotizadas, la Ley 2/2011, de 4 de marzo, de Economía Sostenible, ha procedido a la reforma de la Ley 24/1988, de 28 de julio, del Mercado de Valores, llevando a cabo la derogación de su artículo 116, que contenía normativa sobre el informe anual de gobierno corporativo de las sociedades anónimas cotizadas, así como a la incorporación de un nuevo capítulo VI que lleva por título «Del informe anual de gobierno corporativo». Este nuevo capítulo consta de dos artículos, 61 bis y 61 ter, que contienen disposiciones relativas al informe anual de gobierno corporativo y al informe anual sobre remuneraciones de los consejeros, respectivamente.

El ya derogado artículo 116 de la Ley 24/1988, de 28 de julio, fue desarrollado por la Orden ECO/3722/2003, de 26 de diciembre, sobre el informe anual de gobierno corporativo y otros instrumentos de información de las sociedades anónimas cotizadas y otras entidades, que concretaba la estructura que debía tener el informe anual.

La derogación del artículo 116 de la Ley 24/1988, de 28 de julio, así como la aprobación del Código Unificado de Buen Gobierno, hace necesario adaptar la Orden ECO/3722/2003, de 26 de diciembre a la nueva normativa existente.

Los artículos 61 bis y ter de la Ley 24/1988, de 28 de julio, posibilitan que el desarrollo normativo de estos preceptos se haga por el Ministro de Economía y Competitividad o, previa habilitación del Ministro, por la Comisión Nacional del Mercado de Valores.

En relación con las cajas de ahorros, el Real Decreto-ley 11/2010, de 9 de julio, de órganos de gobierno y otros aspectos del régimen jurídico de las Cajas de Ahorros introduce en la Ley 31/1985, de 2 de agosto, de Regulación de las Normas Básicas sobre Órganos Rectores de las Cajas de Ahorros, un nuevo artículo 31 bis sobre el informe de gobierno corporativo que sustituye a la redacción anterior.

El desarrollo de la normativa anteriormente existente se llevó a cabo por la Orden ECO/354/2004, de 17 de febrero, sobre el informe anual de Gobierno Corporativo y otra información de las Cajas de Ahorros que emitan valores admitidos a negociación en Mercados Oficiales de Valores.

El artículo 31 bis de la Ley 31/1985, de 2 de agosto, faculta al Ministerio de Economía y Competitividad para determinar el contenido y estructura del informe anual de gobierno corporativo de las cajas de ahorros, y, con su habilitación expresa, a la Comisión Nacional del Mercado de Valores en el caso de que se trate de cajas de ahorros que emitan valores admitidos a negociación en mercados oficiales de valores.

Teniendo en cuenta lo anterior, y con el fin de una mejor ordenación de la materia, se agrupa en una única orden ministerial la normativa que desarrolla las obligaciones relativas al informe de gobierno corporativo tanto de las sociedades anónimas cotizadas como de las cajas de ahorros y otras entidades.

Por su parte, el artículo 61 ter de la Ley 24/1988, de 28 de julio, en la redacción dada por la Ley 2/2011, de 4 de marzo, prevé que las cajas de ahorros deberán elaborar un informe anual sobre las remuneraciones de los miembros del consejo de administración y de la comisión de control, de forma que con esta orden se desarrollan de manera conjunta la obligaciones de información que al respecto tienen las sociedades anónimas cotizadas y las cajas de ahorros.

No obstante, la regulación contenida en esta orden no se agota en las disposiciones relativas a las sociedades anónimas cotizadas y a las cajas de ahorros, pues hay que recordar que la disposición adicional tercera de la Ley 26/2003, de 17 de julio, por la que se modifican la Ley 24/1988, de 28 de julio, y el texto refundido de la Ley de Sociedades Anónimas, aprobado por el Real Decreto Legislativo 1564/1989, de 22 de diciembre, con el fin de reforzar la transparencia de las sociedades anónimas cotizadas, se refiere al informe de buen gobierno corporativo del resto de entidades que emitan valores que se negocien en mercados oficiales de valores, lo cual fue desarrollado por la Orden ECO/3722/2003, de 26 de diciembre, sobre buen gobierno corporativo de las sociedades cotizadas.

En tanto la disposición adicional tercera mantiene su redacción, su desarrollo se incorpora igualmente a esta orden ministerial en términos semejantes a los existentes con anterioridad.

Finalmente, esta orden ministerial, en línea con lo dispuesto en la Orden ECO/3722/2003, de 26 de diciembre, contiene una disposición relativa a los instrumentos de información e información relevante de las sociedades cotizadas y cajas de ahorros, de acuerdo con lo dispuesto en el artículo 82, apartados 5 y 2, de la Ley 24/1988, de 28 de julio, así como en el artículo 539, apartados 3 y 5 del Real Decreto Legislativo 1/2010, de 2 de julio, por el que se aprueba el texto refundido de la Ley de Sociedades de Capital. En su virtud, se desarrolla la obligación de publicación de información relevante en la página web.

En cuanto a la estructura de la orden, la norma consta de trece artículos agrupados en cuatro capítulos.

El primero de ellos incluye las disposiciones generales, introduciendo un principio de transparencia que informará los deberes de información que se desarrollan en la orden.

El capítulo segundo se refiere al informe anual de gobierno corporativo de las sociedades anónimas cotizadas, cajas de ahorros y otras entidades.

En relación con las sociedades anónimas cotizadas, se mantiene el esquema existente en la antigua orden si bien se amplían los elementos que deberán formar parte del contenido mínimo del informe de gobierno corporativo al incorporarse información sobre los valores que no se negocien en un mercado regulado comunitario, información relativa a las normas aplicables a la modificación de los estatutos de la sociedad, restricciones a la transmisibilidad de valores y cualquier restricción al derecho al voto, entre otros aspectos.

Respecto a las cajas de ahorros, la orden mantiene gran parte del contenido de la orden anterior, si bien existen novedades de relevancia, siendo la principal que, a partir de ahora, el informe de gobierno corporativo deberá ser elaborado por todas las cajas de ahorros, y no únicamente por aquellas que hayan emitido valores admitidos a negociación en mercados oficiales de valores, como se recogía en la Ley 26/2003, de 17 de julio.

Asimismo, se introduce en la orden, de acuerdo con lo dispuesto en el Real Decreto-ley 11/2010, de 9 de julio, una referencia a las diferentes comisiones, como la de retribuciones y nombramientos o la comisión de obra social que, de acuerdo con la normativa de cajas de ahorros, forman parte de la estructura de estas entidades, así como preceptos relativos a los conflictos de interés y la descripción de las principales características de los sistemas internos de control y gestión de riesgos.

Hay que resaltar que en el articulado de esta orden se ha introducido una obligación expresa de informar sobre las medidas que hayan podido adoptar las entidades, en su caso, para procurar la inclusión de consejeras en los consejos de administración. Estas disposiciones no imponen una obligación de adoptar este tipo de medidas, sino, simplemente, de comunicar si la entidad ha optado o no por adoptarlas, y en caso afirmativo, de describirlas.

El capítulo III se refiere al informe anual sobre remuneraciones de los consejeros de las sociedades anónimas cotizadas y de las cajas de ahorros.

Este capítulo desarrolla lo dispuesto en el artículo 61 ter de la Ley 2/2011, de 4 de marzo, y contiene previsiones sobre la estructura y el contenido que deberá tener el informe anual sobre remuneraciones de los consejeros de las sociedades anónimas cotizadas y de las cajas de ahorros.

Al igual que el informe de gobierno corporativo, el informe anual sobre remuneraciones tendrá la consideración de hecho relevante y deberá ser remitido a la Comisión Nacional de Mercado de Valores.

Se pretende con esta orden que se tenga información transparente de las remuneraciones de los consejeros, cualquiera que sea la forma que adopten, y de la forma en que las sociedades y cajas de ahorros vinculan la política de remuneraciones al buen funcionamiento en el largo plazo de la sociedad.

El capítulo IV de la orden ministerial contiene una disposición relativa a los instrumentos de información de las sociedades cotizadas y cajas de ahorros, indicando la información relevante que deberá ser incluida en las páginas web de que dispongan.

Finalmente, la orden ministerial incluye una disposición adicional relativa a los informes de gobierno corporativo y de remuneraciones de las cajas de ahorros que no emitan valores admitidos a negociación en mercados oficiales de valores y las cajas de ahorros que desarrollen su objeto como entidad de crédito a través de una entidad bancaria, tres disposiciones transitorias, una disposición derogatoria, y tres disposiciones finales, en una de las cuales se establece una habilitación normativa a la Comisión Nacional del Mercado de Valores para detallar lo establecido en la orden.

En su virtud, de acuerdo con el Consejo de Estado, dispongo:

CAPÍTULO I. Disposiciones generales

Artículo 1. *Objeto*.– Esta orden tiene por objeto:

a) Determinar la estructura y el contenido mínimo del informe anual de gobierno corporativo de las sociedades anónimas cotizadas, y de las cajas de ahorros y otras entidades que emitan valores admitidos a negociación en mercados oficiales de valores.

b) Determinar la estructura y el contenido mínimo del informe anual sobre remuneraciones de los consejeros de las sociedades anónimas cotizadas y de los miembros del consejo de administración y de la comisión de control de las cajas de ahorros.

c) Desarrollar las obligaciones relativas a otros instrumentos de información de las sociedades anónimas cotizadas y cajas de ahorros que emitan valores admitidos a negociación en mercados oficiales de valores.

Artículo 2. *Principio de transparencia informativa*.– La información a incluir en el informe anual de gobierno corporativo y en el informe anual sobre remuneraciones de las entidades obligadas por esta orden habrá de ser clara, íntegra y veraz, sin que pueda incluirse información que pueda inducir a error o confusión al inversor al objeto de hacerse un juicio fundado de la entidad.

Artículo 3. *Forma de remisión del informe anual de gobierno corporativo y del informe anual sobre remuneraciones*.– Para su difusión, el informe anual de gobierno corporativo y el informe de remuneraciones serán objeto de presentación por vía telemática a través del sistema CIFRADOC/CNMV u otro similar, que, en su caso, establezca la CNMV.

No obstante, y a solicitud de la sociedad o entidad emisora, la CNMV con carácter excepcional y por causas justificadas, podrá autorizar que el informe anual de gobierno corporativo y el informe anual sobre remuneraciones sean presentados en formato papel y en el modelo que proceda de conformidad con lo establecido por la CNMV.

Artículo 4. *Responsabilidad del informe anual de gobierno corporativo y del informe anual sobre remuneraciones*.- La responsabilidad de la elaboración y del contenido de la información del informe anual de gobierno corporativo y del informe anual sobre remuneraciones, corresponde al órgano de administración de la entidad.

CAPÍTULO II. Informe anual de gobierno corporativo de sociedades
anónimas cotizadas, cajas de ahorros y otras entidades

Artículo 5. *Informe anual de gobierno corporativo de las sociedades anónimas cotizadas*.- El informe anual de gobierno corporativo tendrá el contenido mínimo siguiente:

1. Estructura de la propiedad de la sociedad. Dentro de este epígrafe, se contendrá, al menos, la siguiente información:

a) Identidad de los accionistas que cuenten con participaciones significativas, directas, indirectas, o en virtud de pactos o acuerdos entre accionistas, de conformidad con lo establecido en el Real Decreto 1362/2007, de 19 de octubre, por el que se desarrolla la Ley 24/1988, de 28 de julio, del Mercado de Valores, en relación con los requisitos de transparencia relativos a la información sobre los emisores cuyos valores estén admitidos a negociación en un mercado secundario oficial o en otro mercado regulado de la Unión Europea, junto con los respectivos porcentajes accionariales que ostente cada titular de participaciones significativas.

En todo caso se tendrán en cuenta tanto la titularidad dominical de las acciones como los derechos de voto que se disfruten en virtud de cualquier título.

b) Relaciones de índole familiar, comercial, contractual o societaria que existan entre los titulares de las participaciones significativas y la sociedad, o entre los titulares de participaciones significativas entre sí, en la medida en que sean conocidas por la sociedad, salvo que sean escasamente relevantes o deriven del giro o tráfico comercial ordinario.

c) Forma de representación en el consejo de los accionistas con participaciones significativas.

d) Señalamiento de las participaciones accionariales de que sean titulares los miembros del consejo de administración en la sociedad cotizada, tanto de forma agregada como individualizada.

En todo caso se tendrán en cuenta tanto la titularidad dominical de las acciones como los derechos de voto que se disfruten en virtud de cualquier título.

e) Indicación de la existencia de pactos parasociales comunicados a la propia sociedad y a la Comisión Nacional del Mercado de Valores y, en su caso, depositados en el Registro Mercantil, con especificación de la identidad de los accionistas vinculados por el pacto y del contenido de los mismos objeto de comunicación, publicidad y registro.

f) Información de los valores que no se negocien en un mercado regulado comunitario, con indicación, en su caso, de las distintas clases de acciones y, para cada clase de acciones, los derechos y obligaciones que confiera.

g) Especificación del porcentaje de autocartera de la sociedad al cierre del último ejercicio, junto con las variaciones significativas que haya experimentado la autocartera, de acuerdo con lo dispuesto en el Real Decreto 1362/2007, de 19 de octubre.

h) Cualquier restricción a la transmisibilidad de valores y cualquier restricción al derecho de voto.

En particular se comunicará la existencia de cualquier tipo de restricciones que puedan dificultar la toma de control de la sociedad mediante la adquisición de sus acciones en el mercado.

2. Funcionamiento de la junta general y desarrollo de sus sesiones.

Dentro de este epígrafe, se contendrá, al menos, la siguiente información: datos de asistencia a la junta general del ejercicio sobre el que se informa y de las juntas generales anteriores, existencia de restricciones estatutarias que establezcan un número mínimo de acciones para asistir a la junta, así como la dirección y modo de acceso a la página web de la sociedad a la información sobre gobierno corporativo y los derechos de los accionistas.

Se comunicará igualmente la existencia de reforzamientos de los quórums de votación para determinados tipos de decisiones, por encima de los estándares legales.

Información relativa a las normas aplicables a la modificación de los estatutos de la sociedad.

En particular se comunicarán las mayorías previstas para la modificación de los estatutos y, en su caso, las normas previstas para la tutela de los derechos de los socios en la modificación de los estatutos.

Se indicará además si se ha acordado que determinadas decisiones que entrañen una modificación estructural de la sociedad deban ser sometidas a la aprobación de la junta general de accionistas, aunque no lo exijan de forma expresa las leyes mercantiles.

3. Estructura de la administración de la sociedad. Dentro de este epígrafe, se contendrá, al menos, la siguiente información:

a) Consejo de administración:

Composición del consejo de administración. Deberá reflejarse el número, identidad y participación en el capital de los miembros del consejo de administración, así como la condición de los mismos. En todo caso se indicará si los miembros del mismo son consejeros ejecutivos o no, y dentro de los consejeros no ejecutivos, deberán señalarse los miembros que tengan la condición de consejeros dominicales o de consejeros independientes, de conformidad todo ello con las definiciones establecidas en esta orden y, en su defecto, con las recomendaciones de buen gobierno. Junto a la identidad de cada consejero, se señalará el puesto o puestos que ocupe dentro del consejo de administración, de las comisiones del consejo de administración, y del organigrama de la sociedad, en su caso.

En el caso de que un consejero calificado como independiente se encuentre en el supuesto descrito en las letra b) o e) del artículo 8.4 de esta orden, se incluirá una declaración motivada del consejo sobre las razones por las que considera que dicho consejero puede desempeñar sus funciones en calidad de consejero independiente.

Se indicará la composición de las diferentes comisiones del consejo de administración especificando la proporción de consejeros dominicales e independientes que lo integran.

Reglas de organización y funcionamiento del consejo de administración. Deberá indicarse la estructura del consejo de administración, procedimientos de selección, nombramiento y remoción de consejeros, y de las correspondientes comisiones con sus reglas de organización y funcionamiento, competencias que el consejo se ha reservado para su aprobación y la existencia de delegación de facultades en consejeros o comisiones, en su caso. Se señalará la existencia del reglamento del consejo de administración y en su caso de los reglamentos de las comisiones de dicho consejo, el lugar en el que está disponible para su consulta, y las modificaciones que se realicen a los mismos.

Se indicará si el consejo de administración ha procedido en el año correspondiente a realizar una evaluación de su actividad, indicando en ese caso en qué medida la autoevaluación ha dado lugar a cambios importantes en su organización interna y sobre los procedimientos aplicables a sus actividades.

b) Miembros del consejo de administración:

Remuneración de los miembros del consejo de administración. Se incluirá la remuneración global del consejo de administración. A estos efectos, en todo caso se entenderán comprendidas dentro de la remuneración el importe de los sueldos, dietas y remuneraciones de cualquier clase, incluidas las remuneraciones en especie, devengadas en el curso del ejercicio por los miembros del órgano de administración, cualquiera que sea su causa, así como de las obligaciones contraídas por la sociedad y los derechos acumulados por el consejero en materia de pensiones o de pago de primas de seguros de vida respecto de los miembros antiguos y actuales del órgano de administración.

Indicación de los consejeros que hayan sido nombrados en representación de los titulares de participaciones significativas, o cuyo nombramiento haya sido promovido por los titulares de participaciones significativas, o vinculados a accionistas con participaciones significativas, con especificación de la naturaleza de las relaciones que los vinculen a los titulares de participaciones significativas.

Indicación de la existencia e identidad de miembros del consejo de administración que sean, a su vez, miembros del consejo de administración de sociedades que ostenten participaciones significativas en la sociedad cotizada. Se deberá indicar, asimismo, la existencia e identidad de los consejeros que asuman cargos de administradores o directivos en otras sociedades que formen parte del grupo de la sociedad cotizada.

c) Poderes de los miembros del consejo de administración:

Información de los poderes de los miembros del consejo de administración y, en particular, los relativos a la posibilidad de emitir o recomprar acciones.

d) Acuerdos significativos:

Información de los acuerdos significativos que haya celebrado la sociedad y que entren en vigor, sean modificados o concluyan en caso de cambio de control de la sociedad a raíz de una oferta pública de adquisición, y sus efectos, excepto cuando su divulgación resulte seriamente perjudicial para la sociedad. Esta excepción no se aplicará cuando la sociedad esté obligada legalmente a dar publicidad a esta información.

e) Acuerdos indemnizatorios:

Información detallada de los acuerdos entre la sociedad y sus cargos de administración y dirección o empleados que dispongan indemnizaciones cuando éstos dimitan o sean despedidos de forma improcedente o si la relación contractual con la sociedad llega a su fin con motivo de una oferta pública de adquisición u otro tipo de operaciones.

f) El informe anual de gobierno corporativo deberá incluir información relativa al número de consejeras que integran el consejo de administración y sus comisiones, así como el carácter de tales consejeras; todo ello con indicación de la evolución de esta composición en los últimos cuatro años.

Igualmente, se incluirá información sobre las medidas que, en su caso, se hubiesen adoptado para procurar incluir en su consejo de administración un número de mujeres que permita alcanzar una presencia equilibrada de mujeres y hombres, así como las medidas que, en su caso, hubiese convenido la comisión de nombramientos para que al proveerse nuevas vacantes:

1.º Los procedimientos de selección no adolezcan de sesgos implícitos que obstaculicen la selección de consejeras.

2.º La compañía busque deliberadamente, e incluya entre los potenciales candidatos, mujeres que reúnan el perfil profesional buscado.

Cuando a pesar de las medidas que, en su caso, se hayan adoptado, sea escaso o nulo el número de consejeras, el consejo deberá explicar los motivos que lo justifiquen.

g) Número de miembros de la alta dirección que no sean, a su vez, consejeros ejecutivos, indicando la remuneración total devengada a su favor durante el ejercicio y si existen cláusulas de garantía o blindaje en caso de despido o cambios de control. Igualmente, se informará sobre si los contratos de los altos directivos, incluyendo los de los consejeros ejecutivos, que incluyan dichas cláusulas, han de ser comunicados y/o aprobados por los órganos de gobierno de la sociedad o de su grupo.

4. Operaciones vinculadas y operaciones intragrupo. El informe de gobierno corporativo incluirá información sobre las operaciones vinculadas y operaciones intragrupo, con indicación del órgano competente y el procedimiento establecido para su aprobación y, en su caso, si se ha procedido a la delegación de esa competencia. La información sobre operaciones con partes vinculadas, y en su caso, intragrupo, se presentará desglosada en:

a) Operaciones significativas por su cuantía o relevante por su materia realizadas con los accionistas significativos de la sociedad.

b) Operaciones significativas por su cuantía o relevante por su materia realizadas con administradores y directivos de la sociedad y del grupo de sociedades del que la sociedad forme parte, identificando las partes vinculadas y su vínculo, junto con la naturaleza de la operación.

c) Operaciones significativas realizadas con otras sociedades, personas o entidades pertenecientes al mismo grupo siempre y cuando no se eliminen en el proceso de elaboración de estados financieros consolidados y no formen parte del tráfico habitual de la sociedad en cuanto a su objeto y condiciones.

d) Operaciones realizadas con otras partes vinculadas.

La información a incluir sobre operaciones vinculadas en el informe anual de gobierno corporativo se entiende sin perjuicio de la que las sociedades deberán incluir necesariamente en las informaciones semestrales a que se refiere el artículo 35 de la Ley 24/1988, del Mercado de Valores, de conformidad con lo previsto en el Real Decreto 1362/2007, de 19 de octubre.

A los efectos de esta disposición, se tendrán en cuenta las definiciones de operaciones vinculadas, operaciones intragrupo, accionistas significativos y operaciones significativas contenidas en la Orden EHA/3050/2004, de 15 de septiembre, sobre la información de las operaciones vinculadas que deben suministrar las sociedades emisoras de valores admitidos a negociación en mercados secundarios oficiales.

En todo caso, se informará de cualquier operación intragrupo realizada con sociedades establecidas en países o territorios que tengan la consideración de paraíso fiscal.

5. Sistemas de control del riesgo. Se señalarán los principales riesgos que pueden afectar a la consecución de los objetivos de negocio, los riesgos que se han materializado durante el ejercicio, el alcance de los sistemas de gestión, los órganos responsables de su elaboración y ejecución, el nivel de tolerancia y descripción de los planes de respuesta y supervisión.

6. Una descripción de las principales características de los sistemas internos de control y gestión de riesgos en relación con el proceso de emisión de la información financiera. La información se desglosará a partir de los siguientes componentes básicos:

entorno de control, evaluación de riesgos, actividades de control, información y comunicación y supervisión.

7. Grado de seguimiento de las recomendaciones del Código Unificado de Buen Gobierno de las sociedades cotizadas aprobado por el Consejo de la Comisión Nacional del Mercado de Valores, o, en su caso, explicación de la falta de seguimiento de las recomendaciones.

A estos efectos, la Comisión Nacional del Mercado de Valores podrá actualizar las recomendaciones del Código Unificado de Buen Gobierno que sirven como referencia para la adopción de normas de buen gobierno por parte de las sociedades, y para la justificación o explicación de las normas o prácticas que apruebe o realice la sociedad.

Las sociedades indicarán el grado de seguimiento de cada una de las recomendaciones del Código Unificado de Buen Gobierno, señalando si las siguen total o parcialmente y, en caso de no seguimiento o seguimiento parcial, explicarán sus motivos de manera que los accionistas, los inversores y el mercado en general, cuenten con suficiente información para valorar el proceder de la sociedad.

> Véase art. 540 del TRLSC (§1) y Código de Buen Gobierno de las Sociedades Cotizadas (§16).
>
> Véase su desarrollo, en virtud de la Disp. Final 2ª de la presente Orden, en la Circular 5/2013, de 12 de junio de la Comisión Nacional del Mercado de Valores, que establece los modelos de informe anual de gobierno corporativo de las sociedades anónimas cotizadas y de las cajas de ahorros que emitan valores admitidos a negociación en mercados regulados (BOE núm. 150, de 24 de junio), modificada por las Circulares de la Comisión Nacional del Mercado de Valores 7/2015 de 22 de diciembre, 2/2018, de 12 de junio, 1/2020, de 6 de octubre y 3/2021, de 28 de septiembre.

Artículo 6. *Informe anual de gobierno corporativo de las cajas de ahorros que emitan valores admitidos a negociación en mercados oficiales de valores.*– El informe anual de gobierno corporativo tendrá el contenido mínimo siguiente:

1. Estructura y funcionamiento de los órganos de gobierno. Dentro de este epígrafe se contendrá al menos información sobre:

a) Funciones de la asamblea general, consejo de administración y comisión de control.

1.º Asamblea general: se incluirán las funciones que le corresponden y en su caso, descripción de su reglamento y relación de acuerdos adoptados durante el ejercicio.

2.º Consejo de administración: se distinguirán entre las funciones propias y las que le han sido delegadas por la asamblea general en el consejo; las indelegables del consejo de administración; las competencias delegadas de forma permanente por el consejo de administración en los distintos órganos ejecutivos, en particular, si existe, en la comisión ejecutiva, indicando cuáles son las funciones estatutarias y delegadas que desarrolla; cargos desempeñados por cada uno de los consejeros dentro del consejo de administración y funciones asignadas estatutariamente; se señalarán las funciones de órganos delegados o de apoyo como el comité de auditoría, la comisión de obra social, la comisión de retribuciones y nombramientos y la comisión de inversiones; igualmente se incluirán otros órganos internos creados, en su caso, por la caja, que puedan ostentar facultades delegadas con carácter permanente; asimismo en su caso, descripción del reglamento interno del consejo.

3.º Comisión de control: se indicará, en particular, si ha asumido o no las propias del comité de auditoría.

b) Composición de la asamblea general, consejo de administración y comisión de control, así como de las demás comisiones y órganos delegados o de apoyo, incorporándose la identidad de sus miembros, con indicación del número de consejeros o miembros, el carácter de los miembros del consejo, la representación de los grupos que ostentan y datos de asistencia de las asambleas anteriores en el caso de la asamblea general; además se incluirá la referencia a normas relativas al sistema de elección, nombramiento, aceptación y revocación de cargos; igualmente se incluirá la identidad del Presidente y Vicepresidente/s ejecutivos, en su caso, Director General y asimilados.

El informe anual de gobierno corporativo deberá incluir información relativa al número de mujeres que integran el consejo de administración, sus comisiones y la comisión de control, así como el carácter de tales consejeras; todo ello con indicación de la evolución de esta composición en los últimos cuatro años.

Igualmente, se incluirá información sobre las medidas que, en su caso, se hubiesen adoptado para procurar incluir en su consejo de administración un número de mujeres que permita alcanzar una presencia equilibrada de mujeres y hombres, así como las medidas que, en su caso, la comisión de retribuciones y nombramientos convenga para que al proveerse nuevas vacantes:

1.º Los procedimientos de selección no adolezcan de sesgos implícitos que obstaculicen la selección de consejeras.

2.º La caja busque deliberadamente entre los consejeros generales, mujeres que reúnan el perfil profesional buscado.

Cuando a pesar de las medidas adoptadas, en su caso, sea escaso o nulo el número de consejeras, el consejo deberá explicar los motivos que lo justifiquen.

c) En relación con el funcionamiento de la asamblea general, el consejo de administración y la comisión de control, se indicará la periodicidad de las reuniones de los órganos de gobierno; reglas relativas a la convocatoria de las reuniones de los distintos órganos de gobierno y determinación de los supuestos en los que sus miembros podrán solicitar la convocatoria de las reuniones para tratar asuntos que estimen oportunos; las normas relativas a la constitución de los órganos, quórum de asistencia, régimen de adopción de acuerdos, e información a facilitar a los miembros de los órganos de gobierno y sistemas previstos para el acceso a cada uno de ellos a dicha información;

información relativa a qué órganos tiene asignada la competencia para decidir la toma de participaciones empresariales y, de existir, qué exigencias procedimentales o de información están previstas para este tipo de acuerdos; sistemas internos establecidos para el control del cumplimiento de los acuerdos adoptados por los órganos de gobierno; información relativa al sistema, en su caso, creado para que la comisión de control conozca los acuerdos adoptados por los distintos órganos de administración a fin de poder ejercer su función de fiscalización y propuesta de suspensión de acuerdos.

Se indicará si el consejo de administración ha procedido en el año correspondiente a realizar una evaluación de su actividad, indicando en ese caso en qué medida la autoevaluación ha dado lugar a cambios importantes en su organización interna y sobre los procedimientos aplicables a sus actividades.

2. Cuotas participativas. Como mínimo se indicará el número de cuotas, su volumen y el porcentaje que supone sobre el patrimonio de la caja, asimismo se indicarán los miembros del consejo de administración y de la comisión de control que posean cuotas participativas de las cajas de ahorros.

3. Remuneraciones percibidas. La información sobre remuneraciones deberá desglosarse del modo siguiente:

a) Las percibidas por los miembros del consejo de administración, la comisión de control, la comisión de retribuciones y nombramientos, la comisión de inversiones, la comisión de obra social y la comisión ejecutiva en su caso, computando, en todo caso, tanto las dietas por asistencia a los citados órganos como los sueldos que se perciban por el desempeño de sus funciones, las remuneraciones análogas a las anteriores y las obligaciones contraídas en materia de pensiones o de pago de primas de seguros de vida.

b) También se incluirán toda clase de remuneraciones percibidas por los miembros de los órganos de gobierno y personal directivo, derivadas de la participación en representación de las cajas de ahorros en sociedades cotizadas o en otras entidades en las que la caja tenga una presencia o representación significativa, con arreglo a lo previsto en la Directiva 2002/87/CE, de 16 de diciembre, de conformidad con lo que establezca la Comisión Nacional del Mercado de Valores.

c) Las percibidas por personal directivo de la entidad, así como los miembros del consejo de administración y la comisión de control, por la prestación de servicios a la caja o a las entidades controladas por la misma, entendiéndose por tal cuando la entidad se encuentre en alguna de las situaciones previstas en el artículo 4 de la Ley 24/1988, de 28 de julio, del Mercado de Valores.

d) Información detallada de los acuerdos entre la caja de ahorros y sus cargos de administración y dirección o empleados que dispongan indemnizaciones cuando éstos dimitan o sean despedidos de forma improcedente o si la relación laboral llega a su fin.

4. Operaciones de crédito, aval o garantía. El informe de gobierno corporativo incluirá información de las operaciones de crédito, aval o garantía efectuadas, ya sea directamente o a través de entidades dotadas, adscritas o participadas, con descripción de sus condiciones, incluidas las financieras. La información sobre dichas operaciones se presentará desglosada en realizadas:

a) Con los miembros del consejo de administración y de la comisión de control de las cajas de ahorros y familiares de primer grado y con empresas o entidades en relación con las que los anteriores se encuentren en alguna de las situaciones previstas en el artículo 4 de la Ley 24/1988, de 28 de julio, del Mercado de Valores; y

b) Con los grupos políticos que tengan representación en las corporaciones locales y en las asambleas parlamentarias autonómicas que hayan participado en el proceso electoral. En el caso de créditos deberá explicitarse además la situación de los mismos.

5. Operaciones crediticias con instituciones u organismos públicos, incluidos entes territoriales, que hayan designado consejeros generales.

6. Operaciones vinculadas y operaciones intragrupo. El informe de gobierno corporativo incluirá informaciones sobre las operaciones vinculadas y operaciones intragrupo que sean significativas. Sin perjuicio de lo dispuesto en los apartados tercero y cuarto, la información se presentará desglosada en:

a) Operaciones realizadas por la entidad con los miembros del consejo de administración, la comisión de control, la comisión de retribuciones y nombramientos, la comisión de inversiones, y el personal directivo;

b) Operaciones realizadas con administradores y directivos de sociedades y entidades del grupo del que la entidad forme parte;

c) Operaciones significativas realizadas con otras sociedades, personas o entidades del grupo.

d) Operaciones realizadas con otras partes vinculadas.

A los efectos de la esta disposición, se tendrán en cuenta las definiciones de operaciones vinculadas, operaciones intragrupo, y operaciones significativas contenidas en la Orden EHA/3050/2004, de 15 de septiembre, sobre la información de las operaciones vinculadas que deben suministrar las sociedades emisoras de valores admitidos a negociación en mercados secundarios oficiales.

La información a incluir sobre operaciones vinculadas en el informe anual de gobierno corporativo se entiende sin perjuicio de la que se deba incluir necesariamente en las informaciones semestrales a que se refiere el artículo 35 de la Ley 24/1988, del Mercado de Valores, de conformidad con lo que establezca la orden ministerial de desarrollo.

En cuanto a la información a incluir sobre operaciones intragrupo, tendrán tal consideración aquellas operaciones que relacionen directa o indirectamente a una entidad con otras del mismo grupo, entendido éste de conformidad con lo establecido en el artículo 4 de la Ley 24/1988, del Mercado de Valores, para el cumplimiento de una obligación, sea o no contractual, y tenga o no por objeto un pago.

7. Conflictos de interés existentes entre los miembros de los órganos de gobierno o, si los hubiere, cuotapartícipes de las cajas de ahorros y la función social de la caja.

8. Estructura del negocio del grupo, concretando el papel que desempeña cada una de las entidades en el conjunto de los servicios que el grupo presta a los clientes. Se deberá indicar, asimismo, la distribución geográfica de la red de oficinas, así como la existencia e identidad de los miembros de los órganos rectores que asuman cargos de administración o dirección en entidades que formen parte del grupo de la caja.

9. Resumen del informe anual elaborado por la comisión de inversiones de la entidad a que se refiere el artículo 20 ter de la Ley 31/1985, de 2 de agosto, de Regulación de las Normas Básicas sobre Órganos Rectores de las Cajas de Ahorros.

10. Sistemas de control del riesgo. Señalar los principales riesgos que pueden afectar a la consecución de los objetivos de negocio, los riesgos que se han materializado durante el ejercicio, el alcance de los sistemas de gestión, los órganos responsables, el nivel de tolerancia y descripción de los planes de respuesta y supervisión.

11. Una descripción de las principales características de los sistemas internos de control y gestión de riesgos en relación con el proceso de emisión de la información financiera. La información se desglosará a partir de los siguientes componentes básicos: entorno de control, evaluación de riesgos, actividades de control, información y comunicación, y supervisión.

> Véase su desarrollo, en virtud de la Disp. Final 2ª de la presente Orden, en la Circular 5/2013, de 12 de junio de la Comisión Nacional del Mercado de Valores, que establece los modelos de informe anual de gobierno corporativo de las sociedades anónimas cotizadas y de las cajas de ahorros que emitan valores admitidos a negociación en mercados regulados (BOE núm. 150, de 24 de junio), modificada por las Circulares de la Comisión Nacional del Mercado de Valores 7/2015 de 22 de diciembre, 2/2018, de 12 de junio, 1/2020, de 6 de octubre y 3/2021, de 28 de septiembre.

Artículo 7. *Informe anual de gobierno corporativo de las entidades que emitan valores que se negocien en mercados oficiales.*– 1. De acuerdo con lo dispuesto en la disposición adicional tercera de la Ley 26/2003, de 17 de julio, se realizarán las adaptaciones precisas al contenido y estructura del informe anual de gobierno corporativo de las entidades que emitan valores que se negocien en mercados oficiales de valores.

Las medidas concretas sobre el contenido y estructura del mencionado informe, con arreglo a lo establecido en esta orden, tendrán presente la naturaleza jurídica de las diferentes categorías de entidades a las que se les aplica lo dispuesto en la citada disposición adicional tercera.

2. En todo caso, el informe anual de gobierno corporativo tendrá el contenido mínimo siguiente:

a) Estructura de propiedad de la entidad, con información sobre cualquier restricción a la transmisibilidad de valores y cualquier restricción al derecho de voto.

b) Funcionamiento de la junta general u órgano equivalente, con información relativa al desarrollo de las reuniones que celebre.

c) Estructura de la administración de la entidad, con información relativa a las retribuciones del órgano de administración o equivalente, así como al número de consejeras que integran el consejo de administración y sus comisiones, u órganos equivalentes, en los términos previstos en el artículo 5.3.f) de esta orden.

d) Operaciones vinculadas de la entidad con sus accionistas, partícipes, cooperativistas, titulares de derechos dominicales o cualquier otro de naturaleza equivalente y sus administradores y cargos directivos, y operaciones intragrupo.

e) Sistemas de control de riesgos.

f) Descripción de las principales características de los sistemas internos de control y gestión de riesgos en relación con el proceso de emisión de la información financiera. La información se desglosará a partir de los siguientes componentes básicos: entorno de control, evaluación de riesgos, actividades de control, información y comunicación, y supervisión.

> Téngase en cuenta su desarrollo, en virtud de la Disp. Final 2ª de la presente Orden, en la Circular 5/2013, de 12 de junio de la Comisión Nacional del Mercado de Valores, que establece los modelos de informe anual de gobierno corporativo de las sociedades anónimas cotizadas y de las cajas de ahorros que emitan valores admitidos a negociación en mercados regulados (BOE núm. 150, de 24 de junio), modificada por las Circulares de la Comisión Nacional del Mercado de Valores 7/2015 de 22 de diciembre, 2/2018, de 12 de junio, 1/2020, de 6 de octubre y 3/2021, de 28 de septiembre.

Artículo 8. *Tipos de consejeros.*– 1. Los informes anuales de gobierno corporativo a presentar por las sociedades anónimas cotizadas serán elaborados teniendo en cuenta las definiciones contenidas en este artículo.

2. Son consejeros ejecutivos aquellos que desempeñen funciones de alta dirección o sean empleados de la sociedad o de su grupo.

No obstante, los consejeros que sean altos directivos o consejeros de entidades matrices de la sociedad tendrán la consideración de dominicales.

Cuando un consejero desempeñe funciones de alta dirección y, al mismo tiempo, sea o represente a un accionista significativo o representado en el consejo, se considerará como ejecutivo o interno a los efectos de esta orden ministerial.

3. Se considerarán consejeros dominicales:

a) Aquellos que posean una participación accionarial superior o igual a la que se considere legalmente como significativa o que hubieran sido designados por su condición de accionistas, aunque su participación accionarial no alcance dicha cuantía.

b) Quienes representen a accionistas de los señalados en la letra precedente.

A los efectos de esta definición, se presumirá que un consejero representa a un accionista cuando:

1.º Hubiera sido nombrado en ejercicio del derecho de representación.

2.º Sea consejero, alto directivo, empleado o prestador no ocasional de servicios a dicho accionista, o a sociedades pertenecientes a su mismo grupo.

3.º De la documentación societaria se desprenda que el accionista asume que el consejero ha sido designado por él o le representa.

4.º Sea cónyuge, persona ligadas por análoga relación de afectividad, o pariente hasta de segundo grado de un accionista significativo.

4. Se considerarán consejeros independientes aquellos que, designados en atención a sus condiciones personales y profesionales, puedan desempeñar sus funciones sin verse condicionados por relaciones con la sociedad, sus accionistas significativos o sus directivos.

No podrán ser clasificados en ningún caso como consejeros independientes quienes:

a) Hayan sido empleados o consejeros ejecutivos de sociedades del grupo, salvo que hubieran transcurrido 3 o 5 años, respectivamente, desde el cese en esa relación.

b) Perciban de la sociedad, o de su mismo grupo, cualquier cantidad o beneficio por un concepto distinto de la remuneración de consejero, salvo que no sea significativa para el consejero.

No se tomarán en cuenta, a efectos de lo dispuesto en este apartado, los dividendos ni los complementos de pensiones que reciba el consejero en razón de su anterior relación profesional o laboral, siempre que tales complementos tengan carácter incondicional y, en consecuencia, la sociedad que los satisfaga no pueda de forma discrecional, sin que medie incumplimiento de obligaciones, suspender, modificar o revocar su devengo.

c) Sean, o hayan sido durante los últimos 3 años, socio del auditor externo o responsable del informe de auditoría, ya se trate de la auditoría durante dicho período de la sociedad cotizada o de cualquier otra sociedad de su grupo.

d) Sean consejeros ejecutivos o altos directivos de otra sociedad distinta en la que algún consejero ejecutivo o alto directivo de la sociedad sea consejero externo.

e) Mantengan, o hayan mantenido durante el último año, una relación de negocios importante con la sociedad o con cualquier sociedad de su grupo, ya sea en nombre propio o como accionista significativo, consejero o alto directivo de una entidad que mantenga o hubiera mantenido dicha relación.

Se considerarán relaciones de negocios las de proveedor de bienes o servicios, incluidos los financieros, la de asesor o consultor.

f) Sean accionistas significativos, consejeros ejecutivos o altos directivos de una entidad que reciba, o haya recibido durante los últimos 3 años, donaciones de la sociedad o de su grupo.

No se considerarán incluidos en esta letra quienes sean meros patronos de una fundación que reciba donaciones.

g) Sean cónyuges, personas ligadas por análoga relación de afectividad, o parientes hasta de segundo grado de un consejero ejecutivo o alto directivo de la sociedad.

h) No hayan sido propuestos, ya sea para su nombramiento o renovación, en su caso, por la comisión de nombramientos.

i) Sean consejeros durante un período continuado superior a 12 años, sin perjuicio de lo establecido en la letra a) de este apartado.

j) Se encuentren, respecto a algún accionista significativo o representado en el consejo, en alguno de los supuestos señalados en las letras a), e), f) o g) de esta orden. En el caso de la relación de parentesco señalada en la letra g), la limitación se aplicará no sólo respecto al accionista, sino también respecto a sus consejeros dominicales en la sociedad participada.

Los consejeros dominicales que pierdan tal condición como consecuencia de la venta de su participación por el accionista al que representaban sólo podrán ser reelegidos como consejeros independientes cuando el accionista al que representaran hasta ese momento hubiera vendido la totalidad de sus acciones en la sociedad.

Un consejero que posea una participación accionarial en la sociedad podrá tener la condición de independiente, siempre que satisfaga todas las condiciones establecidas en esta orden y, además, su participación no sea significativa.

5. En el caso de que existiera algún consejero externo que no pueda ser considerado dominical ni independiente, la sociedad explicará tal circunstancia y sus vínculos, ya sea con la sociedad o sus directivos, ya con sus accionistas.

6. El consejo, previo informe de la comisión de nombramientos, es el responsable de determinar, con carácter anual al elaborar el Informe de Gobierno Corporativo y sobre la base de la información facilitada por el consejero evaluado o públicamente disponible, si dicho consejero cumple de forma continuada con las condiciones de independencia establecidas en esta orden.

Artículo 9. *Publicidad*.– 1. Los informes de gobierno corporativo serán objeto de publicación como hecho relevante y comunicados a la Comisión Nacional del Mercado de Valores, que lo publicará en su página web. El informe anual de gobierno corporativo se pondrá a disposición de los accionistas en el caso de las sociedades, y a disposición de los miembros de la asamblea general reunidos para censurar la gestión del consejo de administración en el caso de las cajas de ahorros, y será accesible, por vía telemática, a través de la página web de la sociedad o entidad correspondiente.

2. El plazo para publicar como hecho relevante el informe anual de gobierno corporativo será como máximo de 4 meses desde la finalización del ejercicio económico del emisor y no podrá exceder de la fecha en la que se publique oficialmente la convocatoria de la junta general ordinaria o del órgano que resulte competente para la aprobación del informe financiero anual de la entidad correspondientes al mismo ejercicio que el citado informe.

En el caso de entidades no obligadas a publicar dicha convocatoria, la difusión será como máximo de 4 meses y no podrá tener lugar más tarde de la fecha de la convocatoria del órgano competente para la aprobación de las cuentas anuales de la entidad correspondiente al mismo ejercicio que el informe de buen gobierno.

3. Las cajas de ahorros que hayan emitido valores admitidos a negociación en un mercado regulado de cualquier Estado miembro de la Unión Europea y estén obligadas a formular cuentas anuales consolidadas, tendrán un plazo de 4 meses desde la finalización del ejercicio económico del emisor para publicar como hecho relevante el informe anual de gobierno corporativo, no pudiendo exceder este plazo de la fecha en la que se publique oficialmente la convocatoria de la asamblea general para la aprobación del informe financiero anual correspondiente al mismo ejercicio que el citado informe.

Si la caja no ha emitido valores admitidos a negociación en un mercado regulado de cualquier Estado miembro de la Unión Europea o no está obligada a formular cuentas anuales consolidadas, el plazo para publicar el informe anual de gobierno corporativo no podrá exceder de la fecha en la que se publique oficialmente la convocatoria de la asamblea general para la aprobación de las cuentas anuales correspondientes al mismo ejercicio que el citado informe.

4. Las entidades domiciliadas en España cuyos derechos de voto correspondan en su totalidad, ya sea de forma directa o indirecta, a otra entidad cuyos valores coticen en los mercados de valores secundarios oficiales españoles, podrán remitir el informe anual de gobierno corporativo elaborado por la entidad que ejerce el control sobre ellas.

En tal caso, la entidad controlada remitirá anualmente a la Comisión Nacional del Mercado de Valores, un escrito señalando que se encuentra en la situación mencionada en el párrafo anterior, identificando a la entidad dominante y, justificando de esta forma, la no elaboración del informe anual de gobierno corporativo.

En el caso de que la entidad dominante haya elaborado un informe anual de gobierno corporativo equivalente al que debería elaborar y difundir la entidad española de acuerdo con lo previsto en esta orden la entidad española deberá remitir anualmente a la Comisión Nacional del Mercado de Valores una copia del informe elaborado por su entidad dominante en castellano.

5. Las entidades extranjeras cuyos valores coticen en los mercados secundarios oficiales españoles, además de hacerlo en otros mercados secundarios extranjeros, tendrán la obligación de poner el informe de gobierno corporativo a disposición de los accio-

nistas, al menos, en castellano o en una lengua habitual en el ámbito de las finanzas internacionales, así como de remitir anualmente una copia del mismo a la Comisión Nacional del Mercado de Valores. Estas entidades sólo estarán obligadas a elaborar y difundir un informe anual de gobierno corporativo conforme a esta orden cuando no hayan elaborado informe equivalente alguno de conformidad con las normas o reglas de sus países de origen o de los países en los que radiquen los mercados en que coticen.

Las entidades extranjeras que hayan emitido valores que coticen en mercados secundarios oficiales españoles y que estén controladas en su totalidad, ya sea de forma directa o indirecta, por otra entidad, podrán remitir el informe anual de gobierno corporativo de la entidad dominante, cuando dicho informe sea equivalente al que correspondería elaborar y difundir a las filiales extranjeras.

En tal caso, la entidad extranjera controlada remitirá anualmente a la Comisión Nacional del Mercado de Valores una copia del informe elaborado por su entidad dominante en castellano junto a un escrito señalando que se encuentra en la situación mencionada en el párrafo anterior, identificando a la entidad dominante y, justificando de esta forma, la no elaboración por su parte, del informe anual de gobierno corporativo.

6. Cuando la sociedad cotizada sea una sociedad anónima europea domiciliada en España que haya optado por el sistema dual, junto al informe anual de gobierno corporativo elaborado por la dirección se acompañará un informe elaborado por el consejo de control sobre el ejercicio de sus funciones.

CAPÍTULO III. Informe anual sobre remuneraciones de los consejeros

Téngase en cuenta art. 541 del TRLSC (§1).

Artículo 10. *Informe anual sobre remuneraciones de los consejeros de sociedades cotizadas*.– Las sociedades anónimas cotizadas deberán elaborar un informe anual sobre remuneraciones de los consejeros que dará una información completa, clara y comprensible de la política de remuneraciones de la sociedad y tendrá el contenido mínimo siguiente:

1. Información de la política de remuneraciones para el ejercicio en curso. Dentro de este epígrafe, se contendrá, al menos, la siguiente información:

a) Importe de los componentes fijos y dietas, así como de los conceptos retributivos de carácter variable, con los criterios de evaluación del desempeño elegidos para su diseño y métodos previstos para determinar el cumplimiento de los criterios. Clases de consejeros a los que se apliquen la retribución de carácter variable, así como explicación de la importancia relativa de los conceptos retributivos variables respecto a los fijos.

Este apartado incluirá, en su caso:

1.º Las dietas de asistencia u otras retribuciones fijas como consejero. Estimación de la retribución fija anual a la que den origen las dietas.

2.º La remuneración adicional como presidente o miembro de alguna comisión del consejo.

3.º Cualquier remuneración en concepto de participación en beneficios o primas, y la razón por la que se otorgaron.

4.º Opciones sobre acciones o cualquier otro instrumento referenciado al valor de la acción.

5.º Parámetros fundamentales y fundamento de cualquier sistema de primas anuales (bonus) o de otros beneficios no satisfechos en efectivo.

6.º Una estimación del importe absoluto de las retribuciones variables a las que dará origen el plan retributivo propuesto en función del grado de cumplimiento de las hipótesis u objetivos que tome como referencia.

7.º Las aportaciones a favor del consejero a planes de pensiones de aportación definida o el aumento de derechos consolidados del consejero cuando se trate de aportaciones a planes de prestación definida. En cualquiera de estos casos, se informará sobre los derechos acumulados por el consejero.

8.º Cualesquiera indemnizaciones pactadas o pagadas en caso de terminación de sus funciones.

9.º Las retribuciones por el desempeño de funciones de alta dirección de los consejeros ejecutivos.

10.º Cualquier remuneración suplementaria devengada a los consejeros como contraprestación por los servicios prestados distintos de los inherentes a su cargo.

11.º Cualquier retribución en forma de anticipos, créditos y garantías concedidos, con indicación del tipo de interés, sus características esenciales y los importes eventualmente devueltos, así como las obligaciones asumidas por cuenta de ellos a título de garantía.

12.º Las remuneraciones en especie.

13.º Las remuneraciones percibidas por el consejero en virtud de los pagos que realice la sociedad cotizada a una tercera entidad en la cual presta servicios el consejero, cuando dichos pagos tenga como fin remunerar los servicios de éste en la sociedad.

14.º Cualquier otro concepto retributivo distinto de los anteriores, cualesquiera que sea su naturaleza o la entidad del grupo que lo satisfaga, especialmente cuando tenga la consideración de operación vinculada o su omisión distorsione la imagen fiel de las remuneraciones totales devengadas por el consejero.

b) Principales características de los sistemas de previsión con una estimación de su importe o coste anual equivalente.

c) Condiciones que deberán respetar los contratos de quienes ejerzan funciones de alta dirección como consejeros ejecutivos.

d) Cambios más significativos de la política retributiva sobre la aplicada durante el ejercicio anterior.

e) Información sobre los trabajos preparatorios y el proceso de toma de decisiones que se haya seguido para determinar la política de remuneración y papel desempeñado, en su caso, por la comisión de retribuciones y otros órganos de control en la configuración de la política de remuneraciones. Esta información incluirá, en su caso, el mandato y la composición de la comisión de retribuciones y la identidad de los asesores externos cuyos servicios se hayan utilizado para definir la política retributiva. Igualmente se expresará el carácter de los consejeros que, en su caso, hayan intervenido en la definición de la política retributiva.

f) Información sobre acciones adoptadas por la sociedad en relación con el sistema de remuneración para reducir la exposición a riesgos excesivos y ajustarlo a los objetivos, valores e intereses a largo plazo de la sociedad, lo que incluirá, en su caso, una referencia a: medidas previstas para garantizar que en la política de remuneración de los consejeros se atiende a los resultados a largo plazo de la sociedad, medidas que establezcan un equilibrio adecuado entre los componentes fijos y variables de la remuneración, medidas adoptadas en relación con aquellas categorías de personal cuyas actividades profesionales tengan una repercusión material en el perfil de riesgos de la entidad, fórmulas o cláusulas de recobro para poder reclamar la devolución de los componentes variables de la remuneración basados en los resultados cuando tales componentes se hayan pagado atendiendo a unos datos cuya inexactitud haya quedado después demostrada de forma manifiesta y medidas previstas para evitar conflictos de intereses, en su caso.

g) Información suficiente sobre los plazos fijados para la disponibilidad de las acciones tras la adquisición de su plena propiedad.

2. Política de remuneraciones prevista para años futuros. Deberá realizarse una previsión general de la política de remuneraciones para años futuros que describa dicha política con respecto a: componentes fijos y dietas y retribuciones de carácter variable, relación entre la remuneración y los resultados, sistemas de previsión, condiciones de los contratos de consejeros ejecutivos y altos directivos, y previsión de cambios más significativos de la política retributiva con respecto a años precedentes. Se aportará información sobre el proceso de toma de decisiones para la configuración de la política de remuneraciones prevista para los años futuros y sobre el papel desempeñado, en su caso, por la comisión de retribuciones; así como información sobre incentivos creados por la sociedad en el sistema de remuneración para reducir la exposición a riesgos excesivos y ajustarlo a los objetivos, valores e intereses a largo plazo de la sociedad.

3. Resumen global de la política de retribuciones del ejercicio anterior.

4. Detalle de las retribuciones devengadas durante el ejercicio anterior. Dentro de este epígrafe se contendrá, al menos, la siguiente información:

a) El desglose individualizado de la remuneración de cada consejero, de acuerdo con lo previsto en el apartado 1.a) de este artículo.

b) El desglose individualizado de las eventuales entregas a consejeros de acciones, opciones sobre acciones o cualquier otro instrumento referenciado al valor de la acción.

c) Información sobre la relación, en dicho ejercicio pasado, entre la retribución obtenida por los consejeros y los resultados u otras medidas de rendimiento de la sociedad, explicando, en su caso, cómo las variaciones en el rendimiento de la sociedad han podido influir en la variación de las remuneraciones de los consejeros.

d) Información sobre el resultado de la votación consultiva de la junta general, con indicación del número de votos negativos que en su caso se emitieran al informe anual sobre remuneraciones de los consejeros.

> Véase art. 541 del TRLSC (§1).
>
> Téngase en cuenta su desarrollo, en virtud de la Disp. Final 2ª de la presente Orden, en la Circular 4/2013, de 12 de junio, de la Comisión Nacional del Mercado de Valores, que establece los modelos de informe anual de remuneraciones de los consejeros de sociedades anónimas cotizadas y de los miembros del consejo de administración y de la comisión de control de las cajas de ahorros que emitan valores admitidos a negociación en mercados regulados (BOE núm. 150, de 24 de junio), modificada por las Circulares de la Comisión Nacional del Mercado de valores 7/2015, de 22 de diciembre, 2/2018, de 12 de junio de 2018, 1/2020, de 6 de octubre de 2020 y 3/2021, de 28 de septiembre.

Artículo 11. *Informe anual sobre remuneraciones de los miembros del consejo de administración y de la comisión de control de las cajas de ahorros que emitan valores admitidos a negociación en mercados oficiales de valores.*– Las cajas de ahorros que emitan valores admitidos a negociación en mercados oficiales de valores deberán elaborar un informe anual sobre remuneraciones de los miembros del consejo de administración y de la comisión de control que dará una información completa, clara y comprensible sobre la política de remuneraciones de la entidad, con el contenido y estructura prevista en el artículo 10 de esta orden, sin perjuicio de las adaptaciones indispensables que deban realizarse en atención a la naturaleza de estas entidades.

Artículo 12. *Publicidad.*– 1. Los informes sobre remuneraciones previstos en los apartados anteriores serán objeto de publicación como hecho relevante y comunicados a la Comisión Nacional del Mercado de Valores que lo publicará en su página web.

2. El informe sobre remuneraciones se difundirá y someterá a votación, con carácter consultivo y como punto del orden del día, a la junta general ordinaria de accionistas o Asamblea General en el caso de las cajas de ahorros, y será accesible, por vía telemática, a través de la página web de la sociedad o entidad correspondiente.

3. Lo dispuesto en los apartados 2, 3, 4 y 5 del artículo 9 de esta orden, relativos a los plazos de presentación del informe de gobierno corporativo y a las entidades obligadas a presentarlo, serán de aplicación al informe anual sobre remuneraciones.

CAPÍTULO IV. Instrumentos de información

Véase art. 539 del TRLSC (§1).

Artículo 13. *Instrumentos de información y publicidad de hechos relevantes*.– 1. Las sociedades anónimas cotizadas deberán contar con una página web que habrá de tener, al menos, el siguiente contenido:

a) Los estatutos sociales.

b) Últimas cuentas anuales aprobadas, individuales y consolidadas.

c) El reglamento de la junta general.

d) El reglamento del consejo de administración y en su caso los reglamentos de las comisiones del consejo de administración.

e) La memoria anual y el reglamento interno de conducta.

f) Los informes de gobierno corporativo.

g) Los informes anuales sobre remuneraciones de los consejeros.

h) Los documentos relativos a las juntas generales ordinarias y extraordinarias, con información sobre el orden del día, las propuestas que realiza el consejo de administración, así como cualquier información relevante que puedan precisar los accionistas para emitir su voto, dentro del período que señale la Comisión Nacional del Mercado de Valores.

i) Información sobre el desarrollo de las juntas generales celebradas, y en particular, sobre la composición de la junta general en el momento de su constitución, acuerdos adoptados con expresión del número de votos emitidos y el sentido de los mismos en cada una de las propuestas incluidas en el orden del día, dentro del período que señale la Comisión Nacional del Mercado de Valores.

j) Los informes financieros anuales correspondientes a los últimos cinco ejercicios

k) El informe financiero semestral relativo a los seis primeros meses de ejercicio.

l) El segundo informe financiero semestral referido a los doce meses de ejercicio.

m) La declaración intermedia de gestión.

n) Los cauces de comunicación existentes entre la sociedad y los accionistas, y, en particular, las explicaciones pertinentes para el ejercicio del derecho de información del accionista, con indicación de las direcciones de correo postal y electrónico a las que pueden dirigirse los accionistas.

ñ) Los medios y procedimientos para conferir la representación en la junta general, conforme a las especificaciones que establezca la Comisión Nacional del Mercado de Valores.

o) Los medios y procedimientos para el ejercicio del voto a distancia, de acuerdo con las normas que desarrollen ese sistema, incluidos en su caso, los formularios para acreditar la asistencia y el ejercicio del voto por medios telemáticos en las juntas generales.

p) Foro electrónico de accionistas en los términos regulados por la normativa correspondiente.

q) Otros hechos relevantes, de acuerdo con lo dispuesto en esta orden ministerial.

2. Las cajas de ahorros que emitan valores admitidos a negociación en mercados oficiales de valores deberán contar con una página web que habrá de tener, al menos, el siguiente contenido:

a) Los estatutos de la caja de ahorros.

b) Últimas cuentas anuales aprobadas, individuales y consolidadas.

c) Los reglamentos de los órganos de gobierno que, en su caso, existieran.

d) Los reglamentos de las comisiones del consejo que, en su caso, existieran.

e) Los reglamentos de la comisión de retribuciones y nombramientos, y de la comisión de inversiones.

f) La memoria anual y el reglamento interno de conducta.

g) El informe de gobierno corporativo.

h) El informe anual sobre remuneraciones de los miembros del consejo de administración y de la comisión de control.

i) Los documentos relativos a las asambleas generales ordinarias y extraordinarias, con información sobre el orden del día, las propuestas que realiza el consejo de administración, así como cualquier información relevante que puedan precisar los miembros para emitir su voto, dentro del periodo que señale la Comisión Nacional del Mercado de Valores.

j) Información sobre el desarrollo de las Asambleas Generales celebradas, y en particular, sobre la composición de la Asamblea General en el momento de su constitución, sobre los acuerdos adoptados con expresión del número de votos emitidos y en el sentido de los mismos en cada una de las propuestas incluidas en el orden del día, dentro del periodo que señale la Comisión Nacional del Mercado de Valores.

k) Los informes financieros anuales correspondientes a los últimos cinco ejercicios.

l) El informe financiero semestral relativo a los seis primeros meses de ejercicio.

m) Los cauces de comunicación existentes entre la entidad y los impositores e inversores y, en particular, las explicaciones pertinentes para el ejercicio del derecho de información, con indicación de las direcciones de correo postal y electrónico a las que pueden dirigirse.

n) Los medios y procedimientos para el ejercicio del voto a distancia cuando así se haya previsto para el funcionamiento de la Asamblea General, incluidos, en su caso, los formularios para acreditar la asistencia y el ejercicio del voto por medios telemáticos en la Asamblea General.

3. Es responsabilidad de los administradores en el caso de las sociedades cotizadas, y del Director General en el caso de las cajas de ahorros, mantener la información actualizada de la página web de la sociedad y coordinar su contenido con lo que resulte de los documentos depositados e inscritos en los correspondientes Registros públicos.

4. Se faculta a la Comisión Nacional del Mercado de Valores para determinar las especificaciones técnicas y jurídicas, y la información que las sociedades anónimas cotizadas y las cajas de ahorros que emitan valores a negociación han de incluir en la página web, con arreglo a lo establecido en el presente artículo de esta orden.

5. La vigencia de los estatutos, reglamentos, pactos parasociales, asignación de responsabilidades de los consejeros dentro de las comisiones y sus cargos respectivos y demás hechos inscribibles en el Registro Mercantil, así como cualquier documento depositado e inscrito en los correspondientes registros públicos podrá acreditarse mediante conexión telemática con la correspondiente base de datos pública en la red.

> En virtud del art. 13.4 se dicta la Circular 3/2015, de 23 de junio, de la Comisión Nacional del Mercado de Valores, sobre especificaciones técnicas y jurídicas e información que deben contener las páginas web de las sociedades anónimas cotizadas y las cajas de ahorros que emitan valores admitidos a negociación en mercados secundarios oficiales de valores.

DISPOSICIÓN ADICIONAL

Única. *Informes de gobierno corporativo y de remuneraciones de las cajas de ahorros que no emitan valores admitidos a negociación en mercados oficiales de valores y cajas de ahorros que desarrollen su objeto como entidad de crédito a través de una entidad bancaria.*– 1. Las cajas de ahorros, ya sean de ejercicio directo o indirecto, que no emitan valores admitidos a negociación en mercados oficiales de valores deberán hacer público con carácter anual un informe de gobierno corporativo y de remuneraciones. El informe anual de gobierno corporativo y el de remuneraciones serán objeto de comunicación a la Comisión Nacional del Mercado de Valores, acompañando copia del documento en que conste. La Comisión Nacional del Mercado de Valores remitirá copia de los informes comunicados al Banco de España y a los órganos competentes de las comunidades autónomas.

Las cajas de ahorros que no emitan valores admitidos a negociación en mercados oficiales de valores ajustarán el contenido y estructura de los informes de gobierno corporativo y de remuneraciones, con los ajustes que correspondan en cuanto entidades no emisoras, a lo dispuesto en esta orden y a los modelos e impresos que, en su caso, establezca la Comisión Nacional del Mercado de Valores para las cajas de ahorros que emitan valores admitidos a negociación en mercados oficiales de valores.

2. Conforme a lo previsto en el artículo 5 del Real Decreto-ley 11/2010, de 9 de julio, de órganos de gobierno y otros aspectos del régimen jurídico de las Cajas de Ahorros, en el caso de cajas de ahorros que desarrollen su objeto propio como entidad de crédito a través de una entidad bancaria a la que aporten todo su negocio financiero, lo establecido en esta disposición será de aplicación a las entidades a través de las cuales dichas cajas de ahorros ejerzan su actividad como entidad de crédito.

En el supuesto de que las entidades referidas en el párrafo anterior no tengan el carácter de sociedades anónimas cotizadas ajustarán el contenido y estructura de los informes de gobierno corporativo y de remuneraciones, con los ajustes que correspondan en cuanto entidades no emisoras, a lo dispuesto en esta orden y a los modelos e impresos que, en su caso, establezca la Comisión Nacional del Mercado de Valores para las sociedades anónimas cotizadas.

El informe anual de gobierno corporativo y el de remuneraciones serán objeto de comunicación a la Comisión Nacional del Mercado de Valores, acompañando copia del documento en que consten. La Comisión Nacional del Mercado de Valores remitirá copia de los informes comunicados al Banco de España.

3. Los informes previstos en esta disposición adicional se regirán, en lo que respecta a las reglas de publicidad, competencia para aprobación y responsabilidad de la formulación, a lo previsto con carácter general en esta orden.

DISPOSICIONES TRANSITORIAS

Primera. *Mantenimiento en vigor de las circulares de la Comisión Nacional del Mercado de Valores*.– En tanto la Comisión Nacional del Mercado de Valores no dicte las circulares previstas en la disposición final primera de esta orden, se mantendrán en vigor la Circular 1/2004, de 17 de marzo, sobre el informe anual de gobierno corporativo de las sociedades anónimas cotizadas y otras entidades emisoras de valores admitidos a negociación en mercados secundarios oficiales de valores, y otros instrumentos de información de las sociedades anónimas cotizadas; la Circular 4/2007, de 27 de diciembre, que modifica el modelo de informe anual de gobierno corporativo de las sociedades anónimas cotizadas; y la Circular 2/2005, de 21 de abril, de la Comisión Nacional del Mercado de Valores, sobre el informe anual de Gobierno Corporativo y otra información de las Cajas de Ahorros que emitan valores admitidos a negociación en Mercados Oficiales de Valores.

La referencia a la Disp.Final 1.ª de esta Orden parece un error material y que debe entenderse realizada a la Disp. Final 2.ª.

Las Circulares de 1/2004 y la 2/2005 derogadas por la Circular 3/2015, de 23 de junio, de la Comisión Nacional del Mercado de Valores, sobre especificaciones técnicas y jurídicas e información que deben contener las páginas web de las sociedades anónimas cotizadas y las cajas de ahorros que emitan valores admitidos a negociación en mercados secundarios oficiales de valores. Y la Circular 4/2007 drogada por la Circular 5/2013, de 12 de junio, de la Comisión Nacional del Mercado de Valores, que establece los modelos de informe anual de gobierno corporativo de las sociedades anónimas cotizadas y de las cajas de ahorros que emitan valores admitidos a negociación en mercados regulados.

Segunda. *Consejeros independientes*.– Los consejeros que a 30 de junio de 2013 estuvieran desempeñando sus funciones como independientes continuarán con tal consideración hasta la finalización del mandato en curso, aun cuando en dicho periodo excedan el plazo de 12 años. Los que a la finalización del mandato hayan excedido del plazo de 12 años no podrán volver a ser designados como independientes.

De acuerdo con lo dispuesto en el párrafo anterior, en los informes anuales de gobierno corporativo relativos a los años 2013 y posteriores, se podrá seguir calificando como independientes a los consejeros que durante esos ejercicios lleven desempeñando su cargo durante un periodo superior a 12 años, siempre que no incurran en alguna de las otras causas previstas en el apartado 4 del artículo 8 que les impida mantener dicha calificación.

> Disp. modificada por la Disp. Dinal 2.ª de la Orden ECC/2515/2013, de 26 de diciembre, por la que se desarrolla el artículo 86.2 de la Ley 24/1988, de 28 de julio, del Mercado de Valores (BOE núm. 9, de 10 de enero de 2014).

Tercera. *Obligaciones en materia de gobierno corporativo para el ejercicio comenzado el 1 de enero de 2012*.– Las obligaciones de informe previstas en los artículos 5, 6, 7, 10. 11 y 12, no serán de aplicación al ejercicio comenzado el 1 de enero de 2012, que se regirá por la normativa aplicable con anterioridad a la aprobación de esta orden.

DISPOSICIÓN DEROGATORIA

Única. *Derogación normativa*.– Queda derogada la Orden ECO/3722/2003, de 26 de diciembre, sobre el informe anual de gobierno corporativo y otros instrumentos de información de las sociedades anónimas cotizadas y otras entidades. Asimismo, queda derogada la Orden ECO/354/2004, de 17 de febrero, sobre el informe anual de Gobierno Corporativo y otra información de las Cajas de Ahorros que emitan valores admitidos a negociación en Mercados Oficiales de Valores.

DISPOSICIONES FINALES

Primera. *Modificación de la Orden EHA/1421/2009, de 1 de junio, por la que se desarrolla el artículo 82 de la Ley 24/1988, de 28 de julio, del Mercado de Valores, en materia de información relevante*.– Se introduce un artículo 2 bis, en la

Orden EHA/1421/2009, de 1 de junio, por la que se desarrolla el artículo 82 de la Ley 24/1988, de 28 de julio, del Mercado de Valores, en materia de información relevante, con el texto siguiente:

«Artículo 2 bis. Difusión de los hechos relevantes por los emisores de valores.

1. Los emisores de valores deberán difundir a través de sus páginas web los hechos relevantes previamente comunicados a la Comisión Nacional del Mercado de Valores, así como mantener la publicidad de los hechos relevantes a través de este medio durante el plazo que la Comisión Nacional del Mercado de Valores determine. La Comisión Nacional del Mercado de Valores podrá establecer, a este respecto, plazos de difusión diferentes en función del contenido del hecho relevante comunicado.

Los hechos relevantes publicados a través de las páginas web deberán corresponderse exactamente con los hechos relevantes remitidos a la Comisión Nacional del Mercado de Valores.

2. Los emisores de valores garantizarán que la difusión de esta información se efectúa de manera comprensible, gratuita, directa y de fácil acceso para el inversor».

Segunda. *Habilitación a la Comisión Nacional del Mercado de Valores.* – La Comisión Nacional del Mercado de Valores queda habilitada para detallar mediante Circular el contenido y estructura de los informes de gobierno corporativo y de remuneraciones de conformidad con lo previsto en el texto refundido de la Ley de Sociedades de Capital, aprobado por el Real Decreto Legislativo 1/2012, de 2 de julio, y en esta orden ministerial, a cuyos efectos podrá establecer modelos o impresos con arreglo a los cuales las diferentes entidades deberán hacer públicos los mismos.

La referencia al Real Decreto Legislativo 1/2012 debe entenderse realizada al Real Decreto Legislativo 1/2010.

Disp. Final redactada de acuerdo con la Disp. Final 1 de Orden núm. ECC/2575/2015, de 30 de noviembre, por la que se determina el contenido, la estructura y los requisitos de publicación del informe anual de gobierno corporativo, y se establecen las obligaciones de contabilidad, de las fundaciones bancarias.

En virtud de la habilitación contenida en esta Disposición Final se han dictado.

– la Circular 4/2013, de 12 de junio, de la Comisión Nacional del Mercado de Valores, que establece los modelos de informe anual de remuneraciones de los consejeros de sociedades anónimas cotizadas y de los miembros del consejo de administración y de la comisión de control de las cajas de ahorros que emitan valores admitidos a negociación en mercados regulados (BOE núm. 150, de 24 de junio), modificada por las Circulares de la Comisión Nacional del Mercado de Valores 7/2015, de 22 de diciembre, 2/2018, de 12 de junio de 2018, 1/2020, de 6 de octubre de 2020 y 3/2021, de 28 de septiembre.

– la Circular 5/2013, de 12 de junio, de la Comisión Nacional del Mercado de Valores, que establece los modelos de informe anual de gobierno corporativo de las sociedades anónimas cotizadas y de las cajas de ahorros que emitan valores admitidos a negociación en mercados regulados (BOE núm. 150, de 24 de junio), modificada por las Circulares de la Comisión Nacional del Mercado de Valores 7/2015, de 22 de diciembre, 2/2018, de 12 de junio, 1/2020, de 6 de octubre y 3/2021, de 28 de septiembre.

– Circular 3/2015, de 23 de junio, de la Comisión Nacional del Mercado de Valores, sobre especificaciones técnicas y jurídicas e información que deben contener las páginas web de las sociedades anónimas cotizadas y las cajas de ahorros que emitan valores admitidos a negociación en mercados secundarios oficiales de valores.

Tercera. *Entrada en vigor.*- Esta orden entrará en vigor el día siguiente al de su publicación en el «Boletín Oficial del Estado».

§11. REAL DECRETO 421/2015, DE 29 DE MAYO, POR EL QUE SE REGULAN LOS MODELOS DE ESTATUTOS-TIPO Y DE ESCRITURA PÚBLICA ESTANDARIZADOS DE LAS SOCIEDADES DE RESPONSABILIDAD LIMITADA, SE APRUEBA MODELO DE ESTATUTOS-TIPO, SE REGULA LA AGENDA ELECTRÓNICA NOTARIAL Y LA BOLSA DE DENOMINACIONES SOCIALES CON RESERVA

(BOE núm. 141, de 13 de junio)

Real Decreto dictado en virtud de la habilitación contenida en el art. 15, Disp. Ad. 3.ª, Disp. Final 10.ª de la Ley 14/2013, de 27 de septiembre, de apoyo a los emprendedores y su internacionalización (§2), y Disp. Final 1.ª del RD Legislativo 1/2010, de 2 de julio, por el que se aprueba el TRLSC (§1).

Véase art. 40 bis del TRLSC (§1).

PREÁMBULO

La Ley 14/2013, de 27 de septiembre, de apoyo a los emprendedores y su internacionalización, partió de la necesidad de agilizar el inicio de la actividad emprendedora, cuestión a la que dedica el capítulo IV dentro del título primero, dedicado al apoyo a la iniciativa emprendedora; en él se crean los Puntos de Atención al Emprendedor, con la intención de integrar en un solo lugar las múltiples ventanillas existentes para la asistencia al inicio de la actividad emprendedora.

Muy ligado a lo anterior, y con la intención igualmente de facilitar la actividad emprendedora que deba realizarse a través de determinadas personas jurídicas, se regula en el artículo 15 de la citada ley, la constitución de sociedades de responsabilidad limitada, con escritura pública y estatutos-tipo, mediante el llamado Documento Único Electrónico (DUE) y a través del sistema de tramitación telemática del Centro de Información y Red de Creación de Empresas (CIRCE), debiéndose autorizar la escritura pública en el plazo máximo de 12 horas hábiles y calificarse e inscribirse, en su caso, en el Registro Mercantil en el plazo de 6 horas. Se establecen por tanto unos exigentes requisitos temporales que la ley es consciente de que solamente pueden ser alcanzados con la estandarización de los estatutos sociales correspondientes a la constitución de la sociedad. Por ello establece en el citado artículo la necesidad de la existencia de unos estatutos-tipo que permitan la autorización de la escritura de constitución y la calificación e inscripción de la misma en tan breves plazos.

Este real decreto regula, de acuerdo con la habilitación legal, los aspectos que deben reunir los estatutos-tipo en formato estandarizado así como aprueba el modelo estandarizado previsto legalmente; se ha optado, siguiendo la regulación hasta ahora existente, por un modelo de estatutos de gran sencillez sin perjuicio de la aprobación futura de otro u otros modelos que incorporen mayor complejidad.

El artículo 16, que regula la constitución de sociedades de responsabilidad limitada sin estatutos-tipo, introduce la posibilidad de constitución de sociedades limitadas por medios electrónicos cuya principal novedad es que habilita para obtener en muy breve plazo de tiempo una inscripción provisional, aplicándose en lo necesario lo dispuesto en el artículo 15 y, por lo tanto, puede utilizarse el mismo modelo de escritura con formato estandarizado que permita, tanto al Notario, que tiene que autorizar el documento, como al Registrador Mercantil, que debe inscribirlo, cumplir sus respectivos cometidos dentro de los brevísimos plazos previstos.

En consecuencia, en consonancia con lo previsto en la Ley de apoyo a los emprendedores y la voluntad del legislador de facilitar la creación de empresas en tiempos más cortos, la escritura en formato estandarizado y campos codificados se utilizará en los supuestos de constitución telemática. Este real decreto regula, de acuerdo con la habilitación legal, los aspectos que debe reunir la escritura pública dejando la aprobación del modelo concreto a una Orden del Ministro de Justicia.

El real decreto regula igualmente algunas cuestiones colaterales a las que también se refiere la Ley 14/2013, de 27 de septiembre, y que no están suficientemente reglamentadas, como son la Bolsa de denominaciones sociales con reserva, cuya habilitación normativa se encuentra en la disposición final primera del Real Decreto Legislativo 1/2010, de 2 de julio, por el que se aprueba el texto refundido de la Ley de Sociedades de Capital; la Agenda Electrónica Notarial, a través de la que se concertará la cita para el otorgamiento de la escritura de constitución, o el formato en el que deberán ser remitidas estas escrituras al Registro Mercantil correspondiente.

En su virtud, a propuesta del Ministro de Justicia, y del Ministro de Industria, Energía y Turismo, de acuerdo con el Consejo de Estado y previa deliberación del Consejo de Ministros en su reunión del día 29 de mayo de 2015, DISPONGO:

CAPÍTULO I. Disposiciones generales

Art. 1. *Objeto.*– Constituye el objeto de este real decreto la regulación de las especificaciones y condiciones de la escritura de constitución y de los estatutos-tipo con formato estandarizado y con campos codificados, establecidos en la Ley 14/2013, de 27 de septiembre, de apoyo a los emprendedores y su internacionalización, de la Bolsa de denominaciones sociales con reserva y de la Agenda Electrónica Notarial. Se aprueba igualmente un modelo de estatutos-tipo en formato estandarizado.

CAPÍTULO II. Modelo de estatutos-tipo y de escritura pública en formato estandarizado

La Disp. Final 12.ª de la Ley 28/2022, de 21 de diciembre, de fomento del ecosistema de las empresas emergentes (BOE núm. 306, de 22 de diciembre), con entrada en vigor el 23 de diciembre de 2022, establece que «el Gobierno aprobará por real decreto, en el plazo de tres meses desde la entrada en vigor de esta ley, diferentes modelos de estatutos tipo, que se incorporarán a las escrituras públicas de constitución, adaptados ambos a las necesidades de las empresas emergentes reguladas por esta ley». A fecha de cierre de estos textos legales dicho RD no se ha aprobado.

Art. 2. *Estatutos-tipo en formato estandarizado para la constitución de sociedades de responsabilidad limitada.*– Se aprueba el modelo de estatutos-tipo en formato estandarizado a los que se refiere el artículo 15 de la Ley 14/2013, de 27 de septiembre, para la constitución de sociedades de responsabilidad limitada con capital social no inferior a 3.000 euros y sociedades de responsabilidad limitada de formación sucesiva con el contenido y formato que resulta de los anexos I y II de este real decreto.

Art. 3. *Campos codificados.*– 1. Los modelos de estatutos-tipo en formato estandarizado contienen campos rellenables en los que hacer constar los datos codificados que correspondan de forma que la información así estructurada sea electrónicamente tratable.

2. Cada uno de los campos que figuran en el modelo estandarizado entre paréntesis y subrayado deberá contener el dato codificado que corresponde a la numeración situada en el mismo de acuerdo a la relación contenida en el anexo II de este real decreto.

Art. 4. *Determinación del objeto social.*– 1. El objeto social se identificará en los estatutos-tipo mediante la selección de alguna o algunas de las actividades económicas y de sus códigos determinados habilitados por Orden del Ministro de Justicia, debiendo estar disponibles en la Sede Electrónica del Ministerio de Justicia, con la descripción correspondiente de la Clasificación Nacional de Actividades Económicas (CNAE 2009). El código o códigos a seleccionar deberán tener al menos dos dígitos.

2. Entre las actividades que conformen el objeto social, se señalará una, a efectos de ser considerada como actividad principal. En este caso se especificará con el código CNAE a cuatro dígitos.

Art. 5. *Cumplimentación de los estatutos-tipo.*– 1. La redacción de los estatutos-tipo se realizará directamente en la plataforma telemática del Centro de Información y Red de Creación de Empresas (en adelante, CIRCE) mediante la cumplimentación de los campos configurados como variables. Una vez cumplimentados éstos, se compondrá el documento de los estatutos, que deberá ser incorporado a la escritura; dicho documento deberá incluir el código ID-CIRCE establecido en la Orden ECO/1371/2003, de 30 de mayo, por la que se regula el procedimiento de asignación del código ID-CIRCE que permite la identificación de la sociedad limitada Nueva Empresa y su solicitud en los procesos de tramitación no telemática.

2. De la misma manera se generará un fichero en formato xml del documento de los estatutos, que será remitido al Notario por el sistema de tramitación telemática del CIRCE junto con el Documento Único Electrónico (DUE), igualmente en formato xml, que deberá acompañar a la escritura en formato estandarizado a que se refieren la disposición final décima de la Ley 14/2013, de 27 de septiembre y el artículo siguiente.

3. El formato del fichero xml que contiene el modelo de estatutos-tipo viene determinado en el anexo II de este real decreto.

Art. 6. *Modelo de escritura pública en formato estandarizado.* 1. El modelo de escritura pública en formato estandarizado con campos codificados para la constitución de sociedades a que se refiere la disposición final décima de la Ley 14/2013, de 27 de septiembre, será aprobado por Orden del Ministro de Justicia.

2. La escritura pública en formato estandarizado se realizará cumplimentando cada uno de los campos rellenables que contenga el modelo de formato contenido en la Orden del Ministro de Justicia que lo apruebe. Los campos serán completados por el notario siguiendo las instrucciones contenidas en cada caso, de forma que la información estructurada sea electrónicamente tratable.

3. El modelo estandarizado de escritura pública se utilizará para la constitución de sociedades limitadas con y sin estatutos-tipo.

En su cumplimiento se ha dictado la Orden JUS/1840/2015, de 9 de septiembre, por la que se aprueba el modelo de escritura pública en formato estandarizado y campos codificados de las sociedades de responsabilidad limitada, así como la relación de actividades que pueden formar parte del objeto social (§12).

La Disp. Ad. 5.ª de la Ley 18/2022, de 28 de septiembre, de creación y crecimiento de empresas (BOE núm. 234, de 29 septiembre) (entrada en vigor el 19 de octubre de 2022), establece que «el Ministerio de Justicia regulará mediante orden ministerial la escritura de constitución de las sociedades de responsabilidad limitada con un formato estandarizado y con campos codificados para las sociedades de responsabilidad limitada que se constituyan mediante el Documento Único Electrónico (DUE) y que adopten la fórmula de consejo de administración como sistema de administración»

Por su parte, la Disp. Adicional 6.ª de la citada Ley 18/2022, de 28 de septiembre, de creación y crecimiento de empresas, establece:

«1. A partir de la entrada en vigor de la norma de transposición de la Directiva (UE) 2019/1151 del Parlamento Europeo y del Consejo, de 20 de junio de 2019, por la que se modifica la Directiva (UE) 2017/1132 en lo que respecta a la utilización de herramientas y procesos digitales en el ámbito del derecho de sociedades, el procedimiento notarial para la constitución de sociedades de responsabilidad limitada de forma íntegra por medios telemáticos quedará incorporado al procedimiento de constitución a través del Centro de Información y Red de Creación de Empresas (CIRCE), y sujeto a los plazos, aranceles y demás requisitos previstos en la regulación de CIRCE.

2. Los desarrollos reglamentarios pertinentes para la incorporación de dicho procedimiento a CIRCE relativos al Documento Único Electrónico, los estatutos tipo y la escritura pública estandarizada se realizarán por Real Decreto».

Art. 7. *Remisión de la escritura de constitución al Registro Mercantil.* – 1. La remisión al Registro Mercantil de la copia autorizada de la escritura de constitución de sociedades limitadas a que se refieren los artículos 15 y 16 de la Ley 14/2013, de 27 de septiembre, se realizará mediante un documento electrónico en formato xml, según el modelo regulado en el artículo anterior, firmado por el notario con su certificado reconocido de firma electrónica, de forma que permita el tratamiento electrónico de todos los campos codificados contenidos en aquella. El documento electrónico incluirá, en el caso de optarse por estatutos-tipo, los estatutos sociales en formato xml.

2. Se pondrá a disposición de los otorgantes en el Punto de Atención al Emprendedor, sin coste adicional alguno, copia simple electrónica de la escritura de constitución.

3. Cuando se utilice el DUE establecido en la disposición adicional tercera del texto refundido de la Ley de Sociedades de Capital, aprobado por Real Decreto Legislativo 1/2010, de 2 de julio, dicha remisión se realizará a través del CIRCE.

CAPÍTULO III. Agenda Electrónica Notarial

Art. 8. *Agenda Electrónica Notarial.*– 1. El Consejo General del Notariado será la entidad encargada de desarrollar y gestionar, bajo la supervisión de la Dirección General de los Registros y del Notariado, la denominada Agenda Electrónica Notarial, que contendrá el calendario de disponibilidad de los notarios para la firma de escritura de constitución de sociedades.

2. Dicha agenda deberá permitir en cualquier momento, en el ámbito de la creación de sociedades a las que les sea de aplicación, la reserva de cita con el notario para el otorgamiento de la escritura correspondiente. Concertada la cita, la agenda pondrá a disposición del solicitante un justificante de la misma, indicando en todo caso el nombre y residencia del notario y la fecha y hora acordada. La actualización de los datos de disponibilidad de la agenda deberá realizarse en tiempo real.

3. La cita reservada será vinculante para el notario. Si por cualquier causa, debidamente justificada, el notario no estuviera en disposición de autorizar la escritura en la fecha y hora señalada, deberá poner inmediatamente esta circunstancia en conocimiento del Consejo General del Notariado, que deberá ofrecer al solicitante la posibilidad de otorgar la escritura ante otro notario dentro del mismo plazo, si la imposibilidad del primer seleccionado se le hubiera comunicado antes de que faltaran seis horas para que finalizara aquel. En todo caso, cualquier alteración o modificación de la cita deberá ser puesta en conocimiento del CIRCE.

Véanse Disp. Adicional 1ª del presente Real Decreto y el art. 4 de la Ley 18/2022, de 28 de septiembre, de creación y crecimiento de empresas (BOE núm. 234, de 29 septiembre) (entrada en vigor el 19 de octubre de 2022), reproducido en nota inicial al Título II del TRLSC (§1).

El apartado j) del artículo 349 del Reglamento de la organización y régimen del Notariado, aprobado por el Decreto de 2 de junio de 1944 establece que es una infracción grave «la negativa injustificada a la prestación de funciones requeridas a través de la Agenda Electrónica Notarial».

CAPÍTULO IV. Bolsa de denominaciones sociales con reserva

Art. 9. *Bolsa de denominaciones sociales con reserva*.– 1. El Registro Mercantil Central será responsable de generar y mantener, bajo la supervisión de la Dirección General de los Registros y del Notariado, la Bolsa de denominaciones sociales con reserva.

2. Generará aleatoriamente y mantendrá actualizada, con los filtros adecuados para eliminar denominaciones inutilizables, una bolsa de, al menos, 1.500 denominaciones sociales, que podrá ser consultada electrónicamente de forma gratuita.

3. Cada una de las denominaciones sociales de dicha bolsa requerirá, antes de su publicación electrónica, de la previa calificación de su idoneidad por el registrador encargado del Registro Mercantil Central.

4. El Registro Mercantil Central expedirá certificación electrónica negativa, dotada de Código Seguro de Verificación, de cada una de las denominaciones sociales de la bolsa.

5. Previa cumplimentación del formulario de solicitud y satisfechos los derechos arancelarios correspondientes a una certificación, podrá seleccionarse por el interesado alguna denominación de entre las disponibles y descargarse la correspondiente certificación electrónica acreditativa de la inexistencia de entidad con idéntica denominación. La asignación de la denominación a través de la Bolsa de denominaciones tendrá la misma vigencia que la certificación negativa de denominaciones. Este trámite podrá ser realizado, igualmente, a través de los Puntos de Atención al Emprendedor.

6. El interesado podrá dirigirse a cualquier oficina del Registro Mercantil para obtener documento en papel acreditativo de la selección de una denominación de las incluidas en la Bolsa de denominaciones.

DISPOSICIONES ADICIONALES

Primera. *Agenda Electrónica Notarial*.– La Agenda Electrónica Notarial deberá estar en funcionamiento, con las características determinadas en el artículo 8, en el plazo de tres meses desde la publicación de este real decreto en el «Boletín Oficial del Estado».

Segunda. *Aranceles aplicables*.– 1. Cuando el capital social de las sociedades de responsabilidad limitada constituidas conforme a este real decreto no sea superior a 3.100 euros y sus estatutos se ajusten a los estatutos-tipo, se aplicarán los aranceles previstos para ello en el artículo 5.Dos c) del Real Decreto-ley 13/2010, de 3 de diciembre, de actuaciones en el ámbito fiscal, laboral y liberalizadoras para fomentar la inversión y la creación de empleo.

2. En los demás casos de constitución de sociedades de responsabilidad limitada constituidas conforme a este real decreto, se aplicarán los aranceles previstos en el artículo 5.Uno g) del Real Decreto-ley 13/2010, de 3 de diciembre.

El artículo 5.Uno g) del Real Decreto-ley 13/2010, de 3 de diciembre, establece:
«g) Se aplicarán como aranceles notariales y registrales, la cantidad de 150 euros para el notario y 100 para el registrador».
El artículo 5.Dos c) del Real Decreto-ley 13/2010, de 3 de diciembre, establece:
«c) Se aplicarán como aranceles notariales y registrales la cantidad de 60 euros para el notario y 40 para el registrador».

Tercera. *No incremento del gasto público.*– Las medidas incluidas en esta norma no podrán suponer incremento de dotaciones ni de retribuciones ni de otros gastos de personal.

DISPOSICIONES FINALES

Primera. *Título competencial.*– El presente real decreto se dicta al amparo de las competencias en materia de legislación mercantil y de ordenación de los registros e instrumentos públicos que al Estado atribuye, respectivamente, el artículo 149.1.6.ª y 8.ª de la Constitución.

Segunda. *Aplicación.*– La Dirección General de los Registros y del Notariado dictará, en el ámbito de sus competencias, las resoluciones e instrucciones necesarias para la aplicación de lo previsto en este real decreto.

Tercera. *Modificación del Reglamento de la organización y régimen del Notariado, aprobado por Decreto de 2 de junio de 1944.*– Se añade un apartado j) al artículo 349 del Reglamento de la organización y régimen del Notariado, con la siguiente redacción:

«j) La negativa injustificada a la prestación de funciones requeridas a través de la Agenda Electrónica Notarial».

Cuarta. *Entrada en vigor.*– El presente real decreto entrará en vigor a los tres meses de su publicación en el «Boletín Oficial del Estado».

ANEXO I. Estatutos-tipo en formato estandarizado para sociedades de responsabilidad limitada con capital social no inferior a 3.000 euros o de formación sucesiva (SLFS)

NOTA. Lo indicado entre [] es opcional.

Artículo 1.º *Denominación social.*

La denominación de la sociedad es <u>(1.1 Denominación social)</u>. Se constituye una sociedad de responsabilidad limitada que se regirá por las normas legales y por los presentes estatutos.

Artículo 2.º *Objeto social.*

La sociedad tiene por objeto el desarrollo de las actividades correspondientes a los siguientes códigos y descripciones de la Clasificación Nacional de Actividades Económicas:

Actividad principal: <u>(1.2.1 Objeto social – campo actividad principal/ 1.2.1 Objeto social –descripción actividad principal)</u>

Otras actividades: <u>(1.2 Objeto social – campo / 1.2 Objeto social –descripción)</u>

Si alguna de las actividades elegidas fuera de carácter profesional, la sociedad la ejercerá como mera intermediadora entre el profesional prestador del servicio y el consumidor.

Artículo 3.º

La duración de la sociedad será <u>(1.3 Duración)</u> [y dará comienzo a sus operaciones el día <u>(1.4 Fecha de inicio de Actividad)</u>].

El ejercicio social termina, cada año, el día <u>(1.5 Fecha de cierre del ejercicio social)</u>.

Artículo 4.º *Domicilio social y web corporativa.*

El domicilio social se fija en <u>(1.6 Domicilio Social)</u>

<u>(1.11 Página Web de la sociedad)</u>

Artículo 5.º *Capital social.*

El capital de la sociedad es de <u>(1.7 Capital Social)</u> euros, dividido en (1.8 Número de Participaciones) participaciones sociales de <u>(1.9 Valor de cada participación)</u> euros de valor nominal cada una, numeradas correlativamente a partir del uno.

[Si SLFS La sociedad se sujeta al régimen de formación sucesiva previsto en el artículo 4 bis de la Ley de Sociedades de Capital.]

Artículo 6.º Organización de la administración de la sociedad.

La Junta General podrá optar por cualquiera de los siguientes modos de organizar la administración de la sociedad, sin necesidad de modificación estatutaria: un administrador único, de dos a cinco administradores solidarios o dos administradores mancomunados.

Artículo 7.º *Nombramiento, duración y prohibición de competencia.*

Sólo las personas físicas podrán ser nombrados administradores. El desempeño del cargo de administrador será por tiempo indefinido.

Respecto de los demás requisitos de nombramiento, incompatibilidades y prohibiciones para ser administrador, se aplicará lo dispuesto en la Ley de sociedades de capital.

El cargo de administrador será (<u>1.10 Retribución administrador</u>).

Artículo 8.º *Modo de deliberar y adoptar acuerdos los órganos colegiados.*

La sociedad se regirá por lo dispuesto al efecto para la sociedad de responsabilidad limitada en la Ley de Sociedades de Capital.

La junta general será dirigida por su presidente, que concederá el uso de la palabra, determinará el tiempo y el final de las intervenciones, y someterá a votación los proyectos de acuerdos.

La junta general será convocada mediante anuncio publicado en la página web de la sociedad si ésta hubiera sido creada, inscrita y publicada en los términos previstos en la Ley. Mientras la sociedad no cuente con tal página web, la convocatoria se realizará por cualquier procedimiento de comunicación individual y escrita, que asegure la recepción del anuncio por todos los socios en el domicilio designado al efecto o en el que conste en la documentación de la sociedad.

[Artículo 9.º *Sociedad de responsabilidad limitada unipersonal.*

A la sociedad de responsabilidad limitada unipersonal se aplicará las especialidades de régimen previstas en la Ley de sociedades de capital aprobada por el Real Decreto Legislativo 1/2010, de 2 de julio.]

ANEXO II. Campos codificados contenidos en los estatutos-tipo y nodo xml asociado

Número campo codificado	Campo	Tipo de datos	Observaciones	Nodo
--	ID-CIRCE.	Alfanumérico.	Código generado por el sistema CIRCE.	`<ID-CIRCE/>`
1.1	Denominación social.	Alfanumérico.	Puede ser de la bolsa de denominaciones sociales.	`<denominación_social/>`
1.2.1	Objeto social-descripción actividad principal.	Alfabético.	1 entrada.	`<Descripcion_Actividad_principal/>`
	Objeto social-campo actividad principal.	Alfanumérico.		`<Valor_codigo_actividad_principal/>`
1.2	Objeto social - descripción.	Alfabético.	De 1 a n entradas.	`<Descripción_CNAE/>`
	Objeto social - campo.	Alfanumérico.		`<Valor_código_CNAE/>`
1.3	Duración.	Alfanumérico	Elegir uno: – Indefinida. – XX años/meses.	`<Duración/>`
1.4	Fecha inicio de actividad.	Fecha.		`<Fecha_inicio_actividad/>`
1.5	Cierre del ejercicio social.	Día y mes.	Día y mes del año (en letra).	`<Fecha_cierre_ejercicio/>`
1.6	Domicilio social.	Alfabético.	Codificación INE.	`<Tipo_via/>`
		Alfabético.		`<Nombre_via/>`
		Alfanumérico.	Opcional.	`<Km/>`
		Alfanumérico.	Debe admitir S/N.	`<Numero/>`
		Alfabético.	Opcional.	`<Bis/>`
		Alfanumérico.	Opcional.	`<Bloque/>`
		Alfanumérico.	Opcional.	`<Escalera/>`
		Alfanumérico.	Opcional.	`<Piso/>`
		Alfabético.	Opcional.	`<Puerta/>`
		Alfanumérico.		`<Cod_postal/>`
		Alfanumérico.	Codificación INE (de tres dígitos).	`<Cod_municipio/>`

Número campo codificado	Campo	Tipo de datos	Observaciones	Nodo
		Alfabético.		<Municipio/>
		Alfabético.		<Provincia/>
		Alfanumérico.	Codificación INE (de dos dígitos).	<Cod_provincia/>
		Alfabético.	Codificación INE.	<País/>
		Alfanumérico.	Opcional.	<Teléfono/>
		Alfanumérico.	Opcional.	<Fax/>
		Alfanumérico.	Opcional.	<Email/>
1.7	Capital social.	Numérico.	Si es Sociedad Limitada de Fundación Sucesiva el capital social suscrito y desembolsado deberá ser la misma cantidad y deberá estar comprendida entre 1 y 2.999 euros.	<Capital social/>
1.8	Número de participaciones.	Numérico.		<Participaciones/>
1.9	Valor de cada participación.	Numérico.		<Importe participaciones/>
1.10	Retribución administrador.	Alfanumérico.	Elegir uno: - Gratuito - Cantidad fija determinada por la Junta General para cada ejercicio económico. - Un porcentaje de XX (número) % de los beneficios repartibles de cada ejercicio económico, con arreglo a la Ley.	<Retribucion_administrador/>

Número campo codificado	Campo	Tipo de datos	Observaciones	Nodo
1.11	Página Web de la sociedad.	Alfanumérico.	Elegir uno en función de si ya se dispone de página web. En este último caso Deberá completarse la URL (*uniform resource locator*) de la página web: – Conforme al art. 11 bis de la Ley de Sociedades de capital, la Junta General podrá acordar que la sociedad tenga una página web corporativa, pudiendo delegar en el órgano de administración la elección de la dirección URL o sitio en la web de la web corporativa, que una vez concretada deberá comunicar a todos los socios. Al órgano de administración de la sociedad le corresponde la modificación, el traslado o la supresión de la página web. – La Sociedad tiene una página web corporativa de acuerdo con lo dispuesto en el artículo 11 bis de la Ley de Sociedades de Capital. La dirección de la web será URL de la página web. Será competencia del órgano de administración la modificación, traslado o supresión de la página web.	<Pag_web/>

§12. ORDEN JUS/1840/2015, DE 9 DE SEPTIEMBRE, POR LA QUE SE APRUEBA EL MODELO DE ESCRITURA PÚBLICA EN FORMATO ESTANDARIZADO Y CAMPOS CODIFICADOS DE LAS SOCIEDADES DE RESPONSABILIDAD LIMITADA, ASÍ COMO LA RELACIÓN DE ACTIVIDADES QUE PUEDEN FORMAR PARTE DEL OBJETO SOCIAL

(BOE núm. 219, de 12 de septiembre)

La presente Orden se dicta en cumplimiento de lo previsto en el artículo 6 del Real Decreto 421/2015, de 29 de mayo, por el que se regulan los modelos de estatutos-tipo y de escritura pública estandarizados de las sociedades de responsabilidad limitada, se aprueba modelo de estatutos-tipo, se regula la Agenda Electrónica Notarial y la Bolsa de denominaciones sociales con reserva (§11). Dicho artículo 6 desarrolla la previsión del apartado 2 de la disposición final décima de la Ley 14/2013, de 27 de septiembre, de apoyo a los emprendedores y su internacionalización (§2), precisando que el modelo de escritura pública en formato estandarizado con campos codificados debe ser aprobado por Orden del Ministro de Justicia.

En definitiva, constituye el objeto de la presente Orden la aprobación del modelo de escritura pública en formato estandarizado y con campos codificados previstos en los artículos 15 y 16 de la Ley 14/2013, de 27 de septiembre, de apoyo a los emprendedores y su internacionalización (§2).

La Disp. Ad. 5.ª de la Ley 18/2022, de 28 de septiembre, de creación y crecimiento de empresas (BOE núm. 234, de 29 septiembre) (entrada en vigor el 19 de octubre de 2022), establece que «el Ministerio de Justicia regulará mediante orden ministerial la escritura de constitución de las sociedades de responsabilidad limitada con un formato estandarizado y con campos codificados para las sociedades de responsabilidad limitada que se constituyan mediante el Documento Único Electrónico (DUE) y que adopten la fórmula de consejo de administración como sistema de administración».

Por su parte, la Disp. Adicional 6.ª de la citada Ley 18/2022, de 28 de septiembre, de creación y crecimiento de empresas, establece:

«1. A partir de la entrada en vigor de la norma de transposición de la Directiva (UE) 2019/1151 del Parlamento Europeo y del Consejo, de 20 de junio de 2019, por la que se modifica la Directiva (UE) 2017/1132 en lo que respecta a la utilización de herramientas y procesos digitales en el ámbito del derecho de sociedades, el procedimiento notarial para la constitución de sociedades de responsabilidad limitada de forma íntegra por medios telemáticos quedará incorporado al procedimiento de constitución a través del Centro de Información y Red de Creación de Empresas (CIRCE), y sujeto a los plazos, aranceles y demás requisitos previstos en la regulación de CIRCE.

2. Los desarrollos reglamentarios pertinentes para la incorporación de dicho procedimiento a CIRCE relativos al Documento Único Electrónico, los estatutos tipo y la escritura pública estandarizada se realizarán por Real Decreto».

PREÁMBULO

El Real Decreto 421/2015, de 29 de mayo, por el que se regulan los modelos de estatutos-tipo y de escritura pública estandarizados de las sociedades de responsabilidad limitada, se aprueba modelo de estatutos-tipo, se regula la Agenda Electrónica Notarial y la Bolsa de denominaciones sociales con reserva, ha aprobado la regulación relativa a la escritura pública en formato estandarizado a que se refieren los artículos 15 y 16 de la Ley 14/2013, de 27 de septiembre, de apoyo a los emprendedores y su internacionalización.

En relación con ello, la disposición final décima de dicha Ley, en su apartado 2 señala que por Orden del Ministerio de Justicia, se regulará la escritura de constitución con un formato estandarizado y con campos codificados.

En su cumplimiento, el artículo 6 del Real Decreto 421/2015, de 29 de mayo, desarrolla la citada previsión del apartado 2 de la disposición final décima de la Ley, precisando que el modelo de escritura pública en formato estandarizado con campos codificados debe ser aprobado por Orden del Ministro de Justicia.

En consecuencia, constituye el objeto de esta Orden la aprobación del modelo de escritura pública en formato estandarizado y con campos codificados previstos en los artículos 15 y 16 de la Ley 14/2013, de 27 de septiembre, de apoyo a los emprendedores y su internacionalización. Al efecto, y siguiendo el modelo que para los estatutos-tipo ha establecido el Real Decreto, se ha optado por un modelo de gran sencillez sin perjuicio de la aprobación futura de otro u otros modelos que incorporen mayor complejidad.

Asimismo, es también objeto de esta Orden la aprobación de la relación de actividades que pueden integrarse en el objeto social de los estatutos, de conformidad con la previsión del apartado segundo de la disposición final décima de la misma ley.

La presente Orden ha sido sometida al trámite de audiencia del Colegio de Registradores de la Propiedad, Mercantiles y de Bienes Muebles, y del Consejo General del Notariado, y se dicta en cumplimiento de lo previsto en el artículo 6 del Real Decreto 421/2015, de 29 de mayo.

En su virtud, dispongo:

Art. 1. *Objeto.*– Constituye el objeto de esta Orden la aprobación del modelo de escritura pública en formato estandarizado y con campos codificados para la constitución de las sociedades de responsabilidad limitada, mediante el documento único electrónico (DUE) y el sistema de tramitación telemática del Centro de Información y Red de Creación de Empresas (CIRCE), así como la aprobación del listado de actividades económicas que pueden constituir su objeto social.

Art. 2. *Modelo estandarizado de escritura pública.*– El modelo estandarizado de escritura pública con campos codificados para la constitución de las sociedades de responsabilidad limitada se recoge en el anexo I de esta Orden.

Cada uno de los campos que figuran en el modelo estandarizado deberá contener el dato codificado que corresponde a la numeración situada en el mismo de acuerdo con la relación contenida en el anexo II de esta Orden. Los campos serán completados por el notario de forma que la información estructurada sea electrónicamente tratable. Al efecto, en el Anexo III de esta Orden se incluye la descripción del formato de Escritura Estandarizado mediante un esquema XSD, XML Schema Definition.

La escritura pública deberá indicar si la sociedad se encuentra en régimen de formación sucesiva.

Art. 3. *Objeto social.*– La determinación del objeto social se realizará mediante la selección de alguna o algunas de las actividades económicas y de sus códigos determinados en el anexo IV de esta Orden, que deberán estar disponibles en la Sede Electrónica del Ministerio de Justicia.

El código o códigos a seleccionar deberá tener al menos dos dígitos. En caso de que el objeto social recoja más de una actividad se señalará la que ha de tener carácter principal, en cuyo caso se identificará con cuatro dígitos.

DISPOSICIÓN DEROGATORIA

Única. *Derogación normativa.*– Queda derogada la Orden JUS/3185/2010, de 9 de diciembre, por la que se aprueban los estatutos tipo de las sociedades de responsabilidad limitada.

DISPOSICIONES FINALES

Primera. *Habilitación.*– Se habilita a la Dirección General de los Registros y del Notariado en el ámbito de sus competencias, para dictar las resoluciones e instrucciones necesarias para la aplicación de lo previsto en esta Orden.

Segunda.*Título competencial.*– La presente Orden se dicta al amparo de las competencias exclusivas que atribuye al Estado el artículo 149.1.6.ª de la Constitución, en materia de legislación mercantil, y el artículo 149.1.8.ª de la misma, en materia de ordenación de los registros e instrumentos públicos.

Tercera. *Entrada en vigor.*– La presente Orden entrará en vigor el día 13 de septiembre de 2015.

ANEXO I. Modelo de escritura en formato estandarizado

ESCRITURA DE CONSTITUCIÓN DE LA SOCIEDAD DE RESPONSABILIDAD LIMITADA DENOMINADA "<E5.1 DenominaciónSocial>"

TIPO DE TRAMITACIÓN <E1 TipoTramitación>

NÚMERO <E2.1 NúmeroProtocolo>

En **<E2.2 LugarOtorgamiento>**, a **<E2.3::T14.2 FechaOtorgamiento>**.

Ante mí, **<E2.4::T1.1 Nombre> <E2.4::T1.2 PrimerApellido> <E2.4::T1.3 SegundoApellido>**, Notario del Ilustre Colegio de **<E2.6 ColegioNotarial>**,[**<E2.7 CondicionIntervencion>**,] con residencia en **<E2.8 LugarResidencia>**.

----- **C O M P A R E C E N C I A:** -----

{*Compareciente-*

D/Dª. **<E3.1::T1.1 Nombre> <E3.1::T1.2 PrimerApellido> <E3.1::T1.3 SegundoApellido>**[, de nacionalidad **<E3.1:T3.1.2 Nacionalidad>**], mayor de edad,

(*Sin/con cónyuge-*

<E3.1::T4.1.1 TipoECSin:
- **Soltero/a**
- **Divorciado/a**
- **Separado/a judicialmente**
- **Viudo/a**
> | **<E3.1.1::T4.1.2.1 TipoECCon:**
- **Casado/a>**, (en régimen legal de **<E3.1::T4.1.2.3.1 TipoRMLegal>** con **<E3.1:T4.1.2.2:T.1.1 Nombre> <E3.1:T4.1.2.2:T.1.2 PrimerApellido> <E3.1:T4.1.2.2:T.1.3 SegundoApellido>**en régimen convencional de

<E3.1::T4.1.2.3.2.1   TipoRMConvencional> con **<E3.1:T4.1.2.2:T.1.1 Nombre>** **<E3.1:T4.1.2.2 :T.1.2 PrimerApellido>** **<E3.1:T4.1.2.2:T.1.3 SegundoApellido>**, según resulta de escritura pública, que me exhibe, autorizada por el notario de **<E3.1::T4.1.2.3.2.2 PoblaciónCapitulos>**, don/doña **<E3.1:Notario Capitulos:T.1.1 Nombre>** **<E3.1: NotarioCapitulos: T.1.2 PrimerApellido>** **<E3.1:NotarioCapitulos:T.1.3 SegundoApellido>**, en fecha **<E3.1 ::T4.1.2.3.2.4 FechaCapitulos>**, con indicación en el Registro Civil de **<E3.1::T4.1.2.3.2.5 RegistroCapitulos>**, **<E3.1::T4.1.2.3.2.6 Inscripcion Capitulos>)**

<-Sin/con cónyuge)

[, vecino de **<E3.1::T20.4 Vecindad>][**, de profesión **< E3.1::T20.5 Profesion>]**, con domicilio en **<E3.1::T20.1 Domicilio>** y con (DNI **<E3.1::T3.1.1 DNI>**|Pasaporte vigente **<E3.1::T3.1.3.1 Pasaporte>**|Tarjeta de residencia vigente **<E3.1::T3.1.3.2 TarjetaResidencia>**|Tarjeta de identidad de extranjero vigente **<E3.1::T3.1.3.3 TarjetaIdExtranjero>**|Documento vigente de identidad de **<E3.1::T3.1.3.4 PaisUE>**, número **<E3.1::T3.1.3.5 NumeroUE>)[** y con NIF/NIE **<E3.1::T3.2 NIF>]**, que me exhibe.

<E3.1.7 Intervienen>

(*Propio/Representa-*

<E3.1.7.1.1 IntervencionSin: *En su propio nombre y derecho>*|**<E3.1.7.1.3 IntervencionCon:**
- En nombre y representación de

--En su propio
nombre y en nombre y representación de>

{*Representado-*

(*Fisica/Jurídica-*

D/Dª.   **<E3.1.7.1.2::T1.1   Nombre>**   **<E3.1.7.1.2::T1.2   PrimerApellido>**

<E3.1.7.1.2::T1.3 SegundoApellido>[, de nacionalidad <E3.1.7.1.2::T3.1.2 Nacionalidad>], (<E3.1.7.1.2:: T20.3.1 TipoMayor>|< E3.1.7.1.2:: T20.3.3.1 Tipo Menor>, nacido el <E3.1.7.1.2::T20.3.2 FechaNacimiento>),

(*Sin/con cónyuge-*

<E3.1.7.1.2::T4.1.1 TipoECSin:
- Soltero/a
- Divorciado/a
- Separado/a judicialmente
- Viudo/a

> | <E3.1.7.1.2::T4.1.2.1 TipoECCon:

- Casado/a>, (en régimen legal de <E3.1.7.1.2::T4.1.2.3.1 TipoRMLegal> con <E3.1.7.1.2::T1.1 Nombre> <E3.1.7.1.2::T1.2 PrimerApellido> <E3.1.7.1.2::T1.3 SegundoApellido>|en régimen convencional de <E3.1.7.1.2::T4.1.2.3.2.1 TipoRMConvencional> con <E3.1.7.1.2 ::T1.1 Nombre> <E3.1.7.1.2::T1.2 PrimerApellido> <E3.1.7.1.2 ::T1.3 SegundoApellido>, según resulta de escritura pública autorizada por el notario de <E3.1.7.1.2::T4.1.2.3.2.2 PoblacionCapitulos>, don/doña <E3.1.7.1.2::NotarioCapitulos: T.1.1 Nombre> <E3.1.7.1.2:Notario Capitulos: T.1.2 PrimerApellido> <E3.1.7.1.2:NotarioCapitulos: T.1.3 SegundoApellido>, en fecha <E3.1.7.1.2::T4.1.2.3.2.4 FechaCapitulos>, con indicación en el Registro Civil de <E3.1.7.1.2::T4.1.2.3.2.5 RegistroCapitulos>, <E3.1.7.1.2::T4.1.2.3.2.6 InscripcionCapitulos>)

<-Sin/con cónyuge)

[, vecino de <E3.1.7.1.2::T20.4 Vecindad>][, de profesión <E3.1.7.1.2:: T20.5 Profesion>], con domicilio en <E3.1.7.1.2:: T20.1 Domicilio> y con (DNI <E3.1.7.1.2::T3.1.1 DNI>|Pasaporte vigente <E3.1.7.1.2::T3.1.3.1 Pasaporte>|Tarjeta de residencia vigente <E3.1.7.1.2::T3.1.3.2 Tarjeta de residencia>|Tarjeta de identidad de extranjero vigente <E3.1.7.1.2::T3.1.3.3 Tarjeta de identidad de extranjero>|Documento vigente de identidad de <E3.1.7.1.2::T3.1.3.4 PaisUE>, número <E3.1.7.1.2::T3.1.3.5 NumeroUE>)[y con

NIF/NIE **<E3.1.7.1.2::T3.2 NIF>]** .

Actúa en virtud de representación **<E3.1.7.1.2:: T19.1.1.1 TituloAcreditativo:**
- **Voluntaria**
- **Legal**
- **Judicial>**

|**<E3.1.7.1.2::T10.1 Denominacion>**, domiciliada en **<E3.1.7.1.2:T21.1 Domicilio>**, y con N.I.F **<E3.1.7.1.2 NIF>**. **<E3.1.7.1.2 ConceptoIntervencion>** **<E3.1.7.1.2 Justificacion>**.

Actúa en virtud de representación **<E3.1.7.1.2:: T19.1.1.7 TituloAcreditativo:**
- **Voluntaria**
- **Legal**
- **Judicial**
- **Orgánica>**

Yo, el notario, hago constar expresamente que he cumplido con la obligación de identificación del titular real. El representante de la persona jurídica manifiesta que los datos de identificación, el objeto social y el domicilio no han variado respecto al documento fehaciente presentado al efecto.

-Física/Jurídica)

<E3.1.7.1.2::T19.2 ResDocumento> *Reseña identificativa del documento del que nace la representación*

(**<E3.1.7.1.2::T19.3.1 DatosInscripcion>** *Datos de inscripción en el registro público correspondiente* |**<E3.1.7.1.2::T193.2 DocAcredita>** *Datos y reseña de los documentos de los que resulte acreditada la existencia y validez de la representación*)

<E3.1.7.1.2::T19.4 Facultades> *Expresión e identificación concreta de las facultades representativas*

<E3.1.7.1.2::T19.5 JuicioNotarial> *Juicio notarial de suficiencia en relación con el acto o negocio documentado y las facultades ejercitadas*

[<E3.1.7.1.2::T19.5 Subapoderamiento>]

-Representado }^{1..N}
-Propio/Representa)
-Compareciente}^{1..N}

<E4.1 TipoExposicion:

1- Tiene/n a mi juicio, la capacidad y legitimación necesarias para el otorgamiento de la presente escritura de CONSTITUCIÓN DE SOCIEDAD DE RESPONSABILIDAD LIMITADA.

2- De conformidad con el artículo 98.1 de la Ley 24/2001 de 27 de diciembre, yo, el notario, hago constar que tienen, a mi juicio, bajo mi fe y responsabilidad, en el concepto en que intervienen, capacidad legal y facultades suficientes para otorgar la presente escritura de CONSTITUCIÓN DE SOCIEDAD DE RESPONSABILIDAD LIMITADA.

>, y al efecto,

----- E X P O N E [N]: -----

(**<E4.2 Exponendo: Que ha/n decidido constituir una sociedad de responsabilidad limitada, y llevándolo a efecto en esta escritura solemniza/n la misma con arreglo a las siguientes>**|**<E4.2 Exponendo>**)

----- C L A U S U L A S: -----

PRIMERA. Los socios fundadores constituyen una sociedad de responsabilidad limitada con la denominación de « **<E5.1 DenominacionSocial>** ». Acreditan que la sociedad puede ostentar el nombre expresado con la oportuna certificación electrónica del Registro Mercantil Central, original, vigente, expedida a nombre de uno de los fundadores.

Sus estatutos**[** se contienen en los **<E5.2 NumFoliosEstatutos>** folios**]**, que incorporo a esta matriz para formar parte de la misma tras su lectura y aceptación por los comparecientes.

SEGUNDA.- El capital social es de **<E5.3.1 CapitalTxt>** Euros, (**<E5.3::T18.1 CapitalNum>** Euros), dividido en **<E5.3::T18.2 NumParticipaciones>** participaciones sociales, de **<E5.3::T18.3 ValorNominal>** Euros de valor nominal cada una, numeradas correlativamente del 1 al **<E5.3::T18.2**

NumParticipaciones>, ambos inclusive, que son íntegramente asumidas y desembolsadas por los socios fundadores, de la siguiente forma:

{ *Socios-*

D/Dª. **(<E5.4.1.1::T1.1 Nombre> <E5.4.1.1::T1.2 PrimerApellido> <E5.4.1.1 ::T1.3 SegundoApellido>|<E5.4.1.2::T10.1 Persona jurídica>)**, asume **<E5.4.2 NumParticipaciones>** participaciones sociales, números de **<E5.4.3::T11.1 DeNumero>** a **<E5.4.3::T11.2 ANumero>**, por su valor nominal de **<E5.4.4::T12.2 ValorTxt>** Euros (**<E5.4.4::T12.1 ValorNum>** Euros).

Dicha suscripción es desembolsada mediante (aportación dineraria de **<E5.4.5.1.1::T12.2 ValorTxt>** Euros (**<E5.4.5.1.1::T12.1 ValorNum>** Euros).

<E5.4.5.1.1.1 AcreditacionDesembolso:

Una de las dos opciones siguientes, la segunda solo en caso de SLFS:
- **Los socios han desembolsado, en metálico, el importe de las participaciones suscritas, lo que acreditan con certificación del depósito de las correspondientes cantidades, que me entregan e incorporo a esta matriz.**

- **Los socios manifiestan que responderán solidariamente frente a la sociedad y frente a los acreedores sociales de la realidad de las aportaciones dinerarias correspondientes a las participaciones suscritas.**

>][, y aportación no dineraria de los siguientes bienes, que realiza el socio fundador:

{<E5.4.5::T13.1 Descripcion>. Valor **<E5.4.5::T12.2 ValorTxt>** Euros, (**<E5.4.5::T12.1 ValorNum>** Euros). **<E5.4.5 TituloCargas>**.

Le corresponden las participaciones de **<E5.4.5::T11.1 DeNumero>** a **<E5.4.5::T11.2 ANumero>. }**[1..N]

RESPONSABILIDAD DE LAS VALORACIONES:

<E5.4.51.4 ResponsabilidadValor: Los socios fundadores acuerdan por

unanimidad: Que respecto de los bienes aportados quedan sometidos a lo dispuesto en el artículo 73.1 de la Ley de Sociedades de Capital, ratificando la valoración asignada a los mismos y entregando su posesión a la sociedad que se constituye.>

]) *Obligatorio una o ambas.*

-Socios $\}^{1..N}$

TERCERA. Los socios fundadores nombran a ((D/Dª. <E5.6.2.1.1.1::T1.1 Nombre> <E5.6.2.1.1.1::T1.2 PrimerApellido> <E5.6.2.1.1.1::T1.3 Segundo Apellido>|<E5.6.2.1.1.2::T10.1 Denominacion>) administrador único de la sociedad, cuyo representante para el ejercicio de las funciones propias del cargo es D./Dª <E5.6.2.1.1.2.1::T1.1 Nombre> <E5.6.2.1.1.2.1::T1.2 PrimerApellido> <E5.6.2.1.1.2.1::T1.3 Segundo Apellido>, quien acepta el cargo manifestando que no le afecta causa alguna de prohibición o incompatibilidad para ejercerlo de las previstas en la Ley 5/2006 de 10 de abril, ni ninguna otra de la misma naturaleza aplicable en el territorio correspondiente al domicilio social.|<E5.6.2.2.0 AdmSolidarios> administradores solidarios, cuyos nombres son {(<E5.6.2.2.1.1::T1.1 Nombre> <E5.6.2.2.1.1:: T1.2 PrimerApellido> <E5.6.2.2.1.1::T1.3 SegundoApellido>|<E5.6.2. 2.1.2::T10.1 Denominacion>), cuyo representante para el ejercicio de las funciones propias del cargo es D./Dª <E5.6.2.2.1.2.1::T1.1 Nombre> <E5.6.2.2.1.2.1::T1.2 PrimerApellido> <E5.6.2.2.1.2.1::T1.3 Segundo Apellido> [.]}$^{2..N}$|<E5.6.2.3.0 AdmMancomunados> administradores mancomunados cuyos nombres son {(<E5.6.2.3.1.1::T1.1 Nombre> <E5.6.2.3.1.1::T1.2 PrimerApellido> <E5.6.2.3.1.1::T1.3 SegundoApellido>|<E5.6.2.3.1.2::T10.1 Denominacion>), cuyo representante para el ejercicio de las funciones propias del cargo es D./Dª <E5.6.2.3.1.2.1::T1.1 Nombre> <E5.6.2.1.3.2.1::T1.2 PrimerApellido>

<E5.6.2.3.1.2.1::T1.3 Segundo Apellido> [,]}²⁻ᴺ[y modo de actuación <E5.6.2.3.2 RegimenActuacion *Solo si no estatutos-tipo, en cuyo caso es obligatorio si hay más de dos administradores mancomunados*>], quien/es acepta/n el cargo manifestando que no le/s afecta causa alguna de prohibición o incompatibilidad para ejercerlo de las previstas en la Ley 5/2006 de 10 de abril, ni ninguna otra de la misma naturaleza aplicable en el territorio correspondiente al domicilio social.**)**

CUARTA

<E5.7.1 PresTelTxt1: De acuerdo con la Ley 14/2013, de 27 de septiembre, de apoyo a los emprendedores y su internacionalización y debidamente informado/s el/los otorgante/s, procedo a la presentación electrónica de esta escritura en el Registro Mercantil correspondiente.>

<E5.7.2 PresTelTxt2: El/Los compareciente/s me autoriza a mí el notario para subsanar electrónicamente los posibles defectos advertidos en los términos de la Ley 14/2013, de 27 de septiembre.>

<E5.7.3 PresTelTxt3: La presente escritura de constitución se considera exenta en cuanto al Impuesto de Transmisiones patrimoniales y actos jurídicos documentados según el artículo tercero del Real Decreto-Ley 13/2010.>

[<E5.8.0 OrdenClausula>] *Valores posibles: QUINTA*

[(<E5.8.1 SinPaginaTxt: Los socios, por unanimidad, acuerdan la creación de la página WEB corporativa de la Sociedad, prevista en los Estatutos Sociales y la Ley de Sociedades de Capital, y se delega en el órgano de administración la elección de la dirección URL o sitio en la Web de la web corporativa; el órgano de administración lo deberá comunicar, una vez concretada, a todos los socios.>|<E5.8.1.3 ConPaginaTxt: Los socios, por unanimidad, acuerdan la creación de la página WEB corporativa de la Sociedad, prevista en los

Estatutos Sociales y la Ley de Sociedades de Capital, cuya URL será>
<E5.8.1.2 PaginaWeb>)]

[<E5.9.0 OrdenClausula>] *Valores posibles: QUINTA / SEXTA*

[<E5.9 FacultadesPreviasAdm: Hasta la inscripción de esta escritura en el Registro Mercantil, los administradores podrán actuar en nombre de la sociedad en formación con las mismas facultades que les corresponderían para después de la inscripción.>]

[<E5.10.0 OrdenClausula>] *Valores posibles: QUINTA / SEXTA / SÉPTIMA*

[<E5.10 Poder recíproco de los socios: Los socios fundadores se conceden poder recíproco para que cualquiera de ellos en representación de los demás otorgue las escrituras de subsanación y aclaración que sean necesarias para inscribir esta sociedad en los registros públicos en que se precise hacerlo.>]

[<E5.11.0 OrdenClausula>] *Valores posibles: QUINTA / SEXTA / SÉPTIMA / OCTAVA*

[<E5.11 OtrosPactos: Solicitan del señor registrador mercantil la práctica de las oportunas operaciones registrales y, especialmente de conformidad con el artículo 63 del Reglamento del Registro Mercantil la inscripción parcial de esta escritura si apreciara defectos que afectaran a una parte del título y no impidieran la inscripción del resto.

>]

----- O T O R G A M I E N T O   Y   A U T O R I Z A C I Ó N: -----
(<E6.1.5 Texto libre>|

<E6.1.1 OtorgamientoTxt1: Hago a los comparecientes las reservas y advertencias legales; en especial: las relativas a la obligatoria inscripción de esta escritura en el Registro Mercantil; de sus obligaciones y responsabilidades tributarias; y las relativas al artículo 5 de la Ley Orgánica 15/1999 de protección de datos de carácter personal, con la incorporación de

datos a los ficheros automatizados regulados en la Orden del Ministerio de Justicia 484/2003, de 19 de febrero.>

<E6.1.2 OtorgamientoTxt2: Permito a los comparecientes la lectura de esta escritura, porque así lo solicitan, después de advertidos de la opción del artículo 193 del Reglamento Notarial.>

<E6.1.3 OtorgamientoTxt3: Enterados, según manifiestan, por la lectura que han practicado y por mis explicaciones verbales, los comparecientes hacen constar libremente su consentimiento al contenido de la escritura, y la firman.>

<E6.1.4 OtorgamientoTxt4: Y yo, el Notario, doy fe de identificar a los comparecientes por sus respectivos documentos de identidad reseñados, que me exhiben, de que el consentimiento ha sido libremente prestado por los mismos, de que el otorgamiento se adecua a la legalidad y a la voluntad debidamente informada de los otorgantes e intervinientes y del total contenido en este instrumento público, que va extendido en X folios, números: el presente y los anteriores en orden correlativo.>|<E6.1.5 Texto libre>)

(<E7.1.1 EstatutosTipo>|<E7.1.2 EstatutosLibres>)
(<E8.1.1 CertificadoRMC>|<E8.1.2 CódigoCSVRMC>)
[<E8.2 CertificadoAportacion>]
[<E8.3 DeclaracionInversionExtranjera>]
{<E8.4.1 TipoFichero> <E8.4.2 Descripcion> <E8.4.3 Fichero>}$^{0..N}$
<Firmas>

NOMENCLATURA UTILIZADA:

(a | b | ...)	"o", selección de uno de los valores **a**, **b**, ...
[a]	Una o ninguna ocurrencia de **a**
{ a }$^{min..max}$	Entre min y max repeticiones de **a**
< E-ID[:T-Nom:T-ID] >	Expresa unívocamente un elemento codificado del XML: Tipos de elementos (ID): - E*: Elementos, no puede haber dos objetos con el mismo ID - T*: Tipo de dato, puede haber varios elementos con el mismo tipo de dato y por lo tanto el mismo ID **E-ID**: Identificador del elemento situado en la última rama del árbol del esquema. **T-ID**: ID del tipo de dato que se quiere referenciar. **T-Nom**: En caso de existir varios tipos de datos hijos del elemento E_ID se utilizará para diferenciarlos.
TextoCursiva	Comentarios

ANEXO II. Codificación de datos

ID	Campo	Tipo[1]	Valores/Restric.[2]	RO[3]	Descripción
E	ESCRITURA	<Nodo>	--	1..1	Nodo raíz del esquema ESCRITURA
E0.2	[Selección]	<Nodo>	Opciones: <ESCRITURA14>	1..1	
E0	ESCRITURA14	ESCRITURA14	--	1..1	Esquema Escritura Normalizada Ley 14/2013
E0.1	Version	Alfanumérico	N+.N+	1..1	Versión del esquema
TE14	ESCRITURA14	Tipo Predefinido			Esquema Escritura Normalizada Ley 14/2013
E1	TipoTramitacion	Alfanumérico	[ARTÍCULO 15][ARTÍCULO 15 SLFS][ARTÍCULO 16][ARTÍCULO 16 SLFS]	1..1	Tipo de Tramitación Tipo de estatutos y Sociedad Limitada Formación Sucesiva (SLFS) (Art. 15: estatutos-tipo, Art. 16: estatutos libres)
E2	Autorizacion	<Nodo>	--	1..1	Datos del otorgamiento y del notario autorizante
E2.1	NumeroProtocolo	Alfanumérico	<No vacío>	1..1	Número de escritura en el protocolo notarial
E2.2	LugarOtorgamiento	Alfanumérico	<No vacío>	1..1	Plaza del notario
E2.3	FechaOtorgamiento	FechaNumTxt	--	1..1	Fecha de otorgamiento: Fecha en número y letras
E2.4	NotarioAutorizante	PersonaFisicaESP	--	1..1	Notario autorizante: Datos persona física española (con DNI o pasaporte)
E2.5	CodigoNotario	Numérico	> 0	1..1	Código del notario según CGN
E2.6	ColegioNotarial	Alfanumérico	<No vacío>	1..1	Colegio notarial al que pertenece el notario autorizante
E2.7	CondicionIntervencion	Alfanumérico	--	0..1	Condición de intervención del notario Campo facultativo, relativo a la eventual condición del notario por la necesaria indicación de sustitución, habilitación o requerimiento especial en los casos de turno de oficio.
E2.8	LugarResidencia	Alfanumérico	<No vacío>	1..1	Lugar de residencia del notario
E3	Comparecencia	<Nodo>	--	1..1	Datos de los comparecientes y representación
E3.1	Compareciente	IdentidadFisica	--	1..N	Datos de cada compareciente
E3.1.7	Interviene	<Nodo>	--	1..1	Datos intervención
E3.1.7.1	[Selección]	<Nodo>	Opciones: <IntervencionSin> <IntervencionCon>	1..1	Si actúa en representación o no
E3.1.7.1.1	IntervencionSin	Alfanumérico	[En su propio nombre y derecho]	1..1	Forma de intervención. Texto fijo: "En su propio nombre y derecho"
E3.1.7.1.2	Representado	Representado	--	1..N	Datos de cada representado
E3.1.7.1.3	IntervencionCon	Alfanumérico	[En nombre y representación de][En su propio nombre y en nombre y representación de]	1..1	Forma de intervención. Valores posibles: "En nombre y representación de" "En su propio nombre y en nombre y representación de"

ID	Campo	Tipo[1]	Valores/Restric.[2]	RO[3]	Descripción
E4	Exponendos	<Nodo>		1..1	Exponendos
E4.1	TipoExposicion	Alfanumérico	[Tiene/n a mi juicio, la capacidad y legitimación necesarias para el otorgamiento de la presente escritura de CONSTITUCIÓN DE SOCIEDAD DE RESPONSABILIDAD LIMITADA.][De conformidad con el artículo 98.1 de la Ley 24/2001 de 27 de diciembre, yo, el notario, hago constar que tienen, a mi juicio, bajo mi fe y responsabilidad, en el concepto en que intervienen, capacidad legal y facultades suficientes para otorgar la presente escritura de CONSTITUCIÓN DE SOCIEDAD DE RESPONSABILIDAD LIMITADA.]	1..1	Tipo exposición. Valores posibles: - Tiene/n a mi juicio, la capacidad y legitimación necesarias para el otorgamiento de la presente escritura de CONSTITUCIÓN DE SOCIEDAD DE RESPONSABILIDAD LIMITADA. - De conformidad con el artículo 98.1 de la Ley 24/2001 de 27 de diciembre, yo, el notario, hago constar que tienen, a mi juicio, bajo mi fe y responsabilidad, en el concepto en que intervienen, capacidad legal y facultades suficientes para otorgar la presente escritura de CONSTITUCIÓN DE SOCIEDAD DE RESPONSABILIDAD LIMITADA.
E4.2	Exponendo	Alfanumérico	---	0..1	Exponeno. Por defecto: Que ha/n decidido constituir una sociedad de responsabilidad limitada, y llevándolo a efecto en esta escritura solemniza/n la misma con arreglo a las siguientes
E5	Clausulado	<Nodo>		1..1	Clausulado
E5.1	DenominacionSocial	Alfanumérico	<No vacío>	1..1	Denominación social. Puede ser de la bolsa de denominaciones sociales.
E5.2	NumFoliosEstatutos	Numérico	> 0	0..1	Número de folios de los estatutos
E5.3	CapitalSocial	**CapitalSocialNum**	---	1..1	Capital social: Datos para el capital social (solo número)
E5.3.1	CapitalTxt	Alfanumérico	<No vacío>	1..1	Capital en euros en letras
E5.4	Socio	<Nodo>	---	1..N	Datos de los socios
E5.4.1	[Selección]	<Nodo>	Opciones: <PersonaFisica> <PersonaJuridica>	1..1	Persona física o jurídica
E5.4.1.1	PersonaFisica	**PersonaFisica**		1..1	Socio persona física: Datos persona física
E5.4.1.2	PersonaJuridica	**IdentidadJuridica**	---	1..1	Socio persona jurídica: Datos persona jurídica
E5.4.2	NumParticipaciones	Numérico	> 0	1..1	Número de participaciones suscritas
E5.4.3	RangoParticipaciones	**RangoNumero**		1..1	Rango de las participaciones suscritas: Rango positivo Desde-Hasta
E5.4.4	ValorParticipaciones	**ValorNumTxt**		1..1	Valor de las participaciones en euros: Valor decimal en número y letras mayor de 0
E5.4.5	Aportaciones	<Nodo>	---	1..1	Aportaciones del socio
E5.4.5.1	[Selección]	<Nodo>	Opciones: <Dineraria/Bienes> <Bienes>	1..1	Selección entre dineraria con/sin bienes o solo bienes
E5.4.5.1.1	Dineraria	**ValorNumTxt**		1..1	Valor de la aportación dineraria en euros: Valor decimal en número y letras mayor de 0

ID	Campo	Tipo[1]	Valores/Restric.[2]	RO[3]	Descripción
E5.4.5.1.1.1	AcreditaciónDesembolso	Alfanumérico	[Los socios han desembolsado, en metálico, el importe de las participaciones suscritas, lo que acreditan con certificación del depósito de las correspondientes cantidades, que me entregan e incorporo a esta matriz.][Los socios manifiestan que responderán solidariamente frente a la sociedad y frente a los acreedores sociales de la realidad de las aportaciones dinerarias correspondientes a las participaciones suscritas.]	1..1	Acreditación del desembolso del capital social. Una de las dos opciones siguientes, la segunda solo en caso de SLFS: - Los socios han desembolsado, en metálico, el importe de las participaciones suscritas, lo que acreditan con certificación del depósito de las correspondientes cantidades, que me entregan e incorporo a esta matriz. - Los socios manifiestan que responderán solidariamente frente a la sociedad y frente a los acreedores sociales de la realidad de las aportaciones dinerarias correspondientes a las participaciones suscritas.
E5.4.5.1.2	Bienes	Bien	---	1..N	Bienes aportados: Datos para los bienes aportados
E5.4.5.1.4	Responsabilidad Valor	Alfanumérico	[Los socios fundadores acuerdan por unanimidad: Que respecto de los bienes aportados quedan sometidos a lo dispuesto en el artículo 73.1 de la Ley de Sociedades de Capital, ratificando la valoración asignada a los mismos y entregando su posesión a la sociedad que se constituye.]	1..1	Responsabilidad de las valoraciones. Texto fijo: "Los socios fundadores acuerdan por unanimidad: Que respecto de los bienes aportados quedan sometidos a lo dispuesto en el artículo 73.1 de la Ley de Sociedades de Capital, ratificando la valoración asignada a los mismos y entregando su posesión a la sociedad que se constituye."
E5.4.5.1.3	Bienes	Bien	---	1..N	Bienes aportados: Datos para los bienes aportados
E5.4.5.1.5	ResponsabilidadValor	Alfanumérico	[Los socios fundadores acuerdan por unanimidad: Que respecto de los bienes aportados quedan sometidos a lo dispuesto en el artículo 73.1 de la Ley de Sociedades de Capital, ratificando la valoración asignada a los mismos y entregando su posesión a la sociedad que se constituye.]	1..1	Responsabilidad de las valoraciones. Texto fijo: "Los socios fundadores acuerdan por unanimidad: Que respecto de los bienes aportados quedan sometidos a lo dispuesto en el artículo 73.1 de la Ley de Sociedades de Capital, ratificando la valoración asignada a los mismos y entregando su posesión a la sociedad que se constituye."
E5.6	Administracion	<Nodo>	---	1..1	Datos de la administración
E5.6.2	[Selección]	<Nodo>	Opciones: <AdmUnico> <AdmSolidarios> <AdmMancomunados>	1..1	Forma de administración
E5.6.2.1	AdmUnico	<Nodo>	---	1..1	Administrador único
E5.6.2.1.1	[Selección]	<Nodo>	Opciones: <PersonaFisica> <PersonaJuridica>	1..1	Persona física o jurídica
E5.6.2.1.1.1	PersonaFisica	PersonaFisica	---	1..1	Administrador persona física: Datos persona física
E5.6.2.1.1.2	PersonaJuridica	IdentidadJuridica	---	1..1	Administrador persona jurídica. No permitido si estatutos-tipo: Datos persona jurídica

ID	Campo	Tipo[1]	Valores/Restric.[2]	RO[3]	Descripción
E5.6.2.1.1.2.1	Representante	**PersonaFisica**	—		Representante físico. Datos persona física
E.5.6.2.2	AdmSolidarios	<Nodo>	—	1..1	Administradores solidarios. Máximo 5 si estatutos-tipo
E.5.6.2.2.1	*[Selección]*	<Nodo>	Opciones: <PersonaFisica> <PersonaJuridica>	2..N	Persona física o jurídica
E5.6.2.2.1.1	PersonaFisica	**PersonaFisica**	—	1..1	Administrador persona física: Datos persona física
E5.6.2.2.1.2	PersonaJuridica	**IdentidadJuridica**	—	1..1	Administrador persona jurídica. No permitido si estatutos-tipo: Datos persona jurídica
E5.6.2.2.1.2.1	Representante	**PersonaFisica**	—		Representante físico. Datos persona física
E.5.6.2.2.0	NumAdministradores	Numérico	>=2	1..1	Número de administradores. Si estatutos-tipo hasta cinco solidarios
E.5.6.2.3	AdmMancomunados	<Nodo>	—	1..1	Administradores mancomunados. Máximo 2 si estatutos-tipo
E.5.6.2.3.1	*[Selección]*	<Nodo>	Opciones: <PersonaFisica> <PersonaJuridica>	2..N	
E5.6.2.3.1.1	PersonaFisica	**PersonaFisica**	—	1..1	Administrador persona física: Datos persona física
E5.6.2.3.1.2	PersonaJuridica	**IdentidadJuridica**	—	1..1	Administrador persona jurídica. No permitido si estatutos-tipo: Datos persona jurídica
E5.6.2.3.1.2.1	Representante	**PersonaFisica**	—		Representante físico. Datos persona física
E.5.6.2.3.2	RegimenActuacion	Alfanumérico	<No vacío>	0..1	Régimen de actuación Solo si no estatutos-tipo, en cuyo caso es obligatorio si hay más de dos administradores mancomunados
E.5.6.2.3.0	NumAdministradores	Numérico	>=2	1..1	Número de administradores. Si estatutos-tipo hasta dos mancomunados
E5.7	PresentacionTelematica	<Nodo>	—	1..1	Presentación telemática
E5.7.1	PresTelTxt1	Alfanumérico	[De acuerdo con la Ley 14/2013, de 27 de septiembre, de apoyo a los emprendedores y su internacionalización y debidamente informado/s el/los otorgante/s, procedo a la presentación electrónica de esta escritura en el Registro Mercantil correspondiente.]	1..1	Párrafo 1. Texto fijo: "De acuerdo con la Ley 14/2013, de 27 de septiembre, de apoyo a los emprendedores y su internacionalización y debidamente informado/s el/los otorgante/s, procedo a la presentación electrónica de esta escritura en el Registro Mercantil correspondiente."
E5.7.2	PresTelTxt2	Alfanumérico	[El/Los compareciente/s me autoriza a mí al notario para subsanar electrónicamente los posibles defectos advertidos en los términos de la Ley 14/2013, de 27 de septiembre.]	1..1	Párrafo 2. Texto fijo: "El/Los compareciente/s me autoriza a mí el notario para subsanar electrónicamente los posibles defectos advertidos en los términos de la Ley 14/2013, de 27 de septiembre."

ID	Campo	Tipo[1]	Valores/Restric.[2]	RO[3]	Descripción
E5.7.3	PresTelTxt3	Alfanumérico	[La presente escritura de constitución se considera exenta en cuanto al Impuesto de Transmisiones patrimoniales y actos jurídicos documentados según el artículo tercero del Real Decreto-Ley 13/2010.]	1..1	Párrafo 3. Texto fijo: "La presente escritura de constitución se considera exenta en cuanto al Impuesto de Transmisiones patrimoniales y actos jurídicos documentados según el artículo tercero del Real Decreto-Ley 13/2010."
E5.8	PaginaWeb	<Nodo>	---	0..1	Página web de la sociedad
E5.8.1	[Selección]	<Nodo>	Opciones: <SinPaginaTxt> <Con página>	1..1	Selección con/sin página
E5.8.1.1	SinPaginaTxt	Alfanumérico	[Los socios, por unanimidad, acuerdan la creación de la página WEB corporativa de la Sociedad, prevista en los Estatutos Sociales y la Ley de Sociedades de Capital, y se delega en el órgano de administración la elección de la dirección URL o sitio en la Web de la web corporativa; el órgano de administración lo deberá comunicar, una vez concretada, a todos los socios.]	1..1	Sin página web. Texto fijo: "Los socios, por unanimidad, acuerdan la creación de la página WEB corporativa de la Sociedad, prevista en los Estatutos Sociales y la Ley de Sociedades de Capital, y se delega en el órgano de administración la elección de la dirección URL o sitio en la Web de la web corporativa; el órgano de administración lo deberá comunicar, una vez concretada, a todos los socios."
E5.8.1.2	PaginaWeb	URI	---	1..1	URI/URL de la página web de la sociedad.
E5.8.1.3	ConPaginaTxt	Alfanumérico	[Los socios, por unanimidad, acuerdan la creación de la página WEB corporativa de la Sociedad, prevista en los Estatutos Sociales y la Ley de Sociedades de Capital, cuya URL será]	1..1	Con página web. Texto fijo: "Los socios, por unanimidad, acuerdan la creación de la página WEB corporativa de la Sociedad, prevista en los Estatutos Sociales y la Ley de Sociedades de Capital, cuya URL será"
E5.8.0	OrdenClausula	Alfanumérico	[QUINTA]	1..1	Orden de la cláusula
E5.9	FacultadesPreviasAdm	<Nodo>	[Hasta la inscripción de esta escritura en el Registro Mercantil, los administradores podrán actuar en nombre de la sociedad en formación con las mismas facultades que les corresponderían para después de la inscripción.]	0..1	Facultades previas de administración. Texto fijo: "Hasta la inscripción de esta escritura en el Registro Mercantil, los administradores podrán actuar en nombre de la sociedad en formación con las mismas facultades que les corresponderían para después de la inscripción."
E5.9.0	OrdenClausula	Alfanumérico	[QUINTA][SEXTA]	1..1	Orden de la cláusula
E5.10	PoderReciprocoSocios	<Nodo>	[Los socios fundadores se conceden poder recíproco para que cualquiera de ellos en representación de los demás otorgue las escrituras de subsanación y aclaración que sean necesarias para inscribir esta sociedad en los registros públicos en que se precise hacerlo.]	0..1	Poder recíproco de los socios. Texto fijo: "Los socios fundadores se conceden poder recíproco para que cualquiera de ellos en representación de los demás otorgue las escrituras de subsanación y aclaración que sean necesarias para inscribir esta sociedad en los registros públicos en que se precise hacerlo."
E5.10.0	OrdenClausula	Alfanumérico	[QUINTA][SEXTA][SÉPTIMA]	1..1	Orden de la cláusula

ID	Campo	Tipo[1]	Valores/Restric.[2]	RO[3]	Descripción
E5.11	OtrosPactos	<Nodo>	—	0..1	Otros pactos y condiciones
E5.11.0	OrdenClausula	Alfanumérico	[QUINTA][SEXTA][SÉPTIMA][OCTAVA]	1..1	Orden de la cláusula
E6	Otorgamiento	<Nodo>	—	0..1	Texto de otorgamiento
E6.1	[Selección]	<Nodo>	Opciones: <OtorgamientoTxt> <>	1..1	
E6.1.1	OtorgamientoTxt1	Alfanumérico	[Hago a los comparecientes las reservas y advertencias legales; en especial: las relativas a la obligatoria inscripción de esta escritura en el Registro Mercantil; de sus obligaciones y responsabilidades tributarias; y las relativas al artículo 5 de la Ley Orgánica 15/1999 de protección de datos de carácter personal, con la incorporación de datos a los ficheros automatizados regulados en la Orden del Ministerio de Justicia 484/2003, de 19 de febrero.]	1..1	Texto fijo: "Hago a los comparecientes las reservas y advertencias legales; en especial: las relativas a la obligatoria inscripción de esta escritura en el Registro Mercantil; de sus obligaciones y responsabilidades tributarias; y las relativas al artículo 5 de la Ley Orgánica 15/1999 de protección de datos de carácter personal, con la incorporación de datos a los ficheros automatizados regulados en la Orden del Ministerio de Justicia 484/2003, de 19 de febrero."
E6.1.2	OtorgamientoTxt2	Alfanumérico	[Permito a los comparecientes la lectura de esta escritura, porque así lo solicitan, después de advertidos de la opción del artículo 193 del Reglamento Notarial.]	1..1	Texto fijo: "Permito a los comparecientes la lectura de esta escritura, porque así lo solicitan, después de advertidos de la opción del artículo 193 del Reglamento Notarial."
E6.1.3	OtorgamientoTxt3	Alfanumérico	[Enterados, según manifiestan, por la lectura que han practicado y por mis explicaciones verbales, los comparecientes hacen constar libremente su consentimiento al contenido de la escritura, y la firman.]	1..1	Texto fijo: "Enterados, según manifiestan, por la lectura que han practicado y por mis explicaciones verbales, los comparecientes hacen constar libremente su consentimiento al contenido de la escritura, y la firman."
E6.1.4	OtorgamientoTxt4	Alfanumérico	[Y yo, el Notario, doy fe de identificar a los comparecientes por sus respectivos documentos de identidad reseñados, que me exhiben, de que el consentimiento ha sido libremente prestado por los mismos, de que el otorgamiento se adecua a la legalidad y a la voluntad debidamente informada de los otorgantes e intervinientes y del total contenido en este instrumento público, que va extendido en X folios, números: el presente y los anteriores en orden correlativo.]	1..1	Texto fijo: "Y yo, el Notario, doy fe de identificar a los comparecientes por sus respectivos documentos de identidad reseñados, que me exhiben, de que el consentimiento ha sido libremente prestado por los mismos, de que el otorgamiento se adecua a la legalidad y a la voluntad debidamente informada de los otorgantes e intervinientes y del total contenido en este instrumento público, que va extendido en X folios, números: el presente y los anteriores en orden correlativo."
E6.1.5	OtorgamientoTxt	Alfanumérico	<No vacío>	1..1	Texto libre para el otorgamiento

ID	Campo	Tipo[1]	Valores/Restric.[2]	RO[3]	Descripción
E7	Estatutos	<Nodo>	---	1..1	Estatutos
E7.1	[Selección]	<Nodo>	Opciones: <EstatutosTipo> <EstatutosLibres>	1..1	Estatutos-tipo o estatutos libres
E7.1.1	EstatutosTipo	ESTATUTOS14	---	1..1	Datos de los estatutos-tipo: Esquema Estatutos-tipo Normalizados Ley 14/2013
E7.1.2	EstatutosLibres	Alfanumérico	<No vacío>	1..1	Texto con los estatutos sociales.
E8	Ficheros	<Nodo>	---	1..1	Ficheros incluidos
E8.1	[Selección]	<Nodo>	Opciones: <CertificadoRMC> <CodigoCSVRMC>	1..1	Certificación o CSV
E8.1.1	CertificadoRMC	Fichero base64	---	1..1	Fichero PDF en base64 con la certificación del Registro Mercantil Central.
E8.1.2	CodigoCSVRMC	Alfanumérico	---	1..1	Código CSV asociado al certificado del RMC
E8.2	CertificadoAportacion	Fichero base64	---	0..1	Fichero PDF en base64 con la certificación de la entidad depositaria
E8.3	DeclaracionInversionExtranjera	Fichero base64	---	0..1	Fichero PDF en base64 con la declaración de inversión extranjera en sociedades no cotizadas
E8.4	OtrosFicheros	<Nodo>	---	0..N	Otros ficheros en base 64
E8.4.1	TipoFichero	Alfanumérico	[PDF]	1..1	Tipo de fichero. Solo PDF
E8.4.2	Descripcion	Alfanumérico	<No vacío>	1..1	Descripción del fichero que se incluye
E8.4.3	Fichero	Fichero base64	---	1..1	Fichero en base64
---	*Firma*	*ds:Signature*	---	1..1	*La firma electrónica debe ajustarse a la especificación XML Advanced Electronic Signatures (XAdES), ETSI TS 101 903, siendo su formato básico XAdES-T en su modalidad Enveloped*
TT14	**ESTATUTOS14**	**Tipo Predefinido**			**Esquema Estatutos-tipo Normalizados Ley 14/2013**
ET1	IDCirce	Alfanumérico	<No vacío>	1..1	Identificador del expediente asignado por CIRCE
ET2	DenominacionSocial	Alfanumérico	<No vacío>	1..1	Denominación social. Puede ser de la bolsa de denominaciones sociales
ET3	ObjetoSocial	<Nodo>	---	1..1	Objeto social
ET3.1	Principal	CNAE2009	---	1..1	Objeto social principal: Texto actividad y código INE (CNAE-2009)
ET3.2	Otro	CNAE2009	---	0..N	Otros objetos sociales: Texto actividad y código INE (CNAE-2009)
ET4	Duracion	<Nodo>	---	1..1	Duración de la sociedad
ET4.1	[Selección]	<Nodo>	Opciones: <Indefinida> <Periodo>	1..1	Selección tipo duración
ET4.1.1	Indefinida	Logico	[SI]	0..1	Si existe debe valer "SI" e indica duración indefinida
ET4.1.2	Periodo	Alfanumérico	---	1..1	Duración de la sociedad en meses o años
ET5	FechaInicio	Fecha	---	0..1	Fecha de inicio de actividad
ET6	CierreEjercicio	DiaMes	---	1..1	Día y mes de cierre del ejercicio social: Tipo para día y mes

ID	Campo	Tipo[1]	Valores/Restric.[2]	RO[3]	Descripción
ET7	Domicilio	**DomicilioES**	---	1..1	Domicilio de la sociedad: Domicilio en España normalizado
ET8	CapitalSocial	**CapitalSocialNum**	---	1..1	Capital social: Datos para el capital social (solo número)
ET9	RetribucionAdm	Alfanumérico	---	1..1	Retribución administrador/es. Puede ser: - "Gratuito" - "Fija": Cantidad fija determinada por la Junta General para cada ejercicio económico. - "NN": Un porcentaje de NN % de los beneficios repartibles de cada ejercicio económico, con arreglo a la Ley.
ET10	PaginaWeb	<Nodo>	---	1..1	Página web de la sociedad
ET10.1	[Selección]	<Nodo>	Opciones: <SinPagina> <URI>	1..1	Son o sin página web
ET10.1.1	SinPagina	Alfanumérico		1..1	Si existe indica que no dispone de página web y significará: "Conforme al art. 11 bis de la Ley de Sociedades de capital, la Junta General podrá acordar que la sociedad tenga una página web corporativa, pudiendo delegar en el órgano de administración la elección de la dirección URL o sitio en la web de la web corporativa, que una vez concretada deberá comunicar a todos los socios. Al órgano de administración dela sociedad le corresponde la modificación, el traslado o la supresión de la página web."
ET10.1.2	URI	URI	---	1..1	URI/URL de la página web de la sociedad. Significará respecto de la misma: "La Sociedad tiene una página web corporativa de acuerdo con lo dispuesto en el artículo 11 bis de la Ley de Sociedades de Capital. La dirección de la web será URL de la página web. Será competencia del órgano de administración la modificación, traslado o supresión de la página web."
ET11	TipoConstitucion	Alfanumérico	[SLFS]	0..1	Tipo de constitución. Solo puede ser SLFS o no existir este elemento
ET0.2	Clase	Alfanumérico	[RD421/2015]	0..1	Permite indicar un identificador para el modelo utilizado. Acutalmente solo "RD421/2015"
T1	**PersonaFisicaMin**	**Tipo Predefinido**			**Datos básicos para persona física (solo nombre y apellidos)**
T1.1	Nombre	Alfanumérico	<No vacío>	1..1	Nombre
T1.2	PrimerApellido	Alfanumérico	<No vacío>	1..1	Primer apellido
T1.3	SegundoApellido	Alfanumérico	<No vacío>	1..1	Segundo apellido

ID	Campo	Tipo[1]	Valores/Restric.[2]	RO[3]	Descripción
T2	PersonaFisicaESP	Tipo Predefinido			Datos persona fisica española (con DNI o pasaporte)
T2	[Heredado]	PersonaFisicaMin	---	1..1	Datos persona fisica española (con DNI o pasaporte)
T2.1	DNI	Alfanumérico	---	1..1	DNI/NIF
T3	PersonaFisica	Tipo Predefinido			Datos persona fisica
T3	[Heredado]	PersonaFisicaMin	---	1..1	Datos persona fisica
T3.1	[Selección]	<Nodo>	Opciones: <DNI> <Extranjero>	1..1	Selección del tipo de documento de identidad según española o extranjera
T3.1.1	DNI	Alfanumérico	---	1..1	DNI
T3.1.2	Nacionalidad	Alfanumérico	<No vacio>	1..1	Nacionalidad
T3.1.3	[Selección]	<Nodo>	Opciones: <Pasaporte> <TarjetaResidencia> <TarjetaIdExtranjero> <Documento de identidad UE/EEE>	1..1	Tipo de documento de identidad extranjero
T3.1.3.1	Pasaporte	<Nodo>	---	1..1	Número de pasaporte
T3.1.3.2	TarjetaResidencia	<Nodo>	---	1..1	Número de tarjeta de residencia
T3.1.3.3	TarjetaIdExtranjero	<Nodo>	---	1..1	Número de tarjeta de identidad
T3.1.3.4	PaisUE	Alfanumérico	<No vacio>	1..1	País emisor del documento
T3.1.3.5	NumeroUE	<Nodo>	---	1..1	Número del documento
T3.1.4	Vigente	Logico	[SI]	1..1	Valor fijo: SI
T3.2	NIF	Alfanumérico	---	0..1	NIF adicional
T4	EstadoCivil	Tipo Predefinido			Datos del estado civil y situación de hecho
T4.1	[Selección]	<Nodo>	Opciones: <TipoECSin> <TipoECCon>	1..1	
T4.1.1	TipoECSin	Alfanumérico	[Casado/a][Divorciado/a][Separado/a judicialmente][Viudo]	1..1	Tipo de estado civil o situación de hecho sin datos para el cónyuge. Valores posibles: - Soltero/a - Divorciado/a - Separado/a judicialmente - Viudo/a
T4.1.2.1	TipoECCon	Alfanumérico	[Casado/a]	1..1	Tipo de estado civil o situación de hecho con datos para el cónyuge. Valores posibles: - Casado/a
T4.1.2.2	Conyuge	PersonaFisica	---	1..1	Datos del cónyuge: Datos persona fisica
T4.1.2.3	[Selección]	<Nodo>	Opciones: <TipoRMLegal> <>	1..1	
T4.1.2.3.1	TipoRMLegal	Alfanumérico	<No vacio>	1..1	Texto libre para el tipo de régimen matrimonial legal
T4.1.2.3.2.1	TipoRMConvencional	Alfanumérico	<No vacio>	1..1	Texto libre para el tipo de régimen matrimonial convencional
T4.1.2.3.2.2	PoblacionCapitulos	Alfanumérico	<No vacio>	1..1	Población notario
T4.1.2.3.2.3	NotarioCapitulos	PersonaFisicaMin	---	1..1	Notario autorizante: Datos básicos para persona fisica (solo nombre y apellidos)
T4.1.2.3.2.4	FechaCapitulos	Fecha		1..1	Fecha de la escritura

ID	Campo	Tipo[1]	Valores/Restric.[2]	RO[3]	Descripción
T4.1.2.3.2.5	RegistroCapitulos	Alfanumérico	<No vacío>	1..1	Registro civil
T4.1.2.3.2.6	InscripcionCapitulos	Alfanumérico	<No vacío>	1..1	Inscripción
T7	DomicilioMin	Tipo Predefinido			Datos mínimos para el domicilio (español y extranjero)
T7.1	[Selección]	<Nodo>	Opciones: <Nacional> <Extranjero>	1..1	Selección de domicilio en España o extranjero
T7.1.1	Nacional	<Nodo>	---	1..1	Domicilio en España
T.7.1.1.1	Direccion	Alfanumérico	<No vacío>	1..1	Dirección. Tipo de vía, nombre, número, piso...
T7.1.1.2	Poblacion	Alfanumérico	<No vacío>	1..1	Población. Correspondiente al C.P.
T7.1.1.3	Provincia	Alfanumérico	<No vacío>	1..1	Nombre de la provincia
T7.1.1.4	CodigoPostal	Alfanumérico	---	1..1	Código Postal asignado por Correos.
T7.1.2	Extranjero	DomicilioEx	---	1..1	Domicilio en el extranjero: Datos para domicilios extranjeros
T8	DomicilioEx	Tipo Predefinido			Datos para domicilios extranjeros
T8.1	Direccion	Alfanumérico	<No vacío>	1..1	Dirección. Tipo de vía, nombre, número, piso....
T8.2	Poblacion	Alfanumérico	<No vacío>	1..1	Ciudad o población en el extranjero
T8.3	Provincia	Alfanumérico	<No vacío>	1..1	Provincia, Estado, etc.
T8.4	CodigoPostal	Alfanumérico	---	0..1	Código postal
T8.5	CodigoPais	Alfanumérico	---	1..1	Código del país según ISO 3166-1 numérico
T9	Domicilio	Tipo Predefinido			Domicilio estructurado (español y extranjero)
T9.1	[Selección]	<Nodo>	Opciones: <Nacional> <Extranjero>	1..1	Domicilio en España o en el extranjero
T9.1.1	Nacional	DomicilioES	---	1..1	Domicilio en España: Domicilio en España normalizado
T9.1.2	Extranjero	DomicilioEx	---	1..1	Domicilio en el extranjero: Datos para domicilios extranjeros
T10	PersonaJuridica	Tipo Predefinido			Datos persona jurídica
T10.1	Denominacion	Alfanumérico	<No vacío>	1..1	Nombre o razón social
T10.2	NIF	Alfanumérico	---	1..1	NIF entidad jurídica
T11	RangoNumero	Tipo Predefinido			Rango positivo Desde-Hasta
T11.1	DeNumero	Numérico	> 0	1..1	Desde número
T11.2	ANumero	Numérico	> 0	1..1	Hasta número
T12	ValorNumTxt	Tipo Predefinido			Valor decimal en número y letras mayor de 0
T12.1	ValorNum	Decimal	>=0	1..1	Euros en número
T12.2	ValorTxt	Alfanumérico	---	1..1	Euros en letra
T13	Bien	Tipo Predefinido			Datos para los bienes aportados
T13.1	Descripcion	Alfanumérico	<No vacío>	1..1	Descripción del bien aportado
T13.2	ValorBien	ValorNumTxt	---	1..1	Valor de la aportación no dineraria en euros: Valor decimal en número y letras mayor de 0
T13.3	TituloCargas	Alfanumérico	<No vacío>	1..1	Texto descriptivo del carácter por el cual se posee el bien y si está libre de cargas.
T13.4	RangoParticipaciones	RangoNumero	---	1..1	Participaciones correspondientes al bien: Rango positivo Desde-Hasta

ID	Campo	Tipo[1]	Valores/Restric.[2]	RO[3]	Descripción
T14	**FechaNumTxt**	**Tipo Predefinido**			**Fecha en número y letras**
T14.1	FechaNum	Fecha	---	1..1	Valor en número
T14.2	FechaTxt	Alfanumérico	---	1..1	Valor en fecha
T15	**DomicilioES**	**Tipo Predefinido**			**Domicilio en España normalizado**
T15.1	TipoVia	Alfanumérico	---	1..1	Tipo de vía normalizado según INE (TVIAN)
T15.2	NombreVia	Alfanumérico	<No vacío>	1..1	Nombre de la vía
T15.3	Numero	Alfanumérico	---	0..1	Número
T15.4	NumeroBis	Alfanumérico	---	0..1	Número bis
T15.5	Km	Alfanumérico	---	0..1	Punto kilométrico
T15.6	Bloque	Alfanumérico	---	0..1	Bloque
T15.7	Puerta	Alfanumérico	---	0..1	Puerta
T15.8	Escalera	Alfanumérico	---	0..1	Escalera
T15.9	Planta	Alfanumérico	---	0..1	Planta
T15.10	Municipio	Alfanumérico	<No vacío>	1..1	Nombre del Municipio
T15.11	CodigoMunicipio	Alfanumérico	---	1..1	Código de municipio INE de 3 dígitos
T15.12	Provincia	Alfanumérico	<No vacío>	1..1	Nombre de la provincia
T15.13	CodigoProvincia	Alfanumérico	---	1..1	Código de provincia INE de 2 dígitos
T15.14	Observaciones	Alfanumérico	---	0..1	Cualquier dato que ayude a identificar el domicilio si no fuera posible con los campos específicos
T15.15	CodigoPostal	Alfanumérico	---	1..1	Código Postal asignado por Correos
T16	**CNAE2009**	**Tipo Predefinido**			**Texto actividad y código INE (CNAE-2009)**
T16.1	CNAETxt	Alfanumérico	<No vacío>	1..1	Descripción de la actividad económica según INE
T16.2	CNAENum	Alfanumérico	---	1..1	Código de la actividad económica según INE (CNAE-2009)
T17	**DiaMes**	**Tipo Predefinido**			**Tipo para día y mes**
T17.1	Dia	Numérico	>=1 <=31	1..1	Día
T17.2	Mes	Numérico	>=1 <=12	1..1	Mes
T18	**CapitalSocialNum**	**Tipo Predefinido**			**Datos para el capital social (solo número)**
T18.1	CapitalNum	Decimal	>=1	1..1	Capital social en euros. En el caso de SLFS debe ser inferior a 3.000 €
T18.2	NumParticipaciones	Alfanumérico	<No vacío>	1..1	Número de participaciones. En el caso de SLFS las participaciones se harán sobre el capital social estatutario
T18.3	ValorNominal	Decimal	> 0	1..1	Valor nominal de cada participación en euros
T19	**Representado**	**Tipo Predefinido**			**Datos del representado y la representación**
T19.1	*[Selección]*	<Nodo>	Opciones: <PersonaFisica> <PersonaJuridica>	1..1	*Persona física o jurídica*
T19.1.1	PersonaFisica	**IdentidadFisica**	---	1..1	Persona física representada: Datos persona física
T19.1.1.1	Nacionalidad	<Nodo>	---	0..1	Nacionalidad de la persona física representada

ID	Campo	Tipo¹	Valores/Restric.²	RO³	Descripción
T19.1.1.7	TituloAcreditativo	Alfanumérico	[Voluntaria][Legal][judicial]	1..1	Título acreditativo de la representación. Valores posibles: - Voluntaria - Legal - Judicial
T19.1.2	PersonaJuridica	**IdentidadJuridica**	---	1..1	Persona jurídica representada: Datos de identificación de las personas jurídicas
T19.1.2.2	CargoRepresentativo	Alfanumérico	---	1..1	Texto libre: Indicación de la condición o título en que actúa el representante, (administrador único, solidario, mancomunados, patrono, consejero delegado, apoderado general o especial, etc...)
T19.1.2.3	TituloAcreditativo	Alfanumérico	[Voluntaria][Legal][judicial][Orgánica]	1..1	Título acreditativo de la representación. Valores posibles: - Voluntaria - Legal - Judicial - Orgánica
T19.2	ResDocumento	Alfanumérico	<No vacío>	1..1	Reseña identificativa del documento del que nace la representación
T19.3	[Selección]	<Nodo>	Opciones: <DatosInscripcion> <DocAcredita>	1..1	Según documento inscrito en registro público
T19.3.1	DatosInscripcion	Alfanumérico	<No vacío>	1..1	Datos de inscripción en el registro público correspondiente
T19.3.2	DocAcredita	Alfanumérico	<No vacío>	1..1	Datos y reseña de los documentos de los que resulte acreditada la existencia y validez de la representación
T19.4	Facultades	Alfanumérico	---	1..1	En su caso, expresión e identificación concreta de las facultades representativas
T19.5	JuicioNotarial	Alfanumérico	---	1..1	Juicio notarial de suficiencia en relación con el acto o negocio documentado y las facultades ejercitadas
T19.6	Subapoderamiento	Alfanumérico	---	0..1	En casos de supuestos de subapoderado o sustitución de poder, circunstancias representativas tanto del sustituyente como del sustituido (incluyendo el nombre del notario autorizante y la fecha de la escritura originaria del poder o representación del primer grado)
T20	IdentidadFisica	Tipo Predefinido			
T20	[Heredado]	**PersonaFisica**	---	1..1	
T20.1	Domicilio	**Domicilio**	---	1..1	Domicilio estructurado (español y extranjero)
T20.2	EstadoCivil	**EstadoCivil**	---	1..1	Datos del estado civil
T20.3	[Selección]	<Nodo>	Opciones: <MayorEdad> <TipoMenor>	1..1	Mayor o menor de edad
T20.3.1	MayorEdad	Alfanumérico	[Mayor de edad]	1..1	Valor fijo: "Mayor de edad"
T20.3.2	FechaNacimiento	Fecha	---	1..1	Fecha de nacimiento

ID	Campo	Tipo[1]	Valores/Restric.[2]	RO[3]	Descripción
T20.3.3	[Selección]	<Nodo>	Opciones: <MenorEdad> <Menor emancipado>	1..1	Selección menor/menor emancipado
T20.3.3.1	MenorEdad	Alfanumérico	[Menor de edad]	1..1	Valor fijo: "Menor de edad"
T20.3.3.2	MenorEmancipado	Alfanumérico	[Menor emancipado/a]	1..1	Valor fijo: "Menor emancipado/a"
T20.3.3.3	InscripcionRC	Alfanumérico	<No vacío>	1..1	Datos de inscripción en el Registro Civil
T20.4	Vecindad	Alfanumérico	---	0..1	Vecino de
T20.5	Profesion	Alfanumérico	---	0..1	Profesión
T21	IdentidadJuridica	Tipo Predefinido			Datos de identificación de las personas jurídicas
T21	[Heredado]	PersonaJuridica	---	1..1	Datos de identificación de las personas jurídicas
T21.1	Domicilio	Domicilio	---	1..1	Domicilio social: Domicilio estructurado (español y extranjero)
T21.2	DatosRegistro	Alfanumérico	<No vacío>	1..1	Datos de identificación registral
T21.3	Nacionalidad	Alfanumérico	<No vacío>	0..1	Nacionalidad

Leyenda

[1] Tipos de datos	
<Nodo>	No puede contener valor, elemento raíz que agrupa otros elementos
Alfanumérico	Letras, números y cualquier carácter especial sin restricciones excepto caracteres reservados XML[4] (xsd:string)
Numérico	Números enteros (negativos y positivos). Se admite la coma <,> como separador para los millares
Decimal	Números decimales. El separador para decimales es el punto <.>
Fecha	Fecha en formato AAAA-MM-DD
Lógico	Solo puede contener los valores SI o NO
Base64	Fichero en base 64
NombreTipo	Indica un tipo de dato complejo predefinido

[2] Valores/Restricciones	
[valor]	Solo puede contener un valor de los indicados entre corchetes
[valor]...	Expresa un patrón con una serie determinada de caracteres que debe cumplir
NNNAAAXXX	
N	Dígito numérico [0-9]
L	Letra mayúscula [A-Z]
X	Dígito numérico [0-9] o letra mayúscula [A-Z]
+	El carácter se puede repetir de 1 a n veces
*	El carácter se puede repetir de 0 a n veces
<Vacío>	No puede tener contenido, la presencia o ausencia del elemento determina su valor
<No vacío>	Elementos de tipo Alfanumérico que no pueden estar vacíos, si existe el elemento en el XML debe tener contenido.

[3] Repeticiones/Obligación	
X..X	Indica el mínimo (N) y máximo (M) número de veces que puede aparecer el elemento:
0..1	Ninguna o una vez
1..1	Solo una vez
1..N	Una o más veces (sin límite)
0..N	Ninguna o más veces (sin límite)
2..5	De dos a cinco veces

[4] Caracteres especiales reservados del formato XML	
Carácter	Debe ser sustituido por
<	&lt;
>	&gt;
&	&
"	"
'	'

[Heredado]	Indica un elemento que se forma a partir de otro, por lo que contendrá los campos de este más los suyos propios
[Selección]	Indica un elemento de selección, contendrá los datos del elemento seleccionado

ANEXO III

· El formato de Escritura Estandarizado se encuentra descrito mediante un esquema XSD, XML Schema Definition, cuya definición íntegra se muestra a continuación.

· El citado esquema se encuentra disponible y actualizado en la página Web http://www.mjusticia.gob.es/cs/Satellite/Portal/es/areas-tematicas/registros/registro-mercantil bajo el enlace «Esquema Formato Escritura Estandarizado».

· El elemento «Signature», es el conjunto de datos asociados a la escritura que garantizarán la autoría y la integridad de su contenido. La firma electrónica debe ajustarse a la especificación XML Advanced Electronic Signatures (XAdES), ETSI TS 101 903, siendo su formato básico XAdES-T en su modalidad Enveloped.

· Corresponde a la Dirección General de los Registros y del Notariado publicar y mantener actualizado el formato y garantizar la accesibilidad, integridad y no alteración del formato incluido en la citada página web.

Esquema XSD (*W3C XML Schema Definition*).

No se reproduce en este Código. Véase original en el BOE

ANEXO IV. Relación de actividades que pueden integrar el objeto social por relación a las actividades y códigos de la Clasificación Nacional de Actividades Económicas

No se reproduce en este Código.
Véase original en el BOE.

§13. REAL DECRETO 821/1991, DE 17 DE MAYO, POR EL QUE SE DESARROLLA EL ARTÍCULO 137 DEL TEXTO REFUNDIDO DE LA LEY DE SOCIEDADES ANÓNIMAS, EN MATERIA DE NOMBRAMIENTO DE MIEMBROS DEL CONSEJO DE ADMINISTRACIÓN POR EL SISTEMA PROPORCIONAL

(BOE núm. 127, de 28 de mayo)

Téngase en cuenta que el TRLSA ha sido derogado por el TRLSC (§1) y que el art. 137 del TRLSA es ahora el art. 243 del TRLSC (§1).
Véase art. 140 del TRLSC (§1).

La reciente reforma de la Ley de Sociedades Anónimas ha acentuado la necesidad de modernizar el régimen reglamentario de la designación de miembros del Consejo de Administración por el sistema proporcional que se había establecido en el Decreto de 29 de febrero de 1952 («Boletín Oficial del Estado» número 73, de 13 de marzo) y la Orden de 5 de abril de 1952 («Boletín Oficial del Estado» número 99, de 8 de abril). En atención a esta circunstancia, a propuesta del Ministro de Justicia, de acuerdo con el Consejo de Estado y previa deliberación del Consejo de Ministros en su reunión del día 17 de mayo de 1991, dispongo:

Artículo 1. *Ámbito de aplicación del sistema de representación proporcional.*– El derecho de nombramiento de miembros del Consejo de Administración por el sistema de representación proporcional será ejercitable para la provisión de las vacantes del Consejo, cualquiera que sea su número.

Art. 2. *Titulares del derecho.*– 1. Sólo podrán agruparse las acciones con derecho de voto. Quedan a salvo los supuestos de recuperación del voto previstos en el artículo 91 de la Ley de Sociedades Anónimas.

2. El valor nominal de las acciones sin voto no se tendrá en cuenta para el cálculo del cociente de representación proporcional.

Derogado el TRLSA por el TRLSC (§1), la referencia al art. 91 de aquella Ley deberá entenderse hecha al arts. 99 y 499 del TRLSC (§1).
En relación a las sociedades anónimas cotizadas, véase art. 499 TRLSC (§1).

Art. 3. *Momento de la agrupación.*– La agrupación de acciones para el nombramiento por el sistema de representación proporcional podrá realizarse, aunque en el momento de la agrupación no existan vacantes en el Consejo de Administración, en previsión de que se produzcan antes de la celebración de la próxima Junta general o en e transcurso de la misma, para el ejercicio de dicho derecho en el seno de la Junta general.

Art. 4. *Notificación de la agrupación*.– Los accionistas que deseen ejercitar el derecho de agrupación de la totalidad o parte de sus acciones lo notificarán al Consejo de Administración o a los promotores de la Sociedad, según los casos, con cinco días de antelación, cuando menos, al de la fecha prevista para la celebración de la Junta general en primera convocatoria. En la notificación expresarán el número de acciones que cada uno agrupa, su valor nominal, su clase y serie, si existieran varias, así como la numeración de las mismas o, en su caso, los datos de identificación de los valores representados mediante anotaciones en cuenta. Podrá consignarse, además, el nombre del representante común de las acciones agrupadas.

Art. 5. *Nombramiento por el sistema proporcional*.– 1. En el momento de someterse a votación en la Junta general la cobertura de las vacantes existentes, los accionistas agrupados, directamente o por medio del representante común, manifestarán que mantienen la agrupación y nombrarán, a los miembros del Consejo de Administración que correspondan proporcionalmente a la suma del valor nominal de la agrupación. Si existieran varias agrupaciones, el orden de los nombramientos se determinará por el mayor valor nominal hasta que se produzca, en su caso, la cobertura de las vacantes, existentes, quedando sin efecto las restantes agrupaciones que no hubieran podido ejercer su derecho, si existieren. Cuando las agrupaciones formadas tuvieran idéntico valor nominal, la preferencia entre ellas para efectuar el nombramiento se decidirá mediante sorteo.

2. Las vacantes que no hubieran sido cubiertas por los accionistas agrupados se cubrirán por mayoría de los votos de las acciones no agrupadas.

Art. 6. *Nombramiento de suplentes*.– Además del vocal titular, los accionistas agrupados podrán nombrar hasta tres suplentes sucesivos para el caso de que, por cualquier causa, el nombrado dejara de pertenecer al Consejo de Administración.

Art. 7. *Efectos del nombramiento por el sistema proporcional*.– La agrupación de las acciones que hubieran nombrado algún miembro del Consejo de Administración por el sistema de representación proporcional, subsistirá durante el plazo para el que el miembro de dicho órgano hubiera sido nombrado, sin que dichas acciones puedan intervenir durante el referido plazo en el nombramiento de los demás miembros del Consejo de Administración.

Art. 8. *Relación de las acciones agrupadas.‐* En el acta de la Junta general o por medio de anejo firmado por el Secretario con el visto bueno del Presidente, se relacionarán las acciones agrupadas que hubieran nombrado vocal del Consejo de Administración por el sistema de representación proporcional, con expresión de su valor nominal, clase y serie, si existieran varias y de la numeración de las mismas.

Art. 9. *Constancia de la agrupación.‐* 1. Si las acciones agrupadas que hubieran nombrado un vocal del Consejo de Administración están representadas por medio de títulos, se estampillará cada uno de ellos, expresando la fecha del nombramiento y la duración de la agrupación. A tal efecto, los titulares al estampillado en el plazo más breve posible desde que tuvo lugar el nombramiento.

2. Si las acciones agrupadas están representadas por medio de anotaciones en cuenta, la Entidad encargada del registro contable, a instancia de la Sociedad o de los interesados, procederá a consignar las circunstancias expresadas en el apartado anterior en las correspondientes anotaciones.

Art. 10. *Inscripción del nombramiento.‐* 1. La inscripción en el Registro Mercantil del nombramiento de un miembro de Consejo de Administración por el sistema de representación proporcional no podrá practicarse si previamente no se han cumplido las formalidades establecidas en el artículo anterior.

El cumplimiento de dichas formalidades se acreditará mediante certificación librada por el Secretario del Consejo con el visto bueno del Presidente o, en su caso, por la Sociedad encargada del registro de anotaciones en cuenta. Las firmas habrán de estar legitimadas notarialmente.

2. En cuanto al contenido de la inscripción, se estará a lo dispuesto en el artículo 140 del Reglamento del Registro Mercantil.

DISPOSICIÓN DEROGATORIA

Quedan derogadas el Decreto de 29 de febrero de 1952 y la Orden de 5 abril del mismo año.

§14. REAL DECRETO 171/2007, DE 9 DE FEBRERO, POR EL QUE SE REGULA LA PUBLICIDAD DE LOS PROTOCOLOS FAMILIARES

(BOE núm. 65, de 16 de marzo)

Dictado en desarrollo del apartado 3 de la Disp. Final 2.ª de la Ley 7/2003, de 1 de abril, de la sociedad limitada nueva empresa.

PREÁMBULO

Una gran parte del tejido empresarial español está integrado por sociedades de carácter familiar en sentido amplio, es decir, aquellas en las que la propiedad o el poder de decisión pertenecen, total o parcialmente, a un grupo de personas que son parientes consanguíneos o afines entre sí. Esta realidad económica, jurídica y social obliga a tomar en consideración sus peculiaridades y la lícita autorregulación de sus propios intereses especialmente en relación a la sucesión de la empresa familiar, removiendo obstáculos y dotando de instrumentos al operador jurídico.

La cultura del protocolo familiar, shareholders agreement, se encuentra sancionada en las prácticas económicas y de buen gobierno de las sociedades familiares de los países de nuestro entorno, especialmente anglosajones, en cuanto es considerada una garantía adicional para terceros, inversores y acreedores, además de para los propios socios, al dotar de previsibilidad el relevo generacional en la sociedad.

Consciente de ello, la disposición final segunda, apartado 3 de la Ley 7/2003, de 1 de abril, de la sociedad limitada nueva empresa dispone que «reglamentariamente se establecerán las condiciones, forma y requisitos para la publicidad de los protocolos familiares, así como, en su caso, el acceso al registro mercantil de las escrituras públicas que contengan cláusulas susceptibles de inscripción».

Para el desarrollo de esta norma se ha considerado necesario articular una pluralidad de vías que permitan el acceso a la publicidad registral con diversa eficacia según la elegida y siempre de carácter voluntario para las sociedades.

No es un real decreto el cauce oportuno para la alteración de los tipos societarios o para establecer especialidades de los mismos y por ello no se regulan aspectos estructurales u organizativos de la sociedad familiar ni se establecen los eventuales caracteres de la misma.

En lo que interesa, a los efectos de este real decreto, será familiar una sociedad de personas o capital en la que existe un protocolo que pretende su publicidad.

Puede entenderse como tal aquel conjunto de pactos suscritos por los socios entre sí o con terceros con los que guardan vínculos familiares respecto de una sociedad no cotizada en la que tengan un interés común en orden a lograr un modelo de comunicación y consenso en la toma de decisiones para regular las relaciones entre familia, propiedad y empresa que afectan a la entidad.

Los aspectos subjetivo, objetivo y formal del protocolo no son objeto de regulación, como tampoco lo es su contenido que será configurado por la autonomía negocial, como pacto parasocial, en hipótesis más frecuente sin más límites que los establecidos, con carácter general, en el ordenamiento civil y específico, en el societario.

Además de su carácter estrictamente voluntario, se opta por articular la publicidad de un único protocolo por sociedad. Se considera que ésta es la fórmula que mejor garantiza la seguridad jurídica que debe presidir la publicidad que ofrece el Registro mercantil, en aras a la certeza de los operadores y ciudadanos sobre el marco regulatorio de la entidad.

El acceso al Registro mercantil del protocolo se produce a instancia del órgano de administración de las sociedades y bajo su responsabilidad, quedando para la esfera intrasocietaria la relación de éste con la propiedad y en general, con los firmantes del protocolo y sin perjuicio del recurso de éstos a la autoridad judicial en el supuesto de que no se halle autorizada su publicidad y se discuta el interés de la publicación.

Si el protocolo incluyere datos relativos a la intimidad de los otorgantes del mismo y se pretendiere una publicidad de los mismos (por ejemplo, pactos sobre el régimen personal de la familia, prohibiciones u obligaciones personales —vg. casarse en régimen de separación de bienes o que el consorte pueda o no ser socio, o bien que los hijos deban estudiar en tal o cual universidad—), supuesto en el cual, el acceso a la publicidad de la concreta cláusula debe claramente contar con el consentimiento expreso y cualificado al que se refiere la Ley Orgánica 15/1999, de 13 de diciembre, de protección de datos de carácter personal, con el alcance y efectos que dicha ley atribuye a dicho consentimiento.

Como ocurre en la actualidad en otros supuestos (modificaciones de capital, apoderamientos o nombramientos orgánicos) la mera manifestación del administrador de la identificación de terceros no estaría incluida en el supuesto anterior.

El real decreto no es de aplicación a las sociedades anónimas cotizadas. Estas encontrarían su marco normativo en la Ley 26/2003, de 17 de julio, por la que se modifican la Ley 24/1988, de 28 de julio, del mercado de valores, y el texto refundido de la Ley de sociedades anónimas, aprobado por el Real Decreto Legislativo 1564/1989, de 22 de diciembre, con el fin de reforzar la transparencia de las sociedades anónimas cotizadas.

Para las demás sociedades, de personas o capital, se prevén tres formas de acceso al registro mercantil alternativas o acumulativas, a fin de dotar de la mayor flexibilidad la publicidad en atención a los intereses de cada sociedad afectada.

De menos a más, en razón de su eficacia, se prevé, en primer lugar, la mera constancia de la existencia de un protocolo, con referencia a sus datos identificativos y no a su contenido, en el asiento de inscripción.

En segundo término, el depósito del protocolo o parte de él, con ocasión de la presentación de las cuentas anuales, que exigirá su constancia en documento público y que en ningún caso podrá afectar a la organización de la sociedad según conste inscrita en el registro mercantil. El documento depositado deberá ser relevante sólo a efectos del buen gobierno de la sociedad familiar.

Finalmente, mediante inscripción podrá constar en el Registro mercantil la escritura pública de elevación a público de acuerdos sociales que contenga, en ejecución del protocolo y con mención expresa del mismo, cláusulas inscribibles. Es decir, se modifica la denominación de la escritura pública que incorpora los acuerdos sociales susceptibles de inscripción —ahora, si así se prefiere, será calificada como de elevación a público de acuerdos sociales en ejecución de protocolo— a fin de visualizar el protocolo al que pudiere responder el acuerdo social y permitir con ello una más adecuada interpretación de los acuerdos adoptados.

El acceso al registro de los acuerdos que contiene el documento público siempre será obligatorio, pero no así la manifestación de que se adoptan en ejecución de un protocolo familiar.

No se modifica con ello el título inscribible de determinados acuerdos sociales ni por supuesto el régimen de adopción de los acuerdos sociales especialmente en orden al régimen de mayorías legales o estatutarias de adopción de los mismos.

Este último caso será el único que suponga un efecto de publicidad material y no mera publicidad noticia.

Junto a la publicidad de los protocolos, se prevé una actualización reglamentaria de las normas relativas a cláusulas o reglas organizativas en relación a órganos sociales, cláusulas restrictivas de la transmisión de participaciones sociales y en general se dota de instrumentos que faciliten la autonomía negocial en este ámbito.

Estas normas actualizadas no sólo serán útiles herramientas para las sociedades de carácter familiar sino también para otras sociedades cerradas. Es el caso de la regulación de los comités consultivos, que en nada inciden en el binomio monista-dual, que se introdujo, limitadamente, en España por Ley 19/2005, de 14 de noviembre, sobre la sociedad anónima europea domiciliada en España.

Entre las normas que se incluyen en este apartado destaca el nuevo artículo 188.5 del Reglamento de registro mercantil.

El real decreto persigue con este nuevo precepto regular, en los meros límites adjetivos, y en sintonía con los restantes apartados del artículo 188 —en los que se establecen normas de cierre o atípicas en relación al contenido estatutario de la sociedad—, reglas de representación o habilitación que la práctica societaria ha demostrado que constituyen auténticas lagunas en la articulación de la sociedad conyugal y en la sucesión de la titularidad de la empresa familiar, objetivo esencial de la publicidad del protocolo.

Realmente, la inclusión de estas normas constituye exclusivamente una llamada de atención sobre la lícita posibilidad en el actual estado de nuestro ordenamiento jurídico, de dar solución a dos supuestos de hecho.

El primero, el de la sociedad conyugal —no necesariamente de gananciales—, disuelta y no liquidada, ya sea o no por fallecimiento del titular y en la que el socio puede, en su caso, ser supérstite. En este supuesto se pretende prever, en estatutos, las relaciones del socio con la sociedad al no poder considerarse automática la designación de representante por no constituir una comunidad en sentido estricto.

El segundo, la lícita posibilidad de designar un representante sucesorio por el causante titular de las participaciones, para facilitar el ejercicio de socio constante de la comunidad hereditaria.

Ambas normas tienen fundamento legal en los artículos 32, 35 y 36 de la Ley 2/1995, de 23 de marzo, de Sociedades de Responsabilidad Limitada, y título competencial constitucional al amparo del artículo 149.6 que establece la competencia estatal en la regulación del Derecho mercantil, sin perjuicio del recurso a la legislación civil aplicable cuando se incida en el contenido de una institución de esta naturaleza.

En su virtud, a propuesta del Ministro de Justicia, de acuerdo con el Consejo de Estado y previa deliberación del Consejo de Ministros en su reunión del día 9 de febrero de 2007, D I S P O N G O:

Artículo 1. *Objeto*.– El presente real decreto tiene por objeto la regulación de la publicidad de los protocolos familiares de las sociedades mercantiles no admitidas a cotización y especialmente el acceso al registro mercantil de los mismos.

Art. 2. *Definición de protocolo familiar y su publicidad*.- 1. A los efectos de este real decreto se entiende por protocolo familiar aquel conjunto de pactos suscritos por los socios entre sí o con terceros con los que guardan vínculos familiares que afectan una sociedad no cotizada, en la que tengan un interés común en orden a lograr un modelo de comunicación y consenso en la toma de decisiones para regular las relaciones entre familia, propiedad y empresa que afectan a la entidad.

2. La sociedad sólo podrá publicar un único protocolo, suscrito por sus socios, si bien el mismo puede ser objeto de diversas formas de publicidad. En el supuesto de que el protocolo familiar afecte a varias sociedades, cada una de ellas podrá publicarlo en la parte que le concierna. Publicada la existencia de un protocolo no podrá reflejarse en el Registro Mercantil la constancia de otro diferente si no se expresare en la solicitud que el que pretende su acceso al registro, es una modificación o sustitución del publicado.

3. La publicidad del protocolo tiene siempre carácter voluntario para la sociedad.

Art. 3. *Requisitos de la publicidad de los protocolos familiares*.- 1. El órgano de administración será el responsable de la publicación o no del mismo en atención al interés social.

2. La publicación del protocolo, en la web de la sociedad o en el Registro Mercantil, se ajustará en todo caso, a la normativa que sobre protección de datos personales establece la Ley Orgánica 15/1999, de 13 de diciembre, de protección de datos de carácter personal y legislación complementaria.

A tal efecto, el órgano de administración deberá contar con el consentimiento expreso de los afectados cuyos datos sean incluidos en el protocolo.

3. Publicada en cualquier forma prevista en este artículo la existencia de un protocolo familiar éste deberá ser actualizado. A falta de esta actualización se presume la vigencia del protocolo familiar.

Art. 4. *Publicidad de los protocolos familiares en el sitio web de la sociedad*.- El órgano de administración de las sociedades mercantiles de personas o de capital no cotizadas, podrá acordar la publicación del protocolo familiar en el sitio web de la sociedad cuyo dominio o dirección de internet conste en el Registro mercantil, conforme a lo previsto en el artículo 9 de la Ley 34/2002, de 11 de julio, de servicios de la sociedad de la información y de comercio electrónico.

> Téngase en cuenta que el art. 9 de la Ley 34/2002, de 11 de julio, ha sido suprimido por el art. 4.3 de la Ley núm. 56/2007, de 28 de diciembre.
> Véase sobre la página web de la sociedad, los arts. 11 bis y 11 ter del TRLSC (§1).

Art. 5. *Constancia registral de los protocolos*.- 1. El órgano de administración también podrá solicitar del Registrador mercantil, mediante instancia con firma legitimada notarialmente, la constancia en la hoja abierta a la sociedad de la existencia del protocolo familiar con reseña identificativa del mismo en el cual se hará constar si el protocolo es accesible en el sitio corporativo o web de la sociedad que conste en la hoja registral.

2. Si el protocolo familiar se hubiere formalizado en documento público notarial se indicará en la inscripción el Notario autorizante, lugar, fecha y numero del protocolo notarial del mismo. En ningún caso podrá ser exigida por el Registrador la presentación del mismo ni será objeto de calificación su contenido, sin perjuicio de que el Registrador deberá comprobar que es accesible en el sitio a que se refiere el apartado anterior y que no existe otro protocolo anterior, salvo que sea modificación o sustitución de éste y así lo haga constar el órgano de administración.

> Véanse arts. 114.2 y 175.2 del RRM (§5) y art. 11.2 de la Ley 28/2022, de 21 de diciembre, de fomento del ecosistema de las empresas emergentes (§9).

Art. 6. *Protocolo familiar en la presentación de las cuentas anuales.*- El órgano de administración, con ocasión de la presentación de las cuentas anuales podrá incluir entre la documentación correspondiente, copia o testimonio total o parcial del documento público en que conste el protocolo de la sociedad en cuanto documento que puede afectar al buen gobierno de la sociedad familiar, el cual será objeto de depósito junto con las cuentas anuales y de calificación por el Registrador.

Art. 7. *Inscripción registral de cláusulas de escrituras públicas en ejecución del protocolo familiar.*- Cuando los acuerdos sociales inscribibles se hayan adoptado en ejecución de un protocolo familiar publicado, en la inscripción se deberá hacer mención expresa de esta circunstancia, previa su calificación por el Registrador, y así lo hará constar también la denominación de la escritura pública.

DISPOSICIONES FINALES

Primera. *Título competencial.*- El presente real decreto se dicta al amparo de lo dispuesto en al artículo 149.1.6.ª de la Constitución, que atribuye al Estado la competencia exclusiva en materia de legislación mercantil.

Segunda. *Modificación del Reglamento del Registro Mercantil aprobado por el Real Decreto 1784/1996, de 19 de Julio.*-

> La presente Disposición final modifica el apartado 2 del art. 114, el párrafo d) del art. 124.2, el apartado 2 del art. 175, el párrafo d) del art. 185.3, el apartado 5 del art. 186 y el apartado 1 del art. 187, y añade un nuevo apartado 5 al art. 188, todos ellos del Reglamento del Registro Mercantil.
>
> Los textos suprimidos han sido incorporados al lugar correspondiente del Reglamento de Registro Mercantil (§5).

Tercera. *Habilitación normativa.-* El Ministro de Justicia podrá dictar cuantas disposiciones sean necesarias para el desarrollo y aplicación de lo establecido en este real decreto.

Cuarta. *Entrada en vigor.-* El presente real decreto entrará en vigor a los veinte días de su publicación en el «Boletín Oficial del Estado».

§15. LEY ORGÁNICA 10/1995, DE 23 DE NOVIEMBRE, DEL CÓDIGO PENAL
(Selección)

(...)

LIBRO I. DISPOSICIONES GENERALES SOBRE LOS DELITOS Y LAS FALTAS, LAS PERSONAS RESPONSABLES, LAS PENAS, MEDIDAS DE SEGURIDAD Y DEMÁS CONSECUENCIAS DE LA INFRACCIÓN PENAL

(...)

TÍTULO II. De las personas criminalmente responsables de los delitos y faltas

(...)

Art. 31. El que actúe como administrador de hecho o de derecho de una persona jurídica, o en nombre o representación legal o voluntaria de otro, responderá personalmente, aunque no concurran en él las condiciones, cualidades o relaciones que la correspondiente figura de delito requiera para poder ser sujeto activo del mismo, si tales circunstancias se dan en la entidad o persona en cuyo nombre o representación obre.

> Art. redactado de acuerdo con el art. Único, diecinueve, de la Ley Orgánica 1/2015, de 30 de marzo, por la que se modifica la Ley Orgánica 10/1995, de 23 de noviembre, del Código Penal (BOE núm. 77, de 31 de marzo) (Entrada en vigor 1 de julio de 2015).

Art. 31 bis. 1. En los supuestos previstos en este Código, las personas jurídicas serán penalmente responsables:

a) De los delitos cometidos en nombre o por cuenta de las mismas, y en su beneficio directo o indirecto, por sus representantes legales o por aquellos que actuando individualmente o como integrantes de un órgano de la persona jurídica, están autorizados para tomar decisiones en nombre de la persona jurídica u ostentan facultades de organización y control dentro de la misma.

b) De los delitos cometidos, en el ejercicio de actividades sociales y por cuenta y en beneficio directo o indirecto de las mismas, por quienes, estando sometidos a la autoridad de las personas físicas mencionadas en el párrafo anterior, han podido realizar los hechos por haberse incumplido gravemente por aquéllos los deberes de supervisión, vigilancia y control de su actividad atendidas las concretas circunstancias del caso.

2. Si el delito fuere cometido por las personas indicadas en la letra a) del apartado anterior, la persona jurídica quedará exenta de responsabilidad si se cumplen las siguientes condiciones:

1.ª el órgano de administración ha adoptado y ejecutado con eficacia, antes de la comisión del delito, modelos de organización y gestión que incluyen las medidas de vigilancia y control idóneas para prevenir delitos de la misma naturaleza o para reducir de forma significativa el riesgo de su comisión;

2.ª la supervisión del funcionamiento y del cumplimiento del modelo de prevención implantado ha sido confiada a un órgano de la persona jurídica con poderes autónomos de iniciativa y de control o que tenga encomendada legalmente la función de supervisar la eficacia de los controles internos de la persona jurídica;

3.ª los autores individuales han cometido el delito eludiendo fraudulentamente los modelos de organización y de prevención y

4.ª no se ha producido una omisión o un ejercicio insuficiente de sus funciones de supervisión, vigilancia y control por parte del órgano al que se refiere la condición 2.ª

En los casos en los que las anteriores circunstancias solamente puedan ser objeto de acreditación parcial, esta circunstancia será valorada a los efectos de atenuación de la pena.

3. En las personas jurídicas de pequeñas dimensiones, las funciones de supervisión a que se refiere la condición 2.ª del apartado 2 podrán ser asumidas directamente por el órgano de administración. A estos efectos, son personas jurídicas de pequeñas dimensiones aquéllas que, según la legislación aplicable, estén autorizadas a presentar cuenta de pérdidas y ganancias abreviada.

4. Si el delito fuera cometido por las personas indicadas en la letra b) del apartado 1, la persona jurídica quedará exenta de responsabilidad si, antes de la comisión del delito, ha adoptado y ejecutado eficazmente un modelo de organización y gestión que resulte adecuado para prevenir delitos de la naturaleza del que fue cometido o para reducir de forma significativa el riesgo de su comisión.

En este caso resultará igualmente aplicable la atenuación prevista en el párrafo segundo del apartado 2 de este artículo.

5. Los modelos de organización y gestión a que se refieren la condición 1.ª del apartado 2 y el apartado anterior deberán cumplir los siguientes requisitos:

1.º Identificarán las actividades en cuyo ámbito puedan ser cometidos los delitos que deben ser prevenidos.

2.º Establecerán los protocolos o procedimientos que concreten el proceso de formación de la voluntad de la persona jurídica, de adopción de decisiones y de ejecución de las mismas con relación a aquéllos.

3.º Dispondrán de modelos de gestión de los recursos financieros adecuados para impedir la comisión de los delitos que deben ser prevenidos.

4.º Impondrán la obligación de informar de posibles riesgos e incumplimientos al organismo encargado de vigilar el funcionamiento y observancia del modelo de prevención.

5.º Establecerán un sistema disciplinario que sancione adecuadamente el incumplimiento de las medidas que establezca el modelo.

6.º Realizarán una verificación periódica del modelo y de su eventual modificación cuando se pongan de manifiesto infracciones relevantes de sus disposiciones, o cuando se produzcan cambios en la organización, en la estructura de control o en la actividad desarrollada que los hagan necesarios.

> Art. redactado de acuerdo con el art. Único, veinte, de la Ley Orgánica 1/2015, de 30 de marzo, por la que se modifica la Ley Orgánica 10/1995, de 23 de noviembre, del Código Penal (BOE núm. 77, de 31 de marzo) (Entrada en vigor 1 de julio de 2015).

Art. 31 ter. 1. La responsabilidad penal de las personas jurídicas será exigible siempre que se constate la comisión de un delito que haya tenido que cometerse por quien ostente los cargos o funciones aludidas en el artículo anterior, aun cuando la concreta persona física responsable no haya sido individualizada o no haya sido posible dirigir el procedimiento contra ella. Cuando como consecuencia de los mismos hechos se impusiere a ambas la pena de multa, los jueces o tribunales modularán las respectivas cuantías, de modo que la suma resultante no sea desproporcionada en relación con la gravedad de aquéllos.

2. La concurrencia, en las personas que materialmente hayan realizado los hechos o en las que los hubiesen hecho posibles por no haber ejercido el debido control, de circunstancias que afecten a la culpabilidad del acusado o agraven su responsabilidad, o el hecho de que dichas personas hayan fallecido o se hubieren sustraído a la acción de la justicia, no excluirá ni modificará la responsabilidad penal de las personas jurídicas, sin perjuicio de lo que se dispone en el artículo siguiente.

> Art. añadido de por el art. Único, veintiuno, de la Ley Orgánica 1/2015, de 30 de marzo, por la que se modifica la Ley Orgánica 10/1995, de 23 de noviembre, del Código Penal (BOE núm. 77, de 31 de marzo) (Entrada en vigor 1 de julio de 2015).

Art. 31 quater. Sólo podrán considerarse circunstancias atenuantes de la responsabilidad penal de las personas jurídicas haber realizado, con posterioridad a la comisión del delito y a través de sus representantes legales, las siguientes actividades:

a) Haber procedido, antes de conocer que el procedimiento judicial se dirige contra ella, a confesar la infracción a las autoridades.

b) Haber colaborado en la investigación del hecho aportando pruebas, en cualquier momento del proceso, que fueran nuevas y decisivas para esclarecer las responsabilidades penales dimanantes de los hechos.

c) Haber procedido en cualquier momento del procedimiento y con anterioridad al juicio oral a reparar o disminuir el daño causado por el delito.

d) Haber establecido, antes del comienzo del juicio oral, medidas eficaces para prevenir y descubrir los delitos que en el futuro pudieran cometerse con los medios o bajo la cobertura de la persona jurídica.

> Art. añadido de por el art. Único, veintidós, de la Ley Orgánica 1/2015, de 30 de marzo, por la que se modifica la Ley Orgánica 10/1995, de 23 de noviembre, del Código Penal (BOE núm. 77, de 31 de marzo) (Entrada en vigor 1 de julio de 2015).

Art. 31 quinquies. 1. Las disposiciones relativas a la responsabilidad penal de las personas jurídicas no serán aplicables al Estado, a las Administraciones públicas territoriales e institucionales, a los Organismos Reguladores, las Agencias y Entidades públicas Empresariales, a las organizaciones internacionales de derecho público, ni a aquellas otras que ejerzan potestades públicas de soberanía o administrativas.

2. En el caso de las Sociedades mercantiles públicas que ejecuten políticas públicas o presten servicios de interés económico general, solamente les podrán ser impuestas las penas previstas en las letras a) y g) del apartado 7 del artículo 33. Esta limitación no será aplicable cuando el juez o tribunal aprecie que se trata de una forma jurídica creada por sus promotores, fundadores, administradores o representantes con el propósito de eludir una eventual responsabilidad penal.

> Art. añadido de por el art. Único, veintitrés, de la Ley Orgánica 1/2015, de 30 de marzo, por la que se modifica la Ley Orgánica 10/1995, de 23 de noviembre, del Código Penal (BOE núm. 77, de 31 de marzo) (Entrada en vigor 1 de julio de 2015).

TÍTULO III. De las penas

(...)

Art. 33. (...)

7. Las penas aplicables a las personas jurídicas, que tienen todas la consideración de graves, son las siguientes:

a) Multa por cuotas o proporcional.

b) Disolución de la persona jurídica. La disolución producirá la pérdida definitiva de su personalidad jurídica, así como la de su capacidad de actuar de cualquier modo en el tráfico jurídico, o llevar a cabo cualquier clase de actividad, aunque sea lícita.

c) Suspensión de sus actividades por un plazo que no podrá exceder de cinco años.

d) Clausura de sus locales y establecimientos por un plazo que no podrá exceder de cinco años.

e) Prohibición de realizar en el futuro las actividades en cuyo ejercicio se haya cometido, favorecido o encubierto el delito. Esta prohibición podrá ser temporal o definitiva. Si fuere temporal, el plazo no podrá exceder de quince años.

f) Inhabilitación para obtener subvenciones y ayudas públicas, para contratar con el sector público y para gozar de beneficios e incentivos fiscales o de la Seguridad Social, por un plazo que no podrá exceder de quince años.

g) Intervención judicial para salvaguardar los derechos de los trabajadores o de los acreedores por el tiempo que se estime necesario, que no podrá exceder de cinco años.

La intervención podrá afectar a la totalidad de la organización o limitarse a alguna de sus instalaciones, secciones o unidades de negocio. El Juez o Tribunal, en la sentencia o, posteriormente, mediante auto, determinará exactamente el contenido de la intervención y determinará quién se hará cargo de la intervención y en qué plazos deberá realizar informes de seguimiento para el órgano judicial. La intervención se podrá modificar o suspender en todo momento previo informe del interventor y del Ministerio Fiscal. El interventor tendrá derecho a acceder a todas las instalaciones y locales de la empresa o persona jurídica y a recibir cuanta información estime necesaria para el ejercicio de sus funciones. Reglamentariamente se determinarán los aspectos relacionados con el ejercicio de la función de interventor, como la retribución o la cualificación necesaria.

La clausura temporal de los locales o establecimientos, la suspensión de las actividades sociales y la intervención judicial podrán ser acordadas también por el Juez Instructor como medida cautelar durante la instrucción de la causa.

Apartado 7 añadido por art. único.5 de Ley Orgánica 5/2010, de 22 de junio.

(...)

Art. 66 bis. En la aplicación de las penas impuestas a las personas jurídicas se estará a lo dispuesto en las reglas 1ª a 4ª y 6ª a 8ª del primer número del artículo 66, así como a las siguientes:

1ª En los supuestos en los que vengan establecidas por las disposiciones del Libro II, para decidir sobre la imposición y la extensión de las penas previstas en las letras b) a g) del apartado 7 del artículo 33 habrá de tenerse en cuenta:

a) Su necesidad para prevenir la continuidad de la actividad delictiva o de sus efectos.

b) Sus consecuencias económicas y sociales, y especialmente los efectos para los trabajadores.

c) El puesto que en la estructura de la persona jurídica ocupa la persona física u órgano que incumplió el deber de control.

2.ª Cuando las penas previstas en las letras c) a g) del apartado 7 del artículo 33 se impongan con una duración limitada, ésta no podrá exceder la duración máxima de la pena privativa de libertad prevista para el caso de que el delito fuera cometido por persona física.

Para la imposición de las sanciones previstas en las letras c) a g) por un plazo superior a dos años será necesario que se dé alguna de las dos circunstancias siguientes:

a) Que la persona jurídica sea reincidente.

b) Que la persona jurídica se utilice instrumentalmente para la comisión de ilícitos penales. Se entenderá que se está ante este último supuesto siempre que la actividad legal de la persona jurídica sea menos relevante que su actividad ilegal.

Cuando la responsabilidad de la persona jurídica, en los casos previstos en la letra b) del apartado 1 del artículo 31 bis, derive de un incumplimiento de los deberes de supervisión, vigilancia y control que no tenga carácter grave, estas penas tendrán en todo caso una duración máxima de dos años.

Para la imposición con carácter permanente de las sanciones previstas en las letras b) y e), y para la imposición por un plazo superior a cinco años de las previstas en las letras e) y f) del apartado 7 del artículo 33, será necesario que se dé alguna de las dos circunstancias siguientes:

a) Que se esté ante el supuesto de hecho previsto en la regla 5.ª del apartado 1 del artículo 66.

b) Que la persona jurídica se utilice instrumentalmente para la comisión de ilícitos penales. Se entenderá que se está ante este último supuesto siempre que la actividad legal de la persona jurídica sea menos relevante que su actividad ilegal.

Artículo añadido por art. único.18 de Ley Orgánica 5/2010, de 22 de junio. Regla 2ª modificada por art. Único, treinta y dos, de la Ley Orgánica 1/2015, de 30 de marzo, por la que se modifica la Ley Orgánica 10/1995, de 23 de noviembre, del Código Penal (BOE núm. 77, de 31 de marzo) (Entrada en vigor 1 de julio de 2015).

Art. 67. Las reglas del artículo anterior no se aplicarán a las circunstancias agravantes o atenuantes que la ley haya tenido en cuenta al describir o sancionar una infracción, ni a las que sean de tal manera inherentes al delito que sin la concurrencia de ellas no podría cometerse.

(...)

Art. 129. 1. En caso de delitos cometidos en el seno, con la colaboración, a través o por medio de empresas, organizaciones, grupos o cualquier otra clase de entidades o agrupaciones de personas que, por carecer de personalidad jurídica, no estén comprendidas en el artículo 31 bis, el juez o tribunal podrá imponer motivadamente a dichas empresas, organizaciones, grupos, entidades o agrupaciones una o varias consecuencias accesorias a la pena que corresponda al autor del delito, con el contenido previsto en las letras c) a g) del apartado 7 del artículo 33. Podrá también acordar la prohibición definitiva de llevar a cabo cualquier actividad, aunque sea lícita.

2. Las consecuencias accesorias a las que se refiere en el apartado anterior sólo podrán aplicarse a las empresas, organizaciones, grupos o entidades o agrupaciones en él mencionados cuando este Código lo prevea expresamente, o cuando se trate de alguno de los delitos por los que el mismo permite exigir responsabilidad penal a las personas jurídicas.

3. La clausura temporal de los locales o establecimientos, la suspensión de las actividades sociales y la intervención judicial podrán ser acordadas también por el Juez Instructor como medida cautelar durante la instrucción de la causa a los efectos establecidos en este artículo y con los límites señalados en el artículo 33.7.

> Artículo modificado por art. único.31 de Ley Orgánica 5/2010, de 22 de junio. Apartados 1 y 2 modificados por art. Único, sesenta y nueve, de la Ley Orgánica 1/2015, de 30 de marzo, por la que se modifica la Ley Orgánica 10/1995, de 23 de noviembre, del Código Penal (BOE núm. 77, de 31 de marzo) (Entrada en vigor 1 de julio de 2015).

Artículo 130. 1. (...)

2. La transformación, fusión, absorción o escisión de una persona jurídica no extingue su responsabilidad penal, que se trasladará a la entidad o entidades en que se transforme, quede fusionada o absorbida y se extenderá a la entidad o entidades que resulten de la escisión. El Juez o Tribunal podrá moderar el traslado de la pena a la persona jurídica en función de la proporción que la persona jurídica originariamente responsable del delito guarde con ella.

No extingue la responsabilidad penal la disolución encubierta o meramente aparente de la persona jurídica. Se considerará en todo caso que existe disolución encubierta o meramente aparente de la persona jurídica cuando se continúe su actividad económica y se mantenga la identidad sustancial de clientes, proveedores y empleados, o de la parte más relevante de todos ellos.

> Se numera el contenido del art. como apartado 1 y se añade el apartado 2 por el art. único.32 de la Ley Orgánica 5/2010, de 22 de junio

LIBRO II. DELITOS Y SUS PENAS

(...)

TÍTULO XIII. Delitos contra el patrimonio y contra el orden socio-económico

(...)

CAPÍTULO XI. De los delitos relativos a la propiedad intelectual
e industrial, al mercado y a los consumidores

(...)

Sección 3ª De los delitos relativos al mercado y a los consumidores

Art. 282 bis. Los que, como administradores de hecho o de derecho de una sociedad emisora de valores negociados en los mercados de valores, falsearan la información económico-financiera contenida en los folletos de emisión de cualesquiera instrumentos financieros o las informaciones que la sociedad debe publicar y difundir conforme a la legislación del mercado de valores sobre sus recursos, actividades y negocios presentes y futuros, con el propósito de captar inversores o depositantes, colocar cualquier tipo de activo financiero, u obtener financiación por cualquier medio, serán castigados con la pena de prisión de uno a cuatro años, sin perjuicio de lo dispuesto en el artículo 308 de este Código.

En el supuesto de que se llegue a obtener la inversión, el depósito, la colocación del activo o la financiación, con perjuicio para el inversor, depositante, adquiriente de los activos financieros o acreedor, se impondrá la pena en la mitad superior. Si el perjuicio causado fuera de notoria gravedad, la pena a imponer será de uno a seis años de prisión y multa de seis a doce meses.

Artículo añadido por art. único.71 de Ley Orgánica 5/2010, de 22 de junio.

(...)

Art. 284. 1. Se impondrá la pena de prisión de seis meses a seis años, multa de dos a cinco años, o del tanto al triplo del beneficio obtenido o favorecido, o de los perjuicios evitados, si la cantidad resultante fuese más elevada, e inhabilitación especial para intervenir en el mercado financiero como actor, agente o mediador o informador por tiempo de dos a cinco años, a los que:

1.º Empleando violencia, amenaza, engaño o cualquier otro artificio, alterasen los precios que hubieren de resultar de la libre concurrencia de productos, mercancías, instrumentos financieros, contratos de contado sobre materias primas relacionadas con ellos, índices de referencia, servicios o cualesquiera otras cosas muebles o inmuebles que sean objeto de contratación, sin perjuicio de la pena que pudiere corresponderles por otros delitos cometidos.

2.º Por sí, de manera directa o indirecta o a través de un medio de comunicación, por medio de internet o mediante el uso de tecnologías de la información y la comunicación, o por cualquier otro medio, difundieren noticias o rumores o transmitieren señales falsas o engañosas sobre personas o empresas, ofreciendo a sabiendas datos económicos total o parcialmente falsos con el fin de alterar o preservar el precio de cotización de un instrumento financiero o un contrato de contado sobre materias primas relacionado o de manipular el cálculo de un índice de referencia, cuando obtuvieran, para sí o para tercero, un beneficio, siempre que concurra alguna de las siguientes circunstancias:

a) que dicho beneficio fuera superior a doscientos cincuenta mil euros o se causara un perjuicio de idéntica cantidad;

b) que el importe de los fondos empleados fuera superior a dos millones de euros;

c) que se causara un grave impacto en la integridad del mercado.

3.º Realizaren transacciones, transmitieren señales falsas o engañosas, o dieren órdenes de operación susceptibles de proporcionar indicios falsos o engañosos sobre la oferta, la demanda o el precio de un instrumento financiero, un contrato de contado sobre materias primas relacionado o índices de referencia, o se aseguraran, utilizando la misma información, por sí o en concierto con otros, una posición dominante en el mercado de dichos instrumentos o contratos con la finalidad de fijar sus precios en niveles anormales o artificiales, siempre que concurra alguna de las siguientes circunstancias:

a) que como consecuencia de su conducta obtuvieran, para sí o para tercero, un beneficio superior a doscientos cincuenta mil euros o causara un perjuicio de idéntica cantidad;

b) que el importe de los fondos empleados fuera superior a dos millones de euros;

c) que se causara un grave impacto en la integridad del mercado.

2. Se impondrá la pena en su mitad superior si concurriera alguna de las siguientes circunstancias:

1.ª Que el sujeto se dedique de forma habitual a las anteriores prácticas abusivas.

2.ª Que el beneficio obtenido, la pérdida evitada o el perjuicio causado sea de notoria importancia.

3. Si el responsable del hecho fuera trabajador o empleado de una empresa de servicios de inversión, entidad de crédito, autoridad supervisora o reguladora, o entidad rectora de mercados regulados o centros de negociación, las penas se impondrán en su mitad superior.

> Art. modificado por el art. único.3 de la Ley Orgánica 1/2019, de 20 de febrero, por la que se modifica la Ley Orgánica 10/1995, de 23 de noviembre, del Código Penal, para transponer Directivas de la Unión Europea en los ámbitos financiero y de terrorismo, y abordar cuestiones de índole internacional.

Art. 285. Quien de forma directa o indirecta o por persona interpuesta realizare actos de adquisición, transmisión o cesión de un instrumento financiero, o de cancelación o modificación de una orden relativa a un instrumento financiero, utilizando información privilegiada a la que hubiera tenido acceso reservado en los términos del apartado 4, o recomendar a un tercero el uso de dicha información privilegiada para alguno de esos actos, será castigado con la pena de prisión de seis meses a seis años, multa de dos a cinco años, o del tanto al triplo del beneficio obtenido o favorecido o de los perjuicios evitados si la cantidad resultante fuese más elevada, e inhabilitación especial para el ejercicio de la profesión o actividad de dos a cinco años, siempre que concurra alguna de las siguientes circunstancias:

a) que, como consecuencia de su conducta obtuviera, para sí o para tercero, un beneficio superior a quinientos mil euros o causara un perjuicio de idéntica cantidad;

b) que el valor de los instrumentos financieros empleados fuera superior a dos millones de euros;

c) que se causara un grave impacto en la integridad del mercado.

2. Se impondrá la pena en su mitad superior si concurriera alguna de las siguientes circunstancias:

1.ª Que el sujeto se dedique de forma habitual a las anteriores prácticas de operaciones con información privilegiada.

2.ª Que el beneficio obtenido, la pérdida evitada o el perjuicio causado sea de notoria importancia.

3. Las penas previstas en este artículo se impondrán, en sus respectivos casos, en su mitad superior si el responsable del hecho fuera trabajador o empleado de una empresa de servicios de inversión, entidad de crédito, autoridad supervisora o reguladora, o entidades rectoras de mercados regulados o centros de negociación.

4. A los efectos de este artículo, se entiende que tiene acceso reservado a la información privilegiada quien sea miembro de los órganos de administración, gestión o supervisión del emisor o del participante del mercado de derechos de emisión, quien participe en el capital del emisor o del participante del mercado de derechos de emisión, quien la conozca con ocasión del ejercicio de su actividad profesional o empresarial, o en el desempeño de sus funciones, y quien la obtenga a través de una actividad delictiva.

5. Las mismas penas previstas en este artículo se impondrán cuando el responsable del hecho, sin tener acceso reservado a la información privilegiada, la obtenga de cualquier modo distinto de los previstos en el apartado anterior y la utilice conociendo que se trata de información privilegiada.

Art. modificado por el art. único.4 de la Ley Orgánica 1/2019, de 20 de febrero, por la que se modifica la Ley Orgánica 10/1995, de 23 de noviembre, del Código Penal, para transponer Directivas de la Unión Europea en los ámbitos financiero y de terrorismo, y abordar cuestiones de índole internacional. Apartado 5 nuevamente modificado por el art. 1.7 de la Ley Orgánica 14/2022, de 22 de diciembre, de transposición de directivas europeas y otras disposiciones para la adaptación de la legislación penal al ordenamiento de la Unión Europea, y reforma de los delitos contra la integridad moral, desórdenes públicos y contrabando de armas de doble uso.

(...)

Sección 4.ª De la corrupción en los negocios

Rubrica modificada por el art. único.155 de la Ley Orgánica 1/2015, de 30 de marzo, por la que se modifica la Ley Orgánica 10/1995, de 23 de noviembre, del Código Penal (BOE núm. 77, de 31 de marzo) (Entrada en vigor 1 de julio de 2015).

Art. 286 bis.– 1. El directivo, administrador, empleado o colaborador de una empresa mercantil o de una sociedad que, por sí o por persona interpuesta, reciba, solicite o acepte un beneficio o ventaja no justificados de cualquier naturaleza, u ofrecimiento o promesa de obtenerlo, para sí o para un tercero, como contraprestación para favorecer indebidamente a otro en la adquisición o venta de mercancías, o en la contratación de servicios o en las relaciones comerciales, será castigado con la pena de prisión de seis meses a cuatro años, inhabilitación especial para el ejercicio de industria o comercio por tiempo de uno a seis años y multa del tanto al triplo del valor del beneficio o ventaja.

2. Con las mismas penas será castigado quien, por sí o por persona interpuesta, prometa, ofrezca o conceda a directivos, administradores, empleados o colaboradores de una empresa mercantil o de una sociedad, un beneficio o ventaja no justificados, de cualquier naturaleza, para ellos o para terceros, como contraprestación para que le favorezca indebidamente a él o a un tercero frente a otros en la adquisición o venta de mercancías, contratación de servicios o en las relaciones comerciales.

3. Los jueces y tribunales, en atención a la cuantía del beneficio o al valor de la ventaja, y a la trascendencia de las funciones del culpable, podrán imponer la pena inferior en grado y reducir la de multa a su prudente arbitrio.

4. Lo dispuesto en este artículo será aplicable, en sus respectivos casos, a los directivos, administradores, empleados o colaboradores de una entidad deportiva, cualquiera que sea la forma jurídica de ésta, así como a los deportistas, árbitros o jueces, respecto de aquellas conductas que tengan por finalidad predeterminar o alterar de manera deliberada y fraudulenta el resultado de una prueba, encuentro o competición deportiva de especial relevancia económica o deportiva.

A estos efectos, se considerará competición deportiva de especial relevancia económica, aquélla en la que la mayor parte de los participantes en la misma perciban cualquier tipo de retribución, compensación o ingreso económico por su participación en la actividad; y competición deportiva de especial relevancia deportiva, la que sea calificada en el calendario deportivo anual aprobado por la federación deportiva correspondiente como competición oficial de la máxima categoría de la modalidad, especialidad, o disciplina de que se trate.

5. A los efectos de este artículo resulta aplicable lo dispuesto en el artículo 297.

Artículo añadido por el art. único.74 de la Ley Orgánica 5/2010, de 22 de junio y modificado por el art. único.156 de la Ley Orgánica 1/2015, de 30 de marzo, por la que se modifica la Ley Orgánica 10/1995, de 23 de noviembre, del Código Penal (BOE núm. 77, de 31 de marzo) (Entrada en vigor 1 de julio de 2015). Apartado 1 nuevamente modificado por el art. único.8 de la Ley Orgánica 1/2019, de 20 de febrero.

Art. 286 ter.– 1. Los que mediante el ofrecimiento, promesa o concesión de cualquier beneficio o ventaja indebidos, pecuniarios o de otra clase, corrompieren o intentaren corromper, por sí o por persona interpuesta, a una autoridad o funcionario público en beneficio de estos o de un tercero, o atendieran sus solicitudes al respecto, con el fin de que actúen o se abstengan de actuar en relación con el ejercicio de funciones públicas para conseguir o conservar un contrato, negocio o cualquier otra ventaja competitiva en la realización de actividades económicas internacionales, serán castigados, salvo que ya lo estuvieran con una pena más grave en otro precepto de este Código, con las penas de prisión de prisión de tres a seis años, multa de doce a veinticuatro meses, salvo que el beneficio obtenido fuese superior a la cantidad resultante, en cuyo caso la multa será del tanto al triplo del montante de dicho beneficio.

Además de las penas señaladas, se impondrá en todo caso al responsable la pena de prohibición de contratar con el sector público, así como la pérdida de la posibilidad de obtener subvenciones o ayudas públicas y del derecho a gozar de beneficios o incentivos fiscales y de la Seguridad Social, y la prohibición de intervenir en transacciones comerciales de trascendencia pública por un periodo de siete a doce años.

2. A los efectos de este artículo se entenderá por funcionario público los determinados por los artículos 24 y 427

Artículo añadido por el art. único.157 de la Ley Orgánica 1/2015, de 30 de marzo, por la que se modifica la Ley Orgánica 10/1995, de 23 de noviembre, del Código Penal (BOE núm. 77, de 31 de marzo) (Entrada en vigor 1 de julio de 2015).

(...)

CAPÍTULO XIII. De los delitos societarios

Art. 290. Los administradores, de hecho o de derecho, de una sociedad constituida o en formación, que falsearen las cuentas anuales u otros documentos que deban reflejar la situación jurídica o económica de la entidad, de forma idónea para causar un perjuicio económico a la misma, a alguno de sus socios, o a un tercero, serán castigados con la pena de prisión de uno a tres años y multa de seis a doce meses.

Si se llegare a causar el perjuicio económico se impondrán las penas en su mitad superior.

Art. 291. Los que, prevaliéndose de su situación mayoritaria en la Junta de accionistas o el órgano de administración de cualquier sociedad constituida o en formación, impusieren acuerdos abusivos, con ánimo de lucro propio o ajeno, en perjuicio de los demás socios, y sin que reporten beneficios a la misma, serán castigados con la pena de prisión de seis meses a tres años o multa del tanto al triplo del beneficio obtenido.

Art. 292. La misma pena del artículo anterior se impondrá a los que impusieren o se aprovecharen para sí o para un tercero, en perjuicio de la sociedad o de alguno de sus socios, de un acuerdo lesivo adoptado por una mayoría ficticia, obtenida por abuso de firma en blanco, por atribución indebida del derecho de voto a quienes legalmente carezcan del mismo, por negación ilícita del ejercicio de este derecho a quienes lo tengan reconocido por la Ley, o por cualquier otro medio o procedimiento semejante, y sin perjuicio de castigar el hecho como corresponde si constituyese otro delito.

Art. 293. Los administradores de hecho o de derecho de cualquier sociedad constituida o en formación, que sin causa legal negaren o impidieren a un socio el ejercicio de los derechos de información, participación en la gestión o control de la actividad social, o suscripción preferente de acciones reconocidos por las Leyes, serán castigados con la pena de multa de seis a doce meses.

Art. 294. Los que, como administradores de hecho o de derecho de cualquier sociedad constituida o en formación, sometida o que actúe en mercados sujetos a supervisión administrativa, negaren o impidieren la actuación de las personas, órganos o entidades inspectoras o supervisoras, serán castigados con la pena de prisión de seis meses a tres años o multa de doce a veinticuatro meses.

Además de las penas previstas en el párrafo anterior, la autoridad judicial podrá decretar algunas de las medidas previstas en el artículo 129 de este Código.

Artículo 295. *Los administradores de hecho o de derecho o los socios de cualquier sociedad constituida o en formación, que en beneficio propio o de un tercero, con abuso de las funciones propias de su cargo, dispongan fraudulentamente de los bienes de la sociedad o contraigan obligaciones a cargo de ésta causando directamente un perjuicio económico evaluable a sus socios, depositarios, cuentapartícipes o titulares de los bienes, valores o capital que administren, serán castigados con la pena de prisión de seis meses a cuatro años, o multa del tanto al triplo del beneficio obtenido.*

Art. suprimido por el art. único.160 de la Ley Orgánica 1/2015, de 30 de marzo, por la que se modifica la Ley Orgánica 10/1995, de 23 de noviembre, del Código Penal (BOE núm. 77, de 31 de marzo) (Entrada en vigor 1 de julio de 2015).

Téngase en cuenta que con Ley Orgánica 1/2015, de 30 de marzo, la rúbrica de la Sección 2.ª del Capítulo VI del Título XIII del Libro II del Código Penal pasa a denominarse «De la administración desleal», integrándose por el art. 252 que, tras la modificación de su apartado 1 por el art. 1.4 de la Ley Orgánica 14/2022, de 22 de diciembre, establece:

«1. Serán castigados con las penas del artículo 248 o, en su caso, con las del artículo 250, los que teniendo facultades para administrar un patrimonio ajeno, emanadas de la ley, encomendadas por la autoridad o asumidas mediante un negocio jurídico, las infrinjan excediéndose en el ejercicio de las mismas y, de esa manera, causen un perjuicio al patrimonio administrado.

2. Si la cuantía del perjuicio patrimonial no excediere de 400 euros, se impondrá una pena de multa de uno a tres meses».

Artículo 296. 1. Los hechos descritos en el presente capítulo, sólo serán perseguibles mediante denuncia de la persona agraviada o de su representante legal. Cuando aquélla sea menor de edad, persona con discapacidad necesitada de especial protección o una persona desvalida, también podrá denunciar el Ministerio Fiscal.

2. No será precisa la denuncia exigida en el apartado anterior cuando la comisión del delito afecte a los intereses generales o a una pluralidad de personas.

Apartado 1 modificado por el art. único.258 de la Ley Orgánica 1/2015, de 30 de marzo, por la que se modifica la Ley Orgánica 10/1995, de 23 de noviembre, del Código Penal (BOE núm. 77, de 31 de marzo) (Entrada en vigor 1 de julio de 2015).

Artículo 297. A los efectos de este Capítulo se entiende por sociedad toda cooperativa, Caja de Ahorros, mutua, entidad financiera o de crédito, fundación, sociedad mercantil o cualquier otra entidad de análoga naturaleza que para el cumplimiento de sus fines participe de modo permanente en el mercado.

§16. CÓDIGO DE BUEN GOBIERNO DE LAS SOCIEDADES COTIZADAS

Aprobado por Acuerdo del Consejo de la Comisión Nacional del Mercado de Valores de 18 de febrero de 2015 y revisado en junio 2020
http://www.cnmv.es/DocPortal/Publicaciones/ CodigoGov/CBG_2020.pdf

Véase índice en el índice general de estos textos legales.
Téngase en cuenta que actualmente se encuentra en proceso de actualización.

I Introducción

I.1 El Código de buen gobierno de las sociedades cotizadas

El Código unificado de buen gobierno de las sociedades cotizadas (en adelante Código unificado) fue aprobado por Acuerdo del Consejo de la Comisión Nacional del Mercado de Valores (CNMV), de 22 de mayo de 2006, como documento único, junto con las recomendaciones de gobierno corporativo a efectos de lo dispuesto en el apartado 1.f) de la disposición primera de la Orden ECO/3722/2003, de 26 de diciembre.

Desde su aprobación se han desarrollado diversas iniciativas legislativas que han afectado a varias de sus recomendaciones. Con objeto de adaptar o suprimir aquellas recomendaciones afectadas por la nueva legislación, en junio de 2013, el consejo de la Comisión Nacional del Mercado de Valores aprobó una actualización parcial del Código unificado.

En los últimos años hemos asistido a una proliferación de iniciativas relacionadas con las buenas prácticas en materia de gobierno corporativo, cuya intensidad se ha multiplicado a partir del inicio de la crisis financiera internacional, por el convencimiento generalizado de la importancia que tiene que las sociedades cotizadas sean gestionadas de manera adecuada y transparente como factor esencial para la generación de valor en las empresas, la mejora de la eficiencia económica y el refuerzo de la confianza de los inversores.

España no ha sido ajena a este movimiento, habiéndose producido en nuestro país notables avances en materia de buen gobierno corporativo. En particular, puede destacarse que uno de los objetivos del Plan Nacional de Reformas 2013 era ampliar el actual marco del buen gobierno corporativo en España, con la finalidad de mejorar la eficacia y responsabilidad en la gestión de las sociedades españolas y, al tiempo, situar los estándares nacionales al más alto nivel de cumplimiento comparado de los criterios y principios internacionales de buen gobierno.

Por acuerdo del Consejo de Ministros de 10 de mayo de 2013, se creó una Comisión de expertos en materia de gobierno corporativo para proponer las iniciativas y las reformas normativas que se considerasen adecuadas para garantizar el buen gobierno de las empresas y para prestar apoyo y asesoramiento a la CNMV en la modificación del mencionado Código unificado de 2006.

Todo ello, para conseguir los objetivos, explicitados en el propio Acuerdo del Consejo de Ministros, de velar por el adecuado funcionamiento de los órganos de gobierno y administración de las empresas españolas para conducirlas a las máximas cotas de competitividad; de generar confianza y transparencia para los accionistas e inversores nacionales y extranjeros; de mejorar el control interno y la responsabilidad corporativa de las empresas españolas, y de asegurar la adecuada segregación de funciones, deberes y responsabilidades en las empresas, desde una perspectiva de máxima profesionalidad y rigor.

Este nuevo Código de buen gobierno de las sociedades cotizadas (el **Código de buen gobierno**), elaborado con el apoyo y asesoramiento de la Comisión de expertos y aprobado por Acuerdo del Consejo de la CNMV de 18 de febrero de 2015, responde plenamente a esos objetivos.

A este respecto, la Comisión de expertos empezó por diferenciar aquellas cuestiones que debían ser propuestas para la mejora del marco normativo vigente, lo que ha dado lugar a la Ley 31/2014, de 3 de diciembre, por la que se modifica la Ley de Sociedades de Capital para la mejora del gobierno corporativo, de las que han de constituir recomendaciones de seguimiento voluntario sujetas al principio de «cumplir o explicar», que son las que se contienen en este Código de buen gobierno.

Para ello, siguiendo el mandato recibido, la Comisión de expertos analizó y tomó en consideración el grado de seguimiento y la relevancia de las recomendaciones contenidas en el Código unificado de 2006, los estándares internacionales de buen gobierno y, en particular, las recomendaciones en materia de gobierno corporativo de la Comisión Europea, así como diversos documentos y propuestas de organismos internacionales y asociaciones, aportaciones doctrinales y la legislación de los países comparables.

Transcurridos cuatro años desde la aprobación del Código de buen gobierno, en el Plan de actividades de la CNMV para 2019 se incluyó el objetivo de revisar y clarificar algunas de sus recomendaciones. Concluidos los trabajos de preparación de los textos correspondientes, se decidió ampliar el alcance de la reforma para añadir la revisión de algunos aspectos adicionales, lo que se incluyó en el Plan de actividades para 2020. La propuesta de modificación, de alcance limitado, se sometió a consulta pública entre el 15 de enero y el 14 de febrero de 2020, recibiéndose numerosas opiniones y comentarios de diversas corporaciones e interesados que se tuvieron en cuenta para determinar el alcance final de las modificaciones introducidas.

I.2 Actualización del Código de buen gobierno de las sociedades cotizadas

El nuevo Código de buen gobierno presenta ciertas novedades que merecen ser resaltadas:

a) El Código de buen gobierno se ajusta a un nuevo formato que parte de distinguir e identificar los principios que, en cada caso, inspiran las recomendaciones de carácter concreto y específico.

Estos principios se recogen de forma agrupada en el apartado II del Código de buen gobierno.

b) Un buen número de las recomendaciones del Código unificado de 2006 se han incorporado a normas legales (en cuestiones tales como las competencias exclusivas de la junta general de accionistas o del consejo de administración, la votación separada de acuerdos, el fraccionamiento del voto, etc.), por lo que no forman parte de este Código de buen gobierno.

En el mismo sentido, las definiciones de las distintas categorías de consejeros han pasado a estar contenidas, primero, en la Orden ECC/461/2013, de 20 de marzo[1], y, más recientemente, en la Ley de Sociedades de Capital[2], no incluyéndose en este Código de buen gobierno.

c) Finalmente, debe destacarse la incorporación de recomendaciones específicas en materia de responsabilidad social corporativa. El informe de 19 de mayo de 2006 del Grupo especial de trabajo sobre buen gobierno corporativo de las sociedades cotizadas excluyó expresamente de su ámbito los aspectos relativos a la responsabilidad social corporativa.

Sin embargo, la importancia de la responsabilidad social corporativa de las empresas es una realidad cada vez más asentada, tanto en España como en los países de nuestro entorno, que exige una adecuada atención por parte de los sistemas de gobierno corporativo de las sociedades y, por lo tanto, que no puede quedar al margen de un código de recomendaciones de buen gobierno corporativo.

El proceso de revisión de 2020 afectó, con diferente nivel de intensidad, a las recomendaciones 2, 4, 6, 7, 8, 14, 15, 22, 24, 37, 39, 41, 42, 45, 53, 54, 55, 59, 62 y 64.

---

[1]   Orden ECC/461/2013, de 20 de marzo, por la que se determinan el contenido y la estructura del informe anual de gobierno corporativo, del informe anual sobre remuneraciones y de otros instrumentos de información de las sociedades anónimas cotizadas, de las cajas de ahorros y de otras entidades que emitan valores admitidos a negociación en mercados oficiales de valores.

[2]   Artículo 529 duodecies de la Ley de Sociedades de Capital, texto refundido aprobado mediante Real Decreto Legislativo 1/2010, de 2 de julio.

I.3 Características del Código de buen gobierno de las sociedades cotizadas

I.3.1 Voluntariedad, con sujeción al principio de «cumplir o explicar»

Tal y como se ha señalado anteriormente, la Comisión de expertos, en atención al mandato recibido, desarrolló su trabajo distinguiendo las mejoras de gobierno corporativo que debían ser incorporadas a normas legales de aquellas otras que debían mantenerse como recomendaciones de buen gobierno de carácter voluntario, sujetas al principio conocido internacionalmente como «cumplir o explicar», que son las que se incorporan a este Código de buen gobierno.

La utilización de códigos de buen gobierno de carácter voluntario junto con el principio de «cumplir o explicar» son un sistema útil para lograr parte de los objetivos del buen gobierno corporativo y es el sistema seguido de forma consistente tanto en los principales países de la Unión Europea como en otros países desarrollados, resaltando su flexibilidad en el modo de ser aplicado y la posibilidad de constituirse en una referencia de buenas prácticas de gobierno corporativo. Además, la Unión Europea ha recogido expresamente en su normativa la validez de este principio de actuación, confirmado recientemente en el Libro Verde de la Unión Europea sobre gobierno corporativo de las sociedades cotizadas.

Sin perjuicio de lo anterior, la reciente reforma de la Ley de Sociedades de Capital, promovida por el informe de la Comisión de Expertos, ha elevado a la categoría de normas legales de obligado cumplimiento aquellas cuestiones básicas en materia de gobierno corporativo que se han considerado exigibles a todas las sociedades y cuya eficacia y contribución se entienden debidamente contrastadas, mientras que su ausencia determina la imposibilidad de alcanzar el objetivo del buen gobierno corporativo.

De esta forma, el marco actual del gobierno corporativo de las sociedades cotizadas en España debe valorarse considerando dos niveles:

a) Por un lado, las normas de obligado cumplimiento incorporadas a la Ley de Sociedades de Capital y demás disposiciones legales aplicables.

b) Por otro, las recomendaciones de buen gobierno contenidas en este Código de buen gobierno, de carácter estrictamente voluntario, puesto que las cuestiones consideradas básicas e imprescindibles han quedado incorporadas a normas de obligado cumplimiento.

En concordancia con ese principio básico de voluntariedad, el Código de buen gobierno no reitera entre sus recomendaciones los preceptos legales aplicables. Por ello, omite recomendaciones que, precisas en otros países o incluidas en recomendaciones de la Comisión Europea, no son necesarias en España, al haber quedado incorporadas a nuestro ordenamiento jurídico.

A este respecto, la Ley de Sociedades de Capital[3], fiel al principio de «cumplir o explicar», obliga a las sociedades cotizadas españolas a consignar en su informe anual de gobierno corporativo *el grado de seguimiento de las recomendaciones de gobierno corporativo o, en su caso, la explicación de la falta de seguimiento de dichas recomendaciones*.

De este modo, la legislación española deja a la libre decisión de cada sociedad seguir, o no, estas recomendaciones de gobierno corporativo y únicamente exige que, cuando no las sigan, expliquen los motivos que justifican su proceder, al objeto de que los accionistas, los inversores y los mercados en general puedan juzgarlos.

Para el buen fin de este sistema, es importante que las explicaciones facilitadas por las sociedades en relación con las recomendaciones que no sigan sean adecuadas.

I.3.2 Evaluación por el mercado

Corresponderá a los accionistas, a los inversores y, en general, a los mercados valorar las explicaciones que las sociedades cotizadas den en relación con el no seguimiento o el seguimiento parcial de las recomendaciones que, en su caso, corresponda. En consecuencia, el grado de cumplimiento no debe servir de base para eventuales resoluciones de la CNMV, pues otra cosa desvirtuaría el carácter estrictamente voluntario de las recomendaciones de este Código de buen gobierno.

Lo anterior se entiende sin perjuicio de las competencias y facultades de seguimiento atribuidas a la CNMV, en relación con el informe anual de gobierno corporativo de las sociedades cotizadas, por la Ley de Sociedades de Capital y la Orden ECC/461/2013, de 20 de marzo, a cuyo tenor la CNMV podrá exigir que se corrijan las omisiones o datos engañosos o erróneos.

Conforme a lo dispuesto en la Orden ECC/461/2013, de 20 de marzo[4], las sociedades cotizadas, en su informe anual de gobierno corporativo, deberán indicar el grado de seguimiento de cada una de las recomendaciones del Código unificado de buen gobierno (o de las actualizaciones que en el mismo introduzca la CNMV), señalando si las siguen total o parcialmente y, en caso de no seguimiento o seguimiento parcial, explicando sus motivos, de manera que los accionistas, los inversores y el mercado en general, cuenten con suficiente información para valorar el proceder de la sociedad.

---

[3]   Artículo 540 de la Ley de Sociedades de Capital.
[4]   Artículo 5.7 de la Orden ECC/461/2013.

I.3.3 Contenido y alcance del Código

El presente Código de buen gobierno contiene recomendaciones de gobierno corporativo a los efectos previstos en la letra g) del apartado 4 del artículo 540 de la Ley de Sociedades de Capital.

Las recomendaciones del Código de buen gobierno están destinadas al conjunto de las sociedades cotizadas, con independencia de su tamaño y nivel de capitalización (salvo aquellas recomendaciones en las que expresamente se indica que son de aplicación sólo a las sociedades cotizadas de mayor capitalización). No cabe descartar por ello que algunas de sus recomendaciones puedan acaso resultar poco apropiadas o excesivamente onerosas para las empresas de menor tamaño. Si ello ocurriera, bastará con que las sociedades afectadas expliquen debidamente las razones y las opciones elegidas: su libertad y autonomía de organización quedan plenamente salvaguardadas.

II Principios

II.1 Aspectos generales

1. Como regla general, deberían evitarse las medidas estatutarias cuya finalidad esencial sea dificultar las posibles ofertas públicas de adquisición.

2. Cuando la sociedad cotizada se encuentre bajo el control de otra entidad que tenga relaciones de negocio con ella o que desarrolle actividades que guarden relación con las suyas, debe informar de ello y deben adoptarse medidas para solventar eventuales conflictos de intereses.

3. Las sociedades deben informar con claridad en la junta general sobre el grado de cumplimiento de las recomendaciones del Código de buen gobierno.

4. Las sociedades cotizadas deben contar con una política sobre comunicación y contactos con accionistas, inversores institucionales y asesores de voto, así como con una política general relativa a la comunicación de información económico-financiera, no financiera y corporativa a través de medios de comunicación, redes sociales u otros canales.

5. Los administradores deben realizar un uso limitado de la facultad delegada de emitir acciones o valores convertibles con exclusión del derecho de suscripción preferente y facilitar adecuada información a los accionistas sobre dicha utilización.

II.2 Junta general de accionistas

6. La junta general de accionistas debe funcionar bajo principios de transparencia y con información adecuada.

7. La sociedad debe facilitar el ejercicio de los derechos de asistencia y participación en la junta general de accionistas en igualdad de condiciones.

8. La política sobre primas de asistencia a la junta general de accionistas debe ser transparente.

II.3 Consejo de administración

9. El consejo de administración asumirá, colectiva y unitariamente, la responsabilidad directa sobre la administración social y la supervisión de la dirección de la sociedad, con el propósito común de promover el interés social.

10. El consejo de administración tendrá la dimensión precisa para favorecer su eficaz funcionamiento, la participación de todos los consejeros y la agilidad en la toma de decisiones, y la política de selección de consejeros promoverá la diversidad de conocimientos, experiencias, edad y género en su composición.

11. El consejo de administración tendrá una composición equilibrada, con una amplia mayoría de consejeros no ejecutivos y una adecuada proporción entre consejeros dominicales e independientes, representando estos últimos, con carácter general, al menos la mitad de los consejeros.

12. Las causas de separación y dimisión de los consejeros no condicionarán su libertad de criterio, protegerán la reputación y crédito de la sociedad, tendrán en cuenta el cambio de circunstancias sobrevenidas y garantizarán la estabilidad en el cargo de los consejeros independientes que mantengan dicha condición y no incumplan sus deberes.

13. Los consejeros dedicarán el tiempo suficiente para el eficaz desarrollo de sus funciones y para conocer el negocio de la sociedad y las reglas de gobierno que la rigen, participando en los programas de orientación y actualización que organice la sociedad.

14. El consejo de administración se reunirá con la frecuencia necesaria para el correcto desarrollo de sus funciones de administración y supervisión y con la presencia de todos o una amplia mayoría de sus miembros.

15. Los consejeros contarán con información suficiente y adecuada para el ejercicio de sus funciones y tendrán derecho a obtener de la sociedad el asesoramiento preciso.

16. El presidente es el máximo responsable del eficaz funcionamiento del consejo de administración y, en caso de ser también ejecutivo de la sociedad, se ampliarán las competencias del consejero independiente coordinador.

17. El secretario del consejo de administración facilitará el buen funcionamiento del consejo de administración.

18. El consejo evaluará periódicamente su desempeño y el de sus miembros y comisiones, contando con el auxilio de un consultor externo independiente al menos cada tres años.

19. La comisión ejecutiva, en caso de existir, debe contar al menos con dos consejeros no ejecutivos, siendo al menos uno de ellos independiente, y debe mantener puntualmente informado al consejo de administración de las decisiones que adopte.

20. En la designación de los miembros de la comisión de auditoría se tendrán en cuenta sus conocimientos y experiencia en materia de contabilidad, auditoría y gestión de riesgos, tanto financieros como no financieros, y sus normas de funcionamiento reforzarán su especialización, independencia y ámbito de actuación.

21. La sociedad dispondrá de una función de control y gestión de riesgos ejercida por una unidad o departamento interno, bajo la supervisión directa de la comisión de auditoría o, en su caso, de otra comisión especializada del consejo de administración.

22. La comisión de nombramientos y retribuciones, que en las sociedades de elevada capitalización serán dos comisiones separadas, además de cumplir los requisitos legales, estará compuesta por una mayoría de consejeros independientes y sus miembros se designarán teniendo en cuenta los conocimientos, aptitudes y experiencia necesarios, y sus normas de funcionamiento reforzarán su especialización, independencia y ámbito de actuación.

23. La composición y organización de las comisiones que, en el ejercicio de sus facultades de auto-organización, constituyan las sociedades deben ser similares en su configuración a las de las comisiones legalmente obligatorias.

24. La sociedad promoverá una política adecuada de sostenibilidad en materias medioambientales y sociales, como facultad indelegable del consejo de administración, ofreciendo de forma transparente información suficiente sobre su desarrollo, aplicación y resultados.

25. La remuneración del consejo de administración será la adecuada para atraer y retener a los consejeros del perfil deseado y retribuir la dedicación, cualificación y responsabilidad que exija el cargo, pero sin comprometer la independencia de criterio de los consejeros no ejecutivos, con la intención de promover la consecución del interés social, incorporando los mecanismos precisos para evitar la asunción excesiva de riesgos y la recompensa de resultados desfavorables.

III Recomendaciones

III.1 Aspectos generales

III.1.1 Limitaciones estatutarias

Principio 1:   **Como regla general, deberían evitarse las medidas estatutarias cuya finalidad esencial sea dificultar las posibles ofertas públicas de adquisición.**

La normativa societaria[5] establece que, en las sociedades anónimas cotizadas, las cláusulas estatutarias que, directa o indirectamente, fijen con carácter general el número máximo de votos que puede emitir un mismo accionista, las sociedades pertenecientes a un mismo grupo o quienes actúen de forma concertada con los anteriores quedarán sin efecto cuando, tras una oferta pública de adquisición, el oferente haya alcanzado un porcentaje igual o superior al 70 % del capital que confiera derechos de voto, salvo que dicho oferente no estuviera sujeto a medidas de neutralización equivalentes o no las hubiera adoptado.

No obstante lo anterior, la existencia de un mercado activo y transparente en lo que respecta a transacciones que supongan toma de control de entidades constituye un estímulo de primer orden para el buen gobierno de las empresas. Por ello, resulta conveniente que las sociedades cotizadas renuncien a establecer barreras estatutarias o «blindajes» que impidan o dificulten una posible oferta pública de adquisición de acciones y el consiguiente cambio de control.

> **Recomendación 1**
> Que los estatutos de las sociedades cotizadas no limiten el número máximo de votos que pueda emitir un mismo accionista, ni contengan otras restricciones que dificulten la toma de control de la sociedad mediante la adquisición de sus acciones en el mercado.

III.1.2 Cotización de sociedades integradas en grupos

Principio 2: Cuando la sociedad cotizada se encuentre bajo el control de otra entidad que mantenga relaciones de negocio con ella o que desarrolle actividades que guarden relación con las suyas, debe informar de ello y deben adoptarse medidas para solventar eventuales conflictos de intereses.

Los grupos de sociedades se caracterizan por la unidad de dirección y por su estrategia natural de la maximización del interés del grupo, que no implica siempre, sin embargo, la del interés de cada una de las sociedades que lo integran. En ocasiones, los objetivos del grupo y de las sociedades que lo integran no están alineados y surge un potencial conflicto. El problema se plantea especialmente en el caso de operaciones vinculadas «intra-grupo» y cuando sociedades pertenecientes al grupo desarrollan actividades relacionadas.

---

[5]   Artículo 527 de la Ley de Sociedades de Capital.

Por ello, resulta oportuno que, en el caso de que la sociedad cotizada esté controlada por otra entidad, cotizada o no, se informe pública y claramente acerca de las respectivas áreas de actividad de las distintas sociedades, se defina un protocolo para la aprobación de sus negocios mutuos y, en general, se cree un marco de reglas apto para atajar los potenciales conflictos.

Recomendación 2

Que, cuando la sociedad cotizada esté controlada, en el sentido del artículo 42 del Código de Comercio, por otra entidad, cotizada o no, y tenga, directamente o a través de sus filiales, relaciones de negocio con dicha entidad o alguna de sus filiales (distintas de las de la sociedad cotizada) o desarrolle actividades relacionadas con las de cualquiera de ellas informe públicamente con precisión acerca de:

a) Las respectivas áreas de actividad y eventuales relaciones de negocio entre, por un lado, la sociedad cotizada o sus filiales y, por otro, la sociedad matriz o sus filiales.

b) Los mecanismos previstos para resolver los eventuales conflictos de intereses que puedan presentarse.

III.1.3 *Información sobre el seguimiento de las recomendaciones de gobierno corporativo*

Principio 3:   **Las sociedades deben informar con claridad en la junta general sobre el grado de cumplimiento de las recomendaciones del Código de buen gobierno.**

Las sociedades son plenamente libres para seguir, o no, las recomendaciones de gobierno corporativo incorporadas a este Código de buen gobierno, pues no son imperativas y algunas, por estar concebidas para el caso general o para grandes empresas, pueden no resultar adecuadas para una compañía concreta. Ahora bien, los accionistas, inversores y demás grupos de interés deben poder conocer los principios y estándares de gobierno corporativo que siguen efectivamente las sociedades cotizadas y, en particular, las razones por las que una compañía no aplica determinadas recomendaciones.

Con la finalidad de reforzar la transparencia, se recomienda que los administradores informen en la junta general ordinaria de los cambios más relevantes acaecidos en materia de gobierno corporativo y expliquen con claridad las razones por las que, en su caso, la compañía no sigue alguna de las recomendaciones del Código de buen gobierno.

> **Recomendación 3**
> Que durante la celebración de la junta general ordinaria, como complemento de la difusión por escrito del informe anual de gobierno corporativo, el presidente del consejo de administración informe verbalmente a los accionistas, con suficiente detalle, de los aspectos más relevantes del gobierno corporativo de la sociedad y, en particular:
> a) De los cambios acaecidos desde la anterior junta general ordinaria.
> b) De los motivos concretos por los que la compañía no sigue alguna de las recomendaciones del Código de buen gobierno y, si existieran, de las reglas alternativas que aplique en esa materia.

III.1.4 Reuniones y contactos con accionistas, inversores institucionales y asesores de voto

Principio 4: Las sociedades cotizadas deben contar con una política sobre comunicación y contactos con accionistas, inversores institucionales y asesores de voto, así como con una política general relativa a la comunicación de información económico-financiera, no financiera y corporativa a través de medios de comunicación, redes sociales u otros canales.

Constituye un principio internacional de buen gobierno, ya reflejado en 1998 en el Código Olivencia, que las sociedades cotizadas, además de mantener una información transparente, presten especial atención a los puntos de vista de aquellos accionistas y grandes inversores institucionales no representados en el consejo de administración.

Ahora bien, deben distinguirse dos materias distintas:

a) Las reglas y prácticas de gobierno corporativo de la compañía.

b) La situación y perspectivas de negocio de la compañía.

La recomendación hace referencia especialmente a las primeras, aunque no excluye, lógicamente, que en el transcurso de esas reuniones o misiones informativas (*road shows*) con grandes inversores o asesores de voto se debatan también cuestiones de negocio de interés para tales inversores. Ahora bien, en lo que atañe a estas últimas deberá conciliarse la prohibición absoluta de que las sociedades comuniquen de forma ilícita información privilegiada —lo que menoscabaría el principio imperativo de igualdad de información entre accionistas— con la utilidad y licitud de los debates y conversaciones de carácter general sobre la evolución de la compañía y de los mercados entre los directivos de una compañía y sus accionistas o inversores, como reconoce de forma expresa la normativa sobre abuso de mercado[6].

También es importante que las sociedades establezcan una política para asegurar la calidad de la información financiera, no financiera y corporativa que transmiten a través de los medios de comunicación, las redes sociales y otros canales, así como para maximizar su difusión en el mercado y entre los inversores y demás grupos interesados.

Recomendación 4
Que la sociedad defina y promueva una política relativa a la comunicación y contactos con accionistas e inversores institucionales en el marco de su implicación en la sociedad, así como con los asesores de voto que sea plenamente respetuosa con las normas contra el abuso de mercado y dé un trato semejante a los accionistas que se encuentren en la misma posición. Y que la sociedad haga pública dicha política a través de su página web, incluyendo información relativa a la forma en que la misma se ha puesto en práctica e identificando a los interlocutores o responsables de llevarla a cabo.

Y que, sin perjuicio de las obligaciones legales de difusión de información privilegiada y otro tipo de información regulada, la sociedad cuente también con una política general relativa a la comunicación de información económico-financiera, no financiera y corporativa a través de los canales que considere adecuados (medios de comunicación, redes sociales u otras vías) que contribuya a maximizar la difusión y la calidad de la información a disposición del mercado, de los inversores y demás grupos de interés.

III.1.5 Ejercicio de la facultad delegada de emisión de acciones o valores convertibles con exclusión del derecho de suscripción preferente

Principio 5:   Los administradores deben realizar un uso limitado de la facultad delegada de emitir acciones o valores convertibles con exclusión del derecho de suscripción preferente y facilitar adecuada información a los accionistas sobre dicha utilización.

---

[6]   Considerando 19 del Reglamento (UE) n.º 596/2014, de 16 de abril, sobre abuso de mercado: «El presente Reglamento no tiene por objeto prohibir los debates de carácter general sobre la evolución empresarial y del mercado entre los accionistas y la dirección referentes a un emisor. Dichas relaciones son esenciales para un funcionamiento eficiente de los mercados, y el presente Reglamento no debe prohibirlas».

Los acuerdos de ampliación de capital que prevén la exclusión del derecho de suscripción preferente tienen un efecto dilutivo sobre los antiguos accionistas que resulta sensible, e incluso polémico, para muchos inversores institucionales, especialmente cuando la junta general de accionistas delega en los administradores la facultad de aprobar la emisión de las nuevas acciones. Por eso, parece recomendable que esas emisiones de nuevas acciones sin derecho de suscripción preferente tengan, cuando el consejo de administración las aprueba en virtud de una previa delegación de la junta general de accionistas, un importe moderado, que no rebase el 20 % del capital social.

Además, el uso por los administradores de esa facultad delegada de excluir el derecho de suscripción preferente debe efectuarse con la mayor transparencia, para facilitar su control por los accionistas.

> **Recomendación 5**
> **Que el consejo de administración no eleve a la junta general una propuesta de delegación de facultades, para emitir acciones o valores convertibles con exclusión del derecho de suscripción preferente, por un importe superior al 20 % del capital en el momento de la delegación.**
> **Y que cuando el consejo de administración apruebe cualquier emisión de acciones o de valores convertibles con exclusión del derecho de suscripción preferente, la sociedad publique inmediatamente en su página web los informes sobre dicha exclusión a los que hace referencia la legislación mercantil.**

III.2 Junta general de accionistas

III.2.1 Transparencia informativa y voto informado

Principio 6:   La junta general de accionistas debe funcionar bajo principios de transparencia y con información adecuada.

Las sociedades cotizadas, de forma obligatoria o voluntaria, y en ejercicio de las facultades atribuidas a sus órganos de administración y a sus comisiones, elaboran diversos informes.

El análisis y la evaluación periódica que se realiza mediante la elaboración de estos informes cumple una importante función de control de la actividad social y resulta un instrumento muy útil para el buen funcionamiento corporativo. La publicidad de tales informes es esencial para lograr que sean eficaces y los accionistas deberían tener derecho a conocerlos. Sin embargo, no siempre se hacen públicos, dado que no existe una norma que expresamente lo prevea.

Así mismo, su publicidad debe compatibilizarse con la necesaria confidencialidad y salvaguarda de determinados contenidos que se incluyen en alguno de ellos.

Por otro lado, la junta general de accionistas constituye uno de los momentos más relevantes de la vida societaria y de la formación de su voluntad. Por eso, su retransmisión, al dar a conocer los términos del debate sobre los distintos puntos del orden del día y las respuestas de la sociedad y sus administradores, puede resultar útil para los accionistas no asistentes, potenciales inversores y el mercado en general. También es importante, con el fin de fomentar la implicación de los accionistas en la vida societaria y en previsión de que, por cualquier causa, no todos puedan asistir de manera presencial a las juntas, que las entidades tengan previstos mecanismos para que los accionistas puedan ejercer su derecho de voto por medios telemáticos, ya sea de manera directa o a través de su delegación e incluso que, al menos las entidades de elevada capitalización, prevean mecanismos que permitan la asistencia y la participación activa en la junta, en la medida que resulte proporcionado, también por medios telemáticos.

El consejo de administración debe formular las cuentas anuales de acuerdo con los principios y criterios contables.

Por otra parte, a fin de establecer vías de contacto más estrechas y directas entre la comisión de auditoría y los accionistas y para que estos últimos emitan su voto de manera informada, cuando por diferencias de criterio o juicio profesional o por alguna otra circunstancia el auditor incluya alguna salvedad en su informe en relación con las cuentas anuales, se considera apropiado que sea el propio presidente de la comisión de auditoría quien informe al respecto a la junta general de accionistas.

En esta materia el Código conjuga lo previsto en las recomendaciones de la Comisión Europea[7] con lo establecido de forma imperativa por la normativa societaria española[8].

Recomendación 6

Que las sociedades cotizadas que elaboren los informes que se citan a continuación, ya sea de forma preceptiva o voluntaria, los publiquen en su página web con antelación suficiente a la celebración de la junta general ordinaria, aunque su difusión no sea obligatoria:

a) Informe sobre la independencia del auditor.

b) Informes de funcionamiento de las comisiones de auditoría y de nombramientos y retribuciones.

c) Informe de la comisión de auditoría sobre operaciones vinculadas.

---

[7]   Recomendación de la Comisión Europea, de 15 de febrero de 2005.
[8]   Artículo 529 quaterdecies de la Ley de Sociedades de Capital.

Recomendación 7
Que la sociedad transmita en directo, a través de su página web, la celebración de las juntas generales de accionistas.
Y que la sociedad cuente con mecanismos que permitan la delegación y el ejercicio del voto por medios telemáticos e incluso, tratándose de sociedades de elevada capitalización y en la medida en que resulte proporcionado, la asistencia y participación activa en la junta general.

Recomendación 8
Que la comisión de auditoría vele por que las cuentas anuales que el consejo de administración presente a la junta general de accionistas se elaboren de conformidad con la normativa contable. Y que en aquellos supuestos en que el auditor de cuentas haya incluido en su informe de auditoría alguna salve- dad, el presidente de la comisión de auditoría explique con claridad en la junta general el parecer de la comisión de auditoría sobre su contenido y alcance, poniéndose a disposición de los accionistas en el momento de la publicación de la convocatoria de la junta, junto con el resto de propuestas e informes del consejo, un resumen de dicho parecer.

III.2.2 Asistencia y participación en la junta general de accionistas

Principio 7: La sociedad debe facilitar el ejercicio de los derechos de asistencia y participación en la junta general de accionistas en igualdad de condiciones.

La práctica de las sociedades cotizadas para la acreditación del derecho de asistencia y del derecho de representación en las juntas generales de accionistas es muy diversa.

Para facilitar la participación de los accionistas en las juntas generales conviene mantener una interpretación flexible de los requisitos que deben cumplirse para acreditar la titularidad de las acciones y admitir la validez de una tarjeta de asistencia, delegación y voto a distancia o documento o medio acreditativo de la asistencia o representación. El riesgo está en que esa flexibilidad se aplique por el consejo de administración de forma estratégica o selectiva en situaciones de conflicto accionarial o cuando se formula una oferta pública de adquisición no solicitada.

Por otra parte, en cuanto a la participación en la junta general de accionistas, la normativa societaria[9] permite a los accionistas que representen al menos el 3 % del

---

[9]   Artículo 519 de la Ley de Sociedades de Capital.

capital social, dentro de los cinco días siguientes a la publicación de la convocatoria, solicitar la inclusión de puntos en el orden del día de la junta general ordinaria y presentar propuestas fundamentadas de acuerdo sobre asuntos ya incluidos o que deban incluirse en el orden del día de la junta convocada, debiendo la sociedad dar publicidad y difundir dichos complementos del orden del día y propuestas alternativas de acuerdos.

Los Principios de Gobierno Corporativo de la OCDE[10] señalan que *los procedimientos empleados en las juntas de accionistas deberán garantizar el recuento y registro adecuado de los votos*. La transparencia de los resultados, de especial trascendencia en situaciones de lucha por el voto, debe alcanzar también a los procedimientos de cómputo y recuento de votos sobre nuevos puntos del orden del día y propuestas alternativas de acuerdo.

Recomendación 9

Que la sociedad haga públicos en su página web, de manera permanente, los requisitos y procedimientos que aceptará para acreditar la titularidad de acciones, el derecho de asistencia a la junta general de accionistas y el ejercicio o delegación del derecho de voto.

Y que tales requisitos y procedimientos favorezcan la asistencia y el ejercicio de sus derechos a los accionistas y se apliquen de forma no discriminatoria.

Recomendación 10

Que cuando algún accionista legitimado haya ejercitado, con anterioridad a la celebración de la junta general de accionistas, el derecho a completar el orden del día o a presentar nuevas propuestas de acuerdo, la sociedad:

a) Difunda de inmediato tales puntos complementarios y nuevas propuestas de acuerdo.

b) Haga público el modelo de tarjeta de asistencia o formulario de delegación de voto o voto a distancia con las modificaciones precisas para que puedan votarse los nuevos puntos del orden del día y propuestas alternativas de acuerdo en los mismos términos que los propuestos por el consejo de administración.

c) Someta todos esos puntos o propuestas alternativas a votación y les aplique las mismas reglas de voto que a las formuladas por el consejo de administración, incluidas, en particular, las presunciones o deducciones sobre el sentido del voto.

d) Con posterioridad a la junta general de accionistas, comunique el desglose del voto sobre tales puntos complementarios o propuestas alternativas.

---

[10]   Apartado V.A.8 de los Principios de Gobierno Corporativo de la OCDE de 2004.

III.2.3 Política sobre primas de asistencia

Principio 8: **La política sobre primas de asistencia a la junta general de accionistas debe ser transparente.**

El pago de primas de asistencia es una práctica que no se encuentra regulada en nuestro ordenamiento jurídico. Consiste en la entrega de una compensación, con cargo a la sociedad, a aquellos accionistas que asistan a la junta general o participen en ella por otras vías, como la delegación de voto o el voto a distancia o electrónico. En unas ocasiones consiste en un obsequio a cada accionista, sin relación con su participación en el capital. En otras, una prestación dineraria en proporción a las acciones que asisten a la junta general de accionistas.

Las primas tienen habitualmente el encomiable propósito de fomentar la participación de los accionistas en la junta general y mitigar el absentismo accionarial. Puede darse el riesgo, sin embargo, de que el consejo de administración las utilice de forma estratégica y selectiva para asegurar la aprobación de una determinada propuesta o defenderse de la posible iniciativa de un tercero.

> **Recomendación 11**
> Que, en el caso de que la sociedad tenga previsto pagar primas de asistencia a la junta general de accionistas, establezca, con anterioridad, una política general sobre tales primas y que dicha política sea estable.

III.3 Consejo de administración

III.3.1 Responsabilidad del consejo de administración

Principio 9: **El consejo de administración asumirá, colectiva y unitariamente, la responsabilidad directa sobre la administración social y la supervisión de la dirección de la sociedad, con el propósito común de promover el interés social.**

Todos los consejeros, con independencia de cuál sea el origen o la causa de su nombramiento, deben tener como propósito común la defensa del «interés social».

Adicionalmente, en el contexto actual en que estas recomendaciones van a ser aplicadas, no es posible desconocer que en toda actividad empresarial confluyen otros intereses a los que se debe dar respuesta.

Recomendación 12

Que el consejo de administración desempeñe sus funciones con unidad de propósito e independencia de criterio, dispense el mismo trato a todos los accionistas que se hallen en la misma posición y se guíe por el interés social, entendido como la consecución de un negocio rentable y sostenible a largo plazo, que promueva su continuidad y la maximización del valor económico de la empresa.

Y que en la búsqueda del interés social, además del respeto de las leyes y reglamentos y de un comportamiento basado en la buena fe, la ética y el respeto a los usos y a las buenas prácticas comúnmente aceptadas, procure conciliar el propio interés social con, según corresponda, los legítimos intereses de sus empleados, sus proveedores, sus clientes y los de los restantes grupos de interés que puedan verse afectados, así como el impacto de las actividades de la compañía en la comunidad en su conjunto y en el medio ambiente.

III.3.2 La estructura y composición del consejo de administración

III.3.2.1 Tamaño, diversidad y política de selección de consejeros

Principio 10: El consejo de administración tendrá la dimensión precisa para favorecer su eficaz funcionamiento, la participación de todos los consejeros y la agilidad en la toma de decisiones, y la política de selección de consejeros promoverá la diversidad de conocimientos, experiencias, edad y género en su composición.

La estructura y composición del consejo de administración es un elemento clave para el buen gobierno corporativo de las sociedades, en tanto en cuanto afecta a su eficacia e influye sobre la calidad de sus decisiones y su capacidad para promover efectivamente el interés social.

Así, el consejo de administración debe contar con la dimensión adecuada para desempeñar eficazmente sus funciones con la suficiente profundidad y contraste de opiniones. Por ello, sigue pareciendo aconsejable que el tamaño del consejo de administración se sitúe entre cinco y quince miembros.

Por otra parte, debe resaltarse la importancia de la diversidad en la composición del consejo de administración, cuestión que ha dado lugar a la introducción de una norma programática en la legislación mercantil[11].

---

[11]   Artículo 529 bis de la Ley de Sociedades de Capital.

En este marco normativo, se recomienda que las sociedades expliciten su compromiso con una composición diversa del consejo de administración desde la fase inicial de selección de posibles candidatos. Además, se recomienda que cuenten con una política de promoción de la diversidad que incluya medidas que fomenten que haya un número relevante de altas directivas.

Recomendación 13
Que el consejo de administración posea la dimensión precisa para lograr un funcionamiento eficaz y participativo, lo que hace aconsejable que tenga entre cinco y quince miembros.

Recomendación 14
Que el consejo de administración apruebe una política dirigida a favorecer una composición apropiada del consejo de administración y que:
a) sea concreta y verificable;
b) asegure que las propuestas de nombramiento o reelección se fundamenten en un análisis previo de las competencias requeridas por el consejo de administración; y
c) favorezca la diversidad de conocimientos, experiencias, edad y género. A estos efectos, se considera que favorecen la diversidad de género las medidas que fomenten que la compañía cuente con un número significativo de altas directivas.
Que el resultado del análisis previo de las competencias requeridas por el consejo de administración se recoja en el informe justificativo de la comisión de nombramientos que se publique al convocar la junta general de accionistas a la que se someta la ratificación, el nombramiento o la reelección de cada consejero.
La comisión de nombramientos verificará anualmente el cumplimiento de esta política y se informará de ello en el informe anual de gobierno corporativo.

III.3.2.2 Composición del consejo de administración

Principio 11: El consejo de administración tendrá una composición equilibrada, con una amplia mayoría de consejeros no ejecutivos y una adecuada proporción entre consejeros dominicales e independientes, representando estos últimos, con carácter general, al menos la mitad de los consejeros

La legislación mercantil ha incorporado la definición de las distintas categorías de consejeros[12]: internos o ejecutivos y externos (dominicales, independientes y otros externos).

---

[12]   Artículo 529 duodecies de la Ley de Sociedades de Capital.

Se recomienda que los consejeros externos, como garantes frente a los posibles conflictos de agencia entre directivos y accionistas y entre accionistas representados y no representados en el consejo, sean amplia mayoría en el consejo de administración.

Además, de acuerdo con el principio de proporcionalidad entre participación accionarial y representación en el consejo de administración, la relación entre consejeros dominicales y consejeros independientes debe reflejar la relación entre el porcentaje de capital representado en el consejo de administración por los consejeros dominicales y el resto del capital. Este principio proporcional no es, sin embargo, una regla matemática exacta, sino una regla aproximada cuyo objetivo es asegurar que los consejeros independientes tengan un peso suficiente en el consejo de administración y que ningún accionista significativo ejerza una influencia desproporcionada en relación a su participación en el capital.

Por otro lado, con el objetivo de propiciar la deseable diversidad en el consejo de administración desde el punto de vista de género se recomienda que las consejeras representen al menos un 40 % del total de miembros no más tarde de 2022.

Estas recomendaciones deben completarse con un adecuado régimen de transparencia en materia de nombramiento de consejeros dominicales. No se pretende limitar la designación de esta clase de consejeros en representación de accionistas con participaciones accionariales inferiores al 3 %, sino invitar a las sociedades a que expliquen los motivos que guían sus decisiones en esta materia, especialmente, cuando tales criterios les lleven a tratar de manera diferente las peticiones de acceso al consejo de administración de accionistas con participaciones accionariales similares.

La relevancia que la práctica internacional y la Unión Europea atribuyen a los consejeros independientes tanto por su labor en las comisiones del consejo de administración como por su contribución al debate, al análisis y a la revisión de la estrategia de la sociedad, aconsejan cifrar su número en un porcentaje mínimo de los miembros del consejo de administración.

Siguiendo las mejores y más consolidadas prácticas internacionales, se considera que esta proporción debe ser de, al menos, la mitad.

No obstante, en determinadas situaciones se considera que dicho porcentaje pueda resultar excesivo. La realidad accionarial de muchas sociedades cotizadas españolas aconseja que se mitigue la aplicación de esta regla respecto de las que o bien, no tengan una elevada capitalización considerando como referencia aquellas sociedades no incluidas en el índice IBEX-35 a las que resultaría excesivamente oneroso el cumplimiento de esta regla, o bien respecto de las sociedades en cuyo accionariado tengan presencia accionistas que, individual o concertadamente con otros, mantengan un porcentaje elevado en su capital. Para estos casos se recomienda un porcentaje de, al menos, un tercio.

Recomendación 15
Que los consejeros dominicales e independientes constituyan una amplia mayoría del consejo de administración y que el número de consejeros ejecutivos sea el mínimo necesario, teniendo en cuenta la complejidad del grupo societario y el porcentaje de participación de los consejeros ejecutivos en el capital de la sociedad.
Y que el número de consejeras suponga, al menos, el 40 % de los miembros del consejo de administración antes de que finalice 2022 y en adelante, no siendo con anterioridad inferior al 30 %.

Recomendación 16
Que el porcentaje de consejeros dominicales sobre el total de consejeros no ejecutivos no sea mayor que la proporción existente entre el capital de la sociedad representado por dichos consejeros y el resto del capital.
Este criterio podrá atenuarse:
a) En sociedades de elevada capitalización en las que sean escasas las participaciones accionariales que tengan legalmente la consideración de significativas.
b) Cuando se trate de sociedades en las que exista una pluralidad de accionistas representados en el consejo de administración y no tengan vínculos entre sí.

Recomendación 17
Que el número de consejeros independientes represente, al menos, la mitad del total de consejeros.
Que, sin embargo, cuando la sociedad no sea de elevada capitalización o cuando, aun siéndolo, cuente con un accionista, o varios actuando concertadamente, que controlen más del 30 % del capital social, el número de consejeros independientes represente, al menos, un tercio del total de consejeros.

Recomendación 18
Que las sociedades hagan pública a través de su página web, y mantengan actualizada, la siguiente información sobre sus consejeros:
a) Perfil profesional y biográfico.
b) Otros consejos de administración a los que pertenezcan, se trate o no de sociedades cotizadas, así como sobre las demás actividades retribuidas que realicen cualquiera que sea su naturaleza.
c) Indicación de la categoría de consejero a la que pertenezcan, señalándose, en el caso de consejeros dominicales, el accionista al que representen o con quien tengan vínculos.
d) Fecha de su primer nombramiento como consejero en la sociedad, así como de las posteriores reelecciones.
e) Acciones de la compañía, y opciones sobre ellas, de las que sean titulares.

Recomendación 19
Que en el informe anual de gobierno corporativo, previa verificación por la comisión de nombramientos, se expliquen las razones por las cuales se hayan nombrado consejeros dominicales a instancia de accionistas cuya participación accionarial sea inferior al 3% del capital; y se expongan las razones por las que no se hubieran atendido, en su caso, peticiones formales de presencia en el consejo procedentes de accionistas cuya participación accionarial sea igual o superior a la de otros a cuya instancia se hubieran designado consejeros dominicales.

III.3.2.3 Separación y dimisión de consejeros

Principio 12: Las causas de separación y dimisión de los consejeros no condicionarán su libertad de criterio, protegerán la reputación y crédito de la sociedad, tendrán en cuenta el cambio de circunstancias sobrevenidas y garantizarán la estabilidad en el cargo de los consejeros independientes que mantengan dicha condición y no incumplan sus deberes.

Cambios sobrevenidos en las circunstancias que motivaron el nombramiento de un consejero pueden hacer recomendable que presente su dimisión.

No obstante, siempre que no incumplan sus obligaciones, los consejeros independientes deben gozar de cierta estabilidad en el cargo y quedar al abrigo de la voluntad de los ejecutivos de la compañía o de los accionistas significativos. De otra forma, el cumplimiento teórico de las condiciones de independencia no bastará para salvaguardar su efectiva independencia como consejeros, especialmente si el buen desempeño de sus funciones le obliga a mantener ocasionales discrepancias con otros miembros del consejo de administración o de la dirección.

También se formulan recomendaciones para el caso de que acaezcan hechos que afecten a los consejeros y puedan perjudicar el crédito o reputación de la sociedad.

Recomendación 20
Que los consejeros dominicales presenten su dimisión cuando el accionista a quien representen transmita íntegramente su participación accionarial. Y que también lo hagan, en el número que corresponda, cuando dicho accionista rebaje su participación accionarial hasta un nivel que exija la reducción del número de sus consejeros dominicales.

Recomendación 21

Que el consejo de administración no proponga la separación de ningún consejero independiente antes del cumplimiento del periodo estatutario para el que hubiera sido nombrado, salvo cuando concurra justa causa, apreciada por el consejo de administración previo informe de la comisión de nombramientos. En particular, se entenderá que existe justa causa cuando el consejero pase a ocupar nuevos cargos o contraiga nuevas obligaciones que le impidan dedicar el tiempo necesario al desempeño de las funciones propias del cargo de consejero, incumpla los deberes inherentes a su cargo o incurra en algunas de las circunstancias que le hagan perder su condición de independiente, de acuerdo con lo establecido en la legislación aplicable.

También podrá proponerse la separación de consejeros independientes como consecuencia de ofertas públicas de adquisición, fusiones u otras operaciones corporativas similares que supongan un cambio en la estructura de capital de la sociedad, cuando tales cambios en la estructura del consejo de administración vengan propiciados por el criterio de proporcionalidad señalado en la recomendación 16.

Recomendación 22

Que las sociedades establezcan reglas que obliguen a los consejeros a informar y, en su caso, a dimitir cuando se den situaciones que les afecten, relacionadas o no con su actuación en la propia sociedad, que puedan perjudicar al crédito y reputación de esta y, en particular, que los obliguen a informar al consejo de administración de cualquier causa penal en la que aparezcan como investigados, así como de sus vicisitudes procesales.

Y que, habiendo sido informado o habiendo conocido el consejo de otro modo alguna de las situaciones mencionadas en el párrafo anterior, examine el caso tan pronto como sea posible y, atendiendo a las circunstancias concretas, decida, previo informe de la comisión de nombramientos y retribuciones, si debe o no adoptar alguna medida, como la apertura de una investigación interna, solicitar la dimisión del consejero o proponer su cese. Y que se informe al respecto en el informe anual de gobierno corporativo, salvo que concurran circunstancias especiales que lo justifiquen, de lo que deberá dejarse constancia en acta. Ello sin perjuicio de la información que la sociedad deba difundir, de resultar procedente, en el momento de la adopción de las medidas correspondientes.

Recomendación 23

Que todos los consejeros expresen claramente su oposición cuando consideren que alguna propuesta de decisión sometida al consejo de administración puede ser contraria al interés social. Y que otro tanto hagan, de forma especial, los independientes y demás consejeros a quienes no afecte el potencial conflicto de intereses, cuando se trate de decisiones que puedan perjudicar a los accionistas no representados en el consejo de administración.

Y que cuando el consejo de administración adopte decisiones significativas o reiteradas sobre las que el consejero hubiera formulado serias reservas, este saque las conclusiones que procedan y, si optara por dimitir, explique las razones en la carta a que se refiere la recomendación siguiente.

Esta recomendación alcanza también al secretario del consejo de administración, aunque no tenga la condición de consejero.

Recomendación 24

Que cuando, ya sea por dimisión o por acuerdo de la junta general, un consejero cese en su cargo antes del término de su mandato, explique de manera suficiente las razones de su dimisión o, en el caso de consejeros no ejecutivos, su parecer sobre los motivos del cese por la junta, en una carta que remitirá a todos los miembros del consejo de administración.

Y que, sin perjuicio de que se dé cuenta de todo ello en el informe anual de gobierno corporativo, en la medida en que sea relevante para los inversores, la sociedad publique a la mayor brevedad posible el cese incluyendo referencia suficiente a los motivos o circunstancias aportados por el consejero.

III.3.3 El funcionamiento del consejo de administración

III.3.3.1 Dedicación de los consejeros

Principio 13: Los consejeros dedicarán el tiempo suficiente para el eficaz desarrollo de sus funciones y para conocer el negocio de la sociedad y las reglas de gobierno que la rigen, participando en los programas de orientación y actualización que organice la sociedad.

El desempeño de sus funciones exige que los consejeros dediquen suficiente tiempo a informarse, a conocer la realidad de la sociedad y la evolución de sus negocios y a participar en las reuniones del consejo de administración y las comisiones de las que, en su caso, formen parte. Este principio general ha sido recogido recientemente en la legislación mercantil[13], que establece que los administradores deberán tener la dedicación adecuada y adoptarán las medidas precisas para la buena dirección y el control de la sociedad.

A estos efectos, se entiende que no es posible delimitar unos estándares de dedicación de los consejeros recomendables con carácter general. Es imposible delimitar las muchas actividades que un consejero puede realizar al margen de su labor como administrador de la sociedad cotizada y es muy difícil valorar el tiempo y la dedicación que cada una de ellas le pueden exigir.

De esta forma, se recomienda que las sociedades y, especialmente, las comisiones de nombramientos presten especial atención a estas reglas, que deben ser abordadas de forma concreta en el reglamento del consejo de administración, en particular en cuanto al número máximo de consejos de administración de sociedades ajenas al grupo de las que el consejero puede formar parte.

> **Recomendación 25**
> **Que la comisión de nombramientos se asegure de que los consejeros no ejecutivos tienen suficiente disponibilidad de tiempo para el correcto desarrollo de sus funciones.**
> **Y que el reglamento del consejo establezca el número máximo de consejos de sociedades de los que pueden formar parte sus consejeros.**

III.3.3.2 Frecuencia de sus reuniones y asistencia de los consejeros

Principio 14: El consejo de administración se reunirá con la frecuencia necesaria para el correcto desarrollo de sus funciones de administración y supervisión y con la presencia de todos o una amplia mayoría de sus miembros.

El consejo de administración debe mantener una presencia constante en la vida de la sociedad. Para ello, debe reunirse con la frecuencia necesaria para desempeñar con eficacia sus funciones de administración, de supervisión y de control del equipo directivo, de las distintas comisiones y de, en caso de existir, la comisión ejecutiva.

Se recomienda para las sociedades cotizadas un mínimo de ocho reuniones del consejo de administración al año, debiendo ajustarse a un calendario y a asuntos previamente establecidos y permitiendo que cada consejero pueda proponer puntos adicionales al orden del día inicialmente no previstos.

---

[13]   Artículo 225.2 de la Ley de Sociedades de Capital.

Deberían evitarse las ausencias de los consejeros y, cuando estas sean inevitables, la representación debería conferirse con instrucciones precisas de voto. A este respecto, con el objetivo de evitar que se modifique *de facto* el equilibrio del consejo de administración, la legislación mercantil establece que los consejeros podrán delegar, en estos casos, su representación en otro consejero y que, en el caso de los consejeros no ejecutivos, solo podrán hacerlo en otro no ejecutivo[14].

Recomendación 26
Que el consejo de administración se reúna con la frecuencia precisa para desempeñar con eficacia sus funciones y, al menos, ocho veces al año, siguiendo el programa de fechas y asuntos que establezca al inicio del ejercicio, pudiendo cada consejero individualmente proponer otros puntos del orden del día inicialmente no previstos.

Recomendación 27
Que las inasistencias de los consejeros se reduzcan a los casos indispensables y se cuantifiquen en el informe anual de gobierno corporativo. Y que, cuando deban producirse, se otorgue representación con instrucciones.

Recomendación 28
Que cuando los consejeros o el secretario manifiesten preocupación sobre alguna propuesta o, en el caso de los consejeros, sobre la marcha de la sociedad y tales preocupaciones no queden resueltas en el consejo de administración, a petición de quien las hubiera manifestado, se deje constancia de ellas en el acta.

III.3.3.3 Información y asesoramiento a los consejeros

Principio 15: Los consejeros contarán con información suficiente y adecuada para el ejercicio de sus funciones y tendrán derecho a obtener de la sociedad el asesoramiento preciso.

La legislación mercantil[15] ha recogido expresamente que en el ejercicio de sus funciones los consejeros tienen el deber de exigir y el derecho de recabar de la sociedad la información adecuada y necesaria para el cumplimiento de sus obligaciones. Estos deberes y derechos se enfatizan, aún más, para el supuesto de sociedades cotizadas[16].

---

[14]   Artículo 529 quáter de la Ley de Sociedades de Capital.
[15]   Artículo 225.3 de la Ley de Sociedades de Capital.
[16]   Artículo 529 quinquies de la Ley de Sociedades de Capital.

Con la finalidad de reforzar aún más este aspecto, esencial para el funcionamiento eficaz del consejo de administración, se recomienda que los consejeros conozcan con la debida antelación los asuntos que van a ser tratados en las sesiones, de forma que puedan valorar si la información con la que cuentan es suficiente y, en su caso, recabar la información precisa. Asimismo, es relevante que los consejeros reciban información permanente sobre determinados aspectos que resulten de especial importancia para desempeñar su cometido.

Por su parte, dada la complejidad de las diferentes cuestiones que los consejeros deben atender, estos podrán requerir, en ocasiones, asesoramiento especializado. Para ello, la sociedad deberá articular los cauces o mecanismos necesarios para el ejercicio efectivo de ese derecho, que podrá, en su caso, incluir el recurso al asesoramiento externo cuando excepcionalmente sea menester por la transcendencia o el carácter controvertido de la decisión a adoptar.

Recomendación 29
Que la sociedad establezca los cauces adecuados para que los consejeros puedan obtener el asesoramiento preciso para el cumplimiento de sus funciones incluyendo, si así lo exigieran las circunstancias, asesoramiento externo con cargo a la empresa.

Recomendación 30
Que, con independencia de los conocimientos que se exijan a los consejeros para el ejercicio de sus funciones, las sociedades ofrezcan también a los consejeros programas de actualización de conocimientos cuando las circunstancias lo aconsejen.

Recomendación 31
Que el orden del día de las sesiones indique con claridad aquellos puntos sobre los que el consejo de administración deberá adoptar una decisión o acuerdo para que los consejeros puedan estudiar o recabar, con carácter previo, la información precisa para su adopción.
Cuando, excepcionalmente, por razones de urgencia, el presidente quiera someter a la aprobación del consejo de administración decisiones o acuerdos que no figuraran en el orden del día, será preciso el consentimiento previo y expreso de la mayoría de los consejeros presentes, del que se dejará debida constancia en el acta.

III.3.3.4 El presidente del consejo

Principio 16: El presidente es el máximo responsable del eficaz funcionamiento del consejo de administración y, en caso de ser también ejecutivo de

la sociedad, se ampliarán las competencias del consejero independiente coordinador

El presidente está llamado a desempeñar un papel de primer orden para lograr un adecuado funcionamiento del consejo de administración, lo que ha sido recogido expresamente por la legislación mercantil[17].

El debate surge, sin embargo, a la hora de determinar si es oportuno que el cargo de presidente del consejo de administración pueda recaer en un consejero ejecutivo de la sociedad.

A este respecto, se considera que cualquiera de las soluciones ofrece ventajas e inconvenientes. La acumulación de cargos puede proporcionar a la compañía un liderazgo claro en el ámbito interno y en el externo, así como reducir los costes de información y coordinación. Pero ello no debe hacernos olvidar la principal desventaja que presenta esta solución, a saber, la concentración de mucho poder en manos de una única persona.

En estas circunstancias, a la vista también de la falta de uniformidad en la práctica internacional y de la inexistencia de base empírica para formular una recomendación taxativa a favor de uno u otro criterio, se mantiene el criterio de no pronunciarse sobre la conveniencia, o no, de separar ambos cargos.

No obstante, se considera necesario que cuando sean ejercidos por la misma persona se establezcan medidas correctoras. Así, la normativa societaria establece una mayoría reforzada de dos tercios para el nombramiento del presidente en estos casos y recoge como norma[18] la obligación de nombrar a un consejero coordinador de entre los consejeros independientes, estableciendo como cautela adicional que en su nombramiento deberán abstenerse los consejeros ejecutivos.

En este contexto, se recomienda que, para consolidar y hacer más eficaz su desempeño, las funciones del consejero coordinador se extiendan a aspectos adicionales como las relaciones con los accionistas de la sociedad en materia de gobierno corporativo o la dirección del plan de sucesión del presidente.

---

[17]   Artículo 529 sexies de la Ley de Sociedades de Capital.
[18]   Artículo 529 septies de la Ley de Sociedades de Capital.

Recomendación 33

Que el presidente, como responsable del eficaz funcionamiento del consejo de administración, además de ejercer las funciones que tiene legal y estatutariamente atribuidas, prepare y someta al consejo de administración un programa de fechas y asuntos a tratar; organice y coordine la evaluación periódica del consejo, así como, en su caso, la del primer ejecutivo de la sociedad; sea responsable de la dirección del consejo y de la efectividad de su funcionamiento; se asegure de que se dedica suficiente tiempo de discusión a las cuestiones estratégicas, y acuerde y revise los programas de actualización de conocimientos para cada consejero, cuando las circunstancias lo aconsejen.

Recomendación 34

Que cuando exista un consejero coordinador, los estatutos o el reglamento del consejo de administración, además de las facultades que le corresponden legalmente, le atribuya las siguientes: presidir el consejo de administración en ausencia del presidente y de los vicepresidentes, en caso de existir; hacerse eco de las preocupaciones de los consejeros no ejecutivos; mantener contactos con inversores y accionistas para conocer sus puntos de vista a efectos de formarse una opinión sobre sus preocupaciones, en particular, en relación con el gobierno corporativo de la sociedad, y coordinar el plan de sucesión del presidente.

III.3.3.5 El secretario del consejo

Principio 17: El secretario del consejo de administración facilitará el buen funcionamiento del consejo de administración.

La figura del secretario resulta fundamental en el correcto funcionamiento del consejo de administración. Con objeto de reforzar su función se recomienda que vele de forma especial por la actuación del consejo de administración en materia de gobierno corporativo.

Recomendación 35

Que el secretario del consejo de administración vele de forma especial para que en sus actuaciones y decisiones el consejo de administración tenga presentes las recomendaciones sobre buen gobierno contenidas en este Código de buen gobierno que fueran aplicables a la sociedad.

III.3.3.6 Evaluación periódica del consejo

Principio 18: El consejo evaluará periódicamente su desempeño y el de sus miembros y comisiones, contando con el auxilio de un consultor externo independiente al menos cada tres años.

La evaluación periódica del desempeño del consejo de administración y de sus miembros y comisiones se considera una práctica fundamental. Por ello, se ha recogido con carácter obligatorio para las sociedades cotizadas en la legislación mercantil[19] la evaluación anual del funcionamiento del consejo de administración y del de sus comisiones y la preparación, sobre la base de los resultados obtenidos, de un plan de acción que corrija las deficiencias detectadas.

Se considera, además, que es una práctica recomendable que regularmente consultores externos independientes colaboren con el consejo de administración en la realización de esta evaluación, de forma que pueda enriquecerse con aportaciones objetivas.

Recomendación 36

Que el consejo de administración en pleno evalúe una vez al año y adopte, en su caso, un plan de acción que corrija las deficiencias detectadas respecto de:

a) La calidad y eficiencia del funcionamiento del consejo de administración.

b) El funcionamiento y la composición de sus comisiones.

c) La diversidad en la composición y competencias del consejo de administración.

d) El desempeño del presidente del consejo de administración y del primer ejecutivo de la sociedad.

e) El desempeño y la aportación de cada consejero, prestando especial atención a los responsables de las distintas comisiones del consejo.

Para la realización de la evaluación de las distintas comisiones se partirá del informe que estas eleven al consejo de administración, y para la de este último, del que le eleve la comisión de nombramientos.

Cada tres años, el consejo de administración será auxiliado para la realización de la evaluación por un consultor externo, cuya independencia será verificada por la comisión de nombramientos.

Las relaciones de negocio que el consultor o cualquier sociedad de su grupo mantengan con la sociedad o cualquier sociedad de su grupo deberán ser desglosadas en el informe anual de gobierno corporativo.

El proceso y las áreas evaluadas serán objeto de descripción en el informe anual de gobierno corporativo.

---

[19]   Artículo 529 nonies de la Ley de Sociedades de Capital.

III.3.4 La organización del consejo de administración

La importancia y variedad de las funciones de supervisión y control que corresponden al consejo de administración aconsejan que, con independencia de que le corresponda las facultades últimas de decisión, este cuente con órganos de apoyo, con informes y estudios y preparación en asuntos que deban ser objeto de decisiones especialmente relevantes.

III.3.4.1 La comisión ejecutiva

Principio 19: La comisión ejecutiva, en caso de existir, debe contar al menos con dos consejeros no ejecutivos, siendo al menos uno de ellos independiente, y debe mantener puntualmente informado al consejo de administración de las decisiones que adopte.

Las comisiones ejecutivas son una realidad en una parte de las sociedades cotizadas españolas y, cuando existen, cumplen una función importante.

Sin embargo, su existencia plantea dos riesgos para un adecuado gobierno corporativo. En primer lugar que, *de facto*, sustituyan al consejo de administración, vaciando de contenido sus funciones. En segundo lugar, que en su composición no estén suficientemente representados los consejeros no ejecutivos, especialmente los independientes, y que, por ello, sus funciones sean ejercidas al margen y con una perspectiva distinta de la del consejo de administración.

El primero de los riesgos apuntados queda anulado por la regulación legal de las facultades indelegables del consejo de administración, que se corresponden con la regulación del núcleo esencial de la gestión y supervisión, introducida en la legislación mercantil[20].

El segundo queda también compensado con la recomendación de que en la comisión ejecutiva haya al menos dos consejeros no ejecutivos, uno de los cuales, al menos, sea independiente.

Además, se recomienda que el consejo de administración en pleno tenga conocimiento completo de las decisiones adoptadas por la comisión ejecutiva.

---

[20] Artículos 249 bis y 529 ter de la Ley de Sociedades de Capital.

Recomendación 37
Que cuando exista una comisión ejecutiva, en ella haya presencia de al menos dos consejeros no ejecutivos, siendo al menos uno de ellos independiente; y que su secretario sea el del consejo de administración.

Recomendación 38
Que el consejo de administración tenga siempre conocimiento de los asuntos tratados y de las decisiones adoptadas por la comisión ejecutiva y que todos los miembros del consejo de administración reciban copia de las actas de las sesiones de la comisión ejecutiva.

III.3.4.2 La comisión de auditoría

Principio 20: En la designación de los miembros de la comisión de auditoría se tendrán en cuenta sus conocimientos y experiencia en materia de contabilidad, auditoría y gestión de riesgos, tanto financieros como no financieros, y sus normas de funcionamiento reforzarán su especialización, independencia y ámbito de actuación.

La comisión de auditoría es objeto de regulación en la legislación mercantil[21] tanto por lo que se refiere a su obligatoriedad para las sociedades cotizadas como a su composición, presidencia y funciones mínimas (informar a la junta general de accionistas; supervisar la eficacia del control interno, de la auditoría interna, de los sistemas de gestión de riesgos y del proceso de elaboración y presentación de la información financiera preceptiva; proponer la selección, nombramiento, reelección y sustitución del auditor externo y supervisar su independencia).

En esta materia, las recomendaciones van dirigidas a reforzar las normas legales en relación con la función de la auditoría interna, a ampliar las funciones de la comisión de auditoría y a establecer determinados criterios adicionales sobre su composición que refuercen su especialización e independencia.

Entre las funciones que se asignan a la comisión de auditoría se incluye la supervisión del proceso de elaboración y la integridad no solo de la información financiera, sino también de la información no financiera, así como la función de supervisar los sistemas de control y gestión de los riesgos financieros y no financieros. La atribución de esta última función a la comisión de auditoría es compatible con que forme parte del modelo de control y gestión de riesgos una comisión especializada en riesgos cuando

---

[21]   Artículos 529 terdecies y 529 quaterdecies de la Ley de Sociedades de Capital.

las normas sectoriales lo prevean o si, de modo voluntario, la sociedad cotizada opta por constituirla. En todo caso, sin perjuicio de la necesaria coordinación entre ambas comisiones, la supervisión última de las funciones de control y gestión de riesgos estará atribuida a la comisión de auditoría.

Recomendación 39

Que los miembros de la comisión de auditoría en su conjunto, y de forma especial su presidente, se designen teniendo en cuenta sus conocimientos y experiencia en materia de contabilidad, auditoría y gestión de riesgos, tanto financieros como no financieros.

Recomendación 40

Que bajo la supervisión de la comisión de auditoría, se disponga de una unidad que asuma la función de auditoría interna que vele por el buen funcionamiento de los sistemas de información y control interno y que funcionalmente dependa del presidente no ejecutivo del consejo o del de la comisión de auditoría.

Recomendación 41

Que el responsable de la unidad que asuma la función de auditoría interna presente a la comisión de auditoría, para su aprobación por esta o por el consejo, su plan anual de trabajo, la informe directamente de su ejecución, incluidas las posibles incidencias y limitaciones al alcance que se presenten en su desarrollo, los resultados y el seguimiento de sus recomendaciones y le someta al final de cada ejercicio un informe de actividades.

Recomendación 42

Que, además de las previstas en la ley, correspondan a la comisión de auditoría las siguientes funciones:

1. En relación con los sistemas de información y control interno:

a) Supervisar y evaluar el proceso de elaboración y la integridad de la información financiera y no financiera, así como los sistemas de control y gestión de riesgos financieros y no financieros relativos a la sociedad y, en su caso, al grupo —incluyendo los operativos, tecnológicos, legales, sociales, medioambientales, políticos y reputacionales o relacionados con la corrupción— revisando el cumplimiento de los requisitos normativos, la adecuada delimitación del perímetro de consolidación y la correcta aplicación de los criterios contables.

b) Velar por la independencia de la unidad que asume la función de auditoría interna; proponer la selección, nombramiento y cese del responsable del servicio de auditoría interna; proponer el presupuesto de ese servicio; aprobar o proponer la aprobación al consejo de la orientación y el plan de trabajo anual de la auditoría interna, asegurándose de que su actividad esté enfocada principalmente en los riesgos relevantes (incluidos los reputacionales); recibir información periódica sobre sus actividades; y verificar que la alta dirección tenga en cuenta las conclusiones y recomendaciones de sus informes.

c) Establecer y supervisar un mecanismo que permita a los empleados y a otras personas relacionadas con la sociedad, tales como consejeros, accionistas, proveedores, contratistas o subcontratistas, comunicar las irregularidades de potencial trascendencia, incluyendo las financieras y contables, o de cualquier otra índole, relacionadas con la compañía que adviertan en el seno de la empresa o su grupo. Dicho mecanismo deberá garantizar la confidencialidad y, en todo caso, prever supuestos en los que las comunicaciones puedan realizarse de forma anónima, respetando los derechos del denunciante y denunciado.

d) Velar en general por que las políticas y sistemas establecidos en materia de control interno se apliquen de modo efectivo en la práctica.

2. En relación con el auditor externo:

a) En caso de renuncia del auditor externo, examinar las circunstancias que la hubieran motivado.

b) Velar que la retribución del auditor externo por su trabajo no comprometa su calidad ni su independencia.

c) Supervisar que la sociedad comunique a través de la CNMV el cambio de auditor y lo acompañe de una declaración sobre la eventual existencia de desacuerdos con el auditor saliente y, si hubieran existido, de su contenido.

d) Asegurar que el auditor externo mantenga anualmente una reunión con el pleno del consejo de administración para informarle sobre el trabajo realizado y sobre la evolución de la situación contable y de riesgos de la sociedad.

e) Asegurar que la sociedad y el auditor externo respetan las normas vigentes sobre prestación de servicios distintos a los de auditoría, los límites a la concentración del negocio del auditor y, en general, las demás normas sobre independencia de los auditores.

Recomendación 43

Que la comisión de auditoría pueda convocar a cualquier empleado o directivo de la sociedad, e incluso disponer que comparezcan sin presencia de ningún otro directivo.

Recomendación 44
Que la comisión de auditoría sea informada sobre las operaciones de modificaciones estructurales y corporativas que proyecte realizar la sociedad para su análisis e informe previo al consejo de administración sobre sus condiciones económicas y su impacto contable y, en especial, en su caso, sobre la ecuación de canje propuesta.

III.3.4.3 La función de control y gestión de riesgos

Principio 21: La sociedad dispondrá de una función de control y gestión de riesgos ejercida por una unidad o departamento interno, bajo la supervisión directa de la comisión de auditoría o, en su caso, de otra comisión especializada del consejo de administración.

Como consecuencia de la crisis económica y financiera, diversos organismos internacionales y, en especial, la OCDE y la Unión Europea han mostrado especial preocupación por el establecimiento de un adecuado control y una eficiente y prudente gestión de los riesgos.

La legislación mercantil[22] incluye entre las facultades indelegables del consejo de administración la aprobación de una política de control y gestión de riesgos.

A este respecto, se desarrolla el contenido mínimo recomendado de esta política. Además, dada la importancia capital de esta cuestión, se avanza un paso más y se incorpora la recomendación de que las sociedades cotizadas cuenten con una función de control y gestión de riesgos ejercida por una unidad interna de la sociedad a la que se le asignen expresamente esas funciones, bajo la supervisión de una comisión especializada del consejo de administración (que podrá ser la comisión de auditoría u otra comisión con una composición adecuada).

Recomendación 45
Que la política de control y gestión de riesgos identifique o determine al menos:
a) Los distintos tipos de riesgo, financieros y no financieros (entre otros los operativos, tecnológicos, legales, sociales, medio ambientales, políticos y reputacionales, incluidos los relacionados con la corrupción) a los que se enfrenta la sociedad, incluyendo entre los financieros o económicos, los pasivos contingentes y otros riesgos fuera de balance.

---

[22]   Artículo 529 ter de la Ley de Sociedades de Capital.

b) Un modelo de control y gestión de riesgos basado en diferentes niveles, del que formará parte una comisión especializada en riesgos cuando las normas sectoriales lo prevean o la sociedad lo estime apropiado.

c) El nivel de riesgo que la sociedad considere aceptable.

d) Las medidas previstas para mitigar el impacto de los riesgos identificados, en caso de que llegaran a materializarse.

e) Los sistemas de información y control interno que se utilizarán para controlar y gestionar los citados riesgos, incluidos los pasivos contingentes o riesgos fuera de balance.

Recomendación 46

Que bajo la supervisión directa de la comisión de auditoría o, en su caso, de una comisión especializada del consejo de administración, exista una función interna de control y gestión de riesgos ejercida por una unidad o departamento interno de la sociedad que tenga atribuidas expresamente las siguientes funciones:

a) Asegurar el buen funcionamiento de los sistemas de control y gestión de riesgos y, en particular, que se identifican, gestionan y cuantifican adecuadamente todos los riesgos importantes que afecten a la sociedad.

b) Participar activamente en la elaboración de la estrategia de riesgos y en las decisiones importantes sobre su gestión.

c) Velar por que los sistemas de control y gestión de riesgos mitiguen los riesgos adecuadamente en el marco de la política definida por el consejo de administración.

III.3.4.4 La comisión de nombramientos y retribuciones

Principio 22: La comisión de nombramientos y retribuciones, que en las sociedades de elevada capitalización serán dos comisiones separadas, además de cumplir los requisitos legales, estará compuesta por una mayoría de consejeros independientes y sus miembros se designarán teniendo en cuenta los conocimientos, aptitudes y experiencia necesarios, y sus normas de funcionamiento reforzarán su especialización, independencia y ámbito de actuación.

El acierto en el nombramiento y motivación posterior de los consejeros resulta decisivo para el eficaz funcionamiento del consejo de administración, para lo que resulta esencial la colaboración de una comisión especializada que auxilie al consejo de administración en el logro de este objetivo.

Asimismo, la pluralidad de consideraciones técnicas a tener en cuenta al diseñar los sistemas de remuneración para consejeros y altos directivos hace igualmente necesario el concurso de una comisión especializada con una capacidad de juicio y comprensión acordes con la consustancial complejidad de esta tarea.

Así las cosas, se incorporan algunas recomendaciones que pretenden completar las funciones de ambas comisiones y que refuerzan su independencia y la especialización de sus miembros.

Además, se recomienda que, en cuanto a la composición, la mayoría sean consejeros independientes y que las sociedades con elevada capitalización separen ambas comisiones (nombramientos y retribuciones). A estos efectos se consideran empresas de elevada capitalización aquellas incluidas en el índice IBEX-35.

Recomendación 47
Que los miembros de la comisión de nombramientos y de retribuciones —o de la comisión de nombramientos y la comisión de retribuciones, si estuvieren separadas— se designen procurando que tengan los conocimientos, aptitudes y experiencia adecuados a las funciones que estén llamados a desempeñar y que la mayoría de dichos miembros sean consejeros independientes.

Recomendación 48
Que las sociedades de elevada capitalización cuenten con una comisión de nombramientos y con una comisión de remuneraciones separadas.

Recomendación 49
Que la comisión de nombramientos consulte al presidente del consejo de administración y al primer ejecutivo de la sociedad, especialmente cuando se trate de materias relativas a los consejeros ejecutivos.
Y que cualquier consejero pueda solicitar de la comisión de nombramientos que tome en consideración, por si los encuentra idóneos a su juicio, potenciales candidatos para cubrir vacantes de consejero.

Recomendación 50
Que la comisión de retribuciones ejerza sus funciones con independencia y que, además de las funciones que le atribuya la ley, le correspondan las siguientes:
a) Proponer al consejo de administración las condiciones básicas de los contratos de los altos directivos.
b) Comprobar la observancia de la política retributiva establecida por la sociedad.

c) Revisar periódicamente la política de remuneraciones aplicada a los consejeros y altos directivos, incluidos los sistemas retributivos con acciones y su aplicación, así como garantizar que su remuneración individual sea proporcionada a la que se pague a los demás consejeros y altos directivos de la sociedad.

d) Velar por que los eventuales conflictos de intereses no perjudiquen la independencia del asesoramiento externo prestado a la comisión.

e) Verificar la información sobre remuneraciones de los consejeros y altos directivos contenida en los distintos documentos corporativos, incluido el informe anual sobre remuneraciones de los consejeros.

Recomendación 51
Que la comisión de retribuciones consulte al presidente y al primer ejecutivo de la sociedad, especialmente cuando se trate de materias relativas a los consejeros ejecutivos y altos directivos.

III.3.4.5 Otras comisiones especializadas del consejo

Principio 23: La composición y organización de las comisiones que, en el ejercicio de sus facultades de auto-organización, constituyan las sociedades deben ser similares en su configuración a las de las comisiones legalmente obligatorias.

En el caso de que la opción elegida por el consejo de administración en ejecución de sus facultades de auto-organización fuera la creación de comisiones especializadas, adicionales a las legalmente obligatorias[23], se recomienda que sus reglas de composición y funcionamiento sigan pautas similares a las de las comisiones obligatorias.

Dada la relevancia de las cuestiones relativas a sostenibilidad y a aspectos sociales, medioambientales o de gobierno corporativo, se recomienda la identificación y atribución de funciones específicas en esta materia a una comisión especializada, que podrá ser la comisión de auditoría, la comisión de nombramientos, una comisión de sostenibilidad o responsabilidad social corporativa u otra comisión *ad hoc*, con el objetivo de impulsar una gestión de estos asuntos más intensa y comprometida.

---

[23]   Artículo 529 terdecies de la Ley de Sociedades de Capital.

Recomendación 52

Que las reglas de composición y funcionamiento de las comisiones de supervisión y control figuren en el reglamento del consejo de administración y que sean consistentes con las aplicables a las comisiones legalmente obligatorias conforme a las recomendaciones anteriores, incluyendo:

a) Que estén compuestas exclusivamente por consejeros no ejecutivos, con mayoría de consejeros independientes.

b) Que sus presidentes sean consejeros independientes.

c) Que el consejo de administración designe a los miembros de estas comisiones teniendo presentes los conocimientos, aptitudes y experiencia de los consejeros y los cometidos de cada comisión, delibere sobre sus propuestas e informes; y que rindan cuentas, en el primer pleno del consejo de administración posterior a sus reuniones, de su actividad y que respondan del trabajo realizado.

d) Que las comisiones puedan recabar asesoramiento externo, cuando lo consideren necesario para el desempeño de sus funciones.

e) Que de sus reuniones se levante acta, que se pondrá a disposición de todos los consejeros.

Recomendación 53

Que la supervisión del cumplimiento de las políticas y reglas de la sociedad en materia medioambiental, social y de gobierno corporativo, así como de los códigos internos de conducta, se atribuya a una o se reparta entre varias comisiones del consejo de administración, que podrán ser la comisión de auditoría, la de nombramientos, una comisión especializada en sostenibilidad o responsabilidad social corporativa u otra comisión especializada que el consejo de administración, en ejercicio de sus facultades de autoorganización, haya decidido crear. Y que tal comisión esté integrada únicamente por consejeros no ejecutivos, siendo la mayoría independientes y se le atribuyan específicamente las funciones mínimas que se indican en la recomendación siguiente.

Recomendación 54

Las funciones mínimas a las que se refiere la recomendación anterior son las siguientes:

a) La supervisión del cumplimiento de las reglas de gobierno corporativo y de los códigos internos de conducta de la empresa, velando asimismo por que la cultura corporativa esté alineada con su propósito y valores.

b) La supervisión de la aplicación de la política general relativa a la comunicación de información económico-financiera, no financiera y corporativa, así como a la comunicación con accionistas e inversores, asesores de voto y otros grupos de interés. Asimismo se hará seguimiento del modo en que la entidad se comunica y relaciona con los pequeños y medianos accionistas.

c) La evaluación y revisión periódica del sistema de gobierno corporativo y de la política en materia medioambiental y social de la sociedad, con el fin de que cumplan su misión de promover el interés social y tengan en cuenta, según corresponda, los legítimos intereses de los restantes grupos de interés.

d) La supervisión de que las prácticas de la sociedad en materia medioambiental y social se ajustan a la estrategia y política fijadas.

e) La supervisión y evaluación de los procesos de relación con los distintos grupos de interés.

III.3.5 Sostenibilidad y aspectos medioambientales y sociales

Principio 24: La sociedad promoverá una política adecuada de sostenibilidad en materias medioambientales y sociales, como facultad indelegable del consejo de administración, ofreciendo de forma transparente información suficiente sobre su desarrollo, aplicación y resultados.

La apertura y sensibilidad hacia el entorno, el sentido de comunidad, la capacidad innovadora y la consideración de la sostenibilidad y el largo plazo se añaden a la imprescindible creación de valor como fundamentos de la actividad empresarial.

Por tanto, es recomendable que las empresas analicen cómo impacta su actividad en la sociedad y cómo esta impacta, a su vez, en la empresa. De esta manera, utilizando como referencia la cadena de valor, la empresa puede identificar cuestiones sociales que permitan la creación de valor compartido.

En este sentido, se plantea la conveniencia de desarrollar el contenido mínimo recomendado de la política de responsabilidad social o sostenibilidad en materias medioambientales y sociales, cuya aprobación corresponde al consejo de administración[24], y de plasmar el principio de mantener una comunicación transparente basada en la necesidad de informar tanto sobre los aspectos financieros como sobre los aspectos no financieros de negocio.

---

[24]   Artículo 529 ter de la Ley de Sociedades de Capital.

Recomendación 55
Que las políticas de sostenibilidad en materias medioambientales y sociales iden-
tifiquen e incluyan al menos:
a) Los principios, compromisos, objetivos y estrategia en lo relativo a accionistas,
empleados, clientes, proveedores, cuestiones sociales, medio ambiente, diversidad,
responsabilidad fiscal, respeto de los derechos humanos y prevención de la corrup-
ción y otras conductas ilegales.
b) Los métodos o sistemas para el seguimiento del cumplimiento de las políticas, de
los riesgos asociados y de su gestión.
c) Los mecanismos de supervisión del riesgo no financiero, incluido el relacionado
con aspectos éticos y de conducta empresarial.
d) Los canales de comunicación, participación y diálogo con los grupos de interés.
e) Las prácticas de comunicación responsable que eviten la manipulación informa-
tiva y protejan la integridad y el honor.

III.3.6 Remuneraciones de los consejeros

Principio 25: La remuneración del consejo de administración será la adecuada
para atraer y retener a los consejeros del perfil deseado y retribuir
la dedicación, cualificación y responsabilidad que exija el cargo sin
comprometer la independencia de criterio de los consejeros no eje-
cutivos, con la intención de promover la consecución del interés so-
cial, incorporando los mecanismos precisos para evitar la asunción
excesiva de riesgos y la recompensa de resultados desfavorables.

La estructura, nivel, procedimiento de fijación y régimen de transparencia de las remuneraciones de los consejeros es un elemento esencial del sistema de buen gobierno corporativo de toda sociedad.

Sin embargo, la experiencia de los últimos años pone de manifiesto que, en ocasiones, las estructuras de remuneración se han hecho excesivamente complejas, demasiado centradas en el corto plazo y carentes de una correlación razonable con los resultados obtenidos. Por ello, sin menoscabar la capacidad de gestión de las sociedades y su competitividad, se hace necesario considerar, desde la perspectiva del gobierno corporativo, los distintos aspectos que inciden en su estructura, fijación y determinación.

La legislación mercantil[25] ya ha incorporado normas que: a) exigen la necesaria adecuación de los sistemas de remuneración a la importancia de la sociedad, su si-

---

[25]   Artículos 217 a 220 y 529 sexdecies a 529 novodecies de la Ley de Sociedades de Capital.

tuación económica en cada momento y los estándares de mercado; b) establecen un procedimiento para su determinación y aprobación que prevenga el eventual conflicto de intereses de los participantes en la adopción de las decisiones, y c) garantizan la transparencia de la remuneración de los consejeros.

En este contexto y partiendo del principio fundamental de autonomía privada, se considera conveniente, siguiendo las recomendaciones de la Unión Europea sobre la materia, formular determinadas recomendaciones sobre la estructura, composición y forma de la remuneración de los consejeros, de manera que, dentro del marco legal anteriormente mencionado, se favorezca la consecución de los objetivos empresariales y del interés social.

Las recomendaciones parten de la diferenciación entre los distintos componentes de la remuneración (fijos, variables, entrega de acciones u otros instrumentos financieros referenciados a su valor y pagos por resolución contractual) y de los distintos tipos de consejeros (consejeros ejecutivos y externos).

Con carácter general, la remuneración de los consejeros debe ser la necesaria para atraer y retener el talento y para retribuir su dedicación, cualificación y responsabilidad, pero no tan elevada como para comprometer la independencia de criterio de los consejeros externos.

Es conveniente que los consejeros no ejecutivos queden excluidos de las remuneraciones variables ligadas al rendimiento de la sociedad y del consejero así como de la entrega de acciones, opciones u otros instrumentos financieros y de los sistemas de ahorro y previsión social, con algunas excepciones. Se pretende con ello evitar los potenciales conflictos de intereses que afectarían a los consejeros externos cuando tengan que enjuiciar prácticas contables u otro tipo de decisiones que puedan alterar los resultados inmediatos de la sociedad, si tales resultados y valores tuvieran efectos retributivos para ellos.

Por lo que a la remuneración variable de los consejeros ejecutivos se refiere, se debe establecer sobre la base de criterios que guarden relación con su rendimiento y con factores financieros y no financieros, que sean medibles y que promuevan la sostenibilidad y la rentabilidad de la empresa en el largo plazo.

Con la finalidad de alinear los intereses de los consejeros ejecutivos con el interés social sostenible a largo plazo, resulta adecuado que, una vez atribuidas como parte de la remuneración acciones u otros instrumentos financieros vinculados a las acciones, los consejeros no puedan, salvo excepción, transmitir su titularidad o ejercitar los instrumentos de que se trate por un periodo suficiente.

Asimismo, la percepción de la remuneración variable debe quedar sujeta, teniendo en cuenta la naturaleza y características de sus componentes, a una comprobación suficiente del efectivo cumplimiento de los objetivos fijados. A efectos ilustrativos, si uno de los parámetros es alguna magnitud anual contable o relacionada con las cuentas, como la cifra de ingresos o el EBITDA, la comprobación normalmente exigirá la previa formulación de las cuentas anuales y su revisión y la emisión del informe por el auditor de cuentas.

Sin perjuicio de esta cautela en lo que se refiere a comprobación de requisitos, y de la conveniencia de establecer cláusulas de reembolso cuando se advierta que el pago no se ajustó a las condiciones de rendimiento establecidas o se abonó con base en datos inexactos, se estima también aconsejable que las compañías valoren si procede diferir el pago de una parte de la remuneración variable ('malus'), tras haberse cumplido las condiciones y objetivos fijados, para que su importe se vea reducido si se producen durante un periodo circunstancias o eventos (por ejemplo, dificultades financieras sobrevenidas) o se conoce que la determinación inicial del importe de la remuneración variable se basó en datos inexactos.

Asimismo, se recomienda que las políticas retributivas incorporen las cautelas técnicas precisas para que las remuneraciones variables guarden la debida relación con el desempeño de sus profesionales y no reflejen la mera evolución general del mercado o del sector de actividad de la compañía ni otras circunstancias similares.

Finalmente, se recomienda que los pagos por resolución o extinción de la relación del consejero con la sociedad, cualquiera que sea su naturaleza y justificación, no superen el equivalente a dos años de retribución anual y que no se abonen hasta que la sociedad haya podido comprobar que el consejero ha cumplido con los criterios o condiciones establecidos para su percepción.

Recomendación 56
Que la remuneración de los consejeros sea la necesaria para atraer y retener a los consejeros del perfil deseado y para retribuir la dedicación, cualificación y responsabilidad que el cargo exija, pero no tan elevada como para comprometer la independencia de criterio de los consejeros no ejecutivos.

Recomendación 57
Que se circunscriban a los consejeros ejecutivos las remuneraciones variables ligadas al rendimiento de la sociedad y al desempeño personal, así como la remuneración mediante entrega de acciones, opciones o derechos sobre acciones o instrumentos referenciados al valor de la acción y los sistemas de ahorro a largo plazo tales como planes de pensiones, sistemas de jubilación u otros sistemas de previsión social.

Se podrá contemplar la entrega de acciones como remuneración a los consejeros no ejecutivos cuando se condicione a que las mantengan hasta su cese como consejeros. Lo anterior no será de aplicación a las acciones que el consejero necesite enajenar, en su caso, para satisfacer los costes relacionados con su adquisición.

Recomendación 58

Que en caso de remuneraciones variables, las políticas retributivas incorporen los límites y las cautelas técnicas precisas para asegurar que tales remuneraciones guarden relación con el rendimiento profesional de sus beneficiarios y no derivan solamente de la evolución general de los mercados o del sector de actividad de la compañía o de otras circunstancias similares.

Y, en particular, que los componentes variables de las remuneraciones:

a) Estén vinculados a criterios de rendimiento que sean predeterminados y medibles y que dichos criterios consideren el riesgo asumido para la obtención de un resultado.

b) Promuevan la sostenibilidad de la empresa e incluyan criterios no financieros que sean adecuados para la creación de valor a largo plazo, como el cumplimiento de las reglas y los procedimientos internos de la sociedad y de sus políticas para el control y gestión de riesgos.

c) Se configuren sobre la base de un equilibrio entre el cumplimiento de objetivos a corto, medio y largo plazo, que permitan remunerar el rendimiento por un desempeño continuado durante un período de tiempo suficiente para apreciar su contribución a la creación sostenible de valor, de forma que los elementos de medida de ese rendimiento no giren únicamente en torno a hechos puntuales, ocasionales o extraordinarios.

Recomendación 59

Que el pago de los componentes variables de la remuneración quede sujeto a una comprobación suficiente de que se han cumplido de modo efectivo las condiciones de rendimiento o de otro tipo previamente establecidas. Las entidades incluirán en el informe anual de remuneraciones de los consejeros los criterios en cuanto al tiempo requerido y métodos para tal comprobación en función de la naturaleza y características de cada componente variable.

Que, adicionalmente, las entidades valoren el establecimiento de una cláusula de reducción ('malus') basada en el diferimiento por un período suficiente del pago de una parte de los componentes variables que implique su pérdida total o parcial en el caso de que con anterioridad al momento del pago se produzca algún evento que lo haga aconsejable.

Recomendación 60
Que las remuneraciones relacionadas con los resultados de la sociedad tomen en cuenta las eventuales salvedades que consten en el informe del auditor externo y minoren dichos resultados.

Recomendación 61
Que un porcentaje relevante de la remuneración variable de los consejeros ejecutivos esté vinculado a la entrega de acciones o de instrumentos financieros referenciados a su valor.

Recomendación 62
Que una vez atribuidas las acciones, las opciones o instrumentos financieros correspondientes a los sistemas retributivos, los consejeros ejecutivos no puedan transferir su titularidad o ejercitarlos hasta transcurrido un plazo de al menos tres años.

Se exceptúa el caso en el que el consejero mantenga, en el momento de la transmisión o ejercicio, una exposición económica neta a la variación del precio de las acciones por un valor de mercado equivalente a un importe de al menos dos veces su remuneración fija anual mediante la titularidad de acciones, opciones u otros instrumentos financieros.

Lo anterior no será de aplicación a las acciones que el consejero necesite enajenar para satisfacer los costes relacionados con su adquisición o, previa apreciación favorable de la comisión de nombramientos y retribuciones, para hacer frente a situaciones extraordinarias sobrevenidas que lo requieran.

Recomendación 63
Que los acuerdos contractuales incluyan una cláusula que permita a la sociedad reclamar el reembolso de los componentes variables de la remuneración cuando el pago no haya estado ajustado a las condiciones de rendimiento o cuando se hayan abonado atendiendo a datos cuya inexactitud quede acreditada con posterioridad.

Recomendación 64
Que los pagos por resolución o extinción del contrato no superen un importe equivalente a dos años de la retribución total anual y que no se abonen hasta que la sociedad haya podido comprobar que el consejero ha cumplido con los criterios o condiciones establecidos para su percepción.

A efectos de esta recomendación, entre los pagos por resolución o extinción contractual se considerarán cualesquiera abonos cuyo devengo u obligación de pago surja como consecuencia o con ocasión de la extinción de la relación contractual que vinculaba al consejero con la sociedad, incluidos los importes no previamente consolidados de sistemas de ahorro a largo plazo y las cantidades que se abonen en virtud de pactos de no competencia poscontractual.

ÍNDICE ANALÍTICO